CHINESE GEOGRAPHI
KNOWLEDGE ENCYCLOPEDIA

U0590619

中国地理
知识百科

编著 陈君慧

（第一册）

吉林出版集团有限责任公司

图书在版编目（CIP）数据

中国地理知识百科 / 陈君慧编著. -- 长春：吉林
出版集团有限责任公司，2013.1
    ISBN 978-7-5534-1265-8

    Ⅰ．①中… Ⅱ．①陈… Ⅲ．①地理－中国－青年读物
②地理－中国－少年读物 Ⅳ．①K92-49

    中国版本图书馆CIP数据核字(2012)第304826号

中国地理知识百科

编　　著	陈君慧
责任编辑	耿　宏　冯　雪
书装设计	张立娟
出　　版	吉林出版集团有限责任公司
发　　行	吉林出版集团社科图书有限公司
电　　话	0431-86012701
印　　刷	北京一鑫印务有限责任公司
开　　本	787mm×1092mm　　1／16
字　　数	1000千字
印　　张	50
版　　次	2013年3月第1版
印　　次	2015年4月第2次印刷
书　　号	ISBN 978-7-5534-1265-8
定　　价	295.00元（全四册）

如发现印装质量问题，影响阅读，请与印刷厂联系调换。电话：010-85964520

前言

　　地理学,是各学科的母学;地理知识,与我们每个人的工作和生活息息相关。

　　地理是与人类的日常生活最密切相关的学科。诸葛亮曾说,为将者,不识天文,不晓地理,是为庸才。由此可见地理知识的重要性。有些知识对个人而言,多则有益,少亦无碍,但地理知识不是这样,缺少它会给工作、生活带来很多障碍和不必要的麻烦,而且会使我们失去很多成功的契机。学习地理,具备必要的地理知识,了解各地的自然条件和地域文化差异,不仅能增长见识,对于我们的工作、生活、旅游等也大有裨益。

　　中国地大物博,960万平方千米的土地蕴藏了多少物宝天华:中华名山、自然保护区、河流湖泊、国家地质公园、古老的历史文化遗存等等。不了解地理知识,就无法认识祖国幅员辽阔、山河壮丽、物产富饶以及建设的成就;就无法开阔自己的视野,成为井底之蛙,难有大的作为。

　　掌握点地理知识,我们就能把身边的世界看得更清楚。宇宙的奥妙,海陆的变迁,气候的异常,资源的开发,工业的合理布局,农业的因地制宜,人口的合理增长,环境的有效保护等等,都是地理学科研究的内容;航空航天、南极探险、边贸洽谈、三峡工程、经济发展、西部大开发、"五一"旅游、拉闸限电……无一不与地理有关。只要我们留心观察身边事物,就会发现生活中处处有地理,生活处处离不开地理;只要我们联系实际学习就会感觉到地理非常实用且趣味横生;只要我们热爱生活,关注生活,关心发展,就不能不掌握点地理知识。

　　为此,我们编写了这本《中国地理知识百科》,全面系统地介绍了中国34个省级行政单位的行政区划、人口与民族、历史文化、地貌、气候、经济、旅游等诸多方面的知识,展示悠久的中华文明渊源、壮美绮丽的疆域风光、地域分异明显的环境资源、因地制宜的工农业生产和趋于完善的交通运输网,还有丰富多彩的旅游资源,分层次、多角度解读中国自然和人文地理。

　　地理让我们开拓视野,地理让我们明智。不懂地理知识,你会闹笑话,还可能耽误事。

　　本书抛开枯燥的说教,浓缩中国地理之精华,为读者营造了中国自然地理和人文环境的良好氛围,相信定能使您在快速纵览华夏山川,了解丰富地理知识的同时,获得更为广阔的文化视野和精神感受。

《中国地理知识百科》为广大读者打开一扇了解中国的窗口,是一部帮助读者快速学习和掌握中国地理知识的工具书。

《中国地理知识百科》是一部便捷实用的书,一部人人必备的中国地理百科全书。

目　录

第一册

一、中国地理概述

第二册

四、中国的民族及其分布

一、中国地理概述

国名

中国是世界文明古国,全称为"中华人民共和国"。中国的原意是指国都、京师,后指华夏族、汉族活动及其文化所及的地区。夏朝是中国历史上第一个朝代,于公元前 2070 年建立,立国号曰"夏",自此中国历朝都立国号。"中华人民共和国"成立后,"中国"作为其简称,国名远播世界各地,成为世人所向往的东方文明国度。

国旗

中华人民共和国国旗又称五星红旗,是中华人民共和国的象征,颜色为红色,象征革命。旗面左上方有五颗黄色五角星,大五角星代表中国共产党,四颗小五角星环拱于大五角星,且都有一个角尖对着大五角星的中心,象征中国共产党领导下的全国各族人民大团结和全国各族人民对党的衷心拥护。

国徽

中华人民共和国国徽中间是五星照耀下的天安门,周围是谷穗和齿轮,象征

中华人民共和国国徽

中国人民自五四运动以来的新民主主义革命斗争和以工人阶级为领导的工农联盟为基础的人民民主专政的新中国的诞生。

中国四邻

打开世界地图,我们会惊奇地发现,我国的邻居之多,在世界都能排进前几名,仔细数一数,竟然有 20 个国家与我国陆上或隔海相邻。

我国陆地边界线全长约22000多千米,陆地上同朝鲜、俄罗斯、蒙古、哈萨克斯坦、吉尔吉斯斯坦、塔吉克斯坦、巴基

斯坦、阿富汗、印度、尼泊尔、不丹、老挝、缅甸和越南 14 个国家接壤。是世界上边界线最长、邻国最多、边界情况最复杂的国家之一。其中：东面同中国相邻的国家有朝鲜；北面同中国相邻的国家有俄罗斯、蒙古；西北面同中国相邻的国家有哈萨克斯坦、吉尔吉斯斯坦、塔吉克斯坦；西面同中国相邻的国家有阿富汗、巴基斯坦；西南面同中国相邻的国家有印度、尼泊尔、不丹；南面同中国相邻的国家有缅甸、老挝、越南。

我国大陆海岸线长 18000 千米，与我国隔海相望的国家有越南、朝鲜、韩国、日本、菲律宾、文莱、马来西亚、印度尼西亚等 8 个国家。其中越南和朝鲜既是陆上邻国也是海上邻国。

我们国家既希望地区稳定，国家发展，同时希望与邻居们保持长期友好的关系并开展多方面合作，使之形成对中国安全与经济发展有利的态势。我们国家对这些邻居的方针政策集中体现在中央制定的"与邻为善，以邻为伴"，"睦邻、安邻、富邻"政策上。

中国四至

我国的领土南北相距约 5500 千米，东西相距 5200 千米。

中国领土最北端位于东八区，北纬 53 度 33 分，在黑龙江省漠河以北的黑龙江主航道中心线上。在小比例尺的全国地图上，我们很难清晰地看出究竟哪里是中国的北至点，随着比例尺的逐渐放大，地名注记逐渐丰富清晰起来。人们大多认为漠河的"北极乡"是中国的最北端，其实在"北极乡"的东北，还有一个叫"大草甸子"的村子，再往东北，还有一个叫做"乌苏里"的地方。这里比北极乡还要向北 5 公里多。在乌苏里以北的黑龙江上，还有属于中国的小岛，但这些都还没到中国的最北。中国真正的北至点位于这附近的黑龙江主航道中心线上，隆冬时节，有人曾在冰面上寻找中国版图的最北点坐标。

北极村,北极乡政府所在地。

中国领土最南端位于东八区,北纬3度52分,在南海的南沙群岛中的曾母暗沙。在中国的版图内,中国南海散落着众多的岛屿以及暗礁、暗沙。其中最南端就是大名鼎鼎的曾母暗沙。在大比例尺的地图上,我们发现曾母暗沙西南还有两个图注,它们分别是"八仙暗沙"和"立地暗沙"。八仙暗沙和立地暗沙在曾母暗沙西南约15海里处,是南海未曾正式公布的地名。到底哪里才是中国真正的最南端呢?虽然"八仙暗沙"和"立地暗沙"比曾母暗沙更靠南,但一般认为曾母暗沙是中国最南端。

中国领土最东端位于东九区,东经135度2分30秒,黑龙江和乌苏里江交汇处的黑瞎子岛。原中国最东端位于黑龙江和乌苏里江主航道中心线交汇处,黑瞎子岛回归后,变为中国新的最东端。黑瞎子岛满语名字叫摩乌珠岛,意思是"马头"。于2008年10月14日,西端的一半回归中国。

中国领土最西端位于东五区,东经73度40分,在新疆帕米尔高原,新疆维吾尔自治区的乌恰县。然而真正的西至点在中国、吉尔吉斯斯坦、塔吉克斯坦三国交界处略南的一座雪山上。

人口素质

人口素质又称人口质量。它包含思想素质、文化素质、身体素质等,通常称之为德、智、体。反映人口素质的指标有:人口平均期望寿命、人口平均身高和体重、儿童智力水平、人口文化程度、科技人员和熟练劳动者所占人口的比重等。改革开放以来,我国坚持实行计划生育政策,人口数量平稳增长,人口素质全面提高,实现了人口再生产类型的根本转变,为世界人口发展做出了较大贡献。

人口自然增长率

指在一定时期内(通常为一年)人口自然增加数(出生人数减去死亡人数)与该时期内平均人数(或期中人数)之比,一般用千分率表示;人口自然增长率,是反映人口发展速度和制定人口计划的重要指标,也是计划生育统计中的一个重要指标,它表明人口自然增长的程度和趋势。

随着计划生育政策的贯彻落实,中国人口出生率不断下降。人口再生产类型完成了由"高出生、低死亡、高自然增长"的传统模式向"低出生、低死亡、低自然增长"的现代模式转变。

人口老龄化

总人口中因年轻人口数量减少、年长人口数量增加而导致的老年人口比例相应增长的动态过程。国际上通常把60岁以上的人口占总人口比例达到10%,或65岁以上人口占总人口的比重达到8.3%,作为国家或地区是否进入老龄化社会的标准。中国已于1999年进入老龄社会,是较早进入老龄社会的发展中国家之一。中国是世界上老年人口最多的国家,中国的人口老龄化不仅是中国自身的问题,而且关系到全球人口老龄化的进程,因此,备受世界关注。

中国民族概况

自古以来,中国就是一个统一的、多民族的国家。在 5000 年的历史发展过程中,全国各族人民共同缔造了中国悠久的历史和灿烂的文化。中国有 56 个民族,除汉族外,还有壮、满、回、苗、彝、维吾尔、藏、蒙古等 55 个少数民族。据 2005 年全国 1% 人口抽样调查主要数据,在全国总人口中汉族人口为 118295 万人,占总人口的 90.56%,汉族也是世界上人口最多的民族。各少数民族人口共为 12333 万人,占总人口的 9.44%;其中壮族人口最多,珞巴族人口最少。

位于北京奥林匹克公园附近的中华民族园

民族区域自治

在国家统一领导下,在各少数民族聚居的地方实行区域自治,设立自治机关,行使自治权。实行民族区域自治,体现了国家充分尊重和保障各少数民族管理本民族内部事务权利的精神,体现了国家坚持实行各民族平等、团结和共同繁荣的原则。民族自治地方的名称,一般由民族名冠以地方名称组成。到目前为止,我国共有民族自治地方 155 个,其中自治区 5 个、自治州 30 个、自治县(旗)120 个。

中国语言概况

中国是一个多民族、多语言、多文种的国家,有 56 个民族,共有 80 种以上语言,约 30 种文字。汉语是中国使用人数最多的语言,是世界上使用人数最多的语言,也是联合国六种正式工作语言之一。汉语是中国汉民族的共同语,除占总人口 90.56% 的汉族使用汉语外,有些少数民族也转用或兼用汉语。现代汉语有标准语(普通话)和方言之分。普通话以北京语音为标准音、以北方话为基础方言、以典范的现代白话文著作为语法规范。2000 年 10 月 31 日颁布的《中华人民共和国国家通用语言文字法》确定普通话为国家通用语言。汉语方言通常分为七大方言:北方方言、吴方言、湘方言、赣方言、客家方言、粤方言、闽方言。各方言区内又分布着若干次方言和许多种土语。

北方方言

也称官话方言。以北京话为代表，通行于中国北方地区各省区，贵州、四川、云南以及华中地区的部分县市，使用人口约占汉族总人数的 73%。北方方言分为四个次方言区：1. 华北、东北方言，分布在京、津两市，河北、河南、山东、辽宁、吉林、黑龙江，还有内蒙古一部分地区。2. 西北方言，分布在山西、陕西、甘肃等省和青海、宁夏、内蒙古的一部分地区。新疆汉族使用的语言也属西北方言。3. 西南方言，分布在四川、云南、贵州等省及湖北大部分（东南角咸宁地区除外），广西西北部，湖南西北角等地区。4. 江淮方言，俗称下江官话，分布在安徽省、江苏长江以北地区（徐州、蚌埠一带属华北、东北方言，除外）、镇江和镇江以西九江以东的长江南岸一带。

吴方言

又称江浙话或江南话。典型的吴方言以苏州话为代表，随着上海市的经济发展，上海话使用的人口不断增多，通晓上海话也逐渐增多，现今人们认为吴方言的代表是上海话。其主要分布在上海市、江苏省长江以南镇江以东地区（不包括镇江）、南通的小部分、浙江的大部分。杭州曾作过南宋的都城，杭州城区的吴语就带有浓厚的"官话"色彩。吴方言使用人口约占汉族人口的 7.2%。

湘方言

又称湖南话或湖湘话。以长沙话为代表，分布在湖南省大部分地区（西北角除外）。湘方言从内部语音差异上看，又有新湘语和老湘语的分别。老湘语广泛流行于湖南中部宁乡、衡阳等地，新湘语流行于长沙、株洲等大中城市中，受北方方言影响较大。湘方言使用人口约占汉族人口的 3.2%。

赣方言

又称江西话、赣语或溪语。以南昌话为代表，分布在江西省大部分地区（东北沿长江地区和南部除外）。使用人口约占汉族人口的 3.3%。因历史上多次北方汉人南迁多从江西为中转，加之地理上与江淮官话、湘方言、棚民话区接壤，就使江西省边缘地区深受其他方言影响，导致赣方言自身特点被淡化。

客家方言

又称客方言、客话、客家话。客家人分布在广东、福建、台湾、江西、广西、湖南、四川等省，其中以广东东部和北部、福建西部、江西南部和广西东南部为主。客家人从中原迁徙到南方，虽然居住分散，但客家方言仍自成系统，内部差别不大。使用人口约占汉族总人口的 3.6%。

客家土楼，客家人具有代表性的住所。

闽方言

又称福建话或福佬话。过去以福州话为代表，今由于闽方言的闽南居民的人口日益增长，使用闽南方言的人口也由此增多。故此现今的闽方言中一般是以闽南方言的厦门话为代表。现代闽方言主要分布区域跨越六省，包括福建和海南的大部分地区、广东东部潮汕地区、雷州半岛部分地区、浙江江南部温州地区的一部分、广西的少数地区、台湾省的大多数汉人居住区。南洋群岛中的华人社区中也有相当多来自闽方言区，但主要是闽南方言。闽方言可分为闽东片、闽南片、闽北片、闽中片、莆仙片五个次方言。闽方言使用的人口约占汉族总人口的5.7%。

闽方言按其语言特点和地理分布，可分成两支：1. 闽北方言，又称为福建话。闽北方言分布在福建北部、浙江南部个别地区和台湾的一部分，此外，南洋华侨也有一部分人说闽北方言。闽北方言以福州话为代表。2. 闽南方言，广东人称为潮州话，福建人称为闽南话。闽南方言分布在福建南部、广东东部和海南岛的一部分，海外部分华人社区亦流通闽南方言，闽南方言以厦门话为代表。

粤方言

以广州话为代表，又称粤语，俗称广东话，当地人称"白话"，是汉语七大方言中语言现象较为复杂、保留古音特点和古词语较多、内部分歧较小的一个方言。分布在广东中部、西南部和广西东部、南部的约一百来个县及港澳地区及海外华人区。粤方言内部被分为四个片，但语音与标准粤语广州话相对来说差别不大。使用人口约占汉族总人数的4%。

粤方言内部按其语言特点和地理分布可以分为四个片：1. 粤海片，又称广府片，主要分布在广东省珠江三角洲、粤中、粤西南和粤北的韶关、清远、乐昌等地区及港澳地区，是粤方言中使用人口最多、通行范围最广的一个片，以广州话为代表，它在粤方言中有很大的代表性和影响。2. 四邑片，主要分布在台山、开平、恩平、新会、斗门等市县，以台山话为代表。3. 高阳片，主要分布在湛江市、茂名市所辖各县，阳江市及阳春市，以阳江话为代表。4. 桂南片，主要分布在广西壮族自治区邕江、郁江、浔江沿岸的南宁市、横县、贵港、桂平市、平南县、藤县、梧州市，玉林市及所辖的北流市、容县、博白县、陆川县，钦州市及所辖的浦北县、灵山县和北海市合浦县，梧州市及贺州市所辖的苍梧县、岑溪市、昭平县、蒙山县、钟山县，一般以南宁话为代表。它的语音比较一致，也存在一些分歧。桂南片按其内部的异同又可以分为四个方言小片：广府片、邕浔片、勾漏片和钦廉片。

中国地形特点

地形多样，以山地和高原为主。中国地质条件复杂，在漫长的历史演化过程中，内外营力的相互作用塑造成多种多样的地貌类型。有被内力推移而高高抬升的高原和山地，也有被积压下降的低洼盆地和平原。其中，山地约占全国土地面积的33%，高原约占26%，盆地约占19%，平原约占12%，丘陵约占10%。地势西高东低，呈阶梯状分布。中国大陆地势西高东低，自西向东形成三大阶梯逐渐下降。

三大阶梯

第一级阶梯是青藏高原，平均海拔在4000米以上，有"世界屋脊"之称。青藏高原西与帕米尔高原相接，北以昆仑山脉、祁连山脉，东以横断山脉同第二级阶梯区分。第二级阶梯界于青藏高原的北缘到大兴安岭、太行山、巫山和雪峰山东缘之间，主要由内蒙古高原、黄土高原、云贵高原和塔里木盆地、准噶尔盆地、四川盆地等广阔的高原和大盆地组成，其间有阿尔泰山脉、阴山山脉、贺兰山、秦岭等高大山地。第三级阶梯是中国东部宽广的平原与丘陵，属最低的一级阶梯地形。主要由海拔不及200米的东北平原、华北平原、长江中下游平原等，以及海拔500～1500米的长白山脉、山东丘陵、浙闽沿海丘陵山地等组成。

青藏高原风光

中国的山脉

中国是一个多山的国家,不仅山区面积广大,而且大小山脉纵横全国,它们的分布规律有序,按一定方向排列,大致以东西走向和东北—西南走向的为最多,西北—东南走向和南北走向的较少。东西走向的山脉主要有三列:最北的一列是天山—阴山—燕山;中间的一列是昆仑山—秦岭—大别山;最南的一列是南岭。东北—西南走向的山脉多分布在东部,山势较低,主要山脉也有三列:最西的一列是大兴安岭—太行山—巫山—武陵山—雪峰山;中间的一列包括长白山—辽东丘陵—山东丘陵和闽浙一带的山地丘陵;最东一列是崛起于海上的台湾山脉。西北—东南走向的山地多分布在西部,由北而南有阿尔泰山、祁连山和喜马拉雅山。南北走向的山脉纵贯中国中部,主要包括贺兰山、六盘山和横断山脉。

陆疆

中国陆地领土面积约为 960 万平方千米,约占世界陆地面积的 6.42%,占亚洲面积的 21.8%,仅次于俄罗斯和加拿大,居世界第三位。中国陆疆长两万多千米。陆上相邻的国家,东北面有朝鲜,北面有俄罗斯和蒙古,南面有越南、老挝和缅甸,西面和西南面有哈萨克斯坦、吉尔吉斯斯坦、塔吉克斯坦、阿富汗、巴基斯坦、印度、尼泊尔和不丹。大陆海岸线北自鸭绿江口,南至中越边境的北仑河口,长达 18000 多千米。与日本、韩国、菲律宾、马来西亚、文莱、印度尼西亚等国家隔海相望。

海洋与岛屿

我国领海及内水面积约为 37 万平方千米,管辖的海域面积约为 300 万平方千米,是世界上为数不多的海洋大国之一。中国大陆所濒临的海洋,由北至南分别为渤海、黄海、东海和南海,渤海为中国的内海。这四个海区中,除南海具有大洋海盆特征、深度较大外,大部分为深度较浅的大陆架,最适于鱼类繁殖洄游,为海洋水产事业的发展提供了有利条件。中国有广阔的大陆架并蕴藏着丰富的石油,在经济上具有重要意义。沿海岛屿共有 6500 多个,其中约 85% 分布在杭州湾以南的大陆近岸和南海之中。台湾是中国第一大岛,面积约 3.58 万平方千米。海南岛次之,面积 3.39 万平方千米。钓鱼岛等岛屿位于台湾岛东北的海面上,是中国最东的岛屿;南沙群岛则是中国最南的岛屿群。

中国近海冬夏季风交替显著,分四个气候区。渤、黄海为暖温带季风气候区,东海为亚热带季风气候区,南海大部分海域为热带季风气候区。中国近海海域辽阔,自然条件优越,海洋资源十分丰富,计有鱼类 2000 多种,虾、蟹、贝、藻类数千种,近海石油储量 100 多亿吨,其他海洋能源总蕴藏量共约 9 亿千瓦,以及适合发展盐业的滩涂数百万公顷。

地貌

中国地形十分复杂,山地和高原面积占有很大比重。号称"世界屋脊"的青藏高原雄踞西部,高原上耸立着多条著名的高大山系。位于中尼边界上的珠穆朗玛峰海拔8844.43米,是世界第一高峰。中国西北为高山与巨大盆地相间分布的干旱区,有低于海平面154.31米的吐鲁番盆地,也有世界大沙漠之一的塔克拉玛干沙漠。中国东部有宽广的冲击大平原,散布着许多中山、低山和丘陵。不同水平地带内的山地各具不同的景观垂直带结构,从而加深了中国自然条件的复杂性和多样性。特别是青藏高原平均海拔4000米以上,面积约占全国面积的1/4,它的存在明显地干扰了通常的水平地带结构,使中国自然地理分异具有世界罕见的独特性。

中国地貌的基本类型,按形态可分为山地、高原、丘陵、盆地和平原五大类型。海拔超过5000米的高山,有永久积雪覆盖,并有现代冰川发育。海拔高度在5000～3500米间的高山,大都没有永久积雪和冰川,但冻裂作用强烈,并有古冰川作用形成的地貌。中山的海拔高度为3500米以下,在中国东部温和湿润的气候条件下,化学风化作用显著,并在强烈的流水侵蚀作用下,河谷渐宽,山坡变缓,地形破碎,山体受构造走向的影响已不甚明显。丘陵的地势起伏较小,相对高度一般不到500米。山地垂直作用带的幅度在中国不同地区有所不同,西北地区的高山干燥剥蚀作用带可上升到3000米以上;东北大兴安岭海拔2000米左右就出现寒冻风化作用;西南地区的山地化学风化作用特别强烈,可到达海拔2500～3000米的高度。

横空出世的珠穆朗玛峰

阶梯状斜面地势

中国地势西高东低,自西向东逐渐下降,构成巨大的阶梯状斜面。长江、黄河等主要大河均沿此斜面自西向东流,汇入太平洋。中国地势主要由三级阶梯所构成。第一级阶梯是青藏高原,由特高山、高山和大高原组成,海拔平均达4000～5000米,有"世界屋脊"之称。青藏高原的外缘至大兴安岭、太行山、巫山和雪峰山之间,为第二级阶梯,主要由广阔的高原和大盆地组成。从青藏高原向东有内蒙古高原、黄土高原、四川盆地和云贵高原,向北则为高大山系所环抱的大盆地,包括昆仑山与天山之间的塔里木盆地、天山与阿尔泰山之间的准噶尔盆地。中国东部宽广的平原和丘陵是第三级阶梯,自北向南有东北平原、华北平原、淮河平原、长江中下游平原,它们从东北到西南,几乎相互连接,是中国最重要的农业区。此外,中国东部海岸带以外,分布着广阔的大陆架,水深不超过

艾丁湖风光

200米,宽度400～600千米,其外缘以陡急的边坡转入深海盆地。

中国陆地地势高度相差悬殊。位于中尼边境的珠穆朗玛峰海拔8844.43米,而吐鲁番盆地中海拔最低的艾丁湖湖面却低于海平面154.31米。青藏高原海拔大都在4000～5000米以上,而东部平原海拔大都在50～100米以下。横断山脉的许多山峰海拔超过5000～6000米,一般也在4000米左右,与邻近的河谷高差达2000米以上,形成陡峻的"高山深谷"地貌。位于喜马拉雅山东端的南迦巴瓦峰,海拔7782米,其南部位于雅鲁藏布江谷地内的墨脱县,海拔为700米,两地水平距离约40千米,高差竟达7000多米,形成极为完整的垂直景观带序列。

山脉

中国的山脉按走向可分为下列几种主要类型。

东西走向的山脉主要有天山—阴山—燕山、昆仑山—秦岭—大别山和南岭。这些山脉都是中国地理上的重要界线。例如阴山构成内蒙古高原的边缘,天山是南疆与北疆的分界,昆仑山是南疆与西藏高原的界线,秦岭是长江和黄河、淮河水系的分水岭,南岭是珠江与长江水系的分水岭。

南北走向的山脉主要有贺兰山、六盘山和横断山脉等。川西、滇北的横断山脉由许多条成束的南北向断裂夹着非常紧密的褶皱组成,地貌上为一系列平行的高山和深谷,高差极大。

东北—西南走向的山脉分布于中国

平均海拔4500米的祁连山的冰川，
为河西走廊的生灵们提供珍贵的水源。

东部，即南北向构造带以东地区。主要受新华夏构造体系的控制，形成一系列坳陷和隆起带，地貌上为盆地、平原与山地相交错。自西至东有：呼伦贝尔盆地—鄂尔多斯盆地—四川盆地；大兴安岭—太行山—吕梁山—鄂西、黔东、湘西山地；松辽平原—渤海和华北平原—江汉平原—北部湾；吉辽东部山地、山区山地及浙、粤沿海山地，其中的局部坳陷表现在苏北平原及黄海南部，东海和南海的海盆。

西北—东南走向的山脉主要分布在中国的西部，山体受西式（或称华西式）构造体系的控制，形成一系列大型褶皱山地，发育了现代冰川，为西北干旱地区的重要水源地。主要有准噶尔山地、祁连山、巴颜喀拉山等，其中巴颜喀拉山是长江与黄河的分水岭。

弧形山脉主要是喜马拉雅山脉和台湾山地。喜马拉雅山脉呈弧形向南凸出，其东端在察隅附近突然向南转折，成为横断山脉；其西端在印度河上游，亦突然折向南行，成为苏里曼山脉。台湾山地是东亚大陆沿海的边缘弧（西太平洋岛弧）的一部分，从日本列岛、琉球群岛经台湾岛至菲律宾群岛，大致成向东凸出的弧形，故称为岛弧。

中国丘陵较多，东部分布尤为广泛，然而最典型的丘陵区是川中丘陵。川中丘陵西起四川盆地内的龙泉山，东止华蓥山，北止于大巴山麓，南抵长江以南，面积约8.4万平方千米。区内以丘陵分布、溪沟纵横为其显著的地理特征，岩层经河流切割后，地表丘陵起伏，河谷迂回，海拔一般在250~600米，丘谷高差为50~100米。丘坡多呈阶梯状，多达3~4级。川中丘陵水土流失严重，红层地区地下水贫乏，所以干旱是这一地区农业生产的主要限制因素。

用板块构造学解释地貌的形成

中国巨大的弧形山脉以及其他的一些地貌，一般可用板块构造学来解释。喜马拉雅山脉是两个大陆板块——印度板块和亚欧板块相互碰撞造成的，前者以很小的角度斜插到后者之下，挤压隆起，形成西藏地区的巨厚地壳（厚达70千米，是世界地壳最厚的地区之一）。印度板块和亚欧板块互相碰撞所产生的南北向的巨大压力，使中国西部山脉近似东西走向。准噶尔、塔里木和柴达木都是比较刚硬的地块，它们在这样巨大压力作用下，碎裂成为菱形断块，长轴亦近似东西走向。同样，印度板块向北移动，受到亚欧板块的向南运移的抵抗，自然要向东西寻求应力的释放，西藏高原以东的扬子准地台受到释放应力的巨大压力作用,必然产生强烈的反作用力,于是形成了喜马拉雅山脉东西两端的突然向南转折。台湾岛山地以及东亚大陆沿海的边缘弧,则是太平洋板块(海洋板块)以较大角度斜插到亚欧板块之下造成的,由于海洋板块的地壳厚度很小,所以中国东部的一系列北东向隆起坳陷,也可能是受太平洋板块对亚欧板块的挤压影响造成的。

造山运动与地貌发育

中国山脉大都经过多次造山运动,是多旋回性的。但中生代以前的地壳运动,一般与现代地貌已很少直接联系,只通过露在地表的岩石性质和褶皱程度等影响现代地貌的发育。如中国西南区的岩溶地貌,与古生代沉积的石灰岩相联系;现代的秦岭、祁连山、天山与阿尔泰山的走向,则又同加里东与海西运动的褶皱带有继承关系。

中国地貌格局是燕山运动奠定的,而现在的地势差别主要是喜马拉雅运动的结果。如以南北走向的贸兰山—六盘山—龙门山—哀牢山山脉为界,此线以东和以西巨地貌有十分明显的差异。东部,地势的绝对和相对高度都不大,地貌组合以平原、海拔不高的高原、丘陵和中低山为主。西部,绝对和相对升降运动很强烈,故地势的绝对和相对高度都很大,地貌组合以大型盆地、海拔很高的大高原和极度高山为主。

[中生代燕山运动]中生代燕山运动使中国大地构造轮廓基本定形,对完成巨地貌格局也具有决定性的意义。经过燕山运动,除喜马拉雅山地等个别地区外,海水撤出了中国大陆,分散的陆块互相联结起来。上述几个主要走向的山脉都在燕山运动中奠定了基础。华中和华南地区的许多红层盆地,也都在燕山运动中形成。

[新生代喜马拉雅运动]新生代的喜马拉雅运动对中国现代巨地貌结构的形成有特别重大的意义。它除形成巨大的喜马拉雅山脉和台湾山地外,并产生普遍的断裂运动,引起大幅度的垂直升降,这是造成中国目前地势差别的最重要的力量。

[新构造运动]所谓新构造运动主要指喜马拉雅运动中的垂直升降。一般说来,新构造运动隆起区现在是山地或高原,沉降区是盆地或平原,中国新构造运动的强烈隆起区主要分布在西部,造成中国现在地势西高东低的总趋势。西藏高原、喜马拉雅山、昆仑山、天山等是中国最强烈的隆起区,如喜马拉雅山轴部从第三纪末以来,上升了近3000米。这些山脉在强烈隆起的同时,还发生强烈的局部断裂,造成一些高差很大的地堑型山间盆地。例如天山山地中的吐鲁番盆地。此外,云贵高原也是由于上新世以来的隆起,才达到现在海拔2500米左右的高度。太行山、大青山、秦岭等在新构造运动的作用下继续隆起,它们的一侧常为高峻的断层崖,陡立于平原之上。

地壳运动与地貌形态

两个板块的接触带和断裂带是地壳运动最活跃的地带,也是地震、火山最多,地热最强的地带。

[地震]中国大地震以台湾东部(包括台湾以东的海底)为最多,地震频度也最高,就是由于这里是太平洋板块与亚欧板块的接触带。新构造差异升降运动强烈的大断裂带附近,也是大地震经常发生的地带。如六盘山、川西、云南、太行山东麓和燕山南麓等都是中国著名的大地震带,1970年云南通海的大地震、1966年太行山东麓邢台的大地震、1976年燕山南麓唐山的大地震,以及2008年四川汶川大地震都是全国著名的。大地震往往引起地面的明显形变。如邢台地震后,在较大面积内出现幅度达40～50厘米的地面升降;通海地震时,在原曲江断裂带发生了一条延伸60千米的新断裂,切过山岭与河谷,平移错动达0.14～1米。

[火山]中国历史上曾经活动的火山,最高的是中朝边境的长白山火山,在1597年、1668年、1702年曾三次喷发,

五大连池风光

并留有完整火口湖——天池。嫩江支流讷谟尔河上游1720年火山喷发,熔岩流阻塞白河,形成5个湖泊,称为五大连池。台湾的大屯火山群由16个火山组成,迄今活动犹未歇止,山坡上常可见到硫磺气体喷出。台湾以东海区还有四座海底活火山,其中有一座曾于1927年爆发。一般说来,中国活火山数目不多,海拔通常仅数百至千余米,相对高度也只有百米左右,所以在全国地貌上不居重要地位。

[温泉]地震和火山分布区常有温泉,并有地热显示。中国温泉共约1900处,主要分布于云南、广东、福建和台湾省。云南西双版纳有两处过热水泉,水温高达103℃和104℃。西藏高原也有不少温泉,有的水温达90℃以上,超过了当地的沸点,最高一处温泉位于昂仁县的冈底斯山上,海拔5500米。在日喀则地区发现了中国罕见的间歇泉,每天喷水4次,喷发时水柱冲出泉口,高达20多米。

气候对地貌的影响

降水的多寡对地貌的形成影响颇大,其地貌发育在中国东部地区以流水作用为主,随着降水量向西北方向的减少,风化作用逐渐占优势。西北地区干旱的大盆地中,年降水量大都不到200毫米,地面植被稀疏,温度变化急剧,机械风化强烈,风力侵蚀与堆积作用明显,分布着大面积的沙丘、戈壁,及岩石裸露、干沟纵横的干燥剥蚀山岭,山麓洪积平原。中国沙漠(包括戈壁的沙漠化土地)总面积有128.24万平方千米,约占

全国土地总面积的 13.35%，其中沙质荒漠占 45.3%，沙漠化土地（沙地）占 10.3%，戈壁占 44.4%。

侵蚀

在中国东部秦岭—淮河一线以北，蒸发量超过降水量，地表径流不足，河网密度不大，但暴雨洪水的冲刷和泥沙堆积作用仍然十分强烈，风力作用也有一定的影响。秦岭—淮河一线以南降水增多，有发育良好的水系，流水侵蚀作用使地表破碎起伏，而流水的冲积作用又不断使平原加高。华南湿热地区，化学风化作用较盛，广泛发育了深厚的红色风化壳。如海南岛某些地区的红色风化壳厚达 30 米左右。在植被稀疏的地方，红色风化壳受暴雨强烈冲刷，往往发育"暴流地貌"，形成华南丘陵地表破碎的地貌特征。

冰川发育

中国西部分布着特高山、高山和大高原，气候寒冷，现代雪线高度约在 4200～5000 米以上，并有现代冰川发育，冰舌下端沿河谷可下降至 3000 米左右。这些特高山和高山受现代冰川和第四纪古冰川的作用，冰川地貌发育。中国现代冰川分布范围，北起阿尔泰山，南至喜马拉雅山和云南丽江的玉龙雪山，西抵帕米尔和昆仑山慕士塔格，东到四川西部的贡嘎山，纵横 2500 千米，约有冰川 43000 条，总面积约 58700 平方千米，为亚洲冰川总量的一半多。冰川大都为山谷冰川和冰斗冰川类型，高山冰雪融水对中国西北干旱地区的农牧业生产有着巨大意义，提供了沙漠绿洲灌溉和城市供水的重要水源。

冻土

中国冻土面积达 215 万平方千米，占全国总面积的 22.3%，主要分布在东北区的北部和青藏高原。冻土的存在使地表水不能顺利下渗，地表因过度湿润形成沼泽；流水的下蚀作用受到限制，侧蚀作用得以发展，使河谷具有平浅宽阔的形态特征。冻土区还有各种冻土丘、局部融解陷落等地貌现象。

地表物质对地貌的影响

中国的地貌形态还受地表物质的组成成分、坚硬程度和物质结构的影响。巨大的花岗岩体因垂直节理特别发育，往往形成奇峰林立、陡峻高耸的山地，如华山、黄山等。大面积玄武岩熔岩流常构成阶梯状的熔岩台地，如长白山地、内蒙古南部及河北张北一带、海南岛北部等。古老的结晶岩大多为高峻的山地，如泰山、秦岭、横断山脉等；中生代红岩层比较易于侵蚀，多形成波状起伏的丘陵，如华中、华南的红岩丘陵和四川盆地的中部丘陵等。在干旱地区，地表缺乏植被覆盖，洪积—冲积物质在风力作用下形成沙丘。中国境内，由于地表物质差异而形成的大面积特殊地貌，要算黄土地貌、岩溶地貌和沙漠地貌。

黄山风光,
黄山奇峰林立,
陡峭高耸,这是
大自然的鬼斧
神工。

黄土地貌

中国黄土大致分布在昆仑山、秦岭和大别山以北,位于温带荒漠地区的外缘,分布面积达 44 万平方千米,次生黄土分布面积约 20 万平方千米。若将华北和黄淮平原亦作为次生黄土覆盖区,则中国黄土和次生黄土的分布面积约 100 万平方千米,约占全国总面积的 10.4%。甘肃中部和东部、陕西北部以及山西西部是著名的黄土高原区,黄土连续覆盖面积约 27 万平方千米,其厚度约 100～200 米,构成了独特的黄土地貌区,是世界面积最大的黄土分布区。由于黄土土质疏松,因较干旱导致的植被稀少,且夏季多暴雨,所以这里沟壑发育,地表支离破碎,水土流失现象十分严重。黄河泥沙 90% 即来自黄土高原。因此,黄土高原的存在,对于华北平原的形成具有十分重要的意义。

岩溶地貌

中国碳酸盐类岩石分布面积有 130 万平方千米,占全国总面积的 13.54%,所以岩溶地貌分布广,我国是世界岩溶面积最大的国家。其中尤以广西、贵州和云南东部岩溶面积最广。中国地跨热带、亚热带和温带,岩溶地貌类型多,有两广的热带峰林,有华中的亚热带岩溶丘陵和洼地,有华北的温带岩溶泉和干谷。广西桂林一带的峰林举世闻名。碳酸盐类岩石分布区不但形成了独特的岩溶地貌,而且还发育有特殊的土壤和植被,对中国区域自然景观的形成有重要影响。

沙漠地貌

中国沙漠总面积约 70 万平方千米,如果连同 50 多万平方千米的戈壁在内,

腾格里沙漠风光

总面积为128.24万平方千米,占全国总面积的13.35%。中国西北干旱区是中国沙漠最为集中的地区,面积约占全国沙漠总面积的80%。主要沙漠有塔克拉玛干沙漠、古尔班通古特沙漠、巴丹吉林沙漠、腾格里沙漠以及库姆塔格沙漠等。

腾格里沙漠位于宁夏阿拉善地区东南部,面积约4.27万平方千米。沙漠内交错地分布着沙丘、湖盆、山地、平地等。其中沙丘占71%,盐湖占7%,山地残丘及平地占22%。沙漠内大小湖盆多达422个,湖盆内植被类型以沼泽植被、盐生草甸植被等为主,这里是沙漠内部的绿洲。

气候总特征

中国幅员辽阔,气候复杂。东部广大地区,一年中盛行风向的季节转换明显,冬季比较干冷,夏季湿热,雨量集中,是世界上季风发达区域之一,属于季风气候;西北部深居内陆,水循环很不活跃,降水少,是典型的干旱气候;青藏高原海拔过高,大部分地区的年平均气温低于0℃,属于高寒气候。

太阳辐射对气候的影响

中国南北跨纬度将近50°。太阳辐射的纬度差异显著,导致中国热量分布自南向北递减。冬季,太阳辐射总量由南向北迅速减少;夏季,随纬度增高白昼时间变长,北部在一定程度上弥补了正午太阳高度角偏小的影响,故南北差异不大。

中国各地年太阳辐射量大约为80~200千卡/平方厘米。其中,140千卡/平方厘米年太阳辐射量等值线大致从大兴安岭西麓向西南延伸到云南和西藏交界处。以该线为界,西北部高于东南部,这是由于东南部阴雨日数较多。年太阳辐射量的分布,西北部为170千卡/平方厘米,青藏高原高达170~200千卡/平方厘米,而云贵高原、四川盆地以及南岭山地则少于100千卡/平方厘米。

中国各地太阳辐射平衡值除北纬40°以北冬季出现负值外,大部分地区全年均为正平衡,一般为50~70千卡(平方厘米·年)。海南岛地区纬度低,日照时间较长,太阳辐射平衡值最大,达70~80千卡(平方厘米·年)。川黔与南岭山地冬半年多阴雨,太阳辐射平衡值最小,只有30~40千卡(平方厘米·年)。这说明中国境内大部分地区热量资源比较丰富,有利于农业生产。

海陆位置对气候的影响

中国位于世界最大的大洋——太平洋和世界上最大的大陆——亚欧大陆之间，季风气候显著。印度洋为中国西南部输送水分和能量。北非大陆对中国气候也有一定的影响，如冬半年比较活跃的西南暖流(即热带大陆气团)。

季风环流对气候的影响

海洋和陆地的热学性质不同，引起海陆表面热力状况的差异，导致温压场的变化，从而为季风环流的形成提供了基本条件。冬季，东亚热力性质差异十分显著，蒙古高压势力强大，太平洋上为阿留申低压，冷高压几乎控制全国，气压梯度力由大陆指向海洋，盛行偏北气流，是为冬季风。夏季，海陆热力性质差异的作用方向与冬季相反，北太平洋上副热带高压势力大为增强，印度低压发展，气压梯度力由海洋指向大陆，盛行偏南气流，是为夏季风。春秋两季是冬夏高低气压相互消长时期。高低气压中心势力的强弱，位置的年际变动，是制约中国气候季节变化的基本因素。同时，太阳辐射的季节变化、高空行星风系环流及其强度的变动，影响着对流层低层大气环流，从而也影响到中国各地的天气和气候。

地形对天气与气候的影响

地形对水热状况起着重新分配的作用，从而影响到天气与气候。中国境内山地分布很广，有不少绵延百里、千里的巨大山脉走向与气流运行方向近于直交，对气流起屏障与抬升作用。北方来的冷空气受到层层山地阻碍，其强度大大削弱，只是在穿越山口和东部平原时，冷空气势力才显现其强大。夏季暖湿气流在翻越山地时，迎风坡因气流抬升多雨，背风坡与谷地则因气流下沉，焚风效应显著，降水大为减少。青藏高原隆起后，对中国天气、气候乃至其他自然环境都产生重要的影响。高原所处纬度大致是北纬 28°～36°，平均海拔超过 4000 米，其上空多属高空西风盛行区。研究结果表明，青藏高原通过它的动力分支作用、阻挡作用、冷热源作用，对中国天气和气候产生多方面的影响。

大气环流与季风进退

冬季蒙古高原中心气压值极盛时可达 1050 毫巴，势力强大，控制着亚洲大陆；盘踞在北太平洋的阿留申低压，中心气压在 1000 毫巴以下，势力大为扩展。前者是大陆反气旋中心，中纬度大陆气团的重要源地，后者是西来气旋的归宿。蒙古冷高压活动，影响到中国大部分地区冬季的天气与气候。大致说来，冬季的天气过程，就是一次又一次冷空气活动，并实现降温的过程。川西、云南高原，冬季主要受热带大陆气团(西南暖流)的影响，成为中国冬季的相对温暖中心。高空西风气流被青藏高原分为南北两支，南支自大高原南侧流过，转变为暖湿的西南气流，它与南下冷空气交锋，造成贵州高原、四川盆地等地区的冬季阴雨连绵。

　　春季是气压场转换的过渡季节。蒙古高压和阿留申低压势力衰退，海洋上副热带高压逐渐增强西伸，大陆热低压开始形成，因此，四个气压中心都影响中国，风向多变，南北气流交换复杂，中纬度地区气旋活动频繁。

　　与冬季相反，夏季亚洲大陆是强盛的热低压，中心气压值约为995毫巴，西北太平洋是强盛的高压区，中心气压值常在1030毫巴上下。中国大部分地区受热带、副热带气压系统控制，热带海洋气团盛行，影响范围广，历时亦较久。每年约在6月上旬，副高北移，西南季风势力增强，江淮梅雨随即开始。7～8月，当副高再次北跳，长江中下游产生伏旱、酷暑，华北与东北雨季先后开始。此时，副高南侧以南是赤道辐合线位置所在，为台风的生成与发展提供了更为有利的条件。

　　秋季这是夏季环流转换为冬季环流的过渡季节。9月上旬，蒙古高压出现，并可南侵到较低纬度，此时副高仍在较高纬度，从而形成暂时的高低空高压重合现象。除西南地区仍受西南季风影响多阴雨外，全国大部分地区呈现秋高气爽天气。10月份西风带南移，西南季风撤离大陆。这时，北太平洋副热带高压向东南退缩，阿留申低压加紧扩展。11月上旬后，蒙古高压控制着大陆，冬季风迅速南下，出现冬季环流形势。

　　3月上旬，中国南部开始受夏季风（东南季风）的影响。此后，夏季风逐渐北进。4月下旬华南夏季风盛行，华中受影响。7月中旬华北夏季风盛行，内蒙古南部、东北南部受影响。盛夏夏季风到达最北位置我国东北。夏季风自北向南撤退，一般始于8月底9月初。冬季风随即南下，9月底或10月初到达华南。冬季风自北向南先后不到一个月即可影响全国，而夏季风从开始登陆到全国盛行，历时四个月。这表明，中国夏季风的来临是缓进的，它的退却是相当迅速的。中国西南部，夏半年受到西南季风的影响。西南季风在6月上旬以突然爆发的形式向北推进，极盛时可循青藏高原东缘影响到北纬30°以北。华南也可受到西南季风影响，但通常只能达到

蒙古高原风光

南岭山地附近。在冬夏季风进退过程中，随着每一次季风进退，气象要素都相应地发生变化，其中以降水量空间变化尤为突出。从多年平均状况来说，4月中旬华南沿海出现雨带，以后有顺序地北移。6月上旬雨带北进到华南，6月中旬雨带跃进到江淮流域，7月中旬雨带跃过淮河而达黄河中下游，7月下旬华北雨季开始，8月中旬雨带达最北位置东北。

寒潮

在冬季，一次冷高压活动，会同时带来一股冷空气侵袭。当强冷空气南下时，其经过的地区急剧降温，出现严重霜冻，并伴随大风或雨雪天气过程，称为"寒潮"天气。由于中国幅员辽阔，地形复杂，一次强冷空气活动对各地的影响程度并不相同，中国气象部门规定：就全国来说，一次冷空气入侵，能使长江中下游及其以北地区48小时内降温10℃以上，长江中下游最低气温≤4℃，陆上有相当于3个大区出现5~7级以上大风，则称为"寒潮"。如果在48小时内降温14℃以上，大陆上有3~4个大区出现5~7级大风，沿海所有海区先后出现7级以上大风，则称为"强寒潮"。寒潮同时带来的大风降温对农牧渔业和交通运输等方面的负面影响很大，属灾害性天气。但寒潮活动又会给一些地区带来降水，有利于农业生产。

梅雨

梅雨是长江中下游和淮河流域每年

6月中旬至7月上旬一段时间的大范围降水天气过程，多数年份为连续性降水，少数年份后期多降雨或暴雨。梅雨开始与结束的早晚，雨期雨量的丰歉以及年际变化均较大。正常情况下，梅雨开始的日期有50%在6月6日~15日这10天内，有24%出现在6月20日之后。最早入梅（1971年5月26日）和最晚入梅（1947年7月4日）相差40天。正常梅雨结束日期最多出现在7月6日~10日，其次是6月下旬。最早出梅在6月中旬，最晚出梅在7月底至8月初，二者相差一个半月。正常梅雨期长约20天，最长达63天。而有些年份梅雨期极不明显，甚至出现"空梅"现象。

台风

台风是发生在低纬热带西太平洋和南海的低压系统，或称热带气旋。它是对中国东南沿海夏秋两季有重要影响的天气系统，台风发生源地有三：菲律宾以东洋面、加罗林群岛附近洋面以及南海。其中，前两个源地的发生次数最多。台风生成后，移动路径的变化很大，对中国有影响的主要有三条。一是西行路径。从菲律宾以东洋面上向西，经菲律宾或穿过巴林塘海峡、巴士海峡，进入中国南海，继续西行至海南岛或越南登陆。这条路线主要影响中国两广和海南地区。二是西北行登陆路径。从菲律宾以东洋面上向西北方向移动，先在中国台湾省登陆，然后穿过台湾海峡又在福建登陆；或从源地向西北，穿过琉球群岛，然后在中国江浙沿海登陆，影响中国东南沿海。三是海上转向路径。从菲律宾以东洋面

台风登陆海南岛

上向西北方向移动,至北纬25°附近转向东北,向日本方向前进。这条线路对中国影响不大,但如果转向点靠近中国沿海,则对中国沿海地区亦会有较大影响。通常,6月前和9月后,台风主要取第一、三两条路径,七八月份以路径二为主。台风全年均可发生,以5~10月为多,七八月尤常见。根据70年的统计资料,平均每年发生20次。1939年最多,共32次;1885、1901年最少,有9次。登陆的台风,以在广东和海南登陆的次数最多,约占50%,其次是中国台湾省和福建省。台风中心气压很低,中心附近风力强大,并带有暴雨或大暴雨。如,1962年8月5日12时强台风在中国台湾花莲—宜兰登陆,14时中心气压降至900毫巴,中心附近风速高达75米/秒。台风降水的强度亦很大。1963年9月9日~12日,台风侵袭中国台湾,台北附近一个山区测站测得这次台风过程降水量为1684毫米;1975年8月,受"7503号"台风影响,河南省泌阳林庄8月5日~7日三天降水量共达1605毫米。

气温分布

中国陆地面积广阔,位于大陆东岸,受季风环流影响,在气温上表现为明显的大陆性。例如,中国哈尔滨(北纬45°41′)比法国巴黎(北纬48°48′)纬度约低3°,而气温的年较差,前者为42.4℃,后者仅15.2℃。中国各地气温的年振幅,冬季低于同纬度的平均值,为负距平;夏季高于同纬度的平均值,是正距平。但近海及低纬地区距平值较小,越向内陆或纬度越高,距平值则相应增大。在气温分布上,由于大部分地区处于亚热带和温带,所跨纬度广,地势起伏显著,致使南北温差较大,地形影响气温分布极为明显。以年平均气温为例,南海西沙(北纬16°51′)高达26.4℃,黑龙江省北部的呼玛(北纬51°43′)低至-2.1℃,两地相差28.5℃。气温分布的基本特征:是东半部自南向北逐渐降低;西半部地形影响超过了纬度影响,青藏高原大部分地区年平均气温低于0℃,而北面塔里木盆地的和田与吐鲁番则分别为12.1℃和14.0℃。

[冬季气温]1月是冬季环流极盛时期,除海洋岛屿外,中国各地气温下降到最低值,所以1月气温可以代表中国的冬季气温。中国东部气温随纬度的增高而迅速降低,西沙比呼玛高50.5℃,等温线分布相对较密,与纬线大致平行。大致纬度增高1°,气温降低1.5℃。西部地区的高原和山地,因海拔高,气温偏低,等温线分布比较稀疏。有山岭屏障的盆地,冬季成为温暖中心。有寒潮、冷空气侵袭的地区,冬季气温偏低,如东北

北部、内蒙古、长江中下游平原等。1月平均0℃等温线大致东起淮河下游,经秦岭沿四川盆地西缘向南至北纬27°左右折向西藏东南角。此线以北基本上都在0℃以下,东北地区大都在−10℃以下,大兴安岭北部低至−30℃,是冬季全国最寒冷的地方;内蒙古、宁夏北部、甘肃北部以及新疆境内,一般都在−10~−22℃之间;青藏高原除雅鲁藏布江谷地和横断山脉外,大部分在−10~−20℃之间,华北地区为−2~−10℃。0℃等值线以南,长江流域在0~8℃之间;南岭以南、中国台湾中部和北部、云南南部大都在12~20℃之间;中国台湾和海南岛南部,已超过20℃;南海诸岛高达22~26℃左右。冬季强寒潮侵袭时,除南海诸岛外,各地均会出现低温或极端低温,华南可结冰,甚至海南岛也曾出现过0℃以下。1960年1月21日,新疆阿尔泰山南坡的富蕴,气温曾降至−51.5℃;1969年2月13日,黑龙江省漠河县曾出现过−52.3℃的低温,这是中国现有观测资料中的最低值。

[夏季气温]除海洋岛屿外,7月份全国各地气温最高,所以可以代表中国的夏季气温。与冬季相反,夏季气温南北差异很小,西沙比呼玛仅高8.5℃。从等温线分布上看,东南部等温线十分稀疏,大致纬度增高1°,气温降低0.2℃;西部地区,由于内陆盆地夏季受热增温强烈,与高山间气温垂直变化大,等温线较密。全国7月平均气温大都在20~28℃,淮河以南大致在28~30℃,东北平原为22~24℃。青藏高原、天山、大小兴安岭等因海拔影响而低于20℃,其中藏北高原大部低于10℃。四川盆地、长江中下游谷地、渭河谷地等,受地形影响,成为中国夏季的炎热中心。鄱阳湖附近,7月平均气温高达30℃。新疆吐鲁番盆地在闭塞地形与干旱气候双重影响下,7月平均气温竟高达32.8℃,最高气温≥40℃的天数平均每年有37天,绝对最高气温达48.9℃,是中国现有观测记录的最高值。华南地区高温期虽然较长,平均气温较高,但因午后多云或雷阵雨,并常受台风影响,其绝对最高气温反比上述炎热中心低,一般都在40℃以下。

大兴安岭风光

气温年变化

中国位于西风带亚欧大陆东岸,受季风环流影响,绝大部分地区最冷月在1月,最热月在7月,气温的年变化表现为大陆性气候的年变化。沿海地区受海洋热力的调节作用,夏季最热月可推迟到8月。受西南季风影响的地区,7~8月份雨日过多,最热月出现在雨季前的5月。各地气温年较差明显地随纬度增高而加大。黑龙江省大部、内蒙古东北部和新疆天山北麓的准噶尔盆地,气温年较差最大,大都在40℃以上,最高可达50℃左右。黄河流域、塔里木盆地和柴达木盆地约在30℃上下。长江中下游和青藏高原部分地区在22~26℃,其中四川盆地和雅鲁藏布江谷地只有18℃左右。珠江流域、云南高原和中国台湾省大部地区平均在15℃左右,海南岛南部、南海诸岛和台湾山地则小于10℃。

四季划分

中国四季的划分,一般根据物候资料定出。每候(5天)平均气温低于10℃为冬,高于22℃为夏,介于二者之间为春秋。如,北京平均气温10℃最早出现于4月1日,以这个日期作为北京的春始日期,在物候上与桃花初开的日期大致相符。又如长江下游地区一般在9月23日候温低于22℃,作为夏去秋来的日期,在物候上与家燕南归的日期大致吻合。按此标准,大致在东北黑河、嫩

雅鲁藏布江谷地风光

江直到内蒙古大青山一线以北为无夏区,冬长255天以上。青藏高原最热月候温很少长至22℃以上,所以没有夏季,南岭山地以南大致无冬,海南岛夏长超过8个月,南海诸岛全年皆夏。其余地区则四季分明。但中国西部地形复杂,四季分配实际情况比较复杂。全国各地四季的开始与结束,与大气环流、季风进退的年际变化也有密切联系。

[农耕期]当日平均气温高出0℃时,土壤解冻,农事活动开始,称为农耕期。秦岭—淮河一线以南的大部分地区,全年都是农耕期;该线以北,农耕期逐渐缩短。农耕期开始日期南北相差约3个月(1月下旬至4月下旬)。西藏北部6月份起,日平均气温才开始≥0℃。日平均气温≥0℃的终止日期,从黑龙江北部10月上旬开始,往南逐渐推迟,至长江流域已是1月上中旬。西藏北部9月始,日平均气温低于0℃。

[生长期]日平均气温5℃在春秋两季的出现日期,和主要农作物及多数木

本植物的生长期相符,因此日平均气温≥5℃的持续期称为生长期。其分布情况是:东北北部约130天,松花江流域和内蒙古北部150~180天,辽江流域到燕山、河套一线为180~210天,辽东半岛、华北北部和汾河流域210~240天,黄淮平原和汉水上游240~270天,长江中下游270~300天,而北纬25°以南的东南沿海一带,全年均为生长期。在东经110°以西,四川盆地的生长期长达300天,川西高原、河西走廊和北疆不足200天,南疆在200天以上,吐鲁番盆地和塔里木盆地在250天左右,西藏东南部多达270天以上。而藏北高原仅100天上下,为全国生长期最短的地区。

[生长活跃期]当日平均气温≥10℃时,多数植物的生长才见活跃,这一温度指标称为活动温度,其持续期称为生长活跃期。生长活跃期与活动积温对农业生产有重要意义,它相对地表示着植物生长有效热量的多少。中国境内≥10℃的持续期,大小兴安岭不足120天,东北平原和内蒙古北部为120~150天,黄土高原及河西走廊150~180天,黄淮平原200~220天,长江中下游220~240天,四川盆地250~280天,南岭山地以南超过300天,吐鲁番盆地和塔里木盆地约200天,新疆最北部不到120天。西藏雅鲁藏布江谷地大约150天,随着地势的增高,≥10℃的持续期迅速减少。从活动积温来看,青藏高原、北疆、内蒙古东北部和黑龙江北部各在2000℃与1500℃以下,东北及内蒙古大部在3000℃以下,华北在3000~4500℃之间,长江流域大部在4500℃以上,至北纬25°以南升至6500℃以上。西北干旱地区大都在3000℃以上,其中塔里木盆地

可高出4000℃,库车为4329.0℃,和田为4297.0℃,吐鲁番高达5464.6℃,热量资源甚为丰富。

[霜期]中国的霜期,除青藏高原全年都可能见霜外,其他地区都随纬度和海拔的增高而加长。东北与北疆为9月~次年5月,南疆10月~次年3月,黄河流域10月中旬~次年3月中旬,长江流域大部为11月~次年3月,四川盆地12月~次年2月,南岭以南仅在1月出现。各地初霜和终霜的迟早,因各年南下冷空气的早晚而异。地形及海拔高度对霜期有一定的影响。如,黄土高原霜期长于华北平原,长江中下游平原易受寒潮影响而霜期长于四川盆地。

降水状况

中国降水量空间分布的基本趋势是:从东南沿海向西北内陆递减,愈向内陆递减愈迅速。400毫米等雨量线,从大兴安岭西坡向西南延伸至雅鲁藏布江河谷。以该线为界,可将中国分为两部分,该线以东明显受季风影响,属于湿润部分;该线以西少受或不受季风影响,属于干旱部分。这与中国内、外流区界线大致相符,在自然景观的形成与农、林、牧业生产上都有重要意义。

[湿润与半湿润区]降水量随纬度的增高而递减。800毫米等雨量线大致与秦岭—淮河一线相符,该线以南,水循环活跃,长江两岸降水量在1000~1200毫米,江南低山丘陵和南岭山地为1400~1800毫米,广东沿海、中国台湾及海南岛大部可达2000毫米以上,云南南

部及西南部、西藏东南部的察隅、波密一带,受西南季风的影响,年降水量达1500～2000毫米。在上述多雨区之间,昆明、贵阳以北及四川盆地,是相对少雨区,年雨量一般在800～1000毫米之间。秦岭—淮河一线以北的黄河下游为500～750毫米,至东北平原减少为400～600毫米,但长白山地、鸭绿江流域可达800～1200毫米,为中国北方的多雨区。

[干旱与半干旱区]大兴安岭西部和内蒙古高原年降水量一般在200～400毫米。其余地区年降水量少于200毫米,并向内陆盆地中心迅速减少。塔里木盆地的年降水量为18.3毫米;新疆的伊吾淖毛湖降水量只有12.5毫米。而吐鲁番盆地西侧的托克逊,年降水量平均只有5.9毫米,是中国现有年降水记录的最小值。新疆地区降水量受到地形的影响,阿尔泰山、天山北坡相对多雨,年降水量可达500～700毫米以上,准噶尔盆地的年降水量也比塔里木、吐鲁番两个盆地要多。

中国各地降水的时间分配,受季风的影响,11月至次年2月,在冬季风的影响下,除中国台湾东北部相对多雨外,全国绝大部分地区降水显著减少。6月夏季风极盛时期,降水明显增多,成为雨季。随着夏季风的到达与控制时间的不同,自南而北,雨季逐渐缩短,降雨愈见集中。东北、华北及内蒙古等地区,夏雨百分率高达60%～70%左右。在南方多雨区内,夏季风控制的5～10月均有一定的降水量。但长江中下游及其以南地区,7月中旬至8月,常在副高控制之下,降水相对较少。受西南季风影响的地区,如云南南部、西南部,雨季长达半

年(5～10月),降水量占全年总量的70%～80%左右。中国降水季节分配的主要特点是:一、春雨最多的是两湖盆地及江浙地区,降水量约占年总量的1/3左右,新疆伊犁河谷在30%以上,秦岭—淮河一线和西北地区约20%,华北和东北在10%～15%之间,青藏高原最少,不及10%。二、夏季是全国大部分地区降水最多的季节,除长江和南岭之间以及新疆北部山地不及年总量的40%外,华北和东北大于60%,西北和西藏高原大部70%以上,拉萨以西的雅鲁藏布谷地高达80%以上。三、秋雨较多的是雷州半岛、海南岛、秦岭山地、渭河及汉水上游,约占全年总量的30%,全国其他地区大都占全年总量的15%～20%。四、冬季全国少雨,大部分地区不足年总量的10%,西南地区、青藏高原、东北、华北及黄土高原不及5%。但台湾东北部受东北季风的影响,多地形雨,降水量可占年总量的30%;新疆阿尔泰山区和伊犁谷地,因有来自北冰洋的水汽,冬季降水可占全年的20%以上。

降水强度

中国各地降水最大强度一般发生在夏季,往往一个月的降水量可占全年降水量的1/4,甚至一半,而一个月的降水量又往往由几次大的降水过程所决定,这种情况华北等地最为显著。而东南沿海一带,降水最大强度一般与台风侵袭有关。在江淮一带梅雨期间,也常常出现暴雨,甚至大暴雨。中国东部和南部地区,最大日降水量一般都超过100毫米,

大巴山
风光

有的甚至达 200 毫米以上。一般情况下,5～6 月最大降水多发生在长江以南,鄱阳湖盆地及其周围地区是一个范围较广的暴雨中心,湖北清江、湖南澧水、北江上游和桂北山地也是暴雨中心,它们都和气旋活动有关。7 月最大降水主要发生在长江北岸到黄河中下游平原,以及大巴山、巫山以东的江汉平原,暴雨中心在岷江中游、大别山、伏牛山、太行山、大巴山,以及山东丘陵和燕山南麓。东南沿海受台风影响较多,最大降水强度也可发生在 8～10 月。中国台湾是中国降水强度最大的地区。

河流含沙量

中国河流众多,地表切割较甚,降水集中、多暴雨,加上历史上人类活动对天然植被的破坏,以致地表侵蚀强烈,河川固体径流较多。

[黄河]黄河不仅含沙量高,而且输沙量也很大,约占中国东部外流区河流总输沙量的 61.5%。黄河泥沙的来源,在地区上很不均衡,其中大部分来自黄土高原地区。在河口镇以上,黄河的年平均输沙量仅有 1.4 亿吨,占黄河总输沙量的 8.8%;河口镇至龙门区间的年输沙量达 8.8 亿吨,占黄河总输沙量的 55%;龙门至潼关区间的年输沙量为 5.8 亿吨,占黄河总输沙量的 36.2%。黄河泥沙的另一个特点,是季节分配高度集中。由于水土流失主要受暴雨的影响,因此泥沙主要集中于汛期几个月,而这几个月内又集中于几场暴雨。同时,黄河输沙量的年际变化也很大。年输沙量最多的年份与最少的年份相差几乎可达 10 倍,这在世界大河中也是罕见的。这不但与陕、晋黄土高原区降水量年变率很大有密切关系,也与黄土高原地面组成物质疏松、植被覆盖差有关。由此可见,河流水文情况受流域自然地理条件的制约,能明显地反映流域的自然地理特征。

[辽河和华北各河] 辽河的含沙量为 3.6 千克/立方米,辽河上源老哈河高达 90 千克/立方米;华北的滦河含沙量为 3.96 千克/立方米。永定河官厅站在官厅水库修建前,含沙量高达 60.9 千克/立方米,都属含沙量较大的河流。

[长江流域各河] 长江流域各河的含沙量相对较小,除金沙江中游、嘉陵江中上游和汉江在 1~10 千克/立方米外,多数河流在 1 千克/立方米以下,上游各支流大多为 0.5~1.0 千克/立方米,中下游各支流只有 0.2 千克/立方米左右。长江大通站的多年平均含沙量为 0.53 千克/立方米。尽管长江的平均含沙量不及华北诸河,但其水量浩大,年输沙量有 4.68 亿吨之多,仅次于黄河。由于多年来在长江中上游山区盲目垦荒和砍伐林木,致使水土流失加剧,长江的含沙量也随之增高。因此,在长江流域,尤其是在其中上游地区进行植树造林,绿化荒山,防止水土流失,已成为刻不容缓的重要任务。

[浙闽沿海、珠江流域以及西南各河] 这些河流的含沙量很小,一般在 0.3 千克/立方米以下。中国南方河流含沙量虽然不高,但因流量丰富,因此输沙量也很可观。如珠江(以西江为代表),输沙量仅次于黄河、长江和海河(以永定河为代表),居全国第四位。

[东北地区河流] 东北地区分布着茂密的森林和草原,加之气候冷湿,结冰期较长,河流含沙量都很小。如松花江为 0.16 千克/立方米;黑龙江更小,只有 0.02~0.05 千克/立方米,与黄河相比,相差 200 多倍。

[西北干旱区河流] 西北干旱区一般河流的含沙量只有 0.1~0.5 千克/立方米,其中以地下水补给为主的河流含沙量最小,高山冰雪融水补给为主的河流次之。由暴雨形成的临时性河流的含沙量最大,甚至可发生泥石流。

[天山南坡和昆仑山北坡的河流] 天山南坡和昆仑山北坡的河流含沙量最大。天山南坡的库车河兰干站,1958 年的平均含沙量达 28 千克/立方米,输沙率为 228 千克/秒,年输沙量达 720 万吨。昆仑山北坡以叶尔羌河为代表,多年平均含沙量为 4.56 千克/立方米,年输沙量 2910 万吨。

[西藏河流] 西藏河流的含沙量一般不高,大都在 0.5 千克/立方米以下。如藏南宽谷中的雅鲁藏布江,含沙量也只有 0.529 千克/立方米,含沙量也比较小。

湖泊

中国湖泊分布甚广,总面积 75610 平方千米,总贮水量约 7510 亿立方米。面积在 1 平方千米以上的湖泊,全国共有 2000 余个,面积超过 1000 平方千米的大湖有 12 个。

中国东部地区的湖泊,大都是吞吐性的淡水湖泊,含盐度一般在 1% 以下。湖盆浅平,平均水深一般在 4 米以内。其中,属于河迹湖、牛轭湖的如长江沿岸的湖泊;属于海迹湖的如华北平原的七里海等;属于洼地湖的如华北平原的白洋淀、文安洼,淮河中游的城东湖、城西湖、瓦埠湖等。还有一些湖泊,其形成与构造运动的沉陷或断裂有关,如洞庭湖、鄱阳湖,云南的滇池、洱海、抚仙湖等。中国东部淡水湖泊分布最密集的地区是

洞庭湖景色

长江中下游的干、支流沿岸,大小湖泊共有1200余个,其中较大的有鄱阳湖、洞庭湖、太湖、洪泽湖和巢湖,为中国著名的五大淡水湖泊。中国东部的湖泊,许多与河流相通,对江河洪水有巨大的调蓄作用。如鄱阳湖可削减江西境内赣、修、饶、信、抚等五河来洪量的 15% ~ 30%;洞庭湖不仅承纳湘、资、沅、澧四水的全部水量,还能分蓄长江四口——松滋、太平、藕池、调弦的来水,从而减轻了洪水对长江的威胁;淮河中游及海河平原上的一些洼地湖泊,也都是良好的蓄洪区。此外,中国东部地区还有若干火山湖,如长白山的天池(中朝界湖)和雷州半岛的湖光岩等。贵州高原上还有一些石灰岩溶蚀湖,如草海等。

中国西北干旱区的湖泊大都是河流尾闾汇集于洼地而成的内陆湖。由于气候干燥,蒸发强烈,湖水矿化度高,多为咸水湖或盐湖。如内蒙古的吉兰泰盐湖,柴达木盆地的察尔汗盐湖、茶卡盐湖等都是著名的产盐湖泊。内蒙古东部的呼伦湖是内蒙古草原最大的微咸水湖,夏季水位升高时,湖水可流出注入海拉尔河。还有一些湖泊,其形成与构造断陷作用有关,如阿尔泰山西南麓的布伦托海、天山北麓的艾比湖以及天山南麓的博斯腾湖、吐鲁番盆地的艾丁湖等。

青藏高原是中国湖泊分布集中的地区之一,湖泊面积达30974平方千米,约占全国湖泊总面积的38.4%。主要分布在喜马拉雅山以北的藏南高原及冈底斯山、念青唐古拉山以北与昆仑山脉之间的藏北羌塘高原面上。青藏高原上较大的湖泊大多由冰川作用或泥石流阻塞而成。除藏东南外流湖泊为淡水湖外,绝大多数为内陆咸水湖或半咸水湖。高原上最大的湖泊是青海湖,面积4635平方千米,最大水深28.7米,湖水平均矿化度 12.49 克/升,是中国内陆第一大湖,也是中国最大的咸水湖泊。此外,还有纳木错、色林错、扎日南木错、班公错、羊卓雍错等。

沼泽

沼泽是一种特殊的自然生态体系。据初步估算,中国沼泽面积约 11 万平方千米(约合 1.65 亿亩),占全国总面积的 1.15%。中国的沼泽可分成泥炭沼泽和潜育沼泽两种主要类型。泥炭沼泽分布不广,泥炭层积累不厚,多为几十厘米或 1 米左右。潜育沼泽分布较广,这类沼泽地表长期过湿或有薄层积水,土层严重潜育化,有较厚的草根层,但无泥炭积累。

东北地区气候冷湿,蒸发量小,永久性和季节性冻土层广泛分布,地表排水不畅,形成了大面积的沼泽,总计达 5000 万亩,占全国沼泽总面积的 30.3%。本区沼泽主要集中于三江平原,这里处于新构造运动的沉降地带,地势低洼,地表又有较厚的黏土和亚黏土层,因此特别有利于沼泽的发育,沼泽集中连片,大部分为草本潜育沼泽。在大小兴安岭的缓坡和较平坦分水岭、长白山区的沟谷和海拔 800 米以上的熔岩台地上,沼泽分布也很广泛,它们大都属泥炭沼泽,泥炭层厚度可达 1 米左右。此外,在嫩江、松花江中上游干、支流的河滩和低阶地上,也分布有大片的草本泥炭沼泽。

青藏高原东部冷湿的水热状况、和缓地形及冻土层,为沼泽的形成发育提供了有利条件。此区沼泽分布甚广,如黄河上源星宿海、长江上源旋马滩等,草本泥炭沼泽都十分发育。在海拔 4500 米以上的那曲地区,沼泽面积约 1165 万亩,主要分布在河漫滩、阶地、湖滨、扇缘洼地等排水不良地段。四川西北部海拔在 3400 米以上的若尔盖草原,沼泽分布也很集中,面积约 400 多万亩,含有大量泥炭,厚度在 2~3 米,最厚可达 9~10 米。藏北羌塘高原,海拔高,气候寒冷,也是沼泽分布比较集中的地区。

中国辽宁、河北、山东的渤海湾沿岸,以及钱塘江口以北的沿海新淤滩都有大片草本潜育沼泽分布。因受海潮作用,它们均属盐化沼泽类型。钱塘江口以南沿海,尤其是广东沿海一带及中国台湾西部,也有零星沼泽分布。珠江三角洲河网地区与河口地区,多数沼泽地已改造为水稻田和鱼塘,成为富庶的鱼米蚕桑之乡。

中国西北干旱区内陆河流的尾闾地带,由于洪水汇注和地下水汇集,常分布有内陆盐沼泽。柴达木盆地东部的盐沼泽面积达 1650 万亩。新疆天山北麓的伊犁河、玛纳斯河、奎屯河等河流的中上游,南麓的开都河、博斯腾湖滨以及塔里木河沿河洼地等,也有大面积的泥炭沼泽分布。

植物种丰富

中国是世界上植物种属最多的国家之一。北半球所有的自然植被类型在中国几乎都可见到。中国种子植物总计约有 301 科、2980 属、24500 余种。与世界上植物种属丰富的国家比较,仅次于巴西和印度尼西亚,居世界第三位。仅云南一省的植物种数,就有 12000 种,是整个欧洲植物种数的十倍。若以森林树种而言,中国亦有 2800 种之多。世界上现有被子植物的木本属中,95% 可见于中国。

银杏树

中国古遗留种属和特有种属计有72种、190个属,如珙桐科、杜仲科、钟萼树科(单科一属一种)等,金钱松、香果树等,以及被称为世界三大"活化石"的银杏、水杉和鹅掌楸;世界现存裸子植物11个科,除南洋杉科外,中国都有分布;中国是全球竹类起源中心之一,计有竹类300多种。上述三类居世界第一位。中国植被类型复杂多样,在森林植被中有针叶林、落叶阔叶林、常绿阔叶林、热带季雨林和它们之间的过渡类型;局部地区出现热带稀树草原类型;在草原植被中有温带森林草原、温带草原、高山草甸草原等;在荒漠植被中有干旱荒漠和高寒荒漠。隐域性植被类型中如盐生植被、草甸植被、沼泽植被等,在中国均有分布。

土壤发育古老

中国境内除极地苔原土、热带黑土和热带荒漠土之外,世界上各主要土壤类型都有分布,而且具有中国的特色。中国北方草甸草原植被下发育的黑土与黑钙土,就有特殊草甸化过程,较北半球其他地区的草原黑钙土,有着更高的肥力。中国南方砖红壤,富铝化作用不如世界其他热带地区那样深刻,肥力较高。此外,如四川盆地的紫色土、黄土高原的黑垆土等,都是在中国特有环境下发育的土壤类型。中国境内土壤的形成过程年代十分久远。特别是亚热带和热带地区,迄今还保存着第三纪的风化壳和古土壤,在古代富铝化酸性风化产物及现代土壤作用过程下,红壤、黄壤与砖红壤分布甚广。就是中国北方的黑土、棕壤、褐色土等,也有不同程度的粘化。所有这一切,说明中国土壤发育古老。

草甸植被

中国天然草甸在各地带内都有分布,多发育于河流三角洲平原、河漫滩或盆地内地势较低的地方,以及青藏高原的长江、黄河源地等,这里地下水水位比较浅,矿物质随地下水水流汇集,并通过毛管上升浸润土层,为中生草甸植物供应充足的水分。在地下水为淡水的情况下,草甸多已被开垦,草甸植被已为栽培植被,以水稻为代表。高寒地区则是优良的牧场。但草甸土还反映出不同的水平地带性特征。黑龙江省的草甸土有很高的有机质含量和深厚的腐殖质层(180~200厘米),无碳酸盐;华北平原的浅色草甸土一般都含有碳酸盐,或多或少地发生盐渍化作用;长江北岸的草甸土含有碳酸盐,但除滨海地区外,不发生盐渍化;长江以南为无碳酸盐的中性草甸土;热带地区的草甸土不但没有盐渍化的特征,有时还呈酸性。在半干旱和干旱地区的湖滨、河边及局部洼地、地下水较浅之处,大都有盐生草甸分布,发育着草甸盐土。

关东、关西、关中

关,即关隘。中国有许多关隘,"关东"、"关西"可以泛指一般关隘以东、以西的地区,但由于历史的原因,这个"关"多指函谷关或潼关。秦、汉、唐等定都于今陕西的王朝,称函谷关或潼关以东地区为关东或关外,以西地区为关西或关内。关中也指函谷关、潼关以西地区,不过不同时代所指范围大小不一,现在一般指陕西的关中平原。关东也指今辽宁、吉林、黑龙江三省,因其位于山海关之东,所谓"闯关东"的"关东",就是指这里。

神州三峡

长江三峡:西起重庆奉节县的白帝城,东至湖北宜昌市郊的南津关,分别为瞿塘峡、巫峡、西陵峡。

岷江三峡:在四川青神县至乐山市之间,依次为犁头峡、背峨峡、平羌峡。

沱江三峡:在四川中部的沱江上,分别叫鳖灵峡、明月峡、九龙峡。

鸭江三峡:位于重庆武隆县的鸭江上,由犁辕峡、花园峡、谷雨峡组成。

大宁河三峡:位于重庆巫溪县和巫山县之间,由南往北,分别称作龙门峡、巴雾峡、滴翠峡。

青衣江三峡:在四川中部的大渡河支流青衣江上,由飞仙关峡、千佛岩峡、止水岩峡组成。

嘉陵江三峡:在重庆市区与合川区之间的嘉陵江上,依次为沥鼻峡、温塘峡、观音峡。

长江小三峡:位于重庆市内的长江

长江三峡

上,分别叫猫儿峡、铜锣峡、明月峡。

淮河三峡:在安徽境内的淮河中游段,西起凤台县,东至五河县,分别为巫山峡、荆山峡、浮山峡。

马渡河三峡:在湖北宜昌境内,由长寸峡、棕树峡、大石峡组成。

北江三峡:在广东境内的北江上,分别叫盲仔峡、香炉峡、飞来峡。

西江三峡:位于广东珠江干流西江上,自西向东,依次为大鼎峡、三榕峡、羚羊峡。

湟川三峡:在广东连州城南的南宫滩上,由羊跳峡、楞伽峡、龙泉峡组成。
"江"与"河"

"江"与"河"划分

诸如黄河、长江之类的很多河流,有的叫河,有的叫江。那么,江与河是怎样区分的呢? 一般情况下,在中国境内,通常把注入内海或湖泊的河流叫河。例如:黄河、辽河注入渤海;塔里木河注入台特马湖,等等。而通常把注入外海、大洋或流经邻国的河流叫江。例如:长江注入东海;珠江注入南海;黑龙江、乌苏里江、松花江、图们江注入日本海或鄂霍次克海;雅鲁藏布江、怒江、澜沧江分别流经印度、缅甸、越南,也叫江,等等。但是,位于岛屿上的河流则无论注入哪里,大多数都叫河或溪。例如海南岛的万泉河,台湾岛的浊水溪、大甲溪等。而对于外国的河流,无论其长短,是注入内海、湖泊,还是外海、大洋,一般情况下都叫河。例如:尼罗河、亚马孙河、密西西比河、勒拿河、叶尼塞河、鄂毕河、圣劳伦斯河、拉普拉塔河等。

夜晚星星知多少

天上的星星密密麻麻,据科学家统计,这些恒星多达数十亿颗。但以肉眼可以看见的星星而言,约为 6000 多颗。由于人们站在地球上,至多只能看见头顶上的半个天空,如果不借助望远镜,用肉眼能看到的星星只有 3000 多颗。另外,由于雾气的笼罩等环境因素的影响,地平线附近的星星也是难以看到,我们最多只能数到一两千颗星星。

宇宙中的实际恒星数是一个天文数字,仅太阳所在的银河系中,一般估计约有 1500 亿颗星星,而人类靠现在的观测手段已观测到了几千亿个这样的"银河系"。谁都知道,"现在观测到"的远不是宇宙的全部。因而,从这个意义上讲来,作为"宇宙之花"的恒星又是无法计数的了。

中国的三关十八隘

明代北方多战事,为防范瓦剌的连年侵扰,划北方为"九边",极其重视要塞的构筑和利用。以直隶(河北)境内沿内长城一线的居庸、倒马、紫荆三关为"内三关";以山西境内沿内长城一线的雁门、宁武、偏头三关为"外三关"。内三关和外三关共同构成西北屏障。北边一有战事,必分列成守于此,恃为外险。

山西境内的外三关首当其冲,是第一道防线,《读史方舆纪要》所谓"遮绝寇冲,障蔽畿甸"。同时,以天险雁门关为中心,西翼沿内长城分布在宁武、代县、

雁门关,位于今山西代县西北的雁门山腰,与宁武关、偏头关合称太原府外三关。

繁峙等县有十八个隘口,构成隘口集团,故称"十八隘"。雁门以西为太和(白草沟)、水芹、吊桥、庙岭(夹柳树)、石匣(雕窝梁)、阳武峪、元冈、芦枝口八隘;雁门以东为水峪、胡峪、马兰、茹越、小石、大石、北楼、太安、团城、平荆十隘。

中国古代四大名镇

夏口镇:位于长江中游,今为湖北省武汉市的汉口,四大名镇之首。因地处南北之中,有"九省通衢"之称,成为交通枢纽。

佛山镇:位于珠江三角洲北部,今为广东省佛山市,是中国四大丝织业中心之一。

景德镇:今为江西省景德镇市,以生产瓷器闻名于世,是四大名镇中唯一不靠水运起家的城镇。

朱仙镇:位于河南省开封县西南,贾鲁河穿镇而过。目前仍为一镇,是开封县西南的重要农贸市场。唐宋以来成为水陆交通要冲和繁华的商业集镇。后因河道淤塞,水运中断,平汉铁路(今京广铁路北段)通车,陆运转移而衰落。

中国的国际湖泊

长白山天池:是中国和朝鲜的界湖。位于吉林省抚松县和安图县交界处,湖面海拔 2154 米。湖泊高踞于长白山之巅,在群峰环绕之中。

兴凯湖:是中俄的界湖,也是我国最大的国际湖,是当地赫哲语肯卡的谐音,意为水从高处向低处流。兴凯湖约3/10属于我国,7/10 在俄罗斯境内。

贝尔湖:是中国与蒙古的界湖。人们往往将贝尔湖与呼伦湖联系在一起,其实它们是两个独立的湖泊。贝尔湖位于呼伦贝尔高平原的最西部,湖泊东南有哈拉哈河,流至新巴尔虎左旗南缘索伦鄂博附近,河道分二支,北支称下里津里河,南支注入贝尔湖。

班公错:是我国与克什米尔的界湖,位于西藏日土县境内,藏民称为"哥木克哥那喇令错"或"错木昂拉红波",意思是明媚而狭长的湖泊。班公错是我国也是世界上最长最著名的裂谷湖之一。

中国的温泉

黄山温泉：位于黄山朱砂峰下，故名朱砂温泉，誉称"天下名泉"。水温经常保持在42℃左右。

西安华清池温泉：在西安东北临潼城南的骊山脚下，是陕西有名的温泉疗养胜地。水温44℃。

南京汤山温泉：因"四季如汤"而得名，位于南京城东中山门外30千米的汤山镇，水温常年保持在50~60℃。

重庆南北温泉：南温泉坐落在建禹山，富含硫黄质。北温泉位于嘉陵江畔，富含石灰质，泉水水温32℃以上。

昆明安宁温泉：位于昆明市区南40千米处，古称"碧玉泉"。水温在43℃左右，有"天下第一汤"的美称。

广州从化温泉：位于广州市西北80千米的从化市，温泉区的泉眼有10个，水温一般为36~60℃。

西安华清池温泉

"天下"之景

天下第一泉：镇江冷泉（江苏）、趵突泉（山东）

天下第一汤：安宁温泉（云南）

天下第一瀑：雁荡山大龙湫（浙江）

天下第一峰：鼎湖峰（浙江）

天下第一碑：华山铭残字碑（陕西）

天下第一楼：岳阳楼（湖南）

天下第一关：山海关（河北）

天下第一雄关：嘉峪关（河北）

天下第一江山：北固山（江苏）

天下第一奇山：黄山（安徽）

天下第一奇石：风动石（福建）

天下第一奇观：石林（云南）

天下第一名刹：少林寺（河南）

天下第一大佛：乐山大佛（四川）

天下第一名塑：灵岩寺罗汉（山东）

天下第一福地：终南山楼观台（陕西）

桂林山水甲天下：桂林（广西）

匡庐奇秀甲天下：庐山（江西）

奇险天下第一山：华山（陕西）

峨眉天下秀：峨眉山（四川）

青城天下幽：青城山（四川）

洞庭天下水：洞庭湖（湖南）

天下奇秀：雁荡山（浙江）

中国九大名关

山海关：在河北秦皇岛市，是万里长城的起点，有"天下第一关"之称。

居庸关：旧称军都关、蓟门关，在北京市昌平县，为长城要口之一。

山海关城楼

紫荆关:在河北省易县紫荆岭上,为河北平原进入太行山的要口之一。

娘子关:在山西省平定县东部,建于唐初,平阳公主曾率娘子军驻此,故名。

平型关:在山西省繁峙县。是长城的要口之一。

雁门关:在山西省代县,是长城的要口之一。

嘉峪关:在甘肃省嘉峪关市西嘉峪山东南麓,是长城的终点,自古为东西交通要冲。

武胜关:在河南省信阳县,为大别山隘口之一。

大南关:在广西壮族自治区凭祥市西南,曾称鸡陵关、镇南关、睦南关,为中国通往越南的交通要口之一。

古关遗址

函谷关:河南灵宝市东
昭关:安徽含山县北

阳关:甘肃敦煌西南
榆关:即山海关
潼关:陕西临潼县北
萧关:宁夏固原县东南
玉门关:甘肃玉门市
天门关:山西太原市西北
天水关:甘肃天水市
南津关:湖北宜昌县西
大散关:陕西宝鸡市南
草桥关:河北高阳西
瓦桥关:河北雄县西南

神州“飞来”奇景

飞来石:我国飞来石有三处,一处在驰名中外的著名风景区安徽黄山西部,石高十余米,孤耸峰头,根部和山峰截然分离,似从天外飞来;另一处在享有“匡庐奇秀甲天下”之誉的江西庐山西谷蛤蟆石上悬着的那块巨石;再一处在广西兴安县灵渠秦堤上,它是一块天然岩石,略成方形,上面平坦,高约4米,周长约20米,有石级可攀。

飞来峰:一在杭州灵隐寺前,另一在安徽天柱山。

飞来塔:在北京海淀区北缘的白塔山上,有一巨石横空。上有一座庵塔,似天外飞来。

飞来寺:在广东省清远市飞来峡后,创建于南朝。一说是轩辕黄帝二庶子大禹和仲阳化为神,在一个风雨之夜将安徽舒城上元延祚寺移到此处;另一说是和尚李飞创建。

飞来庙:在河北省承德市的双塔山,其中一座小山上有座小庙。小山陡峭直立,人们徒手无法攀登上去,便把此庙称为"飞来庙"。

飞来峡:位于广东清远城北,是北江流经的一段峡谷。

飞来岗:位于四川峨眉山两千米以外。飞来岗为一小石峰,似天外飞来。

飞来殿:在四川省峨嵋县飞来岗上,建于宋代。

桂林山水

桂林山水北起光安、南到阳朔,总长约 100 余千米,风光秀丽,景色独特。由于石灰岩地形发育,地下和地上水潜蚀,地表变动,以至桂林青山如平地拔起,形态万千,有独秀峰、象鼻山、南溪山、芦笛岩、七星岩等胜景。山多岩洞,洞内石乳、石笋、石柱、石幔、石花组成各种景观,形状奇异。漓江是桂林山水重要组成部分,漓江流水清澈,游鱼可数,像玉带一样旋绕沿江。群山峭拔,绿水迂回,青山绿水,景色清幽,构成长达百里的美丽画卷。桂林山水是中国著名的风景游

桂林象鼻山

览区,自古就有"桂林山水甲天下"的美誉。

中国"金字塔"——良渚

2002 年,"金字塔漫游者"探测活动的现场直播在全世界掀起了"金字塔"热潮。然而,浙江省文物考古研究所良渚文化研究专家王明达指出,中国良渚的"土筑金字塔"与埃及金字塔相比毫不逊色。

在许多人的脑海中,金字塔与埃及画上了等号,却鲜有人注意到,距今四五千年的中国良渚文化完全可以与以金字塔为代表的埃及古文明相媲美。

良渚有一百多座被称为"土筑金字塔"的高台土墩。因为属于土建筑,难以保存,所以如今只留下了一小部分的遗迹。但由这些祭坛和墓葬结合的复合遗迹,仍能看出当年的辉煌。如 1987 年发现的瑶山祭坛,由红土台、灰土围沟等围成,高约 18 米,发掘面积约 1600 平方米,实际面积约 2.2 万平方米。而目前已知的良渚最大的古城址——余杭莫角山遗址总面积达 30 万平方米,其中有 3 万多平方米可能是一座包括宫殿、广场等的巨型建筑。除了人体解剖等少数几个方面以外,良渚古墓丝毫不逊于埃及金字塔。

王明达认为,良渚文化是中国史前文化最辉煌的时期,在华夏文明史上有着独特的地位,但是目前,我们对于良渚文化的了解还只能"管中窥豹",相信随着考古工作的深入,还会有更多的惊喜等待着。

中国部分城市雅号

广州——花城,羊城

重庆——山城,雾都
湘潭——锰都,莲城
长沙——星城,潭城
成都——蓉城,锦城
昆明——春城,花城
承德——热河
莆田——荔城
潮州——凤城
济宁——任城
大同——平城
西昌——月城
扬州——芜城
宜兴——陶都
泉州——鲤城
漳州——芗城
许昌——烟城
惠州——鹅城
柳州——龙城、壶城
泸州——酒城
内江——甜城
个旧——锡都
金昌——镍都
曲阜——圣城
大连——滨城
苏州——水城
厦门——鹭城
鞍山——钢城
呼市——青城
哈市——冰城

中国十大著名的钓鱼台

河北省南皮县城西5千米的姜太公钓鱼处。

在山东省鄄城县的庄子钓鱼处,建有庄子祠。

江苏省淮阴县城西的西汉淮阴侯韩信垂钓处。

福建省闽侯县南4.5千米,相传是东越王余善钓得白龙的地方,叫"钓龙台"。

浙江省桐庐县富春山的东汉严子陵垂钓处,钓鱼台有东、西二台。

湖北省武昌西北江滨,据传是孙权饮酒观鱼的地方,史称"钓台移柳"。

安徽省贵池县西北的玉镜潭的南朝梁昭明太子钓台。

江苏省宜兴县的南北朝时期梁人任日方钓鱼处。

湖北省大冶县东道士濮的唐代高士张志和垂钓处。

北京市阜成门外三里河的金代权贵王郁垂钓处,现为国宾馆。

中国十大名桥

卢沟桥:位于北京广安门西南10千米。建于1189年,是一座联拱石桥,长

卢沟桥旧照

约265米,有241根望柱,每个柱子上都雕着狮子。

十字桥:位于山西太原市晋祠内。桥梁为十字形。全桥由34根铁青八角石支撑,柱顶有柏木斗拱与纵、横梁连接,上铺十字桥面。

风雨桥:位于广西三江县程阳村边林溪河上。为石墩木面瓦顶结构。桥上建塔形楼亭5座,可避风雨。整座桥梁不用一根铁钉,精致牢固。

铁索桥:位于四川泸定县的大渡河上。全长136米,宽3米,由13根碗口粗的铁链系在两岸的悬崖峭壁上。其中9根并排着的铁链上面铺有木板,就是桥面,另外各2根在桥面两侧,就是扶手。每根铁链重约2000千克。

五音桥:位于河北东陵顺治帝孝陵神道上。桥面两侧装有方解石栏板126块,敲击能发出奇妙的声音。

玉带桥:位于北京颐和园。用白石建成,拱圈为蛋尖形,桥面呈双向反弯曲。桥身用汉白玉雕砌,两侧雕刻精美的白色栏板和望柱。有"海上仙岛"美称。

广济桥:位于广东潮州东门外,是我国古代一座交通、商用综合性桥梁,也是世界上第一座开关活动式大石桥,有"一里长桥一里市"之说。

五亭桥:位于扬州瘦西湖内。桥基为12条青石砌成大小不同的桥墩;桥身为拱卷形,由3种不同的卷洞联合,共15孔,孔孔相通,亭亭之间的廊相连。

安平桥:位于福建晋江安海镇。桥面由7条大石板铺成,桥头有六角五层砖构宋塔一座,为中国古代最大的梁式石桥,有"天下无桥长此桥"之誉。

赵州桥:位于河北赵县的河上,是一座单孔石拱桥,桥面宽10米,两侧42块模仿板上刻有龙兽状浮雕。

中国的地形区地理界线

内蒙古高原和东北平原界线:大兴安岭。

黄土高原和华北平原界线:太行山脉。

四川盆地和长江中下游平原界线:巫山。

赵州桥,建于605年~616年间,使用了上千块重达一吨的石头。桥长约130英尺,宽约30多英尺。

云贵高原和青藏高原界线:横断山脉。

准噶尔盆地和塔里木盆地界线:天山山脉。

青藏高原和塔里木盆地界线:昆仑山脉。

黄土高原和汉水谷地界线:秦岭。

河西走廊和柴达木盆地界线:祁连山脉。

四川盆地和汉水谷地界线:大巴山脉。

内蒙古高原和黄土高原界线:古长城。

长江中下游平原和华北平原界线:淮河。

二、省级行政区划

北京市

行政区划

北京市简称京,中华人民共和国首都。北京市位于内蒙古高原和华北平原的交界处,地处东经 115°25′~117°35′、北纬 39°28′~41°05′。北京市东南和天津市接壤,西、南、北与河北省毗连。全市面积 1.64 万平方千米。辖东城、西城、朝阳、海淀、丰台、石景山等 16 个区。市府驻东城区。

东城区—东城区是北京市政府所在地,位于市中心区东部,面积 41.84 平方千米,常住人口 86.5 万人。全国铁路交通枢纽——北京站位于区境南部。王府井商业街、百货大楼、新东安市场等工商企业均在区境内。医疗卫生机构著名的有北京协和医院、北京医院、同仁医院、北京中医医院和北京市妇产医院等。中央美术学院、中国协和医科大学等高等院校设立于此。文化体育设施众多。天安门广场、天安门城楼、太庙、社稷坛、故宫博物院等名胜位于区境内。天安门广场正中为人民英雄纪念碑和毛主席纪念堂,西侧是人民大会堂,东侧是中国国家博物馆,南侧是正阳门和箭楼。区内还有

天安门,是明、清两朝皇城的正门,明代原名为承天门,建于明永乐十五年(1417)也称大明门。

毛泽东、茅盾、老舍等名人的故居。历史上著名的"五四"运动就发生在该区内。

西城区—西城区历史悠久,是北京城的发祥地,现为京城商业文化区。西城区位于市中心区西部,面积 50.70 平方千米,常住人口 124.6 万。区内有多条交通干线贯通东西南北,还有环城地铁通过。大栅栏、珠市口西大街、菜市口等是传统的繁华商业区,驰名中外的琉璃厂文化街也在本区内。古迹有牛街礼拜寺、天宁寺塔、法源寺等。名胜有陶然

亭公园、大观园等。还有纪晓岚、康有为、谭嗣同、鲁迅等名人故居以及李大钊、毛泽东、周恩来等革命家从事革命活动的故址。

海淀区——海淀区位于市区西北部，面积431平方千米。辖22个街道5镇2乡。区内地势西高东低，河湖密布，有高梁河、清河、万泉河、南长河、小月河、南沙河、北沙河、永定河引水渠、京密引水渠及昆明湖、玉渊潭、紫竹院湖、上庄水库等。农业主产小麦、蔬菜，兼产肉、禽、蛋、鱼、水果。海淀区是著名的教学园区，驻有高等院校60所，其中有全国著名的北京大学、清华大学等。海淀区还是著名的高新技术产区，高新技术已成为区域经济的支柱，这里形成了电子信息、光机电一体化等四大支柱产业。

人口、民族

2010年北京市常住人口1961万，其中外来人口500余万。本市人口年龄构成属年轻型，正处于向成年型过渡阶段，劳动力资源充足。由于北京是中国政治、经济、交通和文化中心，所以各种专业人才云集。全国56个民族在北京都有分布，其中少数民族人口50余万。人口在万人以上的少数民族有回族、满族、蒙古族等。

历史文化

北京有着悠久的历史和灿烂的文化。早在70万年至50万年以前，原始人群部落"北京猿人"就在北京西南的周口店一带繁衍生息。北京人创造发展了旧石器文化，对华夏民族形成产生过深远的影响。秦始皇统一中国后，北京一直是北方军事交通重镇和地方政权的

北京猿人像

都城。北京又是六朝古都，作为燕国、辽朝、金朝、元朝、明朝、清朝六朝都城，北京拥有大量的文物古迹和深厚的文化内涵。是中国七大古都之一，也是世界历史文化名城和古都之一。1919年北京爆发了伟大的"五四"运动，揭开了中国现代史的序幕。新中国成立后，北京成为现代中国政治、文化的中心。

地貌

北京西、北、东三面环山，东南为平原。山地面积约占总面积的62%，平原面积约占38%。东北部山地统称军都山，属燕山山脉，海拔高为800～1000米，最高处是延庆的海坨山，海拔2241米。燕山山脉向东直达渤海之滨。西部山地统称西山，属太行山山脉，海拔一般为1000～1500米，最高处是门头沟一带的灵山，海拔2303米。这两条山脉在南口附近形成一个向东南展开的半圆形，将北京小平原环拱起来，平原由许多冲

积扇组成,缓缓向东南倾斜,平原地带海拔一般为 30～50 米,最低 8 米。北京城就位于永定河冲积扇上。

水系

北京境内主要河流属海河—蓟运河水系,河流顺地势由西北向东南汇流。北京计有永定河、潮白河、拒马河、蓟运河、北运河五大河系,均属海河水系。永定河为最大河流,从河北省入境,在栾杏进入平原后,向东南流至天津入海。城郊有大小湖泊 30 个,大小水库近百座。较大的水库有密云、怀柔、十三陵水库。市内湖泊多为人工开凿,主要有昆明湖、北海等。

气候

北京属典型的温带大陆性气候,四季分明,冬季寒冷干燥、夏季高温多雨,春秋短、冬夏长。大部分地区无霜期在 6 个月以上,年平均降水量 626 毫米。夏季降水占全年降水量的 70%。当东南季风边缘摆动到北京附近时,南来的暖湿空气与北方冷空气相遇,形成 7、8 月高温多雨天气,对农业生产有利;冬季盛行西北季风,经常出现大风、降温天气;秋季天高气爽,舒适宜人。旱涝为北京主要灾害,以春旱为多,对农业生产影响较大,平原洼地常有夏涝,山区时有雹灾发生。

自然资源

北京境内动植物资源丰富。有各类植物 2000 多种,其中野生植物约占一半。植被类型以暖温带落叶阔叶林、暖温带针叶林,针叶林以油松为主。百花山、妙峰山、东灵山等地是著名的天然植物园。北京境内有矿产数十种,其中煤和铁储量较大,还有金、银、铜、铅、镍、钼和石灰岩、大理石、耐火黏土等矿产。另外北京还发现多处地热异常带和地热田。

经济

北京工业门类包括冶金、煤炭、电子、机械、化工、轻工、纺织、印刷等行业,已形成较为完整的工业体系。其中高新技术产业对全市工业增长的影响越来越大,已成为带动工业增长的龙头。全市耕地总面积 348.3 万亩,可灌溉面积占 80% 以上,农业机械化已广泛应用。农业主产小麦、稻谷、玉米等。还建立了副食品生产基地。商业服务业发达,并已初步形成行业基本配套、门类比较齐全、营业网点大中小型结合的商业体系。北京是全国交通中心,铁路、公路和航空运输的总枢纽,并有多条国际列车、国际航线通往国外。

交通

北京是中国的交通枢纽。铁路方面,北京通往全国各地的主要铁路干线有京沈、京广、京九、京沪、京包、京承、京通、京原等线。此外还有直通蒙古、俄罗斯、朝鲜等国的国际铁路线。公路方面,由北京连接各省、市、自治区,通往各大港口及铁路干线枢纽和重要工农业基地的主要放射线有 21 条,公路质量不断提高。民用航空方面,北京有通往国内各地的民用航空线 168 条,连接各省省会、自治区首府、直辖市、重要工矿基地及重点旅游区城市。20 世纪 80 年代至今,北京的国际民航发展迅速,首都机场已成为重要国际航空港,有国际航线 69 条,可直飞亚、非、欧美。环城地铁也在北京建成运营,现已发展成繁忙的地下通道。城际轻轨铁路也已出现。

慈禧挪用北洋水师军费建造的颐和园。

旅游

北京是中国历史最悠久的城市和古都之一。作为燕国郡城的最早记载见于《史记》。到元、明、清三代，北京作为都城，是中国的政治、文化中心。悠久的历史、灿烂的文化给北京留下了丰富多彩的人文景观。北京皇家宫廷、园林、朝坛及宗教建筑遍布，文物古迹荟萃，集中国文化之大成。宏伟的万里长城和规模宏大的紫禁城闻名世界；颐和园、北海、香山等皇家园林的优美景致和瑰丽建筑令人流连忘返。北京的自然景观与人文景观交相辉映。北京背靠万山，前拥九河，自然旅游资源很丰富，名山、森林、草原、溶洞、温泉、河湖不一而足。解放后，现代建筑如雨后春笋，古老的历史沉淀和现代风貌完美地结合在一起，使北京更加秀美，成为向世界展示中国的窗口。

天津市

行政区划

天津市，简称津，为中央四大直辖市之一，地处海河五大支流（南运河、子牙河、大清河、永定河、北运河）的汇合处和入海口，地处华北平原东北部，自古便是拱卫京畿的要地和门户。全市陆地面积约1.2万平方千米。"天津"这个名字是明初燕王朱棣所起，这里是他到京城夺取皇位时的渡口，登基后取其名，为"天子渡河"之意。与首都的宏大气魄相比，相邻咫尺的天津城少了几分雄者之风，但纷纷攘攘的世俗生活使其充满了另一种朴素低调的美。19世纪中叶，天津被辟为通商口岸，逐步发展成为当时中国北方最大的金融商贸中心。如今天津市已成为京津冀大都市连绵带的核心城市以及环渤海地区的经济中心，滨海新区的落户使得天津的发展日新月异,京津高速铁路和众多交通要道的通达使更多北京人把家安在了同样繁华却相对安静的天津。

天津市处于燕山山地向滨海平原的过渡地带,北部山区属燕山山地,南部平原属华北平原的一部分,东南部濒临渤海湾。全市南北长189千米,东西宽117千米,北与首都北京毗邻,东、西、南分别与河北省的唐山、承德、廊坊、沧州接壤。天津海岸线南起歧口,北至涧河口,长153千米。

天津市辖和平、河西、南开等15个市辖区和静海等3个县。市政府驻和平区。

[和平区]和平区是天津市府所在地,为天津市政治、文化、商贸、金融和信息中心。和平区位于市区中部,辖6个街道,面积10平方千米。境内有各类商业设施4300多家,大型商业设施林立,大中型商业设施所占比重相当大,闻名

朱棣,是明朝第二位皇帝,明太祖朱元璋第四子。

全国的劝业商场、华联商厦、百货大楼、滨江商厦、国际商场以及凯悦、利顺德、友谊宾馆、国际大厦等星级饭店位于繁华地段。狗不理包子饮食集团公司、亨得利钟表眼镜公司、冠生园食品公司、沈阳道古物市场位于境内,文化体育设施众多。和平区通信、新闻事业发达,有广播、电视、报刊等20余家中央和市级新闻媒体,电话局、长途电信局、市科技情报中心也都位于境内。

[河西区]河西区位于天津市区中心东南、海河西岸,辖13个街道,面积37平方千米,有汉、回、满等30个民族。河西区形成于明末清初,是天津市工业、商业、教育、服务等行业的重要组成部分。区内千人以上的大、中型企业有120多个。陈塘庄和土城两大工业区,就坐落在区境南部。区内既有历史悠久的造纸、化工、毛织、染料、棉纺等一批老企业,也有逐年兴起的电子、机械、食品加工等新兴企业。区内有4条店堂林立、各具特色的商业街和8座大中型商场,商业兴旺繁荣。区内教育、医疗、文化事业发达,全区有科研单位70个,高等院校11所,中等专业学校、中学等共86座,并有1座少年宫,1座文化宫,各类医院共33所。境内有天津电视塔、天津大礼堂、天津工业展览馆、国际科技咨询大厦、天津青少年活动中心、人民公园等文体娱乐休闲场所,杨柳青画社和泥人张彩塑工作室知名全国。

[南开区]南开区位于天津市西南部,辖12个街道,面积39平方千米,人口83万,有汉、回、满等35个民族。南开区为天津市科研、高教、仪表电子工业、机械制造工业的集中地和商业的重要发祥地。区内地势平坦,河道纵横。

海河外滩公园,位于天津市塘沽区

境北和东北隔有南运河、海河环绕,中部有墙子河、红旗河、卫津河、复康河横穿。本区交通便利,津淄公路、津盐公路经过区内,地铁行驶南北。区内的工业以仪表电子、机械制造为重点,高新技术产业对工业增长的影响增大。高等学府南开大学和天津大学位于境内。

[塘沽区]塘沽区位于天津市境东南部,地跨海河两岸,地处华北平原东北部,东临渤海湾,扼海陆要冲,历史上有"京津海陆门户"之称。塘沽区距市区45千米,面积688平方千米,人口51万,辖11个街道1镇。本区地势低平,海岸线呈弓形,长64.2千米,滩涂约有116平方千米。海河、永定新河、潮白新河、蓟运河、独流河由此入海。区内南部多盐田,中北部多盐碱荒地。塘沽区交通发达,京山铁路穿境而过,津塘公路、京津塘高速公路过境。工业以港口、船舶修造、海洋化工、海洋石油为重点,是天津市海洋化工、海水养殖、海洋捕捞以及水产品加工的集散基地。

人口、民族

2010年天津市常住人口1293万,其中市区人口占全部人口的40%以上。全市人口平均密度每平方千米约950人,以市区人口密度最大,和平区人口密度达到每平方千米4.5万余人。全市有回、满、蒙古、藏等51个少数民族,有26.4万人,占全市总人口的2.53%,以回族最多,满族次之。回族和满族居住较集中,其他多是各民族杂居的居住形式。

历史文化

天津地区从新石器时代开始便有史前人类开始活动,历经商周、秦汉、隋唐、辽宋数千年的演变,逐步发展了早期文明。到了金朝,天津地区成为戍守要塞——直沽寨。元朝时开发海运和漕运,形成河港,改名为海津镇。明朝朱棣兴兵南征,从这里南渡夺取皇位,取天子渡口之意,又更名为"天津",并设置了当时中国最大的卫所,征调了大量兵力驻扎在此。以后,历朝历代都在这里建城屯兵,故定名为"天津卫"。天津文化的主流,一度曾以军旅文化为核心,它的渗透和流传形成了天津人豪爽直率、爱憎分明、疾恶如仇的基本文化素质,至今遗风尚在。到清代中叶,天津发展成为北方的商业集散中心。作为距离北京最近的大都市,宫廷文化随之传入,市井文化也逐渐发达起来。被列入通商口岸后,天津出现了不少办理汇兑业务的钱庄,逐渐成为中国北方的金融中心、商业中心。西方文化也随着列强划分租界以及通商活动而传入。不同地域、不同国家的文化在这里互相融合,最终形成了天津独特的地域文化。

地貌

天津市绝大部分属华北平原,由海河携带的泥沙冲积而成,地势低平,一般海拔 2~5 米,天津地貌总轮廓为西北高而东南低,呈簸箕形向海河干流和渤海倾斜。最高点在蓟县北缘的九山顶,海拔 1078 米,最低处大沽口,海拔为零。天津有山地、丘陵和平原三种地形。北部是燕山南麓的低洼丘陵区,海拔 100~500 米,谷宽坡缓,有水土流失现象,其余均属冲积平原。靠近山地是由冲积扇组成的倾斜平原,呈扇状分布。倾斜平原往南是冲积平原,地势低平,分布有许多大小洼地、盐碱地。东南是滨海平原,地面海拔不到 2.5 米。滨海平原以东有狭长滩地。

天津市分布于燕山南麓至渤海之间。按其成因、地表组成物质及海拔,可将天津市的平原划分为洪积—冲积平原、冲积平原、海积—冲积平原和海积平原四种类型。洪积—冲积平原分布在燕山南麓至渤海之间,由蓟运河的数条支流冲积而成的一些规模较小的冲积扇组成,地势向东南倾斜,有水质良好、丰富的地下水。冲积平原分布在洪积—冲积平原以南,滨海平原以西,地势低平,地下水水位高,地面河流排泄不畅,河床淤高。海积—冲积平原分布在杨柳青一线以南,南运河以东,塘沽、甜水井一线以西,是海洋与河流相互作用地区,多湿地。海积平原分布于渤海沿岸狭长地带,地势低洼,常受海潮浸渍,多盐滩、沼泽。

水系

天津市的主要河流是海河。海河上游支流众多,长度在 10 千米以上的河流达 300 多条。这些大小河流汇集成中游的北运河、永定河、大清河、子牙河和南运河等五大河流。这五大河流分别从南、西、北三个方面流向天津,尾闾即是海河,统称海河水系。海河河道曲折,河道泄洪能力上大下小,洪水易集中、泛滥。解放后,兴修了大量水库,开挖新辟了子牙新河、独流新河、马厂新河、永定新河、潮白新河、还乡新河等 6 条人工河道,基本改变了海河水系尾闾不畅的状况。另外,天津北部的蓟运河也是天津市的重要河流,现在蓟运河修建了新河道,与海河共同组成了天津平原上的水网。

气候

天津市属暖温带半湿润季风气候,四季分明。年平均气温 12℃ 左右,全年无霜期约 210 天,港口冰冻约 80 天。冬季受内蒙古冷气团控制,多西北风,气温较低,降水也少;夏季主要受太平洋副热带高压控制，以偏南风为主，气温升高，降水也多。年降水量 500~700 毫米，夏季降水量占全年的 76%，春季有时会干旱。

自然资源

天津境内生长着大量耐旱涝盐碱的树种，如杨、柳、槐、椿、泡桐、白蜡等，北部山区分布着大片的天然林和果林，尚有银杏、水杉等古老树种零星分布，芦苇、藕、菱等水生、半水生植物，也有大面积分布。野生动物中，鸟类品种繁多，有235种。近海水域有对虾、海蟹、贝类等150多种，淡水鱼类也有近60种。天津的能源矿产极为丰富，有30余种。平原区有石油、天然气、煤、地热等能源资源，有丰富的地下水和山缘地带矿泉水。北部山区有水泥、溶剂用灰岩、熔剂用白云岩、水泥用页岩等。

天津市的陆地及渤海海域都蕴藏着丰富的石油、天然气资源。天津地区地热资源也很丰富，它属于非火山沉积盆地型中、低温热水型地热。热能通过传导方式以地下热水的形式释放出来。目前地热作为一种新的环保能源，在天津市已广泛使用。煤也是天津市的重要能源矿产，含煤地层主要出现在基岩深埋区和基岩浅埋区，含煤面积较广，数量也很大。

经济

天津市工业门类齐全。轻、重工业并重，机械制造业、轻工业、手工业产品在中国位居前列。农业生产基础雄厚，农业生产以粮食作物为主，粮田占总耕地面积的 78.1%，小麦、玉米、稻谷为天津三大粮食作物。牧业、副业、渔业生产

发展较快，其产值在农业总产值中的比重逐步上升。天津是华北经济区的贸易中心，并与东北、西北地区和华北其他省区有密切联系，多种商品畅销"三北"地区。对外贸易方面也有较大发展。和平路、滨江道、劝业场一带是市区最大的商业中心。天津市陆路、水路交通四通八达，是华北地区物资集散地。

交通

天津是中国北方重要的陆运、水运、空运的交通枢纽。已经形成以港口为中心，海陆空各种运输相互衔接相互补充、四通八达的立体交通网络。铁路方面，有京山、京沪、京九三大铁路干线以及京哈铁路穿过。北经京哈线通往东北、南经京沪线直下沪、浙、闽，向西过北京与京承、京通、京坨、京广、京包、京兰等铁路干线相连。公路方面，津同、京福、京哈、山广等五条国道在这里会集。京塘高速公路是中国第一条跨省市的现代化交通大动脉，是首都北京直达天津港的黄金通道。天津新港是中国最大的人工港，是中国北方最重要的国际贸易港口和水陆运输枢纽，也是中国目前规模最大的集装箱和粮食、散盐码头。天津滨海国际机场拥有现代化设施，是首都国际航线的备降机场，与国内十多个城市以及世界十几个国家和地区通航，是华北地区最大的航空货运中心。天津境内交通也十分便利，市区内交通建成了"三环十四射"的道路骨架。

旅游

天津市以平原地貌为主，其自然景观主要集中在山区。京东第一山——盘山是主要的山地风景区，天津蓟县北部

高山上的长城雄关也是一大景观。此外，天津河网稠密，为"九河下梢"、"河海要冲"，水岸风景别具特色。天津的人文景观比较独特。作为通商口岸，各地商贾聚集津门，所以宗教遗存也比较多。其中以独乐寺、天后庙最为著名。天津为京城门户，地理位置特殊，第二次鸦片战争期间八国联军多次在这里登陆，所以留下了许多抗击侵略者的战场遗迹，如大沽炮台、望海楼等。作为通商口岸，天津曾为八国租界，所以这里的建筑风格荟萃各国精华，美丽独特，堪称万国建筑博览。

[盘山]盘山又名盘龙山、徐天山，在天津蓟县城西北12千米处，为燕山余脉，因山势如盘龙，故名。盘山总面积106平方千米，主峰挂月峰，海拔864米，有"京东第一山"之誉，为中国十五大名山之一。素以三盘、五峰、八石之胜著称。三盘有"上盘松树奇，中盘岩石怪，下盘响瀑泉，十里闻澎湃"之语。五峰为主峰挂月峰、北之自来峰、南之紫盖峰、东之九华峰、西之舞剑峰。八石为将军、晾甲、悬空、蛤蟆、摇动、夹木、天井石

和蟒石。上盘挂月峰层峦峭壁掩映在青松红杏之中，绮丽动人。峰上有始建于唐的定光佛舍利塔，峰下有始建于唐的云罩寺，悬崖上有"摩天"大字摩崖，为龙山主要景观。中盘有八音洞、桃园洞、红龙池、文殊智地等名胜。但可惜寺庙多已废。下盘有莲花岭、天成寺、翠屏峰、飞帛洞、元宝石、迎客松、入胜亭等景点。洞水自翠壁中泻下，素练遥挂，如白帛飘飞。下盘泉水叮咚，飞流澎湃，与寺庙檐角铜铃和鸣，有如仙境。盘山盛产柿子，色橙黄，甚甜美。柿蒂、柿霜还具有较高药用价值，清代曾为贡品。盘山现已建为国家重点自然保护区。

[天尊阁]天尊阁又名太乙观，位于天津市宁河县丰台镇内。天尊阁始建年代不详，清康熙、咸丰年间重修，是一座道教供奉元始天尊、西天王母和紫微大帝等神祇的庙宇，也是一座天津、唐山滨海地区仅存的古代木结构高层楼阁，整个建筑巍然矗立，气势庄严。天尊阁占地6000平方米，建筑面积240平方米，为砖石台基、三层楼阁式木结构建筑。其下层为天尊阁，中层为王母殿，上层为

天津租界里的美国兵营旧照。

紫微殿。天尊阁全高 17.4 米,面阔 5 大间,进深 4 间。阁顶为九脊歇式,正脊砖雕二龙戏珠和双凤牡丹,两侧脊和飞檐上有各种兽站立。阁内有八根 12 米长的通天柱,纵贯三层楼板,直达阁顶五架梁下。3 层前檐有楼板伸出的露台,可登临远眺。由于其建筑结构科学合理,稳定牢固,1976 年 7 月唐山发生的 7.8 级强烈地震,周围建筑均遭毁坏,唯独此阁安然无恙。

[石家大院]石家大院是清末天津"八大家"之一的"尊美堂"石元仕宅邸。石氏家族久居杨柳青,历时已有 200 多年。从清中叶到明初,号称津西首富。石氏又有"兄弟联登"武举,可谓有财有势。而"尊美堂"石元仕一家财势最大,天津石家大院就是石元仕的宅邸。石家大院始建于 1875 年,至今已有 130 多年的历史。石家大院从北门估衣街到前门(南门)河沿街,长 100 米,宽 70 米,占地 6000 多平方米,其中建筑面积 2000 多平方米,房屋 278 间,是中国迄今保存最好、规模最大的晚清民宅建筑群。整个建筑典雅华贵,砖木石雕精美细腻,室内陈设民情浓厚。其规模之宏大、设计之精美可以和山西的"乔家"、"王家"大院相媲美。

[大悲禅院]大悲禅院位于天津市河北区天纬路 40 号,由新庙和旧庙两部分组成,是天津保存完好、规模最大的佛教寺院。禅院始建于清顺治年间,历经修葺扩建。寺院由天王殿、大雄宝殿、大悲殿、地藏殿等组成,供奉 24 尊大悲观音像。殿内珍藏魏、晋、南北朝至明、清各代的铜、铁、木、石造像数百尊。大悲禅院因供奉过唐僧玄奘法师的灵骨而闻名于世。1956 年灵骨转送印度那烂陀

天尊阁,是天津仅存的古代木结构高层楼阁,里面供奉着元始天尊、西天王母和紫薇大帝等神。

寺。1976 年唐山大地震,大悲禅院遭到严重破坏。1980 年修葺一新。院内红墙绿瓦,柏树参天,佛坛高筑,庄严静穆。大悲禅院为中国重点佛教寺院之一,现为中国佛教协会天津分会所在地。

[霍元甲故居]霍元甲是近代爱国武术家,于 1910 年 9 月 14 日逝世于上海精武会。次年其弟子扶枢归里,葬于小南河村南。

上海市

行政区划

上海市地处北纬 30°23′~32°27′、东经 120°52′~121°45′。位于太平洋西岸、亚洲大陆东沿,中国南北海岸线中心点,长江和钱塘江入海汇合处。它北界长江,东濒东海,北、西、西南与江苏、浙江两省为邻。总面积 6340.5 平方千米,

站在外滩公园看苏州河口对岸的建筑

辖18个区1个县,市府驻黄浦区。上海是中国第一大城市,也是世界特大城市和最大港口。上海是中国最重要的经济、贸易、科技、交通、金融和信息中心。上海市简称沪,别称申,为中央直辖市。

[黄浦]黄浦区是上海市府驻地,为上海市行政、金融、商业中心。黄浦区位于市区中心,面积12平方千米,辖4个街道,有汉、回、满等23个民族。黄浦区始设于1945年,称第一区,1956年与老闸区合并称黄浦区,2000年南市区并入。著名的苏州河、黄浦江分别流经区境北部与东部并于境内交汇。黄浦区内邮电通信设施完备,交通发达,金融机构云集,有"中华商业第一街"之称的南京路商业街即在本区内。南京路上拥有许多现代的或历史的人文景观,外滩会集各国风格的建筑,被称为"万国建筑博览群"。

[卢湾区]卢湾区位于市中心区南部,面积8平方千米,全区人口有汉、回、满、蒙古等22个民族,卢湾区始设于1945年,以重庆南路和鲁班路以西区域

设境名第六区,又名卢家湾区,1950年改称卢湾区,黄浦江沿区境南部流过。卢湾区交通便利,地铁1号线、南北高架道路、内环线穿越区境。淮海中路商业街是上海四大商业街之一,有近百年历史,城市建设发展迅速,境内文化氛围浓厚,革命史迹众多。中国共产党第一次全国代表大会会址、孙中山故居、中国社会主义青年团中央机关旧址等为全国文物保护单位。此外,区内的上海中华职业教育社是中国最早的职业教育机构。

[徐汇区]徐汇区位于市区南部,面积55平方千米,辖12个街道1镇。有汉、回、满、蒙古、朝鲜等33个民族,其中少数民族人口约有0.6万。因明代科学家徐光启后裔聚居于此而得名,历史非常悠久。徐汇区是上海市中心城区之一,上海市的科教文化中心,也是市商业中心之一。徐聚区地势低平,交通发达,是苏、浙、赣、闽、粤等省进入上海市中心的陆上门户,有总长超过200千米的主干道路,地铁1号线从南到北横贯区境,内环线高架路通向全市。徐汇区商业发

达,区内有许多著名的大型商业企业,徐家汇商城已成为上海市商业中心之一。

[浦东新区]浦东新区位于黄浦江之东,"浦东"由此得名。浦东新区成立于1992年,以商贸、水运、农副业生产为主,全区面积523平方千米,浦东外高桥保税区已建成2.2万平方米商业街、10万平方米的保税生产资料交易市场,成为中国市场与国际市场接轨的连接点。浦东新区西侧的黄浦江岸一线,一直是上海的主要港区。连接国内外许多城市港口,东侧长江沿岸地区地势高、土质疏松,适宜植棉;沿海多水草适宜发展饲养奶牛;临近黄浦江的地区是上海蔬菜基地之一。另外,这里有内河水域面积6000公顷,适宜发展淡水鱼类养殖。

人口、民族

作为中国第一大城市和经济贸易、科技、交通、金融和信息中心,上海的外来人口迁入不断增加,再加上自然增长人口,上海人口到2010年止已达2301万,是世界上人口稠密地区之一。上海全市人口密度以市区为中心,市区人口密度高于郊区,近郊大于远郊,北部大于南部,东部大于西部。其中汉族占大多数,汉族人口占总人口的99.4%,少数民族人口仅占总人口的0.6%,其中人数较多的少数民族有回、满、蒙古、壮、朝鲜、维吾尔等,少数民族人口大多分布在普陀、黄浦、杨浦等区。上海在业人口的文化程度较高,在全国属前列,因此在发展经济方面,上海仍具有较大的人力资源优势。

历史文化

上海地区历史悠久。早在6000多年前,上海西部地区已有人类劳动、生息。战国时期,上海地区属楚,为春申君黄歇封地。相传黄歇疏凿黄浦江,故黄浦江又称春申江,上海亦别称"春申"、"申"。上海的文明史由来已久,经历了从海滨渔村到现代大城市的漫长发展过程。古代上海一带为海滨渔村,松江(今吴淞江)下游一带,有"扈渎"之称,后"扈"演变为"沪",是上海简称"沪"的由来。随着江南地区经济的勃兴,上海一带生产也开始发展。因上海地处长江入海口,运输便利,遂逐渐发展成为一个繁忙的贸易港口。上海地处吴越古地,自古承袭吴越文化熏陶,当地人民生活中的点点滴滴无不体现着吴越文化的特色。上海的开放性使上海的文化中又渗透有一些西方文化特色。

地貌

上海市位于长江三角洲冲积平原前缘,土质松软,土势低平,平均海拔4米左右,除西部有少数海拔近100米的山丘外,均为坦荡低平的平原。西部淀山湖附近一带地势最低,成为向太湖倾斜的碟形低平原,整个平原河港如网。根据地貌成因和地面高程,上海市境可分为三个地形单元:淀泖低地、碟缘高地和河口沙洲。市境西部散见小山丘,天马山海拔98米,为市境西部最高点。由于全市地势低平,大部分地区都处于高潮位之下,每当汛期和江海高潮,特别是秋季大潮汛和台风暴雨同时侵袭之际,易受江海横溢之害,须筑海塘江堤和圩垾。

[淀泖低地]包括青浦、松江两区的大部分,金山区北部及嘉定、闵行、奉贤区的西缘,是在长江老三角洲古太湖基础上发育而成的湖沼平原。这里河渠纵

横、湖荡众多,而且多洼地,可细分为湖积平原和湖荡洼地两种地貌。地面高程约3～3.5米。此外,在松江区北部集中分布有余山、凤凰山、横山、天马山、小昆山、辰山等少数基岩残丘,海拔均在百米以下。

水系

上海市地理位置特殊,境内地势低平,水网密布,水量充足,河流水资源补给来源丰富多样。上海市主要河流有长江河口段、黄浦江、吴淞江(苏州河),湖泊以淀山湖以及众多小型湖荡为主,长江流经市郊北部,接纳黄浦江后,东流入海,江口呈喇叭形向外展宽,最宽处达80千米。黄浦江是长江入海前纳入的最后一条支流,贯穿上海市的大部分,具有引、排、航、供水和纳污等多种功能,水面十分平缓,至吴淞口汇入长江,深度一般为7～9米,1万～2万吨级船舶可直达上海港内深水处泊位。吴淞江为黄浦江主要支流,是上海同内地联系的重要水运航道,也是上海最主要的内河航运和作业港分布区。淀山湖是上海市郊最大的淡水湖泊,水产丰富、灌溉便利、水上交通可达苏浙。

气候

上海位于亚洲大陆东部、太平洋西岸。上海东濒海洋,西连太湖,北界长江,南靠杭州湾,属亚热带海洋性季风气候。气候温和湿润,四季分明。年均温约15.7℃,1月均温3.3℃,冬季较同纬度内陆温和,7月均温27.4℃,夏季较同纬度内陆凉爽。全年无霜期222～235天。全年10℃以上活动积温近5000℃,持续达232天。全年日照时数1908～2160小时,年太阳辐射总量每平方米达4532～4895兆焦耳,光热资源较丰富。全市雨量充沛,年降水量1143毫米,且季节分配较均匀,利于农业。6月中旬多台风和暴雨,秋季时有连阴雨,冬春秋偶有寒潮侵袭,均对农业生产不利。

黄浦江是进入上海的门户,水阔江深,终年不冻。

自然资源

上海市地处冲积平原,从地质历史角度来看,上海成陆时间短,地域有限,矿产资源埋藏极其匮乏。此外,生态环境相对单一,天然植被资源比较贫乏;目前,天然生物群落主要分布在沿海滩涂、大金山等岛屿。上海的地带性植被是常绿阔叶与落叶混交林,由于人类活动影响,原生植被大都遭受破坏,现存的主要分布在大金山岛和余山的局部地段。天然植被占优势的还是草本植物。但是上海广阔的水域不但有丰富的海洋生物,还吸引来大量的候鸟,生活在近海海域中的动物资源是上海主要的天然动物资源。

经济

上海是中国最大的综合性工业城市。由于地质环境所限,上海自然资源十分匮乏,主要靠从外地输入资源进行深加工。上海的工业门类齐全,技术力量雄厚,是中国综合性工业基地和科学技术研发基地,又是中国优良河口海港、水陆交通中心。工业结构以轻纺与重工业并重,化工、仪表等均有一定基础的综合型结构。上海在城郊农业中,粮、棉、油单产水平居全国前列,蔬菜、瓜果、奶、鱼等食品生产和其他多种经营均有较大发展,农业已由以种植业为主发展为综合发展的经济结构。

交通

上海地处中国南北交通中枢,交通四通八达。上海海运、河运、陆运、空运等各种运输方式齐全,对促进地区经济的发展和繁荣起着极为重要的作用。上海是华东地区最大的交通枢纽,上海港是中国最大的港口、世界第二大集装箱港。上海港地处中国大陆海岸线中枢,扼长江入海咽喉,作为近海天然河口港,具有发展内河航运和海上运输得天独厚的条件。凭借海上航道,可达沿海各城市,并且可沟通世界上160多个国家和地区的400多个港口,是上海的经济命脉。在陆路方面,京沪线、沪杭线连接南北,稠密的公路网沟通城乡各地。市区建有磁悬浮列车,还有技术先进的地铁,使市内交通更加便利。以浦东国际机场为枢纽的航空业发达,可直达国内外近100多个城市。

旅游

上海地处东海之滨、是著名的国际大都市,也是东西文化、文明交会地。上海的自然、人文旅游资源得天独厚,有江海之胜、湖岛之美、名城之壮、水乡之秀、人文荟萃之优,古今中外文明融合的独特优势。蜿蜒的黄浦江和吴淞江(苏州河)纵横交接贯穿全境。青浦区境内的淀山湖和淀浦河一线,湖荡成群,极尽水乡之美,天马山、凤凰山等,山青水秀,美不胜收。

重庆市

行政区划

重庆市简称渝,原为四川省的一部分,1997年成为中国的第四个直辖市。位于中国西南部,东邻湖北、湖南两省,南靠贵州省,西依四川省,北接陕西省。位于北纬28°10′~32°13′、东经105°11′~110°11′,面积8.23万平方千米。辖19个

重庆红岩
革命纪念馆

区,17个县,4个自治县。市政府驻渝中区。

[渝中区]渝中区为重庆市政府驻地,位于市区东南部,长江、嘉陵江交汇处,辖12个街道。面积22平方千米,人口60万。区政府驻七星岗街道,境内地形狭长,雨量充沛。境内有长江上游最大的客、货运港口和重庆火车站。工业以交通机械、电子通信器材、印刷、建筑业、交通运输、邮电通讯、批发零售贸易、餐饮业、金融保险、房地产为主。境内有红岩革命纪念馆、曾家岩分馆、周公馆、桂园、《新华日报》营业部旧址,还有东周巴将军蔓子墓、罗汉寺、清真寺等古迹。

[涪陵区]涪陵是重庆中部的政治、经济、文化中心,长江上游重要的枢纽港之一,乌江流域的物资集散地。因境内乌江古称涪水,巴国先王陵墓多建于此而得名。全区面积2946平方千米,辖1个经济技术开发区、1个私营经济示范区和44个乡镇街道。涪陵是重庆主城

区连结渝东20个区县的城乡经济走廊,素有"乌江门户"之称。渝怀铁路、国道319线、规划中的重庆至湖北利川铁路及沿江高速公路穿越涪陵境内。涪陵港处于长江、乌江交汇点,境内河流纵横、呈树枝状分布,是重庆的黄金水道和物资集散中心,已实现江海联运,可直通海外。涪陵区工业发展较快,效益较好。涪陵榨菜、涪陵水牛、涪陵红心萝卜是闻名海内外的三大特产,涪陵有"榨菜之乡"的美名。境内有被誉为"水下碑林"的国家一级保护文物白鹤梁,这是世界上最古老、保存最完整的水文站。北岩寺点易洞是程朱理学的发源地。

[江津区]江津区为中国的商品粮、柑橘、瘦肉型猪生产基地。位于市境西南部,面积3200平方千米。境内地势南高北低,日照充足,雨量充沛。有天然气、石灰石、沙金等矿产资源。210国道和成渝、川黔铁路横贯市境,江津长江公路大桥连接成渝高速公路。长江、綦河等33条河流呈叶脉状分布。兰家沱、猫

儿沱、朱杨溪为中国西南地区水陆联运、中转港。工业以建材、轻纺、机械、食品为主导,主要产品有水泥、柴油机、皮革等。农产品以稻谷、生猪为主。

[万州区]万州区是渝东"水上门户",长江沿岸主要港口城市,长江上游著名商埠。地处三峡库区腹地,面积3457平方千米。万州区地处四川盆地东部,盆东平行岭谷区北段东缘。农业主产水稻、玉米、小麦、薯类,牧副业以养殖生猪、山羊、蚕茧为主,为中国的柑橘、山羊板皮、商品牛基地。有食品、化工、纺织、电力、皮革、建材等工业门类,轻工业比重大,占工业总产值的2/3。万州区为渝东、湘鄂西、陕南、黔北的物资集散地,有"万商之城"的称誉。

人口、民族

重庆市常住人口2884万(2010),以汉族为主体,此外有土家、苗、回、满、彝、壮、布依、蒙古、藏、白、侗、维吾尔、朝鲜、哈尼、傣、傈僳、佤、拉祜、水、纳西、羌、仡佬族等49个少数民族。少数民族人口总数为175万人,占全市人口总数的5.6%。少数民族最多的土家族113万人,苗族约52万人,主要分布在重庆市域东南的4个民族自治县及黔江区和涪陵区。除土家、苗族外,人口达到1000人以上的少数民族有回、蒙古、彝、满、藏、侗族等,其中回族8000多人,主要散居在重庆市区和万州区。

历史文化

南宋孝宗皇子赵惇于淳熙十六年(1189)正月被封为恭王,二月受禅即帝位,自诩"双重喜庆",改封地恭州为重庆府,重庆由此得名。早在距今约3万~2万年前的旧石器时代末期,就有人类生活在这里。公元前11世纪商周时期,巴人以重庆为首府,建立了巴国。儒家思想的重要组成部分——程朱理学就发源于此,历代诗人如李白、杜甫、刘禹锡、苏轼、陆游等,也都在这里写有许多脍炙人口的名篇佳句。现在的峡江号子、重庆火锅、铜梁火龙、綦江农民版画等也都是巴渝人创造的独具魅力的文化现象。

地貌

重庆市山多河多,地势沿河流、山脉起伏,形成南北高、中间低,从南北向河谷倾斜的地貌,构成以山地、丘陵为主的地形状态。重庆地形高低悬殊,地貌结构复杂,主要有四大特点:一是地势起伏大,最高处大巴山的川鄂岭海拔2796.8米,最低处巫山长江水面海拔73.1米;二是地貌类型多样,有中山、低山、丘陵、台地和平坝等几大类;三是地貌形态组合的地区差异明显;四是岩溶地貌大量分布。在背斜条形山地中发育了渝东地区特有的岩溶槽谷景观。在东部和东南的岩溶山区则分布着典型的石林、峰林、洼地、溶洞、暗河、峡谷等喀斯特景观。

水系

重庆市境内江河纵横,水网密布,长江干流从地域中部自西南向东北横穿全境,在境内与南北向的嘉陵江、渠江、涪江、乌江、大宁河等五大支流及上百条中小河流,构成近似向心状的辐合水系。除长江及其主要支流嘉陵江、乌江之外,还有流域面积在3000平方千米以上的河流10条,流域面积在30平方千米到50平方千米以上的河流436条。主要河流有长江、嘉陵江、乌江、涪江、任河等。其中,除任河是注入汉水以外,其余均属长江水系。

气候

重庆市气候特点为"春早气温不稳定,夏长酷热多伏旱,秋凉绵绵阴雨天,冬暖少雪云雾多"。重庆市年平均气温为18℃。7月至8月份气温最高,多在27℃~38℃之间,常出现连晴高温,最高极限气温可达43.8℃,与武汉、南京同为长江流域的三大"火炉"城市之一。重庆雨季集中在夏秋,年降雨量为1000毫米~1100毫米。重庆市常日晴夜雨,有"巴山夜雨"之说。重庆秋、冬多雾,年均雾日达百天以上,有"雾都"之称。重庆还是中国日照最少的城市之一。

自然资源

重庆市探明储量的矿产有25种,其中天然气储量3200亿立方米,是中国重点开采的大矿区;铝土、岩盐、锶矿储量均居全国第一位。重庆是中国生物物种较为丰富的地区之一。全市有维管束植物2000种以上,有1.6亿年以前的"活化石"水杉及伯乐树、飞蛾树等世界罕见的珍稀植物。重庆还是中国重要的中药材产地之一,大面积的山区生长着数千种野生和人工培植的中药材。珍稀野生动物主要有毛冠鹿、林麝、大灵猫、水獭、云豹、猕猴、红腹锦鸡等。

经济

重庆市凭借长江"黄金水道"之便,依托丰富的资源和广阔的市场,从汉代起就已成为长江上游的工商业重镇,如今更发展为集重工业、轻工业、贸易等为一体的产业齐备、门类繁多、自成体系的经济、政治和文化中心城市,也是西南地区科学技术力量最强的城市。重庆既是大城市,又是"大农村",农业和农村经济在全市经济中占有举足轻重的地位。它既是中国重要的商品粮基地和著名的肉猪商品基地,还是中国西南地区的交通和邮电通讯枢纽。

交通

重庆城环水依山,地貌起伏有致,沟多坡陡,城市的立体交通发展很快。近20年来,先后建成了长江公路大桥、嘉陵江石门公路大桥、长江李家沱公路大桥和丰都、涪陵、万州、江津长江公路大桥;新辟了长江、嘉陵江沿江大道和贯通全市、连通全国的高等级公路;新建、扩建、改建了国际机场、火车站、客运码头;开设了通往城区各处及郊区的公共电、汽车线路140多条,每天发出车次近万班;并修建了适应山城独特立体交通的配套设施,有长江、嘉陵江客运过江索道、朝天门码头缆车、菜园坝扶梯、凯旋路电梯以及南山、歌乐山、南泉观景索道等。重庆还是中国西南部地区水、陆、空交通枢纽,每天有各航班往来于中国各大、中城市,并有通往泰国、日本的不定期航班;有各运输船舶公司的豪华涉外旅游船、旅游班轮和普客班轮航行于重庆至上海的长江沿岸城市港口;有19对始发旅客列车往来于北京、上海、广州、昆明、成都、西安、郑州等全国主要城市;有豪华空调汽车和长途汽车往返于成都、宜宾、乐山等周边城市。

旅游

重庆市面积不大,山水胜景却不少,

丰都鬼城景区

四面山、缙云山、金佛山是中国重点的风景名胜区，山城风光更是著称于世。著名的长江三峡中的西陵峡、巫峡二峡就位于境内，此外还有可与长江三峡相媲美的大宁河小三峡。江津四面山的望乡台瀑布不逊色于黄果树瀑布，高152米，宽40米，居中国高瀑之首。万盛石林的自然造化也不逊于云南石林，号称中国第二大石林。诡谲幽冥的丰（酆）都鬼城，辉煌壮观的芙蓉洞，折"上帝之鞭"于城下的钓鱼城，气势磅礴、精美典雅的大足石刻等都是重庆引以为自豪的景观。

河北省

行政区划

　　河北省简称冀，位于华北平原北部，跨内蒙古高原东南部，东临渤海，南瞰黄河，故名河北，又因古属冀州而简称"冀"。它位于北纬26°03′～42°40′、东经113°27′～119°50′。面积18.77万平方千米。河北西接山西省，北连辽宁省与内蒙古自治区，南临山东、河南两省，中部与北京、天津两个直辖市毗邻。全省海岸线487千米，辖11个地级市、36个市辖区、22个县级市、108个县和6个自治县。省会石家庄市。

人口、民族

　　2010年，全省常住人口达到7185万人。河北省是个多民族的省份，除汉族外，还有满族、回族、蒙族、壮族、朝鲜族、苗族、土家族等53个少数民族，少数民族人口约占总人口数的4%。河北省依据《中华人民共和国宪法》，实行民族区域自治，现有6个少数民族自治县。

历史文化

　　河北省历史文化悠久，新石器时代早期，就出现了以农业活动为主的原始人群，远在夏禹时代就属九州之一的冀州。春秋战国时代，分属燕、赵两国。游侠风气很盛行，尚武精神代代相传，是多种武术门派的发源地。沧州是中国著名的武术和杂技之乡。邯郸则是战国、西汉时期著名的大都市，为当时北方的经济文化中心。古代河北地处北方边陲，"天下第一关"山海关雄踞在渤海湾边。河北"自古多慷慨悲歌之士"，历史名人有战国时代的名医扁鹊、西汉的大思想家董仲舒、南北朝时南朝的科学家祖冲之、北魏的地理学家郦道元、唐朝初年的政治家魏征、宋朝开国皇帝赵匡胤、元代的天文学家郭守敬、元代戏曲家关汉卿和清代的文学巨匠曹雪芹等。

祖冲之画像

地貌

河北省地势西北高,东南低。西北部的山地、高原海拔多超过1000米。第一高峰是位于太行山北端的小五台山,海拔2882米。东南部的平原以黄河、海河、滦河冲积平原为主体,地面坦荡辽阔,大部分海拔不足50米,渤海沿岸平原海拔10米左右。高原和山地约占全省面积的3/5,平原约占2/5。全省地貌特点是高差大,地貌类型齐全,大地貌单元排列有序,可划分为坝上高原区、冀北山地区、冀西北山间盆地区、冀西山地区、河北平原区五大类。其中冀北山地区有"热河屋脊"之称,冀西山地区属于黄土高原的东部边缘。

水系

河北省河流属内、外流两大流域。内蒙古高原南部的闪电河以西为内流区,河流多注入内陆湖泊;其余广大地区属外流区,主要水系为海河、滦河及冀东沿海小河——石河、汤河、饮马河、陡河等。此外,还包括了辽河水系老哈河的一部分。由于受自然地理条件的影响,河北省水系分布不均,河流含沙量大。全年平均径流总量174.83亿立方米,其中高原区5.07亿立方米,山区132.32亿立方米,平原区37.44亿立方米。

气候

河北省地处中纬度亚欧大陆东岸,属于温带、暖温带半干旱、半湿润大陆性季风气候。四季分明。冬季寒冷干燥;夏季炎热多雨;春季干旱、风沙较多;秋季天高气爽。大部分地区的年平均气温为4~13℃。1月均温-14~-3℃,且寒冷季节较长,极端最低气温为-42.9℃。7月均温18~27℃,极端最高温为43.3℃。全年无霜期110~220天。年降水量300~800毫米,燕山南麓和太行山东麓是河北两个降水较多的地区,降水量达700~800毫米。张北高原地处内陆,是少雨区,降水量一般不足500毫米。

自然资源

河北省已发现各类矿产资源109种,其中已探明储量的有66种。铁矿储量仅次于辽宁、四川,居全国第三位。钛矿储量居全国第二位,熔剂用灰岩储量居全国第三位,熔剂用白云岩储量居全国第一位,大理石储量居全国第二位,花岗岩储量居全国第六位。此外,煤炭、石油储量也很丰富。山地丘陵几乎全为原始次生材或次生温带灌木丛所覆盖。河北坝上干旱,植被为草原。冀北山地

200~1000 米的地区是落叶阔叶林主要分布区,以次生落叶栎林为主。此外有白桦、山杨、河北杨等。200 米以下的低山丘陵植物种属以酸枣、荆条、白羊草等为主。河北省珍稀动物有褐马鸡、猕猴、鹃鹉等。

经济

河北省工业门类齐全,布局比较合理,主要有纺织、机械、煤炭、钢铁、石油、化学、陶瓷、建材等部门,多种工业产品居全国前列。农业比较发达,灌溉和机械化水平高,土地垦殖指数高于全国平均水平。农作物以小麦、玉米、棉花、谷子为主,干鲜果品中板栗和梨的产量居全国第一位。交通发达,有京广、京沪、京九、京山、京原、京通、石太等 10 余条铁路和京石高速公路过境,是首都通向全国的必经之路。空运和水运也有相当规模,秦皇岛港是中国最大的煤炭输运港。商贸发达,高碑店的白沟市场、石家庄的新华集贸市场和南三条小商品市场是中国主要的小商品批发市场。

交通

河北省交通有陆运、水运、空运等形式。陆运为主,其中铁路运输是河北交通运输网的主体。河北铁路网密度居关内各省(区)之首,有石家庄、山海关等枢纽。京广、京沪、京通等铁路纵贯南北,京沈、京包、石德、石太等铁路横贯东西,还有京承、锦承、丰沙、邯长等铁路和干线相接,将全省连接在一起。全省铁路干线基本实现复线,并新增京秦、大(同)秦两条电气化铁路。公路是河北交通运输网的重要组成部分,高级、次高级路面通车里程占总里程的 50% 以上。

海上运输发展很快,是河北省对外联系中仅次子铁路的重要运输方式。位于渤海西北岸的秦皇岛港是中国最大的煤炭输运港,也是中国现代化大型海港之一。

旅游

河北省风光独特,历史悠久,文物古迹和自然景观众多。有以出土金缕玉衣而闻名世界的满城汉代墓群,有南、北响堂山及苍岩山桥楼殿等宗教遗存,有气势宏伟、石雕精美的清东、西陵,还有中国最大的皇家园林——避暑山庄。丘峦起伏、草木茂盛的木兰围场,是清代皇家秋猎或习武之地。风雨千年巍然屹立的赵州桥更是天下闻名,在世界桥梁史上地位显著。河北山势险峻,拥有“天下第一关”山海关等重要关隘。河北省海岸线漫长,其中最负盛名的是秦皇岛北戴河,一直延伸到昌黎黄金海岸的海水浴场。涞水野三坡自然保护区因富有山水之野趣而备受关注,列为国家级风景区。

承德避暑山庄风景

广东省

行政区划

广东省简称"粤",陆地面积约18万平方千米,占全国陆地面积的1.87%。在中国近现代史上广东占有重要的一章,虎门销烟池凝固了中华民族旷古未有的壮举,映衬着林则徐的刚正身躯;使大清王朝寿终正寝的辛亥革命,在中国革命史册上写下了不可磨灭的光辉篇章,引领中华民族走上迥然不同的道路。一代领袖邓小平所到之处,迎来了改革开放的春天。祖国的"南大门"以宽广的胸襟接待着海内外来客,广州、深圳、珠海等城市凝聚了广东改革开放历史的缩影,展现了一幅幅欣欣向荣的画卷。

人口、民族

广东省人口1亿零430万(2010),平均密度每平方千米517人,潮汕地区每平方千米超过1000人。广东省有53个少数民族,人口占全省总数的1.49%,主要有壮、瑶、畲、回、满族等。广东是著名侨乡,海外华侨、华人有2200万人,归侨、侨眷2000万人。全省侨乡集中于:珠江三角洲的四邑(台山、新会、开平、恩平)、中山、东莞、宝安等地;潮汕平原;粤东北的梅县、大埔、蕉岭、丰顺等县。

历史文化

早在10万年前,就有"曲江马坝人"在珠江流域活动生息。先秦时期广东为百越民族的居住地。秦始皇统一中国后,在今广东境内设置南海郡,从此划归中央政府的统一领导。出于外交和财政的需要,广东一直是中国通过海路进行对外文化、经济交流的重要地区。因此,比起其他地区,广东文化更具有广泛的包容性。由于历史原因,广东开发较晚,宋代以后才开始大规模开发,但到了明代,广东后来居上。在清朝末年,广东更成为中国反帝国主义、反封建主义的主要革命策源地。近代史上许多重大历史事件都发生在这里。

地貌

广东省地势北高南低,横亘省境北部的南岭是珠江与长江水系的分水岭。与湖南接壤的石坑崆,海拔1902米,是广东省最高峰。山脉多为东北—西南走向。丘陵分布于山前地带,形态常与山地一致。台地主要分布在雷州半岛、海陆丰及惠来西部一带,海拔在百米以下。广东省平原主要分布于南部江河下游和

汉白玉浮雕·虎门销烟

入海处。珠江三角洲为全省最大的平原。以珠江口至狮子洋为界，可将珠江三角洲分为西江、北江三角洲和东江三角洲两部分。

水系

广东省共有大小河流 1343 条，总长 2.5 万多千米。主要河流有珠江、韩江、鉴江、漠阳江等，具有流量大，含沙量小，汛期长，终年不冻，水力资源丰富的特点。珠江是中国南方大河，广东最大水系，为中国第三大河。韩江为本省第二大河。全省地表径流总量为 1953 亿立方米，而水资源总量则在全国各省中居第二位。广东濒临的南海是位于热带季风区封闭性较大的海盆，表层水温高，蒸发量大，含盐度较大。边海潮汐现象极为复杂。

气候

广东省深受季风和海洋暖湿气流影响，北、南分属亚热带和热带季风气候，是中国光、热、水资源特别丰富的地区。省境年太阳总辐射量达 422 千焦耳/平方厘米 ~ 563 千焦耳/平方厘米，日照时数长达 1700 小时 ~ 2200 小时，但南北相差几近一倍。年均温除粤西北的连山外，均在 19℃ 以上。温度的纬向分布较明显，大致北低南高。广东是中国降水丰沛的地区之一。大部分地区年降水量 1500 毫米 ~ 2000 毫米，但分布不均，地区间和逐年间差异很大。广东是中国受台风侵袭最频繁的省份。影响省境的台风年均约 10 次，但登陆的台风年均仅 4 次 ~ 5 次，以 7 月 ~ 9 月居多。到目前为止，广东的台风最早出现于 5 月 3 日，最迟在 12 月 2 日。

自然资源

广东省内植物超过 5000 种，多数为热带科属。重要的野生植物有 1000 余种，其中古老植物有 30 余种，如水松、苏铁、树蕨等，被称为广东的"活化石"。北部南岭地区植物种类总数超过中国中

华南虎

部和北部植物种类的总和,有"绿色宝库"之称。珠江口沿海的滩涂还生长有成片的红树林。广东是中国动物最繁盛的省份之一。野生动物有 700 多种,珍稀动物则有苏门羚、华南虎等。南海淡水面积 2730 多平方千米,约有鱼类 860 多种。广东矿产资源中已探明储量的有 85 种,其中有色金属居多。石油和天然气资源也很丰富。

经济

广东省是商品性农业发展较早、轻工业基础较好、商业较繁荣的省份。1979 年以来,深圳、珠海、汕头设立了经济特区,广州、湛江和珠江三角洲被列为开放城市或地区,工农业生产发展速度高于全国平均增长水平。工业主要有食品、家用电器、塑料制品、服装、卷烟、陶瓷、纺织、丝绸、机械、电子、电力、煤炭、石油、造船、汽车、化工、医药、建材、冶金等门类。电子工业的门类及产值居全国前列。农业向外向型发展,是全国的水稻、蔬菜和水果生产基地。广东省交通发达,已构成以广州为中心的交通运输网。有港口 100 多个,民航机场 8 个,有京九、京广、广梅汕、三茂等铁路干线。公路四通八达,等级较高,桥梁众多。

交通

广东全省 3/4 的市镇可依赖内河航道与海洋沟通,内河通航里程达 1 万多千米。珠江支流西江为联系广东、广西的交通动脉。广州、湛江、汕头是海运中心和对外贸易港口。黄埔、湛江、赤湾、蛇口、盐田、澳头、水东、新沙等港口均建有万吨级码头。以广州为中心的公路干线有:广汕(头)、广湛(江)、广梅(州)、广怀(集)、广罗(定)、广海(安)六条线,共长 8000 多千米。105 国道、107 国道南北纵贯,与上述公路干线一起,沟通了省内各地和邻近的闽、桂、湘、赣的联系。京广铁路纵贯中部南北,在省境内长 333 千米,为南北交通大动脉。黎湛铁路是沟通粤桂和西南地区的要道。广九铁路是广州和香港间的重要交通线。广茂线横贯粤西。京九线也是广东省重要的交通干线。航空运输以广州为中心,与北京、上海、南京等大中城市及省内的汕头、湛江、珠海等地均有航班通航。广州白云机场是中国三大机场之一,此外广东省还有现代化的深圳机场。

旅游

广东省地貌形态复杂,丹霞山为典型的丹霞地貌,肇庆七星岩为喀斯特地貌,西樵山为熔岩地貌,汕头还有海蚀地貌,鬼斧神工,各具奇形。北回归线贯穿省境,亚热带风光迷人,鼎湖山自然保护区更是回归线上世界唯一的亚热带植物宝库。广东还有众多的温泉、瀑布和川峡险滩。富饶的珠江三角洲、漫长的海岸线拥有历史文化名城广州、潮州、肇庆、梅州和明代四大名镇之一的佛山。古迹有南华寺、元山寺和岭南四大名园等。从鸦片战争起,历次革命斗争中的名人故居、重要遗址等不胜枚举。

丹霞山风光

山西省

行政区划

山西省简称晋,位于华北平原以西,黄土高原东部,西、南直抵黄河,东接太行山,故名山西。又因春秋时期大部分土地属晋国,而简称"晋"。战国初期韩、赵、魏三国分晋,故又称"三晋"。山西省位于北纬 34°36′~40°44′、东经 110°15′~114°32′。总面积 15 万多平方千米,占全国陆地面积的 1.6%。山西东连河北省,南接河南省,西与陕西接壤,北和内蒙古自治区为邻。山西省行政区划可分为 11 个地级市、23 个市辖区、11 个县级市、85 个县。省会太原。

人口、民族

2010 年山西省人口 3571 万。全省人口以汉族为主,汉族人口占全省总人口的 99.17%。另有回、满、蒙古、朝鲜、壮等 34 个少数民族,多散居在全省各地。省内的少数民族,又以回族人口最多,占少数民族人口的 81.7%。其次为满、蒙古、朝鲜、壮、苗等民族。

历史文化

山西省地处黄河中游,属黄河流域的中原文化圈。滔滔黄河至山西河曲转弯南下,环绕半个山西,记下了悠久的山西历史,也孕育了丰厚淳美的山西民俗文化。远在 100 万年以前的旧石器时代,中华民族的祖先就在这里生息繁衍。山西境内的襄汾丁村文化遗址、朔州桑干河上的峙峪遗址都是原始文化的重要见证。上古时期的优美神话和传说,如黄帝斩杀蚩尤、尧帝建都平阳、舜帝躬耕历山、大禹治水等都与山西有关。《诗经》中的"唐风"、"魏风",讽喻时政,咏叹劳作,都是来自山西土地上的劳动人民的口头创作。在长期的民俗传承中,山西民俗形成了古朴淳厚、粗犷豪放、多元交融、博采兼收的区域特征,使之成为黄河民俗文化中极富代表性的类型之一。

五台山景区

地貌

　　山西省处于黄土高原东部,通称山西高原。东部是以太行山脉为主体的块状山地,一般海拔1500米以上。西部是以吕梁山为主架的黄土高原,海拔1500～2000米。中间是一边串珠状盘地,包括大同、忻州、太原、临汾、运城等地。山西境内地势高低悬殊。最高为五台山的北台顶,海拔3061.1米,是华北最高峰。最低的是恒曲县东南的西阳河与黄河交汇处,海拔180米。全省海拔一般在1000～2000米,分为东部山地、中部盆地、西部高原三种地貌,其中山地、高原、丘陵约占全省面积的72%,盆地约占28%。

水系

　　山西省河流分两大水系,黄河水系和海河水系。西部与南部河流属黄河水系,有汾河、沁河、涑水河;北部与东部属海河水系,有桑干河、滹沱河、清漳河、浊漳河等。黄河干流流经本省西界和西南界,龙门的径流量为381亿立方米。省内支流以汾河最大,径流量达26.5亿立方米。受降水影响,各河径流量年内分配不均,汛期6～9月水量占全年的1/2。全省水资源总量为142亿立方米,其中河川清水径流量为65.5亿立方米,洪水径流48.5亿立方米,地下水排泄量27.75亿立方米。境内著名大泉有神头泉、平定娘子关泉、洪洞广胜寺泉、太原上兰村泉、晋祠泉等,湖泊较少。运城解池为山西最大湖泊。另有汾河水库,文峪水库等。

气候

　　山西属温带大陆性季风气候,四季变化明显,冬季干燥寒冷,夏秋暴雨集中,春天干旱少雨。山西省水热条件地区差异大,垂直差异大于水平差异。南部运城盆地和黄河谷地热量丰富,永济年均温13.8℃，无霜期221.5天，属暖温带，接近亚热带；北部右玉热量最低，年均温约4℃，和永济相比，年均温低约10℃，无霜期99.3天，属温带。省内暖温带与中温带的分界，大致沿恒山—内长城一线，此线以北极端低温达到—27℃以下，冬小麦难以过冬，为春小麦区。山西历年来各地降水量悬殊，多雨年雨量为少雨年的2～3倍。由于降水变化大，季节分配不均，地表又缺乏植被，故旱情普遍。

自然资源

山西是驰名中外的煤炭之乡，煤炭、化工资源丰富，省内煤炭储量约占全国煤炭储量的1/3，居全国首位。矿产资源除煤炭外，铝、铁、铜、石膏、盐等储量居全国前列。此外，还有硫、铅、锌、黄金、钴、云母等矿藏。省内多为次生植被。省境东南部为落叶阔叶林和针阔叶混交林。此外以柔毛绣线菊、胡枝子、沙棘、荆条、酸枣等旱生落叶灌丛居优势。中部以中旱生落叶灌丛和针叶林为主，乔木以云杉、细叶云杉、华北落叶松、油松、白桦为主，灌丛有柔毛绣线菊、胡枝子、毛榛、黄蔷薇、沙棘、虎榛子等。北部和西北部为半干旱疏林草原，优势植物有本氏针茅、茭蒿、狗尾草等。山地有白桦、山杨、落叶松等次生林分布。野生动物资源种类甚多，有鸟类290多种，哺乳类74种。属于国家保护的动物有褐马鸡、黑鹳、大天鹅、鸳鸯、梅花鹿等。

经济

山西省是中国内地工业较发达的省份，以重工业为优势，是中国最大的煤炭能源基地。现有大同、西山、汾西、晋城、潞安、阳泉等煤炭生产基地。山西每年有2/3以上煤炭产量支援全国20多个省区的经济建设。

交通

山西省交通以铁路、公路为主，航空为辅的交通运输网络。纵贯山西境内的同蒲铁路与京包、太焦、石太、京原、大秦、侯西、邯长、侯月铁路相连接，构成通往境外的交通网。铁路通车里程达3100多千米。公路以太原、大同、长治、临汾、侯马为中心，向周边延伸。全省公路总里程约12万千米，高速公路建设正在快速发展，民航线路60多条。

旅游

山西省地貌、水文等条件复杂多样，造就了山西形态万千的自然景观。中国五岳之一的北岳恒山、四大佛教名山之首的五台山幽雅秀美以及北武当山五老峰，山色不同，形态各异。境内河川以黄

云冈石窟，始建于1500多年前，其中有佛像51000多尊，为中国最大化石窟群之一。

河、汾河为代表。上千条河流或汹涌澎湃或涓涓细流，岸边秀峰林立，景象万千。黄河是山西、陕西两省的天然分界线，流经山西 19 个市县，流程 965 千米，壶口瀑布、大禹渡等景观闻名中外。山西又是中华民族文明的发祥地之一，历史悠久，源远流长，有"中国古代艺术博物馆"、"文献之邦"的美称。人文景观丰富多彩。山西现存古代建筑数量多，文化价值高，居全国前列。云冈石窟、恒山悬空寺、应县木塔、晋祠、平遥古城、乔家大院、永乐宫等名扬天下。形态万千的自然景观和丰富多彩的人文景观共同构成了山西得天独厚、古今兼备、多姿多彩的旅游资源。

陕西省

行政区划

陕西省是中国西北地区工农业和交通较发达省份，简称陕或秦，因位于陕原（今河南陕县）之西而得名。它位于中国中部，东濒黄河，介于东经 105°29′ ～111°15′、北纬 31°42′ ～39°35′之间。东与山西省、河南省毗连，南与湖北省、重庆市、四川省为邻，西与甘肃省、宁夏回族自治区接壤，北邻内蒙古自治区。面积 20.58 万平方千米。辖 10 个地级市，24 个市辖区，3 个县级市，80 个县。省会西安市。

人口、民族

陕西省人口约有 3732 万（2010），约占中国人口的 2.84%。人口密度每平方千米 181 人，高于全国平均密度。人口分布不均，陕北较低，每平方千米约68 人，仅绥德、米脂、吴堡等县人口较稠密，每平方千米约 150 人；关中平原地区，每平方千米约 322 人，尤其是东起渭南，西至武功，北抵铜川的三角地区竟高达每平方千米 500 人以上，为全省人口最稠密地区；陕南秦岭、大巴山区平均每平方千米约 119 人，但汉江谷地平坝区人口密度高达每平方千米 350 人左右。在全省总人口中，汉族人口约占总人口的 99.53%，分布遍及省境；少数民族人口约占 0.47%，仅有 15.56 万人左右，其中回族 13.09 万人，其余为满、蒙古、壮、藏等民族，主要分布在西安、宝鸡、安康、汉中和咸阳等地。

历史文化

陕西是中华文明的发祥地之一，境内有距今 80 万年的蓝田猿人头颅骨化石，距今 18 万年～20 万年的大荔智人化石和距今 4 万年～5 万年的河套人遗

黄帝画像

址。仰韶文化、龙山文化遗址在这里的分布非常丰富。中华民族的始祖炎帝、黄帝的族居地和陵寝都位于陕西。从公元前11世纪开始,先后有15个王朝在陕西建都,为陕西留下了丰富的历史文物古迹。陕西还是中国革命的摇篮。中国共产党曾在延安10年,领导中国人民进行抗日战争和解放战争,留下了许多宝贵的革命遗迹,成为中国爱国主义教育基地之一。

地貌

陕西省地势南北高、中间低。北部是深厚黄土层覆盖的陕北黄土高原;中部是渭、泾、洛等河流下游冲击形成的关中平原;南部为构造上升运动强烈的陕南山地。自然条件复杂多样,南北殊异。全省从南向北依次可分为陕南山地、关中平原、陕北黄土高原3个地貌单元。关中平原多河水,自然、经济条件较优越;陕北黄土高原多风沙地貌,但滩地地下水丰富,埋藏浅,夏季水草丰富;陕南山地中盆地多,耕地集中,是全省主要的粮食产区。

水系

陕西全省河流分属黄河、长江两大水系。前者流域面积约占全省总面积的64.5%,后者占35.5%。黄河干流中段纵贯陕、晋边境,大部为峡谷,水流湍急。至龙门因断层,形成瀑布急流,与龙门以下的坦荡缓流形成鲜明对照。潼关附近,干流呈90°转向东流。黄河中游段的主要支流多流经黄土高原,河水含沙量大,占黄河平均输沙量的一半,是流入黄河泥沙最多的省份。汉江为长江最大支流,向东蜿蜒于丘陵低山区,至白河县东流入湖北省。汉江及其支流流经秦巴山区,宽谷与峡谷交替出现,有多处优良坝址。

气候

陕西省位于中国内陆中纬度地区,受季风气候和大陆性气候的影响都较明显。由南至北具有北亚热带湿润气候、暖温带半湿润气候和暖温带、温带半干旱气候的特征。秦岭山脉横亘省境中南部,南北气候差异显著。年均气温陕北黄土高原约为9℃,关中平原13℃,陕南汉江谷地则达15℃。冬季南北温差10℃,夏季温差仅4℃。年降水量由南向北递减,山区则由下而上递增。7月~9月降水量常占全年一半以上,且多暴雨。冬季降雨甚少,甚至出现连旱,对陕北黄土高原春播影响严重。

自然资源

陕西省地处中国大西北,秦岭山地之中,是华北、华中和青藏高原三大植物区系与古北界和东洋界动物区系的交会区,具有明显的过渡性和复杂性。由于特殊的地理位置和地质变化,省内的自然资源丰富,种类繁多,矿产中煤、钼、铜、重晶石、磷等储量在中国居于前列。动植物种类也异常丰富,野生动植物种类繁多,其中杜仲、麻黄、金丝猴、羚牛最为著名。此外,在太白山区栖息有朱鹮、黑鹳等珍稀鸟类,还辟有太白山自然保护区和佛坪自然保护区等。

经济

陕西省经济发展的自然环境和资源条件比较优越,工农业、交通运输和旅游业在西北地区最发达。这里的农业生产历史悠久,粮食基本可以自给。省内以机械、电力和轻纺工业为主的部门结构日趋合理。在交通方面,以西安为中心,陆路和航空运输皆很方便。富有特色的旅游业也已成为省内经济发展的重要组成部分。

交通

新中国成立前,陕西省只有陇海铁路、咸铜支线和一些简陋的公路,交通十分不便。建国后,改造了陇海线上的天水—宝鸡段铁路,在南部山地河谷间兴建了襄渝、宝成、阳安等铁路和一些支线,其中通过秦巴山地的天水—宝鸡、宝鸡—成都、阳平关—安康、安康—襄樊各段路线已实现电气化。陕西省内已实现县县有公路。水运以汉水为主。航空以西安为中心,通往北京、乌鲁木齐、兰州、成都、上海等地及省内各地区。

旅游

陕西省不仅历史悠久,而且名山大

西安大雁塔

川众多。巍峨的秦岭山脉横亘陕西中部,滚滚黄河纵穿秦晋峡谷,造就了华山、骊山、太白山、天台山和黄河壶口等著名的风景名胜区。陕北的黄土高原沟壑纵横、雄伟壮观,陕南的岚山毓色可与江南媲美。"秦中自古帝王州",大雁塔、小雁塔、明城墙、钟楼、鼓楼、慈恩寺、荐福寺等各朝的宫阙遗址、名寺古刹在陕西随处可见。秦皇陵兵马俑、宋代碑林彰显着三秦大地的文治武功。陕西大地,每一处胜迹,都有历代文人留下的诗篇;一山一水,都包含着一段动人的传说。

河南省

行政区划

河南省简称豫。因历代辖境大部分在黄河以南,故名"河南";古代居九州之中,又有"中州"、"中原"之称,是华夏民族的发祥地之一。省境介于东经110°21′~116°39′、北纬31°23′~36°22′之间。河南地处黄河中下游,周边与山西、河北、山东、安徽、湖北、陕西等6省接壤。面积16万多平方千米,辖17个地级市和1个省直辖县级单位。省会郑州市。

人口、民族

河南历史上就是人口分布较为稠密的地区之一。中华人民共和国成立以来,河南全省人口占全国总人口的比例大体保持在7.3%左右。据统计,河南省人口总数为9402万人(2010),居全国第三位。从人口统计数据看,河南的人口密度每平方千米在 500 人以上,是全国平均人口密度的 4 倍以上,仅低于上海、北京、天津、江苏和山东,居全国第六位。河南全省人口主要分布在平原、盆地、河流两岸和交通沿线两侧,山地、丘陵地区则地广人稀。随着外出人口的增多,偏僻山区人口逐渐减少,甚至无人居住。全省人口除汉族外,还有回、蒙古、满、朝鲜、壮等 42 个少数民族。少数民族人数不多,但分布较广,如回族分布遍及全省百余县市,满、蒙古、朝鲜等少数民族多分布在铁路沿线城市。

历史文化

河南先民在中原这块古老的土地上繁衍生息,他们在同大自然作斗争的同时,也创造了光辉灿烂的中国古代文化,为后人留下了丰厚的文化遗产。中州大地上遗存的古城廓、古陵墓、古建筑、古石刻星罗棋布。这些优秀的古代文化遗存,犹如镶嵌在中州大地上的一颗颗璀璨的明珠,折射出中华民族古代文明的光彩。中原是一座真正的华夏民族历史的博物馆,在这片古老的土地上有距今约有 8000 年历史的新郑裴李岗原始聚落遗址和具有五六千年历史的渑池仰韶村文化遗址及郑州大河村文化遗址。河南的先民在创造了,物质和精神财富的同时,也形成了淳朴的民风民俗。

地貌

河南全省地形复杂。西北部边境有太行山脉,秦岭山脉在省境西部分成 4 条支脉向东伸延,构成面积广大的豫西山地。北支崤山,余脉沿黄河南岸延伸,通称邙山;中间两支为熊耳山和外方山,外方山东北端的嵩山耸立于低山丘陵之间,为中国"五岳"之一,号称"中岳"。在南部边境还分布有桐柏山、大别山等。南阳盆地位于豫西山地与豫南山地之间,为省境的伏牛、桐柏和湖北的大洪、武当等山环抱。中部为汉江支流唐河、

大河村遗址图。距今五千多年前,祖先们已能用纹饰和图案绘出完整的天象图景了。

白河冲积所形成的冲积平原。东部平原是华北平原的一部分,主要由黄、淮、卫三大河流冲积而成,黄河古冲积扇是其核心部分。在豫东以花园口——东坝头的黄河河段为脊轴,形成范围广阔的冲积扇形平原,地势平坦,地下水丰富,是河南主要农业区。

水系

河南省河流众多,大多发源于西部山地,分属黄河、淮河、卫河、汉水四大流域,顺地势向北、东、南呈辐射状分流。黄河自陕、晋边境折向东流入河南,横贯省境北部,以湍急之势流经著名的三门峡。淮河发源于桐柏山区,横贯省境东南部,是全省最大的河流。南侧支流河短流急,常称“三水”;北侧支流坡平弯多,称“坡水”。卫河是豫北大河,向东北流入海河。省境西南部属汉水流域,有唐河、白河、丹江等。全省湖泊很少,但地下水丰富,沿山麓多自流井和喷泉,便于开发利用。豫西山区和太行山南端还有地下热水资源,省内较大的温泉有30多处。

气候

河南省位于中纬度地带,气候较温和。冷热变化和干湿状况主要受季风影响,南北地区间的气候具有过渡性特点。全省绝大部分地区年均温为13℃～15℃,可满足一般作物的两年三熟或一年两熟的生长发育之需。伏牛山至淮河干流一线以南地区属北亚热带范围,以北属暖温带。西部山区因地势较高,气温相对较低,农作物一般只能两年三熟或一年一熟。春末与晚秋季节大部分地区有霜冻。省内年降水量一般约600毫米～1000毫米,自东南向西北逐渐减少。4月～10月各地降水量丰沛,利于农业生产。

自然资源

河南省是中国重要的矿产资源省份之一。在中国已发现的矿产资源中,河南就有107种,其中得到开发利用的有近70种。全省有16种矿产储量名列全国前三位,有43种矿产储量居全国前十位。河南是中国既有煤,又有石油、天然气的少数省份之一。河南省的黄金储量居中国第二位;栾川钼矿是世界六大钼矿之一,储量居中国第一位。除此之外,河南属典型的北亚热带向暖温带过渡地区,在这样复杂的自然环境里,生栖着多种类别的动植物和珍贵的中药材。

经济

河南省原是个自然灾害频发的省份,水、旱灾害不断,黄河多次泛滥成灾,黄淮平原地区风沙、水涝、盐碱交加。经过多年治理后,多数灾区变成了良田。现在的河南是中国的小麦、烤烟、棉、麻等类作物的重要产区。河南原是中国较落后的省份之一,随着交通运输的发展,铁路线路逐步密集,公路运输逐渐发达,省内的经济也随之迅速发展起来,尤其是工业发展更为迅速,很多轻工业跃居全国第一位。另外,传统的手工艺工业也得到发展和推广。

交通

河南省位居中原,东西南北交通地位十分重要。省内的长途运输以铁路运输为主,公路运输在短途运输中占重要地位,但内河运输却不发达。全省铁路

大别山风光

通车里程约 4571 千米，京广、陇海两大铁路干线纵横贯穿省境，交会于省会郑州，使郑州成为全国重要的路网性铁路枢纽。

旅游

河南省地处中原，风光秀丽，交通便利，历史文化源远流长，有着丰富的人文景观和自然景观资源。自夏商以来，先后有 20 多个朝代在河南建都。在这里可以了解华夏文明的源头，可以领略华夏 6000 年历史文化的风采。在自然景观方面有太行山、伏牛山、桐柏山、大别山四大山系环绕。这些山势雄伟壮观，山、水、洞、林相互映衬，融为一体，构成了别具特色的自然景观。在河南秀丽的自然景观中，属于国家公布的第一批重点风景名胜区有 3 个，即洛阳龙门、登封嵩山、信阳鸡公山，此外还有多个省级风景名胜区和自然保护区。

宁夏回族自治区

行政区划

宁夏回族自治区位于中国西北地区东部、黄河上游，地理位置介于东经 104°17′~107°39′、北纬 35°14′~39°23′。与内蒙古自治区、甘肃省、陕西省毗邻。总面积 6.6 万多平方千米，是中国最小的自治区。宁夏古为雍州之地，西夏王李元昊在此建立了大夏国，因此而得名。宁夏有近千年的历史，早有"天下黄河富宁夏"的美誉。辖 5 个地级市、8 个市辖区、2 个县级市、11 个县。简称宁，首府银川。

人口、民族

宁夏回族自治区是中国唯一的一个省级回族自治区。截至 2010 年统计，全自治区人口约有 630 万人，人口密度 92 人/平方千米。人口地区分布极不平衡，平原灌区人口约占全自治区人口的

60%以上，约为300人/平方千米；南部丘陵山区，人口主要分布在沿河谷地和山间盆地，其中清水河、葫芦河等谷地在150人/平方千米。民族以回、汉为主，分布遍及全区各地。回族人口占总人口的30%以上，占全国回族人口的近1/5。汉族占65%左右。此外，还有满、蒙古、东乡等20多个少数民族。

历史文化

宁夏境内约在3万年前的旧石器时代就有了人类的踪迹。春秋战国时期，羌、戎和匈奴等少数民族在此繁衍生息。汉代，大批移民来此，带来了中原的科技、文化等知识，与少数民族一起大规模开发引黄灌区，使这里成为谷稼充实、民众富裕的绿洲。11世纪初，党项族李元昊在此建立大夏国（史称西夏），创造了灿烂的西夏文化。1227年当西夏被蒙古灭后，西夏丰富的文化内涵从此逐渐融入了中华民族丰富、庞大的文化之中。19世纪出土了西夏文字与大量西夏文物。

地貌

宁夏由于地理条件复杂，形成了丰富的油、煤、盐等资源。地质构造的巨大张力使银川盆地强烈断陷，两侧的贺兰山地和鄂尔多斯高原相对隆升，南部地块受挤压形成六盘山。这里是中国南北巨大地震带的北段，区内地震频繁。受现代气候影响，从南至北表现出流水地貌向干燥地貌过渡的特征。宁夏全区地形以丘陵为主，平原、山地次之，其余多为台地、沙地和水域。地势南高北低，地势最高的贺兰山与最低的银川平原，高差达2400余米。

水系

宁夏回族自治区是中国水资源最少的省区。耕地公顷均水量、人均水量均远低于中国黄河流域平均值，属于干旱地区。主要河流有清水河、苦水河、泾河、葫芦河的上游等，均属黄河水系。黄河过境水量每年约325亿立方米。还有部分内流河。

西夏文物——青铜镀金牛

气候

　　宁夏属温带大陆性半湿润半干旱气候，大多干旱少雨，风大沙多，夏热而短，冬寒且长，日照充足，昼夜温差很大。年均温 6 ~ 10℃，气温年较差 24 ~ 33℃，日较差 7 ~ 18℃，无霜期 130 ~ 162 天，年降水量 180 ~ 680 毫米。气温与降水由南向北递减。山地降水显著。降水多集中于 6 ~ 9 月。

自然资源

　　宁夏能源矿产和非金属矿产成矿条件得天独厚。区内煤炭资源丰富，无烟煤质量为全国最好。石油、天然气也已得到初步开发。在自然资源方面，境内有多种珍贵生物并且设立了四个国家级自然保护区，以保护青海云杉、蓝马鸡、金钱豹、天鹅等，并设有干旱区、高原温带、干旱沙漠植被等生态系统保护区。

经济

　　在中国古代，宁夏区内灌溉农业就较发达，是中国西部的粮田之一。解放以来，由于交通迅速发展，先后建成了煤炭、电力、冶金、机械、医药、化工、建材、纺织、化纤、塑料、日用硅酸盐、制糖、电子、仪表、皮革、造纸、卷烟、食品等行业体系，目前已成为以能源为主的经济体系。

旅游

　　宁夏文物大多保存较好，从战国、隋、明长城与宋代壕堑。加之西夏地区辽阔荒凉，为宁夏平原添了几分神秘。贺兰山远望形若骏马，小滚钟口天然避暑胜地，六盘山苍茫逶迤……这里有古老的水车、雪白的羊群，可以乘羊皮筏漂流黄河、骑骆驼跋涉沙漠，这些都为这块神秘的土地增色添彩。

山东省

行政区划

　　山东省位于中国东部，渤海之滨，地理位置处于东经 114°50′ ~ 122°50′，北纬 34°30′ ~ 38°15′。东部山东半岛凸出于黄海和渤海之间，北与辽东半岛相对，

贺兰山风光

东与朝鲜半岛、日本列岛隔海相望。陆地部分自北而南分别与河北、河南、安徽、江苏毗邻。全省总面积 15 万多平方千米,海岸线长约 3024 千米,位居全国第三。山东是沂源猿人的故乡,距今 6000 年前的商的生祖契曾生存于此,后孔子创立儒家文化使山东驰名世界。沿海滩涂面积约 3000 平方千米,近海域面积达 17 万平方千米。现辖 2 个副省级市、15 个地级市、60 个县、31 个县级市、49 个市辖区。简称鲁,因处于太行山之东而称山东。

人口、民族

山东户籍人口总数居全国第二,2010 年总人口约 9579 万。山东是一个多民族杂居的省份,全省共有 56 个民族,少数民族人口占全省人口的 0.7%。其中回族人口为最多,约占全省少数民族人口总数的 90% 以上。少数民族在各市县区都有分布。

历史文化

山东省是中华文化的重要发祥地之一,北辛文化、大汶口文化、龙山文化遗址都出现在山东。沂源猿人和北京猿人一样,都是华夏民族的祖先。春秋战国时期,山东以齐国和鲁国为主,独具特色的齐鲁文化在中国传统文化中占有重要地位。后世对孔子的尊崇促进了山东的经济文化发展。

地貌

山东省以平原低地为主,约占 2/3。地势中间高、四周低。境内最高峰是泰山玉皇顶,海拔 1532.7 米,东边山东半岛呈丘陵性半岛伸入黄海与渤海之间。

山地大致可分为胶东丘陵、胶莱平原、鲁西部山地与北部平原等四部分。全省地形适合林果业和水产业的发展。

水系

山东省河流湖泊较多,其中长度在 10 千米以上的有 1550 条,分属黄河、淮河、海河水系。黄河是山东省内最大的河流,从东明县入省境后,流程达 600 千米。京杭大运河在省内长达 525 千米。其他沂河、沭河、大汶河等是内流河。湖泊集中分布在中南山地和鲁中平原之间,有南四湖与北五湖。

[泗河] 泗河发源于鲁中山地新泰市南部的太平顶西麓,又名泗水。流经泗水县、曲阜市、兖州市和济宁市,是京杭运河主要支流之一。全长 159 千米,流域面积 2361 平方千米。河水主要由降水补给。20 世纪 50 年代以来,针对泗河洪涝灾害,中国政府先后修建了贺庄、华村、尼山等 120 多座大小水库,并对整个流域内的山坡等进行了综合治理,下游河道定期疏浚,使泗河成为流域内的致富河。泗河流域现主要种植小麦、玉米、大豆、棉花等。南四湖的形成与古泗河是分不开的,由于黄河改道,使古泗湖无法进入淮河而后形成了微山湖、昭阳湖、独山湖和南阳湖诸湖泊。

气候

山东属暖温带季风气候,降水集中,光照充足,四季分明。春季少雨多风,夏季炎热多雨,秋季冷暖适中,冬季干燥寒冷。年均温为 11 ~ 14℃,由南向北递减。无霜期 180 ~ 220 天。省境光照充足,年均日照时数 2300 ~ 2900 小时。年降水量 500 ~ 1000 毫米,降水季节分配不均,春旱多有发生。以鲁中南山地和胶东半岛为最多,多达900毫米。

自然资源

山东省水资源十分丰富,矿产资源储量大,质量优,分布广泛,金、硫储量居全国第一;石油、金刚石、钴等十余种矿产资源储量在全国位居第二,且大多易于开采,已开发矿产有20余种。山东的地形复杂,林业资源分布全省。生物资源主要有陆栖野生脊椎动物450种,居全国前列。各种植物3100余种。银杏、百合、文昌鱼、中华鲟等珍稀动植物约有百余种。

经济

山东省从20世纪80年代起经济发展进入快车道,连续多年保持全国前三名的水平。山东的农业较发达,现在是全国最大的"菜篮子"工程基地,其换季蔬菜占据了全国的大部分市场。由于山东资源丰富,依山傍海,2007年工业生产总值占全省生产总值的51%。优越的地理环境使全省形成了一批名牌产品,在全国树立了经济强省的形象。

交通

山东经济发展,直接带动了交通的改善,境内以济南、兖州、淄博为枢纽,有京沪线、蓝烟线、新兖线、兖石线等,京九铁路经过山东西部临清、聊城和菏泽等地。省内高速公路里程在全国居于前列,全部公路达21万多千米。主要有206国道、205国道、104国道、105国道和310国道。山东海洋航运发达,拥有青岛、烟台、龙口、日照、黄岛、石岛、威海等日吞吐量5万吨以上的大型港口和码头。内河航道1012千米,多为季节性航道。空中航线至北京、上海、深圳、珠海、香港、澳门等地的国内航线,基本构成了立体式的交通网络。

旅游

山东省以齐鲁文化为代表。大汶口文化是中国最早的文化代表之一。其旅游资源的特点是以圣人圣迹、名山名泉和临海风光取胜的。圣人圣迹有曲阜"三孔"、邹城"三孟"、德州苏禄王墓等。名山以泰山为五岳之首著称,崂山、千佛

在大汶口文化遗址出土的"陶文"

山各具特色。名泉有大明湖与七十二泉,使济南获"泉城"美誉。临海风光以青岛、烟台、蓬莱、威海等都是避暑胜地为代表。现在山东旅游业蓬勃发展,开辟了济南—泰山—曲阜和青岛、蓬莱众多旅游区。

湖北省

行政区划

湖北省简称鄂。因位于洞庭湖以北而得名。它处于中国中南部中心地带,长江中游,北邻河南省,东毗安徽省,东南和南连江西、湖南两省,西接重庆市,西北与陕西省为邻。地处东经108°21′~116°07′、北纬29°05′~33°20′。面积18万多平方千米。辖武汉、黄石、襄樊、十堰、荆州、宜昌、荆门、鄂州、孝感、黄冈、咸宁、随州12个地级市,恩施土家族苗族自治州及神农架林区,38个市辖区、24个县级市(包括3个直管市)、37个县和2个自治县。省会武汉市。

人口、民族

湖北省是中国人口数量较多的省份,全省人口5723万(2010)。人口分布不均,以丹江口—南漳—宜都连线为界,人口密度东部大于西部。湖北为多民族省份之一,有汉、土家、苗、回、侗、满、壮、蒙古等50个民族。汉族占全省总人口的95.6%,各少数民族占4.4%。其中以土家族最多。

历史文化

湖北在先秦时期是楚国的领地和国

中国的伟大诗人屈原

都所在地,古楚人在这片古老的土地上创造了与中原文化并列为华夏文明两大源头的楚文化。楚文化张扬而绚烂,浪漫主义诗人屈原、远赴塞北的王昭君、唐代大诗人孟浩然等都是在这一文化氛围中孕育出来的名垂青史的湖北人。由于湖北位于中国腹地,地跨长江天险,所以历来是兵家必争之地。三国孙刘抗曹、宋末襄阳之围、清末武昌起义等历史上重大的、改变历史进程的军事活动都发生在这里。

地貌

湖北省处于中国地势第二级阶梯向第三级阶梯过渡地带,地貌类型多样,山地、丘陵、岗地和平原兼备。地势高低相差悬殊,西部号称"华中屋脊"的神农架最高峰神农顶,海拔达3105米;东部平原的监利县谭家渊附近,地面高度为零。全省西、北、东三面被武陵山、巫山、大巴山、武当山、桐柏山、大别山、幕阜山等山地环绕，山前丘陵岗地广布，中南部为江汉平原，与湖南省洞庭湖平原连成一片。

水系

湖北省境内的第一大河为长江，其干流偏于省境南部，主要支流多集中在北岸，水系发育呈不对称性。汉水是湖北省第二大河流。省内河长在5千米以上的中小河流共有1193条，总长度达3.5万多千米。全省多年平均径流总量为946.1亿立方米，相当于全国河川径流总量的3.59%。省内河流多发源于山区丘陵地带，其中90%以上集中分布于鄂西山区。湖北省湖泊众多，有"千湖之省"的美称。众多的湖泊集中分布于江汉平原和鄂东沿江平原地区，对调蓄、养殖、灌溉和航运等起着巨大作用。

气候

湖北省主要属于北亚热带季风气候，具有从亚热带向暖温带过渡的特征。光照充足，热量丰富，无霜期长，降水丰沛，雨热同季，利于农业生产。年均温15℃～17℃，鄂东沿江和三峡河谷在17℃左右，鄂北低于16℃，山区则随海拔的增加而降低。7月平均气温为27℃～29℃，江汉平原最高温在40℃以上，为中国酷热地区之一；1月平均气温3℃～4℃，三峡河谷高于5℃，北部和山区2℃左右。无霜期大体是南部长于北部，平原河谷盆地长于山区。全省降水充沛，年均降水量800毫米～1600毫米，自东南向西北逐渐减少。

自然资源

湖北全省已发现矿产136种，已探明储量的达88种。磷、金红石、硅灰石等矿产的探明储量居全国首位。水能是湖北能源资源的突出优势，可开发的水能居全国第四位。全省动物资源达700多种，约占全国动物种类的1/4。其中属国家规定的珍稀保护动物有白鱀豚、金丝猴、江豚（江猪）、大鲵等50多种。全省种子植物3700多种，森林覆盖率为31.6%。神农架为中国中部最大的原始森林，被誉为"华中林海"。世界观赏名木金钱松、珙桐、水杉等珍稀树种就生长在这里。

经济

湖北省粮食作物以水稻、小麦为主；经济作物以棉花、油料为主。江汉平原是中国重要的商品粮棉基地，并是中国重要的淡水鱼养殖基地。主要林副特产有苎麻、生漆、桐油、柑橘、茶叶、木耳、木梓、黄连、天麻等。主要工业部门有钢铁、电力、机械、汽车、建材、纺织和食品等。武汉是全国大型钢铁基地之一。宜昌是中国重要的水电基地。湖北水陆空交通发达，京广、京九、焦柳、武九、襄渝5条铁路干线通过省境，8条国道与省级公路联成公路交通网，长江、汉水是两大水运干线。

交通

湖北历来为中国水陆交通运输枢纽。武汉港为长江中游最大的内河港口。黄石、宜昌、荆州、宜都等也是重要河港。汉水是沟通鄂西北和江汉平原的重要航道，襄樊和老河口为汉水的重要河港。京广线和京九线纵贯省境东部，同焦柳、汉丹、襄渝4线共同构成省内外陆路交通运输的主干线。主要公路干线

洪湖风光

有汉孟线、汉沙线、汉宜线；与邻省相通的公路干线有鄂赣线、鄂皖线以及老白线。武汉市有航线通往北京、上海、广州、成都等地，省内有航线通往荆州、宜昌和恩施。

旅游

湖北省境内河网水道密集，湖泊众多，香溪河、下牢溪、洪湖、东湖，龙泉瀑布、吊水岩瀑布，清江三峡等都是闻名遐迩的水景。此外还有众多的古泉、古井和地下温泉。湖北东、西、北三面环山，奇峰峻岭之中有名扬天下的道教圣地武当山和九宫山、神秘古奥的神农架、红安的天台山、武汉的珞珈山、罗田的天堂山、当阳的玉泉山等。秭归屈原故里、昭君故里、纪南故城、黄鹤楼、东坡赤壁、三国赤壁等历史遗迹，也是湖北的旅游胜地。

湖南省

行政区划

湖南省简称湘，位于长江中游、洞庭湖以南，因此得名。省境介于北纬24°39′～30°08′、东经108°47′～114°15′。北邻湖北，东毗江西，南连广东、广西，西接贵州、重庆。东西宽约660多千米，南北长770多千米，面积21万多平方千米。全省设置13个地级市和湘西土家族苗族自治州。省会长沙市。

人口、民族

湖南全省人口为6568万（2010），人口密度平均为每平方千米319人，省境西、南、东部山区人口较稀。全省市镇人口多集中分布于湘江、资水、沅江沿岸及铁路沿线城市。其中长沙、株洲、湘潭三市人口密度为每平方千米450人。湖南是多民族省份，有51个民族，其中世居的有汉、苗、土家、侗、瑶、回、维吾尔、壮、白族等9个民族。少数民族人口共680万人，占全省总人口的10%左右，大多聚居在湘西和湘南山区，少数杂居在全省各地。在少数民族中，苗族和土家族人口最多，主要分布于湘西北，建立有湘西土家族苗族自治州。

[土家族]是居住在湘、鄂、渝、黔毗连地带的一支历史悠久的少数民族，主要聚集于湖南省武陵山区，此外在湖北省西部、重庆市东南以及贵州东北部，还有少量分布。人口802.81万（2000）。土家族以"毕兹卡"为族称（本地人的意思），属氐羌族群。土家族先民的史籍称谓较多，秦汉时称为"板蛮"、"赛人"等，此后多以地域命族名，被称为"酉酉蛮"、"峡中蛮"、"巴建蛮"、"信州蛮"等。宋代，出现了区别于武陵地区其他族别而专指土家的"土民"、"土兵"等。以后随着汉族居民大量迁入，"土家"作为族称开始出现。土家族有自己的语言，其语言属汉藏语系藏缅语族，是比较接近于彝语支的一支独立语言；无本民族文字，大部分土家族兼通汉语，一般用汉字记载自己的思想语言，承传本民族的历史文化。其民族特征是"敬土王，信土老师，说土语，过土家族节日，跳土家族舞，织土花布，以及基于前'六土'的客观存在而形成的民族自觉意识"。在日常生活中用土家族语言作为交际工具的土家族人约30余万。这些说土家族语言的土家族人，主要聚居在湖南龙山、永顺、保靖、古丈县，湖北来凤县、重庆秀山县。

历史文化

距今8000多年前，就有先民栖息于湖南。商中叶后，在中原文化影响下，湖南进入青铜器时代。春秋战国之际，形成了具有独特风格的楚文化。伟大的浪漫主义诗人屈原被楚王流放到湖南，留下了《离骚》、《九歌》、《天问》等不朽诗篇。两宋时期，随着中原居民大量南迁，

岳麓书院

湖南又成为湖湘文化的诞生地。千百年来,三湘四水,人杰地灵,文化荟萃。宋初中国的四大著名书院,湖南就有两所,即长沙的岳麓书院和衡阳的石鼓书院。在这种文化背景下,湖南相继涌现出许多著名的思想家和政治家。如周敦颐、李东阳、王夫之、毛泽东等,真可谓"惟楚有材,于斯为盛"。

地貌

湖南省处于云贵高原向江南丘陵和南岭山地向江汉平原的过渡地区。省境西南东三面为山地环绕,北部地势低平,中部为丘陵盆地;地势向北倾斜而又西高于东。可分湘西山地、南岭山地、湘东山地、湘中丘陵、洞庭湖平原5个地形区。湘西山地主要为武陵和雪峰两大山脉。武陵山海拔多为500米~1500米,主峰壶瓶山2099米,为全省最高峰;雪峰山主脉南起城步、北至益阳附近。洞庭湖平原地势平坦,海拔50米以下。

水系

湖南省内长度在5千米以上的河道有5341条,总长度9万多千米,其中100千米以上的50条,500千米以上的7条。境内河网密度为平均每平方千米河流长度1.3千米。除少数河道出流邻省外,绝大部分集结于湘、资、沅、澧,而后汇注洞庭湖,构成一个沟通长江具扇形辐聚式的洞庭湖水系。全省水能蕴藏量达1532万千瓦,多集中于各河上中游。河流最高水位及流量最大时期常出现在4月~6月,正值梅雨来临,水势暴涨、洪峰迭起,"四水"沿岸易酿成灾害;夏末秋初,长江洪峰顶托,湖区也易出现外洪内渍。

气候

湖南省属中亚热带季风湿润气候,气候温和,热量丰富,降水充沛,无霜期长,但湿热分配不均。全省均温为16℃~18℃,东南高于西北,东高于西,1月均温4℃~6℃,临湘出现过-18.1℃(1969年1月31日)的低温。7月均温多在27℃~30℃,最高温大部分地区超过39℃,长沙、益阳、零陵曾出现43℃以上的高温。无霜期自北而南为270天~300天,大部分地区能满足喜温作物,特别是双季稻对热量的要求。全省年降水量1200毫米~1700毫米,是中国雨水较多的省区之一。

自然资源

湖南省矿藏丰富,素以"有色金属之乡"和"非金属之乡"著称。已探明储量的80多种矿藏中,锑的储量居世界首位,钨、铋、铷、锰、钒、铅、锌以及非金属雄黄、萤石、海泡石、独居石、金刚石等居全国前列。湖南省植物种类多样,群种丰富,是中国植物资源丰富的省份之一。主要树种有马尾松、杉、樟、檫、栲、青山栎、枫香以及竹类,此外有银杏、水杉、珙桐、黄杉、杜仲、伯乐树等60多种珍贵树种。野生动物主要有华南虎、金钱豹、穿山甲、羚羊、白鳖豚、花面狸等。

经济

湖南省的工业有采掘、冶金、电力、机械、建材、轻纺、化工、电子和食品等门类。传统工业产品有醴陵瓷器、长沙湘绣、浏阳花炮、邵阳竹雕、益阳竹器等。农业在中国居于重要地位,旧有"湖广熟,天下足"之说,盛产稻谷、棉花、苎麻、油菜子。淡水养殖和水产品捕捞业发达，素称"鱼米之乡"。铁路有京广、枝柳两线纵贯南北，湘桂线斜贯西南，湘黔线横穿东西。长沙、株洲、衡阳、怀化是重要的铁路交通枢纽。全省水运航道10051千米，乘船经城陵矶，可达重庆、武汉、南京、上海。公路纵横，里程之长，居江南首位。长沙黄花国际机场和张家界国际机场都是国内较大的机场之一。

交通

　　湖南省内平均每百平方千米有1.38千米铁路，是江南铁路密度较大的省份。内河通航河流达110多条，里程约1万千米，经过整修疏通河道，水深在1米以上的河道有2580千米。全省交通纵横交错，南北向的京广铁路与东西向的浙赣、湘黔、湘桂等铁路在株洲、衡阳相交，构成东部与省外往来的陆路主干。湘西南北向的枝柳铁路与东西向的湘黔铁路交会于怀化，成为西部陆路交通的"十"字形骨干。湘、资、沅、澧四水和洞庭湖是联结长江和省内的重要航道，加上公路，形成水陆交通网，担负过境与省内运输。20世纪80年代以来，全省客货运量增长快，其中长途运输以铁路较快，次为水运。公路主要以短途客货运输增长显著。交通运输枢纽有长沙、株洲、衡阳、湘潭、怀化、邵阳、常德、岳阳等。长沙还是江南航空运输来往的必经之地，有定期班机与北京及全国各地联系。

旅游

　　湖南省山清水秀，衡山、九疑山、岳麓山等自古就属名山之列，古寺、书院、瀑布、清溪闻名全国，万里长江滔滔过

洞庭湖畔的岳阳楼随着范仲淹的一篇《岳阳楼记》而声名远扬。

境，湘、资、沅、澧四水绵绵不断，洞庭湖碧波千里，水上岸边之景美不胜收，更有武陵源、桃花源神秘幽远。湖南战国时为楚地，汉代属荆州，文物古迹遍布。马王堆汉墓、岳阳楼、蔡侯祠、柳子庙，都是古人留下的丰厚遗产。湖南还是中国民主革命的发源地之一，有毛泽东、刘少奇等革命领袖故居，秋收起义、平江起义等旧址。湘西众多的少数民族中尤以土家族、苗族风情令人神往。

内蒙古自治区

行政区划

　　内蒙古自治区简称内蒙古，位于中国北部边疆，地处北纬37°24′~53°23′、东经97°12′~126°04′。内蒙古自治区北部与蒙古国接壤，东北部与俄罗斯交

界,东、南、西分别和黑、吉、辽、冀、晋、陕、宁、甘 8 个省区为邻。国境线长4200 多千米。自治区境南北最宽处1700 多千米,东西长达 2400 多千米,面积 118.3 万平方千米,占全国总面积近1/8,居第三位。内蒙古自治区辖 3 个盟、9 个地级市、11 个县级市、21 个辖区、17 个县、49 个旗、3 个自治旗,首府呼和浩特市。

人口、民族

内蒙古自治区有蒙古、汉、满、达斡尔、朝鲜、鄂温克、鄂伦春等 49 个民族,人口 2470 万(2010)。各地区人口密度与民族构成极不平衡,自治区人口平均密度每平方千米 20 人左右,广大高原地区每平方千米约 1~2 人,而呼包三角地带及后套陕坝地区、赤峰、海拉尔等工农业中心,平均每平方千米 100~150 人。区内各民族除汉族外,以蒙古族最多,约占全区人口的 17.6,其中 4/5 聚居东部,中部土默特农区的蒙古族多从事种植业,生活习俗近似山西,多讲汉语。回族占全区人口的 0.87%,多居住在呼包一带的城镇及工矿区,主要从事工商饮食服务业。达斡尔族占全区人口的0.31%,绝大部分聚居在呼伦贝尔的莫力达瓦达斡尔族自治旗,其余分散在区内东部一些地区,多从事种植业和畜牧业,民俗与内蒙古族极为相近。

蒙古族—蒙古族主要聚居在内蒙古自治区和新疆、青海、甘肃等省区,别称"马背民族"。"蒙古"意为永恒之火,可见这一民族的古老和坚强。蒙古族起源于古代望建河(今额尔古纳河)流域的一个游牧部落,以后大举西迁,与蒙古高原突厥族后代融合。1206 年,蒙古部族

首领铁木真统一蒙古各部落,建立蒙古汗国,从此蒙古地区各部族逐渐融合为一个新的民族共同体——蒙古族。蒙古族有自己的语言和文字,语言属阿尔泰语系蒙古语,文字则起源于 13 世纪,由回鹘系母金制,现已规范固定。在相当长的一个时期中,蒙古族人以游牧生活为主。在长期的历史发展过程中,蒙古族人不断总结生产生活中的各种实践经验,同时学习、吸收和借鉴国内外其他民族的优秀成果,经济由单一的牧业转入农牧业结合生产,改革开放以来,蒙古族人民的生活水平有了大幅度的提高。

鄂温克族—主要分布于内蒙古自治区呼伦贝尔市鄂温克族自治旗及黑龙江省讷河市等地,共有人口 3 万多。"鄂温克"意为"住在大森林中的人们"。他们以游猎生活为主。鄂温克族有自己的语言,鄂温克语属阿尔泰语系满通古斯语族通古斯语支,但没有本民族文字。鄂温克族妇女擅长刺绣、雕刻、剪纸等工艺,多取材于日常生产、生活,具有独特的民族风格。鄂温克族喜欢唱歌、舞蹈,民歌曲调豪放,舞步生动活泼。每年 5 月下旬,牧区的鄂温克族要欢度"米阔勒节",这是牧民统计当年增加了多少牲畜的日子。

达斡尔族—主要分布于内蒙古自治区呼伦贝尔市莫力达瓦达斡尔族自治旗、鄂温克族自治旗,少数居住在新疆塔城市。人口 13 万多。达斡尔族起源有土著说和契丹后裔说两种。最初,达斡尔人分布在外兴安岭以南精奇里江河谷与东塌牛满江、西至石勒喀河的黑龙江北岸河谷地带。17 世纪中叶以后,为躲避沙俄侵扰,被迫内迁,后因清政府征调戍边,形成现在的分布状况。达斡尔族

有自己的语言,达斡尔语属阿尔泰语系蒙古语族;无本民族文字。

鄂伦春族—主要分布于内蒙古自治区呼伦贝尔市鄂伦春自治旗、扎兰屯市、莫力达瓦达斡尔族自治旗,以及黑龙江省呼玛、逊克、黑河、嘉荫等县市,人口8000多人左右。"鄂伦春"一词有两种含义,一为"使用驯鹿的人",一为"山岭上的人"。族名与其长期从事的生产活动有关。鄂伦春人明末清初时游猎于黑龙江以北地区,17世纪中叶以后,因沙俄入侵,为躲避战乱,逐渐迁移到现在的分布地区。鄂伦春族有自己的语言,鄂伦春语属泰语系满通古斯语族通古斯语支,无本民族文字。鄂伦春族是一个能歌善舞的民族,民歌都是自编自唱的,节奏明快、曲调悠扬。鄂伦春族是以狩猎为主的民族。鄂伦春族妇女对兽皮加工有特殊的技能,他们崇拜祖先和各种自然物,相信万物有灵。每年正月初一、十五还分别举行朝拜太阳神和月亮神的祭祀活动。

历史文化

内蒙古自治区历史悠久,文化灿烂,是中华民族的一个重要组成部分。著名的"河套文化"、"大窑文化"、"红山文化"等遗迹,证实了从旧石器时代起,内蒙古就出现了早期人类。内蒙古也是古代中国北方少数民族生息繁衍的地方,从公元前8世纪到公元13世纪,先后有匈奴、东胡、鲜卑、突厥、契丹、女真等10多个游牧部族在此建立政权。这些政权或雄踞北疆、或问鼎中原、或统一中国,与汉族文明长期不断地冲突、交流、融合,对汉族文明的影响很大。公元1206年,铁木真统一了蒙古高原上的部落,建

忽必烈画像

立了蒙古汗国。忽必烈在此基础上向南扩张,最终建立元朝,将草原文化和汉文化融为一体。

地貌

内蒙古全境以高原为主,海拔1000米左右,起伏和缓坦荡的草原、低缓的丘陵、蜿蜒的河流,构成辽阔的草原景观。自东向西有呼伦贝尔草原、锡林郭勒草原、乌兰察布高原、巴彦淖尔高原、阿拉善高原等。大致东部草原宽广,西部戈壁、沙漠分布较多。内蒙古高原东部边缘是大兴安岭山区,海拔1000米以上,最高峰2000米以上;中部的阴山山脉海拔1500～2000米,是中国内外流域重要的分界线;阴山以南是河套平原,工农业生产比较发达。黄河北上东进又南下后围绕起来的是著名的鄂尔多斯高原,也是内蒙古高原一个重要组成部分。

水系

除去黄河过境水流量,内蒙古河川

径流总量约 400 亿立方米。流域面积在 1000 平方千米以上的河流有 100 多条。内蒙古的河流分为外流河和内陆河。外流河有黄河、西辽河、嫩江、额尔古纳河等河流,主要分布在大兴安岭、阴山至贺兰山一带山地的东南部。内流河有乌拉盖尔河、昌都河、塔布河、艾不盖河、黄旗海河系、岱海河系等,这些河流的尾部进入封闭的盆地或洼地中潴流成湖沼。内蒙古的大小湖泊有千余个,总面积达 7000 平方千米以上,其中最著名的有呼伦湖、贝尔湖、达里诺尔、乌梁素海、岱海、黄旗海、库勒查干诺尔和居延海等,这些河流和湖泊对当地人畜用水具有重要意义。

气候

内蒙古地区地处东部季风气候与大陆性气候的过渡带,因季风仅影响东南部边缘的狭长地带,所以全区主要为温带大陆性气候。地貌为海拔 1000 米以上的高原,因而水文和温度条件比同纬度的东部地区差。这里是寒流进入中国最先影响之地,冬季严寒,夏季温暖,全年降水量 70% 集中在夏季,春天的干旱和冬天的暴风雪是影响农牧业生产的主要自然灾害。

自然资源

内蒙古自治区的草原牧场、森林以及稀土、铁、煤等资源均在国内占重要地位。煤炭已探明储量居全国第二位,铁矿及一些有色金属矿藏储量也很丰富。草原牧场面积 87 万平方千米,居全国各省区第一位。大兴安岭北部植被以兴安落叶松为主,是中国重要的林区,也是内蒙古森林面积最大,动植物资源最丰富的地区。典型草原主要分布在大兴安岭

以西至集二线以东和鄂尔多斯东部高原地带;荒漠草原分布在鄂尔多斯东部及乌兰察布市、巴彦淖尔市高原地区。额济纳河两岸有大片天然胡杨林。

经济

内蒙古自治区的钢铁、机械等工业发展迅速,毛纺、乳制品及制糖业发达。区内草原面积广阔,天然草场 13.2 亿亩,占全国的四分之一,畜牧业以牧养三河牛、三河马、内蒙古细毛羊、乌珠穆沁马、乌珠穆沁牛、乌珠穆沁肥羊、双峰骆驼为主。河套、土默川、西辽河和嫩江西岩平原及丘陵地区为粮食主产区。粮食主产小麦、玉米、马铃薯、大豆,部分地区种植莜麦、水稻。经济作物有甜菜、亚麻、向日葵、蓖麻、油菜。其中河套为黄河自流灌区,土地肥沃,物产丰富。交通以铁路为骨干,已形成以呼和浩特市为中心的铁路、公路、航空综合交通运输网,14 个城市通火车,7 个盟市通飞机,100% 的旗县,90% 的乡镇通公路。

交通

内蒙古自治区地势比较平坦,便于交通业的发展。交通以铁路为骨干,京包、京兰、滨洲、集通、京通、集二线等铁路干线联通全国各地及俄罗斯、蒙古等国。公路运输已形成以城市为依托,以国道、自治区干线公路为骨架的交通运输网,有高级、次高级路面 1.5 万多千米,100% 的旗县市和 90% 的乡镇通上了汽车。自治区内有多个民用机场,已开辟了 40 余条航空干线通往北京、沈阳、石家庄、南京、上海、武汉、广州等城市。沙漠地区有畜力车和骆驼等,还在发挥着重要作用。

成吉思汗陵。这座陵墓是后人为纪念成吉思汗建造的，位于内蒙古伊金霍洛旗，伊金霍洛是蒙古语"帝王陵墓"的意思。

旅游

草原风光和民族风情是内蒙古自治区的两大特色。内蒙古北部草原从大兴安岭西麓一直延续到阿拉善盟居延海。夏秋季节绿草如海，牛羊如云，极为辽阔旷远，"天苍苍，野茫茫，风吹草低见牛羊"的情景正是牧区的真实写照。座座银色的蒙古包与树林、沙丘、草原以及辽远开阔的地平线组合在一起，将蒙古粗犷豪放的气概表现得淋漓尽致。蒙古、鄂伦春等少数民族的服饰、起居、饮食、歌舞、礼仪等都令人耳目一新，其盛情更使人难以忘怀。被称为"绿色宝库"的大兴安岭林海气势磅礴，是中国面积最大、保存较好的原始森林，也是野生动植物的王国，其中列入国家保护的珍稀品种达40多种。人文景观是内蒙古自治区的另一大特色。河套文化将本区人类活动的历史界定在距今约5万年左右。昭君墓、美岱召、元上都遗址、席力图召、成吉思汗陵、辽上京遗址等，见证着内蒙古悠久的历史。

辽宁省

行政区划

辽宁省位于中国东北地区南部，简称辽。辽东北部和吉林省接壤，西北部与内蒙古自治区交界，西部与河北省为邻，东南部以鸭绿江为界河与朝鲜民主主义人民共和国相望，南临黄海和渤海。大陆海岸线东起鸭绿江口，西至绥中县西南端，长约2178千米。辽东半岛斜插黄海与渤海之中，与山东半岛遥相对峙，形势险要。省境介于北纬38°30′～43°24′，东经118°53′～125°46′，面积14.59万平方千米，辖14个地级市、56个市辖区、17个县级市、19个县。8个自治县。省会沈阳市。

人口、民族

辽宁省总人口4374万（2010），是东北地区人口最稠密的省份。人口分布平原多于山区，沿海多于内陆，城镇、交通沿线和工矿区人口稠密。近代辽宁人口的增长，主要是由河北、山东农业人口的大量移入。由于历史上多次民族迁徙、屯田、戍边和朝代更迭等原因引起的人口变动，使辽宁成为多民族省份。现有汉、满、蒙古、回、朝鲜、锡伯等40个民族，其中汉族人口占总人口的84%。

[满族]满族分布于全国各地，以辽宁省、河北省为多，有人口1068.23万(2000)。满族史称"诸申"，直系先民为明代"女真"(中国东北古代民族)。往上可溯至隋唐时代的靺鞨、北朝的勿吉、汉代挹娄和周代的肃慎。"女真"之称出现于唐末五代。12世纪，女真人起兵反抗辽朝奴役，建金国政权，不久灭辽和北宋，与南宋对峙。金代，大量女真人进入中原地区，绝大多数人融于汉族之中，而留住在今黑龙江依兰一带的五个军民万户府的女真人和分布在松花江两岸、黑龙江中下游及乌苏里江流域等地的女真各部则逐渐演化，于16世纪末17世纪初，以建州、海西两部女真人为主体，将分散于东北地区的女真人统一为共同体，1635年正式改"诸申"(女真)为满洲。1911年辛亥革命后，改称满族。满

女真骑马武士雕刻

族有本民族语言文字。清代以来，满族和汉族交往增多，满族人民逐渐习用汉语、汉文。满族曾信仰多神教的萨满教。

[锡伯族]锡伯族主要分布在辽宁、吉林、黑龙江等地，还有一部分居住在新疆察布查尔锡伯自治县，以及伊宁市、乌鲁木齐市等地，有人口18.88万(2000)。"锡伯"为本民族自称。大部分人自认为是鲜卑(中国东北古代民族)后裔。16世纪后期至17世纪初，锡伯族被满洲统治者征服，编入蒙古八旗和满八旗。百余年中，随着频繁驻防、调防，锡伯族不仅移居东北三省，而且奉遣远戍。1764年，1016人被征调新疆戍边，随军家属有2000多人。此后，锡伯族便分居于东北、西北两地。锡伯族有自己的语言文字。早期锡伯族人民世代以狩猎、捕鱼为业，察布查尔锡伯族以种水稻为主，经营农业，牧业也比较发达。

历史文化

辽宁省的历史可追溯到旧石器时代，在营口市大石桥金牛山发现的猿人头骨化石，距今已有28万年。约六七千年前，辽宁进入了新石器时代，沈阳新乐新石器时代文化遗址出土的大量器物，显示了辽宁在原始社会末期的繁荣景象。建平、凌源交界的牛河梁发掘出的距今5000年的红山文化遗址则表明，这里存在着一个初具国家雏形的原始文明社会。公元前16世纪，辽宁省归属于商朝邦司，春秋战国时期属于燕，以后一直是中国东北地区政治、经济和军事中心。辽宁是中国最后一个封建王朝——清朝的发祥地。至今遗存下来的沈阳故宫、清初"三陵"，都反映了这一时期的政治、文化、历史面貌。

地貌

辽宁省地势由北向南、自东西向中部倾斜。山地丘陵大致分列于东西两侧,约占全省总面积的2/3;中部为东北向西南缓倾的长方形平原,约占全省总面积的1/3。根据地貌特点,大致可分三种类型:①辽东山地丘陵区,位于长大铁路以东,地势由东北向西南逐渐降低,构成辽河和鸭绿江水系的分水岭。②辽西山地丘陵区,多低山,地势由西北向东南呈阶梯式降低。至渤海沿岸形成狭长的滨海平原,称"辽西走廊"。③辽河平原区,位于辽东、辽西山地丘陵区之间,主要由辽河及其支流冲积而成,属松辽平原的南部。

水系

辽宁省的大小河流共300多条,流域面积在5000平方千米以上的有10条,大于1000平方千米的有45条。东部各河多具有山溪特征,水清流急;西部各河上游水土流失较严重,下游因地势低平,流速缓慢,泥沙淤积,与华北地区河流的水文特征相近。辽宁省主要水系为辽河、鸭绿江、黄渤海沿海诸河。辽河主要支流有浑河、太子河、清河、绕阳河、柳河等;鸭绿江主要支流有浑江、暖河、蒲石河等;沿海主要河流有大洋河、碧流河、大凌河、小凌河、六股河等。

气候

辽宁省属温带大陆性季风气候。1月均温−18℃~−5℃,7月均温22℃~26℃,无霜期125天~215天,日均温10℃以上,活动积温2700℃~3700℃,年降水量440毫米~1130毫米,是东北地区光照最多、热量最富、降水最丰的省份。由于地势和海洋的影响,降水自东向西递减。年均温从东北到西南渐增,气候有明显的区域差异。辽东低山丘陵年降水量多在700毫米以上;辽西低山丘陵多在600毫米以下,且70%集中于夏季;辽河平原则为500毫米~700毫米。

自然资源

辽宁省已发现矿种110种,占全国的67%。现已探明储量的矿种有69种,其中铁矿、菱镁矿、金刚石、硼矿、滑石、玉石、石油、天然气、锰矿等22种矿产储量居全国前7名。辽宁的植物资源主要集中在东部山区,主要的林木品种为落叶松、油松、红松、冷杉、紫杉、杨、榆、柳、椴、核桃楸、刺楸等。现有森林大都是茂密的天然次生林,草原、灌木丛、芦苇、谷地、沼泽等相互交替,植被类型较多。如此复杂的生态环境正是野生动物栖息生存的良好条件,林中蕴藏有众多的动物资源,各种陆栖脊椎动物达500多种。

经济

辽宁省主要工业有机械、冶金、石油、化工、造纸、建材、纺织等,为国家重工业基地。沈阳是机电、飞机制造的重要城市;鞍山是驰名中外的"钢都";本溪、抚顺是铁矿、煤炭基地;大连是北方重要的造船基地、新兴的服装城和金融中心。尤其是2002年中共十六大提出"振兴东北老工业基地"的方略后,辽宁省又迎来了经济发展的新契机。辽宁省农牧渔业资源丰富,是国家重要的柞蚕、苹果产地和海洋渔业生产区。主要农产

沈阳故宫
大政殿和十
王亭

品有玉米、稻谷、大豆、棉花、油料、烟草。朝阳是国家棉花生产基地。瓦房店、绥中、盖州是国家苹果生产基地。省内交通运输形成了以铁路为骨干，港口为门户，公路四通八达，民航和海上、内河航运相配套的综合交通网。

交通

辽宁省铁路密度居全国前列，有沈大、京哈、沈丹、沈吉、锦承等铁路干、支线，并以沈阳为枢纽向四周辐射。沈阳也是全省公路中心，其他大中城市附近也有稠密的公路网。沈大高速公路是国内最早建成的最长的高速公路。辽宁省主要港口有大连、营口、丹东、庄河、锦州，其中大连和营口为国家级港口。航空运输以沈阳、大连两市为中心辐射全国。内河航运通航里程约500千米，主要通航区段在辽河、鸭绿江下游。

旅游

辽宁省是满族发祥地，其人文旅游资源中，清代遗迹居首要地位。沈阳故宫是仅次于北京故宫的保存完好的封建帝王宫殿，清朝入关前的三座皇陵也都坐落在辽宁。辽宁境内广有山海之胜，千山、凤凰山为著名风景区，岩溶地貌分布虽不广，但发育典型，本溪水洞为中国北方罕见的有地下河的溶洞。辽东半岛到处是优美的海滩与避暑胜地，其中以大连海滨最为秀丽。鸭绿江沿线有丰富的自然与人文旅游资源。省内动植物资源较多，有仙人洞、医巫闾山和蛇岛等自然保护区。另外旅顺口、锦州等地战略地位重要，曾分别是甲午海战、日俄战争与解放战争的战场或基地，战争遗迹遍布各处。

吉林省

行政区划

吉林省因省会最初设在吉林市而得名，简称吉，位于中国东北地区的中部，南界辽宁省，北接黑龙江省，西靠内蒙古自治区，东南以图们江、鸭绿江为界与朝鲜民主主义人民共和国为邻，东面与俄罗斯毗连，边境线总长1400千米。吉林省域范围介于东经121°38′~131°19′、北纬40°52′~46°18′之间。东西长约650千米，南北平均宽约300千米。全省面积18万多平方千米，略呈西北窄而东南宽的狭长形。辖长春、吉林、四平、辽源、通化、白山、松原、白城8个地级市和延边朝鲜族自治州，20个县级市、19个市辖区、18个县和3个自治县。省会为长春市。

人口、民族

吉林全省总人口共 2746 万（2010），每平方千米约 145 人，稍高于全国人口平均密度。人口分布不均，中部密集，东、西部较疏。长春市所属县、区每平方千米为 300 人以上，延边朝鲜族自治州每平方千米仅 50 人左右。由于历史上商品经济的发展和铁路网的形成，全省城镇数目和城镇人口均较高。吉林省是多民族省份，汉族占 90%，朝鲜族占 4.9%，朝鲜族主要聚居于延边朝鲜族自治州和省境内的东部、中部，满族、回族散居境内各地，蒙古族主要居住在西部地区，此外还有回、锡伯等 36 个少数民族。

朝鲜族有人口 192.38 万（2006），主要分布在东北三省，聚居在吉林省延边朝鲜族自治州和长白朝鲜族自治县。朝鲜族擅长在寒冷地区种水稻，延边是东北地区著名的"水稻之乡"，所产大米，色白如雪，油性大，与京津的"小站稻"齐名于世。朝鲜族有自己的语言文字，语言系属尚无定论。朝鲜族重视教育，民间有"不论生活多困难，也要孩子把书念"的俗谚。这是具有深远意义的爱与责任感的体现。因而在朝鲜族中涌现出一大批科学技术和文化艺术人才。朝鲜族有一个独特的习俗是"捣衣"劳动。每到中秋左右，妇女们都要拆洗被褥衣服，进行洗晒喷浆，待其半干后叠成长方形在砧上捶打。民族体育有压跳板、荡秋千、摔跤等。朝鲜族的冷面、泡菜、狗肉全国驰名。

朝鲜族是个爱好体育运动的民族。足球、摔跤、滑冰、跳板、打秋千等活动都具有非常广泛的群众性。延边还素有

"足球之乡"的美誉。妇女的体育运动是打秋千、跳板和顶坛竞走。她们荡秋千的特点是：高、飘、悠、巧、柔、美、欢。秋千绳一般都拴在高大树木结实的横枝上，在秋千前方的上空悬有彩带或铃铛，荡起的秋千板能触及这个标志才能赢得欢呼与赞扬。朝鲜族民间有句俗话说："姑娘时不跳跳板，出嫁后就会难产。"因此，跳板运动很受重视与喜爱。站在跳板两端上的姑娘轮番连续起跳，逐渐将对方弹送得更高。在身体腾空时能表演出惊险动作者最受欢迎，如剪式跳、旋转跳、空翻跳，甚至跳藤圈、做造型、舞花环、挥彩带等，令人眼花缭乱，惊叹赞赏。

在朝鲜族的饮食中，最出名是冷面和泡菜。冷面多于夏季食用，一般用小麦粉、荞麦粉和甘薯淀粉混合制成面条，以牛骨煮汤，食用时汤中加冰块、辣椒、酱牛肉片、苹果片及其他调料。面条筋道，汤味香辣，入口凉爽，回味长久。泡菜，从狭义上来说，可理解为冬季腌制的酸辣白菜；从广义上来说，可理解为包括数十种之多的各样酱腌菜，主要有小青椒、南沙参、桔梗、缨菜、白芨等。当然，朝鲜族的美食绝非这两类可以代表。凉菜较著名的有生拌牛肉、生拌牛百叶、生拌鱼、生拌鲜菜等。汤类有 30 多种，不同季节喝不同的汤，其中酱汤最具代表性，非常讲究。

朝鲜族以能歌善舞而著称于世。朝鲜族的歌舞艺术具有悠久的历史传统和十分广泛的群众基础。在朝鲜家庭族之中，每逢喜事全家老小便会翩翩起舞，形成极为有趣的"家庭舞会"。朝鲜族舞蹈优美典雅、刚柔相兼，充分表现了朝鲜族柔中带刚，文而不弱的民族性格。著名的民间舞蹈有农乐舞、长鼓舞、扇舞、

顶水舞、剑舞等。农乐舞由古代庆祝狩猎丰收的舞蹈发展演变而来,节奏明快,气氛热烈。朝鲜族歌曲旋律优美、自然流畅,著名的民歌《桔梗谣》《阿里郎》、《诺多尔江边》,几乎人人会唱,家喻户晓。朝鲜族非常重视对儿童的美育教育,从小便对他们进行艺术熏陶,因此许多孩子都会演奏长鼓、手鼓、手风琴等乐器。

朝鲜族的婚礼分为新郎婚礼和新娘婚礼。新郎骑马去迎亲,在新娘家举行的婚礼叫新郎婚礼;新娘坐轿到新郎家后举行的婚礼叫新娘婚礼。举行婚礼的当晚,新郎新娘的近亲和村子里的青年男女都会为他们开娱乐晚会,歌舞晚会经常进行到深夜。

历史文化

长白山、松花江、鸭绿江、图们江哺育了吉林这块土地上的民族,在长期的社会实践中,吉林各族人民创造了独具特色的地域文化。吉林的文化形态大抵是满族、朝鲜族文化形态同中原文化相融合而成的。这种文化形态,既有东北独特的文化内容,又有中原地区汉民族的文化内容。如"窗户纸糊在外","姑娘叼个大烟袋"等习俗;既有满族先民生活习惯和习俗的基础,又有中原文化内容的融入。另外,它还具有开发者创业精神的内涵,是中原劳动者"闯关东"形象和中华民族重亲情的一种美德形态的综合结晶。

地貌

吉林省地势由东南向西北递降。以中部大黑山为界,全省地形、地貌大体上可分为东部山地和西部平原两个地貌单

长白山风光

元,山地约占全省面积的 3/5,西部平原占 2/5。长白山脉是东部山地的主体部分,中国一侧的主峰白云峰海拔 2691 米,为东北地区的第一高峰。东部山地在地貌上,有平行的山脉,丘陵和宽广的山间盆地、谷地相间分布。西部平原地势低平,海拔一般为 120 米~250 米,包括东部山前台地、松辽分水岭和松辽平原等地。

水系

吉林省境内主要河流有 200 余条,分属松花江、辽河、图们江、鸭绿江、绥芬河 5 大水系,其中以松花江流域最大,约占全省面积的 70%,年均径流量 418 亿立方米。淡水水面 6400 平方千米。东部山区河网密集,水量丰富,河流落差大,建有大、中型水库 88 座,小型水库近 1000 座,尤以松花湖和丰满水电站最有名。河流有春夏两汛,6月~9月为夏汛期,11月上旬结冰,次年 4月上旬融化,结冰期 160 天左右,封冰期约 130 天。

气候

吉林省境东南部山地气候湿冷，西北部平原接近内蒙古高原，气候干暖。全省属温带大陆性季风气候，春季干燥多风，夏季温暖多雨，秋季晴冷温差大，冬季漫长干寒。1月均温 −20℃ ~ −14℃，7月大部分为20℃ ~ 23℃，日均温10℃以上，活动积温2400℃ ~ 3000℃。年降水量400毫米 ~ 1000毫米，降水分布自东向西递减：长白山地东南侧年降水量800毫米 ~ 1000毫米，西部平原的台地年降水量500毫米 ~ 700毫米，平原部分年降水量多在400毫米 ~ 500毫米，气候干旱。

自然资源

吉林省已经探明储量的矿种有75种，其中安山岩和浮石是国内仅有的矿种，油页岩、硅灰石、火山渣储量居全国首位。石油和油页岩主要分布在中、西部，其余大部分矿种和大部分储量相对集中在东部地区。森林资源面积占全国森林面积的5%，居全国第七位，主要集中在长白山区。全省有野生动物1100多种，野生植物2700多种。设有长白山自然保护区、向海自然保护区、龙湾自然保护区、莫莫格自然保护区4个国家重点自然保护区。

经济

吉林省是农业大省，是国家重要商品粮基地，被称为"黄金玉米带"，人均粮食产量、粮食商品率、玉米出口量均居全国首位。西部草原地区牧业发达。工业以汽车、医药、电子、食品为主。以汽车产业为主体，铁路机车、客车、拖拉机和摩托车等机电工业发达。以长白山药用动植物资源为依托的医药工业、以高新技术产品开发为主导的电子工业等均较发达。交通以铁路为主，公路为辅，航运水运相衔接。省会长春是东北交通枢纽之一。省境内铁路纵横，其密度居全国前列。航空以长春为中心，有40多条国内外航线。

交通

吉林省的铁路交通十分发达，全省

高句丽墓锻铁制轮图。高句丽墓室壁画，绘于墓室藻井南第一重抹角石交角处。

铁路线总长 4000 多千米,是中国铁路网密度较大的省份之一。京哈线可以直达北京等重要城市。公路以长春、吉林、通化、白城、四平、延吉等地为中心,四通八达,连接全省所有乡镇和绝大多数行政村,高速公路总里程目前已达 542 千米。省内共有内河港口 5 处,水路运输以松花江为主干。拥有长春、吉林、延吉、柳河等多座机场。

旅游

长白山的茫茫林海,巍巍高山,保存着完整的中温带和寒温带的自然环境和生态环境,主峰白云峰周围火山遗迹众多,长白山天池就仰卧在山巅,还有多条瀑布,是国家重点自然保护区之一,被纳入联合国"人与生物圈"保护网。此外还有向海、莫莫格等自然保护区,都是水草丰茂、珍禽集中的地方。吉林省内还有很多游览、滑雪、登山、疗养的好去处。松花江和松花湖,绰约多姿,尤其是冬日的雾凇闻名全国。此外,位于辉南、靖宇之间的龙岗火山群,是中国第二大火山群。多见于南方的溶洞景观在吉林省也能找到。文物古迹中有关高句丽古国的最多,还有渤海国的遗迹、伪满洲国的宫殿等。

黑龙江省

行政区划

黑龙江省简称黑,因其边境河流黑龙江而得名。黑龙江是中国最北部的省份,位于中国国境东北部、黑龙江南岸。北部和东部分别隔黑龙江、乌苏里江与俄罗斯相邻,南与吉林省接壤,西与内蒙古自治区相连。地处东经 121°11′~135°05′,北纬 43°25′~53°33′之间。全省面积 46 万多平方千米。全省辖 12 个地级市、1 个大兴安岭地区。省会哈尔滨。

人口、民族

黑龙江全省人口 3831 万(2010)。百年前黑龙江人烟稀少,主要是满族等少数民族的祖先在这里劳动、繁衍生息。清咸丰末年逐渐弛禁后人口大增,而且增长速度不断加快,是中国人口增长最快的省。其中 20 世纪 50 年代后增长的 2000 多万人口,一半是从外省迁入的。黑龙江省人口分布一般是南部多于北部,如哈尔滨及其周围各县,每平方千米平均为 300 多人,而大兴安岭地区平均每平方千米的人口只有 11 人。全省总人口中汉族人口约占 95%,少数民族约占 5%。省内共有 35 个少数民族,主要有满、朝鲜、回、蒙古、达斡尔、锡伯、鄂伦春、赫哲等族。

赫哲族主要分布在黑龙江省同江、抚远、饶河等市、县,有人口 0.46 万(2000),是中国人口最少的民族之一。因其分布地区不同,曾有多种名称,如"那贝"、"那乃"、"那尼敖"等,意思均为"本地人"、"土人",新中国成立后统一族名为赫哲。赫哲族有自己的语言,无本民族文字。一般认为,赫哲族形成的时间,是以古老的赫哲族氏族为核心,吸收了鄂伦春族、鄂温克族、满族等民族成分和原属于黑龙江流域的其他土著居民以及来到赫哲族分布区居住的蒙古人、汉人等成分,在清初形成了较稳定的族体,并在此定居。赫哲族是中国北方唯一以捕鱼为主、使用狗拉雪橇的民族。

历史文化

黑龙江省开发较晚，但黑龙江各族先民很早就在此劳动生息。这里现存的众多文化古迹中有哈尔滨阎家岗遗址出土的"哈尔滨人"的头骨残片，有十八站遗址出土的各种打制石器等，距今都已有1万多年的历史。还有具有传统北方民族特色的新开流古文化遗址。古上京龙泉府和上京会宁府曾经还是唐代渤海国都城和金代女真族的国都。由于黑龙江省是多民族聚居的边疆省份，因此形成了具有自身地方特色的文化内涵。

地貌

黑龙江全省平原、山地呈交叉分布，地势大体上西北高，东南略低，西南、东北低平。平原、山地各占全省总面积的一半。全省山地可分为东部山地、小兴安岭、大兴安岭三个部分；山地的地质构造多以花岗岩、玄武岩为主。平原可分为三江平原、松嫩平原两个部分。平原多是由河流冲积形成，地势低平，物质组成以冲积物为主，土壤肥沃，是省内重要的农业区。全省最高峰为位于南部的张广才岭大秃顶子山，海拔1690米；最低处在东端的黑龙江与乌苏里江汇合处的抚远三角洲一带，海拔仅为34米。

水系

黑龙江省内河流密布，水量充足，绝大部分属黑龙江水系。嫩江、黑龙江、乌苏里江分别流经西、北、东部省境，中部主要为松花江流域，省境东南角为绥芬河流域。其中黑龙江是中国北方重要的边境河流，干流江宽水深。松花江为黑龙江在中国境内最大的支流，主要流经省境中部地区，最终在同江市注入黑龙江。松花江水量丰富，富航行之利，是重要水运航道，主要支流有嫩江、牡丹江、汤旺河等。嫩江是松花江最大支流。

气候

黑龙江省位于中国最北部，属于寒温带大陆性季风气候，为中国大陆气温最低的省份。冬季漫长、严寒、干燥，极端最低温-52.3℃（漠河）。夏季温暖、短促、多雨，极端高温41.6℃（泰来）。省内南北温度差异明显，大兴安岭北部属寒温带，冰土深厚；南部气温较高，年降水量400毫米~650毫米。全省降水量地区差异显著，东部年降水量600毫米以上，向西递减，平原西南部仅400毫米左右。

自然资源

黑龙江省地层出露较齐全，矿产资源丰富。目前在全省已发现的矿产有130多种，优势矿产有石油、天然气、石墨、铅、锌等，储量在全国占有重要地位。其矿产资源储藏的特点是：共生、伴生矿多，矿石成分复杂。以有色金属和铁矿最为突出：贫矿多、富矿少，地区分布不均衡。省境南北跨越中温带和寒温带，东西横贯湿润、半湿润和半干旱三个干湿带，故植被种类繁多，天然生物资源丰富。

经济

黑龙江的矿产资源丰富，省内已发现130多种矿产，其中煤炭、石墨、石油

在中国占有重要地位。大庆油田储油量
高居中国首位,占中国原油产量的1/5。
在农业方面,省内土壤条件好,适宜植物
生长,是中国重要的大豆、小麦、玉米等
商品粮基地,也是重要的林业生产基地。
境内草原广阔,畜牧业发达。省内交通
发达,公路干线多,内河航运便利,还有
定期航班飞往国内外大城市。

交通

　　黑龙江省地处中国东北边陲,运输
地位在国与国际都相当重要。省内已经
形成以铁路为骨干,公路、内河、航空和
管道运输相互连接的交通运输网。向北
可通往俄罗斯,向南可通往广州。公路
交通也很发达,省内有公路干线 24 条。
内河航运十分便利,黑龙江、松花江等河
流都可以通航,但冬季封冻时间长,内河
通航期只有六七个月。民航以哈尔滨为
中心,有定期航班飞往国内外的大城市。
随着大庆油田的发展,管道运输业发展
完善,并已成为省内石油运输系统的
主力。

旅游

　　黑龙江是中国火山遗迹较多的省区
之一,火山活动为省内创造了著名的旅
游景区,如五大连池市的五大连池、温泉
及熔岩地貌,镜泊湖的吊水楼瀑布及火
山口森林等。省内连绵的山地和广阔的
沼泽地是动植物资源的宝库,有天鹅、丹
顶鹤、东北虎、东北豹、麝等珍稀动物。
被誉为“丹顶鹤故乡”的扎龙自然保护
区的观鸟旅游颇受青睐。省内还有桃
山、乌龙、平山等狩猎场和滑雪场。独特
的少数民族风情和城市中的许多欧式风
格建筑也使得众多游客慕名而来。

生长在扎龙自然保护区里的丹顶鹤

江苏省

行政区划

　　江苏省,得名于清朝江宁府和苏州
府二府之首字,简称“苏”。江苏省傍江
临海,是中国人口密度最高的省份之一,
陆地面积约 10 万平方千米,约占全国土
地面积的 1.06%。江苏之水,江、河、
湖、海、泉、瀑,一应俱全,各有特色;又殊
途同归,渗入江苏沃野千里的良田之中,
江苏的“苏”字,繁体之意是鱼米之乡。
江苏之山,久负盛名。巍巍钟山,向有龙
蟠之誉;名山虎丘,被苏东坡誉为“到苏
州不去虎丘,乃憾事也”;至于苏州太湖
东山、西山,无锡惠山,徐州云龙山,连云
港的云台山,镇江的金山、焦山、北固山、
宝华山,也各有奥妙。

人口、民族

江苏省是中国人口密度最大的省（区），2007 江苏省人口为 7625 万，其中汉族占大多数，达 99% 以上，此外还有 40 多个少数民族。少数民族中以回族人口最多，其余为满、蒙古、壮、苗等族。由于自然条件的差异，开发历史的先后和经济发展水平的高低，造成江苏的人口分布地区差异显著。长江三角洲沿江各地水利条件好，交通便利，多种经营发展，人口密度大，而丘陵山地和滨海各地，尽管面积较广，但人口较少，人口密度不及沿江地区的一半。

历史文化

江苏省具有悠久的历史，是中国文明的发源地之一。考古研究发现，人类较早就在江苏定居繁衍，新石器时代的湖熟文化、北阴阳营文化是迄今为止在江苏发现的较早的文化遗存。这些文化的发源地——宁镇地区的地理位置与中原较为接近，因此江苏的古文化在一定程度上受到中原文化的影响。在上古的时候，江苏是九州中徐、扬二州的一部分。春秋时江苏一带分属吴、楚、宋、鲁等国，战国时分属越、楚、齐等国。江苏人民在如此厚重的历史积淀中创造了灿烂的吴文化、汉文化等。随着历史的进一步发展，江苏人民不断地将它们深化，形成了独特的文化形态。

地貌

江苏省平原辽阔，河湖众多，是中国地势最为低平的省区。江苏以平原为主，平原面积占全省面积的 68% 左右，是全国平原面积比重最大的省区。平原主要属长江下游平原和华北平原。江苏省境内的低山、丘陵和岗地所占的比例很低，约占 14%，主要分布在盱眙—响水线以北和省境西南部。江苏境内河湖密布，水面约占全省面积的 18%。根据地貌成因和水道系统，全省可分为六大区：位于省境最北部的沂沭低山丘陵平原区、位于省境西北黄淮大平原的徐淮黄泛平原区、位于苏北灌溉总渠和通扬运河的里下河低平原区、位于省境东部的苏北滨海平原区、长江三角洲区和省境西部的宁镇扬低山丘陵岗地区。

水系

江苏省河湖众多，水网密布，不但水资源极其丰富，而且对于蓄泄引调、发展水利航运十分有利。全省河流和人工河道有 2900 多条，长江三角洲河网密度为每平方千米河流长度 6.4～7.2 千米，居全国之冠。江苏省的河流分属长江、淮河、沂沭河三大水系，京杭运河、串场河、苏北灌溉总渠、通扬运河等人工河道将

太湖风光

各水系联结成完整的河道系统。江苏省境内有湖泊近 300 个,太湖、洪泽湖、高邮湖等都是中国著名的大淡水湖。此外,还有人工水库和塘坝 1100 多个。全省水域面积的 18%,水域面积比重居全国各省区之首。

气候

江苏省地处暖温带季风气候和亚热带季风气候的过渡地带,作为暖温带和亚热带分界线的 0℃ 等温线大致沿淮河、苏北灌溉总渠一线通过。江苏气候温和,雨量适中,四季分明。年平均气温 13~16℃,由北而南递增。1 月均温 -1.5~3.5℃,7 月均温在 26℃ 以上,由东北沿海的 26.5℃ 递增到西南内陆的 29.1℃;无霜期 210~240 天。10℃ 以上的持续期和活动积温值分别为 210~230 天和 4352~5045℃。年降水量 800~1200 毫米。淮河、苏北灌溉总渠一线以北的暖温带地区,雨季较短,年降水量在 1000 毫米以下;以南的亚热带地区由于深受梅雨和台风影响,雨季较长,降水较多,江淮间为 900~1100 毫米,沿江为 1100 毫米,宜溧山区为 1200 毫米左右。4~10 月降水量占全年降水量的 70% 以上,徐淮一带在 85% 以上。

自然资源

江苏省地理位置和气候条件使江苏的自然资源丰富。江苏的水资源丰富,土壤类型多样、土地质量高,气候条件也很适宜。江苏的生物资源很丰富,种类繁多,这里还存在许多世界著名的珍稀濒危动植物,如麋鹿、丹顶鹤、秤锤树等。但是重要的能源矿产和铁矿均较贫乏,铜铝土矿也很少。金属矿中的锶、锗、铅、锌和非金属矿中的蓝晶石,高岭土、陶土等矿产资源储量较丰,质量也较高。

经济

江苏省平原辽阔坦荡,河流湖泊众多,自然环境条件优越,交通运输发达,为工农业的全面发展创造了有利的基础条件。江苏省工业以机械、电子、纺织、石油化工等为支柱产业,并且形成了门类齐全、技术含量较高的工业体系。乡镇企业也异军突起,产值居全国各省前列。目前江苏已成为全国工业最发达的省区之一。江苏还是中国重要的农业区,是粮、油、棉、薄荷生产基地。江苏境内的长江水道和京杭运河河段构成全省内河航线的主干线,航道总里程居中国第一,还有吞吐量 10 万吨以上的港口近 300 个。南京、徐州还是全国重要的铁路枢纽。便利的交通使江苏原料、产品输入输出方便快捷、加速了江苏省经济的发展。

交通

江苏是华东地区交通枢纽。本省交通运输种类齐全,水运更是发达。全省已形成以长江、京杭运河为骨干、江河湖海相连、四通八达的水路运输网,95% 以上的县市可通机动船。南京、镇江、张家港、南通等是长江重要港口。内河航运里程居全国第一位。全省公路里程 13 万多千米,其中高等级公路占 22%,100 多条公路干线连接 1500 多条县乡支线,构成四通八达的公路网络。铁路有陇海线、京沪线和宁铜线,南京、徐州是两大交通枢纽。南京、常州、无锡、徐州、连云港等建有飞机场,定期或不定期航班通往北京、上海、广州、深圳、香港、澳门等地。

明孝陵神
道上的石像生

江苏还有一部分管道运输，而且运输量较大。发达的交通运输条件，使物资能在最短的时间内到位，给省内的经济发展提供便利。

旅游

江苏名山秀水广布，历史悠久，经济发达，旅游资源极为丰富。这里是山水园林、名胜古迹和旅游城市高度集中的地区，如有"虎踞龙蟠"之称的南京，有"天堂"之称的苏州，有"淮左名都"之称的扬州及镇江、淮安、徐州、常熟等历史名城。这些城市中的文化古迹，南京的"石头城"、明孝陵、中山陵，徐州的刘邦"大风歌碑"，常州的"东南第一丛林"天宁禅寺，苏州的虎丘塔、寒山寺等堪称代表。江苏丘阜散布，水网密布，如钟山、云台山、惠山、金山、太湖、玄武湖等，这些自然景观不但风景秀丽，而且为构筑园林提供了良好的基础，所以江苏名园荟萃，形成诸多风景园林名城，苏州、扬州、镇江皆以此名闻世界。

四川省

行政区划

四川省简称蜀或川，宋时境内先置有川峡路，后又分川峡路为益州路、利州路、梓州路、夔州路，总称为四川路，因而得名四川。位于北纬26°03′～34°19′、东经92°02′～108°31′。地处中国西南部，东邻重庆，南接云南、贵州，西界西藏，北连甘肃、陕西、青海。四川省是西南、西北和华中三大地区的结合部，面积48.5万平方千米。辖成都市、广元市、自贡市、攀枝花市、乐山市、绵阳市等18个地级市和阿坝藏族羌族自治州、甘孜藏族自治州、凉山彝族自治州，以及181个区、县、县级市（其中包括4个自治县）。省会成都市。

人口、民族

四川省是中国人口密度较大的省

区。全省人口达 8041 万（2010），省内东、西部人口的地理分布很不平衡。西部高原山地人口不足全省总人口的 6%，而盆地底部每平方千米在 500 人以上，四川也是中国多民族省区之一，除汉族外，有彝、藏、土家、苗、羌、回、蒙古、满、傈僳等 52 个少数民族，其中，彝族 87% 集中在凉山彝族自治州，是全国最大的彝族聚居区；藏族绝大部分居住在甘孜、阿坝两州；羌族集中分布在阿坝州茂县及其邻近县，是中国唯一的羌族聚居区；苗族主要分布在川东南。

［羌族］羌族主要分布在四川省阿坝藏族羌族自治州和北川县等地，人口 3.61 万（2000）。羌族自称"尔玛"，意为"本地人"。其族源可溯至 3000 多年前的古羌人。羌语属汉藏语系藏缅语族羌语支，一说为藏语支。羌族分南、北两个方言，每个方言又分五个土语。无本民族文字。羌族主要经营农业，养羊业较发达。四川的羌族主要居住在山区。

历史文化

四川省有人类活动的历史可以追溯到 200 万年以前。据考古发掘，当时的巫山人就在这里开始了中国古人类最早的直立行走。即使从蚕丛、鱼凫开创古蜀国开始算起，至今也已有 4500 余年的文明史。公元前 250 年，李冰修建都江堰，从此四川水旱从人，物华天宝，号称"天府之国"。发达的经济也铸就了灿烂的历史文化。在汉末，诸葛亮鞠躬尽瘁治理蜀汉；在唐代，浪漫主义诗人李白从江油仗剑远行。后世的诸如苏轼、张大千等在中国历史上颇具影响力的诗人、画家纷纷从四川走向全国，在历史上写下了各自辉煌的篇章。

在四川三星堆出土的青铜面具

［三星堆］相传四川人的始祖是蚕丛，后面有柏灌、鱼凫，再后是杜宇、开明。杜宇、开明时期有较多实物依据可证明。但是蚕丛及鱼凫这段历时数千年的历史，一直被认为是神话。1929 年在四川省广汉县三星堆，当地农民发现了 400 多件古玉器，从此揭开了三星堆古蜀文化的神秘面纱。直到现在，考古发掘工作仍未结束。在出土的文物中，除了大量玉器之外，还有庞大的城墙遗址、房屋遗址以及精美的金器和数量惊人的青铜制品。专家发现此地出土的青铜制品有别于当时中原地区的青铜制品，具有独特的造型和风格，而且青铜铸造工艺也达到了很高的水平。三星堆古文化、古城、古国的发现，完全证实了鱼凫族的存在，将古蜀文化的发展史至少提前了 1000 年，并为寻找蚕丛氏和柏灌氏的存在提供了一些线索。

地貌

四川省是中国多山省份之一。山地、高原和丘陵约占全省土地面积的97%。四川省位于扬子陆块、秦岭造山带和松潘甘孜造山带的结合部位,地质构造复杂。地势由西北向东呈梯状下降,地形以高原、山地、丘陵为主,平原面积狭小。全省大部分地区海拔在1000米以上。东部为盆周山地环绕,中部为低陷的四川盆地,西部则是地域辽阔、地势高峻的川西高原和川西南山地。丘陵在四川盆地中分布最广,平原以四川盆地西部的成都平原最著名,是中国西南地区最大的平原。贡嘎山为四川第一高峰,海拔7556米。

水系

四川省除西北部若尔盖沼泽的白河和黑河属黄河水系外,其他均为长江水系。水系结构复杂,东西差异明显。受构造和地貌的制约,东部四川盆地的河流呈不对称向心状水系。岷江、沱江、嘉陵江等,均从盆地边缘山地流向盆地底部,最后注入长江干流,东出三峡。川西高原山地的金沙江、雅砻江、大渡河等河流,则山河相间平行排列,由北部高原流向南部山地,成平行状水系。川西北的白河和黑河,由南向北顺势而下注入黄河,是四川唯一北流的网状水系。

气候

四川省气候具有冬暖、春早、夏长、年均温高、日照少的特点。年均温16℃~20℃,极端最高温超过40℃,为中国夏季高温地区之一。四川盆地的长江河谷和川西南的金沙江河谷,具有南亚热带气候属性。川西北地区海拔高,气温低,无霜期短,属温带和寒温带气候。四川深受东南太平洋季风和西南印度洋季风影响,除少数地区外,年降水量600毫米~1000毫米,以多夜雨为特色。

自然资源

四川省是中国亚热带面积最大的省份,植物总数逾万种,仅次于云南省,裸子植物总数则名列全国第一位。植物资源超过4000种,森林覆盖率达27.94%。四川省的动物总数居全国第二位,其中脊椎动物1100多种,鸟类和兽类种数均占全国的一半。四川矿种多,储量大,已发现的矿种有125种,名列全国前3位的有钛、钒、锶、硫铁矿、芒硝、天然气、碘、镉等24种。

经济

四川省工业原来以轻工业为主,现在发展成以重工业为主体,初步形成了部门较齐全、布局日趋合理的综合性工业体系,成为西南地区工业最发达的省区和中国新兴的综合性工业基地之一。工业中钢铁、机械、电子、天然气、化工、森林、丝纺织、造纸、食品等部门在中国占据重要地位。四川农业比较发达,基本以种植业为主,畜牧业地位也很显著,农副产品丰富多样。四川交通原来有"蜀道难,难于上青天"之说,现在已初步形成与全国交通网相连的铁路、公路、水运、航空综合发展的立体交通体系。

交通

铁路运输是四川省内外交通的骨干,已形成以成都为中心枢纽的铁路运输网,有成渝、成昆、宝成等铁路干线。

四川的内河航运比较便利,长江及其支流岷江、沱江、嘉陵江等航道广布于东部地区,构成四川盆地发达的内河航运网。四川的公路运输也较为发达,主要的交通枢纽有成都、内江、绵阳等,重要的交通干线有川藏、成阿、东巴、成万等40多条。航空运输发展很快,成都是联系省内外最重要的航空港。成都双流机场是中国现代化的大型机场之一,也是中国西南地区的航空枢纽。

旅游

四川省多山地,崇山峻岭中不乏诸如峨眉山、青城山、四姑娘山等名山。山峦之中佛教、道教的寺观众多,摩崖石刻遍布,还有山佛合一的乐山大佛。沟谷之中有九寨沟、黄龙等著名的风景区。凿壁攀岩的剑门蜀道把有"天府之国"美称的成都平原与外界沟通起来。在都江堰灌溉的这片富饶的土地上,三星堆、王建墓、武侯祠、杜甫草堂、三苏祠、望江楼等名胜古迹数不胜数。苍翠静谧的蜀南竹海,伶俐可爱的卧龙熊猫,古老神奇的自贡恐龙为四川增添了更多的风采。

四姑娘山

贵州省

行政区划

贵州省位于中国西南部,云贵高原东部,处于东经103°36′~109°35′、北纬24°37′~29°13′。与湖南省、广西壮族自治区、云南省、四川省、重庆市接壤。总面积17万多平方千米。贵州在战国时为夜郎城,后为西汉所灭,设州县,"夜郎自大"之成语即产生于此。辖贵阳、遵义、六盘水、安顺4个地级市,黔南布依族苗族、黔东南苗族侗族、黔西南布依族苗族3个自治州,铜仁、毕节2个地区,还有10个市辖区、9个县级市、56个县、11个自治区。简称"黔"或"贵",因境内有贵山而得名贵州。

人口、民族

贵州是多民族杂居的省份。人口3474万(2010),人口地区分布极不平衡,以黔南、黔东南山区人口密度最低。除汉族外,贵州的少数民族主要有苗、布依、侗、彝、水、回、仡佬、壮、瑶、满、白、土家等。少数民族人口约占全省总人口的39%。省内少数民族主要分布于乌江以南地区,居住分散,分布面广,多杂居或小聚居。苗族约占少数民族人口的近33%,布依族占22%左右,侗族占13%左右。

[苗族]苗族共有900多万人,主要聚居贵州省的南部。其他聚居在云南和

湖南、湖北等省。远古时代的"盘瓠"部落，或称"五溪蛮"、"武陵蛮"，就是苗族的先民。苗族的文字不完备，苗文苗语属汉藏语系苗瑶语族苗语支。古歌、诗歌、情歌在苗族十分流行。苗族人也善舞蹈，有丰富的民间口头文学，芦笙为著名民族乐器，男子多用布包头，身穿短衣裤，妇女的大襟上衣绣有花饰图案，下身穿百褶裙。苗族的传统节日是一年一度的花山节（农历正月初五举行，又名"踩花山"），这是苗族人民最盛大的节日。崇信多神。

[布依族]布依族的服饰洁净淡雅、庄重大方，妇女大都穿右大襟上衣和长裤，或套花边短褂。布依族共有 300 多万人，大部分居住在贵州省的黔南、关岭地区，布依族的先民骆越公元前居住在广东、广西，无本民族语言，无文字，通用汉文。布依族男女都头戴青布或花格布头帕，男的身穿对襟或大襟短上衣，大裤腿长裤。妇女通常梳长辫，上装多为大领衣或大襟衣，镶有花边服饰，下穿蜡染百褶长裙。崇信多神。

[侗族]侗族共有 300 多万人，主要分布在贵州省，湖南、广西、湖北也有少量侗族人。侗族的祖先为僚。先祖可能是骆越。他们有自己的语言，但没有文字。中华人民共和国成立后确立了侗文，一般通用汉文。侗族还有自己独特的戏曲侗戏，有《珠郎娘美》等优秀剧目。侗家聘女有个"十八年杉"的习俗，每当女孩出生就种若干株杉木，到女儿出嫁时杉木也就成材了。侗族文化艺术丰富多彩，有"诗的家乡、歌的海洋"之称。

[水族]水族主要聚居在贵州省三都水族自治县，其余散居在贵州各县。水族有本民族语言，曾有一种古老文字。以种植水稻、玉米等粮食作物为主，兼营林业。

历史文化

贵州文化以发源早、起步慢、融合快为特点。在旧石器时期，贵州就有桐梓人、水城人、兴义人等古人类的踪迹。西汉建立了郡县制。唐代开始在贵州推行设经制州、羁縻州并行的制度。明朝水西的女土司奢香在明政府的支持下修筑贵州至云南、四川的驿道，促进了当地经济文化的发展。贵州的文化是汉民族和地方少数民族文化相互交融的结果。众多的文物古迹充分展现了民族大融合的气息。

地貌

贵州省位于长江和珠江两大水系的分水岭地带，属贵州高原的主体部分，地势由西部海拔 2400 米以上降到中部 1400～1200 米和东部的 800～500 米，呈梯级状。再由中部向南、北倾斜降低。高原平均海拔 1100 米左右，也有高达 2500 米以上的山脉，如北部的大娄山、东北部的武陵山、西部的乌蒙山及横亘东南部的苗岭。贵州地貌不仅起伏大，切割强，相对高度常达 300～700 米，而且喀斯特地貌类型复杂，石灰岩表露面积达全省总面积的 73%，诸如漏斗、落水洞、竖井、溶蚀洼地、溶洞、地下河等，广布全省。

水系

贵州省河网密度较大，流域面积大于 1000 平方千米的河流共有 65 条，主要有乌江、沅江、牛栏江、北盘江、赤水河和綦江等河流,大多发源中西部,向北、东南方向呈帚状放射。其中,乌江为省内最大河流。各水系受地貌影响,以苗岭将省内河流分为长江和珠江两大水系。贵州省内年径流量为1035亿立方米,水资源较为丰富。贵州省地貌特点对农业影响很大。

气候

贵州省冬无严寒,夏无酷暑,大部分地区年均温为14℃~16℃。年降水量一般在1100~1400毫米。热量较充足,10℃以上的活动积温约4000~5500℃,无霜期长达270天以上,而且雨热同季,利于植物生长。因地形和纬度等因素的影响,省内气候从东到西、从南到北、从低到高变化明显,形成了多种气候类型。但因雨日多达160天,相对湿度常达80%,日照仅1200~1500小时,日照率不足25%~30%,有"天无三日晴"之谚,这也是农业"立体式"布局的主要原因。

自然资源

贵州省矿产资源种类繁多,发现矿产110多种,其中已探明储量的74种矿产中,有38种储量居全国前十位,有磷、铝土、重晶石等21种列第一至三位。汞、锑、煤炭、锰、硫铁矿和水泥原料等矿产都具有优势。金矿储量居全国第12位,有中国"黄金金三角"之称。全省森林覆盖率39.93%,其中银杉、珙桐、秃杉、桫椤等珍稀植物被列为国家一级保护植物。还有杜仲、天麻等名贵药材和药用植物3700多种,占全国中草药品种的80%,是中国四大中药材产区之一。有野生动物1000余种,黔金丝猴、黑叶猴、黑颈鹤、华南虎等14种动物被列为国家一级保护动物。丰富的资源为全省工农业的发展奠定了基础。

经济

贵州省传统经济以农业为主,中华人民共和国成立以来,工业得到了飞速发展,全省耕地面积448.74万公顷。省境东南部为稻作区,西北部为旱作区,以玉米最多,中部为水旱兼作区。全省大部分地区实行一年两熟或两年三熟制。冶金工业以钢铁、铝、锌、锑、汞等采炼铝工业和磷化工生产在全国占有重要地位。轻工业以烟、酒、纺织为主。交通运输便利。

交通

贵州省交通以铁路为主,目前铁路渐成网络。公路运输辐射全省所有的县、区和90%以上的乡镇。航空运输以贵阳为中心,可飞往全国各大城市。内

黄果树瀑布

河航运里程有 3425 千米。

旅游

　　喀斯特、高原峡谷景观造就贵州省诡秘、神奇的自然风光。石林风景、织金洞、白龙洞、安顺龙宫等鬼斧神工,妙手天成。号称中国第一瀑的黄果树瀑布声闻十里,壮观无比。潕阳河三峡、马岭河峡谷、思南乌江峡、花江大峡谷等曲径通幽,俨如世外桃源,名山与珍禽异兽齐名,融人文景观、风景胜地为一体,是天然的旅游区。

浙江省

行政区划

　　浙江省位于东海之滨,毗邻福建、江西、安徽、上海、江苏等省市,位于东经 118°~123°、北纬 27°12′~31°31′。全省陆域面积 10.18 万平方千米,山地、丘陵较多,平原集中在沿海、河口。全省大陆海岸线长约 2200 多千米,沿海有大小岛屿 3061 个。其中舟山岛面积 472 平方千米,是中国的第四大岛。明代设浙江承宣布政使司。全省辖杭州、宁波 2 个副省级市及 9 个地级市、32 个市辖区、22 个县级市、35 个县、1 个自治县。因钱塘江旧称浙江而得名。简称浙。

人口、民族

　　浙江省人口 7865 万(2010),人口平均密度为 497 人/平方千米,北部和东部沿海地区超过了 600 人/平方千米,其次为低丘盆地,山区的人口最少,为 100 人/平方千米以下。浙江全省汉族人口占 99%,少数民族人口为 1%。少数民族中畲族人口有近 20 万,其他千人以上的少数民族有回、壮、苗、满、土家、布依等族,以居住在城市为最多。

历史文化

　　浙江地区自古地灵人杰,历史悠久。已考证有新石器时代的河姆渡、马家浜、良渚三个文化遗址,禹时曾于此大会诸侯,以后吴越争霸揭开江浙文化新的一页,成为儒家文化的重要起源地之一。后世的王充、王阳明、黄宗羲、龚自珍、贺知章、骆宾王、孟郊、陆游、沈括、李渔、洪升等为这里积淀了丰富的文化内涵。明清时期,浙江又开"商文化"先河,形成了"义利并重"、"工商皆本"的文化传统。秋瑾、鲁迅、周恩来更是浙江文化孕育成长起来的革命先驱。

地貌

　　浙江省有"七山一水二分田"之说,

龚自珍雕像

山地面积约占全省陆地面积的 70.4%，平原占 23.2%，河湖水域占 6.4%。地势自西南向东北倾斜，主要山脉呈东北—西南走向。南由浙闽边境的洞宫山脉向东北伸展至雁荡山脉，过瓯江称括苍山脉。西南部由福建伸展至浙江仙霞岭山脉、四明山脉，继而入海下陷成舟山群岛。北部由江西、安徽及浙

水系

浙江省河湖密布，钱塘江、甬江、椒江、曹娥江、瓯江、飞云江和鳌江均为平原型河流，仅京杭大运河，起自杭州拱宸桥，沿途沟通长江五大水系，在省境长 129 千米，形成了以杭州为中心的水运网。浙江湖泊数量小且面积小，最大湖泊面积仅为 22 平方千米。

气候

浙江省属亚热带湿润气候。全省除山区外，各地年均温在 15～18℃，1 月均温为 2.5～7.5℃，7 月为 29.5～36.5℃。无霜期长 243～276 天。全省年降水量 1100～1900 毫米，最高可达 2200 毫米，省境西南部和山区的降水量高于沿海平原区。

自然资源

浙江省境内矿产资源在种类、数量的分布较为贫乏，浙东为主要的矿产资源开发地，在金属矿产开发上具有一定的优势，明矾石、叶蜡石储量居全国首位。因浙江独特的地理环境，浙江成为世界保存古遗留植物最丰富的地区，有银杏、百山祖冷杉等活化石树种。还有许多珍稀动物。

经济

浙江省在明清时即有商品经济萌芽，特别是改革开放三十多年来，全省经济产值近可比价格计算翻了 30 多倍。由于临靠海边，便利的交通给浙江的经济发展带来很多机会。浙江农业生产水平较高，多种经营较发达，轻工业占优势。

交通

浙江省内河航道网公路网，遍布全

玉殓葬，这是属良渚文化迄今发现埋有最多玉器的墓，用如此大量的玉器随葬，在良渚文化中十分特殊，故称为"玉殓葬"。

省,交通十分便利,宁波和温州是全省最大的海港,海上交通运输和吞吐能力都较大,是当地经济的支柱。民航以杭州为中心,辐射国内的许多大城市,为经济发展提供良好的外运条件。

旅游

"天堂胜景出古城,自古俊秀多浙江"概括了浙江省丰富的旅游资源。浙江人杰地灵,有海天佛国普陀山,仙霞山关山重重;名城是人间天堂杭州城,天下师爷数绍兴景随人兴;江河有美景璞玉楠溪江,浓妆淡抹话西湖而诗情画意;古文化有河姆渡良渚玉器而开一代先河。历史知名人物,文物古迹比比皆是,人文荟萃,山水相依,铸成了灿烂的江浙文化。

海南省

行政区划

海南省简称琼,位于中国最南端的南海海域。地处北纬 3°20′~20°18′,东经 107°50′~119°10′。省境包括海南岛和西沙、南沙、中沙群岛礁及其海域。海南岛北隔琼州海峡与广东雷州半岛相望,西临北部湾与越南为邻,东南为南海及西太平洋。陆地面积 3.4 万平方千米,海洋面积 200 万平方千米,辖 2 个地级市、6 个县级市、4 个县、6 个自治县。省会海口市。

人口、民族

海南省总人口 867 万(2010),其中城镇人口少于乡村人口约 100 多万,总人口超过 50 万人的城市有海口市,三亚市、儋州市、文昌市和万宁市,人口最少的是五指山市。此外,有 300 多万琼籍华侨、华人旅居海外,分布在 50 多个国家和地区,主要聚居在东南亚各国,尤以泰国为最多。海南省共有 37 个民族,其中汉、黎、苗、回族是世居民族。黎族是海南岛上最早的居民。黎、苗、回族大多数聚居在中部、南部,汉族人口主要聚集在东北部、北部和沿海地区。

[黎族]黎族 90% 聚居在海南省的保亭、乐东、琼中、白沙、陵水、昌江等自治县和三亚、东方、五指山三市,人口有 124.78 万(2000)。黎族有本民族语言,因地区不同,还有不同的方言,不少人兼通汉语。1957 年黎族使用拉丁字母创制了文字。唱民歌是黎族人民在劳动、恋爱、婚丧、祭祀、迎宾等各种场合表达思想感情的重要方式。黎族妇女一般着对襟无扣上衣和筒裙,男子穿无领对襟上衣。有的地方女子穿套头式上衣,在脑后束发,披绣花头巾、戴耳环、项圈和手镯。黎族的传统体育活动有跳竹竿、穿藤圈等。黎族的住房大多是以树干做支架的金字形茅屋,用泥糊竹料做墙。合亩地区以船形房为主。船形房是传统的竹木结构建筑,外形像船篷。黎族人民擅长植棉和纺织,早在元朝时期,他们就具有较高的纺织技术。

历史文化

远在新石器时代的早期,就有黎族先民跨海进入海南岛,开始了海南的文明历程。西汉、东汉两位伏波将军路博德、马援先后平定海南,在此设立了郡县。南朝和隋朝时期,岭南俚族首领冼夫人收服海南各峒,此举深刻地影响了

苏轼像

海南的民俗民风,并加速了海南文化的发展、变革。在古代,海南是一个荒僻边远的地方。历代王朝都把海南作为贬谪官吏的流放地。其中著名的有唐宰相李德裕、宋词人苏轼、宋名将李纲等。这些被贬官吏带来了中原先进的文化,尤其是苏轼开办学校的举措对海南的教育产生了深远影响。

地貌

海南岛四周地势低平,中间高耸,呈穹隆山地,以五指山、鹦哥岭为隆起核心,向外围逐级下降,由山地、丘陵、台地、平原构成环形层状地貌,梯级结构明显。山地和丘陵是海南岛地貌的核心,占全岛面积的38.7%。山地主要分布在岛中部偏南地区,山地中散布着丘陵性的盆地。丘陵主要分布在岛内陆和西北、西南部等地区。在山地丘陵周围,广泛分布着宽窄不一的台地和阶地。环岛多为滨海平原。海岸主要为火山玄武岩

台地的海蚀堆积海岸、由溺谷演变而成的小港湾或堆积地貌海岸、沙堤围绕的海积阶地海岸。

水系

海南岛地势中部高四周低,比较大的河流大都发源于中部山区,组成辐射状水系。全岛独流入海的河流共154条,其中流域面积超过100平方千米的有38条。南渡江、昌化江、万泉河为海南岛三大河流,流域面积均超过3000平方千米,3条大河流域面积占全岛面积的47%。其中南渡江全长311千米,是省内最长的河流。海南省河流比降大,水力资源丰富。全省水力资源蕴藏量99.5万千瓦。河川多属暴流性,洪水突发性强,洪峰高,历时短,急涨急落。

气候

海南省气候具有热带季风和热带海洋性气候的特色。日照时数长,热量丰富。年日照时数2000小时~2750小时。全年气温高,积温多。年平均气温22.5℃~26℃。雨量充沛,有干湿季之别。年平均降水量1500毫米~2600毫米,雨量最多的五指山东南坡可达5500毫米以上,是世界同一纬度地区降雨最多的地方之一。受季风和台风影响,夏秋多雨,冬春少雨,11月至翌年4月为干季,5月~10月为雨季。常有春旱或冬春连旱。常年风大,台风频繁。除南沙群岛靠近赤道处为无风带外,其余都是大风区。

自然资源

海南省已发现50多种矿产资源。西北部矿产主要有铁、铜、钴、铅、锌、钨、

锡、水泥灰岩、重晶石等；东北部火山岩区有铝土矿、钴土矿、蓝刚玉、红锆石、沸石、膨润土、硅藻土等；东海岸有砂钛矿、锆英石、独居石、金红石等。其中富铁矿、钛、钴、水晶、宝石、锆英石、玻璃沙等储量居全国首位。能源矿有石油、天然气、褐煤、油页岩等。海南岛有一片中国十分珍贵的热带雨林和热带季雨林。全省拥有各种植物 4200 多种，其中特有种 630 多种，被列为国家重点保护的珍稀树木有 20 多种。海南省的野生动物有 561 种，被列为国家一级保护野生动物的有 13 种。

经济

　　海南省自然条件优越。1988 年海南建省后，海南岛成为经济特区，有力地促进了全省的经济发展。目前海南省以热带高效农业、海洋资源加工业、旅游业为基础的外向型经济正在形成。农作物以水稻为主，经济作物有甘蔗、花生、芝麻、茶叶等，还有各种热带和亚热带水果。近海大陆架渔场面积 65 万平方千米，海产品丰富。工业有橡胶、纺织、电子、化工、制药、造船、汽车制造和装配、机械、建材、水产品加工、食品等部门。公路网纵横交错，有海口、八所、三亚、洋浦四大港口及海口、三亚国际凤凰两大机场。

交通

　　海南对外运输主要依靠海运。其中海口为全省重要港口，海口秀英港是人工港口。八所港位于琼西，是石碌铁矿输出的专业港，有万吨级泊位。三亚港是琼南要港，有万吨级泊位 2 个。儋州洋浦港是深水良港。西沙群岛的永兴岛也有良好港口，为南海渔业活动的中心。省内还有海口和三亚两大国际机场。岛内运输以公路为主。从海口至榆林有东、中、西 3 条干线公路相通，简称"三纵线"。从澄迈经屯昌至黄竹、那大经琼中至万宁、邦溪经通什至陵水、东方经乐东至天涯有东西向公路相连，简称"四横线"。环岛东干线半幅高速公路全线通车。有西线铁路连通三亚、八所和石碌。另外 2003 年 1 月开通的粤海铁路是中国第一条跨海铁路。

旅游

　　海南省地处热带，适宜的气候和优良的沙滩使漫长的海岸线上遍布理想的海滨浴场和避暑佳处，如鹿回头、大东海、天涯海角、秀英海滩、东郊椰林、高隆湾、亚龙湾、日月湾等。海南沿海还有世

海南"天涯海角"风景区

界上保存最完好的死火山口——马鞍岭火山口和中国面积最大的海涂林——东寨港红树林。尖峰岭、五指山、东山岭、南渡江、万泉河、南清河,百花岭瀑布、太平山瀑布构成海南旖旎的热带山水风光。官塘、兴隆、蓝洋的温泉,陵水的猴岛,五公祠、琼台书院、东坡书院也是海南的旅游胜地。

安徽省

行政区划

　　安徽省位于中国东南部,地跨长江、淮河流域。位于东经114°54′~119°37′、北纬29°41′~34°38′。安徽虽然是一个内陆省份,但距海很近,可以称它为一个内陆近海省,四周同江苏、浙江、江西、湖北、河南、山东6省毗邻。面积13.96万平方千米。在4000年前安徽省就有人类居住,据《左传》记载,"禹会诸侯于涂山,在西周是曾建立封地皖国"。于清康熙正式建省。安徽省辖17个地级市、44个市辖区、5个县级市、56个县。简称皖。

人口、民族

　　2007年底全省人口总数为6593万,人口平均密度为472人/平方千米。其中沿江平原东部和皖北平原西部的人口密度较大,最高为1000人/平方千米;皖西山区和皖南山区的人口密度较小,仅有150人/平方千米。全省有少数民族36个,占全省人口的1%。其中以回族最多,占总人口的0.5%左右。此外,还有满、壮、苗、彝、畲、壮等少数民族。

管仲图

历史文化

　　安徽省有旧石器时代"和县猿人"遗址,以4000年前"龙山文化"为代表。安徽省南北民俗风情丰富多彩,省境内佛教广为传播,同时道教、伊斯兰教等也有分布。历史文化源远流长,孕育了徽派建筑、徽墨歙砚、徽戏等众多的文化瑰宝。

　　[管仲]名夷吾,字仲,安徽颍上人,春秋初期齐国著名的政治家、哲学家。他早年曾经营商业,后辅佐齐桓公对内政、外交政策进行全面的改革,制定了一系列富国强兵的方针策略。在政治上,他推行国、野分治的参国伍鄙之制,并在国中设立各级军事组织,规定士、农、工、商各行其业;在经济上,他实行租税改革,合理征收赋税,减轻农民负担,并运用国家力量发展盐铁事业,增加财政收入;在军事上,他发展了民间武装力量,并统一军政的领导;外交上,他采取"尊

王攘夷"的策略,获得了外交的主动权。他秉政的三年,齐国国力空前强盛,成为当之无愧的春秋五霸之首,他也因此而成为中国历史上最著名的政治改革家之一。

地貌

安徽省地貌以平原、丘陵和低山为主,相间排列,各占全区面积的1/3,湖沼洼地占8.0%,地势南高北低,从南至北为皖南山地、长江沿岸平原、江淮平原。三条西南—东北山丘带即九华山、黄山、天目山呈叠瓦状排列。黄山的莲花峰海拔1864.8米,为全省最高峰。

[巢湖盆地]巢湖盆地位于巢湖四周。巢湖是安徽省境内最大的湖泊。这里水资源丰富,光热条件适宜,土壤肥沃,对农作物生长非常有利,是安徽省主要的农业生产基地,也是中国重要的粮油基地,从古即有"鱼米之乡"之誉。

水系

江淮地区自古以富庶著称,其河流之利是主要原因。长江、淮河由西向东流经安徽省。省内的河流分属钱塘江、长江、淮河等水系。黄山、天目山南分钱塘江和长江水系。长江在安徽省流长416千米,支流有青弋江和巢湖水系等。北部为淮河水系,淮河干流在安徽省内有长约430千米的河段。沿江多湖泊,以巢湖最大(约有770平方千米)。安徽由于河流较多,所以涝灾较多。1949年以后,变害为宝,合理利用,大大提高了水系的利用率。

气候

安徽省气候南北迥异,四季分明,具有明显的南北气候过渡特征。淮河以北为暖温带半湿润季风气候。气温南高北低。年均气温14~16℃,1月均温-1~4℃,7月均温27~29℃,无霜期约为200~250天。年降水量750~1700毫米,南多北少,山地多于平原。各地历年最大和最小降水量可相差1~3倍以上。

自然资源

安徽省拥有丰富的矿产资源,目前全省已发现金属和非金属矿产煤、铁等共100多种,石灰岩、岩盐居全国前十位,开采便利。安徽省处于江淮地区,境内的生物资源丰富、种类繁多,有扬子鳄、江豚等濒危物59种。森林覆盖率达到30%。

经济

安徽省是全国农业大省,是中国主要粮食产区之一,以水稻、小麦以主,农业兼具南、北方的生产特征,重工业以煤炭、机械、化工为主。是中国的煤炭和钢铁生产基地之一,形成了门类齐全的现代工业体系。安徽的古井贡酒、宣纸、徽墨、徽砚等闻名中外,是安徽省的经济支柱之一。

交通

安徽省铁路里程2387千米,淮南线、皖章赣线、宁铜线、合九线、京九线等穿过省境。在公路方面,有104国道、105国道、205国道、206国道、310国道、311国道等多条干线,总长约3500千米。内河航运十分发达,万吨海轮沿长江可达芜湖、5000吨货轮可达安庆。骆岗机场航班通往北京、上海、武汉、深圳、香港等地。立体交通布局已基本形成。

黄山·刘海粟绘

旅游

　　安徽省的旅游以名山秀水和人文景观相映衬为特点,有举世闻名的黄山、四大佛教名山之一的九华山、历史上曾被封为南岳的天柱山,马鞍山采石矶为"长江三矶"之一,屯溪的宋代古城镇风貌别具一格。亳州、寿县文物古迹不胜枚举,有安丰塘、明中都皇城、花戏楼、许国石坊、潜口古民居等多处。旅游业成为当地的重要产业之一。

江西省

行政区划

　　江西位于中国东南部,长江中下游南岸,地处北纬 24°29′~30°05′、东经113°35′~118°29′。北与安徽、湖北省相邻,南依南岭与广东省交界,东与浙江、福建省接壤,西以罗霄山脉同湖南省为邻。面积 16 万多平方千米。辖 11 个地级市、19 个市辖区、70 个县、10 个县级市。简称赣,别称豫章、江右,因唐代其境属江南西道,故得名江西。

人口、民族

　　江西全省人口约为 4456(2010),分布较为均匀,人口平均密度 267 人/平方千米,高于全国平均水平。人口稠密处达 500 人/平方千米,边缘山区每平方千米不足百人。江西民族构成较为单一,汉族占全省总人口 99% 以上,有畲、满、壮、苗、瑶、蒙古、侗等 51 个少数民族,少数民族总人口 10 多万人。少数民族多以务农为主,他们长期与汉族杂居,交往十分密切。

历史文化

　　江西省由于地理环境因素,有史可记的文明史不过万余载。春秋战国时属越,后归楚。秦统一天下于此设九江郡。至元代,始立江西行省。江西历史短,但是其文化却与中华民族文化一脉相承,有"江南昌盛之地,文章节义之邦"之誉。省内龙虎山、庐山分别为道教和佛教净土宗的发源地。庐山五老峰下的白鹿洞书院是南宋理学泰斗朱熹的讲学书院。南昌市的滕王阁号称江南第一名楼。"瓷都"景德镇瓷器更是名垂天下,为中华一绝。江西还是革命摇篮,八一南昌起义旧址、井冈山革命根据地奠定了江西在中国历史上的不平凡地位。

朱熹

地貌

江西省东、西、南三面环山，地势从南到北逐渐向鄱阳湖倾斜。鄱阳平原，面积近7万平方千米，占全省面积的41%，是中国南方红壤分布面积较大的省区，湖田州地广为分布。故有"红色丘陵"之称。

水系

江西省共有大小河流2400多条，水系发达，水网稠密，除边缘部分水流属珠江和长江水系外，其余赣、抚、信、饶、修五大河构成鄱阳湖向心状水系。鄱阳湖是中国第一大淡水湖。丰富的水资源为江西农业发展创造了良好的条件，从秦朝以来，鄱阳湖平原一直是富庶之地。

气候

江西省气候温暖湿润，春秋短、夏冬长，年均温约16.3~19.5℃，气温自北向南递增。极端最高气温在40℃以上，是长江中游最热的地区之一。江西冬季较短，无霜期长达300多天。有利于双季稻和喜温的亚热带经济林木生长。年降雨量达1341~1943毫米，一般是南多北少，东多西少，山区多，平地少，是我国雨量较丰富的省区。

自然资源

江西省矿产资源十分丰富，全省已发现135种矿产资源，有28种矿产储量居全国前五位。其中铜、钨、钽、铀为全国之最，钨的开采量大，江西省有"钨都"之称。江西是中亚热带植物王国，有珍稀树种150多种，其中有110多种是中国的特有种，有许多种类已濒临灭绝。如冷杉、连香树、白豆杉、野生杜仲、乐东拟单性木莲等，森林覆盖率达60.5%。金丝猴、梅花鹿、丹顶鹤、白鳍豚等20余种珍稀动物在江西广为分布。

经济

江西省境内瓷器业很早就是当地重要的经济产业。从20世纪50年代开始，冶金、电力、煤炭、有色冶金工业发展很快，门类齐全。省内农、林、牧、副、渔立体式发展。

交通

江西省的交通运输以铁路和内河航运为主，公路运输重次之，航空也得到较大发展。目前铁路线主要有浙赣线、鹰厦线、向九（南浔）线、皖赣线和京九线。公路主要有纵贯全省的206国道、105国道等6条干线。南昌、鹰潭、萍乡、赣州、瑞金为公路交通枢纽，公路通车里程超过13万千米，90%以上的乡村都已通

滕王阁景区

车。内河航道有长江、赣江、鄱阳湖区等,航线长 5638 千米,主要港口为南昌、樟树、吉安、赣州、鄱阳、九江等。民用航空在南昌、景德镇、九江、赣州建有飞机场,从庐山可直达广州和北京等地,年客流量逾万人。

旅游

江西自然旅游资源和人文旅游资源遍布全省,以名山、名城、名楼、名台而驰名,庐山甲天下之秀,有龙虎山、三清山、井冈山等道教圣地和革命圣地。南昌的滕王阁因序而驰名,集自然景观与人文名胜为一体,丹霞地貌、古溶岩洞各具特色,景德镇瓷都古窑等上古遗风犹在。中国五大淡水湖之首的鄱阳湖是中国著名的珍禽王国,湖畔还有含鄱口、石钟山等名胜。赣江纵贯南北,沿江有吉安青原山等胜地。赣粤交界处的大庾岭梅花遍山,龙虎山、圭峰则以丹霞地貌奇观而闻名。江西自古即有“文献之邦”的美誉。庐山白鹿洞书院是“海内第一书

院”,儒、道、佛融为一体,孕育出无数的文人志士。

甘肃省

行政区划

甘肃省简称“甘”或“陇”,以古甘州(今张掖),肃州(今酒泉)两地首字而得名。面积约 43 万平方千米,占全国陆地面积的 4.43%。据史书记载,在隋唐时期,“林草茂密,羊群塞道,天下富庶无出陇右者”。沧海桑田只在弹指一挥间,铅华落尽后重看空旷辽远的甘肃大地,历史的变迁使人感慨。河西古道是一条波浪迭起的河,岁月如斯,其中流淌过血火的劫难,也飞扬过祥和的牧歌,从武威到张掖,从酒泉到敦煌,无处不饱含浓厚的历史文化的氛围;戈壁滩浩瀚无垠,那粗犷豪迈、雄浑壮阔的神韵使人震撼;素称世界艺术宝库的敦煌石窟展现

的古中国风采精湛大气,美丽的"飞天"是远古的艺术家们用经年的心血和理想点化出的鲜活生命,寄存其中的心灵之语穿透时空,传之久远;秦汉长城不知经历多少春秋,断断续续的土墙绵长逶迤,犹如历史艰难的叹息,嘉峪雄关仍在诉说大道辉煌的久远历史;甘南大草原寥廓秀美,藏传佛教在这里扎根生长;兰州城奔腾的黄河水,天水伏羲庙,麦积山石窟,成就了甘肃大地的风采。

人口、民族

甘肃省人口分布极不平衡,历史变化也很大。20 世纪初,全省人口约 600 万,由于旱灾、地震、瘟疫、战争等原因,人口增长极为缓慢。1942 年~2000 年人口增长迅速,加之外地人口大量迁入,全省人口猛增,截至 2010 年,人口为 2557 万人。目前人口平均密度为每平方千米约 61 人,低于全国平均水平。甘肃是多民族聚居省区之一。在省内的 17 个主要民族中,以汉族人口最多,分布遍及全省。回、藏、东乡、裕固、保安、蒙古、哈萨克、土、撒拉等少数民族人口总数约有 223 万,占总人口的 8.69%,多集中于各民族自治州及自治县。其中以回族人口最多,约占全省少数民族人口的 61.4%。

[保安族]保安族主要分布在甘肃省积石山,有人口 1.65 万(2000)。保安族有自己的语言,保安语属阿尔泰语系蒙古语族,分大河家和同仁两种方言;无本民族文字。关于保安族的族源,历史文献记载很少。明初,朝廷在其地置"保安站"、"保安操守所"招募士兵戍边,并筑"保安城",加强对周围地区屯田事务的管理。保安族以农业生产为

主,部分人兼营手工业。"保安刀"是保安族的传统手工艺品,制作工艺精湛,锋利耐用,享誉远近。著名的"双刀"和"双垒刀"的刀把多用黄铜或红铜、牛角、牛骨垒叠而成,刻有各种美丽的图案,有"十样锦"之美称。

[裕固族]裕固族主要分布于甘肃省肃南裕固族自治县和酒泉市的黄泥堡裕固族乡,有人口 1.37 万(2000)。裕固族有自己的语言,分西部裕固语和东部裕固语;无本民族文字。裕固族自称"尧呼儿"。1953 年,经本民族代表协商,确定以同"尧呼儿"音相近的"裕固"为族名。裕固族之先民的活动,可溯至公元前 3 世纪的丁零、4 世纪的铁勒和居住在今蒙古国色楞格河、鄂尔浑河流域的袁纥。唐武后时,一部分回纥人迁至甘州(今张掖)、凉州(今武威)一带游牧。9 世纪中叶,又有一支回纥人迁至河西走廊,与当地的回鹘部会合,即成为今裕固族前身。中华人民共和国成立后,随着当地交通运输和文化教育、卫生事业的发展,裕固族已实现牧户定居,生活水平有了很大改善。

[东乡族]东乡族主要分布在甘肃省临夏回族自治州,少数散居在兰州市、定西市、宁夏回族自治区和新疆维吾尔自治区,有人口 51.38 万(2000)。东乡族有自己的语言,东乡语属阿尔泰语系蒙古语族;无本民族文字。东乡族因居住在河州(今临夏地区)东乡地区而得名。14 世纪后半叶东乡族由聚居在东乡的许多民族融合而成。构成其族源的主要成分是信仰伊斯兰教的色目人和蒙古人。东乡族以农业生产为主,大部分地区以土豆为主食。东乡的土豆品质优良。此外,唐汪川的桃杏在甘肃也颇有

名气,它既不同于桃,又有异于杏,个大色美,皮薄肉厚,甘甜爽口,具白兰瓜之醇香。畜牧业,特别是养羊,在东乡族人民生活中占有重要地位。

历史文化

甘肃陇中的泾、渭上游诸河谷为中华民族发祥地与华夏文化摇篮,新石器时代就出现了齐家文化。省境最早属禹域雍、河之地。春秋战国时,陇中为诸戎所据,河西分由匈奴、月氏、乌诸族占领。汉武帝元狩二年(前121),于河西置武威、酒泉、张掖、敦煌四郡,开辟了中原地区通向西域的走廊。隋唐以前,兰州曾是中国通向中亚、西亚,甚至欧洲的交通要地。历史上的"丝绸之路"自长安经省境东部到凉州武威进入河西走廊。隋唐时期,河西农田水利和屯垦再度兴盛,农业非常发达,积粮甚多。明代以后,随着海上交通的发展,"丝绸之路"逐步被取代。

齐家文化·红陶鸟形器。这件器物外形似一只水鸟。

地貌

甘肃省地貌独特,陇东黄土高原和陇南山地起伏于省境的东南部,起自兰州西北,止于疏勒河玉门关,长达1200多千米,犹如一根东西横置的髀骨,南与青海界山祁连山脉接壤,北与龙首山、合黎山和马鬃山毗邻。全省以高原、山地为主,分为陇南山地、陇中黄土高原、甘南高原、祁连山地、河西走廊、北山山地等6类地形区。西部高达海拔3000米以上;而东、北、西三面均低于千米。最高峰为甘、青两省的界山祁连山主峰团结峰,海拔5827米。山脉包括阿尔金山东段、祁连山大部、甘南高原及岷迭山原。乌鞘岭以东、渭河以北称陇中高原和陇东高原,海拔1500米~2000米,其间以六盘山(又称陇山)分开,均属黄土高原。

水系

甘肃省河流皆发源于西南山原,呈放射状向东、西北及东南分流,大致以冷龙岭、乌鞘岭至景泰长岭山一线为界,西北部属内流区,东南部属外流区。内流区主要有哈尔腾河、疏勒河、黑河及石羊河四大水系,均源出祁连山。外流区河流分属黄河和长江两大水系。水力资源是甘肃能源中的优势资源,新中国成立后,先后在刘家峡、盐锅峡、八盘峡、文县碧口建成了4座大中型水电站,在全省还建成小水电站526座,充分满足了全省的用电需求。

气候

甘肃省气候为明显的温带大陆性季风气候,大致由陇南的北亚热带与暖温带湿润区,逐渐向陇中暖温带半湿润区与温带半干旱区,河西温带、暖温带干旱区及祁连山地高寒半干旱、半湿润区,甘南高寒湿润区过渡。冬春干旱而少酷寒,夏季多暴雨而冷暖变化大,年降水量变化大。全省气温年较差和日较差均大,降水的年变化和地区变化更大,年降水量从东南的 805.7 毫米到西北减为 36.8 毫米。光照足,热量大。除陇中南部外,年日照时数达 2400 小时以上,河西大部逾 3200 小时。但不同地区有不同程度的灾害性天气。

自然资源

甘肃省矿藏、水力资源丰富,已建设成为中国著名的有色金属、石油化工、电力机械、毛纺织和核工业基地之一。金昌的金属共生镍矿,皋兰铜矿,白银铝厂,兰州石油化工,毛纺,阿干镇煤矿,玉门油矿,刘家峡水电站等均很有名。甘肃位处黄土高原,属半湿润半干燥区,省内的动植物有自己的特色,植物多以耐旱、耐盐碱的为主,如贺兰女蒿、瓣鳞花

等。而动物则以植食性的、并且能生存于干旱的草原或荒漠的野生动物为多。

经济

甘肃省在 1949 年以前经济、文化落后,人民多从事较原始的农牧业。20 世纪 50 年代以后,随着境内石油、煤、铁和多种金属的开采利用,甘肃的经济得到较快的发展。此外,省内还开通多条铁路,兰州已成为西北地区铁路干线的枢纽,为经济的发展提供了交通便利,甘肃一跃成为以石油化工和有色金属冶炼为主的新兴工业基地和中国西北工业较发达的省区。农、牧、副、渔也有了相应的发展。

交通

甘肃近代交通落后,与东部各省联系甚为不便。20 世纪 50 年代以来,甘肃的铁路、公路及航空运输发展迅速,逐步形成以兰州为中心的现代化陆、空交通网。铁路运输主要有天兰、兰新、包兰、兰青等 4 条干线和甘(塘)武(威)线、宝(鸡)成(都)线、兰(州)长(征)

刘家峡水电站

敦煌莫高窟,是"丝绸之路"上最为壮美的景观,也是中华文明瑰宝的丰富宝库。

线、兰州—小川线等市郊支线,联系着省内重要城市及邻近省区,组成甘肃省交通运输网的骨干。兰州已成为中国西北铁路交通的枢纽,并且还成为中国规模最大的伸长式铁路枢纽。公路通车里程已达4万多千米,省境县市和98.5%的乡通汽车。主要公路有西(安)兰(州)、甘(肃)新(疆)、兰(州)青(海)、华(家岭)双(石铺)、兰(州)郎(木寺)等干线,分别与陕、新、宁、青、川等省区相联。航空运输也以兰州为中心,有通往北京、成都、上海、乌鲁木齐、西宁、广州等大城市的航线,还有通往省内的酒泉、敦煌、庆阳、天水等地的班机。

旅游

悠远的历史是甘肃省最重要的旅游优势,丝绸之路是全省旅游的主题。汉代之后随着丝绸之路的打通,中西方在文化、经济上的交流在此遗留下诸多的城镇、关隘、长城、寺庙、石窟。武威雷台汉墓出土的艺术珍品踏飞燕铜奔马,被作为中国旅游的标志。甘肃又被称为"石窟艺术之乡",其杰作敦煌莫高窟启发了艺术再创造的灵感。甘肃高原雄浑,山地险峻,也有黄河之滨水车转动的陇上江南和水草丰美的牧场。十余个民族各具特色的文化与其所在地的自然风光有机结合,构成了甘肃丰富多彩的旅游环境。

云南省

行政区划

云南省位于中国西南边陲,地处北纬21°8′~29°15′,东经97°31′~106°11′。面积39.4万平方千米,全境东西最大横距864.9千米,南北最大纵距900千米,边界线总长4060千米。与缅甸、老挝、越南接壤,国内与广西壮族自治区、贵州省比邻,西北隅倚西藏自治区,北邻四川省。辖昆明等8个地级市、12个市辖区、9个县级市、79个县、29个自治县和8个自治州。

人口、民族

2010 年,云南省人口 4596 万人,全省人口密度分布极不均匀,平均人口密度为 114 人/平方千米,但昆明市却高达 242 人/平方千米。云南省是中国世居少数民族最多的省份,包括汉族在内共有彝族、白族等 26 个世居民族,是全国民族自治地方最多的一个省。少数民族的居住形式是大分散、小聚居,以边疆和山区居多。少数民族所在地区经济发展很快,生活水平显著提高,特别是旅游景点的开发,使旅游业成为少数民族的重要经济来源。

[基诺族]基诺族有近 2 万人左右,人口较少。主要居住在云南西双版纳傣族自治州景洪县和勐腊县。传说基诺族是从普洱、墨江甚至更远的北方迁来的。基诺族有自己的语言,基诺语属汉藏语系藏缅语族彝语支,无本民族文字,过去结绳记事,现在通用汉字。基诺族以农业为主。基诺山盛产香蕉、木瓜等亚热带水果,也是盛产普洱茶的六大茶山之一,所以许多村寨以种茶、制茶为重要副业。主要的文化活动以太阳舞最具代表性。

[彝族]彝族有 700 多万人,是云南人口最多的少数民族,彝族还分布在云南省、四川省、贵州省各地,以楚雄彝族自治州,红河哈尼族彝族自治州,红河哈尼族彝族自治州哀牢山区一带比较集中。其先民是公元前西南夷一支,公元前为乌蛮,迁居于云贵高原。彝族有自己的文字和语言,信仰多神教。彝族支系繁多,主要有诺苏泼、纳苏泼、聂苏泼、改苏泼、撒尼泼、阿细泼、濮拉泼等。彝族人民多流行"跳乐",称"打歌"、"跳歌"、"打跳"、"叠脚"等。彝族最盛大的节日是每年农历

白族民居上的特色装饰

六月二十四日举行的"火把节"。每年农历二月初八是彝族的插花节。他们的住房以石块压顶,故又称"石板屋"。

[白族]白族人口有近 200 万,世代聚居在大理白族自治州。白族有自己的语言和文字,信仰佛教,属汉藏语系藏缅语族白语支,习汉文。白族人因偏爱白色而著称。他们的传统服装的色调是偏重白色。姑娘的名字大部分都带有花字。白族传统的节日"三月街"富有民族特色。

[独龙族]独龙族人数不到万人,世代居住在云南省西北部贡山独龙族怒族自治县独龙河谷,史称"俅人"。独龙族有自己的语言,独龙语属汉藏语系缅语族,无本民族文字,通用汉文,信仰多神。独龙族主要从事农业,以种植玉米、荞麦、豆类为主。现在仍是刀耕火种。独龙族在传统的"卡雀哇"年节中常举行"剽牛祭天"活动。

[哈尼族]哈尼族有 150 多万人,分

布在云南省南部红河与澜沧江的中间地带。其中哀牢山区是哈尼族人口最集中的地区。哈尼族有本民族语言,无本民族文字。解放后创建了哈尼文,信仰多神。哈尼族以农耕为主。哈尼族人民的住房有土木结构草顶楼房、干栏或竹木结构楼房等几种。哈尼族妇女喜戴有小银泡的圆帽,戴耳环、耳坠和大手镯,其先民称为"和夷",可能是古羌人族。

[傈僳族]傈僳族近 70 万人,主要聚居在云南省怒江州和四川省盐源等地。傈僳族先民是乌蛮的一部分,早在 8 世纪以前便居住于金沙江两岸。16 世纪迁住怒江地区,傈僳族有自己的语言和文字。傈僳语属汉藏语系藏缅语族彝语支。傈僳族主要从事农业,以种植玉米为主,还有水稻、小麦、荞麦等,出产名贵的毛皮和山货。傈僳人喜爱唱歌对唱,打官司也采用唱歌的形式。

[德昂族]德昂族近 2 万人,主要聚居在云南省潞西市和镇康县,其余分散于附近各地。德昂族有自己的语言,德昂语属南亚语系孟高棉语族佤德昂语支,无本民族文字,通用汉字。德昂族主要从事农业,以种植水稻、旱稻、谷子及薯类为主,尤善种菜。民俗节日以泼水节最盛。

[傣族]傣族有 120 万人左右,主要分布于云南省的南部西双版纳和西部德宏傣族景颇族自治州。傣族先民为古百越中的一支,称为"滇越"或"鸠僚"。远在公元 1 世纪,汉文史籍已有关于傣族的记载。在傣语中"傣"意为"热爱和平、勤劳、勇敢的民族",有水傣、旱傣和花腰傣之分。傣族人有自己的语言和拼音文字,有嚼槟榔的习惯。泼水节是傣族每年中最盛大的节日,他们信仰小乘佛教。

[怒族]怒族有 3 万人左右,主要分布在云南省怒江傈僳族自治州等地。他们的先民为庐鹿的一部分。怒族有自己的语言,各地语言差别很大,互不相通,没有本民族文字,现用汉文。怒族以山地农业为主,以种植玉米、荞麦、青稞为主。怒族妇女服饰多喜欢镶缀花边,戴头饰和胸饰,头饰多用细藤环盘于头上。

[景颇族]景颇族现有 13 万多人,聚居于云南省的潞西和邻近地区。景颇族有"景颇"、"载瓦"、"浪莪"等自称。景颇族先民"寻传"、"寻传蛮"最早居住在康藏高原南部名为木转省腊崩(意为"天然平顶山")的山区,20 世纪进入德宏地区。景颇族有自己的语言文字。景颇族主要以种植玉米为主,经济作物兼营林木,种植咖啡等。他们住在竹楼里,上住人,下养畜。目脑节是景颇族传统的盛大节日,目脑意为大伙跳舞。

[佤族]佤族有 40 万多人,主要分布在云南省西南部等县区。一部分散居于西双版纳和德宏地区。佤族人有自己的语言,佤语属南亚语系孟高棉语族,具有不完备的文字。佤族人民创造了许多口头流传的故事,用来歌颂善良和正义。佤族主要从事农业,以种植旱稻、水稻、玉米等农作物为主,喜嚼槟榔。

[纳西族]纳西族约有 30 万多人,主要聚居在云南丽江地区。纳西族历史悠久,可能是古羌人中的牦牛羌,公元 3 世纪起源于此。纳西族语言属汉藏语系藏缅语族彝语支,使用过东巴文,有大约千年的历史。纳西族能歌善舞,每逢喜庆节日,都要举行歌舞活动。信仰东巴教和喇嘛教。纳西族妇女传统民族服饰为过膝的大褂,宽腰大袖,外加坎肩,腰

系百褶围腰,下着长裤,披羊皮披肩。

[普米族]普米族有 3.5 万人左右,主要分布在云南省的兰坪县和四川省木里等地。普米族史称"西番"或"巴苴"。公元前游牧于青藏高原。13 世纪后,迁入到现在的定居地。普米族有自己的语言和用藏文拼写的文字。普米族有自己独特的文化艺术,文化较为发达。普米族主要从事农业生产,兼营畜牧业。

[阿昌族]阿昌族有 3.5 万人左右,主要分布在云南省德宏傣族景颇族自治州和周边各地。阿昌族先民公元前就生活在这里,阿昌族有自己的语言,无文字,通用汉文。阿昌人善于唱山歌,善种水稻,打制的"户撒刀"以经久耐用著称于世。因喜食口嚼槟榔,牙齿皆为黑色。阿昌族视青龙、白象为吉祥、幸福的象征。在传统节日会街节中,小伙子们便身背户撒长刀,挎着象脚鼓,姑娘们则身着娇艳的民族服装,在鼓乐和鞭炮声中簇拥着披红挂绿的青龙、白象进入会街节广场。

[拉祜族]拉祜族近 50 万人,聚居于云南省西南边境各县。拉祜族自称"拉祜"、"拉祜纳"(黑拉祜)、"拉祜西"(黄拉祜)、"拉祜普"(白拉祜),也称"倮黑"、"哥搓"、"缅"、"苦聪"等。拉祜族与彝族、纳西族等同源于古代氐、羌族系。先民称为"望人",居于滇西。拉祜族有自己的语言和文字。拉祜族主要从事农业,以种植水稻、玉米为主,兼营茶叶、烟草、剑麻等经济作物为生。拉祜族善于歌咏、舞蹈。每逢节日,几乎人人都要参加唱歌跳舞的庆祝活动。

[布朗族]布朗族约有 10 万人左右,主要分布在云南省的勐海、景洪。布朗族有自己的语言,布朗语属南亚语系孟高棉语族佤德昂语支,没有文字,信仰小乘佛教,其先民已无法考证。布朗族主要从事农业,以种植旱稻为主,善种茶。布朗族妇女喜欢缠一丈多长的青布包头。

历史文化

目前已发现距今约 170 万年的最早的人类——元谋人就生活在云南,最早见于史载的是公元前 3 世纪,楚国将军庄蹻统一了滇池地区,并自立为王。后来秦始皇统一了云南,诸葛亮平定南中,大大加强了云南与中原的联系。云南的文化主要有被誉为"活着的象形文字"的东巴文、世界最古老的音乐纳西古乐、世界最古老的铜万家坝铜鼓,丽江古城、大理古城等真实地记载了云南少数民族创造的灿烂文化。

地貌

云南省地貌以元江河谷为界,分为

云南元谋土林。元谋人曾生存于此,在此除发现人类化石外,还发现大量动物和植物化石。

东、西两部分,山地、高原多,1平方千米以上的坝子1400多个,面积占6%,占到全省的94%。坝子分布广泛,垂直高度差大,相差达6660多米。北高南低,呈阶梯状下降。最高点位于西北部滇藏交界处的梅里雪山主峰卡格博峰,海拔6740米。西部属于反"S"形构造,其北部在青藏地区,南部进入中南半岛;中段位于滇西西北,多为山地,称横断山系纵谷区,由高黎贡山、怒山和云岭等高大陡峭的山脉和怒江、澜沧江、金沙江等深切峡谷相间组成;东部地质构造体系复杂,分别属于通海山字型和文山山字型构造,是组成云南高原的骨架。其地貌成因以喀斯特为主。

水系

云南省境内河流水位季节变化大,水流湍急,水力资源丰富,为植被生长创造了良好条件。受山脉走向影响,滇西北地区怒江、澜沧江、金沙江顺地势自北向南流动,其间最近处相隔仅66千米,向南渐渐疏散。金沙江流至丽江石鼓附近突然折向东流,怒江和澜沧江流至北纬25°附近呈辐射状散开,形成"帚形"水系,分别注入印度洋和太平洋。受巨大断裂影响,境内天然断层湖泊星罗棋布,有滇池、洱海、抚仙湖、程海、泸沽湖等。

气候

云南省属亚热带高原型季风气候,最热月均温19~22℃,最冷月5~7℃以上,年温差10~14℃。干湿季分明,年均降水量约1100毫米。省内8个纬距内呈现寒、温、热三带,境内自然景观多样,东部高原长夏无冬,西部"岭谷十里不同天",有"动植物王国"之称。

自然资源

云南省位于泛北极植物区系和热带交会地带,动植物品种位居全国之冠,矿产资源丰富。高等植物有274科2076属1.8万种(包括蕨类植物),约占中国的一半。云南森林资源丰富,木材总蓄积量居全国前列。树种以思茅松、云杉、冷杉等针叶林为主。还有众多被称为"活化石"的第三纪古老树种。如木兰科的木莲,龙脑香科的东京龙脑香,属裸子植物的苏铁、倪藤、树蕨等。云南中药、花卉资源共达5050种,以茶花为最,素有"云南山茶甲天下"之说。动物种类多珍贵稀有种,列为国家保护的动物种类几乎占了半数。其中滇金丝猴、亚洲象、野牛、白颊长臂猿、白眉长臂猿、平顶猴、扭角羚、灰头鹦鹉、大绯胸鹦鹉等,在中国均仅见于云南。云南有矿种155种,其中有92种已探明储量。有50多个矿种的保有储量居全国前10名。铅、锌、锗为全国之冠,锡、铟、铂、锆、岩盐、钾盐居第二位,铜、镍、磷、芒硝、砷、蓝石棉居第三位。

经济

云南省全境为"九分山和原,一分坝和水"。农业生产以种植业占主要地位,兼有农区和林牧区的畜牧业特色。随着资源的不断开发,冶金、机械、煤炭、电力、化工等工业发展迅速,资源优势得到了进一步发挥,但旅游仍然为经济的龙头。全省交通以公路和铁路为主。

交通

云南铁路运输与全国铁路网相通。

省内的昆（明）河（口）、蒙（自）宝（秀）铁路及东川、个旧、盘西、羊场等自成体系。公路运输是云南主要的运输方式，公路干线以昆明、下关为中心，辐射到全省各地。民用航空运输以昆明为中心，可通北京、上海、广州、成都、重庆、西安、武汉、贵阳、南宁、桂林、香港和省内的芒市、景洪等地，并辟有昆明到仰光、曼谷、万象的国际航线，内河通航也较为通畅。

旅游

"香格里拉"的传说，为云南平添了几分梦幻般的浪漫色彩，世界文化遗产之一的丽江古城，北回归线上的绿宝石——西双版纳，悠久的历史与纯天然的景色是吸引国内外游客的重要因素。令人神往的路南石林、元谋土林、腾冲火山热海和诸多少数民族的歌舞习俗更增添了云南的绮丽与诡秘。

丽江古城

青海省

行政区划

青海省简称青，因境内有中国最大的内陆咸水湖青海湖而得名。青海是一个多民族聚居、资源丰富的地区，也是中国五大牧区之一。青海位于中国西北、青藏高原东北部，是长江、黄河的发源地。地处东经89°35′~103°04′、北纬31°39′~39°19′之间。自东北按逆时针方向，依次与甘肃、新疆、西藏、四川4省（区）毗邻。青海是中国地广人稀的多民族聚居省，有汉、藏、回、土、撒拉等38个民族。面积72万多平方千米，国土面积居中国第四位。辖1个地级市、1个地区、6个民族自治州、4个市辖区、2个县级市、30个县、7个自治县。省会西宁。

人口、民族

青海省为多民族聚居省，人口为562万（2010）。全省人口密度低，平均每平方千米仅为7人左右，而且人口的地区分布极不平衡，以西宁市和东部农业区人口较为密集，平均人口密度每平方千米为128.1人。牧区6州土地面积虽占全省的90%以上，但平均人口密度每平方千米仅有2.5人左右。青海的少数民族较多，主要有藏族、回族、土族、撒拉族、满族等。少数民族多从事以游牧为主的畜牧业生产，兼营饲养业。

[撒拉族]撒拉族主要聚居在青海省循化撒拉族自治县、化隆回族自治县甘都乡和甘肃省积石山保安族东乡族撒

拉族自治县,有人口 10.45 万(2000)。撒拉族自称"撒拉尔"。"撒喇族"、"撒拉回"等是其自称的不同音译简称。撒拉族是元代经新疆迁入循化一带的中亚撒马罕人与周围的藏、回、汉、蒙古等族长期相处、互相融合,逐渐发展而成的。撒拉族有自己的语言,撒拉语属阿尔泰语系突厥语族西匈语支;无本民族文字。居住在地处黄河沿岸循化地区的撒拉族,主要从事农业生产,种植小麦、青稞、荞麦、土豆等农作物。

[土族]土族主要聚居在青海省互助土族自治县和民和、大通、同仁等地,还有一部分居住于甘肃省天祝藏族自治县,有人口 24.12 万(2000)。土族有自己的语言,属阿尔泰语系蒙古语族。过去,各地土族有多种自称,新中国成立后,依本民族意愿,统一称为土族。其族源在过去地方志书中有几种推断性说法:①主要是鲜卑支系吐谷浑人后裔;②主要是沙陀突厥后裔;③主要是蒙古族后裔。此外,还有源于阴山白鞑靼说和源于元代蒙古驻军与当地霍尔人融合而成说等。土族主要从事畜牧业和农业,尤其精于养牛。

历史文化

青海省具有悠久的历史,是个多民族聚居的地方,早在远古时代,就有人类在此繁衍生息。在旧石器时代晚期,青海高原上就有了古代人类活动的足迹。到新石器时代晚期,古代居民在这片土地上创造了辉煌灿烂的彩陶文化。大通县上孙家寨出土了大量的新石器时期舞蹈纹彩陶盆,内壁绘有 3 组 5 人连臂舞蹈图。乐都县高庙发掘的氏族公墓群,出土了大量绘制生动,图案丰富的彩陶器。世代居住在青海的各族人民,在长期的生产劳动和社会生活中,创造了光辉灿烂的文化艺术。随着历史的变迁和时代的更替,青海省各民族间的相互交融不断深入,具有浓郁民族特色、丰富多彩的青海高原文化逐渐形成。青海一向被人们称为"歌的海洋,舞的王国"。

孙家寨出土的舞蹈彩陶盆

地貌

青海省地处青藏高原东北部,深居内陆腹地,面积广大,地形复杂,地势高耸,高差悬殊,全省平均海拔在 3000 米以上。青海的地形是山多峰高,地势由西向东、由南向北逐渐降低。昆仑山横贯全省,最高点为昆仑山主峰布喀达坂峰,海拔 6860 米,最低点则为东部民和县下川口湟水出境处,海拔 1650 米。省境北部为祁连山—阿尔金山山地。阿尔金山脉位于当金山口以西,由一系列山岭与谷地组成,是柴达木盆地和塔里木盆地的界山。祁连山地位于甘、青交界处,由数列呈北西—南东走向的平行山岭和谷地组成,山地西段和中段地势高峻,许多山峰均在现代雪线海拔 4000 米以上。

水系

青海水系大致以祁连山(东段)—日月山—巴颜喀拉山—唐古拉山为界,可分为东南外流区和西北内流区(约占全省面积 2/3),分属黄河、长江、澜沧江和内陆河四大水系。全省流量在每秒 0.5 立方米以上的河流(包括干支流)217 条。青海外流水系主要是黄河、长江和澜沧江上游及其支流。内流区较大河流有黑河、北大河、柴达木河、那棱郭勒河等。此外,青海省境内湖泊众多,淡水湖、咸水湖和盐湖兼有,湖泊水面大于 1 平方千米以上的共计有 262 个,面积达 1.29 万平方千米,占全省总面积的 1.8%。其中淡水湖 148 个,面积 0.26 万平方千米。

气候

青海省地处高原,深居内陆,远离海洋,终年受大陆性气流及青藏高原气团影响,形成寒冷而干燥的气候。全省年均温为 -5.0℃ ~ 8.6℃,气温年较差小,日较差大,积温低。冬季寒冷而漫长,夏季凉爽而短促。青海气温和降水地区差别大,垂直变化显著。东部黄河和湟水谷地年均温 3℃ ~ 9℃,降水主要集中于 6 月~9 月,可满足一年一熟的需要,是全省开发最早的主要农业区和商品粮基地。柴达木盆地年均温 2℃ ~ 5℃,日照长达 3000 小时,盆地北部和南部边缘为新垦区和小麦高产区。青海高原和祁连山地海拔高,气温低,不宜农耕;但降水多,草原面积大,为省内主要牧区。

自然资源

青海省地形、气候、土壤等自然条件的地区差异和垂直差异均甚显著;自然资源丰富多样,境内盐类、有色金属、石油等矿产资源和水力资源均相当丰富。在柴达木盆地诸盐湖中富集着巨量的钠、钾、锂、镁、硼、溴、磺等盐类,其储量之大、品位之高均居全国首位;省内还有中国储量最大的大型长纤维石棉床之一——茫涯石棉矿。青海植被类型以高寒灌丛、高寒草甸及高寒草原为主,其次为荒漠和山地草原,而森林植被则较少。珍稀动物有野骆驼、野牦牛、野驴、藏羚羊、鬣羚、雪豹、白唇鹿、黑颈鹤、斑头雁、天鹅等,还有梅花鹿、水獭、猞猁、血雉、雪鸡等野生兽禽数百种。

经济

青海省矿产资源丰富,已发现矿产近 130 种,其中锂、钾、湖盐、镁盐、云母等 11 种居中国第一位。特别是柴达木盆地的盐类蕴藏量十分丰富,地表盐化学沉积面积达 1.6 万平方千米。全省工业发展迅速,形成以水电、电气和煤炭开采为主的能源工业、以湖盐为主的盐化工业、以有色金属和石棉为主的采掘业和原材料工业、以农牧产品为主的机械工业等 5 大工业格局。但是由于青海地处中国内陆,交通运输发展缓慢,使经济的发展受到较大的制约。青海的农业生产历史悠久,现有耕地 800 多万亩,主要分布在省境东部、青海湖环湖地区和柴达木盆地。

交通

青海地处中国内陆,交通运输发展缓慢,加之地势高峻,河流比降大,流速急,无航运之利。陆运以公路运输占绝对优势,主要有甘青、青藏、敦格、茶茫、青川、青新、宁张等公路干线,其中以青藏公路最为重要,成为横贯全省的大动脉,是内地通往西藏的要道。铁路有兰青、青藏两条干线。水运现已开辟龙羊峡至沙沟、曲沟、拉干 3 条航线。民航已有西宁至北京、西安、太原、兰州。而且还有小型的输油管道投入使用。

旅游

青海省由于地处高原,是长江、黄河的发源地。这里湖泊沼泽众多,高原湖泊自有其风韵,又是众多野生动物的栖息地。黄羊、野驴、棕头鸥、斑头雁、天鹅不时出没;雪山和冰川景色壮丽;还有众多的盐地,白茫茫一片都是盐碱的世界,有时会发现宝石般的盐晶;高原牧场绿草如茵,牛羊成群;阿尼玛卿峰等冰封雪锁,利于开展登山运动,是科学考察、探险或观光旅游的好去处。青海盛行喇嘛教,湟中是藏传佛教格鲁派创始人宗喀巴的诞生地,故多有寺庙,且规模宏伟,建筑辉煌,形成独特的宗教艺术,驰名中外。青海的少数民族聚居地还保留着浓郁的民族特色和民俗风情,可考察和体验藏、土、撒拉等族的传统和习俗。

西藏自治区

行政区划

西藏位于中国国境西南部,地处北纬 26°52′ ~ 36°32′、东经 78°24′ ~ 99°06′之间。东北与四川、云南、青海、新疆等省区接壤,西接克什米尔地区,南与印度、尼泊尔、不丹、缅甸毗邻,国境线长 3842 千米。面积 120 多万平方千米,占国土面积 1/8 居全国第 2 位。西藏历史悠久,远在公元七世纪初期,藏族雅隆河谷的悉补野罢部首领松赞干布就统一了西藏,建立了吐蕃王国,并与唐朝通婚结盟,元代时正式列入中国版图,因清朝时划分为前藏(已)后藏(藏)喀木(康),阿里四部而得名。1965 年成立了自治区。辖拉萨市、1 个市辖区和日喀则、山南、昌都、林芝、那曲、阿里 6 个地区,以及 1 个县级市、71 个县。首府拉萨市,简称藏。

人口、民族

西藏自治区人口 300 万(2010),是中国人口最少的地区,主要集中在南部和东部。其中拉萨平原、年楚河中下游平原、泽当平原等为 50 人/平方千米。在拉孜、萨迦平原、林芝附近的尼洋河河谷、昌都附近的澜沧江河谷,居民也较多。藏族是西藏的主要民族,此外还有汉族、回族、门巴族、珞巴族、怒族、纳西族等。

[珞巴族]珞巴族主要分布西藏东南部的洛渝地区及察隅、墨脱等县。"珞巴"一词为藏语，意为南方人。他们自古就在西藏的塔布、工布和喜马拉雅山南坡的广大地域生息。珞巴族有自己的语言。珞巴语属汉藏语系藏缅语族，无本民族文字，部分人使用藏文。珞巴人主要从事农业生产，以种植青稞、小麦为主。珞巴族猎手喜欢身背长弓，腰系箭囊，头戴藤编盔帽，帽后系一块兽皮搭肩背。

[门巴族]门巴族主要分布在西藏自治区东南部的门隅、墨脱等县，近1万人。"门巴"藏语意为"居住在门隅的人"。最早的记载见于公元823年，设立于西藏拉萨大昭寺前的甥舅和盟碑中提到的"孟族"即包括门巴族。门巴族有自己的语言，属汉藏语系藏缅语族藏语支，无本民族文字。从事农业，以耕种水稻为主，狩猎为辅。

[藏族]藏族主要聚居在西藏自治区及青海省的海北、黄南、海南、果洛、玉树，甘肃的甘南等藏族自治州等地。藏族的先民在公元前就居住在雅鲁藏布江流域中游地区，自称为"博巴族"。公元7世纪初期，松赞干布统辖整个西藏地区，建立起自称为"博"的奴隶制王朝。元朝把西藏地区置于中央王朝的统治之下，并在中央设宣政院，管理藏区事务。

藏族人从事农牧业，有自己的语言文字。藏语属于汉藏语系藏缅语族藏语支，分为卫藏、康、安多三种主要方言。藏文是参照梵文于公元7世纪前创制的，为自左至右横写的拼音文字。藏族有悠久灿烂的文化，著名的文学巨著

藏族贵族服饰

《格萨尔王传》是世界上最长的一部英雄史诗。藏族的绘画、医药等具有很高的成就。藏族人民在中华人民共和国成立之初尚处于封建农奴制社会,自治区成立后废除了农奴制,迈入了社会主义康庄大道。

历史文化

西藏的文化发展史是藏文化与汉文化和其他少数民族文化融合的发展史。从唐朝开始,盛大的图特王朝以"和亲"之形式,开始中亚文化的大交流。由于历史上西藏是藏族人民的主要聚居地,他们多姿多彩的社会生活和风俗习惯,使西藏传统文化和艺术带有明丽的雪域色彩和浓厚的乡土特质。西藏人文景观独具一格,有巍巍的布达拉宫、金碧辉煌的大昭寺等寺庙,有风景如画的罗布卡林、佛教经典、雕塑壁画、戏曲说唱,都达到相当的水准。

地貌

西藏居中国地势的第一级阶梯,以海拔高、面积大、形成年代晚为特点,平均海拔 4000~5000 米。地势西北高东南低、自然条件复杂。西藏大体可分为藏北高原、藏东高山峡谷和藏南谷地三个自然区。西部是藏北高原,位于昆仑山、唐古拉山和冈底斯山、念青唐古拉山之间,占自治区面积的 2/3。南部是藏南山原湖盆谷地,位于冈底斯山和喜马拉雅山之间。藏东为高山峡谷区,分布着一系列由东西走向逐渐转为南北走向的高山深谷。地貌基本上可分为极高山、高山、中山、低山、丘陵和平原等六种类型。位于西藏南侧的喜马拉雅山,由几条大致东西走向的山脉组成,平均海

拔 6000 米左右,中尼边境的珠穆朗玛峰海拔 8844.43 米,是世界最高峰。

水系

西藏流域面积大于 1 万平方千米的河流就有 20 余条,亚洲著名的长江、怒江、澜沧江、印度河、雅鲁藏布江都发源于此或流经西藏。全省水资源总量为 4482 亿立方米,占全国 16.53%。水能资源占中国的 30%,居中国第一位。中国约有 1/3 的湖泊也分布在西藏,以纳木错的面积最大;色林错流域面积最大,但是大部分湖泊缩小现象明显。

气候

西藏气候特点是气温低,空气稀薄,大气干燥洁净,含氧量少,太阳辐射强,日照时间长。年平均气温南部高、北部低。全区谷地气温日较差大、年较差小。由于西藏高原海拔高,气温比同纬度的长江流域地区低得多,且日较差大,一般每年 10 月至次年 4 月为干季,5~9 月为雨季,由于地势西北高东南低,海拔由 5000 米左右下降到几百米,气候类型自东向西北依次有热带、亚热带、高原温带、高原亚寒带、高原寒带等。此外随着地势逐渐升高,气温逐渐下降;可谓"一山有四季,十里不同天"。

自然资源

西藏自然资源十分丰富。在目前已探明储量的矿产中,铬矿、刚玉、工艺水晶居于中国首位。其余的铜矿、锂矿、硼矿、硫、芒硝等也居于中国前列。西藏的地热和日光资源尤其丰富。西藏森林资源居全国第二,木材蓄积量达 14.3 亿立方米。动植物种类繁多,而独特的如牦

牛、藏羚羊、雪莲花则为世界稀有。

经济

交通直接制约着西藏的发展。20世纪70年代前,当地经济基础薄弱,生产水平低,长期以牧为主,农牧并重,而且农业具有高寒农业特色,畜牧业是自治区的主体经济。20世纪80年代后,"一江两河"的综合开发使西藏经济发生了明显变化。现已建立了电力、纺织、皮革、化工等工业。西藏的民族手工业历史悠久,如纺织地毯、围裙,制作首饰等。川藏、青藏、新藏三条公路大干线和部分通往国外的公路开通后,旅游业成为当地第一产业。拉萨是全区国际航空枢纽,开辟了多条航线。2006年青藏铁路通车,结束了西藏没有铁路的历史。

交通

1951年以前西藏没有公路,主要依靠牦牛作为运输工具。1951年开始在西藏陆续修建了青藏、川藏、新藏3条干线公路,后又修建了中尼、滇藏、黑阿、川藏南线等主要公路干线,现在全区公路里程达近5万千米,形成了以拉萨为中心的公路运输网。青藏公路承担了大部分进藏物资的运输任务,有"世界屋脊"上的"苏伊士运河"之称。除墨脱县外其他县城均通上了公路。2006年青藏铁路通车,结束了西藏无铁路的历史。1956年中国民航突破"云中禁区",现在民用航空运输已开辟有拉萨到成都、西安、北京等地航线。1987年又开辟了拉萨至尼泊尔加德满都的国际航线。贡嘎机场可起降大型客机,有长4000米、宽60米的跑道,为中国目前最长的飞机跑道。

西藏风光

旅游

西藏人文旅游资源异常丰富,历史文物、文化遗迹与自然(风光)旅游资源融为一体,使西藏成为国内外的旅游胜地。西藏的城镇是综合性的旅游基地,对国内、外游人开放,主要有自治区首府拉萨、西藏第二大城市日喀则、泽当以及藏南中尼通商口岸的樟木等。但交通上的相对不便,对西藏旅游构成了一定的制约。

新疆维吾尔自治区

行政区划

新疆维吾尔自治区简称新,位于中国西北部,地处东经73°40′~96°18′、北纬34°25′~48°10′之间。东部、南部与甘肃省、青海省、西藏自治区相邻,从东北到西南与蒙古、俄罗斯、哈萨克斯坦、吉尔吉斯斯坦、塔吉克斯坦、阿富汗、巴基斯坦、印度等国接壤。面积166万多平方千米,占中国土地面积的 1/6,是中国面积最大的省区。国界线长 5000 多千米,约占全国陆地国界线总长的 1/4,是中国国界线最长的省区。其中山地面积(包括丘陵和高原)约 93 万平方千米,平原面积(包括盆地和山间盆地)约 73 万平方千米,全自治区辖 2 个地级市、7 个地区、5 个自治州、11 个市辖区、20 个县级市、62 个县、6 个自治县。首府设在乌鲁木齐市。

人口、民族

新疆是以维吾尔族为主体的多民族聚居地区。这里地广人稀,1949 年总人口仅有 433 万,至 2010 年达 2181 万。随着境内经济建设和交通运输的发展,天山南北人口比例发生显著变化,南疆沙漠面积大,极度干旱,交通不便,因而人口密度低于北疆;伊犁河谷和喀什三角洲水、土、热条件好,因而人口密度较大。自治区内人口较多的民族有维吾尔、汉、哈萨克、回、蒙古、柯尔克孜、锡伯、塔吉克等族,其次有塔塔尔、达斡尔、满、乌孜别克、藏、俄罗斯及其他民族。

[维吾尔族]主要分布于新疆,大部分聚居在天山以南。维吾尔族有自己的语言文字,语言属阿尔泰语系突厥语族,文字是以阿拉伯字母为基础的拼音字母。他们自称"维吾尔",一般认为其先民可追溯至公元前 3 世纪北方游牧民族丁零及后来的铁勒,北魏时的袁纥、马护,隋时的韦纥,唐时的回纥、回鹘和元、明时的畏兀儿。唐天宝三年(744),回纥以鄂尔浑河流域为中心建立游牧的封建回纥汗国,与唐朝长期交好。19 世纪以来西迁的回鹘人曾先后配合清军粉碎英国扶植下的张格尔、阿古柏傀儡政权,

抗击俄国对伊犁地区的侵占,维护了祖国的统一。维吾尔族主要从事农业生产,擅长植棉、园艺。

[哈萨克族]哈萨克族是中亚和西伯利亚西南地区的土著民族之一,属蒙古人种西伯利亚类型,在中国主要分布于新疆伊犁哈萨克自治州、木垒哈萨克自治县、巴里坤哈萨克自治县和甘肃阿克塞哈萨克自治县。哈萨克族有自己的语言文字。语言属阿尔泰语系突厥语族;文字是以阿拉伯字母为基础的拼音文字。"哈萨克"原意为"避难者"或"脱离者"。哈萨克族大部分从事畜牧业,除了少数经营农业的已经定居之外,绝大多数牧民都按季节转移牧场,过着逐水草而居的游牧生活。

[塔塔尔族]塔塔尔族主要分布在新疆维吾尔自治区的伊宁、塔城、乌鲁木齐等地,有人口 0.49 万(2000)。塔塔尔族史称"达怛"、"鞑靼"、"达达",都是不同的译音名称。其先民与鞑靼有渊源关系。在中国史籍中"塔塔儿"为"鞑靼"别称之一。几经变迁后成为喀山汗国的主要居民。19 世纪该族部分人陆续迁入中国新疆,在当地生息,并逐渐成为中国的一个民族。塔塔尔族有自己的语言文字,语言属阿尔泰语系突厥语族;文字系以阿拉伯字母为基础的拼音文字。由于长期与维吾尔、哈萨克族共处,现已通用维吾尔语文和哈萨克语文。塔塔尔族以经商为主,也有少数人从事牧业和农业。

[乌孜别克族]乌孜别克族是中亚地区民族之一,属南西伯利亚人种类型,主要分布在新疆伊宁、塔城、乌鲁木齐等地。乌孜别克族有自己的语言,无本民族文字。乌孜别克族族源可追溯到粟特

人、花剌子模人、费尔干人以及萨哈—马萨盖特人等。6世纪后半期,随着中亚并入突厥汗国,促使大批突厥部落迁入。15世纪时,钦察汗国瓦解,部分居民迁到楚河流域,其余的则被泛称为乌孜别克人,逐渐形成民族。16世纪建立布哈拉汗国和希瓦汗国等。中国的乌孜别克族19世纪中叶前至今一直以商业、手工业为主。

[柯尔克孜族]中亚地区的土著民族之一。主要分布在新疆维吾尔自治区的克孜勒苏柯尔克孜自治州,少数散居在新疆其他各县。柯尔克孜族有自己的语言文字。柯尔克孜先民,汉时称"鬲昆"、"坚昆",魏晋时称"纥骨"、"契骨"、隋唐时称"黠戛斯",元明时称"乞儿吉思"、"吉利吉思",清时称"布鲁特"。7世纪中,唐太宗以其地为坚昆都督府、隶燕然都护府,正式将其纳入唐的版图。10世纪~18世纪,先后处于喀喇汗国(黑汗王朝)、辽、西辽、察合台汗国及其后王统治下。其间,居叶尼塞诸部向西南迁移,融入若干蒙古和哈萨克部落,促进了本民族的形成和发展。柯尔克孜族主要经营牧业,兼营农业和以畜产品加工为主的手工业。

[俄罗斯族]中国的俄罗斯族主要散居在新疆维吾尔自治区的伊犁、塔城、阿勒泰和乌鲁木齐等地。"俄罗斯"一词来源于古代斯拉夫部落名。19世纪~20世纪初曾自称"大俄罗斯人"。中国的俄罗斯族是18世纪,主要是19世纪以及俄国十月革命前后从俄国迁来的。盛世才统治新疆时期,他们被称为"归化族",聚居的村落也被称为"归化村"。中华人民共和国成立后,改称为俄罗斯族。俄罗斯族有自己的语言文字,

语言属印欧语系斯拉夫语族;文字为俄文。

历史文化

新疆古称西域,意为西部疆域。公元前60年,西汉政府设西域都护府,西域正式并入汉朝版图,之后历朝历代都行使着对西域的有效管理。西域之名也历经多次变化,明朝时称新疆地区为别失八里。清统一新疆地区后,乾隆后期改称新疆,意思是"故土新归"。新疆自古以来各民族杂居,地域文化丰富多彩,各少数民族虽然宗教信仰、生活方式有诸多不同,但都能歌善舞,被称为"歌舞之乡"。高昌古城、交河古城、楼兰古城

在楼兰遗址发现的毡帽及皮靴

等诸多遗址是新疆历史的最好见证。

地貌

新疆地形轮廓明显,境内高山环绕,山地与盆地相间。主要山脉南面和西南面有帕米尔高原、喀喇昆仑山、昆仑山和阿尔金山,北面及东北面分别为阿尔泰山和北塔山,中部有天山横贯,高峰终年积雪,多冰川。乔戈里峰海拔8611米,为新疆维吾尔自治区的最高峰。以天山为界将自治区全境分为南疆和北疆,北有准噶尔盆地,南有塔里木盆地。哈密和吐鲁番盆地一带又称东疆。此外,还有焉耆、拜城等盆地,其中塔里木盆地是中国最大的盆地,塔克拉玛干沙漠是中国最大、世界第二大的流动沙漠。盆地东侧的疏勒河谷,为古代丝绸之路所经之地。盆地内的河流不能外泄,以罗布泊为最后归宿。

水系

新疆的水文情况具有明显的干旱环境特点,河流除额尔齐斯河属外流河外,其余均属内流河。湖泊则以咸水湖居多,淡水湖较少。虽然境内的河流数量多,但流程短,流量小,多无航运之利。新疆共有大小河流570条,年径流量约为810亿立方米。额尔齐斯河发源于阿尔泰山东南,是新疆境内唯一的外流河;塔里木河是中国干旱地区中最长的内流河,穿流于塔里木盆地北缘;伊犁河穿行于伊犁河谷,是新疆境内水量最大的内流河。罗布泊是新疆的一个重要湖泊,现已干涸;博斯腾湖是中国最大的内陆淡水湖,艾丁湖则为中国海拔最低的湖泊。此外,还有乌伦古湖、艾比湖、赛里木湖、巴里坤湖及著名的天池。

新疆罗布泊

气候

新疆地处内陆腹地,高山环绕,气候以干冷为特色,降水稀少,蒸发量极大,年温差、日温差极大,具有强烈的大陆性气候,降水和气温的地区差异和垂直差异显著。新疆冬寒夏热,1月气温北疆约-20℃~-15℃,南疆约-10℃~-5℃。7月均温在22℃~26℃左右,但海拔低、地形封闭的吐鲁番盆地气温偏高,7月均温可达32.8℃。全自治区的气温分布一般随纬度增加和海拔上升而降低。天山对寒潮的阻挡作用更加深了气温的南北差异。天山以北属中温带,但天山以南则属暖温带。

自然资源

新疆地处亚欧大陆中心地带,是一块美丽富饶的宝地,自然资源十分丰富。这里的矿产资源种类齐全、蕴藏量大,具有巨大的开采潜力,是中国矿产资源比较丰富、矿种配套比较齐全的省区之一。现已探明矿种138种,已探明储量的矿产117种,其中储量占全国首位的有8

种,特别是石油预测储量达 200 多亿吨,天然气预测储量 13 万亿立方米。煤炭、有色金属开发潜力很大。新疆在中国的西北部,土地辽阔,气候条件特殊,不但季节温差大,而且气温日较差显著,区内的动植物有其他地区动植物不具备的适应力,并且有许多珍贵的动植物,如雪莲、胡杨、兔狲等。

经济

　　新疆经济以农牧业为主,绿洲农业和草原放牧、畜牧业历史悠久,在自治区占有重要地位。新疆现代工业起步晚,基础薄弱,但发展速度快,现已建立起门类较为齐全的现代工业体系。2000 年全自治区工农业总产值已由 1949 年的 7.2 亿元增长到 710.26 亿元。其中,工业总产值由 0.9 亿元增长到 422.08 亿元;农业总产值由 6.3 亿元增长到 288.18 亿元。交通运输和城市建设也得到相应的发展,经济日趋繁荣。

交通

　　解放前的新疆,主要以马、驴、骆驼为交通工具;现在已建成以公路为主,与铁路、航空密切配合的交通运输网。公路以南疆、北疆分别沟通各绿洲的环形线及甘新、青新、新藏等省际公路为干线,以乌鲁木齐为中心,联系全区各县,并有喀喇昆仑公路通往巴基斯坦。铁路以兰新线为主干,与包兰、陇海线相接,直达首都北京和黄海之滨。兰新铁路与北疆铁路相接沟通了第二条欧亚大陆桥。通往塔里木盆地的南疆铁路从乌鲁木齐穿越天山,通车到库尔勒。

旅游

　　新疆兼有奇特的自然景观、突出的文物古迹和绚丽多彩的民族风情,且三者紧密结合。境内多高山,有乔戈里峰等 8 座海拔在 7500 米以上的山峰。天山天池为著名的高山湖泊、艾丁湖是中国海拔最低的湖泊、火焰山与将军崖的雅丹地貌等都可谓自然奇观。在这样的自然条件下,人类创造了沙漠绿洲、坎儿井等奇迹。高昌古城、交河古城、楼兰、尼雅等古国遗址等都是沧海桑田的佐证。新疆是中国民族成分最多的地区之一,许多城市都呈现着鲜明的民族特色,丝绸之路将它们串起来形成神秘的丝绸之路旅游线。

福建省

行政区划

　　福建省位于中国大陆东南沿海,面临东海,地处北纬 23°31′～28°22′、东经 115°50′～120°40′。东与台湾省隔海峡相望,与浙江省、江西省、广东省相邻。全省大陆海岸线长 3752 千米,沿海岛屿 1546 个,陆地面积 12 多万平方千米,近海渔场面积 14 万平方千米。从南宋起

尼雅遗址

就以"涨潮声中万国商"驰名海内外。秦代置郡,唐代始称福建,辖1个副省级市厦门市及8个地级市、26个市辖区、45个县和14个县级市,取其境内福州、建瓯而得名,省会福州市。简称闽。

人口、民族

福建全省人口3689万(2010),是全国人口密度较大的省份,平均密度为295人/平方千米。少数民族有畲、满、回、苗、高山、蒙古等31个民族,约占总人口的2%,其余均为汉族。少数民族中,畲族人口最多。畲族也是最早进入当地的土著民族。有闽南语、福州话、客家话等多种方言。福建省是中国主要侨乡之一,旅居世界各地的华人有1000多万人,福建籍的约占海外华侨、华人总数的1/3,主要以东南亚各国为主。

[畲族]畲族自称"山哈"。"哈"畲语意为"客","山哈"即指居住在山里的客户,史称"畲民"。中华人民共和国成立后,统一称为"畲族"。畲族人口主要分布在福建、浙江两省,畲族无本民族文字。由于长期的民族融合,畲族使用客家方言,通用汉文。据史载,畲族人最早居于湖南,在7世纪初畲族就已居住在闽、粤、赣三省交界的山区。自宋代才陆续南迁,约于明、清时始定居于闽东、浙南等地。主要从事农业为生,以种植水稻、红薯、麦子、茶叶、油茶为主。畲族"三月三"歌会,每年约有5万名歌手角逐,是其主要的娱乐节目。

[华侨]中国华侨之多以广东省为最,福建次之。东南沿海在历史上就是人多地少的地区,不少农民为了谋生,背井离乡,远渡重洋。唐代以后福建省沿海居民就有少数人出洋经商。明朝郑和七次下西洋后,福建漂洋过海的人就逐渐多了起来。清朝后期出现过三次成批华工出国谋生的高潮:第一次是在1840～1870年,美、英、法等国家大举侵略南洋时期,即中国太平天国失败之后,福建一部分人因参加起义失败被迫出洋,还有一部分因清政府实行海禁、迁海而出洋;第二次是1870～1910年,殖民主义者在南洋进行掠夺,需要劳力,而中国国内正是1894年中日甲午战争失败后人民不堪负担,很多人被以"猪仔"形式卖到南洋当奴隶;第三次是从1911年到抗日战争爆发,殖民主义者加紧对东南亚的掠夺,需要大批的劳动力,而中国国内军阀混战,民不安业、生活艰难,这一段时间福建省每年外出谋生的数以万计。据记载,1900～1926年,中国每年进入印尼的华侨约3万人,其中福建华侨占一半。此期间从厦门到菲律宾的华侨有万人以上。福建旅居海外的华侨,他们受雇于资本家、种植园艺或者从事小本经营,靠自己劳动谋生。福建的侨眷遍布全省64个县、市,尤以晋江、南安、泉州、福清、福州、厦门、莆田、仙游等县市最多。福建以陈嘉庚先生为代表的爱国华侨,热爱祖国、支持家乡的建设事业,或者捐款,或者投资,创建学校,办厂经商,兴办公益事业。特别是从1979年起实行改革开放以来,回福建寻根祭祖、观光、探亲的外籍华人越来越多,成为当地经济发展、对外开放的重要促进者。

[神奇的民居——南靖土楼]在福建南靖有成千上万民居像"地上长出的蘑菇",似"天上掉下的飞碟",这种古堡式建筑形成了独特的人文景观。联合国教科文组织顾问史蒂文斯—安德烈考察后称赞说:"这是世界上独一无二的神

陈嘉庚，著名的爱国华侨领袖、企业家、教育家、慈善家、社会活动家，厦门大学、翔安同民医院等，均由陈嘉庚创办。

话般的山村建筑模式。"受到世界各地学者的青睐。

南靖土楼可以追溯到元代中期，年代最久远的已有 600 余年的历史，现存 200 年，以上的土楼就有 130 多座，它们以方形"四角楼"、"圆寨"和靠背形"交椅楼"居多，还有伞形、扇形、曲尺形等三角形等，造型各异、变幻多端。土楼主要建筑材料是生土，掺上细红糖、竹片、木条，经反复揉、压及采用中国传统"大墙板"技术，夯筑成一两米厚的楼墙，是外土内木结构的建筑。土楼的造型格局，不管是圆是方，均是封闭式的，只有一个大门可以出入。土楼的大门古老而沉重，外观是城堡，里面是廊式，底层不开窗，作为厨房，二层为贮仓，三层以上是卧室，楼内天井宽畅，设有可聚会的大厅、水井、米碓和"望台"。这种建筑主要是防御外敌入侵，全楼男丁只要守住大门，上楼可以长时间坚守不出，全楼男女老少便可安然无恙。其最大特点在于造型大，属于集体住宅区，大型住宅有二至三圈，环环相套。土楼有着一般民宅所没有的优点，因为土楼墙壁较厚，不易倒塌，既可防震、防潮、防盗，还能起到保温隔热作用，冬暖夏凉。

历史悠久的南靖土楼作为世界建筑瑰宝，它积淀了浓厚的地方文化色彩，无论建筑艺术学还是风土民情都值得专家学者深入研究。1986 年，在美国洛杉矶举办的民居建筑模型博览会上，土楼模型轰动一时。最大的圆楼是永定县大竹乡高头村的"承启楼"，直径达 73 米，全楼三圈四层，共 400 个房间，住 60 余户，400 余人。永定县的"如升楼"可能是圆楼中最小的了，共 12 层 12 间房，住 6 户人家。最古老的圆楼要数华安县沙建镇的"齐天楼"，有六百多年的历史，此楼大门朝南，曰"生门"，嫁娶由此进，西门曰"死门"，殡葬由此出，是一大奇特风俗。云霄县深土乡东平村，当地人称之为"八卦堡"，整个村子由五圈环构成，中心是完整的圆楼，外围四圈断断续续按八卦阵布局，环绕四周，体现了传统文化中向心力与凝聚力在客家人中潜移默化的影响。

历史文化

福建省俗称八闽，原是古越族的居住地。晋唐以后，由于征战不断，中原的汉族为避战乱，纷纷迁入福建。中原文化、荆楚文化，随着汉人的迁移而传入了福建，而此时福建人又漂洋过海到达东南亚，这种杂合文化与福建古越族的文化相结合，慢慢地形成了福建特有的文化——闽文化。

地貌

福建省地势由西北向东南呈阶梯状降低,复杂的地形造成地貌"八山一水一分田"。境内山岭耸立,低丘起伏,山地(包括丘陵)面积是全省总面积的90%以上。平原面积小而分布零散,主要分布在闽江、九龙江、晋江和木兰溪等河流下游及内陆盆地沿河两侧。最大的平原漳州平原,面积仅566平方千米。省境内各类山地的组合有两列,大致呈北东或北北东走向。蜿蜒在闽、赣边境的武夷山脉是闽、赣两省水系的分水岭和福建省内第一级河流的发源地,而斜贯于福建省境中部的鹫峰山脉—戴云山脉—博平岭,是省内第二级河流发源地。福建省大陆海岸线长度居全国第一位。

水系

福建省内大小河流663条,河网密度较大。河流分属于29个水系,以闽江、九龙江、汀江、晋江四大水系为主,多源于武夷山脉或鹫峰—戴云—博平岭山脉。福建是全国的多雨省份,径流丰富,流量的季节变化很大,最大月平均流量与最小月平均流量可相差5~12倍。

气候

福建省地处南亚热带,东濒海洋,属亚热带海洋性季风气候。年均温17~21℃左右,最低温度为3~6℃左右。年降水量1100~2000毫米,降水分布内陆多于沿海,山地多于平原。降水季节分配不均,以春夏季最多,冬季较少,可达160~240毫米。风向的季节性明显,冬季多偏北风,夏季盛行偏南风。

自然资源

福建省森杯资源、海洋资源、水资源、以非金属矿为代表的矿产资源十分丰富。其中叶蜡石、石英砂、建筑砂、高岭土、荧石、花岗石材等6种矿产资源保有储量居全国前列。福建因地处亚热带气候区,水分条件好,动植物资源十分丰富。

经济

福建省沿海,充分利用本地的资源发展经济,以轻工业、手工业、加工业、农业构成框架迅速发展,已跃居中国前列。福建气候条件良好,利于木材和毛竹的生长,现已成为全国木材、毛竹的生产基地。发达的交通事业是其经济发展的重要原因。

交通

福建省内的交通运输从20世纪50年代后得到迅速改善。鹰厦铁路和来福铁路是福建省的运输大动脉,跨越全省22县市,并与浙赣铁路相连,沟通了福州、厦门以省内与省际的联系。公路运输以福州为中心,厦门、漳州、泉州、南平、永安、龙岩为枢纽,已形成市、县、乡、村相连四通八达的公路运输网。全省航运能力较低,但沿海海上运输便利。航空运输已开辟福州、厦门二市机场及国际航班。"闽道更比蜀道难"的说法已成历史。

旅游

福建省自然风景以怪洞奇石而闻名世界,东山风动石以巨石临海、风吹人推摇摇欲坠,而又稳立海滨,被誉为"天下第一奇石"。福建还是中国文化发达的地区之一,素有"海滨邹鲁"之称。古港城堡、古塔长桥、寺庙观堂、古建民居、摩

福建东山风动石

崖碑刻、名人祠陵等与海岛花木融为一体,加之台侨众多,旅游业成为当地重要的经济支柱之一。

广西壮族自治区

行政区划

　　广西壮族自治区简称"桂"。全区陆地面积约 24 万平方千米。首府南宁是东盟十国和中国经贸合作的聚会地点,素有绿城之美称。喀斯特高原岩溶地貌广泛分布,使广西的山水别具特色,湖泊瀑布、奇峰怪石比比皆是。广西也是一条壮、侗、瑶、苗、京、仫佬族等少数民族的民俗风情画廊。语言服饰、建筑、生活习惯、风土人情、喜庆节日、民间艺术构成了古朴浓郁、多姿多彩的民族风情,壮族绣球舞、采茶舞、三排瑶寨、侗族

风雨桥、资江八角寨,均令人忘情于青山碧水之间。广西是西南地区最便捷的出海通道,也是中国西部资源型经济与东南开放型经济的结合部,在中国与东南亚的经济交往中占有重要地位。

人口、民族

　　广西壮族自治区是中国以壮族聚居区为主的自治区,也是中国 5 个自治区中人口最多的一个。至 2010 年,全区人口约有 4602 万,以汉族人口居多,约占全区总人口的 62%。人口分布以东部为多,中部次之,西部较少。壮族约占自治区总人口的 33%,是中国少数民族中人口最多的一个民族。目前壮族分布以桂西的隆安、靖西、天等、德保县最为集中,此外,还有瑶、苗、侗、仫佬、毛南、回、京、彝、水、仡佬等民族。全区人口平均密度 210 人/平方千米,由东南向西北递减。自治区东南的浔江、郁江、南流江流域人口稠密,在 300 人/平方千米以上,玉林市则达 400 人/平方千米以上。桂西以及桂北的田林、西林、乐业、天峨等县地广人稀,在 50 人/平方千米以下。

　　[瑶族] 瑶族是中国南方少数民族之一,也是中国历史上迁徙最频繁的少数民族。广西的瑶族大约从隋唐时代起从湖南、广东迁来,元明时大量南迁,明清初向云贵迁移。广西有瑶族人口 132 万左右,占全国瑶族人口一半以上。全自治区 80% 的县市都有瑶族人口居住,主要聚居在都安、巴马、金秀、富川、大化、恭城等 6 个瑶族自治县。瑶族有本民族的语言,没有本民族的文字,瑶族语言属汉藏语系苗瑶语族瑶语支,由于地域差异,方言区别明显,各地瑶族一般以自己的语言作为交际工具,但都会说汉

壮族人居住的房屋

语。瑶山还保存着原始的瑶老制和石牌制,大瑶山的石牌制组织及其习惯法——石牌律,对于维护社会秩序、保证人民生命财产安全起了一定作用。瑶族风俗习惯很有民族特点,但因各支系的居住地区不同而有着服饰、饮食、居住的差别。瑶族主要从事农业,少数从事林业。瑶族是能歌善舞的民族,不论男女老幼,都喜欢唱歌,长鼓舞和铜鼓舞是瑶族的传统舞蹈。民间工艺美术有挑花、刺绣、织锦、蜡染等,工艺精巧,历史悠久,颇负盛名。瑶族民间文学十分丰富,《盘瓠传说》、《密洛陀》神话具有鲜明的民族特色和浓厚的生活气息。

[京族]京族是广西壮族自治区独有的少数民族之一。京族主要聚居在广西壮族自治区东兴市的"京族三岛"上。其先民是"骆越"人的一支,公元16世纪初陆续由越涂山等地迁来。京族有本民族的语言,汉字是京族一直使用的书面工具。京族主要从事渔业,是中国主要从事沿海渔业生产的少数民族。京族渔业发达,已从浅海捕捞发展到深海作业。近年来又大力贯彻"捕养并举"的方针,发展了海水养殖业。唱哈节是京

族人民最隆重的节日,主要内容是祭神唱歌。唱哈主要在供奉着镇海大王和各姓祖先的牌位的"哈亭"里举行。节日时,京族男女老幼身着盛装,通宵达旦地欢宴歌舞,一般要持续三天之久。

[壮族]壮族是中国少数民族中人口最多的民族,主要分布在广西、云南、广东、湖南和四川等省区,广西是壮族人口分布最多的省区。广西壮族主要分布在南宁、崇左、百色、河池、柳州、来宾等地区,还有一部分散居住于区内的66个县市,分布面积约占广西总面积的60%,人口占全区总人口的33%,仅次于汉族。壮族的居住形式独特,称屋为"干栏",住房的主要形式有全栏式、半栏式和平房三种。全干栏房属全楼式,上层住人,下层养牲畜和存放农具,是传统的住房形式,半栏房以一开间为楼房,楼上住人,楼下放牛羊、农具等,另一间为平房,平房多为三开间,是当今壮族住房的主要形式。壮族的传统服饰,男子下穿宽腿裤,上身着对襟无领短衣,头扎绣花巾。壮族的文化艺术形式多样,内容丰富。壮族的文学丰富多彩,有神话故事、民间传说、山歌等。壮族的舞蹈具有鲜明的民族特点和

浓厚的生活气息,有"春堂舞"、"绣球舞"、"扁担舞"等。戏剧有壮剧、师公戏等。壮族的重大节日有"三月三"、"中元节"、"牛魂节"。

[毛南族]毛南族历史悠久,是广西土著民族之一。毛南族是从古"百越"中的"僚"支分化、发展而来的。毛南族人口较少,环江毛南族自治县有7万人左右,其余分散在附近各县、市。聚居区内层峦叠嶂,地形比较复杂。毛南族有自己的语言,毛南语属汉藏语系壮侗语族侗水语支,但无本民族文字,通用汉字。毛南族人说毛南话,又通汉语和壮语。在历史上,由于地理环境的影响,毛南族的文化水平比较高,文学艺术丰富多彩,富有民族特色。此外,还有古朴的舞蹈、精美的石雕、刺绣和织锦艺术。由于毛南族居住区层峦叠嶂,再加以聚族而居,所以保留至今的古朴婚俗、形式多样的自然崇拜有浓郁的民族特点。

[仫佬族]仫佬族是广西土著民族,源于中国古代南方的百越族群,历史悠久。仫佬族主要居住在罗城仫佬族自治县境内,其余散布在宜州、融水、柳城、都安、柳江、环江、河池等市县(自治县)及柳州市郊。仫佬族自称伶或谨,别称布谨、姆佬。中华人民共和国成立后改称仫佬族。仫佬族有自己民族的语言,没有自己民族的文字。仫佬族多住在山区或半山区,依山傍水建村落。仫佬族经济以农业为主,有自己独特的生产生活习俗,传统服饰较为简朴。男子着唐装衣裤,老年穿琵琶襟上衣,妇女穿大补救衣、长裤。在家跣足,外出穿草鞋。他们有自己独特的民族节日——做依饭。在仫佬地区,以同姓共村者为多,一般盛行小家庭制。住房以泥墙瓦顶的平房为多,楼房和茅房甚少。正房门边挖砌地炉,燃煤烧水煮食、烘物、取暖。牲畜栏圈一般都与住房分开,因而室内比较整洁。仫佬族是个喜爱唱歌的民族,男女老少都会对歌,凡过年和"走坡"时节,随处都可以听到歌声。

历史文化

广西境内有着非常优越的地理环境,所以早在距今20万年以前,就有原始人类在这里生活。旧石器时代,这里生活有以"麒麟山人"为代表的古人类,发展了较为简单的石器文化,学会制造

金田起义
营盘遗址

和使用简单的石器。桂林甑皮岩有新石器时代早期原始人类的文化遗址。秦始皇统一岭南时,命人开凿了灵渠,把长江与珠江两条水系连接起来,促进了地处边陲的广西与中国其他地区的经济、文化交流。广西人自古就以不屈不挠、英勇善战而著称。从春秋战国时代开始,广西就有起义,元朝后期开始进入顶峰。最著名的"金田起义"、"镇南关起义"、"百色起义"、"龙州起义"等都发生在这片土地上。广西的文化独具特色。春秋战国时期广西先民在左江沿岸创作的花山崖壁画,汉代前制造的大铜鼓以及古朴典雅、可避湿热、防蛇兽侵害的壮族干栏式建筑等,成为广西古代文化的杰出代表。广西还是著名的"歌乡",有"歌海"之称,壮族人民的歌唱聚会独具一格,是广西民间文化的主旋律。

地貌

广西地势以山地为主,大致西北高东南低,总体上从北向南倾斜。西北部、北部为云贵高原边缘部分,分布有海拔1000～1500米左右的金钟山、青龙山、东风岭、九万大山、天平山等山地;东北部属南岭山地的一部分,越城岭、海洋山、都庞岭和萌渚岭平行排列,岭谷相间,海拔1500～2000米,其中越城岭山系的猫儿山海拔2141米,为广西最高峰,有"华南第一峰"之誉;东南至西南部为云开大山、六万大山、十万大山、大青山等山脉。上述山岭绵亘广西周围,中部为岩溶丘陵、平原,称之为广西盆地。广西有"八山一水一分田"之称,山地丘陵面积占总面积的77%以上,平原约占20%。广西喀斯特分布遍及83.9%的县域,面积约占自治区总面积

的51%。广西是中国喀斯特分布广、发育典型的地区之一。

水系

广西河流众多,是水资源较丰富的省份。境内流域面积在50平方千米以上的河流有937条,其中1000平方千米以上的河流有69条,年径流总量约占中国的7.1%。河网密度为每平方千米144米,是中国河流密度较高的省区。境内河流主要属西江水系。西江水系河流顺地势发育,自西北向东南,大小支流于南北两侧汇入横贯中部的西江干流,形成以梧州为出口总汇的树枝状水系,约占广西河流总数的80%,流域面积占总面积的86%。此外,还有属长江水系的湘江、资水,独流入海的南流江、钦江等沿海水系,以及属红河水系的百都河水系。广西地下水资源丰富,蕴藏量约为800亿立方米,是黄河水量的三倍。在喀斯特地区,地面河多与地下河组成共同河流水系。喀斯特地区有面积不大的岩溶湖,如隆安的经萝湖和大龙潭、靖

广西大龙潭风景区

西连镜湖等。广西境内还有众多的泉水、瀑布以及废弃河道形成的湖泊。

气候

广西属亚热带季风湿润气候,夏季长而炎热,冬季温暖干燥,以气温较高、热量丰富、雨量充沛、夏湿冬干为特点。年均温由北往南从 17℃ 递增到 23℃,1 月均温 6～15℃,7 月份温 25～29℃。10℃ 以上活动积温约 5000～8000℃。北、中部无霜期约 10～11 个月,南部基本无霜,自治区年降水量达 1200～2000 毫米,多集中在 4～8 月或 5～9 月。雨热同期,大部分地区可种植双季稻,而且利于热带、亚热带作物和经济林木的发展。但是较为常见的旱、涝、寒潮、霜冻、台风、冰雹等灾害对农业生产有一定的影响,尤以旱灾影响最大。

自然资源

广西矿产资源丰富,分布比较集中。已探明储量居国内前 10 位的有锡、锰、锑、银、铝土、钽、锌、钛、铅、汞、铌、膨润土、石灰石、滑石、重晶石、石英砂等 54 种。其中锡矿储量居全国第一,约占全国锡矿储量的三分之一。锰矿是广西最重要的黑色金属,储量约占全国总储量的三分之一。广西的生物资源种类繁多,动植物资源也很丰富,植物计有 280 多科、1670 属、6000 多种,乔木树种达千种以上,居全国第四位。桂西南是金花茶、蚬木、金丝李、擎天树、絮檀、蝴蝶果、广西青梅等多种热带、亚热带特有珍稀植物的分布中心。野生动物中有灵长类、兽类 120 多种、鸟类 400 多种。列为国家重点保护的珍稀动物达 38 种。桂西南的白头叶猴、大瑶山的鳄蜥为广西

独有的世界级珍稀动物。此外,海洋生物资源种类也较丰富。

经济

广西的主要工业有食品、电力、有色金属、建材、纺织、机械、冶金、造纸等门类。是中国主要制糖工业基地之一,现已初步形成了一批有一定规模、具有广西特色的支柱产业。广西的农业开发较早,是中国水稻、甘蔗、麻类、水果、水产品、亚热带土特产品的生产基地。热带海洋资源达 149 种。各种鱼类 500 多种,持续资源藏量达 70 多万吨。广西交通发达,已形成以铁路为骨干,港口为门户,公路四通八达,民航和海上、内河航运相配套的综合交通网,是中国西南的出海大通道。

交通

广西交通以铁路为主,公路、内河航运、海运、航空为辅,形成了较为完整的交通运输网络。铁路运输以柳州为枢纽,有湘桂、黔桂、黎湛、枝柳等干线,从南宁可直达北京、北海、广州、贵阳等地。南(宁)防(城)铁路是中国西南地区出口物资的重要通道。公路运输以南宁、柳州、桂林、梧州、钦州、玉林、河池、百色等为中心。全区 96% 的乡镇均有公路联系。内河航运主要有西江及其支流郁江、柳江、桂江、右江,年吞吐量 100 万吨以上的内河港口有梧州、贵港和南宁。梧州港是广西进出口商品的主要中转站和主要通道,每天有客轮直航广州、香港,上溯可达南宁、百色、柳州。海上运输主要有北海港、防城港。北海港有航线通湛江、海口、广州、汕头、香港、澳门,与 60 多个国家和地区的 130 多个港口

有贸易往来。防城港是中国大西南最便捷的出海口岸。航空运输以南宁、桂林为中心，有定期航班飞往广州、昆明、北京、上海、长沙、贵阳、西安、成都以及港澳地区。

旅游

广西以喀斯特地貌发育、亚热带自然风光、名山大川以及壮族为主体的民俗风情为特点，形成独特的旅游资源。广西的喀斯特地貌分布最广，这里的喀斯特风光也是中国乃至世界上最为秀丽的。桂林山水甲天下，阳朔风光更胜一筹。"山青、水秀、洞奇、石美"的自然景观使人叹为观止。除了喀斯特风光外，广西的德天、通灵、爱布等瀑布，大瑶山、猫儿山、都峤山等名山，红水河、资江等大川也很著名。龙胜花坪、弄岗、山口等自然保护区散落在广西境内，保护着这里独特的珍稀物种和瑰丽地貌。广西不但有迷人的自然风光，还有浓郁的民族风情、文物古迹等，如壮族的三月三歌圩、瑶族的达努节、苗族的踩花山，以及花山崖岩画、灵渠、真武阁、柳侯祠、程阳永济桥、马胖鼓楼、太平天国起义遗址等。

香港特别行政区

行政区划

香港特别行政区简称港，是世界著名的自由港，亚洲和太平洋地区重要的贸易、金融、轻纺产品制造、航运、旅游和信息中心。香港地处珠江三角洲南部，珠江出海口东侧，西与澳门隔海相望，南濒南海，北与深圳经济特区相连，距广州市大约 140 千米，包括香港岛、九龙、新界三部分。地理位置介于北纬 22°09′ ~ 22°37′、东经 113°52′ ~ 114°30′之间，面积 1104 平方千米。

人口、民族

香港总人口约 700 万（2006），地少人多,是世界上人口最稠密的地区之一,80%的人口集中于背山面海的狭长地带,人口密度最高的观塘区每平方千米达5.4万人以上。香港98%的居民为中国人,以广东籍居多。外籍人口中以英国人为最多,此外菲律宾、美国等外籍人士也占有一定的比例。在使用语言方面,主要是汉语和英语,汉语主要以广东话、客家话为主。目前,普通话在香港所受的重视程度越来越高。

历史文化

香港在春秋战国时属楚国领地,清朝时属广东新安县。1842年和1860年,英国先后强迫清政府签订《南京条约》和《北京条约》,迫使清政府割让香港岛和九龙,1898年又强行租借了新界,租期99年。1997年7月1日,中华人民共和国顺利恢复对香港行使主权。原本具有的中国传统文化和外国文化的交融,使香港文化具有自己的特色,主要是与快节奏的经济生活相适应的通俗文化。香港传媒业发达,是全球最大的华语影片生产基地,每年都定期举办香港艺术节。

地貌

香港群岛实际上是珠江口海区出露于海面的一群丘陵、山地的山峰,是广东省东部莲花山的延伸部分,后来因山体沉降和海水入侵,形成今日的半岛和岛屿。香港多起伏山丘,平地窄小。地质上主要是由燕山期入侵的花岗岩,在香港岛北侧也可见喜马拉雅山期入侵的花岗岩体。整个香港地区,主要由三个部分组成,分别是香港岛、九龙和新界,其中九龙和新界都是和大陆连在一起的。

三个地方周围还有许多小岛,总计约有230多个,在香港都被称作“离岛”。

水系

香港群岛位于北纬22°～23°之间的热带海洋上。受南海海洋气流的强烈影响,具有南亚热带海洋性季风气候的特征,同时,由于地处珠江三角洲平原以南,临珠江口通道,冬季来自西伯利亚的冷气团越过南岭以后,直逼香港,也常造成低温天气。每年10月至翌年4月多东北风,干燥寒冷;5月～9月多西南风,炎热潮湿。年均温22℃。7月和8月为香港最热月。年均降水量2225毫米,夏秋季常受台风侵袭。

经济

由于具有优越的地理位置和得天独厚的深水良港,香港自开埠以来一直是以转口贸易为主的商业中心,目前香港经济已进入多元化发展新时期。20世纪60年代,现代工业迅速发展,带动了香港经济全面起飞,成为亚洲“四小龙”之一。今天,香港已经发展为世界范围的国际化大都市,成为国际金融中心(地位仅次于纽约和伦敦)、贸易中心、轻工业中心、航运中心、航空中心、旅游中心和信息中心,同世界上近200个国家和地区有贸易关系。

交通

由于旅游业的发展需要,香港的交通事业一直受到香港政府的高度重视。岛屿之间有海底隧道或渡轮连接,公路四通八达,可通往城市的任何一个角落;香港已有铁路和大陆直接相通,不仅九龙和广州之间通有铁路,京九线的建成,

香港海洋
公园

从香港乘火车已可直达北京。香港海运发达,尤其是维多利亚港口的基础设施完善,可容纳远洋巨轮停泊。此外,香港的国际机场也是世界上最繁忙的机场之一,航线通往世界各国。

旅游

香港旅游资源极为丰富。中西合璧的文化景观、独特的自由贸易政策和来自世界各地的美食,使之充满了无穷的魅力。购物与美食是香港之旅的两大特色,人称"购物天堂"、"食在香港"。原"港督府"和新建的香港会展中心新翼已成为香港历史变迁的见证。香港主要旅游点还有宋城、太空馆、海洋公园、太平山等处。

台湾省

行政区划

台湾省位于中国大陆架东南缘的海南上。位于北纬 20°45′~25°56′、东经119°18′~124°34′。东濒太平洋,西隔台湾海峡与福建省相望,东北临近琉球群岛,南界巴士海峡,与菲律宾相隔 300 千米。全省总面积 3.6 万平方千米,其中台湾岛的面积为 3.58 万平方千米。包括台湾岛及其周围的澎湖列岛、彭佳屿、钓鱼岛、棉花屿、花瓶屿、赤尾屿、绿岛、兰屿等岛屿。台湾古称夷洲,在明代和清代曾被荷兰与日本侵占过。1945 年抗战胜利后,台湾重回祖国怀抱。1949 年国民党政府退守台湾使其至今仍孤悬海外。台湾是中国大陆东南的海上屏障,也是与太平洋地区各国联系的交通枢纽。简称台。因其置省前为福建省台湾府而得名。因岛上超过 3000 余米的高山百余座,台湾岛也称高山岛。

人口、民族

台湾省人口 2300 多万,人口分布很不平衡。台湾本岛聚集了全省 99% 以上的人口,而离岛和山区却地广人稀,人口密度在 20 人/平方千米以下。台湾居民以汉族和高山族为主,其他少数民族占总人口的 2%。主要有高山族、阿美人、平埔、泰雅、排湾、布农、曹族、赛夏和雅美等,他们的风俗和语言各不相同。

[排湾人风格习惯]台湾高山族中的排湾人喜欢举行"五年祭"的祭祀活动,以求吉祥,祭祀的高潮是竹竿祭,男祭司将 10 个善灵球(5 个吉球、5 个凶球)依礼抛向空中,参加者就用长约 8 米、前端插有 25 厘米类刺的竹竿刺向抛出的球。如果刺中吉球,就相信未来五年内将得到神灵的保佑。如果刺中凶

球,则将大祸连年,需请巫师作法消灾,才能确保平安。由于参与者众多,活动气氛十分热烈。高山族排湾人精于雕塑和绘画,他们生活用具、装饰品、乐器以至房屋门楣、门桩、门槛、壁板和独木舟上,都雕刻着人物、动物、花卉和各种几何图案花纹,刻技古朴粗犷,表达细腻,是排湾人生活中的重要文化形式。

[高山族风俗习惯]高山族的房屋多为茅草屋顶的木板房。饮食以大米、小米、芋头为主。喜食黏小米饼,嗜酒、烟,好嚼槟榔。男子一般穿披肩、背心、短裤,包头巾;妇女穿短上衣、围裙和自肩向腋下斜披的偏衫、裤子或裙子,喜欢在衣服上面刺绣。男女婚前社交自由。女子当婚,父母就让她另室独居,男青年夜间在居室的外边,用鼻萧或口琴吹奏乐曲以打动姑娘之心,如果姑娘用口琴与对方相和就表明同意结婚。高山族的节日有春节、丰收节。每年立秋之后,家家宰猪羊,开怀畅饮,载歌载舞,以欢度丰收和辞旧迎新。

历史文化

"台湾"之名始于明万历年间,最早对台湾的记载见之于《禹贡》,谓之"岛夷"。《汉书》称之为"东鳀"。隋以前称"夷洲"。隋、唐以后至宋、元,以"流求"、"小流求"或"溜求"称台湾。明天启年间,荷兰和西班牙殖民者分别侵入台湾。清初郑成功(1662)驱逐侵略者,收复了台湾。康熙二十二年(1683)清政府统一台湾。台湾作为一个移民社会,但一直保持着中华民族的传统习俗,历经数次殖民统治也没有改变,充分体现了中国传统文化的巨大凝聚力。

郑成功像

地貌

台湾省西部多平原,东部多丘陵,平原面积约占全省土地面积的1/3。台湾全省有大小岛屿80多个,其中台湾岛为中国最大海岛,台湾岛玉山主峰海拔3952米,为台湾和中国东部最高点。台湾山地主脊中央山脉属复背斜构造,基本呈现东北—西南走向,中央山、玉山、阿里山、雪山4条山脉穿行期间,缺乏天然良港。台湾山地多火山、温泉和地震。

水系

台湾四面临水,但淡水缺乏,岛内河流多自然河流,长度均在200千米以下,依主源计算长逾50千米者约20条,由西入海者16条,由东入海者10条。浊水溪的长度和流域面积为众河流之最。其河流的落差大,水流急,所以水力资源丰富,并得到了很好的开发。

台湾玉山风光

气候

　　台湾省气候属热带与亚热带过渡型。年均温约 20～25℃，为海岛型湿润气候。冬季大陆寒潮稍长，因地势高峻，气温垂直变化大。台湾是中国多雨地区之一。岛上年均降水可达 2400 多毫米，北部全年雨量和雨日较多，台湾山地高寒，且多雨雪。众多山脉以深冬积雪著名。台风对台湾的影响很大。

　　台风是产生于西太平洋上的强烈发展的热带气旋，除有暴风外，也常带来大量暴雨。台湾位于台风路径的要冲，每年都要受到台风的侵袭，台风对经济和社会造成极大的负面影响，是台湾最严重的自然灾害。侵袭台湾的台风，最早开始于 4 月下旬，最晚则在 11 月下旬，以 5～11 月的频率最高。台风侵袭台湾时，各地出现的大风风力除与台风的强度有关外，还与当地的地形及台风的路径有很大关系。

自然资源

　　台湾省因矿藏极其丰富，有"宝岛"之称。矿产资源中以煤为最多，硫磺、金、铜、天然气、石灰石、大理石等储量也较高。台湾生物资源种类繁多，达 4000 多种，被称为"绿色宝岛"。森林面积占全岛 1/2 以上，世界上很多濒危的物种如台湾杉、台湾猕猴等都有分布。是世界名贵树木红桧林分布地区之一，并有"蝴蝶王国"之称。

经济

　　对外贸易是台湾经济的生命线，主要以加工业和制造业为主。1950 年后，台湾经济在国外资本扶植下逐步发展，电力、交通运输、石油化工、钢铁、造船等支柱产业发展较快。20 世纪 80 年代，台湾成为"亚洲四小龙"之一。台湾是海岛型经济区，主要工业产品中以化纤、制糖、电子、半成品加工等。台湾经济为进口—加工—出口型的经济。

交通

　　台湾除高山地区外，铁、海、航、公等运输十分畅通，为经济发展创造了条件。铁路是台湾交通运输网的骨干。环岛公路总长上千千米，成为台湾贯穿南北的陆路交通大动脉。台湾山地主要以环岛公路和东西横贯公路为主。台湾的海运较发达，港口多集中于台湾本岛。有高雄、基隆、花莲等港。民用航空运输较发达，可通往美国、日本、东南亚等国家和地区。

旅游

　　台湾省旅游资源以热带森林、温泉、文物而著称，四季如春的气候使台湾成为著名世界的旅游胜地。众多风景区景色绮丽,驰名世界的特产和小吃更令游人乐而忘返。

澳门特别行政区

行政区划

澳门特别行政区简称澳,别名濠江、濠海、濠镜、马交、濠镜澳、香山澳等。澳门地处珠江口西南岸,距香港 56 千米,西与广东珠海市的湾仔街道一衣带水,只隔一条宽不到 1000 米的濠江水道,南面濒临南海,南北长约 4000 米,东西最宽约 2000 米。位于东经 113°34′~113°35′、北纬 22°06′~22°13′之间。澳门包括澳门半岛和氹仔、路环两个离岛。由于不断填海造地,澳门的陆地面积呈逐渐增大趋势。1910 年澳门的总面积只有 10.9 平方千米,后因填海造陆现在全地区总面积已达到 27.5 平方千米。其中氹仔岛和路环岛由 2500 米的路氹公路连贯两岛。澳门绝大部分人口和经济活动主要在澳门半岛。

人口、民族

澳门是世界上人口密度最大的地区之一。截至 2005 年底,澳门常住人口为 48.8 万人。在澳门居住的香港人与外籍人士共 2500 人左右,其中香港人约占六成,其余为葡萄牙、英国、菲律宾、泰国及美国人。澳门的人口分布极不均匀,澳门半岛的人口占总人口的 94.4%,而其余为氹仔岛和路环岛的人口及少量水上居民。澳门居民中,华人居多。葡语及中文是现行官方语言。

历史文化

秦时,澳门属海南郡番禺县。1553 年葡萄牙商人通过贿赂官员取得澳门的居住权,但主权仍在中国。1845 年葡萄牙擅自宣布澳门为"殖民自由港",于 1848 年占领澳门半岛,并先后使用武力占领了氹仔岛和路环岛。1999 年 12 月 20 日中国政府恢复对澳门行使主权,设立澳门特别行政区。由于澳门受侵占时间很长,使当地的文化具有浓重的外埠色彩,糅合了中西方的特色。

地貌

澳门地区由澳门半岛与氹仔、路环两个离岛组成,其中澳门半岛 9.1 平方千米,氹仔、路环两岛则分别为 6.33 平方千米、8.07 平方千米。澳门半岛与氹仔之间有两座各长 2.5 千米、4.5 千米的澳氹大桥相连;氹仔与路环间也有一条长 2.25 千米的路氹连贯公路相通。区内地势不高,但丘陵、台地广布。路环岛地势最高,全岛是一个花岗岩造成的山体,主峰塔石塘山海拔 174 米,周围还有几座百米以上的山峰。氹仔岛上,大氹山(159 米)和小氹山(111 米)分立于东、西。澳门半岛地势最低。

气候

澳门地处北回归线以南,纬度较低,为南亚热带季风海洋气候,光、热充足,温暖湿润,夏长冬短,雨量充沛,但每年常受台风和暴雨危害。年平均总辐射量为每平方米 5288 千焦,年内分配为夏季最多,春季较少。年平均气温 22.3℃,最冷月 1 月份平均气温 14.5℃;最热月 7 月份平均气温 28.6℃,年极端最高气温38.9℃，极端最低气温－1.8℃。年平均雨量2031.4毫米。每年4月～9月降水量集中，其降水量占全年降水量的83％左右。10月至次年3月是旱季。

经济

澳门面积狭小、港口水浅、资源匮乏，经济长期以来依靠特殊行业。20世纪70年代以来，澳门经济发展迅速，形成以工业为主，辅以其他行业多元化发展的经济结构。工业以轻工业为主，为外向型出口加工工业，主要有纺织、成衣、玩具、电子、手袋、皮革及家具等，产品几乎全部外销，主要出口市场为美国、欧洲、日本。此外，以博彩带动的旅游业收入在澳门的经济总收入中所占比重也较大。

交通

澳门对外交通十分方便，陆、水、空运皆备。澳门半岛北端关闸与珠海拱北相连，是澳门通往中国内地唯一的陆路通道。澳门是每千米拥有汽车最多的地方。澳门至香港有每天对开的9班直升机。澳门国际机场于1995年12月8日正式通航后，客运量日趋递增。目前，澳门与7个国家及地区通航，航班班机抵达的城市有18个。

旅游

澳门自然风景优美，文物古迹众多，气候宜人，富有南国热带海滨风韵。澳门同时又是一个东西方文化荟萃之地，几百年的历史发展，形成了今日澳门"中西结合、华洋共处"的社会和城市结构。市区绿树成荫，现代化高楼大厦耸立其间，展现着澳门具有时代特色的一面。而富有东方色彩的寺院庙宇，古色古香，香火不断。文艺复兴时期建筑风格的天主教堂、欧洲中世纪古堡式的炮台，寂静幽深，散落四方，又散发着传统的异国情调。新建的混凝土大马路与原始的石板路、碎石路并存，再加上中西合璧的市井风情，这一切都表现了澳门作为一个文明交汇点的特有魅力。

澳门大三巴牌坊

三、省会和主要城市

太原

太原市是中国重工业基地之一,也是山西政治、经济、文化中心。地处山西省中部,位于黄土高原的晋中盆地北部,南面平坦开阔,其他三面群山环绕,自古以来都是历代北部边防重镇。汾河自北向南流过。太原市辖6区3县1市,面积6988平方千米,人口347万。平均海拔800米。西山一带煤矿、地下水资源丰富,是中国重要的能源、合金钢、重型机械和重化工基地。太钢是中国最大的优质合金钢生产基地。太原轻工业也在迅速发展中,其传统手工艺品有苏家琉璃制品、丝毯、地毯、并州刀剪等。太原是山西省交通中心,铁路、公路四通八达。名胜有晋祠、天龙山石窟等。高等院校有山西大学、太原理工大学等。

天龙山石窟

长沙

　　湖南省省会长沙市位于省境东部，面积11819平方千米，辖5区3县，代管浏阳市。地势西南高东北低，湘江纵贯南北，是湘东山地、湘中丘陵和洞庭湖平原接合部。矿藏有铁、钒、铜、硫、磷、重晶石、花岗石、煤等40余种。工业以轻纺、机械、化工、冶金、食品为主。农作物有水稻；油菜、茶叶、蔬菜等。铁路、公路交织密布；湘江、浏阳河、捞刀河流经境内，可常年通航。

　　长沙最重要的特产是"长沙三绝"，即湘绣、中国红瓷器和菊花石雕。湘绣为四大名绣之一，它的起源和发展都在长沙。长沙也建有湘绣博物馆以供研究、参观和销售。中国红瓷器最早出现于1100年前的晚唐长沙窑，但包括之后出现的瓷器在内，都没有纯正的红色。直到1998年底，尹彦征才在长沙研制出纯正的红瓷器，并在长沙隆平高科技园建立了中国红陶瓷工艺园。菊花石产于浏阳大溪河底岩石层中，天然生有白色的菊花图案，其雕品为长沙的一大特色。

岳阳

　　岳阳是一座有2500多年历史的文化名城，位于湖南省东北部，与湖北、江西两省相邻，是一个资源丰富、区位优越、风景优美的地方。总面积为15019.2平方千米。岳阳是湖南唯一的临江城市，是长江中游仅次于武汉的又一个金十字架，特别是洞庭湖大桥的通车，构成了承东联西、南北贯通的便捷交通网，是湖南省第一大港，素有"湘北门户"之称。岳阳的旅游文化资源丰富，有洞庭湖、岳阳楼、平江起义旧址、任弼时故居等革命纪念地。

武汉

　　武汉市是湖北省省会。位于省境东部，汉江与长江交汇处。由武昌、汉口和汉阳三地组成，俗称武汉三镇。唐朝诗人李白在武汉写下"黄鹤楼中吹玉笛，江城五月落梅花"的诗句，因此武汉自古又称"江城"。市境位于江汉平原东

盘龙城宫殿复原图。从台基到地面以上的梁架结构，以及屋面的形式，都与中原商文化的同类房屋相似。

南部,北为大别山地,南为幕阜山地。地势南北高,中间低,河湖密布。农业主产稻谷、小麦、棉花、油菜籽。市内有黄鹤楼等风景名胜。市郊黄陂区境内的盘龙城遗址是距今约 3500 年前的商朝方国宫城,是迄今中国发现及保存最完整的商氏古城。武汉是华中地区最大的工商业城市,拥有钢铁、汽车、光电子、化工、冶金、纺织、造船、制造、医药等完整的工业体系。武汉是中国首批沿江对外开放的城市之一,一直是外商投资中西部的热点地区和首选城市之一。目前,武汉是法国在中国投资额最高的城市。

石家庄

石家庄市是河北省省会,河北政治、经济、文化中心。石家庄市位于省境中南部,西倚太行山,东、南、北三面为广阔的华北平原,辖 6 区 5 市 12 县,面积 15722 平方千米,人口 955 万。市境坐落于太行山麓滹沱河冲积扇上,地势微向东南倾斜,地表平坦,土壤肥沃,地下水储量丰富。石家庄市年均温 12.9℃,年降水量 566 毫米,无霜期 194 天,非常适宜作物生长,盛产棉花和小麦。石家庄市煤炭资源丰富,井陉煤矿是本市最大的能源基地。石家庄是京广、石太、石德三条铁路的交会处,公路四通八达,交通便利。石家庄市工业布局有序。市区东北部有以轻纺、机械、医药、冶炼为主的工业区;东南和西南部有以轻工、机械为主的工业区;新辟的邱头工业区,以炼油、化工为主。市区中部为生活区和文化、教育、机关单位。市内有河北师范大学等 10 余所高校。

保定

保定市位于河北省境中部京广铁路线上,辖 3 区 4 市 18 县,面积 22159 平方千米,人口 1122 万,是河北省的轻工业城市以及冀中物资集散地。保定市历史悠久,春秋战国时便为燕赵所倚重。金、元定都北京后,成为“京畿重地”。清为直隶省首府。曾为河北省省会,市境坐落在太行山麓冲积扇上,西高东低,海拔 17 米,地下水储量丰富。一亩泉河、侯河、白草沟和清水河流经市区,农业生产条件极为优越。保定交通便利,京广铁路贯穿市区。保定是一个新兴的以轻工业为主的城市,以纺织、机械、化学工业为主,食品、造纸、电力、建材等行业都有发展。出产人造丝、电影胶片、机制纸、大型变压器以及地毯、仿古泥皮壁画、工艺美术蜡烛等,中国第一座现代化化学纤维联合企业和第一座感光材料企业均建于此,也是中国第一个列车电站基地。保定曾为四方文人荟萃之处,金末就建有“万卷楼”专藏经史,并设有莲池书院。市内现有河北大学、河北农业大学等多所高等院校。

邯郸

邯郸市位于省境南部,辖 4 区 1 市及邯郸县等 14 县,面积 12087 平方千米,人口 897 万。是河北省新兴的工业城市,中国重要的焦煤基地之一,也是著名历史古城。邯郸市早在春秋时已是列国争夺的重要城堡,后为赵国国都达

邯郸碑林

158 年之久。至汉末仍为全国五大都城之一。手工业、商业和冶铁铸造发达,有"冶铁都"之称。市境西倚太行山,东临滏阳河。东部盛产棉花。邯郸市矿产资源丰富,有煤、铁、石灰石和陶瓷土等。交通便利,京广铁路纵贯市区,邯郸—长治铁路西联山西,市区铁路环形布局,另有窄轨铁路联结附近各县。工业以纺织、电力、煤炭、钢铁、机械、陶瓷为主,邯郸是中国十大陶瓷产区之一。境内名胜古迹众多,赵王城遗址和南、北响堂山石窟为中国重点保护文物,邯郸碑林也是很有价值的文物古迹。市区内还有华北水电大学等高等院校。

沧州

沧州市位于省境东部,辖 2 区 4 市 9 县及孟村回族自治县,面积 13419 平方千米,人口 700 万。沧州市坐落于海河平原上,地势低平,海拔约 10 米。南运河和京沪铁路纵贯市区,沧港铁路东连渤海大口河港,水陆交通方便。沧州市是新兴的石油化工城。20 世纪 50 年代以前沧州仅为内河码头和商业集镇,现已发展成以石油炼制、化肥、塑料加工、橡胶、医药等工业为主体的城市。沧州炼油厂、沧州化肥厂均为中国重点企业,前者有输油管连接任丘油田和大港油田,后者为河北省最大的氨肥生产企业。机械、食品、纺织、电力工业发展也很快。沧县铁狮子是中国最大的铁铸狮子,高 5.78 米,长 5.34 米,宽约 3.17 米,重约 40 吨,有"狮子王"之称,为中国重点文物保护单位。沧州武术历史悠久,素有"武术之乡"之称。

廊坊

廊坊市位于河北省中部偏北,京沈铁路线上,辖 2 区 2 市 5 县和大厂回族自治县,面积 6330 平方千米,人口 401 万,是中国历史文化名城之一。市境坐落于河北平原北端,地势平坦,海拔 15 米。矿产以石油、天然气为主。工业有机械、纺织、食品、化工、建材等部门。廊坊红小豆、三河玉器、香河和三河的地毯等特产,闻名中国。

郑州

郑州市位于省境中部偏北,黄河南岩。面积 7446 科方千米。西周时郑州古地为管国,春秋为管邑,属郑。历史上因有"九州腹地、十省通衢"之称而享盛名。1948 年置郑州市,属河南省辖市。郑州市属暖温带半湿润气候。矿藏有煤、铝矾土、铁、耐火黏土、石棉等。工业以轻纺工业为主,被称为"纺织城"。农业生产主要有小麦、大豆、花生等,特产金银花、大枣、黄河鲤鱼等,郑州是全国主要铁路交通枢纽,京广、陇海两铁路在此交会,被誉为"中国铁路的心脏"。由于地处中原要冲,历来是群雄角逐之地,境内名胜古迹较多,著名的有商代古城、大河村遗址、少林寺、嵩山、黄河游览区等,是河南省重要的旅游胜地。

洛阳

历史文化名城洛阳市位于省境西部,北临黄河而始名,是中国七大古都之一。面积 15492 平方千米。东周、东汉、三国魏、西晋、北魏、隋、唐(武则天)、后梁、后周先后定都于此,建都时间长达 934 年,是中国历史上建都时间最长的城市,素有"九朝都会"之称。从五代以后逐渐衰落。1955 年设洛阳市。境内主要河流有黄河、洛河、伊河、涧河、汝河等,属暖温带季风气候。洛阳市内主要矿藏有煤、黄铁、铝矾土、石灰石、石英等。工业以机械工业为主体。农业以生产小麦、棉花、苹果为主。洛阳素有"牡丹花城"之称。牡丹为洛阳市市花,自古有"洛阳牡丹甲天下"之说,每年 4 月 20 日前后还要举行牡丹花会。市内的白马寺为佛教传入中国后兴建的第一座寺院。风景游览地有王城公园、牡丹公园、白云山、花果山等,土特产有杜康名酒。

开封

开封市位于省境东部,是中国七大古都之一,也称汴梁。面积 6243 平方千米。开封一名始于春秋时期,郑庄公在今城南筑仓城,取开拓封疆之意,距今已有 2600 余年。战国魏时称大梁。五代梁、晋、汉、周、北宋及金朝均设都于此,有"七朝古都"之称。开封地处黄河冲积扇。市内主要河流有黄河、贾鲁河、涡河、惠济河。气候湿润,属暖温带大陆性季风气候,为农业生产创造了得天独厚的条件,以生产小麦、棉花为主。开封是全省最大的硫酸、硝酸、盐酸生产中心。菊花为开封市市花,因养菊历史悠久,被称为菊城,市内的相国寺、铁塔、龙亭大殿、禹王台、山陕甘会馆,都已对外开放。

安阳

安阳市位于省境北部、京广铁路线上,是中国七大古都之一。距省会郑州 190 千米。安阳古地在商初称北蒙,商王盘庚迁都于此后称殷,共历 254 年。后东晋十国时又有后赵、冉魏、前燕等相继在此立国建都,古称"五朝故都"。秦时改称安阳。安阳市地势西高东低,属

河南安阳殷墟出土的玉人

暖温带大陆性季风气候。20 世纪初,安阳甲骨文的发现和殷墟的发掘使安阳成为世界关注的文化中心。现在,这里有中国最早的宫殿遗址殷墟、商代关押周文王的国家监狱等。

济南

　　济南市又名泉城,为山东省省会,位于山东省中部、泰山山脉北缘、黄河南岸。全市面积 8177 平方千米,现辖 6 区 1 市 3 县,全市总人口 604 万。济南素有"齐鲁雄都"、"海右名城"之称,是中华民族文明历史的窗口,拥有众多的名胜古迹。济南在新石器时代就是龙山黑陶文化的发祥地。济南孝堂山郭氏墓石祠,是我国现存最早的地面房屋建筑;隋建四门塔为全国现存最古老的石塔,均为全国重点文物保护单位。1990 年济南被列入中国沿海经济开放区。

青岛

　　青岛市位于山东省东部,山东半岛南部。三面濒海,为中国的第五大港,有"东方瑞士"之称。全市面积 10903 平方千米,是华东地区重要经济中心城市。青岛地处北温带季风区域,属温带季风气候,略有海洋性气候特征。青岛是中国沿海开放城市之一,是山东省最大的工业城市,也是中国著名的"品牌之都"。工业有纺织、机械、化学、石油化工、钢铁、橡胶、家用电器、啤酒、卷烟等。青岛是全国闻名的旅游、避暑和疗养城市。海滨有海产博物馆和海水浴场。特产有青岛啤酒和崂山矿泉水。

烟台

　　烟台市位于省境东北部,三面环山,北面临海,面积 13745 平方千米。烟台古为东方青州隅夷地,秦为胶东郡。因明初建烽火台抗倭,该地称"独烟台",故名。1983 年设烟台市。烟台市地形以低山丘陵为主,但因临海,是中国最大的远洋海产基地。工业主要有冶金、电力、化工、食品等门类。土特产有烟台大花生、苹果、大樱桃、莱阳梨、葡萄等,是世界知名的"葡萄酒城"。地下硫磺丰富。有金、铜、锌、石墨等 70 多种矿藏,已探明的黄金储量居全国第一位。烟台是中国对外贸易港口城市之一,也是著名的旅游基地。如蓬莱阁、秦始皇东巡三登芝罘岛的射鱼台遗址等。

威海

威海市位于省境东部,山东半岛东端,三面环山,一面临海,是著名的港口城市。面积 5436 平方千米。殷商至春秋,这里是莱夷之地,为一小渔村,汉称石落村。明洪武年间为防倭寇侵扰设威海卫,故名。是连接山东半岛与辽东半岛的交通枢纽。地下资源丰富。境内以轻工业为支柱。威海特产有手工羊毛地毯、机织羊毛地毯、钓鱼竿、丝绸、轮胎、皮革制品闻名遐迩。农业以果业、渔业为主体,还建有刘公岛避暑胜地。

曲阜

位于山东省西南部。中国古代思想家、教育家孔子故里,有"东方圣城"美誉。孔子诞生于尼山,成长于阙里,设教于杏坛,出仕于鲁都,归葬于泗上。曲阜历史悠久,最初是古代东夷族部落的居住中心,大汶口文化和龙山文化的主要地区,亦是周代东方的礼乐之邦。4000多年前,曲阜即为少昊都城,殷商为奄都,周为鲁国都,汉设鲁县,隋初置曲阜县,宋时曾改曲阜为仙源县,金代复名为曲阜。这里保存着众多的文物古迹,曲阜城中有壮丽辉煌的孔庙和孔府,城东有"五帝"之一的少昊陵,城东北有周公庙,城东南尼山上有纪念孔子母亲的颜母祠等。此外,曲阜的楷木雕刻工艺品,历史悠久,颇负盛名。

淄博

位于山东半岛中部,南邻泰山,北依黄河。淄博是齐文化的发祥地。自公元前 11 世纪武王封姜太公于此,距今已有 3000 多年历史。淄博钟灵毓秀,孕育了齐桓公、管仲、晏婴、房玄龄、左思、王渔

孔庙,曲阜孔庙始建于战国(公元前 478年),此后经历两千多年,一直是祭祀孔子的地方。

蒲松龄故居,蒲松龄故居在山东淄博市淄川蒲家庄。

洋、蒲松龄等蜚声中外的杰出人物。淄博物华天宝,西周、春秋、战国时,为齐国都城,是当时东方重要的政治、经济和文化中心,列国中最繁华、规模最大的都市,历史上的繁荣昌盛,给淄博留下了无数的文物古迹。著名的有临淄古齐国都城遗址、东周殉马坑、临淄墓群、蒲松龄故居等。淄博还是著名的“陶瓷之都”、“丝绸之乡”。淄博的玻璃内画工艺,是中华一绝,在一个小小的玻璃瓶中,幻化大千世界。淄博南部、西部以自然风光旖旎多姿著名。北部马踏湖湖区小吃别有风味。

西安

　　西安位于关中平原中部,渭河之南,古称长安,有“秦中自古帝王州”之说,曾有十余个朝代相继在这里建都。面积9983平方千米,气候温和,属于半湿润气候。西安是华北、华东联系西北、西南陆空交通的重要枢纽。西安是“丝绸之路”的起点,自古以来是中国与世界各国进行经济、文化交流的重要城市,已有1000多年的历史,文物古迹荟萃,堪称“立体历史博物馆”。拥有骊山、华山、翠华天池等风景名胜。与埃及的开罗、希腊的雅典、意大利的罗马并称世界四大文明古都。新中国成立后,西安曾是直辖市,1954年改为省辖市,现为副省级市。

咸阳

　　陕西咸阳是一座有着悠久历史的文化名城,因秦最初在此建都,故有“华夏第一都”之称。成语“泾渭分明”所描述的地点就是咸阳。泾渭两条河在这里交汇,实际上泾河是渭河众多支流中的一条,咸阳还被称作渭城、渭阳,就是因为这条穿城而过的渭河。咸阳名称的得来也与渭河有关,司马迁作《史记》认为咸阳位于渭水之北、九宗山之南,山水俱阳,故名咸阳。独特的地理位置也奠定了咸阳在中国历史上的地位。从2300多年前秦孝公迁都咸阳开始,中华的历史便在咸阳这里留下了清晰的印记。商鞅变法“中南门立柱”的故事就发生在这里。秦末,项羽曾火焚咸阳城。隋唐时期咸阳是丝绸之路的第一驿站,当时这里"渭城朝雨浥轻尘,客舍青青柳色新",是客商云集之处。记载咸阳辉煌的还有这里的帝王陵寝。汉武帝的茂陵、唐太宗的昭陵、女皇帝武则天及唐高宗李治的合墓乾陵最为著名。其中乾陵极富传奇色彩,与它有关的传说和谜团引人入胜。

延安

延安位于省境北部,陕北高原、延河之滨。面积36713平方千米。旧称肤施。由于"东带黄河、西控灵夏",为陕北重镇,素有"塞北咽喉"、"秦地要冲"之称,是世界闻名的中国革命圣地。延安曾为中共中央所在地和陕甘宁边区首府,存留着革命旧址140多处。以延安为中心的公路干线四通八达。延安不但革命旧址多,而且还有轩辕黄帝陵、凤凰山等重点文物保护单位。民间艺术剪纸、腰鼓、刺绣等丰富多彩。

轩辕黄帝陵

宝鸡

宝鸡位于省境西部,关中平原西缘,渭河北岸。面积18167平方千米。素有"川陕甘咽喉"之称。周在此建都,秦统一中国后,属内史地,西汉时隶右扶风,三国晋时为扶风都。古称陈仓,楚汉之争时"暗度陈仓"的故事就发生在这里。1971年宝鸡市升为省辖市,是新兴的工业基地之一。石油设备和钛材产量居中国首位,而且还有丰富的金矿资源。凤翔县柳林镇生产的西凤酒已有2400多年的历史,有酸、甜、苦、辣、香"五味不出头"之说,是我国名酒之一。

韩城

位于陕西省东部,东临黄河,黄河大峡谷南段经市区东北,谷口古称龙门,俗称禹门口。相传夏禹"导河积石,至于龙门"。因而历史上也以"龙门"代指韩城地域。韩城历史悠久,源远流长。西周时为周武王之子韩侯封地。秦、汉为夏阳县,西汉著名史学家、文学家司马迁就出生在这里。隋代称韩城县。韩城文物古迹荟萃,素有"关中文物最韩城"美誉。由唐至清,历朝古建筑保存完整,规模宏大,旧城内保存有大量具有传统风貌的街道及四合院民居,还有文庙、城隍庙等古建筑群,城郊有旧石器洞穴遗址、战国魏长城、司马迁祠墓、汉墓群、法王庙、普照寺、金代砖塔等名胜古迹。韩城自然资源也十分丰富,是我国著名花椒生产基地,所产"大红袍"花椒以色红、肉厚、香浓而闻名于世。

南京

江苏省省会南京市简称宁,是中国著名的四大古都(北京、洛阳、南京、西安)及历史文化名城之一。南京地处长江中下游平原东部苏皖两省交界处,位于江苏省西南部。南京襟江带河,依山傍水。秦淮河是南京城内的最大水系。钟山及其横贯南京城的余脉形成它们的天然分水领。

南京历史悠久,战国初期越王勾践灭吴后在今中华门西南建越城,这是南京历史上最早的城墙。历史上盛名渊博的云锦便产自南京。南京的云锦和成都的蜀锦、苏州的宋锦、广西的壮锦并称"中国四大名锦",为四大名锦之首。

现在的南京是中国东部地区重要的综合性工业基地,电子、汽车、化工产品生产在全国位居前列。京沪、宁铜铁路在此交会,有60多条公路沟通境内外,南京港是全国最大的内河港,南京已成为华东地区铁路、公路、空运、管道运输的枢纽。

苏州

苏州,古称吴,现简称苏,拥有姑苏、吴都、吴中、东吴、吴门和平江等多个古称和别称。隋文帝开皇九年(589年)始以城西南的姑苏山命名为苏州,沿称至今。苏州是中国著名的历史文化名城。这里素来以山水秀丽、园林典雅而闻名天下,有"园林城市"的美称。

苏州有许多远古文化遗址,以新石器时代晚期的良渚文化为最多,著名的有赵陵山遗址、少卿山遗址、绰墩遗址、草鞋山遗址、罗墩遗址等。另外,苏州古城还是世界文化遗产苏州园林和世界非物质文化遗产昆曲"双遗产"集于一身的名城。

苏州园林

徐州

徐州是著名的历史文化名城,有"千年龙飞地、一代帝王乡"之誉,为自古兵家必争之地。位于江苏省西北部,古称彭城。徐州大部分为平原,有部分山地。贾汪区城东大洞山为全市最高峰。境内河流纵横交错,湖沼、水库星罗棋布。徐州的饮食文化源远流长,缘于彭祖和他所建立的大彭氏国。彭祖是我国烹饪界公认的始祖,相传在尧之时,彭祖因擅烹饪雉羹(野鸡汤),得到帝尧的赞赏而受封,在徐州一带建立了大彭氏国。徐州的菜点秉承有大彭风味,制作考究,风味独特,自成体系,彭祖所创的雉羹、羊方藏鱼、麋鱼鸡、云母羹等名菜名汤流传至今。另外,沛县狗肉、东坡回赠肉、珍珠鸭子等传统名菜名扬海内外。

扬州

历史上"富甲天下"的扬州城,地处江苏省中部,著名的瘦西湖就位于扬州城内。扬州是著名的历史文化名城,这里有春秋时代的邗沟(中国最古老运河段)、汉代广陵王墓、隋代炀帝陵、南北朝古刹大明寺、唐宋古城遗址、唐鉴真纪念堂、宋伊斯兰教普哈丁墓、仙鹤寺、明清私家园林个园(以四季叠石闻名于世)、何园(以中西合璧建筑风格享誉海内)等众多名胜古迹。

扬州在历史上是一个曲艺之乡,著名的地方曲艺形式,如扬剧、扬州评话、扬州清曲等,至今为民众所喜好。富有地方特色的扬州传统工艺、漆器、玉雕、刺绣、绒花等,其历史远的可追溯到2000多年前的战国时代,近的繁盛于清代。以艺术精湛、制作精美著称,有的产品远销世界50多个国家和地区。

杭州

杭州市是浙江省省会,位于省境北部,钱塘江下游北岸,大运河南端终点,沪杭、浙章、杭甬、杭长等钱路线的交会处。面积16596平方千米,历史上曾为吴越、南宋都城,是我国历史文化名城和七大古都之一。杭州市地势由西南向东北缓缓倾斜,境东北为长江三角洲杭嘉湖平原南端,海拔2~10米,平川沃野,河港纵横,气候温和湿润,是江南鱼米之乡。杭州的丝绸业发达,素称"丝绸之府",以丝绸工业为中心,相应发展了多种轻纺工业和重工业,形成了轻重工业相结合的产业结构。

传统手工艺品绸伞、檀香扇、张小泉剪刀、丝绸织锦等深受消费者欢迎,杭州农业是以种植业、养殖业与加工副业并举的城郊型农业,其中西湖龙井茶叶是杭州的特产。杭州诸山多泉水,尤以虎跑、玉泉、龙井称著。又因绮丽的西湖而誉满中外,一年四季适宜旅游,是世界闻名的风景旅游城市。

宁波

宁波市位于省境东部,是浙江省第二大城市。甬江是奉化江、姚江两大源流汇合处,地处东海之滨,长江三角洲的东南角。面积 9365 平方千米。岛屿星罗棋布,沿海南部多滩涂,北部多沙岸,东部为岩岸,中部属宁绍冲积平原。"宁波"一名取意于"海定则波宁"。唐宋以来曾为我国著名对外通商口岸,宁波港口众多,是全国南北海运的中转枢纽。工业门类齐全,有石化、机械、丝绸、塑料、玻璃制品、食品加工等工业部门,传统手工艺品有宁波草席、金丝草帽、骨木镶嵌等,产品还远销欧、美、东南亚。农业多以产粮棉为主。名胜古迹有天一阁、保国寺、天封塔、河姆渡文化遗址等。

温州

温州市位于省境东南部,瓯江下游南岸,面积 11784 平方千米。市境内矿产丰富,其中苍南县矾山盛产明矾石矿,号称"世界矾都"。泰顺县龟湖的叶蜡石矿闻名全国。工业主要有电力、造船、机械、陶瓷等。农业以种植业为主,农产品主要有稻谷、甘薯、油菜籽、茶叶,还盛产柑橘。渔业以海洋捕捞为主,兼海涂与淡水养殖。传统手工艺品有瓯塑、草席、瓯绣等。温州机场辟有 40 条航线直通全国各主要城市。温州是浙南最大城市和海港,是瓯江流域货物集散地。有雁荡山、楠溪江、瑶溪、泽雅、仙岩等风景名胜。

绍兴

绍兴市位于浙江省中部偏北,杭州湾南岩,是宁绍平原西部经济重镇。全市地势南高北低,南部多山地,北部多平川,是典型的"江南水乡"。全市面积 8256 平方千米。绍兴有 4000 多年的历史,因大禹会诸侯于此而又名会稽。春秋时为越国都城,几经变更后,于南宋置绍兴府。1983 年设地级市绍兴。绍兴的工业主要有冶炼、纺织、机械、酿酒、化纤等。农作物有稻谷、大麦、油菜籽、茶叶等。市境内交通较发达,有多条铁路和公路过境。绍兴是中国共产党创始人之一周恩来总理祖居和鲁迅先生的故乡,旧居皆开放供游人瞻仰。

大禹陵位于绍兴东南会稽山北麓,距城约 3 公里。

南昌起义
的发起者们

南昌

南昌是一座历史悠久的江南古城，被唐代诗人王勃称为"物华天宝，人杰地灵"之处。南昌市是江西省省会。位于江西中部偏北，长江以南，赣江、抚河下游，西紧靠九岭山脉，东北毗临鄱阳湖，是一个与长江三角洲、珠江三角洲和闽南三角洲相毗邻的城市。境内高山、丘陵、平原相间，江湖纵横，自然资源丰富。南昌是京九线上唯一的省会城市。南昌文物古迹众多，新石器时代至商周时代的古文化遗址有70多处，其后更有汉代紫金城遗址、三国孙虑城遗址、久负盛名的滕王阁、两晋时的玉隆万寿宫、明代的蛰音塔和洪崖石刻等。南昌还是一座富有光荣革命传统的英雄城市，留下了许多革命遗址、遗迹，包括八一南昌起义总指挥部旧址和纪念馆。

九江

九江市位于江西省北部，长江南岸。北隔长江、幕阜山与安徽、湖北相邻。西为罗霄山之余脉，与湖南接壤。是长江中游南岸对外开放的重要港口。地势西高东低，幕阜山延伸西北，庐山为其余脉，九岭山蜿蜒西南。西部和东部多山，在永修、武宁境内建有柘林水库，为江西最大水库。中部为鄱阳湖平原和鄱阳湖区，在九江市区和鄱阳湖之间为庐山。市内水网交错，主要河流有修水、潦河、博阳河，东部为鄱阳湖区。九江市属中亚热带湿润气候。矿产有金、铜、钨、锡、萤石等10余种，其中金、锑、锡、萤石储量居全省之冠。工业主要有纺织、机械等门类。农业主产稻谷、棉花，素有"赣北棉乡"之称，是全国商品粮、棉生产基地之一。京九铁路贯通后，成为与长江交汇的新的水陆交通枢纽。

赣州市

赣州市,简称虔,常称为赣南地区,面积 39380 平方千米,是江西省最大的行政区。位于江西南部,赣江上游,毗邻福建、广东、湖南,是江西省的南大门。地势四周高、中间低,中部丘陵绵延,而且河流众多,属中亚热带湿润气候。赣南大部分土壤呈红色,酸性,是典型的中国南方红壤分布区,适于脐橙、甜柚等的种植。矿产资源有钨、稀土等 80 余种,钨储量、产量居世界第一位,素有"钨都"之誉。信丰脐橙是驰名中外的土特产。赣州森林覆盖率达 65.5%,为全国重点林区之一。名胜古迹有通天岩、翠微峰、赣州古窑遗址、大宝光塔、大圣寺塔和西摩崖石刻等,手工业产品以竹器、皮枕、皮箱最为著名。

景德镇

景德镇位于江西省昌江上游,皖赣铁路线上,素有"瓷都"之称。市境丘陵起伏,拥有丰富瓷土,尤以质地优良的东港高岭瓷土最负盛名,故又名高岭土。并产釉果、煤、铁、金、石灰石及耐火材料。景德镇制陶业始于汉代,唐、宋时景德镇陶瓷进入勃兴发展时期,宋景德年间以景德窑而著称。自南宋至元代,中原战事频繁,瓷工南迁,南北瓷工荟萃,景德镇制瓷工艺日臻精湛,逐渐成为中国瓷都。明、清时景德镇制瓷业进入鼎盛时期,居中国制瓷业中心地位。景德镇瓷器非常精美,富有"白如玉,薄如纸,声如磬,明如镜"的美誉。景德镇现有以莲社南路和中国陶瓷城为中心的陶瓷集散地,其中以莲社南路的瓷器街最为著名,海内外的影响也较大。

合肥

合肥市位于省境中部,合肥盆地中部。面积 7029 平方千米,因东西淝河与此合流而得名。合肥为历史悠久的名城,古为淮夷地,商称虎方,秦统一中国后置合肥县,别称庐州。1952 年为安徽省省辖市。合肥属亚热带季风气候,兼有南北过渡特点。在交通方面,淮南、合(肥)九(江)两条铁路贯通市区,公路可达全省各地。水运经巢湖可达长江。合肥为全国重要的科教基地之一。工业以机械、电子、冶金、化工为主。农作物有水稻、小麦、油菜、大豆等。合肥市内比较著名的古迹有 14 处,还以茶酒、小吃驰名中外。

安庆

安庆市位于省境西南部,长江北岸,与江西省相望,是长江流域至要河港。全市面积 15398 平方千米。历史上,三国时曾于此建山口城、吕蒙城,北宋时在此设德庆军,南宋改安庆军,后升安庆府,元改为安庆路。1949 年设安庆市,1979 由省直辖,1988 年安庆地区并入安庆市,别称"宜城"。长江自西南向东北流经市南界,纳华阳河、皖河等支流,区内湖泊众多,水运发达。安庆属于亚热带湿润性季风气候。农作物以水稻、棉花、油料为主,盛产茶叶、鱼虾。工业有石化、制造、有色、轻工四大种类。

巢湖

巢湖市位于省境中部,巢湖东岸,南倚长江。全市面积 9433 平方千米。巢湖市古称巢伯国,秦时为九江郡地,元属庐州路,明、清置庐州府。巢湖市地处江淮丘陵和沿江平原结合地带。巢湖市属亚热带湿润性季风气候,夏初梅雨显著。农业以生产稻米、油料、瓜菜和畜禽、水产品为主。绒蟹、银鱼、白米虾为巢湖"三珍"。巢湖市素称"鱼米之乡"。

芜湖

芜湖市位于省境东南部,长江与青弋江汇合处,面积 3325 平方千米。汉朝设县。1973 年正式设为省辖市。芜湖市地处长江下游平原,长江流经市境,流程 70 余千米。芜湖市属亚热带湿润性季风气候。地势低平,河湖密布,素有"鱼米之乡"之称。元明时期为全国四大米市之一,著名的港口商品集散地之一。境内矿藏有铁、铜、石灰岩等。工业以轻纺为主,还有机械、造船等门类。农业以种植水稻、油菜、棉花为主。城市名称素以"三画"(铁画、堆漆画、通草画)、"三刀"(剪刀、菜刀、剃刀)、"三鲜"(鲥鱼、刀鱼、金盾大毛蟹)而知名。

亳州

位于安徽省西北部,苏、鲁、豫、皖四省结合部,因地处商成汤国都之南亳而得名。亳州是中华民族较早的发祥地之一。自商成汤建都到今天,亳州已有 3000 多年历史。这里人文荟萃,是老子、曹操、华佗的故里。唐代著名诗人李绅、大画家曹霸也出生在这里。悠久的历史,灿烂的文化,为亳州留下了众多珍贵的文物古迹。花戏楼巧夺天工、遍施彩绘;尉迟寺遗址震动考古界,誉称"中国原始第一村";曹操地下运兵道,被专家誉为我国最早最完整的"地下长城";华祖庵八景乃郭沫若先生亲笔题写馆名。此外还有曹氏宗族墓群、天静宫、商成汤王衣冠冢、明清古街巷等。这里还是原始社会大汶口文化、龙山文化遗址所在地。亳州古井贡酒是全国著名的酒类产品。

福州

福州市位于福建省东部、闽江下游,东濒东海,别名"三山","左海"、"榕城"。面积 12154 平方千米。晋太康三年(282)置晋安郡,为郡治。唐开元十三年(725)始称福州。市内森林、水产、电力资源较为丰富。矿产资源有叶蜡石、石英砂、明矾石等,其中叶蜡石储量居全省首位,寿山田黄石举世闻名。农业主要生产稻谷、红薯、甘蔗等。福州市的海、河、陆运都相当便利。旅游资源以温泉"泉脉广、温度高,泉质优"著名。

厦门

厦门市位于福建省东南部沿海,面积 1638 平方千米。明清时期,厦门作为

郑成功墓，郑成功墓位于今福建泉州的南安市。

民族英雄郑成功收复台湾的基地而闻名于世。厦门原为小岛，建成铁路后遂与大陆连成一体，属亚热带湿润气候区。改革开放后，厦门作为特区，经济飞速发展。工业主要涉及电子、机械、化学、仪器等行业。农业以生产稻谷、花生、甘蔗等为主，盛产龙眼。旅游名胜有鼓浪屿万石山国家重点风景名胜区、鳌园陈嘉庚墓等。

泉州

　　泉州市位于省境东南部，晋江下游北岸，别称鲤城、刺桐城。南临台湾海峡。面积 11245 平方千米，属亚热带湿润气候。境内国家重点文物保护单位较多，有郑成功墓、天后宫、开元寺、九日山、摩崖石刻等丰富旅游资源。

漳州

　　位于福建省东南部，九龙江下游。鹰厦铁路连通中国各地，公路四通八达，为闽粤交通枢纽。漳州是一座有着数千年历史的古城，战国时属越国，晋代在此设县，唐建州制，宋末就已有漳州人去台湾，是台湾同胞及海外侨胞的祖居地之一。漳州明代以盛产漳缎和蔗糖闻名，与菲律宾贸易往来频繁，历史上曾是福建沿海的商港和对外贸易城市。清初厦门兴起后，漳州成为重要商业城市。漳州文物古迹丰富，有唐代咸通经幢、南山寺、文庙、陈元光墓，明代铜山古城，宋代石桥，芝山红楼革命纪念地等。漳州依山傍海，自然风光旖旎迷人，市西郊芝山为著名风景区。怪石林立，洞壑绵密，素称"丹霞第一洞天"。漳州还是著名的"鱼米花果之乡"。

广州

广州市位于省境中部珠江三角洲腹地,简称穗,又称羊城,是广东省省会。濒临南海,北回归线从市境通过。东连惠州市,西邻佛山市,北靠韶关市、清远市,南临东莞市、中山市,隔海与香港、澳门相望。面积 7435 平方千米,据 2009 年末统计,全市人口 1035 万人。广州是国家历史文化名城,也是古代海上"丝绸之路"的发源地。现在是中国南方交通枢纽和对外开放的门户,以中国"南大门"著称。广州地势东北高西南低,东北部是山区,中部是丘陵、台地,南部是珠江三角洲冲积平原,珠江穿城而过。自然条件优越,物产丰富,是全国果树资源丰富的地区之一,有荔枝、香蕉、菠萝、柑橘等 400 多个品种。工业以轻纺工业为中心,门类齐全,设备技术先进,是华南地区工业中心。有汽车制造、医药、日用化工、家用电器、服装等行业。农业以种植水稻、蔬菜为主,养殖淡水鱼和家禽。广州有华南地区最大的国际贸易港,还有四通八达的高速公路网、铁路网连接全国各地。每年春秋两季都要举行中国出口商品交易会。

深圳

深圳市位于省境东南部,珠江口东侧,北与东莞市、惠州市接壤,南接香港新界,东临大亚湾,西临珠江口、伶仃洋。海岸线曲折蜿蜒,总长 230 千米,面积 2050 平方千米,常住人口 800 多万(户

深圳西丽湖风景

籍人口为 228 万),深圳为新兴的移民城市,是广东著名的侨乡,旅居海外侨胞约 12 万人。深圳原是一个边陲小镇,作为中国第一个经济特区,现已形成了蛇口、福田、沙河、八卦岭、文锦渡等工业区。广九铁路纵贯市境,直抵九龙。市境地势东北高西南低,单向倾斜入海。河流短小浅窄,以深圳河为最大。海岸由泥质和沙质组成,利于垦殖。农产原以水稻、花生、甘蔗为主,现开始向商品生产和现代化农业转化,建立了蔬菜、水果、牛奶、家禽等农副产品生产基地,所产牡蛎、荔枝、金龟橘子、油鸭、龙岗鸡等畅销港澳。捕鱼以浅渔作业为主。海运和公路运输也较方便。市东南沙头角镇以商业为主,是直通香港新界的口岸。此外,还辟有文锦渡和皇岗两个通香港的口岸。风景秀丽的深圳水库、大小梅沙、西丽湖、笔架山、银湖等地是旅游和疗养的好地方。目前,深圳已建设成为一个以工业为主,工贸结合、旅游和农林牧渔并举的外向型综合性港口城市。

佛山

佛山市位于省境中部,又名禅城,珠江三角洲腹地,邻近省会广州,毗邻港澳。面积 3886 平方千米,人口 361 万人。是中国历史文化名城,在明代就是四大名镇之一。市境以冲积平原为主,中间有小山丘,地势低洼,大致自西北向东南倾斜。市西南石湾区为红岩台地,盛产陶土,为陶瓷业发展提供了原料。佛山以轻纺工业为主。除了历史上久负盛名的纺织铸铁、炼铜、陶瓷等工业外,还有电子、机械、五金、电器、化工和塑料等新兴工业。佛山的传统手工业和民间工艺业非常发达,产品蜚声各地。对外贸易发展迅速,有很多来料加工和装配生产企业。佛山古建筑众多,其中妈祖庙最为有名。此外,还有中山公园、博物馆、民间艺术社等。石湾区是综合性陶瓷业基地,有"南国陶都"之称。

珠海

珠海市位于珠江三角洲西南角,珠江口西侧,东临伶仃洋,南端毗邻澳门,是珠海经济特区所在地,也是中国著名的现代海滨旅游城市。珠海市面积 7653 平方千米,其中陆地面积 1653 平方千米,海域面积 6000 平方千米,大小岛屿 146 个。现珠海户籍人口 96 万,另有外来流动人口约 50 万。人口中以汉族最多,另有壮、瑶、土家、回、满等 28 个少数民族。市府驻香洲区人民路,市境三面临海,港湾众多,大小岛屿散布在珠江口外广大海域中,有三灶岛、横琴岛、高栏岛及万山群岛、担杆列岛等。境内地形分散复杂,兼有低丘、孤山、平原、滩涂和红树林海岸。平原上河网渠道密布,灌溉方便,海岛多为海拔 400～500 米的山丘。珠海市多台风、雷雨。珠海是一个以渔业为主的小镇发展起来的以工业为主,农、牧、渔、旅游、商业、外贸综合发展的对外开放城市。工业主要有电子、电力、机械、纺织,轻工、化学、塑料、玻陶、医药及医疗器械、建筑材料等门类。农产品有稻谷、甘蔗、蔬菜、鲜花等,还有荔枝、菠萝、香蕉、大蕉、柑橘等水果。水产资源丰富,品种繁多,有著名的万山渔场。境内有珠海机场、珠海深水港,并有广珠公路、广珠铁路等。

肇庆

位于广东省中部。是远古岭南土著文化的发祥地之一,考古发现表明,约 14 万年前,肇庆已有人类活动。境内出土的青铜器表明,到春秋晚期,肇庆的岭南土著文化已开始与中原商周文化和长江流域楚越文化融合,汉时设县,隋置端州,宋始称肇庆,意为"开始带来吉祥喜庆"。唐代文学家李邕、日本人唐留学僧荣睿、佛教禅宗六祖惠能、北宋名臣包拯、意大利传教士利玛窦、革命先行者孙中山以及北伐名将叶挺等众多历史名人都曾在肇庆留下足迹。肇庆文物古迹众多,包括宋城墙、披云楼、梅庵、阅江楼、崇禧塔、丽谯楼、叶挺独立团旧址、七星岩摩崖石刻等,还有佛教禅宗六祖的遗迹等。星湖、鼎湖是肇庆著名的风光景点。星湖被誉为"岭南第一奇观"。鼎

利玛窦画像。他于万历十年（1582）来华，先在广东肇庆传教，万历二十九年（1601）到北京。

湖山居广东四大名山之首，有"活的自然博物馆"之称。

南宁

　　南宁市位于自治区境中南部，地跨邕江，简称邕，是广西壮族自治区首府驻地。面积22189平方千米，有壮、汉、瑶、回、满、苗、侗等35个民族。辖6区6县。市境位于南宁盆地中心。大明山主峰龙头山为南宁市最高峰，海拔1760米，东南为近郊风景区青秀山，西郊主要为海拔百余米的岗地，中部为平原。邕江横贯盆地南部，有10多条小支流汇入，邕江南岸是海拔2000多米的丘陵。矿藏有煤、铁、铜、钨、锰、石油和天然气等。工业有食品、制糖、机械、纺织、电力、冶金、建材等行业。农业主产稻谷、甘蔗、玉米、木薯、花生，盛产香蕉、菠萝、柑橙、荔枝。南宁是一座富有南国风光

的城市，市区内种有大量果树和鲜花，被誉为"花果之城"。

桂林

　　桂林位于广西壮族自治区东北部，湘桂走廊南端，漓江中游。春秋时期属越国，战国时是楚地。秦始皇三十三年（公元前214年）置桂林郡，桂林由此得名。桂林历史悠久，文化光辉灿烂。甑皮岩代表了丰富的史前历史文化，灵渠代表了秦代水利文化，靖江王墓、王府代表了宏伟壮观的明代藩王文化，摩崖石刻和山水诗词代表了异彩纷呈的山水文化。

　　桂林市境位于五岭之南，地处亚热带，气候温和，雨量充沛，素以溶洞多、山峰奇、山水相依的喀斯特地貌的独特地理景观而著称于世。经地下水对石灰岩长期溶蚀和地壳不断上升的作用，形成众多挺拔山峰，山体内分布有奇特岩洞，山峰间有时隐时现的地下河系分布，奇峰与清澈河湖相掩映，享有"桂林山水甲天下"的美誉。

　　桂林山水，素以山清、水秀、洞奇、石美著称于世。兴安、桂林、阳朔等地奇异秀美的景色，绵延100多千米，构成了绚丽多姿的桂林山水。主要景点有七星岩、芦笛岩、叠彩山、伏波山、南溪山、穿山、象鼻山、独秀峰、隐山及桂林至阳朔间的漓江风光。桂林山水山形奇秀，石色苍蓝，与石灰岩区域所特有的碧流相掩映，此外还有形态各异的天然洞穴和地下水系。浓郁的民俗风情与妩媚的山水相映，使山水更加生动，民俗风情更加清丽脱尘。

成都

据《太平寰宇记》记载，成都市是借用西周建都的历史经过，取周王迁岐"一年而所居成聚，二年成邑，三年成都"而得名。成都历史悠久，有"天府之国"、"蜀中江南"、"蜀中苏杭"的美称。据史书记载，大约在公元前5世纪中叶的古蜀国开明王朝九世时将都城从广都樊乡（今双流县）迁往成都，构筑城池。成都古为蜀国地，秦并巴、蜀为蜀郡并建城，汉时因织锦业发达专设锦官管理，故有"锦官城"之称。五代十国时，后蜀皇帝孟昶偏爱芙蓉花，命百姓在城墙上种植芙蓉树，花开时节，成都"四十里为锦绣"，故成都又被称为芙蓉城，简称"蓉城"。

成都市现为四川省省会，是西南重要的经济、文化、商贸、金融中心和交通、通讯枢纽。面积12346平方千米，民族以汉族为多，有回、蒙古、藏、苗、彝、满、土家等44个少数民族。辖9区6县，代管4个县级市。境内地势差异显著，西北高，东南低。四川属亚热带湿润季风气候。工业产品以量具、刃具、电子元件、无缝钢管著称。

江油

江油是一座风景如画的历史文化名城，是唐代大诗人李白的故乡。位于成都经济圈北端，是一座正在崛起的新兴工业城市、旅游城市，素有"李白故里，九寨门户，蜀道咽喉，华夏诗城"之称。邓小平曾为江油亲笔题写了"李白故里"四字。江油市不仅物产丰富，而且人文荟萃，山川奇丽，历史文化底蕴深厚。太白祠、粉竹楼、陇西院、洗墨池、磨针溪、读书台等十多处李白遗迹令人神往；奇丽险峻的窦团山，规模宏大的李白纪念馆，千姿百态的岩溶景观，风光如画的养马峡、涪江六峡以及神秘莫测的道教圣地乾元山等风景名胜，以其独特的人文景观和自然景观吸引着大量的海内外游客。

成都武侯祠。纪念三国时期蜀国丞相诸葛亮的祠宇。

李白，我国唐代的著名诗人。

和发展能源业、制造业、食品饮料业等产业的显著优势，是国家确立的水电、火电、核电综合发展的重要能源、原材料生产基地。已探明的矿产资源有 44 种，其中煤炭储量约 53 亿吨，天然气储量约 600 亿立方米，硫铁矿约 15 亿吨，岩盐矿、石灰石、石英均在 100 亿吨以上，居四川第一。

宜宾

宜宾位于四川省南缘，是我国著名的历史文化名城，也是中华名酒五粮液的故乡。因金沙江、岷江在此交汇而成长江，故有"万里长江第一城"的美誉。宜宾地处云、贵、川、渝 3 省 1 市结合部，辖 1 区 9 县，幅员 13283 平方千米。宜宾雄踞巴蜀，势控滇黔，自古有"西南半壁古戎州"之称。宜宾是古代南丝绸之路的起点，也是长江上游开发最早、历史最悠久、文化最灿烂的地区之一。宜宾农业资源丰富，生物资源多样，是"植物之苑"、"香料之都"、"茶叶世界"、"天然竹海"。全市有农作物 800 多种，禽畜和水产品 180 多种，樟油年产量居全国第一，是全国外贸樟油最大的生产基地。宜宾能源矿产资源富集配套，具有建设

阆中

阆中位于四川北部，嘉陵江中游。阆中山围四面，水绕三方，形势险要，两千多年来，一直为蜀道南路的咽喉之地。此地是古代巴蜀军事重镇，汉为巴郡，宋以后始称阆中。源远流长的历史，创造了光辉灿烂的文化，留下了众多珍贵的文化遗迹。阆中古城内保留着主要的历史街区，是我国一流的古民居保护区。现存的观星台遗址是唐代的建筑。此外还有张飞庙、桓侯祠、巴巴寺、观音寺、白塔、大佛山唐代摩崖大佛及石刻题记等。阆中古来即有"阆苑仙境"、"阆州天下胜"之美誉，"三面江光抱城郭，四围山势锁烟霞"，自然景观如水墨丹青，浑然天成。

泸州

泸州自西汉置郡至今已有两千多年的历史。泸州市地处四川盆地南缘，扼长江、沱江咽喉，控川、滇、黔、渝要冲，为四川出海南通道和长江上游重要港口，下辖泸县、合江、叙永、古蔺 4 县和江阳、龙马潭、纳溪 3 区，面积 12243 平方千

米。历史上的泸州是川、滇、黔、渝结合部的物资集散地和川南经济文化中心。泸州市属盆地中亚热带温润气候区。泸州境内既有茂密的原始森林和人工植被，又有多种多样的栽培植被和园艺作物，农业种植历史悠久，部分地带农作物可一年三熟，作物产量较高。

贵阳

贵阳市位于贵州省中部，面积 8034 平方千米，人口 360 万，有汉、苗、布依、彝、侗、水、黎、回等 38 个民族。贵阳有 2000 多年的历史，因位于贵山之南而称为"贵阳"。地处黔中山原丘陵中部，是长江水系和珠江水系分水岭地带，地势西南高东北低。这里气候温和，山川秀丽，夏无酷暑，冬无严寒，被誉为"第二春城"。矿藏有煤、铅、磷等。贵阳是中国四大铝工业基地之一。农业以种植水稻、油菜、烟叶、蔬菜为主。淡水鱼养殖颇具规模。贵阳是西南地区最大的交通枢纽，渝黔、湘黔、黔桂、贵昆 4 条铁路交会于此。

遵义

中国革命历史名城遵义市位于贵州省北部，赤水河以东，乌江以北，西北与四川省和重庆市毗邻。面积 30763 平方千米，地处贵州高原北部，跨黔北山地和黔中山原丘陵，大娄山蜿蜒境内，以低山丘陵和宽谷盆地为主，主要河流有乌江、赤水河、湘江、偏岩河、余床河、六池河、洪渡河、芙蓉江、桐梓河，乌江干流自西

遵义会议旧址

向东流经南缘。遵义是驰名世界的"酒乡"，生产国酒茅台。农产品有稻谷、小麦、油菜籽、烤烟、蚕桑、茶叶、林果等。

六盘水

六盘水市位于贵州省西部，与云南省接壤，面积 9913 平方千米，有汉、彝、苗、布依、仡佬、回等民族，少数民族人口占总人口的 25%。地处黔西高原山地南部，地势由西向东倾斜，地貌多洞穴、伏流、暗河。境内河流属长江水系和珠江水系，主要河流有三岔河、北盘江。工业以煤炭、电力、钢铁、煤化工、铅工业、建材等为主，煤储量大、分布广，有"江南煤海"之称，是全国重要的煤炭基地和钢铁基地。农作物有水稻、玉米、小麦、马铃薯、荞麦等。

昆明

昆明是云南省省会,位于云贵高原中部,三面环山,南濒滇池。自从公元前4世纪～前3世纪建立滇王国以来,滇国的活动中心始终在滇池周围昆明一带。此后历朝历代都在这里设立行政中心,明清两代起称云南府城。昆明市属低纬高原山地季风气候。由于地处云贵高原中部,纬度低,海拔高,加之有高原湖泊滇池、阳宗海调节温湿度,形成"夏无酷暑,冬无严寒"四季如春的宜人气候。城区温度在0～29℃之间,年温差为全国最小。由于温湿度适宜,日照长,霜期短,能见度良好,鲜花常年不谢,草木四季常青,故有"春城"的美誉。昆明也是全国精密机械、光学仪器、磷化工和有色金属加工基地之一。云南白药、卷烟、云子围棋等驰名中国,是云南的特产。

大理

大理位于云南省中西部,是中国著名的历史文化名城,有白、彝、回、傈僳、藏、苗等少数民族居住。汉武帝元封二年(公元前109年)在此设叶榆县,宋时为大理国国都,明清两代为大理府治。上关花、下关风、苍山雪、洱海月为大理著名的城市四景。大理素有"文献名邦"之称。悠久的历史留下了许多重要文物古迹,归纳起来可称为"三古",即古城、古塔、古碑。大理市的古城有太和城、羊苴咩城,大厘城(今喜洲镇)、龙尾城(今下关)、大理城;古塔有崇圣寺三塔、弘圣寺一塔、蛇骨塔、鱼骨塔,古碑有南诏德化碑,元世祖平云南碑,五华楼碑群,山花碑等。悠久的历史还孕育出许多杰出的人物。突出的有南诏国第四、五、六代王皮逻阁、阁罗凤、异牟寻,清平官(宰相)郑回,大理国开国之主段思平,著名画工张胜温,明代诗人杨黼、杨士云、李元阳,近代民主革命志士李燮羲、张耀曾,杰出的军事理论家杨杰,东北抗日联军领导人周保中等。

大理古城

CHINESE GEOGRAPHICAL
KNOWLEDGE ENCYCLOPEDIA

中国地理知识百科

编著 陈君慧

（第二册）

吉林出版集团有限责任公司

西宁

西宁是青海省省会,位于青藏高原东北部,历来为边陲重镇,又是连接东西的交通要道之一。秦代以前西宁为羌戎之地,西汉元狩二年(公元前121年)筑西平亭,为一军事据点,东汉建西平郡,南北朝改称鄯州,北宋末改称西宁州,"西宁"一名遂沿用至今。现在的西宁是青藏高原的交通枢纽,形成了公路、铁路、航空运输为主的立体交通网络。古代西宁在连接东西的同时,也留下了灿烂的历史文化名胜古迹。始建于明嘉靖年间(1522~1566年)的塔尔寺在全国享有盛名;瞿昙寺被誉为小故宫。此外,西宁自然风光秀美,土楼山、凤凰山、青海湖、鸟岛、孟达林区及天池极为著名。西宁野生动植物资源和矿产资源非常丰富,还盛产蚕豆、马铃薯、油菜等。

格尔木

格尔木市位于青海省海西蒙古族自治州,"格尔木"原称"噶尔穆",蒙古语是"河流众多"之意,面积约为12.3万平方千米,由于铁路公路在此纵横交会,故格尔木成为南至西藏、北达河西走廊、西接新疆、东至西宁的交通枢纽。路基路石均为盐土,稀世罕见的"万丈盐桥"现已成为城市的象征。

拉萨

拉萨市位于西藏自治区东南部、雅鲁藏布江支流拉萨河的北岸,海拔3650米。年日照时数3000小时以上,素有"日光城"之称,拉萨市城区面积约59平方千米。辖区面积29518平方千米,

拉萨的布达拉宫,气势雄浑,傲视苍穹。

藏族占 87%。拉萨市从吐蕃建国时即为西藏的政治、经济、文化中心，是藏传佛教的"圣地"，是西藏文化的集中代表地。悠久的历史产生了丰富的文化旅游资源，布达拉宫、大昭寺、小昭寺等构成"拉萨八景"，民族文化源远流长。拉萨无大气污染，空气清新，夏无酷夏，冬无严寒；国内外游客来此观光旅游的逐年增多。自然资源有羚羊、盘羊、鹿、獐等，产虫草、麝香、贝母等中药材。拉萨也是自治区内农业比较发达的地区，雅鲁藏布江和拉萨河宽谷地是自治区的商品粮基地。畜牧业较为发达，拉萨市区公路四通八达，形成西藏的交通枢纽。

日喀则

日喀则市位于西藏自治区南部，拉萨西南 250 多千米处。年楚河和雅鲁藏布江汇合于此，海拔 3800 米，面积 3700平方千米，是西藏第二大城市，至今已有500 多年的历史。日喀则市曾是历代班禅的驻锡地，是噶玛王朝的政治、经济、文化的"首城"。最早称"年麦曲"，后改为"溪卡桑主牧"。古老的日喀则历史悠久、文化发达，这里有著名的江孜白居寺、萨迦寺、平措林寺、觉囊寺和展佛节、跳神节、夏鲁寺的西姆钦波节独具一格，南部为产粮区，北面是牧区，也是当地主要的交易地。

沈阳

沈阳市为辽宁省省会，是东北地区最大的工业城市和交通中心、通讯枢纽及物资集散地，亦为中国重工业基地和经济中心城市之一，因位于沈水（今浑河）之北，中国古代习称水北面为阳，故称沈阳。人口 713.5 万。市府驻沈河区，辖和平、大东、皇姑等 9 区和辽中、康平、法库 3 县，代管新民市。以重工业、机械制造业为主，工业有机电、医药、汽车、石化等类。沈阳农业主产稻谷、玉米，是全国商品粮的重要产区。沈阳作为清代盛京、陪都，留有众多文物古迹。盛京皇宫号称"关外紫禁城"，是除北京故宫外保存最完整的宫殿建筑群。东陵和北陵公园是努尔哈赤及其皇后叶赫那拉氏的陵墓。其他胜景还有永安石桥、辽代无垢净光舍利塔、长安寺、南清寺、太清宫、怪坡、张氏帅府等。

大连

大连是东北地区著名的港口和工业城市，也是我国重要的外贸通商口岸之一。"大连"这个名字源于大连湾，此处原为渔村，汉称三山浦，唐时名青泥浦，清初称青泥洼。大连位于辽东半岛南端，西北濒临渤海，东南面向黄海，与山东半岛隔海相对，是扼守京津的门户；北面背依东北大陆，腹地辽阔，堪称东北之窗，海陆空交通十分便利。大连自古为兵家必争之地，中日甲午战争、日俄战争时都曾为战场。大连工业基础雄厚，骨干企业众多，是中国重要工业基地之一。大连是半岛城市，具有海洋性气候特点，它冬无严寒，夏无酷暑，市容整洁，环境优美，素有"北方明珠"之美誉。大连自然资源丰富，品质优良的苹果、黄桃、樱桃、葡萄等水果和鲜美可口的鲍鱼、对虾、海参、扇贝、螃蟹等海珍品远销海外。大连还是我国北方的一个重要避暑、疗养和旅游胜地,较有名的有冰峪沟、大黑山、蛇岛、棒棰岛、白玉山、万忠墓、老虎滩、海滨公园和浴场等。

长春

长春市位于吉林省境内中部,面积20565平方千米,人口747万,以汉族最多,少数民族占总人口的3.7%,有满、朝鲜、回、蒙古、锡伯等民族。长春市辖朝阳、宽城等6区和农安县,代管榆树等3个县级市。市境地处长白山地向松嫩平原的过渡地带。东部多丘陵低山,西部为台地平原。松花江及其支流饮马河、伊通河等流过市境。年均温4.9℃,年降水量579毫米。地带性植被为温带森林草原。有煤、母页岩、石灰石等矿藏,工业有机械、轻工、纺织、冶金、煤炭、食品、石油、建材等行业,以汽车,铁路机车、客车、拖拉机、摩托车生产为主的机械制造业在全国居重要地位,享有“汽车城”的誉称。农业主产玉米、豆类、稻谷,兼产甜菜、向日葵等。长春市教育科技事业发达,有吉林大学、长春工业大学等高等院校。市区内有经济技术开发区、高新技术产业开发区。以汽车贸易城为主体的汽车及其配件贸易有相当规模。长春市为东部交通枢纽,京哈、长图、长白等铁路在这里交会,名胜古迹有长春电影城、净月潭国家森林公园、卡伦湖旅游度假村以及辽代农安古塔等。

延边朝鲜自治州

延边朝鲜自治州位于省境东部,东与俄罗斯毗连,南与朝鲜隔图们江相望,北与黑龙江省牡丹江市接壤,面积43474平方千米,人口220万。延边朝鲜自治州有汉、朝鲜、满、回、蒙古、锡伯等11个民族,其中朝鲜族占自治州人口的41%。州府驻延吉市,辖汪清、安图2县和延吉、图们、敦化、龙井、珲春、和龙6市。自治州境内多山地、沼泽和荒原。河流有图们江、松花江、牡丹江、绥芬河。属中温带湿润季风气候,农业发达,主产水稻,是东北著名的水稻之乡。烤烟居全省首位,为吉林省烤烟基地,盛产苹果梨。特产有人参、鹿茸、貂皮、熊胆等。本区森林密布,森林占土地面积的70%~80%,木材蓄积量占全省半数,是吉林省最大木材产区,盛产松木,水曲柳、椴木、黄菠椤等。自治州所处的图们江流域为国际开发的热点地区,建有珲春经济开发区,有“东北亚金三角”之称。

长春净月潭森林公园

通化

通化市位于省境东南部,东与朝鲜隔鸭绿江相望,面积155698平方千米。人口约227万,以汉族居多,有满、朝鲜、蒙古、回、锡伯等民族。通化市辖东昌、二道江2区,通化、辉南、柳河3县,代管梅河口、集安2个县级市。本市地处长白山地,境内多为山丘。东部地区属鸭绿江水系,主要河流有鸭绿江、浑江、辉发河等,通化市年降水量681.7~955毫米,是全省降水量最多的地区,属温带半湿润季风气候。森林覆盖率达70%。矿藏丰富,是吉林省钢铁工业基地,也是本省新兴工业城市和长白山区木材、粮食、药材、土特产的集散地。以野生葡萄为原料的通化葡萄酒驰名中外。

吉林

吉林市位于省境中部松花江畔,为国家历史名城,市东北部与黑龙江省接壤,面积27641平方千米。人口432万,民族以汉族为多,有满、朝鲜、回、蒙古、锡伯等少数民族。吉林市辖昌邑、龙潭、船营、丰满4区和永吉1县,代管桦甸、蛟河、舒兰、磐石4个县级市。吉林市地处吉东低山丘陵区,原名"吉林乌拉",满语为"沿江"之意,是吉林省第二大城市。境内有松花江、辉发河、拉法河、饮马河等河流,年降水量661.1~748.1毫米,年均温3.4~4.5℃,属中温带大陆性季风气候。矿藏及动植物资源丰富。吉林市以化工和电力为主,为中国化学工业基地。丰满、白山、红石等三大发电厂,在东北区电网占有重要地位。长图、沈吉、吉舒等铁路在这里交会,吉林是东北地区铁路枢纽之一。吉林雾凇为中国著名四大自然奇观之一。

哈尔滨

哈尔滨市位于省境南部,南与吉林省为邻。面积约53775平方千米,辖8

哈尔滨太阳岛风景区

区 7 县,并代管 3 个县级市。全市人口 986 万,以汉族为多,还有满、朝鲜、回、蒙古等少数民族。哈尔滨市金代属上京会宁府。1949 年为松江省辖,1954 年改为黑龙江省辖市。市境地处松花江中游、松嫩平原中部,地势南高北低,属中温带大陆性气候。哈尔滨是东北地区第二大工业城市,工业门类齐全,以重工业为主,其中动力设备、发电设备是主导产品,石油化工、纺织、建材、食品等工业为支柱产业。农业主产玉米、大豆、小麦、稻谷。哈尔滨是东北地区北部最大的交通枢纽,哈大、滨洲、滨绥、滨北、拉滨 5 条铁路干线交会于境内。哈尔滨太平还是松花江中心港,哈尔滨机场是东北地区大型国际机场之一。哈尔滨还是中国历史文化名城,境内有太阳岛风景区、文庙等名胜古迹。

齐齐哈尔

齐齐哈尔市位于省境西部,距省会哈尔滨市 270 千米。西与内蒙古自治区为邻。全市面积 4.3 万平方千米,辖 7 区 8 县,并代管 1 个县级市,约有人口 568 万,以汉族居多,还有达斡尔、蒙古、满等少数民族。齐齐哈尔市古时为室韦族的活动地区。1924 年正式设为齐齐哈尔市。市境地处松嫩平原西部和大兴安岭东坡丘陵、平原地区,全市地势平坦,河流以嫩江水系为主,湖泊众多,有大片沼泽分布。属中温带大陆性季风气候。齐齐哈尔市工业以机械和钢铁为主体,以重型机械和机车车辆制造为核心,还有电力、化工、轻纺、塑料、建材、造纸、食品等行业。农业主要生产小麦、玉米、

大豆、马铃薯、甜菜、葵花籽等。此外畜牧业发达,饲养牛、羊、马等,齐齐哈尔市交通便利,铁路方面有平齐、齐北、滨洲、富嫩铁路过境,公路有 301 国道,还有各等级公路沟通城乡。

大庆

大庆市位于省境西南部,全市面积 22161 平方千米,辖 5 区 3 县和杜尔伯特蒙古族自治县。人口 273 万,以汉族居多,还有满、蒙古、朝鲜等少数民族。大庆地处松嫩平原中部,地势平坦,无山丘和天然河流,草原辽阔。大庆市是一座以石油生产为主的新兴工业城市。大庆油田是世界大油田之一,年原油产量占中国原油总产量近四分之一。市内的大庆石油化工总厂、大庆乙烯联合化工厂已成为中国大型化工骨干企业,地方企业以建材、轻纺、塑料、食品等行业为重点。农业主要生产大豆、水稻、玉米,还生产甜菜、亚麻等。畜牧业发达,以大庆奶牛和细毛绵羊驰名。在交通方面,滨洲、通让铁路,301 国道,由哈尔滨至大庆的高速公路穿过境内。市内的名胜古迹有敖木台抗日战争遗迹、松基三号井和铁人井、常家围子遗址、白金宝遗址和好田格勒古城遗址等景点。

乌鲁木齐

乌鲁木齐是新疆的首府,位于天山中段北麓,准噶尔盆地南缘,地处亚欧大陆腹地。它是南北疆交通的枢纽,也是我国西部对外开放的重要门户。面积约

14216.3平方千米,辖7区1县。居民中有汉、维吾尔、回、哈萨克、蒙古等49个民族,其中汉族人口约占总人口的73%。乌鲁木齐属中温带大陆性半干旱气候,主要矿藏有石膏、煤、油页岩等,素有"煤田上的城市"之称。"乌鲁木齐"为准噶尔蒙古语,意为"优美的牧场",这里光、热、风资源丰富,主要农作物有小麦、水稻、玉米、油菜、大蒜等,同时还有雪莲、枸杞、贝母等300多种野生植物。名胜有南山菊花台、白杨沟、照壁山风景区、乌拉泊古城、八路军办事处旧址、毛泽民烈士故居和汗腾格里寺等。

克拉玛依

克拉玛依市位于自治区西北部,准噶尔盆地西北缘,面积约9500平方千米,地貌大部分为戈壁滩。是我国重要的石油生产基地。境内最高山峰独山子山海拔1283米,市内的主要矿藏有石油、煤、天然沥青、芒硝、水晶等。工业以石油开采、石油加工最为著名。主要农作物有棉花、玉米、小麦。

吐鲁番

位于天山东端,吐鲁番盆地中心。吐鲁番是古代新疆地区的政治、经济、文化中心,突厥语的意思是"富庶丰饶之地"。面积13690平方千米,吐鲁番历史上曾为西域政治中心和交通枢纽。在2200年前,这里建有"姑师"或"车师"国。东晋时置高昌郡,唐设西州,宋为吐蕃地,元、明称吐鲁番。吐鲁番日照长,气温高,降水量少,蒸发量大,这里宜种植无核白葡萄、甜瓜等作物。是全国气温最高的地方。全市葡萄种植面积现达8万亩,种植的葡萄量大质量高,这里成为驰名中外的"葡萄城"。这里还举行一年一度的"葡萄节"。吐鲁番的文物古迹众多,有苏公塔、阿斯塔那古墓群、保存完好的高昌古城遗址、交河古城遗址及始凿于南北朝时期的柏孜克里克千佛洞等。这里寂静的沙漠与茂密的森林共存,火焰山同天山同在,古城、烽燧、石窟寺群、远古岩画、神秘墓葬遍布,丝绸古道、恐龙石山、硅化木群、木乃伊把游

高昌故城遗址,这里曾是公元前1世纪吐鲁番文化和政治的枢纽。

览者的思想带回遥远的上古时代。最令人流连忘返的是这里的葡萄美酒夜光杯和载歌载舞的少数民族风情,集古代与现代于一身。吐鲁番市尤以"最热、最低、最早、最甜"而著称,现为中外著名的游览胜地。

石河子

右河子市位于自治区西北部,准噶尔盆地南缘。面积约460平方千米。新中国成立前,石河子是只有几户人家的小村庄,村里有一条布满鹅卵石的干河沟,石河子之名即由此而来。如今,石河子已成为国家级经济技术开发区,被誉为"戈壁明珠"。石河子市为大陆性干旱气候,光热资源充足,是以农业为依托、以轻纺工业为主体的新型城市,是自治区轻纺工业基地。石河子市曾有"花园城"、"生态城"之称。境内还建有周恩来总理纪念碑、艾青诗歌纪念馆。

喀什

位于新疆西部,东临塔克拉玛干大沙漠,南依喀喇昆仑山,与西藏阿里地区为邻,西靠帕米尔高原,与巴基斯坦、阿富汗、印度、吉尔吉斯斯坦、塔吉克斯坦等五国相邻。喀什古称疏勒、喀什噶尔,汉为疏勒属国都城,元代以来一直为该地区政治、经济、文化中心和交通枢纽。喀什是丝绸之路上的重镇,素有"丝路明珠"美称,历史悠久,人文景观众多。闻名遐迩的香妃墓、玉素甫·哈斯·哈吉甫陵墓等,集中体现了维吾尔建筑艺术特色。喀什是塔里木盆地西缘古老的

绿洲之一,盛产小麦、玉米、棉花、水稻等,被誉为"塞外江南";还盛产杏、梨、核桃、苹果、葡萄等,被称作"瓜果之乡"。喀什传统手工业产品有小花帽、小刀、乐器、地毯等。

台北

台北市位于台湾省北部,台北盆地中央。面积272平方千米。是台湾省第一大城市,辖12区。明代以前是高山族人居地。清康熙二十二年(1683)后硫磺采矿业在此兴起,经济日趋繁荣。1895年为日本占领。光绪元年(1875)开设台北府,台北之名始于此。台北多低山、丘陵环绕,淡水河将市区分为东西部,台北市的农业以水稻、蔬菜、瓜果、花卉等为主,耕地面积占市境总面积的18%。工业以电机及电器制造为主,还有化工、印刷、纺织等工业。台北交通便利,是台湾大学等高等院校和科研机构集中区,以众多名胜古迹而著称。

高雄

高雄市位于台湾岛西南岸,是台湾省最大的海港城市。面积约有153.6平方千米。原名打狗或打鼓,为高山族西拉雅平埔人打狗社名音译。也称西港,1920年以汉语"打狗"的日语音译作"高雄"。1924年始设高雄市。是我国台湾省最大的电力中心和重工业中心,有以钢铁、造船、炼油、重化工和水泥等为主的综合工业基地。市内海洋渔业发达,高雄港曾是世界四大集装箱港之一,货物吞吐量居世界前列。高雄是台湾省南

部重要的海军基地。市内海陆空交通皆
成体系,十分便利。

海口

海口是海南省政治、经济、文化和商
贸中心,位于华南经济开发带的前沿。
海口市毗邻港澳台、东南亚,地处华南经
济圈的前沿位置,是连接大陆和东南亚
的枢纽。总面积2304.84平方千米,海
岸线131千米,下辖四个市辖区。海口
属于热带岛屿季风气候,年平均气温
23.8℃,常年无霜,夏长无冬,年平均降
雨量1595.7毫米。工业有橡胶、纺织、
电子、化工、制药、制鞋、制糖、食品饮料、
印刷、服装、汽车修配和制造等行业。农
业以生产稻谷为主。渔业以近海捕捞为
主,兼有淡水养殖。海口是海南全岛公
路网的总枢纽,东线和西线高速公路是
通达各市县的快速干道;从海南到广东
的跨海铁路已经开通;美兰国际机场,有
30余条航线通达国内各大城市。海口
风光秀丽,名胜古迹众多。

三亚

三亚市位于海南岛南端,是中国最
南端的热带海滨旅游城市,也是中国重
要的育种基地。面积1919平方千米,市
境北倚高山,南临大海,地势自北向南倾
斜。北部为五指山余脉,峰峦绵亘,占地
广大。南部则为冲积平原,山地丘陵略
多于平原台地。河流短浅,宁远河是市
境内最大的河流。海岸曲折,多海湾岬
角,近海有海岛。工业门类齐全,手工艺
品有椰雕、藤竹器编织等。此外,有荔枝
沟工业开发区、小洞天、红沙、藤桥、羊栏
等经济开发区。有商贸、房地产、旅游业
等。农业主产稻谷,盛产热带水果。有
223国道、224国道、225国道和东线高
速公路与海口相通。境内的凤凰国际机
场是海南最大的航空港,已开通多条国
际、国内航线。三(亚)八(所)铁路可达
八所。三亚港、榆林港均为天然良港,其
中三亚港可停泊8000吨级远洋油轮。

海南省三亚市为纪念黄道婆,用青白
石、墨玉建造的一尊雕塑。

四、中国的民族及其分布

概况

　　我国汉族分布遍布全国各地,主要集中在东部和中部。

　　我国少数民族分布地域也非常广阔,约占全国总面积的 63.8%。由于历史等原因,他们绝大部分居住在我国西部和北部的边疆地区。西北、西南及东北地区是我国少数民族分布最集中的地区。我国民族分布的主要形式为聚居和杂散居。绝大多数少数民族的聚居区同汉族居住地区交错穿插,从而形成了在地域分布上以汉族为主体的各民族"大杂居,小聚居"的分布格局,这种格局长期以来加强和促进了各民族经济文化的联系和交流。为了适应我国民族构成和分布的复杂情况,党和政府实行了具有灵活性的民族区域自治政策。

汉族

　　汉族为中国的主体民族。"汉"原指天河、宇宙银河,《诗经》云:"维天有汉。"华夏族称为"汉人",始于汉朝。汉族是一个有着悠久历史的民族,也是世界上人口最多的民族。目前,汉族人口

汉·诗经竹简,西汉文帝前元十五年(公元前 165 年)。阜阳《诗经》虽属断简残篇,但它是中国现存最早的《诗经》写本。

约为 13 亿,占世界总人口的 19%,分布在世界各地。除中国大陆及港澳台外,汉族在东南亚和北美洲也有较多分布。汉族的语言为汉语,使用汉字书写。

　　汉族在古代创造了灿烂的文化,艺术具有鲜明的特色。无论政治、军事、哲学、经济、自然科学、文学、艺术等各个领域,都产生了众多具有深远影响的代表人物和作品。西周时期,就形成了完善的文化系统,这就是礼乐文化,周礼非常

繁缛,据《周礼》记载分吉、凶、军、宾、嘉五礼,乐在西周很重视,有专门职官管理,金文中也记载着乐官。周代乐舞如《大武》为周武王克商所作。周代已有比较完善的教育制度,如"礼""乐""射""御""书""数"六艺就是周代贵族的文化教育内容,中国最早的经典如《周易》《尚书》《诗经》《周礼》《乐经》(已佚)《春秋》都产生于这个时期,以及春秋时期的诸子学说等。

汉民族有自己悠久华美的服饰,即汉服。汉族主食以稻米、小麦为主,辅以蔬菜、肉食和豆制品,茶和酒是汉族的传统饮料。酒文化和茶文化在中国源远流长,数千年来,构成汉族饮食习俗不可缺少的部分,在世界上也产生了广泛影响。

汉族也有自己民族的禁忌,汉族多在正月初一、初二、初三日忌生,即年节食物多于旧历年前煮熟,过节三天只需回锅。认为熟则顺,生则逆,因而有的地方在年前将一切准备齐备,过节三天间有不动刀剪之说。

蒙古族

蒙古族主要聚居在内蒙古自治区和新疆、青海、甘肃、黑龙江、吉林、辽宁等省区的蒙古族自治州、县;还有一些散居在宁夏、河北、四川、云南、北京等省、市和自治区。目前,蒙古族人口为581万多人。使用蒙古语,属阿尔泰语系蒙古语族,分内蒙古、卫拉特、巴尔虎—布里亚特3种方言。如今蒙古族通用的文字是13世纪初用回鹘字母创制的,经过本民族语言学家很多次改革,已经规范化的蒙古文。元世祖忽必烈曾命西藏僧人八思巴另创蒙古新字,俗称"八思巴文",一度推行,后渐停使用,但用其记录的许多文献,依然有它的研究价值。17世纪中,喇嘛僧人咱雅班第达为准确表达卫拉特方言的语音,略改变通用的蒙古文字,制成一种叫做"托忒"的蒙古文,在新疆等地的蒙古族中通用。

大草原上的蒙古包

蒙古族人民的衣、食、住、行以及家庭、婚姻、丧葬、社交等都有其独特的特点。男女都身穿宽袖长袍,束以腰带,着高可及膝的长筒皮靴。男子通常戴蓝、黑、褐色帽或束红、黄色巾;女子盛装时戴银饰点缀的冠,平时就以红、蓝色布缠头。他们现在的服装式样和鞋子已有很大的改进。饮食方面牧区多以牛、羊肉及奶食为主,粮食为辅;农区则以粮食为主,辅以奶食或肉食和蔬菜。普遍嗜饮砖茶。居住方面蒙古族居民多住易拆搭、便于搬运的蒙古包。这是由长期草原游牧生活决定的。蒙古包以圆形围壁和伞状顶架组成,外部覆以毛毡,通常是高达七八尺、直径约丈余的住室。在定居的地区,部分牧区和半农半牧区搭建起外形与蒙古包相似的土木结构住屋;农区则多已住汉式平房,并且聚为村落。男女老幼都擅长乘骑,出行不论远近,都以马代步。

蒙古族的家庭一般由夫妻和未成年子女组成。儿子结婚后分居,另立门户。父母所住的蒙古包及附属物件,习惯上由幼子继承。婚姻是一夫一妻制,同姓不允许结婚。过去,子女婚事多由父母包办,婚姻重视彩礼,还保存有妻兄弟婚习俗。妇女在家庭中的地位低于男子。现在,蒙古族的婚姻已由父母包办变为男女自由地选择配偶,严格实行一夫一妻制。妇女在政治、经济上得到解放,在家庭中拥有与男子同等的地位。蒙古族的丧葬,一般有土葬、火葬和野葬。

中华人民共和国成立以来,蒙古族原有的优良传统和健康习俗,逐渐与新的经济基础和社会关系相适应,并得到充分地发扬。蒙古族人民十分好客,待人热情有礼、坦率诚恳,很受兄弟民族的

称赞。各种在封建社会制度下形成的不利于民族繁荣发展的非健康的习俗,逐渐消失。同时,又产生了许多适合于新的经济基础,或从原有习俗转化成的新的风俗习惯,如过去传统的每年七、八月间隆重举行祭神节日——"祭敖包",已转化为草原上庆丰收、进行物资交流和举行射箭、摔跤、赛马的"那达慕大会"。

苗族

我国的苗族主要分布于贵州、湖南、云南、四川、广西、湖北、海南等省区。在黔东南和湘鄂川黔的交界地带,以湘西为主,有较大的聚居区。在广西的大苗山、滇黔桂和川黔滇交界地带及海南也有小聚居区。目前,苗族人口数为894万。苗族使用苗语,属于汉藏语系苗瑶语族苗语支。有些杂居地区的苗族,讲汉语、侗语、壮语等语言。新中国成立以前,苗族没有统一的文字。新中国成立后,创制或改革了4种方言的拉丁拼音文字,现正普及使用。

苗族人民创造了丰富多彩、风格独特的民间文化艺术。民间文学主要有诗歌和传说故事,多数以口头传说流传至今。诗歌一般是五言体,也有七言体或自由体,大多只讲调而不押韵,一般曲调简单,变化不大,节奏也不严格,篇幅长短不限,分别为古歌、理词、巫歌、苦歌、反歌、情歌和儿歌等。如《九十九个太阳和九十九个月亮》等就是讲述苗族历史的古歌,反映了古代苗族人民与自然界的斗争情景。苗族"飞歌"享有盛名,现已作舞台演唱或谱曲演奏。器乐分打击乐和管弦乐两类,以木鼓、皮鼓、铜鼓

和芦笙最为驰名。

苗族的服饰在各地有不同的特点。黔西北、滇东北的苗族男子穿带有花纹的麻布衣服，肩披织有几何图案的羊毛毡；其他苗族男子一般都穿对襟或左大襟的短衣，下穿长裤，束大腰带，头缠青色长巾，冬天脚上多缠裹绑腿。苗族妇女的盛装以黔东南独具特色，把银饰钉在衣服上成"银衣"，头上戴着形如牛角的银质头饰，高达尺余。

苗族的建筑在各地也有很大差别。黔东南居民住木制平房或楼房。楼房一般为两层，建筑形式多是"吊脚楼"。湘西和贵州松桃等地，采用木质结构、双斜面瓦顶或草顶平房，每幢3～5间，"偏厦"作灶房或者牲口圈。昭通地区的苗族居民多住"权权房"，即一种用几根树干交叉搭糊，盖上茅草，用树枝或竹子编织、糊泥作墙的房屋。这种房屋一般隔为两间，人畜各一。

苗族信仰万物有灵或多鬼神，祭祀祖先，崇拜自然，认为神灵有一种不可抗拒的力量，无论消灾除病或求子求财等都祈求神灵与祖先保佑。祈求消灾除邪时，由巫师驱鬼。此外，对自然物或人造

古代苗族先民杀牛祭祖图

物的崇拜和祭献，以酒、肉、鱼、鸡等作祭品。云南、贵州、四川等地少数民族群众信仰天主教、基督教等。

苗族的节日很多，"苗年"是一个重要的特色节日，还有龙船节、花山节、吃新节、清明节、赶秋节等。云南苗族几乎每年都有踩花山的活动，这种踩花山虽有迷信内容，但它又是苗族人民传统性的群众娱乐节日。

仫佬族

仫佬族是我国人口较少的一个山地民族。他们自称为"伶""谨"，壮族称它做"布谨"，汉族称之为"姆佬"，新中国成立后统一称为仫佬族，多数居住在广西罗城仫佬族自治县，还有一部分散居在忻城、宜山、柳城、都安、环江、河池等县境内，与壮、汉、瑶、苗、侗、毛南、水等族杂居。目前，仫佬族人口数为20万多。仫佬族使用的仫佬语与毛难语、侗语、水语相近。大多数人还通用汉语，部分人还会说壮语，通用汉字。

仫佬族人民山歌唱得很好，这是他们用以表达生产、生活与感情，传授科学文化知识的艺术样式。歌的种类有"随口答"，是即兴而作的短歌，大部分是男女青年谈情说爱时随问随答的对歌，句式有四句或六句，句句为七言，也有少数是六字头七字尾，押脚韵；"古条歌"，即叙事式歌谣。歌舞内容为民间流行的历史故事、神话传说等，以15～30首为一条组成的长歌，叫"古条"，是民间歌手世世代代相传下来的；"口风"，是一种讽刺性歌谣，也称口角歌，内容不拘，随编随唱，可分为"正口风"和"烂口风"。

前者较文明,后者较粗俗,但都富有机智、幽默、诙谐。

仫佬族的节日活动很多,特殊的节日有三月初三婆王节,又称小儿节,其活动是以村寨为单位举行祭祀;四月初八牛节,节日里的活动是让牛休息,并拜祭牛栏神;五月初五端午节。除具有与当地汉族、壮族的端午节相同的内容外,各村寨还抬纸船巡田垌驱虫,为的是保丰收;八月十五为后生节,是各地青年男女开展"走坡"社交活动的节日。还有三年一大庆、一年一小庆的依饭节,每年立冬后"吉日"举行,大庆以村寨或宗教为单位,备办猪羊祭宗庙,举行演戏、舞龙舞狮、唱山歌等活动;小庆只是一家一户单独活动。

仫佬族没有统一的宗教,由他们对先民的自然崇拜,发展到信仰多神。过去仫佬族地区佛寺很多,既信佛教,又信道教。在道教之中又分茅山教和梅山教两种。仫佬族信仰多神,非常复杂,有家神和外神两种,这是仫佬族地区科学技术没有完全普及的缘故,人们过去对自然界许多现象,以及对人自身的生老病死现象迷惑不解,于是就把美好、善良的愿望寄托于鬼神的意志。如今仫佬族地区信教的群众已经很少了。

纳西族

我的纳西族主要集中于云南省丽江纳西族自治县、维西、中甸及蒗县的永宁区、德钦、永胜、鹤庆、剑川、兰坪等县,还有四川省盐源、盐边、木里等县也有较广分布,西藏的茫康县也有分布。目前,纳西族人口数为31万。纳西族使用纳西语,属汉藏语系藏缅语族彝语支。纳西族曾在古代有过表意的象形文字,称东巴文;另一种是表音的音节文字,称为哥巴文,但都未在群众中推广使用。1957年,设计了以拉丁字母为基础的拼音方案。

丽江白沙
"大宝积宫"

纳西族人民能歌善舞,在生产劳动或民族节日中常有群众性的歌舞活动。民间流传较广的有"喂麦达""哦热热""阿丽丽"等古老歌舞曲调。乐曲以笛子曲、口弦曲、葫芦笙舞曲比较普遍,优美动听,粗犷有力。

著名的寺庙建筑,如丽江白沙"大宝积宫"、"琉璃殿"、"大定阁"、"五凤楼"及束河"大觉宫"等,是一个明代建筑群,技术既糅合了纳西、汉、藏三个民族的传统风格,又融进了浓厚的地方特色。壁画也很有艺术价值,表现了纳西族人民吸收汉、藏艺术以丰富自己艺术创作的智慧。

新中国成立前,丽江、维西、永胜部分地区的纳西族,基本上属于封建地主经济下的个体家庭。这类地区在婚姻的缔结方面,有"阿注"异居、"阿注"同居、结婚三种形式。缔结"阿注"关系的双方一般是男子晚间到女家过偶居生活,第二天清晨返回自己家中。这种婚姻关系没有共同的经济基础,所以建立和解除十分容易。由这种"阿注"关系所生的子女,属于母方,男子对这些子女没有抚养的义务。"阿注"关系到中年以后,一般都固定下来。有一些男女,通过"阿注"关系的发展建立成一个家庭。子女完全可以确认父母,若是女居男家,子女的世系按父方计算;若是男居女家,子女的世系就按母方计算。此外,姊妹共夫、兄弟共妻的群婚遗风,个别村落还有所保存。解放后,随着《婚姻法》的贯彻,旧有风俗等已有所改变。丧葬自古通行火葬,清末后部分地区开始盛行土葬。

纳西族男子的服装基本和汉族相同。丽江纳西族妇女身穿大褂,宽腰大袖,外加坎肩,系百褶围腰,穿长裤,披羊皮披肩,缀着刺绣精美的七星,旁缀日、月,表示勤劳之意。

新中国成立前,纳西族比较普遍地信仰"东巴教"。在明代,喇嘛教传入丽江地区,曾为部分纳西族群众所信仰。道教、基督教都曾先后传入,但信仰者并不多。

纳西族传统节日有"正月农具会","三月龙王庙"会,现成为物资交流会和"七月骡马会"。此外,还有春节、清明节、端午节、中秋节、火把节等。

怒族

我国的怒族主要分布于云南省碧江、福贡、贡山3县,兰坪、维西两县也有怒族聚居。目前,怒族人口数将近3万人。怒族使用怒语,属于汉藏语系藏缅语族。各地语言差别比较大,碧江、福贡、兰坪等地怒语互相不能通话。无本民族的文字,大多使用汉文。

怒族人民创造了绚丽多彩的文化艺术。1957年初,发现了怒族古代绘画——洞穴壁画和崖画。洞穴壁画是画在碧江县岩洞的洞穴壁上,上有七幅图画,画中图形清晰可见,如太阳、鱼鸟、牛马等,以红色颜料作画,笔画精练,线条粗犷,生动形象。在一些石壁上也有这类崖壁画,具有珍贵的历史价值和艺术价值。

怒族诗歌大多数是即兴编唱,具有浓厚的生活气息和民族特点,其曲调有一定格律,内容广泛,形式完整,以琵琶、笛子、葫芦笙等伴奏,流传较广的音乐有《祭猎神调》和《瘟神歌》。在民间传说

怒族居民居住的木屋

中,流传较广的有《大力士阿洪》《茂英充》等。

怒族是一个喜爱歌舞的民族,舞蹈内容十分丰富,大部分是模拟动物的活动形象,如猴舞、鸡舞、喜鹊舞、鸟王舞等,也有表现生活场景和反映生产活动的,如锅庄舞、洗衣舞、秋收舞等,此外,还有琵琶舞、脚跟舞等。舞蹈动作敏捷有力,粗犷豪放,节奏鲜明。无论喜庆哀怒,怒族人民皆能用歌舞来表达真挚的思想感情。

怒族男女服饰大部分是麻布质地,妇女一般穿敞襟宽胸、衣长到踝的麻布袍,在衣服前后摆的接口处,缀一块红色的镶边布。年轻少女爱在麻布袍的外面加一条围裙,并在衣服边上绣上各色花边。男子通常穿敞襟宽胸、衣长及膝的麻布袍,腰间系一根布带或绳子,腰以上的前襟往上收,方便装东西。怒族主食为玉米等。贡山北部怒族还从藏族那里学到种植青稞、燕麦,食青稞面。一些怒族人受藏族生活方式影响,有时也吃酥油糌粑。怒族人普遍喜欢吃饭菜合煮的较稠的饭粥,把野味一起煮在里面,可口鲜美。怒族男女均喜饮酒,并喜欢畅饮。怒族住房分木板房及竹篾房两种,在木桩上铺设木板或竹篾席建成。

怒族人民仍保留着较多的原始宗教残余,相信万物都有灵,奉行自然崇拜,巫术是十分普遍的宗教迷信仪式。部分怒族信仰喇嘛教或天主教、基督教。

普米族

我国的普米族主要聚居在云南省的兰坪、丽江、维西、永胜等县和宁蒗彝族自治县,还有一些居住在四川省木里藏族自治县和盐源县。目前,普米族人口数为3万多,使用普米语,属于汉藏语系藏缅语族。木里和宁蒗的普米族曾使用过一种用藏文拼写的文字,但流行不广,现在通用汉文。

普米族也是能歌善舞的民族。每逢婚丧节日,都举行"对歌",形式大都是叙事歌;另有短调,内容以青年爱情生活为主。普米族人平日里也爱唱纳西、白和汉等族的山歌。民间流传有很多传说故事。舞蹈多反映耕作、狩猎等生产劳动,用葫芦笙、笛子等伴奏,舞步刚健明快。

普米族男子的服饰,各地大同小异,上着麻布短衣,下穿宽大长裤,披白羊皮坎肩。较为阔绰的人,穿氆氇和呢质大衣,用毛布裹腿,腰间佩刀。妇女服装各地区也有所不同:永胜、宁蒗地区的普米族妇女爱包大头帕,着大襟衣、百褶长裙,用宽大而染有红、绿、蓝、黄的彩带束

普米族人的村寨

腰,背披羊皮;兰坪、维西一带的妇女,喜欢穿青、蓝、白色大襟短衣,外着坎肩,穿长裤,腰系绣有花边的围腰布,耳坠银环,手饰镯圈等饰品。普米族群众主食玉米,以大米、小麦、青稞、燕麦、稗子等做辅食。爱食用猪肉做成的"琵琶肉",也常食牛、羊和兽肉,喜饮茶,嗜烟酒。普米族的房屋为木结构,墙壁用圆木重叠垛成,用木板盖顶,四角竖圆柱,中央立着一大方柱,普米族群众称作"擎天柱",认为是"神灵"所在的地方。一般住宅为二层,楼上住人,楼下关牲畜。

普米族群众崇拜多神,祭祀祖先。兰坪称巫师是"师毕",宁蒗则称作"讳规"。各地有请巫师祭山神、龙潭和锅庄神堂的宗教仪式。还有一部分人信仰喇嘛教和道教。

普米族的节日有大过年、大十五节、尝新节等,有些地方也过清明节、端午节等节日。大过年即过春节,到时候,同一氏族的各家要祭"锅庄"。吃年饭,举行赛马、打靶等各种活动。宁蒗普米族群众在旧历腊月十四日过大十五节,人们身着新装,上山露营,开办篝火晚会。

羌族

我国的羌族主要分布于四川省阿坝藏族自治州的茂汶羌族自治县和汶川县、理县、黑水县、松潘县等地,茂汶羌族自治县是最大的羌族聚居区。目前,羌族人口数约为30万人。使用羌语,属于汉藏语系藏缅语族,分南北两大方言,除茂汶县赤不苏区和黑水县的羌区为北部方言外,其余羌区均为南部方言。羌族无本民族的文字,长期通用汉文。

羌族的文化艺术具有独特的风格。民歌与民间故事的内容广泛,语言生动。民歌可分为苦歌、颂歌、情歌、山歌、酒歌等多种。传说故事如《开天辟地》《羌戈大战》《日夜想红军》等都是珍贵的古老文学、历史资料。舞蹈数羌族锅庄"跳沙朗"最流行,传统的祭祀风俗舞"跳盔甲"极富浓郁的民俗风格。歌舞时还常常用羌笛——一种古老的六声湛双管竖笛,以及小锣、手铃、唢呐、羊皮鼓等乐器伴奏。羌族还以其独特精湛的建筑艺术著称于世,这些建筑包括碉楼、索桥、栈道以及掘井、筑堰等。民间工艺美术则以挑花、刺绣和编织毡子最为出色。早在明清时代,刺绣就在羌族地区盛行,后来挑花技艺也是羌族妇女喜爱。其针法除挑花外,还有纳花、纤花、链子和平绣等。图案的题材多取自于自然物。挑绣图案的内容多为吉祥如意。

羌族有独特的风俗习惯。男女均穿麻布长衫,外套羊皮背心,包头帕,束腰带,着草履或勾尖绣花鞋。羌族妇女的衣服绣着花边,衣领上镶有一排梅花形图案的银饰。妇女很喜欢戴耳环、手镯和银牌等饰物。男女腰系吊刀和皮制钱兜。群众的主食为玉米、小麦和马铃薯,

阿坝州羌族碉楼,屋顶供奉着白石。

喜饮自酿的酒和吸兰花烟。调味品有花椒、辣椒等。常见的饭是玉米粥内加菜。把青稞与小麦做成炒面,将猪肉块悬挂于梁,熏制成"猪膘",随时可以取用。羌民的住屋呈方形、平顶,用石片、黄泥砌咸,一般分为三层,下层圈养牲畜,中层设卧室、锅庄和神龛,上层贮藏粮食、杂物。新中国成立前羌族的家庭形式基本上是一夫一妻制的个体家庭,夫权很大,主宰家庭的大小事务。盛行包办、买卖婚姻,择婚时有着严格的阶级界线。其他如姑舅表优先婚,新娘婚后一年以内多返居娘家,以及兄死弟娶其嫂,弟死兄纳弟妇等习惯也有所保留。解放后,在婚姻制度方面的一些落后习俗,已经逐步废除。丧葬分火葬、土葬和水葬,火葬为传统习俗。

解放前,羌族除一部分邻近藏族地区的信仰喇嘛教外,其他则普遍信仰万物有灵,在屋顶上供奉白石以为天神。

撒拉族

撒拉族生活在我国的青藏高原边缘,主要聚居于青海省循化撒拉族自治县及其毗邻的化隆回族自治县甘郸乡和甘肃省石山保安族东乡族撒拉族自治县的一些乡村。还有一部分散居在青海省西宁市及其他州县,在甘肃省夏河县、新疆维吾尔自治区的伊宁县、乌鲁木齐市等地,也有少量分布。目前,撒拉族人口数为10万多。撒拉族使用撒拉语,属于阿尔泰语系突厥语族西匈奴语支。不少撒拉族人民会讲汉语和藏语。无本民族文字,一般使用汉文。

撒拉族具有独具一格的文学艺术。

以民间说唱文学为主。说，包括故事、神话、传说、寓言等。内容非常丰富，语言幽默含蓄。唱，包括撒拉曲、宴席曲和花儿等民歌，"撒拉曲"是撒拉族人民用本民族语演唱的一种抒情民歌；"宴席曲"是一种娶亲时的传统唱曲。撒拉族最流行的舞蹈，是四人跳的"骆驼舞"，一般在举行婚礼时表演，动作简单，节奏缓慢。撒拉族唯一的乐器是"口弦"，通常用铜或银制，形像马蹄，是撒拉族妇女所钟爱。

此外，撒拉族妇女的刺绣艺术，非常精美，剪纸、窗花也是妇女擅长的一种装饰艺术。建筑艺术主要表现在礼拜寺的建筑装饰上，受内地影响，它是中国飞檐式的古典庙宇结构，是清真寺建筑与中国古典建筑的结合体。

撒拉族的服饰，男子头戴无檐儿白色或黑色六牙帽或小圆帽，外套"白布汗褡青夹夹"，腰系红布带或红绸带，长衣窄，短衣宽。老年人穿的长衣衫，撒拉语叫做"冬"。做礼拜时头缠"达斯达尔"，是一种长约数尺的白布。撒拉族妇女喜欢色泽艳丽的大襟花衣服，外套黑色坎肩。受伊斯兰教文化影响，妇女普遍都戴"盖头"。在化隆的"外五工"卡日岗工一带，部分撒拉族的衣饰已改成藏族衣饰。

在饮食上，以小麦为主食，辅食是青稞、荞麦、马铃薯和各种蔬菜。逢年过节或贵宾迎门，就以炸油香、搓馓子、做油搅团、手抓羊肉等庆贺节日或招待客人。奶茶和麦茶是很受撒拉族男女老幼青睐的饮料。家家有火壶和盖碗等茶具。肉食以牛、羊、鸡肉为主，忌吃驴、骡、马、血液以及自死之物。

撒拉族居住集中，不论大小，都自成区域。房屋建筑形式是木泥结构平顶式建筑，住房四周以土墙围成"庄廓"。屋内墙壁上张贴着阿拉伯文"库法体"书法，显得十分素雅、庄重、洁净。在院墙四角顶上，放置着白石头，这与当地藏族习俗有所不同。

撒拉族人民信仰伊斯兰教。解放后，撒拉族人民才获得了宗教信仰自由。主要节日有开斋节、古尔邦节、圣纪节三大节日。此外，撒拉族还有些其他节日：转"拜拉特夜"节，在斋月前的第15天夜举行；"法蒂玛"节，在斋月的第12天纪念穆罕默德的女儿——法蒂玛。该节日通常只有成年妇女参加，每7人凑在一起主持一年一度的"法蒂玛"节。

畲族

畲族是我国人口较少的民族之一，散居于我国东南部福建、浙江、江西、广东、安徽省境内，其中大部分居住在福建、浙江广大山区。畲族是我国典型的散居民族之一。他们自称"山哈"。"哈"畲语意思是"客"，"山哈"，也就是指居住在山里的客户。南宋末年，史书上才出现"畲民"和"拳民"的族称。"畲"，意思是刀耕火种。解放后，改称为"畲族"。目前，畲族人口数是71万。畲族使用畲语，属于汉藏语系苗瑶语族。99%的畲族使用接近于汉语客家方言的语言，但在语音上与客家话略有差别，有少数语词跟客家语完全不同。该族没有本民族文字，通用汉文。

畲族人民在迁徙的过程中，在拓荒殖土的同时，创造了绚丽多姿的文化艺术，有鲜明的民族特色。

畲族文学艺术非常丰富。山歌是畲族文学的主要组成部分，多以畲语歌唱的形式表达。所以畲族文学基本上是民间口头文学。他们每逢佳节喜庆之日，歌声飞扬，即使在山间田野劳动、探亲访友迎宾之时，也常常以歌对话。勤劳淳朴的畲族妇女，还是编织刺绣的能工巧匠。她们的手工艺品种类丰富，风格独特。如编织的斗笠，花纹精巧，工艺细致，配以水红绸带、白带及各色珠子，更具有民族特色，是畲族妇女最爱的一件装饰品。解放后，这种工艺技术得到了更加发扬光大，成为抢手的旅游产品和出口产品。

畲族人民特别喜欢体育活动，"打尺寸"、"盘柴槌"、节日登山等，都是畲族民间流传十分有趣、别具一格的体育活动。特别是练拳习武之风盛行，经千百年传承，已形成独具一格的民间武术。畲族武术分棍术和拳术两大类。拳术十分普及，作为拳术的一部分，有令人叹为观止的点穴功夫。武术精通的老拳师一般都会点穴术和医术。

历史上畲族人民辗转迁徙，物质生活非常简朴。他们"结庐山谷，诛茅为瓦，编竹为篱，伐荻为户牖"，聚族而居，通常住茅草房和木结构瓦房。畲族山区，旱地多，水田少，水稻种植较少，杂粮较多。他们普遍以地瓜米掺上稻米为主食，纯米饭只是宴请贵宾时才用，喜食虾皮、海带、豆腐等。

畲族的传统服饰，斑斓绚丽。畲族服装崇尚青蓝色，衣料多为自织的麻布。现在畲族男子服装与汉族无异。已婚妇女一般都头戴凤冠，即用一根细小精制的竹管，外包红布帕，老、中、青不同年龄的妇女，发间还分别环束黑色、蓝色或红

色绒线。冠上饰有一块圆银牌，牌上悬着三块小银牌，垂在额前，畲族称它为龙髻，表示是"三公主"戴的凤冠。

畲族十分重视祭祖。畲族的传统节日主要有农历四月的分龙节、七月初七、立秋日、中秋节、重阳节、春节等。另外，每年农历二月十五、七月十五、八月十五都是畲族的祭祖日。

水族

我国的水族主要聚居于贵州省三都水族自治县，其他分布在贵州的荔波、独山、都匀、榕江、从江等县及广西的融安、南丹、环江、河池等县。目前，水族人口数为40多万。使用水语，属于汉藏语系壮侗语族侗水语支，水族人民在日常生活中通用汉文。

水族的文化艺术丰富多彩，是祖国丰富文化遗产中的一个组成部分。民间流传着各种形式的诗歌、故事、传说以及剪纸、刺绣和雕刻等工艺美术。民歌内容广泛，形式很多。人们善于用诗歌来表达自己的思想感情，有长篇叙事诗，也有即兴的短歌，反映的内容十分广泛，有对古代人类起源和民族迁徙的叙述，有对美好生活的向往和追求，也有对纯真爱情的热情赞颂。水歌有大歌和酒歌两种，歌唱时，以和声伴唱而不用乐器伴奏。大歌是在日常生活和劳动中唱的歌，酒歌大部分是在婚丧或宴会的场合下唱的歌。水族民间乐器有锣、皮鼓、芦笙、胡琴等。铜鼓是水族传统的乐器，每年喜庆节日都跳铜鼓舞助兴。

水族男女都爱穿青、蓝两色服装。男子穿大襟长、短衫，用青布包头。妇女

水族文化特色的装饰

上身通常穿蓝布大襟无领半长衫，胸前围一块刺有茨藜花纹的围兜，下身穿青布长裤。妇女衣裤四周镶有花边。水族以大米为主食，次为玉米、大麦、红薯等。喜吃糯米饭、鱼类及烧酒、甜酒，并以此作为祭品和节日招待亲友所必需的食品，房屋建筑多系木质结构，历史上多为"干栏"式楼房，现在平房占多数。

水族的热情能够感染身边的每一个人，客人到家主人要主动打招呼、让坐、送水等。节日期间，客人到家，不论认识与否都必须热情招待。待客饮食中以酒为贵，贵客则以杀小猪及鱼招待。猪头、鸡头象征着尊贵，所以鸡头要敬给客人，猪头留作饯行席的供祭品。

水族以前信仰多神，相信万物都有灵。以"六一公""六甲公"为正神。相传是"水书"的创造者。凡遇生死、疾病、灾荒都要请鬼师占卜念经、杀牲祭鬼神，以鱼祭为主要方式。卜法主要有鸡蛋卜。水族古代有石棺墓，其棺椁形似

"干栏"，周围雕刻铜鼓及各种花纹，很有民族特点。清末，曾传入天主教，但信教者很少。

水族有本氏族的历法，与夏历基本一致。不同的是水历以夏历八月为岁末，九月是岁首。从八月底到十月初的4个亥日都是"端"节日子，是水族最为隆重的节日。水语叫"借端"，相当于汉族的春节。节日期间举行赛马和跳铜鼓舞、芦笙舞等活动，并举行盛大的宴会。部分水族过卯节，即以九月卯日为节日。此外还有"额节""霞节""苏宁喜节"等，也过汉族的清明、端午、六月六、七月半等节日。

塔吉克族

我国的塔吉克族主要分布于新疆维吾尔自治区西南部的塔什库尔干塔吉克自治县，其余分布在莎车、泽普、叶城和皮山等县。目前，塔吉克族人口数为4万多。使用塔吉克语。属于印欧语系伊朗语族帕米尔语支；莎车等地的塔吉克族也使用维吾尔语。普遍使用维吾尔文。

塔吉克族的文学艺术丰富多彩，且源远流长。以前，没有文字，靠口头传诵。著名的诗歌《雄鹰》《白鹰》《聪明的宝石》《各式各样的》和《利可司尔水鸟》，总称为"玛卡木"，是诗歌的代表作。特有的乐器为纳依、巴朗孜阔木和热瓦甫。舞蹈多数是双人舞，以模拟雄鹰翱翔为特色。塔吉克族还有独特的戏剧艺术，分为歌舞剧和话剧两种。语言生动幽默，动作滑稽，寓意深刻。歌舞剧《老少夫妻》一剧很有名，它的思想性和

艺术性都很高。塔吉克的工艺美术有刺绣、编织和补花等。

服饰以帽子最具特色，男子一般戴黑绒，圆高筒帽；女子戴圆顶绣花棉帽，帽的后半部分垂有后帘。出门的时候，帽外加披方形大头巾，多为白色，新娘需要用红色，小姑娘也有用黄色的。男女都穿红色长筒尖头软底皮靴。最佳食品是抓肉、牛奶煮米饭和牛奶煮烤饼。不吃猪、狗、驴、马肉以及自死动物。忌用脚踢羊和脚踏食盐。不看羊产羔。交谈时忌脱帽。牧民在村中有固定住宅，通常为土木结构平顶屋。屋内不分间，四周筑有土台为坐卧起居之地。在牧场上使用简陋的矮土屋。四壁没有窗户。靠屋顶的天窗透光、通风。室内不分间，全家男女老少饮食起居都集中在一室。室内四周为土台，上铺毡毯，可以坐卧。在夏秋放牧季节，少数牧民用毡房。

塔吉克族人讲究礼节，热情好客。礼节质朴、亲切。男子相见，互相握手或者互吻手背。妇女相见，长辈吻幼辈的眼或前额，幼辈则吻长辈的手心，平辈互吻面颊和嘴唇。男女同辈相见，女方吻男方的手心或握手。子女和父母相见，要吻父母手心，以示敬重。家庭中最热情的礼节是拥抱。

居民普遍信仰伊斯兰教伊斯玛仪派。清真寺特别少。教徒不封斋，不朝觐。一般群众只在节日礼拜。宗教首领称为"依禅"。各户教徒世代信从某一依禅及其世袭的继承者。

民族和宗教的节日有古尔邦节、乞脱乞迪尔爱脱、巴罗提节、肉孜节、播种节、引水节等。塔吉克族的节日都有浓厚的民族特色。如乞脱乞迪尔爱脱，也就是春节，时间在每年青草就要萌芽的公历3月。家家大搞卫生清洁工作。一大清早，由小孩牵一黄牛到屋内绕行一圈。主人向牛背撒些面粉，喂少许饼后再牵出。接着，全家鱼贯而入。然后互相拜访祝贺。妇女们要给来宾的左肩上撒面粉，以示吉祥。

塔塔尔族

塔塔尔族主要散居于新疆维吾尔自治区境内，比较集中的是伊宁、塔城、乌鲁木齐等城镇。奇台、吉木萨尔和阿勒泰等县的农牧区也有一些塔塔尔族。目前，塔塔尔族人口数为5000多。塔塔尔族使用塔塔语，属阿尔泰语系突厥语族西匈奴语支。因为塔塔尔族与维吾尔族、哈萨克族等族人民杂居，联系密切，所以这两个民族的语言、文字也逐渐成为塔塔尔族的日常用语和通用文字。

塔塔尔族的文化教育事业发展较早，知识分子较多。19世纪末20世纪初，塔塔尔族的宗教人士在伊宁、塔城等

塔塔尔族人

地开办了以宗教教育为主,兼有算术、语文的学校。1941年创立的伊宁塔塔尔学校是新疆最早建立的少数民族新型学校之一。有的塔塔尔族知识分子还到农村、牧区开展教育事业,为新疆教育事业的发展作出了贡献。20世纪30年代初期,塔塔尔族人民建立了塔塔尔剧团,演出的戏剧颇受各族人民的欢迎。

塔塔尔族的乐器种类繁多,著名的有"库涅"、"科比斯"、小提琴等。唱歌、跳舞时也用手风琴、"曼德琳"伴奏。舞蹈活泼,融入了维吾尔、俄罗斯、乌孜别克等族舞蹈的特点,又不失自己的独特风格。男子多踢蹲、跳跃的动作,女子手部和腰部动作多。

塔塔尔族居民多住平顶土房,墙一般很厚,里面粉刷石灰,有的还挂壁毯。塔塔尔族的住宅庭院栽种花木,布置成小花园。牧区的塔塔尔族多逐水草而居,住帐篷。男子喜穿绣花自制衬衣,外加黑色齐腰短背心或者黑色对襟长衫,裤子也是黑色的。小帽有黑、白两色绣花。女子喜欢戴镶有珠子的小花帽,爱穿白、黄或紫红色连衫带绉边的长裙,以耳环、手镯和红珠项链为装饰。

在饮食方面,向来以烹调著称的塔塔尔族妇女善于制作各种糕点。用鸡蛋和面粉制成的小馕精致、可口。节日和待客的食品除了"抓饭"外,还有用奶酪、杏干、大米和用南瓜、肉、大米焙烘的两种糕点:"古拜底埃"和"伊特白里西"是塔塔尔族独有的风味食品。

塔塔尔族人民很讲究礼仪,亲友相见要握手问候,妇女见面多握双手;尊老爱幼,乐于助人。不能在水渠、水池、水井、涝坝附近洗衣服和在坝内洗澡游泳;不许在室内大小便;忌与妇女开玩笑;不

准在住房附近、水源旁边、清真寺周围大小便、吐痰和倒脏水。

塔塔尔族信仰伊斯兰教,生活、习俗等各方面都受到伊斯兰文化的影响。塔塔尔族伊斯兰教徒,需按规定时间程序进行宗教活动:每天做五次"乃玛子"念经;每星期五要到礼拜寺作一次礼拜。主要节日有"开斋节""古尔邦节""撒班节"。

土族

土族主要聚居在青海省东部湟水以北、黄河两岸及其毗连地区,其中大多位于青海省互助土族自治县、民和县、大通县、同仁县等地;还有少数居住于甘肃省天祝藏族自治县,过去各地土族有多种自称,互助、大通、天祝一带的自称"蒙古尔""察罕蒙古",民和县的多自称"土昆",附近藏族称土族为"霍尔",汉、回等民族称之"土人""土民"。中华人民共和国成立后,按照本民族意愿,统一称为土族。目前,土族人口数为24万多。该族使用土族语,属于阿尔泰语系蒙古语族。过去通用汉文,近年创制了以拉丁字母为形式的土族文字,正在试行中。

土族与蒙古族有着密切关系。在互助土族中,广泛流传着祖先来自蒙古人,以及成吉思汗属将格日利特率部留驻今互助县一带,后来与当地霍尔人通婚,逐渐繁衍成土族的传说。过去土族人把格日利特当做本民族的祖先来崇拜。

土族人民能歌善舞,有丰富多彩的民间文学艺术。民间文学全为口头传诵,其中大都可以演唱的叙事诗《拉仁布与且门索》已搬上舞台。土族高级喇

嘛、僧侣也著书立说。歌曲种类繁多,有"安昭""花儿"等,分家曲和山歌。家曲有赞歌、问答歌、婚礼曲等。土族服饰具有独特风格。男女上衣都有绣花高领。男子常穿袖镶黑边的长袍,腰系绣花长带,穿大裆裤,系两头绣花腰带,小腿扎上黑下白的绑腿带,戴毡帽,穿云纹布鞋。妇女穿绣花小领镶花边斜襟衣衫,两袖由五色布做成,外套黑、蓝、紫镶花边坎肩,腰系绣花宽腰带或彩绸带,悬挂花手帕、花钱袋、荷包、小铜铃等。裤腿外夹1尺高裤筒,下沿蓝、黑色搭配镶边,戴各种"扭达"头饰。

土族的饮食习惯与以农业为主兼营牧业的生产特点密切相关。日常的主食以青稞为主,小麦次之。蔬菜很少,主要有萝卜、白菜、葱、蒜等十余种,平时多吃酸菜,辅以肉食。喜欢饮奶茶,吃酥油沙面。喜庆节日,必做各种花样的油炸食品和手抓大肉(猪肉)、手抓羊肉。男子好饮酒,多数人自家酿青稞酒。

土族人禁忌众多,主要有忌吃圆蹄牲畜,即马、骡、驴肉;不能在畜圈内大小便,认为这会影响牲畜的生长;不用有裂缝的碗给客人倒茶;不许问客人"吃饭没有"或"吃不吃饭"等话;忌客人数自己家的羊只;忌在佛堂、大殿内吸烟和大声喧哗;忌从僧侣的跪垫和其他物品上跨过等等。

土族居民原信奉多神教,也有一些人信奉道教。元、明以后普遍崇信喇嘛教,但民间信仰仍然存在。

土族人民的重要节日有农历正月十四日佑宁寺官经会,二月二威远镇擂台会,三月三、四月八庙会,六月十一丹麻戏会,六月十三、二十九"少年"会,七月二十三到九月民和三川地区的"纳顿",等等。此外,与汉民族一样,也过春节、端午节等。

土家族

土家族主要分布在湘鄂川黔毗连的武陵山地区,也就是湖南省西部的永顺、龙山、保靖、桑植、古丈等县;湖北省西部的来凤、鹤峰、咸丰、宣恩、利川、恩施、巴东、建始、五峰、长阳等市县;四川省的酉阳、秀山、黔江、石柱、彭水等县。目前,土家族人口数为802万。使用土家语,属于汉藏语系藏缅语族中的一种独立语言。该族无本民族文字,通用汉文。现在绝大多数人通用汉语;沿酉水流域约有20万人仍使用土家语,有的也兼通汉语。

经过长期的历史发展,形成了土家族绚丽多彩的文化和特有的风俗习惯。《张古老制天地》《梅山打虎》等民间故事流传至今。诗歌内容十分丰富,形式多样,以长篇叙事诗《绵鸡》最为著名。该民族民间音乐品种繁多。声乐包括劳动号子、山歌等。器乐有打击乐、吹奏乐等。音乐界把打击乐"打溜子"誉为"土家族的交响乐",一般用四件乐器演奏,强烈的节奏、快速的旋律令人倾倒。"打溜子"也是"标题音乐",曲牌有《八哥洗澡》《喜鹊闹梅》《火车进山》等固定名目,传统曲牌达到200多套。土家族的戏剧有茅古斯、阴花歌、傩戏、南戏等多种。土家族的傩戏,被称作"中国戏剧的活化石"。贵州铜仁土家族地区,是我国保存傩戏最完整、演出傩戏最多的一个傩文化圈,已经引起国内外专家的关注。

土家族吊脚楼

土家族人民勤恳耕山，善于渔猎，并在冬春季节赶着围猎。主食为包谷、稻米，土家族地区最普及的风味食品是糯米粑粑、米炕腊肉和唐徽。在服饰方面，女装是短衣大袖，右衽开襟，滚镶 2～3 层花边，原着 8 幅罗裙，后改做镶边筒裤；男装为对襟短衫，头缠 2～3 米长的青丝帕。唯有在隆重集会和节日，或偏僻山村，才能见到土家族传统服饰。在住宅建筑方面，土家山乡筑有一种干栏式结构，楼下喂养牲畜或堆放杂物，楼上作姑娘们的闺房，是织布、绣花、绩麻、做鞋之所。这种设计，既克服了山区地势不平的限制，也最大限度地利用了空间；既安全，又卫生；既通风，又防潮。

土家族以前曾流行过姑家女儿必嫁舅家的交错从表优先婚姻。还有兄亡弟收嫂、弟亡兄纳弟媳的收继婚。男女多数是对歌相爱结婚。随着封建经济的发展，婚姻逐步受到财产的限制和父母的约束，直到新中国成立前，盛行封建买卖婚姻。新中国成立后，自由恋爱、婚姻自主多了起来，但在农村父母包办婚姻依然存在。过去多行火葬，送葬时请巫师念经，道士开路，现在受汉族的影响，实行土葬。

在节庆方面，以过四月八、六月六和土家年为主要节日。最隆重的是过土家年。

土家族崇拜祖先，信仰多神。

佤族

我国的佤族主要分布于云南省西盟、沧源、孟连三县，耿马、澜沧、双江、镇康、永德、昌宁、勐海等县也有分布。因为佤族主要分布区在澜沧江和萨尔温江之间的怒山山脉南段展开地带，山峦起伏，平坝极少，所以又称阿佤山区。目前，佤族人口数为 39 万。使用佤语，属于南亚语系孟高棉语族佤语支。无本民族的文字。新中国成立前，英、美传教士为传播基督教而编制了一种佤文，很粗糙，使用范围小。佤族在 1957 年设计一种拉丁字母形式的佤文。

佤族的口头文学丰富多彩，千姿百态，包括人类的诞生、万物的生存、婚丧礼俗和生产生活等众多的方面，是我国少数民族文学艺术中的独具一格的奇葩。口头传说包括神话、传说、故事、格言等内容，其中，以动物或动物与人为主人翁题材的故事特别丰富，喻意深刻，让人感受到芬芳的山地文化特色。

沧源地区自 1965 年以来发现的沧源崖画群，即使尚不能肯定出自佤族先民之手，但它的内容与佤族的历史习俗关系密切。崖画共有 10 处，分布在勐省河流域的半山区，方圆数十里。崖画中的一幅村落图，和阿佤山中心地区 20 世纪 50 年代村寨的结构与分布十分相似，大约有 3000 年左右的历史。

历史上的佤族，男人穿黑色短衣和宽口大裤；妇女着掼头衣和横条花短裙，饰物有项圈、项链、手镯、腰箍等，大部分是银制品或竹藤制品，有的涂上天然色料，有的取决于自然的色彩，几乎是男女老少共同喜爱。随着社会的发展，佤族的服饰也有了变化，出现了长裙、筒裙以及一些较为有时代感的衣着和装饰，但佤族聚居的地区依旧保持着传统的民族特色，且大多数衣服的原料是自种的棉麻，经过自纺自织成布，按他们的传统方式，加工制作的，织出的图案有的像孔雀、白鹇等羽翎，有的像灵猫等毛皮的图案。

佤族的村寨多建在山腰或者小山巅上。在西盟地区有的村寨已有数百年的历史，积聚成数百户的大寨。佤族喜欢住竹楼，部分改住土坯平屋，这是后来才改变的新的住宅形式。竹楼可分为上下两层，上层住人，下层关牲畜。在铁锅传入之前，佤族多用竹筒煮饭，吃饭时，由主妇按人数分，一次平均分完。喜欢嚼槟榔、喝酒，有"无酒不成礼，说话不算数"的说法。佤族人也有饮浓茶的习俗，而喜吃辣椒是男女老少的共同嗜好。

佤族实行薄葬，村寨有共同的墓地，一些地区则保留将亡人葬在竹楼下或竹楼附近的习俗。

新中国成立前，佤族的宗教信仰是原始的自然崇拜，相信万物有灵，认为所有山川、河流和一切不理解的自然现象都有它们的精灵，会给人们带来祸福。佤族最崇拜的是人类最高主宰"木依吉"。部分佤族地区信仰大乘佛教、小乘佛教和耶稣教，它们是近一二百年出现的宗教形式。

维吾尔族

"维吾尔"是本族自称，一般认为有"联合"、"协助"的意思，主要分布在新疆维吾尔自治区，大多集中于天山以南的各个绿洲，也有少数分布在湖南省桃源、常德等县。目前，维吾尔族人口为840 万人。使用维吾尔语，属于阿尔泰语系突厥语族。古代用回鹘文，11 世纪伊斯兰教传入后，使用以阿拉伯字母为基础的老维吾尔文。中华人民共和国成立以后，曾创制以拉丁字母为基础的新文字，20 世纪 80 年代初又恢复使用了老维吾尔文。

维吾尔族有历史悠久、风格独特的文化艺术。文学的体裁、内容都非常丰富，如流传至今的叙事长诗《福乐智慧》等。劳动人民的口头文学丰富多彩。流传极广的《阿凡提的故事》，至今为人们喜闻乐见。革命诗人穆塔里甫在抗日战争时期写出《中国游击队》《战斗的姑娘》等许多热情洋溢、歌颂祖国的诗篇。维尔吾族能歌善舞。传统的舞蹈有顶碗舞、大鼓舞、铁环舞等多种，"赛乃姆"是最普遍的舞蹈。"夏地亚纳"，是一种欢乐的民间集体舞。

维吾尔族农民的住房一般用泥土建筑，靠天窗采光，屋内有壁炉，可烧柴做饭和取暖。有些人家的墙壁上有用石膏雕塑的壁龛，是放置日用品的好地方，也是装饰家庭的艺术品。中等以上人家的住房，可分为夏房和冬房。房前屋后，通常都栽培着桃、杏、苹果、桑树等，门前往往种植葡萄，形成凉棚，有些人家在庭院里种植很多花卉。

维吾尔人雕塑

尔族人民的生活必备品。

维吾尔族植棉和棉织业历史十分悠久。以前一般都穿棉布衣。男子穿的长袍被叫做"袷袢";妇女多在宽袖连衣裙外套穿黑色对襟背心,现在多穿西装上衣和裙子。男女老少都喜欢戴"尕巴",即四楞小花帽。耳环、手镯、项链是妇女喜爱的装饰品。

维吾尔族在以前信仰过萨满教、摩尼教、景教、拜火教和佛教,11世纪后主要信仰伊斯兰教。多数人信仰伊斯兰教中的正统派,即逊尼派,少部分人信仰伊斯兰教中的依部派。中华人民共和国成立后,取消了上层宗教人士干涉司法的特权,不再设立宗教法庭,剥夺了干涉教育、征收宗教捐税等特权,正常的宗教活动受到法律保护。

维吾尔族的节日主要有开斋节即肉孜节,还有古尔邦节,也称库尔班节或献牲节、诺鲁孜节。一年一度的古尔邦节最为隆重,信教群众家家炸油馓子,很多人家宰羊杀鸡。节日开始,男女老少穿上新衣互相拜节,互致节日的祝贺。

维吾尔族农民日常的食品有馕即烤饼,还有面条、抓饭、茶、奶等。待客、节日和喜庆的日子,通常都吃抓饭。集市上出卖的烤肉、烤馕、薄皮包子、小水饺等,都是人们爱吃的食物。瓜果是维吾

乌孜别克族

乌孜别克族主要分布于新疆维吾尔自治区的伊宁、塔城、喀什、乌鲁木齐、莎车、叶城等地。还有一些散居在各地城市。目前,乌兹别克族人口数为12370人,使用乌孜别克语,属于阿尔泰语系突厥语族西匈奴语支。该族通用维吾尔文。

乌孜别克族民间文学丰富多彩,具有浓郁特色,有史诗、叙事长诗、故事、谚语、谜语等。《阿勒帕米西》是流传最广、影响最大、有口皆碑的英雄史诗。乌

孜别克人都会唱歌,民歌、劳动歌、习俗歌等形式多样。

乌孜别克族民间音乐曲调婉转、节奏明快,歌唱时有齐唱、独唱、对唱等表演形式。帕勒海提就是一位当代著名的作曲家和诗人。乌孜别克族的乐器种类有很多,例如"斜格乃琴"、"独他尔"、"热瓦甫"、"坦布尔"等弹拨乐器,手鼓、撒帕依等打击乐器。乌孜别克族舞蹈和维吾尔族舞蹈大同小异,以舞步轻盈、形式多样、身腰柔软、双臂优美舒展、节奏欢快为特色。

乌孜别克族的家庭多是父子、弟兄分居,也有祖孙三代同居的。通婚的范围对同胞兄弟姐妹和不同辈分都有非常严格的限制。有同维吾尔族、塔塔尔族通婚的传统。婚姻必须由父母包办,要彩礼。家庭结婚时间的先后顺序:长者在前、幼者在后。不能与不信伊斯兰教的民族通婚。按照传统习惯,结婚仪式需要晚上在女方举行。举行婚礼仪式由阿訇主持。解放后,乌孜别克家庭很少出现离婚现象。妇女生育时,除接生员、婆母外,丈夫不能进入产房。产妇7天之内不能出屋。乌孜别克的丧葬仪式,一般按伊斯兰教规举行,行土葬。死者去世周年内的每个星期五都要做抓饭请客,以祈祷死者早升"天国"。

乌孜别克族的房屋有很多形式,顶楼呈圆形的称"阿瓦",一般是平顶长方形的土房。房屋墙壁较厚,砌着图案形壁龛。木柱雕刻有各种图案。服装以男女戴各式各样小花帽为特点。男子穿长袍,束三角形绣花腰带。妇女穿连衣裙,宽大多褶,不系腰带。通常穿皮靴,外加浅帮套鞋。妇女的绣花鞋美观别致。现在穿时装与民族装相结合的人越来越多。饮食习惯与新疆其他信仰伊斯兰教的民族一样,忌酒和忌食猪、狗、驴、骡、肉,爱吃牛、羊、马肉及乳制品,一日三餐都吃馕和奶茶。还爱吃土豆炖肉及蜂蜜、糖浆。"那仁"是民族风味食物,多用来待客。用餐时严禁脱帽,更不能穿裤衩、背心去别人家里。

乌孜别克族先民信仰过祆教、佛教,从钦察汗国的乌孜别克汗时代就开始信仰伊斯兰教。历史上伊斯兰教对乌孜别克族的政治、经济、文化等领域产生过重大影口向。自18世纪以来,乌孜别克人在喀什、莎车、伊犁、奇台等地建造了气势宏伟的清真寺。重要节日是伊斯兰教的"开斋节"、"古尔邦节"。

锡伯族

锡伯族是我国人口较少的民族之一。"锡伯"是本民族的自称,集中分布于辽宁的沈阳、开原、义县、北镇、新民、凤城等地和新疆维吾尔自治区,集中在伊犁哈萨克自治州察布查尔锡伯族自治县,以及伊犁河流域的霍城、巩留两县,其余的散居在吉林省的扶余、前郭尔罗斯蒙古族自治县和北京等地。目前,锡伯族人口数为18万多。居住在东北的锡伯族通用汉文和蒙古文。居住在新疆的锡伯族使用锡伯语,属于阿尔泰语系满—通古斯语族满语文。有锡伯文。

锡伯族的文学艺术丰富多彩。有民间文学、民间故事、民歌、宴歌、寓言等。在人民群众中有影响深刻的叙事长诗《率乡曲》《喀什喀尔之歌》等,以及文字优美的散文性书信体裁的《辉番卡来信》等。民歌反映了人民对封建统治的

太平寺

愤恨和反抗，歌颂了劳动人民纯真的爱情和建设自己幸福生活的美好愿望。锡伯族人民能歌善舞。歌曲旋律优美、热情奔放。舞蹈尤以"贝伦"最为有名。乐器有"冬不拉""苇笛""墨克讷"等。刺绣等工艺美术也丰富多彩。还有各种各样的群众性娱乐、体育活动，如射箭、赛马、打秋千等。

锡伯族的居住是同营旗制度相联系的，一个旗就是一个大村落，也是一个作战单位或者生产组织。所以每村都筑有城堡，用于守卫。城堡围长 3～7 里不等，城堡里住着 100～200 户人家。街道井然有序，每户都围有矮墙，住房都是坐北朝南，用土坯筑成，通常是 3 间。房前屋后是果园、菜园和畜圈。

锡伯族的家庭，直到中华人民共和国成立前，依然保持着相当完整的封建家长制。家庭以上有族长。族内同姓不婚，但姑舅、姨婶之间的子女可以婚嫁，并有与外族通婚现象。老年人还继续穿着清末以来的旗装。饮食以米、麦为主食，经常食用烙制的发面饼。不吃狗肉，忌穿狗皮、狐狸皮制品；在屋内不准吹哨，家中有病人、妇女生育，在大门口挂红布条或一束草，禁止外人入内。饲养家畜、家禽。

锡伯族人民由于不断迁徙，吸收了很多外来文化，信奉萨满教、喇嘛教。受到汉文化的影响，他们也信奉"关公""周仓"等神。最有趣的是盛童鬙内太平寺，俗称"锡伯家庙"，本为喇嘛寺，塑有关公、周仓等偶像。西迁的锡伯族也信奉喇嘛教，同时还供奉孔子、关帝、娘娘等神位。

锡伯族的节日与汉、满族大致相同，有春节、清明节、端午节等。但是，过节的方式不太一样。如端午节，他们有泼水、叼羊、赛马等活动。此外，农历四月十八日是锡伯族从东北迁往新疆的纪念日，每年都举行大规模的庆祝活动。

瑶族

瑶族是我国的少数民族之一。自称"勉""金门""布努""拉珈"等。中华人民共和国成立后，统称为瑶族。主要分布于广西壮族自治区和湖南、云南、广东、贵州等省，主要居住在山区。目前，瑶族人口数为263万。瑶族有自己的语言，但支系十分复杂，各地差别很大，有的甚至互相不能通话。该族通用汉语和壮语，无本民族文字，一般通用汉文。

瑶族在长期的生产、生活中创造了具有鲜明民族特色的文化艺术。

瑶族在古代就有了民族起源的神话传说。先秦古籍《山海经》就有盘瓠神话的原始记录。除盘瓠神话外，反映本民族远古社会生活的神话还有《盘古开天地》等。歌谣在文化艺术中占有十分重要的地位，源远流长，内容丰富，有讲述天地万物起源的创世歌，祭祀用的乐神歌和赞扬反抗斗争的革命斗争歌等。这些都展示了瑶族人民的思想、道德观念和社会生活，具有较高的艺术价值。瑶族的工艺美术有印染挑花、刺绣、织锦等，形式多样，内涵丰富，其中的蜡染、挑花出名。

瑶族男女服装主要用青、蓝土布制作。男子喜着对襟无领的短衫，下着长裤或过膝短裤。广西南丹县瑶寨男子喜着绣边白裤；广东连南瑶族男子喜留发髻，插以雉毛装饰，并以红布帕包头。妇女喜穿无领大襟上衣，下着长裤、短裙或百褶裙，在服装的领口、袖口、裙边饰以色彩斑斓的桃花、刺绣，鲜艳夺目。主食以玉米、大米、红薯等为主。日常菜肴有

黄豆、饭豆、南瓜和家禽家畜等。广西金秀大瑶山瑶族利用"鸟盆"捕捉候鸟，腌制为酢，作为款待贵客的美味佳肴。桂北地区的一部分瑶族盛行"打油茶"，具有特殊的风味。瑶族住房有竹舍、木屋和小部分泥墙瓦屋等。房屋一般是一栋三间，中为厅堂，两侧房前部是炉灶或火塘，后部是卧室，屋前屋后，分设洗澡棚或猪牛栏。

瑶族一般不和外族通婚，招赘习俗较为普遍。男女青年婚前恋爱较为自由，利用节日、集会和农闲串村走寨的机会，通过对歌，寻找配偶，双方合意，就互相赠送信物，"各自配合，不由父母"。

瑶族的丧葬因地区和支系不同而有所不同。如"勉支"大都行土葬；"布努支"过去兴岩葬，现行土葬；"拉珈支"瑶族成年人实行火葬、未成年人实行土葬、婴儿行挂葬；连南八排瑶人死后，将尸体绑于椅子上，出殡时，抬轿似的将尸体抬至墓穴入棺，人们称作是"游尸葬"。

瑶族的节日较多，有大节日、小节日之分。大节日包括盘王节、春节、达努节、中元节、社王节、清明节等，小节日却几乎每月都有。

瑶族的宗教信仰比较复杂，有些地区原始的自然崇拜、祖先崇拜或图腾崇拜占有一定地位；有些地区则主要信奉巫教和道教。

彝族

彝族是我国具有悠久历史和古老文化的民族之一，有诺苏、纳苏、罗武、米撒泼、撒尼、阿西等不同称谓。该族主要分布于云南、四川、贵州三省和广西壮族自

具有彝族特色的垛木房

治区的西北部，主要聚居区有四川凉山彝族自治州、云南楚雄彝族自治州、红河哈尼族彝族自治州、贵州毕节地区和六盘水地区。目前，彝族人口数为776万。彝语属汉藏语系藏缅语族彝语支，分为6个方言。1975年制定四川《彝文规范试行方案》，确定819个规范彝字，并开始在四川凉山彝族自治州推广使用。

各地彝族流传许多记载本民族悠久历史文化的彝文手抄本，已发现的达到上千种之多，现已陆续翻译、整理出版，内容涉及哲学、史学、文学、宗教学等方面。还有一些彝文铸铜、碑刻及丰富多彩的民间口头文学。在医药学方面，彝文著作中也保存了大量的资料。

彝族人民多数都能歌善舞。彝族民间有各种各样的传统曲调，有的曲调有固定的词，有的没有，是临时即兴填词。山歌分为男女声调，各地山歌有自己独特的风格。彝族乐器有葫芦笙、马布、巴乌、口弦、月琴、笛、三弦、编钟等。彝族舞蹈也颇具特色，分集体舞和独舞两类，其中多数是集体舞，如"跳歌"、"跳乐"、"跳月"和"锅庄舞"等，其动作欢快，节奏感强，通常由笛子、月琴、三弦伴奏。

彝族服饰，各地不完全相同。凉山、黔西一带，男子通常穿黑色窄袖右斜襟上衣和多褶宽裤脚长裤，有的地区穿小裤脚长裤，并在头前部正中蓄小绺长发头帕，右边扎一钳形结。妇女较多地保留民族特点，通常头上缠包头；还有一些妇女有穿长裙的习惯。男女外出时身披擦尔瓦。

彝族生活中的主要食物是玉米，次为荞麦、大米、土豆等。肉食主要有牛肉、猪肉、羊肉等，喜欢切成大块煮食，汉族叫做"砣砣肉"。大小凉山及大部分彝族不吃狗肉、马肉及蛙蛇之类的肉。彝族喜食酸、辣，有以酒待客的礼节。酒是解决各类纠纷、结交朋友、婚丧嫁娶等各种场合中必不可少之物。

彝族崇奉多神教，主要是万物有灵的自然崇拜和祖先崇拜。自然崇拜中，最主要是对精灵和鬼魂的笃信。人们认为大自然中许多没有生命的东西都附有精灵，一个家庭中凡是祖先遗留下的一切东西，如衣服、首饰、用具，都可附上精灵"吉尔"，认为它具有保护家人的魔力。因为历史上长时期的民族文化交流，佛教传入彝族区已有长久历史。清代初年，道教在一些彝族地区盛行。随着帝国主义势力的侵入，天主教与基督教也先后传入彝族地区。

彝族的节日主要有"火把节""彝族年""拜本主会""密枝节"等。"火把节"是彝族地区最普遍而最隆重的传统节日，通常在夏历六月二十四日或二十五日。每到火把节的这一天，彝族男女老少，都穿上节日盛装，杀牲畜祭献灵牌，尽情唱歌跳舞、赛马、摔跤。

藏族

藏族是中华民族的重要一员,分布在辽阔的青藏高原,主要集中于西藏自治区,以及青海省的海北、黄南、海南、果洛、玉树等藏族自治州和海西蒙古族藏族自治州,甘肃省的甘南藏族自治州和天祝藏族自治县,四川省的阿坝、甘孜两个藏族自治州和木里藏族自治县,云南省的迪庆藏族自治州。目前,藏族人口数为541万。藏族有自己的语言和文字,藏语,属于汉藏语系藏缅语族藏语支,分为卫藏方言、康方言、安多方言3种主要方言。藏文是参照梵文某些字体于公元7世纪前期创制,经过三次修订发展而来,是从左向右横写的拼音文字,通用至今。藏族是汉语称谓,藏族自称"蕃"。藏语对居住不同地区的人也有不同的称谓。

藏族有悠久灿烂的文化,对祖国的文明作出了巨大贡献。7世纪初就有藏文文献传世,最早的有木简木牍、纸卷皮卷、金铭石刻等。吐蕃王朝崇奉佛教,曾设有译场,宋代自内地传入雕板刻经,其典籍著述的丰富可与汉族媲美。藏族书籍装帧是横条散叶梵夹本。藏文大藏经纂成于元代,也就是闻名于世的"甘珠尔"(佛语部)、"丹珠尔"(论部)两大佛学丛书。此外还有哲学、韵律、文字、舆地、医药、历算、史传、全集、文学、小说、诗歌、戏剧、寓言等著述。历史类著作有通史、编年史、宗教史和传记、谱系、地方志等。藏族书法绘画具有很高的艺术水平,藏文楷书庄重工整,行草秀丽潇洒;藏画以铁线描法为主,表现了东方美术

西藏风光

特色,章法严谨,结构完整。雕刻塑像,技艺高超;建筑营造,具有民族特色,举世闻名的拉萨布达拉宫,累积高达13层,金碧辉煌,与山势浑然一体,妙造自然,横跨江河的铁索桥、藤索桥,都有高超技艺和独特风格。藏族医药、历算自成一格。藏剧创始于明代,由民间歌舞发展而成,不设舞台帷幕,演员是男性,有小型道具与面具,并有齐唱帮腔,有《文成公主》等八大剧本,很受群众欢迎,形成中国的著名剧种。

藏传佛教藏语称"囊巴曲",是中国佛教的一支,也称为喇嘛教,在公元5世纪时传入吐蕃。公元978年以后,佛教在藏区分为很多教派。主要有:宁玛派,意思是旧派,俗称红教;萨迦派,意思是灰土派,俗称花教;噶举派,意为教传派,俗称白教;噶当派,意为教诫等。13世

纪中叶,在元朝的扶植下,以萨迦派为主的藏传佛教上层喇嘛掌握西藏地方政权,开始逐渐形成政教合一的社会政治体制。

藏传佛教是大乘佛教,显密俱备,重视密宗。它主张通过实践明显教义的途径,达到修行的目的,还主张通过佛师秘密传授特殊的真言及仪式,达到除恶扬善修行成佛的目的。

裕固族

裕固族多数聚居在甘肃省肃南裕固族自治县境内的康乐、大河、明花、皇城区及马蹄区的友爱乡,还有一部分居住在酒泉市的黄泥堡裕固族乡。裕固族自称为"尧呼尔",元、明时称其为"撒里畏兀",现代称"锡喇伟古尔"、"西喇古儿黄番"。在中华人民共和国成立之初,曾叫做"撒里维吾尔"。1953年经协商,确定以同"尧呼尔"音相近的"裕固"为族称。目前,裕固族人口数为1万多。裕固族现在使用三种语言:一种是西部裕固语,主要是肃南裕固族自治县西部的裕固族群众使用;一种是东部裕固语,肃南裕固族自治县东部的群众使用;再一种就是汉语。裕固族无本民族文字,一般通用汉文。

裕固族本民族的文字虽然已经失传,但是仍然保留着自己优秀的文化传统。包括神话、传说、寓言、民歌、格言、谚语等。其民歌曲调独特,内容多是表达劳动和爱情。《黄黛成》和《萨娜玛可》是流传较广的歌曲。裕固族人民人人会唱歌,历史上有很多职业歌手。近年来,国内外都有人对裕固族民歌作深入研究,发现有些民歌如"摇篮曲"等,还保留着2000年前匈奴民歌完整的曲调,这些曲调由匈奴人传给了裕固人的祖先即铁勒、回纥人,回纥人代代相传,一直传至今天的裕固人。裕固族人还擅长造型艺术,大部分是实用的工艺美术品。例如,编织的各种口袋、毯子等,他们在上面织出美丽的花纹、图案,结构朴素大方。妇女还擅长刺绣,各种图案形象生动,独具特色。

裕固族牧居民住的方形帐房用6根或9根木杆支撑,周围用褐毡搭盖而成,别具一格。男子着高领左大襟长袍,系红、蓝色腰带,戴圆平顶锻镶边的白毡帽或者礼帽,登高筒长皮靴。明花区老人一般还外套马蹄袖,左耳戴大耳环,腰系腰刀、小铜佛等饰品。女子一般穿高领长袍,外套短褂,束红、紫、绿色腰带,戴喇叭形红缨帽,脚登长靴,未婚少女多梳5或7发辫,帽上加一圈绿色珠穗。已婚妇女经常在胸前背后挂戴3条长带形"头面",上用银牌、珊瑚、彩珠等镶成美丽图案。

裕固族人民的饮食与他们从事的畜牧业相适应,一般一天喝3次加炒面的奶茶,吃一顿饭。主食是米、面和杂粮,奶、肉作为副食。他们还喜欢饮烧酒,抽旱烟,不吃大雁、鱼,不吃尖嘴圆蹄的动物,如马、驴、骡、狗和鸡等。

裕固族的婚姻是一夫一妻制,同姓同族间严禁通婚。中华人民共和国成立前,婚姻形式有包办婚姻和帐房戴头婚姻。帐房戴头婚即女子成年时举行戴头仪式,在娘家可另立豆帐房成家,是古老婚制的遗俗。丧葬有火葬、土葬、天葬三种形式。

裕固族主要信奉喇嘛教格鲁派。新

中国成立以前,各部落中还盛行一种原始崇拜,称作"点格尔汗",即"天可汗"。

壮族

壮族是中国少数民族人口最多的民族,主要集中于广西壮族自治区、云南省文山壮族苗族自治州,广东、湖南、贵州、四川等省也有分布。壮族族称来源于部分壮族的自称"布壮"。新中国成立后,统称为僮族。1965年根据周恩来的提议,经国务院批准,把"僮"改为"壮"。目前,壮族人口数为1618万。壮族使用壮语,属于汉藏语系壮侗语族壮傣语支。南宋时已出现用方块汉字构成的土俗字,1955年国家帮助壮族创制了一种以拉丁字母为基础的壮文,并得到了推行。1982年又做了一定的修改,并推广使用壮文。

壮族人民能歌善唱,有定期举行的唱山歌会,称为歌圩。歌圩日期各地不全相同。以农历三月初三为最隆重。大山歌圩有万人以上参加。内容有情歌、求歌、激歌、对歌、客气歌、推歌、盘歌等。被誉为"歌仙"的刘三姐就是歌手的典型代表。歌圩期间,还举行男女间的抛绣球、"碰蛋"等娱乐活动。这期间,各家各户吃五色糯米饭。云南文山一带还唱壮戏。过去,壮族一年种一季水稻,三月初三是备耕时间,歌圩就是为春耕农忙做物质和精神的准备。吃五色饭、五色蛋,有预祝五谷丰登的意思。

在汉族戏剧的影响下,大约是清代,壮族开始出现喜剧。一种是用壮语演唱的壮剧、师公戏;另一种是在民间歌舞基础上发展形成的歌舞剧。壮剧又分成了流行于田林、西林、百色一带的"北路壮剧",是在滇戏的影响下,于民间说唱曲艺"板凳戏"的基础上形成的,吸收了滇戏的唱腔。流行在青西、德保一代的"南路壮剧",是在马隘土戏的基础上,受邑剧影响而形成演唱合一的戏曲形式。

壮族铸造和使用铜鼓已有2000多年的历史。迄今,在壮族地区的绝大多

刘三姐故居

数县份已发掘出不同时期的铜鼓。铜鼓的类型很多，大小不一。鼓面圆平，鼓身中空无底，装饰着各种图案花纹。

壮族服饰各地不完全一致，广西西北部老年壮族妇女多穿无领、左衽、绣花滚边的衣服和滚边、宽脚的裤子，腰间束绣花围腰，爱戴银首饰；广西西南部龙州、凭祥一带的妇女，穿无领、左衽的黑色上衣，包方块形状的黑帕，穿黑色宽脚裤子。男子大部分穿唐装。衣料过去多是自织的土布，现多用机织布。过去有凿齿（即打掉一两颗牙，再装上金牙）、文身习俗，现大都改变。

壮族在饮食方面，喜吃腌制的酸食，以生鱼片为佳肴。主食是大米和玉米。年节时，用大米制成各种粉、糕。妇女有嚼槟榔的习俗。结婚送聘礼时，槟榔是必备的礼物。

壮族除祭祀祖先外，还有自然崇拜，如祭祀山神、水神、土地神等。唐宋以后，佛教、道教先后传入壮族地区。近代以来，一批传教士到壮族城镇建立基督教、天主教教堂，发展教徒，但影响不很深远。

阿昌族

阿昌族主要分布在云南省德宏傣族景颇族自治州的陇川、梁河等县，此外，也有少数分布在盈江、潞西、瑞丽及保山地区的龙陵和腾冲两县，目前人口数为3万多人。该族使用阿昌语，属汉藏语系藏缅语族缅语支，分为梁河、陇川、潞西3个方言。无文字，习惯用汉文和傣文。

阿昌族的歌谣、故事和传说等口头文学非常丰富。民间流传着很多优美的传说，如长篇叙事史诗《遮帕麻和遮咪麻》；长篇叙事诗《曹扎》《铁匠战龙王》；风俗故事《谷稷》《亲堂姊妹》；动物故事《麂子和豹子换工》等。这些诗歌、传说都很朴实，生动感人。"对歌"是青年男女在业余时间十分喜爱的活动，大致可分三种，一种叫"相勒吉"，一种叫"相作"，还有一种叫"相勒摩"。民族乐器有竹琴、洞箫、葫芦笙、三弦、象脚鼓、铜锣等。舞蹈以象脚鼓舞和猴舞最流行。民间体育也丰富多彩，如荡秋千、赛马、舞阿昌刀等。民间工艺美术有刺绣、髹漆、染织、银器制作等，制作都很精细。

阿昌族男子穿蓝、白色或黑色对襟上衣，下穿黑色裤子。妇女服饰因各地习俗不同而略有不同，每逢节日盛会都喜欢佩戴各种银饰。已婚妇女穿裙子，上穿窄长袖对襟衣，用青布包头；未婚妇女穿长裤，上身是浅色对襟衣、盘辫。食物以大米为主，还有薯类、蔬菜、肉类等，嗜酸性食品。阿昌族住房多为砖瓦、木石结构的四合院建筑，正屋住人，两边厢房楼上放粮食等生活资料，楼下是猪圈、牛栏。村寨内房屋较整齐。寨间交通要道一般是石板或碎石路，往来方便。男子出门随身携带褙袋和长刀，男女都习惯肩挑货物，长途运输多用骡马。阿昌族人死后一般行土葬，非正常死亡的必须火葬。

阿昌族人性格开朗，讲礼好客。他们待客礼仪中盛行使用茶坛。到阿昌族家中去做客，主人会先拿出酒壶倒上一小盅酒为来客洗尘，随后又拿出茶坛，放上茶叶，倒上开水，放到炭火上煮一会儿，煮好之后倒进茶杯里，主客一道喝茶交谈。

阿昌族人多数信仰小乘佛教,每年有定期的"进洼""出洼"和"烧白柴"等宗教节日和活动。

阿昌族一年中有较大的几个节日,如赶摆、蹬窝罗,会街节、泼水节、进洼、出洼等都与邻近的傣族相同。此外还有火把节、换黄单、烧白柴等节日活动。

白族

白族是我国西南边疆一个有着悠久历史和文化的少数民族,主要分布于云南省大理白族自治州、丽江、碧江、保山、南华二元江、昆明、安宁等地,贵州毕节、四川凉山、湖南桑植县等地也有分布。目前,白族人口数约为 185 万,使用白语,属汉藏语系藏缅语族。白族绝大部分居民操本族语言,通用汉语文。元明时曾使用过"焚文"(白文),即所谓"汉字白读"。

白族人民在长期的历史发展过程中,创造了灿烂的文化,对祖国的文明作出了贡献。在苍洱新石器遗址中已发现沟渠的遗迹。春秋、战国时期,洱海地区已出现青铜文化。蜀汉时,洱海地区已发展到"土地有稻田畜牧"。唐代白族先民已能建筑苍山"高河"水利工程,灌田数万顷,修治高山梯田,创建了邓川罗时江的分洪工程。

白族在艺术方面独树一帜,在建筑、雕刻、绘画艺术等方面都卓有成就。白族的漆器艺术造诣很高,大理国的漆器传到明代,还一直被人视为珍贵的"宋剔"。八国联军侵入北京时,被帝国主义盗走的"南诏中兴国史画卷",是我国珍贵的文物之一。古代白族有音乐舞蹈

白族歌舞

相结合的踏歌。民间流传的《创世纪》长诗,叙述了盘古开天辟地的故事,追述了白族在原始社会"天下顶太平""百姓肥胖胖"的没有阶级压迫的平等生活。

白族服饰,各地稍有不同。大理等地区的白族男子头缠白色或蓝色的包头,身着白色对襟衣和黑领褂,下穿白色长裤,肩挂绣着美丽图案的挂包。妇女穿白色上衣,外套黑色或紫色丝绒领褂,下着蓝色宽裤,腰系缀有绣花飘带的短围腰,脚穿绣花的"百节鞋",臂环扭丝银镯,耳坠银饰,上衣右衽佩着银质的"三须""五须";已婚者绾髻,未婚者垂辫于后或盘辫于头,都缠以绣花或彩色毛巾的包头。白族人民主食稻米、小麦,山区的则以玉米为主。白族人民喜吃酸、冷、辣等口味,擅长腌制火腿、弓鱼、油鸡棕等菜肴,喜喝烤茶。白族在元代以前盛行火葬。元代以后,因受汉族的影响而改为土葬。

白族崇拜相当于村社神的本主,信仰佛教。本主有的是自然神,有的是南诏、大理国的王子,有的是为民除害的英雄。

"三月街"又名"观音市",是白族盛大的节日和佳期。每年夏历三月十五至二十日在大理城西的点苍山脚下举行。最初它带有宗教活动色彩,后来逐渐变为一个盛大的物资交流会。

保安族

保安族主要聚集在积石山保安族东乡族撒拉族自治县境内,少数散居在临夏回族自治州各县和青海省的循化县。目前人口数约为 1 万多,聚居区的保安族使用保安语,属于阿尔泰语系蒙古语族,大多数人兼通汉语,通用汉文。"保安"系本族自称,古时因信仰伊斯兰教和风俗习惯与当地回族略同,而被称为"保安回"。1950 年根据本族自愿,改名为保安族。

保安族在长期发展中,创造了丰富多彩的文化艺术。在人民群众中流传的民间故事、诗歌、谚语等,内容以叙述民族历史传说、青年男女爱情的居多。保安族能歌善舞,大多数人能唱民歌"保安花儿",这种民歌独具一格,分"保安令""脚户令""六六三"等曲调,即兴编词入唱,优美动听。保安族舞蹈吸收了藏族舞的一些特点,动作节奏鲜明、欢快豪放。男子喜欢奏丝竹乐。

保安族服饰有特殊的地方。男子喜戴号帽,即白布圆小帽,穿白衫,套青布坎肩。并且在节日时戴小礼帽,穿翻领大襟藏式长袍,束腰带,系腰刀,足登长筒马靴。妇女多喜穿紫红、绿色等鲜艳的灯芯绒衣裤。保安族的饮食多以小麦、青稞和玉米为主,一般做成馒头、面条、油香、馓子等;肉食只吃羊、牛肉,忌食血和猪、马、驴等非反刍动物的肉和血以及凶禽猛兽。

保安族人民长期以来信仰伊斯兰教,属逊尼派,也有老教、新教之分。伊斯兰教在保安地区传播,尤其是伊斯兰教各门宦通过政治和宗法手段对族内控制,宗教不仅对保安族人民的社会心理和精神生活,也对保安族的历史、政治、经济和文化各方面都产生过深刻的作用和影响。

保安族的节日活动,除春节等几个节日外,几乎全部节日都属于伊斯兰教的宗教节日。如"开斋节""古尔邦节""圣纪节"等。

布朗族

布朗族主要分布于云南省西双版纳傣族自治州的勐海、景洪和临沧地区的双江、永德、云县、耿马及思茅地区。目前,布朗族人口数约为 9 万多人,使用布朗语,属南亚语系孟高棉语族佤崩龙语支,分为布朗与阿尔佤两个方言。有些人会讲傣语、佤语或汉语。没有本民族的文字,部分人会汉文、傣文。

布朗族的文化艺术丰富多彩,民间有丰富的口头文学,流传着很多优美动人的故事诗和抒情叙事诗,题材广泛。该族歌舞受傣族歌舞影响,跳舞时伴以象脚鼓、钹和小三弦等乐器。布朗山一带的布朗人擅长跳"刀舞",舞姿矫健有力;少男少女爱跳"圆圈舞"。墨江布朗

中华民族园内的鄂伦春族博物馆

族过年过节或婚娶佳期,盛行"跳歌"。

布朗族的服饰,各地基本一致。男子穿对襟无领短衣和黑色宽大长裤,用黑布或白布包头。妇女的服饰与傣族类似,上着紧身无领短衣,下穿红绿纹或黑色筒裙,头绾发髻并缠大包头。过去布朗族男子有文身的习俗,四肢、胸、腹皆刺各种花纹。布朗族人民主食大米,辅以玉米和豆类,饮食喜酸辣,并喜欢烟酒。布朗族的住房建筑为干栏式竹楼,分上下两层,楼下关牲畜,楼上住人。

布朗族大部分人过去信仰小乘佛教,崇拜祖先,行"开门节""关门节""赕佛""堆沙"等活动。

布依族

我国的布依族主要聚居在黔南、黔西南两个布依族苗族自治州及安顺市和贵阳市,在黔东南苗族侗族自治州、铜仁地区、遵义市、毕节地区、六盘水市及云南的罗平、四川的宁南、会理等地也有分布。目前布依族人口数约为297万,使用布依语,属汉藏语系壮侗语族壮傣语支,与壮语有十分密切的关系。布依族在中华人民共和国成立前没有文字,一直用汉文,新中国成立以后创制了以拉丁字母为基础的文字方案。

千百年来,布依族人民在长期的日常生活中,创造了丰富多彩的文化艺术,成为中华民族文化艺术宝库中的珍贵遗产。布依族民间流传着口头文学,有民歌、故事、神话、寓言、谚语、歇后语和谜语等。尤以民歌最具特色,种类有古歌、叙事歌、情歌、酒歌和劳动歌等;形式有独唱、对唱、齐唱和重唱;曲调分"大调""小调"两种。"大调"用在婚丧等隆重的场合,音调高昂大方,引人入胜。"小调"则在月夜谈情说爱的时候唱,音调柔和、婉转、十分动听。布依族常见的舞蹈有织布舞、狮子舞等,动作和谐,矫健轻捷。乐器有唢呐、月琴、姊妹箫、锣等。铜鼓是十分受珍视的传统乐器,遇隆重节庆方能敲击,在丧葬和祭祀中须由鬼师敲击。布依族工艺美术以蜡染素负盛名,色调淳朴,图案美观。编织品有荔波竹席和平塘斗笠,驰誉四方。

布依族的服饰特色是洁净淡雅、庄重大方。男子穿对襟短衣或长衫,包蓝色或白底蓝方格头巾。妇女大部分穿右大襟上衣和长裤,或套镶花边短褂,或系花围腰,也有着大襟大领短袄,并配蜡染百褶长裙的,在节日里还佩戴各式各样的银质首饰。布依族村寨多依山傍水或建于河谷平坝上,房屋是带有地区特点的"干栏"楼房,上层住人,下层圈牲畜和存放柴草。

布依族的葬礼近代实行棺葬,须请巫师开路,有砍牛办斋超度死者的,称之为"打嘎"。

布依族在新中国成立前，普遍信仰鬼神，崇拜祖先，也有人信仰天主教和基督教。

节日除春节、端午节和中秋节外，还有"四月八""六月六"。"四月八"也称"牛王节"，须蒸糯米祭祖和给牛吃，并让牛停止耕种一天。"六月六"是布依族的隆重节日，仅次于春节，布依语称"更将"，布依族赋予它各种神话传说，有的地区相传为纪念布依族起义领袖的节日。

朝鲜族

朝鲜族主要分布于黑、吉、辽三省，还有一些则散居在内蒙古自治区和北京、上海、杭州、广州、成都、济南、西安、武汉等内地大中城市。其中吉林省延边朝鲜族自治州多数居民使用朝鲜语和朝鲜文，杂居地区的朝鲜族通用汉文。目前，朝鲜族人口数约为192万多人。

朝鲜族人民具有悠久的民族文化艺术传统，能歌善舞，节日或劳动之余，人们都喜欢用歌舞来表达自己的感情。家庭中遇到喜事，便高歌欢舞，形成有趣的"家庭歌舞晚会"。伽椰琴弹唱、顶水舞、扇子舞、长鼓舞等都是受人喜爱的传统歌舞节目。朝鲜族歌曲具有旋律流畅、婉转、明朗等特点，著名的歌曲有大合唱《长白之歌》、独唱《闺女之歌》等，著名的民歌有《桔梗谣》《阿里郎》等，朝鲜族人几乎人人会唱。

朝鲜族的体育活动也很有特点。摔跤是他们古老的体育和娱乐活动。踢足球更是男子普遍爱好的体育活动，从乡村到城市一般都有自己的足球队，一般小学四年级以上的学生就组织踢足球。近年朝鲜族又出现了一些女子足球队。每逢节、假日，常常举办以足球为中心的多种体育比赛。因为足球运动普及，延边已成为全国闻名的"足球之乡"。荡秋千和跳板是妇女喜爱的娱乐和体育活动。

朝鲜族人非常重视教育，早在20世纪30年代初，就兴办了很多学校。解放后，各地纷纷建立"家长会""董事会"等民间办学组织，自筹资金办起了几百所中小学。1949年在延吉就创办了全国第一所少数民族综合大学——延边大学。后来陆续创办了延边医学院、延边农学院、延边教育学校等高等院校和延边艺术学校等十几所中等专业学校和1000多所中小学校。如今各级教育网已经形成。各类院校造就出的一代代朝鲜族的高、中级知识分子，遍及中央、省和朝鲜族地区的各条战线。在延边地区还建立了各种成人教育学校，农业、林业、文、史、教育等各种科研团体，为延边的发展作出了突出贡献。

朝鲜族人比较喜爱素白服装。妇女服装多为短衣长裙，叫"则高利"和"契玛"。男子服装为短上衣，外加坎肩，裤腿宽大，他们外出时多穿斜襟以布带打结的长袍，现在多数人改穿制服或西服。朝鲜族的主要食粮一般是大米、小米，辣泡菜是不可缺少的菜。喜爱吃打糕、冷面、大酱汤、辣椒和狗肉。

朝鲜族的节日除了有春节、清明节、端午节、中秋节等之外，还有3个家庭节日：婴儿诞生一周年，回甲节（60大寿），回婚节（结婚60周年纪念日），每到后两个喜庆日，子女、亲友、邻居都向老人

祝寿、祝福。

　　朝鲜族信仰宗教的人较少。少数信教者有的信佛教,有的信基督教或天主教。近年来,因为受到韩国的影响,在我国朝鲜族中,信仰基督教的人越来越多。但朝鲜族没有全民性的统一宗教。

达斡尔族

　　达斡尔族主要分布于内蒙古自治区莫力达瓦达斡尔族自治旗、鄂温克族自治旗、布特哈旗、阿荣旗及黑龙江省齐齐哈尔市区、梅里斯区、富拉尔基区、龙江县、富裕县、嫩江县、爱珲县,少数居住在新疆塔城县。目前,达斡尔族人口数为13万多人,使用达斡尔语,属阿尔泰语系蒙古语族。该族无本民族文字,主要使用

汉文,少数人也用满文、蒙古文和哈萨克文。

　　达斡尔是农业民族,它的农业文化起自唐末,并且是逐步向汉族学习,接受汉族农业文化影响发展起来的,从而开始了定居生活,形成了本民族的农业文明。表现在语言方面的特点是,词汇中细腻地反映了谷物、蔬菜、野兽、野禽、家畜、家禽名称。从细腻的味觉名称可以看出,达斡尔人在饮食上的讲究。在文字方面的特点是:远在辽国时就创制过契丹大小字,后因使用面不广泛而失传。达斡尔人并没有因文字失传而停止对文化的追求,他们又致力于学习满文、汉文、哈萨克文、维吾尔文,在清代,就设有满文学堂。同时,从21世纪初起,就努力开创自己民族的文字,这种努力,今天还在持续着。在文学艺术方面的突出特

点是:既反映农业生活,又反映牧猎渔业生活,还保留萨满教的祷词歌词。在哲学思想方面的特点是:崇尚勤劳聪慧,齐心协力,崇尚不平则鸣,敢于与恶势力作斗争。在价值观念方面的特点是:做保家卫国的英雄有价值,努力劳动维持一家老小生计有价值。

达斡尔族民间文化活动丰富多彩。已搜集的用满文拼写的达斡尔语手抄本中,包括清代达斡尔文人阿拉布丹的《蝴蝶花的荷包》《四季歌》等数十篇优秀作品。叙事诗《鸟春》、民歌《扎恩达勒》和民间歌舞《鲁日格勒》(即《哈库麦》),真实反映了达斡尔族的生产和生活,为人们所喜闻乐见。世代相传的民间美术、剪纸、刺绣、玩具等,是妇女们的手工艺品。达斡尔族传统的运动是曲棍球运动,近年来获得很大发展,该族曲棍球队员成为国家队主力之一,该族所在地区享有"曲棍球之乡"的声誉。

达斡尔族的男子夏穿布衣,外加长袍,用白布包头,戴草帽,足踏皮靴;妇女穿长袍,以蓝色为主,夏日喜穿白袜、花鞋。他们最大的节日是春节,节日里每个人都着盛装,逐户拜年,妇女们互赠礼物。达斡尔族主食是加牛奶的稷子米饭和荞麦面、饼等,肉食的制作以晒肉和煮烤肉为主。

达斡尔族的村庄有着独特风格,多依山傍水,院落整齐。高大的"介"字形草房都朝南,内壁和天棚有很多装饰,房外围着用红柳条编织的各种花样的篱笆。

达斡尔族信仰萨满教,这是一种集自然崇拜、图腾崇拜和祖先崇拜之大成的原始宗教,供天神、山神、火神、河神、财畜神等。原来每个氏族都有自己的萨满主持宗教活动。还有少数人信仰喇嘛教。

傣族

我国傣族主要分布于云南省西双版纳傣族自治州、德宏傣族景颇族自治州和耿马傣族佤族自治县、孟连傣族拉祜族佤族自治县,其余散居在云南省的新平、元江、金平等三十余县。居住山间平原地区,属于亚热带气候。目前,傣族人口数为115万多人,使用傣语,属汉藏语系壮侗语族壮傣语支。本族有拼音文字,各地不完全相同,20世纪50年代还进行了文字改革。

傣族的家庭和婚姻过去带有明显的封建色彩,特点是等级内婚。土司之间实行严格的等级内婚,盛行一夫多妻制,还流行召赘上门的习俗。傣族通行土葬,贵族与贫民的葬地是分开的。和尚、佛爷死后,先行火葬,再用瓦罐盛骨灰埋于寺后。

傣族的男子着无领对襟或大襟小袖短衫,下身穿长管裤,多用白布或青布包头。傣族文身的习俗很普遍,男孩到十一二岁时,就请人在胸、背、腹、腰及四肢刺上各种动物、花卉、几何纹图案或傣文等花纹做装饰。妇女传统着窄袖短衣和筒裙。西双版纳的傣族妇女,着白色或绯色内衣,腰身细小,下摆宽,下着各色筒裙。内地傣族妇女服装与边疆大体相同,但有地区性特点,往往因此被其他民族呼为"花腰傣""大袖傣"等。傣族的饮食以大米为主,德宏地区的吃粳米,西双版纳等地的喜欢吃糯米。爱酒和酸辣

傣族的竹楼

食品,好吃鱼虾等水产,普遍有嚼槟榔的习惯。村寨大多建在平坝近水的地方,翠竹掩映,溪流环绕。干栏式建筑是傣族住房的特点,分为上下两层。德宏多数地区的傣族住平房,土墙茅顶。

傣族的宗教信仰,与其社会经济发展有着十分密切的关系。过去边疆傣族普遍信仰小乘佛教,同时保留着原始鬼神崇拜的思想。农村中佛寺很多,其组织系统与封建统治机构的组织系统配合密切。在西双版纳,过去未成年男子几乎都要经历一段僧侣生活,识字念经,然后还俗回家,有的直接修身为僧。佛教对傣族的日常生活、风俗习惯都具有明显影响。

傣族人民的节日多与宗教活动密切相关,主要有关门节、开门节、泼水节等。

德昂族

我国的德昂族主要集中在云南省德宏傣族景颇族自治州和镇康、永德、保山等县,分布面积达3万多平方千米,是一个大分散小聚居的民族。德昂族大多数的村寨都是和景颇、佤、汉等族杂居。目前,德昂族人口数接近2万人。德昂族语属于南亚语系孟高棉语族佤德语支,分为"布雷""汝买""若进"3个方言。该族至今无文字。

德昂族民间有着绚丽多彩的刺绣、建筑和雕刻等艺术生活。建筑、雕刻艺术在德昂人的历史上有过光辉灿烂的时代,如今一些地方仍保留着许多德昂人精湛的建筑遗迹,如陇川县城东的德昂女王宫殿、德昂城、石拱桥等遗址,都是古建筑的代表。德昂族的图案雕刻技艺一方面是表现在古建筑上,如潞西佛寺中的挂枋、板壁上常见的浮雕;另一方面则普遍反映在日常用品上,在德昂人的腰箍、耳坠、银手镯、银烟盒、衣服等用品上有很多图案,图案多为对称的双手、双鸟、花草之类。德昂人还有很高的制砖和制陶技术。德昂人的陶器有陶罐、陶花瓶、陶纺轮、土碗等,常见的上釉陶罐制作精细,主要呈鸭蛋绿和紫红色,表现出高超的制陶技术。

德昂族还有丰富的口头民间传说、故事、诗歌、谚语等,通过世代相传,保留下来。有揭露反动统治者罪恶的,如《兔子制土司》;有反映男女爱情生活的,如《芦笙哀歌》《彩虹》等。乐器有象脚鼓、芒锣、葫芦笙、小三弦等。德昂族的舞蹈有象脚鼓舞、水鼓舞等。

德昂族的服饰具有浓郁的民族特色,表明了本民族独具的审美观及其对美的追求。德昂族妇女服饰的特别在于以"藤篾缠腰"为饰。传说古时候德昂女子是满天飞的,男子为了将女子拴住,便用藤篾做圈,套住女子的腰,久之而成俗。德昂族妇女的裙子多为彩色横纹长裙,上可遮胸,下到踝骨,并织有鲜艳的彩色横线线条,不同支系在色彩、条纹上有显著的区别。德昂族妇女的头饰十分特殊,妇女不留长发,剃光头,绕包头,包头两端如发辫垂在背后。德昂族的装饰品中特别引人注目的是五色绒球。在缝制衣服时,要在下半部用红、黄、绿等色水绒球镶上一圈长方形的空格,中间再绣上花。男子头裹黑布或白布包头,戴大耳坠、银项圈,多穿蓝黑色大襟上衣,裤短而宽大。现在青年发式与汉族相同,已不戴沉重的首饰。竹楼是各地德昂族共同的住宅形式。现在部分德昂族的住宅与附近汉族的平房一样,多家同住的大竹楼也已被各家各户的小竹楼所代替。

以前,德昂族群众普遍信仰小乘佛教,多数村寨都有自己的佛寺以及小和尚。佛爷都识傣文,诵傣文经书。他们的生活,除宗教节日由群众布施外,平日由全寨人家轮流供食。各地德昂族信奉不同的教派,有的可以喂养牲畜或杀牲,有的则严禁杀牲,甚至即使野兽严重危害庄稼也不许打猎;每逢宗教节日和忌日都不能从事生产。德昂族除信佛外,也信原始宗教的鬼神。

德昂族的节日有泼水节、关门节、做摆、烧白柴等,多数带有宗教色彩。

东乡族

东乡族因居住在河州,即今甘肃临夏和东乡地区而得名,该民族自称"撒尔塔"。中华人民共和国成立前,东乡族被称为"东乡回回""东乡蒙古""东乡土人"等。东乡族主要分布于临夏回族自治州东乡族自治县境内,少数散居于甘肃兰州市和广河、和政、临夏等县及新疆伊犁地区。目前,东乡族人口数约为51万,使用东乡语,属于阿尔泰语系蒙古语族。大部分人会说汉语。该族无本民族文字,通用汉文。

东乡族有自己丰富多彩的民间文学和艺术传统,不仅有古老的史诗、传说、故事、民歌,也有富于一定讽刺和哲理性的笑话、谚语和谜语。长篇叙事诗《战黑那姆》和《璐姑娘斩蟒》都脍炙人口。

东乡族特色手抓羊肉

《白羽飞衣》等童话故事颇有教育意义。现代民族文学领域，东乡族人民涌现出了不少作家。其中著名诗人汪良玉的长诗《米拉朵黑》非常著名。

东乡族人民的民歌感情真挚，风格多样，主要分为三种类型：劳动歌谣、花儿、婚礼歌。东乡族在传统婚姻关系上，还保留"阿哈交"观念的婚俗。所谓"阿哈交"，是一种宗族或家族的残余形式。一个"阿哈交"包括有血缘关系的上百户，辈分最高的年长者，称为"当家"。同属于一个"阿哈交"的男女不允许婚配，违者将受到谴责。寡妇再嫁，同辈亲属有优先权。以包办婚姻为主，男女十六七岁就能举行婚礼，但现在按我国《婚姻法》法定年龄结婚的男女越来越多。

近几十年来东乡族在服饰方面变化较大，并开始与汉族和回族的服饰接近，其特点主要表现在头饰上。男子一般戴白色或黑色的无檐小帽，称为"号帽"；妇女一般戴丝、绸制成的盖头，少女及新婚少妇戴绿色的，中年妇女则戴青色的，年老妇女要戴白色的，盖头一般要长到腰际，头发全被盖住。现在一些参加工作的年轻妇女，为了劳动和工作方便已不再戴盖头，而喜戴一顶白色小帽。东乡族男子不留长发，但习惯留胡须，这与回、保安和撒拉等信仰伊斯兰教的民族不一样。

东乡人的食品基本以小麦、青稞、玉米和豆类、马铃薯为主食。通常人们的面食种类有馒头、面条、油香等。最负盛名的"拉拾哈"，也叫"拉面"或"刀削面"、炸油香、"尕鸡娃"等饮食为招待客人的重要食品。其中吃"尕鸡娃"很有讲究，把整鸡各部位分为13个等级，"鸡尾"最为珍贵，一般献给席上的长者或尊贵客人吃。

东乡人由于宗教关系，保持着良好的沐浴习惯，分为"大净"和"小净"。"小净"每天洗，保持手、脚、口腔、面部、鼻孔的干净。"大净"，每周一次，保持全身洁净。每逢节日前，人们普遍要沐浴。在禁忌方面，东乡人因宗教原因，禁食猪、狗、马、骡、驴肉，忌说猪；不食动物的血；禁带污浊之物进墓地和清真寺；不能用食物开玩笑；忌在人面前袒胸露背；禁忌递烟敬酒。

东乡族信仰伊斯兰教，分为两大教派：格底目与伊赫瓦尼，或称老教与新教。老教中有四大门宦。新教不设"门宦"制度，并宣称恢复伊斯兰教的正统信仰，得到广泛的拥护与支持。

主要节日与其他信仰伊斯兰教的民族相同，有"开斋节"、"古尔邦节"、圣纪日。

侗族

我国的侗族分布于贵州省的黎平、从江、榕江、天柱、锦屏、三穗等地，湖南省的新晃、靖县、通道等地，广西壮族自治区的三江、龙胜、融水等县。目前，侗族人口数约为296万，使用侗语，属于汉藏语系壮侗语族侗水语支，分南、北部两个方言。该族原无文字，沿用汉文，1958年启用了拉丁字母形式的侗文方案。

侗族的文化艺术丰富多彩，有"诗的家乡，歌的海洋"的美誉。侗族诗歌的韵律非常严谨，题材广泛，情调健康明朗，抒情诗歌优美细腻，感情真挚；叙事诗歌委婉曲折，意味深长，是侗族民间文学的极为珍贵的文化遗产。诗歌歌词多以人类起源、民族迁徙和习惯为题材,具有史料价值。以《珠郎娘嫫》《莽岁》等流传最广,音乐曲调复杂优美。一领众和、多声合唱的"大歌"声音宏亮,气势磅礴。琵琶歌,因以琵琶或加"格以琴"伴奏而得名,曲调欢快流畅,为侗族所特有。民间的故事传说,形式多样,题材广泛,情节曲折,引人入胜,表现手法极具浪漫性,表现了侗族人民丰富的想象力和追求光明、战胜邪恶的美好愿望。芦笙舞是由舞者吹奏芦笙边吹边舞的集体舞蹈。乐器除上述者外,还有侗笛、唢呐等。刺绣是侗族妇女擅长的工艺,她们在服饰上刺绣各种花纹、人物、禽兽等形象生动、色彩绚丽的图案。先用靛染,后涂蛋白的"蛋布",是侗族固有衣料。

侗族人擅长石木建筑,鼓楼、桥梁是其建筑艺术的结晶。鼓楼是木质结构,以榫头穿合,不用铁钉。有三五层乃至十五层,呈4面、6面或8面倒水,高4~5丈,飞阁重檐,形如宝塔,巍峨壮观,是族姓或村寨标志,也是公众聚会和议事的场所。

侗族人民大都穿自纺、自织、自染的侗布,喜青、紫、白、蓝色。男子装束在远山区穿右衽无领短衣,着管裤,围大头帕。妇女装束各地互有差别,有着管裤、衣镶托肩、钉银珠大扣、结辫盘头者;有着大襟衣、大裤管、束腰带、包头帕、绾头髻者;也有着汉装者,一般都喜欢戴银饰。侗族人民以大米为主要食物,平坝地区以粳米为主,山区则多吃糯米,普遍喜食辣椒和酸味。他们自行加工的"酢鱼""酢肉",贮藏十数年不变质。用油茶待客,是侗族人民的一种好客习惯。侗族的村落依山傍水,南部地区最有特

色,村头寨尾多有古树,溪流上横跨"风雨桥",寨中鱼塘四布。

侗族人民信仰多神,崇拜自然物,古树、巨石、水井、桥梁均属崇拜对象。以女性神"萨岁"为至高无上之神,每个村寨都建立"萨岁庙"。用鸡卜、草卜、卵卜、螺卜、米卜、卦卜测定吉凶。

侗族的节日以春节、祭牛神、吃新节较为普遍。有些地区还在10月或11月过侗年。由于民族之间的交往,侗族还有清明、端午、中秋、重阳等节。

独龙族

独龙族主要分布在云南省怒江傈僳族自治州贡山独龙族怒族自治县的独龙河两岸,也有少数散居在贡山县北部的怒江两岸。目前,独龙族人口数约为7000多人,使用独龙语,属汉藏语系藏缅语族,与贡山怒语基本相通。该族没有本民族文字。

独龙族是个喜爱歌舞的民族,无论是生产、收获、狩猎、建房、节庆,都喜欢用歌舞来表达自己的感情,倾诉内心的情感。跳舞时伴奏的乐器有口弦、硭锣、笛子、皮鼓等。口弦一般由妇女来弹,边跳边唱,还要喝酒。每个成年男女都善于触景生情,即兴编歌或就地起舞。跳舞时,有的是男一排女一排,相对而舞。跳舞者有的挥刀持弓,有的攀肩拉手,一个个情绪激昂,舞姿健美,体现出独龙人粗犷、勇敢的气质和风貌。

独龙人过去的衣着是男女均穿麻布衣,穿时由左肩腋下抄向前胸,露右背,用草绳或竹针拴结,披落自如。男人下着短裤,平时喜佩砍刀和箭包。男女都

喜欢蓄发,发式前齐眉,后齐肩,左右盖耳,男女没有区别。妇女戴耳环、珠子,腰系染色的细藤圈,出门腰挂小篾篓,下身多系花色麻布围裙。女子有文面的习俗。独龙族的主食为大米、小麦,独龙族喜饮水酒、喝茶和抽旱烟。独龙族住房多为木房或竹房,竹房与木房结构形状类似,只是用料以木或以竹为主。

独龙族的家庭虽已基本确立一夫一妻制,但还保留着过去的一些原始群婚和对偶婚俗,有一夫多妻现象,是妻姊妹婚及转房制的结果。

独龙族以前相信万物有灵,崇拜自然物,信鬼。认为风、雨、电、雷、高山、大水等皆有鬼。鬼会降祸于人,人们为了祈福免灾,便不惜花费大量牲畜农产品来祭鬼。独龙族祭鬼由巫师进行。

独龙族唯一的节日是过年,在农历腊月,没有固定的日期,节日的长短视食物的多少而决定。

俄罗斯族

俄罗斯族是俄罗斯移民的后裔,主要集中在新疆维吾尔自治区的伊犁、塔城、阿勒泰和乌鲁木齐等地。目前,俄罗斯族人口数约为1万多人,使用俄罗斯语,属印欧语系斯拉夫语族,通用俄文。

俄罗斯文学在世界文化中占有非常重要的地位,其主要来源是俄罗斯人的祖先为后辈留下来的口头文学遗产,如歌颂勇士的长篇史诗、童谣、谚语等。特别是在19世纪初,俄罗斯的文学遗产对我国俄罗斯族的文化有一定的影响。

中国的俄罗斯族的生活习俗基本与俄罗斯的俄罗斯人一致。俄罗斯族妇

俄罗斯族的传统服饰

女,上身穿粗布上衣,外面套一件无袖、高腰身、对襟长袍,下身穿毛织长裙。男子的内衣是斜领衬衫和细腿裤,头戴呢帽或带耳罩的毛皮帽。如果赶上节庆,花色鲜艳一些。春秋季节穿粗呢长袍,冬季穿羊皮短外套或皮大衣。夏季,农民还穿一种用桦树或柳树皮条编成的草

鞋,冬天着毡靴或毛皮鞋。未婚少女梳发辫,爱戴色泽艳丽的四方头巾,戴耳环等饰品。现在的俄罗斯族男女大都喜欢穿现代服装。俄罗斯人以面食为主。面包、馕、各种馅饼等为主食,有种叫"克瓦斯"的低度饮料是俄罗斯人喜欢的饮品。俄罗斯人禁食驴、马肉,有的也不吃猪、狗肉。

俄罗斯族很讲究礼节,见面时要打招呼。或鞠躬行礼、握手。在社交中,接吻礼节也比较盛行。在给人递烟时,不得单递一支,而要递烟盒,点烟时,不能一根火柴点三个人的烟;吸烟借火时,不能拿对方的烟。妇女在长辈或客人面前,必须戴头巾,以表示尊重。最隆重的传统礼节是用面包和盐待客人,象征善意和友谊。来客须用刀子切下面包沾少许盐吃后方可进屋,过去是用于迎新娘和贵宾,现在也用于一般社交场合。该族吃饭用过的刀、叉、勺不许放在桌布上,要搭在盘沿上。俄罗斯人忌送黄色礼品,认为黄色代表不忠诚,蓝色代表友谊。

俄罗斯族最初信奉多神教,近代他们改信东正教。解放后,我国实行宗教信仰自由的政策。中国的俄罗斯族有信仰东正教的,有信仰基督教的,不信教的人也越来越多。主要节日有复活节、圣诞节、洗礼节等。东正教的圣诞节开始于1月7日,为期共3天。

鄂伦春族

"鄂伦春"这一名称始见于清初文献的记载。《清太祖实录》卷五十一在一份奏报中首次提到"俄尔吞";康熙二十二年(1683年)九月上谕中称之为"俄罗春",此后才较统一地以鄂伦春名称来称呼他们。鄂伦春一词有两种含义:一是使用驯鹿的人,一是山岭上的人。目前,鄂伦春族人口数为8000多人,主要分布于内蒙古自治区呼伦贝尔盟鄂伦春自治旗、布特哈旗、莫力达瓦达斡尔族自治旗,以及黑龙江省呼玛、爱珲、逊克、嘉荫等县。该族使用鄂伦春语,属于阿尔泰语系满—通古斯语族通古斯语支,无本民族文字,通用汉语,也有部分鄂伦春族用蒙古文。

在长期的狩猎生产和日常生活中,鄂伦春人创造了丰富多彩的精神文化,有口头创作、音乐、舞蹈等。口头创作是鄂伦春人主要的文学形式,他们的神话、传说、民间故事、歌谣等广泛地涉及民族历史、社会、狩猎采集、风土人情、生活习

鄂伦春族少女

俗等各个方面的内容。古老的族源神话《恩都力创造了鄂伦春人》、神话《伦吉善和阿伊吉伦》《白衣仙姑》等，涉及鄂伦春先民对人类起源的探索的生活、英雄人物事迹的描述和歌颂。鄂伦春族的民歌，多以固定的曲调即兴编词歌唱，种类很多，风格多样，特别是新民歌，内容十分丰富。谚语、谜语，是后期发展起来的文学形式，是生产劳动的反映，是生活经验的总结和智慧的结晶。这些口头文学丰富了中华民族文学艺术的宝库。

鄂伦春族能歌善舞，他们载歌载舞，表现了劳动生活的丰富内容。《熊舞》《野牛搏斗舞》《树鸡舞》《依哈赖舞》等都是表现猎人对野兽、飞禽的观察以及生产过程的模仿，"假面舞"是融进了宗教内容的由"萨满"跳的祈求狩猎获得丰收的祭祀舞。乐器有铁制的一种口琴、手鼓。鹿哨、狍哨既是生产工具，也是早期的乐器。鄂伦春族在载歌载舞时，常用这些乐器伴奏。

鄂伦春族妇女绝活是给猎手制作"密塔哈"，即狍头帽子。这帽子是用整个狍子的头颅，去掉骨肉后，保留狍头上的毛、角、耳朵、鼻子和口，精心编制而成。戴上这种帽子可以诱惑猎物。鄂伦春人住森林、走森林、吃森林、穿森林。衣、食、住、行都得利于大森林的赐予。

鄂伦春族信仰具有自然属性和万物有灵观念的萨满教。这种宗教与该民族特有的原始观念是紧密地结合在一起的。他们的宗教形式，表现为自然崇拜、图腾崇拜和祖先崇拜，"萨满"即巫师，是沟通神与人之间的使者。萨满教信奉的神灵相当多。鄂伦春族崇拜的自然神有太阳神、月亮神、北斗星神、风神、雨神等。除自然崇拜外，鄂伦春先民还崇拜"牛牛库（熊）"、"老玛斯（虎）"图腾，鄂伦春人忌讳直乎熊、虎名，而是改称它"宝日坎""诺彦""乌塔其"。鄂伦春族对祖先崇拜十分盛行，而且现在也如此。

鄂温克族

祖国东北边疆额尔古纳河的东岸，屹立着贯穿南北的大兴安岭。额尔古纳河以南、大兴安岭以西是一望无际、壮阔美丽的呼伦贝尔大草原。在这茂密的山林、草原地区，居住着勤劳勇敢的鄂温克族。鄂温克族共有2.6万多人，主要分布于内蒙古自治区呼伦贝尔盟的鄂温克族自治旗、陈巴尔虎旗、扎兰屯市、阿荣旗、额尔古纳市、莫力达瓦达斡尔族自治旗、鄂伦春自治旗等地，人口少但分布广，主要与蒙古族、达斡尔族、汉族、鄂伦春族等民族混合杂居。鄂温克族的语言分为海拉尔、陈巴尔虎、敖鲁古雅三种方言。牧区通用蒙古语文，农业区和靠山区通用汉语文。

鄂温克族特别喜欢唱歌。他们的民歌豪放气派，富有草原气息。有很多歌曲是他们用同个曲调，在不同场合填上不同的词，吐露心中的喜怒哀乐。那悠扬奔放的旋律，表现了生活在森林中和草原上的鄂温克人宽广的胸怀、质朴的性格。在那里，民歌既是歌也是诗，都是通过唱来表达的，有长有短。短的大部分是抒情歌，长的叫故事歌。鄂温克族不仅擅长歌唱，也爱好舞蹈。他们喜欢舞步简单、生动活泼的集体舞，大多数通过妇女舞蹈来表现鄂温克族的生产和生活，主要有"阿罕拜""爱达哈喜楞舞""哲辉冷舞"等。

鄂温克族妇女擅长刺绣、雕刻、剪纸等工艺。图样大部分取材于生产、生活，具有独特的民族风格。过游猎生活的鄂温克人，善于用桦皮和蘑菇为原料，用刀和剪子剪成各种飞禽走兽，并制作儿童玩具，还擅长在器皿上刻绘美丽的花卉图案。鄂温克族民间还有不少的剪纸艺人，他们能用纸剪成各种动物，形象逼真、美观，栩栩如生。

鄂温克族大部分人信仰多神教，牧区的牧民同时信仰藏传佛教，亦称喇嘛教。"奥米那楞"会，是牧区重要的宗教活动和娱乐节日，一般在 8 月举行。此外，"敖包"会也是牧区比较大的宗教节日。

仡佬族

仡佬族是云贵高原中部的一个古老民族，大部分聚集在贵州省的西北、西南和北部，包括遵义、仁怀、安顺、关岭、普安、清镇、平坝、黔西、大方、织金等 20 多个市县；少数分布于广西壮族自治区隆林各族自治县和云南省文山壮族苗族自治州的广南、马关、富宁等县。目前，仡佬族人口数约为 58 万。仡佬族因人数少而居住分散，各地仡佬族差异很大，甚至分散在同一个县内的仡佬人也不能互相沟通。只有极少数人还会说仡佬语。汉语是仡佬族进行交际的主要工具，不少人还会讲苗语、彝语或布依语等。仡佬族语言属汉藏语系，语族、语支未定。仡佬族没有文字，通用汉文。

仡佬族民间流传着许多诗歌、故事和谚语。民歌分为山歌、儿歌、酒歌、孝歌 4 类，曲调不同，各具特色。诗歌多为小调，三言、五言、七言不拘，但大部分是七言体裁，也有用仡佬语歌唱的长短句形式。仡佬族的民间故事，有歌颂劳动人民聪明的，也有揭露反动统治阶级残暴和贪婪的。仡佬族音乐舞蹈质朴优美。该族常使用的乐器有二胡、横箫、鼓等。遵义、仁怀一带流行跳踩堂舞和芦笙舞，打花龙、打篾鸡蛋也是仡佬族人民喜爱的娱乐活动。

仡佬族人民长期和汉族以及其他兄弟民族混居共处，在衣、食、住及婚姻等风俗习惯方面，很多已和当地兄弟民族相差无几，特点不很突出。妇女原来穿着短上衣、长筒裙、钩尖鞋，在八九十年前就很难见到了。仡佬族主食在山区以玉米为主，平坝以稻米为主，其次是麦子、高粱等，喜吃酸辣食物和糯米粑粑等。仡佬族住房大多是靠山建筑的。房屋的结构和建筑材料，大体上与汉族相同。住房一般分作三间，中间为堂屋，不住人；也有分作两间的，一间卧室，一间厨房。

新中国成立前，仡佬族实行封建制婚姻制度，习惯姑表或姨表联姻。青年男女没有选择配偶的自由，男女订婚的年龄较早，有的在幼年时由父母订了婚，这种婚姻叫做"背褙亲"或"背带亲"。结婚时，新娘由接亲人陪同打着伞走到男家，一般不拜堂，由亲人直接引进洞房。新中国成立前夕，在贵州普安县的一部分仡佬族群众，还留有一种古代僚人的遗俗：女的出嫁前要打掉上腭犬齿 1～2 颗，史称"换牙仡佬"。

仡佬族信仰多神，崇拜祖先，有很多禁忌，如正月初一不扫地、不挑水、不煮生、不倒水于门口、不下地劳动等。

哈尼族

　　我国的哈尼族主要分布于云南省西南部礼社江下游红河西侧哀牢山区新平、镇源、墨江、元江、红河、元阳、绿春、金平、江城等县。目前,哈尼族人口数约为 144 万,使用哈尼语,属汉藏语系藏缅语族彝语支,没有自己民族的文字。在党和政府的帮助下,哈尼族于 1957 年创制了以拉丁字母为基础的文字。

　　哈尼族文化艺术丰富多彩,有神话、传说、诗歌、故事、寓言、童谣、谜语等。神话和传说中有叙述万物来历的《创世纪》;有赞扬人类战胜洪水、繁衍生息的《洪水记》;有反映哈尼族历史迁移的《哈尼祖先过江来》等。诗歌主要是"拉八热"和"阿基估"两类。"拉八热"多在婚丧、节日、祭祀以及其他庄重的场合吟唱,曲调严肃庄重。"阿基估"即山歌,只能在山间田野唱,以爱情为主题,男女对唱。

　　哈尼族是个喜欢歌舞的民族。乐器主要有三弦、四弦、把乌、笛子、响篾等,"把乌"是哈尼族特有的乐器。舞蹈有"三弦舞""拍手舞""木雀舞""乐作舞""葫芦笙舞"等。在西双版纳地区流行的"冬波嵯舞",舞姿健美,节奏明快,气氛热烈,具有浓厚的民族特色。

　　哈尼族基本都居住在半山腰,依靠山势建立村寨。红河、元阳、绿春等地住的是土墙草顶楼房,以石垫基,以木为柱,土基砌墙,屋顶铺茅草,少数用瓦。楼房分上、中、下三层。

　　哈尼族通常用自己染织的藏青色土布做衣服。男子多穿对襟上衣和长裤,

哈尼族的图腾

用黑布或白布裹头。西双版纳地区的哈尼族穿右襟上衣,沿大襟镶两行大银片做装饰,以黑布裹头。妇女多穿右襟无领上衣,下穿长裤,衣服的托肩、大襟、袖口和裤脚镶上彩色花边。妇女在服装和装饰上区别是否已婚,有的以单、双辫区分,有的以垂辫和盘辫区分,有的以围腰和腰带的花色区分,等等。

　　哈尼族仍然保留着古羌戎父子连名制的传统,就是父亲名字后头的一个字或两个字作为儿子名字前面的字,世世代代连续下来。丧葬主要实行火葬。

　　信仰多神和祖先崇拜,由巫师"贝玛"主持祭祀并用巫术和草药治病。20世纪初,基督教传入部分哈尼族地区,佛教也曾在一些地区有所传播,但信教的人不多,影响不大。新中国成立后,上述宗教活动已逐渐减少。

　　传统的节日主要有十月节和六月

年。哈尼族以农历十月为一年的开始，过十月节，就是过新年，节期5～6天，多到半月。六月年在红河地区称"苦扎扎"，此外，内地和红河地区的哈尼族群众同汉族一样，也庆祝春节、端午节、中秋节。

哈萨克族

我国的哈萨克族主要分布在新疆维吾尔自治区伊犁哈萨克自治州、木垒哈萨克自治县和巴里坤哈萨克自治县，少数散居在甘肃省阿克赛哈萨克自治县和青海省海西蒙古族哈萨克族自治州。目前，哈萨克族人口数为125万左右，其中大多数集中在新疆维吾尔自治区，使用哈萨克语，属阿尔泰语系突厥语族克普恰克语支。哈萨克先民曾使用过鄂尔浑—叶尼塞文、回鹘文。伊斯兰教传入后，1959年又设计了以拉丁字母为基础的新文字方案，但推广不是很好，1982年恢复使用原有文字，将新文字作为音标保留。

哈萨克族的游牧文化在哈萨克族的游牧、迁徙过程中融入了周围民族的文化内容，创造出了具有民族特色的哈萨克民族文化。尤其是中亚和新疆南部地区的绿洲农业文化、来自西北方向的俄罗斯文化、乌克兰文化、塔塔尔文化以及相当重要的中原汉文化和中国北方满—通古斯文化都对哈萨克文化的发展产生了重要影响。

哈萨克族人民在生产生活中实践创造了绚烂多彩的文化艺术。哈萨克文学包括书面文学和口头文学，口头文学的地位十分重要。包括神话、传说、民间故事、爱情长诗、民歌、谚语等，其中特别是长诗占的地位突出。据统计，哈萨克族约有200多部长诗，代表作如《英雄塔尔根》《阿勒帕米斯》等。史诗有《萨里海与萨曼》《阿尔卡勒克英雄》等。哈萨克族工艺美术技艺精湛。妇女会制作毡房、各种毡制品、毛制品和服饰。不少男子会制作木器、铁器和骨器。用金银、玉石制作的各种装饰品造诣很高。哈萨克族爱好音乐，能歌善舞。民间乐器有"冬不拉"。

中华人民共和国成立以前，哈萨克族大多数人过着逐水草而居的游牧生活。牧民们住的是一种轻便而又容易支撑和拆卸的毡房。他们的饮食，大部分是肉食和奶食。奶制食品多种多样，如酥油、奶屯僭、奶皮子、奶酪等。他们制作的马奶是名贵的饮料。牧民主要用牲畜的皮毛做衣服的原料，多用冬羊皮缝制成大衣。妇女夏天穿长的花布连衣裙，冬季外罩对襟棉大衣。哈萨克族人民热情好客，对来拜访和投宿的客人给予热情的招待。

哈萨克族的丧葬习俗是首先用清水沐浴尸体，再用白布缠身，然后进行土葬。

主要节日有古尔邦节和肉孜节；还有"诺鲁孜"节，时间是在旧历正月，过节的那一天，相互祝贺，有如汉族的春节，是送旧迎新的节日。每逢节日喜庆时都举行传统的叼羊、赛马和姑娘追等游戏。哈萨克族大多信仰伊斯兰教，有些牧民仍保留着萨满教的残留。

赫哲族

赫哲族是中国东北地区一个有着悠久历史的民族。主要分布于黑龙江省同江县、饶河县、抚远县，少数人散居于桦川、依兰、富饶三县的一些村庄和佳木斯市。由于分布地区不同，从而有不同的自称。目前，赫哲族人口数为 4000 多人，使用赫哲语，属于阿尔泰语系满—通古斯语族满语支。该族没有文字，早年削木、裂革、结革记事。他们因长期与汉族交错杂居，通用汉语。

赫哲族有着五彩缤纷的艺术生活。文学中流传最普遍的"依玛坎"是一种口头相传的民间说唱艺术，故事内容大多能说唱很多天，大部分是歌颂英雄和复仇事迹、民族的兴衰，以及纯真的爱情等，唱词合辙押韵。《赫哲人的婚礼》是赫哲族新文学的代表，也是当代文学史上由赫哲族戏剧家写的第一个反映我国人口最少的民族的生活和历史的剧本。它成功地将"伊玛坎"演唱形式应用全剧，运用于话剧创作，丰富了我国当代戏剧的题材内容，并把民族形式与传统手法相结合，对话剧民族化作了有益探索。

赫哲族的音乐也很有特点，其独有的乐器被叫做"空康吉"和"口弦琴"，至今仍有人能演奏口弦琴。赫哲族的图案艺术也非常发达，他们常常在用鱼皮、兽皮制作的衣服、鞋、帽、被褥上，绣制各种云纹、花草及几何形图案等。妇女们在衣襟、披肩、帽子、裤腿等处用彩线刺绣的花纹、图案更为精美，特别是日用品上的彩绣，如"雄鸡啣花"、"花篮与莲藕"等图案，构图新颖别致，格外精彩。赫哲

赫哲族先民雕像

族的图案艺术吸收了汉族图案艺术的精华，并不断创新，既富有本民族气息，又能反映本民族生产、生活特点，极富民族特色，是中华民族刺绣、图案艺术宝库的重要组成部分。

赫哲族人民的婚姻实行氏族外婚制，一般为一夫一妻，中华人民共和国成立前，富有者有的实行一夫多妻制。成人去世，实行土葬；婴儿夭折悬于树间。

曾经的赫哲族男女衣服都用鹿皮和鱼皮制作，足穿鱼皮及狍、鹿腿皮做的靰鞡，内絮靰鞡草。在二三百年前，布匹、绸缎开始进入赫哲族上层人士的家中，然而一般百姓仍是穿鹿皮、鱼皮。以前妇女的衣裳多缘以色布，边缀铜铃，与铠甲相似。赫哲族男女，都喜欢穿大襟长袍、短掛或坎肩。

赫哲族人民日常吃鲜鱼、兽肉，制作各种鱼、兽肉干，备常年食用。其中"塔

拉卡"——刹生鱼,是用来招待客人的
上菜,是用鲤、皖、鲟、鳇、鳟等鱼加配菜
调料制成的清香爽口的佳肴。赫哲族住
宅为用桦皮、兽皮、茅草搭成的"撮罗"
(尖顶)、"胡如布"(圆顶)及各种"昂
库"。夏季构木而居,冬则凿地做"地窨
子",有穴居的遗风。赫哲族较普遍地
住泥墙草顶房屋。冬踏滑雪板或役犬拉
雪橇以为交通,夏季以桦皮船、舢板从事
运输和捕鱼。

　　赫哲族原信仰萨满教,相信万物有
灵。其中最受尊敬的是人面形天神。宗
教形式主要表现为祖先崇拜和自然崇
拜。赫哲族先民认为,日月山川都是神
灵的主宰,所以崇拜。

回族伊斯兰风格建筑

回族

　　回族是中国少数民族中散居于全
国、分布最广的民族。目前,回族人口数
为981万多人,主要聚居在宁夏回族自
治区,甘肃、青海以及河南、河北、山东、
云南等省分布也很多,有大小不等的聚
居区。

　　回族是回回民族的简称,是由中国
国内及国外的多种民族成分在长时期历
史发展中形成的民族。伊斯兰教的传入
及其在中国的发展,对回族的形成起了
重要的作用。

　　回族人普遍信仰伊斯兰教。回族在
中国形成和发展过程中一直受阿拉伯、
波斯等传统的伊斯兰文化的影响。唐、
宋时期,中国人对于"蕃客"们的宗教信
仰和风俗习惯还很陌生,只说他们拜天、
叫佛、敬事鬼神。元代遍布各地的回回
人的宗教信仰和风俗习惯开始被广泛重

视,伊斯兰教被当做回回所信仰的宗教
来对待,称作回回法或回回户体例,礼拜
寺和掌教被称作回回寺和回回掌教、回
回大师等。明代习惯地沿袭这种称呼,
伊斯兰教被称作回回教门、回回教,后又
简称为回教。清代以后又把信仰伊斯兰
教的维吾尔族、东乡族和撒拉族等加上
"回"字,称作"缠回""东乡回""撒拉
回",以致人们从称谓上误把回族同回
教混淆甚至等同起来。

　　回族除受伊斯兰文化的影响外,由
于回汉杂居和使用汉语,还日益受到中
国传统文化的强烈影响。明代回族人的
衣着已逐渐与汉人相同,使用了汉族的
姓和名。明代晚期,回族人已经"士农
工商通与汉人相同",但是,在共同心理
状态、宗教信仰和风俗习惯等方面,回族
仍表现出自己的特点,被认为"同类则
相遇亲厚"、"自守其国俗,终不肯变"。

　　在饮食上,回族人普遍吃牛、羊、驼

等反刍类偶蹄食草动物,忌讳马、驴、骡、猪、狗肉,也不吃动物血液和自死动物,特别禁食猪肉。回族很讲究饮食卫生,注意淋浴和洗涤。走进农村回族清洁整齐的屋内,常常可看见门后房梁上吊着一个水罐,下面有通下水道的浅坑,这里是人们经常沐浴的地方。平时洗脸、洗手,则用汤瓶,不用脸盆。汤瓶也叫洗壶,它最早从阿拉伯传入,现在城里的回族饭馆,也常挂着一块绘有"汤瓶"的清真木牌,有的还在汤瓶上加添"虎图白"棍或阿文的"清真言",以示这是地道的伊斯兰文化。

回族有两大节日,即开斋节和古尔邦节,来源于伊斯兰教。斋戒为穆斯林"五功"之一。开斋节即是斋戒期满的日子,通常在回历的第九个月举行斋戒,斋戒期满,10月1日为开斋节。古尔邦节在开斋节后的第70天,回历的12月10日举行。因为12月10日是教徒赴麦加朝觐的最后一天,大家宰杀牛羊庆祝,聚餐联欢。

高山族

高山族是居住于台湾省的少数民族。主要聚集在台湾省台湾本岛的山地和东部沿海纵谷平原以及兰屿上,台湾当局称之为"山地同胞",简称"山胞"。由于地区、语言的差异,内部有阿美人、泰雅人、排湾人、布农人、鲁凯人、卑南人、曹人、赛夏人和雅美人等,此外,还有10多万已被汉化的平埔人。平埔人历史上包括10个族群,他们散居在台湾西部、北部、西南部平原与沿海,长期与汉族杂处、通婚,较早地接受汉族文化。目前,还有4461人散居在祖国大陆。高山族有自己的语言,高山语属于南岛语系印度尼西亚语族,无文字。不同地域的高山族使用不同的语言。

高山族的民间文学包括歌谣、神话以及故事等,丰富多彩,质朴古拙。歌谣既有反映农耕、采集等各种生产活动的的生活歌,也有记载部落征战、捍卫疆土的战争歌。还有习俗歌、时政歌。高山族歌谣格调清新,旋律优美。高山族的神话内涵丰富,在传承过程中形成了以人祖溯源、洪水与同胞婚配、征服太阳等为核心的神话体系。集中反映了高山族同胞的信仰、愿望、价值观念和艺术修养。

高山族是富有艺术文化的民族。歌舞、音乐、雕刻等民族艺术驰名于世。史载高山族无论是劳动、恋爱、婚宴、祭祀等,均有歌舞表演。雅美人的甩发舞、赛夏人的矮灵祭舞、阿美人的丰收舞等,都具备很高的艺术水平。高山族历史上有构屋笄居、琴箫挑逗的婚俗,所以常用口琴、鼻箫等吹奏悦耳的旋律。此外还有鼻笛、鼻哨等管乐器;木鼓、木琴、杵臼等打击乐器和弓琴等弦乐器,演奏出的音乐婉转动听。木雕艺术具有太平洋地区原始艺术的独特风格,其中排湾人的木雕最为突出。

高山族在古代以裸为美。只以幅布遮阴,毛皮围腰。但接触到汉文化以后,逐步形成了男穿长衫女着裙,讲究服饰美。雅美人服饰简单,男子以丁字布遮下身,上穿背心;女子通常上穿背心,下着筒裙,冬天以方布裹身。

高山族的饮食主要是谷类和根茎类,一般以粟、稻、薯为常吃食物,配以杂粮、野菜、猎物。山区以粟、旱稻为主粮,平原以水稻为主粮。平埔人还特产香米，喜食"百草膏"。高山族嗜烟酒、嚼槟榔。

高山族还有黥面、文身、凿齿、涅齿、穿耳、除毛、束腹等身体装饰习俗，身体装饰一般出于成年、美观、联姻、纪功、尊贵等目的。

高山族有很多禁忌：妇女怀孕后，禁忌用刀斧，不能吃猿、山猫、穿山甲和并蒂果实等，忌生双胞胎；忌见蛇、山猫、鼠、横死者及其葬地；不见动物交尾；严禁放屁、喷嚏、同族相奸；禁忌吃动物头尾；不许男人接触女人专用的机织、麻织品、小锄及猪圈；禁止女性接触男人用的武器、猎具、会所；等等。

高山族的重要节日有：播种祭、平安祭、丰年祭、竹竿祭、猴祭与大猎祭、矮灵祭以及雅美人的飞鱼祭等。高山族的传统节庆通常与祭祀合一且复杂多样，台湾当局倡导因繁就简，合并调整，以上列举的是现在流行的主要节庆。在节庆期间，除歌舞聚宴外，还增添了体育比赛、文化展览、游艺活动等。

高山族还保留有原始宗教的信仰和仪式。他们崇拜精灵，各地信仰的神不尽相同，有天神、创造宇宙之神、自然神和其他精灵妖怪。祭仪有农事祭、狩猎祭、渔祭、祖灵祭等。盛行巫术，其中卜占方法有鸟卜、梦卜、水占、竹占、瓢占、饭占等，并有多种形式的巫书。高山族宗教信仰复杂，汉族带去了佛教，西方侵略者带去了基督教、天主教等。这几种宗教都在高山族群众中广泛传播，现在，高山族宗教生活中形成原始宗教信仰、佛教和西方宗教等交错并立的局面。

基诺族

基诺族自称"基诺"，意思是"舅舅的后代"或"尊敬舅舅的民族"，主要分布于云南省西双版纳傣族自治州景洪县基诺乡，还有一部分散居在基诺乡四邻山区。目前，基诺族人口数为2万多人。该族使用基诺语，属汉藏语系藏缅语族彝语支，没有本民族文字。

基诺族的文化艺术丰富多彩，民间流传着丰富的神话传说和诗歌。在神话传说中，流传较广的是《玛黑和玛妞》《女始祖尧白》等。基诺族诗歌可分叙事诗和抒情诗两种，反映的内容比较广泛，格调含蓄而真切，有浓郁的生活气息。

基诺族民间音乐也相当丰富。民歌有叙事歌、山歌、贺新房歌、儿歌等，主要乐器有口弦、"毕吐鲁"——二洞箫和二胡、"七柯"、"塞吐"、碰和钹等，基诺族人民喜欢歌舞，从小学习传统曲调，成年后即兴填词、对歌。该族在节日和一些重大仪式期间，载歌载舞，舞蹈动作一般非常简单。

基诺族还有精湛的刺绣艺术和竹编工艺艺术。基诺族妇女在衣饰、挎包及送给情人的腰带上，刺绣上精美的图案，技艺精湛，花纹匀称。

男穿白色无领对襟棉布上衣，衣背后绣着圆形彩色光芒图案，下穿宽大的棉布白裤；女子头戴披风式尖顶帽，上穿对襟无领无扣镶有七色纹饰的短褂，胸前一般有刺绣精美、缀有圆形银饰的三角形贴身衣兜，下穿黑白相间、镶边的短裙。基诺族主食是大米，佐餐的食物主

西双版纳基诺族村寨

要是妇女采集的野菜、野果和菌类及她们自己种植的蔬菜瓜果。

基诺族的丧葬通常实行土葬,挖独木为棺,葬于公共墓地,不留坟冢。死者生前的全套生活用品,都作为殉葬品,富者还埋入一铜锅银子。墓表搭盖竹楼,内设有竹桌,死者家属每天到竹房献饭3次,祭供1～3年,然后拆竹房。因为公共墓地很少,又不能随意扩大,所以基诺族有在前人墓穴中埋入新棺的习俗。孕妇、精神病患者死亡,实行火葬。基诺族夫妇不合葬。

基诺族过去盛行祖先崇拜,相信万物都有灵。巫师有两种,一是"布腊包",一是"莫丕"。遇到灾祸降临,请巫师杀牛、猪、鸡、狗祭鬼神。巫师会较简单的占卜术,并兼行草医。"卓巴"、"卓生",即村社长老主持重大的祭祀活动时,常常举行剽牛仪式。基诺族的节日很多,主要有"祭大奄""火把节""新米节"等。过年的时间不固定,通常由村社长老决定,当"卓巴"擂响大鼓时,就意味着新的一年来临,全寨男女老幼就涌到长老家旁边载歌载舞,欢庆新年的到来。

京族

京族是中国人口较少的民族之一,历史上称为"京""越",1958年定名为京族。京族主要分布于广西壮族自治区防城各族自治县江平区的山心、沥尾、巫头三地及恒望、潭吉、红坎、竹山等地区。目前京族人口数约为2万多人。该族使用京语,与越南语大致相同,现基本上通用汉语广东方言和汉文。

京族传统民间文艺十分丰富,具有浓厚的民族风格。京族的歌唱艺术颇有特色。唱时由一位哈哥操三弦琴伴奏,两位哈妹则边敲打竹梆子与竹板边轮流进行演唱,内容多是叙事史歌以及中国古诗词等。如《宋珍》《陈菊花》《斩龙传》等。歌的曲调超过30种。按内容分有山歌、情歌、结婚歌、风俗歌、劳动生产歌等。其中有些歌本已经流传,有些却是即兴创作,触景生情,脱口而出。用京语演唱的京歌,有着自己的格律,相对复杂。京族青年男女通常利用对歌物色对象,所以他们个个能歌善唱。"京戏"是京族传统的戏剧,称为"嘲剧",独具民族特色。独弦琴是京族特有的民族乐器,它由半片大竹筒或3块木片制成长方形的琴身,长约75厘米,一端插一根与琴身成直角的小圆柱,或金属片条,另一端安一把手,两端由高至低拉一弦线。演奏出来的声音十分悦耳动听。

京族过去的居屋多带"干栏"式建筑遗风,以木为柱,以竹、泥为墙,茅草做盖,易于搬动。但现在大多为方石砖瓦房屋。京族的服饰,一些老年妇女穿民族服装,上身穿窄袖紧身对襟无领短上衣和菱形遮胸布,下穿黑色或褐色长宽裤子,外出时加穿白色长外衣,形似旗袍而开衩较高,结"砧板髻"。少数妇女还保留着染黑牙齿的习惯。过去男子穿窄袖上衣,长及膝盖,腰间束带。但现在多数青年男女的服饰已与附近汉族相近。

京族主要是食用大米,杂吃些红薯、玉米、芋等。爱吃鱼、虾、蟹、鱼汁及大米糍粑"风吹糕"。妇女爱嚼槟榔。

农历六月初十或八月初十、正月二十五时,当地京族要过最隆重的"唱哈节",由歌手"哈妹"轮流唱起。唱哈活动要连续进行3天3夜,一边宴饮,一边唱歌。

京族是多神崇拜,尤其是对与海有关的神尤为敬仰。

景颇族

我国的景颇族主要分布在云南省德宏傣族景颇族自治州的潞西、瑞丽、陇川、盈江和梁河等县山区;怒江傈僳族自治州的片马、古浪、岗房,临沧地区的耿马傣族自治县,还有思茅地区的澜沧县等地,也有少数景颇族散居。目前,景颇族人口数是13万左右,主要使用景颇语,属于汉藏语系藏缅语族景颇语支,也使用缅语支的载瓦语。有以拉丁字母为基础的拼音文字——景颇文。

景颇族人民在长期的生活和生产活动中,创造了丰富多彩的文化艺术。文学上有创世纪、历史传说、民间故事等丰富的口头文学作品,并与音乐相结合,边

景颇族村寨

说边唱,词曲优美动听。乐器有木鼓、牛角号、笛子、箫以及由外族传入的碰、锣、钹、象脚鼓。景颇族人能歌善舞,舞蹈大部分是集体舞,反映生活、生产、战争、祭祀等活动。绘画大多与原始宗教相结合,雕刻有较简单的圆雕和竹木雕。

景颇族没有成文的法律,社会秩序全靠传统的习惯——"通德拉"来维持。习惯法具有很强的约束力,往往与宗教迷信相结合。一般不轻易判处死刑,然而杀人者必须赔偿命金。一般案件对输理者均罚以赔偿实物的几倍到十倍。案件无法调查判明时就采取神判,常用的神判方式有赌咒、鸡蛋卦、煮米、捞开水、闷水等。随着阶级分化,习惯法已逐渐被破坏,而且被山官和头人利用来为自己的利益服务。

丧葬除凶死者火葬、幼伤者天葬以外,正常死亡者均行土葬。

景颇族的服饰,男子通常裹白或黑包头,着黑色衣裤或白衣黑裤,外出佩长刀,背挎包,妇女平时着黑色短上衣和枣红自

织羊毛花围裙,带黑红色藤制腰箍和腿箍,裹毛织护腿,并佩戴各种银饰物。

多数地区的景颇族群众以大米为主食,少数地区以食玉米为主。过去仅用芭蕉叶包饭,平均分配,用手抓食。主要饮料是山泉和水酒。杀牛祭鬼时,牛肉全寨人分食。猎物见者有份。对客人均热情招待饭食。景颇人喜咀嚼沙枝,见面互赠沙枝是传统的礼节之一。

景颇族群众以前普遍崇信万物有灵的原始多神教,迷信禁忌颇多。大巫师和一般巫师除祭鬼外,还为百姓看病,能记诵本民族的创世纪、史诗、历史传说和大量民间故事。祭祀活动有祭官庙、吃新谷、献谷堆等,大部分与农业生产有关。遇婚丧、疾病、械斗等都要杀牛祭鬼,人力、物力、财力浪费很大。最大祭祀活动是目脑,现已发展成为景颇族一年一度的节日——目脑节。近几十年来有一些群众信仰基督教。

柯尔克孜族

"柯尔克孜"是突厥语,也是本民族自称,意为"四十个姑娘",也有的认为是"四十个部落""山里游牧人"等含义,但通常解释为"四十个姑娘"。柯尔克孜族主要分布在新疆西部地区,绝大部分在克孜勒苏柯尔克孜自治州,其余分布于伊犁、塔城、阿克苏和喀什等地区。另外,在黑龙江省富裕县也有少数分布。目前,柯尔克孜族人口数为16万多,绝大部分居民使用柯尔克孜语,属阿尔泰语系,突厥语族。该族有以阿拉伯字母为基础的文字,居住在黑龙江省富裕县的柯尔克孜族通用汉语、蒙古语。

柯尔克孜族的图腾剪纸作品

悠久的历史和牧业生产生活,造就了柯尔克孜人爽朗豪放的性格和丰富多彩的文化生活。柯尔克孜族的史诗最著名的要数《玛纳斯》了,有20多万行,这是一部传记性的英雄史诗,这是一部思想性和艺术性很高的口头文学,丰富了祖国的艺术宝库。柯尔克孜族人民皆能歌善舞,还有多种群众性的娱乐、体育活动,如赛马叼羊、马上角力、拔河、荡秋千、夜游、欧运、姑娘追等。民间乐器也很丰富,有考姆兹、奥孜考姆兹、克雅可、帕米尔考姆兹、却奥尔等。

柯尔克孜族具有独特风格的工艺美术,其中刺绣、编织最为著名。柯尔克孜族妇女擅长刺绣,她们在头巾、枕头、被面、衣袖边、马衣以及悬挂的各种布面装饰品上绣出各种的精致花纹。色彩鲜艳,形象活泼生动。他们编织的挂毯、地毯,花色图案精美。花毡、白毡帽、银质马鞍、木制碗、盒等,精巧美观、古朴耐用。该族的各种工艺品以红、蓝、白色为主,红色最受欢迎。

柯尔克孜族的家庭是一夫一妻制。

过去,受宗教影响,富者也有多妻的。男权很大,老年人威信最高,妇女受到歧视。旧式婚姻带有封建买卖性质,一般由父母包办。订婚有指腹婚、幼年订婚、成年订婚三种形式。娶妻彩礼至少要牲畜"一打"(九头)。凡有来客,不论是亲戚朋友,还是陌生人,都盛情招待。生活中多禁忌。禁吃猪、驴、狗肉和自死牲畜及一切动物的血;严禁在住宅附近大小便;谈话时不能擤鼻涕;忌讳骑快马到门口下马,因为这意味报丧或有不吉利消息;最忌撒谎、欺骗和赌咒。饭前饭后要洗手,洗手后手上的水不能洒,要用布擦干。做客时,吃东西要留下一点儿,不能吃尽,以示主人招待丰盛。客人吃饭时,他人不能进屋或窥探。客人告别出门时,要背朝门外退出。丧葬时将尸体用白布缠头和全身,实行土葬,由男子送葬。

柯尔克孜族的服饰,男子通常戴用皮子或毡子制作的高顶方形卷檐儿帽和两侧有突出护耳式样的帽子,穿无领"袷袢"长衣,内着绣有花边的圆领衬衣,外束皮带,左佩小刀等物。饮食主要为奶制品和牛、羊、马、骆驼等肉类食品,辅以面食。常饮牛、羊、马奶和酸奶,喜喝茯茶。柯尔克孜族人民逐水草而居,夏季常住帐篷,冬季多定居在气候温暖的山谷地带,住四方形土房。

柯尔克孜人曾经崇拜图腾。有名的图腾是雪豹和牛。除此之外,还信仰"乌买"女神。信奉祖先和天神,他们朝南方祷告,崇拜太阳,认为火星不吉利。到了清代,才转信伊斯兰教,属于正统的逊尼派。在东北地区部分柯尔克孜族人信奉萨满教和藏传佛教。

柯尔克孜族的主要节日有肉孜节、古尔邦节和诺鲁孜节等节日。过节时,男女均穿新衣,并以茶水、油果等互相招待。

拉祜族

拉祜族是我国云南省西南部的一个山区少数民族,自称是"拉祜",别称有"倮黑""哥搓"、"缅""目舍"等,主要分布于澜沧江流域的思茅、临沧两地区,相邻的西双版纳傣族自治州、红河哈尼族彝族、自治州及玉溪地区也有分布。约80%的拉祜族聚居在澜沧江以西地区。目前,拉祜族人口数为45万。该族使用拉祜语,属于汉藏语系藏缅语族彝语支。拉祜族人民长期与汉族、傣族交往密切,多能兼用汉语和傣语。过去部分拉祜族曾使用过西方传教士创制的拉丁字母形式的文字。1957年,在原有字母的基础上创制了拼音文字。

拉祜族善于歌咏,娴于舞蹈,其音乐舞蹈具有浓郁的生活气息和独特的民族风格。拉祜族民歌有颂歌、叙事歌、情歌、丧歌等五类,各有特色。歌曲、乐曲和舞曲形式多样,节奏大部分是复拍。乐器有芦笙、口弦、三弦、锣、笛子等。芦笙舞是拉祜族的传统舞蹈,舞蹈动作多与生产紧密结合,有薅秧舞、割谷子舞、丰收舞、孔雀舞等。从傣族传入的摆手舞,已带上了一些本民族的特点,与傣族摆手舞稍有差异。

拉祜族文学的主要形式是民间口头文学,形式多样,内容多与劳动、颂扬反抗压迫有关,形象具体生动。长篇史诗《牡扒密扒》为研究古代的经济生活、婚姻制度和民族迁徙史的重要作品。诗歌有一种称为"陀普科"的隐晦语,具有为群众喜见乐闻的隐晦规律。

拉祜族的服饰具有独特的民族风格。男子裹黑色头巾,穿无领大襟衫和裤管宽大的长裤。拉祜族纳支系妇女裹一丈多长的头巾,末端从背后垂及腰际。她们穿开衩很高的长袍,衣领周围和衩子两边都镶着彩色几何纹布块或条纹布条,沿衣领到开襟嵌有银泡。拉祜族熙支系妇女则穿短衣褶裙或筒裙。同汉族、傣族人民交往比较多的地方,拉祜族男女也爱穿汉式和傣式服装。拉祜族主食大米,辅以玉米、薯类、豆类等。蔬菜有萝卜、青菜、瓜类、豆类,喜吃辣椒。拉祜族男女都喜吸草烟,也爱煮茶,尤嗜饮酒。

拉祜族十分热情好客,逢年过节,都要邀请周围傣、哈尼、布朗等族人民一起会餐饮酒。这时全寨宰牲畜,各户都要分一节大肠和几勺鲜血,伴以盐巴、辣椒,剁细生吃。拉祜族认为,"剁生肉"是待客的最好菜肴。房屋建筑是为竹木结构的木桩斜顶干栏建筑——楼房。适应小家庭组织的木桩建筑有方形和椭圆形两种,另一种为是大型竹木建筑,一般由12根到21根木桩架起,内分为若干住房。受汉族或彝族影响的村落,通常采用汉式土墙平房,房顶以茅草或木板覆盖。

拉祜族的丧葬实行传统的火葬,也有采用土葬的。有集体墓地,垒石为坟。

20世纪50年代前,拉祜族信奉原始宗教崇拜多神。拉祜族认为万物均有精灵依附,自然界中的日月星辰、风雨雷电等现象均有精灵主宰,因而对这些自然现象和自然力表示崇拜。拉祜族多崇拜神,诸如天神、地神、雷神等,都是拉祜族崇拜的重要之神。清初,大乘佛教经大理僧侣杨德洲传入后,拉祜族民间也流行此教。

拉祜族的传统节日有春节、端午节、尝新节等。春节是拉祜族最盛大的节日,新年前夕,家家户户舂米打粑粑;节日期间,男女老少穿红着绿,换上新装,互相拜访,或跳各种集体舞蹈,整个村寨一片欢腾。

黎族

黎族是我国岭南地区的民族之一,主要聚居于海南省中南部的琼中县、白沙县、昌江县、东方县、乐东县、陵水县、保亭县、通什市、三亚市等七县二市之内,其余则散居在海南省的万宁、屯昌、琼海、澄迈、儋县、定安等县。因为分布地区不同和方言、服饰等差异,所以称谓也有所不同,有"伴""岐""杞""美孚""本地"等。目前,黎族人口数为124万多。使用黎语,属汉藏语系壮侗语族黎语支,不同地区方言不同。也有很多群众兼通汉语,1957年曾创制拉丁字母形式的黎文方案。

黎族虽然无本民族文字,但创造了丰富多彩的口头文学。形式活泼,内容丰富,题材广泛,世代相传。主要包括故事、传说、神话、宗教家谱等。比较著名的有《人类的起源》《五指山大仙》《洪水的传说》等。既反映了社会历史,传播了各方面的知识,总结了生活经验,丰富了人们的精神生活,也寄托了黎族人民对美好生活的希望和追求。

黎族人民不仅善唱歌,也爱跳舞。民间音乐有自己的传统乐器:鼻箫、口

黎族头饰

弓、叮咚板、独木皮鼓、蛙锣等。民间歌谣主要有两种：一种是用海南汉语作唱词；一种是用黎语作唱词。他们的舞蹈来源于生产和生活，来源于对祖先的崇拜。内容主要有生产舞、生活舞和宗教仪礼舞。较著名的舞有"招福舞"、"打柴舞"即竹竿舞等。舞时，往往歌声、打击乐和喊声相融，场面十分欢快。

黎族的造型艺术，以织锦工艺最为著名。在唐宋时期，黎族的纺织技术就比中原先进。织出的黎锦、黎单闻名于世。他们利用不同的纺织工具，从轧棉、弹棉、纺线、染色、理经、织布、刺绣，直至生产出色彩斑斓的锦、被、单、筒裙、花带等，已形成一整套系统的生产工艺。此外，黎族的独木器制作和竹藤编织工艺，也十分著名。

黎族妇女束髻于脑后，插以箭猪毛或金属、牛骨制成的发簪，披绣花头巾，上衣对襟开襟无扣，青色，下穿无褶织绣花纹的筒裙，赶上隆重的场合就戴项圈、手镯、脚环、耳环等，有些地方妇女的耳环多且重，耳根下垂到肩，史称"儋耳"。部分地区居民仍保留古代称为"雕题"的文面，特别是妇女有文身的风俗。饮食比较简单，以大米、番薯为主食，多以狩猎、采集所得为副食，只种一小部分蔬菜，且多从汉区引种。住屋多为"金"字形茅屋，泥糊竹笪为墙。在白沙县偏僻山区和合亩地区还保留屋顶似船篷，地板架空离地的船形屋。

丧葬仪式各地不同，接近汉区的有停棺打醮、看风水选择坟地的风俗。合亩地区死者葬在氏族的公共墓地，以独木棺土葬，不筑坟立碑，葬后也不再祭扫。

黎族始终没有形成统一的宗教，各地均以祖先崇拜为主，也有自然崇拜，个别地区还残留着氏族图腾崇拜的痕迹。黎族特别相信祖先鬼，祭祖先是黎族的重要祭祀活动，以求祖先保佑家人平安。

傈僳族

傈僳族是我国少数民族中一个古老的成员，主要聚居于云南省怒江傈僳族自治州，其余分布于丽江和迪庆、大理、保山、德宏、楚雄、临沧等州县，在四川省的盐源、盐边、木里、德昌等县也有分布。目前，傈僳族人口数为63万多。该族使用傈僳语，属于汉藏语系藏缅语族彝语支。先后使用过3种文字，一种是西方传教士创制的拼音文字，一种是维西县傈僳族农民汪忍波创制的音节文字，第三种是新中国成立后创制的拉丁字母形式的新文字，这种文字已在怒江傈僳族自治州推行。

傈僳族人民能歌善舞，凡遇结婚、盖房或收获时节，总会尽情歌舞。他们在长期的生产劳动中，创造了大量富于民族特色和生活感染力的诗歌，内容可分为生产调、盖房调、收获调及逃婚调等。演唱时，常常配以琵琶、四弦、口弦等。舞蹈的动作矫健有力，生动活泼，节奏性强。傈僳族民间流传着丰富多彩的口头文学作品、浩如烟海的民间故事和神话传说，还有洪水泛滥、人类起源的故事等，如《天神捏地球的传说》；反映善良正直和凶残邪恶相斗争的故事，如《绿斑鸠的故事》《阿普和阿邓的故事》等；在歌颂民族英雄和反帝斗争的故事中，"恒乍绷和木必扒"的传说家喻户晓。

傈僳族的服饰，各地大同小异，大都穿自织的麻布衣服。男子一般着短衫，裤长及膝，有的用青布包头，左腰佩砍刀，右腰挂箭袋。妇女上穿右衽短衣，下着长裙，头上饰以红白色料珠，胸前有彩色料珠串成的项圈。傈僳族以玉米为主食，由于狩猎，肉食也极为丰富，无论男女，都擅长饮酒。傈僳族的住房有两种结构：一种是木结构，另一种是竹木结构，这种房子流行于怒江傈僳族地区。

傈僳族尊敬老人。吃饭时，第一碗双手递给年长者，吃鸡把肝先夹给老人，鸡头要给年纪最大的。如果杀猪，有几个老人就把肝分成几块，过年杀猪时把头留着，作为给父母、岳父母拜年的礼物。如果只杀一头，就把头砍成两半。办喜事杀猪宰牛，要把最大的牛头送给岳父母。

傈僳族群众过去信奉原始宗教，崇拜自然，相信万物有灵，有巫师。20世纪初，一些西方传教士进入德宏、怒江地区，传入基督教和天主教。

1950年以前，傈僳族人民用自然历，借助花开、鸟叫，将一年划分为花开月、鸟叫月、烧火山月、饥饿月、采集月、收获月、煮酒月、狩猎月、过年月、盖房月10个季节月。

该族的主要节日有澡塘会、收获节、过年节等。

珞巴族

我国的珞巴族主要分布于西藏自治区东南部的洛渝地区及相邻的察隅、墨脱、米林、隆子等县。目前，珞巴族人口数接近3000人。除住在墨脱县北部的珞巴族使用藏语外，其余都用珞巴语，但各地区间有方言差异。珞巴语属汉藏语系藏缅语族。

珞巴族的民间故事、传说等口头文学非常丰富。喜庆集会时，边喝酒边以特定曲调对唱古老的传说,往往通宵达旦。

珞巴族各地区的服饰不尽相同。男子一般穿羊毛织的长到腹部的黑色套头坎肩,背上披一块野牛皮,用皮条系在肩膀上,头上戴的帽子有熊皮压制的圆盔和用藤条编制的圆盔两种,平时外出,男子总是身背弓箭,横挎腰刀,身配装饰品。男女均赤足、蓄长发。戴的装饰品很多,男子普遍戴铜和银的手镯和竹管耳环,脖颈上套各种串珠,多达几十圈。妇女除佩戴银质和铜质手镯、戒指以及几十圈蓝白两种颜色的项珠外,腰间还缀有很多海贝串成的圆球,有时还会佩戴耳环、铜铃、银币、铁链、小刀等。珞巴族的饮食各地也不完全一样,洛渝北部地区,以热水搅成的玉米面和鸡爪谷面团子为主食,也喜欢吃一种在石板上烤烙的荞麦饼。这种荞麦饼在趁热时抹上一层辣椒糊和奶酪,相当香甜可口。无论男女都喜欢吃辣椒、吸鼻烟和饮酒。珞巴族的住房各地区也不相同,有分间长房式或方形、长方形大屋等数种,都是竹木结构的二层干栏,多在户外另建粮仓。

珞巴族还是一个好客的民族,招待客人有礼节而不乏热情。客人进门,总是被让坐在火塘旁的上座,然后珞巴人拿出他们喜欢吃的肉干、奶渣、荞麦饼和酥油茶等款待客人。珞巴人有一套招待客人的传统习俗,即主人给客人端出吃食时,客人最好吃完,主人才高兴。客人吃以前,主人需要先喝一口酒,先吃一口饭,以示酒和饭无毒,以此来表示对客人的真诚款待。客人来到衬里若遇上婚嫁喜事,就要和村里人一道去主人家表示祝贺,喝酒唱歌。珞巴人把能挽留住客

珞巴族服饰

人、讨客人喜欢视为自豪的事,如对待客人不热情或使客人生气走掉,就会遭到舆论谴责,被人瞧不起。

过去,珞巴族群众的婚姻基本是一夫一妻制,有些部落的大户人家盛行多妻。严格实行氏族外婚和等级内婚制,盛行买卖婚姻。有遗妻要在亡夫兄弟中转房的习俗。妇女的地位非常低下,财产的继承均归男子。在某些珞巴族部落中,还实行着严格的父子连名制。

珞巴族的宗教信仰以崇拜鬼神的较多。笃信万物有灵,认为人世间一切自然物都是由一种超自然的鬼怪精灵主宰,人的生老病死和灾祸发生都是因为鬼怪作祟。

满族

由于历史的原因,满族散居在全国各地,辽宁省的满族人最多,其他散居在吉林、黑龙江、河北、内蒙古、新疆、甘肃、山东等省区和北京、天津、成都、西安、广州、银川等城市。形成大分散中有小聚

居的特点,现在的主要聚居区已建立岫岩、凤城、新宾、青龙、丰宁等满族自治县,还有很多个满族乡。目前满族人口数为1068万。满语属阿尔泰语系满—通古斯语族满语支,满文是16世纪末参照蒙古文字母创制的。现在,只有黑龙江某些边远的满族聚居村中还有少数老年人会说满语,其他地方绝大部分满族人民已通用汉语文。

在文化方面,满族对中华民族文化作出了突出贡献。早期满文著作,除《满文老档》《满洲实录》等,还有很多学习满文必备之书,如《清文启蒙》《清文典要》以及《清文鉴》等。译书也很普遍,主要汉文名著,大多有满文译本。除官书不计外,民间小说如《三国演义》《西厢记》等都有满文译本。乾隆中期,满族人曹雪芹著的《红楼梦》,是一部伟大的作品,把中国古典小说创作艺术推到空前高峰,成为世界文学名著之一。

满族人能歌善舞。其先世靺鞨人的舞蹈具有战斗风格。女真人的习俗,"以女年及笄,行歌于途。其歌也,乃自叙家世、妇工、容色,以伸求侣之意"。明代女真人乘兴起舞,并有琵琶伴奏,大家拍手而歌,进入辽、沈后,更多地吸收了其他民族的歌舞形式。久居东北的满族人,经常举行群众性的大型歌舞活动。晚清以来,涌现出了许多满族曲艺表演艺术家。驰名艺坛的有赵星垣、金万昌、常澍田、常宝馥、侯宝林、关学增等。这些曲艺表演家的表演艺术达到了很高的境界,对后世有重大影响。

满族进入辽、沈以前,具有精于骑射的特长。7岁左右的儿童就以木制弓箭练习射鹄,女子执鞭不亚于男子。满族的服饰,男子剃去周围头发,束辫和垂于脑后,穿马蹄袖袍褂,两侧开衩,腰中束带,便于骑射。满族的住房,过去一般院内有一影壁,立有供神用的"索罗杆"。满族的饮食,过去喜吃小米、黄米干饭与黄米饽饽;满族的具有独特风味的"萨其玛"至今还是广大人民爱吃的点心。

满族曾信仰多神的萨满教。清代历朝皇帝举行各种祭神祭天典礼,如宫廷萨满设"堂子"祭天,都用满语诵经跳神。直到20世纪40年代,在东北的宁古塔和爱珲等地,满族民间仍保有萨满教。

毛南族

毛南族也是中国人口较少的山地少数民族之一。虽然毛南族人口比较少,但他们却以悠久的历史和独特的文化著称于世。毛南人大部分居住在以茅难山为中心的环江县上南、中南、下南一带,下团六圩是他们的经济政治文化中心。另有少部分人散居在南丹、都安等县。目前,毛南族人口数约为11万。毛南族使用毛南语,属于汉藏语系壮侗语族侗水语支,没有本民族文字。因为长期和壮族、汉族杂居,所以毛南族多数人能讲壮语和汉语,通用汉文。

毛南族聪明、勤劳,在长期的生产、生活实践中,创造了光辉的文化艺术。毛南族的神话传说、民间故事十分丰富,真实地反映了毛南族人民的价值观、道德观和艺术修养。像《盘古的传说》《三九的传说》《太师六官》《顶卡花》等被毛南族人民世代传诵。毛南族民歌也别具一格,内容十分丰富。同时还流行"毛南戏",多是一些反映古代劳动人民的

毛南族服饰

苦难生活和悲欢离合的爱情及历史故事和民间传说的传统剧目。

毛南族的编织和雕刻，独树一帜。所编织的竹器，技艺精湛。著名的花竹帽，又叫"顶卡花"，使用削成只有半根火柴粗的竹篾织出精致的花纹图案，非常美观。所雕刻的木质假面具，形象生动逼真。

毛南族人民以同姓同族聚居，村落靠山而建，多为10多户人家的小村庄，最大的也不超过百户。住房通常是瓦顶泥墙，分为上下两层，上层住人，并于前面建有晒台，下层关养牲畜和堆放杂物，保持"干栏"建筑的特点。服饰与附近的壮族很像，男女都喜欢穿着蓝色和青色的大襟和对襟衫。妇女穿镶有两道花边的右开襟上衣及滚边裤子，留辫梳髻。戴手镯、银牌等饰品，特别喜欢戴花竹帽。饮食以大米、玉米为主，高粱、小米、南瓜为辅，喜爱腌制酸肉、酸螺蛳、酸菜，这些是待客的传统佳肴。

毛南族的家庭一般是一夫一妻制家庭。过去的婚姻大都由父母包办，有"不落夫家"和"转房"等遗俗，寡妇再嫁也会受到种种限制，现在，婚俗基本都已经改变。人死实行土葬，请道公"念经送葬"。毛南族信仰道教，崇拜多神，迷信活动也较多。

门巴族

我国的门巴族主要分布于西藏自治区东南部的门隅地区。19世纪中叶，有一些门巴族人因不堪西藏封建农奴制度的压迫与剥削，东迁到墨脱。目前，门巴族人口数不到9000人。使用门巴语，属汉藏语系藏缅语族藏语支，多数人通晓藏语，没有民族文字，通用藏文。

门巴族是一个口头文学非常丰富的民族，特别擅长诗歌的创作。在形式多样的口头文学中，有反映本民族生活、习俗、心理、意志和愿望的酒歌，被叫做"萨玛"，有反映男女之间纯真爱情的情歌，被叫做"加鲁"，还有叫做"东三巴"的喜歌。情歌作品很有特色，多歌唱男女双方的思慕、追恋的炽热感情和对爱情的忠贞不渝。情歌大部分是四行一首，曲调固定，歌词大部分都押韵，而且运用大量的修辞手法，使情歌的感情更加鲜明。门巴族的戏剧是由民间舞蹈演变而来的，受到藏传佛教很大的影响，在内容上有不少因果报应、劝善惩恶的成分。门巴族人民能歌善舞，舞蹈粗犷朴素，用四孔笛伴奏。

门隅地区的门巴族人，男女都穿氆氇长袍，戴褐顶橘黄边且前部留有缺口的小帽或黑牦毡帽；脚穿牛皮软底筒靴，由红黑两种氆氇镶配缝制。妇女腰束白围裙,爱戴手镯、红白绿色串珠、耳环、戒指等装饰品。墨脱地区的门巴族人,男女一般穿长短两种上衣。妇女通常穿长条花色裙子,戴耳环、戒指。门巴族以大米、玉米为主食,爱吃酥油、糌粑、辣椒,嗜烟、酒。门巴族房屋多为木顶、竹顶或草顶的两三层小楼,屋顶是"人"字形,上层住人,下层关圈牲畜。

门巴族的婚姻是一夫一妻制,1951年以前,有一妻多夫、姐妹共夫等原始群婚残余。通婚范围除本民族外还和藏族、珞巴族、汉族有通婚关系。有的家庭女子掌握经济大权,有些女子的地位要高于男子,男娶女的家庭占大多数,但男到女家上门入赘的也不少。入赘男子在女家地位没有贵贱之分,在家庭中同样享受平等权利,还可继承财产,如同岳家亲子女一般。人死后多行水葬和土葬,有时也行火葬和天葬。

门巴族普遍信仰喇嘛教,有些地区信仰原始宗教。通用藏历。藏历元旦是门巴族人民最重要的节日。每到7月,他们还要庆祝旺果节。

五、交通

铁路运输

铁路起源于马车轨道。16 世纪中期,英国为了运煤用木头做成轨道,让马来牵引车辆。1825 年,英国的达林顿铁路营业,并采用斯蒂芬森的蒸汽机车,然而那时遭到了马车业主们的竭力反对。直至 1829 年,斯蒂芬森儿子改进的"火箭号"机车在与马车的比赛中取胜,才使英国真正进入了铁路时代。

我国最早出现的铁路是 1876 年英商怡和洋行在上海擅自修筑的淞沪铁路,它是一条长 14.5 千米的窄轨铁路,通车后不久被清政府赎买拆毁。直至 1881 年,在唐山至胥各庄建成的唐胥铁路,才是我国第一条标准轨距铁路。该线长约 10 千米,目前仍是京哈线的一部分。

铁路运输与其他运输工具相比,具有运量大、速度快、运输距离远、受气候影响小等特点。在功率相同的情况下,火车的载重约是汽车的 10 倍。如果一列火车挂 15 节车厢,它的运输量相当于 200 辆汽车左右。如果是短途运输,还是汽车成本低,机动灵活。当 150 多年前,第一条铁路建筑的时候,很多人都说这是所有发明中最奇妙的,但也有人说

淞沪铁路旧照

那冒着蒸汽的火车头是地狱来的怪物。然而总的来说，铁路运输改变了我们的生活，它首次把大量的人和货物以预想不到的速度，运载到遥远的地方。如今庞大的铁路网在许多国家纵横伸展，如果把世界上所有主要的铁路一段段地连接起来，可以环绕地球约120周。铁路运输是一种有效的运输方式，它比公路运输对环境造成的破坏小，产生的污染低，很多人都认为它是未来最好的交通工具。

铁路枢纽

铁路枢纽是几条铁路干线相互衔接和交叉的地点，是由一系列车站、线路和设备组成的有机整体。它一般包括客站、货站、编组站及其他专业性站等各种场所及附属设备等。

铁路枢纽按其在路网中的地位、当地政治经济特征、车流量和车流性质等因素，又分为主要枢纽、一般枢纽、次要枢纽和专业性枢纽等。铁路枢纽是列车的交接点和铁路运量集中地，是组织铁路运输的中心环节，是铁路网的重要组成部分。

北京是我国最重要的铁路枢纽，京哈、京沪、京九、京广、京包等许多铁路干线在此衔接。哈尔滨、沈阳、天津、徐州、郑州、西安、兰州、武汉、上海、广州、昆明、重庆等也是我国主要的铁路枢纽。

主要铁路干线

一、京沪线

京沪铁路北起北京，经天津、德州、济南、兖州、徐州、蚌埠、南京、无锡、苏州，南达上海，纵贯北京、天津、河北、山东、安徽、江苏和上海七省市，跨越海河、黄河、淮河和长江四大水系，全长1462千米，是我国东部沿海地区的南北交通大动脉。

京沪线在天津与京沈线交会，衔接天津港；在德州交会了石德线，与京广线相连通；在济南交会了胶济线，可抵达青岛港和烟台港；在兖州与焦石线交会，接通石臼所港；在徐州交会了陇海线；在南京与宁芜线交会，进而与皖赣线相连通；在上海又交会了沪杭线。

二、京广线

京广线北起北京，南止广州，横贯我国中部，经河北、河南、湖北、湖南、广东等省，跨越海河、黄河、淮河、长江、珠江五大流域，与华北平原、长江中下游平原、珠江三角洲相连接，全长2324千米。

京广线是我国关内地区主要的南北方向铁路，是我国铁路网的中轴。在北端北京交会了京秦、京包、京原、京通、京承、京沈等铁路线。在南端广州与京九线、广茂线和广梅汕线交会，可达香港、茂名和汕头等地。

三、京九线

京九线北起北京，经天津、河北、山东、河南、安徽、湖北、江西、广东，南到香港九龙，跨越9省市，全长2364千米。京九线是我国铁路建设史上规模最大、投资最多，一次建成里程最长的铁路干线。它的建设完善了我国铁路布局，缓和了南北运输紧张状况，带动了沿线地方资源开发，推动了革命老区经济发展，加快了老区人民脱贫致富，促进了港澳地区稳定繁荣，对全国的交通运输以及周边地区的发展具有十分重要的意义。

京九铁路

四、北同蒲—太焦—焦柳线

同蒲线横贯山西的南北,从山西的大同至陕西的孟塬,北接京包线,南连陇海线。北同蒲线是指大同到太原这一段铁路。太焦线从太原经长治到焦作。焦柳线自焦作经襄樊、枝城、怀化到柳州。

北同蒲—太焦—焦柳线北起大同,南至柳州,是一条与京广线平行的南北向的交通大动脉,全长2395千米。

五、京秦—京包—包兰—兰青—青藏线

这是我国北部地区一条重要的东西方向铁路干线。它东起秦皇岛,经丰润到北京的铁路线为京秦线;由北京向西经张家口、大同、集宁、呼和浩特到达包头的铁路线为京包线;从包头向西经银川至兰州的铁路线为包兰线;自兰州到西宁的铁路线为兰青线;从西宁经格尔木到拉萨的铁路线为青藏线。

中国主要公路干线

我国共有12条国道主干线:

一、同江—哈尔滨—长春—沈阳—大连—烟台—青岛—连云港—上海—宁波—福州—厦门—深圳—珠海—湛江—海口—三亚。

二、北京—天津—济南—合肥—南昌—福州。

三、北京—石家庄—郑州—武汉—长沙—广州—深圳。

四、二连浩特—太原—西安—成都—昆明—河口。

五、重庆—贵阳—南宁—北海—湛江。

六、绥芬河—哈尔滨—满洲里。

七、丹东—沈阳—北京—呼和浩特—银川—兰州—西宁—格尔木—拉萨。

八、青岛—济南—石家庄—太原—银川。

九、连云港—徐州—郑州—西安—

兰州—乌鲁木齐—霍尔果斯。

十、上海—南京—合肥—武汉—重庆—成都。

十一、上海—杭州—南昌—长沙—贵阳—昆明—瑞丽。

十二、衡阳—桂林—南宁—昆明。

公路运输

公路运输是 19 世纪末随着现代汽车的诞生而产生的。它最初主要承担短途运输业务。第一次世界大战结束后，由于汽车工业的发展和公路里程的增加，公路运输走向蓬勃发展阶段，它不仅成为短途运输的主力，并进入长途运输的领域。第二次世界大战结束后，公路运输发展迅速。欧洲许多国家和美国、日本等国已建成发达的公路网，汽车工业又提供了雄厚的物质基础，促使公路运输在运输业中跃居主导地位。发达国家公路运输完成的客货周转量占各种运输方式总周转量的 90% 左右。

在我国这样土地辽阔的多山国家中，公路运输在交通运输体系里有着特殊的地位和重要的作用。在我国东部铁路和水运比较发达的地区，因其具有机动灵活的特点，所以公路是铁路和港口集散物资的重要辅助手段，承担着大量短途运输的任务。在铁路和水运不足的西南和西北地区，公路发挥着干线运输的重要作用。我国从 1903 年开始修建公路。1901 年，我国从国外进口了第一辆汽车。

高速公路

世界各国的高速公路没有统一的标准，命名也不尽统一。尽管对高速公路命名不同，但都是专指有 4 车道以上、两向分隔行驶、完全控制出入口，全部采用立体交叉的公路。此外，有很多国家对部分控制出入口、非全部采用立体交叉的直达干线也称为高速公路。国际道路联合会在历年的统计年报中，把直达干线也列入高速公路范畴。

我国交通部"公路工程技术标准"规定，高速公路是指"能适应年平均昼夜小客车交通量为 2.5 万辆以上，专供汽车分道高速行驶并全部控制出入的公路"。一般适应 120 千米/小时或者更高的速度，要求路线顺畅，纵坡平缓，路面有 4 个以上车道的宽度。中间设置分隔带，采用沥青混凝土或水泥混凝土高级路面，为了保证行车安全设有齐全的标志、标线、信号及照明装置；禁止行人和非机动车在路上行走，与其他线路采用立体交叉、行人跨线桥或地下通道通过。

根据其功能，分为联系城市间的高速公路即远程高速公路和城市内部的快速路，也口叫城市高速道路。按其布局形式分为：平面立体交叉高速公路、路堤式高速公路、路堑式高速公路、高架高速公路和隧道高速公路。20 世纪 30 年代西方一些国家开始修建高速公路，60 年代以来世界各国高速公路发展迅速。

截至 2007 年年底，我国高速公路通车里程达到 5.3 万千米左右。中国台湾省于 1978 年底建成从基隆至高雄的中山高速公路长 373 千米。1988 年 10 月

31 日,上海至嘉定 18.5 千米高速公路建成通车,使中国大陆有了高速公路。此后,我国高速公路建设突飞猛进:2004 年 8 月底突破了 3 万千米,比世界第三的加拿大多出了近一倍。

我国目前用于高速公路建设的资金来源主要是各种专项税费和财政性资金,如车购税、养路费、国债、地方财政等,转让经营权、直接利用外资、通行费收入、企业自筹资金以及国内外银行贷款。其中银行贷款占了很大比重。

川藏公路

川藏公路是中国筑路史上工程最艰巨的公路之一。川藏公路始于四川成都,经雅安、康定,在新都桥分为南北两线:北线经甘孜、德格,进入西藏昌都、邦达;南线经雅江、理塘、巴塘,进入西藏芒康,后在邦达与北线会合,又经八宿、波密、林芝到拉萨。北线全长 2412 千米,沿途最高点是海拔 4916 米的雀儿山;南线总长 2149 千米,途经海拔 4700 米的

川藏公路

理塘。南北两线间有昌都到邦达的公路相连。南线路途短、海拔低,所以由川藏公路进藏的车多行南线。

1950 年年初,当解放军奉命进军西藏,完成祖国大陆统一的历史使命时,毛泽东主席指示进藏部队:“一面进军,一面修路。”于是 11 万人民解放军、工程技术人员和各族民工以高度的革命热情和顽强的战斗意志,用铁锤、钢钎、铁锹和镐头劈开悬崖峭壁,降服险川大河。在 4 年多的时间里,川藏公路穿越了横断山脉的二郎山、折多山、雀儿山、色齐拉等 14 座大山;跨越了岷江、大渡河、金沙江、怒江、拉萨河等众多江河;横穿龙门山、青尼洞、澜沧江、通麦等 8 条大断裂带。工程的巨大和艰险,在世界公路修筑史上是前所未有的。

川藏公路通车前,从拉萨到四川成都往返一次,靠人畜驮,冒风雪严寒,艰苦跋涉需半年到 1 年时间,现在乘坐汽车只要 1 个月就能办到。据不完全统计,到 1989 年,全区共运输各类进藏物资 1000 多万吨,出藏物资 112.7 万吨,大大促进了西藏人民生活的改善和经济建设的发展,改变了西藏长期封闭的状况,对西藏经济建设和国防建设都具有极为重要的作用。

沿川藏线出入西藏,每年的最佳时节是 5 月和 8 月中旬到 10 月。5～8 月之间是西部的雨季,川藏线因泥石流和塌方频繁,所以行程安排应较为宽裕。除了能领略雨季川藏线格外美丽和诱人的旖旎风光之外,还需要拥有徒步穿越塌方区的勇气与决心。

青藏公路

青藏公路全长 1160 千米,是国家二级公路干线,路基宽 10 米,坡度小于 7%,最小半径 125 米,最大行车速度 60 千米/小时,全线平均海拔达到 4000 米以上,虽然线路的海拔高,但登上昆仑山后高原面是古老的湖盆地貌类型,起伏平缓,共修建涵洞 474 座,桥梁 60 多座,总长 1347 米。青海西宁至格尔木段公路,需要翻越日月山、橡皮山、旺尕秀山、脱土山等高山,跨越大水河、香日德河、盖克光河、巴西河、青水河等河流,计长 782 千米。从青海省第二大城市格尔木市出发,翻越四座大山:昆仑山、风火山、唐古拉山和念青唐古拉山;跨过三条大河,通天河、沱沱河和楚玛尔河,平均海拔 4500 米,其中西藏境内 544 千米。并且穿过藏北羌塘草原,在西藏自治区首府拉萨市与川藏公路会合。

青藏公路改建工程在 1975 年开工,是世界上尚无先例的高寒冻土区铺设黑色路面工程,共投资 7.6 亿元。1985 年 8 月青藏公路全线黑色路面铺筑工程基本竣工,大大提高了运输效率,也创造了较大的经济效益,每年可节约运输成本 5000 万元,行车密度明显提高,最高车流量每昼夜达 3000 多辆,行车时速由每小时 20 千米提高到 60 千米,但还需要对早期铺建的沥青路面、沿线未适应重型车辆的临时性桥涵、多年冻土带热融沉陷及路基翻浆路段进行改建和彻底整治。

青藏公路是西藏与祖国内地联系的重要通道,承担着西藏 85% 以上进藏物

沱沱河

资和 90% 以上出藏物资的运输任务,在西藏经济发展和社会稳定中发挥着重要作用,被誉为西藏的"生命线"。

新藏公路

新藏公路是继川藏公路、青藏公路之后,进入西藏的第三条公路。该公路 1956 年 3 月开工,1957 年 10 月 6 日正式通车。新藏公路北起新疆叶城,南到西藏拉孜县,后又南延至边疆城镇普兰。该公路途经峡南口、大红柳滩、日土宗和噶尔昆沙,跨越拉斯塘河、叶尔羌河、喀拉喀什河狮泉河等河流,越过新疆、西藏之间海拔 5406 米的界山大坂和海拔 5432 米的库达恩布等 11 座山口。全线多是一望无垠的戈壁沙漠和常年积雪的崇山峻岭,有的路段数百千米都见不到

人烟。现西藏阿里地区几乎所有的货物及旅客运输都经由新藏公路,经南疆至乌鲁木齐接兰新铁路。

从新疆叶城到拉萨的新藏公路全长2269千米,它沿途翻越5000米以上的大山5座,冰山达坂16个,涉过冰河44条,穿越无人区几十万米,全线平均海拔4500千米以上,是世界上海拔最高的公路之一,也是路段最艰险的公路之一。平均海拔堪称各线之冠。它的前段海拔相差比较大,后段则相对平缓。进入西藏阿里地区路段大部分公路处于无人区内,无加油站,所以当地司机都要多备汽油,且交通及通信十分不便。路途所需时间至少在半个月以上。

此线路自然风光很精彩,在穿越无人区时,有时一天难得见到一个行人,但正是这种地方才有机会看到藏野驴、黄羊等成群结队的野生动物,场面特别壮观。沿途还可欣赏到天气常变的喀喇昆仑山、盛极一时的古格王国遗址、神山——冈仁波齐、圣湖——玛旁雍错、黄教的发源地——萨迦寺,还有融合了不同风格的白居寺。

航空运输

航空运输,是指使用飞机、直升机及其他航空器运送人员、货物、邮件的一种运输方式。具有快速、机动的特点,是现代旅客运输,特别是远程旅客运输的重要方式,是国际贸易中的贵重物品、鲜活货物和精密仪器运输所不可缺少的载体。

航空运输始于1871年。当时普法战争中的法国人用气球把政府官员和物资、邮件等运出被普军围困的巴黎。1918年5月5日,飞机运输第一次出现,航线为纽约—华盛顿—芝加哥。同年6月8日,伦敦与巴黎之间开始定期邮政航班飞行。20世纪30年代有了民用运输机,各种技术性能不断改进,航空工业的发展促进航空运输的发展。第二次世界大战结束后,在世界范围内逐步建立了航线网,以各国主要城市为起点的世界航线网遍及各大洲。1990年,世界定期航班完成总周转量达2356.7亿吨千米。

中国国际航线的分布有以下特点:

一、中国的国际航线以北京为中心,通过上海、广州、乌鲁木齐、大连、昆明、厦门等航空口岸向东、西、南三面辐射。

二、国际航线的主流呈东西向。向东连接日本、北美,向西连接了中东、欧洲,它是北半球航空圈带的重要组成部分。

三、中国的国际航线是亚太地区航空运输网的重要组成部分。它与南亚、东南亚、澳大利亚等地有密切的联系。

水路运输

人类利用天然河流、海洋发展航运,已有几千年的历史。远在石器时代,人类就以木作舟在水上航行,后来就有了独木舟和船。水路运输分为海运和河运两种,它们以海洋或河流作交通线。1807年美国人富尔顿把蒸汽机装在“克莱蒙特号”船上,航行在纽约至奥尔巴尼之间,航速达每小时6.4千米,成为世界上第一艘机动船。1872年,我国自制的蒸汽机船开始航行于海上以及内河。

现代水路运输的突出优点是通过能力大，造价低，节省燃料。例如，一条密西西比河相当于 10 条铁路，一条莱茵河比得上 20 条铁路。此外，修筑 1000 米铁路或公路约占地 3 公顷多，而水路运输利用天然的海洋、河道，占地很少。

在我国的货运总量中，水运所占的比例仅次于铁路和公路。2004 年中国水运客运量和货运量在综合运输体系中所占比重仅为 1.1% 和 0.4%。但是，中国港口运输持续高速增长，全国完成货物吞吐量连续多年蝉联世界第一，这也得益于中国外贸的增长。

尽管水路交通在国家交通体系中的地位不如铁路和公路，但是，因为水运特别是海运的国际化程度较高，所以通过信息技术保持与国际水平一致，来提高我国港航企业运营效率是非常重要的。因此，我国港航、海运企业信息化水平较高，近些年，随着内河运输的发展，水运信息化发展仍然呈持续增长态势。

主要水运港口

上海港位于我国海岸线中点，扼长江入海之咽喉，地理位置十分重要。它腹地宽广，京沪、沪杭两条铁路在此处交汇，水陆、河海联运方便，是我国沿海航运的枢纽，是全国最大的港口。上海港至今有 400 多年的历史，远在宋朝就与日本及南洋国家有贸易往来。新中国成立后，上海成为全国最大的经济中心和外贸港口。港内水深，万吨货轮可以全年通航。在全港 100 多个泊位中，半数是万吨级以上的泊位。

秦皇岛港位于渤海之滨，扼东北、华北之咽喉，为我国北方著名的天然不冻港。这里海岸曲折、港阔水深，风浪不大，泥沙淤积很少，万吨货轮可自由出入。早在 1898 年秦皇岛就被清政府辟为商埠，那时以外运开滦煤为主。现在，

上海港

有京哈铁路和铁岭—秦皇岛—北京输油管通过；大同到秦皇岛运煤专用电气化铁路的配套工程——秦皇岛港煤码头三期工程的建成，已使秦皇岛港成为世界最大能源输出港之一。

大连港地处辽东半岛南端的大连湾内，水深港阔，冬季不冻，万吨货轮可畅通无阻。大连为哈大线的终点，以东北三省为经济腹地，是东北门户所在地，也是东北地区最重要的综合性外贸口岸。1980 年以来，一座座新港口改建、新建而成。这些港口泊位多、功能全，进出港船舶多，现代化程度高，构成了我国最大的港口群。从大窑湾至老虎滩近十万米的海岸线上，平均每 4000 米就有一座港口，是我国目前港口密度最高的"黄金海岸"。

天津港位于渤海湾西岸的海河口外，可分为天津、塘沽、新港三部分。天津和塘沽港属河港，新港是海港，为天津的外港，它们共同构成了一个"港口群"。天津有京哈、京沪铁路连接华北、东北和华东地区，腹地广阔，并有 20 多条远洋航线通向世界各地，是我国华北地区最大的水陆运输枢纽，也是重要的国际贸易大港。

青岛港地处山东半岛南岸的胶州湾内，港内水域宽深，四季通航，港湾口小腹大。它主要由大港、中港及黄岛港组成。各港码头均有铁路相连，环胶州湾高等级公路与济青高速公路相接，腹地除吸引山东外，还承担着华北的对外运输任务。青岛港是晋中煤炭和胜利油田原油的重要输出港，也是我国仅次于上海、天津的第三大集装箱运输港口。

连云港地处江苏省东北部黄海海州湾东南端，背依云台山，北有东西连岛做

屏障，风平浪静，是天然良港，具备建成现代化国际大港的基本条件。目前，煤炭运输量占全港吞吐量的 1/2 以上。

宁波港地处浙江东海岸，包括宁波、镇海、北仑三个港区，是我国历史上对外贸易的重要港口和海运中转枢纽。宁波老港主要是客运港。码头设备先进，机械化程度高，巨型装卸船的抓斗一次能抓 30 吨矿砂。装卸一艘 10 万吨级的船舶货物，一天多时间就能完成。

远洋运输

远洋运输就是使用船舶跨越大洋的运输。对中国籍船舶而言，批准其进行远洋运输，即确定其运输航线，意味着该船舶为进出境船舶，参与远洋运输就是行走国际航线。

中国主要的远洋航线有：

地中海线——到地中海东部黎巴嫩的贝鲁特、的黎波里；以色列的海法、阿什杜德；叙利亚的拉塔基亚；地中海南部埃及的塞得港、亚历山大；突尼斯的突尼斯；阿尔及利亚的阿尔及尔、奥兰；地中海北部意大利的热那亚；法国的马赛等港。

西北欧线——到比利时的安特卫普；荷兰的鹿特丹；德国的汉堡、不莱梅；法国的勒弗尔；英国的伦敦、利物浦；丹麦的哥本哈根；挪威的奥斯陆；芬兰的赫尔辛基等。

美国加拿大线——包括加拿大西海岸港口温哥华；美国西岸港口西雅图、波特兰、旧金山、洛杉矶；加拿大东岸港口蒙特利尔、多伦多；美国东岸港口纽约、波士顿、费城、巴尔的摩、波特兰以及美

国墨西哥湾港口莫比尔、新奥尔良、休斯顿等。美国墨西哥湾各港也属美国东海岸航线。

南美洲西岸线——到秘鲁的卡亚俄;智利的阿里卡、伊基克、瓦尔帕莱索、安托法加斯塔等港。

管道运输

管道运输是国际货物运输的重要方式之一,是随着石油生产的发展而产生的一种特殊运输方式。它具备运量大、不受气候和地面其他因素限制、可连续作业以及成本低等优点。随着石油、天然气生产和消费速度的增长,管道运输迅速发展起来。

管道运输业是我国新兴运输行业,是铁路、公路、水运、航空运输之后的第五大运输业,它在国民经济和社会发展中起着非常重要的作用,管道运输是利用地下管道将原油、天然气、成品油、矿浆、煤浆等直接送到目的地。2006年末,全国输油(气)管道里程为48226千米,其中输油管24136千米,输气管24090千米。2006年底,全国管道输油(气)能力为66948万吨/年,其中输油能力57530万吨/年,输气能力9418千万立方米/年。

2007年,中国已建油气管道的总长度约6万千米,其中原油管道1.7万千米,成品油管道1.2万千米,天然气管道3.1万千米。中国逐步形成了跨区域的油气管网供应格局。随着中国石油企业"走出去"战略的实施,中国石油企业在海外的合作区块和油气产量持续增加,海外份额油田或合作区块的外输原油管道也得到了较大的发展。

"十一五"期间,中国将加快油气干线管网和配套设施的规划建设,逐渐完善全国油气管线网络,建成西油东送、北油南运成品油管道,同时建设第二条西气东输管道及陆路进口油气管道。

西油东送管道

未来 10 年是中国管道工业的黄金期,除得益于中国经济的持续快速发展和能源结构的改变,那些建设中的中俄输气管线;内蒙古苏格里气田开发后,将兴建的苏格里气田外输管线;吐库曼和西西伯利亚至中国的输气管线等,不仅给中国,也给世界管道业提供了发展机遇。

地铁与轻轨

地铁又名地下铁道,指的是大城市中主要在地下修建隧道,铺设轨道,以电动列车运送乘客的公共交通体系。地铁主要是由线路、列车、车站等组成,此外还有供电、通信、信号、通风、照明、排水等相关的系统。地铁线路由路基与轨道构成。轨道与铁路轨道基本相同,它一般采用较重型的钢轨,多为混凝土道床或碎石道床。轨距一般为 1435 毫米标准轨距。

线路按所处位置划分为地下、地面和高架线路 3 种。地下线路是基本类型;地面线路一般建在居民较少的城郊;高架线路通常铺设在钢或钢筋混凝土高架桥上,避免与地面交通平交,并尽量减少用地。地铁列车均采用由电力动车组成的动车组。地铁车站是列车到发和乘客集散的场所,一般建在客流量较大的集散地。

轻轨是指采用中等载客量车厢,适应远期单向最大高峰,每小时客流量 1 万 ~ 3 万人次的轨道交通体系。若采用大载客量车厢,能适应远期单向高峰小时客流量为 3 万 ~ 7 万人次的统称为地铁。中等载客量的轻轨铁路车厢,一般额定载客量是 202 人/辆,超员为 224 人/辆,编组采用每列 2 ~ 4 辆。

六、山脉

喜马拉雅山脉

喜马拉雅山脉是地质时期第三纪由地壳运动抬升起来的世界上最年轻的山脉。它由数条大致平行的支脉组成,向南凸出呈弧形,分布于青藏高原南缘,全长约2500千米。山脉由北而南依次为大喜马拉雅山、小喜马拉雅山及西瓦利克山等。大喜马拉雅山大部分在中国境内,平均海拔6000米以上,全球14座海拔8000米以上的高峰中有10座分布于

此。高山顶部终年积雪。喜马拉雅山脉的新构造运动十分活跃,地震活动频繁而强烈,是世界上主要大地震带之一。喜马拉雅山脉南北两侧气候迥异,南坡气候暖湿,从热带雨林到寒温带暗斜叶林均有分布,而北坡气候高寒干燥,植被种类简单。南北两坡的地形、水文、生物、土壤及农业生产差异均较大。

冈底斯山脉

冈底斯山脉横贯中国西藏自治区西南部,与喜马拉雅山脉平行。"冈底斯"

喜马拉雅山脉

在藏语中意为"众山之主"。它西起喀喇昆仑山脉东南部的萨色尔山脊，东延伸至纳木错西南，与念青唐古拉山脉衔接，呈西北—东南走向，属褶皱山。长约900千米，宽60～100千米，海拔一般在5500～6000米，最高峰为冷布岗日峰，海拔7095米。位于阿里高原普兰县境内的主峰——冈仁波齐峰海拔6656米，乃佛教著名圣山，藏语意为"神灵之山"，梵语称为"湿婆的天堂"，为信徒朝拜巡礼之地。山顶冰雪覆盖，峭壁千仞，冰川纵横。冈仁波齐峰和纳木那尼峰间的玛旁雍错为圣湖，香客多来此朝拜。由巴噶经普兰，冈底斯山脉是内陆水系和印度洋水系的分水岭。印度河上源狮泉河发源于冈底斯山北侧，朗钦藏布（象泉河）发源于山南，进入印度境内称萨特累季河。

念青唐古拉山脉

念青唐古拉山脉位于西藏自治区东北部与青海省边境处，其东南部延伸接横断山脉的云岭和怒山。长约600千米。藏语意为"高原上的山"，又称"当拉山"。它是雅鲁藏布江和怒江两条大水系的分水岭，同时将西藏自治区分为藏北、藏南、藏东南三大地域。唐古拉山还是怒江、澜沧江和长江的发源地。念青唐古拉山脉耸立在5000米的高原上，山顶最高处海拔7117米，终年白雪皑皑，云雾缭绕。主峰顶部形似鹰嘴，多断岩峭壁。念青唐古拉山在宗教上是全藏著名的护法神，也是北部草原众神山的主神。本教和佛教信徒都敬奉此山。念青唐古拉山和纳木错是西藏最引人注目的神山圣湖，成为世界屋脊上最大的宗教圣地和旅游景观。

阿尔金山脉

阿尔金山脉位于新疆维吾尔自治区东南部。是青藏高原北部边缘山脉之一，也是塔里木盆地与柴达木盆地的界山。因气候干旱，多岩石裸露的石山。蒙古语意为"有柏树的山"。东北—西南走向，西与昆仑山脉相接，东延至当金山口与祁连山脉相接。长720千米，平均海拔3000～4000米。西段较高，最高峰为尤苏巴勒塔格，海拔6161米。同名高峰海拔5798米。有小型冰川发育。阿尔金山脉是若羌河、米兰河等发源地，但水量不大。山麓的若羌、米兰等绿洲面积很小。气候干旱，植被贫乏，荒漠植被占统治地位。无常年有水的河流。当金山口为柴达木盆地与河西走廊之间的交通要道，有公路。阿尔金山国家自然保护区坐落在阿尔金山的中段。

昆仑山脉

昆仑山藏语称"阿玛尼木占木松"，即祖山之意。昆仑山脉位于青海北部，西起帕米尔高原，东至四川盆地西北边缘，全长约2500千米，宽130～200千米，平均海拔5500～6000米，总面积达50多万平方千米。号称"亚洲的脊柱"。昆仑山脉为古老的褶皱山，分东、西两段。西昆仑为塔里木盆地和藏北高原的界山。著名高峰有慕士塔格山、木孜塔格山，以及海拔7719米的昆仑山脉最高

昆仑山脉

峰公格尔山。山顶冰川广布，多深幽峡谷。冰川融水形成若羌河、和由河、克里雅河等内陆河的源头。相传昆仑山的仙主是西王母，在众多古书中记载的"瑶池"，便是昆仑河源头的黑海，这里海拔4300米，湖水清瀛，鸟禽成群，野生动物出没，气象万千。在昆仑河中穿过的野牛沟，有珍贵的野牛沟岩画。位于昆仑河北岸的昆仑泉，是昆仑山中最大的不冻泉，全年水温恒定20℃，水量大而稳定，传说是西王母用来酿制琼浆玉液的泉水。昆仑山不仅气势雄伟，还盛产玲珑雅致的彩色美玉——昆仑玉。昆仑山在中华民族文化史上有"万山之祖"的显赫地位。是明末道教混元派（昆仑派）道场所在地，是中国第一神山。

山。中国东部地区的重要山脉和地理分界线。北起北京西山，南达豫北黄河北崖，西接山西高原，东临华北平原，绵延400余千米，为山西东部、东南部与河北、河南两省的天然界山。太行山北高南低，大部分海拔在1200米以上。2000米以上的高峰有小五台山、灵山、太白山等。最高峰为小五台山，海拔2882米。太行山山势东陡西缓。山中多雄关，著名的有紫荆关、娘子关等。太行山中多东西向横谷（陉），著名的有军都陉、薄阳陉、飞狐陉、井陉、滏口陉、白陉、太行陉、帜关陉等，古称太行八陉，为穿越太行山脉的8条通道。太行山的自然植被因垂直温差而异。煤炭、铁、铜、钼、金、钨等矿藏资源丰富。

太行山脉

太行山，又名五行山、王母山、女娲

祁连山脉

祁连山位于中国青海省东北部与甘

肃省西部边境。因位于河西走廊南侧，又名南山。由多条西北—东南走向的平行山脉和宽谷组成。西端在当金山口与阿尔金山脉相接。东端至黄河谷地，与秦岭、六盘山相连。长近 1000 千米。南北宽 200～400 千米，海拔 4000～6000 米，面积约 2062 平方千米。属褶皱断块山。自北而南，包括大雪山、托来山、托来南山、野马南山、疏勒南山、党河南山、土尔根达坂山、柴达木山和宗务隆山。最高峰疏勒南山的团结峰海拔 5808 米。海拔 4000 米以上的山峰终年积雪，山间谷地也在海拔 3000～3500 米之间。在浅雪的山层之中，有名为雪山草甸植物的蘑菇状蚕缀，还有珍贵的药材——高山雪莲，以及一种生长在风蚀的岩石下的雪山草。祁连山东部海拔 2500～3300 米分布有寒温带针叶林。原始森林区内有 200 多万立方米的森林资源，是青海省较大的林区之一。

天山山脉

天山山脉

　　天山是亚洲中部的一条大山脉，横贯中国新疆的中部，西端伸入哈萨克斯坦，长约 2500 千米，宽约 250～300 千米，平均海拔约 5000 米。最高峰托木尔峰海拔为 7435.3 米，汗腾格里峰海拔 6995 米，博格达峰海拔 5445 米，著名的天山天池就位于博格达山腰上，它是由古代冰川和泥石流堵塞河道而成。天山是新疆不少大河的源头，锡尔河、楚河和伊犁河都发源于此山。在不到 20 万平方千米的山地径流形成区内，有大小河川 200 多条。天山山脉把新疆分成两部分：南边是气候干燥的塔里木盆地；北边

的准噶尔盆地西北边缘的山地则比较湿润。天山雪线以下，有着丰富的动植物资源。托木尔峰和博格达峰的山麓和河谷地区，满山遍野的云杉和塔松，四季常青。各种药用植物达 80 多种。此外，还有许多珍禽异兽，如旱獭、水獭、盘羊、雪豹、猞猁、天山鹿、天山羚羊、天山苍鹰，野骆驼等。

横断山脉

　　横断山脉位于青藏高原东南部，是川、滇两省西部和西藏自治区东部南北向山脉的总称。它是中国最长、最宽和最典型的南北向山系，唯一兼有太平洋和印度洋水系的地区。横断山脉是世界年轻山系之一。因"横断"东西间交通，故名。它东起邛崃山，西抵伯舒拉岭，北界位于昌都、甘孜至马尔康一线，南界抵达中缅边境的山区，面积 60 余万平方千

米。境内山川南北纵贯，东西并列，自东而西有邛崃山、大渡河、大雪山、雅砻江、沙鲁里山、金沙江、芒康山（宁静山）、澜沧江、怒山、怒江和高黎贡山等。横断山脉岭谷高差悬殊。邛崃山岭脊海拔3000米以上，主峰四姑娘山海拔6250米，其东南坡相对高差达5000余米。大雪山主峰贡嘎山海拔7556米，为横断山脉最高峰。其东坡从大渡河谷底到山顶水平距离仅29千米，而相对高差竟达6400米之巨。沙鲁里山海拔一般在5500米以上，北部的高峰雀儿山海拔6168米。其西的金沙江、澜沧江和怒江（即所谓三江），直线距离仅76千米。三江江面狭窄，两岸陡峻，属典型的"V"字行深切峡谷，尤以金沙江石鼓附近的虎跳峡为世界著名峡谷之一。横断山脉山间盆地、湖泊众多，古冰川侵蚀与堆积地貌广布，现代冰川作用发育，重力地貌作用，如山崩、滑坡和泥石流屡见。同时，地震频繁，是中国主要地震带之一，著名的鲜水河、安宁河和小江等地震带都分布于本区。横断山脉地区条件对动植物的生存发展极为有利。拥有乔杉、铁杉、连香树、水青树、珙桐等多种古植物的孑遗种属。森林资源富饶而广布，是中国第二大林区——西南林区的主体部分。动物兼具东洋界西南区、古北界青藏高原区和北方华北区等多种成分。兽类、鸟类和鱼类约占全国总数一半以上；珍贵稀有动物属国家保护的有大熊猫、金丝猴、黑金丝猴、白唇鹿、牛羚、野牛、野象、长臂猿、小熊猫、斑羚、林麝、豹、云豹、马麝、水鹿、藏雪鸡、绿尾红雉、血雉等。横断山脉还是中国重要的有色金属矿产地。

阴山山脉

阴山山脉横亘在内蒙古自治区中部及河北省最北部，连绵1200多千米，南北宽50～100千米，是黄河流域的北部界线。阴山山脉西起杭锦后旗的狼山，

阴山山脉

中段为乌拉山、大青山、灰腾梁山，东段为坝上高原的大马群山。山脉平均海拔1500～2000米。主峰呼和巴什格山，海拔2364米。山脉内部的盆地中心及山前地带有数个积水形成的湖泊，著名的有乌梁素海、岱海、黄旗海。山脉南侧的大黑河、昆都仑河皆汇入黄河，但水量较小。山区植被稀疏，仅在东段的阴坡有小片森林，有白桦、山杨、杜松、侧柏、油松、山柳等树种。中段和西段山地散布有大小不等的山地草场，历史上曾是重要的牧区。阴山山脉山区地质矿产资源丰富，大青山的煤矿、白云鄂博的铁矿和稀土矿都是品位高、储量大的著名矿区。阴山地区人类活动的历史非常悠久，是内地汉族与北方游牧民族交往的重要场所。

长白山山脉

长白山山脉位于东北地区东部。因主峰白头山顶有很多白色浮云和积雪而得名。长白山山脉由多列东北—西南向平行褶皱断层山脉和盆地、谷地组成。山地海拔大部分在500～1000米之间，最高峰为白云峰。山间盆地、谷地盛产稻米、烟叶，是东北地区著名的山间"谷仓"。长白山曾有过频繁的地震和火山活动。白头山为著名的巨型复式火山，山顶火口积水为湖，即天池。天池周围的群峰就是由火山爆发形成的。长白山地区的火山活动由新第三纪一直延续到人类历史时期，共有7次大的喷发。长白山天池内有温泉水外溢，海拔2000多米的高山上温泉成群出现，而且水温很高，这些都与地壳内部灼热的岩浆活动

有关。长白山脉是松花江、图们江和鸭绿江的发源地，水力资源丰富。长白山垂直自然景观明显，动植物资源丰富，有许多珍稀植物和动物分布。1960年已建立长白山自然保护区，并被联合国列为国际生物圈保留地组成部分。

高黎贡雪山

滇西大地上，面积辽阔的高黎贡山莽莽苍苍，雄险奇秀，得天独厚的地域条件、丰富的自然资源和独特的民族文化，使其具有了极高的生态旅游价值。

"高黎"的名字来自于横断山脉中一个古老的部族，"贡"就是"山"的意思。自北端的青藏高原伊始，倾斜着延伸到南端的中印半岛。高黎贡山拥有大大小小几十座雪山，似一条世界上最巨大的走廊，连接起高山海洋。

因为高黎贡山体巨大，阻挡了西北寒流通行的道路，同时也留住了印度洋的暖湿气流，山顶常年高寒，山脚的河谷却在暖流的影响下，风和日丽、翠绿如碧，是典型的亚热带气候，可谓一山十里不同天。保护区内山势陡峭，峰谷南北相间排列，温泉喷涌，土地温润，原始阔叶林区林海幽深，当今世界上最大的杜鹃树种——大树杜鹃在这里已经生长了500多年，云南樱花、山茶竞相争艳，与大熊猫齐名的山区古原生动物——羚羊健步飞奔，珍稀动植物资源丰富，有着极典型的高山峡谷自然地理垂直带景观，是与亚马孙河流域齐名的"世界十大生物多样性最丰富的重要地区"。

人常说一山一世界，但连绵的高黎

贡山拥有的却是万千世界。最原始古朴、神秘美丽的怒江大峡谷自山脚下穿越而过,怒江水奔腾汹涌,孕育出独具特色的民族文明。傈僳族和怒族人在山脚之下的河谷两旁安居乐业。他们传统的节日习俗,都带有浓郁宗教色彩的民族风情,为高黎贡山增添了多彩的人文情趣。

公元前4世纪的南方丝绸之路至今仍完好地保存在高黎贡山内,古老的驿道从历史的繁华中退却,沉寂成一部无言的史书,翠绿的苔藓爬满昔日马蹄踏过的石板,清脆的蹄音仿佛穿越几个世纪,始终传递着文明与希望。

因为高山深谷、激流险滩、路途艰辛,高黎贡山无法像其他旅游景点那样游人如织,作为一个旅游者走马观花的浏览,通常只是看到了它多样的表情,却不可能真正看清高黎贡内心。这片充满灵气的山峦与林海,作为滇西历史沉默的见证者,隐藏着太多的莫测高深,并不能只是靠观赏与聆听便可以领悟,而是需要心的交流和体会,感受高山静默而庞大的存在。

玉龙雪山

玉龙雪山位于丽江市区北端15千米处,是横断山脉雪山群中的最南端。十三峰由南向北纵向排列,南北绵亘35千米,东西宽12千米,主峰扇子陡海拔5596米。山上终年积雪,如同银色蛟龙横卧山巅,因而得名玉龙雪山。山体雄奇壮丽,气势磅礴,有"玉柱擎天"之称。山上积雪随着晨昏阴晴的变化、春夏秋冬的更替而变幻无穷,令人百看不厌。玉龙雪山高差悬殊很大,属现代海洋性冰川。山上经济林木、药用植物和观赏花卉依不同海拔气候而分布,仅杜鹃花一类就有40多种。海拔4500米处还建有四季都可接待游人的滑雪场。

玉龙雪山

梅里雪山

界线,也是云南高原气候的天然屏障。哀牢山北起于大理州南部,止于红河州南部,长近1000千米,海拔一般2000米以上,海拔在3000米以上山峰有9座,主峰3166米。哀牢山在气候上的主要作用在于:冬季弱冷空气被山体阻挡,强冷空气翻过山体后成强弩之末;西南暖湿气流东进时,也受山体阻挡,形成哀牢山以西、以南降水多于东部,气温较同纬度、同海拔的东部地区高,冬季寒流入侵次数较东部少的特点。

梅里雪山

梅里雪山属横断山脉,南北纵长30千米,东西宽度36千米,位于云南迪庆藏族自治州德钦县,处于世界闻名的金沙江、澜沧江、怒江"三江并流"地区。梅里雪山北与西藏阿冬格尼山、南与碧罗雪山相连接,海拔6000米以上的山峰有13座,称为太子十三峰。其中卡格博峰最高,海拔6740米。梅里雪山从峰顶到山脚澜沧江边明永河入口处(海拔2038米),高差达4700米。在水平距离14千米的范围内平均每向前1千米就得上升360米,山势陡峭。以它为中心,周围有20多座终年积雪的山峰。

哀牢山

哀牢山是元江与阿墨江的分水岭,为云南高原和横断山脉两大地貌区的分

武夷山

武夷山脉处在福建与江西省交界处,全长500多千米,最高峰黄岗山,海拔2118米。这里奇峰若雕、碧水如画,山依溪而列、水随山而转,水光山色交相辉映,妙趣横生,风韵万千。武夷山生态环境优越,物种丰富,又称"鸟的天堂"、"蛇的王国"、"天然植物园"。千百年来,武夷山游人不断,奇山异水荟萃灿烂的古文化,令人叹为观止。据地质学家分析,武夷山原是一个低洼盆地,由于地壳运动,洪水冲刷,周围风化的泥沙堆积,使盆地中的碎石抬升,形成单斜断块山体,而山峦岩石中的江层节理经过亿万年的地貌发育,长期在风吹日晒,冰霜雨水等外力侵蚀下,逐渐形成了绚丽多姿的地貌。武夷山以独特的神韵和最有特色的地表形态而成为全国名山。

武夷山除了独特的自然景观外,还是一座有着悠久历史的文化名山。在九曲溪两旁的悬崖峭壁上时隐时现的"壑船"和"虹桥板",是古越人特有习俗的历史见证。早在秦汉时,武夷山多受历

代帝王的封表，刻石记载，拥有深厚的历史文化内涵。此山较完整地保存着2000多年前闽越族古城——村汉城遗址，以及紫阳书院、朱熹墓、刘公神道碑和历代摩崖石刻等文化遗产。汉武帝时曾在此设坛祭祀山神"武夷君"，唐玄宗时武夷山被封为天下名山；南宋理学家朱熹曾驻足武夷山聚徒立说，使之成为东南文化学术中心。

武夷山风景区面积有70平方千米。有36峰、72洞、99岩，大多数峰岩显而不裸，草木密而不繁。群峰俊秀奇伟，千姿百态，古木相间，溪水澄碧清澈，有宏观的云雨、虹桥，也有微观的卧云、吐雾。

雨过初晴，山岚飘忽，彩虹飞渡，碧水映丹山，丹山转碧水，游人置身其中，宛如人间仙境。

九曲溪是武夷山风光中最为奇特、最为集中之处，因为九曲溪有与其他景区所不同的特点。一般山多由杂石砂土而成，而九曲溪诸峰则由红色峰石生成；其他山多是山水分离，可徒步直登，而九曲溪是水绕山脚，既可上山步行，又可下山泛舟。游人随心所欲，这就是九曲溪独有的景致。

大王峰又名天柱峰，海拔530米。

大王峰因其山形上丰下敛，四壁陡峭，巍峨壮观，又名纱帽岩。它雄踞九曲溪口，是武夷山36峰之首，素有"仙鹜王"之称。它也是进入武夷山风景区的第一峰。在南麓壁下，有一条岩壁陡峭的裂隙磴道，宽仅尺余，可登大王峰之巅。峰腰有张仙岩，相传是汉代张垓坐化之处，也是武夷山三大险径之一。峰顶有一罅，宽约1米多，下窥黝黑，投下一石，只听得汪汪鸣响，片刻方息。相传这是宋代朝廷祭祀使者投送"金龙玉简"的地方，故名投龙洞。

在大王峰南麓有武夷山最古老的武夷宫，是汉武帝遣使节祭祀武夷君之处。这里建有仿宋古街和碧丹酒家、幔亭山房、彭祖山房、翠烟小肆和茶观等仿古建筑，专供游客住宿和尽情观赏。

隐屏峰位于五曲溪北岸，是一壁方正平削的基石，玉壁千仞，伸入半空，岩顶林木青翠，四壁反削而入，直下平地，如一依天而立的翠屏。隐藏在平林洲深处，故名隐屏峰。峰的半腰，有一个广达数丈的岩洞，名光天洞。洞内岩石排列成八卦的阵势。洞后山岩形若头佗，名为罗汉岩。岩右又有一洞，叫罗汉洞。峰下有紫阳书院，为南宋伦理学家朱熹

紫阳书院。淳熙三年（公元前1176年）朱熹曾到此讲学，当时被称为紫阳讲会。

于宋淳熙十年（1183 年）辞官来此所建精舍，收徒讲学有十年之久，因朱熹别名紫阳，故书院取名紫阳书院。明正统年间，改为"朱公祠"，现仅存部分建筑。

"云窝天游"号称武夷山水的"第一胜处"，位于九曲溪的"五曲"和"元曲"之间。

云窝在隐屏峰之下，四周有响声岩、丹炉峰、晚对峰、天游峰和隐屏峰等奇峰环列。明万历十一年（1583 年）兵部侍郎陈省曾在此隐居，建有幼溪草庐和以"云"题名的栖云阁、巢云楼、云堂、生云台和迟云亭等十余处亭台楼阁，现仍有遗址可寻。这里奇峰峻拔，巨石参差，形成十多个幽奇的洞穴，常年云雾缭绕、变幻莫测，故有云窝之称。20 世纪 80 年代以来，建有水月亭、白云亭、望仙亭和石沼青莲亭等，供游人小憩。

位于五曲隐屏峰之后的天游峰雄伟、险奇，壁立万仞，高耸于群峰之上。登山之路共有 838 级石阶，供游人攀缘而上。

天游峰顶有天游观、妙高台、胡麻涧等景致。天游峰内塑有武夷君、彭武和彭夷的坐像，妙高台上长有一株罕见的南园相思树，每当秋风送爽，晶莹玲珑的红豆撒落台上，成为有情人的心爱之物。胡麻涧在天游峰的东壁，涧水蜿蜒南来，在妙高台西面飞湍而下，形成雪花泉瀑布的奇景。天游峰下则是一座巨大岩壁，高 500 余米，宽 1000 余米，阔大平整，是武夷山风景区中最大的岩石。由于长年雨水冲刷，大自然的鬼斧神工，使岩壁上布满了条条流水痕迹。如遇夕阳照壁，则见岩壁条缕分明，形如仙人晒布，故名"晒布岩"。

一线天，又名灵岩，位于武夷山风景区南部。它有武夷山最奇特的岩洞，分布着灵岩洞、风洞和伏羲洞三洞，伏羲洞内常可见到稀有的哺乳动物白蝙蝠。风洞在三洞当中更为奇特，洞口石壁上镌有"风洞"二字，为宋代徐自强所书。相传古时灵岩洞穴中有巨蟒，在洞中吐气伤人，后被一位葛姓仙人驱动六戊之神，封住了蛇妖所吐之毒气，除去了蛇妖，故此洞又名葛仙洞。

与一线天相对的是楼阁岩，巨大的岩壁上布满大大小小的数百个洞穴，状如楼阁上的门窗，当地人称其为神仙楼阁。此处，在神仙楼阁的左边还有兰岩。岩壁上石刻很多，有求天门、天下谷等景致。

虎啸岩位于二曲溪南，四壁陡峭，雄踞一方，主要有天成禅院、虎啸八景。虎啸岩半壁有一巨洞，山风穿过洞口，发出如虎啸般的吼声，故名虎啸岩。亦有相传，古时有仙人骑虎啸于岩上，故名"虎啸"。岩壁上镌有清康熙年间崇安县令王梓手书"虎溪灵洞"四字。清康熙四十六年（1707 年），泉声和尚重入武夷山寻胜，看中泉石天趣的虎啸岩，遂在虎啸庵的旧址上建起天成禅院。天成禅院建于虎啸岩之下，利用巨石向外斜覆的特点，未施片瓦而整座殿堂浑然天成。泉声和尚还在此指点出白莲渡、集云吴、坡仙蒂、普门兜、法两悬河、语八泉、不浪舟和宾羲洞等八景。

御茶园，位于大藏峰之西，建筑宏伟，设计精巧，被元朝名士誉为蓬莱宫。武夷茶在宋代已驰名天下，每年敬奉朝廷享用的贡茶 18 千克，后来逐年增加，到元朝致和元年（1328 年），每年贡茶数额增至 180 千克；到了元末，御茶贡额增至 445 千克，贡茶成了武夷茶农一项沉重的负担。茶农为避官府过多的税收，纷纷逃至外地谋生，结果茶园就荒废了。1982年，武夷山园林管理局仍在御茶园遗址右侧培植了大量的武夷名茶，并在遗址后面兴建了别具一格的仿宋建筑，成立了武夷茶叶研究所。1989年，在御茶园左侧兴建茶艺馆。

玉女峰位于二曲溪岸，一座突兀的山恰似一位亭亭玉立的少女，这样一处美景，激发了人们无限的想象。如今，玉女峰已成为武夷山的象征，常被用来当做福建的标志。

武夷宫位于一曲溪畔、大王峰下，与武夷山的旅游度假区仅一河之隔。它是武夷山最古老的一座宫观，始建于唐天宝年间，是历代帝王祭祀武夷君的地方。后多次修葺、扩建，又称天宝殿。殿四周有仿宋古街、茶观、幔亭山房、武夷山庄、彭祖山居和翠烟小肆等景致，玲珑雅致、古朴华美，原存的两处清代宫观旧址——万年宫和三清殿，已修葺一新，分别开辟为朱熹纪念馆和武夷山国际兰亭学院。这里的"闽学"史料以及历代名人的诗题、碑刻有着深厚的历史文化内涵。朱熹纪念馆庭院内保存有两株千年桂树，相传植于宋代，当地人称之为"桂花王"或"宋桂"。

武夷宫的仿古宋街全长约300米，南北走向，建筑风格古色古香，富有宋代遗韵。

武当山

武当山位于湖北省西北部，汉江南岸。总面积约240平方千米，号称"八百里武当"。主峰天柱峰，海拔1612米。

明·铜·张三丰，湖北武当山文管所藏。

有七十二峰、三十六岩、二十四涧、十一洞、三潭、九泉、十池、九井、十石、九台等胜景，上、下十八盘险道等奇观。因周朝伊善、汉代阴长生、晋代谢允、唐代吕纯阳、宋代陈抟、元代张守清、元末明初张三丰等均曾在此修炼，因此成为道教名山。明成祖自命为真武转世，大兴土木，建成33处规模宏大的宫观群，计有八宫、二观、三十六庵堂、七十二岩庙、三十九桥梁、十二亭台，殿宇达2万多间，人称"五里一庵十里宫，丹墙翠瓦望玲珑"。现存建筑基本上保持着明初的建筑格局。其中金殿和紫霄宫、玄岳门为全国重点文物保护单位。其他宫观如太和宫、南岩宫、五龙宫、遇真宫、玉虚宫、复真观、元和观等均保存完好，内有大量神像、法器、经籍等道教文物。1994年武当山古建筑群被列入《世界遗产名录》。

九华山

九华山位于安徽省青阳县城西南20公里处,距长江南岸贵池市约60公里。方圆120平方公里,主峰十王峰1342米,为黄山支脉,是国家级风景名胜区。是中国四大佛教名山之一,地藏菩萨道场。

据说唐开元末,新罗国(位于朝鲜半岛南端)僧地藏卓锡九华,苦心修炼数十载,圆寂后肉身三年不腐,僧众认定具为"地藏菩萨灵迹示现",建肉身塔以养,九华山因此成为地藏菩萨的道场。历经唐、宋、元各个时期的兴衰更迭,至明初获得长足的发展,与五台、峨眉、普陀一起位居中国佛教四大名山之列。清代九华山佛教鼎盛时有寺庙300余座,僧尼4000多人,"香火之盛甲天下"。今存寺庙90余座(其中9座列为全国重点寺院,30座列为省级重点寺院),有僧尼近600人,存真身(肉身)5尊,佛像6300余尊,藏历代经籍、法器等文物2000余件。

九华山共有99座山峰,以天台、十王、莲华、天柱等9峰最雄伟,群山众壑、溪流飞瀑、怪石古洞、苍松翠竹、奇丽清幽,相映成趣。名胜古迹,错落其间。

九华山古刹林立,香烟缭绕,是善男信女朝拜的圣地;九华山风光旖旎,气候宜人,是旅游避暑的胜境。九华山现有寺庙80余座,僧尼300余人,已逐渐成为具有佛教特色的风景旅游区。在中国佛教四大名山中,九华山独领风骚,以"香火甲天下"、"东南第一山"的双重桂冠而闻名于海内外。

黄山

黄山位于安徽省南部黄山市。为三山五岳中三山之一,中国最美的、令人震撼的十大名山之一。黄山是著名的避暑胜地,是国家级风景名胜区和疗养避暑胜地。1985年入选全国十大风景名胜,1990年12月被联合国教科文组织列入《世界文化与自然遗产名录》,是中国第一个同时作为文化、自然双重遗产列入名录的。

黄山72峰,磅礴雄浑,峻峭秀丽,错落有致,天然巧成,并以天都峰、莲花峰、光明顶三大主峰(海拔均超过1800米)为中心,最高峰为莲花峰,海拔1864.7米。

黄山集名山之长:泰山之雄伟,华山之险峻,衡山之烟云,庐山之飞瀑,雁荡山之巧石,峨眉山之清凉。明代旅行家、地理学家、徐霞客两游黄山,赞叹说:"登黄山天下无山,观止矣!"又留"五岳归来不看山,黄山归来不看岳"的美誉。更有"天下第一奇山"之称。黄山可以说无峰不石,无石不松,无松不奇,并以奇松、怪石、云海、温泉、冬雪五绝著称于世。其二湖,三瀑,十六泉,二十四溪相映争辉。春、夏、秋、冬四季景色各异。

火焰山

火焰山位于中国新疆吐鲁番盆地的北缘。古书称之为"赤石山",维吾尔语称"克孜勒塔格"意为红山,由红色砂岩构成,东起鄯善县兰干流沙河,西至吐鲁番桃儿沟，形成一条赤色巨龙，东西走向，横卧于吐鲁番盆地中，全长98千米，南北宽9千米。一般高度500米左右，最高峰在鄯善县吐峪沟附近，海拔831.7米。

火焰山地处"丝绸之路"北道，留存许多文化古迹和历史佳话。火焰山有神奇的地貌，独特的物产，众多的文化遗址，优美的传说。对于其形成的传说有两个版本：

版本一：当年孙悟空大闹天宫时，仓猝之间，一脚蹬倒了太上老君炼丹的八卦炉，有几块火炭从天而降，恰好落在吐鲁番，就形成了火焰山。山本来是烈火熊熊，孙悟空用芭蕉扇，三下扇灭了大火，冷却后就成了现在的模样。

版本二：古时候，天山有一条恶龙经常吃童男童女。一位叫哈拉和卓的青年决心降伏恶龙。他手执宝剑，与恶龙激战3天3夜，终于腰斩了恶龙，并把恶龙斩成10截。死龙不再颤动，变成一座红山，被斩开处变成了山中的峡谷。吐鲁番丝路艺术馆中现今还保留有哈拉和卓的泥塑像。

火焰山景观有馒头山、云梯、千佛洞、吊桥、买买提大院、万佛山等等。

与火焰山荒山秃岭形成强烈对比的是那一条条穿过山体的沟谷，那些沟谷是由于地壳运动断裂与河水切割形成的，主要有葡萄沟、桃儿沟、木头沟、吐峪沟、连木沁沟、苏巴什沟、胜金口沟等。在这些沟谷中，沟底大多清泉淙淙，绿荫蔽日，风景秀丽，流水潺潺，瓜果飘香，形成条条狭长绿洲。

据地质学家说，火焰山是天山东部博格达山南坡前山带一个短小的褶皱，形成于喜玛拉雅造山运动期间，山脉的雏形形成于距今1.4亿年前，基本地貌格局形成于距今1.41亿年前，经历了漫长的地质岁月，跨越了侏罗纪、白垩纪和第三纪几个地质年代。

火焰山荒山秃岭，寸草不生。每当盛夏，七月流火，红日当头，地气蒸腾，焰云缭绕，赭红色的山体形如飞腾的火龙，十分壮观。

火焰山是中国最热的地方，夏季最高气温达48℃，地表最高温度在70℃以上。此时若在火焰山的岩石表面上打个鸡蛋，或把鸡蛋埋在炽热的沙土中，很快就能把鸡蛋蒸熟。这样奇特的地方，自古以来就吸引着无数的人们。

庐山

大自然的神奇伟力，造就了神奇的庐山。滔滔的长江宛如飘逸的玉带，从她脚下奔流东去，浩渺的鄱阳湖好似清澈透明的银镜，与她相依相伴。几千万年前的地壳运动，造就了庐山叠嶂九层、崇岭万仞的气势，伴生出诡峰不穷、怪石不绝的阴柔之美。

关于庐山的传说颇多，其中广为人知的是相传殷周之际，有个姓匡名谷、字君孝的人，结庐山巅，一心修炼。人们因他居住的地方犹如神踪仙迹，故称之为"仙庐"。后被周定王知道，便派使者到山前迎接，匡谷避而不见。200年后，周威烈王又遣车迎他，也不见其仙踪。使者找了几个月，才找到他居住的地方，但他早已羽化成仙，而"惟庐独存"。从此，人们就把匡谷结庐隐居的山称为"庐山"，又名"匡庐"。"庐山"始见于史书是在西汉时期，司马迁《史记》中有

"太史公曰:'余南登庐山,观禹疏九江'",由此算来已有 2000 多年的历史了。自司马迁第一个"南登庐山"以来,庐山以其优美的自然景观和优越的地理位置,强烈地吸引着东西南北、古往今来的游人。无论是文人墨客,抑或是僧人隐士、文臣武将,多有在此驻足建舍,刻石留文,使之成为一座文化名山。这也是庐山不同于其他众多名山的一大特点。

庐山方圆 250 平方千米,有 90 余座山峰,山势崔嵬,危岩罗列,此山如明镜高悬,彼山却仙鞋失水。横看成岭,翠绿如画;侧看成峰,峭壁千仞,所以古人有"庐岳诸峰面面奇"之说。

庐山最高峰为大汉阳峰,海拔 1474 米,由花岗岩斑岩构成的山体,高耸峻峭,形如华盖。据说,在月明风清之夜,登上峰顶,可观汉阳灯火,故名曰"汉阳峰"。峰顶一处悬崖形同靠椅,相传大

庐山瀑布

禹治水时,就坐在这崖上俯视长江,考虑如何疏浚九江,故称"禹王崖"。司马迁曾专程登此崖凭吊大禹。登峰顶,只见黑松遍布,矮小盘结,形状奇异,十分罕见。大汉阳峰下有康王谷,为庐山最大的峡谷,长约 1000 米。相传秦始皇灭六国时,秦国大将王翦追楚康王(楚怀王之子)至此,为暴风雨所阻,康王脱险并隐居于此,故名"康王谷。"

五老峰海拔 1358 米,山势陡峭,连绵数里,从山麓的海会寺望去,好像五个老人并排坐在一起,因此而得名。相传这里原来是鄱阳湖的一部分,有一年发大水,湖水冲塌了鞋山,百姓们无处逃生。正在这时,五位仙人跳进水中,救起百姓,又化作五座大山,挡住了汹涌的洪水,从这以后,鄱阳湖不再泛滥,百姓们又过上了安定的生活。五老峰第三峰最险,峰顶有"日近云低"、"俯视大千"等石刻。第四峰最高,峰顶云松如虬。五老峰前又有五小峰,即金印峰、狮子峰、石船峰、凌云峰和旗竿峰。

"飞流直下三千尺,疑是银河落九天",这是唐代大诗人李白对庐山瀑布的描写。水是山之灵。庐山瀑布数量之多,气势之宏伟世间罕见,其中"三叠泉"可谓"庐山第一奇观"。三叠泉自海拔 1453.2 米的庐山第二高峰大月山流出,经过五老峰背,由北崖口悬注于大盘石上,又飞泻到二级大盘石,再喷洒至三级大盘石,形成三叠,落差达 155 米。一叠直垂,水从 20 多米高的簸箕背上一倾而下,落在大盘石上,发出洪钟般的响声;二叠稍曲,高约 50 米,如雪似雾;三叠最长最阔,浩浩荡荡,如玉龙飞舞,直泻潭中。山风吹来,泉水如冰绡飘洒空中,好似万斛明珠,随风散落,在阳光下,

五光十色,晶莹夺目。峭崖上有观瀑亭,同瀑布遥遥相对,可俯瞰瀑布和峡谷全景。由观瀑亭绕道下行,可临观音崖、观音洞,洞下即绿水潭,潭畔岩石上镌刻有隶书"竹影疑踪"四字。元代书画家赵孟頫的《水帘泉》诗对三叠泉作了诗情画意的描述:"飞天如玉帘,直下数千尺。新月如帘钩,遥遥挂空碧。"

"庐山之奇莫若云",佛光因其出现时有如宝石闪映的光环,故又称宝光。"人动影亦动,人影在环中。"那环环嵌宝,环环鎏金,令人神驰的"佛光"在庐山不时出现。

庐山年平均有雾日高达191天。庐山云雾,变幻多姿。玉带云,缠绕在峻险的山腰,如仙女的玉带飘荡;云梯云,层层相叠,排列有序,宛如登山的云梯;云海云,"白如雪,软如绵,光如银,阔如海";瀑布云,壮观无比,其气势宛若高坝开闸,越过山巅,俯冲谷底,汹涌澎湃。

峨眉山

峨眉山是大峨山、中峨山和小峨山的总称,峨眉山主峰万峰顶,海拔3099米;次峰金顶,海拔3077米;三峰千佛顶,海拔3046米。远望大峨、二峨,两山并列对峙,细而长,仿佛美女两条细长的眉毛,故名峨眉。北魏郦道元《水经注》云:"去成都千里,然秋日澄清,望见两山如峨眉,故称峨眉焉。"

峨眉山以优美的自然风光和"佛国仙山"著称于世。峨眉山相对高差悬殊,地理条件得天独厚,气温垂直变化显著,植被垂带谱明显:由山麓至山顶呈现出亚热带、温带、亚寒带和寒带等气候。

峨眉山报国寺

峨眉山奇特的气象景观,如金顶的云海、日出、佛光、圣灯、朝晖及晚霞等千变万化,堪称中国名山之佼佼者。

自公元1世纪中叶佛教传入中国以来,寺庙的不断兴建与佛教的繁荣,使峨眉山成为名副其实的"佛门圣地"。全山有寺庙30余处。峨眉山还遗存大量珍贵的佛教文物,其中重62吨、高7.85米的普贤铜像;高5.8米、7方14层、塔体内外铸有《华严经》文和佛像4700余尊的华严铜塔;以及明代暹罗国王所赠之贝叶经,皆是稀世珍宝。位于东麓凌云山的乐山大佛更是极具艺术价值。

四川有闻名于世的四大风光:峨眉天下秀,青城天下幽,剑阁天下险,夔门天下雄。而峨眉居首。峨眉山有双桥清音,萝峰晴云,洪椿晓雨,九老仙府,洗象夜月,金顶祥光等十大胜景。

"双桥清音"是指山上的清音阁,是十大风景之第一胜景。清音阁下有双飞桥,横跨黑龙江和白龙江,两桥之间有双飞亭，因亭下的岩石形似凤凰嘴，故称"凤凰嘴"。两条溪水从双桥下面流出，一黑一白。在双溪中间有形似牛心的巨石屹立于中间，形成所谓"黑白二水洗牛心。"二水绕石，水声如琴瑟，回响于山中，形成"双桥清音。"

"萝峰晴云"是指峨眉山的第一座山峰，气势高峻。因峨眉地区降水充足，而山上又林密峡深、土壤非常湿润，因而萝峰常常是云雾缭绕，即使是烈日当空，别处的山峰突兀于晴空万里之中，这里却依然云雾茫茫，远远望去，萝峰如披巾戴帽，别具一格。

"洪椿晓雨"是指峨眉山上洪椿坪古寺周围的奇景。寺院周围，山抱林拥，空气清新，每当夏天的早晨，常有细雨撒向庭院。其实这并不是真正的雨，是因为林中湿度很大，水分不易散开，加上晚上气温较低，水汽遇冷形成了山间迷雾霏霏，因而发出沥沥雨声。

"洗象夜月"，传说普贤菩萨上山路

唐·乐山大佛

过这里，给他骑的象洗过一次澡，这里地高气爽，房屋多是虚足凌空，游人可凭栏欣赏远近峰峦的秀色。尤其每当明月当空，洗象池更是上下生辉，极富诗情画意，自古就有诗句："普贤骑象杳何之，胜迹空余洗象池；一月映池池贮月，月池感应妙难思。"

名誉上的峨眉主峰是金顶，金顶上有四大奇特的自然现象：佛光、日出、云梅和圣灯。

佛光是峨眉山的第一大奇观，也就是"金顶祥光"。当晴天的午后或夕阳西斜之际，阳光照在曙光台的云层上。有个虚明若镜，极其艳丽的七色光环。光环的边缘先是黄色，其次是浅蓝色和紫色，镜面中央为金黄色。阳光正好从游人背后射来，身影便投落在崖下云海之上，即可看见光环中的暗影与自己的身影一样，自己举手，影也举手，人舞影随。此景尤其冬季更为常见。

第二是日出，景色十分壮丽，在黎明之前东方渐渐发白，几道银光射向苍穹，渐而变黄，继而出现红橙颜色，接着又扩展成红色的时候，天边起伏的红色云流，如波涛滚滚的大海，汹涌澎湃。瞬间，从红色波涛海浪中冲出一点金黄的光环，初似峨眉、渐如新月，不断喷射出金光。当红日快要升离云海之际，好似浮在海涛之上，一浪一跳，一跳一浪，最后跳出云海，射出万道金光，洒向蓝天，给远处群山坡上金色霞装。

第三是云海。雨过天晴，一望无际的白色浮云弥漫在舍身崖前，风起云涌，酷似无涯大海，有时微波起伏，好像风平浪静；有时却似薄纱罩面，群峰时隐时现，犹如浮托在白云上的岛屿。峨眉三峰，也成了三孤岛，故峨眉山又称"秀岛"、"蓬莱仙岛",道家则说是"三清上界"。

第四是圣灯。每当秋季,在雨后初晴,没有月光之夜,人们站在舍身崖之上,朝谷底草丛望去,便见台下深谷一片漆黑,几点绿莹莹的豆大光点,在谷底穿来飘去,渐渐地越来越多,满谷皆是,好像菩萨下夜明宝珠,所以僧人称为"佛灯"。其实,这是由于峨眉山有富磷矿,矿体久雨后最容易自行释放出一部分磷化氢气体,产生绿光。因其光度不强,故必须在没有月光的夜晚才能看见。

峨眉山是中国的佛教名山,藏有无数的文物古迹。虽然许多寺庙文物遭受了破坏,但保存较完整的仍有十几座。

报国寺位于峨眉山麓的光明山下,是全国的重点寺庙,建于明万历四十二年(1596 年),清康熙年间重修,御赐"报国寺"名。山门匾额为康熙御书。寺中七佛殿内有 7 座佛像,中为释迦牟尼。殿后有罕见的大型彩釉瓷佛一尊,身高 2.4 米,身穿千叶莲衣,仪态丰满,神情端庄,为明永乐十四年景德镇烧制。殿前有座 14 层铜塔,高 7 米,塔身铸有佛像 4700 多尊和《华严经》的经文,因此名叫华严塔。藏经楼存有赵孟頫的《王右军兰亭序》大条幅,还有郑板桥、康有为、张大千和徐悲鸿等名家墨迹。

雷音寺始建于明代嘉靖年间。寺内大殿正龛供奉脱纱释迦牟尼像,高 2.6 米,脸膛丰满,身躯健壮,带有唐代遗风。左右两侧有文殊、普贤及十八罗汉,形象生动。大殿之后的观音堂,1991 年重建。殿呈"凹"字形,面积 200 平方米,框架结构,重檐庑殿。殿内有千手千眼观音佛像,用柏杨木雕刻而成,高 4.8 米,双手合十,千手并伸,成法轮状。

金顶华藏寺原名铜殿,是外方僧人妙峰禅师在明万历三十年(1602 年)修建的,神宗赐额"永明华藏寺",因铜殿在阳光照耀下灿烂耀目,故又名金殿,铜殿高 8 米,宽 4.5 米,深 4 米,是用上百万斤铜板、铜条、铜枋和铜皮焊接起来的一座精致美丽的古代建筑物。殿中供奉着铜质普贤骑象像。殿外是 3 重木质殿堂,金光闪闪,雄伟壮丽,可惜在清代道光八年(1828 年)木房不慎失火,铜殿也被延及烧毁。

现在的华藏寺,是按原样修复的铜殿。在殿前建客房 3 重,殿堂 4 重,成为大寺。殿内供奉铜质普贤骑象像一尊,高 3.5 米,铸工精细,是一件难得的珍贵艺术品。铜殿外立有一块铜碑,高 2 米,宽 8.5 米。正面刻着明代王毓宗撰写的《大峨山水永明华藏寺新建铜记》,字迹是仿王羲之的;背面是河南中宪大夫监察御史傅光宅撰写的《峨眉山普贤殿记》,字迹是仿褚遂良的。现在华藏寺僧视之为镇殿之宝。

乐山大佛在凌云山西壁岷江、青衣江和大渡河交汇之处,高 70.7 米,肩阔 24 米,坐落于大江边。乐山大佛不仅体型庞大,而且雕塑艺术高超,比例适宜、匀称。佛体上还有巧妙的排水系统,以避免山洪的冲击并减弱风化。

大佛初建于唐玄宗开元年(713 年),唐德宗贞元十九年完工。大佛的承建人海通和尚当时为了拒绝贪官勒索巨额营造大佛的筹款,宁愿牺牲自己的一只眼睛。后人为了纪念海通和尚,在凌云山顶竖立了海通的塑像。

青城山

人们常说，青城山"峨眉天下秀，青城天下幽"。自古以来，这已经成为人们家喻户晓的风景了。青城山位于邛崃山脉与龙门山脉两大山系的交会处；是青藏高原逐步抬升的结果。这里林木青翠，四季常青，诸峰环峙，古木参天，浓荫覆地，状若城郭，故名青城山。

青城山地处邛崃山脉南段的东支，它与世界文化遗产地——都江堰和中国卧龙大熊猫自然保护区毗邻。青城山以海拔3434米的大面山（又名赵公山）为主峰。由于它在四川的政治经济文化中心成都的西面，自古又被称为西山；又因为青城山岩石呈现红色，山峰相连如城郭，古人又称它赤城山和赤城阁；在更遥远的古代，人们还称呼它戴天山，意思是与天相连，高耸入云之意。

张道陵

青城之幽，素为历代文人墨客所推崇，近现代国画大师张大千，举家迁居青城山上清宫。他寻幽览胜，泼墨弄彩，其作品气势宏大，刻章自号"青城客"。后来他在巴西圣保罗画了巨幅《青城山全图》，供自己及家人赏析。可见他对故乡青城山充满着眷恋之情。青城山有幽静的林园，美丽的神话，幽怨的传说，及供情人幽会的古雅的凉亭。除此之外，还有那幽暗阴森的岩穴，虬龙怪石，特别是面部表情可怕的张天师塑像，给人一种难得的幽默感。

青城山是中国道教发源地之一。道教是中国土生土长的传统宗教，以张道陵为首运用黄帝、老子的学说，改造古代巴蜀的"五斗米巫"，历史上被称为"天师道"。天师道的建立，标志着中国道教体系的正式建立。青城山作为天师道的发祥地，是中国道教十大洞天的"第五洞天"，自古就有"神仙都会"之称，因此，青城山是道教的祖庭、祖山。张道陵，原名张陵，客居四川，学道于鹤鸣山中，依据《太平经》创作道书，自称出于太上老君口授，并根据巴蜀地区少数民族的原始宗教信仰，奉老子为教主，以《道德经》为经典，创立了五斗米道，又称天师道，被后世尊为天师，改其名为张道陵。此后青城山成为天师道的祖山，全国各地历代天师均来青城山朝拜祖先。

青城山开启于鸿蒙，鸿蒙是最早的名称。传说黄帝时代有一个叫宁封子的人隐居在青城山，他是黄帝的制陶官，专门负责为黄帝烧制五色陶器，这是有关彩陶文化的最早记载。

传说，宁封子长于"龙跃飞行术"——就是我们现在所说的轻功。

宁封子将"龙跃飞行术"传授给了

黄帝,黄帝与蚩尤在阪桓大战时,就凭"龙跃飞行术"打败了蚩尤。黄帝念及宁封子的功劳,便封其为五岳丈人,又称宁封丈人。青城山至今仍有丈人峰。

青城山从东汉张陵创道教之后,成为道教圣地,1800多年来道脉不断。唐代有玉贞公主、金仙公主在712年为道士,玉贞公主入蜀在青城山丈人观西筑室修真。"广成先生"杜光庭在881年以青城山为中心重振道教。他在青城山的30年中著述甚丰,共30部250多卷,在中国道教典籍中,占有重要地位。但其中的神仙怪异等部分多为杜撰,后人所用的"杜撰"一词即源于此。中国著名的医学家、药王孙思邈也在青城山中完成了著名医学专集《千金方》。

青城山分前山和后山两部分。前山是青城山风景名胜区的主体部分,约15平方千米,景色优美,文物古迹众多。主要景点有建福宫、天然图画、天师洞、朝阳洞、祖师殿和上清宫等。后山总面积为100平方千米,自然景物雄伟、绮丽,华美如世外桃源。主要景点有金壁天仓、圣母洞、山泉雾潭、白云群洞和天桥奇景等。古人记述中,青城山有"三十六峰"、"八大洞、七十二小洞"和"一百八景"之说。

青城山山前的建福宫,半山上的天师洞,青城第一峰的上清宫为三大主体建筑。其中天师洞建筑群背倚苍岩绝壁,俯瞰成都平原,殿宇巍峨,为青城山中最大的宗教场所。

泰山

泰山为五岳之首。古称东岳,又名岱宗。位于山东省中部,绵亘于泰安、济

泰山玉皇顶。古代帝王封禅之处或为自旌表功,或为祭祀祈祥,或为表继承帝祚之处。

南、淄博三市之间。主峰玉皇顶在泰安市城区北,海拔1524米。泰山山势雄伟,被历代皇家与名人推崇为"五岳独尊"、"天下第一山"。封建时代泰山封禅被视为最高权力的象征,是"受命于天"的象征。秦始皇、汉武帝、唐高宗、宋真宗、康熙、乾隆等都曾到泰山祭天封禅。泰山自然景观和人文景观众多,有山峰156座,崖岭138座,名洞72处,奇石72块,溪谷130条,瀑潭64处,名泉72眼,古树名木万余株,古遗址42处,古墓葬13处,古建筑58处,碑碣1239

块,摩崖刻石 1277 处,石窟造像 14 处,近现代文物 12 处,文物藏品万余件。主要自然风景名胜有柏洞、中天门、云步桥、望人松、仙人桥、日观峰、黑龙潭、石坞松涛等。主要文物古迹有位于山麓的许多殿庙寺院以及山上的王母池、南天门、碧霞祠、普照寺等。泰山具有极其美丽壮观的自然风景,其主要特点为雄、奇、险、秀、幽、奥等。泰山景区分麓、幽、妙、奥、旷五区。泰山的风景名胜以主峰为中心,呈放射形分布,历经几千年的保护与建设,已成为中国山岳风景的代表。1987 年,泰山被联合国教科文组织列为《世界文化与自然遗产名录》。

华山

华山为五岳之西岳。又名太华山。山形远望如莲花盛开,古时"华"通"花",故名华山。位于陕西省华阴市南,距西安 120 千米。华山峥嵘雄险,壁立千仞,海拔 2200 余米,素有"奇险天下第一山"之称。华山是由一块完整硕大的花岗岩体构成的,它的历史衍化可追溯到 1.2 亿年前。因纵横节理发育,南北两大断层错动和东西两侧流水下切,将华山分割成座座俊秀山峰,著名的有朝阳(东峰)、落雁(南峰)、莲花(西峰)、云台(北峰)、玉女(中峰)五大峰,南峰为华山最高峰。华山著名景区多达 210 余处,其中华岳仙掌被列为关中八景之首。从山麓出发,经过白云观、玉泉院、青柯坪,越过著名的险径"千尺幢"、"百尺峡"可达北峰。由玉女峰去东峰,可到观日出处。附近有仙人亭、下棋亭。从东峰到西峰要经过南天门,这一段是

华山最险峻的长空栈道。华山崖陡路险,诸峰间仅南北一径,有"自古华山一条路"之说。华山气候多变,形成"云华山"、"雨华山"、"雾华山"、"雪华山",给人以仙境美感。华山还是道教圣地。山上现存 72 个半悬空洞,道观 20 余座,其中玉泉院、东道院、镇岳宫被列为全国重点道教宫观。

衡山

衡山是五岳中的南岳。位于湖南省中部,衡阳盆地北缘,湘江西侧。主峰祝融峰海拔 1290 米。由于气候条件较其他四岳为好,处处是茂林修竹,终年翠绿,奇花异草,四时放香,自然景色十分秀丽,因而有"南岳独秀"的美称。衡山由包括长沙岳麓山、衡阳回雁峰等在内的 72 座山峰组成,被誉为"青天七十二芙蓉"。南岳就像一个天然大公园,现有植物 1700 多种,其中许多为珍稀物种。福严寺的银杏相传受戒于六朝时的慧思禅师,树龄至少也有 1400 多年。藏经殿后的白玉兰,也有四五百年的历史,至今仍然逢春开花,香飘满山。上封寺后的原始森林,许多树都是老态龙钟,弯腰曲背,遍身青苔,望不见纹路。南岳不仅外表秀丽,而且内有绝景。人们把南岳的胜景概括为"南岳八绝",即"祝融峰之高,藏经殿之秀,方广寺之深,磨镜台之幽,水帘洞之奇,大禹碑之古,南岳庙之雄,会仙桥之险"。此外,日出、云海、雪景、蛙会又称衡山的"四大奇观"。

恒山

恒山乃五岳之北岳。位于山西大同南约62千米，东接居庸关，西衔雁门关，是海河支流桑干河与滹沱河的分水岭。恒山以自然景色的雄奇秀美而著称，东西绵延约200千米，号称有108峰。主峰玄武峰海拔2016米，位于浑源县东南。山上怪石争奇，古树参天，林中有楼台殿宇，古有十八胜景，以悬空寺为最著。山腰有辽金时代建筑群，部分已毁坏。汤头温泉水温60℃，能治疗多种疾病。玄武峰分为天峰岭与翠屏岭。两峰各居东西，对峙而望，断崖绿带，美如画卷。亭旨岭、虎风口、悬根松、紫芝峪、梳妆楼等都是自然景观中的奇迹。果老岭、姑嫂崖、飞石窟、苦甜井更因为伴随着瑰丽的传说而充满了神奇的色彩。苦甜井位于恒山半腰，两井相隔一米，水质却截然不同。一井水甜美清凉，另一井水却苦涩难饮。恒山以道教闻名，相传中国古代神话中的道教八仙之一的张果老就是在恒山隐居潜修的。

嵩山

嵩山，春秋前称太宝山，战国时称"嵩高山"，一名"外方山"，西汉确定为五岳之中岳。嵩山位于河南省西部，登封市西北。属伏牛山脉。嵩山由太室和少室山组成。太室山山体如醉卧苍龙，故有"嵩山如卧"之称。少室山山体陡峭耸拔，形如莲花，故有"九朵莲花山"之名。嵩山最高峰为峻极峰，海拔1548米。嵩山被誉为我国历史发展的博物馆，历代曾多次兴建庙宇、书院。帝王禅祭、文人骚客讲学、高僧名道传教，在嵩山留下了众多的历史遗迹。山上有古建筑群18处，尤以少林寺、中岳庙、嵩阳书院、塔林、观星台等最为著名。中岳庙始建于秦，战地10万余平方米，庙房400余间，为"五岳"中现存规模最大、最完整的古代建筑群。塔林为历代僧人葬地，佛塔矗立如林。观星台是中国现存最古的天文台。2004年，嵩山被联合国教科文组织评选为世界地质公园。

五台山

五台山是中国四大佛教名山之首，文殊菩萨的道场。因5座平台状的山峰而得名。又名清凉山。位于山西省东北部，五台县境内，滹沱河与清水河绕山而过。属太行山系。五台山五峰海拔都在2500米以上，其中北台最高，海拔3058米，是华北最高峰。五座台顶所包围的地区称为台内，其外围则称台外。五台山众多的佛寺都聚集在台内，这里寺庙林立，殿宇鳞次栉比，胜景圣迹荟萃一处，其中显通寺、塔院寺、殊像寺和菩萨顶被称为五台山五大禅处。台外的寺庙比较分散。山上佛教建筑历史悠久、规模宏大，有"古建宝库"之称。早在东汉就建有寺院，最盛时有200余寺，今存47座。其中的南禅寺、佛光寺是我国现存最早的两座木构建筑，被国内外建筑界称为"千年瑰宝"。舍利大白塔高56.4米，造型奇特，为五台山标志。

五台山南禅寺大殿是中国现存最古老的建筑物之一。大约建于854年后不久,当时刚刚停止灭佛。

普陀山

　　普陀山是中国四大佛教名山之一,观音菩萨的道场。位于钱塘江口、舟山群岛以东莲花洋中。岛形狭长,面积12平方千米。素有"海天佛国"、"南海圣境"之称。主峰佛顶山海拔290余米,为全岛之巅。普陀山由燕山期花岗岩构成,岩石经风化后多奇峰异石,景色绚丽。岛上寺院庵堂众多,古木参天;海边岩沙相间,海潮如带;气候温和,四季宜人。全岛森林覆盖率在63%以上,珍贵名木达63种。名胜古迹有以普济寺(前寺)、法雨寺(后寺)、慧济寺(佛顶山寺)为主的建筑群及紫竹林、梅福、大乘等许多庵堂和茅蓬。洞景琳琅满目,巨石千姿百态,主要有潮音洞、观音跳、朝阳洞、磐陀石、二龟听法石、云扶石及百步沙、千步沙等几十处胜景,每年吸引数十万国内外游客来此游览和避暑。每年的农历二月十九、六月十九、九月十九是观音香会、朝圣盛典,海内外香游客蜂拥而至。

龙虎山

　　龙虎山是中国四大道教名山之一。原名云锦山。位于江西鹰潭市西南20千米处。源远流传的道教文化,独具特色的碧水丹山,以及现今所知历史最悠久、规模最大、出土文物最多的崖墓群,构成了这里自然、人文景观的"三绝"。龙虎山峰峦叠嶂,树木葱笼,碧水常流,如缎如带,并以24岩、99峰、108景著称。道教宫观庙宇星罗棋布于山巅峰下河旁岩上,据山志所载原有大小道教建筑50余处,因屡遭天灾兵火,大部分建筑先后被毁废,今仅存天师府一座,为全国道教重点开放宫观之一。

齐云山

　　齐云山是中国四大道教名山之一。因高峰廊崖"一石插天,与云并齐"而得名。又称白岳。位于徽州盆地,休宁县城西 15 千米处,与黄山南北相望,素有"黄山白岳甲江南"之誉。齐云山由齐云、白岳、歧山、万寿等 9 座山峰组成。齐云山以山奇、水秀、石怪、洞幽著称。共分月华街、云岩湖、楼上楼三个景区。有奇峰 36 座,怪岩 44 处,幽洞 18 个,飞泉洞 27 条,池潭 14 方,亭台 16 座,碑铭石刻 537 处,石坊 3 个,石桥 5 座,庵堂祠庙 33 处,加之境内河、湖、泉、潭、瀑构成了一幅山清水秀、峭拔明丽的自然图画。白云山峰峦怪谲,且多为圆锥体,远远望去,一个个面目各异的圆丘,自成一格。主要景观有:洞天福地、真仙洞府、月华街、太素宫、香炉峰、小壶天、玄天太素宫、玉虚宫、方腊寨、五青峰、云岩湖等。

崆峒山

崆峒山古名空桐,又有鸡头、笄头等别名。位于甘肃省平凉市西 12 千米处。海拔 1870~2100 米。道教圣地,相传黄帝曾来此求教于广成子。素有"西来第一山"之誉。最高峰翠屏峰海拔 2123 米。山中峰峦起伏,林木葱茏,有许多险峰危栈,楼阁庙宇。既富北方山势之雄伟,又兼南方景色之秀丽。著名胜迹有月石峡、子丈崖、插香台、归云洞、黄龙泉等。由东峰而上为问道宫,是黄帝问道于广成子的地方;由问道宫向上有大降差,过去原有石磴千百级,现在还存有 300 余级。登上翠屏峰,可鸟瞰全山各处胜景和垂珠峰、香炉峰、蜡烛峰、雷神峰等。崆峒山还是动植物王国,有各类植物 1000 多种,动物 300 余种,森林覆盖率达 90% 以上。

千山

千山位于辽宁省鞍山市东南部,距市区 17 千米。属长白山地支脉。千山之名始见于金,原名千华山,又称积翠山,因千山峰岩总数近千,故名"千山"。素有"东方明珠"之称。千山共有莲花峰、月牙峰、狮子峰、弥勒峰等 900 余座,其最著名的是仙人台和五佛项。仙人台是千山最高峰,海拔 708.3 米。在千山景区内,错落有致的山峰之间,分布着大量峥嵘嶙峋的山石和深浅不一、曲折多变的天然洞穴。千山环境幽静,风景秀丽。唐以来修建寺庙,经辽、金到清而大盛,有"无峰不奇,无石不峭,无庙不古"之誉。山中建筑除"五大禅林"(香岩寺、大安寺、祖越寺、中会寺、龙泉寺)

千山仙人台

外，还有九宫、把庵、十二观，与重峦密林相映生辉。千山物种丰富，树木植被覆盖率95%以上。盛产梨，为东北三大产梨区之一。

天柱山

天柱山位于安徽省安庆市潜山县境内。又称皖山或潜山，因其主峰天柱峰突兀如柱，直插云霄而得名。山体主要由燕山期二长片麻岩和混合花岗岩组成。群峰峥嵘，怪石罗列，雄、奇、灵、秀兼备。主峰天柱峰海拔1485米，劈地摩天，有"中天一柱"之誉。景区分为三祖寺、虎头崖、茶庄、马祖庵、青龙涧、主峰、铜锣尖（后山）、九井河等8个景区。天然风景有42峰、53怪石、18岭、17崖、25洞、7关、8池及苍松、翠竹、云海、飞瀑、流泉等；并有佛光寺（别称马祖庵）、三祖寺（一名山谷寺、乾元禅寺）、觉寂塔、西关寨刘源石刻、石牛古洞及石牛溪崖壁上唐宋以来280余条摩崖石刻等文物古迹。石刻是天柱山风景区的一大奇观，从山麓的石牛溪旁，到天柱峰峰顶均有分布。

井冈山

井冈山位于江西、湖南两省交界处，罗霄山脉中段，有"五百里井冈"之称。井冈山由500多座高低起伏的山峰集结而成，山势高大，地形复杂，主要山峰海拔多在千米以上，最南端的南风屏海拔2120米，是井冈山地区的最高峰。井冈山山高林密，沟壑纵横，层峦迭峰，地势险峻。井冈山风景名胜区总面积213.5平方千米，以茨坪为中心，风光美丽，分为茨坪、黄洋界、龙潭、主峰、桐木岭、湘洲、笔架山、仙口八大景区。井冈山还是中国人民心中的圣地。这里有100多处革命旧址遗迹，其中有21处被列为国家级文物保护单位。

五指山

五指山坐落在海南省中部琼中县境内。包括母瑞山、白马岭、五指山、七指山、马咀岭，最高峰海拔1879米，为海南第一高峰。五指山起伏如锯齿，多悬崖峭壁。山间盆地、丘陵错落分布于山脊两侧，呈多级地形。五指山为万泉河、陵水河和昌化江等河流的分水岭。山间遍布热带原始森林，种类繁多，群落层次多而复杂，垂直地带性分异明显。有坡垒、青梅、花梨、红楞等珍贵木材，并有可栽种橡胶等热带经济作物的大片宜林地和天然牧场，有绿色宝库之誉。多珍贵动物。已建有五指山自然保护区。山区存有不少古代摩崖石刻和碑记。五指山还是海南岛老革命根据地，为琼崖纵队长期坚持斗争之地。

九宫山

九宫山位于湖北省通山县境内。因南朝"晋安王兄弟九人建九宫殿于此山，遂以为名"。相传南宋时期名道张道清入山辟道场，香火远播。特别是明末农民起义领袖李自成殉难于九宫山，更令九宫山声名远扬。九宫山雄奇险

李自成陵园，位于今湖北省通山县城东南45公里九宫山北麓牛迹岭。

峻，景色迷人。主峰老鸦尖海拔1656米，被称之为鄂南第一峰。盛夏季节日平均气温21℃左右，素有"天下第一爽"之称。山上海拔1230米的云中湖为我国最具特色的高山湖泊，有全国落差最大的大崖头瀑布（落差420米）。景区内层峦叠嶂，森林茂密，溶洞遍山，湖水清碧，共有天然溶洞27个，溪谷170余条，飞瀑流泉50余处。九宫山主要胜景有八处：青松迎宾、云湖夕照、泉崖喷雪、云海波涛、真君石殿、伏虎天门、云关石刻、陶姚泉洞。现存建筑有九王庙、真牧堂、石城门、一天门等多处古迹。九宫山西麓有明代农民起义领袖李自成之墓。

神农架

神农架位于湖北省西部，处于大巴山东部，横卧于三峡以北的长江、汉江之间，为湖北省西部长江和汉江的分水岭。相传炎帝神农氏曾在此搭架上山采药，因而得名。神农架群峰林立，海拔一般在千米以上，有6座山峰高达3000米以上，被誉为"华中屋脊"。林区西南部的大神农架海拔3053米，其北之神农顶则海拔3105米，为华中第一峰。神农架地理条件得天独厚，又因其地处中国东西、南北植被过渡地带，植物种类非常复杂；加上山地陡峭，植被垂直分布规律十分明显，呈现"山脚盛夏山岭春，山麓艳秋山顶冰。赤橙黄绿四时备，春夏秋冬最难分"的奇妙景象。神农架共有植物两千多种，其中药用植物近千种，珍贵树种30多种。动物有500多种，其中20多种为国家保护的珍稀动物。1978年，在神农架西南部的小神农顶建立了以金丝猴、毛冠鹿、珙桐、双盾木为主要保护对象的国家级自然保护区，现已被联合国教科文组织列入"国际人与生物圈保护网区"。

天目山

天目山古称浮玉山。位于浙江省西北部，距临安城31千米。旧时东西天目山峰顶各有一池，左右相望，形如天眼，故名天目。位于西天目山的主峰仙人顶，海拔1506米。天目山林木繁茂，素有"天目千重秀，林木十里深"之说。天目山的大树华盖与黄山的奇峰怪石、庐山的匡庐飞瀑一样享有盛誉。山中高等植物有 2160 余种,动物 2300 余种,是我国东南部中亚热带森林的典型代表。有举世罕见的大柳杉群落,有世界野银杏之祖等,也是珍贵、濒危鸟类的重要栖息地。天目山的文化遗产也非常丰富,是集儒、道、佛等文化体系于一体的宗教名山,是韦驮菩萨的道场,是禅门临济宗的祖庭,是道教大宗张道陵的出生地及修炼道场。主要胜景有千秋树、狮子岩、罗盘松、李白吟诗石、莲花朝阳、禅源古寺、太子庵、开山老殿等。

丹霞山

丹霞山位于广东省北部的仁化县境内,距广东省韶关市 45 千米。因岩石由碎屑红岩、砾石岩等组成,远望峰林,如染丹霞,故而得名。被誉为"中国红石公园"。丹霞山海拔 408 米,山崖远看似红霞,近看则色彩斑斓,许多悬崖峭壁,像刀削斧,直指蓝天,无数奇岩美洞,隐藏于山中,景色相当奇丽。山下锦江碧绿,山上岩石斑斓。树木葱郁,雾海浮霞,山泉如雪,古寺奇峻。著名胜景有梦觉关、幽洞通天、一线天、玉池倒映、丹梯铁锁、杰阁晨钟等。

邙山

"何事不随东洛水,谁家又葬北邙山。"

一提到邙山,人们最先想到的就是"古墓"。"洛阳之北,邙山之上",那一座座古墓述说着一个个的传奇。正如埃及"金字塔"、西西里岛的"地下墓穴"、秦始皇的"骊山墓",这里也是世界各地探险者们趋之若鹜的地方。

中国有句古话叫"生在苏杭,死葬北邙",意思就是说北邙是一个风水宝地。倘若死后能长眠于此,那么子孙万代都将因此而受益。特别是它对面就是黄河,更是符合了风水学说的思想:"背山面河,以开阔通变之地形,象征其襟怀博达,驾驭万物之志。"也正因如此,但凡在中原建都的皇帝都想在死后入住北邙,以福荫后人,江山水固。战国、秦、汉、曹魏、西晋、北魏、东魏、唐、后梁、南唐、宋、元、明等各朝各代君王和显赫人物都在此长眠。把他们的名字排列起来,是一部不折不扣的中国古代史:殷王、东周诸王、东汉诸帝、蜀汉后主、曹魏诸帝、西晋诸帝、陈后主、唐明宗、南唐李后主、苏秦、吕不韦、夏侯婴、陈平、贾谊、班超、何进、关羽、石崇、羊祜、裴楷、狄仁杰、杜甫、石守信……数百座高大巍峨的覆斗形古墓冢,星罗棋布,森然壮观。邙山地区拥有的古墓冢数量之多、面积之大、延续时间之长,世界罕见。

而在北邙的东汉帝陵中却出现了一个诡异的墓葬……

在北邙的东汉帝陵一共有五座:光武帝的原陵、安帝的恭陵、顺帝的定陵、冲帝的怀陵,以及灵帝的文陵。然而在五座陵墓之中,却有一座特立独行,选址蹊跷。其他四陵皆在邙山之阳,唯有一座坐落在邙山之阴的黄河滩上。即使是普通百姓,也认为房后有山,房前有河是大吉之地,但这座诡异的陵墓却恰恰相反,好比是房门开在山前,房后是河——南倚邙山,北临黄河。而这座陵墓的主人就是东汉光武帝刘秀。

然而这样一位中兴英主的原陵方向却面南背北,着实有些奇怪。原陵的南面是山,北面是河,也就是所谓的"枕河蹬山""汉皇仰卧"。然而这些讲法在风水学来说是极不提倡的。风水之说在中国由来久矣,而自古帝王的陵墓更是极为讲求诉诸风水,从选址到朝向、建制,部不得马虎。可是这位东汉的开国之君为什么会选择一个有悖于风水之说的建陵之地呢?

关于这个问题,民间还流传着这样一个有趣的传说:刘秀有个王儿从不听话,命他向东他偏往西,叫他打狗他却撵鸡。刘秀生前早就看好了北邙是块风水宝地,于是在临死前"知子莫如父"的刘秀这次得来个正话反说:故意命他把自己葬于黄河之中,这样他儿子才可把他的陵寝置于邙山之巅。于是传旨王儿来

刘秀画像

病榻前,嘱曰:"父命中缺水,归天后汝要把父葬于黄河之中,如此才免干渴之苦。"谁知王儿却一反常态,哭着发誓道:"不孝儿从未聆听过父王之训,如今痛改前非,葬事定遵父嘱。"刘秀一听,叫苦不迭,无奈君无戏言,于是长叹一声便驾崩了。后来王儿公布遗诏,并征集天下能工巧匠,打造龙舟灵枢。入殓后,便把灵枢抛入滚滚黄河之中。说来也怪,此时河水突然咆哮着向北滚去。灵枢落处瞬间成为一片平地,并有个陵丘拔地而起。据说原陵虽然置于黄河滩上,但历来黄河泛滥却从未侵害过它。当然黄河水不侵,只是因为这里的河床南高北低,河水只能倒向北岸,水流越急,向北冲得越厉害。

然而,这只是传说而已,但却为原陵增添了一丝神秘的、饶有趣味的色彩。

历史上光武帝原陵因为建筑宏伟、陪葬珍宝奇物无数,确实使盗墓者趋之若鹜,屡遭侵扰,损失惨重。而其中最为严重的一次,就又要算到臭名昭著的董卓身上了。在东汉末年的董卓之乱中,他无耻地盗掘了一批帝陵,而光武帝原陵就成为他第一座染指的帝王陵墓。当年,董卓派大将吕布盗掘北邙山上的皇陵,无论西汉还是东汉王陵,无一幸免。原陵就在这位军阀的无耻挖掘下,不但墓中宝藏被劫掠一空,陵上建筑也遭到了严重破坏。对邙山墓葬群的偷盗,从古代至近代断断续续一直没有停止。但使墓葬遭受严重破坏的盗墓行为,却发生在近代,是由汴洛铁路的修建引发的。

1905 年,清政府向比利时一公司借款修筑汴洛铁路,即现在陇海铁路的一部分,随后又修建洛潼铁路。铁路通过邙山南麓,就地取土时不断挖出了古墓,

引起在场外国技师的极大兴趣,他们大量收集古物寄回欧美。

听说墓里的东西能卖钱,邙山各村庙里以前存放的古物,一夜之间没了踪影。当时的中国经济凋敝,国家混乱,很多贪图暴利的人开始到处搜寻、挖掘古墓。邙山之上从此打破千古幽静。

在盗墓分子"发财"的示范效应之下,邙山上几十个村庄互相效法,竞挖古墓,视为发财捷径。大量的古冥器被从邙山地下挖了出来,流向北京、上海,再流向国外。

当时每年秋庄稼收完之后,邙山上盗墓的像赶会一样,成群的人刨红薯般挖古墓,卖包子的、卖羊肉汤的搭起棚子招徕生意。挖出来的玉器、铜器用箩筐装、马车拉,到底挖出多少谁也不知道。有人说,庞家沟挖出来的东西卖的钱,可以用元宝把沟填满。许许多多的文物就此流落海外,现在欧美、日本博物馆和私人收藏的洛阳邙山珍贵文物不计其数!

到20世纪20年代,墓中古物价格越来越贵,盗掘之风随之愈刮愈烈,邙山上以盗墓为生的多达1万多人。利益驱使之下,洛阳盗墓者挖掘古墓的技巧也越来越精,大名鼎鼎的"洛阳铲"就是这个时候发明的。

尽管在漫长的历史长河里,疯狂的盗墓者和流逝的时光使北邙墓葬经历了太多,很多邙山之墓的秘密早已被人淡忘,但也正是如此,才吸引了诸多游人到此,他们想要从北邙的些许蛛丝马迹中探寻中国古代帝王的传说。

麒麟山

麒麟山风景区位于黑龙江省鸡东县兴农镇西侧,在201国道麒麟山收费处向西7.5公里处,距鸡西市中心约42公里,它的特点是自然景观秀丽迷人,人文景观别致新颖、山峰陡峭、湖水清幽,其自然景观和人文景观巧妙结合是一处不可多得的旅游胜地。是鸡西十大风景区之一,市级旅游保护区。

风景区的大门楼高8米、宽20米,采用的是中华民族传统的建筑风格,金色琉璃瓦、珐琅式的彩绘、大红色的门柱、花岗岩的底座,整个建筑给人一种气势恢弘的建筑美感。进了这个大门楼,沿着盘山公路蜿蜒曲折行驶没多久,就到了麒麟山庄,对面的山峰就是著名的麒麟峰。这座山峰头朝北、尾朝南,北峰似麒麟的头角,麒麟的尾,细看起伏的山脉,犹如麒麟的腰身,酷似一只巨大的麒麟盘卧在那里,故叫麒麟山。人们把麒麟山奉若神明,看成吉利祥瑞的象征。麒麟山是风景区最精华的主要自然景观。景区内有十大景点:麒麟送福、卧佛拜天、骆驼峰、点将台、人工瀑布、灵璧奇石、八角亭观湖、珍禽养殖园、观鱼池、谢匪巢等。特点是:峰岭竞秀、岭峰称奇,各有特色,各具神韵。

鸡公山

鸡公山位于河南省信阳市南38公里,是国家级重点风景名胜区(1982)、国家级自然保护区(1988)、4A级景区,是华中地区著名的游览、避暑胜地。它和其他一些名山不同。中国的名山大多开发较早,在古代就很有名,而且有很多名山同时也是佛教或道教圣地,而鸡公山是20世纪初才发展起来的。鸡公山是大别山的支脉，主峰鸡公头又名报晓峰，像一只引颈高啼的雄鸡，因名之鸡公山。

云台山

位于河南省焦作市的修武县境内，以独具特色的"北方岩溶地貌"被列入首批世界地质公园名录。云台山满山覆盖的原始森林，深邃幽静的沟谷溪潭，千姿百态的飞瀑流泉，如诗如画的奇峰异石，形成了云台山独特完美的自然景观。汉献帝的避暑台和陵基，魏晋"竹林七贤"的隐居故里，唐代药王孙思邈的采药炼丹遗迹，唐代大诗人王维写出"每逢佳节倍思亲"千古绝唱的茱萸峰，以及众多名人墨客的碑刻、文物，形成了云台山丰富深蕴的文化内涵。

云台山以山称奇，整个景区奇峰秀岭连绵不断，主峰茱萸峰海拔 1308 米，踏千阶的云梯栈道登上茱萸峰顶，北望太行深处，巍巍群山层峦叠嶂，南望怀川平原，沃野千里、田园似棋，黄河如带，不禁使人心旷神怡，领略到"会当凌绝顶，一览众山小"的意境。

云台山以水叫绝，素以"三步一泉，五步一瀑，十步一潭"而著称。落差 314 米的全国最高大瀑布——云台天瀑，犹如擎天玉柱，蔚为壮观。天门瀑、白龙潭、黄龙瀑、丫字瀑皆飞流直下，形成了云台山独有的瀑布景观。多孔泉、珍珠泉、王烈泉、明月泉清洌甘甜，让人流连忘返。青龙峡景点有"中原第一峡谷"美誉，这里气候独特，水源丰富，植被原始完整，是生态旅游的好去处。

崂山

崂山是山东半岛的主要山脉，最高峰崂顶海拔 1133 米，是我国海岸线第一高峰，有着海上"第一名山"之称。它耸立在黄海之滨，高大雄伟。当地有一句古语说："泰山云虽高，不如东海崂。"山光海色，道教名山。

山海相连，山光海色，正是崂山风景的特色。在全国的名山中，唯有崂山是在海边拔地崛起的。绕崂山的海岸线长达 87 公里，沿海大小岛屿 18 个，构成了崂山的海上奇观。当你漫步在崂山的青石板小路上，一边是碧海连天、惊涛拍岸；另一边是青松怪石，郁郁葱葱，你会感到心胸开阔，气舒神爽。因此，古时有人称崂山"神仙之宅，灵异之府"。传说秦始皇、汉武帝都曾来此求仙，这些活动，给崂山涂上一层神秘的色彩。崂山是我国著名的道教名山，过去最盛时，有"九宫八观七十二庵"，全山有上千名道士。著名的道教人物丘长春、张三丰都曾在此修道。原有道观大多毁坏。保存下来的以太清宫的规模为最大，历史也最悠久。

1982 年，崂山以青岛崂山风景名胜区的名义，被国务院批准列入第一批国家级风景名胜区名单。

千佛山

千佛山位于济南市南部偏东之处，离市中心不远。千佛山峰峦起伏，林木森森，恰似济南的天然屏障。它是济南

秦琼（秦胡公）

三大（趵突泉、大明湖）名胜之一。千佛山古称历山，亦名舜耕山。相传上古虞舜帝为民时，曾躬耕于历山之下，因称舜耕山。据史载：隋朝年间，山东佛教盛行，虔诚的教徒依山沿壁镌刻了为数较多的石佛，建千佛寺而得名千佛山。沿盘道西路登山，途中有一唐槐亭，亭旁古槐一株，相传唐朝名将秦琼曾拴马于此。半山腰有一彩绘牌坊，即"齐烟九点"坊。登上一览亭，凭栏北望，近处大明湖如镜，远处黄河如带，泉城景色一览无遗。千佛山上的石佛雕刻集中在兴国寺后的千佛崖上。兴国寺又名千佛山寺，始建于唐代，后经历代增建，规模渐大。寺门外西南上方的山崖上刻有"第一弥化"四个篆体字，每字约有4米见方。千佛崖上有隋代石佛60余尊，年代悠久，具有很高的艺术价值。千佛山之东，佛慧山上也有雕刻石佛。其中主峰山麓有一佛龛，内有一尊头部佛像，高7米，宽4米多，俗称"大佛头"，这是一种十分罕见的石雕。千佛山是泰山的余脉，海拔285米，面积166.1公顷，距市中心2.5公里。

屯粮山

屯粮山古称武山，位于凤凰古城以北，腊尔山高原台地以东，三拱桥、大田、禾库三个乡（镇）的交界处，距凤凰县城47公里，是驰名中外的苗山胜景区，有名的电影、电视剧外景拍摄基地。

据《凤凰厅志》记载，早在夏商殷周之前，凤凰即为"武山苗蛮"之地。1931年出版的臧励和的《中国古今地名大辞典》对此有明确的指称："武山，在湖南乾城县西三十余里，武溪所自出"。北魏郦道元在《水经·沅水注》中也指出"武山"是沅水源流之一"武溪"的发源地。南宋祝穆《方舆胜览》也明文记载："武山，在泸溪县西百八十里"。武溪即今吉首境内的武水，武山是其源头。这说明，屯粮山自古就是中国的名山之一。

屯粮山，下起三拱桥乡的麻冲村，上至禾库镇的禾栗坳，垂直高差470米，是一座巨峰迭起的山系。屯粮山山势雄奇，峰峦千姿百态，或石壁如削，或柱石入云，或如雄狮回头，或似神犬护宫，或类象汲深涧，或宛情人对唱，加之高山飞瀑万丈垂练，"盘瓠石室"名震寰宇，令无数墨客骚人登临揽胜，众多苗家儿女朝山祭祖，真是"奇山与日月同在，胜景招天下宾朋"。

盘山

盘山风景区是国家重点风景名胜区、国家5A级景区盘山，犹如十里锦屏,巍然屹立于京东,历史上被列为中国十五大名胜之一,以"京东第一山"驰名中外。喜欢旅游私访的乾隆皇帝盛赞盘山风光说:"早知有盘山,何必下江南",把盘山与江南山水比美。

盘山景区面积106平方公里,有"五峰"、"八石"、"三盘"之胜,还有天成寺、万松寺、云罩寺、舍利塔等古代建筑。五峰为挂月峰、紫盖峰、自来峰、九华峰、舞剑峰,与山西五台山相呼应,号称"东五台"。主峰挂月峰,海拔864米。五峰攒簇,引人入胜。由西路登山,山势呈上、中、下三盘之状。三盘景致各具特色,上盘松、中盘石、下盘水,人称"三盘之胜"。

从莲花岭进山,转过刻有"入胜"两个巨字的大石,经过四正门径、元宝石、迎客松,便到了下盘。下盘以秀水著称,有水质凛冽甘美的涓涓泉、名曰滴水濑

盘山风景区

的流瀑和被誉作"立沛甘露"的红龙池。盘山第一大寺大成寺也建在这里,此寺始建于唐代,后经重修,现庙门匾额上的"天成寺"三字出自乾隆亲手笔。寺仙正殿"江山一鉴阁"面洞背崖,雕梁画栋,古朴雅致。阁西有座8角13层浅黄色舍利塔,它结构精巧,风姿绰然。继续上行,过万人悉,登欢喜岭,即达中盘。中盘奇石嶙峋,或险或怪,千姿百态。

"八石"中的悬空石、摇动石、天井石、将军石等都在这里,摇动石是一块状似寿桃的巨石,担伸手一推它即晃动起来,令人叫绝。登临上盘,这里松木苍翠,林翳蔽天,而且长势怪异,有的似卧龙、飞鹰,有的像风翅、伞盖,难怪有"上盘松"之说。攀上盘山顶峰挂月峰,真如刻在石壁上的杜甫名句,给人"一览众山小"的感受。峰上有座建于唐代的定光佛舍利塔,塔高12米,传说每年除夕,塔上便有佛光闪射。

在盘山脚下的蓟县城内,有著名的千年古刹独乐寺。据说安禄山叛唐,就是在此处誓师,他喜独乐,故以"独乐"二字名寺。寺内主体建筑山门和观音阁,为辽统和二年重修。观音阁高23米,木质,集我国木结构建筑之大成,是国内现存最早的木结构楼阁。

龙山景阳冈

位于山东省阳谷市区东16公里张秋镇境内。传为《水浒传》中描述的武松打虎处,也是龙山文化城遗址所在地。总占地面积33.3公顷,其中水面10公顷。景区内沙丘起伏,莽草丛生,林荫蔽日,一派荒野景象。其主要景点有三碗

不过冈酒店、乡民告示处、县衙告示处、山神庙、武松打虎处、石碑、虎啸亭、武松庙、湖心岛、钓鱼台、碑林、虎池、猴山、鹿苑、箭场等20余处。"武松打虎处"石碑为南宋时期所立。山神庙：已有200余年的历史，共三间，建在长30米、宽25米、高4米的土台上，坐北朝南，青砖灰瓦。庙内塑有武松打虎造像。庙的左前方立有原中共山东省委书记舒同题写的"景阳冈"石碑，右前方立有著名书法家杨萱庭书写的高3米的"虎"字碑。虎啸亭：位于景区西部，六角单檐，由徐悲鸿的夫人、书法家廖静文题名。碑林：在山神庙以北。因武松打虎的故事广为流传，故到景阳冈参观旅游的学术界名人大都在此题词、赋诗、作书、绘画。有关人员整理后，刻石立碑。多年积累，碑林渐成规模，到2001年底，有碑刻46碣。武松庙：在北冈之巅。门匾额"武松庙"为赵朴初所书。

牛头山

牛头山森林公园距市中心仅5公里，面积24000多亩，以牛头山为主峰，沟峦纵横山峰海拔330～1200米，造成了垂直变化明显，冬暖夏凉的宜人气候。牛首山俗称牛头山，因其突出的双峰相对恰似牛头上的一对角而得名。

境内有大小5个人工湖，可提供水上游车、垂钓等旅游项目。盆景园有各种盆景2000余盆，其中火棘、水杨梅、腊梅、水白梅等造型各异，颇具欣赏价值；岩石园成片石头各具形态，令人流连忘返；老虎寨历史悠久，是一座珍贵的古遗址，寨内的白虎庙、泰山庙、财神庙、白虎

石、乱石坡、峰包山、中子山等大量庙宇遗址至今保存完好，是一个寻古探幽的好去处。

目前这里开设的旅游项目有跑马场、赛车场、射击场、植物观赏园、乱石坡观赏园等。是避暑、狩猎、度假的旅游场所。

大别山

大别山国家森林公园位于罗田县北部高山区，公园分设天堂寨大别雄风自然风光浏览区、青台关古关名刹游览区、薄刀锋避暑休闲游览区、九资河大别山田园风光游览区、天堂湖水上乐园等五个景区，公园总面积300平方公里，公园常年降雨量1350mm，平均气温16.4℃。现有野生植物1487种，动物634种。大别山具有"一峰跨两省三县"的特殊地理位置。

大别山国家森林公园素以雄、奇、险、幽闻名于世。顶峰天堂寨位于大别山国家森林公园东北角，高1729米，号称"中原第一峰"。天堂寨史称多云山，大自然雾海使它蒙上了一层厚重的神秘色彩。大别山国家森林公园属北亚热带温暖湿润季风气候区，具有典型的山地气候特征，气候温和，雨量充沛。温光同季，雨热同季，具有优越的山地气候和森林小气候特征，具备发展森林旅游的气候优势。

天堂美景数主峰为最，登上主峰，可见十万大山拥拜于下，北望中原，南眺荆楚；凌晨观日出似置身于九天之外，傍晚看日落如在仙宫信步。每当雨过天晴，早晨登主峰观云海，更是气象万千。在主峰西侧，九道箍与和尚垴引人注目，一

道高几百米的悬崖峭壁,酷似一大腹便便的和尚,笑容可掬。在摘星峰上向东北方面远眺,一支山脉到此戛然中断而成一万丈悬崖,每逢春夏之时,无数石燕结伴飞来,栖身于悬崖壁缝之间,飞翔于山野丛林之上。

东方山

东方山位于黄石市区西部,由走马寨、曼倩垴、揽胜垴三大主峰组成。三峰鼎足而立,各具特色。东方山山不高而树茂林深,景色优美,气候宜人,草、木本植物繁多,森林覆盖率面积达 90% 以上,是黄石城区中最大的林区。

"禅关月涌、灵泉卓锡、道洞云亭"等古八景风姿各异,蕴育出一个个美丽动人的传说,吸引着万千游人。东方山代远年长,早在春秋时期东方山山脉的长江之滨就出现了一座以狩猎器具命名的小城"鄂"。西汉武帝年间一代旷古奇才东方朔曾结庐于此,采药炼丹,布施于民,东方山也因其姓氏而得名。三国时期,吴王孙权建都武昌。东方山因其险要成为捍卫军国重镇的形胜之地,走马寨便是当年东吴都城卫队的营迹。

东方山被誉为"三楚第一山"。目前已成为集佛教文化和风景旅游为一体的旅游圣地,1997 年,东方山被省政府批准为省级风景名胜区,2003 年 2 月被评为国家 AA 级旅游风景区。

西塞山

西塞山风景区位于黄石市城区东部长江南岸,规划总面积 0.495 平方公里,区内以西塞山险峻秀丽的自然景观和纷陈的胜迹为实物主体,以道仕袱古黄石城多经沧桑的变迁史和年代久远的古诗词为重要文化内涵集合而成。旅游资源非常丰富,景点众多。

西塞山又名道仕袱矶、矶头山,海拔 176.5 米,周长 18.5 公里,历史上就以其吴头楚尾的地理位置和险峻的地形集古战场和风景名胜与一身。从东汉末年到新中国成立前,发生在西塞山的战争达一百多次,文人雅士观赏西塞山晨曦暮色述志言情而吟诗填词近百篇,并在悬崖陡壁上留下不少摩崖石刻。市园林部门从 1985 年 5 月起,在西塞山着手进行游览小道、长廊、上观亭、桃花亭、沿江铁链护栏和桃花古洞、古钓鱼台的维修建设,景点不断得到开发利用。主要景点有桃花古洞,摩崖石刻,西塞山铁桩,西塞山古炮台,龙窟寺,北望亭等,古人留下的处处印记,令今人感慨万千,发思古之幽情。

玉皇山

玉皇山(239 米),地处西湖与钱塘江之间,原名龙山,远望如巨龙横卧,雄姿俊法,风起云涌时,但见湖山空阔,江天浩瀚,境界壮伟高远,史称"万山之祖"。与凤凰山首尾相连,有"龙飞凤舞"的美称。每年农历春节至清明的一段时间,杭嘉湖和苏州无锡的香客蜂拥而至,福星观龙殿前香烟缭绕,人头攒动,盛况空前,成为山上的一大景观。平日里上山健身游览的人群,从清晨到傍晚络绎不绝,是一座深受百姓喜爱的旅

游休闲名山，也是新西湖十景之一"玉皇飞云"所在地。

玉皇山，唐代取名玉柱峰，五代改名言王山。相传五代吴越国王钱曾迎明州（今宁波）阿育王寺的舍利置放次山，故名。宋代后，又名玉龙山、龙山、天真山等。明代创建福星观，开始供奉玉皇大帝，始名玉皇山。山上自然景观与人文景观荟萃，有六十四景之称。山顶除福星观外，新建登云阁，江湖一览亭；南宋的白玉蟾井、天一池、日月池；山腰有紫来洞、七星缸以及慈云洞、五代石刻等景点。

灵鹫峰

灵隐寺前的飞来峰，又名灵鹫峰，飞来峰山高 168 米，山体由石灰岩构成。飞来峰由于长期受地下水溶蚀作用，飞来峰形成了许多奇幻多变的洞壑，如龙泓洞、玉乳洞、射旭洞、呼猿洞等，洞洞有来历，极富传奇色彩。飞来峰的厅岩怪石，如蛟龙，如奔象，如卧虎，如惊猿，仿佛是一座石质动物园。山上老树古藤，盘根错节；岩骨暴露，峰棱如削。明人袁道曾盛道："湖上诸峰，当以飞来为第一。"据前人记载，飞来峰过去有 72 洞，但因年代久远，多数已湮没。现在仅存的几个洞，大都集中在飞来峰东南一侧。

飞来峰面朝灵隐寺的山坡上，遍布五代以来的佛教石窟造像，多达三百四十余尊，为我国江南少见的古代石窟艺术瑰宝，堪与四川大足石刻媲美。苏东坡曾有"溪山处处皆可庐，最爱灵隐飞来峰"的诗句。石刻有西方三圣像（五代）、卢舍那佛会浮雕（北宋）、布袋和尚（南宋）、金刚手菩萨、多闻天王、男相观音（均为元代），都是不可多得的艺术珍品。尤其引人注目的，要数那喜笑颜开、袒胸露腹的弥勒佛，这是飞来峰石窟中最大的造像，为宋代造像艺术的代表作。飞来峰的东麓，有隋朝古刹下天竺寺（法镜寺），由此沿溪往西南行，又有晚

杭州灵隐寺。灵隐寺在杭州西湖西北灵隐山麓，是中国佛教禅宗十刹之一。

于下天竺两年始建的中天竺寺（法净寺）和五代吴越始建的上天竺寺（法喜寺），合称"三天竺"。

游飞来峰时，你会看到此山无石不奇，无树不古，无洞不幽，秀丽绝伦，其景观与周围诸峰迥异，徜徉在灵隐、飞来峰、三天竺一派悠远、深沉的佛国氛围里，寻访并尽情领略佛教艺术的魅力，能真切感受到蕴藏在西湖山水之间的丰厚的历史文化韵味。

宝石山

宝石山位于北里湖北岸，是北山有名的风景区。山高二百米，山体属火成岩中的流纹岩和凝灰岩，含氧化铁，呈赭红色，在日光映照下，如流霞缤纷，熠熠闪光，似翡翠玛瑙一般，因此取名宝石山。西湖新十景评选中，被命名为"宝石流霞"。

宝石山，原称巨石山，山多奇峰怪石，来风亭前有一卵形巨石，搁置山巅，就落星石，又称寿星石。山顶北临空挺立一巨石，称看松台，上刻"屯霞"二字。西行为川正洞，为巨岩倾叠而成，石几榻，可供休憩。洞后有羊肠小道，壁间有巨足印，谓钱射潮发威之"蹬开岭"。从此而上，可攀登狮子峰。白堤玉带，明镜一片，风景如画，令人心旷神怡。

秀丽挺拔的保俶塔高耸在宝石山东巅，它是西湖风景线上一个突出亮丽的标志。保俶塔，又名应天塔、宝石塔、宝所塔，五代吴越国宰相吴延爽为佑国王钱弘俶召去京（开封）平安归来而建，初建九级，名应天塔，又称保俶塔。后坍，僧永保又募集，改七级，因保有戒行，人呼师叔，遂称宝叔塔。后元明清三代六修。现存八面七级砖塔为1933年修复，高四十多米，实心不能攀，近年又新换塔刹，更显玲珑多姿，体态窈窕，素有"雷峰如老衲，保俶如美女"之说。

万佛山

地处贵州省东北部，位于乌江北岸、大娄山南麓的凤冈县万佛山森林公园，是凤冈县重要的绿色生态屏障。公园内森林茂密，生物资源较丰富，植物种类较多，生态系统较多样，以山地森林植物景观为主题的旅游资源丰富多彩。公园有六池河、人民水库、林场场部天池、万佛山峡谷瀑布群、急滩深潭、跌水谷溪为代表的水田景观；有古银杏、马尾松林、杉木林、箭竹林、香果树林、盐肤木林、慈竹林、狭叶方竹林以及多种混交林，贵州枳椇王、大楠木、大柏木、古榉木、大桂花、大叶楠木（黑壳楠）为代表的森林植物景观；有以万佛山林区、西山山势雄伟而伴随着的朝晖、夕阳、雨淞、雾海、雪景为特色的万千气象景观；有万佛山古寺庙遗址及传说故事、龙灯、花灯、狮灯、船灯等民间灯舞、野木瓜系列产品、富锌富硒有机茶、凤冈油茶、干馏绿豆粉等地方特色产品为代表的人文旅游资源。万佛山森林公园被认为是安徽仅次于黄山的旅游胜地。

大娄山

大娄山又称娄山，是赤水河与乌江水系的分水岭，也是贵州高原和四川盆地的界山。其主体位于贵州北部，北端延伸至重庆南缘。山脉走向东北—西南，长约 300 千米，海拔一般 1500 米～2000 米，山势北陡南缓，最高峰金佛山风吹顶海拔 2251 米。因碳酸盐岩广布，岩溶地貌发育，溶洞、暗河普遍。大娄山属中亚热带湿润季风气候，是贵州的稻、麦、油菜产区。在贵州、重庆边界有水杉、银杉等活化石。大娄山是贵州的天然屏障，其中娄山关隘口是由黔入渝的交通要道和军事要隘。

乌蒙山

乌蒙山是金沙江及北盘江的分水岭，位于滇东高原北部和贵州高原西北部，呈东北—西南走向，海拔约 2000 米，最高峰 2900 米。山间多盆地和深切谷地。乌蒙山对沿四川盆地南缘或贵州高原斜坡向西、南推进的冬季寒风起了阻挡作用。

梵净山

梵净山位于江口县、印江土家族苗族自治县、松桃苗族自治县交界处，又名九龙山，因其形似饭甑，以其与梵净音近，至明代已为佛教圣地，故改名梵净山。主峰凤凰山，海拔 2572 米，也是武陵山脉的最高峰。名胜古迹有老金顶、金顶、九龙池、白云寺、护国寺、坝海寺、梵净古迹、九皇洞、天仙桥和古茶殿遗址。金顶以其在阳光下金光灿灿而得名，又因旭日夕阳将朝云暮霭染成红色，而有红云金顶之称。九皇洞、金顶和蘑菇岩一带可见"佛光"奇景，多出现于晨光暮色中。现已被联合国教科文组织列入"国际人与生物圈保护区网"。

黔灵山

黔灵山在贵阳市西北郊，山名寓意为"黔南之灵，集于此山"。由大罗岭、象王岭、白象岭、檀山、杖钵峰、狮子岩、宝塔峰等崇山峻岭组成，其中最高峰大罗峰海拔 1500 米。黔灵山由山脚到山顶有一条蜿蜒的石板小路，有 380 多级石阶，称为"九曲径"，俗称"二十四道拐"。山中古木参天，绿草丛生，抬头看不到天，低头看不到泥。小路旁有很多摩崖石刻，有"第一山"、"虎"、"赤松归隐"等,山腰的古佛洞里供着苦行佛。山顶有"一泉亭",亭上悬"洗钵池"横匾,亭后有洗钵池。黔灵山麓有黔灵湖,距湖500米左右的地方,有一泓"圣泉",属潮泉,约9分钟涨缩一次,颇为奇特。

佛光山

佛光山位于高雄县大树乡境内,在旗山溪与老浓溪的汇合处西侧。1967年由星云法师创建。寺院建筑及佛像规模均以雄伟庄严著称,是台湾最著名的佛教圣地,寺内有露天接引大佛,高32.2米,是岛内最高的佛像。大佛四周环有480尊小佛,犹如一座佛城。现佛光山拥有东方佛学院、十方丛林大学,是台湾著名的佛教中心。

大禹岭

大禹岭旧名合欢垭口,位于台湾北合欢东侧,海拔2565米,是中央山脉北段交通的要冲,东西横贯公路的最高点。大禹岭在合欢山与碧绿山间鞍部,附近还有合欢隧道,北有碧绿山,西、南有合欢连峰及奇莱山,东有羊头山,四周高山对峙。山中原始森林密布,四周群峰环抱,多峡谷、峭壁、断崖、深沟、瀑布。每当阳光普照,森林的水分蒸发,在空中冷凝积聚,形成云海,像大堆肥皂泡沫漂浮于青翠的山峦间。遇上天气阴沉,峡谷和森林的水气无处散发,就形成雾气,或在山谷中飘荡,或在山腰、山巅萦绕。有时大雾完全笼罩山区,浓得伸手不见五指,难于辨清方向。

阿里山

阿里山是驰名中外的风景区,有森林、云海、樱花三六奇观。阿里山古木参天,是台湾著名的天然森林区、有台湾"森林宝库"之称。风景区中以大塔山断崖、塔山云海和祝山观日出等最为有

台湾岛阿里山风光

名,而阿里山云海则是区内风景中最绝的一景。登上阿里山的最高峰——大塔山,可见远处峰峦起伏,若隐若现;脚下云雾飘荡,耳边松涛阵阵,令人流连忘返。每当朝阳升起,苍茫的云海更是气象万千,可与黄山云海媲美。山间气候温和,即使在盛夏,也远胜北国凉秋,加上风景瑰丽、林木葱郁,是台湾最佳避暑胜地;而每当春暖花开之时,山上遍布洁白的或粉红的樱花。台湾同胞赞美阿里山美景时说:"不上阿里山,不知台湾的美丽,不识台湾的宝藏。"

秦岭

秦岭是横贯中国中部的东西走向山脉,是重要的自然地理分界线。历史上曾为秦国之地,故称秦山或秦岭。它西起甘肃省临潭县北部的白石山,向东经陕西入河南,并有小部分伸入湖北,呈两端微向北翘的"一"字形。全长 1600 多千米,南北宽数十千米至二三百千米不等。面积约 12 万平方千米。山势西高东低。山脉北侧为黄土高原和华北平原,南侧为低山丘陵红层盆地和江汉平原。秦岭主体受新构造运动的影响,北仰南倾,主分水岭偏居北侧,多高峰,如太白山主峰八仙台海拔 3767 米,鳌山 3476 米。往东古称终南山,海拔 2604 米。山脊北坡多断崖,呈高山深谷地形。南坡坡长而缓,形成波状山地,故有"九岭十八坡"之说。秦岭是中国气候上的南北分界线,以北属暖温带湿润、半湿润气候,以南属北亚热带湿润气候。特别表现在东夏季风的巨大屏障作用上。冷空气过境时,南北温差达 6℃ ~ 7℃。秦岭山区植物区系成分和动物种属成分具有明显的过渡性、混杂性和多样性。野生动物中有大熊猫、金丝猴、羚羊、朱鹮、黑鹤等珍稀物种。

大兴安岭

大兴安岭又称内兴安岭、西兴安岭,是中国东北部的著名山脉,也是我国最重要的林业基地之一。山脉呈东北—西南走向,东北起自黑龙江南岸和额尔古纳河,南止于内蒙古自治区赤峰市境内西拉木伦河上游谷地,长达 1400 千米,宽约 15 ~ 300 千米,面积约 32.72 万平方千米,海拔 600 ~ 1400 米,最高可达 2000 米。最高峰黄岗梁海拔 2029 米。大兴安岭是内蒙古高原与松辽平原以及内、外流水系的重要分界线。东西两侧是嫩江右岸支流和额尔古纳河水系的发源地。大兴安岭呈不对称状,西北高东南低,东坡陡西坡缓,地表切割较轻,山势浑圆,并有宽谷。谷中多沼泽,永久冻土分布广泛,并有融冻泥流、冻裂作用等明显的冰缘现象。地面组成物质以花岗岩、石英粗面岩、安山岩为主。大兴安岭东南坡夏季受海洋季风影响,雨水较多,西北坡却较干旱,成为森林和草原的分界线。

丹霞山

丹霞山地处广东省北部的仁化、曲江两县交界地带,是广东省四大名山之

别传寺

一,被誉为"岭南第一奇山"。丹霞山山体由红色砂岩、砾岩组成,"色如渥丹,灿若明霞",是世界上丹霞地貌发育最典型、类型最齐全、形态最丰富、风景最优美的地方,被誉为"中国红石公园"。

世界上的丹霞地貌主要分布在中国、美国、中欧和澳大利亚等地,而尤以我国的丹霞山面积最大、发育最典型、类型最齐全、形态最丰富、风景最优美。在世界上已发现的1200多处丹霞地貌中,丹霞山无论在规模上,还是在景色上,皆为"世界第一"。

丹霞地貌刚刚形成的时候,地球上气候炎热,岩石的沉积物中有大量的三氧化二铁聚集,使得岩石出现鲜艳的红色。此后,发生喜马拉雅造山运动,部分红色地层发生倾斜和褶曲,先是形成红色的盆地,再慢慢抬升,形成堡状峰林、石墙或石柱等地貌,之后,流水又把已经形成的峰林侵蚀为丘陵。

河流进一步深切丘陵,使之形成了各种各样的奇峰;峰上的岩层沿垂直节理大面积崩塌形成陡崖坡;陡崖坡再沿主要节理的走向发育。就形成石墙;石墙被流水蚀穿,形成石窗;石窗进一步扩大变成石桥……这一系列变化最终导致了今天丹霞山奇峰林立、形态万千的瑰丽景色的形成。

在丹霞山风景名胜区中,所谓的丹霞山仅仅是由北部的长老峰、海螺峰和宝珠峰构成的山体。事实上,丹霞山景区包括了由红石组成的整个丹霞山区。

丹霞山风景名胜区由大小石峰、石堡、石墙、石柱以及680多座石桥组成,其中大石峰主峰巴寨海拔618米,其他山峰的海拔大多在300至500米之间。整个风景区的红色山石错落有致地矗立着,形象各异却又天然和谐,宛如一个红石雕塑园。

丹霞山奇石最大的特点是"雄"。各种奇峰怪石都充满了阳刚之美。其中坐落在锦江之滨的阳元石,俗称"祖石"。造型酷似男性的生殖器,高28米,直径7米,是该景区的标志性景物。当地甚至有"不看阳元石,未到丹霞山"的说法。另有一座奇石与阳元石相对,叫处女渊,俗称"少阴石"、"玉女贞石",因其形状和颜色都酷似少女的生殖器而得名。它的外廓高10.3米、宽4.8米,内廓高4.3米、宽0.75米,被当地人称做"生命之源"。这两处景观象征着人类最原始的生命力量,具有一种永恒而神秘的美。

在丹霞山,有一处景点无论古今,都被列入了丹霞十二景之中:每当丹霞山上别传寺的僧人理佛之时,寺内便钟鼓齐鸣,梵呗之音弥漫半山,古称"杰阁晨钟"。今言"别传梵呗"。

别传寺原建于明末清初,据说当时明朝遗臣李永茂和弟弟为避乱世,将丹霞山买了下来,并居住在此。不久,他的弟弟将丹霞山捐出,请澹归和尚建立寺院。澹归及其弟子经过一番努力,终于建成了一座颇具规模的寺院,取"不立文字,教外别传"之意,名别传寺。后来,此寺成为岭南十大古寺之一。

别传寺自建成后曾几经兵劫和火灾,1980年得以重建,现有大雄宝殿、天王殿、钟楼、鼓楼、禅堂、念佛堂、三圣殿、观音堂、菩提精舍、客堂、斋堂、老人堂以及僧舍等十多座建筑。这些建筑背靠长老峰,面对云海,前后相连,左右对称。整个建筑群红墙黄瓦,斗拱飞檐,辉煌而又不失庄严,与丹霞山交相辉映。

雁荡山

雁荡山位于浙江省乐清市境内,因"岗顶有湖,芦苇丛生,结草为荡,秋雁宿之"而得名。雁荡山景色奇绝,自古以来素有"海上名山"、"寰中绝胜"之美誉,历史上很多名人雅士都对它作了很高的评价,称其为"东南第一山"。

雁荡山是亚洲大陆边缘环太平洋火山带中最完整、最典型的白垩纪流纹质古火山。它比安第斯火山带和美国西部火山带还要古老和神奇。雁荡山就像一本教科书,用1亿多年地质作用所造就的优美的自然景观生动地向我们展示了中生代古火山爆发、演化的历史和深部地壳、地幔相互作用的过程,这种完整而又绝美的景观在世界上都是少有的。

地质考察的结果显示,雁荡山原本是火山地带,形成于1亿多年前。到了4000多万年前,雁荡山所在的地方被海水淹没,整个山体被海水侵蚀;过了2000多万年,随着地貌的变化,它又从海底逐渐升起;到了冰川期,雁荡山遭遇了冰川洪水,岩体进一步崩解和剥蚀,导致岩体裸露,最后形成了众多的深谷、峰林,因此雁荡山有"造型地貌博物馆"之称。

雁荡山按地理位置,可分为北雁荡山、中雁荡山、南雁荡山、东雁荡山和西雁荡山。其中北雁荡山就是我们通常所说的雁荡山风景区。北雁荡山最初因为山下有一个芙蓉村而被称为芙蓉山,唐代的时候才改称雁荡山。明朝陈仁锡题了"花村鸟山"的词,意思是雁荡山的村子以花为名,而山又以鸟为名。

北雁荡山山体奇特,景色丰富多彩,峰、嶂、柱、墩、岩、石、洞、穴等一应俱全,它们相互结合,构成了变化多端、妙趣横生而又气势磅礴的景观。北雁荡山的水景也别有一番迷人的姿态,有溪有泉、有洞有潭,更有激荡的瀑布,令人不禁为之叫绝。

灵峰、灵岩和大龙湫是北雁荡山较出名的三处景点，简称"二灵一龙"，自古以来被誉为"雁荡三绝"。

灵峰景区是北雁荡山的东大门。沿着山脚的鸣玉溪溯游而上，只见幽幽的古洞、高耸的危峰伴着潺潺的溪水——展现。当夜色朦胧时，群峰在夜幕的衬托下呈现出形态各异的倩影：有的像雄鹰敛翅、有的像犀牛望月、有的像相思女、有的像夫妻……这些幻影惟妙惟肖，让人叹为观止。上到塔头岭后往下走，向右进入南坑可以抵达真济寺，一路上两山夹溪，溪伴驿道；向左经卷云谷可以到达长春洞，感悟古洞奇穴之幽奥、佛寺道观之清净，又是一番别样的情调……

灵岩景区是北雁荡山的中心地带。穿过钟鼓岩，进入安禅谷，只见这里古木参天、绝壁四合，让人感觉好像到了世外仙境。而站在谷内的灵岩寺前，仰望苍茫的天空，环视耸立的奇峰，肃穆的景色不禁让人屏息凝神。从灵岩寺向右攀登可以到天窗洞、霞客亭、莲花洞，在探险寻幽的过程中，俯览灵岩诸景；向左攀登可以到龙鼻洞、小龙湫、卧龙谷，在欣赏惊险奇绝之胜景的同时，享受登山览胜之愉悦。此外，灵岩也是雁荡山的文化圣地，许多文人墨客都曾在此赋诗为文歌咏灵岩，从而使得雁荡山名扬天下。

大龙湫景区是北雁荡山的标志性景点之一。大龙湫瀑布是中国四大名瀑之一，可与黄果树瀑布相媲美，因而大龙湫景区深受游人称赞。大龙湫景区不仅以飞瀑、奇峰、巨嶂、碧潭称胜，更有"谢灵运履痕"等多处历史遗迹（雁荡山有18处宋代古刹遗址，大龙湫占了7处）。难怪有人说，雁荡山的人文历史在大龙湫得到了充分的展现，可谓"千年雁荡看龙湫"。

贡嘎山

贡嘎山位于四川省甘孜藏族自治州康定县城南55千米处，地跨康定、泸定和九龙等县，海拔7556米，是横断山脉的主峰。

贡嘎山高耸入云，山体雄伟，雪岭争辉，是四川省第一高峰，被誉为"蜀山之王"，也是青藏高原东南缘横断山系的最高峰。

贡嘎山一带地处低纬度，但现代冰川发育得比较完善，有很多奇特的冰川。

据统计，贡嘎山区一共有71条现代冰川，其中，海螺沟冰川、贡巴冰川、巴旺冰川、燕子沟冰川、靡子沟冰川是最著名的5条冰川。

在这5条著名的冰川中，海螺沟是最奇秀的成员，素有"海螺天下奇"之盛誉。海螺沟冰川在原始森林带内蜿蜒前进了6000米，形成了冰川与森林共存的奇观。沟内还有一条凌空垂挂的"大冰瀑布"，落差1080米，宽1100米，由无数巨大的冰块组成。这条巨型冰瀑横亘天空，好似奔腾咆哮的河水在一瞬间被冻结，雄伟壮观，气势恢弘，堪称举世无双的奇迹。

除了现代冰川外，贡嘎山周围还有不少古冰川遗迹也很有特色，特别是那些星罗棋布的冰川湖，宛如一颗颗晶莹夺目的明珠镶嵌在这广阔的雪山中，其中较大的有50多个，如木格措、伍须海和五色海等。

木格措位于康定西北的折多山和雅拉河之间，藏语意为野人海、长海子。木格措海拔3780米，东西长约3000米，南北宽约 1500 米,面积 4 平方千米,是川西北面积最大的高山湖泊。湖水由地下水、冰雪融水及雨水混合补给,水满时,经东南端的泄水口一落千丈,在王母村注入雅拉河。

木格措风景多变,时而水平如镜,波光粼粼,时而波涛澎湃,浪花翻滚。湖边有深绿色的参天冷杉,也有绵软细洁的金色沙滩。每年 4 至 5 月份,湖边的各种杜鹃花竞相开放,十分绚烂,好似为木格措镶上了一条美丽的花边。

贡嘎山是我国重要的自然地理分界线,主要表现在该地区的气候上。

贡嘎山东西坡的气候有较大差异。从贡嘎山东麓的大渡河谷西行,到达贡嘎山西北侧的新都桥,直线距离为 75 千米,虽然海拔只上升了 2140 米,但气候已经产生了很大变化:东部为湿润的亚热带气候,而西部则成了干冷的寒温带气候。气候差异使东西坡的动植物区系也截然不同。

贡嘎山的独特之处,还在于它的植物、气候、土壤、动物的垂直自然带分布十分丰富。

科学家们曾经把贡嘎山的垂直自然带与同其纬度相近的峨眉山的垂直自然带作过比较,结果发现贡嘎山的东坡、南坡从山脚到山顶约有 7 个自然带,而峨眉山只有 3 个。科学家们还发现:尽管峨眉山比贡嘎山纬度低,但许多亚热带常绿阔叶树木却在峨眉山上没有分布。还有,峨眉山海拔 2000 米以上的地方不生长常绿的樟树、山毛榉,但这些植物在贡嘎山海拔 2400 米的地方还可以见到。

原来,青藏高原在地球上大块凸起,额外吸收了大量的太阳辐射能量,已经成了一个"热岛"。正是由于"热岛效应",地处青藏高原的贡嘎山才会有如此丰富的自然带。

还有一种现象非常令人称奇——在常年平均气温只有 10 摄氏度左右的海螺沟,却有众多大小不一的温泉。泉水从半山腰流出,温度高达 92 摄氏度,足可用来沏茶和煮鸡蛋。

贡嘎山风光

在万木葱茏的海螺沟，泡在热气腾腾的温泉里，看四周白雾飘忽不定，群山若隐若现，不由得让人发出此生无憾的感慨。

四姑娘山

四姑娘山的藏名为"斯各拉柔达"，意为保护山神。它坐落在横断山脉的东北部、邛崃山脉的中段，四姑娘山景区由"三沟一山"组成。"三沟"是双桥沟、长坪沟、海子沟，"一山"即四姑娘山。

四姑娘山的名气在四川仅次于"蜀山之王"贡嘎山，有"蜀山之后"和"东方圣山"之美誉，人称"东方的阿尔卑斯山"。在高原特有的洁净无比的蓝天下，山上的皑皑积雪、奇峰异树、瀑布飞泉、草甸溪流相互交融，共同展示出一幅美丽的画卷。

四姑娘山由4座海拔分别为5355米、5454米、5664米、6250米的毗连山峰组成，人们分别称这4座山为大姑娘山、二姑娘山、三姑娘山、四姑娘山，其中四姑娘山的主峰幺妹峰最高，海拔6250米。

关于四姑娘山的来历，当地流传着一段动人的传说：很久以前，有一个魔王，经常制造暴雨和山洪危害村民。在村子里生活的阿巴郎依在与魔王决斗时牺牲了，他的四个女儿运用智慧杀死了魔王，但魔王临死前打开了天河，引来了洪水。于是，四位姑娘毅然化作四座山峰，将洪水挡了回去。后来，人们便尊这四位姑娘为四座山的山神。

传说毕竟是传说，其实四姑娘山是在地质运动中形成的，而且刚形成时属于古生代褶皱带，后经多次断裂、隆升、变质才形成现在的地貌。

四姑娘山风景区主要分布于群山的南侧，双桥沟、长坪沟和海子沟这三条沟从北向南纵深十余千米到几十千米，在高山峡谷之中蜿蜒穿行。由于景区内山麓森林茂密，绿草如茵，溪流潺潺不绝，俨然一派秀美的南欧风光，因此，人们形象地将四姑娘山称为"东方的阿尔卑斯山"。

四姑娘山主峰幺妹峰海拔6250米，因为海拔较高，峰顶气温低，故长年被浓雾遮罩，平日里难得一见它的真面目。只有在晴空万里之时，幺妹峰才撩起神秘的面纱，在蓝天的映衬下显得格外壮观。

峰下的溪沟沿南北方向穿行于峡谷之中，夏日里，两岸的沙棘树十分茂密，好像绿色长龙绵延数千米。每到金秋，沟旁的树叶转红，又会形成另一番绝美的景色。

双桥沟是目前四姑娘山景区中唯一不需要骑马就可游览的景区，该景区内主要景观有雪峰、牧场、草地、森林等，是四姑娘山中最美丽的地方。

双桥沟现在已经开发出20多个景点。沟的前段有杨柳桥、阴阳谷、白杨林带、日月宝镜山、五色山等奇景；中段为撵鱼坝，包括人参果坪、沙棘林、尖山子、九架海等景点；后段为牛棚子草坪和长河滩，包括内阿妣山、猎人峰、雪筑墙垣、械松逸彩、牛棚子、长河坝等景点。

四姑娘山是中国西南地区珍稀动物的基因库，山中有国家一级保护动物扭角羚、棒鸡、白唇鹿、金丝猴、绿尾虹雉、云豹、雪豹等；还有国家二级保护动物毛冠鹿、红腹锦鸡、小熊猫、藏马鸡、血雉、盘羊、猞猁、马鹿、林麝等。

此外,这里还是中国西部亚热带植物区系向青藏高原植物区系过渡的地带,是中国特有的珍稀濒危植物四川红杉、岷江柏、四川牡丹、独叶草、星叶草、延龄草等的主要分布区。

鸣沙山

敦煌鸣沙山位于甘肃省敦煌市南5千米处的腾格里沙漠边缘。它东起莫高窟,西止睡佛山下的党河水库,东西绵延40多千米,南北广布20多千米,主峰海拔为1715米。远远望去,这一带峰峦高低起伏,蔚为壮观。这里以"山泉共处,沙水共生"著称于世,被誉为"塞外风光之一绝"。

鸣沙山由流沙堆积而成,汉代称沙角山,又名神沙山,晋代始称鸣沙山。相传很久以前,鸣沙山地区是一座苍郁的青石山,山下的月牙泉畔神庙林立,每逢庙会,人们都要在这里唱戏敬神。不料有一天,热闹的庙会惊动了瀚海沙漠中的黄龙太子,他偷跑出来观看社火,看到精彩处情不自禁地大声叫起好来。他的话音刚落,只见飞沙倾泻,黄土漫天,霎时间,一座沙山拔地而起,将所有的人都掩埋在了滚滚黄沙之下。黄龙太子自知罪孽深重,便一头撞死在青石山上。青石山被撞得粉碎,也成了一座沙山。从此,月牙泉前后都有了沙山。每到刮风时,沙山就产轰隆鸣响,好似金鼓齐鸣,又像刀剑撞击,人们因此称之为鸣沙山。

鸣沙山上的沙分红、黄、绿、白、黑五色,当人从山巅顺陡立的沙坡下滑时,流沙似金色群龙飞腾,鸣声随之而起,初如丝竹管弦演奏,继若钟磬合鸣,进而似金鼓齐响,轰鸣声不绝于耳。这种景观实属罕见,因而有人将其誉为"天地间的奇响,自然中美妙的乐章"。

所谓鸣沙,其实并非是沙子自鸣,而是因为人或自然的原因使沙子流动产生鸣响。现代众多的科学家对沙子会鸣叫的原因进行探究和推测后,发表的观点较多,但大致可以分为以下三种:

敦煌鸣沙山

第一种为静电发声说。认为鸣沙山上的沙粒在人力或风力的推动下向下流泻时，含有石英晶体的沙粒互相摩擦产生静电。放电过程中会发出声响，响声汇集，便成了震耳的雷声。

第二种为摩擦发声说。认为天气炎热时，沙粒特别干燥且温度极高。在这种情况下，沙漠，稍有摩擦，即可发出爆裂声，众声汇合便形成了巨大的声响。

第三种为共鸣放大说。认为沙山群峰之间形成了壑谷，是天然的共鸣箱。流沙下泻时发出的摩擦声或放电声引起共振，再经过共鸣箱的共鸣作用，放大了音量，从而产生巨大的响声。

天山雪岭

峰峦重叠、气派雄伟的天山山脉横亘在新疆中部，分隔准噶尔、塔里木两大盆地，总长度为 2500 千米，是亚洲的较大的山系之一。天山上的积雪终年不化，形成了东西绵延 1800 千米的雪岭。天山雪岭有着发育良好的森林、草原和冰川，景观十分壮丽。

在天山的南北坡，雪岭云杉林的分布十分广泛，向西延伸到吉尔吉斯斯坦的天山与阿赖山，向东绵延至昆仑山和准噶尔西部的山地，构成了中亚荒漠带最主要的山地常绿针叶林，也构成了断断续续的山地森林垂直带。

雪岭云杉又名天山云杉、天山松，是天山林海中特有的一个树种。据说，雪岭云杉是在 4000 多万年前由青藏高原移植而来的，后来逐渐演变成大西北独有且最为壮观的林木，是漫天冰雪中的活化石，堪称天山森林的精华。

雪岭云杉

雪岭云杉是常绿乔木，一年四季苍翠欲滴。它的叶呈针形，略弯曲；果球为长椭圆形，呈褐色；树冠特别狭窄，主干异常粗壮笔直，树高一般为 20 至 30 米，最高可达 60 至 70 米。在巍巍天山深处，雪岭云杉依山势生长，密密麻麻，绵延不绝，犹如一片绿色的海洋。风吹林海，绿波起伏，其势如潮。

雪岭云杉之所以能在天山上生存下来，其根本原因在于，平均海拔在 4000 米以上的天山南部山峰如一道空中长城，截住了来自北冰洋的湿润气流，并使其下沉增温。由此，在整个天山北坡的中山带形成一个逆温层，逆温层的温度比低海拔的地段要高，气候也较为温暖湿润，因而，喜欢湿润环境的雪岭云杉得以在此茁壮地成长。

雪岭云杉通常在前 20 多年生长缓

慢,25年以后生长速度加快,一直持续到80年之后,这种较高的生长速度才减缓下来。此后,雪岭云杉直径生长加快,一直可以长到180至250年,最老能活到400年以。因此,在许多保护较好的地方,到处可见生长了数百年之久的雪岭云杉,它们高大挺拔,给人留下了深刻的印象。

云杉的根系极为发达,因而云杉的生长只需雨水,不择土壤,不管遇到岩石还是山脊,它的根都会沿细小的缝隙挺进。天长日久,强壮的根系逐渐穿岩裂石,变得越来越庞大。这些庞大的根系不断地吸收水分,就像一台吸水机——每株成材的云杉可贮水2.5吨。因而,有人形象地说"一株雪岭云杉就是一座微型水库"。

雪岭云杉林蒸发的水分与同纬度、同面积的海洋相比,要多50%。而水汽不断升腾,便会化云成雨。因此,广阔的雪岭云杉生长区是十分宝贵的水源涵养区。

位于天山雪岭云杉林区内博格达峰北侧的天池是世界著名的高山湖泊,古称瑶池,后来清朝的乾隆皇帝根据天镜神池之意将其命名为天池。1982年,它被列为第一批国家重点风景名胜区。

天池是200余万年以前第四纪大冰川活动中形成的高山冰碛湖,湖面海拔1980余米,南北长3000余米,东西最宽处1500余米,水源旺盛时,湖面面积达4.9平方千米,最深处105米,总蓄水量为1.6亿立方米。

天池岸边绿草如茵,野花似锦。在天池四周的山腰上,是大片深绿的云杉林,林中的一株株云杉挺拔、俊秀,显示出一种高山风景区特有的景观。

尖峰岭

尖峰岭位于海南省乐东黎族自治县境内,主峰海拔1412米,最低处海拔200米,相对高差在千米以上。这种复杂的地形,孕育了植被类型齐全且成系列的热带雨林。目前,这里的森林面积约1739平方千米,是我国现存面积最大、保存最好的热带原始森林区。同时,这里野生物种丰富,不仅有多种与恐龙同时代的"活化石"植物,还有20余种世界罕见的国家级保护动物,被誉为"生物物种银行"。

尖峰岭森林公园中有千米以上的山峰18座,其中主峰高达1412米。与这些山峰形成强烈对比的是,尖峰岭最低处海拔仅200米。存在着千余米高差的复杂地形孕育出了尖峰岭的多种植物生态体系:

海拔100米以下是刺灌丛、稀树草原;海拔100至400米之间是热带半落叶季雨林;海拔400至700米之间是常绿季雨林;海拔700至900米之间是沟谷雨林;海拔900至1100米之间是热带山地雨林;海拔1100米以上是山顶苔藓矮林。

在这些植物生态体系中,热带山地雨林中的植物结构最为复杂:众多的参天大树遮天蔽日;无数附生植物、寄生植物如吊兰、寄生兰等,或附着在树干和树枝上,或从树顶垂吊下来在半空中茁壮生长,宛若"空中花园";还有许多藤蔓缠绕树木,榨取它们的养分,并最终导致其死亡,形成令人惊叹不已的植物"绞杀"现象……

尖峰岭森林是一个真正的植物王国,有 2600 多种热带植物,相当于海南岛植物总数的 1/2。在这些热带植物中,热带雨林树种共有 303 种,其中珍贵树种达 80 余种。比如:紫荆木和坡垒被列为珍贵的国家一级保护植物;香楠、油丹、卵叶樟、水团花、黄檀等都是热带稀有的珍贵树种;子京树坚硬如铁,有"绿色钢铁"之誉;海南粗榧是中古生植物,可提取出对白血病和肺癌具有特殊疗效的药物……

尖峰岭还有一种形态奇特的树——高山榕,树龄可达百年以上,一棵树能生长出几十条大小不一的树干,这些树干互相交叉重叠,构成一组类似于野鹿群的图案,形态异常逼真,因此这种高山榕也被称为"海南鹿树"。

在尖峰岭,生长在森林底层的树蕨是 2 亿多年前与恐龙同时代的主要植物。当前,全国其他地区的树蕨绝大部分已变成煤炭,而这里仍有极少遗株保留,因此,这里的树蕨被生物界称为"活化石"。

尖峰岭不仅植被类型齐全,野生动物的种类也非常多:这里的鸟类有 143 种,其中,原鸡、孔雀、雉、白鹇等均为国家重点保护动物。昆虫有 3669 种,其中,仅蝴蝶就有凤蝶、斑蝶、粉蝶、灰蝶等 7 种之多,兽类有 28 种,其中,作为类人猿之一的黑冠长臂猿是这里最珍贵的动物,现仅存 20 至 30 只,被列为国家一级保护动物;还有一种独特的金钱龟,也属国家一级保护动物;此外,云豹、豹猫、小灵猫、猕猴等,也均属国家重点保护动物。

尖峰岭有许多美丽的自然景观,其中尤以天池、黑岭等最为引人入胜。

尖峰岭天池是在海拔 810 米的山地上托起的一泓碧波,池水深 10 米,属于罕见的高山湖泊。天池湖区气候温暖湿润,年平均气温 19 摄氏度。

黑岭是尖峰岭的一座高山,站在黑岭上,可以看到整个公园呈现出的瑰丽神奇的"四海画卷":画卷的最上层是蓝白相间、呈游走状的云海;画卷的中层是深蓝色、呈静止状的真正的大海;画卷的下层是以绿色为底色、呈波动状、并且传来喧嚣声的林海;而那些时隐时现、缥缈虚幻的则是雾海。

白马雪山

白马雪山山脉在西藏境内称宁静山脉,进入云南称云岭。巍峨的云岭群峰连绵,白雪皑皑,远眺终年积雪的主峰,犹如一匹奔驰的白马,因而得名"白马雪山"。

白马雪山自然保护区位于横断山脉中段,1988 年被评为国家级自然保护区。保护区内的国家重点保护植物有星叶草、澜沧黄杉等 10 多种,国家重点保护动物有滇金丝猴、云豹、小熊猫等 30 多种,因而白马雪山有"寒温带高山动植物王国"之称。

巍峨的云岭自北向南纵贯白马雪山自然保护区,区内海拔 5000 米以上的山峰有 20 座,主峰白马雪山海拔达 5430 米。

保护区内的气候随着海拔的升高而变化,从而形成了自然景观垂直带谱十分明显的植物分布带。在垂直高差不足 40 千米的范围内,就有十几个植物分布带:

海拔2300米以下是干热河谷,环境干旱,植被稀疏;海拔3000至3200米是云雾山带,这里分布着针阔混交林,树种丰富多样;海拔3200至4000米的地区是亚高山暗针叶林带,针叶林主要由长苞冷杉、苍山冷杉等多种冷杉组成,这里也是滇金丝猴常年栖息的地方;海拔4000米以上的地区则为高山灌丛草甸带、流石滩稀疏植被带;海拔5000米以上是极地高山冰雪带。

阳明山

阳明山位于台北市近郊,原名草山。它位于大屯群峰中部凹口,是七星山和大屯山的山麓,海拔443米,群峰四合,翠谷如绣,山景如画,林泉处处,经70年营建,现已成为台湾北部地区规模最大、景色最美的山林公园。阳明山气候极为温和,山间树木常年青翠,温泉环涌,天然景物与人工布置甚为融洽,加上远离市区,故有"世外桃源"之称。阳明山有前山、后山之分。前山公园旧称草山公园,园内亭台花榭、小桥流水,还有一个面积不大、但很雅致的阳明湖,景致就犹如风光秀美的江南。后山公园是阳明山的精华所在,背倚七星山,左右为纱帽、大屯二山环抱,园内草地如茵,百花烂漫,每逢阳明花季,游客众多。阳明山还有著名的"阳明瀑",瀑布水声如雷,水花飞溅,甚为壮观。

七、峡谷

雅鲁藏布大峡谷

　　雅鲁藏布江大峡谷位于"世界屋脊"青藏高原之上，平均海拔 3000 米以上，是世界海拔最高的峡谷。

　　它险峻幽深，侵蚀下切 5382 米，深度超过了曾号称世界第一的秘鲁科尔多峡谷（深 3200 米左右），为世界峡谷之最深者。

　　它曲折回环，全长 496.3 千米，长度超过了曾号称世界第一的美国科罗拉多峡谷（长 440 千米），为世界峡谷之最

唐·阎立本·步辇图中所描述的吐蕃人形象。

长者。

　　雅鲁藏布大峡谷是青藏高原最大的水汽通道，也是世界上因地形而产生气流运移的最大通道。水汽通道的存在不仅造就了雅鲁藏布江流域的特殊降水分布，而且造就了藏东南的特殊的海洋性气候。大峡谷的水汽通道逆江西行，滋润了山南地区。藏民族的起源、吐蕃王朝的兴起、雅砻文化的建立和发展等，从地理条件上说都与水汽通道的影响有关。

　　大峡谷具有从高山冰雪带到低河谷热带季雨林带等 9 个垂直自然带，是世界山地垂直自然带分布最齐全、最完整的地方。因而，这里聚集了许多生物资源，包括青藏高原已知高等植物种类的 2/3，已知哺乳动物的 1/2，已知昆虫的 4/5，以及中国已知大型真菌的 3/5，在生物的多样性上，堪称世界之最。

　　雅鲁藏布大峡谷及其周边地区，在地质构造上属于东喜马拉雅构造结，与西喜马拉雅构造结相对应，是印度洋板块楔入欧亚板块最强烈的部位。

　　当印度洋板块和欧亚板块发生猛烈撞击时，地处撞击中心地带的大峡谷同时受到了来自东部的太平洋板块的阻挡挤压，因此大峡谷随地质变化而拐弯。目前已在大峡谷中发现多处来自地壳深处的基性、超基性岩体，证明板块缝合线构造的确存在。

经铷锶等时线法测定，大峡谷内侧的南迦巴瓦峰裸露的中深度变质岩系，其绝对年龄值为7.49亿年，这是迄今为止所测得的我国喜马拉雅山一侧地层的最古老年龄值，相当于前寒武纪，与古老的印度台地地质年龄值相仿，它表明在地质上这里是古老印度洋板块北伸的一部分。

雅鲁藏布大峡谷里最险峻、最核心的地段，是从白马狗熊往下长约100千米的一段。这一段峡谷险峻幽深，激流咆哮，至今还无人能够进入，是"人类最后的秘境"。

此外，峡谷地区的墨脱县，也一直很少有人涉足，可谓高原上的"孤岛"、远离现代社会的"世外桃源"。1994年，我国科学家组成一个科学考察队，对雅鲁藏布大峡谷进行科学考察，才揭开了此地神秘面纱的一角。

雅鲁藏布大峡谷内自然带非常多，高山雪线之下是高山灌丛草甸带，再向下是高山、亚高山常绿针叶林带，继续向下是山地常绿、半常绿阔叶林带和常绿阔叶林带，进入低山、河谷季雨林带。因此，这里的生物资源极为丰富。

这里有利用价值的经济植物不下千种，具体可分为药用植物、油料植物、纤维植物等。此外，这里还是高山杜鹃的集中分布区，大峡谷的高山灌丛主要由常绿杜鹃组成。这一区域内共有154种杜鹃，占世界杜鹃总种数（约600种）的26%。

除了种类丰富的植物，这里还有种类繁多的动物。如皮毛动物水獭、石貂、云豹、雪豹、白鼬、豹猫和小熊猫；药用动物马麝、黑熊、穿山甲、银环蛇、眼镜王蛇；观赏动物长尾叶猴、棕颈犀鸟、红胸角雉、红腹角雉、排陶鹦鹉、大绯胸鹦鹉、蓝喉太阳鸟、火尾太阳鸟、红嘴相思鸟、白腹锦鸡、藏马鸡、黑颈鹤等。

长江三峡

长江三峡是万里长江上最著名、最壮美的景观，也是神州秀美山水中的瑰宝。它西起重庆市奉节县的白帝城，东至湖北省宜昌市的南津关，由瞿塘峡、巫峡和西陵峡三峡组成。"三峡"风光各具特色：瞿塘峡雄伟壮观，巫峡幽深秀丽，西陵峡滩多险峻。

三峡是在地壳的间歇性抬升、河流的下切以及长江两岸石灰岩的不断溶蚀的综合作用下形成的。

在距今2亿年前的中生代三叠纪，中国西部曾是古地中海的一部分，当时的海湾一直向东延伸到川东、鄂西一带。到了距今1.9亿年前的侏罗纪早期，在一次大规模的地壳运动中，三峡所在地地壳隆起，尤其是湖北境内的黄陵庙附近，地壳抬升现象非常显著。海底隆起为山，海水退去，隆起的山成为这一带第一座地表分水岭。从此，统一的西流水系被切断，东翼水系的水流汇入今天宜昌以东的湖盆。

到了距今1.4亿年前的白垩纪初期，燕山运动使巫山崛起，形成了新的地表分水岭。沿巫山山脉东西两坡发育的河流，产生溯源侵蚀。但此过程进行得相当缓慢。到距今约六七千万年前的白垩纪末或第三纪初，东翼水系终于切穿巫山分水岭，掠夺了西翼水系，原始长江始告形成。

以后，这一带地壳仍然不断产生间

歇性拱形隆起,而长江水流也不断向河床下切侵蚀,久而久之,长江河床被下切了 1000 多米。加之这里的河谷由坚硬且易溶于水的石灰岩组成,因而在水流的不断溶蚀、搬运的作用下。河谷最终形成了险峻、幽深的峡谷。

瞿塘峡(亦称夔峡)西起重庆市奉节县的白帝城。东至巫山县的大溪镇,全长约 8000 米,是三峡中最短的峡谷,但却有险峰对峙之磅礴气势,故号称"天下雄关"。

奔腾咆哮的长江,一进峡谷便遇上了气势汹汹的瞿塘峡,而且被瞿塘峡两岸陡峭如壁的山峰逼成了一条细带——这里的河面最窄处不过几十米,而两岸的山峰高达 1000 多米。这样峡深水急的奇异景观,正如郭沫若的《过瞿塘峡》一诗所云:"若言风景异,三峡此为魁。"

在瞿塘峡两岸的峭壁上,有一条人工修筑的古栈道遗迹,这是古时船夫拉纤、军队运输物资和客商行贾通行的唯一通道。栈道附近还有七个深洞,仿佛天窗面对大江。登天窗而望,只见双峰插云,蓝天一线;向下俯视,则是奔腾的江水,似箭的飞舟,使人不禁产生"峰与天关接,舟从地窟行"之感。

巫峡西起重庆市巫山县大宁河口,东至湖北省巴东县官渡口,峡长谷深,迂回曲折,以风景秀丽著称。整个峡区奇峰突兀,怪石嶙峋,峭壁屏列,绵延不断,充满了诗情画意,是三峡中最为秀美的一段。

巫峡的景观中以十二峰最为著名,尤其是其中的剪刀峰十分奇特,它形似群仙相聚,上分两叉,很像剪刀插天。峰下有一长方形白色岩壁,上刻"重崖叠嶂巫峡"六个大字,相传为诸葛亮所书。

神女峰是巫峡十二峰之一,从远处看,只见一根巨石突兀于青峰云霞之中,宛若一个亭亭玉立、美丽动人的少女,故名神女峰。同时,因其每天第一个迎来灿烂的朝霞,又最后一个送走绚丽的晚霞,故又名"望霞峰"。

每当云烟缭绕峰顶时,"神女"像披上薄纱似的,显得脉脉含情,妩媚动人。

巫峡神女峰

相传，神女峰是西王母幼女瑶姬的化身。瑶姬曾助夏禹开凿河道，排除积水。水患消除后，为保此地行船平安而化作山峰，留在巫山，因而博得了后人的尊敬。

西陵峡是三峡中最长的一个，其特点是滩多水急。其中的泄滩、青滩、崆岭滩，为三峡著名的三大险滩。过去船行其间，舟毁人亡的事情时有发生。建国后，航道经多年整治，行船安全情况大为改善；加之葛洲坝工程蓄水之后回水百里，水位上升，险滩礁石沉入江底，这里已不再是行船的避讳之地。

出了西陵峡南津关，300里峡江航程即告结束。长江自此进入中游，视野豁然开阔，江流东去千里，两岸平野万顷，别是一番情趣。

怒江大峡谷

怒江大峡谷位于云南省怒江傈僳族自治州，被人们称为"东方大峡谷"，是世界第三大峡谷。峡谷长310千米，平均深度为2000米。峡谷两边是海拔4000多米的高黎贡山和碧罗雪山，山势险峻，层峦叠嶂；峡谷中是水流汹涌的怒江，暗滩遍布，险象环生。

在藏东南、滇西北的横断山区，怒江、澜沧江和金沙江三条大江从西向东相间排列，由北往南纵贯担打力卡山、高黎贡山、碧罗雪山以及云岭山脉，构成了世界上绝无仅有的"三江并流"奇观。在这三条大江中，怒江的平均落差最大，每千米内可达600米。因而水流湍急，汹涌澎湃，有"三江第一怒"之称。怒江江水翻腾不息，就像是一个脾气暴躁的

人，一路咆哮着，一直流入缅甸境内（称萨尔温江），最后注入印度洋。

怒江大峡谷有两个让人惊叹的绝妙之处：

其一是大峡谷之大。怒江大峡谷长310千米，峡谷上宽下窄，上半部分峡谷两岸的山脊之间平均宽20千米，下半部分平均宽100米左右，从上自下的垂直深度为2100米。峡谷两侧是高黎贡山和碧罗雪山两大山脉，这两大山脉向谷底延伸出许多高山和深壑，故沿江地形多为悬岩绝壁。

其二是大峡谷之直。怒江大峡谷尽管很长，但除了首尾两部分稍微向西偏一点之外，中间大部分地段与经线相平行。这种像是刀劈斧砍出来的峻直峡谷在世界上十分罕见。

怒江大峡谷到了怒江傈僳自治州泸水县六库镇向北50千米处，变得越来越狭窄，峡谷上端两岸的山仅仅相隔10米。"暴躁"的怒江水在这狭窄的通道里受到了极大的束缚，十分不"满"，因此变得狂放不羁。它以排山倒海的气势撞击着两岸和江心的岩石，发出响震九天的声音，好像虎吼震川，形成怒江大峡谷上著名的景观——老虎跳。

凡是到过怒江大峡谷的人，都会被这天堑一样惊险的景色所吸引。在老虎跳驻足，只见巨浪排空，汹涌澎湃，怒江水雷霆万钧的气势和豪情尽收眼底，让人不禁赞叹大自然的鬼斧神工。

独特的气候条件孕育出了怒江大峡谷丰富的生态资源，素有"十里不同天，夕物在一山"之说。

峡谷内名花异卉、稀世药材遍地都是。其中被列为国家一级保护植物的有树蕨、秃杉、珙桐等；列为国家二级保护

植物的有三尖杉、清水树等;列为国家三级保护植物的有天麻、雪山一枝蒿等。

同时,这里还有许多珍稀动物。其中,灰腹角雉、热羚、红岩羊、金丝猴、叶猴、小熊猫(金狗)、齿蟾等都是国家重点保护的动物种类。

在怒江两岸的悬崖间,悬着无数条铁链,曾经有一些富有想象力的人把这些铁链称做"风之桥",其实它们叫做溜索。溜索是怒江最具代表性的原始交通工具,至今仍然在使用。

怒江上的溜索有两种——平溜和陡溜。平溜的溜索两头一样高,穿越大江的人,来往都可以使用,但溜到江心后需要双臂用力才能攀到对岸;陡溜的溜索有一定的倾斜度,一头高,一头低,人们可以从较高的一头自然滑向对岸,十分轻快。

今天,横跨在怒江上的桥越来越多,但溜索仍然没有退出历史舞台。尤其是远道而来的游人,总喜欢在经验丰富的当地人的帮助下,借助溜索越过怒江,亲身感受征服天堑的惊险和刺激。

绕过"三江第一怒"处的山脊,人们眼前立刻出现一幅世外桃源般的田园美景,这里就是人间仙境丙中洛。丙中洛是云南西北面的一个乡,它在高山环抱中呈现着一派祥和、静谧的田园风光——这里有错落有致的农舍和寺庙,有明珠般晶莹美丽的孜丹湖,有蓝得几乎透明的天,还有充满着原始苍茫之美的树林……

虎跳峡

虎跳峡又称"金沙劈流",位于云南省香格里拉县东南部,是世界上最深的

虎跳峡风光

峡谷之一。

虎跳峡西南起自冲江河与金沙江会合处,东北至丽江大具村。峡谷两岸高山对峙,群峰插云,东为玉龙雪山,终年披云戴雪,主峰海拔 5596 米;西为哈巴雪山,山势峥嵘突兀,主峰海拔 5369 米,而虎跳峡江面海拔仅 1700 米,相对高差达 3700 米以上。因而,虎跳峡以山高、峡深、水急而闻名。

虎跳峡是一个高山峡谷,距香格里拉县城 105 千米。整个峡谷全长 17 千米,分为上虎跳、中虎跳、下虎跳三段,共有 18 处险滩。

虎跳峡一向以"险"而闻名天下。其险首先表现在山上。峡谷两岸,高山耸峙,东有玉龙雪山(主峰海拔高达 5596 米),终年披云戴雪,银峰插天,山腰怪石嵯峨,古藤盘结,山脚巨石壁立,

直插江底;西有哈巴雪山,巍峨高峻,峥嵘突兀,山腰间有台地,山脚为陡峻悬崖。

其次是水险。山岩的断层塌陷造成无数石梁、跌坎,加之两岸山石风化,巨石常在崩塌后落入谷底,致使江中礁石林立、犬牙交错、险滩密布。此外,从上虎跳峡至下峡口,落差达 210 米,江流急驰,不少河段水速可达每秒 6 至 8 米。因而,江水瞬息万变,或狂驰怒号、雪浪翻飞,或旋涡漫卷、飞瀑轰鸣。令人不寒而栗。

上虎跳是整个虎跳峡中最窄的一段。沿峡谷上行,越接近上虎跳则峡谷越窄,江水的轰鸣声也越大。到了上虎跳,江面从 100 多米宽一下子收缩到 30 余米,江面顿时变得拥挤不堪,江水撞击犬牙般参差的礁石,激起数米高的巨浪。

在巨浪之中,有一个 13 米高的巨石横卧江心,如一道高坎陡立眼前,把激流一分为二。传说曾有一猛虎借江心这块巨石,从玉龙雪山一侧一跃而跳到哈巴雪山,故此石被称为"虎跳石"。

虎跳石不仅是上虎跳景观的代表,也是虎跳峡全峡最险最美的景致。站在虎跳石附近,只听激流的轰鸣声回荡在山谷,人的耳膜都觉得微颤;放眼望去,只见汹涌的浪涛一层卷一层,冲击着虎跳石,十分壮观。

中虎跳最大的特点是奇,而最奇的景致要数"满天星"和"一线天"。

中虎跳的江岸峭壁耸峙,江水在不足 5000 米的距离内跌落百米。这使得江水激荡奔涌。同时,由于这里险滩礁石散布,激荡的江水在礁石上跳跃、翻滚,掀起了漫天的浪花,仿佛天上的繁星,因此被称为"满天星"。

中虎跳这一段峡谷恰好处在峡谷腹地,两侧雪山在此处都是最高的主峰段,因而在这里望峡口,就会看见两座高峰把蓝天切成了一条线,"一线天"景观由此得名。

此外,中虎跳上还有"观音瀑"这一独特的景观:在哈巴雪山的山腰上,挂着一小缕瀑布,瀑布旁边的山峰好像一尊观音像,因而此瀑被人们称作"观音瀑"。微风吹过,瀑布的水雾轻柔地飞舞,给充满阳刚之气的大峡谷增添了几分柔性与妩媚。

下虎跳之景以"江水扑崖,倒流急转"为特色,主要景点包括倒角滩、下虎跳石、上下簸箕等大滩。其中,倒角滩长约 2.5 千米,落差 35 米,大小跌水 20 余处。峡谷在这一段多呈"之"字形急转弯,使江水直扑岸壁。掀起惊涛骇浪,倒流回来后又急转直下,如脱缰的野马狂奔远去。这里地势宽阔,近可看峡,远可观山。

太行山大峡谷

太行山大峡谷位于山西省壶关县东南部,距太原市 250 千米。

太行山大峡谷风光旖旎,景色奇异,汇集太行风采于奇峰洞壑之中,是峰的海洋,是石的国度,是洞的世界,是水的宝地,是植物生长的园地,是动物栖息的天堂。

太行山大峡谷位于山西省壶关县东南部,占地面积 93 平方千米,林草覆盖率达 74.9%,自古就有"卧虎藏龙之地"的美称。太行山大峡谷地势险要,历来是兵家必争之地,从春秋战国直至近代,战火从未熄灭过。

大峡谷以独特的地形、地貌以及丰富的动植物资源，造就了奇异的自然风光。不仅如此，峡谷地区的人文景观资源也十分丰富。

太行山大峡谷以五指峡、龙泉峡、王莽峡三大峡谷为主线，目前已开辟了紫团洞、云盖寺、水妖洞和真泽宫四大独具特色的景区。峡谷内有绿浪滔天的林海，刀削斧劈的悬崖，千姿百态的山石，如练似银的瀑布。碧波荡漾的深潭，雄伟壮观的庙宇，引人入胜的溶洞……置身其间，时见浓荫蔽日、溪水潺潺，时闻飞瀑泻银、珍禽飞鸣；驻足山巅，可望星月游移、奇峰变幻，可瞰云海苍茫、彩霞沐日。

太行山大峡谷的山崖千奇百怪，各不相同，有的如一边悠闲品茗、一边切磋棋艺的对弈仙人，有的像威风凛凛地镇守自己领地的雄狮，也有的像沐浴朝阳的金鸡……

其中五指峰最为有名，它位于五指峡的入口处，形状好像伸出的五指，故而得名。五指峰集雄、奇、险、幽于一体，不仅有刀削斧劈的悬崖，更有千奇百怪的山石。古人曾这样描写五指峰："五朵危崖五指开，亭亭玉立绝尘埃。惊涛忽涨清泉水，是否翻云覆雨来？"

太行山大峡谷的龙泉峡内有一个从河南进入山西的古关口，叫大河关。虽然它曾经遭到了破坏，但"大河关"三个字的轮廓却还清晰可辨，也能看得出古关、古桥和古栈道的痕迹。

此外，羊肠坂也曾是古代中原地区进入山西境内的一条必经的险道，它因道路狭窄、盘桓似羊肠而得名。三国时期曹操率兵攻打盘踞于上党壶关的高干

时，途经此地，曾赋诗《苦寒行》，感叹此行的艰难："北上太行山，艰哉何巍巍，羊肠坂诘屈，车轮为之摧。树木何萧瑟，北风声正悲。"

黑龙潭位于五指峡东边的河谷里，潭边的溪水蜿蜒而过，宛若黑龙。传说古时黑龙王曾栖息此处，故得此潭名。黑龙潭还有一个很有趣的说法。据说每到天气干旱的时候人们就到这里来求雨，但是求雨的人一定要是属龙的，原因就是此潭的守护者是一条黑龙。

黑龙潭的主要景观有龙湖荡舟、悬梯漫步、龙潭灵泽、索桥探险、孤山巡游等。这里山峦俊秀、峭壁如刃，天如丝绦、云浮浩空，石梯悬崖、索桥凌空，草木葱茏、繁花似锦，彩蝶飞舞、鱼蛙争游，好像一幅幅浓墨重彩的画卷，美不胜收。

红豆峡是龙泉峡的一条支峡，境内有陡峭的崖壁、奇特的石林、潺潺的流水、壮丽的瀑布、珍稀的物种、原始的植被，是一处幽美的天然风景区。其中有许多为珍稀植物。在北侧山麓上还存活着世界珍稀孑遗植物——红豆杉，其数量在1000株以上。红豆峡之名也由此而来。

红豆杉又名相思木，属常绿乔木，是国家一级保护植物。红豆杉枝干、叶片呈对称状生出，都有浓郁的香气，叶片颜色四季各不相同，果实、叶片、树皮、枝干、根茎等都可入药，经济价值很高。红豆杉果实结荚，荚内有豌豆大、微扁的豆粒，呈鲜红或半红半黑色，酷似珊瑚，经久不烂。

据《述异记》记载：公元前368年（魏惠王二年），魏惠王在全国征集戍卒到边境驻守。戍卒们的妻子盼不回丈夫，得相思病死去。妻子们下葬后，坟上

长出了许多红豆杉,枝叶都向丈夫驻守的方向弯曲,从此人们就将红豆看作爱情或相思的象征。

金口大峡谷

大渡河金口大峡谷位于四川省乐山市,属典型的河流侵蚀峡谷地貌。谷宽70至150米,局部小于50米,落差1000至1500米,最大谷深2690米,深度为长江三峡的一倍,比美国科罗拉多大峡谷还深860米,气势十分宏大。同时,大渡河峡谷集雄、奇、险、幽、峻为一体,是最佳的科学考察、攀岩漂流、旅游探险基地。

大渡河金口大峡谷地处横断山脉东缘地壳强烈上升地段,属典型的岩溶地貌景观。

这里的地质构造属于古老的"康滇

成昆铁路金口大峡谷段

地轴",分布着各种太古代的变质岩系和后来的岩浆岩侵入体,它们暴露在峡谷两侧,犹如一个天然的地质博物馆。金口大峡谷切割出前震旦系(距今5.4亿年)峨边群至二叠系峨眉山玄武岩(距今约3亿年)厚达数千米的完美地质剖面,记录了10多亿年来地质演化的历史。金口峡谷因此成为我国最大的、河流上最为典型的嶂谷和隘谷,谷坡直立,谷地深窄,谷底几乎全为河槽占据,河滩不发育。

金口大峡谷两岸重重叠叠的山峦上,绿树成荫,飞瀑跌宕,各种山花野草争奇斗艳,形成一道道绚丽的风景,自然情韵雅致不凡。

在大峡谷的北岸,矗立着海拔3236米的大瓦山。这是一座由玄武岩构成的平顶山,地质结构与峨眉山、瓦屋山相同,但与二者截然不同的是,大瓦山为四面均是绝壁的孤山,高差可达800至1000米。此外,大瓦山上还有一处面积约1.6平方千米的山顶平台,平台上古木参天,雄浑开阔,远望如突兀的空中楼台,极其壮观。

大峡谷内苍苍莽莽的原始森林终年云雾缭绕、苍翠欲滴,深藏于峡谷中的瀑布千姿百态、让人叹为观止。谷内还有"宝水溪"、"洛俄阿莫(长明溪)"、"白熊"等人迹罕至的深沟,沟内鸟声伴溪语,卵石叠翠峰,有许多诸如"月亮湾"、"情人谷"、"太阳谷"、"飞龙瀑"、"天堂瀑"等让人叫绝的胜景。

"月亮湾"、"情人谷"、"卧牛潭",与生长在谷内的各种鲜艳夺目的奇花构成"峡谷三奇"。峡谷内还盛产五彩水晶奇石。"宝水溪"等深谷还存在空谷幽兰的美景,有很多特别稀有的兰花,甚至出现过一株卖 13 万元高价的情况。

大峡谷的地形和土壤呈垂直分布，形成了独有的立体气候，具有"十里不同天"的特征。促成了生物的多样性。深谷内有珍稀的珙桐、连香、银杏、虫草、牛夕等野生植物和名贵中药材 3400 多种，仅乔灌木就有 191 属、734 科；还有小熊猫、锦鸡等珍稀动物，宛如一座保存完整的"自然生态博物馆"。

古路村位于大峡谷入口的绝壁之上，是一个 500 多人的彝族村落。

一直以来，古路村的人要到外边去，只有一条路可走，就是从悬崖顶下到大渡河边。村民在陡峭之处用木棍结成梯子，连梯子也不能搭建的地方则用藤绳。村民下山都是用从山里采来像锄把粗的野藤子，把它拴在悬崖上面的树桩上，然后拉着野藤子往下移。在移的过程中，稍不留神，就会坠入陡崖。2002 年，当地政府为古路村修建了一条山路，但上山依然需要徒步。

成昆铁路修建于 20 世纪 60 年代，金口大峡谷段是成昆铁路最险峻的一段，修建过程中曾创造了许多建筑奇迹和胜景。"一条线"铁路石拱桥和"天柱"就是著名的两个人造奇观。

"一线天"铁路石拱桥位于金口大峡谷中段，桥长 54 米，比当时世界上最长的法国铁路石拱桥还长 14 米，是世界最长的铁路大跨空腹石拱桥。两根"天柱"负责承载"一线天"铁路大跨空腹石拱桥，高达 50 多米。"天柱"旁高耸入云的崖体上书有"天下第一柱"五个大字。"天下第一柱"后被联合国"克隆"收藏。

天山库车大峡谷

库车大峡谷位于新疆天山山脉南麓的库车县境内，由红褐色的巨大山体群组成，当地人称之为"克孜尔亚"，维吾尔语意为"红色的山崖"。

库车大峡谷集人间峡谷之妙，兼天山奇景之长，蕴万古之灵气，融神、奇、险、雄、古、幽于一体，景异物奇，令人神往，是古丝绸之路上一颗璀璨的明珠。

库车大峡谷近似呈南北弧形走向，开口处稍弯向东南，末端微向东北弯曲，犹如一条巨龙卧于群山之中，神秘莫测。

它是由一条主谷和 7 条支谷构成的，全长 5000 多米，谷端至谷口处自然落差 200 米以上，谷底最宽处宽 53 米，最窄处 0.4 米，仅容一人侧身通过。

整个峡谷皆由红色砂岩、砾岩构成，在古代天山强烈上升的过程中，这些红色岩层曾发生过各式各样的褶皱弯曲，加上长期的流水侵蚀和风蚀，从而形成今天峡谷内奇峰林立的奇观美景。

峡谷内山峰重峦叠嶂，悬崖峭壁千姿百态，潺潺泉水若隐若现，呈现出一幅妙趣横生的画面，引人入胜。

此外，峡谷内四时景色皆有不同。清晨在峡谷中漫步，可见峰崖上百鸟欢歌；黄昏从峡谷中仰望，只见残阳如血、金光满天；细雨绵绵时，峡谷中云遮雾罩；雨过天晴后，彩虹飞架连天山。这些壮观神奇的景观无不令来此游览的人们啧啧称赞，流连忘返。

关于"一线天"，有一个著名的传说：相传两位武士从很远的地方赶来，相聚在库车大峡谷，每天面对面地切磋功夫,时间久了,两人化为两座山,山中间只留了一条线。这便是今天我们所看到的"一线天"。

天井峡

在我国西南省区,有一条从海拔2000米左右的高山河谷中流下来的叫做"撒谷溪"的河流,它不仅溶蚀出了世界最大的天坑——小寨天坑,而且还割裂出了一条最宽处达30米的地缝,这么宽的地缝在世界上都是罕见的。此地缝叫做"天井峡",由峡谷、消水洞和地下河构成,峡谷两边的山崖高达数百米。

该地缝分上下两段,上段为隐伏于地下的暗缝,下段是长约6千米的暗洞,1994年8月由英国探险人员探通。地缝中部的峭壁下还有一个大坑,叫做"黑眼",坑壁上全是黑得发亮的石头,形状怪异。

在地理学上,地缝被称为"干谷"或"盲谷"。因为在石灰岩地区,河床上如果形成了"漏斗"和落水洞,流经的河水就会全部被截入地下,因此而干涸的河床叫做"干谷";有的河流则从头到尾全部流入溶洞之中,于是没有出口的河谷便形成了,叫做"盲谷"。撒谷溪下的地缝中有无数天坑,因此河水很容易转入地下,河床也因此形成干谷。

太鲁阁峡

太鲁阁峡位于台湾东部花莲县,是云雾溪峡谷的总称,是台湾东部山地最著名的风景区。"太鲁阁"是土著泰雅族语"山岭连续"之意。从太鲁阁到天祥之间有一条奇冠天下、长约20千米的大理石峡谷,被称为"天下绝景"。其中大断崖山南侧的新崖高达千米,绝壁千仞,怪石嶙峋。峡谷中仰视云天一线,峭壁入云,飞瀑似串,胜似三峡风光。

黄龙沟

黄龙风景区占地面积约700平方千米,主要由黄龙沟、雪山梁和涪江河谷组成。黄龙沟呈南北走向,南起海拔3658米的望乡台,北止于海拔3150米的涪江河谷,全长3～5千米。沟谷两侧山坡上满布翠绿的原始针叶林,沟中是金黄色蜿蜒的钙化滩流,从高处看去,宛若一条从岷山雪峰飞腾而下的黄龙。千层碧水形成层层叠叠的梯状湖泊、池沼,如璞玉、似牙雕。池水澄清无尘,水色因水底沉积物和树木、山色的千变万化,而呈黄、绿、湖蓝及蔚蓝等颜色,斑斓夺目,堪称"大自然的调色板"。

黄龙沟的彩池星罗棋布,大的有上百平方米,小的只有手掌大小,深的有几十米,浅的只有一两寸。沿沟谷向上,大体上聚集成8群,每群各不相同,各具特色。比较著名的有"飞瀑流辉"。彩池的边石外侧垂直高度达6～8米,创世界地表石坎最高纪录。"盆景多姿"有池子330多个,池群面积20240平方米,池中长满了柳树、苍松和翠柏,仿佛一个个大型的天然盆景。"娑萝映彩"群池,池边娑萝花开时,彩池被映衬得分外娇艳,落花流水,相映成趣。"彩池争艳"规模最大,由500多个大小彩池组成,池水从一个池子流进另一个池子,随着池底色

黄龙沟黄
龙寺

彩的不同，流水也在不停地变换颜色，或深或浅，亦浓亦淡。光与影创造出一个五彩缤纷的世界。

"石塔镇海"位于黄龙沟顶部黄龙后寺之后，池中有古塔两座，修建于明代。此处三面环山，谷地开阔，平坦宽阔的溪谷中分布着上百个玲珑剔透的彩池，高低错落，连环相依，犹如满地珠玉。不同彩池的池底、池壁及池堤的颜色各异，呈乳白、银灰、浅黄、金黄、绛紫、褐红、金红、深蓝、天蓝或青黑各色，池水盈盈，溢堤而出，彩波交织，相映生辉。传说天上的七仙女倾慕人间生活，下凡不归，玉帝生怒，派天兵天将捉拿，将雪宝鼎团团围住，天马往来奔突，踏出串串蹄印，雪融化后，就成了一个个彩池。

黄龙寺建于明代，分前、中、后三寺，古称"雪山寺"。前寺和中寺是佛寺，现已废弃不用。后寺是黄龙真人庙，相传黄龙真人就是在这里修炼成仙的。寺庙背倚玉翠峰，面朝黄龙谷，高15米有余。面积2100平方米，是一座3层重檐歇山式木结构建筑。门额正视为"黄龙古寺"，右视为"正阁流丹"，左视则为"山空水碧"，令人称奇。相传大禹治水至茂州（今茂坟县）时，遇黑风覆舟，有黄龙挺身而出，力挽狂澜巨浪，救了大禹的性命，并力助大禹治水成功。以后，黄龙便隐在雪宝鼎峰下的密林中。后人感念黄龙功德，修庙世代祭祀。

寺后有一黄龙洞，内有3尊佛像，乃石灰岩溶液凝聚后经人为雕琢而成，又称三佛洞、佛爷洞。洞内高20米，宽达600米，是中国最大的钙化洞穴，也是中国冰期最长的天然冰洞。洞顶垂钟乳，洞底淌暗流。传说可通百里外的岷江观音岩鱼洞口。

岷山主峰雪宝鼎峰居于黄龙寺之南，海拔5588米。雪宝鼎峰终年积雪，角峰刃脊在阳光映照之下显得险幻无比。雪宝鼎峰是座从未被人类征服过的处女峰。历代诗人吟咏雪宝鼎的诗词很多，其中以李商隐的"雪岭未归天外使，松州扰驻殿前军"最为精妙。

每年农历六月十二日至十五日黄龙庙会期，来自青海、甘肃及附近数百里内的藏、羌、回、汉各族群众，扶老携幼，肩挑马驮，盛装载食，相聚于黄龙沟。一时沟内帐篷连营,喧喝震天,歌舞通宵达旦,形成当地群众一年一度的物资交流盛会,真可调"香火万家朝六月,羌歌氏舞杂喧阗"。

九寨沟

九寨沟原名"中羊峒",又叫"翠海",因沟内有9个藏族村寨而得名。九寨沟面积600平方千米,由树正沟、则查洼沟和日则沟组成。三沟皇"Y"形,总长度约60千米。其中主沟为树正沟,南北走向,南高北低,向北开口,日则沟和则查洼沟是东西两条支沟。现已开辟树正沟、日则沟、则查洼沟和扎如4条旅游风景线,含树正沟、诺日朗、剑岩、长海、扎如和天海六大景区的大小景点50余个。沟内奇水荟萃,穿林越谷,被当地人称为"海子"的湖泊,传说是仙女送给情人的108面镜子。这些海子呈台阶状分布,湖水清澈透明,虽深过数十米,但可直视水底。因水中植物种类和湖底沉积物的不同,水色各异,涟漪多彩,海中倒影,明净真切,步移景异,妙趣无限。九寨沟两侧有许多4000米以上的高峰,终年白雪皑皑。原始森林密密层层,遮天蔽日,生长着松、柏、桦、杉等各种树木,有的高达30米以上。这里还栖息着熊猫、牛羚、金丝猴、白唇鹿及水熊猫等17种珍稀动物。九寨沟风景自然原始,有"童话世界"的美称。

水,是九寨沟景观的主角。在那儿,湖、瀑、滩、泉一应俱全。分布在6个景区内的100多个湖泊、17组瀑群、3个滩流和47眼泉水,集水形、水色、水姿和水声于一体,搜尽天下水景之美态,相互串联在一起,构成了艳丽的九寨沟水景。

长海面积约3平方千米,最深处达44~57米,长约5千米,海拔3060米,是九寨沟最大的海子。它没有出入水口,夏秋暴雨,水不漫溢;冬春久旱,亦不干涸。隆冬时节冰冻厚达6米,游人可以在湖面上跑马溜冰,别有一番情趣。距长海海口16千米处,还有一个碧么公盖海,它海拔4020米,是九寨沟最高的海子。每年夏秋,碧么公盖海四周的山坡上,绿草如茵,遍布紫色和金黄色的野花,远远望去,一坡落霞;临海一望,又是满湖花草,绚美景象,摄人心魄。

五花海号称"九寨沟一绝",是九寨沟水色最丰富的海子。它位于日则沟孔雀河上游的尽头,形似孔雀开屏,栈桥北河湾状如孔雀头颈,三株古树似孔雀顶戴花翎,桥南五光十色的湖面似孔雀彩翅。由于海内各处水的深浅不同,含碳酸钙的池水与不同颜色的水生群落交融,在阳光的照射下,变幻出缤纷的色彩,湖心层层金环,五光十色,非常迷人。丸寨沟人尊奉五花海为神池,认为它的水洒向哪里,哪里就花繁林茂,美丽富饶。

传说很久以前,九寨沟大旱,达戈和色嫫一起去寻找水源,走到日则沟地段时,达戈误射了森林之王的坐骑梅花神鹿。森林之王发怒不已,坐骑梅花神鹿猛扑达戈和色嫫,在紧要关头,万神之神助达戈和色嫫一臂之力,帮助他们砍断了神鹿的一条腿,鹿腿落地化成一池清泉。池中的苔藓形似梅花鹿斑纹,当地人便称之为"神鹿池",外地人便呼之为"五花海"。沿着日则沟珍珠滩上行约2千米,有一个面积0.9平方千米、水深14米的海子,海底巨石横卧,崖边箭竹丛生。据传,饱餐后的大熊猫经常在这个海子边照"镜子"玩。站在这个海子附近,远望近瞰,海底石头上恍若酣卧着一只大熊猫,人们因此把它称为熊猫海。这儿曾是熊猫生长活动的乐园,因人类光顾的增多,目前很难再见熊猫的踪影。然而还是可以从水下那些自然生着几圈黑色花纹的浑圆白石上去想象那些憨态可掬的国宝。熊猫海下还有一间歇喷泉,泉水从一竖管状的钙华体中,每隔一秒喷水一次。时止时喷的情景,似与游者嬉戏,神秘奇幻,韵味无穷。熊猫海瀑布海拔2592米,高60米,瀑顶宽50米,为3级叠水,极为壮观,是九寨沟落差最大的瀑布。隆冬时节,飞流结为冰瀑,山崖上悬挂着晶莹的冰帘、冰幔、冰钟乳和千姿百态的冰柱,组成一个璀璨夺目的冰晶世界。

诺日朗瀑布高24.5米,瀑顶宽320米,宽度为全国瀑布之冠。瀑布地处九寨沟的中心部位,又常被作为九寨沟的标志和象征。诺日朗在藏语中意为雄伟壮观。该瀑布不仅宽阔壮观,而且音韵洪亮。在朝阳照射下,彩虹幻出,更是迷人。瀑顶由数个梯湖构成,湖深达20米。湖水沿陡壁飞流直下,水花飞溅,雾气蒸腾,在阳光下常可见到艳丽的彩虹。瀑布两边长满了茂密的树木,瀑水在树林间穿流,形成罕见的"森林瀑布。"

在诺日朗瀑布上面有一片海子,晨曦初露或晚霞吐晖之时,海面水平如镜。蓝天、白云、红日、远山、近树尽显"镜"中,一派"鱼在天上游,鸟在水下飞"的奇幻景象。"镜海"因而得名。

九寨沟风景区由低到高,从海拔2000米至4000米步步引人入胜,仿佛从序升至高潮,恰似莫扎特的歌剧《魔笛》,从序曲演至高潮。夜后的唱咏,犹如一个童话般的魔幻旅程。

黑竹沟

黑竹沟位于中国四川省西南部的小凉山山区,这里在乐山市峨边彝族自治县的管理范围之内,面积约有180平方千米。

迷雾缭绕
的黑竹沟

黑竹沟，至今能亲临其境的旅游者甚少，由于媒体的披露，人们时有所闻，它以新、奇、险的特点，吸引着为数众多的摄影家、科学家组成的考察队深入其中探险揭秘。有人说它是"恐怖魔沟"，有人说它是"中国的百慕大"，又有人说它是一条普普通通的小山沟，不管怎么说，黑竹沟是一块有争议的处女地。

大山深处地势雄险，深沟里又是沟壑，纵横交错，森林密布，加之溪涧幽深，迷雾缭绕，给人一种阴沉沉的感觉。此处的山雾千姿百态，清晨紫雾滚滚，傍晚烟雾满天，时近时远，时静时动，忽明忽暗，变幻无穷，据当地彝胞讲，进沟不得高声喧哗，否则将惊动山神，山神发怒会吐出青雾，将人畜卷走。

海拔 2400 米以上的山坡上，则又是另一番景象，分布有以"天眼"、"船湖"、"杜鹃池"为代表的 10 余处高山海子，水面面积最大的约 1.334 平方千米，湖光山色相映成趣，构成了优美的风光，不可不谓之神奇。

大大小小的奇瀑深潭不胜枚举，于崇山峻岭和密林深谷中奔腾咆哮而来，其形如雪涛奔涌、滚滚而下，其声如万马奔腾、千军呐喊，极为壮观，吸引了无数人前来探险览胜，驻足流连。

黑竹沟由于山谷地形独特，植被茂盛，再加之雨量充沛，湿度大，山雾是这里的特色，经常是迷雾缭绕，浓雾紧锁，使沟内阴气沉沉，神秘莫测。但这里又是一个金山银地，连雾也舍不得离开，这里"盛产"的雾，扑朔离奇得像软绵绵的飘布，一旦深入其中，会把你包围，把你吞没。

解放初期胡宗南残部半个连 30 多大进入而不见了踪影。解放军三个侦察兵从甘洛县方向进入黑竹沟，仅排长一

人生还。1976 年四川森堪一大队三名队员失踪于黑竹沟，发动全县人民寻找，三个月后只发现三具无肉骨架。1995年解放军某部测绘队在黑竹沟高缘派出二名战士购粮，途经黑竹沟失踪，后来只发现二人的武器。

因此这里留下了"恐怖死亡谷"之谜，也成了很多探险者向往已久的探险圣地。林区峡谷幽深，云雾翻滚，看不清山的面目。山林深处，路越窄，林越密，稍有不慎就会滑下陡坡滚入万丈深渊。

在黑竹沟，有个地方叫阴阳界，又叫狐狸山，云雾翻滚，以山梁为界景观迥异：一边是葱葱林海，一边是高山草甸；一边是雨雾天气，一边是蓝天白云，对比十分强烈。当一抹阳光射来，相邻的山体金碧辉煌，恍若仙境。

三叉河是最最危险的地段，也就是传说中发生多次神秘失踪事件的石门关。那里是真正的原始森林，一望无际，清一色的云杉重重叠叠，矗立在连绵的大山中，白色的雾气游荡其间。当地人流传这样一个顺口溜："石门关，石门关，迷雾暗沟伴深潭。猿猴至此愁攀援，英雄难过石门关。"

黑竹沟地区流传着许多古老神奇的传说。其中，以"三箭泉"的传说最为美丽动人。传说远古时有一位名叫牛批的彝族大力士率众人在沟中打猎，他们在山中不知不觉喝完了所带的饮水，三天过后因又饥又渴，一个个都昏倒在地，隐约中，一位仙女来到牛批的身边对他说："英雄啊，请不要着急，鼓起勇气来，水是能找到的。"说完舞起彩带指着一处地方。牛批惊醒过来，顺着仙女指的方向望去，看到的是一堵陡岩，他迷惑了，但想起仙女的话，他毅然拉开神弓，连续

射出三支神箭,刹时三股泉水从陡岩上喷涌而出,使众乡亲死里逃生。这三股泉从此就被称为"三箭泉"。

黑竹沟地区植被呈垂直分布。其中,生长在海拔 1600～2700 米的珙桐是国家一级重点保护植物,树形优美,花序下有两片白色大苞片,花开时整个花序像一只展翅欲飞的白鸽,故有"世界鸽子树"的美称。生长于海拔 1500～2400 米的光叶珙桐,仅存于我国,是世界著名的活化石植物,具有较高的观赏价值。沟内还拥有 19 种我国稀有或特有的珍贵植物。黑竹沟地区的杜鹃花,花色艳丽多彩,种类达 40 多种,面积上万平方千米,为世界之冠。

黑竹沟是喀斯特地貌,而且山体岩石是玄武岩(火山岩浆构成,有很大的磁性),指南针等到了这里会失灵,而且地势很诡秘,多沼泽,人不小心一脚踏上就会丧命。但是这里是大熊猫的乐园。黑竹沟得天独厚的地形地貌气候植被,孕育着丰富的珍禽异兽。沟内约有国家一、二级重点保护的野生动物 29 种。一级保护动物有大熊猫、羚牛、云豹、四川山鹧鸪;二级保护动物有猕猴、小熊猫等 24 种。这些动物具有重要的科学研究价值,又具有很高的文化观赏价值,极其宝贵。除此之外还有许多的鸟类,它们体态优美、色彩艳丽,鸣声婉悦。兽走禽飞,鸟语花香,蝶飞蝉鸣,一派诗情画意。

在黑竹沟,传说 20 世纪 50 年代曾有彝族同胞发现过野人的踪迹。80 年代也曾发现过翼展达一米多的巨鸟,有专家指出可能为幸存的翼龙。还有人看见过"两头兽"。

黑竹沟正以它的神秘和奇特引来众多的探秘者,随着黑竹沟不断的开发,它那神秘的面纱一定会被揭开,蕴藏众多的宝藏一定会被人们发掘。

吐峪沟

由于地壳运动与河水切割,火焰山一带留下了许多沟谷。虽然火焰山上炙热难忍,但这些沟谷中却绿荫蔽日,流水潺潺,风景秀丽,瓜果飘香。

在这些景色怡人的沟谷中,最著名的当数吐峪沟大峡谷。该峡谷位于鄯善县境内,北起苏巴什村,南到麻扎村,长约 12.5 千米,面积约为 12 平方千米。

峡谷内有火焰山的最高峰,海拔 851 米,气势磅礴;峡谷的东西两峰,素有"天然火墙"之称,温度最高时可达 60 摄氏度;峡谷两岸山体本是赭红色,在阳光的照耀下显出五彩缤纷的光环,且色彩浓淡随天气的阴晴雨雾而变化;谷底的小溪蜿蜒曲折,十分清澈;此外,峡谷内还有千姿百态的奇石,奇石上面有红、黄、褐、绿、黑等多种色彩组成的图案,就像一幅幅多彩的油画。

葡萄沟是火焰山西侧的一个峡谷,南北长 8 千米,东西宽 0.6 至 2.0 千米。沟谷西岸悬崖对峙,崖壁陡峭,犹如一道天然的屏障,东岸则比较平缓。沟谷内溪流不断,溪水十分清澈。溪流两侧遍布着数不清的葡萄架,使沟内变得绿意葱葱,景色秀丽,同火焰山光秃秃的山体形成了鲜明的对照。

葡萄沟里世代居住着维、回、汉等民族的果农,他们主要种植无核白葡萄和马奶子葡萄,以及玫瑰红、喀什哈尔、比夫干、黑葡萄、琐琐葡萄等优质葡萄。其中,无核白葡萄堪称天下最甜的葡萄。

八、河流

流域概况

中国河流的流域包括外流流域和内流流域两大部分。外流流域有太平洋流域、印度洋流域和北冰洋流域,总面积达6114728平方千米,约占中国领土面积的63.97%。内流流域主要位于蒙新干旱地区和青藏高原内部,面积为3444642平方千米,约占中国领土总面积的36.03%。中国内、外流流域的主要分界线,北起大兴安岭西麓,经内蒙古高原南缘、阴山山脉、贺兰山、祁连山、日月山、巴颜喀拉山、念青唐古拉山和冈底斯山,止于西端国境。此线以东,除鄂尔多斯高原、松嫩平原以及雅鲁藏布江南侧羊卓雍湖地区有面积不大的内流区外,其余均属外流流域;此线以西,除新疆西北角的额尔齐斯河流域区外,其余属内流流域。内流流域的分水界以昆仑山和可可西里山一线最为明显,该线以南为西藏内流区。内蒙古内流区与西北内流区的分水界在地形起伏不明显的平坦戈壁上。

中国的外流河主要发源于:青藏高原的东、南缘;大兴安岭—冀晋山地—豫西山地—云贵高原一线;长白山地—山东丘陵—东南沿海丘陵山地一线。发源于青藏高原东、南缘的河流,大都是源远流长的大河,如长江、黄河、澜沧江、怒江、雅鲁藏布江等,它们构成了亚洲东南部河网的骨架。发源于大兴安岭—冀晋山地—豫西山地—云贵高原一线的河流,主要有黑龙江、辽河、海河、淮河、珠江的上源西江和元江等,它们亦为中国大河,但除黑龙江外,长度和水量都不及前者。发源于长白山地—山东丘陵—东南沿海丘陵山地一线的河流,主要有图们江、鸭绿江、沂河、钱塘江、瓯江、闽江、九龙江、韩江,以及珠江水系的支流东江和北江等,它们的源地离海较近,大多独流入海,长度和流域面积远比以上河流小,但因位于中国降水充沛的地带,所以水量都很丰富。

水系

中国水系的分布很不均匀,东部季风区,河流多而长,河网密度大。中国西北地区和藏北高原内流流域内,河流少而小,且多单独流入盆地。中国河流一部分注入海洋;另一部分流入封闭的湖沼或消失于沙漠。中国的内流河,主要分布在西北内陆,内流河大部分是季节性河流。塔里木河是中国最大的内流河,河水补给主要来自天山、昆仑山等高山的冰雪融水。在中国外流流域中,受

塔里木河风光

网状结构。东北平原和华北平原的河流多成线状结构。台湾和海南岛的河流具辐射状结构。此外,还有扇状河网,如闽江、海河、嘉陵江等,以及羽状河网,如乌苏里江、滦河、湘江、乌江等。中国内流流域的河流,在山区上游河网较密,形成梳状河网,其下游往往消失在沙漠或戈壁中。西藏内流区的河流往往与洼地湖泊相连,由山岭分割成无数的小流域,形成特殊的河网结构。

西高东低的地势影响,大部分河流自西向东,最后注入太平洋。太平洋流域面积约占全国总面积的 56.7%,中国主要的大河,如黑龙江、海河、黄河、淮河、长江、珠江等均属这一流域。印度洋流域的面积居第二位,约占全国总面积的 6.5%。这一流域的河流主要有怒江、雅鲁藏布江和印度河等,这些河流流经南亚各国注入印度洋。北冰洋流域面积只占全国总面积的 0.5%,新疆维吾尔自治区境内的额尔齐斯河流经俄罗斯注入北冰洋。

河网结构

中国自然地理结构复杂,河网结构具有多种不同形式。山地面积很广,树枝状河网非常发育,如长江、西江等大河的中上游以及一些山地河流。长白山地、东南沿海丘陵以及横断山区的河流,受断层线控制,往往形成格子状河网,如鸭绿江、瓯江及川西、滇北的河流。长江、珠江等大河的三角洲,河道纵横,为

河网密度

中国河网密度的地区变化很大,总趋势是从东南向西北逐渐减小,与径流量的地域分布大致相对应。外流区的河网密度较大,大都在 0.5 千米/平方千米以上,山区在 0.7 千米/平方千米以上。长江三角洲和珠江三角洲的河网密度高达 1～2 千米/平方千米以上,杭嘉湖平原甚至高达 12.7 千米/平方千米,是中国河网密度最大的区域,显然这与人类活动有着密切关系。云贵高原和四川盆地雨量稍少,云贵高原又有大面积岩溶地貌分布,故河网密度都较小,除成都平原外,大都在 0.5 千米/平方千米以下。在秦岭—淮河以北,渤海滨海低地和东北三江低地的河网密度为 0.3～0.5 千米/平方千米,其余大部分地区在 0.3 千米/平方千米以下。内流区的河网密度,山区往往高达 0.1～0.5 千米/平方千米,但至山麓地带河网密度立即减小。内蒙古高原、塔里木盆地等是中国河网密度最小的区域,均在 0.05 千米/平方千米以下。西藏内流区的河网密度为 0.1～0.3 千米/平方千米,东部稍高于西部。

河川径流的主要特征

中国地表径流的形成、分布和变化，主要受气候和地形的影响，人类改造自然的活动影响也不可忽视。各地河川径流均具有一定的区域特性，彼此不尽相同。概括地说，中国河川径流的主要特征是：径流资源地区分布很不均匀；径流的季节分配和年际变化深受东亚季风气候影响，变率较大；地表水流侵蚀强烈，多数河川固体径流较多。

河川径流量

中国河川平均径流总量达 27115 亿立方米，仅次于巴西、俄罗斯、加拿大、美国和印度尼西亚，居世界第六位。中国河川径流资源的地区分布很不均匀。外流区面积约占全国总面积的 64%，其径流量占全国总量的 95.65%；而内流区面积约占全国总面积的 36%，径流量仅占全国总量的 4.35%。外流区内，长江流域径流资源最丰富，约占全国总量的 37%。其次是广东、广西沿海各河流域，约占全国总量的 17.2%。藏南、西南地区和浙闽沿海各河流域的径流量各占全国总量的 8% 左右。其余各地区径流量很少，其中黄河流域面积约占全国的 7.8%，但径流量仅占全国总量的 2.6%。

水量平衡

中国地域辽阔，各地无的自然条件复杂，因此水量平衡在地区上的变化很大。在北纬 30° 左右的长江中下游一带，年径流量与年蒸发量各占一半，即一半左右的降水形成了径流。长江以南，径流量超过蒸发量，山区尤为显著，长江以北，蒸发量超过径流量，愈往内陆蒸发所占比例愈大；长城以北和贺兰山以西，降水几乎全部蒸发，地表径流极为贫乏，尤其是塔里木等极端干旱的内陆盆地，地表径流几乎为零。

径流深度

在中国年平均径流深度图上，50 毫米和 200 毫米等深线是中国水文地理上两条重要的分界线。50 毫米径流等深线，与 400 毫米降水等值线相近，即自东北的海拉尔起，经齐齐哈尔、哈尔滨、赤峰、张家口、延安、兰州、黄河沿线，止于西藏南部，从东北向西南斜贯全国。这条线把中国分为东西两部分，东部湿润，径流丰富，基本上为农业区；西部干旱，径流很少，主要为农牧区。200 毫米径流等深线，大致相当于 800 毫米降水等值线，即淮河—秦岭一线。此线以南以种植水稻为主，以北以旱作为主。

[东南沿海丘陵和台湾山地]本区是中国地表径流最丰富的地区，径流深大都在 1000 毫米以上。浙闽沿海丘陵山地的迎风坡一般都在 1200～1400 毫米，台湾山地迎风坡大都在 2000 毫米以上，其中大屯山区超过 4000 毫米，为全国之冠。但浙闽沿海平原和山间盆地及台湾西部平原地区，地形不利于降水形成，径流深一般仅 700～800 毫米。

[南岭以南和海南岛地区]本区地

闽浙沿海
丘陵山地

表径流也非常丰富，山地径流量均在1400～1600毫米，其中广西十万大山中心区可高达2000毫米。但沿海平原和谷地，如珠江三角洲、雷州半岛、海南岛西北部等地，径流深一般都不足800毫米。

[江南丘陵]本区地形崎岖，成雨机会多，而且红、黄壤透水性差，故地表径流也相当丰富。山地是高径流区，如武陵山、雪峰山、九岭山、幕阜山、井冈山等多雨中心的径流深均在1000～1200毫米。其间的平原和盆地是低径流区，如鄱阳湖盆地和赣江中下游平原径流深不足700毫米，洞庭湖盆地和湘江中下游平原仅400～500毫米。

[四川盆地]本区地形复杂，径流深的地区差别很大。盆地中的东部平行岭谷区径流深超过600毫米，盆地中心部分只有300毫米，其余大都在500毫米以下。盆地周围的山地径流深均达1000～1200毫米，峨眉山和雅安附近高达1600毫米以上。

[云贵高原]本区西部和南部边缘山地是高径流区，径流深达1000～1800毫米，但背风谷地仅300～400毫米。贵州高原除西部盘县一带山地径流深可超过1000毫米外，其他地区为400～600毫米。云南中部及东部岩溶区是明显的低径流区，径流深不足200毫米，是长江以南径流深最小的区域。

[华北地区]本区径流深呈现明显的经向分布规律。沿海的山东丘陵径流深在200～300毫米。华北平原降水少，蒸发旺盛，土壤透水性好。自黄淮平原向海河平原，径流深从200毫米降至50毫米以下，最低地区尚不足25毫米。燕山山地成雨条件较为有利，植被稀疏，径流深大都在100毫米以上，迎风地带可高达300～400毫米。黄土高原距海较远，降水少，蒸发强，黄土质地疏松，渗透性强，故径流深多数在50毫米以下。

[东北地区]本区径流分布规律与华北大致相似。东部的长白山地径流深一般在300～500毫米，鸭绿江中下游的

山地达700毫米以上。小兴安岭降水较少，径流深降至200毫米左右。大兴安岭径流深地区差别很大，北部降水稍少，蒸发较弱，且存在岛状冻土，阻止径流下渗，径流深约在150～200毫米；南部已属半干旱地区，降水少，蒸发强，径流深只有50毫米左右。东北区的平原低地是低径流区，如三江平原沼泽区，地表径流大多消失在水泡子中，使蒸发量增大，径流深一般在150毫米以下。嫩江下游沼泽区则不足25毫米。

[内蒙古高原]本区距海甚远，气候干燥，大面积草地阻截地面水流，增加集水面积上的蒸发，加上各类植物叶面的蒸腾，径流的补给条件变差，因此径流深均在25毫米以下，并有大面积无流区，尤其是贺兰山以西的阿拉善地区全无表流产生。

[新疆]本区位于欧亚大陆中心，气候干燥，径流贫乏。戈壁荒漠雨量极少，而且几乎全部蒸发，径流深大都在10毫米以下，哈密盆地只有8.5毫米。塔里木盆地和准噶尔盆地中的沙漠地区终年无径流。伊犁河流因受西来水汽的影响，径流深为343毫米。山地有利于降水的形成，并有冰雪融水补给，径流比较丰富。阿尔泰山区径流深高达750毫米，天山一般在200～300毫米，昆仑山区比较干旱，径流深在50～100毫米。

[西藏]本区径流深自东南向西北递减，藏东南雅鲁藏布江自大拐弯处直至国境一带，西南季风带来大量降水，汇流坡度又大，径流深可达1000～2000毫米。戴林、巴昔卡一带多年平均降水量高达5000毫米左右，径流深约3500毫米，是中国径流深度最大的地区。雅鲁藏布江中上游谷地，处于喜马拉雅山北

侧雨影区，降水向上游逐渐减少，径流深在100～300毫米。自黄河、长江的源头到青海省南部，径流深自北而南增加，为50～300毫米，藏北高原海拔在4500米以上，四周受高山阻挡，降水稀少，气候干寒，河床浅平，局部低洼处潴水成湖，径流形成条件较差，径流深在25毫米以下。

河流补给来源

[雨水补给]雨水补给是中国广大地区，尤其是东南半壁河流补给的一种主要形式。在浙闽丘陵山地、四川盆地和黄淮海平原等地，雨水补给可占年径流量的80%～90%。云贵高原占60%～70%。东北区和黄土高原一般占50%～60%。西北内陆地区，因气候干燥、降水稀少，一般只占50%～30%。中国大部分地区为东亚季风区，降水量的年内分配很不均匀，集中在夏、秋两季，因而洪水区大都发生在5～10月，枯水期出现于1～2月，丰、枯水量相差悬殊。如长江夏、秋季的径流量约占年径流量的70%～80%，冬、春两季只占20%～30%。在河流以雨水补给为主的地区，夏季的大暴雨往往造成峰高、量大的全流域特大洪水。

[冰雪融水补给]冰雪融水补给主要作用在中国东北、西北和藏北高原的河流。东北河流的冰雪融水补给主要是季节性积雪融水补给，补给量占年径流量的10%～15%，主要发生在春季，并形成春汛。藏北高原和西北区河流的冰雪融水补给，主要是指高山地区的永久积雪或冰川融水补给。藏北高原有些河

流的冰雪融水补给量可占年径流量的60%以上,西北地区的占40%～50%。以冰雪融水补给为主的河流,汛期出现在气温最高的7、8月份,6、9月次之;枯水期出现在气温最低的冬季。径流的年内变化远较雨水补给的河流小。

[地下水补给]地下水补给是中国河流补给的一种普遍形式,几乎所有河流都有一定数量的地下水补给。长江以南,除四川盆地和浙闽沿海丘陵地区地下水补给量占不到年径流量的10%～20%外,其余大部分占20%～30%。西南岩溶地区地下水补给丰富,可达30%～40%。黄淮海平原不及20%,山东丘陵占20%～30%。黄土高原沟壑区河床切割深,地下水补给可占40%～50%,无定河中上游高达60%。内蒙古一般在20%以下。藏北高原宽谷盆地内一般占50%～60%。西北地区山麓洪积、冲积扇地带,地下水补给普遍高达50%～60%。以地下水补给为主的河流,水量的年内分配比较均匀。

长江

中国第一大河,世界第三大河。年平均入海水量达9755亿立方米,居世界第三位。发源于青藏高原唐古拉山脉主峰各拉丹冬雪山的西南侧。干流流经青海省、西藏自治区、四川省、云南省、重庆市、湖北省、湖南省、江西省、安徽省、江苏省、上海市11个省(市、自治区),在上海市注入东海。全长约6300千米。流域介于北纬24°30′～35°45′、东经90°33′～122°25′之间。流域面积180.85万平方千米(不包括淮河流域)。流域内

远眺长江

高原、山地占65.6%,丘陵占24%,平原、低地占10.4%。中国大部分的淡水湖分布在长江中下游地区,面积较大的有鄱阳湖、洞庭湖、太湖和巢湖。长江流域人口约有4亿多;耕地面积占全国耕地面积的1/4;粮食产量约占全国1/3以上;工业总产值约占全国2/5。长江干流沿岸特大城市有上海、重庆、武汉、南京等。

沱沱河

长江正源,位于青海省西南部。东支源于唐古拉山各拉丹冬雪山群西南侧的姜根迪如雪山下的冰川;西支源于孜恰迪如岗雪山的西侧,冰川融水就成为长江最初的水源。东西两支汇合后称纳欣曲,下行24千米左右与右岸的切苏美曲汇合后始称沱沱河。沱沱河由南向北流,切穿祖尔肯乌拉山至葫芦湖南侧,接

纳波陇曲后，一直向东流至当曲汇合口，全长358千米。河流流经青藏高原浅丘区，两岸地势平坦，河道弯曲，河谷宽浅，水流缓慢。主要支流有扎木曲、斜日贡尼曲、岗钦陇巴曲等。

金沙江

长江上游宜宾岷江口以上至玉树巴塘河口河段，属典型峡谷河流。古称绳水、淹水、泸水。因产砂金得名。金沙江干流长2308千米，穿行于四川省、西藏自治区、云南省之间。支流众多，主要有无量河、雅砻江、普渡河、牛栏江、横江等，最大支流雅砻江。金沙江峡谷连绵，滩多湾急。云南境内的虎跳峡，岭谷高差达3000多米，水流落差约200米，为世界深峡之一。金沙江是中国水力资源最丰富的河流之一。溪罗渡、二滩和向家坝等均属特大型水电站。

黄河

中国第二大河。因河水黄浊而得名。发源于巴颜喀拉山北麓约古宗列盆地，流经青海、四川、甘肃、宁夏、内蒙古、陕西、山西、河南、山东9省区，在山东省垦利县注入渤海。全长5464千米，流域面积75.24万平方千米。黄河流域位于北纬32°～42°，东经96°～119°。西起巴颜喀拉山，东临渤海，北界阴山，南至秦岭。西高东低，西部青海高原海拔3000～4000米，位于青海省西南部的阿尼玛卿山（积石山）主峰玛卿岗日，海拔6282米，是黄河流域的最高点。中部黄土高原、鄂尔多斯高原、河套平原，以及崤山、熊耳山、中条山、太行山脉等山地，海拔1000～2000米。东部为华北平原和鲁中丘陵，华北平原海拔大多在100米以下，鲁中丘陵海拔400～1000米。黄河流域共有耕地约1800万公顷，人口1.3亿多。上游草原辽阔，是中国羊毛、皮革和其他畜产品的主要产地。中、下游有广大的黄土高原和冲积平原，是中国农业发源地之一。陕、豫、鲁等省的小麦、棉花在全国占重要地位。黄河鲤鱼闻名。河口滨海浅海区出产毛虾、对虾等20多种水产品。黄河流域蕴藏有煤、石油、铁、铜、铝、铅、金、银、钨、铬、镁等矿藏，已逐渐形成上游水电基地、中游煤炭基地、下游石油基地的能源工业布局，是中国举足轻重的三大常规能源基地。流域亦为中国重要工业区，重要城市有西宁、兰州、银川、包头、西安、太原、洛阳、郑州、济南等。

黄河的洪水灾害闻名于世，危害最严重的地区是在下游。一年中黄河洪水来临分为凌汛、桃花汛、伏汛、秋汛4个时期。20世纪50年代以前，黄河常发生决口泛滥以致河水改道的严重灾害。有历史记载的2000多年中，黄河下游发生决口泛滥1500多次，重要的改道26次，灾害波及海河、淮河和长江下游约25万平方千米的地区。对黄河的治理，远在春秋战国时代就开始在两岸修筑堤防。两汉时代，抢险、堵口和保护堤岸的"工程"已经出现。宋代已有简单的报汛方法和防汛制度。新中国成立后，黄河治理得到全面发展。现今黄河干流上已建成龙羊峡、李家峡、刘家峡、盐锅峡、八盘峡、青铜峡、三盛公、天桥、万家寨、三门峡、小浪底等大型水利水电工程。

在黄土高原地区开展水土保持综合治理,在一定程度上遏制了水土流失和荒漠化的发展。20 世纪 90 年代后期对黄河大堤进行第 4 次修堤,加固堤防。半个多世纪以来,不仅安全度过多次大的洪峰,而且昔日的"害河"已变成了"利河"。

淮河

中国东部主要河流之一。淮河流域由淮河水系和泗、沂、沭河水系组成。西起桐柏山和伏牛山,南以大别山和江淮丘陵与长江流域分界,北以黄河南堤和沂蒙山与黄河流域分界。介于北纬 31°～36°、东经 112°～121°之间。流域东西长约 700 千米,平均宽约 400 千米,面积 27 万平方千米,其中淮河水系 19 万平方千米,泗、沂、沭河水系 8 万平方千米。流域西部、南部和东北部为山地丘陵区,面积约占 1/3,其余为广阔平原。淮河干流源于河南省桐柏山北麓,流经河南、安徽两省至江苏省扬州三江营入长江,全长 1000 千米,中游正阳关是上中游山区洪水汇集处,古有"七十二水归正阳"之说。淮河下游洪泽湖出路除入江水道外,还有苏北灌溉总渠和淮沭河。苏北灌溉总渠直接入海,淮沭河分流入新沂河及废黄河故道。淮河是中国重要的自然地理界线,以南温暖湿润,以北寒冷干燥。淮河流域地处平原,跨豫、皖、苏、鲁 4 省,另有湖北零星土地。流域农作物淮北以旱粮为主,淮南以水稻为主。经济作物以棉花、花生、油菜、烟叶等为大宗。

黑龙江

黑龙江与长江、黄河并称为中国三大水系,它是世界十大河流之一。由于水中溶解了大量的腐殖质,水色黝黑,犹如蛟龙奔腾,故得名。黑龙江有南北两源,南源额尔古纳河发源于中国大兴安岭西侧的古勒老奇山,北源石勒喀河发源于蒙古人民共和国北部的肯特山东麓。两源在漠河镇西部的恩和哈达汇合以后始称黑龙江,蜿蜒东流,最后在前苏联境内尼古拉耶夫斯克附近注入鄂霍次克海鞑靼海峡。从海拉尔河河源起算,黑龙江全长 4370 千米,流域面积 162 万平方千米。黑龙江自发源地至黑河市为上游,从黑河市至乌苏里江口为中游,乌苏里江口至入海口为下游。上中游部分河段为中俄界河,下游主要在俄罗斯境内。中国境内的黑龙江全长 3420 千米,流域面积 90 万平方千米,总径流量 2709 亿立方米,为黄河水量的 5.58 倍。黑龙江有 200 多条支流,其中以松花江最长。

嫩江

嫩江是松花江最大支流。蒙古语为碧绿的江。发源于大兴安岭伊勒呼里山,自北而南流经黑龙江、内蒙古、吉林,在三岔河汇大松花江。全长 1490 千米,流域面积 28.3 万平方千米。水系发达,由 30 多条支流组成典型的羽状水系。嫩江在门鲁河口以上具山溪性河流特征,沿江两岸为高平原。自布西以下进入平原区，两岸地势开阔平坦，沼泽广布。嫩江流域属于半湿润地区，干支流中上游是中国重要林区，中下游是农牧业基地，沿江及其支流建有一系列水利工程。

牡丹江

牡丹江是松花江重要支流。满语称牡丹乌拉，意为弯曲的江。唐称忽汗河。发源于吉林省敦化市牡丹岭，向北流入黑龙江省，经宁安、牡丹江市、海林、林口，在依兰县城附近汇入松花江，全长726千米，流域面积3.1万平方千米。上游奔行在张广才岭和老爷岭之间，河谷狭窄。在宁安县南部被火山熔岩流堵塞，形成镜泊湖。吊水楼瀑布以下至桦林为中游，河谷较宽，河谷盆地呈串珠状排列其间。桦林以下为下游，河谷较狭窄，在依兰县长江屯以下进入平原区。牡丹江流域属湿润气候区，是黑龙江省重要林区，是省内水电发展的重点地区，山区林副产和矿产资源丰富。

乌苏里江

乌苏里江是黑龙江的支流。上游由乌拉河与道比河汇合而成，向东北流至伯力一带急转折向西南，注入黑龙江。全长890千米，流域面积约18.7万平方千米。自其支流松阿察河流入之处起，至与黑龙江汇合之处止，是中国与俄罗斯的界河。乌苏里江流域土地肥沃，原始森林密布，蕴藏大量矿产，盛产大豆、高粱。水产亦极为丰富，鳌花鱼、鳇鱼、胖头鱼、鲟鱼、东珠（珍珠）等闻名全国，还有特产大马哈鱼，最大的长达4～5米，重达700～800千克。大马哈鱼在鱼汛中数量极多。乌苏里江每年有4个多月结冰期，完全不能通航，河面变成了雪橇飞驰的平滑大道，但仍可凿冰捕鱼。

乌苏里江风光

澜沧江

澜沧江发源于青藏高原唐古拉山，全长 2354 千米，流域面积 16.5 万平方千米。澜沧江以窄、急、险著称。河床落差较大，奔流不息的江水波涛汹涌。礁石密布，形成一道道险滩。由于群山错落，急流滔滔，无舟楫之便，古往今来过江的唯一工具是竹篾溜索，就连马帮、驮子，也要从溜索溜过。澜沧江下游有坝子和湖泊分布，利于农业发展，尤其是西双版纳地区，不仅水稻一年三熟，而且是中国动、植物资源最丰富地区，也是中国动、植物物种资源极为宝贵的遗传基因库。流域矿藏丰富，有色金属有维西的大型锑矿、兰坪和澜沧的大型铅锑矿、永平的铜矿及西双版纳的铁矿等。

怒江

怒江又名潞江。全长 2103 千米，流域面积 13.5 万平方千米。发源于唐古拉山。上游叫黑水河，藏语称"拉曲卡"。怒江干流的水能资源蕴藏量仅次于澜沧江和金沙江，在西南地区居第三位。由于雪山夹江对峙，怒江的 50 余条支流的河道不仅坡陡流急、落差大，一般还都有融雪补充水流，常年形成溪溪有瀑的自然景观。怒江水底多礁石，水急滩高，滩多且险，大有"一滩接一滩，一滩高一丈"之势。最有名的为万马滩、尖山滩、阎王滩、猛姑滩等。怒江大峡谷长约 482 千米，比美国科罗拉多大峡谷的 349 千米实际上长了 133 千米。怒江

流域矿产资源有铜、铁、铅、锡及煤、汞、水晶、硫黄、石墨、云母等。

乌江

乌江是长江上游右岸支流。又称黔江。发源于贵州省威宁县香炉山花鱼洞，流经黔北及川东南，在重庆市涪陵注入长江。全长 1037 千米，流域面积 8.8 万平方千米。六冲河汇口以上为上游，汇口至思南为中游，思南以下为下游。乌江水系呈羽状分布，流域地势西南高，东北低，地形以高原、山原、中山及低山丘陵为主。由于地势高差大，切割强，自然景观垂直变化明显。以流急、滩多、谷狭而闻名于世，号称"天险"。乌江水能蕴藏丰富，全流域水能蕴藏量 1042.59 万千瓦。乌江流域为贵州主要工农业分布区，盛产粮、油、烤烟、茶、生漆、油桐、乌柏等；煤、铁等矿产丰富。

雅鲁藏布江

雅鲁藏布江是世界海拔最高的大河，西藏自治区最大河流。发源于西藏西南部，喜马拉雅山脉北麓的杰马央宗冰川，自西向东横贯青藏高原南部，最后于巴昔卡附近流入印度后，改称布拉马普特拉河，又流经孟加拉国与恒河相汇，最后由孟加拉湾注入印度洋。雅鲁藏布江在中国境内全长 2091 千米，流域面积 23.8 万平方千米，是中国第五大河。年径流量约 1395 亿立方米，居中国第三位。雅鲁藏布江源头海拔约 5590 米，流出国境处海拔仅 150 余米，总落差达

5400余米,全河平均坡降为2.6%,是中国坡降最陡的大河。雅鲁藏布江水能资源极为丰富,全流域水能蕴藏量超过1.1亿千瓦,约占全国的1/6。以单位河长或单位流域面积的水能蕴藏量计算,则为中国各大河流之首。雅鲁藏布江下游的马蹄形大拐弯峡谷,1994年被确认为是真正的世界第一大峡谷。雅鲁藏布江流域为西藏政治、经济、文化的中心地带。流域内矿产资源主要有铬、铁、铜、铅、硼等。

雅砻江

雅砻江是长江上游最大支流,又名若水、打冲江、小金沙江,藏语称尼雅曲,意为"多鱼之水"。它发源于青海省巴颜喀拉山西南麓,上游叫扎曲,流到甲衣寺后称雅砻江。河流平行于金沙江南下,至理圹河口后,急转变为向北东流,到九龙河口下游处又急转变为向南流,形成著名的雅砻江大河湾,到攀枝花市的俚保注入金沙江。全长1571千米,流域面积12.8万平方千米。雅砻江的特点是落差大、水流急、多峡谷礁滩。流域呈南北向的窄条,径流由降水、地下水和融雪水三部分组成。雅砻江两岸高山耸立,深谷下切,是中国水力资源最集中的河流之一,全流域理论蕴藏量为3344万千瓦。位于米易—盐边县境内的二滩水电站总装机容量、发电量均超过了葛洲坝水电站。雅砻江流域是四川省主要林区,木材蓄积量居四川第一位,木材漂运量居第三位。

嘉陵江

嘉陵江是长江水系中流域面积最大的支流。古称阆水、渝水。因流经陕西省凤县东北嘉陵谷而得名。上源为白龙江和西汉水,直至陕西省略阳县两河口以下始称嘉陵江。全长为1119千米,流域面积16万平方千米。昭化以上为上游,行经高山地区,多暴雨,有"一雨成灾"之说;昭化至合川为中游,有航运之利;合川以下为下游段。嘉陵江切穿华蓥山南延3支脉后,形成风光奇丽的沥鼻、温塘、观音三峡,于重庆汇入长江。上游白龙江建有碧口大型水电站。年货运量占四川内河航运年货运量的1/4,是四川的重要航道。江中鱼类多达163种,居四川省各河之首。

岷江

岷江是长江的重要支流之一。古称汶江和都江,以"岷山导江"而得名。发源于四川西北的弓杠岭和郎架岭,流经四川盆地西部,全长735千米,流域面积13.3万平方千米。全河落差3560米,水力资源1300多万千瓦。岷江是长江上游水量最大的一条支流。都江堰以上为上游,以漂木、水力发电为主;都江堰市至乐山段为中游,流经成都平原地区,与沱江水系及众多人工河网一起组成都江堰灌区;乐山以下为下游,以航运为主,最后在宜宾入长江。岷江有大小支流90余条,大渡河是其最大的一条支流。岷江在青神、乐山间切穿龙泉山余脉,形成著名的犁头、背峨、平羌三峡。岷江上游居住着古老的羌族。江边的石崖上,历代船夫用篙杆留下的杵窝,见证着当年航运的艰辛。从彭山到宜宾以南的岷江两岸有着数以万计的崖墓,体现了"居于石室,葬于石穴"的巴蜀古俗。

大渡河

　　大渡河是岷江最大的支流。古称沫水、峨水。位于四川省西部。发源于青海省境内的果洛山东南麓,自北向南纵贯于四川省境内的阿坝、甘孜、凉山、雅安,最后在乐山与岷江汇合。全长1155千米,流域面积9.2万平方千米。大渡河源头跟河口落差大,水流湍急,水力资源丰富,已被列为中国水电能源十大基地之一,建有龚嘴大型水电站。大渡河流域是四川重要林区和石棉、云母的最大产地,森林蓄积量丰富。大渡河也是四川木材水运的主要河道。大渡河上的泸定桥建于清康熙四十四年(1705),现为全国重点文物保护单位。

汉江

　　汉江是长江的最长支流,又称汉水或襄河。源出陕西省西南部米仓山西麓,东南流经陕西省南部,湖北省西北部和中部,在武汉市入长江。全长1577千米,流域面积17.4万平方千米。流域内山地占55%,平原占24%,丘陵占21%。地势西北高,东南低。江水由西而东,至襄樊折向东南。干流丹江口以上为上游,丹江口至钟祥为中游,钟祥以下为下游。汉江是中国中部重要航道,自陕西省洋县至武汉市通航里程1300余千米。江汉平原是中国重要的商品粮、棉、油基地。汉中盆地和南阳盆地为著名农业区。全流域水电站总装机容量220万千瓦,大中型水库150余座及众多小型水库。

大渡河上的泸定桥

和西安市半坡村母系氏族公社遗址及长安县沣镐遗址等。

湘江

湘江是长江中游南岸重要支流。又称湘水。源出广西临桂县海洋坪的龙门界,于全州附近向北流入湖南省,在湘阴濠河口分为东西2支,至芦林潭又汇合注入洞庭湖。干流全长856千米,流域面积9.46万平方千米。湘江支流众多,部分支流水土流失较重。零陵以上为上游,流经山区。零陵至衡阳为中游,沿岸丘陵起伏,红层盆地错落其间。衡阳以下进入下游,沿河泥沙淤积,多边滩、心滩、沙洲。长沙以下为河口段,多汊道和河成湖泊。河口冲积平原与资、沅、澧水的河口平原连成宽广的滨湖平原。湘江流域资源丰富,矿产以煤、铁、锰、铅、锌、铜、锑等为主。流域内建有欧阳海、千金庙、双牌等大型水库和东江水电站。此外,还有大中型水利工程145处。

渭河

渭河是黄河最大支流。发源于甘肃省渭源县鸟鼠山南的壑壑山。全长818千米,流域面积6.25万平方千米。渭河河源至宝鸡峡河道长430千米,在甘肃境内河谷川峡相间,有九峡九川,最大的川地为陇西川,长71千米;最长的峡谷是宝鸡峡,长130千米。宝鸡峡以下河道长388千米,贯穿"八百里秦川",至潼关附近入黄河。历史上渭河曾为重要航道,现因河道淤浅,陆运发达,已无航运可言。渭河流域是中国古文化发祥地之一。有蓝田猿人遗址、秦安县大地湾

沅江

沅江又称沅水。源出贵州省云雾山鸡冠岭,流经黔东、湘西,至黔城以下始称沅江,入洞庭湖。全长1022千米,流域面积8.91万平方千米。大部分为崎岖山地。从河源到黔阳的清水江为上游,流经海拔千米以上的贵州高原,群山紧迫,峡谷曲窄。从黔阳到沅陵比降和缓,为中游丘陵地区,灰岩峡谷与小盆地相间。沅陵至德山为下游,多丘陵河谷平原,桃源以下可通驳轮。干流上建有主要水利工程40处,五强溪水电站装机容量120万千瓦。流域内盛产油桐、茶油、药材等。上游山岭重叠,森林茂密。主要矿产有煤、磷、铁、锌、铜、锰等。

闽江

闽江是福建省最大的河流。发源于武夷山脉杉岭南麓,全长541千米,流域面积6.1万平方千米。上游有沙溪、富屯溪和建溪三大支流。由水口镇入福州市境,经闽清县、闽侯县,在淮安分为南北港,北港称闽东,南港称乌龙江,两江环绕南台岛后汇合于马尾港,向东北方向流经闽安峡谷,在亭江又分南北2支,分别从长门水道和梅花水道注入台湾海峡。闽江是一条既秀丽又雄浑的河流,两岸青山如黛,风景宜人。沿江有金山寺、江心公园、罗星塔、金刚腿、青芝百洞山等名胜古迹。闽江水力资源丰富,水

口水电站是目前华东地区最大的水电站。闽江流域自然资源丰富，森林和毛竹蓄积量丰富。主要矿产有煤、铁、石灰石、硫铁矿、重晶石、钨、铌、钽等。

辽河

辽河是中国北方重要大河之一，被称为辽宁人民的"母亲河"。干流上游老哈河源自河北省七老图山脉的光头山，流经河北、内蒙古、吉林、辽宁四省区，注入渤海。全长1394千米，流域面积为20.16万平方千米。属树状水系。东西宽南北窄。辽河流域东部和西部山地分布红松、油松、落叶松和以栎属为主的杂木林。辽河上游沙地草原以牧为主；下游平原是盛产大豆、小麦、高粱、玉米、水稻等。沿海有苇塘。辽河三角洲上占地5600公顷的黑嘴鸥繁殖地是世界上唯一的黑嘴鸥繁殖地。

塔里木河

塔里木河是中国最长的内流河。位于新疆维吾尔自治区塔里木盆地北部。上源接纳昆仑山、帕米尔高原、天山的冰雪融水，流量较大支流很多。"塔里木"在维吾尔语就是河流汇集的意思。主源叶尔羌河发源于喀喇昆仑山主峰乔戈里峰附近的冰川地区，自西向东沿着塔克拉玛干沙漠北部边缘蜿蜒穿行，全长2100千米，流域面积为19.8万平方千米。据史料记载，汉魏时期，塔里木河注入罗布泊，促成了汉代楼兰古国的繁荣。后塔里木河改道向南注入台特马湖，楼兰古国也随之消失。塔里木河是塔克拉玛干沙漠中的生命之河，它那众多的支流和干流两侧密布的湖沼，孕育了大漠中的片片绿洲，在沙漠中构成了一条绿色的走廊。塔里木河哺育了新疆1/2左右的人口，滋润灌溉着100多万公顷的耕地，使这里成了新疆主要的棉、粮、瓜果生产基地，为南疆带来了一派生机勃勃的景象。近年来由于上中游灌溉用水增多，加之渗漏和蒸发，使下游水量锐减，在不到20年的时间内，下游河道已缩短100多千米。

伊犁河

伊犁河位于新疆伊犁地区，源于天山山脉，向西流出国界，最后注入哈萨克斯坦共和国的卡普恰盖水库。在中国境内全长441千米，流域面积约5.7万平方千米。年径流量达123亿立方米，是我国西北地区水量最丰富的河流。伊犁河谷地风光旖旎，物产丰富。流域内矿产资源丰富，已发现有远景的矿产20多种。著名的"天马"伊犁马和新疆细毛羊就产自伊犁河上游的巩乃斯草原。喀什河、巩乃斯河、特克斯河是伊犁河的三大支流，亦是新疆西部的三大旅游带。这里的唐布拉克风景区、巩乃斯草原风光区、雪岭云杉保护区及夏塔峡谷等景区最为迷人。

额尔齐斯河

额尔齐斯河号称新疆第二大河。它源出我国阿尔泰山西南坡，自东南向西北奔流出国,经俄罗斯的鄂毕河注入北冰洋,是我国唯一一条流入北冰洋的河流。全长2969千米,在我国境内546千米,流域面积5.7万平方千米。它河谷宽广,水势浩荡,水量仅次于伊犁河,居新疆第二位。河床中巨砾迭瓦,银波翻腾,河曲异常发育。河谷次生林和河漫滩草甸宛若一条绿色飘带,镶嵌在荒漠戈壁上。

京杭运河

　　京杭运河是世界开凿最早、里程最长、工程最大的运河。它北起北京,向南流经京、津2市和冀、鲁、苏、浙4省,终至杭州。全长1747千米。京杭运河的开凿始于春秋战国时期,当时吴王阖闾为了向西扩张势力范围,下令开凿自太湖直达长江的胥溪。到隋炀帝时,据说炀帝为了到扬州看瑶花,也为了南粮北运,开凿京淮段至长江以南的运河,全长2000多千米。到元朝时,定都大都(今北京)后,必须开凿运河把粮食从南方运到北方,为此先后开凿了三段河道,把原来以洛阳为中心的隋代横向运河,修筑成以大都为中心,南下直达杭州的纵向大运河。京杭大运河按地理位置分为七段:北京到通州区称通惠河,长82千米;通州区到天津称北运河,长186千米;天津到临清称南运河,长400千米;临清到台儿庄称鲁运河,长约500千米;台儿庄到淮阴称中运河,长186千米;淮阴到瓜洲称里运河,长约180千米;镇江到杭州称江南运河,长约330千米。京杭运河贯通中国五大水系——海河、黄河、淮河、长江、钱塘江和一系列湖泊,对中国南北地区之间的经济、文化发展与交流,特别是对沿线地区工农业经济的发展和城镇的兴起均起到了巨大作用。

京杭运河

赣江

　　赣江是中国江西省最大河流。长江下游重要支流之一。位于长江以南、南岭以北。西源章水出自广东省毗连江西南部的大庾岭,东源贡水出自江西省武夷山区的石城县的赣源崠,在赣州汇合称赣江。北流经万安,泰和,吉安,吉水,峡江,新干,清江、丰城到南昌市注入鄱阳湖,后泄入长江,长758公里,流域面积81600平方公里。中上游多礁石险滩,水流湍急。下游江面宽阔,多沙洲。主要支流有信江、锦江等。赣州以下可以通航。旧时沿岸各地是长江下游与两广的交通纽带。

赣水东源贡水为赣江正源,出武夷山赣源崇,由绵水和湘水汇合而成。西源章水出大庚岭。章、贡两水在赣州市汇合后曲折北流,经吉安市、樟树市、丰城市到南昌市,分四条支流注入鄱阳湖。全长 991 千米,其中干流长 751 千米,流域面积 8.35 万平方千米。水能蕴藏量 360 万千瓦。干流上可常年通行 100 ~ 300 吨的轮驳船队和客船。江上建有江西省最大的水电站——万安水电站。

鸭绿江

鸭绿江位于吉林省、辽宁省东部边境,是中国与朝鲜的界河。中国的吉林省和辽宁省均隔河与朝鲜接壤。河长约 790 公里,流域面积约 31751 平方公里。鸭绿江发源于长白山,向西南流入黄海为一重要水电资源,可用于运输(特别是运输从两岸丰富的森林中砍伐的木材),并为滨河人民提供渔业资源。

鸭绿江不仅是一条政治边界,而且也是中、朝文化的分界线。根据古代文献记载,中国人以栖息在江上一种绿色家鸭比喻蓝色的江水,因此命名为鸭绿江。在 14 世纪高丽王朝末年中、朝国界确定前,鸭绿江不是一条政治边界。1950 ~ 1953 年的朝鲜战争中发挥重要的政治作用。

鸭绿江发源于中国、朝鲜边界白头山顶上深不可测的天池,海拔高 2700 公尺,蜿蜒南流至朝鲜的惠山,然后折向西北,经 130 公里至吉林省临江,此后向西南直泄 320 公里注入朝鲜湾。

除河道东端沿岸有小片地区为玄武岩外,整个河床由前寒武纪岩石构成,流至河口湾处冲积层开始向外扩展。河流流过的大部分河谷很深,与峡谷相似;两岸山峦叠起,海拔高 600 ~ 1200 公尺;主要支流有虚川江、长津江和秃鲁江等。

临江以上的河段水流湍急,到处是瀑布和暗礁。在临江至楚山的中段,河床有大量冲积土淤积,冬季水浅,有的地方甚至连顺流而下的木筏也无法通过。下游水流缓慢,淤积的冲积土愈来愈多,形成一个有许多岛屿的巨大三角洲。近数十年来河流淤塞现象日益严重,1910 年 1000 吨的轮船可轻易地溯江而上,驶抵新义州,而现在 500 吨的轮船也很难办到。

松花江

松花江,女真语(满语)“松啊察里乌拉”,汉译“天河”。古代是东北流直至鞑靼海峡的巨大河流名称(混同江),建国后改为黑龙江支流。现为黑龙江在中国境内的最大支流。由头道江、二道江、辉发河、饮马河、嫩江、牡丹江等大小数十条河流汇合而成。发源于中、朝交界的长白山天池,流向西北在扶余县三岔河附近与嫩江汇合,后折向东流称松花江干流。在同江附近汇入黑龙江。全长 1927 公里,流域面积约 550000 平方公里,跨越辽宁、吉林、黑龙江和内蒙古四省区。支流有头道江、二道江、辉发河、饮马河、嫩江、呼兰河、牡丹江等。牡丹江上火山熔岩堰塞河道,形成镜泊湖,建有水电站。佳木斯以下为松花江、黑龙江和乌苏里江冲积成的三江平原,地势低平,湖泊沼泽广布。现已建设为中国重要的商品粮基地之一。全流域有大小水库1800多座,蓄水量为200亿立方公尺,其中松花江上游的丰满水电站库容107亿立方公尺,装机容量554000瓦。

松花江流域位于中国东北地区的北部,东西长920公里,南北宽1070公里。流域面积55.68万平方公里。松花江是黑龙江右岸最大支流。东晋至南北朝时,上游称速末水,下游称难水。隋、唐时期,上游称粟末水,下游称那河。辽代,全河上下游均称混同江、鸭子河。金代,上游称宋瓦江,下游称混同江。元代,上、下游统称为宋瓦江,自明朝宣德年间始名松花江。

海河

天津的母亲河是海河。海河是中国华北地区主要的大河之一。由北运河、永定河、大清河、子牙河、南运河五条河流,自北、西、南三面汇流至天津后,东流到大沽口入渤海,故又称沽河。其干流自金刚桥以下长73公里,河道狭窄多弯。海河流域东临渤海,南界黄河,西起太行山,北倚内蒙古高原南缘,地跨京、津、冀、晋、鲁、豫、辽、内蒙古八省区。流域面积为31.78万平方公里,占全国总面积的3.3%,其中山区约占54.1%,平原占45.9%。

中国华北地区最大水系。起自天津金刚桥,到大沽口入渤海湾,长约70公里(43哩)。海河和上游的北运河、永定河、大清河、子牙河、南运河五大河流及300多条支流组成海河水系。以卫河为

源,全长1090公里,流域总面积229000平方公里,包括北京、天津两市,河北省大部,河南、山东、山西、内蒙古等省(区)的一部分,人口7000多万,耕地1.8亿亩。

红旗渠

20世纪70年代,周恩来总理曾自豪地告诉国际友人:"新中国有两大奇迹,一个是南京长江大桥,一个是林县红旗渠。"红旗渠是20世纪60年代,林县人民在极其艰难的条件下,从太行山腰修建的引漳入林工程。被世人称之为"人工天河",在国际上被誉为"世界第八大奇迹"。

红旗渠总干渠长70.6公里,渠底宽8米,渠墙高4.3米,纵坡为1/8000,设计加大流量23秒立方米。从分水岭分为三条干渠,第一干渠向西南,经姚村镇、城郊乡到合涧镇与英雄渠汇合,长39.7公里,渠底宽6.5米,渠墙高3.5米,纵坡1/5000,设计加大流量14秒立方米,灌溉面积35.2万亩;第二干渠向东南,经姚村镇、河顺镇到横水镇马店村,全长47.6公里,渠底宽3.5米,渠墙高2.5米,纵坡1/2000,设计加大流量7.7秒立方米。灌溉面积11.6万亩;第三干渠向东到东岗乡东芦寨村,全长10.9公里,渠底宽2.5米,渠墙高2.2米,纵坡1/3000,设计加大流量3.3秒立方米,灌溉面积4.6万亩。

红旗渠灌区共有干渠、分干渠10条,总长304.1公里;支渠51条,总长524.1公里;斗渠290条,总长697.3公里;农渠4281条,总长2488公里;沿渠

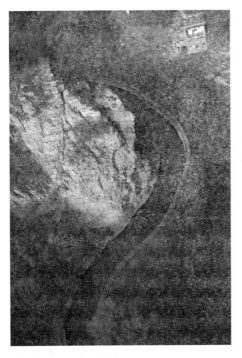

红旗渠风光

兴建小型一、二类水库 48 座,塘堰 346 座,共有兴利库容 2381 万立方米,各种建筑物 12408 座,其中凿通隧洞 211 个,总长 53.7 公里,架渡槽 151 个,总长 12.5 公里,还建了水电站和提水站。已成为"引、蓄、提、灌、排、电、景"成龙配套的大型体系。

红旗渠的建成,彻底改善了林县人民靠天等雨的恶劣生存环境,解决了 56.7 万人和 37 万头家畜吃水问题,54 万亩耕地得到灌溉,粮食亩产由红旗渠未修建初期的 100 公斤增加到 1991 年的 476.3 公斤。被林州人民称为"生命渠""幸福渠"。

都江堰

都江堰,亦称都安堰,距成都 59 千米,公元前 250 年左右秦国蜀郡太守李冰父子率众修建。2000 多年来,一直发挥着巨大效用,被誉为"独奇千古"的"镇川之宝"。今灌区内已建成干渠、分干渠 38 条,总长 2163 千米;支渠 566 条,总长 5777 千米;大型水库 3 座,中小型水库 347 座,灌溉着 600 多万平方米区域的良田。都江堰是一项伟大的水利工程,被称为古代水利的灿烂明珠。古往今来,都江堰以它宏伟的工程,和它周围壮丽的山川、优美的林园、动人的传说,以及伏龙观、二王庙和索桥等建筑艺术,招来了无数的中外游客。

都江堰由三大主体工程组成,一是分水鱼嘴堤将水流湍急的岷江分成内外二江;二是离堆宝瓶口,控制进入成都平原的水量;三是飞沙堰将洪水中夹带的泥沙通过飞沙堰排入河床宽阔的外江。由于岷江源自莽莽岷山雪域的弓杠岭,一路沿高山峡谷奔泻而下,在进入成都平原的出峡口,江面豁然开朗。每当遇到特大洪水就泛滥成灾,冲毁良田房舍,每至于此,蜀人几为龟鳖。

都江堰修建于战国时代秦昭襄王 51 年(公元前 256 年)。当时任秦国蜀郡郡守的李冰,非常关心人民疾苦,重视发展农业。然而,他发现玉垒山阻隔岷江东流,使川西平原东部无法灌溉,严重影响农业发展。李冰走遍岷江两岸,观山势、察水情,日夜辛劳,制订治水方案,组织人民凿离堆,在岷江激流中修建分水堤,在平原上开辟河渠,引水灌田,变害为利,使川西平原成为"天府之国"。

都江堰灌溉区水系和渠系是在建堰 2250 多年来逐步发展和完善起来的。李冰修建的输水引灌渠道,只穿越了郫

都江堰

江(今柏条河)、检江(今走马河)和两江的个别支渠入成都平原,大约西汉末年,在今新津县、彭山县一带,又有人利用都江堰水源扩大灌区。修筑"大堰",并开挖了6条支渠。东汉时期,在今双流县,还开凿了一条长2万米的望川源,引郫江水灌溉农田,又将都江堰漕区扩展到成都平原的西南部。整个汉朝时期,对都江堰的治理和渠系配套工程都做了大量的工作。

到唐武则天时期(684～704年),都江堰灌区已向成都平原东北方向发展。整个唐朝不仅修筑了都江堰以东的百丈堰,新津县城西南的通济堰,成都西北郊区的縻枣堰,还开挖了直通成都城内的航道金水河,到唐朝末年,都江堰已运行1000多年,成都平原已是河渠纵横,水网交错。元朝时期,元人非常重视都江堰的整治。在治理技术上也更加科学合理。并逐步完善了今岷江右岸沙黑河总干渠以下的配套水利工程:及内江总干渠以下和走马河系的水网交错。到了明朝,从明太祖朱元璋开始就相当重视农业和水利建设,都江堰灌区的水利事业有了较快的发展。在明朝百余年间,成都平原的堰数增加了137座。

明末清初的战乱造成川西平原人口锐减,农业生产遭到破坏,水利失修,灾情严重。经过康熙、雍正两朝的恢复,到乾隆初年,都江堰灌区又呈现出沟洫夹道、流水潺潺、菜甲豆肥、稻麦如云的美丽繁荣景象。到道光年间(1821～1850年)都江堰灌区已发展到14个州县。

民国时期,由于军阀混战,政治腐败,都江堰连年失修,尽管有些工程技术人员做了一些有益的工作,灌概渠系仍然维持在清末的状态,没有明显的发展,中华人民共和国成立以后,都江堰进入一个崭新的历史发展时期。在各级政府的关怀和重视下,专门成立了都江堰管理处。政府对这一凝聚着中国古代劳动人民智慧结晶的世界上最古老的水利工程。进行了大规模的整治和维修。都江堰经过改造扩建,现已有大小3万多条灌溉渠道,灌溉着成都平原及周边丘陵地区40多个县、市。

渠首工程位于市区西北部,附近景色秀丽,文物古迹甚多。位于离堆顶上的伏龙观,是为纪念李冰父子建堰之功而建的,伏龙现有三重楼阁,亭台布局严谨,三进殿亭逐级升高。前殿陈列着1974年修建外江节制闸时从问中挖出的李冰石刻像,高2.9米,重4.5吨,造于东汉建宁元年(168年),为中国最单的圆雕石像,后殿陈列着都江堰灌区模型,殿后最高处建有观澜亭,登亭远望,可见鱼嘴、索桥及岷江激流和西岭雪山。

渠道工程由鱼嘴、飞沙堰和宝瓶口三部分组成,鱼嘴是岷江江心的分水堤坝,形若鱼口,由此把岷江水分流为内外二江。外江为岷江正流,内江经宝瓶口流入川西平原灌溉农田。飞沙堰在鱼嘴和宝瓶口之间,用于泄洪、调节自鱼嘴来的水流量,由于三部分有机配合,科学地解决了自动分流、自动排沙;自动防洪等问题,成为世界水利工程史上的一大奇观。

三江并流

“三江并流”地区是中国面积最大的国家重点风景名胜区,它位于东亚、南亚和青藏高原三大地理区域的交会处。金沙江、澜沧江和怒江这3条发源于青藏高原的大江,在云南省西北部自北向南并行170多千米,穿越高黎贡山、怒山等崇山峻岭,形成世界上罕见的“江水并流而不交汇”的奇特景观。其间澜沧江与金沙江最短直线距离为66千米,澜沧江与怒江的最短直线距离不到19千米。

“三江并流”景区内高山雪峰横亘,海拔变化呈垂直分布,最低处的怒江干热河谷海拔仅有760米,而最高的卡瓦格博峰海拔高达6740米。景区里汇集了雪峰冰川、森林草甸、淡水湖泊、高山峡谷、高原湿地、稀有动物和珍贵植物等奇观异景。

景区有118座造型迥异、海拔5000米以上的雪山,其中,位于迪庆藏族自治州德钦澜沧江边的梅里雪山,冰峰相连,雪峰绵亘,主峰卡瓦格博峰高耸入云,海拔6740米,形如金字塔,为云南第一峰。每年冬季,前往朝拜卡瓦格博峰的藏民络绎不绝。

除了卡瓦格博峰、梅里雪山还有明永恰、斯农恰和纽巴恰三大著名现代冰川(“恰”,藏语意为“冰川”)。其中,“明永恰”最大且最具代表性,是中国冰舌前端海拔最低的冰川,也是世界上罕见的低纬度、低海拔的高温现代冰川。其气势宏大,像一条巨大的冰河从卡瓦格博峰奔泻而下,直插森林密布的明永村。冰川边缘,乳头般的冰突起布满表面,放射着刺眼的光芒。

在“三江并流”地区内,高山峡谷可谓比比皆是。虎跳峡和澜沧江大峡谷是世界上最深最险的峡谷。金沙江虎跳峡长约20千米,落差213米,峡底与雪山高差最大达3900米。虎跳峡为世界四大峡谷之一,有玉龙、哈巴两大雪山对峙,万里长江的上游金沙江劈关夺隘,从峡谷中奔腾而过;上虎跳、中虎跳、下虎跳险滩18处,处处有奇观。江面最窄处仅20余米,“虎跳石”屹立江中,相传有猛虎曾借此石跃过大江,澜沧江峡谷两岸山高谷深,江面至卡瓦格博峰顶高差达4734米。另外,位于迪庆中甸县西北部的香格里拉大峡谷(由香格峡和里拉峡组成),长约80千米,也险峻异常,峡谷中石壁如刀劈斧削。

比起险绝的峡谷,这里的草原要显得绵柔许多。如在雪山群中,属都谷草甸、纳帕海草甸、迪吉草甸以及大、小中草甸像一块块巨大的绿毯,被奶子河、小中甸河、属都岗河和纳赤河等几条大河分成八瓣莲花状,铺撒在迪庆这片美丽的土地上。草甸幅员广阔，碧塔海、属都海和纳帕海等高山湖泊点缀其间，犹如"高原明珠"，清雅纯净。

这里还有着极为丰富的森林资源。在"三江并流"地区的崇山峻岭之上，生长着数百种树木，而其中的优势树种首选冷杉及云杉。冷杉和云杉大都生长在海拔3000米以上的山地，是极适宜于高海拔并阴冷气候的树种，它有着硕大的树冠，为常绿针叶林种。其树干挺拔，成熟树高可达30米，成熟林平均胸径在30厘米以上。对于云、冷杉而言，迪庆巨大的山体及阴冷的气候是它们最惬意的生活环境；同时，其高大的身躯、舒展的树枝和层层叠叠的针叶也给迪庆山体增加了一层水土涵养的保护层。由于树林的吸热及将光能转化为氧气和养分的作用，使山林内显得更加阴凉。正是这种阴凉湿润，使得其他树种在此无法生存，云、冷杉便成为迪庆巨大山体上植物的主角，同时也起到了涵养水源、保持环境的作用。

中国面积最大、发育最完整的丹霞地貌奇观就分布在景区内的丽江老君山，它犹如一颗璀璨夺目的红宝石镶嵌在莽莽原始森林的万绿丛中。由于自然风化作用，不少红色岩石表面形成龟裂状构造。最为奇特的是，其中一座山坡形如千万只小龟又组成一只大龟，排列自然而有序，似乎正朝着太阳升起的地方行进。

"三江并流"地区还是世界上生物多样性最丰富的地区之一，拥有中国20%以上的高等植物，共6000余种；动物种类占中国动物总数的25%以上。"三江并流"地区已成为保持生物多样性的自然栖息地和濒危物种的栖息地，是世界上著名的动植物标本产地之一。目前，这一区域内共有秃杉、桫椤和红豆杉等34种国家级保护植物和滇金丝猴、羚羊、雪豹、孟加拉虎和黑颈鹤等77种国家级保护动物。

"三江并流"地区还素有"天然高山花园"之称。每年春暖花开时，这里湛蓝的湖边、幽静的林中、绿毯般的草甸上，到处是花的海洋。无边的杜鹃、报春、龙胆、马先蒿、绿绒蒿、百合等野生花卉，和大规模引种的郁金香争奇斗妍，形成了一道独特的风景线。

松赞林寺

这里的杜鹃花,虽然也是天然野生,但与长在其他山上的杜鹃又不完全相同。它们连片生长,在地下,根串在一起,在地上,整整齐齐、高矮一致,枝叶相依,就像是经过人工修饰过一样。其颜色有红、黄、紫、白……红色中又有大红、深红、粉红;黄色里,也有金黄、浅黄……千姿百态的迪庆中甸杜鹃,红色的特别突出,把这个宽广草原装扮成了红色的海洋。

此外,"三江并流"地区的人文环境也独具特色。在这里生活着藏、纳西、傈僳、彝、独龙和怒等16个少数民族,其中6个少数民族为当地独有,其民族风情、民族文化丰富多彩,是世界上罕见的多民族、多语言、多种宗教信仰和风俗习惯并存的地区。松赞林寺是云南最大的藏传佛教格鲁派寺庙,地处藏区著名的十三大丛林之一。这里地势奇特,是中甸最早被晨光普照的地方,也是建塘雪域冬季唯一有牡丹花盛开的吉祥之地。

这里还是热情激扬的歌舞之乡,藏族锅庄舞、热巴舞、弦子舞,纳西族阿卡巴拉舞,彝族葫芦笙舞,傈僳族对脚舞等都颇具特色。民族节祭也热闹非凡,登巴节、格科节、赛马节、阔什节、"二月八"、火把节……众多的民族风情美不胜收。

九、湖泊

鄱阳湖

鄱阳湖是中国第一大淡水湖。古称"彭蠡泽"或"宫亭湖"。位于江西省北部、长江的南岸，庐山东侧。鄱阳湖烟波浩渺，水域辽阔。南北长约170千米，东西最大宽度为74千米，面积3960平方千米，素有"四百里鄱湖八百里岸"之称。湖畔土地肥沃，物产丰茂，是我国著名的鱼米之乡。自清后期，筑堤围垦渐多。20世纪50年代以来，围垦日剧，鄱阳湖水面逐渐缩小。鄱阳湖湖水主要依赖地表径流和湖面降水补给，主要入湖河流有赣江、抚河、信江、饶河、修水等。鄱阳湖为中国淡水渔业主要基地之一。鱼类达90余种，以鲤、鳙、鲫、鲌、鳊、鳜、鲶、鲭等较多，以鲥、银鱼著名。近年又进行了滨湖围湖放养。沿湖盛产菱、芡、莲、藕、芦苇等。在永修、新建、星子一带湖面，常有丹顶鹤、天鹅等珍禽越冬栖息。为保护候鸟，1983年成立鄱阳湖自然保护区，1988年划为国家级自然保护区。湖区著名的景点有落星墩、湖滨沙滩、火焰山、老爷庙等。

洞庭湖

洞庭湖为中国第二大淡水湖。古称"云梦泽"。位于湖南省北部的长江中游以南，跨湘、鄂两省。它的面积在枯水期约有3100平方千米，洪水期为3900多平方千米，湖区总面积达18000平方千米。号称"八百里洞庭湖"。主要入湖河流有湘江、资江、沅江、澧江。洞庭湖风光绮丽，湖外有湖，湖中有山，春秋四时之景不同，一日之中变化万千。洞庭湖是著名的鱼米之乡，物产极为丰富。湖泊以定居性鱼类为主，有咸淡水洄游性鱼类和江湖半洄游鱼类114种。主要经济鱼类有草、鲢、鳙、鳊、鲂、鳜等12种。特产有河蚌、黄鳝、洞庭蟹、财鱼等。芦苇遍布湖洲，面积6万公顷，90%用于造纸。

西湖

杭州西湖位于浙江省杭州市的西方，它以其秀丽的湖光山色和众多的名胜古迹而闻名中外，是我国著名的旅游胜地，被誉为"人间天堂"。西湖的水面面积约4.37平方公里（包括湖中岛屿为6.3平方公里），湖岸周长15公里。水

杭州西湖

的平均深度在 2.27 米,最深处在 5 米左右,最浅处不到 1 米。湖南北长 3.3 公里,东西宽 2.8 公里。苏堤和白堤将湖面分成里湖、外湖、岳湖、西里湖和小南湖五个部分。1982 年西湖被确定为"国家风景名胜区",1985 年被选为"全国十大风景名胜"。

西湖的美不仅在湖,也在于山。环绕西湖,西南有龙井山、理安山、南高峰、烟霞岭,大慈山、临石山、南屏山、凤凰山、吴山等,总称南山。北面有灵隐山、北高疑、仙姑山、栖霞岭、宝石山等,总称北山。它们像众星捧月一样,捧出西湖这颗明珠。山的高度都不超过 400 米,但峰奇石秀,林泉幽美。南北高峰遥相对峙,高插云霄。

其他景点还有保俶挺秀、长桥旧月、古塔多情、湖滨绿廊、花圃烂漫、金沙风情、九里云松、梅坞茶景、西山荟萃、太子野趣、植物王国、中山遗址、灵隐佛国、岳王墓庙、西溪湿地。

西湖不但独擅山水秀丽之美,林壑幽深之胜,而且还有丰富的文物古迹、优美动人的神话传说,自然、人文、历史、艺术,巧妙地融合在一起。西湖古迹遍布,拥有国家重点文物保护单位 5 处、省级文物保护单位 35 处、市级文物保护单位 25 处,还有 39 处文物保护点和各类专题博物馆点缀其中,为之增色,是我国著名的历史文化游览胜地。

千岛糊

千岛湖距杭州 129 公里,距黄山 140 公里,是镶嵌在杭州——千岛湖——黄山名城、名水、名山这条黄金旅游线上的一颗灿烂的明珠。

千岛湖中大小岛屿形态各异,群岛分布有疏有密,罗列有致。群集处形成众岛似连非连,湖面被分隔得宽窄不同、曲折多变、方向难辨,形成湖上迷宫的特色景观,更有百湖岛、百岛湖、珍珠岛等千姿百态的群岛、列岛景观;岛屿稀疏处,湖面开阔、深远、浩渺,宛如海面。湖湾幽深多姿,景色绚丽多彩。

森林覆盖率达 95%,有"绿色千岛湖"之称,并在 1986 年 11 月被林业部批复为国家森林公园。千岛湖风景区植物种类非常丰富,有维管束植物 1824 种,其中属国家重点保护的树种有 20 种。景区还保存比较完整、面积较大的阔叶混交林区及千亩田、磨心尖的植物分布群落等,都是组织植物景观、植被考察和开展专项旅游的特色资源。

千岛湖有 13 科 94 种形态各异的鱼类资源,有"鱼跃千岛湖"、"水下金字塔"等奇特景观,可开展丰富多彩的展览、垂钓、围捕等特色旅游项目。鸟类资源也很丰富，有 90 种，冬季候鸟、相思会歌、老鹰叼鱼、鹭鸶捉鱼等景观都非常精彩。野生动物资源有兽类动物 61 种，鸟类 90 种，爬行类 50 种，昆虫类 16 目 320 科 1800 种，两栖类 2 目 4 科 12 种。湖岛环境很适宜野生动物的生长、繁殖和引种，这不仅有利于繁殖更多的野生动物，而且可以发展以动物为主题的岛屿或景点。

千岛湖是世界上岛屿最多的湖。2009 年，千岛湖以 1078 个岛屿入选中国世界纪录协会世界上最多岛屿的湖，创造了世界之最。

南湖

浙江三大名湖之一，与杭州西湖、绍兴东湖齐名。用"湖烟湖雨荡湖波"来描述南湖的烟雨迷蒙景色真是恰到好处。春天，湖畔柔柳如烟；夏天，楼前荷花摇曳；秋天，满湖菱香四溢；冬天，琼宇银装素裹。

嘉兴南湖不仅以秀丽的风光享有盛名，而且还因中国共产党第一次全国代表大会在这里胜利闭幕而备受世人瞩目，成为我国近代史上重要的革命纪念地。1921 年 7 月 23 日，中国共产党第一次全国代表大会在上海秘密召开。会议临近结束，遭法租界巡捕的袭扰而被迫停会，根据上海代表李达的夫人王会悟的建议，8 月 1 日会议转移到嘉兴南湖的一条游船上继续举行。在这条红船上，会议通过了第一个《中国共产党章程》，宣告了中国共产党的诞生，从此中国革命翻开了新的一页。

烟雨楼位于南湖湖心岛上，始建于五代，从唐代起其以轻烟拂渚、微风欲来的朦胧景色闻名，湖上画舫云集，歌舞不绝，堪称江南盛景。乾隆、孙中山及众多文人雅士多次上岛游览。湖心岛除主体建筑烟雨楼外，还有清晖堂，乾隆御碑亭，观音阁，鱼乐国，宝梅亭，来许亭，鉴亭，钓鳌矶，八景碑，硅化石等十多个景点，另外还有米芾，苏轼，吴昌硕，吴镇，彭玉麟等书画家真迹石刻。

南湖革命纪念馆坐落在嘉兴市南湖之滨，是为纪念中共"一大"在嘉兴南湖举行而建造的一处全国爱国主义教育基地。该纪念馆建于 1991 年建党 70 周年，由邓小平同志亲自题写馆名。

莫愁湖

莫愁湖，位于南京秦淮河西。莫愁湖公园是一座有着 1500 年悠久历史和丰富人文资源的江南古典名园，为六朝胜迹。公园现有面积为 58.36 公顷，其中水面为 32.36 公顷。园内楼、轩、亭、榭错落有致，堤岸垂柳，水中海棠。胜棋楼、郁金香、水榭、抱月楼、曲径回廊等掩映在山石松竹、花木绿阴之中。莫愁湖自古有"江南第一名湖"、"金陵第一名胜"、"金陵四十八景之首"等美誉。

莫愁湖古称横塘，因其依石头城，故又称石城湖。相传南齐时，有洛阳少女莫愁，因家贫远嫁江东富户卢家，移居南京石城湖畔。莫愁端庄贤惠，乐于助人，后人为纪念她，便将石城湖改名为莫愁湖。后在她的故居郁金香侧赏荷厅的莲花池内，塑起了一尊二米高的汉白玉塑像，现已成为南京标志性景点之一。

玄武湖

玄武湖位于南京市东北城墙外,由玄武门和解放门与市区相连。1909年辟为公园。当时称元武湖公园,还曾称五洲公园、后湖等。玄武湖湖岸呈菱形,周长约10公里,占地面积437公顷,水面约368公顷。湖内有5个岛,把湖面分成四大片;各岛之间有桥或堤相通,便于游览。湖水深度不超过2米,湖内养鱼,并种植荷花,夏秋两季,水面一片碧绿,粉红色荷花掩映其中,满湖清香,景色迷人。

这片水域在六朝以前称桑泊,晋朝时称北湖,是训练水军的场所,也一直是帝王大臣们的游乐地。1909年辟为公园,称元武湖公园,还曾称五洲公园、后湖等。

玄武湖湖岸呈菱形,周长约10公里,5个岛把湖面分成四大片,各岛之间有桥或堤相通。

环洲,因洲形屈曲、环抱樱洲而得名,素有"环洲烟柳"之称;

樱洲,因昔日樱桃遍布洲上,曾为宫廷贡品,故而得名,樱洲花枝繁叶茂,形成"樱洲花海"的盛景;

梁洲,因传说梁昭明太子曾在此建有"梁园",故称梁洲,"梁洲秋菊"——每年的菊花展是颇吸引人的;

菱洲,因这里过去多产菱角,故名菱洲,自古有"菱洲山岚"之美名;

翠洲,因洲上修竹亭亭、雪松如盖、翠色浮空,故名翠洲,有"翠洲云树"的特色。

天目湖

天目湖旅游度假区作为首批国家AAAA级旅游区之一,位于苏、浙、皖三省交界处的江南历史名城——溧阳市境内,距市区仅八公里。天目湖东临烟波浩渺的太湖,北望工业发达的常州,西接六朝古都南京,南连蜿蜒起伏的天目山脉。距宁、沪、杭、苏、锡、常等主要城市均在二百公里以内,沪宁高速公路的建成通车,南京禄口机场的建成通航更拉近了天目湖与这些城市的距离。国家重点建设项目新长铁路距天目湖仅三十公里,已开工建设的宁杭高速公路从天目湖范围内穿过。便利的交通设施给天目湖的旅游开发带来了无限契机,天目湖正以其清新脱俗的自然风貌、优越适中的地理位置、久负盛名的饮食文化和琳琅满目的地方特产,吸引着大批游客和客商前来观光、考察,被誉为二十一世纪不可多得的一块净土,度假旅游、投资经商的一块宝地。

茶香、水甜、鱼头鲜构成天目湖三绝,是天目湖精华所在。湖区周围茶园茗香越岫,精制"沙河桂茗"、"南山寿眉"、"水西翠柏"已成为国家和省、市名茶。由于政府重视环境保护,湖内杜绝任何污染,湖水保持天然山泉的纯度和矿物成分,经江苏省环保部门测定,达到国家超二级饮用水水源标准。湖中鱼类丰富,盛产特具风味的"沙河鱼头"的原料大灰鲢。"沙河鱼头"为天目湖一绝,构成天目湖独特的饮食文化,许多国家领导人和七十二个国家的外交使节及夫人都品尝过此汤,并且赞不绝口。

瘦西湖

瘦西湖位于扬州市北郊，现有游览区面积100公顷左右，1988年被国务院列为"具有重要历史文化遗产和扬州园林特色的国家重点名胜区"。瘦西湖景区现有：御码头、五亭桥、西园、冶春园、绿杨村、卷石洞天、西园曲水、四桥烟雨、虹桥、长堤春柳、叶园、徐园、长春岭、琴室、木樨书屋、棋室、月观、梅岭春深、湖上草堂、绿阴馆、吹台、水云胜概、莲性寺、凫庄、五亭桥、白塔晴云、二十四桥景区等景点。在瘦西湖"L"形狭长河道的顶点上，是眺景最佳处。由历代挖湖后的泥堆积成岭，登高极目，全湖景色尽收眼底。文人雅士看中此地，构堂叠石代有增添，至清代成为瘦西湖最引人处。有"湖上蓬莱"之称。近人巧取瘦西湖之"瘦"，小金山之"小"，点明扬州园林之妙在于巧"借"：借得西湖一角，堪夸其瘦；移来金山半点，何惜乎小。岭上为风亭，连同岭下的琴室、月观，近处的吹台，远景近收，近景烘托，把整个瘦西湖景区装扮的比"借"用的原景多了许多妩媚之气。

瘦西湖园林群景色宜人，融南秀北雄为一体，在清代康乾时期即已形成基本格局，有"园林之盛，甲于天下"之誉。所谓"两堤花柳全依水，一路楼台直到山"，其名园胜迹，散布在窈窕曲折的一湖碧水两岸，俨然一幅次第展开的国画长卷。

巢湖

巢湖为国家重点风景名胜区。在诸多名胜中，最具吸引力的是山水风光名胜。滚滚东去的大江，烟波浩渺的巢湖，巍峨起伏的群山，热气蒸腾的温泉，从宏观上构成了巢湖山水的壮丽气势。她集长江天险、湖光山色于一体，汇名泉名洞、奇石奇花于一身，湖光、江涛、温泉、奇花，堪称"巢湖四绝"，曾使历史上多少文人墨客叹为观止！

扬州瘦西湖

巢湖,方圆800里,烟波浩渺,犹如镶嵌在江淮大地上的"一面宝镜";姥山岛和天门山,在百里巢湖和万里长江中闪闪发光,宛如撒落在大江大湖中的"两颗宝石";环湖四周有多处温泉常年喷珠吐玉,其中半汤、香泉、汤池三大温泉已建成疗养度假胜地,被誉称"三串珍珠";太湖山、鸡笼山、冶父山、天井山四个国家森林公园,连绵不绝,苍翠欲滴,人称江北的"四块翡翠";还有"地下长河"双井洞、"摩崖石窟"王乔洞、"怪石如龙"仙人洞,"名扬天下"华阳洞,"江淮奇观"泊山洞等,洞洞称奇,千姿百态,堪称"五座地下艺术宫殿"。这天然组合的景观,点缀在巢湖沿岸,形成"众星捧月",绘就了一幅绝妙的立体山水画。这幅山水巨卷,由一条53公里长的湖滨大道风光带拓展到省城合肥,并通过182公里长的"黄金水道"溶入"长三角",使得风光旖旎的巢湖成为合肥和"长三角"的天然"后花园"。

桃花潭

桃花潭,位于泾县以西40公里处,南临黄山、西接九华山,与太平湖紧紧相连,因唐代诗人李白《赠汪伦》——"桃花潭水深千尺,不及汪伦送我情"这首脍炙人口的千古绝唱,而名扬天下。潭面水光潋滟,碧波涵空。潭岸怪石耸立,古树青藤纷披,春季绿韬如毡,桃花似火如霞,飞阁危楼隐约其中,犹如蓬莱仙境,又疑武陵人家。桃花潭四周点缀着众多的自然人文景观,屹立千年的垒玉墩,深藏奥妙的书板石、李白醉卧的彩虹岗、踏歌声声的古岸阁、青砖黑瓦的古民

居……桃潭烟波使人陶醉,桃林春色让您留恋,移步皆成景、四时景宜人。

桃花潭之所以有名,历来说法不一,有云:古人风于澄泓苍霭,如人《桃花潭记》所述之武陵源,古名之。而桃花潭之所以著名,则是源于一个美丽的传说。唐天宝年间,泾县豪士汪伦听说大诗人李白下旅居南陵叔父李冰阳家,欣喜万分,遂修书一封曰:先生好游乎?此地有十里桃花;先生好酒乎?这里有万家酒店。李白欣然而来,汪伦便据实以告之:桃花者,实为潭名;万家者,乃店主姓万。李白听后大笑不止,并不以为忤,反而被汪伦的盛情所感动。适逢春风桃李花开日,群山无处不飞红,加之潭水深碧,清澈晶莹,翠峦倒映,李白与汪伦诗酒唱合,流连忘返。临别时在踏歌古岸,李白题下《赠汪伦》这首千古绝唱:"李白乘舟将欲行,忽闻岸上踏歌声。桃花潭水深千尺,不及汪伦送我情。"如今,诗仙、豪士逝者如斯,但桃花潭却因之流芳千古。潭边至今有汪伦墓碑文"唐史官汪讳伦也之墓",相传为李白所题写,其真伪已无从考证。

太湖

太湖是中国东部近海地区最大的湖泊,也是中国的第三大淡水湖。古称震泽,又名具区、笠泽。位于江苏和浙江两省交界处,长江三角洲的南部。为长江和钱塘江下游泥沙堰塞古海湾而成。太湖南北最大长度68千米,东西平均宽度35.7千米,湖区总面积约为3100平方千米,水域面积约为2420平方千米。流入太湖的河流主要有东茹溪等。湖中大

小岛屿 48 个,连同沿湖的山峰和半岛,号称七十二峰。湖中有湖,山峦连绵,层次重叠的壮丽天然图画。沿湖有著名的无锡山水、苏州园林、古吴名迹、宜兴洞天世界,形成闻名中外的太湖风景区。太湖中共有鱼类百种左右,其中以梅鲚、银鱼、鲤、青、鲫、鲇、鲢、鳊等著名。菱、藕、茭白、莼菜、芡实、蒲草、芦苇等水生作物和水生植物产量亦丰。莼菜为太湖特产。

洪泽湖

　　洪泽湖是中国第四大淡水湖。古称破釜塘。位于江苏省洪泽县西部淮河中游的冲积平原上。洪泽湖是一个浅水型湖泊,水深一般在 4 米以内,最大水深 5.5 米。湖区总面积为 2069 平方千米。湖水的来源,除大气降水外,主要靠河流来水。流入洪泽湖的河流有淮河、濉河、汴河和安河等。湖内有鱼类 67 种,以鲤、鲫、鳊、青、草、鲢等为主;洪泽湖的螃

洪泽湖风光

蟹最为有名。芦苇几乎遍布全湖,繁茂处连船只也难以航行。还盛产莲藕、芡实、菱角等。

滇池

　　滇池是中国西南地区第一大湖,也是中国第六大淡水湖。有"高原明珠"之称。古名滇南泽,俗称昆阳海或昆明湖。位于云南省昆明市城区西南方,属断层陷落湖。湖面海拔 1886 米,南北长 39 千米,东西最宽为 13 千米,面积 294.5 平方千米。滇池除了供水、防洪、航运、养鱼等作用外,对调节昆明的气候也起到了良好作用。滇池周围有多处风景名胜区,是昆明市旅游区的重要组成部分。自元、明以来,滇池湖面不断缩小。从 1938 年至今,湖面平均每年缩小 1 平方千米。北部草海已缩为原来的一半,存留部分亦呈明显沼泽化。

镜泊湖

　　镜泊湖是中国最大的典型熔岩堰塞湖。以风平浪静、湖平如镜而得名。又称忽汗海或毕尔腾湖。位于黑龙江省宁安市南牡丹江上游张广才岭与老爷岭群山中。湖面海拔 251 米,南北长 45 千米,东西最宽处仅 6 千米,面积 95 平方千米。湖深南部仅几米,北部一般可达 40~50 米,最深达 62 米。湖东岸是老爷岭,西岸为张广才岭,两岸重峦叠嶂,林木丛生,花草密布。湖区周围有火山群、熔岩台地等景观。镜泊湖北端湖水从熔岩堤坝上下跌,形成 25 米高,40 米

宽的吊水楼瀑布。瀑布下的深潭达数十米，是黑龙江省第一大瀑布。镜泊湖以产鲫鱼驰名全国，特称"湖鲫"。在镜泊湖发电厂西北50千米处的大干泡附近有6座火山锥所组成的火山群。火山锥海拔750～1000米。在沙兰乡境内有火山口森林，通称地下森林，产有红松、紫椴、黄波萝等林木及马鹿、青羊等珍贵动物。

日月潭

日月潭是台湾岛上最大的天然湖。位于台湾中部南投县渔池乡水社村，由玉山和阿里山间的断裂盆地积水而成。湖面海拔约760米，面积约7.7平方千米，平均水深30米。湖中有一岛，远看好像浮在水面上的一颗珠子，旧称珠子屿，后改称光华岛。光华岛之北，湖形似日轮，岛之南，湖形如月弧，故名日月潭。日月潭地区气候宜人，景色优美。潭四周丛山环抱，峰峦重叠，有涵碧楼、文武庙、孔雀园、玄光寺、玄奘寺等名胜，为台湾游览和避暑胜地。

博斯腾湖

博斯腾湖是中国最大内陆淡水湖。位于新疆天山南坡焉耆盆地东南部最低洼处。为断陷湖。湖体呈扁平碟形，东西长50多千米，南北宽25千米，水面面积1030平方千米，平均深度约9米，最深为17米。分大小湖区。大湖水域辽阔，水天一色，宛如苍海。在大湖西侧有许多小湖，夏秋季节芦苇丛生，莲荷怒放，冬季又是天然的冰上运动场。博斯腾湖的芦苇作为优质的造纸原料，每年大量向内地调运。

玛旁雍错

玛旁雍错是中国湖水透明度最大的淡水湖泊。在藏语中意为"神湖"。它位于冈底斯山主峰——冈仁波齐峰和喜马拉雅山纳木那尼峰之间，湖面海拔4588米。湖泊呈"鸭梨"形，北宽南窄，长26千米，面积412平方千米，平均水深46米，最大水深81.8米。玛旁雍错湖水碧透清澈，透明度达14米。湖水矿化度400毫克/升，属淡水湖，含有硼、锂、氟等微量元素。以融水、雨水补给为主，也有部分泉水补给。湖岸线平直，周围多温泉。湖中产玛法木尻鱼与裸鲤。玛旁雍错是佛教徒心目中的"圣湖"。每年夏秋季，佛教徒扶老携幼来此"朝圣"，在"圣水"里"沐浴净身"以"延年益寿"。

纳木错

纳木错是中国第二大咸水湖，也是世界海拔最高的大湖。纳木错藏语为"天湖"之意，蒙古语称"腾格里海"。位于藏北高原东南部，念青唐古拉山峰北麓，西藏自治区当雄和班戈县境内。属构造断陷湖。湖面海拔4718米。湖泊长约80千米，宽约40千米，呈西南—东北向，西宽东窄。湖水面积1920平方千米，周长318千米，最大水深30米。湖水靠冰雪融水补给，清澈透明。湖中盛产高原裸鲤。湖区是著名的牧区。

纳木错湖

呼伦湖

　　呼伦湖是内蒙古自治区最大的微咸水湖。又名达赉塔尔。蒙古语意思是"像海一样的湖"。位于内蒙古自治区呼伦贝尔盟的新巴尔虎左旗、新世尔虎右旗和满州里市之间的大草原上。长80千米,宽约35千米,湖周长447千米,水面积达2210平方千米,最大水深为8米。湖中鱼类有30多种,年产鱼近万吨;湖畔有240多种鸟类栖息,已被辟为国家二级自然保护区。呼伦湖区气候温凉,游人可戏水、垂钓、日光浴,还可乘游船在湖中游荡。

察尔汗盐湖

　　察尔汗盐湖是中国最大的盐湖,号称"盐湖之王"。又名察尔汗盐池。位于青海柴达木盆地南部格尔木市与都兰县境内,面积约5800平方千米。盐湖大部上覆坚硬盐壳,盐壳以下为盐层与晶间卤水,盐层最厚60米,储量530亿吨。晶间卤水属氯化物型,有丰富的钾镁光卤石伴生,为中国最大钾镁盐液体矿床。1958年曾在察尔汗建有小型钾肥厂。新建青海钾肥厂,一期工程年产20万吨钾肥,最终年产氯化钾达100万吨。敦(煌)格(尔木)公路横跨盐湖一段长约32千米,系用盐铺造,称"万丈盐桥"。青藏铁路第一期工程也有约32千米长的路基筑在盐湖上,为世界铁路建筑史上所罕见。

鄂陵湖

　　鄂陵湖之藏语中意为蓝色长湖,在青海省果洛藏族自治州的玛多县境内。鄂陵湖与扎陵湖同为黄河上游最大的一对淡水湖,又称"鄂灵海",古称柏海。鄂陵湖西距扎陵湖15千米。黄河切穿两湖间的巴颜朗玛山时形成峡谷,峡谷长300余米。鄂陵湖湖面海拔4272米,东西宽处约31.6千米,面积610平方千米。平均水深 17.6 米,蓄水量 107 亿立方米。湖中产冷水性无鳞鱼类,其中以花斑裸鲤、扁咽齿鱼、黄河裸鲤、三眼鱼等为主。湖心小岛候鸟群集,栖息着大雁、棕颈鸥、鱼鸥、青麻鸭等多种候鸟,成为青海高原上另一鸟岛。湖滨亚高山草甸为青海重要牧场。

扎陵湖

扎陵湖在青海省果洛藏族自治州的玛多县和玉树藏族自治州的曲麻莱县境内,又称"查灵海",藏语意为白色长湖。扎陵湖位于青海高原玛多县西部构造的凹地内,居鄂陵湖东侧。湖面海拔 4294 米,面积 526 平方千米,最深处在湖心偏东北一侧,蓄水量 46 亿立方米。纳卡日曲与约古宗列渠(藏名玛曲)汇成黄河,湖心偏南为黄河主流线。黄河携带大量泥沙入湖,风浪泛起时湖面呈灰白色,故有白色长湖之称。湖中盛产裸鲤,俗称湟鱼。湖西部距黄河入湖处不远有 3 个小岛,夏季大群候鸟聚居,也称鸟岛。湖滨多为亚高山草甸,为重要牧场。

青海湖

青海湖,是一个美丽的内陆湖泊。自古以来,人们就因它的浩瀚、神奇而向往,为它的雄伟、秀丽而称赞,把它誉为青藏高原上的一颗灿烂明珠。青海湖,古称"西海",又称"鲜水"或"鲜海"。藏语称"错温波",意为"蓝色的海洋"。由于青海湖一带早先属于卑禾羌的牧地,所以又叫"卑禾羌海",汉代也有人

称它为"仙海",从北魏起才更名为"青海"。大约在 200 万年前,青海湖由于地壳运动形成一个断陷湖盆,湖盆积水开始主要流入黄河,后因周围山地升高,阻塞了湖水流出,便形成今日的内陆湖泊。青海湖地处高原的东北部,湖的四周被巍巍高山所环抱,海拔为 3260 多米,它的周长 360 千米,面积达 4583 平方千米,是中国最大的内陆湖泊和最大的咸水湖。湖区有大小河流近 30 条。在青海湖畔眺望,苍翠的远山,合围环抱;碧澄的湖水,波光潋滟;葱绿的草滩,羊群似云。一望无际的湖面上,碧波连天,雪山倒映,鱼群欢跃,万鸟翱翔。湖东岸有两个子湖,一名尕海,面积 10 余平方千米,系咸水;一名耳海,面积 4 平方千米,为淡水。这里气候凉爽,即使在烈日炎炎的盛夏,日平均温度一般都在 15℃左右,是理想的避暑胜地。

大九湖

大九湖位于渝鄂交界处。是一片沼泽地—山涧盆地,是亚高山的一片湿地。面积 3 万多亩,海拔 1700 米,面积 36 平方公里,南北长约 15 公里,东西宽约 3 公里,中间是一抹 17 平方公里的平川,四周高山重围,在"抬头见高山,地无三尺平"的神农架群山之中,深藏着这样的处女平地极为少见,大九湖因其亨有"高山平原"的美誉,并被称为湖北的"呼伦贝尔"、"神农江南"。

九湖坪四周高山环绕,最高峰 2800 米,形成一道天然屏障。在东西有九个大山梁,梁上森林密布,气势雄伟。山梁间九条小溪犹如九条玉带从云雾中飘舞

下来。在这高山平原上也恰好有九个湖泊鳞光闪闪。一山之隔的小九湖面积为5000亩,一条小溪连串着九个小湖泊。大九湖,小九湖由此而得名。大九湖西通重庆,北通陕西,南达巴东与长江三峡相接,是连通渝、鄂、陕交通的中转站。大九湖既是木材基地,又是天然牧场。各种经济林木遍布山野,除金丝猴,华南虎等珍稀动物外,还建有人工养鹿场。大九湖自然风光宜人,传说遗址众多,主要有:洗马池、薛仁贵后裔、薛刚反周(武则天国号)的十字号、娘娘坟、卸甲套等遗址和古迹。

陆水湖

陆水湖是国家级重点旅游风景名胜区,位于湖北咸宁市,因三国东吴名将陆逊在此驻军而得名。风景区面积118平方公里,湖中800多个岛屿星罗棋布,有"湖北千岛湖"之美誉,最大的岛有100多公顷,最小的如一叶扁舟,如鸟岛,麋鹿岛,民俗风情岛等。湖中水质澄明碧透,水上碧波荡漾,鱼舟轻发,快艇如织。湖南岸的雪峰山上林丰竹茂。陆水湖风景区以山幽、林绿、水清、岛秀闻名遐迩,是避暑消闲、旅游度假、康复疗养及水上运动的理想之地。景区内有电视连续剧《水浒传》的外景拍摄基地之一中华水浒城,由聚义厅、梁山后寨、郊野一条街三大景区组成。

东湖

"东湖暂让西湖好,今后将比西湖强。"这是朱德同志1954年来游东湖后所题诗篇中的两句。他预言东湖风景区的发展远景将会胜过杭州西湖。东湖风景名胜区位于武汉市城区的内环与中环之间,景区面积73平方公里,其中湖面面积33平方公里,东湖湖山秀美、岸线曲折、岛渚星罗,磨山、枫多山、吹笛山,共34座山峰紧紧环绕东湖碧水。据统计,这里有雪松、水杉、樟树共394种、300余万株,被人们称为绿色宝库,这里更是鲜花的海洋,奇花异卉比比皆是,一年四季香飘不断,最具东湖特色的花卉有梅花、荷花、桂花等十几种,其中梅花建有专门观赏园林,面积800余亩,园内培育种植了301个品种的近万株梅树,是中国第一大梅园。世界梅花品种进行了3次登录,共登录200个品种,其中东湖梅园就占了142个。东湖在梅花、荷花的品种、科研成果、观赏价值都居全国领先地位,故中国花卉协会将"中国梅花研究中心"与"中国荷花研究中心"都设在东湖。东湖还建有世界三大樱花园之一的东湖樱花园,全国第一座寓言雕塑园,以及鸟类的乐园——鸟语林等多种景园100多处。

大明湖

大明湖是济南三大名胜之一,是繁华都市中一处难得的天然湖泊,也是泉城重要风景名胜和开放窗口。它位于市中心偏东北处、旧城区北部。大明湖是一个由城内众泉汇流而成的天然湖泊,面积甚大,几乎占了旧城的四分之一。市区诸泉在此汇聚后,经北水门流入小清河。现今湖面46公顷(690亩),公园

大明湖，位于山东济南旧城北部，此名始见于北魏郦道元的《水经注》，宋代称"四望湖"。

面积 86 公顷（1290 亩），湖面约占百分之五十三，平均水深 2 米左右，最深处约 4 米。蛇不见，蛙不鸣；久雨不涨，久旱不涸是大明湖两大独特之处。2009 年，大明湖荣膺中国世界纪录协会中国第一泉水湖。

　　大明湖水色澄碧，堤柳夹岸，莲荷叠翠，亭榭点缀其间，南面千佛山倒映湖中，形成一幅天然画卷，沿湖的亭台楼阁，水榭长廊参差有致，湖的南面有清宣统年间仿江南园林建造的遐园。遐园内曲桥流水，幽径回廊，假山亭台，十分雅致，被称为"济南第一庭园"。湖边假山上建有浩然亭，登临其上，大明湖的景色一览无余。湖对面北岸高台上有元代建的北格阁，依阁南望，远山近水，楼台烟树，皆成图画。清代书法家铁保留下的"四面荷花三面柳，一城山色半城湖"的名句，绘声绘色地道出了大明湖的佳绝之处。

　　大明湖闻名遐迩，游客众多，每年接待国内外游客约二百万人次，在济南诸公园中最多。大明湖历史悠久，景色秀美，名胜古迹周匝其间，湖畔有历下亭、铁公祠、南丰祠、汇波楼、北极庙和遐园等多处名胜古迹，其中历下亭、铁公祠为市级文物保护单位。尤其大明湖乃繁华都市之中的天然湖泊，实属难得。

白洋淀

　　白洋淀位于保定境内的安新县，是一颗镶在华北平原上的明珠，为华北平原最大的淡水湖。它南距石家庄 189 千米，北距北京约 162 千米，东距天津约 155 千米，是京津冀腹地。

　　白洋淀由 90 多个大小不同的淀、泊组成，汇集了从南、西、北三面流来的潴龙河、唐河、府河、漕河、瀑河、萍河、孝义河、白沟引河等 8 条河流的水，水域总面积约有 500 平方千米。白洋淀是个聚宝盆，素有白洋大淀，日进斗金之说。淀中鱼鳖虾蟹、野禽家鸭、菱藕、鸡头、芦苇样样都有，鱼类就有数十种之多。

　　芦苇皮薄色白、韧性较强，织出来的

席柔软光滑，坚固耐用。淀区景色秀丽，物产丰富，一年四季，景随时移。春季，水域清澈，烟波浩渺，芦苇翠绿，一片勃勃生机；夏季，莲菱蒲苇随风摇曳，满淀荷花盛开，湖内白帆点点，使人暑意顿消；秋季，白洋淀天高气爽，气候宜人，鱼跳水面，蟹肥味香、鱼船队队、捕捞繁忙；冬季，白雪皑皑，冰封大淀，一派北国风光，各种冰床穿梭往来，如同燕子在空中飞翔，是一个巨大的天然滑冰场，可任自由驰骋。故被人称为"日进斗金，四季皆秋"的聚宝盆。白洋淀历史悠久，早在新石器时代，淀区的西部、南部就有人类活动生息；春秋、战国时期，淀区分属于燕、赵统辖；宋代，引水灌溉建立屯田防线；元代大儒刘因任教于淀区三台、安州；清代康熙皇帝在淀区兴建行宫，先后40次来淀区游览围猎；解放战争时期，总司令曾在白洋淀指挥清风店、解放石家庄战役，给这古老的淀区又增添了新的光彩。

衡水湖

衡水湖，俗称"千顷洼"，又叫"千顷洼水库"，湖面75平方公里（在冀州境内57平方公里，桃城区境内18平方公里）。面积与蓄水规模仅次于白洋淀，是华北平原第二大淡水湖，单体水面积位居华北第一。2000年7月，被国家林业局和省政府批准为河北省衡水湖湿地和鸟类省级自然保护区。2003年6月，被批准为国家级自然保护区。衡水湖为浅碟形洼淀，由太行山东麓倾斜平原前缘的洼地积水而成，属黑龙港流域冲积平原中冲蚀低地带内的天然湖泊。历史上，衡水湖是古代广阿泽的一部分，广阿泽包括任县的大陆泽和宁晋县的宁晋泊。历史文献记载，衡水湖曾称信都泽、博广池、冀州海子等。相传，周定王五年（公元前602年）以前，在这里有一个大湖泊，黄河流经于此。河北省地理研究所《关于河北平原黑龙港地区古河道图》表明，在衡水、冀州、南宫、新河、巨鹿、任县、隆尧、宁晋、辛集一带确有一个很大的古湖泊遗迹，古湖长约67公里，后来湖泊渐淤，分成现在的宁晋泊（在宁晋县附近）、大陆泽（在任县附近）和衡水湖。

松花湖

松花湖地处长白山山脉的西侧，是吉林省最大的人工湖，是拦截松花江水建设丰满水电站，叠坝成湖形成的，距吉林市约20公里。

40多年前修建的著名的丰满水电站，电站大坝高达91米，长达1000米。大坝将松花江拦腰截断，于是在其上游便形成了一个巨大的人工湖——松花湖。美丽的松花湖横卧在松花江上，湖面狭长，绵延200多公里，水域辽阔，湖汊繁多，状如蛟龙，湖区面积500平方公里，平均水深26.1米，最大水库容量110亿立方米。

湖岸水洗风沐，漾红溢绿，蓝天碧水，白帆点点，鱼越平湖，鸟鸣长天。周围森林茂密，植物分布百余科属，约600多个种类，野生动物资源也很丰富。湖中渔产丰饶，以白鱼、鲫鱼尤为著名。全国最大的冰雪运动训练基地——青山滑雪场位于区内，松花湖是中国重点风景名胜区,与太湖、洞庭湖同被列为国家重点开发的三大湖泊。

净月潭

净月潭,被人们誉为"绿色明珠",位于吉林省长春市东南部,素有台湾日月潭姊妹潭之称。净月潭曾先后被国务院和林业部命名为国家级风景名胜区和国家级森林公园,现已成为吉林省省级度假区。净月潭一年四季,景色各异,令人目不暇接,是春季踏青、夏季避暑、秋季赏红叶、冬季滑冰、滑雪的绝佳去处。

景区分为潭北山色、潭南林海、月潭水光和潭东村舍四个景区,水景为主,山村衬托,植被丰富,有大片森林、山花、药用植物及脊椎动物82种,鸟类60余种。

净月潭风景区还有中国最大的人工林场,生长已有50多年的人工林就有8000公顷,世界闻名。迄今已形成多树种、多层次、多结构独自特色的森林景观。

艾丁湖

艾丁湖是中国大陆最低点。维吾尔语意为"月光湖",以湖的形状随湖水补给来源增减而变化,犹如月盘盈缺而得名。又名觉洛浣,意为"荒漠湖"。走到这里,人们很容易被海市蜃楼和湖面干涸的假象所迷惑,因而往往陷入泥淖。即使到了水边,也看不到游鱼、飞鸟,只是在湖周不时掠过成群的小昆虫。偶尔,在脚下窜过几只野兔、地老鼠,有时难得地还能碰上狐狸。由于这种特殊的地理位置和典型的荒漠景象,所以它对于好奇的游客有着很大的吸引力。近几年,每年都有好几万名中外游客来这里探游。艾丁湖位于新疆维吾尔自治区吐鲁番盆地最低洼处,湖面比海平面低155米,湖底最低处在海拔以下161米。吐鲁番盆地为中国天山东段南侧封闭性山间盆地,艾丁湖为吐鲁番盆地地表径流的归宿点。湖盆东西长约40千米,南北最宽处约8千米,面积约150多平方千米。但是,由于这里奇特的干燥、多风,形成了典型的高温气候(夏季气温高达50℃左右),从而造成了湖水大量而迅速地蒸发,据测算,年蒸发量达两亿立方米以上,超过湖水补给的几十倍。特别是随着吐鲁番盆地生产建设的日益发展,人、畜、土地用水量不断地增加,能够流入艾丁湖的水更是越来越少了。而今日的艾丁湖,除西南部还残有很浅的湖水外,大部分是皱褶如波的干涸湖底。人们预测,将来的艾丁湖会完全干涸,在地图上很可能最终被抹掉。艾丁湖为咸水湖,湖水含有大量盐分,据说所蕴藏的盐足供全国十三亿人民吃一年,此外,湖底还蕴藏着丰富的煤和石油。为了开发资源,艾丁湖畔建成了一座现代化的化工厂。这座化工厂的主要原料就是艾丁湖的盐晶、矾、硝,它是目前吐鲁番地区最大的一座工厂,产品成本低、质量好,不但供应国内地区,还远销国际市场。

茶卡盐湖

茶卡盐湖是青海省开发最早的盐湖,迄今已有300多年的开采历史。位于乌兰县东小盆地内,属共和盆地最西部分。湖面海拔3059米,其外围山地海

茶卡盐湖

拔均超过 4000 米。湖水属钠盐型,渐趋干涸,盐层厚,距地面近,蕴藏量大,每平方千米达储量 370 万吨以上。茶卡盐厂全部为机械化采盐,年产 30 万吨。盐厂靠近青藏公路,又有铁路专用线连接青藏铁路,运输便利。

天山天池

天山天池位于新疆北部天山博格达峰的山腰,距乌鲁木齐市约 110 千米。古称"天镜"、"瑶池"。天池海拔 1980 米,湖面呈半月形,长 3400 米,最宽处约 1500 米,面积 5 平方千米,水深 100 米。池水清澄碧蓝,四周群山环抱,绿茵茂林,海拔 5445 米的博格达峰终年白雪皑皑,在池水中形成雪峰侧影。池边云杉如塔,直刺蓝天。西北山后有铁瓦寺、南天门寺等寺院,东山有王母娘娘庙及山洞。动植物有党参、黄芪、雪莲、贝母等药材和鱼群、水鸟等。天池风景如画,享有"天山明珠"之称。

白头山天池

白头山天池又称长白山天池,是中国最深的天然湖泊,为松花江发源地。位于中、朝两国的边界,气势恢弘,资源丰富,景色非常美丽。在远古时期,长白山原是一座火山。据史籍记载,自 16 世纪以来它又爆发了 3 次,当火山爆发喷射出大量熔岩之后,火山口处形成盆状,时间一长,积水成湖,便成了现在的天池,而火山喷出来的熔岩物质则堆积在火山口周围,成了屹立在四周的 16 座山峰,其中 7 座在朝鲜境内,9 座在我国境内。这 9 座山峰各具特点,形成奇异的景观。湖面海拔 2188 米,略呈椭圆形,南北长 4.8 千米,东西宽 3.3 千米,水面面积 9.82 平方千米,最大水深 373 米。湖区地势高耸。湖面一般 11 月末封冻,至翌年 6 月中旬解冻。冰层厚 1.28 米左右。白云峰下湖面因温泉水注入,冬季不结冰。湖水泄入二道白河,形成著名的长白瀑布,高 68 米,景色动人。天池四周群峰环列,湖面碧波晶莹,为著名的旅游胜地。

若尔盖湿地

若尔盖,地处青藏高原东部边缘地带,黄河与长江将其划分东西两部,有人形容它是川西北边界上一颗绚丽夺目的绿宝石,亦是川西北高原最美丽的绿洲。在这一片富饶的地域之间,地肥水美,牛羊成群。

在红军战士令人肃然起敬的长征过程中,他们征服了一片可怕的草地,那里茫茫无际,人畜难行,宛若张着血盆大口的恶魔,吞噬了无数踏足其中的生命。70 多年过去后,红军的壮举早已载入史册,不可磨灭,而那片看似狰狞的草地,也渐渐隐去其恐怖的面纱,被还原了真实的本来面目。人们不会想到,今日,它已成为中国最美的沼泽湿地之首。

它,就是四川阿坝境内的若尔盖沼泽。

若尔盖沼泽宛如一块瑰丽夺目的绿色宝石,镶嵌于海拔 3400 米之上、被高山环抱的山原中,总面积 1 万平方千米,国际地质专家称之为"世界上面积最大、最原始、没有受到人为破坏的最好的高原湿地"。黄河水竟然有 30% 都由这片广袤无垠的湿地大草原提供,它当之无愧地成为母亲河的蓄水池。受到滋润的黄河在宽广的湿地上留下了婀娜多姿的"九曲黄河第一湾",如仙女的衣袂飘飘,宛转动人。

今日的沼泽不再笼罩死亡的阴影,而是处处有生命绽放的痕迹。这里的原野一碧万顷,野花五彩斑斓,牛羊悠闲地游荡,位于湿地核心位置的"花湖",烟波浩淼,如梦如幻,集中体现了若尔盖的湿地特征。它还是国家一级保护野生动物——黑颈鹤的家园,碧绿的草原上鸥翔鹤舞,水天一色,大量的珍稀野生动物生长于此,繁衍生息。

在如此浩瀚的自然奇观面前,任何生命都只能低头臣服,无力抗拒。若尔盖是美丽繁华的,却无法让人遗忘它曾经的残酷无情——当 1 万多名长征将士长眠于这里,这份代价便足以沉重到无法忘记。这是红军长征途中耗时最长、条件最艰险、进行斗争最卓绝、付出的牺牲也最大的地方。泥潭在顷刻间就能吞噬一条鲜活的生命,任何的挣扎在它面前都是徒劳的,反而只能加速毁灭的过程。若尔盖沼泽对生命的摧残与蔑视,曾是如此令人发指。

在漫天鲜艳的晚霞中,九曲黄河闪耀着夺目的金光,美得令人沉醉,只是它也一定还未摆脱那段沉重的记忆。夕阳中,大地静寂无声,仿佛在为那些长眠于此的烈士们永恒地致敬。

三江湿地

三江自然保护区位于黑龙江、乌苏里江交汇处,境内大小河流 50 多条,湖泡 200 多个,江心岛 26 个,沼泽遍地,野生动植物资源十分丰富,属内陆湿地和水域生态系统类型自然保护区。本区地处黑龙江与乌苏里江汇流的三角地带,属低冲积平原沼泽湿地,为三江平原东端受人为干扰最小的湿地生态系统的典型代表,也是全球少见的淡沼泽湿地之一。区内泡沼遍布,河流纵横,自然植被以沼泽化草甸为主,并间有岛状森林分布,均保持着原始自然状态。保护区内特殊的自然环境,良好的植被和水文条件为各种野生动物提供栖息和繁衍场所,据初步调查,共有脊椎动物291种,其中兽类5目12科37种,鸟类15目167种,爬行类2目3科5种,两栖类2目2科5种,鱼类9目17科77种,列为国家一级保护的野生动物有白鹳、丹顶鹤、白尾海雕等9种,列为国家二级保护的野生动物有大天鹅、白枕鹤、雷鸟、水獭、猞猁等32种。区内野生植物资源也比较丰富,有高等植物近500种,其中野大豆、黄菠萝、水曲柳被列为国家二级保护野生植物。

泸沽湖

泸沽湖古称鲁窟海子,又名左所海,俗称亮海。在纳西族摩梭语中,"泸"为"山沟"之意,"沽"为"里"之意,"泸沽湖"即"山沟里的湖"。

泸沽湖是云南海拔最高的湖泊,也是中国较深的淡水湖之一。泸沽湖风景区有秀丽的山水风光、古朴的摩梭民俗、浓郁的传奇,充满了神秘色彩,被誉为"滇西北的一片净土"。

泸沽湖是一个远离喧嚣、未被污染的处女湖,它犹如一颗明珠镶嵌在群山的怀抱之中,素有"高原明珠"的美誉。

湖面水平如镜,一碧万顷。缓缓滑行于碧波之上的猪槽船和徐徐回荡于水天之间的摩梭民歌,更平添几分古朴与神秘。

泸沽湖周边良田万顷,阡陌纵横,有

泸沽湖风光

着仙境般的美景。这里的人们日出而作、日落而息。傍晚时分,炊烟袅袅,牧歌阵阵,渔火点点,俨然一派悠然惬意的田园风光。湖的东南面是万亩草海,每到冬季,天鹅、黑颈鹤等珍稀候鸟栖息于此,让这里充满勃勃生机。

泸沽湖不仅水清,而且岛美。湖中散布着5个全岛(3个属于云南,2个属于四川)、3个半岛、1个海堤连岛,这些岛一般高出水面15至30米,远看像一只只绿色的船,漂浮在湖面。其中,宁蒗一侧的黑瓦吾岛、里无比岛和里格岛,是湖中最美丽的3个岛,被誉为"蓬莱三岛"。

十、盆地

塔里木盆地

塔里木盆地是中国最大的内陆盆地。塔里木系维吾尔语,意为"无缰之马"。位于天山山脉、昆仑山脉和帕米尔高原之间。南北最宽处 520 千米,东西最长处 1400 千米,面积 56 万平方千米。盆地呈不规则菱形,四周为高山围绕,东部有疏勒河谷(亦称阿寄克谷地)通向河西走廊,为古代丝绸之路所经。盆地地势西高东低,微向北倾。塔里木河位置偏于盆地北缘,水向东流。盆地地貌呈环状分布,边缘是与山地连接的砾石戈壁,中心是辽阔沙漠,边缘和沙漠间是冲积扇和冲积平原,并有绿洲分布。塔里木河以南是塔克拉玛干沙漠。塔里木盆地属暖温带气候。太阳年总辐射量达 575 ~ 627 千焦耳/平方厘米。年日照时数北部约 3000 小时,南部不到 3000 小时,多风沙和浮尘天气。年均温 9 ~ 11℃,南部略高于北部。风沙和干热风是塔里木盆地主要自然灾害。石油、天然气资源蕴藏量十分丰富,分别约占全国油、气资源蕴藏量的 1/6 和 1/4。

准噶尔盆地

准噶尔盆地是中国第二大盆地。位于新疆北部。介于天山和阿尔泰山之间。面积约为 38 万平方千米。其轮廓为不等三角形。西有萨吾尔、塔尔巴哈台、巴尔吾克、阿拉山等低山,北有北塔山;西面有几个地势较低的缺口,来自大西洋的含湿气流可以进入盆地,所以称之为半封闭性内陆盆地。盆地地势向西倾斜。盆地中部的古尔班通古特沙漠,是中国第二大沙漠,面积 4.8 万平方千米。盆地南缘的冲积扇平原广阔,是新开垦的农业区。盆地中蕴藏着丰富的矿产资源和众多的古生物化石,尤其是在盆地中的卡拉麦里自然保护区内,野生动物随处可见,是有蹄类野生动物的乐园。

柴达木盆地

柴达木盆地属封闭性的巨大山间断陷盆地。柴达木系蒙古语,意为"盐泽"。位于青海省西北部。四周被昆仑山脉、祁连山脉与阿尔金山脉所环抱,面积约 25 万平方千米。盆地内总计 100 条河流中常流河仅 10 余条,主要分布于盆地东部,西部水网极为稀疏。盆地内湖泊水质多已咸化,共有大小盐湖20余个。属高原大陆性气候,以干旱为主要特点。年降水量自东南部的200毫米递减到西北部的15毫米。盆地年均温均在5℃以下,气温变化剧烈,绝对年温差可达60℃以上,日温差也常在30℃左右,夏季夜间可降至0℃以下。风力强盛,年8级以上大风日数可达25～75天,西部甚至可出现40米/秒的强风,风力蚀积强烈。盆地动物区系具有蒙新区向青藏区过渡的特征。野生动物主要有野骆驼、野驴、野牦牛、黄羊、青羊、旱獭、狼、马熊、獐、狐、獾等。由于垦殖和捕猎,目前野生动物大为减少,有的濒于绝迹。柴达木盆地素有"聚宝盆"之称。已探明矿点200余处,计50余种,其中盐、石油、铅锌和硼砂储量尤丰,食盐总储量达600亿吨左右。盆地现有耕地约4.66万余公顷,集中于东部和东南部绿洲地带,以产粮食、油料为主。

四川盆地

　　四川盆地是中国著名红层盆地,也是中国各大盆地中形态最典型、纬度最南、海拔最低的盆地。位于四川省东部,长江上游,面积约17万平方千米,占四川省面积的35%。四川盆地西依青藏高原和横断山地,北靠秦岭山地与黄土高原相望,东接湘鄂西山地,南连云贵高原。为丘陵性盆地,底部以丘陵为主,次为低山和平原。盆地边缘多低山和中山,山势陡峻,岭谷高差都逾500～1000米,素有"蜀道难,难于上青天"之说。盆地底部海拔多数在250～700米,地势

此为李白名作《蜀道难》中"蜀道之难难于上青天"的诗意图。由清代袁耀创作。

东南倾,盆地内各河流均由边缘山地汇聚盆地底部的长江干流,形成向心状水系。地表为大面积的中生代紫红色砂岩与泥岩所覆盖,故称"红层盆地",是中国中生代陆相红层分布最集中地区。四川盆地地形闭塞,气温高于同纬度其他地区。降水充沛,"巴山夜雨"自古闻名。盆地区雾大湿重,云低阴天多,故有"蜀犬吠日"之说。四川盆地是中国动植物种类最多、最齐全的地区之一。盆地西缘山地是中国特有而古老动物保存最好、最集中的地区,有大熊猫、小熊猫、金丝猴、白唇鹿、雪豹、大鲵、鸳鸯血雉、红腹角雉等珍稀动物。植物近万种,古老而特有种之多为中国其他地区所不及。四川盆地有"天府之国"的美誉。土地利用率高达 30 ~ 40% 以上,是中国最大的水稻、油菜籽产区。蚕桑、柑橘、油桐、白蜡、五桔子、银耳、黄连等产量均居中国第一。

南阳盆地

南阳盆地位于河南省境西南部,三面环山,北为伏牛山地,东为桐柏山地,西为丹江和唐白河间的分水岭,是一个向南开口的扇形盆地。盆地海拔在 140 ~ 200 米左右。岗地间隔以浅而平缓的河谷凹地,呈和缓波状起伏,常"起岗不见岗,走凹不见凹"。盆地中部为冲积平原。盆地内有唐河、白河等主要河流,气候温和,降水充沛,土壤肥沃,适宜农耕。这里盛产小麦、杂粮、水稻和棉花、芝麻、烟叶等,是河南省商品粮、油、棉、烟基地之一,相传诸葛亮曾躬耕于此。

十一、海洋、海峡、海湾

黄海

黄海是中国大陆与朝鲜半岛之间的陆架浅海。黄海因为古时黄河水流入，海水呈现黄褐色而得名。黄海西临山东半岛和苏北平原，东边是朝鲜半岛，北端是辽东半岛，南北长 870 千米，东西宽约 556 千米，面积约为 38 万平方千米。平均水深 44 米，最深处在黄海东南部，约为 140 米。主要入海河流有淮河河系、鸭绿江和朝鲜的大同江。主要海湾有胶州湾、海州湾，东有西朝鲜湾和江华湾，海洋学家按照黄海的自然地理等特征，习惯将黄海分为北黄海和南黄海。黄海的水温年变化为 15～24℃。黄海海水的盐度也较低，为 32‰。黄海寒暖流交汇，水产丰富，沿岸地势平坦，面积宽广，适宜晒盐。

渤海

渤海是中国最北的近海，也是中国最浅的半封闭性内海。渤海古称沧海，因地处北方，也有北海之称。三面环陆，与辽、冀、鲁、津相邻，东渤海海峡与黄海相通。海峡的南北两侧，有山东半岛与辽东半岛钳形扼守。渤海南北长约 556 千米，东西宽约 236 千米，总面积 7.7 万平方千米。由辽东湾、渤海湾、莱州湾和中央海盆组成，平均深度 18 米。入海的主要河流为黄河、辽河、滦河和海河。有 30 多个岛屿，其中较大的有南长山岛、砣矶岛、钦岛和皇城岛等，总称庙岛群岛或庙岛列岛，渤海水温变化受北方大陆性气候影响，平均水温 11℃，2 月在 0℃左右，8 月达 21℃。严冬来临，除秦皇岛和葫芦岛外，沿岸大都冰冻。由于大陆河川大量的淡水注入，所以渤海海水中的盐度是最低的，仅为 30‰。渤海还是盛产对虾、蟹和黄花鱼的天然渔场。

东海

东海是中国陆架最宽的边缘海。位于上海、浙江和福建以东，北连黄海，在台湾岛以北和日本琉球群岛以西，南临南海。东海南北长约 1300 千米，东西宽约 740 千米。东海海域面积 77 万平方千米，平均水深 370 米左右，最大水深 2719 米。东海海水透明度较高，能见到水下二三十米的地方。东海海域比较开阔，我国一半以上的岛屿分布在这里。流入东海的江河，长度超过 100 千米的河流有 40 多条，其中长江、钱塘江、瓯江、闽江等四大水系是注入东海的主要河流。主要海湾有杭州湾、象山湾、三门湾和乐清湾等。东海位于亚热带，年平均水温 20～24℃，年温差 7～9℃。与渤海和黄梅相比，东海有较高的水温和较高的盐度，潮差 6～8 米，水呈蓝色。东海有我国著名的舟山渔场，盛产大、小黄鱼和墨鱼、带鱼。

南海

南海是亚洲三大边缘海之一，是我国最深、最大的海，也是仅次于珊瑚海和阿拉伯海的世界第三大陆缘海。他的南缘是曾母暗沙，也是中国领土的最南端。

南海自古以来就是中国的固有领土，南海诸岛是我国最早发现、命名、开发经营、进行管辖和行使主权的。南海与南海诸岛是我国神圣领土不可分割的一部分。

南海平均深度 1212 米，最深处达 5559 米。海底地形复杂，主要以大陆架、大陆坡和中央海盆三个部分呈环状分布。中央海盆位于南海中部偏东，大体呈扁的菱形，海底地势东北高、西南低。大陆架沿大陆边缘和岛弧分别以不同的坡度倾向海盆中，其中北部和南部面积最广。在中央海盆和周围大陆架之间是陡峭的大陆坡，分为东、南、西、北四个区，南海海盆在长期的地壳变化过程中，造成深海海盆，南海诸岛就是在海盆隆起的台阶上形成的。其东沙群岛位于北部陆坡区的东沙台阶上；西沙群岛和中沙群岛则扎根于西陆坡区的西沙台阶和中沙台阶上；南沙群岛形成于南陆坡区的南沙台阶上。

南中沙群岛共有大小岛礁 200 多

个，一般按照它们在海面上下的位置分为五类：

（1）岛。即露出海面、地势较高、四面环水的陆地。岛的形成时间较长，陆地形状不易受台风吹袭而变形，面积相对较大，一般有植物生长。我国西南中沙群岛的岛屿属于海洋岛，有珊瑚岛（沙岛、岩岛）、火山岛之分。沙岛是由珊瑚碎屑、贝壳碎屑和其他沙粒堆积在珊瑚礁礁盘上，日积月累而形成的珊瑚沙岛，西南中沙群岛绝大部分是这一类岛屿，岩岛是由珊瑚沙岩和珊瑚石灰岩结成的坚固的珊瑚岩岛，西沙群岛中的石岛就是一个典型的岩岛。火山岛是由海底火山喷发物质堆积而成的岛屿西沙群岛中的高尖石是南海诸岛中唯一的火山岛。

（2）沙洲。即已经露出海面的陆地，一般不被海潮淹没，只是台风和大潮时才被淹没。沙洲的外形不稳定，面积较小，由于受潮水冲刷，植物很少生长。沙洲和沙岛一样，是由大量松散的珊瑚碎屑、贝壳碎屑和其他泥沙堆积在礁盘上而形成的。沙洲和沙岛的区别在于：形状稳定与否，离海面高低，面积大小，植物多寡等。

（3）暗礁。即接近海面的珊瑚礁体。涨潮时多数被淹没，退潮时多数可露出水面。有巨大礁盘的暗礁，经过地壳上升的作用，或者经过海浪的冲积，是形成沙洲的良好地点。我国渔民称之为"线"、"沙"、"铲"等等。

（4）暗沙。即淹没在水下的较浅的珊瑚沙层或珊瑚礁滩，海水最低潮时也露出水面，也可以说它是水下的珊瑚沙洲。我国最南的领土曾母暗沙就是这一类的沙洲，它的面积有 2.12 平方公里，最浅处仅有 17.5 米。

（5）暗滩。即隐伏在水面以下较深处的珊瑚礁滩地。暗滩由海底突起，滩面呈广阔平坦的台状，偶有礁墩向上隆起，甚至上升到海面附近。

南海和南海诸岛全部在北回归线以南，接近赤道，属赤道带、热带海洋性季风气候。由于接近赤道，接受太阳辐射的热量较多，所以气温较高。年平均气温在 25～28℃。最冷的月份平均温度在 20℃以上，最热时极端达 33℃左右。气温虽高，但有广阔的海洋及强劲的海风调节，并无酷热。一年中气温变化不大，温差较小。广阔的南海和西太平洋有丰富的水汽来源，大量水汽受各种各样条件的作用形成丰沛的降水。其中台风雨约占三分之一。南海诸岛年平均降雨量在 1300 毫米以上。但是雨量的季节分配不均匀，具有集中于夏半年的特点。如西沙群岛的永兴岛年降雨量1392 毫米，而在 6～10 月的降雨量却达1040 毫米，占全年降雨量的七成多。

南海海域有丰富的油气资源，含油气构造 200 多个，油气田大约有 180 个，大概在 230 亿至 300 亿吨之间，相当于全球储量的 12%，约占中国石油总资源量的三分之一，被科学家们称之为"第二个大庆"。仅仅在南海的曾母盆地、沙巴盆地和万安盆地的石油总储量，就将近 200 亿吨。

南海渔业资源丰富，盛产海电、海参、牡蛎、马蹄螺、金枪鱼、红鱼、鲨鱼、大龙虾、梭子鱼、墨鱼、鱿鱼等热带名贵水产。

台湾海峡

台湾海峡是贯通中国南北海运的要道，位于福建省和台湾省海岸之间，它的范围是福建省闽江口黄歧半岛北茭咀，与台湾岛的富贵角联线为其北界；南界为台湾岛南端的猫鼻头至福建的诏安头联线。

台湾海峡走向大致为北东—南西，南北长约 370 千米。海峡北窄南宽，北口宽约 200 千米，南口宽约 410 千米，最

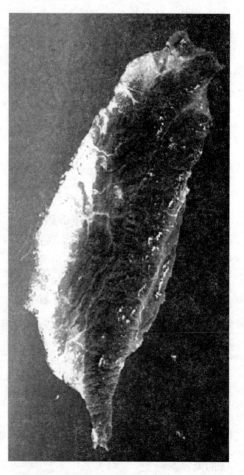

美丽的台湾岛

窄之处在台湾白沙岬(台湾新竹西北海岸)与海坛岛之间,仅为130千米左右。海峡面积约83000平方千米。在地质时代,台湾海峡曾经历过多次海陆变迁。在古生代和中生代,该海峡还是"华夏古陆"的一部分。第三纪新生的一次大规模海浸,使整个海峡两岸均成为海面;中新世喜马拉雅山造山运动中,台湾和澎湖列岛耸起成为陆地,形成台湾海峡的基本轮廓;第四纪冰期之后(约6000年前),世界性的海浸运动又形成了如今的台湾海峡。

处于中国东海大陆架上的台湾海峡,地形起伏不平,北部水深60至80米,南部水深40至50米,平均水深约60米。海峡中有一个东北—西南向的隆起带,由台湾浅滩、台中浅滩和澎湖列岛组成。东西两侧各有20米和50米水深的两级阶地。东侧阶地较窄,50米等深线距岸一般为10至20千米;西侧阶地向外延伸,宽度较大,50米等深线距岸达40至50千米,并在几处河口外有横切的峡谷。南口有台湾浅滩,与西南阶地相连,由900余个水下沙丘组成,呈椭圆形散布,东西长约140千米,南北宽约75千米,水深10至20米,最浅处8.6米,滩上有急流,水文情况复杂。台中以西的台中浅滩,与东部阶地相连,东西长100千米,南北宽18至15千米,水最浅处9.6米。两浅滩之间为澎湖岛岩礁区,南北长约70千米,东西宽46千米,由岛屿、礁石和许多水下岩礁组成,北部岛礁分布较集中,水道狭窄;南部岛礁分散,水道宽阔。

澎湖列岛与台湾本岛之间有澎湖水道,南北长约65千米,宽约46千米,为地壳断裂形成的峡谷,水深由北部70米逐渐向南渐深至160米;再往南延伸,水深达1000余米,是连通南海海盆的海峡最深处。澎湖水道为台湾西岸南北之间和台澎之间联系的必经通道。另一峡谷为八罩水道,东西走向,宽约10千米,水深70余米,分澎湖列岛为南北两群,为通过澎湖列岛的常用通道。

海峡海底底质中部为细沙,东部以细沙为主,近岸处偶有粗沙和软泥,台湾岛南北端近岸有部分岩底。澎湖列岛附近主要为沙底,并有砾石和基岩外,主要为粉沙质黏土软泥。

海峡位于亚热带、北热带季风气候区。中部气候平均最高28.1℃。西北受大陆影响,气温年差较大;东南部受海洋性气候影响,年温差和日温差较小。10月至翌年3月多东北季风,风力达4至5级,有时在6级以上。5至9月多西南季风,风力3级左右。7至9月多热带气旋,每年平均受热带风暴和台风影响平均5至6次,中心通过平均2次。海峡虽阴雨天气较多,但与两岸相比降水量较少,年降水量800至1500毫米;东北季风期、西南季风期多,秋季较少。海峡中雾日较少,澎湖列岛年平均3至4天;两侧近岸雾日较多,东山、马祖列岛和高雄一带,每年超过30天,其余在20天以下。

受黑潮影响,海峡水温较高,盐度和透明度较大。年平均表层水温为17至23℃,1至3月水温最低,平均12至22℃;7月最高,平均26至29℃。透明度东部大于西部。水色东部为蓝色,西部为蓝绿色,河口或气候不良时呈绿黄色。台湾海峡的潮汐情况比较复杂,福建沿岸、澎湖列岛和海口泊地以北台湾的西海岸为正规半日潮;海口泊地以南台湾西海岸为不正规半日潮；其中冈山至枋寮段为不正规全日潮。潮差西部大于东部，西部金门岛以北为 4 至 6 米，往南显著减小；东部中间大于两端，后龙港达 4.2 米，海口泊地和淡水港为 2.6 米，海口泊比以南为 0.6 米，澎湖列岛 1.2 至 2.2 米。后龙港至海坛岛一线以北，涨潮流向西南，落潮流向西北，流速 0.5 至 2 节；以南流向与上述相反。流速在澎湖列岛附近较大，东南部可达 3.5 节。

海峡处于东海风浪较大地区。涌浪多余风浪，以 4 级浪最多，占全部海浪的 42%，5 级占 28%，大于 5 级的占 8%。在东北季风季节，以东北—北向浪为主。西南季风季节以西南—南向浪为主，在冬季寒潮和夏季热带气旋影响下，可形成 8 至 9 级浪。海流为北上的黑潮西分支和南海流及南下的浙闽沿岸流所控制，并受季风影响。夏季沿岸流停止南下，整个海峡为西南季风流和黑潮西分支结合的东北流，流速一般 0.6 节，澎湖水道达 2.3 节。冬季受东北季风影响的沿岸流南下，西部和中部为西南流，流速约 0.5 节；东部的东北流减弱，当东北风强劲时，表层甚至改变为西南流。

渤海海峡

中国第二大海峡，位于黄海和渤海，山东半岛和辽东半岛之间，是渤海内外海运交通的唯一通道。海峡向东连接黄海，向西连接渤海，是黄海和渤海联系的咽喉要道；海峡南北相距约 105 千米，北起辽宁大连老铁山，南至山东烟台蓬莱阁。

新生代第四纪以来，渤海海峡时而成陆，时而被水淹没。如今海峡为全新世海侵淹没而成，中国辽东半岛和山东半岛之间的狭长水道，南北相距约 90 多千米，黄海和渤海的联系咽喉，海峡中的庙岛群岛，把海峡分割成 8 条宽窄不一的水道，自北而南有老铁山水道，大、小钦水道，北砣矶水道，南砣矶水道，长山水道，登州水道等。北部水道宽而深，南部水道窄而浅。老铁山水道最深处 83 米，登州水道仅 10～30 米，其余在 20～40 米之间。商船常走老铁山、长山、庙岛三条水道。庙岛群岛为渔场。

庙岛群岛

海峡属暖温带季风气候,通常春暖晚,冬冷迟。月平均气温:1月-22℃,8月23.9℃。6~9月为雨季,年平均降水量471~553毫米。全年平均大风日70天以上,冬季多西北风和北风,夏季多南风和东南风。年雾日15~37天,以6~7月最多。属正规半日潮型,最大潮高不足2米。寒潮时,潮差减小,潮时无规律。

渤海海峡是我国海防要地,渤海海峡南北长57海里,有大小水道10余条,是进出渤海的咽喉要道,北京和天津的门户。历史上进入北京和天津的外国海军都是从渤海海峡进出的,在未来反侵略战争中,控制渤海海峡是从海上保卫华北地区的重要战略措施。

位于渤海海峡中、南部中的庙岛群岛,由32个大小岛屿组成,面积52平方千米。庙岛群岛属于丘陵地带,南部岛屿多,岸坡缓冲,北部岸陡水深,西部岛屿多为岩岸,东部岛屿多为砾石滩。庙岛群岛纵列于渤海海峡,是山东半岛和辽东半岛的桥梁,黄海和渤海的咽喉,北京和天津的门户。庙岛群岛本来有利于构筑工事,封锁渤海海峡。但是,旧中国岛上无防御设施,致使外敌随意进出渤海。第二次鸦片战争期间,英、法联军三次通过庙岛群岛,进出渤海,登陆塘沽。在日俄战争、日德战争期间,日军都以庙岛群岛为基地,进攻旅顺和龙口。在未来的反侵略战争中,庙岛群岛仍然是外敌入侵的重要途径。

琼州海峡

琼州海峡,位于中国海南岛与雷州半岛之间,沟通北部湾与南海的重要通道。是海南岛与广东省的雷州半岛之间所夹的水道,因海南岛的别称琼州岛而得名。

琼州海峡东西长约80千米,南北平均宽为29.5公里,最宽处直线距离为33.5公里,最窄处直线距离仅18公里左右。

海峡全部位于大陆架上,海底地形周高中低,为北东—南西向狭长矩形盆地,中央水深80~100米,东、西两口地势平坦,水深较浅。海峡区海流较强,夏季西南季风盛行,海流自西向东流动,流速大,其他季节均由东向西流动,流速小。海峡是东南沿海进入北部湾的海上要冲。

在中国华南地区,海南岛与大陆上广东省的雷州半岛遥遥相望。它因海南岛又名琼州岛而得名。它是我国的三大海峡之一。琼州海峡最宽处直线距离为33.5公里。

琼州海峡南岸南渡江三角洲凸出于海峡中,其突出点成为海峡南岸东端的岬角,后海至天尾间的礁石群便成为南岸西端的岬角,北岸西端的突出点为灯楼角,东端的突出点为排尾角。琼州海峡与渤海海峡、台湾海峡比较,有四点相异之处:地理纬度低;是岛屿与半岛之间的水道;海峡海底地形是一个潮流深槽;海峡中没有岛屿。

从地质学上讲,琼州海峡位于海南岛和雷州半岛断陷的中部,而断陷指的是受地壳断裂带造成的地块下陷。根据最新研究,从晚第三纪(距今2500万年前—250万年前)开始,由于地壳断裂和地块差异性运动,导致雷州半岛与海南岛之间地块断裂下沉,形成地堑式凹陷。冰后期海平面上升,海水淹没了凹陷潮流的反复冲刷,波浪和河流的长期塑造,最终形成今日的琼州海峡。而6000多年来,海面上升到与目前相当位置后,地壳运动的升降趋小。

琼州海峡两岸的海岸曲折,呈锯齿状,岬角和海湾犬牙交错,而它的海底基本上是个潮流通道,其大体组成为一个中央潮流深槽及东西两端两个潮流三角洲。深槽是潮流强烈冲刷的地方,槽内地形起伏不定,深槽主槽轴水深大于80米。在深槽形成的深水盆地中,却还断断续续地分布着椭圆形的隆起地形,它是由潮流冲蚀而成的。

琼州海峡东口,在水深30米以内发育着一个潮流三角洲。其间浅滩和水道相间分布。它们从海峡东口向东大致呈扇状辐射排列。

在海峡西口,水深20米以内也发育着一个潮流三角洲,其间长条形的浅槽和水下浅滩相间分布,它们自海峡西口向西北方向呈辐射状排列。

亚龙湾

亚龙湾具有得天独厚的自然条件,银色的沙滩,沙粒洁白细软;海水清澈澄莹,能见度极高;海底资源丰富,有珊瑚礁、各种名贵贝类等。此外,这里还有未被破坏的山峰、原始粗犷的植被……这里是一个真正的人间天堂,神奇而美丽,被誉为"天下第一湾"。

亚龙湾位于海南省三亚市东南28千米处,是海南省最南端的一个半月形海湾。这里三面环山,南面向大海敞开。除阳光、海水、沙滩俱佳外,还有奇石、怪滩、田园风光等,风景各具特色,素有"三亚归来不看海,除却亚龙不是湾"的美誉。1992年10月,经国务院批准,在这里成立了国家级的旅游度假区。

亚龙湾气候宜人,自然风光优美。绵软细腻的沙滩绵延伸展约8千米,长度约是美国夏威夷的3倍。海湾内波平浪静,海水清澈澄莹。海湾面积66平方千米,可同时容纳10万人嬉水畅游,数千只游艇游弋追逐。

亚龙湾海底资源十分丰富。在9平方千米的珊瑚礁保护区内,在湛蓝、透明、清澈的海水里,生活着世界上保护最完整的、种类繁多的硬珊瑚和软珊瑚,以及众多形态各异、色彩缤纷的热带鱼种。

亚龙湾蝴蝶谷位于亚龙湾国家旅游度假区的北部,它是巧妙利用热带季雨林的自然植被环境建成的大型网式园区,占地面积1.5万平方米,是中国目前最大的网式蝴蝶园。

这里设有蝴蝶标本展览馆、蝴蝶生态观赏园、工艺品制作室、蝴蝶繁殖园和以蝶文化商品为主的购物中心。另外,蝴蝶谷按蝴蝶形态设计了5个展厅及1个前厅。展厅内展出了我国各省市比较名贵的代表性品种和世界各地的名贵蝴蝶与昆虫标本500多种,例如,这里有生活在新疆天山等高寒地区的圆润剔透的绢蝶,有生活在海南岛上的被誉为"蝶王"的金斑喙凤蝶,还有巨型翠凤蝶、银辉莹凤蝶、太阳蝶、月亮蝶等世界名蝶。

"天涯海角"位于距三亚市区20多千米的海滩上。滩上的崔嵬巨石,经海水拍打、风雨侵蚀了千万年之后,棱角消失,浑圆光滑。在最醒目的一座立石上,刻有"天涯"二字,为清雍正十一年(1733年)崔州州守程哲所书;石柱右侧的一块卧石上,刻有"海角"二字。

"天涯海角"以白沙巨磊的自然奇观、悠久独特的历史文化和多彩浓郁的民族风情而驰名海内外。这个远离中原的地方,曾是古人被贬谪充军的处所,唐、宋几位名臣都曾在此谪居过。然而,这里现在却已成为闻名遐迩的旅游胜地,让无数人心驰神往。

十二、岛屿

东沙群岛

位于汕头市以南约 260 千米、珠江口东南方约 315 千米,是我国南海诸岛四大群岛中位置最北和最小的群岛,由东沙岛、东沙礁和南卫滩、北卫滩等组成。

中沙群岛

中国南海诸岛中位置居中的群岛。主要部分由隐没在水中的 33 座暗沙、滩、礁、岛所组成。中沙大环礁是南海诸岛中最大的环礁,全为海水淹没,水深一般 9～26 米。黄岩岛是中沙群岛中唯一露出水面的环礁,为海盆中的海山上覆珊瑚礁而成。中沙群岛虽为隐伏在水中的暗沙群,但距海面较近,面积广大,因此对海面影响甚巨。

西沙群岛

在距海南岛约 180 海里的东南海面上,有一片由大大小小的珊瑚岛组成的岛屿群,那就是充满神秘色彩的西沙群岛。西沙群岛又名宝石岛,是中国南海四大群岛之一。它时时展现出独具热带风情特色的岛屿风光:茂密的乔木林,碧蓝如洗的大海,连绵数千米、陡峭壮观的珊瑚礁林,五光十色、清晰可见的海底世界……

西沙群岛坐落在海南岛东南大陆坡的台阶上,与东沙群岛、中沙群岛、南沙群岛共同组成了中国最南端的疆土。西沙群岛从东北向西南方向伸展,在 50 多万平方千米的海域里,分布着 32 座岛屿、8 座环礁、1 座台礁和 1 座独立的暗礁,它们的基底是在水深 900 至 1000 米

西沙东岛

的基座上发展起来的前寒武纪的花岗片麻岩和火山碎屑岩。

1959年,我国人民海军官兵正式进驻西沙永兴岛,直接对西沙群岛、南沙群岛、中沙群岛及其海域进行管理,再次向世界表明:西沙群岛是中国神圣不可侵犯的领土。

西沙群岛主要由宣德群岛和永乐群岛组成。东半部是宣德群岛,由赵述岛、北岛、中岛、南岛、石岛、东岛和永兴岛7个主要岛屿组成;西半部是永乐群岛,由甘泉岛、珊瑚岛、金银岛、晋卿岛、琛航岛、广金岛、中建岛7个主要岛屿组成。

西沙群岛中,最大的是永兴岛,面积为2.1平方千米;其次是东岛,面积为1.60平方千米;再次是中建岛,面积为1.20平方千米;其余各岛面积都在0.40平方千米以下。

由于远离大陆,人迹罕至,所以群岛四周的海水十分清澈,最高能见度可以达到40米。坐在船上近看,海水总是那么清澈幽蓝;站在岸边远看,整个海面就像一块巨大的深蓝色的绸缎在随风飘动,十分美丽。因此,对于久居内陆的人来说,这里的确是真正的"海上仙岛"。

永兴岛平均海拔为5米,地势平坦。岛的四周被沙堤所包围,中间较低,是次成潟湖干涸后形成的洼地。

永兴岛岛屿面积大,植物茂盛,淡水充足,中央低地不积水,且有高大沙堤防风,是南海诸岛中地理环境最优越的一个岛。

在岛的西部还有一片被称为"西沙将军林"的椰林,这些椰树是党和国家领导人以及100多位将军先后栽种的,每一棵椰树上都刻着栽种者的名字。

此外。岛上的人文景观还有日本人留下的旧炮楼、国民党所立的收复纪念碑和人民政府设立的南海诸岛纪念碑——历史的痕迹在这里被清晰地保留了下来。

西沙群岛是海鸟的天下。据统计,西沙群岛上栖息的海鸟有40多种,常见的有鲣鸟、乌燕鸥、黑枕燕鸥、大风头燕鸥和暗缘乡眼等。在这些鸟中,最有趣的是鲣鸟。它们会在大海中给渔船导航:早上,渔民根据鲣鸟集结和寻食的方向,驾船扬帆前去撒网捕鱼;傍晚,再根据笆们飞回的路线,把渔船从茫茫大海驶往附近的海岛停泊。因此,渔民们都亲切地称鲣鸟为"导航鸟"。

西沙群岛是我国主要的热带渔场,这里共有珊瑚鱼类和大洋性鱼类400余种,是捕捞金枪鱼、马鲛鱼、红鱼、鲣鱼、飞鱼、石斑鱼的重要渔场。

除了鱼类,这里的海产品还有海龟、海参、珍珠、贝类、鲍鱼、渔藻等。其中比较名贵的有"海龟之王"棱皮龟、"海参之王"梅花参,还有世界上最著名的珍珠——南珠。

南沙群岛

在南中国海最南端的浩瀚海面上,散布着一簇簇美丽的珊瑚岛屿,它们构成了椭圆形的珊瑚礁群,这就是南海诸岛中分布范围最广、岛礁最多的南沙群岛。南沙群岛十分富饶,这里海洋生物、油气、矿产资源十分丰富;两栖生物丰富,水产种类繁多;海滩似玉,海鸟群集;绿洲如茵,热带海洋风光美不胜收……

南沙群岛在我国古代有"千里长沙,万里石塘"之称。它北起雄南滩,南至曾母暗沙,东至海里马滩,西到万安滩,南北长500多海里,东西宽400多海里,水域面积约82万平方千米,约占南中国海传统海域面积的2/5。

它地处太平洋和印度洋之间的国际航道要冲,是扼守马六甲海峡、巴士海峡、巴林塘海峡、巴拉巴克海峡的关键所在,又位于越南的金兰湾基地和菲律宾的苏比克湾基地之间。这种独特的地理位置决定了它重大的战略价值。

南沙群岛由许多岛、洲、礁、滩等组成,但在这些"陆地"中,露出海面的部分仅占1/5。同时,这里的水下地形十分复杂,群岛边缘水深超过2000米,因此此地又被称为"危险地带"。

曾母暗沙位于南沙群岛南端,是中国领土的最南端。它远离大陆岸线已有数千千米,北距大陆雷州半岛971.9海里,与马来西亚仅有一步之遥。

曾母暗沙海水最深处有40米,最浅处为17.5米。其形状如纺锤,面积为2.12平方千米,主体是丘状珊瑚暗礁,也可称为礁丘,礁丘脊部呈北西走向。

礁丘表面崎岖不平,由以珊瑚为主体的造礁生物组成,上面还有很多附礁生物。据水下电视观察,在水下25米以内活珊瑚生长较好,滨珊瑚、蜂房珊瑚、厚丛珊瑚和蔷薇珊瑚等较普遍,尤以中华蔷薇珊瑚为优势种类,礁栖生物也较丰富。但在25米以下的礁体表面,活珊瑚则很少,只有一些附礁生物稀疏地生长在礁石上。在礁石之间的凹坑内堆积着钙质生物碎屑,其中软体动物壳屑较多,其次为苔藓虫和有孔虫,还有少量钙藻、棘皮类和八射珊瑚骨针。

明代航海家郑和七下西洋,即是经南沙群岛向印度洋、非洲挺进的。后人

郑和像

为了纪念这位大航海家,便以他的名字来命名南沙群岛中最大的环礁,称为郑和群礁。

在郑和群礁内,有多处沙洲、暗礁、礁暗滩等,环礁内部是风平浪静的潟湖。水深达10余米,是天然的避风良港。在郑和群礁边缘,以西北角的太平岛为起点,又依次发育有敦谦沙洲、泊兰滩、安达礁、鸿麻岛、南薰礁等岛礁。这里地势复杂,水道险要。

太平岛是南沙群岛中最大的岛屿,东西长1383米,南北宽416米,面积为0.432平方千米。

岛上淡水资源丰富,植被茂密,盛产椰子、木瓜、香蕉、菠萝蜜等热带水果。此外,还有不少海鸟在岛上栖息繁衍,竟积下了1米多厚的鸟粪。

抗战胜利后,中国政府派太平号军舰从日本军队手中接收此岛,因此用"太平"二字作为它的名字。渔民则习惯称之为"黄山马"或"黄山马峙"。该岛现为中国台湾当局管辖。

南沙群岛靠近赤道,属热带海洋性季风气候,月平均气温在 25 至 29 摄氏度之间,雨量充沛,为植物的生长提供了良好条件。岛上生长着各种果树,如椰树、木瓜、野芒果、羊角蕉等,有些树甚至高达 30 多米,显得俊秀挺拔。

这里还繁衍着各种热带海洋动物,其中海龟、玳瑁、大龙虾、梅花参等均是南沙群岛的珍品。海龟是生活在热带海洋中的大型爬行动物,最大的重达千余斤,一般亦可达三四百斤。雌海龟们每年夏秋之交会爬到沙滩上挖洞产蛋,每只海龟每次产蛋 100 个以上,海龟蛋形状和大小酷似乒乓球。随后,海龟用沙子将蛋掩埋好,从容地回到大海。

另一种形近似海龟的珍稀动物叫玳瑁,渔民称之为"十三鳞"。玳瑁形似海龟,其背部角板上布满了有光泽的黄褐色条纹,其嘴形像鹦鹉。

南沙群岛海域还蕴藏着石油、天然气、铁、铜、锰、磷等多种资源。其中油气资源尤为丰富,地质储量约为 350 亿吨,主要分布在曾母暗沙、万安西和北乐滩等十几个盆地,总面积约 41 万平方千米,而且,仅曾母暗沙盆地的油气储量就有 126 至 137 亿吨。因此,南沙群岛有"第二个波斯湾"之称。

澎湖列岛

澎湖列岛位于台湾海峡南部,是中国台湾省最早开发的地方。澎湖设县,全县由澎湖本岛及周围 63 个岛屿组成,这些岛屿统称为澎湖列岛。

澎湖列岛居台湾海峡的中心地带,就像大大小小的珍珠、玉石镶嵌在万顷碧波之上。历史上,它曾是大陆移民去台湾岛的踏脚石,故有"台湾海峡之键"、"海上桥墩"之称。又因为它是亚洲东部的海运要冲,所以也被称为"东南锁钥"。

澎湖列岛扼守台湾海峡海上交通要冲,东隔澎湖水道,与台湾岛相对,最短距离约 24 海里;西面与祖国大陆福建省厦门市隔海相望,最短距离约 75 海里。澎湖列岛是控制台湾海峡之锁钥,也是通往东南亚各国的海上交通要道。

澎湖列岛中的岛屿,按位置可分为南、北两个岛群:南岛群在八罩水道以南,包括望安岛(八罩岛)、七美屿、花屿等,几乎所有岛都为火山岛,组成岛的岩石均为第四纪玄武岩;北岛群分布在八罩水道以北,包括面积最大的澎湖岛和渔翁岛(西屿)、白沙岛等。

澎湖列岛区域内地势平坦,无河川山岳;土壤层浅薄,且均为红棕土壤,肥力不足。岛上的年降水量在 1000 毫米以上,降水多集中在夏季,但是年蒸发量却高达 1800 毫米,因此岛上严重缺水。

每年 10 月至翌年 3 月吹东北风,风速最高可达每秒三四十米,相当于中等强度的台风。因此,冬天的澎湖列岛就像一只"风柜"。这种强劲的风挟带着海水泡沫,当地人称其为"火烧风"。火烧风所到之处,树木植物无不焦枯。

岛上水源缺乏,加上海风强劲,不利于农作物生长,仅能种植甘薯、花生等。但 80 年代中期,这里曾试种成功西瓜、哈密瓜、丝瓜,号称澎湖"三瓜"。不过,全县所需的粮食、蔬菜、水果等,大部分仍依赖台湾本岛供应。岛上现有人口约 9 万,居民为汉族,世居人口中以福建泉州人最多。

澎湖列岛上的农田四周有许多用珊瑚礁石砌成的防风墙。珊瑚礁石表面凹凸不平,遇水微溶,然后再胶结起来。因而用它砌成的墙经过长年风吹雨打以后,不仅不会坍塌,反而更紧密地胶结在一起,十分牢固。

澎湖一带的老房子也多用珊瑚礁石砌筑而成。迄今为止,这种墙壁仍是澎湖建筑景观的一大特色,被称为"蜂巢墙"。

澎湖列岛上的"妈祖宫"是我国台湾地区最古老的妈祖庙,也是台湾历史最悠久的古迹之一。

澎湖岛又称马公岛,马公即"妈宫"的谐音。相传,"妈祖宫"始建于元朝后期,可谓历尽沧桑。如今,庙内墙垣斑驳残缺,但细看时仍能发现这座具有闽南特色的庙宇建筑结构精巧、浮雕技艺精湛、庄严古朴。正殿重檐燕尾脊凌空欲飞,线条流畅。檐下梁柱、柱础石鼓、窗棂及殿内各处的装饰性雕刻,无不栩栩如生。

舟山群岛

舟山群岛古称海中洲,它是中国沿海最大的群岛,有"千岛之城"的美誉。这里秀岩嶙峋,奇石林立,异礁遍布,风光秀丽,是国家重点海上风景区。

由于附近海域自然环境优越,饵料丰富,为不同习性的鱼虾洄游、栖息、繁殖和生长创造了良好的条件,因而这里的海洋生物种类和数量都极其丰富,舟山群岛也由此赢得了"东海鱼仓"和"祖国渔都"的美称。

舟山群岛是我国大陆海岸线的中心,也是长江、钱塘江和甬江的出海口。它北起嵊泗列岛花鸟山,南至六横岛,由1339 座大小岛屿组成,约相当于我国海岛总数的 20%。它隶属于浙江省舟山市、岱山县、嵊泗县,陆地面积达 1371 平方千米,是中国沿海最大的群岛。

舟山群岛的主要岛屿有泗礁山岛、大衢山岛、岱山岛、舟山岛、金塘岛、普陀山岛、朱家尖岛、桃花岛和六横岛等,其中面积在 1 平方千米以上的岛屿有 58 个。整个岛群沿北东走向依次排列,南部大岛较多,岛屿海拔较高,且排列密集;北部多为小岛,岛屿海拔较低,且分布较散。

在舟山群岛中,舟山岛最大,面积为 469.3 平方千米,是浙江省第一大岛和全国第四大岛。

钓鱼岛列岛

钓鱼岛列岛位于台湾岛东北约 200 千米处,包括钓鱼岛、黄尾屿、冲北岩、冲南岩、北小礁(岛)、南小礁(岛)、赤尾屿。以钓鱼岛最大,约 4.3 平方千米。钓鱼岛列岛的地质构造与彭佳屿、棉花屿、花瓶屿一脉相承,处于台湾海峡的海底陆架向东北延伸带上。这些岛屿分布于东海大陆架上,均属火山岩体丘陵,由海底火山活动形成。明代以来,钓鱼岛就属中国海防管区。明、清两代,凡自闽境出使至冲绳岛琉球王国的那霸港,均经钓鱼岛(钓鱼台)。岛上一直以来无定居人户,唯闽、台等省渔民常到此处海域捕鱼,或作短时寄泊。岛上多山茶、棕榈、仙人掌、海芙蓉等自然植物,亦有其他药用植物。附近海底还有丰富石油蕴藏。

钓鱼岛

辽东半岛

　　位于辽宁省南部,是中国第二大半岛。辽宁省东南部伸入渤海与黄海之间的半岛,东北与长白山毗连,中部为千山山脉。半岛上的河流短促,河谷狭窄,碧流河、大清河等都独流入海。辽东半岛气候温和,是苹果的集中产区和最大的外销基地。半岛南部的大连是中国优良海港之一,风景秀丽,也是著名旅游地。半岛沿海地带是平原,海中有很多岛屿,最著名的有小龙山岛(蛇岛)、长山群岛等。由于海洋气候影响半岛上冬暖夏凉,夏季是避暑胜地。重要的城市有大连、营口、丹东等。

雷州半岛

　　中国第三大半岛,因古雷州而得名。地处广东省西南部,位于北纬21°15′~21°20′,东经109°22′~110°27′。介于南海和北部湾之间,北依岭南丘陵,南隔琼州海峡与海南岛相望,西濒北部湾,南北长约140千米,东西宽约60~70千米,面积8500余平方千米。半岛地势平缓,西北高、东南低,海拔多在100米以下。南部为玄武岩台地,占半岛面积的43.3%;略呈龟背状,台地上多分布有孤立的火山锥,其中石峁岭最高,海拔259米。中西部和北部多为海成阶地,占半岛面积的26.7%,海拔在25米以下。中东部为冲积和海积平原,占半岛面积的17.4%,地形平缓。港湾主要有湛江港、雷州湾、流沙港、乌石港、安铺港。半岛之东近岸海域中有30多个岛屿,较大的岛屿有东海岛、南三岛、硇洲岛、新寮岛和东里岛。半岛是中国热带、亚热带经济作物的重要基地之一,盛产甘蔗、橡胶、剑麻、香茅、花生等。得天独厚的自然环境,造就了旖旎迷人的热带风光,主要风景区有湖光岩、东海岛、粤西热带作物试验站等。

台湾岛

台湾省主岛,中国第一大岛。位于东海南部,西依台湾海峡,东濒太平洋,东北与日本琉球群岛为邻,南隔巴士海峡与菲律宾相望。岛形狭长,从最北端富贵角到最南端鹅銮鼻,长约 394 千米,东西最宽处在北回归线附近,约 144 千米。全岛面积 3.58 万平方千米,约占全省总面积的 99% 以上。

海南岛

海南岛面积 3.39 万平方千米,是中国第二大岛,北面隔宽 20~40 千米的琼州海峡与雷州半岛相望。环岛海岸线长达 1528 千米,水深 5 米以内的面积约有 1116 平方千米。近岸滩涂面积宽大,大有开发利用前景。全岛形状如雪梨,作东北—西南向伸展,四周低平,中间为高耸的穹隆山地。中部为五指山山地,地势高耸,海拔 1000 米以上的山峰有 667 座,主峰海拔 1867 米,主要由花岗岩构成,山间夹有一些局部盆地,如通什、乐东等,海拔在 200 米左右。海南岛河流均由山地向四周流注,形成辐射状水系,如南渡江向北流经海口市入海,昌化江向西流至昌江县入海,万泉河向东流至琼海附近入海,这些河流都比较短小。北部为浅海沉积物和玄武岩组成的宽广台地,海拔多在 50 米以下,台地上也有一些近代火山锥,如临高的高山岭、琼山的雷虎岭等,地形与雷州半岛相似。玄武岩台地以南,儋州、屯昌一带多为花岗岩组成的丘陵。大致在岭口、南丰、和盛一线以南,为高丘(海拔 200~250 米以上)与低山相交错的地段;以北为低丘(海拔 100~200 米)与台地相间的地段。在丘陵分布的地区,常有局部避寒、避风的地形,形成种植热带作物最适宜的小气候。沿海平原主要分布在东、西两侧,大部分为海积平原,是主要的农业基地。由于强风搬运的大量沙粒堆积于沿岸地带,形成大片沙荒地,其宽可达 20~30 千米,多见于本岛的东北和西南沿岸一带。

崇明岛

崇明岛位于长江口,面积 1060.5 平方千米,为中国第三大岛,也是中国最大的冲积岛。在公元 7 世纪前,长江口就出现东沙和西沙,其后沙洲游移不定。现在的崇明岛即是在 16 世纪长沙沙洲的基础上发展起来的。20 世纪 50 年代以来,加固堤防、稳定坍势;同时围海造田,使崇明岛面积扩大了 80%。

鼓浪屿

鼓浪屿与厦门仅一水相隔,全岛面积 1.91 平方千米,是厦门最大的一个卫星岛,常住居民 2 万人。

鼓浪屿终年绿树成荫,花香扑鼻,处处似公园,触目皆佳景,被誉为“海上花园”。同时,它也是我国著名的“钢琴之岛”。

宋朝以前,鼓浪屿名为“圆沙洲”或“圆洲仔”。当时,这个岩石遍布、水草

厦门鼓浪屿风光

丰茂的小岛渺无人烟，只有白鹭、海鸥栖息。宋末元初，渐有嵩屿的渔民出海捕鱼来到这个小岛的西南隅沙坡，以躲避风浪，之后又有李氏家族上岛开发。

鼓浪屿边缘的海滩上有一块高过人头、中有洞穴的礁石，风浪冲击时发出"隆隆"、"咚咚"的声响，酷似鼓声，这块巨大的礁石于是被称为"鼓浪石"，此岛也因此得名"鼓浪屿"。至于正式命名，则是在明朝。明朝万历初年，漳泉名人丁一中在鼓浪屿的最高峰——日光岩上刻下"鼓浪洞天"四个字，鼓浪屿这一岛名遂由此确立。

太阳岛

1979年，著名歌唱家郑绪岚一曲《太阳岛上》让太阳岛名扬海内外。当年来太阳岛观光旅游者骤增，当游人乘舟登岛后，都要问："太阳岛在哪里？"太阳岛风景名胜区坐落在哈尔滨市松花江北岸，与繁华的市区隔水相望，是全国著名的旅游避暑胜地。面积38平方公里，外围保护地带规划控制面积为88平方公里，是江漫滩湿地草原型风景名胜区。关于太阳岛名字的起源，有以下说法：太阳岛是从满语鳊花鱼的音译演变而来，满语对鳊花色有三种叫法：一是普通鳊花称"海花"，一是黑鳊花称"法卢"，还有一种圆鳊花称为"太宜安"，与"太阳"十分相似。即太阳岛的"太阳"是"鳊花鱼"之意。说岛内坡岗全是洁净的细沙，阳光下格外炽热，故称太阳岛。

太阳岛碧水环绕，景色迷人，具有质朴、粗犷、天然无饰的原野风光特色。这里的季象变化十分明显，春季山花烂漫，芳草萋萋，绿叶盈枝，鸟雀齐鸣，流水叮咚，清泉飞瀑，构成一幅万籁俱唱，繁花盈野的景象，具有满园春色关不住之感；夏日，柳绿花红圃草木茂盛，花香四溢，白沙碧水，江涛万顷，游人如织；秋时，枫红柏绿，金叶复径，老圃黄花，层林尽染，乘兴登岛一游，则宛如漫步于色彩绚丽的人间仙境；冬季，飞雪轻舞，玉树银花，银装素裹，构成了一幅独具特色的北国风景画卷，素有"北国风光赛江南"之美誉。

明月岛

明月岛位于齐齐哈尔市区西北七公里的嫩江中游，是一座四面环水的江心岛，面积约 0.8 平方公里。因形同一弯明月倒映在嫩水之上而得名。与哈尔滨市太阳岛景区相携有姊妹岛之称，是北部边疆野趣盎然的自然风景区。这里是乘船游江、野餐露宿、避暑休假的极好场所，冬季是观赏北国风光和开展冰雪活动的旅游胜地。搭乘渡轮上岛，近前是水清沙细的浴场，远望地貌起伏，秀林苍翠，灌木丛生，草坪透迤，繁花胜开，庙宇错落有致，人文景观美不胜收。岛上沙丘、沼泽、湖泊均有分布，地形蜿蜒起伏、复杂多变。500 余种植物，15 万多株树木覆盖着连绵沙丘。春夏时节，灰喜鹊、鹞鹰、江鸥、腊嘴、翠鸟、云雀、百灵、啄木鸟等数十种鸟类在林中竞飞齐鸣。

青海湖鸟岛

鸟岛位于青海湖的西北部、布哈河口以北 4 千米处。岛形好似蝌蚪，面积仅 0.8 平方千米。青海湖鸟岛素有"鸟的王国"之称，有鸟类 163 种，分属 14 目 35 科，总数在上百万只，主要有斑头雁、鱼鸥、棕头鸥、鸬鹚、赤麻鸭等 10 余种，还有凤头潜鸭、普通秋沙鸭、鹊鸭、白眼鸭、斑嘴鸭、针尾鸭、大天鹅、蓑羽鹤、黑颈鹤等候鸟，春天时它们成群结队返回这里，营巢产卵、孵幼育雏。岛上遍地都是各式各样的鸟巢和五光十色的鸟蛋，几乎没有游人插足之地，因此又称为

"蛋岛"。密密麻麻的鸟巢遍布于山崖峭壁上，万鸟齐飞，遮天蔽日。鸟岛观光最佳期为每年的 4~7 月。

珍宝岛

珍宝岛位于黑龙江省东北部乌苏里江主航道中国一侧。该位置原是乌苏里江中国一侧的江岸部分，是乌苏里江江中小岛，后因低洼地段不断受江水和山洪的冲刷，而成为江中岛屿。岛屿形成后，中国边境地区居民上岛盖房搭棚，从事渔猎生产，因老年人居多，故称为"翁岛"。由于该岛形似元宝，故称"珍宝岛"。岛上林木茂密，有柳、榆、杨和山丁及其他杂树。该岛水产资源丰富，有大马哈鱼洄游。珍宝岛—五林洞公路为珍宝岛对外联系主要通道。

西湖孤山岛

孤山，闻其名便知乃湖中一孤峙之岛，白居易称之为"蓬莱宫在水中央"。南宋这里兴建四圣延祥观和西太乙宫，作为御花园，清康熙年又辟为行宫所在地。孤山自然风景绝佳，历史文化积淀深厚。有诗为证"钱塘之胜在西湖，西湖之奇在孤山"。如走马观花，半日就可尽历西湖天下景、中山公园、放鹤亭、西泠印社、秋瑾墓等胜迹。中午还可在楼外楼菜馆一尝杭菜风味，午后，如果您游兴未尽，时间允许，不妨在西泠印社四照阁泡一杯龙井茶，闲眺西湖秀色，领略"面面有情，环水抱山山抱水"的情趣。

杭州孤山是西湖中最大的岛屿，面

积 20 公顷,山高 38 米,是文物胜迹荟萃之地。现有胜景 30 处,主要有文澜阁、浙江博物馆、西泠印社、防鹤亭、秋瑾墓等。冬天是探梅、赏雪胜地。

杭州孤山的雪景最为引人入胜。雪后看山:"兀峙水中,后带葛岭,高低层叠,塑雪平铺;日光初照,与全湖波光相激射,璀璨夺目"。泛舟湖上,如见琼楼玉宇,遍山一色银装。若置峰山间,宜往放鹤亭踏雪寻梅,除了檀香梅急性先开,其他如宫粉梅俏丽香浓,朱砂梅紫艳色重,绿萼梅洁白素雅,洒金梅红白相间,各逞妖娆,各具情趣。南朝人陆凯,曾在花期精心剪下杭州的梅花,特意请人带给远在长安的友人范晔,更附上一首小诗说:"折花逢驿使,寄与陇头人。江南无别信,聊赠一枝梅。"

十三、高原、平原、草原

青藏高原

青藏高原是中国最大的高原,也是世界最高的大高原。海拔多在 3500 米以上,有"世界屋脊"之称。它西起帕米尔高原,东及横断山,北界昆仑山、阿尔金山和祁连山,南抵喜马拉雅山。除西南边缘部分分属印度、巴基斯坦、尼泊尔、不丹及缅甸等国外,绝大部分位于中国境内,包括西藏自治区、青海省大部及新疆维吾尔自治区、甘肃省、四川省与云南省等部分地区。面积 250 万平方千米,约占中国陆地面积的 1/4。青藏高原分布着阿尔金山脉、祁连山脉、昆仑山脉、喀喇昆仑山脉、唐古拉山脉、冈底斯山脉、念青唐古拉山脉、喜马拉雅山脉、横断山脉等众多高大山脉,它们大多海拔在 5500 米以上,许多高峰海拔在 7000 米以上,珠穆朗玛峰、乔戈里峰及希夏邦马峰等则都超过了 8000 米。青藏高原还是地球上中低纬度地区最大的冰川作用中心。冰川覆盖面积约 4.7 万平方千米。高原上冻土面积 150 万平方千米,为北半球中低纬度地区冻土分布最广、厚度最大、海拔最高的地区。青藏高原还是中国主要地震区。进入 20 世纪以来已发生过 6 次 8 级以上的大地震。高

唐古拉山脉

原又是中国强烈的地热区,特别是在高原南部喜马拉雅山一带,水热爆炸、间歇喷泉、沸泉及温泉广泛分布,蕴藏有丰富的地热能资源。青藏高原的气候总特点是气温低,年较差大,太阳辐射与日照充足,并为世界年雹日数最多(那曲、理塘一带年雹日数 20 或 30 天以上)、多雹区范围最大的地区。受多重高山阻留,年降水量也相应地由 2000 多毫米渐减至 50 毫米以下;喜马拉雅山脉中西段北侧为雨影地区,年降水量不足 600 毫米。青藏高原东南部天然森林茂密,有储量丰富的各类森林资源,野生动植物种类也极繁多。青藏高原地广人稀,人口仅 1300 万左右,以藏族为主。

内蒙古高原

　　内蒙古高原是中国第二大高原,蒙古高原的一部分。位于阴山山脉之北,大兴安岭以西,北至国界,西至东经 106°附近。面积约 34 万平方千米。广义的内蒙古高原还包括阴山以南的鄂尔多斯高原和贺兰山以西的阿拉善高原。一般海拔 1000～1200 米,南高北低,北部形成东西向低地。高原地面坦荡完整、起伏和缓,古剥蚀夷平面显著,风沙广布,古有"瀚海"之称。内蒙古高原夏季风弱,冬季风强,气候干燥,冬季严寒,日照丰富。年平均气温 3℃～6℃,炎热天气很少出现。年降水量分布东多西少。介于 150～400 毫米。内蒙古高原是中国多风地区之一,年平均风速 4～6 米/秒;8 级以上大风日数 50～90 天,冬春两季占全年大风日数的 60% 左右。内蒙古高原是中国天然牧场和沙漠分布

的地区之一,草原面积约占高原面积的 80%,是中国重要的牧场,属欧亚温带草原区的一部分。高原气候十分干燥,沙漠分布面积占全国沙漠总面积的 37.8%。较大的沙漠有巴丹吉林沙漠、腾格里沙漠、乌兰布和沙漠和库布齐沙漠等。

黄土高原

　　黄土高原是世界上黄土分布最广阔、最深厚、最典型的黄土地貌区,也是中华民族古代文明的发祥地之一。它北起长城,南达秦岭,西抵祁连山,东至太行山,横跨青、甘、宁、内蒙古、陕、晋、豫 7 个省区。面积约 30 万平方千米。高原由西北向东南倾斜,海拔多在 1000～2000 米。除许多石质山地外,大部分为厚层黄土所覆盖,厚度达 100 米左右,最厚的地方可达 200 米以上。由于黄土质地疏松,降水多集中在夏秋季节,且多暴雨,加上森林和草原大多遭到历代不合理的利用和破坏,导致水土流失非常严重。经流水长期强烈侵蚀,逐渐形成千沟万壑、地形支离破碎的特殊自然景观。高原沟间地和沟谷地貌迥然有别。沟间地地貌主要类型是塬、梁、峁,沟谷除河流的干支河谷外,还有为数众多的大小沟谷。黄土高原属暖温带半湿润至半干旱气候,主要特征是冬季寒冷干燥,夏季温暖湿润;雨量稀少,变率大;日光充足,日照时数多,热量条件较优越。黄土高原因长期滥垦滥伐,土地利用不合理,自然植被残留较少,分布零散。目前森林覆盖率仅为 5%。黄土高原严重水土流失面积约 27 万平方千米,其中最严重流

失面积有 11 万平方千米。水土流失冲走耕地的熟化土层,降低蓄水保墒能力,作物生长不良,产量低而不稳。大量泥沙下泻,造成渠道水库淤积和河流淤塞,增大了流域开发治理的困难。

关于黄土的来源,长期以来,中外学者有过不同的争论。其中,以"风成说"比较令人信服。认为黄土来自北部和西北部的甘肃、宁夏和蒙古高原以至中亚等广大干旱沙漠区。这些地区的岩石,白天受热膨胀,夜晚冷却收缩,逐渐被风化成大小不等的石块、沙子和黏土。同时这些地区,每逢西北风盛行的冬春季节,狂风骤起、飞沙走石、尘土蔽日。粗大的石块残留在原地成为"戈壁",较细的沙粒落在附近地区,聚成片片沙漠,细小的粉沙和黏土,纷纷向东南飞扬,当风力减弱或遇秦岭山地的阻拦便停积下来,经过几十万年的堆积就形成了浩瀚的黄土高原。根据黄土堆积环境的不同,可将我国黄土发育分为三个时期:早更新世,相当于第一次冰期,气候比新第三纪干寒,发生午城黄土堆积;中更新世,发生第二次冰期,气候进一步变干,堆积了离石黄土,范围广、土层厚;晚更新世第三次冰期,气候更加干寒,堆积了马兰黄土,厚度虽小,但分布范围更广,南方称下蜀黄土。进入全新世,气候转为暖湿,疏松的黄土层,经流水侵蚀,形成了沟壑纵横、梁、峁广布的破碎地表。

云贵高原

云贵高原是中国第四大高原。位于我国西南部,包括云南省东部,贵州全省,广西壮族自治区西北部和四川、湖北、湖南等省边境,是我国南北走向和东北—西南走向两组山脉的交汇处,地势西北高,东南低。它大致以乌蒙山为界分为云南高原和贵州高原两部分。西面的云南高原海拔在 2000 米以上,高原地形较为明显;东面的贵州高原起伏较大,山脉较多,高原面保留不多,称为"山原",海拔在 1000~1500 米之间。云南高原和贵州高原相连在一起,分界不明,所以合称为"云贵高原"。云南高原上的山地顶部多呈宽广平坦地面,或呈和缓起伏地面,有"高山顶上路宽大"的说法。连绵起伏的山岭间,有许多湖盆和坝子。湖盆四周由于湖水外泄和四周山地沙泥淤积,大多数已发育有湖岸平原。这里土壤肥沃,土层深厚,是高原的主要农业区。贵州高原位于多雨的季风区,雨量充足,因此有"天无三日晴"的说法。由于多雨,高原上的河流水量大,许多河流长期切割地面,形成许多又深又陡的峡谷。贵州高原的地貌可以大致分为三级地形面:山原、盆地和峡谷。在这里"对山唤得应,走路要一天"。云贵高原最大的特色是喀斯特地形显著,是世界上岩溶地貌发育最完美、最典型的地区之一。高原分布着广泛的岩溶地貌,它是石灰岩在高温多雨的条件下,经过漫长的岁月,被水溶解和侵蚀而逐渐形成的。地下和地表分布着许多溶洞、暗河、石芽、石笋、峰林、漏斗、圆洼地、峡谷、天生桥等稀奇古怪的地貌。

东北平原

东北平原由三部分组成。北部叫松嫩平原,南部是辽河平原,东北部是三江平原。南北的两块平原又合称松辽平原,是东北平原的主体。由于它们是由松花江和嫩江冲积而成,所以地面平坦,海拔多在 200 米以下,站在平原上遥望,平畴沃野,麦浪如波,好一派辽阔大平原的景象。

旧时松嫩平原和三江平原大部分是人烟稀少的荒地,称为"北大荒"。辽河下游也多未开垦的沼泽地,称为"南大荒"。1949 年以后大面积排干沼泽,建立大型农场,出现许多村镇和工厂;"北大荒"变成"北大仓","南大荒"也成为稻田遍布的盘锦垦区。东北平原的丰饶农产有力地支援着东北地区规模巨大的工业体系。平原石油储藏丰富,平原周边低山丘陵富含煤、铁、铜等矿藏,现都已大规模开采,成为中国重要的石油、煤炭、铁砂生产基地。重要的工业城市有沈阳、长春、哈尔滨、大庆、抚顺等。

东北的三江平原则是一个低洼的平坦平原。过去这里是一个山间盆地,每到雨季,三条大江的洪水滚滚而来,一齐涌向这个排水不畅的低洼原野,造成江水泛滥。再加上这一地区纬度较高,冬季漫长,气温较低,蒸发微弱,存于地面的积水蒸发不掉,渗不下去,更排不出去,长年累月的积水就演变成中国有名的大沼泽地,成为"除了兔子就是狼,光长野草不打粮的北大荒"。

1949 年以后,成千上万的部队指战员,知识青年和干部群众,怀着开发边疆,建设祖国的豪情壮志,奔向"北大荒",开垦了成千上万亩的荒地,建立了数以万计的农场,苦战在这千古荒原上。

东北平原虽然冬季较冷,但夏季却很热,沼泽地虽然多,但土壤中水分充足。人民群众充分利用不利条件中的有

绿油油的东北稻田

利因素。最大限度地利用土层深厚,耕地辽阔,有大面积肥沃的黑土,宜林则林,宜牧则牧,采取农、林、牧、副、渔综合发展的原则,在人迹罕至的茫茫荒原上,排干沼泽,开垦荒地,建商品粮基地,设现代化工厂和新农村,使千古荒原变成万顷良田,使"北大荒"变成了"北大仓"。

华北平原

中国东部大平原的重要组成部分,又称黄淮海平原。北抵燕山南麓,南达大别山北侧,西倚太行山和伏牛山,东临渤海和黄海,跨越京、津、冀、鲁、豫、皖、苏七省市。面积 30 万平方千米。华北平原地势平坦、河湖众多、交通便利、经济发达,自古即为中国政治、经济、文化中心,现今平原人口和耕地面积约占全国的 1/5。华北平原海拔多不及百米,

地势平缓倾斜。由山麓向滨海顺序出现洪积倾斜平原、洪积—冲积扇形平原、冲积平原、冲积—湖积平原、海积—冲积平原、海积平原等地貌类型。黄河、淮河、海河、滦河等河流所塑造的地貌构成了华北平原的主体。华北平原大体在淮河以南属于亚热带湿润气候，以北则属于暖温带湿润或半湿润气候。冬季干燥寒冷，夏季高温多雨，春季干旱少雨，蒸发强烈。春季旱情较重，夏季常有洪涝。华北平原是以旱作物为主的农业区，粮食作物主要是小麦和玉米，以两年三熟和三年五熟为主。主要经济作物有棉花、花生、烤烟、芝麻、大豆等，华北平原还盛产苹果、梨、柿子、枣等。

成都平原

　　成都平原是中国西南地区最大的平原和河网稠密地区之一，也是中国最大的芒硝产地。又称盆西平原或川西平原。位于四川盆地西部。远在公元前250年的秦代就修建了举世闻名的都江堰水利工程，引岷江水灌溉平原上广大农田，成为四川省种植业发展最早的地区之一。经过不断的治理改造和扩建，都江堰灌溉范围比20世纪50年代初期大为扩大，灌溉面积增加了3倍。农作物主要有水稻、小麦和油菜，产量高而稳定，是四川和全国著名的商品粮、油生产基地。

三江平原

　　三江平原是中国最大的沼泽分布区。是广义的东北平原的一部分。位于中国东北角，西起小兴安岭东南端，东至乌苏里江，北自黑龙江畔，南抵兴凯湖，总面积5.13万平方千米。完达山脉将三江平原分为南北两部分：山北是松花江、黑龙江和乌苏里江汇流冲积而成的沼泽化低平原，面积4.25万平方千米，即狭义的三江平原；山南是乌苏里江及其支流与兴凯湖共同形成的冲积—湖积沼泽化低平原，面积8800平方千米，亦称穆棱—兴凯平原。三江平原属温带湿润、半湿润大陆性季风气候。全年日照时数2400～2500小时，年降水量500～650毫米。天然植被覆盖率达60%，其中74.9%是沼泽化草甸和沼泽植被，沼泽和沼泽化土地近244万公顷。三江平原地域辽阔，水土资源丰富，已建有大型国营农场多座，是中国重要的农垦区和商品粮基地。

长江中下游平原

　　长江中下游平原是中国三大平原之一。位于湖北宜昌以东的长江中下游沿岸，系由两湖平原（湖北江汉平原、湖南洞庭湖平原总称）、鄱阳湖平原、苏皖沿江平原，里下河平原（皖中平原）和长江三角洲平原组成，面积约20万平方公里。

　　两湖平原包括湖南的北部和湖北的南部。远古时代这里曾是个烟波浩渺的云梦泽，后来被长江及其支流冲刷下来的泥沙所填平。它的面积有5万平方公里，分为江汉平原和洞庭湖平原两部分。平原上水网密布，向称"鱼米之乡"。

　　鄱阳湖平原位于江西北部至安徽西

南边缘,面积达 2 万平方公里。地势低平,海拔在 50 米以下。

皖中平原位于安徽中部的长江沿岸,以及巢湖附近,面积较小。

长江三角洲位于镇江以东,运河以南,杭州湾以北,面积达 5 万平方公里,由长江和钱塘江冲积而成,这里的海拔只有 10 米左右。三角洲上,河网纵横交错,湖泊星罗棋布,素称"水乡泽国"。这里盛产稻米、鱼虾,粮食产量在全国占有重要的地位,历史上曾有"苏湖熟,天下足"的说法。

穆棱河——兴凯湖平原

穆棱河——兴凯湖平原在黑龙江省东部偏南,北以完达山为界,南抵兴凯湖之滨,东临乌苏里江,西至密山附近,总面积 1.2 万平方公里。平原海拔 50～70 米,地势低平,由西南向东北倾斜,地面坡降 1/6000～1/10000。其上断续分布着由古老岩层构成的丘陵和台地。

这个平原属于冲积—湖积平原,其北部是由穆棱河和七虎力河、阿布沁河等河流冲积而成的。在密山,穆棱河河谷冲积平原宽达 11 公里,河床宽达 80～100米,密山以东冲积平原更为广袤。在平坦的地面上,河道极为弯曲,河床坡降小。河漫滩上分布着碟形凹地、闭合而无出口的低地、牛轭湖、泡子以及经天然切割后形成的岗地。由于河流不断改道,平原上古河道网纵横交错。平原南部属于兴凯湖湖积平原,它是由于第四纪晚近时期,大小兴凯湖的北岸发生间歇性上升、湖水后退、湖面逐渐缩小而形成的。在湖滨地带分布着由粗砂和卵石所构成的微向湖面倾斜的湖滩地。湖滩上先后形成了东西向弧形排列的五道沙岗(滨岸提),高 1～10 米,组成物质为湖相亚黏土和砂。

穆棱河—兴凯湖平原上也有大面积沼泽分布。如七虎林河以北、官山屯至六道亮子一线以东,沼泽成片,一望无际,其面积占了该区面积的 85% 以上,大部是未开垦的土地。这个平原的土壤大多属于白浆土,它是在具有喜湿性草甸及喜湿性木本植物、土壤母质黏重、地势平缓、内外排水不良的条件下,经白浆化过程而形成的。这一层下面是暗棕色或褐色黏紧的淀积层,再下面为黏重的母质层。白浆土表层有机质含量高达 8～20%,但其下面的亚表层白浆层的有机质含量仅占百分之零点几。这种土壤质地黏重、透水性差、土温低、养分贫乏。白浆土适于喜湿性的草本植物和阔叶树生长。密山地区农民经多年实验研究,在不深翻,以防止土温低、养分贫瘠的白浆层出露的条件下。种植水稻获得成功。亩产可达 350 公斤。

新疆草原

新疆草原是世界著名的干旱荒漠区,气候干旱、植被稀疏,荒漠植被基本是由旱生的小乔木、灌木和半灌木组成的。河流沿岸及有水灌溉的地方如伊犁谷地、焉耆盆地和大小尤尔都斯盆地等地,是新疆的优良牧场。在新疆的高大山区如天山、阿尔泰山以及山地森林带以下的亚高山草原、高山草甸等区域内有着广阔的草场,是重要的牧场之一。在这里可四季转场轮牧。优良的伊犁马和细毛羊是该牧区的特产。天山东段的北坡,云杉树生长茂密,哈萨克毡房点缀其间,构成了一幅生机勃勃的画面,其中以白杨沟、菊花台最为人们所称道。这里不仅景色优美。而且还可观看"叼羊"、"姑娘追"等民族活动,为国内外游人云集之处。

青藏草原

青藏草原地势高峻、气候寒冷,平均海拔为 4000 米左右,草场总面积达 140 万平方千米。占青藏高原总面积的 53%。主要有草甸、草原、沼泽和荒漠四类草场,是我国最大的牧区。牦牛、犏牛是这个牧区的特有牲畜。绵羊的头数最多,分布也很广泛。青藏草原又分为青海草原和西藏草原两部分,其中西藏的天然草场约为 83 万平方千米(占整个草原总面积的 59% 左右),其中有效利用面积近 60 万平方千米,人均拥有牲畜 11 头,居全国之首。藏北草原是中国五大牧区之一,以饲养绵羊、山羊、牦牛为主。

科尔沁草原

科尔沁,蒙语意为著名射手。在历代,是成吉思汗二弟哈布图哈撒尔管辖的游牧区之一,位于内蒙古东部,在松辽平原西北端,包括整个兴安盟和通辽市的一部分地方。科尔沁草原西与锡林郭勒草原相接,北邻呼伦贝尔草原,地域辽阔,资源丰富。

科尔沁草原有较大面积的天然牧场和近 2000 万头(只)的科尔沁红牛、兴安细毛羊和蒙古牛羊。科尔沁草原水利资源非常丰富,有绰尔河、洮儿河、归流河、霍林河等 240 条大小河流和莫力庙、翰嘎利、察尔森等 20 多座大中型水库。科尔沁淡水鱼种类多、肉质好,无污染,水里繁殖,年出鱼量达到 3000 吨。科尔沁草原历史悠久,文化源远流长。目前尚存的名胜古迹有辽代古城、金代界壕、科尔沁十旗会盟地旧址和庙宇、佛塔多座。在科尔沁草原上已有大青沟、汗山、科尔沁草原湿地自然保护区等国家和地区保护区。

辽阔的内蒙古科尔沁大草原

科尔沁草原是以蒙古族为主体,汉族为多数的多民族聚居区。

呼伦贝尔草原

呼伦贝尔草原位于内蒙古自治区东北部的呼伦贝尔盟,因其旁边有呼伦湖和贝尔湖而得名,它是世界上最著名的三大草原之一。草原上地域辽阔,风光旖旎,水草丰美,被人们誉为"绿色之净土"、"北国之碧玉"。

呼伦贝尔草原是内蒙古草原风光最绚丽的地方,拥有约 670 万公顷草场,1340 万公顷森林,500 多个湖泊,3000 多条河流。

呼伦贝尔草原之所以声名远扬,原因有三:第一,草原曾孕育了一代天骄成吉思汗;第二,草场长出的草质量极好,远销东南亚;第三,这里盛产体格高大健壮的三河马和三河牛。

辽阔无边的大草原就像一块天工织就的绿色巨毯,步行其上,那种柔软而有弹性的感觉非常美妙。

总之,将它誉为世界上最美、最大、最没有污染的几大草原之一,的确当之无愧。

呼伦贝尔草原属于草甸草原。相对于我国其他温带草原,呼伦贝尔草原被破坏程度相对较低,草原利用、管理方式相对合理,因此草地生态系统人为破坏和退化程度较低。

呼伦贝尔草原拥有丰富的生物资源:天然种子植物 653 种,其中菊科最多;牧草茂密,每平方米内生长着 20 多种优良牧草;另外,还有药材 428 种,兽类 35 种,禽类 241 种,鱼类 60 余种。因此,呼伦贝尔草甸草原被誉为"生态动植物王国"。

在无际的草原上,有许多用大小石块垒起来的石堆,上插树枝、柳条为行人指路,树枝上挂满五颜六色的布条和纸旗,这就是敖包。"祭敖包"是蒙古族传统的祭祀神灵的活动,目的是祈求风调雨顺、四季平安、人旺年丰。此外,蒙古族的青年男女也常常在这种活动中互诉爱慕之情。以此为题材的歌曲《敖包相会》更是红遍大江南北。

除此之外,草原上还会举行一些濒临失传的蒙古族民间活动,呼其腾大赛就是其中的一项。"呼其腾"在蒙古语中指大力士,顾名思义,这种比赛比的是力气。手掰羊脖子比赛是呼其腾大赛中的一个竞技项目,它原本是为考验新上门女婿的智慧而设。女方家人事先在煮熟的羊脖子里插进一根筷子,让新女婿用手掰,可掰开它并不容易,于是聪明人就要找原因、想办法。如今进行的掰羊脖子比赛就是由此习俗演变而来的。

还有,蒙古族人民的传统饮茶习俗是喝由砖茶煮成的咸奶茶。砖茶是牧民不可缺少的饮品,牧民们习惯于"一日三餐茶一顿饭"。

CHINESE GEOGRAPHICAL
KNOWLEDGE ENCYCLOPEDIA

中国地理
知识百科

编著 陈君慧

（第三册）

吉林出版集团有限责任公司

十四、冰川

冰川的杰作——然乌湖

许多世纪以来,冰川已使地球面貌大为改观。冰川挟万钧之力冲击地面,挖成北美洲五大湖和挪威沿海的峡湾,凿成阿尔卑斯山高耸的马特杭峰,以及掘出洛基山脉那些惊险的峡谷。

我国西藏自治区的然乌湖就是冰川作用的结果。

第一次到然乌湖的人都会有这种感觉,它仿佛是瑞士阿尔卑斯山的雪峰、冰川和九寨沟的溪水的结合。这里风景之美就连踏足地球三极的科学家也终生难忘,中科院地理所的张青松教授曾在考察日记中写道:"1975年,我第一次赴西藏考察,从成都乘汽车沿川藏公路到拉萨。在穿越了横断山脉和金沙江、澜沧江、怒江三条深切河谷之后,宿于然乌兵站。然乌湖畔如诗如画的景色令我一下子忘记了旅途的劳累。那陡立的高山、雪白的冰川、碧蓝的湖水、绿茵的草场、飘曳的白云、葱郁的森林,无不展现出纯天然的美。"

打开一张西藏的地形图不难发现,然乌正好位于印度板块与亚欧板块冲撞的地方,喜马拉雅山、念青唐古拉山和横断山脉这三条巨大山脉的交汇处,受到各方力量的挤压。然乌河谷是受挤压而断裂下陷的地层,水往低处流,上游大冰川的融水就沿此流下来了。

然乌湖风光

实际见过冰川的人虽然不多,但在许多方面,冰川对人类在地球上生存的重要性,不亚于海洋和空气。因为如果地球的气候像往日曾有过的那样,大幅度转冷,南极洲和格陵兰的冰原就会扩大,使海面降低,给人类带来灾难。反之,如果这些冰原进一步融解,海水就会上涨,全世界临海地区将受到严重破坏。

冰川威胁着人类,却也带给人类丰富的资源。世界上的大河,从亚马逊河到恒河,从隆河到哥伦比亚河,多半都发源于冰川。

在冰川运动、消融的过程中,还可以形成千姿百态的美妙奇景,如冰面河、冰下河、冰面湖、冰峰、冰窟窿、冰蘑菇、冰桌冰椅、冰阶梯、冰桥、冰门、冰洞等等,晶莹剔透,绚丽多姿,让人目不暇接,赞叹不已。

冰瀑奇观

冰瀑奇观只有在补充丰富、消融得快的冰川上才会出现,如消融得快而补给不足,冰瀑就会中断,形成"悬冰川";而补充过快而消融不及,冰雪就会把悬崖埋没。

夏季,融化的雪水在冰川底部咆哮,冲蚀出洞穴和沟渠,最终,不断融化的冰川薄得无法支撑时,便轰的一声塌下来。在最近的几个世纪里,冬季的降雪量不及夏季的冰雪消融量,于是冰川以每年四百米的速度后退。

远远望去,只见百丈绝壁深处,神秘奇幻,壮阔的冰瀑飞崖而下。此时,你定会发出疑是银河落九天的感叹!在这样一个晶莹剔透、如梦似幻的人间仙境里,

攀上奇伟的冰瀑,可以展现一个人的勇敢。

在北京密云县四合堂天仙瀑景区,冰瀑布很多,迷仙瀑、聚仙瀑和天仙瀑等冰瀑是比较出名的自然冰瀑,攀爬的难易程度各不相同。聚仙瀑冰壁整体高度约40米,整体坡度比较缓,适合初学者;迷仙瀑60米,适合有一定攀冰基础的爱好者;天仙瀑约80米,地形复杂,难度极高,非常具有危险性和挑战性。

冰跳蚤

如果你到冰川附近旅游,就可能在冰川融水中发现一种黑色的小生命,只见这些小东西们不停地左奔右突,上窜下跳,有如显微镜下物质分子的"布朗运动",这就是"冰川跳蚤",在正式文献中又被称为"雪蚤"。

小东西们不仅能生活在冰川消融区的融水中,就是在高高的雪线(若果冰川雪线为海拔4500米)附近也经常能发现它们那灵巧自如的身影。它们甚至可以在冰川冰晶体格架的间隙中生活,在十几厘米深的冰内还能看到它们成团成簇地密集分布,有时其数量之多都使冰体变成黑色一片。

后来有人做了个试验,将一密布冰跳蚤的冰块人为快速溶化,被融出的冰跳蚤一见"天日",便一跳十几厘米高,就像在家被关久了的顽皮孩童,一旦放开、撒腿就跑,去寻找那本该属于自己的自由自在的天地。

冰蚯蚓

在温性冰川上生活着另一种小动物。它们的颜色黑褐，体长不过三四厘米，有 60 ~ 70 节，这就是冰蚯蚓。

由于冰川的消融，在冰面上形成许许多多小水坑，冰蚯蚓就生活在这些小水坑中。每当夜幕降临，小家伙们便不吃不喝静静地躺在小水坑底部薄薄的泥层上，用手电照过去，不经意的话，很难把它们与泥层区分开来，因为它们身上的颜色与泥层的颜色并无二致。

早上，伴着冰冰凉凉的晨风，金色的阳光洒到冰川上也投向那一个深深浅浅的冰雪融水坑。"多诱人啊！温暖的阳光，清新的早晨。"这一定是冰蚯蚓们睁开眼后的第一个感受。

太阳出来后，一只冰蚯蚓微微地动了动那娇小的身段，接着第二只，又是一只……它们开始蠕动了，一些细小的微粒慢慢地被吸进体内，这便是这些冰川小主人们一天中的"早餐"。早餐的成分大多为附近山坡上吹来的植物花粉或冰水中的藻类和某些微生物。吃饱了，喝足了，小居民们有沉到冰坑底部的泥层上，偶尔抬抬头，间或摆摆尾、轻轻地、懒懒地，坑中的水却纹丝不动。

冰川老鼠

我国西藏自治区林芝地区有一处冰川叫若果冰川。在若果冰川上的生物家族中有一个重要的成员，那就是"冰川老鼠"。

其实"冰川老鼠"仅仅是一种戏称，取其外形与老鼠相似而已，实际上它并不是动物而是一种苔藓植物。据中国科学院昆明植物所武素功教授初步鉴定认为，它可能是高山墙藓在冰川上的一种特殊生态形式。

从外表看，"冰川老鼠"无根无须，周身被绒毛状苔藓植物所覆盖。那么它们是如何在冰川表面上生活的呢？原来，在它们的"腹"部有一小团细砾泥沙黏土之类的东西，这大约就是它们赖以扎根生存的物质基础吧。"冰川老鼠"主要生长在零星表碛之间的冰面上。这是因为它不仅需要表碛提供丰富的矿物质等营养成分，而且还要直接从冰面上吸取冰融水以保持每个个体的生存活力。分布在零星表碛区上部的个体很小，形态也极不完整，有的其实是一块砂粒团，仔细查看才可发现上面有些毛发状的绿色苔藓细丝，越向下游个体越大，形态也更趋完备。"冰川老鼠"单株个体最大直径可达 20 厘米。

冰川消失有多可怕

喜马拉雅山上的冰川缩小，会造成印度和中国境内的河流变成在夏季干涸的季节性河流。印度气象科学家辛哈教授在接受《环球时报》记者采访时认为不能排除这种可能。他说，印度北部从西向东分别有印度河、恒河和布拉马普特拉河这三条河流，它们是印度北部平原的主要灌溉来源，而该地区是印度的主要粮仓，也是人口最为密集的地区。这些河流主要依靠冰川融冰和降雨这两个来源，而由于印度属于季风性气候，不同季节降雨量差异较大,如果旱季没有冰川融冰的水流注入,将对该地区近5亿印度人的生活造成严重威胁。

青藏高原上的冰川,有"亚洲水塔"之称。但是在全球变暖的作用下,它们正在加速消融,由此将带来一系列的灾难:

事实上,雄踞地球之巅的青藏高原不仅仅是黄河的源头,它也是长江、澜沧江、怒江、雅鲁藏布江、恒河、印度河的源头,有数亿人的用水问题与之息息相关。

冰川加速消融,对当地人意味着冰湖洪水、泥石流等灾害。

冰川融化形成了许多冰湖。这些冰湖对于下游村庄来说,无疑是头顶着雪水过日子。几十年来,喜马拉雅一带有12次冰湖溃决的先例。

冰川消融后退,对河流水量的补给增加,对西北和青藏高原大部分干旱区的供水、灌溉、畜牧业发展都有利,几十年或者数百年以后,冰川很小或消失,这个作用就没有了。

最严重的一种是在全球变暖情况下,冰川可能会在短时间内消失,包括北极和南极的冰盖会解体、青藏高原的山地冰川也会融化,海平面会升高50到70米,很多城市会被淹没……

由于各国的发达地区几乎都集中于低海拔的沿海地区;随着这些地区被淹没,全球各国力量恐怕要重新洗牌。一大批岛国将彻底消失,大一些的岛国面积将压缩至原来小半的山地,岌岌可危。中国这样的大国虽然缓冲较大,但也不容乐观。

冰川融化会否 "激活"古老病毒

在青藏高原冰川上,中国科学家已经用直径6厘米到10厘米的"钻头"打入冰层数百米深。在对取出的冰芯进行分析研究后,科学家惊奇地发现,在这片广袤的极端冰冷世界里,存在着许多鲜为人知的微生物。

虽然从低温冰雪中分离微生物的工作已有很多,但对大陆高山冰川内层(尤其是具有较长历史的冰层)的微生物学的研究,近年来才引起科学家们的注意。

科学家在指出:冰川中的微生物包括病毒、细菌、放线菌、丝状真菌、酵母菌和藻类。其中一些病毒对人类健康具有潜在的危害性。

微生物对人类有害的极少,但冰川中存在人类并不了解的未知病毒。温度升高以后,微生物有些可以复苏,并不能排除变异的可能,因为有些嗜冷微生物存活的机制和常温生存机制不一样。

极端环境下的微生物研究,是最近世界上比较关注的领域,一些科学家认

正在消融的冰川

为,明天就发生一场灾难也并非不可能,因为人类对一些远古病毒的内部特性知之甚少。

许多微生物是通过风的传播,留在了青藏高原冰川里。同样的,从逐渐融化的冰川里显露的微生物,也会通过风的流动传播和扩散;或者它会进入一条受伤的鱼体内,游向下游,被一只鸟或其他动物捕食,病毒便会扩大种群,在宿主的种群中传染开来。另外,人类活动的增加,增加了病毒遗传变异的几率。

"这意味着……一些未知病毒在等待宿主的到来,'激活'后的病毒,对人类的免疫力形成挑战。"科学家说。

科学家担心,随着全球气温的升高,那些冰川中被冷冻保存千年、万年甚至更久的病毒和病菌随时会被释放出来,威胁人类。

米堆冰川

位于西藏自治区波密县玉普乡米美、米堆两村,距县城所在地扎木镇90多公里。米堆冰川被评为中国最美六大冰川之一。

米堆冰川主峰海拔6800米,雪线海拔4600米,末端只有2400米,是西藏最主要的海洋型冰川之一,也是世界上海拔最低的冰川。该冰川常年雪光闪耀,景色神奇迷人。这是典型的现代季风型温性冰川,类型齐全,尤以巨大的冰盆,众多雪崩,陡峭巨大700~800米的冰瀑布,消融区上游的冰面弧拱构造,以及冰川末端冰湖和农田、村庄共存为特点。

米堆冰川被地理学家们称作"世界级冰川奇观",它有着近800米落差的冰瀑布,此外,它还是一条会"突然跃动"的冰川,这在全世界的冰川中都是非常罕见的。在我国境内的46298条冰川中,只有两条冰川会做这种"特技动作",一条是米堆冰川,另一条是相距它200公里左右的雅鲁藏布江大拐弯旁的"神山"南迦巴瓦峰下的则隆弄冰川。

据记载,1988年7月15日深夜,米堆冰川突然跃动,断裂下来的巨大冰川末端冲入冰湖中,使冰湖里与断裂冰川同样大小体积的湖水狂涌而出,冲溃湖坝,几千立方米的湖水在几分钟内夹杂着泥石流翻滚而下,冲毁了川藏公路上大小桥梁18座及42公里的路基,使这条藏东南唯一的"生命线"中断达半年之久。

祁连山七一冰川

从张掖市西南沿黑河而上,先抵祁连山北麓,到了肃南县祁文乡境内的黑大坂山内,在海拔4300米以上有一座巨大的冻土冰块,它就是蜚声华夏的"七一冰川"。1958年7月1日,中科院兰州冰川冻土研究所在祁连山勘察时第一次发现,故命名为"七一冰川"。冰川上神秘莫测,时而云蒸霞蔚,祥云缭绕;时而阴风惨惨,愁雾绵绵。每逢雷雨,就从山谷间传出人喊马嘶之声,这奥妙至今是人们心中的一个谜。

从这里经过一番艰难跋涉,便可到达冰川的深谷。在这狭长的山谷里,山路崎岖,怪石嶙峋,无数座冰峰拔地而起,直插云天。其形千姿百态,如剑、如戟、如柱、如塔、如屏、如丛林、如琼楼。峰峰棱角分明,绝壁千仞,真像是刀劈斧

七一冰川

冰川的山腹中，布藏着大小不等的冰窟群，其奇特瑰丽的景观举世罕见。这些冰洞，窄处不盈尺，宽处可容上百人游览。穹顶上面，纯净的冰乳从石缝中间伸出来，似乎在向来洞内观光的客人们敬献上它心爱的乳汁。洞内既有奇妙的冰灯冰柱，又有绚丽多彩的冰树冰花。这些大自然的杰作，呈现出缤纷的色彩，有的洁白如玉；有的金光闪闪；有的银光灿灿；有的富丽堂皇；有的摇曳欲滴；有的高雅别致，真是霞光万道，瑞气千条。

置身于这水晶般的神话世界，真令人赞叹叫绝！

明永冰川

中国最低的冰川是云南迪庆香格里拉明永冰川，同时也是纬度最低的冰川之一。

梅里雪山上，冰斗、冰川随处可见，最有名的要数明永冰川。明永冰川从卡瓦格博峰往下呈弧形一直伸展到海拔2660米的森林地带，绵延11.7千米，平均宽度500米，年融水量2.32亿立方米。明永冰川周边青山翠谷、针阔混交林、湿性常绿阔叶林原生状态保存良好。明永冰川，代表了澜沧江干热河谷典型的多样性总体特征。登临明永冰川，有架于空中的冰桥，有纤细的冰芽、冰笋，还有大小不一的冰凌、冰洞，千姿百态。每当骄阳当空，雪山温度升高，成百上千巨大冰体轰然崩塌，山摇地动。明永冰川表面的纵向和横向冰隙发育，局部遇陡崖则崩塌而下，明永冰川的前缘和两侧冰碛发育，在过去的相当长的时间里，明永冰川一直处于消退状态。

砍，神工鬼削。仰头望去，云雾腾飞，冰峰浮动，呲牙咧嘴的巨冰就悬在头顶，错落叠压，似随时有倾塌之势；低头俯瞰，脚下万丈冰崖，深不见底，令人毛骨悚然。如此之险，却吸引着冰川考察队和无数探险家前来光顾。

壮观迷人的七一冰川，面积4平方公里，平均厚度70米，最厚部位120米，是我国典型的大陆性冰川，也是世界上离城市最近的冰川，更是世界上永久型冻土地貌的典型地段。

大自然赋予祁连山七一冰川特别的钟爱——冰川中冰峰重叠、层层巍立，有两道绝壁高耸入云，中间是不可逾越的岩壑深涧。何时飞来一座宽大的水晶似的冰桥，竟将两座山峰连在一起，天堑变通途。水晶桥浑然天成，凌空百丈。长6米，厚3米，宽2米，桥面常年蓄积着薄薄一层雪，俯瞰桥底，不寒而栗，非虎胆惊天的大智大勇者，不敢从这寒气逼人、光光滑滑的桥面上走过。

明永冰川

　　身处明永冰川,就像是到了梦境或是仙境。在这里,千年古雪灿然亘古的恋情,云雾弥漫掩住了历史的门扉,托出岁月的深渊。三江并流,涮去了烟云,带走了流沙,淘尽了污浊,孕育出如莲的美景。格桑花是雪山的花边,寺院的晚钟,送来祝福的温馨,如慈母的呼声。骏马、帐篷、炊烟、奶茶,将人生过滤得纯净香醇;森林、流云、湖光、雪山,涤尽人世的喧嚣。如今,来到明永冰川体验这冰雪美景的人越来越多了。

十五、瀑布

黄果树瀑布群

黄果树瀑布群是中国,也是世界上最壮观最美丽的瀑布群之一。它位于贵阳以西 160 千米的白水河上,距省会贵阳 137 千米。那里是布依族、苗族的聚居区。黄果树附近的石头寨是最著名的蜡染之乡。黄果树瀑布群形成于典型的亚热带岩溶地区,统称"岩溶瀑布",分三种类型,即落水洞型、河流袭夺型和断裂切割型。黄果树瀑布群就像一个岩溶瀑布博物馆,如此集中而姿态各异的瀑布群,为中国黄果树所独有。

黄果树大瀑布是整个瀑布群中最壮观的瀑布,其落差 67 米,宽 83.3 米,河水从断崖顶端凌空飞流而下,倾入崖下的犀牛潭中,势如翻江倒海。水石相激,发出震天巨响,腾起一片烟雾,迷蒙细雾在阳光照射下,化作一道道彩虹,幻景绰绰。瀑布对岸的观瀑亭上有对联曰:"白水如棉,不用弓弹花自散;虹霞似锦,何须梭织天生成",是黄果树大瀑布的生动写照。黄果树大瀑布的形态因季节交替而有变化,冬天水小时,它妩媚秀丽,轻轻下泻;夏秋水大时,它撼天动地,气势磅礴。有时瀑布激起的水沫烟雾,高达数百米,漫天浮游,竟使其周围经常处于纷飞的细雨之中。黄果树大瀑布后面有水帘洞,可在洞窗内观看洞外飞流直下的瀑布;每当日薄西山,犀牛潭里彩虹缭绕,云蒸霞蔚,苍山顶上绯红一片,迷离变幻,这便是著名的"水帘洞内观日落"。瀑布下的犀牛潭经常挂着七彩缤纷的彩虹,随人移动,变幻莫测。古人说:"天空云虹以苍天作衬,犀牛潭云虹以雪白之瀑布衬之",故有"雪映川霞"的美誉。

滴水滩多级瀑布又叫龙岩山多级瀑布,位于坝陵河上游,距黄果树瀑布以西 1 千米,距关岭城东约 5 千米。为黄果树瀑布群中落差最大的瀑布,兼有高、大、多、美、奇的特点。瀑布共有 7 级,总落差达 410 米,是黄果树瀑布的 6 倍。其中以鸡窝田瀑布、冲坑瀑布、滴水滩瀑布最为著名。冲坑瀑布又名高滩瀑布,怒流狂跌,水势甚猛,落差达 140 米,为黄果树风景区中群瀑长度之冠。

龙岩山多级瀑布

龙岩山多级瀑布位于坝陵河上游,距黄果树瀑布以西 1 千米,距关岭城东约 5 千米,为黄果树瀑布群中落差最大的瀑布。它是坝陵河上的一条支流,在 1 千米的河道上逐级跌落而成的,共有 7 级,总落差达 410 米,是黄果树瀑布的 6

倍。其中以鸡窝田瀑布、冲坑瀑布、滴水滩瀑布最为著名。特别是冲坑瀑布，怒流狂跌，水势甚猛，落差达 140 米，为黄果树风景区最长的瀑布。龙岩山瀑布宽 63 米，高达 130 米，是瀑布群内最高的瀑布。瀑水沿梯田状河床逐级喷洒而下，呈倒扇形，层层叠叠，在水雾之中恍如仙境，别有情趣。

镜泊湖瀑布

镜泊湖瀑布又称吊水楼瀑布，当地人因瀑布形似倒吊的流水，故名之。此瀑布位于黑龙江省宁安市西南，是中国最大、纬度最高的火山瀑布，与贵州黄果树瀑布、黄河壶口瀑布并称为"中国三大瀑布"。

镜泊湖是火山创造的奇迹。火山爆发喷出的熔岩流入河道，凝固后形成了堤岸，堵塞了上游的河谷。这样，就产生了一个新的湖泊。这种由于火山熔岩堵塞河道而形成的湖泊，叫做堰塞湖。

镜泊湖是中国最大、最典型的堰塞湖。湖面南北长 45 千米，东西最宽处宽 6 千米，面积 95 平方千米。湖水最大深度 62 米，平均深度 40 米。湖区周围有火山群、熔岩台地等。

镜泊湖以天然无饰的风姿和峻奇神秘的景观而闻名于世，是国家著名风景区和避暑胜地。

镜泊湖瀑布宽 45 米左右（雨季或汛期，瀑布变成两股或数股跌落，总幅宽达 200 余米），落差 20 米左右，是中国最大的火山瀑布。

每当夏季洪水到来时，呼啸奔腾的镜泊湖水漫过平滑的熔岩床面，从断层峭壁上飞泻而下，激起千朵银花、万堆雪浪，如浮云堆雪，白雾弥漫，又似银河倒泻，白练悬空。

镜泊湖瀑布是火山熔岩断裂形成的瀑布。大约在 1 万年前镜泊湖火山群爆发时，喷发出的熔岩在流动过程中，接触空气的部分首先冷却形成硬壳，而硬壳内流动的熔岩中尚有一部分气体未得到逸散，待到熔岩全部硬结后，这些气体便从硬壳中排出，形成许多气孔和空洞。天长日久，这些气孔和空洞不断塌陷，形

镜泊湖瀑布

成了大小不等的熔岩洞。当湖水从熔岩洞的断面跌下熔岩洞时,便形成了壮观的瀑布。

镜泊湖瀑布是由火山创造的奇迹,但火山创造的壮举不只如此:火山喷发多年之后,在凹陷的火山口处生长出的森林,成为我国著名的"火山口原始森林"—镜泊湖地下森林。

从镜泊湖北端西行50千米,即可到达"地下森林"奇观处,此处的森林都生长在地面以下的10个圆形火山中。这些圆形火山口由东北向西南分布在长40千米、宽5千米的狭长地带上,直径在400至550米之间,深度在100至200米之间,其中以3号火山口最大,直径达550米,深度达200米。

如果站在火山口顶部向下望,只见陡峭的内壁上,林木郁郁葱葱,青翠欲滴,云雾缭绕,让人不知是身处天上还是地上。

现在,人们不只可以俯视地下森林,还可以踩着峭壁上的人造石阶进入地下森林,亲自感受它的神奇。

地下森林中,鸟儿飞行、蛇儿爬行、兔儿跳行、鼠儿穿行,一片生机盎然。据科学家考察,这里不仅有小动物存在,而且有马鹿、野猪、黑熊等大动物出没,甚至还有世所罕见的国家保护动物青羊,堪称"地下动物园"。

镜泊湖瀑布村是距离镜泊湖高山瀑布最近的一座村庄。在美丽的镜泊湖畔,居住着勤劳而朴实的村民。他们喝着镜泊湖的水,吃着镜泊湖的鱼,日出而作,日落而息,辛勤地建设着自己的家园。

聪明的村民们在村里建造了电站大坝,利用瀑布的水流来发电。瀑布的水到了大坝这里再次形成小瀑布。小瀑布一年四季川流不息。村民们劳累了一天后来到这里,听着瀑布敲打岩石的美妙声音,看着水溅岩石的壮观景色,感受着滴滴水珠喷溅脸庞的凉意,无不感到舒适惬意。

庐山瀑布群

庐山山峰耸立,从雄、奇、险、秀闻名于世。除了俊秀的山峦,给庐山带来盛名的还有那一个个激荡人心的瀑布。瀑布赋予庐山以灵秀,让人叹为观止。诚如前人所言:"泰山青松,华山摩岭,黄山奇峰,匡庐云瀑,并称山川绝胜。"

庐山瀑布群的突出特点是瀑布数量多、规模大、形态各异,而且,它还具有悠久的历史,历代文人骚客均在此赋诗题词,赞颂其壮观雄伟。

在庐山瀑布群中,最著名的应数被称为"庐山第一奇观"的三叠泉瀑布。它的水流自海拔1453米的庐山第二高峰大月山流出,经过五老峰背,从北崖口悬注于大磐石上,又飞泻到二级大磐石,再倾泻至三级大磐石,是为"三叠",这"三叠"最终形成了落差达155米的三叠泉瀑布。

在这"三叠"中,"一叠"笔直垂下,流水从20多米高的簸箕背上一倾而下,发出洪钟般的响声;"二叠"稍曲,水流高约50米,如雪似雾;"三叠"最长最阔,飘飘荡荡,如玉龙飞舞。一阵风吹来,瀑布外围的水流如巨大的绢布飘于空中,阳光一照,五光十色,美丽极了。

三叠泉对面的峭崖上有"观瀑亭",同瀑布遥遥相对,可俯瞰瀑布和峡谷全景。由观瀑亭绕道下行,可临观音崖、观音洞,洞下即"绿水潭",潭畔岩石上镌刻有清代翰林邓旭书写的隶书"竹影疑踪"四字。元代书画家赵孟頫的《水帘泉》诗对三叠泉作了诗情画意的描述:"飞天如玉帘,直下数千尺。新月如帘钩,遥遥挂空碧。"

古人云:"庐山之美在山南,山南之美在秀峰。"所谓秀峰,实际上是香炉、双剑、文殊、鹤鸣、狮子、龟背、姊妹诸峰的总称。著名的庐山开先瀑布就在鹤鸣、龟背两峰之间,它是同源异流的东西两瀑。两瀑均发源于大汉阳峰,并因位于山南开先寺附近而得名。

东瀑水来自马尾泉,自鹤鸣、龟背两峰之间奔流而出。由于水势湍急而崖口窄险,水流受到两崖约束,使瀑布在跌落过程中散开,分成几十缕,形若马尾,故名马尾瀑。明代学者桑乔描绘道:"忽飘入云际,如飞毯匝,瞬息万状。"

西瀑水自黄岩山巅倾泻下来,跌落在双剑峰顶的大龙潭中,再从双剑峰东绕出,缘崖悬挂数百丈,形成黄岩瀑。黄岩瀑在马尾瀑之西,冬天来临时,少量泉水循崖流下,远看好像一条线;春夏水势泛滥之时,瀑布从高空倾泻而下,气势宏伟壮观。诗人李白的千古绝唱"日照香炉生紫烟,遥看瀑布挂前川。飞流直下三千尺,疑是银河落九天",写的就是这条瀑布夏季的模样。

在庐山众多的瀑布中,最早载入书册的是石门涧瀑布。《后汉书·地理志》中写道"庐山西南有双阙,壁立千余仞,有瀑布焉",记载的正是石门涧瀑布。

石门涧瀑布被称为"山北胜境",它位于天池山与铁船峰之间。从涧谷上攀,山势渐险,一路多巨石挡道,艰难前行。到了石门坎时,只见两崖之间仅存一条细细的缝隙,游客必须侧身才能通过。通过石门坎可看见钓鱼崖,崖旁有一块巨大的磐石,石上有"石门涧"三个大字。

过了大磐石,道路更加崎岖,峡谷深达几百米,两侧奇峰跌宕,壁削千仞。桅杆峰与童子崖如利剑一般插入天际,越过桅杆峰和童子崖后,才能看到一条宽30余米的白练翻崖飘落,坠入碧龙潭中。团团腾起的烟雾在阳光下形成一道道若隐若现的七彩霓虹,为奇壮的石门涧瀑布增添了几分神秘。走近瀑布,从下而上仰视,只见其状似玉龙从天而降,且喷吐着阵阵烟雾、万千银珠,使人双眼难睁;同时,只听瀑布击石发出的轰轰声响,有如雷鸣过顶,让人感到惊心动魄。

德天瀑布

德天瀑布位于广西壮族自治区崇左市大新县,在中越国境交界处的归春河上游。此瀑布气势磅礴,蔚为壮观,与紧邻的越南板约瀑布相连,是世界第四大跨国瀑布。

德天瀑布所在的德天景区山峰奇巧,湖若明镜,江如玉带,步步是景,处处含情,好像大自然对它情有独钟,将山水神秀汇聚过来,使此地形成了数百里的天然山水画廊。

清澈的归春河是左江的支流,也是中越边境的国界河。浩浩荡荡的归春河水从北面奔涌而来,到达浦汤岛后,从高达50余米的山崖上跌宕而下,远望似缟绢垂天,近观如飞珠溅玉。那哗哗的水

德天瀑布

声震荡河谷,气势十分雄壮。这就是举世闻名的德天瀑布。

德天瀑布宽 100 多米,纵深 60 多米,落差近 70 米。德天瀑布与越南板约瀑布相连,雨季时,融为一体,宽可达 200 多米,是世界第四大跨国瀑布。

远望德天瀑布,只见那一条条水帘犹如万匹银色的丝绸,从高山之上落下,齐齐地垂在山前,随风飘动,非常壮观。瀑顶上的座座小山露出一个个峰尖,仿佛海中小岛,令人叹为观止。

从近处看,只见瀑布奔流而下,与山石撞击,水花四溅,犹如珍珠撒在了山岩上。撒开的珍珠被山岩碰碎,又变成了白茫茫的一片云雾。天气晴好、艳阳高照的时候,飞溅的水珠又变成了碎屑,五颜六色,光彩夺目。有的时候,瀑布之上还会挂着一道彩虹,犹如彩锦配上了雪绸,为雄奇的德天瀑布增添了几分娇媚。

壶口瀑布

壶口瀑布是中国黄河唯一的大瀑布,位于山西吉县西 45 千米处的晋陕峡谷中。黄河巨流至此突然缩为一束,从 17 米高处跌入只有 30～50 米宽的石槽里,激流澎湃,惊涛怒吼,然后巨龙一般夹在只有数十米宽的石槽里滚滚向下奔流,形成了"源出昆仑衍大流,王关九转一壶收"的景象,故名壶口瀑布。壶口瀑布奇绝,壶口的水雾烟云,也是一大景观。瀑布倒悬倾注,水雾腾空,景色奇丽。壶口瀑布是由于地壳运动,岩层断裂,形成阶梯状断层,从而引起跌水现象。壶口瀑布仅次于贵州黄果树瀑布,为中国第二大瀑布。

京都第一瀑

京都第一瀑位于北京密云县石城乡

京都第一瀑

柳棵峪内，距北京103公里，黑龙潭北3公里，是由云蒙山泉水汇集而成，落差62.5米，坡度85度。是京郊流水量最大的瀑布。走进峡谷，未见瀑而先闻其声。水从悬崖直泻而下，云雾弥漫。远眺，如玉柱擎天，雄伟壮观。近看，银花四溅，犹如白雾向空中喷涌。阳光照射，呈现出七彩虹，旖旎如画，形成斑驳陆离的颜色。瀑下潭大而奇，深不可测。文人墨客咏诗赞叹："云蒙瀑乡绣色锦，飞流直下双白尺，京华瀑魁众叹服，嫦娥观止不归宫。"

柳棵峪谷内溪水潺潺，终年不断。从头一个"古尊迎客"到最后一个"六潭连珠"，全程3公里，落差200米。造型奇特的龙潭有10个，最大的为青龙潭，涛声轰鸣，水光潋滟，湖光山色，异彩夺目，游人到此，无不情思飞扬，击掌称绝。

景区内座座峻拔的山峰，像巨剑直刺苍穹，千姿百态，栩栩如生。

白果树瀑布

白果树瀑布是长江三峡西陵峡口新辟的以飞泉驰名的旅游景点，它距宜昌市34公里，位于宜昌县晓峰乡泰山庙。在长约5公里的峡谷中，绝壁夹天，深潭无底，飞泉竞悬，一条主体瀑布和若干支瀑布形成了气势磅礴的瀑布群，主体瀑布宽约数十米，清泉从百余米高的陡峭山崖飞流直下，接天连地，水天雾海，蔚为壮观，即使久旱不雨，这里依然是飞泉不绝，被誉为"中国第四，湖北第一。"游人称赞说："朝游白果树，一山日头一山雾；午游白果树，一身凉爽一身舒；暮游白果树，一片晚霞一片露。"

景区方圆数百里，泪淌河穿行其中，群峰峙立，重崖叠嶂，两崖之间，仅四五米宽，仰头望崖，仅见一线天光，古木森森，幽静无比，素湍绿潭，回清倒影，"清泉石上走，鸟鸣山更幽。"飞鸟成群嬉戏清潭，常有高猿长啼、獾猪出没，悬泉瀑布飞溯其间,荡起数十米的水雾,随日出日没,瞬息万变,时而七色彩虹,时而串串银珠腾空。景区内,石笋林立,奇洞异石,珍贵药材,古稀树木,随处可见。现在,白果树瀑布风景区已发展成集食、住、行、游、购、娱于一体的旅游胜地。气宇轩昂的牌坊,富丽堂皇的别墅,依山傍人的吊脚楼,凌空飞架的索桥、瑰丽别致的亭台轩阁,还有游泳池、钓鱼台,尽善尽美的人文景观和"山光悦鸟性,漂影空人心"的如诗如画的自然景观,令游人神往。

长白瀑布

　　长白瀑布位于吉林省中朝边境的长白山天池。天池四周有十六奇峰,在天池北侧天文峰和龙门峰之间有一缺口,静静地流出一道水来,水在碎卵石上越流越快,形成人间天河——"乘槎河"。河水流经1250米后从山口喷涌而出,飞流直泻,形成高达68米的瀑布,如玉龙扑向谷底,四季奔流不息,景象蔚为壮观。瀑布口有一巨石,名曰"牛郎渡",将瀑布分为两股勇猛的水柱扑向突起的石滩,冲向深深的谷地,溅起数米高的飞浪,犹如天女散花。水气弥漫如雾,仿佛"银河落下千堆雪,瀑布飞流万缕烟"。几十里外可闻其咆哮声从天而降,雷霆万钧,云翻雨倾,景象十分壮观。

其他瀑布

1. 三叠泉瀑布
位于庐山五老峰以东的东容会仙亭旁,因流经第四纪冰川遗迹三级台阶折成三叠,故名三叠泉,也叫三级泉。三级总落差长达300余米。

2. 镜泊湖瀑布
又称吊水楼瀑布。位于黑龙江省宁安县西南,是镜泊湖水泻入牡丹江的出口。高20~25米,宽达42米左右。

3. 马岭河瀑布
中国最大瀑布群。共有60余条瀑布。其中最为著名的是珍珠瀑布,落差达200多米。

4. 流沙瀑布
位于湖南省吉首市德夯镇,瀑高216米。

5. 大龙湫
又名大瀑布,位于浙江省雁荡山连云嶂崖顶。高190米。

6. 诺日朗瀑布
位于四川省九寨沟。"诺日朗"在藏语中意指男神,也有伟岸高大的意思。瀑宽270米,落差20米,宽达300米,是中国最宽的瀑布。

7. 九龙瀑布
位于黄山香炉、罗汉两峰之间的悬崖上,瀑长600米,垂直落差360米,一瀑九折。

8. 蛟龙瀑布
台湾最大的瀑布。位于台湾西部嘉义县梅山乡里,瀑高约1000米,分4层奔流泻下。

9. 白水瀑布
位于广东省增城市派潭镇白水寨风景区内。落差达428.5米,是中国大陆落差最大的瀑布。

10. 云台天瀑
位于河南省焦作市云台山风景区泉瀑峡内,单级落差达到314米。

11. 扎嘎瀑布

位于四川省松潘县城西南 30 千米牟尼乡后寺沟内,高 93.2 米,宽 35 米,是中国最高的钙华瀑布。

12. 龙潭瀑布

位于井冈山茨坪北面峡谷中。以瀑布多、落差高、形态美而著称。潭共 5 处。第一潭瀑布最大,落差 67 米。

13. 十丈洞大瀑布

位于贵州省赤水市南部风溪河上游。高 76 米,宽 80 米。

十六、森林

东北林区

我国目前最主要的天然林区,现有森林面积 3094 万公顷,占全国的 26.9%;森林蓄积量 28.9 亿立方米,占全国的 32%;森林覆盖率约为 37.6%,以针叶林和针阔叶混交林为主。经过采伐更新和人工改造经营,人工林的比重逐渐增加。西北部大兴安岭主要是兴安落叶松林和采伐后的桦林、山杨次生林;小兴安岭主要是红松林和针阔叶混交林,树种多红松、落叶松、云杉、冷杉、椴树、水曲柳、桦木等;长白山区森林与小兴安岭相近,只是阔叶树增加,并出现沙松和长白赤松等。

兴安落叶松

西南地区

位于青藏高原东南部,主要是高山针叶林和针阔叶混交林。区内海拔高差很大,森林多分布在海拔 4000 米以下的山坡中下部。有林地面积 2245 万公顷,占全国的 19.5%;森林蓄积量 35.8 亿立方米,占全国的 39.7%;木材覆盖率为 28.3%。主要树种有冷杉、云杉、落叶松、高山松、桦木、高山栎等。林区栖息着许多珍稀动物,如大熊猫、金丝猴、扭角羚等。

东南林区

我国东南地区山区面积广大,气候条件好,林业生产潜力大,适宜大力发展用材林、竹木林和多种经济林木。林区内的人工林和经济林比重大。主要树种有马尾松、黄山松、杉木、柳杉、多种竹类(如毛竹、淡竹、桂竹、刚竹)、多种常绿阔叶树(樟树、楠木、栲类、石栎等)、多种栎类(如检皮栎、麻栎、小叶栎、山毛榉等)。主要经济林木有油茶、油桐、乌桕、漆、棕榈等树种。

黄土高原防护林地区

黄土高原因地表被深厚的黄土层所覆盖而闻名于世。本地区处在黄河中上游,占有黄土高原的主要部分。西起青海日月山,东抵山西五台山、太行山、中条山西麓,北界甘肃景泰、宁夏同心、陕西长城沿线和内蒙古呼和浩特、集宁一线,南至秦岭、中条山北麓。包括青海、宁夏、甘肃、陕西、内蒙古、山西等省区各一部分。总面积为3666万多公顷。

本地区是中国历史上开发最早的地区之一,森林资源经过长时期不合理开发利用,森林大部分被毁,自然条件恶化,水土流失严重。

本地区现有森林资源虽少,但有宜于发展林业的荒山荒地多,可以进行植树造林,把森林和灌木林覆盖率提高到50%以上。大力进行造林,增加乔、灌、草覆盖,最大限度地控制水土流失和改善当地生态环境,从根本上改变"四料"(燃料、木料、饲料、肥料)俱缺的困难,已成为黄土高原人民社会主义建设中的迫切任务。国家已将黄土高原造林列为"三北"防护林体系的重要组成部分,正在组织当地群众大力进行造林。

本林业地区共包括3个林区,即黄土丘陵水土保持林区、陇秦晋山地水源林区和汾渭平原农田防护林区。本地区的森林处于暖温带落叶阔叶林带,但在海拔较高的吕梁山、六盘山及其他山地上部亦有以云杉占优势的寒温性针叶林。由于长期反复垦殖,原生森林已经破坏殆尽。现在,仅青海东部山地,甘肃兴隆山、马衔山、子午岭,宁夏六盘山,陕

六盘山林区

西乔山、黄陇山,山西吕梁山等处,尚保留有部分天然次生林。主要树种有云杉、华北落叶松、油松、华山松、白桦、山杨、栎类、侧柏、白皮松、鹅耳枥、杜梨、大果榆等。下面以黄土丘陵水土保持林区和陇秦晋山地水源林区为例,略加补充说明。

华北防护、用材林地区

华北防护、用材林地区同黄土高原防护林地区一样,也是中国开发历史最早的地区之一。自古以来,中华民族的祖先就在这一广大地区劳动生息,从事农业生产,形成以农业为主的经济结构。

本地区东临渤海、黄海,西止五台山、太岳山和中条山西麓,南至淮河下游和苏北灌溉总渠,北以燕山北麓和阴山南麓为界,由燕山太行山水源、用材林区,华北平原农田防护林区,鲁中南低山丘陵水源林区和辽南鲁东防护、经济林区4个省级林区组成。包括北京、天津二市,山东省的全部,河北省的大部以及

辽宁、山西、河南、安徽、江苏五省的相当一部分。

本区森林植被基本为暖温带落叶阔叶林。但山地因海拔差异较大，还分布有温性针阔叶混交林和寒温性针叶林。代表树种，山地为油松、赤松、华山松、云杉、冷杉、落叶松、桦树、山杨、槭、椴等；丘陵和山前地带为核桃、板栗、银杏、大枣、文冠果、花椒等；平原地带为杨、柳、榆、刺槐、国槐、泡桐、臭椿、桑、枣、苹果、梨、桃、柿子等。

西南高山峡谷防护、用材林地区

本地区位于青藏高原东南部，从冈底斯山东段和念青唐古拉山西段南侧，沿嘉黎、巴青、治多、石渠、色达往北绕班玛县北界经甘肃达部、宕昌一线为本地区的北界和东北界，南面为国境，西抵仲巴，东界沿四川阿坝藏族自治州的东界越二郎山经木里至云南丽江、兰坪、泸水以北一线。包括青海南部、甘肃南部、四川西部、云南西部及西藏的东部和南部，是一个呈西窄东宽的长形地带。由雅鲁藏布江上中游防护、薪炭林区，高山峡谷水源、用材林区两个省区级林区组成。

本区由于地貌复杂，地势变化大，气候多样，植被类型几乎包括了从寒温带针叶林到热带雨林的所有森林植被类型。按照从东南向西北、从下向上的顺序，在藏东南地区，峡谷地段有热带雨林，分布着白刺花、仙人掌、金合欢等多刺肉质灌木丛；往上分布着以壳斗科、樟科为主的亚热带温性常绿阔叶林；再往

上部为针阔混交林；然后为温性针叶林和寒温性针叶林。

本林业地区森林资源丰富，是中国第二大林区。东部的川西林区和滇西北林区，是目前中国西南地区的主要木材生产基地。现有林区绝大部分集中在东半部即横断山脉和高山峡谷区。

本区地处青藏高原东缘，包括青海南部，甘肃西南部，四川西部，云南西北部及西藏东南部。由大渡河上游高山峡谷水源涵养林区，澜沧江、长江高山峡谷水源涵养林区，甘肃白龙江上游水源、用材林区，四川西部高山峡谷防护、用材林区，滇西北高山峡谷水源、用材林区，西藏自治区雅鲁藏布江中下游用材、经济林区，藏东南高山峡谷经济、用材林区，横断山脉水源、用材林区等8个省级林区组成。全区以林牧业为主。

本区森林植被以亚高山针叶林为主体，海拔2400～3600米范围内主要为亚高山针叶林。下部阳坡为高山松和油松林，阴坡和半阴坡或沟谷中分布有铁杉林与多种槭、桦形成的针阔混交林。上部组成的亚高山常绿针叶林，多为云、冷

四川红杉

杉组成的纯林或混交林。其上部有红杉林或圆柏林。

在植物分布方面，随着海拔高度不同，其分布有明显的垂直带谱出现。本区内自下而上分布着：常绿阔叶林、常绿阔叶落叶混交林、针阔叶混交林、针叶林、高山灌丛草甸和滑石滩稀疏植被等多种林型。森林中的珍稀树种，既有四川红杉、金钱槭、香果树、连香树、水青树等30多种我国特有的种类，又有铁杉、油樟、楠木、润楠、麦吊杉等十几种重要经济用材树种。药用植物也很多，其中，较为重要的有麻黄、天麻、黄连、竹节、三七、川党参、川贝母、大黄等四五十种。

新中国成立以来，随着社会主义经济建设的发展，国家对西南高山峡谷防护、用材林地区的川西林区和滇西北林区进行了开发利用，先后在这两个林区建立了几十个林业企业局，已为国家生产了上亿立方米的优良用材，有力地支援了社会主义建设。

本地区的森林在大西南地区的生态系统中起着极其重要的作用。它既是四川盆地和云南高原广大农区的绿色屏障，又是长江上游各支流及雅鲁藏布江、怒江、澜沧江等河流的天然蓄水库。保护和经营好本区现有森林并尽可能地扩大森林面积，不仅关系到川、滇两省的工农业生产和国计民生，而且对长江中、下游的农业与工业交通事业的发展，也有重大关系。从长远和全局来看，对这一大林区的森林经营管理不可等闲视之。从现在起，必须从指导思想上彻底扭转过来，坚决实行"以营林为基础，防护为主，合理经营利用"的方针。林业发展的方向，应当以涵养水源为主，生产用材为辅。就全区而言，防护林面积应由现在的18.4%提高到45%，用材林面积由现在的75%降为50%。在保护好现有森林的基础上，积极开展人工更新造林，大力促进天然更新；对本区内的宜林荒山，要大力进行造林，使之尽快绿化起来。通过迹地更新和荒山造林，力争把森林覆盖率由现在的17.7%提高到32%（包括灌木林），使这个绿色屏障发挥多种效益。

南方用材、经济林地区

南方用材、经济林地区，北界为秦岭、淮河干渠和苏北灌溉总渠，西界为横断山脉东部边缘，南界大致西起云南省西南部的沧源，向东过江城、红河、屏边、麻栗坡入广西，经百色、上林、宾阳、横县、北流入广东，经高要、从化、潮安向东北入福建，经永安、安溪、仙游到福州、罗源，东至东海沿岸及附近岛屿，包括贵州、湖南、湖北、江西、浙江等省的全部，四川、云南、广东、广西、福建、安徽、江苏的大部和甘肃、陕西、河南省的部分地区。

本地区大体上处于北回归线与北纬34°之间，受海洋潮湿季风影响较大，水热条件好，林木生长快，林业用地比重大。在七大林业地区中，是发展用材林和经济林潜力最大和最可能以较短时间建成大面积速生丰产林基地的地区。

南方用材、经济林地区，是全国七大林业地区中含林区最多的一个区，共有18个大林区，它们是：秦巴山地水源、用材林区，大别山桐柏山山地水源、经济林区，四川盆地用材、经济林区，四川盆地水保、经济林区，川黔湘鄂经济林区，长江中下游滨湖农田防护林区,幕阜山用材林区,天目山水源、用材林区,云南高原水保、用材林区,黔中用材、水保林区,南岭用材林区,湘赣浙丘陵经济林区,浙闽沿海防护、经济林区,武夷山用材林区,滇西南用材、经济林区,元江南盘江水源、用材林区,西江用材、经济林区和赣闽粤用材、水保林区。

本地区森林植被以栲、石栎、青冈和樟科、茶科、木兰科、金缕梅科等主要树种组成的常绿阔叶林为主。针叶林有马尾松、杉木、云南松、柏木等。在长江以北地区,落叶阔叶树种如麻栎、白栎、栓皮栎等比重增多。我国特有的孑遗树种水杉、银杉原产于本区的中西部。此外,还有许多其他孑遗树种,如珙桐、青钱柳、黄杉、香果树、长苞铁杉、红豆杉、白豆杉等。

华南热带林保护地区

华南热带林保护地区是中国唯一的分布热带森林的地区。本地区处于中国的最南部,范围包括闽、粤、桂沿海地区,桂西南、滇南丘陵山地以及台湾省、海南省的全部。在中国各个地区中,发展林业的水热条件以本地区最为优越,是发展热带珍贵用材林和经济林不可多得的好地方。本地区现有的热带森林,是中国热带植被和珍贵动植物保存较好的基因库,应坚决保护,进一步发展。

本地区森林资源与其他林业地区相比,有许多明显的特点:

(1)中国稀有的热带雨林和季雨林都分布在本地区。林分构成复杂,分层不明显,树木种类繁多,仅乔灌木树种多达千种以上,这是其他任何一个林业地区所不能比拟的。典型的森林植被层次多达六七层,树冠参差不齐,具有亚洲热带雨林代表性的树种——望天树,高达五六十米,高出于众林冠之上,翘首望天,俯视林海。藤本植物和附生植物甚为发达,板根有明显发育,绞杀植物榕属及老茎生花现象普遍存在。藤本植物中的木质藤本巨大,有的直径达 1 米以上;榕树的板根,像一块块大板插入地内,独木可以形成一片树林。

(2)植物中类比其他地区都多。全区 7000 多种高等植物中,有大量特有种类,西双版纳有 300 多种,海南岛有 500 多种。在众多高等植物中,药用植物极为丰富,仅海南岛林区就有 1000 多种,相当于全国药用植物的 20%,是名副其实的药材宝库。其中,有不少属于抗癌植物,经过筛选的抗癌植物就有 137 种。

(3)有相当面积的红树林。从广西、广东、海南到福建、台湾,在沿海地区分布有大片稠密的常绿灌木或乔木红树林。

轮胎胡杨林

轮台县地处天山南麓、塔里木盆地北缘,这里有 40 余万亩世界上面积最大、分布最密、存活最好的"第三纪活化石"——天然胡杨林。胡杨林是塔里木河流域典型的荒漠森林草甸植被类型,从上游河谷到下游干河床均有分布。虽然胡杨林结构相对简单,但具有很强的地带性生态烙印。无论是朝霞映染,还是身披夕阳,它在给人以神秘感的同时,也让人解读到生机与希望。

塔里木盆地胡杨树

荔波喀斯特森林

国家级荔波樟江风景名胜区和世界人与生物圈网络保护区、国家级自然保护区——茂兰喀斯特森林自然保护区位于贵州省南部边陲的荔波县境内,毗邻广西环江、南丹县,处在桂林——贵阳——昆明的三角旅游空白区内。荔波樟江风景区总面积273.1平方公里,由小七孔景区、大七孔景区、水春河景区和樟江风光带组成。茂兰喀斯森林自然保护区总面积213平方公里,是典型的生态科普教育和生态旅游的重要基地。

荔波樟江区风景名胜区以喀斯特地貌上樟江水系的水景特色和浩瀚苍茫的喀斯特森林景观为主体,景区内峰峦叠嶂,溪流纵横,景物景观动静相间,刚柔相济,是既有奇、幽、俊、秀、古、野、险、雄的自然美,又有浓郁的布依、水、瑶、苗等

民族风情融为一体。

蜀南竹海

蜀南竹海原名万岭箐。据传北宋著名诗人黄庭坚到此游玩,见此翠竹海洋,连连赞叹:"壮哉,竹波万里,峨眉姐妹耳!"即持扫帚为笔,在黄伞石上书"万岭箐"三字,因而得名。整个竹海成"之"字形,东西宽、南北狭。

山地是典型的丹霞地貌,海拔600~1000米。蜀南竹海可谓是竹的海洋,7万余亩翠竹覆盖了27条峻岭、500多座峰峦,这里生长着15属58种竹子,除盛产常见的楠竹、水竹、慈竹外,还有紫竹、罗汉竹、人面竹、鸳鸯竹等珍稀竹种,还零星地生长着桫椤、兰花、楠木、蕨树等珍稀植物;栖息着竹鼠、竹蛙、箐鸡、琴蛙、竹叶青等竹海特有的动物;林中除了产竹笋,还有许多名贵的菌类:竹荪、猴头菇、灵芝、山塔菌等。据统计,竹海所产的中草药不下200种,堪称一个天然的大药园。竹海境内气候温和、雨量充沛、四季分明。最热的8月平均气温只有27.4℃,最冷的1月平均气温也不过8℃空气相对湿度常年都在83%以上。这里不仅是一个天然的大氧吧,我国最大的"换肺工厂",而且也可欣赏到竹根雕、竹簧雕、竹编、竹制家具等品种繁多、技艺精湛的竹工艺品,品尝到竹荪、竹笋、竹海豆花、竹熏腊肉等天然绿色食品,可谓是度假、休闲、疗养的胜地。蜀南竹海是中国最壮观的竹林。7万余亩土地上楠竹密布,铺天盖地。夏日一片葱茏,冬日一片银白,是国内外少有的大面积竹景,与恐龙、石林、悬棺并称川南

四绝。蜀南竹海竹类品种繁多,除楠竹外,还有人面竹、算盘竹、慈竹、绵竹、花竹、凹竹等30多个品种。

相传北宋诗人黄庭坚曾来此一游,当他登上峰顶,看到如此秀美成片的竹海时,情不自禁地赞道:"壮哉!竹波万里,峨嵋姊妹耳!"乡人闻讯纷纷前来献酒。诗人激动地说:"秀色已使我醉了!"他兴奋地在石壁上书写了"万岭箐"三个大字。至今竹海内有2个乡仍名"万岭乡"和"万里乡"。

竹海平均海拔高度在600～1000米左右,气温一般不低于0℃,最高不超过30℃,东暖夏凉,十分宜人,所以这里的气候一年四季都适宜旅游。竹海枝繁叶茂,它们或互抱成丛,如绿竹坠地;或相依相扶,翠接云天;或纵横交错,形成翠玉般的迷宫;或密集路边,交织成翠玉似的拱廊;或挺立在湖光山色之中,别有波光倩影的佳趣,传过曲折幽径,进入竹阴深处,更见绿烟霭霭、清气浮浮。清风徐来,只见群竹忽然婆娑起舞,摇曳万里,美丽的竹海真是处处有美景,处处有诗意,处处包含着竹的清香。一望无际的竹海,连川连岭,其情其景,都会使你陶醉。

竹海山清水秀,景色迷人,除了竹的海洋之外,山、林、洞、泉、瀑、湖俱全,此外还有仙寓洞、龙吟寺、天皇寺等人文景观,这些景观与竹海结合在一起,就成为一处颇有吸引力的旅游胜地。

珍贵和稀有树种

中国的森林,其珍贵树种和稀有树种之多,居世界首位。这里仅以红松、杉木、楠木、水杉、银杏、珙桐、柏木、泡桐、楸梓、檀香等若干树种为例,侧重介绍它们的分布、特性和用途。

1. 木材之王——红松

红松(东北地区叫果松)是中国重要的珍贵用材树种之一。分布在中国东北小兴安岭、长白山天然林区,为常绿大乔木,树干通直圆满,高达40米左右,胸径可达1.5米,树龄达500年以上。根据花粉分析,中国东北地区的红松约有1000万年以上的生长历史,它在中国所有松类树种中一直占据首要位置。

中国的红松林,主要是天然林。人工栽植红松林只有八九十年的历史,辽宁省新宾县有80年生的人工红松林。新中国成立后,辽宁、吉林、黑龙江三省的林区和半山区,营造了大面积的红松林,并积累了一些造林经验,对扩大中国

红松

红松林资源有重大意义。

红松木材，材质软硬适中，纹理通直，色泽美观，不翘不弯，是优良的建筑、造船、航空等用材。从古到今，中国北方地区的重大建筑中，红松木材一直占有很大比重。红松木材在国际市场上也很受欢迎，被誉为"木材王座"。

红松除作为优良经济用材外，它还含有丰富的松脂，可采脂提炼松香、松节油；树皮含单宁，可浸提栲胶；松针（叶子）也可提取松针油；种子含油率很高，种仁含油率高达70%以上。油可食用，也是上等的工业用油。松子还是著名的干果，除国内大量食用外，每年都有出口，换取外汇。松子除含脂肪外，还含有17%的蛋白质及多种维生素，对防治高血压、肺结核等病，是一种良好的滋补品。

2. "万能之木"——巨杉

杉木是中国特有的主要用材树种，中国劳动人民栽培杉木已有1000多年的历史。杉木生长快，产量高，材质好，用途广，是中国南方群众最喜爱的树种之一。中国素有"北松"（红松）、"南杉"（杉木）之说。

杉木是常绿大乔木，树高可达30米以上，胸径可达3米，树冠尖塔形，树干端直挺拔。杉木是速生树种，中心产区20年生以上的林分，每年可增高1米，平均胸径增加1厘米，福建南平一片39年生的杉木林，每亩蓄积量高达78立方米。

杉木在中国分布较广，栽培区域达16个省、区。东自浙江、福建沿海山地及台湾山区，西至云南东部、四川盆地西缘及安宁河流域，南自广东中部和广西中南部，北至秦岭南麓、桐柏山、大别山。南岭山地如黔东南、湘西南、桂北、粤北、赣南、闽北、浙南等地区是杉木的中心产区。中国杉木产量最大，约占全国商品材的1/4至1/5。

杉木是中国最普遍的重要商品用材，材质轻韧，强度适中，质量系数高，木材气味芳香，材中含有"杉脑"，能抗虫耐腐。它广泛用于建筑、桥梁、造船、电杆、家具、器具等方面。中国历代帝王建造宫殿、王府、园囿、庙宇等，多采用巨杉作栋梁，早在汉代就被用作上等棺木。1972年长沙马王堆出土的一号汉墓里，那具在地下埋了两千多年尸体未腐的女尸，所用的棺材椁板就是杉木。

杉木树皮含单宁达10%，可提取栲胶；根、皮、果、叶均可药用，有祛风燥湿、收敛止血之效。

杉木是长寿树种。几百年、上千年的古杉树并不少见。如湖南湘乡县大杉乡有株相传1000多年的古杉树，高50米，远望如塔，被测量部门定为天然测标。福建宁德县虎见乡彭家村有株千年古杉，胸径2.4米，树冠前后25米，左右21米，树干圆满通直，上下一般粗，被列为全国十大巨杉之一。贵州省习水县羊九乡正坝村，有株全国罕见的特大巨杉，被群众称为"神杉"，树高44.81米，胸径2.33米，全株仅主干材积就达84立方米，被誉为全国"巨杉之冠"。

3. 材优味香的樟楠

樟树和楠木都是中国的珍贵用材树种，素以材质优良闻名中外。这两种树都是常绿乔木，高可达40～50米，胸径可达2～3米。主要生长在中国亚热带和热带地区。樟木主要产地是中国台湾、福建、江西、广东、广西、海南、湖南、湖北、云南、浙江等省、区，尤以台湾为多。楠木主要产区为四川、贵州、湖南、福建等省。

樟、楠自古以来为中国人民所喜爱，中国劳动人民栽培和利用樟、楠有两千多年的历史，但大量栽培始于唐代。现在，中国南方各省还保存有不少千年古樟、古楠。如湖南衡阳黄茶岭有两株胸径3米的古樟树，相传唐末农民起义领袖黄巢转战江南时，曾在这两棵树上拴过战马。广西全州大西江乡有棵巨樟，树高30米，胸径6.6米，巨大树冠遮天蔽日，荫地10余亩，树龄在2000年以上。

樟、楠二木，材质细腻，纹理美观，清香四溢，耐湿、耐朽，防腐、防虫，为上等建筑和高级家具用材。楠木清代称为"大木"，明、清两代大规模用于宫殿、陵墓、王府等建筑。北京明十三陵棱恩殿内的60根浑圆通直楠木大立柱，就是用南方林区出产的楠木制作的。

樟树全身都是宝，用樟树根、茎、枝、叶提炼的樟脑和樟油，是一种特殊工业原料。如制造胶卷、胶片、乒乓球用的"赛璐璐"，都离不开樟脑。樟脑和樟油，在医药、火药、香料、防虫、防腐等方面都有广泛的用途。

4. 植物"活化石"——水杉

水杉是落叶大乔木，高可达30～40米以上，胸径可达2米以上。

水杉是个古老稀有的树种，早在中生代上白垩纪（距今约1亿年）即诞生

水杉

在北极圈的森林里。到晚白垩纪以后至第三纪，水杉的足迹遍布欧亚大陆和北美。但在第四纪时，北半球北部冰期降临，水杉类植物遭受冻害而灭绝。好多世纪以来，世界植物学家坚信水杉在地球上已不复存在，成为"化石"。所以，当20世纪40年代中国植物学家在湖北利川市深山中发现水杉树种并公诸于世后，震惊世界，人们就把中国的水杉誉为植物"活化石"。以后，又在湘西等地相继发现了古水杉。如湖南省龙山县洛塔乡发现的3棵大水杉，高过10层大楼，胸围4人合抱不住。其中在泡木大队的一棵，高41米，胸围5.8米。树干两侧有两根水桶粗的古藤，盘绕而上，当地群众称之为"双龙抱玉柱"。这几棵古水杉，树龄均在300年左右，与湖北利川市的水杉不相上下。

水杉树干纹理通直，材质轻软，干缩差异小，易加工，油漆及胶粘性能良好，适于建筑、造船、家具等用材。水杉材管

胞长,纤维素含量高,又是良好的造纸用材。

新中国成立后,水杉开始在国内各地引种。现在北至北京、延安、辽宁南部,南及两广、云贵高原,东临东海、黄海之滨及台湾,西至四川盆地都有栽植。特别是江苏省扬州市成片造林达数万亩;太仓县百里海堤栽植的水杉护堤林已蔚然成林。

水杉在国外引种遍及亚、非、欧、美等50多个国家和地区,生长良好。一个树种引种地区如此之广,适应能力如此之强,实属罕见。这一古老树种,将在全世界茁壮成长。

5. 长寿树——银杏

银杏树(俗称白果树)同水杉树一样,也是中国现存植物中最古老的孑遗植物,被称为"活化石"。是落叶大乔木,高可达40米以上,胸径可达4米以上,树龄可达几千年。银杏在中国有悠久的栽培历史,早在汉末三国时,江南一带就有人工栽植,宋朝以后,向北扩展到黄河流域。现在,中国北至辽南,南至粤北,东起台湾,西北至甘肃,20多个省区都有种植。主产区在四川、广西。广西灵川县有一个乡方圆百里有2万多株银杏,好年景可产白果100多万公斤,是中国有名的"白果之乡"。

银杏树一身全是宝。银杏果在宋代以后被列为贡品。欧阳修有诗云:"绛囊初入贡,银杏贵中州"。银杏果富含淀粉、脂肪、蛋白质和维生素,既可食用,又可入药。据《本草纲目》记载:"熟食可温肺益气,定咳嗽,缩小便,止白浊;生食降炎、消毒、杀虫。"

银杏树材质细致,花纹美观,不易变形,是一种较好的建筑、家具、雕刻用材。

银杏树具有与众不同的生物学特性,它有公母之分,有很强的"生儿育女"能力,即使公母两树身处两地,那异常细小的雄花粉,也可凭借风力飞出十里之遥,去与雌株交配,繁育后代。银杏在科学上有一种特殊价值,它的精子具有鞭毛,会游动,保存了2亿年前祖先的特性,是科学家研究原始裸子植物的"活化石"。

银杏树是一种长寿树,上千年的古银杏树,全国各地都有。如山东省莒县定林寺前的一棵古银杏树,高24米,胸围15.7米,树龄3000多岁,尚能开花结实。

6. 鸽子树——珙桐

珙桐树(俗名鸽子树)是一种落叶大乔木,它是中国特有的古老珍稀树种之一。在第四纪冰期以前,世界其他地区均有分布,第四纪冰期之后,因受冻害,其他地区的珙桐树均已灭绝,唯有我国得天独厚,在川、鄂、湘、黔、滇等省均有珙桐树保存下来。世界植物学家也把我国的珙桐树叫做植物"活化石"。

珙桐树形端正,树干通直,有奇特的花可供观赏。它那茂密的树枝向上斜生,好似一个巨大的鸽笼。每年四五月间开白花,中间由多数雄花和一朵两性花组成的红色球型头状花序,像鸽头,两片初为淡绿色、后呈乳白色的大型苞片生在基部,像伸展着的鸽翅。当山风吹来,"鸽笼"摇荡,"群鸽"在笼里点头扇翅,跃跃欲飞,栩栩如生。到湖南大庸县张家界国家森林公园参观游览的人,当看到这种景观时，个个赞叹不已。

7. "百木之长"——柏树

柏树是柏科树木的总称。全世界约有150种，中国有40多种。其中柏木、侧柏、福建柏、剑阁柏、圆柏等为我国特有。

柏树是常绿大乔木，四季苍翠，枝繁叶茂，树姿优美，寿命长，材质好，是上好的用材树种，人皆爱之，被誉为"百木之长"。

柏树在中国分布很广，几乎遍布全国各省区。中国劳动人民栽培柏树历史最久，公元前3世纪的《禹贡》中就有经营管理柏树的记载。

柏树更是有名的长寿树，山西太原晋祠有棵"周年齐柏"，相传为周代所植，树龄有3000多岁。陕西黄龙县黄帝陵前的"轩辕古柏"，相传为轩辕黄帝当年所植。山西芮城县大禹渡山坡上有一棵古柏，柏树下有一石碑记载，传说大禹当年治水时，曾在柏树下休息，观察黄河的流向。台湾阿里山有一棵3000多岁的红桧（柏树的一种），高54米，胸径10米，需12人拉起手才能合抱过来，堪称柏中"巨人"。

柏树材质坚实平滑，纹理美观（特别是心材），含有树脂，有香味，有很强的耐腐性，是建筑、桥梁、家具、造船、雕刻等的上等用材。中国浙江宁波市建筑年代长久的保国寺，1013年建造时，大殿内使用的是黄柏木材，现已有960多年历史。据当地群众传说，因黄柏木材有一种特殊的香味，麻雀和昆虫都不敢问津。

中国的柏树，自古以来被人们看做最佳的绿化树种，在宫殿、庙宇、公园之地广为种植，为这些胜地大增光辉。如东岳泰山岱庙内，有古柏数百株，参天蔽日，荫秀重城，苍皮溜雨，香通古殿。有诗赞曰："东封玉辇不闻音，柏树犹能尉访寻。一代精神看翠蔼，千年物色在苍林。"

8. 速生优质用材树——泡桐

泡桐虽不是一种珍贵用材树种，但泡桐材也算得上优良材。泡桐是落叶大乔木，树干通直，树冠宽阔，树花美观，它是中国特产的速生优质用材树种之一。

泡桐在中国分布很广，北界辽南、北京、延安一线，南至广东、广西，东起台湾，西至云贵川，尤以豫东、鲁西南为中心产区。全国泡桐有5个主要树种：兰考泡桐、楸叶泡桐、毛泡桐、白花泡桐和四川泡桐。

泡桐

泡桐论材质,虽不比其他珍贵树种坚硬,但它有许多独特的优良性能。木材纹理直,结构均匀,不翘不裂,易加工。木材变形小,气干容重轻,每立方厘米只有 0.25 ~ 0.36 克;隔潮性能好,对保护衣物非常有利。耐腐性强,是良好的家具用材。音质好,共振性强,又是良好的乐器用材。木材不易燃烧,油漆染色良好,耐酸性强。泡桐木材用途很广,用以制作家具,可做箱柜、床板、桌子、水桶等;用以制作乐器,可做琵琶、古筝、月琴、大小提琴板面等;用在建筑上,多用做椽、檩、门、窗等;用在工艺方面,可做木碗、木碟、茶盘、花瓶、屏风和半导体、电视机外壳等;还可做航空模型,各种填料,飞机、轮船内部的衬板等。泡桐材是出口商品材之一,在国际市场上享有很高的声誉。

泡桐叶、花、果、树皮均可入药,治疗慢性气管炎有显著疗效。河南省 1974 年用泡桐花、果治疗慢性气管炎 1840 例,80% 有疗效,其中 30% 基本痊愈。

9. 形态相似的楸与梓

楸与梓是落叶大乔木,高可达 30 多米,胸径可达 1 米以上,是两种受人喜爱的优良用材树种。分布于长江和黄河流域,以江苏、河南、山东、陕西中部和南部为最普遍。

楸与梓是两种形态极为相似的树,古时常楸、梓不分,有时称楸为梓,有时说梓也兼指楸。明代医学家李时珍以木材颜色来区分楸、梓。他说:“楸即梓之赤者也”,“木理白者为梓”。《陆玑诗疏》一书中则以是否结实来区分楸、梓,认为“楸之疏理白色,而生子者为梓”。现在,群众也称楸为梓桐;称梓为河楸、泡楸、花楸。

中国栽种楸、梓的历史悠久,早在两三千年以前已在庭院、村旁、宅旁广为栽植。楸、梓是上好的木材,有“木莫良于梓”之誉。古时印刷刻板,非梓、楸木不可,故把书籍出版叫做付梓。

楸、梓木材,纹理通直,花纹美观,材性好,不裂不翘,耐腐朽和水湿,不易虫蛀,软硬适中,易加工,切面光滑,钉着力好,油漆及胶粘力强,最宜作为建筑、家具、车辆、船舶及室内装饰用材。做箱、匣、衣柜、书橱等,隔潮不遭虫蛀。木材质地细致,可做细木雕刻。传音和共振性能好,亦宜做乐器。

楸树高大,干直圆满,叶浓花美。楸树抗二氧化硫和氯气性能好,在南京地区二氧化硫污染严重的工厂,杨树、枫杨都不能生活,而楸树生长良好,其抗毒性与臭椿相近。枝叶又能吸滞灰尘、粉尘,每平方米叶片可滞尘 2 克多,是城乡工厂区绿化的良好树种。楸树皮入药,可治痈肿,排浓拔毒,利尿。

十七、丘陵和沙漠

辽东丘陵

辽东丘陵由长白山山地的延续部分及其支脉千山山脉组成，构造上属华北地台辽东隆起带。千山为辽东丘陵的主干，海拔 500～1000 米，少数山峰超过 1000 米，如步云山、黑山、绵羊顶子山。山地两侧为 400 米以下的丘陵地，面积广阔。辽东丘陵是辽宁丘陵的组成部分。

因受海洋季风影响，辽东丘陵地区年降水量可达 650～1000 毫米，地带性植被为赤松和栎林为主的暖温带落叶阔叶林。随着地势增高，分布有针阔叶混交林、针叶林和岳桦矮林，是我国柞蚕和暖温带水果基地。丘陵地含有丰富的铁矿和菱镁矿。

辽西丘陵

辽西丘陵是内蒙古高原与辽河平原间的过渡地带，是位于辽宁省西部的低山丘陵的总称，主要由努鲁儿虎山、松岭山、医巫闾山等几条东北—西南走向的山脉组成，地势自西北向东南倾斜，山地走向多与华夏向断层线一致，努鲁儿虎山北高南低，构成蒙古高原边缘，东南侧形成大凌河谷地；南部松岭山脉海拔 500～700 米；西南部较险峻，黑山海拔 1140 米；东侧和辽河平原相接。辽西丘陵和辽东丘陵总称为辽宁丘陵。

医巫闾山风光

辽西丘陵地区矿产资源较为丰富，著名的金属矿藏是锰和钼。

江南丘陵

江南丘陵是长江以南、南岭以北、武夷山和天目山以西、云贵高原以东大片低山和丘陵的总称，包括江西、湖南两省大部分和安徽南部、江苏西南部、浙江西部边境。

江南丘陵红色盆地众多。盆地多分布于山岭间，一般呈长条形，长轴方向亦以北东—南西向居多。规模不等，两侧多为断层界限，底部为红色碎屑岩层。盆地内一般有辐合水系，稍大河流往往穿过一个或几个盆地。

红层丘陵为红色盆地主要地貌类型。岩性以较软的砂页岩为主，丘陵坡度平缓，形状浑圆，在厚层砾岩和砂岩分布的盆地内，垂直节理发育，经流水和重力作用，形成丹霞地貌。此外，区内发育有花岗岩地貌。岩性坚硬的岩体，构造抬升后形成陡峻雄伟的山地，如黄山、衡山等。赣南岩性较软，节理丰富，密集沟谷发育，节理交错处或沿断裂构造形成小型盆地，如兴国的杨村盆地。

江南丘陵地带是我国重要农业区之一。主要粮食作物有水稻、小麦等，经济作物有油茶、茶、柑橘等。矿产资源种类甚多，其中钨、铜、锑、铅、锌等储量丰富。

两广丘陵

两广丘陵在南岭以南，是广东、广西两省区大部分低山、丘陵的总称。主要山脉有十万大山、云开大山、大瑶山、九连山和莲花山等。丘陵海拔多在200～400米，少数山脉超过1000米。

两广丘陵的广东境内部分多红砂岩、花岗岩地貌，广西境内部分多石灰岩地貌。西江、北江、东江沿岸有河谷小平原。

武夷山风光

浙闽丘陵

浙闽丘陵是东南丘陵的组成部分，位于武夷山、仙霞岭、会稽山一线以东的东南沿岸，海拔 200～1000 米，主要山峰超过 1500 米。

丘陵地势西北高东南低，由于山脉受构造影响，浙闽丘陵地区分布着许多东北—西南走向的山脉，有武夷山、天目山、仙霞岭、雁荡山、戴云山等，河流多依地势倾斜方向自西北流向东南。

浙闽丘陵地表较为破碎，流水切割作用强烈，形成许多峡谷急流、河谷小盆地及河口小平原。主要盆地有邵武盆地；主要河口平原有泉州平原、福州平原、漳州平原和温州平原等。

浙闽丘陵矿产资源丰富，还广泛分布着亚热带植被，用材林木和经济林木在全国占有一定地位。

山东丘陵

山东丘陵在山东省的中部和东部，是一个低缓山岗和宽广谷地相间的丘陵，海拔多在 200～500 米，它是由古老的结晶岩构成的断块低山丘陵。

在地形上，山东丘陵可分为三部分，即胶东低山丘陵、鲁中南低山丘陵和胶莱谷地。包括崂山、泰山、沂山、蒙山等。丘陵地区矗立着众多小型方山，高度从几十米至数百米不等，四周崖壁凸出，形成别具一格的崮子地貌，如孟良崮等。山东丘陵地区是我国温带果木的重要产地，著名的有烟台苹果、莱阳梨等。

塔克拉玛干沙漠

塔克拉玛干沙漠又名塔里木沙漠，是我国最大的沙漠，同时也是世界上著名的大沙漠之一。它位于新疆南部、塔里木盆地中部，东西长约 1000 千米，南北宽约 400 千米，总面积约为 32.4 万平方千米。塔克拉玛干沙漠的北部是天山，西部是帕米尔高原，南面是昆仑山，东部是罗布泊洼地。

塔克拉玛干沙漠除了局部地区没有被沙丘覆盖外，其余的地方全都被形态复杂的沙丘覆盖，沙漠的西部受西北风的影响，沙丘向东南移动；沙漠的东部受东北风的影响向西南移动。近一千年以来，塔克拉玛干向南移动了 30 千米，成为世界第二大流动沙漠，塔克拉玛干沙漠中遍布着干旱的河床，一些地区还有一些残余的湖泊。沙漠下的地面是一系列古代的河流冲积扇和三角洲组成的冲积平原。

塔克拉玛干沙漠区气候十分干旱，

塔克拉玛干沙漠一景

年降水量仅为 10~60 毫米,而沙漠内部地区的降水量高于边缘地区,可达 80 毫米左右。塔克拉玛干沙漠中的热量资源在我国各沙漠中居首位,沙漠无霜期可达 180~240 天,年日照数多达 3000~3500 小时。

塔克拉玛干沙漠中蕴藏有丰富的石油资源。沙漠中的一些冲积平原上生长着大片的红柳、胡杨、芦苇等,景色宜人,

柴达木沙漠

柴达木沙漠位于柴达木盆地西部,面积 3.49 万平方千米,海拔 2500~3000米,是我国海拔最高的沙漠。

柴达木沙漠风蚀地貌占盆地内沙漠面积的 67%,主要分布在盆地西北部,东起马海、南八仙一带,西达茫崖地区,北至冷湖、俄博梁之间。柴达木沙漠的沙丘分布比较零散,多与戈壁交错分布于山前洪积平原上,其中分布比较集中的是在盆地西南部的祁曼塔格山、沙松乌拉山北麓等地,形成一条大致呈西北—东南走向的断续分布的沙带。北部花海子和东部铁圭等地也有小面积分布。沙丘多为流动的新月形沙丘、沙丘链和沙垄。

毛乌素沙漠

毛乌素沙漠位于内蒙古鄂尔多斯市南部和陕北榆林一带,面积 2.5 万平方千米。沙漠主要是以流沙为主,南部多流沙,北部多固定和半固定沙丘,是中国大沙区之一。由于陕北长城沿线的风沙带与内蒙古鄂尔多斯(伊克昭盟)南部的沙地是连续分布在一起的,因而将鄂尔多斯高原东南部和陕北长城沿线的沙地统称为毛乌素沙地。

腾格里沙漠

腾格里沙漠位于内蒙古自治区阿拉善盟西南部和甘肃省中部,东抵贺兰山,南越长城,西至雅布赖山。"腾格里"是蒙古语,其意为"天",蕴含高、陡、奇、险的深义。

腾格里沙漠的总面积约为 4.27 万平方千米,是中国第四大沙漠,也是目前流动速度最快、周边人口密度最大的沙漠。其境内除了渺无边际的茫茫沙海之外,还有沙丘、湖盆、盐沼、草滩、山地及平原交错分布。

月亮湖是腾格里沙漠腹地的一个纯天然湖泊。哺育着一个完全处于原始状态的沙漠绿洲。月亮湖有三奇:

一奇是湖面形状酷似中国地图。站在高处沙丘上看,整个湖面如同一幅完整的中国地图展现在眼前,湖中芦苇的分布就像是各省区的分界线一样纵横交错。

二奇是湖水具有天然的药浴功能。在面积仅为 3 平方千米的月亮湖中,富含钾盐、锰盐,少量硭硝、天然苏打、天然碱、氧化铁及其他微量元素,这些成分与国际保健机构推荐的药浴配方极其相似。同时,湖水自身还具有十分强大的生物净化能力。

三奇是这里存在着一个有着千万年历史的黑沙滩。在长达 1000 米、宽近100 米的天然浴场沙滩下面,是厚达 10

多米的纯黑沙泥,其形成年代比死海的黑泥还早,是天然泥疗宝物。

在粗犷、豪放、宁寂的大漠中,月亮湖既像一叶扁舟,又像一面明镜,集灵动、轻柔于一身,充分展现出一种未经人工刻意雕琢的原生风貌。

漫步月亮湖畔,轻风微拂,芦苇摇曳,灰鹤觅食,百灵鸣唱,呈现出一派人间仙境的景象。夜宿大漠营地,空中繁星点点,地面月泻如水,偶尔的夜鸟鸣叫更增添了一份宁静与淡然。

巴丹吉林沙漠

巴丹吉林沙漠位于我国内蒙古自治区阿拉善盟北部,面积达4.7万平方千米,海拔高度在1200至1700米之间,沙山相对高度可达500多米,是世界最高沙丘的所在地。

巴丹吉林沙漠内平均每10平方千米还不到1人。在整个沙漠内部,仅有巴丹吉林庙和库乃头庙两大居民点,其西北部1万多平方千米的沙漠内至今仍然没有人类的足迹。但是,就在这片人类很少涉足的地方,却有着浑然天成的沙漠景观——奇峰、鸣沙、湖泊、神泉、寺庙,被称为巴丹吉林沙漠的"五绝"。

在巴丹吉林沙漠境内,除东部、南部和北部有小面积的准平原化基岩和残丘外,广大地区全被沙丘覆盖。其中,流动沙丘占83%;西部边缘的古鲁乃湖,北部的拐子湖,东部的库乃头庙附近,有以梭梭为主要植被的固定、半固定沙丘,但面积仅3000平方千米。受风力作用的影响,这里的流动沙丘呈现出沧海巨浪的景观。固定、半固定沙丘则形成巍巍

古塔等形状怪异的景观。其他很多地方也具有独特的景观,从而形成了多姿多彩的沙漠胜景。

沙漠中的"沙丘之王"是必鲁图,其沙丘的相对高度为530米,比非洲阿尔及利亚最高沙丘还要高。堪称"沙漠珠峰"。登上这个沙丘,无限风光尽收眼底,千里沙海一览无余。

沙漠中的鸣沙山高达200多米。峰峦陡峭,沙脊如刃,高低错落,十分壮观。同时,山上的沙子下滑所发出的声音犹如飞机轰鸣声。沉闷而巨大,数千米外清晰可闻,因而沙鸣山有"世界鸣沙王国"之美称。

沙漠深处有一个奇特的原始沙洞,叫做三峡湖沙漠奇洞。这里耸立着三座呈三角鼎立的沙山,中间呈圆锥形,越往下空间越窄,坡陡如峭,最后成为沙洞。其险峻的崖壁,造型奇特,气势壮观,摄人心魄。

在巴丹吉林沙漠东南部的沙山之间,分布有许多内陆小湖,蒙古语称为海子。这些湖泊星罗棋布,有113个之多。其中,常年有水的湖泊达74个,淡水湖有12个。这些湖泊的面积一般为1至1.5平方千米,最大深度可达6.2米。沙漠南缘的诺日图海子,是巴丹吉林沙漠中最大的湖泊。

这些湖泊多为咸水湖,湖水不能直接饮用。但湖泊中常有芦苇丛生,野鸭嬉戏,鱼儿游动,呈现出一派生机勃勃的景象。湖泊周围还有许多牧场,景色十分美丽。

在这些湖泊中,最为著名的是策力格日镜湖,它宛如一面硕大的镜子镶嵌在浑圆妩媚的沙涡之中。深邃的湖面圆而平静,浮泛出一层层明亮的金波,绚烂

音德日图湖

夺目。湖边有一座敖包，敖包的木杆上系有许多哈达和经文布条，如手臂般召唤着远处的牧人。每年农历六月初八，当地牧民就会从四面八方汇聚到这里，举行一年一度的祭敖包仪式。

最为奇妙的是音德日图湖，在湖中一块不足3平方米的孤立礁石上，竟然有108个泉眼。这些泉眼像中国古代的手推磨一样把水旋转推出，故称"磨盘泉"。磨盘泉的泉水既爽口又甘甜，还含有人体所需的多种微量元素。被当地人尊称为"神泉"。沙漠腹地的丹吉林又称广宗寺，藏语名为"丹吉林"，俗称南寺，始建于清乾隆二十二年（1757年）。庙建成后，曾经从超格图呼热庙（昭化寺）请来六世达赖喇嘛遗体奉在庙中，尊为该寺的第一代葛根（活佛）。乾隆御赐此寺蒙、汉、满、藏四种文字书写的"广宗寺"匾额。

广宗寺依山而建，建筑结构为四柱六檐式，顶部的黄色檐帽、四周的岩壁上雕满彩绘佛像，为内蒙古地区最大的石雕佛像群。整个寺庙建筑风格庄严肃穆、幽静雅致，被称为"沙漠故宫"。

古尔班通古特沙漠

古尔班通古特沙漠位于新疆准噶尔盆地中央，面积达4.88万平方千米，是我国第二大沙漠。它是由4片分散的沙漠组成的，西部为索布古尔布格莱沙漠，东部为霍景涅里辛沙漠，中部为德佐索腾艾里松沙漠，北部为阔布北—阿克库姆沙漠。

古尔班通古特沙漠是中国面积最大的固定、半固定沙漠。同时，该沙漠内的植被覆盖率在全国各大沙漠中名列前茅。

古尔班通古特沙漠固定沙丘上的植被覆盖率为40%至50%，半固定沙丘上的植被覆盖率为15%至25%。同时，沙漠内植物种类较丰富，有百余种，因而不少地方是优良的冬季牧场。

此外,沙漠西缘面积达上千公顷的甘家湖梭梭林自然保护区,是中国唯一为保护荒漠植被而建立的自然保护区。保护区境内的植物区系成分以中亚荒漠植被区系的种类为主,包括白梭梭、梭梭、苦艾蒿、白蒿、蛇麻黄、囊果苔草和多种短命植物。

古尔班通古特沙漠中最有代表性的沙丘类型是沙垄,占整个沙漠面积的50%以上。沙垄平面形态为树枝状,其长度从数百米至十余千米不等,高度在10至50米之间,且呈南高北低的态势。

在沙漠的中部和北部,沙垄的排列大致呈南北走向,沙漠东南部则呈西北—东南走向。在沙漠的西南部分布着沙垄—蜂窝状沙丘和蜂窝状沙丘,南部有少数高大的复合型沙垄。

在古尔班通古特沙漠中,有一种奇特的化石叫做硅化木化石,又称树化石。这些化石大多形成于侏罗纪时期,如今,主要分布于昌吉回族自治州吉木萨尔县、奇台县、木垒哈萨克自治县三地。

距今1亿多年前,乔木、灌木、树根植物等木本植物在地质运动中被深埋地下,并在地下经历了漫长的地质变迁和石化过程,形成了植物遗体化石。等到再一次地质运动发生时,胡杨等多种植物,已成为沙漠中的一条"绿色走廊"。"走廊"内流水潺潺,绿洲相连。同时,各处绿洲的林带间也生活着野兔、小鸟等动物,为"死亡之海"增添了一点生机。

古尔班通古特沙漠的绿洲中不仅有各种奇观异景,而且保留了大量珍贵的古"丝绸之路"文化遗迹。其中以北庭都护府故城遗址、土墩子大清真寺、马桥故城最为著名。

北庭都护府故城遗址位于吉木萨尔县城以北10多千米的北庭乡境内。北庭都护府在唐朝时一直是天山北路的政治、军事、交通和文化中心,与西州、于田并称"西域三大丝都"。

土墩子清真寺位于新疆生产建设兵团农六师土墩子农场里。整个寺占地面积435平方米,建筑面积235平方米。寺院坐西向东,平面布局呈"凸"字形,建筑形式为勾连塔式,重梁起架,飞檐斗拱,是新疆唯一一个有斗拱的砖木结构清真寺。它与一般清真建筑的不同之处在于,建筑风格上融进了汉民族建筑的风格。

马桥故城位于古尔班通古特沙漠边缘,距新疆呼图壁县城84千米。据记载,清同治年间,中亚地区浩罕国头目阿古柏入侵新疆,当地汉民在镇番户(今芳草湖)"四豪强"高四、李头、徐大旗、何世海的率领下,在洛克沦河(马桥河)岸跨河筑城,抗敌自保。因河道将城区分为东西两部分,不利交通,故在河上架设木桥,供一人一骑通行。该桥取名为"马桥",该城也因此桥而得名。

古尔班通古特沙漠南缘分布着带状垦区农牧场,其中北塔山牧场、红旗、107团场、102团场、103团场、106团场、芳草湖、土墩子、新湖等单位的耕地已延伸到沙漠内部。在这些耕地中,102团场、103团场的耕地是从自治区首府乌鲁木齐进入古尔班通古特沙漠腹地最近的绿色沙漠通道。

该绿色沙漠通道以五家渠为起点,东线从102团场17连出绿洲,西线经103团场14连进入沙漠,长约60千米,终点至准噶尔盆地的"罗布泊"东道海子、白家海子。这条通道上,绿洲与沙漠犬牙交错,形成独特的自然人文景观:一边是以胡杨、梭梭、黄羊为代表的古老的自然生态,一边是以机耕、电井、喷灌为代表的现代绿洲文明;一边是沙丘绵延、万籁俱寂、生命罕至,一边是绿波万顷、欢歌笑语、生机益然。

罗布泊

历史中的罗布泊,曾经也是个水乡泽国。《汉书》里说它"广袤三百里,其水亭居,冬夏不增减"。元代的时候,它名叫"罗布淖尔",这是蒙古语的译音,含义是"多水汇集之湖"。仅仅是这个秀气的名字,自舌尖上婉约吐出,便是不尽的水润丰盈,唇齿留芳。诸多河流都汇集于此,一脉相连,好似珍珠洒落在这片洼地上。

这里是繁荣的丝绸之路的咽喉要塞,这里孕育了昌盛的楼兰古国。勤恳的骆驼撑起了璀璨的丝绸文化,楼兰美丽的新娘舞出了生命的激昂。

然而如今的罗布泊,丝绸之路的驼队已是渐行渐远的背影,驼铃呜咽的旋律被狂风吹散,黄沙满途;楼兰古国的美丽,也最终淹没于自然和岁月的风尘中,成了繁华后的废墟,蛊惑着千年的谜语。

人们称塔克拉玛干东部的罗布泊为世界"旱极",地理和气候条件都极端恶劣,昔日的烟波浩渺早已无影无踪,只余一片干旱的洼地,荒凉得令人恐怖。从上空俯瞰,罗布泊形状酷似一只巨大的人耳,聆听着神明的法谕。

从无垠的旱地上四望,广袤的空间没有多少生命迹象。环境的单调死寂,使人的方位感也随之减弱,格外地无助茫然。满眼都是风蚀的雅丹地貌,向目光所及之处尽情伸展着,如楼兰王国给追寻者设的层层防线。灰白色的土丘高大林立,错落有致,如一本斑驳的史书,给人无穷的遐想。在东北部有一片风蚀最强烈的地区,《水经注》里形象地称其为"龙城",因其土丘鳞次栉比,远看似巨龙腾挪跌宕。"龙城"本无城,更像是大自然打造的迷宫,徒增探险者的颠簸跋涉之苦,在感叹之余心生畏惧。

"地广千里,皆为盐而刚坚也。"罗布泊洼地积聚着大量盐类,地上覆盖着一层黑灰色盐壳,踩踏上去咯吱作响。盐壳是规则的六角形结晶,厚重坚硬,上有自然流畅的波纹,层层叠叠,如昔日水乡风韵再现。大片的盐壳连在一起,波纹似乎也带来了生命的灵动,为四周一

楼兰古城
的建筑遗迹

片呆板单调的环境注入了跳跃的韵律。随便拾起一片，便可入诗入画，是不需任何修饰、最为原生态的艺术。

站在浩瀚的荒漠里，站在千年前的湖心，面对一望无际的雅丹和盐壳，无法不去想象曾经的勃勃生机，感叹天地造化的残酷无情，虽然我们从不曾经历，但那永远是心中一个美丽的梦幻。那时这里有万顷碧波，点点湖泊如众星捧月，环绕着中心的罗布淖尔。那盐壳聚积之处，当年也曾能捞起肥美的鱼儿。水面平滑如镜，倒映着胡杨林婀娜的身姿，野鸭游弋，水鸟展翅，楼兰古人傍湖而居，泛舟撒网，牧牛放羊，如身处世外的桃花源般悠闲安乐。

作为中国荒漠化最严重的地方，罗布泊也是探险者勇于挑战自然和自我的极限、梦寐征服的地方。有关罗布泊的神秘传说，自古有之。东晋高僧法显、唐代高僧玄奘、意大利大旅行家马可·波罗，都曾在这片土地留下足迹，根据他们的所见所闻，写下了令人生畏的文字。"沙河中多有恶鬼热风，遇则皆死，无一全者"。渐渐地，罗布泊罩上了一层离奇可怖的面纱，这里被称为"死亡之海"。古往今来，无数学者和探险者舍生忘死，深入其中，被可怕的罗布泊吞噬了生命，甚至连遗体也无从寻觅。

十八、园林

兰亭

兰亭位于绍兴市西南十四公里处的兰渚山下,是我国书法圣地,也是一处美丽的纪念园林。这一带有"崇山峻岭,茂林修竹,又有清流激湍,映带左右",是山阴路上的风景佳丽之处。相传春秋时越王勾践曾在此植兰,汉时设驿亭,故名兰亭。现今作为纪念园林的兰亭建于明嘉靖二十七年(1548)。1980年,当地政府对兰亭进行了全面整修,使其得到了更好的保护。兰亭布局以曲水流觞为

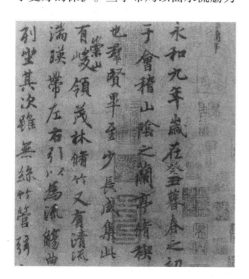

王羲之书写的《兰亭集序》真迹,相传已葬入唐太宗李世民的昭陵。

中心,四周环绕着鹅池、鹅池亭、流觞亭、小兰亭、玉碑亭、墨华亭、右军祠等。鹅池用地规划优美而富变化,四周绿意盎然,池内常见鹅只成群,悠游自在。鹅池亭为一三角亭,内有一石碑,上刻"鹅池"二字,"鹅"字铁划银钩,传为王羲之亲书;"池"字则是其子王献之补写。一碑二字,父子合璧,乡人传为美谈。流觞亭就是王羲之与友人吟咏作诗,完成《兰亭集序》的地方。东晋穆帝永和九年(353)三月初三,大书法家王羲之与当时名士孙统、孙绰、谢安、支遁等共42人在此饮酒赋诗。众人沿溪而坐,行曲水流觞之乐。这次聚会共赋诗37首,王羲之为这些诗作了序,并当场挥毫,写就了传世之作《兰亭集序》。《兰亭集序》成为后世书法家临摹的法帖。兰亭因这次聚会和王羲之的名文、名书而声名大振,成为历代书法家的朝圣之地。

大观园

上海大观园是一个大型仿古建筑群和现代园林。位于淀山湖的东岸,分东、西两大景区。东部以上海民族文化村、梅花园、桂花园为主要景观。西部则是根据中国古典名著《红楼梦》作者曹雪芹的笔意,运用中国传统园林艺术手法建成的大型的仿古建筑群体。

其中西部景区面积 9 公顷,古典建筑近 8000 平方米,有大观楼、怡红院、潇湘馆、蘅芜苑、稻香村、秋爽斋、紫菱洲、藕香榭、滴翠亭等 20 多个建筑群。室内陈设华丽雅致,园内古树名木与朱柱粉墙相互衬托,兼有皇家林苑气派和江南园林秀丽风格。园中的一草一木无不完美地再现了《红楼梦》的优美意境。

大观园东部栽树木 100 公顷共 34 万株,另有"梅坞春浓"、"柳堤春晓"、"金雪飘香"、"群芳争艳"等景点。其中"梅坞春浓"是上海地区赏梅的最佳处。1996 年又新建了具有浓郁西南少数民族风情的"上海民族文化村"。

拙政园

最早的苏州园林可上溯到公元前 6 世纪春秋时的吴王园囿,私家园林最早见于记载的是东晋的辟疆园。据《苏州府志》载,苏州园林在周代有 6 处、汉代 4 处、南北朝时 14 处、唐代 7 处、宋代 118 处、元代 48 处、明代 271 处,清代 130 处。至今仍保存开放的有十几处。

拙政园是苏州最大的园林,占地 78 亩,它与北京颐和园、承德避暑山庄、苏州留园并称为中国四大园林,主要代表明代风格。

拙政园位于苏州娄门东北街,初为唐代诗人陆龟蒙的住宅。元代为大宏寺。明嘉靖正德年间,监察御史王献臣弃官还乡而改为拙政园。其名取自晋代潘岳《闲居赋》:"筑室种树,逍遥自在,灌园鬻疏,以供朝夕之膳……此亦拙者之政也"之意。王献臣死后,儿子将园林赌输。后来几度易手,现在的拙政园是清同治十年巡抚张之万恢复拙政园旧时的名称,并把西边的"补园"与东边的"归田园居"并入拙政园内,成为苏州最大的园林。

拙政园以山水并重,总体布局以水为中心,楼、台、亭、榭沿池畔而建,整座园林如浮在水上。修葺者运用删繁就简,实中有虚,虚中有实的艺术手法,巧妙地把平淡景观渲染出绚烂深邃的意境。鄰鄰池水中,遍种莲花,许多堂、亭、轩都结合莲花命名,如"远香堂","荷风

夏日的拙政园

西亭"等,可以说拙政园是个观赏莲花的好去处。园中建筑朴素、平淡中含有大气的风格,是合乎以拙政命名的意义的。

拙政园全园分中、东、西三大部分。从东门入园,新叠石分列三面,傍石植树,点缀清秀,富有诗情画意,再往里进,即见一片草坪上奇峰起伏,好像一座大的盆景。这里土山均密植苍松,建有兰雪堂、芙蓉榭、天泉亭、秫香馆、放眼亭等建筑。从曲径通道到曲廊,在拱桥附近的水面上,首先看到的就是一片片莲叶的春景。

兰雪堂,名是取自李白诗"独立天地间,清风洒兰雪"之"兰雪"。清香高洁,亦寓道德品行的高尚。兰雪堂掩映于山石花木丛中,周围环境幽雅恬静,是当年园主会友赋诗赏景之处。

兰雪堂东北是芙蓉榭,这是一座卷棚歇山顶的单体建筑,一半筑在岸上,一半伸入水面。在开阔的水面上,有曲桥幽径横于水中,两岸有婀娜的垂柳,湖内又有婷婷的芙蓉,成为夏日赏莲的最佳去处。

东园北部的秫香馆,是座体积较大的明亮的四面厅。原来这里墙外是一望无际的农田,秫香馆即取此意。馆前是一片田园风光,筑有山峰、竹林,曲水盘环,真正有一番自然趣味。

在秫香馆西南隔溪有一山,山巅建有一座卷棚歇山顶的长方亭,名"放眼亭"。亭名取自白居易诗句:"放眼看青山"。土山四周环水,林木葱郁。登亭回顾,东南清池明亮开阔,夹岸绿柳成行,连接水榭芙蓉;沿溪南望,可见兰雪堂西边土坡遍植梅花;往西看去,一排长廊一半在东花园,一半属中花园。长廊

似卧,故此廊又名"倚虹亭"。

紧邻"倚虹亭"的是拙政园的中花园,中花园是拙政园的精华所在,形体不同的各种建筑物,高低错落,临池而建,充分显示出江南水乡特色。远香堂、玉兰室、香洲、小沧浪、海棠春坞等主要建筑,基本上分布在园南靠近住宅一侧,成为住宅的延伸。

远香堂是拙政园的主体建筑,环抱于山池之间,耸立在一个不高的青石台基上,为单檐歇山顶,面阔三间的四面厅。远香堂有一个显著的特点,厅柱为"抹角梁",并巧妙地分设在四周廊下,因此室内没有一根阻碍视线和行动的柱子。四周都嵌了玲珑剔透的长玻璃窗,可以环视周围景色,所以又称"四面厅"。堂内有张之万所出的楹联:曲水崇山,胜迹逾狮林虎阜;莳花种竹,风流继文画吴诗。描写了拙政园山水的特点和园主的雅趣。

位于远香堂西的倚玉轩,有短廊连接,轩前有石,象征着轩倚美丽之石竹。人们常把竹视为碧玉,民间盛传玉产自昆仑,由于轩有昆石,故亦称玉。如文徵明诗赋:"倚槛碧玉万竿长,更割昆山片玉苍。如到王家堂上看,春风触目总琳琅。"此轩是个较小的厅堂,左右碧池环绕,堤岸皆栽芙蓉,临轩凭栏观鱼、赏荷,美不胜收。

从倚玉轩向南,便见"小飞虹"廊桥,可通廊舍精巧的"沧浪水院"、"轩榭翼波",小飞虹取自"飞虹眺秦河,泛雾弄清弦"的诗句。小飞虹是苏州园林中唯一的一座廊桥。

微风吹来,水波荡漾,桥影随波浮动,仿佛飞动的彩虹。桥南有三间临水建筑,名为"小沧浪",这里南窗北槛,两

面临水,东西两侧亭廊围绕,构成独立的水院,环境幽雅。其间溪水分流,汉港出没,凭栏北望,远近楼阁,湖光景色尽收眼底。

西园又叫补园,面积较中园要小,主要建筑是"三十六鸳鸯馆"和"十八曼陀罗花馆"。这两个馆本是鸳鸯厅的南北两部分,十八曼陀罗花馆原来种有各种山茶花。这里最出名的山茶名叫"十八学士",所以馆名为"十八曼陀罗花馆"。鸳鸯馆北临水池,池中原来养有鸳鸯数十只,所以题名"三十六鸳鸯馆"。

鸳鸯馆东面的假山上有六角形的"宜两亭",名字取自白居易的一段佳话:白居易与钱征之兄隔一墙为邻,墙边有棵柳树,春天翠绿茂盛,两家共见,白居易赠诗:"明水好同三径夜,绿杨宜作两家春。"这座亭建在中园和西园分界墙边的石山上,从亭上可以俯瞰中西两园的景色,是一种借景手法。

西园东北角有"倒影楼",楼临水,池水清澈如镜,楼影倒映于水中。楼下为"拜文揖沈之斋",壁上嵌有明代文徵明、沈周两人的画像、传记和石刻等。在"倒影楼"和"宜两亭"之间,沿池水东边有一条波形长廊,用黄石、湖石混合堆砌而成。中段有小榭突出,叫做钓台。这条波形廊是苏州园林中的典型建筑形式,俗称"水廊"。

留园

留园是中国著名古典园林,位于江南古城苏州,以园内建筑布置精巧、奇石众多而知名。1961 年,留园被中华人民共和国国务院公布为第一批全国重点文物保护单位之一。1997 年,包括留园在内的苏州古典园林被列为世界文化遗产。

留园全园分为四个部分,在一个园林中能领略到山水、田园、山林、庭园四种不同景色:中部以水景见长,是全园的精华所在;东部以曲院回廊的建筑取胜,园的东部有著名的佳晴雨快鱼之厅、林泉耆硕之馆、还我读书处、冠云台、冠云楼等十数处斋、轩,院内池后立有三座石峰,居中者为名石冠云峰,两旁为瑞云、岫云两峰;北部具农村风光,并有新辟盆景园;西区则是全园最高处,有野趣,以假山为奇,土石相间,堆砌自然。池南函碧山房与明瑟楼为留园的主要观景建筑。

留园以水池为中心,池北为假山小亭,林木交映。池西假山上的闻木樨香轩,则为俯视全园景色最佳处,并有长廊与各处相通。

留园内的建筑景观还有表现淡泊处世之坦然的"小桃源(小蓬莱)"以及远翠阁、曲溪楼、清风池馆等。

网师园

网师园位于苏州城东南葑门十全街,带城桥路阔家头巷,占地 15 亩。原为南宋吏部侍郎史正志万卷堂故址,号称"渔隐",后荒废。乾隆年间,先禄寺少卿宋宗元得到,重新建造,命名为"网师园"。同治、光绪年间归李鸿裔,因西距宋代苏舜钦之沧浪亭不远,又名"苏东邻",乾隆末年瞿远村重修。

网师园坐北朝南,全园可分为三大部分:东部为住宅,中部为主园,西部为内园。

中部以"彩霞池"为中心，四周筑有濯缨水阁，"月到风来亭"、"射鸭廊"、"竹外一枝轩"等亭台楼阁。水池面积仅半亩，略呈方形，池岸低矮，水面聚而不分，加以四周建筑都低临水面，一池清水显得更加开阔。

濯缨水阁，筑于水滨，以石柱支撑，水流阁下，外形显得轻灵精巧，就像浮在水中。阁前有一座屏风，两面分别绘有《八骏图》、《三国志》人物及花篮博古等。阁的左右开有和合窗，南墙筑有矩形窗口，借窗外天竺、桂树为景。从南窗口望去，可见踏和馆窗景，形成窗中见窗，景中见景。阁旁靠近云岗假山，如巨岩耸立，构成水阁傍山濒水的景色。

彩霞池东，是"竹外一枝轩"和"半亭射鸭廊"。"竹外一枝轩"名字取于苏轼"江头千树春欲暗，竹外一枝斜更好"之句。轩宽三间，外形似船。槛前有一枝黑松斜出水面，垂枝拂水，松梅盘曲。轩旁的半亭射鸭廊因唐人王建"新教内人唯射鸭，长随天子苑东游"而名，南临空寺，东倚山墙，西浮池面，北接一枝轩，具有长廊效果。

"月到风来亭"在彩霞池西侧，突出于池中，六角单檐翘起，亭中有靠椅供人休憩之用。池水明亮如镜，屋廊树影，渔矶高耸，画桥迤逦，池中疏植睡莲，都投影水中，使人有高低虚实，水云变幻，咫尺天涯之感。有韩愈诗"晚色将秋至，长风送月来"之意，亭名也是据此而来。

环秀山庄位于苏州景德路黄鹂坊桥东，占地6亩，宋代为景德寺，明时是宰相申时行的住宅，清代为官僚汪氏"耕荫义庄"的一部分。清乾隆年间，经叠山名家戈裕良叠堆假山之后，成为苏州古典名园。

环秀山庄最突出的特色是以湖石叠堆的假山。假山占地500多平方米，另有一湾池水回绕山下，山体突然断裂，分为主山与次山两部分。池东主山，池北次山。主山又有山前、山后之分。山后为土山，山前用湖石堆砌，外观峰峦峭壁，内部却是洞壑幽深。

假山南面是环秀山庄四面厅，这是全国最大的厅堂。厅堂南面空间狭窄，北面平台宽敞，是最好的观山地点。假山西面有边楼和向泉亭，北面又有补秋舫和"半潭秋水一房山亭"。这建筑，高低远近，面对山水各自成景，真可谓"山形面面看，山景步步移"。

颐和园

颐和园是我国现存规模最大，保存最完整的皇家园林，为中国四大名园（另三座为承德的避暑山庄，苏州的拙政园，苏州的留园）之一，被誉为皇家园林博物馆。颐和园位于北京市西北近郊海淀区，距北京城区15千米。是利用昆明湖、万寿山为基址，以杭州西湖风景为蓝本，汲取江南园林的某些设计手法和意境而建成的一座大型天然山水园，也是保存得最完整的一座皇家行宫御苑，占地约290公顷。

颐和园集传统造园艺术之大成，万寿山、昆明湖构成其基本框架，借景周围的山水环境，饱含中国皇家园林的恢弘富丽气势，又充满自然之趣，高度体现了"虽由人做，宛自天开"的造园准则。颐和园亭台、长廊、殿堂、庙宇和小桥等人工景观与自然山峦和开阔的湖面相互和谐、艺术地融为一体,整个园林艺术构思巧妙,是集中国园林建筑艺术之大成的杰作,在中外园林艺术史上地位显著,有声有色。

世界公园

北京世界公园位于北京市丰台区,占地46.7公顷。是国家AAAA级旅游景区,北京十大旅游景点之一,北京市一级一类公园,北京十大精品公园。公园汇集世界近50个国家110处人文、自然景观,是亚洲大比例微缩主题公园之一。公园布局按五大洲版图设计,主要景点有:埃菲尔铁塔、凯旋门、奥地利斯蒂芬大教堂、意大利比萨斜塔、莫斯科红场、非洲马里土著草屋、埃及金字塔、美国白宫、林肯纪念堂、阿布希姆贝尔神殿、桂离宫等。世界各国不同文化内涵的景点荟萃于一园,让游客在游览中感受到丰富多彩的异域文化。

香山公园

香山公园位于北京西北郊小西山山脉东麓,距城20公里,占地160公顷,是一座著名的具有皇家园林特色的大型山林公园。

香山公园文物古迹丰富珍贵,亭台楼阁似星辰散布山林之间。这里有燕京八景之一"西山晴雪";这里有集明清两代建筑风格的寺院"碧云寺";这里有国内仅存的木质贴金"五百罗汉堂";这里有迎接六世班禅的行宫"宗镜大昭之庙";这里有颇具江南特色的古雅庭院"见心斋";

位于北京香山的健锐营碉楼

这里有世纪伟人毛泽东和中共中央进驻北平最早居住和办公的地方——双清别墅;这里有世纪伟人孙中山先生灵柩暂厝地——碧云寺金刚宝座塔、碧云寺孙中山纪念堂及孙中山衣冠冢。

香山公园地势崛峻,峰峦叠翠,泉沛林茂。主峰香炉峰(俗称鬼见愁)海拔557米。园内各类树木26万余株,仅古树名木就达5800多株,约占北京城区的四分之一,森林覆盖率高达98%,近年被有关部门测定为北京负氧离子最高的地区之一。公园内人与自然和谐相处,鸟啼虫鸣,松鼠嬉闹于沟壑林间。这里春日繁花似锦、夏时凉爽宜人、冬来银装素裹。特别是香山红叶最是闻名。每逢霜秋,遍山黄栌,如火如荼,瑰丽无比。此时游人倍增,曾被评为"北京新十六景"之一。

香山公园旅游服务设施齐全。上山可乘大型吊椅式游览索道（全长 1400 米，落差 431 米），松林餐厅、香山别墅是观光旅游、度假休闲的理想场所。住在这里，散步即可到达中国科学院植物园、北京植物园、卧佛寺。向东数公里便是驰名中外的颐和园。往南还有八大处公园等旅游景区。

圆明园

圆明园是中国历史上规模最大的皇家园林。它位于北京西北郊，是圆明园、长春园和绮春园的合称。圆明园西接颐和园、南临北京大学，占地 5200 余亩，外围总长约 10 千米。圆明园原是明代故园，当时只有 300 亩。康熙皇帝于 1709 年把它赐给了四皇子胤禛（雍正）。雍正登基后，从 1725 年起大加扩建，占地 3000 亩，造景 28 处。乾隆即位后再次扩建，至 1745 年又造景 40 处。乾隆在位 60 年，修建圆明园的工程一直未辍。他六下江南，遍访名胜，见到名园美景，便命人记下，回京后便在圆明园内一一仿造。1749～1751 年，乾隆又于圆明园东建成长春园，园内湖堤交错，周围建有倩园、茹园等 30 处景点。1760 年，又在长春园北端按欧洲巴洛克风格建成大水法十景，俗称西洋楼。1772 年长春园以南诸家私园建成绮春园（后改万春园）。嘉庆十四年（1809 年）又命收西路几个赐园，合成著名的绮春 30 景，同时建成绮春园大宫门。至此，历时 100 多年，三园基本建成。圆明园在北方园林传统艺术的基础上，融入江南园林的艺术精华，成为一座具有极高艺术水平的大型皇家园林。圆明三园全部是由人工建造的，近百座建筑散落在河湖周围。其最大的特色就是水多，约占园面积的 1/2 以上。河道成了联系全园的纽带，河中的假山、岛屿等构成了多变的山水景观。园内先后构筑各类木石桥梁 100 多座，园林景区 140 多处，楼台、殿、阁、亭、榭、轩、馆、廊等建筑 16 万多平方米，比故宫还多 1 万平方米。圆明园在世界园林建筑史上久负盛名，曾被誉为"万园之园"。遗憾的是，这样一座伟大的皇家园林，却在 1860 年被攻入北京的英法联军焚掠殆尽，只剩下断壁残垣。

圆明园西洋楼图

紫竹院

紫竹院公园在北京海淀区白石桥附近。元代，郭守敬在京城西郊挖掘长河，将西山之水引入京城，并在紫竹院一带低洼处蓄水成湖。从那时起，这里就成为西郊名胜之一。明代万历五年（1577年），"慈圣皇太后"出资巨万，在广源闸西边兴建万寿寺时，随着将紫竹院的庙宇纳入万寿寺，这里就成了万寿寺的下院。清乾隆年间，仿照苏州城葑门外朝天桥港汉水乡风光，在大片河滩上垒砌太湖石，栽植芦苇，取名"芦花渡"，并将龙王庙改建为紫竹禅院，供奉观音菩萨，从此这里就改称紫竹院了。紫竹院是三湖两岛、一河一渠（长河与紫竹渠），翠竹全园占地14公顷，其中水面占11公顷，成为一座以水景为主，以竹景取胜，深富江南园林特色的大型公园。园内所种植的大量紫竹、斑竹、石竹、金银玉寿竹等珍品，是分别从四川、福建、苏杭、日本等地引进的。当年从南方引来各种各色竹种，有青竹、紫竹、斑竹、石竹、寿星竹、金镶玉竹。特别在古庙旧址上种了成行紫竹，茎为紫褐色。目前园内各处共有竹54个品种，50万株，但以紫竹为众，紫竹院已成为以竹为主的竹景公园，特别是紫竹的名气最大。来到紫竹院，便来到了竹子的王国。公园的大门是用竹子搭就的傣族风格的门坊，造型别致新颖，公园里有竹楼、竹亭、竹桌、竹椅，连大大小小的桥都用竹子装扮起来。紫竹院风光秀丽，景色迷人，一年四季各具特色。造景模山范水，力求自然，叠山垒石精心安置，亭廊轩馆错落有致，修竹花木巧布其间，布局自然合理。

避暑山庄

避暑山庄位于河北省承德市北部，地处狮子岭、武烈岭、广仁岭之间，占地560余万平方米。它是中国现存最大的古代帝王宫苑，比颐和园还要大一倍，是北海公园的8倍，也是世界上现存最大的皇家园林。避暑山庄始建于康熙四十二年（1703），乾隆五十七年（1792）竣工。

御笔"避暑山庄"匾额

避暑山庄原名"热河行宫",因康熙亲笔题写了"避暑山庄"的匾额而得名。避暑山庄倚山濒湖,由宫殿区和苑景区两大部分组成。整个山庄的南部为宫殿区,有正宫、松鹤斋、万壑松风、东宫四组建筑,是皇帝处理朝政和居住的地方。建筑风格朴素淡雅,但不失帝王宫殿的庄严。苑景区属于山庄的后部。它借助自然和野趣的风景,融会江南水乡和北方草原的特色,形成了东南湖区、东北平原区和西北山区,长达 10 千米的宫墙起伏跌宕,曲折连绵地环绕着山庄,构成了中国版图的缩影。山庄内有康熙 36 景和乾隆 36 景,均采用散点布景的构图方法,每一景都是自成一个单元的建筑群。山庄外还修建有 12 座庙宇,通称"外庙"。其中的殊像寺、普陀宗乘庙等 8 座寺庙地处塞外,故人们俗称"外八庙"。1994 年,承德避暑被列入《世界文化遗产名录》。

古莲花池

古莲花池位于河北省保定市,是一座处于闹市的行宫卉苑,素有"城市蓬莱"之称。古莲花池始建于元太祖二十一年,由汝南王张柔开凿。园内湖面广阔,环湖茂树葱郁,楼台罗列,颇具规模。后因战乱频繁,一度荒废。明嘉靖四十四年(1565),保定知府张烈文拨款重修,并筑墙设门,使其成为官府独占的游乐场所。清末民初,古莲花池成为当地文人集会的公共园林。古莲花池 1985 年被列入河北省重点文物保护单位,1988 年被列入《中国十大名园》丛书中,2001 年被列入全国重点文物保护单位。

园内有濯锦亭、临漪亭、寒绿轩、藻咏厅等 12 景,被誉为乾隆十二景。总面积 24000 余平方米,池水面积为 7900 余平方米。整个园林近似正方形。园林以池为主体,池又以北塘中央的临漪亭(水心亭)为中心,环池庭院重重,珠玑充盈,飞光溢彩,玲珑幽雅,山、水、楼、台、亭、庑、榭错落有致,相互衬托,在水中倒映成趣,组成了著名的莲池 12 景。每当荷花盛开,微风拂煦,香气四溢之时,宛如一幅摇红、涤翠、蜿带、霞衣交相辉映的美妙画图,游人无不为之陶醉。步入北门,站在假山前的春午坡,透过结构巧妙的三空三斗牌楼,可观赏濯锦亭的风采。古莲花池悠久的历史为其留下了深厚的文化积淀,使其更富魅力。它是一座观赏价值、艺术价值、文化价值都极高的北方园林。

何园

何园,原名"寄啸山庄",地处扬州徐凝门街中段,南临古运河,现为扬州最大的一座古园林。它是清代同治元年(1862 年),湖北道台何芒舰离任后归隐扬州,购得"片石山房"旧址进行扩建,历时 13 年而建成的一座大型住宅园林。建成后,取陶渊明《归去来辞》中"倚南窗以寄傲,登东皋以舒啸"的意境,题名为"寄啸山庄",又因为园主人姓何,故俗称何家花园,简称"何园"。现为全国重点文物保护单位。何园吸取了中国传统造园艺术的精华,又融入了西洋建筑的格调,形成了自己的特色。全园空间有东西花园、住宅庭院和片石山房三部分组成,建筑总面积 7000 多平方米,厅堂 98 间,主体建筑前后三进,全部用水磨砖砌咸。何园整体布局严谨,疏密有致。植物配置也颇为精湛,玉兰、牡丹、金桂、腊梅等四季花开不断,白皮松、棕榈、芭蕉等使园内处处绿意盎然。何园最大的特色是复道廊宛转迂回,贯通全园。长达 400 余米的复道廊堪称江南园林之冠,它把亭台楼阁连在一起,并把园景分为高低两个层次。

华清池

　　华清池在骊山北麓,紧倚临潼城区,其历史悠久,堪称为中国现存最古老的园林。其优越的地理位置、旖旎的山水风光和千百年来流淌不尽的温泉资源,备受历代帝王的青睐,相继在这里修建离宫别苑。相传在三千年前,周幽王就曾在这里修建过骊宫;秦始皇时以石筑,曰"骊山汤";汉武帝时扩建为离宫;到唐太宗贞观十八年(公元 644 年)和唐玄宗天宝六年(公元 747 年)两次大肆扩建,治汤井为池,环山列宫室,宫周筑罗城,改名"华清池"。著名诗人白居易在《长恨歌》中留有"春寒赐浴华清池,温泉水滑洗凝脂"的名句。这里遗留有比较完整的周、秦、汉、唐、明、清等历代文化遗址、园林景观、古建筑及古树名木等文物资源,尤以唐明皇与杨贵妃缠绵的爱情故事和震惊中外的"西安事变"而蜚声天下。园内的唐华清宫遗址和"西安事变"旧址——五间厅均为全国重点文物保护单位。

古猗园

　　古猗园位于上海市西北郊嘉定区南翔镇,离市中心 21 千米。于明嘉靖年间始建,因在战火中被毁,又于清代重建。古猗园的规模为上海古典园林之最,也是上海最大的私家花园。园内松鹤园、逸野堂、戏鹅池、鸳鸯湖、青清园、南翔壁

华清宫景区

六大景区,形成了具有古朴、素雅、洗练的独特园艺风格,有"苏州园林甲天下,沪有南翔古猗园"的美誉。戏鹅池是园的中心,池畔有不系舟、浮筠阁、竹枝山、补阙亭、白鹤亭等景点,园内还有一座唐朝时期的经幢,上刻有陀罗尼经文以及四大天王佛像,是一件不可多得的古艺术品。南翔镇的一对云翔寺砖塔是上海市现存的最古老的宝塔之一,"双塔晴霞",曾是著名的"南翔八景"之一。

十九、寺、庙、祠及其他地理位置

少林寺

　　登封少林寺,位于河南省登封少室山阴五乳峰下,素有"古刹中州数少林"之称,向以禅宗和武术享誉天下。

　　少林寺,因寺建于少室山麓茂密丛林处,故名少林。北魏太和十九年(公元 495 年),孝文帝为印度僧人跋陀所建,跋陀在此传授小乘佛教。孝明帝孝

孝文帝

昌三年(公元 527 年),另一印度僧人菩提达摩,"起自荒裔,来游中土",经广东、南京,北渡长江,来到少林寺,广集信徒,传授禅法,是为禅宗初祖,从而使少林寺成为禅宗祖庭。北周末至隋初一度改名陟岵寺,后恢复原名,沿用至今。在北周武帝、唐武宗灭佛中,少林寺遭废弃。但历代对少林寺多有修复,如唐初至开元年间,在唐朝皇帝护持下,寺院大规模扩建,拥有土地 14000 余亩,殿堂楼阁 5000 余间,僧徒 2000 余众,有"天下第一名刹"之誉,隋末及清初,曾遭受火灾,尤其 1928 年,军阀混战,国民党军石友三火烧少林寺,大火 40 余日方息,大雄宝殿、藏经阁等 200 余间殿堂付之一炬,少林寺自此断壁残垣,日趋败落。新中国成立后,特别是 20 世纪 80 年代以来,少林寺得到全面恢复。1982 年,电影《少林寺》使少林寺、少林武功更为世人瞩目。

　　少林寺占地面积约 4 万平方米,主要建筑有山门、天王殿、大雄宝殿、钟楼、鼓楼、藏经阁、方丈室、立雪亭、千佛殿等。

　　山门,为少林寺大门,单檐歇山顶,面阔 3 间,清雍正十三年(公元 1735 年)建,1974 年重修。门楣上方横悬"少林寺"匾额,为康熙四十三年(公元 1704 年)御题。山门殿内供奉弥勒坐像,后为韦佗立像。山门前一对石狮。山门八

字墙外,有两座明嘉靖年间建立的石坊,东西对称,上书"祖源谛本"、"嵩少禅林"等字。

天王殿,面阔3间,重檐歇山顶,上覆琉璃瓦,与大雄宝殿、藏经阁并称3大殿。1982年重修。外塑两金刚力士像,俗称哼、哈2将。内塑四天王像,也称护世天王,按佛教所说,印度须弥山有4峰,各有一王居之,各护一方天下,是保护佛教、保护众生的神。持琵琶者,为东方持国天王;持宝剑者,为南方增长天王;持伞者,为北方多闻天王;托塔者,为西方广目天王。

大雄宝殿,为寺内主要建筑,也是寺院佛事活动主要场所,通称正殿或大殿,面阔5间,重檐歇山式、绿琉璃瓦覆顶。大殿于1986年原址重建,殿内供奉释迦牟尼、药师佛、阿弥陀佛以及2弟子像。悬挂清康熙皇帝御书"宝树芳莲"。屏墙后壁悬塑观音像。两侧为18罗汉塑像。大雄宝殿两侧,东为钟楼,西为鼓楼,各4层,巍峨雄伟,国内罕见。20世纪90年代,按旧制重建钟、鼓楼,沉寂70年的晨钟暮鼓,又重新回荡于中原大地。

大相国寺

开封大相国寺,位于河南省开封市自由路,是一座在中国佛教史上具有重要地位和广泛影响的著名寺院,素有"大相国寺天下雄"之誉。

大相国寺创建于北齐天保六年(公元555年),初名建国寺,相传原是战国时期魏公子信陵君无忌故宅。后毁于战火。唐景云二年(公元711年)重建。

延和元年(公元712年),睿宗为纪念他由相王继成皇位,下诏改建国寺大相国寺,并亲题"大相国寺"匾额,一直沿用至今。鼎盛时期,相国寺辖64禅律院,占地达540亩(36万平方米)。

大相国寺,现存主要建筑有山门、天王殿、大雄宝殿、罗汉殿、藏经楼及东西2阁等,宏伟壮观。

山门,一座4柱3门琉璃砖牌楼。原牌楼为清乾隆三十一年(公元1766年)重修相国寺时仿宋代山门楼重建,乾隆皇帝为牌楼题"敕修相国寺"匾额。道光二十一年(公元1841年)黄河淤城水退埋其台阶,1952年拆除。1958年重建,匾额"大相国寺"为中国佛教协会会长赵朴初所题。天王殿,又称二殿,面阔五间,进深三间,单檐歇山顶,顶覆黄绿琉璃瓦,造型结构精巧,梁栋简练,彩绘绚丽。殿内供奉弥勒佛和4大天王像。

大雄宝殿,全寺主殿,面阔7间,进深5间,清顺治和乾隆年间两度重修,占地面积达530余平方米,气势恢宏,堪称中原第一殿。大殿重檐歇山顶,上覆黄绿琉璃瓦。殿高约13米,殿内藻井重彩绘有飞龙,殿周围及月台具饰以石栏,上镂石狮,刻工精巧。殿内供奉3尊高大佛像,金碧辉煌。

罗汉殿,俗称八角琉璃殿,屋顶正脊由8条龙组成,脊与脊间饰以角吻,形成八角脊,周围游廊环绕。环廊中,原有500罗汉像,1927年被毁。1983年彩塑释迦牟尼讲经说法会,8组140余尊塑像,神情各异,姿态不同,生动传神。中有天井院,院中心建有八角亭,高约17米,琉璃瓦覆顶,亭顶立铜宝瓶,高1.7米,翼角皆悬铃铎,迎风作响。亭内有千手千眼观音雕像,四面造型相同,用一根大银杏树雕成,高约 7 米,全身贴金,为清乾隆年间遗物。这种形式的木雕菩萨像,在全国不多见。藏经楼,又名毗卢阁,为二层阁楼。珍藏两部佛经,分别为清乾隆版大藏经和日本版《大正藏》。西侧有一铜像,为 1987 年新铸的北宋医官王惟一编绘的标明针灸穴位的铜人。

相国寺钟楼内,悬挂一口巨钟,重万余斤,为清乾隆三十三年(公元 1768 年)所铸。"相国晨钟",卞京八景之一。

玉泉寺

当阳玉泉寺,位于湖北省当阳市玉泉山东麓,为我国最古老的佛教寺庙之一,有"荆楚丛林之冠"之誉,与山东灵岩寺、江苏栖霞寺、浙江国清寺并称天下丛林"四绝"。

东汉建安年间(公元 196～220 年),普净禅师在汜水关镇国寺,救了过五关斩六将的蜀汉大将关羽后,来到玉泉山结草为庵,坐禅悟道,修行传法。刘备便修一庙,以示感谢,取名普净庵。南北朝时梁武帝大通二年(公元 528 年),敕建覆船山寺。隋开皇十年(公元 590 年),我国天台宗始祖智顗法师(又称智者大师)在此讲经说法,隋文帝在寺旧址为其建庙一座,赐额"玉泉寺"。唐宋时不断重修扩建,至北宋真宗天禧五年(公元 1021 年),又对玉泉寺大加修葺,寺院规模达到"为楼者九,为殿者八,3700 僧舍",而"占地左 5 里,右 5 里,前后 10 里"。这时,寺额改为"景德禅寺"。元、明、清各代均有修葺。

玉泉寺,依山而建,现存主要建筑有天王殿、大雄宝殿、毗卢殿、藏经楼、般舟堂等。

隋文帝画像

寒山寺

寒山寺原名妙利普明塔院,位于苏州市阊门外枫桥镇,始建于南朝梁天监年间。唐贞观年间,高僧寒山、拾得由天台山来此,故称寒山寺。唐张继在天宝年间赴京赶考落第,路经寒山寺作《枫桥夜泊》诗,寒山寺因此名扬天下。寒山寺屡建屡毁,现存建筑为清末重建。而当年寒山寺钟却因张继诗而招来"灾祸",据说已流入日本。清光绪三十一年即 1905 年,日本人仿铸唐钟一对,一留日本寒山寺,一送中国寒山寺。寒山寺重建时,按原样式铸了一口大钟,置于寺内供游人观赏。寒山寺的夜半钟声闻名于世,名刹听钟为其一大特色,不少人慕名专程前来聆听寒山寺的夜半钟声。

潭柘寺

北京潭柘寺,位于北京市门头沟区潭柘山麓,为北京地区现存最古老的寺庙,曾有"先有潭柘,后有幽州"之说。

潭柘寺始建于西晋愍帝建兴四年(公元316年),初名嘉福寺,为佛教进入北京地区后所修建的最早一座寺院。唐武则天万岁通天年间(公元696~697年),华严和尚以破败的嘉福寺为中心重建庙宇,并改名龙泉寺。金皇统元年(公元1141年),熙宗完颜亶到潭柘寺进香,且拨款对潭柘寺进行整修扩建,更名大万寿寺。至明代,潭柘寺多次修葺,皇帝几次对寺院赐名,因而寺名屡次更改,曾一度复名嘉福寺。清康熙三十一年(公元1692),康熙皇帝拨款整修潭柘寺,亲赐名敕建岫云寺。自此潭柘寺成为北京地区规模最大的一座皇家寺院,寺内现存建筑多为明清遗物。因寺后有龙潭,山上有柘树,故称潭柘寺,本名则鲜为人知。

潭柘寺,坐北朝南,寺内占地面积2.5万平方米,寺外占地面积11.2万平方米,加上周围由潭柘寺管辖的森林山场,总面积达121万平方米以上。寺内建筑依山势而建,北高南低,主要建筑分为中、东、西3路。中路主体建筑有山门、天王殿、大雄宝殿、斋堂和毗卢阁;东路有方丈院、延清阁、行宫院、万寿宫和太后宫等;西路有愣严坛(已毁)、戒台和观音殿等。潭柘寺规模宏大,殿堂达20余座,房屋943间,其中古建殿堂638间。潭柘寺中轴线纵贯全寺,两侧布局和谐规整,具有明清建筑风格。

山门外有一座4柱3楼3门式木结构牌坊,单檐庑殿顶,覆以黄琉璃瓦,檐下施3层斗拱。正中明楼横枋上镶有汉白玉雕龙横匾,正面写"翠嶂丹泉",背面写"香林净土",楷体金字,为康熙皇帝御笔。

山门,面阔3间,辟有3座门洞,象征着佛教的"三解脱门",即空门、无相门和无作门。俗人出家为僧尼,称"遁入空门",即是以寺院山门作为佛门标志。潭柘寺山门为单檐歇山顶,灰筒瓦覆顶,券拱式砖石结构,整座山门没有一根梁柱,是一座"无梁殿"。正中门洞上方,镶嵌一方汉白玉雕龙横匾,康熙皇帝亲题"敕建岫云禅寺"6个大字。

天王殿,单檐歇山顶,顶覆绿琉璃瓦,面阔3间,殿内天花板绘有"金龙和玺"图案,这是我国古代建筑中最高等级的一种彩绘图案,只有皇宫才可以使用。因潭柘寺为"敕建"皇家庙宇,所以可以使用。殿中供奉木雕漆金弥勒坐佛,这是五代后梁时浙江奉化契此和尚形象,肥头大耳,袒胸露腹,大肚凸出,喜眉乐目,俗称"大肚弥勒"。正面楹柱上挂有一副名联:"大腹能容,容天下难容之事;开口便笑,笑世上可笑之人",既是对弥勒形象的描绘,又蕴含深刻的哲理。背面塑韦佗站像,威风凛凛,两侧塑4大天王。天王殿前有一口铜锅,直径1.85米、深1.1米,为和尚炒菜所用。此锅原在东跨院,至今那里还有一口更大的锅,直径4米、深2米,一次煮粥能放10石米,需16小时才能煮熟。由于锅大底厚,文火慢熬,故熬粥既粘且香。关于这两口锅,还有"漏砂不漏米"之说,原来,锅底有"容砂器",随着熬粥时的不断搅动,砂石会沉入锅底的凹陷处。

大雄宝殿，面阔5间，重檐庑殿顶，顶覆黄琉璃瓦，下檐为绿琉璃瓦剪边。殿堂高大，富丽堂皇，为全寺建筑之冠。上檐额"清静庄严"，为康熙皇帝手书，下檐额"福海珠轮"是乾隆皇帝手笔。殿脊两端各有一绿琉璃鸱吻，系鎏金长链。阳光下金光闪烁。相传潭柘寺原是一深潭，内有海眼，龙蛰居其中。华严大师来讲经，龙听后顿悟，愿舍潭为寺，一夜龙飞去，潭成平地，拱出两个鸱吻，后置大雄宝殿主脊上。本来，鸱吻是作镇物出现的，为龙生9子之一，属水，克火，以其形象安放屋脊，镇免火灾。当初康熙皇帝来潭柘寺时，远远看到鸱吻跃跃欲动，大有腾空而去之势，于是命人打造金链，将其锁住了。殿中供奉佛祖释迦牟尼塑像，神态庄严，后有背光，背光上雕饰大鹏金翅鸟、龙女、狮、象、羊、火焰纹等。佛像前侍立着"阿难"、"伽叶"两位尊者，均为清代遗物。大殿两侧供奉18罗汉像。

大雄宝殿，东侧为伽蓝殿，两侧供奉18位护法伽蓝神；西侧为祖师殿，供奉禅宗初祖达摩、六祖惠能和制定《百丈清规》的怀海。

毗卢阁，中路最后一层殿宇，也是寺内最高大的一座建筑。阁高两层，硬山顶，面阔7间。站阁上纵目远眺，寺庙及远山尽收眼底。阁内下层供奉五方佛，泥质漆金，中为毗卢遮那佛，是释迦牟尼三身佛的法身佛，所坐的莲台每一片莲瓣代表一个3000大千世界，整个莲座代表华藏世界。上层阁额挂有康熙皇帝手书"毗卢阁"匾额，殿内原供奉"三身佛"，后辟为文物展室。阁前，有两棵银杏树。东边那棵高达40余米，枝杈伸展，遮蔽大半个庭院，树身需五、六人才

能合抱。此树植于辽代，已有千年，仍枝繁叶茂。乾隆皇帝将其封为"帝王树"。据说清代每一帝王登基，树根都生一新枝，后与主干合拢。西边那棵虽小些，也几百年了，称为"配王树"。

西路戒台，为和尚受戒之处，其形制与戒台寺戒台相似，只是体积略小。台上有释迦牟尼像，像前3把椅子，两侧各有一长凳，是3师7证的坐处。

观音殿，全寺地势最高的建筑，乾隆皇帝题"莲界慈航"匾额。殿内，观音菩萨敛目合十，隽秀端庄，端坐莲花座上。当初元世祖忽必烈女儿妙严公主，看破红尘，舍弃繁华，来此出家。她每日殿内向观音顶礼膜拜，天长日久，砖地留下深深的脚印。这就是有名的"拜砖"。明万历年间（公元1573～1620年），孝定皇太后将此砖带入皇宫，后又送回寺内。

观音殿西侧有龙王殿，殿前廊上有一石鱼，长5尺，黑绿色，远看似铜，近看是石，敲击可发五音。传说为南海龙宫之宝，龙王送给玉帝，后来人间大旱，玉帝赐给潭柘寺消灾。一夜大风雨，石鱼从天而降，落于寺内。传说石鱼身上13个部位代表天下南七北共13个省，哪省有旱情，敲击该省部位便可降雨。

东路是庭院式建筑，有方丈院、延清阁和清代皇帝行宫院，主要建筑有万寿宫、太后宫等。院中幽静雅致、碧瓦朱栏、流泉淙淙、修竹丛生，颇有些江南园林意境。院内有流杯亭，又名猗玕亭，亭内汉白玉石铺地，上刻石槽弯曲盘旋，宽、深各约3寸。石槽从南向北看，形如龙头，从北向南看，又像虎头了。泉水槽中流过。乾隆皇帝游寺时，常与大臣围坐亭边，将酒杯置槽中，曲水流觞，谁前停住，罚酒一杯或赋诗一首。我国古代

潭柘寺

即有"曲水流觞"习俗。流杯亭常建园林中，寺内极少。

寺外还有塔院。塔院中保存着金、元、明、清各代不同形制的僧塔共75座，是现今北京地区数量最多、保存最好的一处塔林。

2001年，北京潭柘寺由国务院公布为第五批全国重点文物保护单位。

云居寺

北京云居寺，位于北京市房山区石经山下大石窝镇水头村，以藏有众多石刻佛经而闻名于世。

云居寺始建于隋大业年间（公元605～618年），为隋代高僧静琬法师所建。

云居寺，坐西朝东，依山而建，中轴线上原有6进殿宇，依次是天王殿、毗卢殿，两侧是鼓楼和钟楼，继而是释迦殿、弥勒殿，两侧建有僧房、文殊殿和方丈院等建筑。最高处是大悲殿，与说法堂、藏经阁浑然一体，构成全寺规模最大的殿宇。寺院北部有一座辽代砖塔，名罗汉塔，俗称北塔；南部亦曾有一座砖塔，名压经塔，俗称南塔。云居寺还有多座大小佛塔。尤其是一座建于唐太极元年（公元712年）的塔，堪称北京地区现存最早的塔。其平面呈方形，高约3米多，上有七层塔檐，第一层正面有塔门，门旁雕有金刚力士像，是研究唐代佛教及建筑的极好实物

在隋唐时期，云居寺香火极为旺盛。五代后，寺院几度被火烧毁。辽、金、元时期又几度重修。直至近代，云居寺被毁严重，尤其在20世纪30、40年代受到日本侵略者的炮击，南塔及寺院大部分殿堂被毁，仅有山门、北塔及周围四座小塔幸存。1985年起，又重新修建原有大殿，天王殿、释迦牟尼殿、毗卢殿、弥陀殿、大悲殿等相继建成，云居寺又逐渐恢复了原貌。

卧佛寺

　　北京卧佛寺,位于北京市海淀区香山寿安山南麓。寿安山又名聚宝山,因山似荷叶,又称荷叶山。山前7000余亩平川,古柏参天,花木扶疏,卧佛寺就掩映于花木之中。

　　卧佛寺始建于唐朝贞观年间(公元627～650年),初名兜率寺,当时寺内供奉一尊香檀木雕卧佛,早已不存。元延祐七年(公元1320年)重建。因寺在寿安山,所以将在唐朝兜率寺基址上建造的寺庙,命名寿安山寺。建造中,英宗先后3次增加建寺军工,总计达万余人。因英宗在至治三年(公元1323年)被刺身亡,寺庙修建便停顿下来。到元文宗图帖睦耳至顺二年(公元1331年),才"诏中书省给钱十万锭供其费",继续修建。寺建成,命名昭孝寺,后又改称洪庆寺。明宣德、正统年间(公元1426～1449年)重修,更名寿安禅林,并赐大藏经。明成化年间(公元1465～1487年),还建造一座延寿舍利塔。明崇祯年间(公元1636～1643年)改名永安寺。清雍正年间(公元1723～1735年),怡亲王允祥父子施资修葺,修建规模很大,却拆除了明代所建的舍利塔。重修后的寺院更名十方普觉寺,沿用至今。因寺内有一尊巨大的卧佛,便俗称卧佛寺。乾隆四十八年(公元1783年)又一次大规模修建,寺院行宫院和富丽堂皇的琉璃坊即是此次所建造。

　　卧佛寺,坐北朝南,既有一般寺庙的严谨,又具园林特色,建筑分为东、中、西3路。中路建筑为全寺主体部分,山门外,有一座彩色牌坊,坊座以汉白玉石雕成,券门用黄、绿琉璃构件砌。山门内,有一对高大的金刚力士像,俗称"哼哈二将"。进入山门,半圆形水池上石桥玲珑,钟楼、鼓楼左右对峙。南北中轴线上依次建有天王殿、三世佛殿和卧佛殿等。主殿两侧都建有配殿和配房,左右对称,形成相对封闭的院落。天王殿供奉弥勒佛、韦佗及4大天王像。三世佛殿为寺内最大的殿堂,门前悬挂横匾,为雍正皇帝御笔"双林邃境"。殿内供奉三世佛和18罗汉。

　　卧佛殿,为卧佛寺最后一座大殿,建筑面积196平方米。殿外,悬挂着清朝慈禧太后题"性月恒明"匾额;殿内,悬挂着乾隆皇帝题"得大自在"匾额。大殿中央供奉一尊大铜卧佛,元至治元年(公元1321年)铸造,用铜250吨。由于佛像铸造很成功,元英宗亲自前往该寺,嘉奖监造官员。这尊卧佛,长5.3米,重约54吨,头西,脚东,面南,侧身而卧,双腿直伸,右手曲肱托首,左手舒放腿上,体态自如,比例匀称。如此巨大铜卧佛,全国不多见,充分展示出元代雕塑艺术的精湛和冶铸高超的技术。

净慈寺

　　净慈寺是杭州西湖历史上四大古刹之一。因为寺内钟声洪亮,"南屏晚钟"成为"西湖十景"之一。净慈寺在南屏山慧日峰下,是公元954年五代吴越国钱弘俶为高僧永明禅师而建,原名永明禅院;南宋时改称净慈寺,并建造了五百罗汉堂。寺屡毁屡建。现在的寺宇、山门、钟楼、后殿、运木古井和济公殿,都是

杭州净慈寺

二十世纪八十年代重建的。其中大雄宝殿单层重檐,黄色琉璃瓦脊,更显庄严宏伟。特别是一口重达一百多公斤的新铸铜钟,铸有赵朴初等人书写的《妙法莲花经》,计六点八万字。每日黄昏,悠扬的钟声在暮色苍茫的西湖上空荡,激起人们的无限遐思。

天竺三寺

浙江省杭州市天竺山有著名三寺,时称"天竺三寺"(通称上天竺寺、中天竺寺、下天竺寺),均系杭州古代名刹。下天竺创建最早,距今已有一千六百六十余,创建最晚的上天竺寺也有千年历史。清高宗乾隆命名上、中、下三竺为"法喜寺"、"法净寺"、"法镜寺",并亲题寺额。

法喜寺:后晋天福四年(939),僧道翊在白云峰下结庐,为上天竺开山祖师。清乾隆时赐名"法喜寺"。光绪二十四年(1898)重修。1985年、1991年进行了了两次大修。现寺规模为三天竺之冠。2006年开始进行修缮整治。

法净寺:由宝掌禅师创建于隋开皇十七年(597)。清乾隆二十七年(1762),乾隆南巡时,为中天竺御题寺额为"法净寺"。明代改称法净寺。光绪十八年(1892)重修。民国三十六年(1947)寺院遭遇火灾,损失巨大,现已恢复原样。2006年开始进行修缮整治。

法镜寺:位于西湖区灵隐天竺路旁,西傍飞来峰,东临月桂峰。清乾隆时改名法镜寺。清咸丰十一年(1861)在兵火中化为灰烬,光绪八年(1882)再次重建。现为西湖唯一之尼众寺院。2006年开始进行修缮整治。

大明寺

古城扬州北郊,蜀冈如卧龙般蜿蜒绵亘。名扬四海的千年古刹大明寺,就雄踞在蜀冈中峰之上。大明寺及其附属建筑，因其集佛教庙宇、文物古迹和园林风光于一体而历代享有盛名，是一处历史文化内涵十分丰富的民族文化宝藏。

大明寺因初建于南朝刘宋孝武帝大明年间（457～464）而得名。1500余年来，寺名多有变化，如隋代称"栖灵寺"、"西寺"，唐末称"秤平"等。清代，因讳"大明"二字，一度沿称"栖灵寺"，乾隆三十年皇帝亲笔题书"敕题法净寺"。1980年，大明寺恢复原名。

沿着数百级舒缓石阶登上大明寺前的广场，迎面是一座庄严典雅的牌楼。牌楼为纪念栖灵塔和栖灵寺而建，四柱三楹，下砌石础，仰如华盖。中门之上面南有篆书"栖灵遗址"四字，为清光绪年间盐运使姚煜手书，字体雄美。牌楼前面南而踞的一对石狮格外引人注目，石狮按皇家园林规格雕镌，造型雄健，正头，蹲身，直腰，前爪平伏，傲视远方。它们是扬州名刹重宁寺的古老遗物，60年代移至此处。

大明寺的山门殿兼作天王殿，正门上额"大明寺"三字是全国政协副主席、中国佛教协会会长赵朴初集隋代《龙藏寺碑》而镌，字体古风流溢。殿内供有弥勒坐像、韦驮天将和四大天王。过天王殿，但见庭院开阔，古木参天，香烟缭绕。东有百年桧柏，西有百年黄杨，中有宝鼎两尊。大雄宝殿为清代建筑，面阔三间，前后回廊，檐高三重，漏空花脊。屋脊高处嵌有宝镜，阳有"国泰民安"四字，阴有"风调雨顺"四字。大雄宝殿内法相庄严，经幢肃穆，法器俱全。正中坐于莲花高台之上的释迦牟尼大佛，被尊称为"大雄"。大佛两侧是他的十大弟子中的迦叶和阿难，东首坐着药师佛，西首坐着阿弥陀佛。佛坛背后是"海岛观音"泥塑群像。大明寺内僧人甚众，香火不断，游人如织。每年除夕，寺内举行撞钟活动，中外嘉宾咸集，共祈平安多福。

天宁寺

天宁禅寺坐落在常州延陵东路，素有"东南第一丛林"之称。1982年3月列为江苏省重点文物保护单位，1983年4月国务院列为全国重点开放寺院。天宁禅寺始建于唐代贞观，永徽年间（公元627～652～655年），禅宗牛头禅初祖法融禅师，因山中僧人无食，来家乡常州募化斋粮时"筑室十余楹"为开山之始；天复年间（公元901～904年）维亢禅师途经常州，听说法融禅师的旧事，就"施舍利，卜寺址"正式建寺，起名为"广福寺"，不久淮南节度使杨行密改名为"齐云寺"，并称维亢禅师为齐云长老；至北宋熙宁三年（公元1070年）神宗皇帝下诏书，命令全国各州郡都要建崇宁寺，于是改名为"万寿崇宁寺"；北宋政和元年（公元1111年）徽宗皇帝又下诏改为"天宁寺"；到南宋绍兴七年（公元1137年）又改名为"报恩广孝寺"；不久，再次改为"光孝寺"；绍兴十二年（公元1142年），高宗皇帝为纪念被俘死在金国的徽宗皇帝，下诏改"光孝寺"为"崇奉徽庙道场"；至元代至元年间（1335～1340年）仍复称天宁寺，一直沿用至今。

金山寺

松间疑有入松风
仰窥低案念情写
以聆无纷一年中
吟做调高篦下桐
曰录詩題

聽琴圖

画中弹琴者是宋徽宗赵佶

金山位于镇江市西部,面积为 292 亩,海拔 43.7 米。原为扬子江中一个岛屿,由于"大江曲流",至清光绪末年(1903 年)左右与陆地连成一片。金山景点甚多,充满历史传说与神话故事,古人赞为"江南名胜之最"。现在是金山和西面的百花洲合并,整个园区面积较大,有大面积的水域,风景迷人,比较著名的景点有:金山寺,古法海洞、白龙洞、天下第一泉、芙蓉楼、御码头等。

金山因有金山寺而闻名遐迩。金山寺建于东晋,至今已有 1600 多年历史。原名泽心寺,亦称龙游寺。清康熙帝曾亲笔题写"江天禅寺",但自唐以来,人们皆称金山寺,是中国佛教诵经设斋、礼佛拜忏和追荐亡灵的水陆法会的发源地。金山寺寺门朝西,依山而建,殿宇栉比,亭台相连,遍山布满金碧辉煌的建筑,以致令人无法窥视山的原貌,因而有"金山寺裹山"之说。

在一般人心中之所以知道金山寺是因为民间传说《白蛇传》。说是有一条白蛇修炼成人,即美丽善良的白娘子,嫁给青年许仙,日子过得很甜美。金山寺法海和尚知道了这事,就游说许仙出家,并把许仙诓藏寺中。白娘子来寻夫与法海打斗起来。白娘子施法术,霎时大水滚滚,虾兵蟹将成群一齐漫上金山去。法海慌忙以袈裟化为长堤拦水,水涨堤也长。白娘子不能获胜,只得与侍女青蛇收兵回去修炼,等待报仇机会。后许仙逃出寺来,法海又使法术将白娘子镇在西湖雷峰塔下。再后来,青蛇击倒雷

雷峰塔旧照。雷峰塔建于公元975
年,1924 年坍塌。

峰塔,与白娘子一道打得法海躲进螃蟹
腹中。白娘子与许仙又恩爱地生活在
一起。

普宁寺

　　河北省承德市避暑山庄东、北两面
山坡台地上,排列着大小 11 座喇嘛寺
庙,其中 8 座由朝廷派驻喇嘛,因其位置
在避暑山庄之外,故称"外八庙"。外八
庙包括溥仁寺、普乐寺、安远庙、普宁寺、
须弥福寿之庙、普陀宗乘之庙、殊象寺、
溥善寺。这些庙宇依山就势而建,形式
各异,布局自然,气魄雄伟。除溥善寺
外,其他各庙都面向避暑山庄,象征各族
心向中央,国家统一。现在,溥善寺已不
存。近年,承德避暑山庄及周围寺庙被

列入世界文化遗产名录。

　　普宁寺,位于河北省承德避暑山庄
东北部狮子沟北坡上,始建于清乾隆二
十年(公元 1755 年),竣工于乾隆二十
四年(公元 1759 年),为乾隆皇帝两次
平定准噶尔叛乱后,取"臣庶咸安其居,
乐其业,永永普宁"之意而建造。普宁
寺是外八庙中最早且最为著名的寺庙,
因寺内拥有世界最高大的木雕佛像,又
称"大佛寺"。

　　普宁寺,坐北朝南,依山傍水,环境
幽美。楼台亭阁高大,建筑壮丽雄伟。
普宁寺占地面积约 2.3 万平方米,主体
沿南北中轴线布置,呈对称纵深格局,以
大雄宝殿为界,分前后两部分。

　　前部为汉式"伽蓝七堂"布局,主要
有 3 座木牌坊(已毁)、山门、御碑亭、钟
鼓楼、天王殿、东西配殿及大雄宝殿。前
部建筑均为黄琉璃瓦覆顶,绿琉璃瓦剪
边,为歇山顶或重檐歇山顶,檐施斗拱,
和玺彩画。殿内有塑(雕)像、佛塔、钟、
鼓、御碑等文物。御碑亭呈方形,亭内矗
立着用满、汉、蒙、藏 4 种文字刻写的 3
通石碑,即《御制普宁寺碑》,碑文记述
了兴建普宁寺的原因;东为《御制平定
准噶尔勒铭伊犁之碑》,西为《御制平定
准噶尔后勒铭伊犁之碑》,记述了清政
府统一天山南北的经过。大雄宝殿为普
宁寺前部主殿,面阔 7 间,进深 5 间,重
檐歇山顶,正脊中央置铜鎏金喇嘛塔。
两侧置兽吻,垂饯脊端置仙人走兽,开了
承德外八庙屋脊采用汉藏装饰形式相结
合的先河。殿前为月台,基座以青石栏
杆围绕,共有雕龙望柱 108 根。台基前
为 3 陛 9 阶台级。殿内正中供奉释迦牟
尼佛及迦叶佛和弥勒佛。两侧山墙前石
坛上,供奉 18 罗汉塑像。山墙绘有 18

罗汉像和普贤、文殊、弥勒、金刚手、虚空藏、观世音、地藏王、除盖障等8大菩萨像。

后部为藏式建筑,仿西藏山南桑耶寺建造,依山布置,以大乘之阁为中心。大阁象征着世界中心——众神居住的须弥山,两侧日光殿、月光殿象征太阳、月亮围绕须弥山回旋出没。四周以台、塔分成8个小区,表示"八海"。东、南、西、北方的4个台殿,象征4大部洲。大乘之阁铺黄琉璃瓦,6滴水攒尖顶带4小顶,高36.75米。平面与屋顶均呈曼陀罗式。从外观看,阁前为6层,后为4层,两侧面为5层,但阁内实为3层。阁内供奉1尊千手千眼观音菩萨木雕像,高22.28米,重约120吨,为当今世界最高大的木质雕像。观音冠前和冠上各有一尊佛像,据说为观音老师无量寿佛。观音手持日、月、乾坤带、铃、杵等法器,神态安详,慈眉善目,整座像雕刻细腻,比例匀称,造型优美,为我国古代雕刻艺术品珍品。观音像前两侧,为高14米的善财和龙女立像。一般寺庙的善财与龙女都塑成童男、童女像,这里的善财却是身穿朝服的老者,面部苍老,脚踏草鞋,表现了他为求得成佛真谛,不惜辛苦,历经磨难的情景。龙女为身着朝服的贵妇人,形态雍容华贵,表情怡然自得,为大富大贵之相。普宁寺后部藏式建筑底部为藏式,顶部为汉式屋顶,并覆黄琉璃瓦。大乘之阁东南和西南侧,分别有一小院,是乾隆皇帝当年的御座房和活佛讲经堂。

普宁寺整个建筑融合了汉、藏和印度的艺术风格,在我国建筑史上具有重要地位。

1961年,承德普宁寺由国务院公布为第一批全国重点文物保护单位。

普乐寺

承德普乐寺,位于河北省承德避暑山庄东部山麓台地上。

普乐寺,始建于乾隆三十一年(公元1766年)。兴建普乐寺,并不像普宁寺、安远庙那样是针对具体历史事件,而是乾隆觉得从两庙间向南望去,还有一片空地,可以营造一组庙宇,使避暑山庄周围整体布局更为合理。当然也为给新归附的杜尔伯特、左右哈萨克、东西布鲁特提供瞻仰之地,虽然他们信奉的是伊斯兰教,不是喇嘛教,让他们觐见之时游览一下寺庙,看看天朝大国的宏大气势,使之"兴其肃恭,俾满所欲,无二心焉",应是乾隆本意。于是采纳章嘉活佛建议,在此建寺,并取"普天同乐"之意,名为普乐寺。

普乐寺,汲取少数民族及汉族建筑精华,巧妙融合,使寺庙在平面布局、立体轮廓、结构、艺术形式和材料装修上有所创新,表现出乾隆盛世的建筑风格。普乐寺总体设计以周围环境为需要,讲求殿宇修饰,穷极雕绘,显示出豪华富丽和庄重的气派与宗教神秘的寓意。普乐寺一改传统寺庙坐北面南的格局,而是坐东朝西,面向避暑山庄,与外八庙其他寺庙一起,众星捧月般环绕在山庄周围。全寺占地面积达2.4万平方米,建筑分东西两部分,西部布局为典型的汉族佛寺传统手法,即"伽蓝七堂"式,包括山门、钟鼓楼、天王殿、宗印殿及慧力殿、胜因殿等配殿,布局严谨规范;东部则为喇嘛教的建筑形式阁城(坛城)。

宗印殿,面阔7间,黄琉璃瓦覆顶、

正脊饰以八条琉璃龙纹,每条龙背驮置一个八宝供器,中央设一喇嘛塔。宗印殿脊饰,富丽高贵,精巧脱俗,较全面地喻示了佛教的基本教理和教义,是外八庙琉璃脊饰的杰出代表。殿内供奉着药师佛、释迦牟尼佛、阿弥陀佛,即横三世佛,8 大菩萨分列两旁。

阁城,普乐寺主体建筑,分内外三重,就在这三层方形高台上,建有旭光阁,采用清官式木构做法,仿北京天坛祈年殿形制,顶部冠以巨大鎏金宝顶,殿内用 12 根柱分内外两层支撑重檐屋顶。阁为两层,以中国独特的柱梁斗拱构成,阁内顶部为大型圆形龙凤藻井,尤其那龙倒悬戏珠,真有凌驾九重天外的磅礴气势,虽经 200 余年沧桑岁月,依然光彩夺目。

唐武宗李炎下诏大举灭佛,强令僧尼还俗。

佛光寺

五台佛光寺,位于山西省五台县佛光新村。五台山五峰之内称台内,五峰之外称台外,佛光寺属台外。

佛光寺创建于北魏孝文帝时期(公元 471～499 年),据说魏孝文帝曾"见佛光之瑞",寺名由此而来。唐时,法兴禅师在寺内兴建弥勒大阁,3 层 9 间,高达 32 米,从而声名大振,僧徒众多,兴盛一时。唐武宗会昌五年(公元 845 年),大举灭佛,寺毁,仅有一座祖师塔幸存。唐大中十一年(公元 857 年),因唐宣宗提倡佛教而重建,后历代多有修葺。

佛光寺,建于半山坡上,东、南、北三面环山,西低下而豁朗,坐东朝西,高低错落,主从有致,宏伟壮观。全寺两重院落,占地面积 3.4 万平方米,现有殿、堂、楼、阁等 120 余间,其中,东大殿为唐代建筑,文殊殿为金代建筑,其余为明清建筑。另有魏、齐、唐、宋等石刻经幢和砖建墓塔,点缀寺外。

东大殿,佛光寺正殿,在最后一重院落中,坐落在 13 米高的台基上,其上又筑 0.95 米高的基座。唐大中十一年,由女弟子宁公遇施资,愿诚和尚主持,在原弥勒大阁旧址上所建。大殿面阔 7 间,进深 4 间,单檐庑殿顶。此殿雄伟古朴,居高临下,可俯瞰全寺。我国著名建筑学家梁思成先生 1937 年 6 月来寺考察,看后说此殿"斗拱雄大,出檐深远",是典型的唐代建筑。细看大殿柱、额、斗拱、门窗、墙壁,均未施彩绘,而是朱土涂刷,古朴典雅。梁架最上端用了三角形人字架,这种梁架结构的使用时间,在全国现存的木结构建筑中堪称第一。20 世纪 80 年代初,大殿门板后面,发现了唐朝人游览佛光寺时的留言,可见此门为唐代遗物,已有 1100 余年历史,无疑是我国现存最古老的木门。可以说,作为唐代木结构建筑的东大殿,在我国乃至世界建筑史上都占有重要位置。

大殿内设有宽大佛坛,供奉唐代彩塑 35 尊,其中主佛 5 尊。为衬托佛像的高大,建造时有意将佛像伸出柱身,并使其后背光与后排柱头斗拱的出挑、天花的斜度相一致,从而达到佛像与建筑空间的紧密结合,充分展示出唐代建筑对空间位置处理艺术的巧妙与高超。殿内还有罗汉塑像 296 尊,原为 500 罗汉,1954 年多雨,殿后石山倒塌,压毁后墙,致使部分罗汉塑像被毁。另外,还有两尊塑像,一是建殿施主宁公遇,一是建殿主持愿诚和尚,两尊写实等身像,形象生动,栩栩如生。

殿内现存唐代壁画 10 余平方米,以佛教故事为主题,上千个人物,连衣纹饰物都画得逼真细腻,那飘动的衣带,潇洒的拂袖,尽显唐代风韵,其劲秀画法,流畅笔力,与敦煌莫高窟画相似。大殿左右四梁下,均有唐人题记,如“敕河东节度观察处置等使检校工部尚书兼御使大夫郑”、“功得主故右军中尉王”、“功得主敕河东监军使元”、“佛殿主上都送供女弟子宁公遇”、“助造佛殿泽州功曹参军张公长”等等,字迹清晰,为不可多得的唐人墨迹。

唐代建筑、唐代雕塑、唐代壁画和唐代墨迹为佛光寺“四绝”。

文殊殿在前院北面,建于金代天会十五年(公元 1137 年),元至正十一年(公元 1351 年)重修。此殿用人字梁柁架,建筑结构独特,为中国古代木建筑中仅有的形式,具有辽、金时代建筑特征。

镇国寺

平遥镇国寺,位于山西省平遥县城东北郝洞村,原名京城寺。始建于五代北汉天会七年(公元 963 年),明嘉靖十九年(公元 1540 年)改为镇国寺,沿用至今。

镇国寺自五代建寺以后,历代均有修葺。元、明时期,修建了山门(天王殿)、钟楼、鼓楼,后来又建造了三佛殿、观音殿和地藏殿。清雍正九年(公元 1731 年)、乾隆二十九年(公元 1764 年)和嘉庆二十年(公元 1815 年)年间,对镇国寺多次补建修葺。尤其嘉庆时,对主殿万佛殿进行大规模维修,并在大殿前建造左右亭,在寺西建禅房 13 间。现在,寺内建筑多为明清风格,惟万佛殿及殿内彩塑保存了五代原貌。

镇国寺,坐北朝南,现有两进院落,占地面积约 1.1 万平方米,主要建筑有天王殿、万佛殿、三佛殿、东、西两侧分别建有钟楼、鼓楼、三灵侯殿、财福神殿、二郎殿、土地殿、观音殿、地藏殿等。寺院西侧建有禅房。

天王殿,即山门,面阔 3 间,进深 4 椽,单檐悬山顶,为元代建筑,殿内供奉 4 大天王塑像。殿后钟鼓楼相互对峙,钟楼内悬挂一口铁钟,金皇统五年(公元 1145 年)铸造,工艺精细。

万佛殿,镇国寺主殿,至今已建有 1000 余年,在我国现存古代木结构建筑物中,此殿仅次于五台山南禅寺大殿和佛光寺东大殿,位列第三。万佛殿居于全寺中心,平面近方形,面阔 3 间,进深 3 间,单檐九脊歇山顶。殿宇属厅堂形式,外檐有 12 根立柱,檐下施硕大斗拱,斗拱总高超过柱高的三分之二,造型颇为独特。整座殿宇结构严密,设计精巧,虽经千余年风雨,至今巍然屹立。殿内中央有一座宽大佛坛,高 0.55 米,坛上设须弥座。须弥座上供奉佛祖释迦牟尼坐像,两旁侍立阿难、迦叶二弟子像;以下依次对称排列着菩萨、供养菩萨、供养童子、天王像各一尊,这些塑像面庞丰满、线条圆润,颇具唐代风韵,均为五代彩塑原作。五代是割据战乱时期,保存至今的古代建筑全国寥寥无几,彩塑作品更为罕见,镇国寺万佛殿内彩塑,在我国雕塑史上占有重要一页。

三佛殿,镇国寺最后一座建筑,重建于清雍正九年(公元 1731 年),殿为两层,基座前部辟窑洞 3 孔,面阔 3 间,进深 4 椽,单檐歇山顶,因与窑洞叠成楼阁,又称三佛楼。殿内供奉彩塑三身佛,两山墙绘满明代壁画 50 余幅,描绘了释迦牟尼一生。三佛殿东侧为观音殿,西侧为地藏殿。地藏殿,建于明代,结构简单,殿内供奉地藏王菩萨,四周十殿阎王及判官、牛头、马面等,墙上壁画形象生动表现了地狱阴森可怖的场景。

1988 年,平遥镇国寺由国务院公布为第三批全国重点文物保护单位。1997年,镇国寺与平遥古城一起,被列入《世界文化遗产名录》。

悬空寺

浑源悬空寺,位于山西省浑源县南的恒山翠屏峰东侧,这是我国古代修建的一座木结构高空绝壁建筑,号称北岳恒山第一奇观。

据《恒山志》载,悬空寺始建于北魏后期,距今已 1400 余年,后历代均有修葺,现存建筑皆为明清遗构。

悬空寺建筑奇绝,全寺建筑在陡立的峭壁上,坐西向东,山门南开,面对恒山主峰天峰岭,背倚翠屏峰,自山门由南而北,渐次增高。整座寺院上载危岩,下临深谷,悬梁为基,就岩建寺,致使楼阁悬空,堪称世界一绝。

兴隆寺

宁安兴隆寺,又名南大庙、石佛寺,位于黑龙江省宁安县西南 35 公里处的渤海镇西南部,是黑龙江省保存较为完好的清代木结构建筑群。

据记载,这里原有一座渤海国时期的寺庙,在辽国灭掉渤海国时,寺庙被毁,现存兴隆寺为清康熙初年所建。清道光二十八年(公元 1848 年)大火焚毁部分殿宇,咸丰五年(公元 1855 年)重建,咸丰十一年(公元 1861 年)建成。1949 年以后,政府又对兴隆寺进行修葺,使其保持着清代格局。

兴隆寺中的钟楼、鼓楼、禅堂、配殿等殿堂先后毁圮,现存主要建筑有马殿、天王殿、关帝殿、大雄宝殿和三圣殿等。

马殿,殿内供奉着关圣两匹神马,马旁各有一马童。关圣殿,供奉着关羽坐像,关平、周仓侍立左右。

天王殿,供奉 4 大天王和大肚弥勒佛。天王殿前一尊铁香炉,清宣统三年(公元 1911 年)铸造,由盖、腹、足 3 部分组成,造型美观、铸工精细,反映了清末时期的冶炼与雕刻艺术,鼎文笔锋流畅,文字华朴,是一尊极具价值的艺术品。

大雄宝殿，全寺主殿，黑龙江地区仅有的清初木构斗拱建筑。大殿单檐9脊歇山顶，四边过廊，全木斗拱建筑，全殿斗拱相接，雕梁画栋，宏伟壮观。

寺内最为珍贵的文物，一是大石佛，二是大石幢，都是渤海国时期作品，保存完整，艺术价值和历史价值较高，在全国无二。

大石佛，供奉三圣殿内，为佛祖释迦牟尼的造像，是渤海国时期遗物。佛像高3米，面目安详，体态端庄，两腿盘坐于莲花座上，可谓是千年石佛。

大石幢，又名石灯幢、石浮屠，坐落在大雄宝殿和三圣殿之间。石幢以玄武岩雕砌而成，原高6.4米，因幢顶已残，现高仅有6米。全幢由塔刹、相轮、塔盖、塔室、莲花托、中柱石、莲花座、底座等9部分组成。顶部如伞形，八角攒尖，刻有屋脊和瓦垅，细致美观。塔室亦为八角体，镂空雕刻成大、小窗口，与塔盖相接处，还雕刻出斗拱，精巧细腻。莲花座和莲花托分别为覆莲式和仰莲式，莲花瓣清晰，造型美观。整个石灯幢为一件精美无比的石雕艺术品，堪称全国文物宝库中的精品，具有典型的唐代雕刻和建筑艺术风格，又有渤海国粗犷豪放的鲜明特点，是盛唐文化和渤海文化相结合的范例，也是渤海文化的象征。

龙华寺

上海龙华寺，位于上海市徐汇区龙华路，是上海地区历史最久、规模最大的古刹。而古刹、佛塔、桃花被誉为龙华三绝。

龙华寺始建于何时史书没有明确记载，现存寺院建筑为北宋太平兴国二年（公元977年）所建。北宋治平三年（公元1066年），龙华寺更名空相寺，直到明永乐年间（公元1403～1424年），才恢复龙华寺原名。在1000余年历史中，龙华寺屡毁屡建，多次修葺，形成现在规模。

龙华寺，是一组较完整的寺庙建筑群，基本保持着宋代伽蓝七堂制。中轴线上，主要有弥勒殿、天王殿、大雄宝殿、三圣殿、方丈室及藏经楼等建筑。两侧有钟楼、鼓楼、配殿、厢房等。布局严谨，宏伟壮观。各殿内供奉的天冠弥勒弥勒菩萨、四大天王、华严三圣、西方三圣、二十诸天、十六罗汉等塑像，形象逼真，神态各异。而藏经楼内珍藏着各种版本的大藏经和佛教经籍。寺内还保存有北宋时期刻制的空相寺界石、明万历年间（公元1573～1620年）铸造的铜钟、清康熙年间（公元1662～1722年）建立的龙凤石幢以及从缅甸迎来的玉佛像等，都是珍贵的历史文物。

寺前有龙华塔，与龙华寺一样，建于北宋太平兴国二年。在千余年岁月中，虽经多次维修，但塔身和塔基仍是北宋时期原物，江南一带不多见。塔为八面七层楼阁式建筑，砖木构筑，高40余米。塔内有方形内室。塔外各层均有平座栏杆，飞檐翘角，秀丽壮观。檐下悬挂风铃，每当微风吹来，叮当作响，清韵幽远。

寺西为龙华公园，原是龙华寺桃园，从清朝道光年间（公元1821～1850年）起，这里就以观赏桃花而闻名，有"柳绕江村，桃红十里"之说。现在，公园内仍植有数百株桃树。每当春天桃花盛开，繁花如锦，游人如织。

扎什伦布寺

扎什伦布寺藏文意思是吉祥须弥山,即吉祥汇聚之意。它位于西藏日喀则城西,是藏传佛教格鲁派在后藏最大的寺院,也是全藏最有名的四大寺庙之一,为四世班禅以后历代班禅驻锡及安置肉身灵塔之所。扎什伦布寺经历代班禅的扩修和增建,逐渐形成占地4万余平方米,殿堂56座的规模。措钦大殿位于扎寺正中央,又称大经堂,为全寺喇嘛诵经礼佛的集会场所。殿内供有四至十世班禅的灵塔殿,其中四世班禅的灵塔,高11米,耗黄金3000两、白银50万两。

《四世班禅像》唐卡

色拉寺

位于拉萨市北郊色拉乌孜山下的色拉寺,是拉萨三大寺之一。“色拉”译成汉语就是酸枣林的意思。据说当年宗喀巴途经色拉乌孜山酸枣林时,其坐下的宝马无缘无故地嘶鸣了三声。他由此断定5年之后,此处必有马头金刚降临,遂命其弟子绛钦却杰·释迦也失(即大慈法王)在此建寺立院,所建的寺院就以酸枣林命名。其实,此寺的正名应为“秦清林”,意即“大乘洲”。色拉寺的整个建筑皆为木石结构,平屋顶覆以阿嘎土,外部墙上砌有褐红色的边拜饰带,带有浓厚的西藏地方民族特色与气息。寺内的许多佛像文物都是明朝时从内地运来的。

大昭寺

大昭寺位于拉萨市最繁华的商业街——八廓街的中心,是青藏高原最古老的寺院,它融汉、藏、尼泊尔、印度建筑艺术精华于一体,雄伟壮观,建于7世纪中叶松赞干布时代,是由入藏和亲的唐文成公主亲自勘探地势并设计,尼泊尔尺尊公主主持修建的,距今已有1300多年的历史。大昭寺主殿四层,上覆金顶,辉煌壮观,既有唐代建筑风格,也有尼泊尔、印度的特色,从而形成了独特的建筑风貌。大殿内正中供奉着文成公主由长安带来的唐太宗所赠的释迦牟尼佛像,两侧配殿供奉着松赞干布和文成公主、尼泊尔尺尊公主等人的塑像。

赠送的文物。

哲蚌寺

哲蚌寺位于拉萨西北郊,其规模、地位和影响在拉萨三大寺中都占据首位,这座寺院是西藏地区规模最大、喇嘛最多的寺院,占地达 0.25 平方千米,是藏传佛教格鲁派(黄教)中最大的活佛——达赖喇嘛的母寺,哲蚌寺是从明永乐十四年(1416)开始修建的,整个寺院以白色为主调,从外观上看,其整体布局就像米堆一样,藏语中"哲蚌"就是指"米堆",因此命名为哲蚌寺,即积米的意思。哲蚌寺内最大的建筑为措钦大殿,大经堂的面积十分庞大,可同时容纳9000多喇嘛诵经礼佛,是藏传佛教寺院中最大的大经堂,素有"东方第一经堂"之誉。大殿的二楼藏满了《甘珠尔经》,是远近驰名的佛教典籍宝库。大殿的三楼供有巨型的弥勒佛像,这尊佛像是由藏传佛教格鲁派(黄教)的创始人宗喀巴的弟子绛央却杰监造,并由宗喀巴亲手开光的,是哲蚌寺内最为珍贵的文物。寺内还藏有金汁丹朱手抄的经卷和朝廷

甘丹寺

所谓"甘丹",即佛教学说中欲界六天之中的第四天,是弥勒佛教化的世界。以甘丹名寺,取意为"受乐知足而生欢喜之心,盼望死后得升弥勒净土世界"。甘丹寺位于拉萨以东40千米的拉萨河南岸,是一个庞大的建筑群,其建筑规模之大相当于3个布达拉宫。甘丹寺是宗喀巴在阐化王的支持下,于1409年创建的。这是格鲁派(黄教)建造的第一座寺院,并且由宗喀巴担任甘丹寺第一任池巴(寺主)。因此甘丹寺又有格鲁派(黄教)首寺之称。措钦大殿是甘丹寺内最大的一座建筑,也是寺内讲经诵法的场所。殿中供奉着铸造精美、高大壮观的弥勒佛和宗喀巴铜像。

五当召

位于包头市东北五当沟。大约建于

清康熙年间，今日的规模基本上是在乾隆十四年（1749）重修形成的。本名叫巴达嘎尔庙，最初为鄂尔多斯左翼前旗（今鄂尔多斯市格尔旗）王公所建造，乾隆皇帝赐"广觉寺"为其汉名。与西藏布达拉宫、青海塔尔寺齐名，为我国喇嘛教的三大名寺。

五当召呈喇嘛教格鲁派的建筑风格，以西藏的扎什伦布寺为蓝本，是典型的藏式建筑。全庙占地面积约 20 公顷，有 2500 多间屋宇，鼎盛时期喇嘛达 1200 多人。庙内主体建筑群由八大经堂（现存六座）、三处活佛府、一幢塔陵、94 栋喇嘛住宿土楼组成。佛殿全呈梯形，白墙平顶，十分壮观。庙内最主要建筑应属苏古沁独宫，凡属全庙性的集会都在这里举行。五当召的其他主要建筑还有神学院、洞阔尔独宫（广觉寺）、当圪希独宫大殿、却伊林独宫等。庙内除存有大量的藏语经文和众多艺术珍品外，还有各种金、银、铜、木、泥等质料的壁画和佛像，是研究喇嘛教的珍贵实物。

美岱召

美岱召位于内蒙古土默特右旗美岱召乡的大青山南麓，呼和浩特至包头公路北侧，东距包头市 504 千米。美岱召始建于明万历年间，明隆庆年间，土默特蒙古部首领阿勒坦汗受封顺义王。万历三年（1575）与其妻三娘子主持修建城寺，明廷赐名福化城，清康熙年间改名寿灵寺。因正殿供奉美岱尔佛（即如来佛），故传名美岱召。美岱召是兼具城堡、寺庙和邸宅功能的特殊召庙，围墙高 5.3 米，长约 681 米，内夯黄土，外包石

块，四隅筑有墩台与角楼，主要建筑有四大天王殿、经堂、大雄宝殿、十八罗汉殿、观音殿、琉璃殿，以及顺义王家族世代居住的楼院等众多建筑。大雄宝殿供奉的美岱尔佛高约 4 米，用纯银铸成，举世罕见。纪念三娘子的"太后殿"在大院东侧广场上，殿内无塑像，唯有一座约高 3 米的檀香木塔，内储三娘子的骨灰。美岱召是土默特部从草原游牧过渡到定点生活之后建筑的第一座城寺，在内蒙古地区仅此一处，具有很高的研究价值。

北京天坛

北京天坛，位于北京市崇文区永定门内大街东侧。明永乐十八年（公元 1420 年）建，天坛原名天地坛，当时天地合祀。嘉靖九年（公元 1530 年），朝廷制定四郊分祀制度，在北京北郊另建方泽坛（即地坛）祭祀地神，此处便专为祭天祈谷，故改名天坛。从而形成北有地坛祭地、南有天坛祭天、东有日坛祭太阳、西有月坛祭月亮的格局。而天坛内含"祈谷"、"圜丘"二坛，每年冬至、正月上辛日和孟夏（夏季首月），明、清皇帝都要来天坛举行祭天、祈谷和祈雨仪式。

天坛占地面积 270 万平方米，规模宏伟、富丽堂皇，为我国现存最完整、规模最宏大的古代祭祀性建筑群。

天坛设有"回"字形两重坛墙，把整群建筑分为内坛和外坛两部分，内坛西侧有一片旷大的空地，以突出天空的辽阔与高远，体现天帝的至尊。

天坛主要建筑在内坛，圜丘坛在南，祈谷坛在北，二坛同在一条南北轴线上，其间有墙相隔，此墙俗称"天地墙"，并

由一座长360米、宽30米的丹陛桥连接起来。依古代"天圆地方"思想,天坛围墙平面南部为方形,象征地;北部为圆形,象征天。

圜丘坛,又称祭天台,始建于明嘉靖九年(公元1530年),坐北朝南,四周绕以红色宫墙,上饰绿色琉璃瓦,俗称"子墙"。圜丘坛四周各有一门,北门名成贞门、东门名泰元门、西门名广利门、南面正门名昭亨门。每座门上题有满汉合璧门额,各门名称第二个字顺序排列为元、亨、利、贞。依据《周易》,"元"为始生万物,天地生物无偏私;"亨"为万物生长繁茂亨通;"利"为天地阴阳相合,从而使万物生长各得其宜;"贞"为天地阴阳保持相合而不偏,以使万物持久。

圜丘坛为3层汉白玉雕砌的圆台,坛面铺艾叶青石。我国古代把单数称为"阳数",阳数代表天,作为祭天的圜丘坛,一切数字均为阳数。3层台面直径分别为9丈、15丈、21丈,总和45丈,取"9、5"两个阳数。台面墁砌的石板,甚至台四周的石栏也为阳数"9"的倍数。坛台中心嵌一圆形石板,称"太极石"或

"天心石",站其上高喊或发出敲声,四周即起回音,清晰响亮。

圜丘坛正北有皇穹宇,为供奉"皇天上帝"牌位之处。其正殿为单檐圆形亭式殿堂,上覆深蓝色琉璃瓦,以示天象。整座建筑由八根檐柱和八根金柱支撑,屋顶层层加高,三层天花藻井也层层上收。这种三层天花藻井的做法,在古建中很少见。东西各有殿庑5间。殿外围以圆形高墙,高3.72米、直径61.5米,周长193米。墙壁用磨砖对缝砌成,墙头覆蓝色琉璃瓦,围墙弧度规则,墙面光滑整齐。只要两人分别站东、西配殿后,贴墙而立,一人靠墙向北说话,声音就会传到一二百米外的另一端,无论说话声音大小,对方会听得清楚真切,而且声音悠长,堪称奇趣,给人一种"天人感应"的神秘氛围,称为"回音壁"。

祈谷坛,为三层,上层坛面正中就是祈年殿。祈年殿为天坛主体建筑,天坛的象征。殿呈圆形,直径32米、高38米,三重檐亭式圆殿,鎏金宝顶,蓝琉璃瓦覆顶。殿内九龙藻井极其精致。大殿全部为木结构,不用大梁和长檩,檐顶以

天坛皇穹宇远景

28 根木柱和枋、桷、檩支持着。中央 4 柱叫通天柱或龙井柱，高 19.2 米，代表一年中的四季；外围两排各 12 柱，分别代表 12 个月和 12 个时辰，而外围两排 24 根柱子则代表 24 节气。整个大殿建于高 6 米的三层汉白玉石台上，建筑气势雄伟，高耸云端。

祈年殿建于明永乐十八年（公元 1420 年），初名大祀殿，为宽 12 间、纵深 36 间的黄瓦玉陛重檐垂脊的方形大殿。后来嘉靖皇帝旨意拆除，并于公元 1545 年在大祀殿原址建成大享殿。乾隆十六年（公元 1751 年），正式将大享殿更名为祈年殿，并进行重修，更换蓝瓦金顶。光绪十五年（公元 1889 年）8 月 24 日，雷雨交加，祈年殿被雷电击中焚毁。因楹柱为檀香木，香飘数里，据传，北京古建筑材料中有所谓"四宝"，即祈年殿沉香木楹柱、太庙前殿正中三间沉香木梁柱、颐和园佛香阁内铁梨木通天柱、谐趣园中涵远堂内沉香木装修格扇。现在的祈年殿为雷击后照原样所重修。

此外，天坛还有斋宫、宰牲亭、神厨、神库等建筑。斋宫专供皇帝举行祭祀礼前斋戒时居住，有城河围护。斋宫内有一座石亭，亭里有一尊铜人，手持写有"斋戒"二字的牌子，名叫"斋戒铜人"，以提示皇帝来此是斋戒的。相传铜人是仿照唐朝大臣魏征形象铸造。天坛中树木葱郁，尤其在南北轴线和建筑群附近，更是古柏参天，使祭坛庄严肃穆。

北京天坛，是我国古代建筑史上最为珍贵的实物资料与历史文化遗产，代表了中国古代建筑的最高成就，也是世界建筑史上的瑰宝。

1961 年，北京天坛由国务院公布为第一批全国重点文物保护单位，1998 年 11 月列入世界文化遗产名录。

北京地坛

北京地坛，位于北京城安定门外，与天坛遥相对应，与雍和宫、孔庙、国子监隔河相望，是一座庄严肃穆、古朴幽雅的皇家坛庙，为明、清两朝祭祀"皇地祇神"之所，明朝前期祭地与祭天在天坛举行，明嘉靖九年（公元 1530 年）定立四郊分祀制度，便在北郊另建坛祭地，时称方泽坛。嘉靖十三年（公元 1534 年），改称地坛。雍正、乾隆时又加修建，形成现在规模。自公元 1531 年建成至 1911 年，明、清两代 15 位皇帝先后在此连续祭地长达 381 年。

我国为农业古国，从新石器时代开始，先人就以血祭地母，以表达对土地与土地神的崇拜，后来，修建了各种场所供奉、祭祀地神。相传周朝时已有"祭地于泽中方丘"制度。西汉成帝建始元年（公元前 32 年），按阴阳方位建天地之祠于长安城郊。祭地之坛为历代都城不可或缺者，而古代祭祀地祇，为仅次于祭祖、祭天的国家大典。所以，地坛和天坛一样，是非常重要的礼制建筑。北京地坛为我国历史上最大的一座祭地坛，也是我国历史上连续祭祀时间最长的一座地坛。

地坛，占地面积 37.3 万平方米，分内坛和外坛，以祭坛为中心，周围建有皇祇室、斋宫、神库、神厨、宰牲亭、祭器库、乐器库、钟楼、神马殿等 20 余处，共 200 余间。皇祇室，坐南朝北，是供奉皇地祇神牌位的地方；斋宫是皇帝祭祀前斋戒、

北京地坛

沐浴的场所；神库存放祭器具；神厨置备祭品；宰牲亭用来宰杀牺牲，供奉神灵。

地坛作为祭祀地祇的建筑，最突出一点就是以象征大地的正方形而反复运用，与天坛以象征苍天的圆形反复运用形成鲜明对照。举行祭地大典的方泽坛，平面即为正方形，上层高1.28米、边长20.5米；下层高1.25米、边长35米。全坛采用方形平面向心式重复构图，使中心不甚高大的方形祭台显得异常雄伟。所以，当祭拜者沿着神道走向祭坛，越向前走建筑物越矮小，而祭拜者越显高大，当最终登上祭坛，就会有一种俯瞰尘世之感。

地坛在色彩运用上也颇具匠心。方泽坛只用黄、红、灰、白4种颜色，祭台侧面贴黄色琉璃面砖，既标明其皇家建筑规格，又是地祇的象征，在我国古代建筑中，除九龙壁外，很少见到这种做法。在黄瓦与红墙之间，以灰色过渡，为我国古代宫廷建筑常用的手法。整个建筑以白色为主，并以红白强烈对比，给人以深刻印象。红墙庄重热烈，汉白玉高雅洁净，远方苍松翠柏映衬，使祭坛轮廓鲜明，更增添几分神秘与神圣。

祭地大典为国家重要典仪，历代帝王都亲自祭典。例如，清代每年夏至这天在此举行祭典，皇帝提前3天斋戒。致祭当日，祭坛上层南面正位摆放皇地祇神位，下层东侧摆放五岳、四海神位，西侧摆放5镇、4渎神位，各神位遮覆3层明黄色幌幔。黎明时分，皇帝身着祭服，率文武百官，沿神道向方泽坛缓缓走去。礼乐声中，皇帝庄重地迎神、上香、献帛、献爵、进俎，一再地3跪9拜。当这一切完成，日已东升，大臣跪拜称贺，皇帝乘兴回宫，祭地大典结束。

清末帝幼不能亲祭，祭地典仪已名存实亡。民国以后，地坛几乎衰败为废墟。民国十四年（公元1925年），地坛辟为京兆公园，3年后改为市民公园。不久，因费用困难以及驻军破坏，地坛再次荒落。民国二十四年（公元1935年），北平市政府接管地坛，随即停办公园，仍以地坛名义开放。卢沟桥事变后北平沦陷，侵华日军为修整西郊机场，强行将地界内贫民迁至地坛。新中国成立后，于1954年恢复地坛为公园。20世纪 80 年代以来，维修与复建地坛古建筑，创办北京地坛春节庙会，以较高的文化品位、丰富的文化内涵、鲜明的民族特色而享誉中外。

2006 年，北京地坛由国务院公布为第六批全国重点文物保护单位。

北京日坛

北京日坛，位于北京市朝阳区朝阳门外东南，又叫朝日坛，为明、清两代皇帝祭祀太阳的地方。

人类对太阳的崇拜起源很早，早在 7000～8000 年前我国新石器时代就已形成，人们赋予太阳以神性和神职，希望得到太阳神的庇护。朝日仪式是最初的崇日仪式，每当早晨，人们作揖、叩头、跪拜，迎接太阳的升起。随着崇日仪式的不断规范与定型，逐步形成了固定时间、地点举行的祭日仪式，祭日仪式颇为隆重。历朝历代都要在日坛进行祭日典礼，只是祭日时间不尽相同。三国时魏文帝在正月祭日，魏明帝在二月丁亥祭日，后周在春分祭日，明、清则在春分日进行。《天府广记》载："祭用太牢、玉礼三献，乐七奏，舞八佾。甲、丙、戊、壬年，皇帝亲祭"，其他年份就由大臣代祭了。

就北京而言，元代就建有日坛，现在这座日坛建于明嘉靖九年（公元 1530年），围以红墙，西向。最初祭坛以白石砌成一层方台，坛面为红琉璃，象征太阳。清时改为砖砌方台，边长 5 丈、高为 5 尺 9 寸，四面出阶，各 9 级。坛四周为圆形矮围墙，正西有白石棂星门 3 座，其余 3 面各一座。新中国成立前，日坛古建大部分被毁，成为一片废墟。

日坛选址、规划、建筑以祭祀礼仪等均突破了我国传统的中轴线为主的格局。日坛现已辟为公园，面积比原来扩大了 4 倍。修建了南、北大门及展览橱窗，建了牡丹园、清晖亭、曲池胜春园、"祭日"壁画、"羲和雅居"等，并将拆毁的祭台修复一新，且重修了马骏烈士纪念墓。今日日坛，林木成荫，景色幽静，古朴典雅，更加绮丽秀美。

2006 年，北日坛由国务院公布为第六批全国重点文物保护单位。

北京月坛

北京月坛，又名夕月坛，位于北京市西城区阜成门外，是明、清两代皇帝祭祀夜明神月亮和天上诸星宿神的场所。

人类对月的崇拜与日的崇拜几乎是同时形成的，以各种方式，表达对月的崇敬之心。我国历史上多数王朝都建坛拜月，现存比较完好的是北京月坛，为北京古代五坛（天坛、地坛、日坛、月坛、社稷坛）之一。

月坛，坐西朝东，建于明嘉靖九年（公元 1530 年）。祭坛为中心建筑，以白石砌成一层方台，高 1.5 米、周长 56 米，坛面铺设着白色琉璃，四面设有白石阶，比日坛规模略小。祭台四周有矮墙环护，西、北、南各有一座棂星门，东为正门，有 3 座棂星门。祭坛周围设有神库、神厨、宰牲亭、具服殿、钟楼、燎炉、祭器库、乐器库等附属建筑。

明、清两代，每年秋分之日，都在这里举行祭祀之礼，主祭夜明之神，配祀 28 宿、木火土金水五星及周天星辰。每逢丑、辰、未、戌年，皇帝亲赴月坛行祭祀礼，而其他年份"朝日则遣文臣，夕月则遣武官"代行。清末，祭祀夜明神活动被废弃，月坛成为驻兵场所。日本侵华期间，月坛内外树木基本被砍光。

北京月坛现已辟为月坛公园，占地面积约 8 万平方米，分为北园和南园。北园恢复古坛风貌，修缮了钟楼、具服殿、神厨、神库等古建筑；南园又名邀月园或蟾宫园，在保持坛庙风格基础上，新建天香院、揽月亭、霁月亭、爽心亭、月桂亭等景观，突出月文化主题。园内种植了大量松柏及娑罗树、石榴树、桂花等观赏树木，搬迁和改造周边环境，使之成为北京一处具有我国古典山水风格的园林和游览胜地。

2006 年，北京月坛由国务院公布为第六批全国重点文物保护单位。

北京社稷坛

北京社稷坛，位于天安门西侧，与天安门东侧太庙对称，遵循了我国古代国都"左祖右社"布局规制。社稷坛是明、清两代皇帝祭祀土地神和五谷神的地方。

社稷坛早期分开设立，称做太社坛、太稷坛，供奉社神和稷神（社即土地，稷即五谷），后来逐渐合而为一，共同祭祀。社稷坛建于明永乐十九年（公元 1421 年），所在之地，唐时为幽州城东北郊一座古刹，辽时扩建为兴国寺，元时被圈入大都城内，改名万寿兴国寺。明成祖朱棣迁都北京后，在万寿寺基础上建造了社稷坛。

社稷坛，占地面积 24 万平方米，由社稷坛、拜殿和戟门组成。

社稷坛，以汉白玉石砌成，为正方形三层高台，坛上铺有中黄、东青、南红、西白、北黑的五色土。五色土当时由全国各地纳贡而来，以示"普天之下，莫非王土"，并象征金、木、水、火、土五行为万物之本。社稷是古代帝王、诸侯所祭祀的土神和谷神，商周以至清代帝王，均沿

北京社稷坛

袭社稷大礼。历代帝王自称受命于天，将自己比作"天子"，将社稷象征国家构成的基础，故每年春秋举行大祭，如遇出征、班师、献俘等重要事件，也在此举行社稷大典。坛墙外又设 3 重围墙。内墙 4 面各辟一座汉白玉石门，名棂星门。坛墙与外墙之间，北有拜殿和戟门，西有神库、神厨和宰牲亭等。拜殿面阔五间，进深三间，庑殿顶覆黄琉璃瓦，每当祭祀时遇上刮风、下雨天气，祭祀仪式就在拜殿中举行。1925 年，孙中山逝世后，在此停灵。1928 年，拜殿改名中山堂。而戟门是社稷坛正门，3 个门洞，每个门洞放置 24 把镀金大铁戟。这些铁戟 1900 年被八国联军劫掠。

1914 年，社稷坛辟为中央公园，后改作中山公园。此间，公园内陆续建设和迁进了一些园林风景建筑，如唐花坞、兰亭碑亭、"保卫和平石牌坊"等。

唐花坞，实为煻花坞。"煻"为烘焙之意，花坞即培育花木之暖房。唐花坞平面呈燕翅形，建筑主体是一座重檐八角亭式建筑，外形采用中华民族传统建筑形式的彩画和琉璃瓦装饰。花坞内常年展览各种名贵花卉草木，即使数九寒冬，坞内仍是姹紫嫣红，春色盎然。

兰亭碑亭，原建于圆明园文源阁，1917 年迁至公园内，石碑正面刻有兰亭修禊曲水流觞图，背面刻有清高宗书兰亭诗。亭中八根石柱上分刻有历代书法家模写的王羲之兰亭序以及柳公权的兰亭诗。碑亭为八角重檐攒尖顶，额书"景自天成"。

"保卫和平石牌坊"，原在东单西总布胡同西口，旧称"克林德坊"。清光绪二十六年（公元 1900 年），德国驻华公使克林德向在此地巡逻的清兵开枪寻衅，被清兵还击，将其击毙。事后，清政府顺从德国的无理要求，在克林德被击毙处竖"克林德碑"，后称"克林德坊"。1918 年第一次世界大战后，德国战败，北平市民拆毁此坊。次年，协约国代表出面要求德国修好牌坊，迁往中山公园（当时中国也是协约国成员），改名"公理战胜牌坊"。1952 年，亚洲及太平洋区域和平会议在北京召开，确定将其更名为"保卫和平石牌坊"，并由郭沫若题写，刻在牌坊正楼额坊上。

这些珍贵的文物古迹，已成为人们游览中山公园、回顾历史的实物。此外，中山公园内历史悠久、形态各异的古柏也堪称奇特。南坛门外 7 棵古柏，其中树围最大的约 6 米多，据说是辽代遗物，至今已有千余年历史了；一棵"槐柏合抱"的古树，是天然形成的槐柏合生树，也是园中一处罕见的植物景观。

1988 年，北京社稷坛由国务院公布为第三批全国重点文物保护单位。

南京夫子庙

夫子庙即是孔庙，原来是供奉和祀孔子的地方。夫子庙始建于宋，夫子庙位于秦淮河北岸的贡院街旁。夫子庙以庙前的秦淮河为泮池，南岸的石砖墙为照壁，全长 110 米，是全国照壁之最。北岸庙前有聚星亭、思乐亭；中轴线上建有棂星门、大成门、大成殿、明德堂、尊经阁等建筑；另外庙东还有魁星阁。

学宫位于大成殿后街北，原有"东南第一学"门坊，包括明德堂、尊经阁、青云楼、崇圣祠等古建筑。明德堂是学宫的主体建筑，科举时代秀才每月逢朔

刘禹锡（刘尚书）

望都到这里听训导宣讲。全国的学宫都称"明伦堂"，而夫子庙的学宫独称"明德堂"，据说是宋代文天祥题写的"明德堂"匾额之故。1986年明德堂维修时又修复了两旁的"志道"、"据德"、"依仁"、"游艺"四斋。

乌衣巷位于夫子庙西南数十米，是一条幽静狭小的巷子，原为东晋名相王导、谢安的宅院所在地。旧时王谢子弟善着乌衣，因而得名。为纪念王导、谢安，在乌衣巷东曾建有来燕堂，建筑古朴典雅，堂内悬挂王导、谢安画像，仕子游人不断，成为瞻仰东晋名相、抒发思古幽情的地方。唐代大诗人刘禹锡的那首脍炙人口的诗："朱省桥边野草花，乌衣巷口夕阳斜，旧时王谢堂前燕，飞入寻常百姓家。"就是对此处的感叹。从此乌衣巷便名扬中外，游人不绝。

关帝庙

周口关帝庙，位于河南省周口市内。周口地处河南省东南部，历史悠久，沙河、颖河、贾鲁河三河在此交汇，故为漕运重地。明清之际，这里商贾云集，为祈求关羽保佑生意兴隆，清代山西新绛、长治和陕西蒲州、大荔、澄城等地商人共同出资，兴建了这座关帝庙。

关帝庙始建于清康熙三十二年（公元1693年），经雍正、乾隆、嘉庆、道光年间（公元1723～1850年）重修、扩建，至咸丰二年（公元1852年）全部落成，历时159年。

关帝庙，坐北朝南，占地面积2.1万平方米，整体建筑为仿宫殿式，布局严谨，巍峨壮观。自南而北依次有照壁、山门、铁旗杆、石牌坊、碑亭、飨殿、大殿、戏楼、拜殿和春秋阁等建筑，两侧有钟楼、鼓楼、河伯殿、炎帝殿、药王殿、灶君殿、财神殿、酒仙殿、老君殿、马王殿、瘟神殿、东西看楼、廊房等。关帝庙三进院落，现存楼阁殿廊140余间，为河南省规模最大、保存也较为完好的清代祠堂建筑群。

玉皇庙

晋城玉皇庙，位于山西省晋城市东南泽州县府城村北冈上。居高临下，气势雄伟，为古代泽州规模最大、影响最广的道教庙宇。

晋城玉皇庙创建年代不详，据庙内明代碑刻记载："隋时居民聚之北阜，建庙宇三楹,内绘三清神像。"北宋熙宁九年(公元 1076 年)在原址上重建,题名"玉皇行宫"。庙宇多次被毁,后又重建,明、清两代多有修葺。

玉皇庙,坐北朝南,建筑布局为 3 进院落,共有殿宇楼阁、亭榭厢房百余间,占地面积 4000 余平方米。中轴线上由南向北依次排列有头道山门、仪门、成汤殿、献亭、长皇殿、东西配殿;两庑 28 宿殿、12 辰殿、13 曜星殿、关帝殿、蚕神殿及厢房、钟鼓楼。玉皇庙布局严整,规模宏伟。建筑鳞次栉比,错落有致;殿堂雕梁画栋,富丽堂皇。

前院,玉皇庙内第一进院落,中有门庑两重,第一重山门明成化年间(公元 1465～1487 年)建;第二重仪门为元代遗构。门两侧有文昌殿、咽喉祠、六瘟殿、地藏殿、钟鼓楼等。中院主殿成汤殿建于金,面阔 3 间,进深 3 间,单檐悬山顶。后院正殿为玉皇殿,建于北宋熙宁九年(公元 1076 年),面阔 3 间,进深 3 间,平面方形,单檐悬山顶。无论是建筑,还是彩塑及神台上的浮雕砖饰,都保留了北宋风格,也是玉皇庙的精华所在。

华佗像

各殿内保存有宋、元、明 3 代塑像 300 余尊,虽经后人重妆,但原作精神尚存。中院正殿,木构楼阁,面阔 3 间,进深 6 椽,单檐悬山顶,古雅朴实,塑有成汤大帝。东配殿塑有东岳大帝,东庑两殿塑有掌管监狱的禁王,两侧是三国名医华佗和唐代名医孙真人。西庑是奶奶庙,以周文王夫妇、贵妃、乳母为主像。后院玉皇殿内塑玉皇大帝及文臣武将、妃嫔侍女。玉皇大帝威严安详,侍女分立两侧。这些侍女塑造得形象丰满,表情安详,体态轻盈,为彩塑中的精品。东庑内塑 3 元、4 圣、9 曜星像;西庑两殿塑 12 岁星、6 太尉等。最突出的作品是西庑元塑 28 宿星君像,像高约 1.8 米,身份、性格、风度、神情各异,塑造生动逼真,随像之动物形象亦惟妙惟肖,是我国元代艺术大师刘銮所塑造。刘銮,又名刘蓝、刘元,宋末元初人。元初,忽必烈令尼泊尔大雕塑家阿尼哥监修元大都护国寺,刘銮参与了这一修建工程,并把古希腊雕塑艺术和我国的传统艺术结合起来,成为一代艺术大师,使我国的雕塑艺术有了新的发展。

总的说,晋城玉皇庙雕像,从天皇、地皇、人皇到神、鬼、人,从风伯、雨师、种桑、养蚕到文贞、武道、中王、马祖,从高谋奶奶求子保婴到华佗、扁鹊劝善送瘟,大凡人们日常生活中的方方面面,都在神仙世界中有所反映。诸神泥塑自成体系,艺术地展现了我国道教诸神系统。尤其是 28 宿泥塑,在全国现存古代塑像遗物中尚属孤品,反映了中西雕塑艺术合流的轨迹,是一座奇特神妙的道教艺术宝库,具有极高的历史价值和审美价值。

另外,庙外碑廊内宋、金、元、明、清

各代碑刻 10 余通,是研究道教史及道教艺术的珍贵史料。

1988 年,晋城玉皇庙由国务院公布为第三批全国重点文物保护单位。

崔府君庙

陵川崔府君庙,位于山西省陵川县城西 20 公里处的礼义镇北街,又名显应王庙,为祀奉长子、滏阳县令崔珏之所。

据庙内碑记及《长治县志》记载,府君姓崔,名珏,字元靖,乐平(今山西昔阳)人,唐贞观进士,为长子县令,有功德于百姓,故建庙奉祀。还有一说,崔珏做过滏阳(今河北磁县)县令,死后成神,"主幽冥",在阴间当了判官,世称崔府君。"府君"是对神的敬称。而崔府君是掌生死簿的首席判官,并有自己的庙宇,这就是崔府君庙。

陵川崔府君庙唐时创建,金大定二十四年(公元 1184 年)重修,明洪武三年(公元 1369 年)及清末、民国初年均有修葺。现存建筑山门为金代遗构,其他为明、清建筑。

崔府君庙,坐北朝南,南北长 81 米、东西宽 41 米,两进院落,共有殿宇 50 余间,中轴线上有山门、戏台、拜亭、府君殿,东西两侧为掖门、配殿、垛殿。

山门规模较大,分上下两层,下层砌高台,上层为门楼,面阔 3 间,进深 6 椽,重檐歇山顶。明间有宋代青石门框,两侧各有一道掖门。整个建筑结构做法简洁、设计大胆、交接稳固。山门高居庙宇正中,且筑于高台之上,砖台突起,两侧石阶对称而上,形制独特。这种高台上的门庑或殿宇,见于敦煌壁画,实物极少见。

府君殿,也称后殿,面阔 5 间、进深 8 椽,单檐悬山顶。殿前有一卷棚式拜亭,面阔 5 间,檐下施斗拱。为清代所建。府君殿供奉崔府君,而拜亭为祭拜崔府君之处。府君殿两侧各有配殿 3 间,配殿两侧为禅院。

庙内有一座戏台,面向府君殿,为酬神之所。庙内还有古木及碑刻。2006 年 6 月,一场九级大风,将一棵宋柏刮倒在地,已 900 余岁,直径近 1 米,高达 18 米。刮倒的宋柏,砸塌了西垛殿。

陵川崔府君庙为我国仅存的汉唐高台式建筑,具有较高历史价值。

2001 年,崔府君庙由国务院公布为第五批全国重点文物保护单位。

黄陵轩辕庙

黄陵轩辕庙,又名黄帝庙,位于陕西省黄陵县桥山东麓,为祭祀华夏民族祖先轩辕黄帝而建。

黄帝,本姓公孙,系少典之子。因出生于轩辕(今河南新郑),故号称轩辕。因长于姬水,便以姬为姓。而建国有熊,又称有熊氏。黄帝大约生活于距今 5000 年前,相传率领氏族部落,伐炎帝,战蚩尤,统一各部族,建都于河北涿鹿。同时,黄帝以发明文字、制造舟车、培育蚕桑、制定音律和算数等而彪炳千秋,尊为中华民族"人文始祖"。全国祭祀黄帝的陵庙以陕西为最,河北、北京、山东、河南等地也有。

黄陵轩辕庙始建于汉,唐代宗大历年间(公元 766～779 年)置轩辕庙于桥山西麓。宋太祖开宝五年(公元 972

年），迁至桥山东麓今址，后历代多有修葺。

轩辕庙坐北朝南，布局疏密有致，风格古朴庄重。其主要建筑有山门、过亭、碑亭、大殿及东侧碑廊、西侧文物陈列展等，占地约10亩。

山门，单檐歇山顶，面阔5间，悬有"轩辕庙"匾额。

过亭，又名"诚心亭"，面阔5间、进深1间，四面无墙，亭柱有联："诚朝圣地人文祖，心祭神州儿女情"。古今凡谒拜黄帝者，先在此整衣冠，静心境，而后缓步进殿，顶礼膜拜。

碑亭，其形制与过亭相仿。亭内分别镌刻着孙中山先生1912年任中华民国临时大总统时所作"中华开国五千年，神州轩辕自古传。创造指南车，平定蚩尤乱。世界文明，惟有我先"题词碑；蒋中正先生题写的"黄帝陵"碑；毛泽东主席于1937年清明节撰写的祭文碑等。

大殿，为轩辕庙主体建筑，明代重建，单檐歇山顶，面阔7间，进深3间。殿前设月台，四周回廊，门楣悬"人文初祖"大匾。殿内供奉一尊石质轩辕黄帝浮雕像，高3.9米、宽3.3米。雕像以东汉武梁祠画像石拓片放大雕刻而成，全身站立，抬臂扬手，步向东而回望西，冠带衣着简朴无华。

西侧文物陈列室，是黄陵县城文庙1986年迁来所辟。东侧碑廊60余通碑刻，最早为宋嘉祐六年（公元1061年）奉旨栽植松柏1413棵记事碑，弥足珍贵。

庙内外古柏参天，愈加肃穆庄严。远望周围山岩裸露，独桥山翁郁葱绿，堪称奇迹。1936年有人统计，桥山柏树6万余株。70年过去，现已超过8万株，

而千年以上的达3000余株，为全国最大的古柏群，其中，黄帝手植柏和挂甲柏尤为著名。黄帝手植柏在山门内左侧，高19米，树围竟达11米，世称"天下第一柏"。清《古今图书集成》曾载："中部县有轩辕柏，在轩辕庙。考之杂记，乃黄帝手植物，围二丈四尺，高可凌霄。"当地俗语"七搂八拃半，疙里疙瘩不上算"，就是一种形象描绘。黄帝手植柏虽然树瘤累累，却依然枝干挺拔，苍翠繁茂。挂甲柏又名将军柏，伫立大殿前，树干孔洞历历，似嵌铁钉，汁液流出，凝于树表。据说汉武帝北征朔方，回来时曾挂铠甲于其上。

庙前开阔处为一片广场，以5000块巨型河卵石铺就，象征中华民族5000年文明史。而中华民族人文始祖黄帝陵，就在庙后桥山间。

现在，每至清明时节，海内外中华儿女聚集轩辕庙，举行盛大仪式，隆重祭祀轩辕黄帝。

尧庙

临汾尧庙，位于山西省临汾市南约5公里处，是后人为祭祀远古时期部落联盟首领、传说中五帝之一的尧而兴修的。

尧，名放勋，号陶唐氏，历史上被称为唐尧。平阳（今临汾）伊村人。尧时建都于此，史称"尧都平阳"。尧划定九州，形成中国最早的格局，平阳成为华夏文明发祥地之一。伊村现存"帝尧茅茨土阶"碑刻，说尧王以前就住在土阶上的茅草屋子里。相传，尧曾委派羲和掌管时令，制定历法；委派鲧治水，但未成

尧帝画像

功。尧接受四岳推荐,选舜为继承人。考察 3 年后,将部落联盟首领的位置传给了舜,史称禅让。尧是禅让制度的开创人,也是有名的圣贤、有德之君,如孔子在《论语·泰伯》中所说:"惟天为大,惟尧侧之。荡荡乎,民无能名焉"。帝尧 114 岁而终,至今民间对高寿者仍有"尧年"之称。由于尧王功德无量,众民爱戴,后人便为其建祠立庙,按时祭祀。

尧庙初建于何时,古代历史文献中找不到记载,但西晋时期(公元 265～316 年)就已存在。唐显庆三年(公元 658 年),尧庙从临汾城西北迁至城南今址重建。元至元二年(公元 1336 年)大修,明正统年间(公元 1436～1449 年)重建。清康熙三十四年(公元 1695 年),尧庙毁于震灾,旋即重建。后历经修葺,使尧庙保存至今。

尧庙,规模宏大,早在唐代这座祠庙占地面积就达 700 余亩,房屋 400 余间。那时尧庙以文思殿为中心,左有老君洞,

右有德盛洞,后有玉皇阁,建筑雄伟壮观。至明时,尧庙又以玉皇阁为中心,左右分建重华殿、文明殿,以祭祀虞舜和夏禹,因而尧庙中尧、舜、禹 3 帝同庙共祭。清代的重建,奠定了今日尧庙的基础。其主要建筑有山门、五凤楼、尧井亭、广运殿、寝宫等。

五凤楼,高 19.3 米,3 层 12 檐,由 13 根通顶角柱支撑,高大雄伟。屋脊饰有精美的陶人等图案。五凤楼始建于唐乾封年间(公元 666～667 年),为纪念尧及 4 位贤臣,即四岳,掌管山岳祭祀;后稷,掌管农业;羲和,掌管历法;皋陶,掌管刑律,据说"画地为牢"就是皋陶所发明。帝尧常同这 4 位贤臣登楼远眺,当时人们把他和 4 位贤臣喻为"五凤",并有"一凤升天,四凤齐鸣"之说。"五凤楼"由此而得名。五凤楼象征君臣团结,天下大治。唐以后历代筑城建殿时都设"五凤楼",以示河清海宴,国泰民安。"五凤楼"下层为三孔砖券门洞,直通"广运殿"。古代祭祀帝尧时,君主中门步入,文武大臣只能两旁门随行。

尧井亭,位居五凤楼北,始建于东晋太宁年间(公元 323～326 年),距今已有 1600 余年历史,亭为六角形古代楼阁式建筑,玲珑别致。亭中一口水井,传说尧亲手所掘。井直径 8 寸,井下与汾河地下水源相通,至今井里泉水汩汩,清冽可饮。应该说,井是人类文明发展进程中的伟大创造之一。上古之人往往择水沿河而居。尧"寻蚁造井",自此改变了依赖河流的境况,于是有了村落、乡镇、城市,形成人类最早的文明。所以,此井素有"天下第一井"之誉。

广运殿,又名尧殿、广运大殿,尧庙主体建筑,含有"广以配天,运以配地"

之意,故名"广运殿"。大殿重檐歇山顶,面阔9间,进深5间、高27米;殿下面有一宽大月台。殿四周建有回廊,宽3.5米。殿内有通顶大柱42根,每根柱子高达18米。柱础为石雕云龙,精雕细刻,栩栩如生,国内罕见。大殿于2002年大修,殿内神台原供奉尧的彩色泥塑像,高2.8米,头戴冕旒冠,神态威严,端然稳坐,一派帝王形象。两旁侍立4位贤臣。2003年重铸铜像,帝尧坐像高达5米,威仪祥慈;4大贤臣像高4.1米,朴实传神。殿前一联,"居平阳倚汾河深植民族之根,启文明定中华垂誉国家先祖",为今人所写,高度概括了尧对中华民族所作的贡献。祭尧仪式就在此殿举行。

广运殿奇特之处在于檐上建楼,屋上有屋。在广运殿前第一层屋檐上又兴修一座突出于檐外的3层小楼。这座小楼立柱直接安在月台上,再在立柱上安设梁枋,构设木架。乍一看去,小楼好似空中楼阁。这种结构的建筑物,在其他古代祠庙建筑中很难见到。

广运殿后为寝宫,供奉尧和夫人塑像。据说夫人是鹿仙女,生于姑射山中。山上现有鹿仙女洞、鹿仙女照镜石、梳妆台等。传说帝尧定都平阳,去仙洞视察民情时巧遇鹿仙女,双方相爱,择日成婚。成婚之处就在鹿仙洞。后人把帝尧与夫人成婚的山洞称为"洞房",世上才有了洞房花烛夜之说,而华夏儿女成婚之屋皆称"洞房",即由此而来。

临汾尧庙中有历代大小碑刻10余通,或歌颂尧帝功勋,或记叙建庙经过,具有一定的史料价值。另外,庙内古柏也令人称奇。柏抱楸,据说种植于晋代,距今已有1500余载。当地人言:"八十八,九十九,少见柏树抱着楸",由此可见柏抱楸多么稀少与古老。每当春末夏初,古柏枝杈间楸花、槐花盛开,芳香四溢。"夜笑柏"系古时一僧人从印度移植而来,每年除夕夜,此柏便发出沙沙声,似人笑声,故称"夜笑柏"。"鸣鹿柏",传说唐代在寝宫雕塑帝尧与夫人鹿仙女像时,突然跑来一对梅花鹿,柏树下欢蹦鸣叫,故称此柏为"鸣鹿柏"。至今鸣鹿柏枝丫树杈酷似梅花鹿角。这些古柏,闻名遐迩。

近年,景区内又增添了中华帝尧钟、天下第一鼓、"尧典壁"廊、千家姓纪念壁等景观。

舜王庙

绍兴舜王庙,又名大舜庙,位于浙江省绍兴市稽江镇小舜江北的舜王山巅,越中三舜庙之一(一在上虞、一在余姚)。舜王山,原名乌龟山,舜王庙建后

舜

才改今名。舜王庙为纪念和祭祀传说中的部落联盟领袖虞舜而修建，规模不大，殿宇不多，但庙内雕刻精美，对研究民俗学、建筑学及雕刻艺术都有重要价值。

舜，姚姓，或妫姓，名重华，号有虞氏，为我国远古时代传说中的五帝之一。据说，由于四岳推荐，舜得以继承尧位，任部落联盟首领。舜巡狩四方，选用贤人治理国家，兴修水利，消除水患；征讨共工、獾兜、三苗和鲧，为民众除去"四罪"。舜在位39年，期间天下太平，人民安乐。舜南巡时，故于苍梧（今广西梧州一带）。《史记》记载，舜为上虞人。"去虞三十里有姚丘，即舜所生也"。上虞紧邻绍兴。舜出生这里，并在这里长大成人，后人在此立庙祭祀。绍兴舜王庙建于何时，史书并无记载，今已无从查考。南宋《嘉泰会稽志》载："舜庙在县东南一百里"。其位置与今舜王庙大体接近。据此，绍兴舜王庙始建年代当在南宋以前。而现在的舜王庙，重建于清咸丰年间（公元1851～1861年），同治元年（公元1862年）再修，后又有修葺。

舜王庙，坐西北朝东南，前有小舜江萦回如带，后临平畴旷野，远处青山叠翠，景色清幽。其主要建筑有山门、戏台、大殿和庑殿。

戏台，位于山门之后，重檐挑角，高12米、宽4.7米、长5米。台面深广，尽以木板铺成。而整座戏台不用一根横梁，4根台柱挺立四角，支撑起戏台，构筑精巧。

大殿，全庙主体建筑，面阔13米，进深23米。殿前4根石柱，中间两根为云龙柱，两侧两根为舞凤柱，雕工精制，寓意"龙凤呈祥"。大殿分前、后两进，且前小后大，各塑有虞舜像一尊。前殿塑像较小，供旧时迎神之用；后殿塑像高大挺拔，仪态端庄。两尊泥像塑得很精美，和庙中的石雕、木雕一起并称舜王庙"三宝"。两尊塑像已毁，现在的塑像为后来所重塑。

庙内石雕、木雕和砖雕很负盛名，除上面的龙凤柱外，还有山门旁山墙花窗。花窗整块石板雕镂而成，在布局匀称的花格中，4位老翁展图细视，笑容可掬，其形态之美，表情之真，令人称赞，而山门梁柱木刻游鱼、飞禽、走兽，大小不过数寸，栩栩如生，堪称石雕杰作。戏台两厢门窗和楣梁，雕刻着《封神演义》、《三国演义》和《水浒传》中人物故事，构图巧妙，姿态各异，情趣盎然。戏台两侧看台前，还有两组木雕，一为12生肖，一为农夫、渔夫、樵夫和书生的生活画面。大殿两山前，石雕"西湖十景"，竹、树、云山、湖水，无不活灵活现。这些雕刻内容丰富，手法细腻，生动传神，显示出江南匠人高超的雕刻技艺，又表现了对禹王的敬仰之情。

庙前两株古柏高达5～6丈，苍翠挺拔，直入云端。还有一株香樟树，数人才可合抱，虽历百余年风雨，依然枝繁叶茂。

禹王庙

绍兴禹王庙，又称禹庙，位于浙江省绍兴市东南会稽山麓禹陵村，北距市区约5公里。为祭祀远古时期著名部落联盟首领大禹而建。

大禹，又称禹，因是夏后氏部落首领，也称夏禹。姓姒，名文命。在虞舜执政时期，曾任司空。受舜派遣，率领民众

夏禹王像

劈山开河,疏浚水道,前后治水 13 年,终于消除九州水患。这位传说中的治水英雄,曾三过家门而不入,深受后人赞誉。后来,舜将禹定为继承人,担任部落联盟领袖。传说,禹活了 100 岁。《水经注》记载:"会稽山有禹庙,大禹东巡,崩于会稽,因葬其地。"《史记》《越绝书》等史书对此均有记述。禹作为夏朝开国领袖,死后,儿子启、重孙少康等先后为其建祠立庙。因大禹治水功成,唐代将大禹庙更名告成观。绍兴禹王庙,初建于南朝梁大同十一年(公元 545 年),后历代屡废屡建,现为清代重建。

禹王庙,坐北朝南,依山而建,赭黄色殿宇依傍着葱郁的会稽山,高低错落,井然有序。殿宇之间,布列着花木、台阶、甬道和广场,恢宏庄严。由南向北,中轴线依次排列着照壁、岣嵝碑亭、棂星门、午门、祭厅和大殿,东、西配殿及御碑亭等建筑分列两厢。

照壁,高大宽厚,位居禹王庙最南端。照壁正中,浮雕着"贪兽顾日"图案,人说体现了大禹治水有方、为民造福的历史功绩。还有一解,说浮雕中间之兽名"贪",4 爪已抓满金银珠宝,还不满足,妄图把太阳也占为己有,贪得无厌,落水而亡。意在告诫世人切不可太贪心。

午门,重建于清雍正十三年(公元 1735 年),单檐歇山顶,面阔 3 门,3 门上分别安有 7 行门钉。祭厅,也称拜厅,结构与午门相同,是皇帝和文武官员祭祀大禹的地方。两侧配殿,保存有明、清碑刻 30 余通。

大殿,又名禹王殿,重檐歇山顶,高、宽各为 24 米,深 22 米,雕梁画栋,金碧辉煌。大殿重建于民国二十三年(公元 1934 年),为钢筋混凝土仿木结构。

台北孔庙

台北孔庙的布局严谨大方,中轴线上的主要建筑依序为万仞宫墙、泮池、棂星门、仪门、大成殿及崇圣祠;东西两侧各置东庑、东厢及西庑、西厢;右畔空地为明伦堂。孔庙的门与泮宫皆为重檐式牌楼,屋脊作燕尾起翘,中辟拱门,两侧为圆窗,是孔庙主要的入口。大成殿是孔庙的主殿,正中神龛供奉至圣先师孔子的牌位,上悬"有教无类"黑底金字匾额。每年 9 月 28 日台北孔庙都会举行隆重的祭孔大典。

澳门妈祖阁

妈祖阁，又称妈阁庙、正觉禅林、海觉寺，俗称天后庙，位于澳门半岛西南端妈阁山下。明弘治元年（公元1488年）始建，与普济禅院、莲峰庙并称澳门三大古刹，而妈祖阁最为古老。

妈祖阁，背山面海，依山而建，错落于自然山水之间。有大门、牌坊、正殿、弘仁殿、观音阁及正觉禅林等建筑，建于不同时代，至清道光八年（公元1828年），整座庙宇才初具规模。如今望去，石狮镇门，飞檐凌空，庄严宏伟，一座具有中华民族特色的古建筑。

正殿，即詹顼亭，门额刻有"神山第一"四字，故又称"神山第一殿"。詹顼亭由石殿和四方亭"拜亭"构成，后人将四方亭左右两侧封闭，才成今状。石殿建于明万历三十二年（公元1605年），明崇祯二年（公元1629）重修，为庙中历史最久的殿宇。殿内供奉妈祖，香烟缭绕，香客虔诚地祈求着平安与祥福。

弘仁殿建于半山巉岩间，殿堂就石窟凿成，相传建于明弘治元年（公元1488年），为妈祖阁中最古老的殿堂。殿顶有绿琉璃瓦及飞翘的屋脊装饰，殿门两侧石壁刻有对联："圣德流光莆田福曜，神山挺秀镜海恩波"。殿内只有三平方米左右，四壁雕刻海魔神将，殿中同样供奉妈祖神像。相传妈祖是宋代人，福建莆田都巡检林愿之女，原名林默娘，生前做好事、善事，去世后多次显灵海上，救险渔民。元时封为天妃神，清康熙时加封为天后。沿海居民将其奉为护海神。

正觉禅林是妈祖阁中规模最大的建筑，建于清道光八年（公元1828年），由神殿与静修区组成。主殿面阔三间，进深三间，琉璃瓦硬山顶，顶上脊饰及瓷制宝珠，两边封火山墙顶部为金字形，具有浓郁的闽南特点。殿内供奉妈祖、地藏菩萨及韦驮。最后一座殿宇为观音阁，砖石构筑而成，硬山顶，风格简朴。阁内供奉着观音菩萨。此阁为妈祖阁最高点，站此，不但可俯瞰妈祖阁全貌，而且可俯瞰澳门港内穿梭的船只和熙来攘往的人流。

历代名士、画家、诗人多有游历妈祖阁者，兴之所至，随手题写诗句辞语，镌于山间石壁，共有30余处，最引人注目的清道光年间（公元1821～1850年）李增错题"太乙"二字，刻得最早的乾隆年间（公元1736～1795年）林国垣所题"海觉"二字等，成为研究澳门历史与文化的重要资料。而庙门旁大石上，刻有

澳门妈祖阁

古代海船图形，门前石狮子及殿内小帆船等，都有其各自的传说与神话。

妈祖阁后为妈阁山，海拔 73 米，三面临海，郁郁葱葱，环境极为优美，此山也因妈祖阁而得名。另外还有妈阁街、妈阁斜巷等，尤其在澳门半岛，有多处妈阁庙殿。由此可见澳门居民十分信仰妈祖，居民家中，特别是渔民和水上尽民的船上，都供奉着天后。每年农历三月二十三日为天后圣诞，过去家家户户门口都摆香案、供祭品、烧纸钱，进行祭拜，称为"迎妈祖"。而且要前往妈祖阁参拜，到时庙前广场有神功戏演出，热闹非凡。每到新春时节，不少善男信女也会来妈祖阁拜神祈福。

1998 年 10 月，在澳门最高点路环主峰塑造了全球最高的妈祖石雕像，高 19.99 米，象征澳门 1999 年回归祖国。2001 年，又以妈祖雕像为核心，兴建"澳门妈祖文化村"，包括钟楼、鼓楼、祭坛、天后宫、梳妆楼、博物馆等，旨在弘扬妈祖女神"护国庇民，慈善祥和"美德，发扬光大妈祖文化。

武侯祠

成都武侯祠，位于四川成都南郊，祭祀和纪念诸葛亮之所。

诸葛亮，字孔明，汉末徐州琅邪（今山东沂南）人，生于公元 181 年，卒于公元 234 年。公元 207 年，应刘备之邀出任军师，时年 27 岁。并先后任中郎将、益州牧、丞相等，封为武乡侯。诸葛亮先后辅佐先主刘备、后主刘禅，为蜀汉政权建立、巩固和发展，鞠躬尽瘁，死而后已。

先主刘备于蜀汉章武三年（公元 223 年）病卒，同年下葬于此，史称惠陵。陵东修建汉昭烈庙，以祭祀刘备。西晋末年十六国成汉李雄（公元 303～334 年在位）之时，始建成都少城孔明庙。南北朝时期，武侯祠迁建于汉昭烈庙西南，人们将二者统称武侯祠。明洪武年间（公元 1368～1398 年），明太祖朱元璋之子朱椿封为蜀献王。朱椿见武侯祠香火旺盛，祭拜人摩肩接踵，络绎不绝，而近在咫尺的昭烈庙却冷清寥落。从君尊臣卑的封建礼教出发，下令拆除武侯祠，把诸葛亮塑像和牌位移入昭烈庙内，同关羽、张飞等并列。可世人敬重诸葛亮，习惯把昭烈庙仍叫武侯祠。嘉靖二十一年（公元 1542 年），明朝统治者又在成都西郊浣花溪畔修建一座武侯祠，专门祭祀诸葛亮。明朝末年，浣花溪畔武侯祠与成都南郊昭烈庙一起，毁于战火。清康熙十一年（公元 1672 年），在成都南郊重建武侯祠，辟刘备殿、诸葛亮殿，君臣合祀。只是刘备殿在前，且高大，诸葛亮殿在后，略窄小。君臣终归有别。乾隆二十一年（公元 1756 年），四川布政使周琬提出，君尊臣卑不可逾越。武侯祠中供奉刘备，祠堂名称当改。于是，成都武侯祠便称昭烈庙了。民国初年，虽在祠堂门楣高挂"汉昭烈庙"金字大匾，众口依然称武侯祠。

武侯祠，占地面积约 5.5 万平方米，其规模和布局，为清初康熙年间（公元 1662～1722 年）重修所奠定。坐北朝南，布局严谨，排列一条中轴线上，依次为大门、二门、刘备殿、过厅和诸葛亮殿，气势宏大，庄严肃穆。

大门，武侯祠总门，硬山式过厅建筑，"汉昭烈庙"匾高悬门上。门前一座照壁、高 7.2 米、宽 12 米，清代遗物。

刘备画像

二门，应与刘备殿一体，或说是刘备庙门。依然过厅建筑，形同大门。6 面门扇，如全部洞开，庭院甬道、古柏、碑亭及刘备殿等一一展现眼前。二门墙壁，嵌有诸葛亮《出师表》，为宋代岳飞手书。笔力刚劲，充分表现了岳飞为收复失地、誓死报效国家的精神。

刘备殿，武侯祠主殿，悬山式，面阔七间，进深五间。殿前汉白玉石月台，围以石栏。殿前檐柱雕有盘龙，绚丽灿烂，尽显帝王气派。殿内井柱四根，神台供奉刘备及其孙刘谌塑像。刘备头戴冕旒，手捧玉圭，双耳下垂，神情凝重，全身流金溢彩，塑像高 3 米有余，为全祠最大一尊，孙刘谌陪侍左后。殿两侧，分别建有偏殿。东偏殿供奉着关羽塑像，西偏殿供奉张飞塑像。这种布局，既体现了刘、关、张兄弟情谊，又显示了君臣关系。

刘备殿前左右两侧建有回廊，一廊文臣，一廊武将。文臣廊以庞统为首，继而简雍、吕凯、付彤、费祎、董和、邓芝、陈震、蒋琬、董允、秦宓、杨洪、马良、程畿等

14 位；武将廊则以赵云为先，继而孙乾、张翼、马超、王平、姜维、黄忠、廖化、向宠、傅金、马忠、张嶷、张南、冯习等 14 位。文臣谦恭贤良，武将伟岸英豪。这些塑像，均为清代作品，再现了蜀汉政权的历史画面。

过厅，刘备殿之后，面阔三间，进深两间。其实这是真正的"武侯祠"门，门上悬有"武侯祠"额匾。过厅左右两侧，各有回廊通向诸葛亮殿前的钟楼和鼓楼。过厅后部为敞轩，正对诸葛亮殿。

诸葛亮殿，歇山式，面阔五间，进深两间。虽说比刘备殿小，又在刘备殿后，但由于世人格外推崇和尊重诸葛亮，建筑时在殿内外布局及装饰上，精细得煞费苦心。殿前加修钟、鼓楼；殿堂正脊两端，安放吻兽，中间置以二龙戏珠图案。殿顶还有雕塑一组，中坐者为弥勒，左为道教人物赤松子，又为陈天君，以防火避邪；殿内正中，又挂一幅太极图，太极图两侧分别书写诸葛亮《诫子书》中名言："淡泊明志"、"宁静致远"。神台上，供奉着诸葛亮、子诸葛瞻、孙诸葛尚塑像。诸葛亮头戴纶巾，手持羽扇，双目微微下视，似凝目沉思，神态安详，虚怀若谷。其子诸葛瞻、孙诸葛尚，在蜀汉王朝生死存亡之际，浴血奋战于绵竹关，捐躯沙场。后人因诸葛祖孙皆忠烈之士，便共塑一堂，以供瞻仰与祭祀。

从武侯祠整体来看，前为刘备殿，后是武侯祠，具有北方四合院的特点，只是在建筑上又融合了南方风格。近年，扩建武侯祠，在诸葛亮殿后，迁来清代三义庙，并新建结义楼。

三义庙，为一进四合院建筑，有拜殿、正殿及两侧廊房组成。拜殿东西墙壁嵌有大理石刻、取材于《三国演义》故

事插图,正殿刘、关、张塑像皆布衣装扮,似才桃园结义,极富民间特色。三义庙后为结义楼,由前楼、仿古戏台及廊房构成一独立院落,可容纳千人看戏。平日常有精彩演出,游人可品茗欣赏。四川人特有的悠闲与惬意,在此也一览无遗。不仅如此,祠内还增添了"桃园"、"听鹂馆"、"锦里"等景观。

武侯祠西侧为惠陵,即刘备墓。墓冢封土高 12 米,环以墙垣,虽经千年风雨侵蚀而保存完好。武侯祠东侧,是《三国文化陈列》,通过实物等展示三国时期政治、经济、军事、生活及文化。

祠内现存历史碑碣 50 余通,其中唐《蜀相诸葛武侯祠堂碑》尤为珍贵,中唐名相裴度撰文,著名书法家柳公绰书丹和刻工鲁建勒石,后世赞其文章、书法、刻技均精,誉为"三绝碑"。祠中还有四面铜鼓,其中三面陈列于诸葛亮殿内。铜鼓为圆形,腰部内收,鼓面和鼓腰刻有鸟形和钱形图案。鼓边刻有六只背负幼子的青蛙。这种铜鼓,白日可做炊具,夜间则做鼓报警。另外,殿堂门廊悬挂清代匾额、楹联 70 余块(副)。许多名联,常被天下人传诵。如诸葛亮殿前"能攻心则反侧自消从古知兵非好战,不审势即宽严皆误后来治蜀要深思"联,对诸葛亮善于用兵理政给予高度评价,且寓意深远,警示后人。

1961 年,成都武侯祠由国务院公布为第一批全国重点文物保护单位。

陕西韩城司马迁祠

韩城司马迁祠,位于陕西省韩城市南 10 公里处的芝川镇龙亭原半山上,东

司马迁画像

眺黄河,南临深壑,北接峭壁,西枕梁山,芝水、滹水从旁流过,一派磅礴雄浑气势。此祠为纪念和祭祀司马迁而修建的古代祠堂建筑群。

司马迁,字子长,西汉龙门夏阳(今陕西韩城)人,著名史学家司马谈之子,世界文化名人。生于公元前 145(或 135)年,卒年不详。小时曾从事农牧,10 岁始读典籍,20 岁后历游江淮各地,考察史料,走访民间。后继承父业任太史令,掌管文书,记载史事。42 岁起笔撰写《史记》。天汉二年(公元前 99 年),大将李陵投降匈奴。司马迁为之辩解,触怒武帝而入狱,惨遭宫刑,时年 48 岁。出狱后做中书令。司马迁虽蒙受奇耻大辱,但自强不息,笔耕不辍,历经 16 年,终于实现父亲遗愿,完成我国第一部传纪体史学和文学巨著《史记》,又名《太史公书》,包括 12"本纪"、10"表"、8"书"、30"世家"、70"列传",共 130 篇,52 万字。《史记》究天人之际,通古今之变,成一家之言,对后世史学和文学创作产生巨大而深远影响,鲁迅称之为"史

家之绝唱,无韵之离骚"。

韩城司马迁祠,初建于西晋永嘉三年(公元309年)。北宋时期(公元960~1126年)多次重修,后又不断进行修葺。

司马迁祠,坐西朝东,依山就势,布局于四级高台上,一台高于一台,各台之间以石阶相接,错落有致。越过芝水桥,山脚竖有"汉太史司马祠"木牌坊,为司马迁祠入口处。

杜甫草堂

成都杜甫草堂,又名少陵草堂,位于四川成都西郊浣花溪畔,为唐代大诗人杜甫流寓成都时的故居,这是全国各地,包括河南巩义、陕西长安、延安,以及甘肃天水、成县等所建杜公祠或杜甫草堂中,规模最大、布局最好、保存最完整的一处。

杜甫,字子美,自号少陵野老,公元712年出生于河南省巩县(今巩义市)南窑湾村,公元770年病故于湖南湘江的一条船上。

杜甫是我国历史上一位伟大的现实主义诗人,虽做过一时小官,但郁郁不得志,生活很不安定。安史之乱,诗人深受其苦。目睹了唐王朝由盛及衰、朝廷穷兵黩武、贪官污吏横征暴敛、人民颠沛流离的现实,写下了大量真实反映社会生活和人民疾苦的诗篇,被称为"史诗"。又因和李白齐名,世称"李杜"。后人尊其为"诗圣"。杜甫一生作诗3000余首,现仅存1400余首。

杜甫为避安史之乱,于唐乾元二年(公元759年)由陕、甘辗转来成都,次年在浣花溪畔营造茅屋数间,并在此居住近四年。期间,杜甫作诗247首,其中包括《茅屋为秋风所破歌》等多首忧国忧民和歌咏自然风光的千古绝唱。因此,我国当代著名诗人、翻译家冯至先生说,人们可以忘掉杜甫的出生地,也可以忘掉他的病故地,但却不能忘掉他在成都的寓所——草堂。

杜甫离开成都后,所居茅屋日益残破。到唐朝末年,甚至连遗迹也很难寻觅了。唐天复二年(公元902年),诗人韦庄在其旧址重建茅屋,以示对诗人的缅怀。北宋元丰年间(公元1078~1085年),始建祠宇。后经元、明、清历代多次修葺,尤其清嘉庆十六年(公元1811年)大规模修建,奠定了今日杜甫草堂的基础。新中国成立后,不但加强对杜甫草堂的保护,而且园内广植花草,还把草堂东面的梵安寺、西面的梅园也并入草堂,使之成为成都地区一处著名的园林景区。

草堂,占地面积22万平方米,建筑面积2.2万平方米。除较大面积的荷花池、竹林、楠木林和梅林外,主要建筑有大门、大廨、诗史堂、工部祠等。

成都杜甫草堂

大廨,位于草堂大门之后,一座过厅式建筑。廨内一楠木屏风,一面刻写着杜甫生平,另一面绘制着杜甫草堂示意图。大廨正中,一尊杜甫立像。大廨壁柱,悬挂一联:"异代不同时,问如此江山,龙蟠虎卧几诗客;先生亦流寓,有长留天地,月白风清一草堂。"此联由清人顾复初撰,当代书法家、郭沫若夫人于立群书。

诗史堂,草堂主体建筑,也可称杜甫享堂。敞厅式,堂中一尊古铜色杜甫塑像。堂两侧为陈列室,环以回廊与大廨相接。朱德元帅题词:"草堂留后世,诗圣著千秋";郭沫若题词:"世上疮痍,笔底波澜;民间疾苦,诗中圣贤";陈毅元帅书写的杜甫诗句:"新松恨不高千尺,恶竹应须斩万竿"等,均陈列堂内。同时,还悬挂着当代著名画家徐悲鸿、齐白石、陈半丁、吴作人、陈之佛、于非闇、潘天寿、傅抱石等所作的杜甫诗意画,及当代著名书法家沈尹默、谢无量等所写的杜诗书法作品。

诗史堂后为柴门,工部祠就在诗史堂和柴门之后。这是草堂最后一处重要建筑。祠内,供奉着杜甫坐像,纶巾紫袍,眉目慈祥。宋代大诗人黄庭坚和陆游塑像陪祀两侧。陆游塑像陪祀,始于清嘉庆十七年(公元1812年);黄庭坚塑像陪祀,始于光绪十年(公元1884年)。二人诗歌创作都深受杜甫影响,而且陆游开创了剑南诗派,黄庭坚开创了江西诗派。三位诗人还有志趣与经历

相通之点,即热爱祖国,热爱人民,热爱生活,都流寓四川多年,却离蜀而不忘蜀。"自许诗成风雨惊,将平生硬语愁吟,开得宋贤两派;莫言地僻经过少,看今日寒泉配食,远同吴郡三高。"此联悬挂工部祠门前柱上,清人王闿运撰,当代著名作家老舍书,联语典雅精辟,意蕴深厚。

此外,工部祠东还有一亭,茅草盖顶,中竖一碑,上书"少陵草堂"4字。此碑于清雍正十二年(公元1734年),康熙皇帝第十七子、雍正皇帝之弟果亲王亲笔书写。工部祠前东侧为草堂书屋,收藏历代杜诗各种木刻本、手抄本和铅印本,及英、法、德、日、俄、意等多种外文译本。工部祠后一片梅林,花开时节,清香扑鼻,游人络绎不绝。

根据杜甫当年居住的遗迹和诗意,草堂还兴修了纪念性和象征性建筑,如诗史堂东侧的花径、西侧的水槛、后面的柴门与恰受航轩等。水槛,一座长廊式建筑物,濒临水边。恰受航轩,一座楼船式建筑,根据诗人"秋水才深四五尺,野航恰受二三人"诗句建造。而花径、柴门和水槛,依当年杜甫茅屋花径通柴门、屋西设水槛所布置。此外,诗史堂前还栽种4棵罗汉松,杜甫当年茅屋前有此而补植。这些建筑与树木,再现了杜甫草堂原貌和诗意,表达了后人对诗人的景仰与怀念。

1961年,成都杜甫草堂由国务院公布为第一批全国重点文物保护单位。

二十、中国名塔及其地理位置

东方明珠塔

东方明珠广播电视塔,又名东方明珠塔,是一座位于中国上海的电视塔。坐落在中国上海浦东新区陆家嘴,毗邻黄浦江,与外滩隔江相望。东方明珠塔是由上海现代建筑设计(集团)有限公司的江欢成设计。建筑动工于 1991 年,于 1994 年竣工,投资总额达 8.3 亿元人民币。高 467.9 米,亚洲第一,世界第三高塔,仅次于加拿大的加拿大国家电视塔(553.3 米)及俄罗斯的奥斯坦金诺电视塔(540.1 米),是上海的地标之一。东方明珠广播电视塔由三根直径为 9 米的擎天立柱、太空舱、上球体、下球体、五个小球、塔座和广场组成。

济南四古塔

山东佛塔的兴起,与佛教传播同步,始于东汉末年(公元 150 年—220 年)。据有关资料称:"长清灵岩寺辟支塔、历城柳埠神通寺四门塔及大龙虎塔、历城灵鹫山下九塔寺九顶塔,合称齐鲁四大名塔。"

辟支塔高耸于济南市长清区境内的灵岩寺内,塔建于唐天宝十二年(公元 753 年),是泰山之阴最高的砖石塔。以辟支命名的佛塔在国内仅此一座,塔俊秀挺拔,高 54 米,八角九层,其结构极为奇特,基座用石砌筑,四面雕有阴曹地府酷刑的场面。塔身砖砌,上下两部分也不尽相同。从第一层到第三层塔身,檐下华拱两跳,设平座,重檐。第四层到第九层,只有出檐而无平座。内部结构上下部分也不相同,底层设有塔心柱,用砖砌成,内设砖阶供登临,第五层以上则沿塔身外檐盘旋而上至塔顶。这种结构在砖塔中极为罕见。

四门塔建于隋朝后期,距今已有 1300 多年,是中国现存最古老的单层亭阁式石塔。塔是一座用青石砌成的亭阁式单层塔,平面为方形,每边长 7.4 米,四面各有一拱门,故得名四门塔。它由塔基、塔身、塔檐和塔顶组成,塔内有四尊东魏武定二年(公元 544 年)的佛像,均面门盘膝而坐……

大龙虎塔,位于白虎山东麓的千佛崖下,与四门塔隔谷相望,以塔身雕有龙虎而得名。此塔是中国雕刻最精美的唐塔。塔高 10.8 米,砖石结构,塔身每面有刻着火焰状纹样的券门,精致的高浮雕龙虎、罗汉、力士、伎乐、飞天等,三层平台大檐的须弥座上有浮雕覆莲、伎乐、狮子等。

白塔

　　北海白塔,位于北京市西城区北海公园内,它高耸于琼华岛之巅,是北京城区中心的重要标志之一。

　　北海在故宫西北,景山西侧。琼华岛在一湖碧水之中,岛的周遭及湖岸的亭台殿阁隐现于万绿丛中。北有游廊回环曲折,与五龙亭隔海相望。湖上画舫游船往来,如神仙境界。北海的布局源于我国古代一则神话故事,相传渤海有蓬莱、方丈、瀛洲三座仙山,山上居住着神仙,藏有长生之药。秦始皇派童男童女海上寻找三山,但没有找到。汉武帝也想长生不老,命人在后宫开池堆山,象征仙山。隋炀帝所建东都洛阳及唐代都城长安也有太液池和三山。历代相习,形成我国独有的园林建筑形式,北海正是据此传统形式建造的。

　　北海园林始建于辽,金时先后在此修建了琼华岛、瑶光殿、广寒殿、团城及环海小山,并从北宋汴京艮岳御园运来太湖石至琼华岛上。元代以此为中心营建大都城,成为今天北京内城的基础,这时琼华岛改称万岁山,成为宫内御苑。明代又多次修建,且向南开拓水面,形成三海格局。清朝承袭明代西苑,尤其在乾隆时期对北海进行了大规模改建,奠定了现在的规模和格局。北海作为帝王宫苑已有900余年历史,历经辽、金、元、明、清五代,是我国现存历史悠久、规模宏伟且最具代表性的皇家园林之一,在我国的造园史上具有重要的地位和影响。

　　1961年,北海及团城由国务院公布为第一批全国重点文物保护单位。

灵光寺佛牙舍利塔

　　八大处灵光寺佛牙舍利塔,位于北京市石景山区西山八大处公园灵光寺内。

　　灵光寺始建于唐大历年间(公元766—779年),初名龙泉寺。金大定二年(公元1162年)重修,改名觉山寺。明宣德、成化年间再次重修,易名灵光寺并沿用至今。在19世纪后期爆发的义

北京北海公园

和团运动中，义和团曾在此处设坛，组织队伍，八国联军侵入北京后，对这里进行了破坏，寺内所有建筑和雕塑化为一片废墟。

据佛经上说，释迦牟尼"入灭"后，有两颗灵牙留在人间。一颗传到锡兰（今斯里兰卡），一颗辗转传到了中国。传到中国的这一颗先到新疆，5世纪中叶又传到南齐首都（今南京）。隋代时送到了长安，五代时传到燕京（今北京）。辽咸雍七年（公元元1071年）八月，人们将这一颗佛牙舍利供奉于专门修建的招仙塔内。招仙塔在灵光寺东南隅，是一座8角13层密檐式砖塔，因塔砖上刻有佛像和佛塔等纹样，故又称"画像千佛塔"。1900年，随着灵光寺被八国联军焚掠破坏，招仙塔也遭侵略军炮火轰毁。僧人清理瓦砾时，在塔基中发现一个保藏佛牙舍利的石函，函内有一个善慧题记的沉香木盒，上写"释迦如来灵牙舍利，天会七年四月廿三日记"字样。"天会"在北汉和金代都有这一年号，而招仙塔既然建于辽时，只能是北汉天会了，即北汉天会七年（公元963年）。1955年春，这颗佛牙舍利由中国佛教协会供奉在西四广济寺舍利阁内。同年，缅甸佛教代表团来我国迎娶佛牙舍利赴缅供奉，历时8个月后，又送还我国。1959年，中国佛教协会为长期固定安放这件佛教圣物，遂新建了这座佛牙舍利塔。

香山琉璃塔

香山琉璃塔，位于北京市海淀区香山公园昭庙之南。

香山宗镜大昭庙碑。此碑立于昭庙主要建筑两层高的大红台天井处。

北京城西约20公里外，有一道属太行山支脉的小清凉山，横亘南北，逶迤百余里，宛若龙腾蛇舞，绿障青屏，遥遥拱卫着北京城，这道山称为西山。香山公园就坐落于西山南麓，群峰崛起，突兀争奇，溪涧澄莹，层林碧染，而昭庙就在公园北路。

昭庙全称宗镜大昭之庙，清乾隆四十五年（公元1780年），为接待六世班禅前来北京向乾隆皇帝70岁祝寿而建造。建筑风格仿西藏扎什伦布喇嘛庙，原来的楼殿大多上覆鎏金瓦顶。琉璃宝塔就建在昭庙后山上，与昭庙同时修建。八国联军攻打北京时，昭庙遭到破坏，只留下庙前的琉璃牌坊和白台、红台及庙后山腰上的琉璃塔。

香山琉璃塔是八角七层楼阁式石塔，高约30米。塔下是一个石砌方台，台上建造八角形基座。基座四周围以汉白玉石雕栏，雕栏内建木构附阶，廊柱环绕。附阶的中部用石砌筑塔座，雕刻佛像，附阶顶部覆以八角形屋面，宽大舒展，亭亭如盖。附阶顶上收作八角形平台，成为低矮的须弥座，外缘绕以汉白玉石栏杆。须弥座正中是七层琉璃塔塔身，塔身内为实体，外仿木构。每层塔身均用黄、绿、紫、蓝色琉璃构件砌成立柱、拱门、斗拱、额枋和檐椽、瓦垄。顶上为塔刹，冠以巨大的琉璃宝珠。每层八角檐端都挂有铜铃，在幽静的山林中，每有微风吹来，铃声叮咚作响，清脆悦耳。

颐和园多宝琉璃塔

颐和园多宝琉璃塔，位于北京市海淀区颐和园万寿山。万寿山是燕山支脉，耸立于昆明湖北畔，多宝琉璃塔就在万寿山的后山。

颐和园是一座清代大型皇家园林，占地面积2.97平方公里，水面约占3/4。园中分布着点景建筑物百余座、大小院落20余处，古建筑3000余间，古树名木1600余株，其中佛香阁、长廊、石舫、苏州街、十七孔桥、谐趣园、大戏台等都是颐和园代表性建筑。

1961年，颐和园由国务院公布为第一批全国重点文物保护单位。

颐和园多宝琉璃塔原名多宝佛塔，建于清乾隆年间（公元1736—1795年），为旧"三山五园"中清漪园的遗物。塔前石幢上镌刻乾隆皇帝所书"万寿山多宝佛塔颂"，原坐落于塔旁的花承阁毁

于1860年侵入北京的英法联军之手，现仅存阁下的团城砖台遗址。

多宝琉璃塔是楼阁式与密檐式相结合的八面实心塔，塔高16米。塔的下部三层塔身较高，仿楼阁式，每层施重檐。在三层楼阁式塔身的北、东、南、西4正面正中各设一拱券形佛龛，龛中有琉璃佛像。大龛周围和塔身四侧面布满一排排小型佛龛，龛中塑有坐式佛像，共有佛像580尊。楼阁式塔身四周围有镂空琉璃护栏，塔的上部是三重密檐，檐下施斗拱。

颐和园多宝琉璃塔造型优美、比例匀称、色彩丰富，是琉璃塔中的杰作。掩映于苍松翠柏间的宝塔显得雍容华贵，高大挺拔，绚丽多姿。

雷峰塔

杭州雷峰塔，位于浙江省杭州西湖南岸南屏山麓。这是南屏山蜿蜒而来的一支余脉，有奇峰突起，原名中峰，又名夕照山，海拔约85米。据《临安府志》记载，从前有位雷姓人在此隐居，故而称作雷峰。雷峰塔因位于雷峰之上而得名。

雷峰塔建于公元975年，为当时吴越王钱弘俶庆贺其宠妃黄氏得子而建，所以又称"黄妃塔"。由于塔处于当时城西关外，又有"西关砖塔"之名。但这些名称逐渐为人所遗忘，独雷峰塔名，以西湖十景之一的"雷峰夕照"和白娘子故事而传遍天下。

据《西湖游览志》载：吴越王妃于此建塔，始以千尺十三层为率，寻以财力未充，姑建七级，后复以风水家言，只存五

级,俗称王妃塔。从历史文献和古画以及倒塌前的照片可知,雷峰塔确是一座八角形、五层的砖木混合结构楼阁式塔。塔身为砖砌,塔檐、平座、游廊、栏杆等为木构。塔内八面有《华严经》石刻。塔下供有 16 尊金刚罗汉,这批罗汉,后来移到净慈寺去了。

雷峰塔历史上屡遭厄运。元朝时还是"千尺浮屠兀倚空"的雄壮之姿。至明朝受到破坏。嘉靖年间(公元 1522—1566 年),倭寇侵入杭州时一把火将雷峰塔塔檐、平座、栏杆、塔顶全部烧光,只残留砖体塔身。在明崇祯时的一幅西湖古画中,雷峰塔已塔顶残毁了。诗人也以"雷峰残塔紫烟中,潦倒斜曛似醉翁"、"保俶如美人,雷峰如老衲"等诗句、文辞来描写。此后,一些无知之人常常从塔砖上磨取粉末,挖取砖块,以治病或安胎,甚至把它说成是无病不治的灵丹妙药。还有人从塔内挖寻经卷,企图发财。最终塔脚被挖空,加上其他破坏等原因,雷峰塔于 1924 年 9 月轰然坍塌。

义乌铁塔

义乌铁塔,位于浙江省义乌市佛堂镇双林寺内。

此塔按照其建筑形制和艺术风格分析,应为北宋早期建筑。塔为八角形楼阁式。塔基是一个三层台形式,表面铸满了波涛海兽出没状,与南京栖霞山五代时期的舍利塔相似。塔身四面辟门、四面辟盲窗,或无盲窗而铸制出佛像花纹。檐下出斗拱,阑额上铸出"七朱八白"彩画痕迹,与虎丘塔相似,根据这些

特点判断,义乌铁塔尚具五代时期和北宋初风格。

最为突出的是铁塔全身满布雕饰,就连角柱也满布卷草花纹。卷草花纹之中铸出天真活泼的儿童玩耍形象,与苏州罗汉院遗址中的石柱雕刻相似。像这样满布精美雕饰而年代又早的铁塔,在全国尚无第二处。塔虽已残散,但仍极为可贵。

哈尔滨七级浮屠

哈尔滨七级浮屠,位于黑龙江省哈尔滨市南岗极乐寺东院。

极乐寺建于 20 世纪 20 年代,占地面积 5.7 万平方米,是东北四大佛教丛林之一。寺院坐北朝南,主要建筑有山门、天王殿、大雄宝殿、三圣殿、藏经楼等。七级浮屠就建在寺院东院内。

七级浮屠建于 1924 年,是佛教禅宗五家之一临济宗四十四传弟子所建。因塔为七层,故称七级浮屠。

塔是八角形砖仿木构楼阁式建筑,在塔和殿的布局上具有突出特点。塔南面紧接地藏殿,彼此相通。塔东、南、西三面和北面三层以上辟窗,其余各面辟拱形龛,内有罗汉浮雕 31 余尊。塔内有木楼梯可登临眺望。塔和殿的檐下有龙、凤、狮、鹤等浮雕,形象生动,具有东北地区的地方风格。

塔东西两侧钟鼓楼也仿塔的形式,是国内佛寺中所少见。

上海龙华塔

上海龙华塔,位于上海市徐汇区龙

华镇龙华寺内。

龙华寺是上海地区历史最久、规模最大的古刹。始建于何时,史书没有明确记载或传三国时,东吴孙权于赤乌五年(公元242年)为孝敬其母而建造;或说始建于唐代垂拱二年(公元687年)。现存寺院建筑是北宋太平兴国二年(公元977年)所建。北宋治平三年(公元1066年),龙华寺更名空相寺,直至明永乐年间(公元1403—1424年),才恢复龙华寺原名。龙华寺基本保持着宋代伽蓝七堂制,中轴线要有弥勒殿、天王殿、大雄宝殿、三圣殿、方丈室及藏经楼等建筑。布局严谨,宏伟壮观。

龙华塔在龙华寺前,与寺院一起建于北宋太平兴国二年。在近千年岁月中,虽经多次修葺,但塔身和塔基仍是北宋时期原物,江南一带不多见。塔是八面七层楼阁式建筑,砖木构筑,高40.4米。塔身是砖砌空筒式,内有方形内室,设木制楼梯可层层上达。塔外每层均有平座、勾栏,飞檐翘角。塔檐伸展深远,塔檐及平座下,均有斗拱层层挑托,显示了木构楼阁建筑玲珑秀丽的外观特色。塔檐和平座栏杆基本保持了宋代建筑风格。檐下悬挂风铃,每当微风吹来,叮当作响,清韵幽远。

登塔远眺可见黄浦江浩渺烟波,点点风帆,江南景色尽收眼底。

承德普宁寺四塔

承德普宁寺四门塔,位于河北省承德避暑山庄东北部狮子沟北坡普宁寺内。

普宁寺为外八庙之一。承德避暑山庄东、北两面山坡台地上排列着大小11座喇嘛寺庙,其中8座由朝廷派驻喇嘛,因其位置在避暑山庄之外,故称外八庙。当时,清朝府为团结国内少数民族,特别是信奉喇嘛教的蒙、藏等族的上层首领,实行一系列怀柔政策。公元1713—1780年外八庙的修建就是这种政策的体现。具体说来,外八庙包括溥仁寺、普乐寺、安远庙、普宁寺、须弥福寿之庙、普陀宗乘之庙、殊象寺、溥善寺。这些庙宇依山就势而建,形式各异,布局自然,气魄雄伟。近年,承德避暑山庄及周围寺庙被列入世界文化遗产名录。

普宁寺是外八庙中最早且最为著名的寺庙,因寺内拥有世界上最高大的木雕佛像,又称"大佛寺",始建于清乾隆二十年(公元1755年),竣工于乾隆二十四年(公元1759年),是乾隆皇帝两次平定准噶尔叛乱后,取"臣庶咸安其居,乐其业,永永普宁"之意而建造。

承德普宁寺塔

普宁寺占地面积约 2.3 万平方米，坐北朝南，依山傍水，环境幽美。楼台亭阁高大，建筑壮丽雄伟，整个建筑融合了汉、藏和印度的艺术风格，在中国建筑史上具有非常重要的地位。

1961 年，普宁寺由国务院公布为第一批全国重点文物保护单位。

普宁寺四塔门在寺后半部大乘阁四隅。大乘阁一组建筑是仿西藏桑耶寺乌策大殿形式布局。乌策大殿四隅有红、绿、黑、白 4 种不同颜色的塔，大乘阁也仿照其布置，但在规模和形状上却有所不同，只是"略师其意"。普宁寺四塔门结合了中原地区塔形的特点及宗教需要，又有所发展。四塔基座采用过街塔门形式，座下是穿通的拱门，以便寺内僧众在寺中穿行塔下。

四座塔门上各建一座覆钵式琉璃塔。四塔代表佛的"四智"：西北角白色塔装饰图案是法轮，代表"大圆镜智"；东北角黑色塔装饰图案是宝杵，代表"平等性智"；东南角红色塔装饰图案是宝剑，代表"成所作智"；西南角绿色塔装饰图案是莲花，代表"妙观察智"。四塔塔身采用上下两层"重钵"形式，其中三塔是双层覆钵，一塔是重叠"仰钵"。四塔与大乘之阁所代表的"法界体性智"一起，喻为密宗"五佛"、"五智"。

普宁寺四塔门与周围日形、月形、六角形、三角形等台殿建筑相互呼应，更加衬托出主体建筑大乘阁的雄伟，共同构成这一组建筑的完美布局。

台湾澎湖西屿灯塔

澎湖西屿灯塔，位于台湾澎湖县西屿乡外垵村，为台湾地区最古老的灯塔。

西屿灯塔，又称渔翁岛灯塔，始建于清乾隆四十三年（公元 1778 年），由澎湖通判谢维祺奉当时台湾知府蒋元枢之命而建造。原为八角形 7 级石塔，早期以旗杆或油灯方式指引海上航道。19 世纪随着西方灯塔形式引入，于光绪元年（公元 1875 年）进行重建，从而形成现在的形状。

西屿灯塔塔身为圆柱形，高 11 米，外表饰以白色。顶上安有塔灯，距离可达 25.1 海里。塔顶上装有风向标，随时监控风向与风速情况。在灯塔入口处有"David M Henderson1874"字样，是为纪念当时的外国工程师所留下的。

灯塔附近有不少相关文物，如"西屿塔灯碑记"碑刻，塔西侧围墙外的外籍守塔员墓园等。尤其西侧灯塔区内有三座雾炮，昔日用于春天多雾时，鸣炮指示灯塔方位，以避免渔船触礁。民国后另设雾笛，当浓雾四起，海上能见度不足 100 米时，即行鸣笛，从而取代了雾炮。

济宁崇觉寺铁塔

济宁崇觉寺铁塔，位于山东省济宁市铁塔寺街西首铁塔寺院内。

崇觉寺始建于北齐皇建元年（公元 560 年）。自北宋崇宁四年（公元 1105 年）徐门常氏为夫还愿建了铁塔后，人们逐渐称其为铁塔寺了。宋朝时，塔原为八角七层楼阁式，至明万历九年（公元 1581 年），由济宁道台龚勉集资，在七层之上又增补两层成为九层塔，并加铸铜制刹顶。

铁塔下部为一高大的砖砌八角形基

座,高达 8.09 米。基座南面辟门,室内顶部砌作斗八藻井。室中有宋代石刻千手佛像和清光绪七年(公元 1881 年)塔铭。

铁塔通高 23.8 米,塔身高为 14.41米。塔身八角形,内部充填砖体,每层均设塔檐和平座、勾栏,这些护栏铸造精致,栏板玲珑剔透,花纹各异。塔檐和平座下均施斗拱。每层塔身四面辟门、其余四面设龛,并置佛像,共有浮雕佛像58 尊。现在仅顶层八角尚存风铎,其余各层均已散失。塔顶为八角攒尖,顶端置仰莲座,上起桃形鎏金塔刹,刹高1.3 米。

在第一、二层塔身上铸有"大宋崇宁乙酉(公元 1105 年)常氏还夫徐永安愿谨铸"及"皇帝万岁重臣千秋"等题记。

整座铁塔构件均较忠实地模仿木结构式雕模铸制,不仅反映了宋代木构建筑形制,而且也反映了宋代铸造技术水平。

1988 年,崇宁寺铁塔由国务院公布为第三批全国重点文物保护单位。

兖州兴隆寺塔

兖州兴隆寺塔,位于山东省兖州城东北隅

这里原有一座兴隆寺创建于隋唐时期。寺院建筑久已不存,仅有一塔屹立于遗址之上,按现存实物推断,塔应为宋代遗物。

兴隆寺塔为八角十三层楼阁式砖塔,高 54 米。其特点是大塔之上重叠一个小塔。下面 7 层塔身粗壮顶大,内部也有梯纽盘旋。但自七层以卜在塔顶又建六层小塔,体形急剧收小,有如塔刹一般。

兴隆寺塔究竟是原来建造时就如此,还是后来重修时所改变,有待进一步研究。

2008 年 9 月,在对兴隆寺塔进行维修、加固时,在地宫内发现石函、鎏金银棺、金瓶等一批珍贵文物,这对历史文化、佛教历史、绘画艺术、制作工艺等方面的研究具有重要价值。

台湾金门文台宝塔

金门文台宝塔,位于台湾金门县金城镇古城村旧金城南磐山南端。

据旧志记载,文台宝塔建于明洪武二十年(公元 1387 年),设守御千户时由江夏侯周德兴所建,以为航海标志。

文台宝塔为楼阁式实心塔,以花岗石砌筑。塔为五层,平面呈六角形。塔下为磐石基座,座上置五层塔身,略出短檐。底层塔身较高,由下而上逐层收分递减。塔顶镇以尖形石锥。整座塔显得厚重朴实。

塔顶层檐下有一块条石上横刻"奎星鳌举"四字。条石下有一块方石,浮雕"奎星踢斗"图像。塔下磐石刻有明万历三十五年(公元 1607 年)百户陈辉手书"湖海清平"字样,以及"文台宝塔"四字等。

塔南边有"大观"、"如画"、"观海"、"砥柱"、"啸卧亭诗"等诸多刻石,称为"虚江啸卧"碑碣群,为金门摩崖石刻最多的地方。过去文人雅士每每登临啸卧亭,观景吟诗,抒发感怀,多留墨迹,聚星楼为楼阁式砖塔,现高约 13 米。平面呈六角形,原有七层,后来上部四层被台风摧毁,只存现在三层。塔下为低矮台基,台基边护以低矮围墙。台基上为三层塔身,叠涩出檐,逐渐收分。一层正面辟门,门楣上镶嵌一方石匾,镌有"光射斗垣"四个大字。二层辟有拱券窗,及小洞孔,窗上有"聚星楼"石匾。三层辟有圆窗和小洞孔,圆窗上也嵌有石匾。塔内中空,置塔室,有阶梯可登至顶层。顶层供奉魁星。塔顶为攒尖顶。

2001 年,聚星楼被列为香港法定古迹。

澳门东望洋灯塔

澳门东望洋灯塔,位于澳门特别行政区东望洋山上,是东望洋山景区的代表性建筑。

东望洋山,古称琴山,以其横卧似瑶琴而得名。因山上遍植松树,又称松山,在澳门半岛东部,海拔 91 米,其高度为半岛诸山之最。

金门文台宝塔

逐渐形成此景。

文台宝塔不仅是一座导航塔,也是一座风水塔,以此祈求风调雨顺,文运昌盛,故又称文星塔。

香港聚星楼

香港聚星楼,位于香港特别行政区元朗屏山上,是香港现存唯一的古塔。

聚星楼,又名魁星塔、文昌阁,当地人称文塔,始建于明代。据屏山邓氏族谱记载,此塔由邓族第七世祖彦通公所兴建,已有 600 余年历史。是邓氏家族聚居地的一座风水塔。

二十一、名关

山海关

　　万里长城是世界奇迹。山海关是长城的起点，而山海关又有"天下第一关"之称，是中国名胜古迹荟萃、风光绮旋、气候宜人的历史文化古城和旅游避暑胜地。

　　山海关古称榆关，也作渝关，又名临闾关，在河北省秦皇岛市以东 10 多公里处，在市之北部。北依燕山，南临渤海，东接辽宁，西近京津。自然区域面积 180 平方公里，人口 12.5 万。境内有石河、潮河、沙河等主要河流，气候属东部季风暖湿带湿润气候。夏无酷暑，冬无严寒，雨量充沛，气候宜人。年平均降雨量 736 毫米，最大积雪深度 13 毫米，最大冻结深度 85 厘米，空气平均相对湿度 62%。山海关的城池，周长约 4 公里，是一座小城，整个城池与长城相连，以城为关。城高 14 米，厚 7 米。全城有四座主要城门，并有多种古代的防御建筑，是一座防御体系比较完整的城关。

　　山海关历史悠久，是古代军事要塞，早在新石器时期，我们的祖先就已经在这里劳动生息了。明朝洪武十四年（公元 1381 年），中山王徐达奉命修永平、界岭等关，在此创建山海关，因其倚山连海，故得名山海关。

　　山海关是国内外著名的旅游区，山海关长城汇聚了中国古长城之精华。明万里长城的东部起点老龙头，长城与大海交汇，碧海金沙，天开海岳，气势磅礴，驰名中外的"天下第一关"雄关高耸，素有"京师屏翰、辽左咽喉"之称；龟山长城蜿蜒，烽台险峻、风景如画，这里"榆关八景"中的"山寺雨晴，瑞莲捧日"及奇妙的"栖贤佛光"，吸引了众多的游客。孟姜女庙，演绎着中国四大民间传说之一——姜女寻夫的动人故事。中国北方最大的天然花岗岩石洞——悬阳洞，奇窟异石，泉水潺潺，宛如世外桃源。塞外明珠——燕塞湖，美不胜收。以长城为主线形成了"老龙头"、"孟姜女庙"、"角山"、"天下第一关"、"长寿山"、"燕塞湖"六大风景区，早已全部对中外游客开放，年接待中外游客 300 多万人次，是中国旅游热点城市之一。

嘉峪关

　　嘉峪关，万里长城的西部终点，地处甘肃省河西走廊中部，嘉峪关市西南隅祁连山脉嘉峪山麓，因山而名。明洪武五年（1372）修筑万里长城时置。当时明征虏大将军冯胜看中嘉峪山西北麓的险要地势，选为河西第一隘口，开始筑城

明长城的西起点——嘉峪关

设关,以后经历一百多年时间扩建,才形成一个比较完整的防御体系。明弘治年间,为防吐鲁番东侵,曾进行重修。这关雄伟壮观,号称"天下第一雄关"。

万里长城沿线分布着许多关隘,其中规模最大的有两座:一座是东端的山海关,另一座就是西端的嘉峪关,而后者比前者犹有过之,所以嘉峪关是长城上的最大关隘,也是全国规模最大的关隘,但嘉峪关初建时不过是一座6米高的土城,占地2500平方米。而现存的关城总面积33500余平方米,比原来的大十数倍。它由外城、内城和瓮城组合而成,关城周长733米,就中内城周长640米,面积为原先的大小。内城西宽东窄,略呈梯形,城高9米,东西开"光化门"和"柔远门"两门。门外各筑有瓮城,城楼对称,三层三檐五间式,周围有廊,单檐歇山顶,高17米,城四隅有角楼,南、北墙中段有敌楼,一层三间式带前廊。两门

内北侧有马道达城顶。关城正中有一官井,旧有亭,今已废。西门外套筑一道凸形城墙,构成一个罗城,这就是外城。外城比内城高2.7米,外城正中大门额刻"嘉峪关"三个大字。门顶原有城楼,与东西二楼形制相同,三楼东西成一线,上悬"天下第一雄关"匾额。1924年城楼被毁。西面罗城砖砌,东、南、北有上筑围墙,连接长城。城外有城,迭门重城,成并守之势。东瓮城外有文昌阁、关帝庙、戏楼,城内靠北有游击衙门府一座,都是清代建筑。新中国成立后,关城曾多次维修加固,至今保存完好。

嘉峪关所在地是甘肃省西部的河西走廊最西一处隘口(河西走廊继续向西延伸)。甘肃西部已属于荒漠地区,河西走廊夹于巍峨的祁连山和北山(包括马鬃山、合黎山和龙首山)之间,东西长达1000公里左右。一条古道穿行于祁连山麓的戈壁和冲积平原上,古代"丝绸之路"即此。道路本已艰险,到了嘉峪山隘口处,峡谷穿山,危坡逼道,就更险厄。嘉峪关踞此,形势非常险要。东通古肃州(今酒泉),西通安西。这条古道是古都长安和西域联系的纽带。古代西域,初时仅指天山以南的新疆南部和东部,有许多在绿洲上发展的"城邦",对内地汉族政权时附时叛。到明代,东部的吐鲁番日渐强大,常引兵进犯河西走廊各城,嘉峪山隘口为必经之地。自建成嘉峪关后,这关便为西部边防重地,对保障河西地区的安全起着重要作用。

明代,政府军和吐鲁番兵曾数次在嘉峪关作战。明正德元年(1506),吐鲁番首领满速儿,诱引哈密忠顺王放弃明朝投往吐鲁番,接着满速儿就派兵占据了哈密。后来满速儿归还哈密,甘肃巡

抚李昆却怕他有变,把满速儿的使臣作为人质留在甘州(今甘肃张掖)。满速儿大怒,又派兵取了哈密并进占沙州(今甘肃敦煌),自率万骑进攻嘉峪关。李昆派游击芮宁与参将蒋存礼前去抵御,芮宁率七百人首先在沙子坝与满速儿相遇,被围困。蒋存礼军受到阻击不能前去支援,芮宁全军覆没。吐鲁番军便攻下嘉峪关,进至肃州(今甘肃酒泉)城下。兵备副使陈九畴乘夜间率兵出城,袭击满速儿的营地。满速儿战败,逃往瓜州,又被副总兵郑廉截击,最后逃回吐鲁番。

正德十一年(1516),吐鲁番兵又侵入嘉峪关,围攻肃州,犯甘州,大掠而去。嘉靖三年(1524)再侵入嘉峪关,围肃州,不久被击败,请降,且以哈密来归。明朝廷却"以哈密既残破,且去边远,疲中国以存外夷非计也",放弃了哈密。

后来,吐鲁番兵又屡次来攻嘉峪关,都被明军击败。满速儿乃归还哈密,与明通好如故。

嘉峪关矗立于大漠边缘,显得雄壮非凡。荒漠地区最怕缺水,嘉峪关却城中有井,山上有泉,用水不患匮乏。嘉峪关的环境又很吸引人。广阔的关城,横卧戈壁滩上,两侧城墙与山相连。巍峨朱色的城楼昂然欲飞,衬托着祁连山如玉的雪峰,美丽如画。登城楼远望,万里长城似龙游于戈壁滩瀚海间,天晴之日,或可见海市蜃楼。城下戈壁滩上骆驼队的浑厚悠扬的铃声,使人想起古代"丝绸之路"上的商队和旅行者,令人神驰!清代林则徐因禁烟获罪,被贬新疆,路经嘉峪关,见这关如此雄伟,有诗赞道:"严关百尺界天西,万里征人驻马蹄。飞阁遥连秦树直,缭垣斜压陇云低。天

山巉削摩肩立,瀚海苍茫入望迷。谁道崤函千古险,回看只见一丸泥。"极言这关的威严和雄伟壮丽。又云:"除是卢龙山海险,东南谁比此关雄。"指出这关真乃"天下第一雄关",说来令人诧异,据说当年建这关时,匠师计算用料特别精确,最后建成时竟只剩下一块砖。这是建筑工程上的绝招。现在这块砖还存放在西瓮城门展的后楼台上,供人观摩。这座雄关和东部的山海关一样,都为古代建筑工程的光辉点,具有重要的历史文物价值,今为国家重点文物保护单位。

嘉峪关周围还有古代文化遗址多处,著名的有黑山石刻画像和魏晋壁画墓。黑山石刻画像在关西北的一处峡谷里,画像石刻散布悬崖陡壁上共三十余处,绵延一公里。画面古拙,手法粗糙,人物粗犷有力,风格独特。图画内容大体分操练、骑射、狩猎、舞蹈以及飞禽走兽鱼虫等,可能是羌族、大月氏与匈奴族早期的文化遗存,对研究甘肃地区古代少数民族的社会生活与历史文化有重要价值。

现在甘新公路和欧亚新大陆桥——从我国东海岸至大西洋东岸的铁路线都经过嘉峪关,这里不但仍是我国内地至新疆的交通要口,而且是我国走向世界的西方门户。

玉门关

说起玉门关,人们马上会想到一首脍炙人口的唐诗,这就是王之涣的《凉州词》:

黄河远上白云间,一片孤城万仞山。
羌笛何须怨杨柳,春风不度玉门关。

玉门关

诗中那悲壮苍凉的情绪引发人们对玉门关这座古老而富有神奇传说的关塞的向往。

玉门关，俗称小方盘城，相传和田美玉经此输入中原而得名。在河西走廊西端的敦煌市境内，位于敦煌市西北约90公里处，为汉代西陲两关之一，是丝绸古道西出敦煌进入西域北道和中道的必经关口，自古为中原进入西域之门户。昔时玉门关，驼铃悠悠，人喊马嘶，胡杨挺拔，泉水碧绿，一派繁荣，南北朝之后，玉门关日渐衰败，关口湮没，终至沦为荒漠寂野。

现在的汉玉门关遗迹，是一座四方形小城堡，耸立在东西走向戈壁滩狭长地带中的砂石岗上，南边有盐碱沼泽地，北边不远处是哈拉湖，再往北是长城，长城北是疏勒河故道。关城全用黄土夯筑而成，面积约600多平方米。西、北两面各开一门，城垣东西长24.5米，南北宽26.4米，残垣高9.7米，上宽3.7米，下宽4米，南北墙下宽4.9米。城顶四周有宽1.3米的走道，设有内外女墙。城内东南角有一条宽不足1米的马道，靠东墙向南转上可直达顶部。登上古关，举目远眺，四周沼泽遍布，沟壑纵横，长城蜿蜒，烽燧兀立，胡杨挺拔，泉水碧绿。红柳花红，芦苇摇曳，与古关雄姿交相辉映，使你心驰神往，百感交集，怀古之情，油然而生。

距玉门关15公里处，有河仓古城，为汉代玉门关守卒的粮仓，只存断垣残壁，但犹可见当年之气势。从敦煌去玉门关旅游，只有走戈壁滩上汽车轧出的便道。旅客租用越野车，要请当地熟悉路线的向导带路，以防迷路。

友谊关

友谊关，位于广西壮族自治区凭祥市西南边境两山对峙险坳处，扼中越交通之咽喉。距市区18公里，距越南凉山16公里，是中国九大名关之一，与平而关，水口关合称"桂边三关"。闻名中外的镇南关大捷和孙中山领导的镇南关起义就在这里打响，历代为军事要地，均设重兵把守。

友谊关有着悠久的历史。据民国三十八年(1949)年6月，广西通志馆油印的蒙起鹏编纂的《广西通志稿》记载,汉朝时,郁林郡辖之雍鸡县(今凭祥市和龙州县城及上金一带)设有雍鸡关。后经沧桑演变,关名不断更改,先后改名鸡陵关、界首关、大南关(简称南关),到了明朝,据《明史纪事本末》二十二载:"成祖永乐……五年……五月(公元1407年)改鸡陵关为镇夷关。"明嘉十八年(1539年)记:"安南国头目莫方瀛遗使臣阮文泰等奉命诣镇南关请降。"可见明宣宗宣德三年至嘉靖十八年间(1428年~1539年)又由镇夷关改为镇南关。镇南关一直沿用到新中国成立后。

1953年10月更名睦南关。1965年1月,国务院批准睦南关改名为友谊关,3月9日,在关口举行睦南关改名仪式。广西壮族自治区人民政府副主席钟枫主持了友谊关命名仪式。

据史料记载,明朝时,关上设有昭德台,关后建有关帝庙,关两旁筑城墙分联两山之麓,到了清朝,建关楼一层,两重门,贯以通道,外门额书"南疆重镇",内门额书"镇南关"。中法战争期间,关楼曾经被毁。苏元春督边时,又重建二层关楼,关后曾建昭忠祠。1896年,南关对讯建立,则拆去关帝庙和昭忠祠,改建一座法式楼房用以办公,人们惯称"法国楼"。抗日战争时期日军入侵,关楼再次被毁,仅剩底层拱门。

解放后,曾在城门上建一层楼阁,琉璃瓦顶,木柱檐廊,厢房四周开有棂窗。1957年广西省政府拨款重修后,就是今天我们所看到的友谊关。关楼四层,高22米,占地面积180平方米,底层全部用长方形料石砌就,城门为圆拱顶,高10米,前窄后宽,底面前宽7.25米,后宽8米,长22米为通道,关楼除了以它厚实的城墙以及城墙上楼角分明的齿形墙垛,透出雄浑无比的阳刚之美外,整个楼体极富民族特色。石栏杆雕刻精细,圆拱形门窗构图精美,镶嵌彩色玻璃,玲珑典雅,门框门板雕花刻意,古香古色。二楼为展览厅,陈列自中法战争镇南关大捷以来发生的重大事件的图片及文物。三楼为中越外事会晤室。四楼正面上方塑有中华人民共和国国徽,楼顶高高的旗杆上五星红旗迎风招展。城门上镶嵌着用汉白玉雕刻的匾额"友谊关"为陈毅先生笔迹。字体浑厚,苍劲有力。关楼两旁,城墙百余丈,直伸山麓,气势磅礴。

关后的"法国楼"虽已历经百余年,但其淡黄色的墙,淡红色的机制瓦及法国式建筑风格依然如故,成为人们研究历史及建筑学的又一景观。

关楼前广场宽阔,两旁木棉挺拔,松柏常青,左侧有棵千年古榕,伞形树冠,绿叶婆娑,仿佛对游人诉说友谊关那古老而悠久的历史。

仙霞关

仙霞关是浙江省省级重点文物保护单位,全国保存最完整的唐末黄巢起义遗址,素称"东南锁钥,八闽咽喉"。含仙霞古道、古关隘、冲天苑、戴笠故居以及岭南的省级文化名镇廿八都、浮盖山等主要景点53处。

仙霞关位于江郎山城南仙霞岭上,共有四道关门,东北和西南各两关,皆以条石砌成,高3.4米,宽2.7米,均建在两山夹峙的危岩陡壁之隘口中。

关岭海拔高591米。总长5公里。有碎石砌就的台阶。历24曲,为唐末农民起义军首领黄巢率进所辟。唐乾符五年(公元878年),黄巢率十万农民起义军挥戈浙西,转战浙东,后又取道仙霞岭,劈山开道700里,直趋建成。关上有三块石碑,一是宋代砌路碑记,一为天雨庵塔石,上镌"天雨庵和尚之塔";一块"东南锁钥"残碑。东北半山腰处,尚存清代建筑天雨庵附屋四间。

关岭半腰及顶巅,各建一别致小亭。关岭两旁修竹蔽日,古木参天,山风习习,泉水淙淙。仙霞关以雄伟险峻驰名,素称"两浙之锁钥,入闽之咽喉",历来为兵家必争之地。

娘子关

娘子关位于太行山脉西侧"井陉"西口,今山西省平定县东北的绵山上,与河北省交界,为出入山西的咽喉。隋唐时所置。原名苇泽关,以隋开皇年间曾在此设苇泽县而得名。后来,唐高祖的三女儿平阳公主率兵数万驻守于此,时人称为"娘子军",这关也因此更名娘子关(另说当地有姤女祠,故名)。向为戍守重地。早在战国时期,这里为中山国所建长城的一个关口,唐平阳公主之后,为承天军戍守处,大历年间(767—779)修筑了承天军城。宋代建承天寨,明代为承天镇,并称娘子关。明嘉靖年间因边患频仍,于二十一年(1542)重修城堡,就是现今见到的关城,专设守备把守。清代又建"固关营",分设把总驻守。因这关处在万里长城内边的"内三关长城"南端,民间有万里长城第九关之称。

娘子关城筑在绵山山腰,背依陡崖,下临峻谷,形势非常险要。原来分上关、下关,东为上关,镌有"娘子关"横额;西为下关,上有阁楼,题"唐平阳公主驻兵处",门额书"秦晋屏蔽"四个大字。明嘉靖时重修后,关城开两门,东门为一般砖券城门,额题"直隶娘子关",上有平台城垛;南门为石灰岩砌券,额题"京幾

娘子关

藩屏"，上建"宿将楼"，嵯峨雄伟，相传原为平阳公主聚将御敌之所。其石柱上，镌刻有两副著名楹联："雄关百二谁为最，要路三千此并名"；"楼头古戍楼边寨，城外青山城下河"。这两副楹联以磅礴的气势描绘了这座古关的独特风貌。关城东南侧，从"内三关"南下的长城，依山蜿蜒，当年与城堡相连，构成严固的防御体系，关门前只有一条四十五度的石坡古道可通过，险形巨势，显现出"一夫当关，万夫莫开"的气概。

娘子关的重要性，同隔山相对的井陉关相似，在于控制太行第五陉——"井陉"这条通道，但也有其独特性。滹沱河支流绵河从娘子关城西北流来，在关下穿过"井陉"东流至河北平原中部。"井陉"是晋中和冀中地区之间最近捷的通道，娘子关依山靠河踞于"井陉"西口，这种形势使它既成了"三晋门户"，又成为"京畿藩屏"，对保障山西或北京京畿的安全起着重要作用。古时，山西与冀中之间常有战争，部队行进必经"井陉"，一旦娘子关有强兵把守，对方军队便插翅难越。

唐初，东北边疆少数民族日渐强盛，有向外扩展之心。

平阳公主率军驻守娘子关，目的就是为了防止敌人从"井陉"进入山西。自古认为山西是中原和关中地区的屏障，无山西则中原和关中不稳，所以唐十分重视娘子关的防守。

据说平阳公主驻此，雄关固若金汤，威慑敌人不敢跨越太行山一步。唐代后期藩镇为乱。长庆元年（821），河北三镇之一的成德（治所在今河北正定）节度使王庭凑叛唐，宰相裴度亲自督师出承天军（即娘子关）讨伐。光化二年（899），汴将葛从周从土门（即井陉关）攻河东（其时指全部山西），不过这次承天军被攻破。葛的部队即长驱而入。五代石晋末年，河东节度使刘知远在晋阳称帝，派兵守承天军以保山西。不久，契丹兵灭后晋以后从开封北归，到了恒州（今河北正定），袭击承天军，烧了承天军市邑，后来刘知远把它收复。不然，刘便不得安枕。

到了明代，北方蒙古骑兵屡屡侵入山西向东叩明京畿大门。这时明苦心经营的娘子关已不再是为了防东，而是为了防西，即防止敌人从山西经"井陉"侵入京畿。明修关城时南门题额"京畿藩屏"就说明这一点。由于娘子关易守难攻，便使蒙古兵虽屡犯紫荆关等地，也不敢轻易向此处进犯，从而保卫了明京畿南部的一时安定。不过到了明末崇祯十七年（1644），李自成所领导的农民起义军的一部分，自长安入山西后，经太原前来叩关，仍攻占了这关，而后出"井陉"，直至北京，与李自成的部队会合，导致明朝的灭亡。

娘子关作为战略要地，只要华北有事，就为兵家所必争。时至现代，在日本帝国主义侵华战争时期，娘子关曾再度发挥防守的作用。1937年10月，日本侵略军占领了华北大片土地后，原来急想从平型关侵入山西占领太原，不料受到八路军的打击修迈失败。后来日军便沿正太铁路线西犯，把娘子关作为一时的争夺目标。当时国民党军以数万兵力在娘子关设防，阻敌西进。八路军也投入大量兵力与日本侵略军作战，给敌人以严重打击。可是在日军进攻面前，国民党军队节节败退，娘子关迅速被日军占领。不久日军从北、东两路进入山西，太原就失陷了。

1940 年 8 月,八路军进行举世闻名的百团大战中,娘子关也曾成为战场。当时,晋察冀军区派 10 个团兵力击破日寇占领的正太线,破坏重点为娘子关至平定路段。8 月 20 日夜,八路军主力攻入娘子关,打击了日寇的疯狂气焰。

娘子关不但是一座雄关,还是一处山明水秀的名胜地呢!正如关城楼头那副楹联写的:"楼头古戍楼边寨,城外青山城下河"。给人以多么清新俊美的享受!由于这里的太行山是由石灰岩构成的,所以陡崖绝壁,流泉飞瀑成为它的风景特色。娘子关城倚陡崖、临深涧,本身就非常雄伟壮丽!关城下有多处飞泉,其中西北侧的"悬泉"尤为奇妙。

泉水从平地涌起,沸沸扬扬,有如开锅之水,水色清沏碧透,四时不涸。据说水的冲力极大,有人往泉眼中扔几十斤重的石头,转眼就会被泉水翻上来。泉水流出后,顺北边峭壁倾泻而下,形成一幅落差 40 米,宽 6.5 米的绚丽多彩的"水帘瀑布",如喷珠散玉,直注数十丈深的谷底。其声如雷,其彩如虹,甚为壮观。明代王世贞有诗赞此景:"喷玉高从西极下,擘崖雄自巨灵来,"当代已故诗人郭沫若 1965 年漫游娘子关也有诗道:"娘子关头悬瀑布,飞腾入谷化潜龙……回顾陡惊溶碧玉,倒流将见吸长虹……"娘子关有这样美丽的流泉飞瀑,是石灰岩区岩溶地貌的一种奉献。娘子关城前后,至今还留有多处与平阳公主有关的历史遗迹,如公主洗脸潭,娘子军饮马处及当年所建的"点将台"和绵山顶上的"避暑亭"等。人杰地灵,人人向往。今日娘子关已发展成为一个自然风光旅游区,每年游人不绝。

现在石太铁路和晋冀公路都经过娘子关下,这里仍是当地的东西交通重地。

雁门关

《吕氏春秋》、《淮南子》都称天下九塞,句注其一。可见句注早以险要著名。古句注就是雁门,雁门关位于此。"雁门"名称的由来,据明《永乐大典·太原志》称:"代山(即雁门山)高峻,鸟飞不越,中有一缺,其形如门,鸿雁往来……因以名焉。"大约在汉武帝初年已置关,以防匈奴。至北魏建都平城(今山西大同)时重新建关,就称雁门关。其时是为了防南,不是防北。隋唐时称西陉关,后复名雁门关(另说雁门关由其西侧的西陉上同名关迁此)。历经各代迄乎明初,这关已倾颓殆尽。明洪武七年(1374)在旧址上重建关城,并筑"内长城"与其西面的宁武、偏头两关相连,总称"晋北三关",亦称"外三关"(与北京西面太行山上长城"内三关"相对而言),以防北西蒙古势力侵扰。经嘉靖年间增修,于万历年间复筑门楼。以后

《永乐大典》书影

大概再未有修建。

雁门关关城踞于雁门山雁门之口，距山西省代县西北的20公里。城周长1公里余，墙高2丈（约合今4米余）。

石座砖身，形势雄固。有关门三座，即东门、西门和西门外的一座南北向小北门。北门门额石匾刻"雁门关"三个大字，其两侧镶嵌砖镌联语："三关冲要无双地，九塞尊崇第一关。"现仅残存部分关城及三座关门。

雁门关是"外三关"中最大的一关。附近峰峦错耸，峭壑阴森，中有路，盘旋幽曲，穿关城而过，异常险要。古时防备十分严密。关下的雁门山北麓，还建有新旧广武二城，为山外防御据点。旧城建于辽金时，东西长约300米，南北长约500米，有三座城门。现存城墙尚完好。新城与关城同时建，紧贴雁门关北口，依山修建，周长1.5公里，一半坐落在半山坡，一半修在山前洪积扇上。北门外又筑有北关，此外，关外还筑大石墙三道，小石墙二十五道，隘口十八个，以增强防御力量。明代内长城横于关北，彼此钩连，形成严固的防御体系。今明长城仅存遗迹。

雁门关的重要性在于它是古时塞外北方民族入侵内部的渠道，所以，自古为边防戍守要地。雁门山是山西吕梁山脉北支云中山向晋东北延伸的部分，东与恒山相接，略呈东西走向横亘于晋北大同盆地与晋中忻代盆地之间，海拔1500米以上，构成南北之巨防。而它又是断块山，峭拔险峻，难以攀越，这更增强了山北山南的隔离性，以致山北地区在历史上长期为汉族统治势力所不及，而为北方诸民族所占据。雁门关北通晋北重镇大同，远至蒙古高原，南通晋中重镇太原，可转达古代政治中心区中原和关中，战略地位十分重要。

雁门关是历史上著名的古战场。从早期的匈奴、鲜卑、突厥，到后来的契丹、女真和蒙古等北方游牧民族都先后与汉王朝在此进行过许多次战争。

早在战国后期，蒙古高原上的匈奴已经相当强大，赵国大将李牧曾多年驻守雁门，以防匈奴。匈奴单于曾率10万余骑攻打雁门。李牧利用有利地形与匈奴决战，结果大败匈奴。

西汉前期，匈奴屡屡来犯，汉武帝曾先后（前129～前119）派李广、卫青、霍去病率骑兵1万至数万出雁门关，北击匈奴。除李广兵败外，其他都获大胜。

西晋末年，中原板荡，北方的鲜卑族拓跋氏乘机率部南徙，到达雁门，雁门山成为拓跋魏与西晋的边界，双方屡次发生冲突。

隋代，北方的突厥渐见强大。大业十一年（615），隋炀帝巡视北塞，到了雁门，被数十万突厥兵包围，突厥兵急攻雁门关。后赖吏部尚书樊子盖设计送出诏书，募兵来救，始得脱险。

到了北宋，雁门关的战事更为频繁。当时雁门山——恒山一带是宋与辽的分界，辽多次向宋进攻。宋抗辽名将杨继业及其后代多年与辽作战，主要就在雁门关内外。杨家将镇守边关，对遏止辽军想从幽州南下取宋，起到了牵制作用。宋对辽的战争是生死存亡之战，战争很激烈，也极艰苦。陆游曾有诗云："全师出雁塞，百战运龙韬。""夜沙风破肉，攻垒雪平壕。"今日读来，心绪犹不禁为之所震撼！

在抗日战争中，八路军第120师曾辗转雁门关与日寇作战。1937年10

月，第 716 团在雁门关以南伏击南北对开的日军汽车约 500 辆，经 3 小时激战，歼灭日军 500 余人。八路军曾几度占领雁门关，切断敌人的南北运输线。

古老、雄伟和风云激荡的雁门关，今日莅临犹难禁激情飞动，感慨万千！雁门关内至今尚存李牧祠旧址，有碑石数通，记载李牧率兵屡胜匈奴的事迹。关上原有宋杨继业父子塑像，今已毁。雁门关北面远处，在起伏的群山之间有一片方圆 10 公里的平滩地，据说就是杨家将与辽血战的金沙滩。据记载，其他原有村庄田野，树木草丛，由于历代战火的破坏，今已是一片覆沙的荒滩。另外，在代县城东 10 公里鹿帝涧村，有杨家祠堂。古代州是杨继业故里，因杨继业破辽有功，后为乡人所奉祀。元代，杨家十七世孙奉旨建祠，明清间又重修。现存祠内建筑及塑像，大部分为明代遗物。正殿有杨继业及佘太君坐像，八子彩塑分列两侧。祠内有"宗祖图"碑一通，铭刻杨继业后裔世系。大殿前竖有鹿蹄石一块，形状奇特，镌刻秀美。相传杨继业第十四世孙杨友镇守代州时，一日外出打猎，射中一梅花鹿，鹿带箭而逃。杨友即随后尾追，到鹿蹄涧，鹿忽钻入地下，经挖掘，得一方石，上刻梅花鹿带箭，并踏有蹄印。后移于祠内存放。鹿蹄涧村即由此得名。

在雁门关南的代县城内有"雁门第一楼"，它正面对雁门关，并是拱卫这关的首座高楼，故有此称。它是我国现存的最大一座木结构古楼，为北方文物中的一绝。这楼与雁门关在明初同期初建，后毁于火，成化十二年重建。清代续有维修。楼通高 40 米，宽 7 间，深 5 间，周有围廊。楼底下为券洞台基，上为三层四檐歇山顶，最上层挂着两块巨匾，南面一块书"声闻四达"，北面一块书"威镇三关"，形势雄伟。登高远望，北面勾注山莽莽苍苍，雁门关蹲伏于勾注山下恰像一头野兽，南面的五台山高入云霄，滹沱河在脚下从东北向西南流去，蜿蜒如带。山川美景，令人陶醉。

雁门关是可贵的古代军事文化遗迹，并具有游览价值，近年已吸引不少游客来参观游赏。今山西省有关部门准备修复这座雄关，辟为旅游区。现在从大同通省城太原的公路线经过雁门关。这条公路是晋北至晋中的最便捷道路，故这里仍具有交通上的重要性。

平型关

平型关在雁门关之东，今山西省繁峙县东北与灵丘县交界的平型岭下，古称瓶形寨，以周围地形如瓶而得名。金时为瓶形镇，明、清称平型岭关，后改今名。历史上很早就是戍守之地。明时为内长城重要关口。正德六年（1511）筑岭口堡城，嘉靖二十四年、万历九年都曾增修，这就是后来的关城。

平型关城据平型岭之口，城周长 1 公里余，今残高 6 米。关门坐西朝东，门洞用券栿相间的方法筑成，高 4 米，宽 2.7 米，墙厚 2.7 米，今关楼已毁。城内匾额上书"平型岭"三字，两侧岭上明长城遗迹尚存。

平型关北有恒山如屏高峙。南有五台山巍然耸立，海拔都在 1500 米以上。这两山之间有一条不甚宽的地堑式低地，平型关所在的平型岭是这条带状低地中隆起的部分，所以形势很险要。由

平型关

于恒山和五台都是断块山，十分陡峻，成了晋北巨大交通障壁，因此这条带状低地便成为河北平原北部与山西相通的最便捷孔道。一条东西向古道穿平型关城而过，东连北京西面的紫荆关，西接雁门关，彼此相连，结成一条严固的防线，是北京西面的重要藩屏，明清时代，京畿恃以为安。

明代国力衰弱，蒙古骑兵频繁侵边，抢掠财物，尤其嘉靖年间为烈。最严重的一次是嘉靖三十二年（1553），蒙古鞑靼部俺答又率兵大举南侵，从大同深入浑源攻平型关，明军不能抵挡，遂陷平型关。接着由此直趋灵丘、广昌（今河北涞源），进逼紫荆关。途中遇明将陈凤率军抵抗，蒙古兵便分头掠繁峙，犯蔚县并屠掠延庆诸城，后因连日下雨才引军北归。

平型关在现代战争史上曾写下辉煌的一页。日本军国主义侵华战争初期，1937年9月下旬，日本侵略军在占据了华北大片土地后，冀中一路沿平绥线方向西进。当占领了大同以后，便以精锐兵团进攻南面的雁门关及其东西关口，企图南下攻太原。这时刚开到山西抗日前线的八路军，决定利用平型关的险要地形，给日本侵略军一歼灭性的打击。八路军以三个团的兵力冒雨埋伏在平型关至东河南镇（在平型关之东）公路附近的山地上；另以一个团和一个骑兵营的兵力出平型关向灵丘、涞源、广灵方向前进，以钳制敌人，保障侧翼安全。当日军约4000人，军车100余辆，大车200余辆，由灵丘向西前进时，八路军埋伏部队突然发起猛攻，迅速将敌军分割，展开白刃战。经过一天激战，八路军歼灭日军1000多人，击毁敌全部军车。缴获各种枪支1000余支，还有野炮、机枪以及战马50匹。平型关战役是抗日战争开始后我国打的第一个大胜仗，它粉碎了日军不可战胜的神话。打击了日军的嚣张气焰，鼓舞了全国人民的抗战热忱和树立起必胜信心。

现在平型关战役旧址已辟为抗日战

争纪念地。旧址在灵丘县城西桥沟一带。距平型关约5公里。这里北依恒山余脉,南屏五台山峭崖,附近峰峦峻陡,比肩连袂,中通一路,形势非常险要。遍山松柏叠翠,风光秀丽,常有游人来参观游赏。

宁武关

宁武关,在今宁武县城区。始建于明代中期,为历史上著名的山西"三关"(偏关、雁门、宁武关)之一。

据史料记载,宁武关于明成化三年(1467)建成,为万里长城上的重要关隘,地势险要。因其地处"三关"中路,素有"北屏大同,南扼太原,西应偏关,东援雁门"的战略作用。故《边防考》上说:"以重兵驻此,东可以卫雁门,西可以援偏关,北可以应云朔,盖地利得世。"现存关城旧址范围分西关和东关两部分,城墙依山势而建,十分壮观。据史书记载,明弘治十一年(1498)扩城七里。万历三十四年(1606)城门砌砖,周长3567米。城中鼓楼为宁武关代表性建筑。周围烽火台峙立,气势雄伟。

明崇祯十七年(1644),李自成为东进北京,在"宁武关"与明军进行了一场争夺战,史称"宁武关之战",击败镇守雁门关的三关总兵周遇吉,为夺取北京扫清了障碍。今在宁武恢河东岸,仍有周遇吉之墓,为砖石所筑。

传说宁武由凤凰所变,故有"凤凰城"之称,遇敌侵犯可神奇地飞走。但见城池犹如凤凰,城北华盖山护城墩酷似凤首,东西延伸的两堡俨然凤翅,南城之迎薰楼,正如高翘的凤尾。雄居城中

李自成画像

的鼓楼,堪称凤凰的心脏,使人产生美妙的联想。

宁武关鼓楼,位于今宁武县城人民大街,平面布局基本呈正方形,外观为三层三檐九背重檐歇山顶,下置砖石所券十字穿心洞底座,通高30余米,气势宏伟。

紫荆关

紫荆关位于河北省易县西北45公里处,因关城居于紫荆岭上而得名。关东依万仞山,西据犀牛山,拒马河宽阔的河床横列于长城之北,其形势极为险要。位于易县城西45公里的紫荆关上,南面以十八盘为险阻,北面近以浮图隘口门户,远以宣化、大同为藩篱,一关雄踞中间,群险翼庇于外,峰叠峦矗,如屏如障,为长城内三关重镇之一。紫荆关是长城千百座雄关险隘中历史最悠久的几座之一,在中国古代战争史上有着重要的地

位。关于紫荆关的记载最早见于《吕氏春秋》，当时称为"五阮关"，是著名的天下九塞之一。

秦汉称上谷关，北魏称子庄关，隋唐称白壁关。

后来改称为"浦阴陉"，被列为太行八陉之第七陉。宋初时还叫过"金坡关"，由宋朝中叶始改称今名。相传当时关城内外遍布紫荆树，盛夏荆花绽开，香飘万里，故"荆关紫气"被古人定为易州十大胜景之一。

紫荆关在秦汉时仅是一座土石混筑的小城，后来历代虽有修建，但基本是沿袭旧制没有多少展拓。明灭元后，于洪武初年，太祖朱元璋批准了著名将领华云龙的建议，在对旧城进行改筑的同时，建紫荆关新城一座。新、旧两城墙体皆为花岗岩条石砌筑，用青砖封顶并砌筑垛口。洪武之后，经永乐、正统、景泰、弘治、嘉靖、万历，直到最后一代崇祯，都在不断地修筑紫荆关。到明王朝灭亡前夕，紫荆关才建成了今天的规模，成为较为完整的军事防御体系。

武胜关

武胜关在河南省信阳地区南部，古称直辕，与平靖关、九里关合称"义阳（信阳古名）三关"，为大别山隘口之一。今存部分古代建筑。

阳关

西汉置，在今敦煌市西南，因在玉门关之南故名。为与西域交通南路的关口，古诗云：劝君更进一杯酒，西出阳关无故人。

二十二、洞窟

腾龙洞

腾龙洞位于中国湖北省利川,距城区 6 千米。腾龙洞属中国目前最大的溶洞,世界特级洞穴之一。

清江在两山之中起伏,距腾龙洞还有几千米,就有阵阵轰鸣声传入耳中。江水沿山陡然下落,形成一道宽 50 多米,落差 30 多米的瀑布。一侧的山体上,标注着"卧龙吞江"四个如斗大字,这便是腾龙洞的前身——落水洞。

此刻的清江,流量巨大、气势磅礴,而谁料它一转眼就要悄然潜入地下长达

湖北腾龙洞

16 千米。仰头之间,巨大的群山仿佛巨龙之口,一口吞下了整条清江,并把它含在口中咀嚼吞食,真可谓"银涛卷入冰壶浆,余沫飞溅游客裳"。

清江被群山吞下后,流经 16.8 千米,在洞中途经 4 座大湖泊、5 段地下大瀑布,"一路奇险奇美",最后从黑洞流出,在世界河流中极其罕见。黑暗、寂静,只听得见击水的声响,有时一阵阵的哗哗声响。就像遇到了水怪,非常的恐怖。

20 世纪 80 年代,中外 32 名洞穴专家经过一个多月的探险考察,认为该洞穴系统达到世界特级溶洞级别,也为中国最大的溶洞,并以独特的自然景观和宜人的气候环境,被公认为旅游、疗养、探险、地质考察的首选去处。从此,腾龙洞就较为清晰地呈现于世人面前。

腾龙洞由水洞、旱洞、鲤鱼洞、凉风洞、独家寨及三个龙门、化仙坑等洞穴组成,整个洞穴系统十分庞大复杂,容积总量居世界第一,是中国洞穴探险的极品去处。腾龙洞以其雄、险、奇、幽、绝的独特魅力驰名中外。洞口高 72 米,宽 64 米,洞内最高处 235 米,初步探明洞穴总长度 52.8 千米,洞中有 5 座山峰,10 个大厅,地下瀑布 10 余处,洞中有山,山中有洞,水洞旱洞相连,主洞支洞互通,且无毒气,无蛇、蝎,无污染,洞内终年恒温 14℃~18℃,空气流畅。洞中景观千姿

百态,神秘莫测。洞外风光山清水秀,水洞口的卧龙吞江瀑布落差 20 余米,吼声如雷,气势磅礴。

事实上,真正意义上的腾龙洞应该是干洞。站在洞口外几百米,抬头仰望,就像一个庞然大物猛然张开大口,人站在下面,不过是它牙缝间的肉屑。洞口可供 16 辆大货车并驾齐驱,就算一座大厦也可以竖着放进去。

在洞内,沿着妖雾山前行,一股莫名的恐惧慢慢袭来。一滴山水,从高高的洞顶无声地滴下,"嗖"的一声钻进后颈项,凉得人一个激灵儿,洞里除了黑暗就是恐惧。溶洞、暗流、石花、石笋……洞中有山,山中有洞,洞中有水,水洞相连。大自然的这些鬼斧神工,此刻却让你无心赞叹。

而 2006 年,中外科学家再次联手,组成科考探险队对腾龙洞进行深一步的探险。

科考队在寻找腾龙洞周围新洞穴资源以及洞内的支洞时,新发现了大量的溶洞群,有腾龙洞南边的天窗洞、刘家洞和古河床的竖井洞穴和龙骨洞地下河,均是极具探险旅游价值的景区。

科考队首次在腾龙洞支洞发现了第四纪中更新世的哺乳动物群化石。经中国科学院古脊椎动物及古人类研究所黄万波教授鉴定。主要化石物种为大熊猫、东方剑齿象、苏门羚,另外还有熊科、鹿科、牛科等动物化石,初步研究确定其地质年代至少在 20 万年前。

丽其地质年代到底有多么久远?为什么此地区的地质形态和结构如此千变万化,地下的溶洞也这样复杂和诡异?腾龙洞、沐抚大峡谷、奉节小寨天坑……这些世界闻名的溶洞、峡谷、天坑等为什么全都集中在这一地带?想要真正揭开其神秘的面纱,也许只有等待科考的进一步深入。

本溪水洞

本溪水洞是四五百万年前因地壳变迁而生成的大型充水溶洞,位于本溪县境内,距本溪市区东 35 公里的太子河畔。洞口在太子河岸畔,洞口座南面北,依山傍水,高七米,宽 25 米,呈半月形。在洞口上端的悬崖峭壁上,刻有薄一波手书的"本溪水洞"四个大字。进洞口,是一座高、宽各 20 多米,长 50 多米的"迎客厅",也是我们祖先三千多年前居住过的遗址。大厅向右,有旱洞长三百米,高低错落,曲折迷离,古井、龙潭、百步池等诸多景观,令游人遐想联翩,流连忘返。大厅正面,是通往水洞的码头,千余平方米水面停泊游船四十余艘,宛如一幽静别致的"港湾",千余平方米的水面,灯光所及,水中游船、洞中石景倒映其中,使人如入仙境。从护岸石阶拾级而下,通过长廊从码头上船,即可畅游水洞。水洞内深邃广阔,全长 2800 米,面积 36000 平方米,空间 40 余万立方米。最开阔处高 38 米,宽 50 米,长 80 米。洞中水每昼夜最大流量二万余吨,水深最深处七米,河道曲折,清澈见底,故名"九曲银河"。银河两岸石笋林立,千姿百态、光怪陆离;洞顶穿庐钟乳高悬,神趣盎然,晶莹斑斓,六十多处景点各具特色,琳琅满目。新开发的"源头天池"、"玉女宫"等 500 米暗河景观别有天地,变幻莫测。洞内空气畅通,常年恒温摄氏 10 度,四季如春。泛舟其中,如临仙境,被中外游人誉为"北国一宝","天下奇观","亚洲一流","世界罕见"。洞外盘绕山腰的古式回廊,别具风韵的人工湖和水榭亭台,使水洞的内外景观相得益彰。站在洞口远望,对面山崖上大型摩崖石刻一观音造像,如从天际而来。太子河上漂流体验冒险的乐趣,池边垂钓领略渔人野趣。本溪水洞一年四季迎接来自世界各地的游人,让您领略燕东圣境的神韵,体会北国风光的风骨。

花石浪洞

花石浪遗址是距洛南县城北 5 公里之县河、石门河、洛河三段交汇的夹角村东河花石浪。在花石浪东面的山坡上,有一个高约 4 米、宽约 2 米,洞深 8.8 米,面积 20 平方米,洞内堆积有三层古人类居住面的普通小洞。

花石浪龙牙洞洞穴遗址最初发现于20 世纪 60 年代,遗址范围包括龙牙洞内部以及洞外附近南洛河及其支流石门河二级河流阶地坡积物部分。

龙牙洞为发育在石灰岩山体上的裂隙型探洞,洞内面积约 20 平方米。1995年至 1997 年经陕西省考古研究所、商洛地区文管会及洛南县文管会连续三年的发掘清理证实,龙牙洞遗址是一处罕见的、保存基本完好的、内涵十分丰富的旧石器时代早期人类文化遗址。中国科学院地质研究所以热释光测年法测定其文化层雄积的时代为距今约 50～25 万年间。这一发现被评为 1997 年十大考古发现之一。

花石浪龙牙洞遗址出土了极为丰富的早期人类文化遗迹及遗物,它们包括旧石器时代早期人类生活活动踩踏面、用火遗迹,以及熊猫、大象、熊、犀牛、貘、河狸、鹿、野猪、牛等二十余种哺乳动物和鱼及龟化石。除此之外还出土有旧石器时代早期人类制造的石制品约 6.5 万件以上,这些石制品多以取自河边的石英岩、石英岩和石英等砾石为原材料打制而成。类型有石核、石片、打制石器形成的断片及刮削器、尖状器和雕刻器等工具。

花石浪龙牙洞遗址对中国乃至世界旧石器时代早期人类文化的发展和交流、早期先民的经济和生活类型以及第四纪以来的生态环境变迁等课题的研究具有极高的学术价值。

黄龙洞

黄龙洞是张家界武陵源风景名胜中著名的溶洞景点,因享有"世界溶洞奇观""世界溶洞全能冠军""中国最美旅游溶洞"等顶级荣誉而名震全球。现已探明洞底总面积 10 万平方米;洞体共分四层,洞中有洞、洞中有山、山中有洞、洞中有河。经中外地质专家考察认为:黄龙洞规模之大、内容之全、景色之美,包含了溶洞学的所有内容。黄龙洞以其庞大的立体结构洞穴空间、丰富的溶洞景观、水陆兼备的游览观光线路独步天下。

黄龙洞现已探明的洞底总面积 10万平方米,全长 7.5 公里,垂直高度 140米。洞体共分四层,整个洞内洞中有洞,洞中有河,石笋、石柱、石钟乳各种洞穴奇观琳琅满目,美不胜收。据专家考证,大约 3.8 亿年前,黄龙洞地区是一片汪洋大海,沉积了可溶性强的石灰岩和白

张家界黄龙洞内景观

云岩地层，经过漫长年代开始孕育洞穴，直到 6500 万年前地壳抬升，出现了干溶洞，然后经岩溶和水流作用，便形成了今日地下奇观。中国地质部 70 多位专家的考察结论则是：黄龙洞规模之多、内容之全、景色之美几乎包揽了《洞穴学》的全部内容，是世界溶洞的"全能冠军"。

波月洞

　　波月洞是湖南著名景区之一，坐落在湖南省冷水江市大乘山底下，波月洞是一个世界熔岩博物馆。里面熔岩密布，石柱高耸，组成了各种美妙的景观。

　　三亿多年前的湖中地区，是茫茫大海。水中所含碳酸钙，在各种因素的共同作用下，沉积胶结，形成灰岩，经过一系列的地质构造运动，地形趋向抬升，海水渐退，直到距今一亿八千万年的印支运动以后，冷水江地区成了准平原，地下河系开始发育。随着地壳的间歇性抬升，资水下切，基准面下降，地下河系始为洞穴。到距今两千八百万年的新第三纪，气候由干燥转为温热，高温多雨，为岩溶发育提供了有利条件，加之前前后后发生的地壳运动所形成的构造形态互相交错，干扰，形成了大量的孔隙、裂隙、节理、断层面，大大地加速了地下岩溶的发育。冷水江洞穴系统定形于此期，在第四纪的冰期，继之以现代气候，洞体处于继续发育的过程中。在波月洞系里还发现了几十万年前的第四纪中更新世的东方剑齿象的牙齿化石及水牛头骨化石，还有鹅耳枥树叶化石等，整个波月洞犹如一座巨大的地下博物馆，它的发现，对研究古水文、古地貌、古土壤、古生物等等地理环境诸因素，具有不可估量的科学价值。

鸡冠洞

　　位于河南省洛阳市栾川县城西 3 千米处的鸡冠山中。属天然石灰岩溶洞。洞深 5600 米，上下分五层，落差 138 米。洞中常年恒温 18℃。有"北国第一洞"之称。

龙泉洞

　　位于安徽省宜州区水东镇。又称窑头洞。系石灰岩溶洞。洞内盘旋曲折，壮丽非凡，有七个大厅，最大的达千余平方米。钟乳、石笋、石柱比比皆是。洞壁有南宋至清乾隆年间古人题诗 20 多处。

九天洞

位于湖南省张家界市区以西、武陵源以北的桑植县西南 17 千米的利福塔乡水洞村。因有九个天窗与洞顶地面相通而得名。洞内有古树化石和其他溶洞极少见的岩溶物质。九天洞总面积达 250 多万平方米，号称"亚洲第一大洞"。分上、中、下三层，最底层低于地表 420 米。洞内有 40 个大厅、3 条阴河、12 条瀑布、5 座自生桥、6 处千丘田、3 个自然湖。洞中石笋、石柱林立，石帘、石幔遍布。

九龙洞

位于河南省卢氏县双槐树乡石门村。是一座极富传奇色彩的大型溶洞。洞口宽约 3 米，高 2 米，深约 5 米，称为"献殿"。前行则稍低，须躬行人，数米后渐高敞，地面有积水，数十米处有一深潭。水自石洞下部流出洞外。绕潭上石阶，有一平台，其上尚有八层，人称"九棚楼"。洞内多异石，或蹲踞，或悬挂，形态各异。洞口有一株多生于南方的柯楠树，树高 18 米，花色繁多，结黑果。

白龙洞

位于云南省弥勒县西南虹溪乡。洞内游路 3 千米，分上下两层，有南宫、北宫、瑶池仙境、海底世界等四大景区、10 多个厅堂，100 多个景点。

石花洞

位于北京市房山区南车营村，因洞内生有绚丽多姿的石花而得名，又因洞体深奥神秘，也称潜真洞。洞内岩溶沉积物数量为中国之最。为中国四大岩溶洞穴之一。洞体分为上下七层，目前仅对外开放一至四层，全长 2500 米。现已形成 20 大景区、150 多个主要景观。洞内自然景观玲珑剔透、色彩多姿、类型繁多。"瑶池石莲"已有 32000 余年的历史，"龙宫竖琴"堪称国内洞穴第一幔，"银旗幔卷"、"洞天三柱"等十二大洞穴奇观无不令人赞叹称绝。

北京房山石花洞内景观

灵岩洞

位于江西省婺源灵岩洞森林公园。灵岩洞群由卿云、莲华、涵虚、凌虚、琼芝、萃灵等 36 个溶洞组成。洞体大者雄浑奇伟，小者玲珑秀丽。洞内泉流澄清皎洁，水石相映成趣，石笋、石花、石柱、石幔琳琅满目，千姿百态。有蓬来仙阁、金阙瑶池、云谷游龙、天池荷香、龙门泻玉等景观数百处。更有唐代以来的古人题墨 2000 多处。

灵栖洞

位于浙江省建德市西南 35 千米，由灵泉、清风、霭云三洞和灵栖石林组成。洞景面积达 2 万余平方米，三洞一林各具特色：灵皋洞以水见长，清风洞以风取胜，霭云洞以云雾称奇，灵栖石林则以惟妙惟肖的造型石景而引人入胜。

芙蓉洞

位于重庆武隆县江口镇 4 千米处的芙蓉江畔。是一个大型石灰岩溶洞。大约形成于 100 多万年前。主洞长 2700 米，总面积 3.7 万平方米，其中"辉煌大厅"面积 1.1 万平方米。整个芙蓉洞可容纳 18 万 5 千人。洞内钟乳石类型琳琅满目、丰富多彩，几乎包括了钟乳石所有的沉积类型。其中有宽 15 米、高 21 米的石瀑和石幕，光洁如玉的棕榈状石笋，粲然如繁星的卷曲石和石花等，其数

量之多、形态之美、质地之洁、分布之广，为国内罕见。其矿物组成主要是方解石和石膏，也有文石、水菱镁石。大量的次生化学沉积形态，构成目不暇接的各种景观数十处。2007 年，芙蓉洞作为"中国南方喀斯特"的一部分列入《世界自然遗产名录》。

泊山洞

位于安徽省无为县城西南 38 千米处的下泊山。因洞中的泊山大佛而得名。据考证，泊山洞是形成于 2 亿 4 千万年前的古老的石灰岩溶洞，洞内景观形成则有 50 多万年。洞分上中下 3 层。总面积 4000 平方米。洞深 500 多米，洞中有洞、洞中有山有水，洞道高低起伏、幽邃曲折，时而狭窄崎岖，时而宏大开阔，移步换景，有 18 个景区、86 个景点。被誉为"江淮独秀"。洞内气温常年保持在 22℃ 左右。洞的下层有无底潭，深不可测，其水清甜可口。

灵谷洞

位于江苏省宜兴城西南约 30 千米的石牛山南麓。是一个巨型的石灰岩溶洞。全洞面积 8300 多平方米。总长 1200 多米，内部呈 180 度不规则半圆形，最高处 9 米，最低处 -6 米。以"洞中有山，绚丽多姿"见长。有"灵谷天府"之美称。整个石洞有 6 个大石厅。第三石厅最大、位于洞底，下有 7 条伏道相连，上有 5 条天河汇集，犹如"百川汇海"。第四石厅为全洞精华，有一个 17

米高、5米多宽、2米多厚的大石幔,色雪白,如飞瀑自穹顶飞泻而下。大石瀑顶部深处有一大石鼓,以石叩之,声音洪亮。

仙人洞

位于甘肃省西昌城南30千米处的西溪乡。又名螺髻山仙人洞或西溪仙人洞。洞口海拔2025米。洞深预测约10千米。属石灰岩溶洞。形成年代约在亿年以上。洞高在2~20米之间,宽3~25米不等。洞体弯曲起伏,宽窄相间。窄处,只能一人穿行;宽处,却是厅堂连贯,可容数百上千人。依其洞体延伸状况,可划分为6个"大厅"。洞中岩溶形态发育比较齐全,既有暗河、瀑布、深潭、竖井、落水洞、天生桥、跌水石等,又有溶沟、石芽、石笋、石柱、石幔、石蘑菇、石钟乳。洞内岩溶景观千姿百态,或动或静,或禽或兽,栩栩如生、鬼斧神工。

沂源溶洞群

位于山东省沂源县城西北12千米处的鲁山南麓。溶洞群包括以千人洞为中心,周围1.5千米范围内的40余个天然洞穴。是长江以北最为集中的天然溶洞,被称为"北方最大的溶洞群"。属奥陶纪石灰岩溶洞,距今5亿多年,现已开发为旅游景点的有千人洞、养神洞、珊瑚洞、玄云洞、九天洞等十几个溶洞。千人洞以高宽大而得名,地质上称"山东一号洞"。洞内有23尊壁雕佛像和三组"佛的故事"浅浮雕。石龙洞以洞内数

条天然石龙而得名,洞长218米,为厅堂式洞穴,洞内有双龟把门、龙王宫、银河相会、云霞岛、龙蛇相斗等景观。养神洞以各路神仙由玉皇大帝率领云游四海在此歇息的传说而得名,全长800余米,为分支型洞穴,洞下有洞,洞中有洞,洞内有石林叠瀑、雄狮把门、唐僧取经、王母宫、水族宫等48处景观。玄云洞为通道式分支型洞穴,总长300米,分为上下两层,两层洞穴由一垂直的落水洞相连接,洞内片状钟乳石较多,敲之发声,可弹奏简单的乐曲。九天洞由9个洞厅组成,全长500余米,平均宽10米,高8米。洞内石幔、石帷幕、石柱、石笋、石莲、石冰、卷曲石等景观奇特,晶莹剔透。其他洞穴也各具特色,令人目不暇接。

京东溶洞

位于北京市平谷县黑豆村东侧。发

北京平谷京东溶洞

育于中元古,距今大约十五亿年,因此号称"天下第一古洞"。全长 2500 余米,其中有 100 米的水路,有众仙聚会、道德善缘、水帘洞等八大景区,包括圣火银珠、相思泉、鲲鹏傲雪等数十处景观。洞内景观晶莹剔透,绚丽多彩。最为壮观的是世界上首次发现的洞壁上具有浮雕特色的"龙绘天书"。

辽南第一溶洞

位于辽宁省普兰店市瓦窝镇赵口村。是辽南地区所发现的一处规模最大的天然洞穴。形成于 1 亿年前。洞内空气流通,常年流水无污染,终年恒温 12℃。有 5 个主洞,10 个支洞,总长度 600 余米。该溶洞纵横交错,酷似一座巨大的迷宫。

云山洞

位于辽宁省葫芦岛市建昌县大屯镇云蒙山上。又叫云蒙山水帘洞。云山洞由无数小石珠盘旋而成,有像一条龙腾跃的"滚龙洞",有由钟乳石垂成的如心肝肺状的"牛心洞",有峭壁上似架一座桥梁的"天桥洞",有如一朵莲花盛开的"莲花洞",有水清见底的"水帘洞"。云山洞内钟乳石多姿多态,风格各异,地河声阵阵,地潭水清似玉,清澈透明。该处盛产上水石,年产 300 方左右,产值可达 10 万元。

望天洞

位于辽宁省本溪市桓仁县雅河乡弯弯川村东 70 余米高的山顶上。发育于 20 万年前。洞总长 7000 余米,洞内最大的厅面积 6000 余平方米,可容纳万人。全洞 4 大景区 100 余个景点。洞内的迷宫更为奇特,被称为"北国第一洞,迷宫世无双"。此洞两个洞口并列,酷似一副巨大的眼镜放在山巅。洞中道路曲折,忽上忽下。最狭窄之处只能容一人通过,胖者不显挤,瘦者不显宽。洞内钟乳丛生,晶莹剔透,千姿百态,如峰如巅、如塔如佛、如花如瀑、如林如笋。迷宫分上、中、下三层,洞中有洞,洞洞相通,门中有门,门门可行,总长度 1100 多米,为世人所罕见。入其内,行来走去,难分难辨,妙趣横生。

龙吟峡仙女洞

龙吟峡仙女洞风景区位于郧县桂花、黄柿、南化三乡镇的结合部,在黄柿乡古墓、东溪两村境内,方圆 18 平方公里。1994 年 3 月开始开发,1997 年 4 月被国家定为"中国国内定点旅游单位",1998 年 9 月龙吟峡首游式的举行,标志她进入全面开放阶段。上古墓进仙女洞,出龙吟峡下东溪,沿环形旅游路线依次排开四大景区。第一景区是访仙上香胜地,以千佛洞为中心,共三洞三庙,暗合阴阳,灵怪逼真。

第二景区是天然溶洞群,以仙女洞和雷洞为主体,三峰十八洞,虚实相生,曲折幽秘。暴雨过后,雷洞中雾气被风洞吸衔,百米雾桥,堪称天下奇观。第三景区是4公里绿色画川,为龙吟峡舒缓段,有花蝶谷、紫竹林等人间仙境,蜂蝶戏人,林竹媚丽,古藤奇趣,蛇溪逶迤,是情侣宾朋难得的踏青避暑拍摄绝境。第四景区是龙吟峡惊险段,2公里的响水绝壁,有佛爷岩、秋千岩、龙头岩、珍珠岩、一线天、日月潭等15大胜景,或险、或奇、或纯,景景都是天地的精华。无怪乎,国家旅游局王洪宾教授称之为十大堰最有吸引力的一大胜景;叹服她"景美赛三峡,水清胜漓王。"

林屋洞

苏州林屋洞位于西山镇东北部,在林屋山西部。据《云笈七签》等道教经典记载,天下有十大洞天、三十六小洞天、七十二福地,皆仙人所居,林屋洞为第九洞天,一称"左神幽虚之天",别称"天后别宫"。相传,古时有龙居林屋洞内,故洞体似龙,又称"龙洞",林屋山亦称龙洞山。

林屋洞景点面积为18公顷,属石灰岩地下厅式溶洞,洞内广如大厦,立石成林,顶平如屋,故称林屋。洞中路平水静,人行其中,似闲庭信步,抬头仰望,钟乳倒挂,鬼斧神工。洞中有洞,洞洞相连,时而狭窄,时而开阔,既幽且深,既曲而折,深幻莫测,扑朔迷离。洞有石室、龙床、银房、石钟、石鼓、金庭、玉柱、白芝、金沙、龙盆、隔凡门、石燕、隐泉、乳泉等石景。

出洞登山,暮眺山鸟归巢,渔帆疏影,袅袅炊烟,冉冉升起,为西山著名古

十景之一"林屋晚烟"。山顶有"驾浮阁",高24米。站于斯,可观梅园胜景。3000亩梅海,蔚为壮观。"林屋梅海"已成为全国最大的赏梅及梅文化活动基地。每年2月底至3月初"太湖西山梅花节"胜会便在此召开。

没六鱼洞

没六鱼洞位于广西平果县城东南1000米处。属石灰岩溶洞。洞长70多米,与右江附近的几条小溪相通。没六鱼洞中的涌鱼属珍贵鱼种,经专家鉴定,此鱼为岩鲮,是鲤科岩鲮属,当地人称之为"没六钱"。岩鲮是没六鱼洞里暗河的特产,它生长在清凉阴暗的地下河流中,以摄食岩石上附生物为主。每条不足3千克,鱼嘴长在头下边,下唇肥大,和常见鱼种不同。每年春夏之交,或冬至前后,鱼随着洞口喷涌的流水游出。由于终生在暗河中生存,它已不适应溶洞之外的环境,出洞几天后就会死去。

猪笼洞

猪笼洞位于四川省筠连县巡罗镇北3千米处。猪笼洞是一个竖直的洞穴。在60米深处,有一个地下水潭。水潭的水面呈潮汐式起伏,涨退潮周期一般为17~27分钟。水面升降幅度1.2~2.8米。天气久晴,潮的周期时间延长,水位升降幅度减小;降雨后,潮的周期缩短,水位升降幅度增大。涨潮时平静的潭水先荡起波纹,后鼓起水泡,顷刻潭水沸腾上涌,约2~6分钟达到高潮,洞穴中发

出鼓泡声和有节奏的轰隆声;退潮时潭水徐徐消退,延续 15～21 分钟,洞中发出阵阵猪吃食的哄哄声。据调查,猪笼洞是一条由西向东暗河中的一个水潭,潭水面涨退是由于暗河上游形成了一段向上弯拱的虹吸管道,由于虹吸管的真空抽吸作用,将暗河连续补给水量,转变为间断的向水潭补给,并由此引起潭水面涨退。

飞仙洞

飞仙洞风景区相传是嫦娥仙子成仙飞天的地方,留有许多的传说和遗迹,有嫦娥生活居住的飞仙洞,服药飞天的飞仙岭,浣纱洗浴的玉泉谷等。风景区总面积 3 万余亩,由玉泉谷、飞仙洞、玉兔苑、桂竹林四大部分组成。植被茂密,林深竹翠,多奇松怪石、飞瀑流泉,以竹、石、潭、瀑、泉、洞兼胜。主要景点飞仙洞全长 1500 米,分为上下三层,呈螺旋形立体迷宫状,洞中钟乳石独具特色,有定海神针、音乐石瀑、蟠桃会、玉麒麟、月宫桑罗树、海底宝藏等景点,能鸣奏二十个音弦、十四级音阶的"音乐石瀑",堪称华夏一绝,有民间老艺人现场演奏"东方红"等乐曲。玉兔苑是一座奇石"动物园",有雄狮啸天、犀牛望月、鹰嘴岩、虎贲等 40 多处精华石景。桂竹林万亩秀竹随风摇曳,碧波荡漾,气候宜人。玉泉谷是一道绿色长廊,泉水千年不涸,谷幽竹翠,溪流飞瀑,鸟语花香,被誉为"十里画廊"和"天然氧吧"。明朝末年,湖广高僧"指宗"大师在飞仙洞中修炼 81 年,享年 108 岁坐化升天,清乾隆五十七年皇帝赐碑立传于飞仙洞口。

飞仙洞

黄仙洞

位于湖北省钟祥市境内大洪山南麓。相传黄石公憩于此,故名。又叫黄金洞。黄仙洞面向西北,全长 2000 余米,洞口壁高 100 米,宽 70 米。洞内蜿蜒曲折,跌宕起伏,洞内钟乳石比比皆是,形态各异,石针、石矛、石笋、石柱、石塔、石幔、石瀑,呈红、黄、白、褐等色,如玉似翠,景致诱人。洞内景点有:洞口雄风、济公仰天、屈子行吟、水晶琼壁、仙人指路、金龟探海、金鸡报晓等。

空山洞

位于湖北省京山县城南侧。全长

1584 米,最高处 48 米,最宽处 26 米。主洞长 910 米,洞府深邃。洞内石开七窍、泉奏八音、笋柱峭拔、乳花缤纷,"天造地设四百景、鬼斧神工八千奇",被誉为"华中第一溶洞"。尤以金龟恋蟾、三峡一线天、狡兔三窟、虹桥撷蕉、金鸡独立、海底神宫、水华梯田、虎口斗象等景观惟妙惟肖、光怪陆离、造型有神、互争奇观,构成了千姿百态的自然景观。最神奇的是洞内一组能敲击发音并且符合音律的钟乳石,被地质界和音乐界称为绝无仅有的世界一绝——天然"石编钟"。

三游洞

位于湖北省宜昌西北的西陵山北峰峭壁上。相传唐代白居易、白行简、元稹三人同游洞中,各赋诗一首,并由白居易作《三游洞序》题于洞壁,故名。到了宋代,著名文学家苏洵、苏轼、苏辙父子三人也来游洞中,并各题诗一首于洞壁之上。因此,有"前三游"、"后三游"之称。三游洞地势险峻,形如覆篷,冬暖夏凉,洞室开阔,呈不规则长方形,深约 30 米,宽约 23 米,高约 9 米,是古代地下水沿岩层岩面不断溶蚀,并经塌陷而形成的石灰岩溶洞。它形成于 5~6 亿年前,洞中岩石褶皱起伏、断裂纵横、千姿百态,有似圆若方的钟乳石柱三根,垂直平行横列,将洞隔成相通的前后两室。前室明旷,诗文满壁;后室幽奥,旁有耳洞,可通于外。后室顶部空圆若悬钟,以石投击,其声如钟,石子落地,其响如鼓,故有"天钟地鼓"之说。

燕子洞

位于云南省建水县以东 20 余千米的泸江河谷中。因洞内外岩壁上巢居着数十万只白腰雨燕,故名。洞分两层:上洞巨大,开口处为一已崩塌的落水洞,内部为厅状溶洞,洞内簇立石笋、石柱、钟乳石等。洞内原有一座三层楼阁,楼间一树穿堂而过,称为一箭穿三楼,后遭破坏;下洞高 30 多米,洞顶密集钟乳石,泸江流入洞内的暗河段长七八千米。洞内光线阴暗,有众多燕子栖息。洞外多桃李树,春季群花竞开,为岩洞增色。每年春夏期间,群燕飞来,如万箭齐发,数十万燕子出没其间,呢喃之声不绝于耳。燕子洞盛产燕窝。每年 8 月 8 日为建水燕窝节,当地农民徒手攀登上 50 多米高的洞顶,在钟乳丛中采集燕窝。

蟠龙洞

位于广东省云浮市北的狮子山中。因其洞体迂回曲折,形若蟠龙,故名。洞内游程 528 米,分三层,上层天堂通天洞,下层龙泉地下河,中层九龙长廊,层层相连、曲折迷人。洞内钟乳千姿百态,石笋石柱如林。处处有景,景景皆奇。有神龟朝圣、龙母浴池、天书神笔、玉壁雄关等 58 景,惟妙惟肖、栩栩如生,岩壁上长出的簇簇石花,晶莹洁白、剔透玲珑,如银星闪烁,熠熠生辉。落水洞直落 21 米深处,是龙泉地下河,长 560 米,河宽 8~10 米,高 10~30 米不等。河中有泉眼,每隔 10 分钟左右,泉眼波浪翻滚,似海潮汹涌,冲刷河岸,随后又似退潮,静静地流回石洞。

火岩溶洞群

位于湖南省龙山县火岩乡境内。景区面积80平方千米。景区内溶洞密布、阴河纵横。沿皮渡河两岸分布着惹迷洞、鲇鱼洞、石花洞、飞虎洞、风洞、珠帘洞、盘龙洞、母子洞等大小溶洞212个,气势恢弘、深邃莫测,乳石密布,石柱、石笋、石峰、石林、石花千姿百态。其中以惹迷洞最为著名,深2.5千米,平均高、宽约20米。火岩溶洞群不仅洞景奇丽壮观,而且洞中还隐藏着种种珍奇动物,如娃娃鱼、盲虾、盲蝌蚪和盲鱼等。

中国十大洞天

洞天,是道教所说的神仙居住的洞府,意思是洞中别有天地。据《云笈七签》载,我国有十大洞天。

一、王屋山洞。称小有清虚之天,即山西垣曲、河南济源两县间的王屋山。

二、委羽山洞。称大有空明之天,即浙江黄岩县的委羽山。

三、西城山洞。称太玄总真之天,疑是青海西倾山。

四、西玄山洞。称三元极真之天,即西岳华山。

五、青城山洞。称宝仙九室之天,即四川青城山。

六、赤城山洞。称上清玉平之天,即浙江省天台县赤城山。

七、罗浮山洞。称朱明辉真之天,即广东罗浮山。

八、句曲山洞。称金坛华阳之天,即江苏茅山。

九、林屋山洞。称元神幽之天,即江苏吴县西洞庭山。

十、括苍山洞。称成德玄之天,即浙江仙居、临海两县的括苍山。

中国十大水帘洞

一、福建武夷山九曲溪水帘洞

二、湖南衡山水帘洞

三、陕西彬县水帘洞

四、江苏连云港云台山水帘洞

五、河南桐柏县水帘洞

六、湖北神农架水帘洞

七、甘肃鲁班乡水帘洞

八、陕西邠县水帘洞

九、山西娘子关水帘洞

十、贵州穿洞河水帘洞

织金洞

织金洞位于织金城东北裸结河峡谷南岸官寨苗族乡,又名打鸡洞,是一个巨大的岩溶洞穴系统,总长12.1千米,总面积70多万平方米。洞内堆积物平均高度40米左右,最高堆积物达70米,是世界上最美、最奇、最大的溶洞之一,也是亚洲第一大洞,有"溶洞之王"、"天下第一洞"、"岩溶博物馆"、"地下艺术宫殿"等美誉。洞中有迎宾厅、讲经堂、寿星宫、望山湖、广寒宫、灵霄殿、水晶宫、塔林洞、十万大山等12大景区共47个厅堂。其中以广寒宫景区最为宏丽,总

织金洞奇观

面积5万多平方米,有群山、湖泊、石笋和形态逼真的神秘大佛、嫦娥奔月、霸王盔等钟乳石。最为瑰丽奇特者称"银雨树",是一株极其罕见的塔树形开花状透明结晶体,造型优美独特,玲珑剔透,被誉为"国宝"。

鸭园溶洞

　　鸭园溶洞是北国少有的溶洞风光观赏地,离通化约25千米,属于岩溶地貌,组成鸭园溶洞的岩石距今已有4亿年的历史。这些岩石是在当时海洋环境下沉积形成的石灰岩,由于地壳运动形成了断裂,地下水沿裂隙向下侵蚀,石灰岩地层不断被溶蚀,逐渐形成了地下暗河。同时,在两条方向不同的断裂交叉处,岩石更为破碎,被溶蚀的强度更大,于是形成了一串大大小小的溶洞、溶潭。鸭园溶洞由4个较大的溶洞相互贯通构成,

面积达4万多平方米,每个溶洞可容纳数百甚至上千人。洞内有地下河道,河水清澈,流水潺潺。河道宽窄变化多样,宽处有两米多,窄处不到一米。暗河深浅不一,深处有十余米,浅处仅有几十厘米,暗河两壁溶岩绚丽多姿,是洞中胜景之一。

云冈石窟

　　云冈石窟位于大同市西16公里的武周山麓,武州川的北岸。石窟依山开凿,东西绵延一公里。现存主要洞窟45个,计1100多个小龛,大小造像51000余尊,它是我国规模最大的石窟群之一,也是世界闻名的艺术宝库。1961年国务院公布为第一批全国重点文物保护单位。

　　云冈石窟是在北魏中期齐凿的。北魏经历了"太武灭佛"、"文成复法"。文成帝和平年间(460~465)云冈石窟开始大规模营造,到孝明帝正光五年(524)建成,前后计60多年。

　　云冈石窟雕刻在我国三大石窟中以造像气魄雄伟、内容丰富多彩见称。最小的佛像2公分。最大的高达17米,多为神态各异的宗教人物形象。石窟有形制多样的仿木构建筑物,有主题突出的佛传浮雕,有精雕细刻的装饰纹样,还有栩栩如生的乐舞雕刻,生动活泼,琳琅满目。其雕刻艺术继承并发展了秦汉雕刻艺术传统,吸收和融合了佛教艺术的精华,具有独特的艺术风格。对后来隋唐艺术的发展产生了深远的影响,在我国艺术史上占有重要地位,也是中国与亚洲国家友好往来、文化交流的历史见证。

南北朝·云冈石窟·佛诞生图

龙门石窟

龙门石窟是与大同云冈石窟、敦煌莫高窟齐名的中国三大石窟之一。龙门是一个风景秀丽的地方，这里有东、西两座青山对峙，龙门山东系熊耳山之分支，由西向东至龙门突然断裂，分成东西两山，巍然对峙，伊水中流，形成一座天然石阙，加之古代封建帝王常来此烧香拜佛，古称"伊阙"。后人称之为"龙门"。自古以来，龙门就是一大景观。

龙门石窟始开凿于北魏孝文帝迁都洛阳前后，历经东西魏、北齐、北周，到隋唐至宋等朝代又连续大规模营造400余年之久。石窟密布于伊水东西两山的峭壁上，全长1000多米，现共存有佛洞、佛龛2345个，佛塔40多座，佛像10万多尊，其中最大的佛像高达17.14米，最小的仅有2厘米。另有历代造像题记和碑刻

3600多幅作品，这些都体现出了中国古代劳动人民很高的艺术造诣。

龙门石窟群，大部分集中在伊水西岸的崖壁上，其中大型洞窟29个；伊水东岸崖壁上全是唐代窟龛，其中有7个大型洞窟。在龙门石窟中，北魏时期的洞具有代表性的有古阳洞、宾阳中洞、莲花洞、普泰洞、魏字洞和石窟寺等；东魏时期窟龛具有代表性的有路洞和一些小龛；北齐时期作品具有代表性的要算药方洞和一些小龛造像；隋代作品的代表是宾阳南洞北壁的梁佩仁造像龛等；唐代的洞窟，具有代表性的有潜溪寺、宾阳北洞、敬善寺、万佛洞、惠简洞、赵客师洞、奉先寺、龙华寺、极南洞以及东山的看经寺、擂鼓台诸洞。龙门石窟为研究北魏到唐、宋这一时期的历史、文化、民俗和雕刻、绘画、建筑、服饰、乐舞、书法、医药以及中外友好往来、文化交流的历史，提供了极为珍贵的资料，它无愧是一所丰富多彩、包罗万象的博物馆。

游龙门石窟，潜溪寺往往是人们最先到达的一个洞窟。潜溪寺又名斋跋堂，开凿于初唐。由于寺下有泉迸流，故名。其洞中刻一佛、二弟子、二菩萨和三天王。二菩萨丰满圆润，造型敦厚，双目炯炯有神，十分出色。

宾阳洞有三窟，开凿时间达24年之久，洞中佛像体现了北魏、隋唐等不同时代的艺术风格。洞窟正壁刻有释迦牟尼，左右两边有弟子、菩萨侍立，佛和菩萨面相清瘦，目大颈平，衣锦纹理细密，有明显的西域艺术痕迹。窟顶雕有飞天，挺健飘逸。

万佛洞在宾阳洞南边，洞中刻像丰富，南北石壁上刻满了小佛像，很多佛像仅一寸或几厘米高，计有1500多尊。正

壁菩萨佛像端坐于束腰八角莲花座上。束腰处有四力士,肩托仰莲。后壁刻有莲花54枝,每枝花上坐着一菩萨或供养人,壁顶上浮雕伎乐人,个个婀娜多姿,形象逼真。洞口南壁上还有一座观音菩萨像,手提净瓶,体态圆润丰满,姿态优美,特别传神。

奉先寺是龙门唐代石窟中最大的一个,此窟开凿于唐代武则天时期,历时三年。洞中佛像体现了唐代佛像艺术特点,面形丰肥、两耳下垂,形态圆满、安详,极为动人。

石窟正中卢舍那佛坐像为龙门石窟最大佛像,身高17.14米,头高4米,耳朵长1.9米,造型丰满,仪表堂堂,衣纹流畅,具有极高的艺术感染力。卢舍那佛像两边还有二弟子迦叶和阿难,形态温顺虔诚,二菩萨和善开朗。天王手托宝塔,显得魁梧刚劲。而力士像就更动人了,只见他右手叉腰,左手合十,威武雄壮。

金刚力士雕像比卢舍那佛像旁的力士像更加动人,是龙门石窟中的珍品,这是1953年清理洞窟积土时,在极南洞附近发现的,是被盗凿而未能运走遗留下的。只见金刚力士两眼暴突,怒视前方,两手握拳,胸、手、腿上的肌肉高高隆起。整座雕像造型粗犷豪放,雄健有力,气势逼人。

龙门石窟不仅仅是佛像雕刻技艺精湛,石窟中造像题记也不乏艺术精品。龙门石窟造像题记遍布许许多多的洞窟,约有3600幅作品。其中龙门的20幅是中国优秀文化遗产的一部分,在国内外学术界、书法界有很广泛的影响。

龙门风景区中横跨在两山之间的龙门桥,是具有民族风格的三拱空腹式石拱桥,始建于1960年,1962年落成,全长303米,仅中间一孔的跨度就达90米,十分壮观。这里,苍峰屏峙,秀水畅流,窟龛遍崖,一桥飞架,大自然造化的美景和人工雕凿的景致一起奔入眼底,美不胜收。

花山谜窟

花山谜窟原称"古徽州石窟群",位于安徽黄山市中心城区东郊新安江南岸的连绵群山之中,与大自然的杰作黄山比肩为伴,相映成辉,与埃及金字塔、百慕大三角、诺亚方舟等世界上诸多鬼斧神工的神景奇观一道,都处恰好在北纬30度这条神秘线上。

"花山谜窟"不同于国内外其他著名石窟,它不是天然溶洞,而是古代人工开凿的规模宏大形态奇特的地下宫殿

唐代龙门石窟奉先寺的佛像

群,目前已发现石窟36座、遗址区面积达7平方公里。据考古、地质方面的专家对石窟出土的西晋釉陶等文物进行考证断定,它开凿于西晋年间,距今有1700多年的历史。

花山谜窟的谜团在于,如此大规模的人工开掘石窟,而且又处在新安文化的中心地带,居然在历史上没有任何信息记录。另外,石窟的开掘年代、用途、石料去向、持续时间、开掘者身份等谜团至今未解。

须弥山石窟

须弥山为梵文音译,意为"宝山",位于六盘山脉北端,在宁夏固原市城西北50千米处,海拔1700多米。这里层峦叠嶂,岩石嶙峋,曲径通幽。北朝、隋、唐以至宋,明各代,在山的东麓开凿石窟100多处,总称为"须弥山石窟"。石窟现有140多个洞窟,保存完整的有22个,分布在大佛楼、子孙宫、圆光寺、相国寺、桃花洞5处,蜿蜒2000米。在各朝的造像中北周造像最为精美,隋代的造像风格淳朴,唐代造像面形丰满,表情安详。最高大的一座释迦坐像是唐代大中三年(849)前雕刻的,高达26米。此外还有宋、西夏、金、明等各个时代的多处题记、碑刻,是中国石窟艺术的重要遗址之一。

敦煌莫高窟

敦煌莫高窟位于敦煌市东南25千米处,鸣沙山东南麓断崖上,南北长约1600多米,排列五层,经过十多个朝代的扩建而成。据传,前秦苻坚建元二年(366)有沙门乐尊者行至此处,忽见鸣沙山上金光万道,似有千佛,于是开始组织人进行开凿。莫高窟至今仍保留有十六国、北魏、西魏、北周、隋、唐、五代、宋、西夏、元等十个朝代的洞窟500个,壁画今4.5万平方米,彩塑像2000多尊,是名副其实的千佛洞。莫高窟的艺术成就在于古建筑、雕塑、壁画三者相结合的艺术宫殿,尤以丰富多彩的壁画著称于世。敦煌壁画容量和内容之丰富,当今世界上任何宗教石窟、寺院或宫殿都不能与之相比,敦煌莫高窟壁画、古建筑、佛像雕塑,反映了不同朝代的审美情趣和风俗习惯,成为反映当时生产生活状况的重要依据。它是世界现存佛教艺术最伟大的宝库。1987年12月,敦煌莫高窟被联合国教科文组织列为世界文化遗产,是中国著名的三大石窟之一。

敦煌石窟中的佛像千姿百态,尤以菩萨的容貌姿态真实丰满。菩萨像揉合了东西方女性美的特点,她的塑像被称为"东方维纳斯",她的画像被称为"东方圣母"。数以万计的各种菩萨彩塑和画像,真实地反映了各个石窟时期的审美追求。兼有印度、东南亚、西域和中原菩萨的特征,形成了自身独特的艺术风格,因此,研究者们把敦煌菩萨塑像和画像称作"敦煌菩萨"。敦煌石窟中的说法图、经变图,都绘有各式各样的菩萨,是世界上保存菩萨画像最多的佛教石窟,比较完整地记载了佛教的发展历程。

二十三、古城、古镇、古村落

乾州古城

乾州古城具有上千年文明史。五帝时期这里就有人类活动,历史上称之为土著人;夏商时期有了僰人,以后来了猺人,再以后又来了苗人;秦汉时期乾州是重要的商埠码头;宋元时期,"潕溪蛮夷"不服朝廷管辖,朝廷常派军队征讨;明清时期乾州是南长城重要军事重镇(指挥中心),到处是兵营、炮台、碉卡,并与长城连接,阻隔边民,与铜仁、镇远等遥相呼应,共御边关。为此,朝廷重臣付出了生命代价,如马援、福康安、和琳等。乾州古城不仅在军事上有重要的历史地位,而且还造就了一大批重要的军事将才,有从法国人手中收复台湾的清朝名将杨岳斌、有誓死保卫天津大沽炮台的民族英雄罗荣光、有民国时期陆军次长傅良佐、少将高昆麓、抗日独臂英雄石邦藩等。

乾州古城旅游资源十分丰富,城内有十里古街、城中有十里河道、城外有十里边墙,名胜古迹繁多,可供游客参观的有数十个旅游景点,民族节庆活动内容丰富,民间小吃非常有名。

老司城

老司城位于湘西土家族苗族自治州东 20 余公里处的麻岔乡司城村。这座古城,本名福石城,因是土司王朝八百年统治的古都,亦称司城、老司城。土司时期,福石城是古溪州政治、经济、文化的中心,十分繁华。百姓流传,老司城分内罗城、外罗城,有纵横交错的八街十巷,人户稠密,市店兴隆,史书有"城内三千户,城外八百家","五溪之巨镇,万里之边城"的记载。清贡生彭施铎作《竹枝词》赞"福石城中锦作窝,土王宫畔水生波,红灯万点人千叠,一片缠绵摆手歌"。老司城留存遗址很多,现成为游客、专家、学者了解研究土家族历史和文化的珍贵的人文景观。主要有祖师殿、彭氏宗祠、土司德政碑、翼南牌坊、土司地宫、土司古墓群等。

瑷珲古城

瑷珲古城位于黑龙江省黑河市瑷珲镇。清康熙二十二年(1683)修筑,并为镇守黑龙江等处将军的住所,称黑龙江城。1685 年将旧瑷珲城移至黑龙江西岸,并改称新瑷珲城。现今周长约 2.5

瑷珲古城
墙遗址

千米的瑷珲古城,保留了一些清代建筑,矗立于江边的魁星楼,高20米,青砖红墙。古城中心有一八角楼,又称八封楼,楼为木结构,每层有走台回廊,相传为黑龙江义和团抗击沙俄的指挥中心。登上楼的最顶层,可俯瞰瑷珲城全景,离古城不远处有清朝古林将军富明阿墓。城西10千米为炮台山,城西南的北大岭是1900年中俄战争的重要战场。瑷珲古城是中国抗俄斗争历史名城。

荆州古城

荆州古城坐落在荆州区境内,巍巍而立的古城墙高8.83米,周长10.5千米,总面积约4.5平方千米,呈不规则椭圆形。全城有城垛4576个,炮台26个。城基用大块条石垒成,城砖用石灰糯米浆灌缝,非常坚固。城墙外,护城河紧相环抱,宽30米~100米。全城城门六座,城门上建有雄伟的城门楼,门楼边有藏兵洞。荆州古城距今已有2000多年的历史,现存的城墙、城楼是清顺治年间

(1644~1661)修复的。这里自古为兵家必争之地,战国时秦将白起攻楚及三国时的彝陵之战都发生在这里。

凤凰古城

凤凰古城位于湖南省吉首市南53千米处,至今保持着明清建筑风貌,岩石板铺成的街道纵横交错,古朴雅致。东岭迎晖、南华叠翠、山寺晨钟、龙潭渔火、奇峰挺秀、兰径樵歌、梵阁回涛、溪桥夜月等"八大景"造就了山城的灵气和秀色。沱江两岸多飞檐翘角的吊脚楼。城内有文昌阁、天王庙、奇峰寺、大成殿、朝阳宫等100多处古建筑。这座曾被新西兰作家路易艾黎称作中国最美丽的小城之一的"凤凰古城"建于清康熙年间,分为新旧两个城区。老城依山傍水,清浅的沱江穿城而过。红色砂岩砌成的城墙仡立在岸边,南华山衬着古老的城楼。城楼是清朝年间的,锈迹斑斑的铁门,依然看得出当年威武的模样。北城门下宽宽的河面上横着一条窄窄的木桥,以石

为墩，两人对面都要侧身而过，这里曾是当年出城的唯一通道。斜阳西下，桥边岸畔不少妇女正在用木槌洗衣，啪啪声随着水波荡漾开来。顽童在水中嬉戏，成为小城的一道风景。沈从文的故居位于古城内中营街的石板小巷深处，共两进两厢，颇像北京的小四合院，整个故居都是砖木结构，青瓦白墙，木格花窗。经风雨桥，过东城门，路上是行色匆匆挑担的乡民。老屋、挑担的乡民与红伞，形成了一幅对比鲜明的图画。凤凰古城就如一幅水墨丹青，从一笔笔的晕渲墨迹中可感受到它的魅力。老城、老街、小巷、河畔，需要用心去慢慢体味。

大理古城

大理位于云南省西部，历史悠久，文物古迹众多，被誉为"东方日内瓦"。1200多年前，这里曾是南诏国故地；700多年前，这里成为大理国的国都。当时大理已成为滇西的经济文化中心和丝绸之路的重要门户，也是我国白族文化的重要发祥地。

大理的居民有养花种草的习惯，因此大理古城自古就有"家家流水，户户养花"的优美景致。

大理古城内的民居建筑，一般为典型的白族民居，布局格式为"三房一照壁"、"四合五天井"。

所谓"三房一照壁"，即每户院内均有一处正房，两处厢房，正房对面是一面墙壁，下午至傍晚时阳光照耀在这面墙壁上，墙壁会将阳光反射到院内，把整个院落都照得十分明亮，故称"照壁"。

所谓"四合五天井"，即四面都是房子，有的独成一院，有的一进数院，平面呈方形，造型为青瓦人字大屋顶、二层重檐，主房呈东向或南向，为土木砖石结构，木屋架用榫卯组合，一院或数院连接成一个整体，外墙面多为上白（石灰）下灰（细泥）粉刷。

"三坊一照壁，四合五天井"的民居布局，以及城内用石板或碎石铺就的街道和马路，无不体现着白族建筑的独特风格。

白族是大理人数最多的少数民族，当地的民族风情十分浓郁。

白族三道茶也称"绍道兆"。这是一种宾主相互抒发感情、表达美好愿望的饮茶方式，富有戏剧色彩。喝三道茶，当初只是白族人在求学、学艺、经商、婚嫁时长辈对晚辈的一种祝愿。如今，喝三道茶已经成了白族人民喜庆迎宾时的饮茶习俗。

第一道茶，选取较粗、较苦的茶叶装进小砂罐用文火烘烤，再冲滚烫的开水，此茶虽香，却也很苦，称之为"清苦之茶"；第二道茶，加进红糖、乳扇、核桃仁、芝麻，香甜可口，称为"甜茶"；第三道茶，用蜂蜜和4至6粒花椒调拌，甜中有苦，苦中有甜，还夹带一丝麻辣味儿，称为"回味茶"。

丽江古城

丽江古城坐落在云南省丽江纳西族自治县玉龙山下一块海拔2400米的高原台地上，始建于宋末元初（12世纪末至13世纪中叶），总面积3.8平方千米。它是我国保存最完整、最具纳西族风格的古代城镇，1997年被联合国教科文组织列入《世界遗产名录》。

丽江古城虽然不大，却有着悠久的历史，它始建于宋末元初。当时丽江木氏土司先祖将其统治中心从白沙移到狮子山麓，开始在此地大造房屋城邑，称为"大叶场"。后来，忽必烈南征大理，到达丽江时，木氏先祖迎降，于是蒙古军就在"大叶场"驻军，随后又在大叶场设三赕管民宫。

元朝时，三赕管民宫改为丽江路通安州。明朝时，又在此设立丽江军民府，此后，古城贸易集市和街道建设不断大，并具有相当规模。

自明朝时，丽江古城称"大砚厢"，因其居丽江坝中心。四面青山环绕，一片碧绿之间水波荡漾，形如一块碧绿大砚，故而得名。

至明朝末年，徐霞客到丽江时，他笔下的古城已是"民房群落、瓦屋栉比"，"居庐骈集、萦坡带谷"，城中的木氏土司官府则呈现出"宫室之丽、拟于王者"的非凡景象。而且，此地当时已成为滇藏茶马古道上的重镇。

1961年，丽江纳西族自治县成立。

1997年12月，丽江古城申报世界文化遗产并获成功，填补了我国在世界文化遗产中无历史文化名城的空白。

丽江古城内街道密如蛛网，以四方街为中心，以五条主要干道为脉络，向四面八方辐射延伸。

四方街头枕西玉河，街面由清一色的五花石铺就，与互相通连的几条街巷融为一体。四方街曾是滇西北名贵中药材集散地、藏族生活用品产销地，这里的皮制裘衣、图案垫褥、藏靴、藏铜锅等产品远销藏区及国外。

在四方街做买卖的大都是纳西族妇女，所以四方街又被外地人称为"女人街"。

纳西族是一个有着深厚文化底蕴的民族，他们不仅善于吸收其他民族的优秀文化，而且还创造了自身独特的民族文化——东巴文化。

东巴文是纳西族先民用来记录东巴教经文的独特文字，它是目前世界上唯一存活着的象形文字，被称为人类社会文字起源和发展的"活化石"。

东巴经就是人们所说的"活着的象形文字"。它现在被统称为"纳西古代社会的百科全书"，内容涉及社会生活的方方面面，天文地理、文学艺术无所不包，还有生产、生活方面的许许多多知识，当然也包括很多神话故事。

东巴舞是纳西族的古典舞蹈，也是东巴文化的重要组成部分。它是东巴祭司根据不同仪式，按照道场规则所跳的一种宗教舞蹈。东巴舞从形式上看，似乎多是跳神驱鬼之类的动作，跳法大同小异，但实际上，根据祭祀内容的不同而有所区别，比如，祭天祭祖和缅怀亡人时，舞蹈的内容不同，形态也各异。

平遥古城

平遥古城位于山西省中部，始建于西周宣王时期（公元前827至前782年），明洪武三年（1370年）扩建，距今已有2700多年的历史。

平遥古城是中国境内保存最完整的一座古代县城，是中国汉民族城市在明清时期的杰出典范，在中国历史的发展中为人们展示了一幅非同寻常的文化、社会、经济及宗教发展的完整画卷。

山西平遥
古城

平遥有"三宝",即古城墙、镇国寺和双林寺。

古城墙于 1370 年扩建后,周长约 6.157 千米,是山西省现存历史较早、规模最大的一座城墙。这座城墙在明、清两代都有补修,但基本上还是明初的形制和构造。城墙高 12 米左右,外表皆为砖砌而成,墙上筑有垛口,墙外有护城河,深、宽各 4 米。城周辟门六道,东西各二,南北各一。东西城外又筑以瓮城,以利防守。城墙历经了 600 余年的风雨沧桑,至今雄风犹存。

古城北门外的镇国寺,是古城的第二宝。该寺的万佛殿建于五代时期,距今已有 1000 余年的历史,殿内的彩塑是不可多得的雕塑艺术珍品。

古城的第三宝是位于城西南的双林寺,其建筑年代至今尚难确证,但据寺内现存的北宋《姑姑之碑》所记,应该不晚于北魏,距今至少也有 1400 年的历史了。

双林寺坐北朝南,禅院在东,寺院居西,寺内现有大小殿宇 10 座,组成前后三进院落。前院有释迦殿、罗汉殿、阎罗殿、武圣殿和土地殿;中院有大雄宝殿、千佛殿和菩萨殿,其中大雄宝殿是明初在焚毁的七层楼阁台基上重修的;后院有重建于明正德年间的五楹娘娘殿和贞义祠。整个建筑规模适中,布局紧凑。

寺中的唐槐、宋碑、明钟、彩塑以及古代建筑都是稀世珍宝,其中尤以彩塑艺术最为出名。各寺庙殿堂内的彩塑均用红泥塑成,用黑琉璃点睛,用表情手势来表情达意、塑造性格。寺内现存彩塑 2000 多尊,大者丈余,小者尺许,它们造型生动、形神兼备、色彩艳丽,艺术价值极高,凝聚了我国彩塑艺术的精华。

平遥曾是中国晋商的重要发源地之一。明清两代,晋帮商人逐渐崛起,并发展成为中国举足轻重的商业集团。清道光四年(1824 年),平遥西大街上的中国第一家票号"日升昌"应运而生。

"日升昌"票号占地 1400 平方米,拥有建筑 21 座,建筑总面积达 1240 平方米。建筑空间形式为三进式穿堂楼院，临街铺面、过厅、客厅都位于南北中轴线上，庭园和厢房沿中轴线对称布局。建筑风格体现了山西晋中民居建筑的传统特色，又具有晋中商业店铺的独特风格。

"日升昌"票号前院前半部的厢房为对外营业的柜房，其室内地下挖筑有金库，后半部的厢房为内部管理用的信房和账房。前院还有三间正房，明间为过厅，其余两间为经理办公、起居的地方。后院是客房、厨房、厕所，客房主要供各地分号来的人暂住。

平遥普通的居民住宅大都是清代修建的，这些住宅体形较大、用料讲究，加之当地气候干燥，又未经战争破坏，所以大多数住宅保存得相当完整。

住宅平面布局多为严谨的四合院形式，院内有明显的轴线，沿中轴方向坐落着几套院落（一般为三进院），院落内的建筑左右对称、主次分明。院落之间多用矮墙和装饰华丽的垂花门隔开。正房一般为三间或五间拱券式砖结构的窑洞，在窑洞的前部，一般都加筑木结构的披檐、柱廊，上覆瓦顶。正房屋顶为平顶，一般在两侧砌有砖梯，沿梯上攀可到屋顶。

平遥民居的外墙是清水砖墙，高达七八米，对外不开窗户，外观坚实雄壮。院子里的地面用砖铺就，门为木雕精细的垂花门，沿街巷的宅门更是讲究。

福建土楼

在福建省西南部连绵起伏的崇山峻岭之中，矗立着一幢幢高大雄伟的建筑，这就是举世闻名的福建土楼。

福建土楼是世界独一无二的民居，它倚山偎翠，方圆错落，以生土夯筑，却巧夺天工，既安全坚固、防风抗震，又冬暖夏凉、阴阳调和，在建筑的每个细节都显示出了客家人的聪明才智。

客家是汉族中的一支重要民系，族祖是中原人，因战乱和灾害曾有五次较大规模的南迁，相对于迁入地区的原住居民而言，他们是客人。因而被称为"客家人"。在南迁和开发中国南方山区的过程中，客家人形成了刻苦勤俭、开拓进取、重教崇文、念祖思亲的客家精神。

土楼住宅，这种土楼是福建特色民居，又称圆楼。

来到闽西南一带的山区后,为避免外来侵袭,他们不得不恃山经营,聚族而居,用当地的生土、砂石、木片等建成单屋,继而连成大屋,进而垒起厚重封闭的土楼。土楼具有防盗、防震、防兽、防火、防潮等功能。其外形有圆形、半圆形和方形之分。土楼多为三四层,下层为仓储和公共活动场所,上层住人。其设计风格各有特色,有的精致典雅,有的古朴壮观。

在永定2200多平方千米的土地上,分布着2万多座土楼,其中三层以上的大型建筑近5000座、圆楼360多座。这些立面多姿、造型各异、高大雄伟的方圆土楼,和谐地与蓝天大地、青山绿水融为一体,组合成气势磅礴、壮丽非凡的土楼群体,形成让人"销魂夺魄"的奇特景观。

永定土楼千姿百态,种类繁多,包括殿堂式楼、五凤楼、长方形楼、正方形楼、三合式楼、五角楼、六角楼、八角楼、纱帽楼、走马楼、日字形楼、曲尺形楼、吊脚楼、半月形楼、圆形楼、前圆后方楼、前方后圆楼、椭圆形楼等20多种建筑形式。因此,永定被称为"一座没有大门的中国客家土楼博物馆"。

五凤楼始建于元朝,是中原四合院式民居在福建的特定环境下衍变而成的产物,是永定土楼中的典型代表。

五凤楼一般为"三堂两落"式,保持了明确的中轴线和规整、内向的传统布局。两侧横屋是四合院厢房的加高,后进,的正房为高大的主楼。这种主次分明、高低错落、和谐统一的建筑构思,既显示了封建宗法制的尊严和古朴庄重的艺术风格,又体现了土楼与中原文化千丝万缕的联系。

位于永定县大竹乡高头村的承启楼,是中国最大的圆楼,也是世界上独一无二的客家"圆楼王"。该楼坐北朝南,占地5376平方米,外圈直径73米,高四层,每层有房间72间。

永定县的"如升楼",是最小的圆楼,共12层12间房,住6户人家。

最古老的圆楼,是华安县沙建乡的"齐天楼",距今已有600多年的历史。

"振成楼"是最富丽堂皇、最具代表性的圆形土楼,也是客家土楼的精品,被称为"圆楼王子"。大厅里的门楣上有民国初年黎元洪大总统的题字,楼内还有永久性楹联及题词20余幅,充分展示了土楼深厚的文化内涵。

永定县下坂村的裕昌楼,又被称做"东倒西歪楼",始建于元末明初,楼内天井中心建有单层圆形祖堂,祖堂前面的天井用卵石铺成大圆圈,等分为五格,代表"金、木、水、火、土"五行。

这座土楼建成后不久,楼内回廊木柱便开始倾斜,最大倾斜度为15度,因而整座楼看起来摇摇欲坠。但令人称奇的是,经受了几百年风雨侵蚀和无数次地震的考验后,这座土楼依然有惊无险地耸立于此。

开平碉楼

广东省开平碉楼是中国乡土建筑的一个特殊类型,集防卫、居住功能于一体,是中西结合的多层塔楼式建筑。

根据现存实证,开平碉楼在明代后期(16世纪)已经产生,并随着华侨文化的发展而兴盛于20世纪初期,被誉为"华侨文化的典范之作"、"令人震撼的建筑文艺长廊"。

开平碉楼的兴起,与开平的地理环境和过去的社会治安密切相关。开平地势低洼,河网密布,而过去水利失修,每遇台风暴雨,当地居民便深受洪涝之苦。加上其所辖之境向来有"四不管"之称,社会秩序比较混乱。因此,清初即有乡民建筑碉楼,作为防涝、防匪之用。

鸦片战争以后,开平人民迫于生计,开始大批出洋谋生,渐渐积累了一些家产。民国时期,战乱更加频繁,匪患尤为猖獗,而开平的侨眷、归侨家中多有财物,故土匪集中在开平一带作案。

民国十一年(1922年),众匪伙劫开平中学时被鹰村碉楼的探照灯照射,四处乡民及时截击抢匪,截回校长及学生17人。此事轰动全县,海外华侨闻讯十分惊喜,觉得碉楼在防范匪患中起了重要作用,因此他们在外节衣缩食,集资汇回家乡修建了各式各样的碉楼。

这样一来,碉楼林立逐渐成为侨乡开平的一大特色。开平共有碉楼3000多座,现存1833座。

开平碉楼的建筑风格多种多样,装饰艺术千姿百态,堪称建筑史上的杰作。这些大大小小的碉楼,有中国传统建筑形式,如硬山顶式、悬山顶式,也有欧洲不同时期的建筑形式,如哥特式、罗马式。不同的建筑风格反映出碉楼主人不同的经济实力、独特的审美情趣等。

坐落在开平市蚬冈镇锦江里村的瑞石楼,号称"开平第一楼"。此楼高9层,占地92平方米,建于1923年,以其始建者的名号命名,是开平市内众多碉楼中原貌保存最好、高度最高的一座碉楼,堪称开平碉楼之最。

说它是"开平第一"。不仅指它的高度,在外观上它也是别的碉楼无法比拟的。楼的顶部有三层亭阁,凸现出西方建筑的独特风格,给人以不同寻常的美感。同时,该楼楼体每层都有不同的线脚和柱饰,增加了建筑立面的效果。五层顶部的仿罗马拱券和四角别致的托柱有别于其他碉楼中常见的卷草托脚,循序渐进,向上部自然过渡,十分美观。六层有爱奥尼克风格的列柱与拱券组成的柱廊。七层是平台,四角建有穹庐顶的角亭,南北两面有巴洛克风格的山花图案。八层平台中,有一座西式的塔亭。九层小凉亭的穹庐顶,体现了浓郁的罗马风格。

楼名匾额放在七层上部正中的位置,上书"瑞石楼"三个刚劲隽秀的大字。从外观上看,瑞石楼比例匀称,宏伟端庄,同时墙体的法国蓝给它平添了几分浪漫的气息。

铭石楼楼主方广仁早年在美国以经营"其昌隆"杂货铺而发家,回到老家后花巨资修建了这座气派的豪宅。铭石楼共有五层,外形壮观,内部陈设豪华,是该村最漂亮的一座碉楼。

铭石楼的第一层是客厅,天花板上刻画着西方常见的卷草图案。第二层到第四层为起居室,厅堂里摆放着中国乡村常见的桌椅、茶几;两旁是宽敞的卧室,床、衣柜等基本上都是中国传统风格,床顶是镂空烫金木雕花纹,木材纹理细密,图案栩栩如生。第五层为祭祖场所,房间正中央摆放着金碧辉煌的神龛。楼顶上面是宽阔的敞廊,敞廊两边是古罗马风格的爱奥尼克柱;四角各有一个向外突出的小平台,人称"燕子窝",平台上面挖有射击孔,可以居高临下地射击逼近碉楼的土匪。

站在铭石楼最高处极目四望,整个村落仿佛一幅立体的田园风景画。而星罗棋布的碉楼,好像一座座丰碑,矗立在稻田织成的绿毯上,谱写着开平大半个世纪的风雨沧桑。

绍兴

"悠悠鉴湖水,浓浓古越情。"绍兴以其丰富的人文景观、秀丽的水乡风光、诱人的风土人情而著称于世,是中外游客向往的游览胜地。

绍兴古城历史悠久,人文景观极其丰富,素有"江南明珠"、"文化之邦"、"名士之乡"、"鱼米之乡"之美誉,是我国著名的历史文化名城。

绍兴城集街、河、桥、船于一体,一河一街、一河数街、有河无街的城市布局,梁桥、洞桥、乌篷船交相辉映的水域景色,给人一种古朴、独特、典雅的情趣和享受。

以鉴湖为代表的平原水乡,其间河流纵横交错,湖泊星罗棋布,河荡比比皆是。分布于水网中的田野、村庄、农舍,以及河岸的纤道、河中的渔舍等,都让人如入世外桃源。

此外,这一带抵水而筑的民居,斑驳的灰墙独踞水上,参差的檐影透映水中,竟在这江南水乡中显露出一派徽州印象。黑瓦下的白墙被水气长年累月地熏黑,不由让人想起泼墨式的文化传承。

绍兴城内,石桥连街接巷,五步一登,十步一跨,真可谓"无桥不成市,无桥不成路,无桥不成村"。这里平均每平方千米有3.71座桥,而欧洲水城威尼斯每平方千米只有桥约0.67座。两相比较,绍兴的桥梁密度约是威尼斯的5.5倍。

从适用于小溪小河的木梁桥、木拱桥,到适用于大江大河的浮桥,继而发展到三边形桥、五边形桥、七边形桥、半圆形石拱桥、马蹄形石拱桥、椭圆形石拱桥,及至跨入当今世界先进拱圈结构行列的准悬链线拱桥,绍兴的桥梁构成了一个极完整的古桥系列,成为中国古代桥梁发展、演化的一个缩影,绍兴因而被称为中国的"古桥博物馆"。

其中,很多古桥都有"桥梁珍宝"的称号:宋代八字桥是国内现存最早的城市桥梁;纤道桥是国内仅有的唐代特长型石梁桥;泾口大桥是国内仅有的连续三孔马蹄形拱桥;玉成桥、迎仙桥是国内首次发现的准悬链线拱古桥……

正所谓"垂虹玉带门前来,万古名桥出越州",绍兴古桥在桥梁造型、建桥工艺、技术水平上都达到了当时的高峰。

绍兴古城一景

周庄

　　著名画家吴冠中曾撰文说"周庄集中国水乡之美于一身"，海外报刊则称"周庄为中国第一水乡"。这个历史悠久、民风淳朴的水乡古镇，犹如一颗拂去了尘埃的珍珠，散发着璀璨的光芒。

　　周庄所在地在春秋时期至汉代称"摇城"，相传吴王少子摇曾被封于此。

　　周庄镇旧名贞丰里。北宋年间，周迪功郎（迪功郎为官名）信奉佛教，将良田200亩揖赠给全福寺，百姓感其恩德，将这片田地命名为"周庄"。但那时的贞丰里只是集镇的雏形，与村落相差无几，后来，金二十相公跟随宋高宗南渡，迁居于此，此地人口才逐渐多了起来。元朝中叶，颇具传奇色彩的江南富豪沈万三之父沈佑，迁居周庄，因经商而逐步发迹，同时也使周庄出现了繁荣景象，由原来的小集迅速发展为商业大镇。

　　沈万三利用白蚬江西接京杭大运河、东北接浏河的交通优势，将周庄变成了一个粮食、丝绸及多种手工业品的集散地和交易中心，使周庄的手工业和商业得到了迅猛的发展。

　　四面环水的周庄，像一片小小的荷叶漂在澄湖、淀山湖、南湖和30多条大小河流之中，的确不愧为"水乡泽国"。

　　有水便有桥，有水便有船，"桥自前门进，船从家中过。"桥和船成了周庄人生产生活中不可缺少的组成部分。因水成路，因桥成市，桥桥相望，船船相连，给水乡周庄增添了无穷的魅力。来周庄观光的游客，只要坐上乌篷船，缓缓行驶在清澈明净的水中，便会情不自禁地产生一种恍若隔世的感觉。

　　双桥（世德桥、永安桥）是周庄的著名景点，位于南北市河和银子浜交叉的河道上。

　　双桥桥面一横一竖，桥洞一方一圆，呈直角状排列，颇似古时的钥匙，故被当地人称为"钥匙桥"。其中世德桥为单孔桥，南北向，桥孔中每道拱券用7个拱板石，拱板间插入锁石，构成连锁式桥孔；永安桥为梁式小桥，横跨在银子浜上。

　　双桥完整地体现了古镇的神韵：粉墙黛瓦，绿树掩映，小船在桥洞中穿过，牵着牧牛的老农走在桥阶上……著名画家陈逸飞曾以双桥为题材，创作了油画《故乡的回忆》，这幅油画后来被印在了当年联合国邮票的首日封上。

　　富安桥位于周庄镇中市街东端，相传桥旁有座总管庙，故此桥原名总管桥。

　　桥东西两侧有级梯，中间为平面，桥身四角的桥楼临波拔起，遥遥相对。此桥为江南水乡仅存的桥楼合璧的立体型建筑。桥上有五块江南一带罕见的武康石，其中较长的有两块，一块在桥东用做行人歇脚的栏杆石，一块作桥阶用。

　　周庄自古文人荟萃，历史上曾出现的进士、举人有20余名。西晋文学家、大司马东曹掾张翰以及唐代文学家刘禹锡、陆龟蒙都先后寓居于此，他们的宅第目前尚有部分遗址。

　　辛亥革命前后著名的文学社团"南社"中有不少社员曾在周庄居住，这里至今还保留着叶楚伧、王大觉、费公直、沈体兰、柳率初先生的旧居和陈去病先生的祖居遗址。此外，此地还保留着"南社"成员饮酒、吟诗、集会的"迷楼"等。

乌镇

乌镇位于浙江省北部、京杭大运河西侧。这里有古朴秀美的水乡风景、风味独特的美食佳肴、缤纷多彩的民俗文化、深厚奇特的人文积淀和亘古不变的生活方式，是承载着东方古老文明的一块宝地。

乌镇的历史十分悠久，6000多年前就有先人在此创造着属于他们那个时代的文明，镇东郊谭家湾古文化遗址便是最好的证明。

乌镇古时候称为"乌墩"，春秋时此地为吴疆越界，吴国曾戍兵于此提防越国，故又名"乌戍"。到唐代咸通年间始称"乌镇"。南宋嘉定年间以车溪（今市河）为界将乌镇分为两镇，河西称为乌镇，属湖州府，河东称青镇，属秀州府。新中国成立后，乌镇、青镇合并，统称乌镇。

乌镇曾是集商重地，从现存建筑的格局与整体风貌来看，当时的街市已经十分繁华了。同时，历史上的"一观二塔三宫六院九寺十庵"之说，也可验证乌镇灿烂的历史文明。如今，经过岁月更替、风雨沧桑，保存下来的十几万平方米的江南典型水乡民居群及十几座古桥梁，正诉说着古镇的悠久历史。

"家家面水，户户枕河"，这是乌镇和许多江南水乡小镇的相通之处。但此地却有一部分民居在建造时将木桩或石柱直接打入河床中，上架横梁，搁上木板，由此造成"人在屋中居，屋在水中游"的"水阁"，可谓独具匠心。

这种构建方法与过去的交通方式有关。水上交通是过去乌镇人主要的出行方式，建了水阁便占据了可供独家享用的河埠，也具备私家船停泊的泊位。

水阁靠水的一边完全突兀水中，加之屋子三面建窗，因此从任何一方凭窗而观，均可见河水粼粼，舟楫寥寥，风光无限。水阁是乌镇的灵气所在，有了水阁，乌镇人与水更加亲密了，乌镇的风貌也更有韵味了。

乌镇

在中国江南水乡的美丽小镇中，乌镇以独特的历史文化气息独树一帜。除了小桥、流水、人家的古镇风貌，这里还留有战国时代的遗韵，还流传着太平天国的故事。由宋代至清代，这里出了161名举人、64名进士……

现代文学巨匠茅盾的故居更为古镇增添了静雅之气。茅盾故居位于乌镇观前街与新华路交接处。故居面街向南，是砖木结构的江南民居。其主体是四开间两进深的二层楼房，共有房间16间，面积414.25平方米。另外，楼房后有小园，园内有平房三间，面积近100平方米。

过去乌镇一带的"出会"习俗相当盛行，一年四时八节，人们要出各式各样的"会"：正月灯会、三月庙会、四月"青苗会"、五月"瘟元帅会"、七月"城隍会"，还有"周仓会"、"总管会"等等，五花八门，名目繁多。

在众多的"会"俗中，"城隍会"最热闹。城隍会除了举行迎神扮鬼等活动外，还有各街坊的"抬阁"和"地戏"等节目。

出会那天，人们用16人抬的大轿，将城隍庙里身穿神袍、面施彩粉的城隍爷木像抬出来，先到西栅一座无主的荒坟滩上祭祀一番，然后便上街周游。整个出会队伍由一个"鬼保长"引路，接着便是鸣锣开道的人，这些人后面是轿子，轿子后面是各街坊组织的"抬阁"、"地戏"等节目。那些向城隍爷许过愿的人家会叫一名儿童扮成"犯人"跟在队伍最后。这样，一支由近百人组成的队伍沿街行走，再加上街道两边观看的人群前呼后拥，显得十分热闹。

婺源

婺源位于江西省东北部，与安徽、浙江两省交界。这里不仅山明水秀，风光优美，还有着深厚的文化底蕴，素有"书乡"、"茶乡"之称，是全国著名的文化与生态旅游县，也是镶嵌在"黄山—景德镇—庐山"国际旅游黄金线上的一颗绿色明珠。

婺源有着深厚的文化底蕴，自古以来就被誉为"江南曲阜"和"山里书乡"。宋代以后，婺源的文化氛围更加浓厚，有历代仕宦2665人，著作3100多部，其中选入《四库全书》的有172部。

此外，婺源的民间艺术也十分丰富。典雅的徽剧是京剧的源流之一，古朴的傩舞被称为"古典舞蹈活化石"，独特的甲路抬阁艺术享有"中华一绝"的美名，独具韵致的茶艺表演风姿迷人……

婺源是我国明清古建筑保存最多、最完整的县城。这里的古建筑包括古祠堂、官邸、民居、廊桥、亭阁等，它们遍布乡村，掩映在山麓水畔，点缀于古木幽篁之间，为婺源增添了古韵古色。

著名的俞氏宗祠气势雄伟，布局严谨，建造精湛，风格独特，被誉为"艺术殿堂"。它位于婺源县城东北30千米处的江湾镇汪口村，占地面积1000多平方米，建筑格局为清代中轴歇山式。宗祠由山门、享堂、后寝组成，两侧有仡园，园内的三棵古桂树至今仍年年吐芳。祠内斗拱、脊吻、檐椽、雀替、柱础等，无不形制考究、独具特色。

遍布乡野的名木古树，为婺源增添了不少秀色。

汉代的苦槠、隋朝的银杏、唐代的香樟、北宋的紫薇、南宋的牡丹、明代的香榧，以及历时千余年的红豆杉、楠木、柳杉、罗汉松、刨花楠、黄檀等，至今依然碧树虬枝，傲岸苍劲。这些古树中，树龄在800至1300年之间的有32株，其中最有名的是被称为"江南第一樟"的虹关古樟和朱熹亲手种植的巨杉

婆源有一种独具特色的桥——廊桥。廊桥是一种带顶的桥，这种桥不仅造型美观，而且具有特殊的功能——在雨天供行人避雨、歇脚。

宋代建造的古桥彩虹桥是婆源廊桥的代表作。这座桥根据唐诗"两水夹明镜，双桥落彩虹"的意思取名。桥长140米，桥面宽3米，由11座廊亭组成。廊亭中有石桌石凳。彩虹桥周围青山如黛，碧水澄清，景色分外优美。

鸳鸯湖位于婆源县西部的赋春镇，离婆源县城44千米。湖面面积约80万平方米，湖畔青山环绕，环境幽雅。

该湖是全国唯一的鸳鸯湖，因为湖畔阔叶林的果实是鸳鸯最好的食物，所以每年大约有2000对鸳鸯来这里过冬。

婆源的"四色"（红、绿、黑、白）是有着悠久历史和独特文化内涵的地方特色产品。"红"指"水中瑰宝"——荷包红鲤鱼，它肉嫩味美，具有食用、药用和观赏价值；"绿"指婆源绿茶，它以"汤碧、香高、汁浓、味醇"等特色扬名天下；"黑"指"砚国名珠"龙尾砚，其"声如铜，色如铁，性坚滑，善凝墨"的特征广为世人所知；"白"指江湾雪梨，体大肉厚，松脆香甜，属果中上品。

此外，婆源还有甲路工艺伞、竹编、刺绣、木雕、根雕等民间工艺品以及清华婆酒、赋春酒糟鱼、香菇、笋干、干蕨等特

江西婆源

色山珍食品，这些都是婆源独具特色的地方特产。

大通古镇

大通，是一座具有千年历史的江南名镇，位于铜陵市西南，是安徽"两山一湖"的北大门，是九华山头天门的所在地。据史料记载，大通唐时始设水驿。南宋时期，集市活动已由"镇"所代替。清末民初，大通与安庆、芜湖、蚌埠齐名，为安徽四大商埠之一。其文化遗产丰富，有大士阁（九华山头天门）、和悦老街、五里亭、天主教堂钟楼等人文景观二十多处。在这里，封火山墙、飞檐翘角、镂花窗台、水上吊楼等明清结构建筑仍历历在目。其中，该镇澜溪后街一座飞檐翘角的四角亭下有一口水井，名曰：龙

泉井,是我市境内保存最为完好的古井。它始建于清朝嘉庆丁丑年,距今已有二百多年历史。井口圈是用大青石雕琢而成,鼓形的井口圈一面是平的,上刻:"嘉庆丁丑年,龙泉井,佘以雨开"字样,游人从井口圈内侧被提水的绳索勒出的一道道深深的沟槽可以看出它年代的久远和人们对它的钟爱。

景德镇

　　景德镇在江西省昌江西河、东河的汇合处,盛产优质瓷土和烧瓷的松柴。五代时期,景德镇内的胜梅亭、石虎湾两窑就烧制青瓷和白瓷。到了宋代,许多工匠都来到景德镇,带来了各地制瓷的先进经验,在花纹选择、制瓷工艺以及装饰等方面达到了相当高的水平,创造了颇具风格的瓷器——影青瓷。到了元代,政府在景德镇建立了浮梁瓷局,由官府监督瓷业,使制瓷工艺有了新发展,成功地烧制了青花、五彩、釉里红、卵白、铜红、霁蓝等瓷器,打破了元以前瓷器的釉色主要是仿玉类银的局面,景德镇渐渐地成为全国的制瓷中心。明清时期,其他窑场开始败落,名匠一瞬间都涌入景德镇,形成了景德镇"工匠业八方,器成天下走"的局面。所生产的瓷器,数量大、品种多,质量高,销路广,不但满足了国内外市场的需要,而且还承担了宫廷御器、政府对内对外赐赏和交换的全部官窑器的制作。经过各种途径,景德镇瓷器进入了全国各地,景德镇也名扬海内外,成为中国"瓷都"。

甪直镇

　　"神州水乡第一镇——甪直",这是原全国人大常委会副委员长费孝通对江苏省苏州市甪直镇的高度评价和赞誉。甪直镇作为神州水乡古镇的佼佼者,的确名不虚传,它具有2500年的文明历史。特别是她的古老文化,名胜古迹、古桥、古街、古民宅以及具有1300多年历史的古银杏树令人赞叹不已。

　　当人们来到甪直,很多人都会提出这样一个问题,那就是这个"甪"究竟是怎么来的,这里为什么叫甪直?据《甫里志》载:甪直原名为甫里,因镇西有"甫里塘"而得名。后因镇东有直港,通向六处,水流形酷如"甪"字,故改名为"甪直"。又传古代独甪神兽"甪端"巡察神州大地路径甪直,见这里是一块风水宝地,因此就长期落在甪直,故而甪直有史以来,没有战荒,没有旱涝灾害,人们年年丰衣足食。

　　镇上河水清清,环境幽雅,名胜古迹星罗棋布,历史景观,鸭沼清风、分署清泉、吴淞雪浪、海芷钟声、浮图夕照、渔莲灯皋、西汇晓市等被先人们概括的"甫里八景"虽然历经历史的磨难,大部分已经被拆除,但仍能找出它们当年的恢弘。建于公元503年,据今1495年历史的甪直保圣寺是国务院首批公布的国家一级重点文物保护单位,寺内唐代著名雕塑家杨惠之所塑的九尊泥塑罗汉,虽历经千年沧桑,却仍然保存完好。元代书法家赵孟頫曾为寺题抱柱联:"梵宫敕建梁朝推甫里禅林第一,罗汉溯源惠之为江南佛像无双"。早年郭沫若先生看后讲"保圣寺的罗汉塑像,筋骨见胸,脉络在手,尽管受着宗教题材的束缚,而现实感却以无限的迫力向人逼来,使人不能不感到一种崇高的美"。

保圣寺内的"斗鸭池"、"小虹桥"和"清风亭",是晚唐著名诗人、文学家陆龟蒙先生留下的遗迹,他曾做过湖州、苏州刺史的幕僚,但一身清贫、生活艰朴、常与农民一起耕种田地,并首先发明了农民翻土耕地的牛犁,当地的农民特别敬重他。

水多、桥多、是甪直镇的另一个特色。甪直历来享有江南"桥都"的美称,一平方公里的古镇区原有宋、元、明、清时代的石拱桥72座半,现存41座,造型各异、各具特色、古色古香。有多孔的大石桥、独孔的小石桥、宽敞的拱形桥、狭窄的平顶桥,也有装饰性很强的双桥、左右相邻的姊妹桥和方便镇民的平桥,其中两桥相连成直角的双桥有5处。很多有识之士都感慨地说,看了甪直,实际就等于参观了一个古代桥梁的博物馆,其桥梁的密度,远超过意大利的水城——威尼斯。

湖村

湖村古村落距皖南绩溪城东十八公里处,是一个"狮象把门"、园林锁口的古村落。这里是徽杭古道的必经之路,村中仍保留着千年古树、宋代古墓、古桥、古亭,还有古居民、古门楼群、古祠堂等,村中有一条明代的水街,它巧妙地利用地势建造的古建筑群,依山而筑,逶迤伸展,宛如一幅立体的山水画卷,它集徽州古村落之大全,故有专家称此为"徽

州古文化的活化石"。

该村的西头有一座气势不凡的章氏宗祠,经整修现已恢复昔日的辉煌。祠堂中有一座明代的蟠龙香亭,圆柱上雕有六条摇摇欲飞的蟠龙,代表了徽派木雕的最高水准,堪称木雕一绝。

在村溪的南端尽头处,有一门楼巷,巷内连片的民宅门罩,皆以风格各异、制作精细的砖雕作饰。那一座座门楼,就是一件件玲珑剔透的民间艺术品,常令观瞻者叹为观止。这些雕刻精制的门楼,取材十分广泛,内容丰富多彩。有民间风俗、神话传说、戏曲故事等,或称之为砖雕之最,充分体现了徽州古建筑中门楼文化的博大精深。

该村至今还保留着旧时民宅百余幢,这些建筑,皆具有砖木结构、三间两厢、明堂天井、粉墙黛瓦、马头山墙等徽派建筑的基本特征。

查济村

查济村位于皖南泾县城西六十公里处。

明清民居古建筑群就坐落在流水潺潺的查济河两岸,绵延10里,现存有明代建筑80处,清代建筑109处。几乎所有的明清建筑都雕梁画栋,翘角飞檐,其中德公厅屋、诵清堂、爱日堂等住宅更是高大宏伟、结构精致。

古雕、砖雕、木雕在查济随处可见。门窗扇格的木雕、厅堂柱础的石雕、门楼门汇的砖雕,均繁刻精镂,玲珑剔透、画面各异,或花鸟、或禽兽、或人物,无一不栩栩如生;房屋结构为多进式,或三进、或四进,进间有"四水到堂"式的天井,

查济村

沿天井二楼廊廊置有"美人靠";条石砌就墙基,柱基为圆形雕石,墙体青砖、屋上黑瓦。传统的双披屋顶半掩半露,躲在重重叠叠的山墙后面。高出屋顶的山墙既可阻止火势蔓延,又具防盗作用。山墙造型丰富,有云形、弓状、阶梯式等,墙头呈翘首长空的马头状。这些古代民居的外形全是青砖黑瓦,并非是古代查济人没有财力或不具审美意识,明清时期,查济人多在外经商,不乏富商巨贾,且查济文风极盛。查济村周围有四门三塔:钟秀门、平岭门、石门、巴山门;如松塔、青山塔、巴山塔古朴典雅。这三座塔就是查姓家族为振兴查济文风,而于清嘉庆年间集资兴建的。查济人查秉钧、查春如更是清代书画名家。

涉故台村

　　涉故台村位于安徽宿州市塘桥区西寺坡镇,这里古代是一片沼泽地,故名"大泽乡"。中国第一次农民大起义——大泽乡起义即发端于此。

　　涉故台呈覆斗形,北高4.6米,南高3.2米,东西长67.6米,南北宽65.5米,面积4427.8平方米,台周围绿树掩映,环境幽雅。台上有古柏数株,台东沿尚存一口古井,深20余米,曰:"龙眼井",为寺庙遗存。台上存有明万历、清道光、清光绪、民国29年四块碑记。据碑文记载,明代以前曾于此台设置过"楼台寺"。台南沿有一株古枯树,树呈龙形,通体鳞甲,曰:"柘龙树"。

　　台南70米中轴线上矗立一座陈胜、吴广起义大型浮雕像,雕像通高9米,宽6.2米,厚1.7米,总重120吨,雕像外形为火炬形,象征陈胜、吴广点燃第一次农民大起义的熊熊烈火,陈胜右手持剑指向蕲县,左手振臂呼唤起义军,吴广怒目举棒,首冲在前。

　　涉故台作为中国第一次农民起义的发祥地,是中国农民战争和农民革命的源头,是历史的载体和见证,是一座伟大的历史丰碑。

西递村和宏村

　　黟县始建于公元前221年,距今已有2000多年的历史。这里山川秀美,连绵的峰峦与名扬中华、闻名世界的中国十大名山之一的黄山连为一体。黟县境内除有优美的自然景观外,还有令人叹为观止、极其丰富的人文景观。位于县南的"桃源洞"是历史上进入黟县的唯一通道。这里的自然景观非常奇美,溪流奔湍,两岸峭壁千仞,溪流两旁桃林依依,其间房舍栉比、阡陌交错。晋代诗人陶渊明受这里的风光所感染,其笔下的

《桃花源记》所描述的境界,为"桃花源人家"留下永久的美誉。后陶渊明后裔迁居此地,繁衍生息。据史料记载,黟县在秦、汉时期地域广阔,到东晋后,由于中原地带战乱不断,使得大批官员举家南迁。黟县以独特的地理位置,群山环抱,交通不便而著称,因而这里成了商人以及达官贵族首选之地。黟县城分布着上百个聚集而居的古村落,保存着明清时期建造的古民居,数量之多,令世人震惊。另外,这些古民居,反映了独具特色的地域文化和中国古人在人与自然方面的和谐统气,具有浓郁的中国传统文化氛围。这些古村落连成一片,是一道具有中国传统文化的历史文化长廊。西递、宏村,正是这些迷人的古村落中的代表。村落是中国乡土社会的基本细胞,是乡土社会人群密集、生息和生产的聚居地,随着物质、文化的不断发展,丰富多彩的村落群体渐渐形成了。中国的古村落大都在地理分布、形态特征和内部结构等方面,存在着自己独具的特点。它们不仅是建筑的实体,同时也是地方文化与地方精神的物质体现。黟县古民居的建筑带有一种艺术特色,外形全部是粉墙青瓦,远处望去,较大的村落被一片绿树所包围。现在经过大自然的风雨侵蚀,墙上的白粉已零星脱落,出现了一种冷暖相交的多种颜色,给人一种深远的历史感。

西递位于安徽省黟县东南部,全村面积13公顷,东西长700米,南北宽300米,是个典型的以宗族血缘关系为纽带、经几代繁衍而成的同族聚居村落。以胡氏宗族为主。从远处看,每一栋单独的建筑都似船形。这里山水迷人,是一块难得的风水宝地,人文景观处处可见。

早在古时,中国传统的重视读书做官、轻视经商的观念已开始动摇。大部分读书人开始弃书经商,告别家乡,跻身于强大的"徽商"队伍中。由于他们大多数人博览群书,在经商过程中,有着较为科学的经营理念和方法,常能"以一获十"地牟取暴利,成为经商大村,居民生活水平大幅提高。为此,西递渐变为具有强大财富的古村。通过几代人的不懈努力,滚滚的财源不断涌向西递,西递由此发生了巨变,拔地而起的楼群比比皆是。后由于战争频发,外出经商的人们渐把自己的家人接到外地,使得西递人口增长率出现负值。

随着人口下降,加上其他原因,这个有着几千年文明史的古村,开始走向衰落。

如今,西递古村居民只有300余户,1000多人口,大都以务农为生。保存较完整的民居尚有120多幢,是中国现存的较为完整的古民居建筑群之一。故被专家称为"东方古代建筑的艺术宝库"。

宏村位于黟县城东北,距县城10千米。有着800年历史的宏村,俯视形如牛状,是当今世界文化遗产的一大奇迹。这里山川秀美,气候宜人,湖光山色,独领风骚,融人文景观与自然景观于一体,故艺术家称之为"中国画里的乡村"。宏村始建于南宋,是汪姓聚族而居之地。村子四周古木参天,其中有两棵已有400余年的树龄。

村落平面采用"牛"形布局。牛肠——水圳引西溪河入水口,经九曲十弯流经全村,最后注入南湖,充分发挥了其生产、生活、排水、消防和改善生态环境等的功能。居民足不出户,就可以饮用、洗涤、浇园,及至凿池养鱼、植花种草。

宏村一景

　　宏村有着类似方格网的街巷系统，路面用花岗石铺就。穿过家家户户的人工水系形成了独特的水街巷空间。村落以半月形水塘"牛心"——月沼为中心，周边围以住宅和祠堂，内聚性很强。最能体现宏村景观和艺术价值的月沼和南湖水面，映衬着古朴的建筑，在青山环抱中依然保持着勃勃生机，更显宏村独到的人居环境价值和景观价值。

　　在宏村，从选址、规划到建筑，都是人们从一定文化观念和宗教观念出发的。有意识地强化自然界中"牛"的形态，体现了农耕民族对牛的崇拜与依赖。经过800年的规划发展，宏村已经成为一处中国古村落的经典之作。

　　宏村是一处人文景观和自然景观相互融合的古村落。

　　宏村明、清建筑群保留了历史的原型，保存基本完好，有书院建筑、祠堂建筑和众多的住宅建筑及私家园林，是徽州建筑文化的杰出代表，具有极高的历史、艺术和科学价值，是人类文明发展史上重要的文化遗产之一。特别是以南湖书院为代表的书院建筑，以承志堂为代表的住宅建筑，以德义堂、碧园为代表的私家园林，都集中地反映了18世纪徽州儒家文化的昌盛与繁荣。

　　当地气候温和、空气湿润，适宜植物生长，古树名木与古建筑交相辉映，多数民居宅院内结合水园设置花坛、盆景，造景精湛、意趣盎然，是古徽州私家园林的杰作。可以说，宏村水系与古建筑及其山水绿化环境的融合已成为宏村最重要的历史标志和文化艺术标志。

二十四、名街

北京国子监街

国子监街位于东城区安定门街道，他的名字源于坐落在这条街的古老建筑——国子监。街道全长 669 米，平均宽 11 米，距今已有 700 年历史。街区内集中了国家级文物保护单位国子监、孔庙等大量历史文化遗产，是全市唯一一条以街命名的市级文物保护街道，也是北京保留下来的唯一一条牌楼街。东西贯通的国子监街以其幽雅、宁静的环境和丰富的历史、人文内涵，成为北京一处独具特色的文化景区。正如乾隆所言"京师为首善之区，而国子监为首善之地"。1990 年北京市人民政府将国子监街公布为北京市第一批历史文化保护区。

北京王府井

与京城古朴的文化氛围及炫目的商业气息相映成趣。有一百多年历史的王府井商业街的特点就是铺子老、名号大、街道宽、气派足，而这些在中国的商业街中，恐怕也只有占尽京城地利之便的王府井商业街能独享其尊了。

西方画家画笔下的北京国子监牌楼

平遥南大街

南大街位于古城中心,古城以南大街为中轴线,遵循"左文庙、右武庙、左城隍、右县衙"的格局。所以南大街是全城的脊梁,是当年商业最繁华的街道,包含了多种行业:钱行、当铺、油业、粮行、木器行、货栈旅店、麻布行、颜料行、肉行、烟业、鞋帽业、漆行、花店业等。重建于清康熙年间位于大街中心地段的市楼,当年起着管理整个市场的作用,如今也是全城的中心和制高点,为全城的中心地带。街道左右两旁依然店铺林立,当年有名的百川通票号、协同庆钱庄、黄酒老字号"长升源"、绸缎庄"长泰永"等店铺的旧址如今依然伫立。但多数成为供游客观光的景点。

哈尔滨中央大街

哈尔滨市是一座有百年历史的北方城市,1994年被确定为国家级历史文化名城。濒临美丽的松花江畔的中央大街是这座名城最突出的代表。中央大街北起松花江畔的防洪纪念塔,南至经纬街,全长1450米,宽21.34米,其中车行方石路宽10.8米。中央大街西至通江街,东至尚志大街,占地面积94.05公顷的区域范围内,为中央大街历史街区。2005年被国家建设部评为《中国人居环境范例奖》,2006年被哈尔滨市政府定为《哈尔滨十大城市名片》之一。

苏州平江路

苏州古城是依托水乡特色,采用棋盘式布局的古代区域性都城的典范,两千五百年来城址未变,格局尚存,堪称中国古代城垣活的标本之一。平江历史文化街区是苏州古城内迄今保存最为完整的一个区域,拥有世界文化遗产耦园和10处省市级文物保护单位,以及64处苏州市控制保护古建筑等众多历史文化遗产。对照南宋《平江图》及明末《苏州府城内水道总图》,平江历史街区基本延续了唐宋以来的城坊格局,有些街巷、河道、桥梁的名称在《平江图》上一一对应。由城河、城墙、河道、桥梁、街巷、民居、园林、会馆、寺观、古井、古树、牌坊等历史遗存所构成的街区历史风貌集中体现了苏州古城的城市特色与价值,堪称苏州古城的缩影。平江历史街区是不断发展的"活"的历史地段,在现代城市生活中仍将发挥着重要的作用。

黄山市屯溪老街

屯溪老街具有历史的真实性、风貌的完整性、生活的延续性,1997年被确定为建设部历史文化保护区规划、管理综合试点单位,屯溪老街是徽文化生态保护试验区一个重要节点,在历史街区的保护中有典型性和代表性。位于安徽省黄山市屯溪区老城中心的新安江畔,老街传统街区面积近20公顷,核心保护区4公顷,老街全长832米,两侧有三路18条巷,现有各类店铺227家。

福州三坊七巷

三坊七巷是福州市南后街两旁从北到南依次排列的十条坊巷的简称。向西三片称"坊",向东七条称"巷",自北而南依次为:"三坊"衣锦坊、文儒坊、光禄坊,"七巷"杨桥巷、郎官巷、安民巷、黄巷、塔巷、宫巷、吉庇巷。此街区是中国十大历史文化名街之一,"三坊七巷—朱紫坊建筑群"为全国重点文物保护单位。三坊七巷地处福州市中心,总占地面积38.35公顷,基本保留了唐宋的坊巷格局,保存较好的明清古建筑计159座,其中包括全国重点保护单位9处,省级文物保护单位8处,被誉为"明清建筑博物馆"、"城市里坊制度的活化石"。

青岛八大关

八大关近代建筑位于山东省青岛市南区南部,分布于八条以古代重要关隘命名的马路旁,因此得名。八大关建筑最早于20世纪初由德国建筑师设计建造,以后美、俄、日等国建筑师及中国建筑师陆续设计建造,至20世纪40年代基本完成。形成了300余栋集20多个国家不同建筑风格的别墅建筑群。总建筑面积145368平方米,建筑结合了西方古典主义与浪漫主义风格,有平面对称、轴线突出的德式,尖塔坡顶的哥特式,装饰粗放的西班牙式等。建筑群依山傍海,与周围自然环境融为一体。青岛八大关近代建筑有世界建筑博览会之誉,具有较高的历史、艺术和科学价值。

青州昭德古街

青州市昭德古街北起东关街,南至南环路,因街中段有昭德阁故名。清光绪29年重修时铺了条石路面。街南段曾名校场街,民国时并入,统称昭德街。东关真教寺、伯颜后裔赵宅都在此街,是回族居住最集中的街道之一。青州昭德古街商贾云集,繁荣昌华。明清时期,这里是古青州最繁华的地段,也是附近地区商品集散地之一,每年接待来自五湖四海的宾朋和客商。当年,昭德古街商号云集,会馆林立,老字号也颇多,如糕点老字号"隆盛号"、"公义和"、"泰盛和"等,皮毛业字号"中和"、"中兴"、"万聚"等,制帽老字号"吉顺兴"、"元顺兴"等上百家。这里人文荟萃,名胜众多。历史上曾有过王曾的"宰相府"、赵秉忠的"状元坊"、"软绿园",还有"昭德阁"、"海岱阁"、"山西会馆"、"真教寺"等名胜。

海口骑楼老街

海口的骑楼建筑群初步形成于19世纪20～40年代,距今有100多年历史,其中最古老的建筑四牌楼建于南宋,至今有600多年历史。20世纪30年代,海口已有35个行业572家商铺,如"梁安记"、"云旭记"、"远东公司"和"广德堂"等等。著名旅店或综合性娱乐场所有"五层楼"、"大亚旅店"、"泰昌隆"等等。许多大商号都在老街的骑楼里,展开不见硝烟的经营大战。1931年,得胜

《〈中英天津条约〉签字图》

沙街上的"海口大厦"（俗称"五层楼"）建成，那是建国前海口市最高的楼房。"骑楼林立，商贾络绎，烟火稠密"，是当时海口兴盛景象的真实写照。骑楼的历史与海口早期的对外开放息息相关。晚清时期，《天津条约》签订，海口是当时全国十大对外开放的口岸，是全岛对外开放的窗口，在南洋谋生的人开始回家乡投资建设。1849 年，最早的骑楼在水巷口、博爱北路一带的四牌楼街区建成，这里之所以叫水巷口，是过去水域比现在宽，能把船直接开进来，整片骑楼街区就是从这里延伸开来，形成了规模。

八廓街

八廓街位于拉萨市中心，为西藏最为繁华的商业街，又称"八角街"。它集宗教、文化、民俗、观光、购物为一体，街道两侧店铺林立。八廓街的两旁是两三层的藏式居民楼，上层为住宅，下层为店铺。八廓街的旅游商品，有很多是特产，如木碗、银碗、竹碗、"嘎乌"、编织精细的"氆氇"、"那布"、"帮典"（均系藏族的手工传统编织品）以及各种用途的法器（鼓、钹、碰铃、锣）等。也有许多东西是尼泊尔、印度、不丹等国商人加工的仿制品，如各种骨雕动物、仿真珠宝首饰、经过仿旧处理的各色"古董"等。这里不仅是当地人生活中的重要场所，更是来此旅游者必到的市井之一。

重庆沙坪坝

始建于宋真宗咸平年间，即公元 998 年，位于重庆市沙坪坝区东北部。古镇背倚歌乐山，前临嘉陵江，汇聚巴渝文化、宗教文化、沙磁文化、陪都文化、红岩文化；历史名人众多，文化遗址 10 余处；地方特色浓厚，包括传统手工艺、川剧票友、茶馆书场、龙灯龙舟、古镇庙会；街区的结构布局以自然山水环境为基础，依山就势，形成三维立体空间结构形态。核心区 20 余处有较高保护价值的明清四合院。国务院批复明确为重庆主城区必须保护的历史街区之一。国家发展改革委、原建设部、国家文物局将其纳入《全国"十一五"历史文化名城名镇名村保护设施建设规划》。

扬州东关街

距今约有 1200 年历史。20 世纪 90 年代出土的扬州东门遗址证明，早在唐代至元代时期，东关街就拥有坚固的城垣、独具特色的民居和设施齐全的浴室。据扬州文史专家考证，唐代杜牧的诗句"春风十里扬州路，卷上珠帘总不如"描述的就是东关街。到了清代，中国四大行商之一的扬州盐商，更把东关街作为居住的首选之地。东关街拥有比较完整的明清建筑群及"鱼骨状"街巷体系，保持和沿袭了明清时期的传统风貌特色。街内现有 50 多处名人故居、盐商大宅、寺庙园林、古树老井等重要历史遗存，这种"河（运河）、城（城门）、街（东关街）"多元而充满活力的空间格局，体现了江南运河城市的独有风韵。

上海多伦路

鲁迅、茅盾、郭沫若、叶圣陶等文学巨匠及丁玲、柔石等左联作家的文学活动，铸就了多伦路"现代文学重镇"的地位和众多的文化名人故居。有罕见的百年海派建筑"露天博物馆"和众多的历史文化遗存：既有著名的景云里、永安里等海派旧里，也有名闻遐迩的鸿德堂，风格各异的孔（祥熙）公馆、白（崇禧）公馆、汤（恩伯）公馆等优秀历史建筑，还有众多历史遗址遗迹：中国左翼作家联盟成立大会会址、纪念馆及左翼人士活动处、太阳社成立处、上海艺术剧社、时代美术社等。除了独特而现代的文博街市、众多的文化艺术藏馆，还恢复重建了"公啡咖啡馆""内山书店"等旧有著名文化景观，并新建了"世纪钟楼""名人雕塑"等文化休闲景点。

齐齐哈尔罗西亚街

中东铁路 1897 年 8 月动工兴建，1903 年 2 月竣工通车。位于齐齐哈尔市昂昂溪区的罗西亚大街形成于 1907 年，是中东铁路沿线俄式建筑保存较好、具有突出特色的一条街道。街长 1451 米，宽 18 米，沿街两侧分布的俄式建筑，均匀排列，形成以昂昂溪车站（原称齐齐哈尔车站）为中心的功能完善的建筑群体。这些融合了西方风格的建筑见证了中东铁路的历史，具有较高的建筑艺术价值和历史文化价值。路两侧的房屋产权归个人所有，现在的居民还沿袭着建筑初期的传统。1985 年，昂昂溪中东铁路建筑群被齐齐哈尔市人民政府公布为市级文物保护单位，并被列入市级保护街区名录。

苏州山塘街

全长 3600 米，为唐代著名诗人白居易于公元 825 年任苏州刺史时修筑，至今仍保持着"水城古街""一街一河"的原本格局和"小桥流水""粉墙黛瓦"的传统风貌，充分体现了历史风貌的完整性；街区文物古迹荟萃，有国家、省、市级文保单位 11 处，市级控保建筑 16 处，古牌坊 9 处，其他古迹 40 余处。这里传统民居密集,本地原住民达 85% 以上,枕河而居、邻里相望,并且仍保留着传统的生活习俗,农历二月十二日的"百花节"、农历七月三十日的"烧狗屎香"等传统民俗活动代代相传,充分体现了历史生活的延续性,被誉为"一条活着的千年古街"。

天津五大道

　　形成于 19 世纪 60 年代的天津"五大道"包括天津市和平区南京路、成都道、西安道、岳阳道、桂林路、西康路、马场道围合的范围,面积 141.4 万平方米。街区共有文物建筑 97 处,其中,天津市文物保护单位 12 处,和平区文物保护单位 30 处,已公示不可移动文物 55 处。"五大道"街区形成初期处于英国租界区范围,各国建筑设计师先后在这里建造了西方不同建筑风格的花园式房屋。

天津五大道

如今,"五大道"已成为天津异国风情区的代表,更是"天津小洋楼"的代名词。

无锡清名桥

　　以 2008 年公布的全国文物保护单位古运河为中轴,南长古街和南下塘古弄分列左右,为独具特色的古运河江南人家历史文化街区。因与京杭大运河连通,是贯通中国南北水道的重要组成部分。千百年来,清名桥历史文化街区因河而生,因河而兴,其历史文化价值主要表现是中国吴文化的发源地、中国近代民族工商业的发祥地、古运河畔江南人家的原生态风貌地以及运河申遗的重要示范地。街区现存有少量明清古民居,绝大部分历史建筑为 19 世纪末、20 世纪初所建,建筑有着浓厚的运河江南人家特点,既有院落式、竹筒式、独立式的枕河人家,又有中西合璧的石库门商贾别墅。

北京烟袋斜街

　　烟袋斜街是北京历史最悠久的斜街之一,根据明朝时的《京师五城坊巷胡同集》记载,这条胡同叫做"打鱼厅斜街",据朱尊彝所著《日下旧闻考》的记载清乾隆年间这条胡同被称为"鼓楼斜街",到清末时鼓楼斜街改名烟袋斜街。这条街不仅像烟袋形状,而且清末该街以经营烟袋为主业,故名烟袋斜街。此街形成于明代,清代有"小琉璃厂"之称。

情信物,是侨乡的象征性建筑。

漳州古街

自唐代以来即为州、郡、路、府之治所。街区内有台湾路、香港路、始兴南北路、芳华横路、芳华北路等老街道,包含明清石牌坊及漳州文庙等2处国家级文物,市级文物保护单位8处。台湾路与香港路是以前店后坊上住宅的"竹竿厝"建筑为主的传统商业街,但两者建筑风格迥异,香港路为典型的闽南风格的"骑楼式",而台湾路则是典型"中西合璧"的非骑楼式,其代表建筑"万圆钱庄""新生布行"等著名老字号商铺的建筑具有明显的南洋风格。祖祖辈辈生活在这里的人们,他们的传统生活方式、店铺经营模式、小吃制作手艺等都是这一历史街区不可缺少的、具有灵性的"精神"与"物质"象征。

泉州中山路

形成于20世纪30年代的泉州老街区。中山路共分为3截路段,涂山街头以南至新桥头称中山南路,涂山街头至钟楼称中山中路,钟楼以北至华侨新村模范巷口称中山北路。这里一直是泉州最繁华的商住街,人烟辐辏,生意兴隆,也是"老店号"最集中的一条街。街道两旁有柱廊式骑楼可作遮阳避雨人行道,建筑风格糅合南洋和闽南传统特色,是泉州人民和海外侨胞感情血浓于水的实物见证。在马来西亚、新加坡还保存有这种建筑风格的街道。因此,中山路是泉州籍侨胞寻根谒祖、思乡、爱国的亲

祁县晋商老街

祁县古城的东、南、西、北四条大街统称为"晋商老街"。东西长为850米,南北宽为700米,城池总占地面积54.9公顷;古城建筑风格"集江南河北之大成,汇宋元明清之法式",是明清时期晋商辉煌的缩影,更是中华民族珍贵的历史、建筑、文化、艺术的精华,是旅游资源的富集区。城区布局以十字街口为中心,东、南、西、北四条大街垂直交叉,南正北直,东西对应。以十字交叉为骨架,全城辅以二十八条街巷与之纵横贯通。这些街巷走向大多整齐规范,与主要大街平行。显得整个布局结构严谨,体现了我国古代传统建筑设计的风格。而在个别街巷的走向处理上又匠心独具地增添一些不规则型,使得整个城区布局既整齐合理,又不呆板。古衙署、古寺庙、古书院、古驿站等公共设施排列有序,配置齐全。东、西、南、北四条大街临街铺面,全为商号店铺,建筑多为二层砖木结构,明柱出檐,木雕装饰,油漆彩画,鳞次栉比,古色古香。1994年1月,祁县作为中国商业金融古城和北方汉民族六千年历史、建筑、文化、艺术的重要载体和杰出典范,被国务院批准为国家级历史文化名城。晋商老街它仍然保持和延续明清时期传统风貌的商业步行老街,是保持地方传统文化特色的文化老街。

杭州清河坊

清河坊历史街区坐落于杭州市上城

区吴山北丽,南面繁华的延安路特色商业街,毗邻西湖、柳浪闻莺、城隍阁等杭州著名的风景区,坐拥杭州历史文化名城美妙的自然山水,占地面积13.66公顷。它是杭州保留较为完整的历史街区,是杭州悠久历史的缩影。这里的历史文化、商业文化、建筑文化、民族文化铭刻着鲜明的时代印记。名人、老巷、旧居、百年老店交相辉映,积淀了丰富的历史人文遗产。杭州的百年老店,如王星记、张小泉、万隆火腿栈、胡庆余堂、方回春堂、叶种德堂、保和堂、状元馆、王润兴、义源金店、景阳观、羊汤饭店等均集中在这一带。街区内有:国家级文保单位胡庆余堂、钱江第一井、唐朝天门、于谦故居、胡雪岩故居等景点。

歙县渔梁街

渔梁街距歙县(古徽州府)南门约一华里,是歙县国家历史文化名城的重要组成部分,是皖南历史文化街区的典型代表。渔梁是徽商盛兴数百年的重要水路码头,至今还保存着古代街衢、水埠和码头的原始风貌,是徽商外出经商往返的必经之路,也是府衙官员们出去的必经之道,渔梁便显得尤为突出,被称之为“徽商之源”。“欲识金银气,多从黄白游,一生痴绝处,无梦到徽州。”歙县这个让明代著名戏剧家汤显祖等文人雅士魂萦梦牵的地方,曾孕育了多少雄霸明清商界300余年的徽州商帮,孕育了多少名震中外的徽州文化流派。

洛阳涧西街

洛阳市涧西工业遗产街区包含多处洛阳市“一五”期间的重点建设项目及配套生活区和科研单位,是国内典型的具有新中国成立初期苏联工业建筑风格的集中区,也是“名街”评选开始以来首条入选的工业遗产街道。

无锡惠山老街

惠山历史文化街区位于江苏省无锡市,北倚锡、惠两山,南伴太湖,东临京杭大运河,街区面积30公顷,常住人口3600余人。据史料记载,商末泰伯定居梅里后,惠山脚下出现了血缘世系为主的村落和家族墓地。南朝始建惠山寺,锡民始在寺前建祠立庙,至元明惠山祠堂群逐渐兴起,无锡境内外宗族纷纷回到惠山,古街区日趋成熟兴旺,于清末民初达至鼎盛。

上海武康路

武康路位于上海市徐汇区东北部,北起华山路,南至淮海中路与兴国路交汇处,全线略呈弧形,全长1170米,路宽12～16米,是一条由北向南的单向行车道。与武康路相交的马路有:安福路、五原路、复兴西路、湖南路和泰安路。武康路所在区域大致是华山路、乌鲁木齐路和淮海路围合的范围,形成网状道路格局,面积近1平方公里。武康路居于中心位置,是该区域内部重要的南北向联系。一公里见长的小马路,当时为上海法租界花园住宅区域的典型代表,后新建小型公寓和新式里弄房屋,被誉为上海著名的高级住宅区。整条马路环境幽静而高雅,为上海中心城区最具欧陆风情街区之一。

潮州太平街义兴甲巷

太平路与东门街是潮州右牌坊最为集中的路段,牌坊街的兴起与当时潮州地方人文昌盛,经济繁荣有着直接的关系。据不完全统计,明清两代城中共有牌坊94座,长度不到两公里的太平路就有47座,其数量之多,密度之大,堪称世界之最。据记载,其中建于明代的有34座,建于清代的有5座。最早的建于明正德十二年(1517),是为御史许洪宥修建的"柱史"坊,最迟的建于乾隆五十年(1785),俗称"新亭",为直隶总督郑大进修建的"圣朝使相"坊。至1950年,太平路尚存石牌坊19座。1951年,潮安县城关镇人民政府以阻碍交通、废坠伤人为由,将太平路所存石牌坊悉数拆除。所幸者拆除前均留下宝贵照片,并对部分石牌坊所刻文字作了实录。拆除后部分精美构件由公园收藏,余散失各处。后因复建石牌坊需要,由牌坊街修复工程委员会通过文件、报纸、电台、电视等形式广泛宣传,发动群众提供古牌坊构件散落线索,采用捐献和征集相结合的办法,共收回古牌坊构件100多件,大部分构件都用在这次牌坊街修复的24座牌坊中。

长汀店头街

店头街位于长汀人口最稠密的市区,北邻兆征路和水东桥,东临唐宋古城墙和汀江。其悠久历史,最早可追溯到唐代。店头,在客家语中是最好的集市商铺的意思。唐代在旧镇南门外有小规模的零星物品交换,北宋时在此设店头市。随着南宋汀江航运的开通,汀江成为闽粤赣边区的经济大动脉。惠吉门码头是汀州古城主要码头之一,临近码头的店头市更是近水楼台先得月,市场日益繁荣,集市盖起了店铺,逐步发展成街市,俗称店头街。店头街真正繁荣于明清时期,到明代,汀江成为海上丝绸之路的重要组成部分,往来的货船有"上八百,下三千"之说,本地生产的雕版印刷品、玉扣纸、竹木、烟叶、土茶、皮枕、纸伞

长汀店头街

等物资,则由汀江水运到广东潮州、汕头及东南亚各地市场,又从外地运回食盐、煤油、海味、药材、布匹、百货等紧缺物资,那时,每日从江西赣南、闽西各县运集长汀的物产达 2000 余担。各地都在汀州城设立会馆,先后有广东会馆、湖南会馆、江西会馆、吉安会馆、龙岩会馆、杭永会馆、连城会馆、武平会馆等。长汀成为闽粤赣边商贸重镇,店头街因得天独厚的优势成为闽粤赣边重要的商贸集散中心,商客云集,"阛阓繁阜,不减江、浙、中州"。

巍山南诏古街

巍山古城是国家历史文化名城的重要载体,古城东靠文华山,南有巍宝山和锦溪河,西有阳瓜江,形成山环水抱态势和万山拱城的格局。据史籍记载,巍山古城在唐宋时为宗教场所,元代段氏土总管筑土城据守,朱元璋建立明朝后,为稳固地经营云南,遂选择了在历史上具有重要战略地位的蒙化(今巍山)筑城。明洪武二十三年(1390 年)建起的古城,周长 4 里多,城墙高 2 丈,厚 2 丈,砖石城墙,有垛头 1277 个,垛眼 430 个,有 4 座城门,门上建楼,东曰忠武、南曰迎薰、西曰威远、北曰拱辰,城方如印。城墙外四周有护城河、驰道,城门外设吊桥,北门城楼有三层,外建小月城,城中心处建星拱楼为印柄,向四面延伸建东街、南街、西街、北街。明代地理学家,旅行家

徐弘祖(字霞客),于崇祯十二年(1639 年)游蒙化后在游记中写道"蒙化城甚整,乃古城也,城中居庐亦甚盛……是反胜大理也。"

黎平翘街

黎平翘街街区位于贵州省黎平县城所在地德凤镇,地处县城东面,东经 109°14″,北纬 26°24″。因主街中段下凹,两端缓缓翘起,故称"翘街"。因形似扁担,民间又称"扁担街"。主街东段因临近东门称东门街,南段因曾有供奉"川王"李冰父子的"二郎庙"而称二郎坡。翘街街区包括东门坡、二郎坡、后街、东门坡脚、左所坡、右所坡等,含宋家巷、姚家巷、大井街、双井街、马家巷、张家巷、双井巷、两湖会馆至荷花塘区域,街区面积 1 平方千米,常住人口 1.57 万人。

台北西门町

年轻人最爱西门町因为它见证台北的过去现在未来,台北城百年历史的缩影尽在这里。"麦当劳"、"万年大楼"、"来来百货"、"国宾戏院",是年轻人到西门町台北流行时尚的前沿,精品专卖店琳琅满目,成为年轻人逛街购物的大本营,能看到台湾最新的流行趋势。

二十五、故居

纪晓岚故居

北京宣武区珠市口西大街 241 号是晋阳饭庄所在地,这里人称"阅微草堂",是旧时非常有名的地方,曾是清代著名学者纪晓岚的宅邸。

纪晓岚(1724—1805),名昀,河北献县人。清乾隆朝进士,官至左都御史,兵部、礼部尚书,协办大学士。任官 50 余年,以学识文章名重朝野。他曾任《四库全书》总纂官,主持并写定的《四库全书总目提要》200 卷,是一部代表清代目录学成就的巨作。他还主持纂修了《大清会典》、《清高宗实录》等。他一生著述颇丰,其中《阅微草堂笔记》是我国古代笔记小说中别具特色的作品。其故居"阅微草堂",是一所两进四合院,前院有紫藤萝,后院有海棠两株,相传均为纪晓岚亲植。二进院正房是纪晓岚当年的书房,书房中曾悬有嘉庆年间桂馥书写的"阅微草堂"匾额,因辛亥革命后这里曾为直隶会馆的公产,此匾被直隶会馆取走,现改悬启功书"阅微草堂旧址"匾额,纪晓岚去世后,纪氏子孙把"阅微草堂"割半赁出。此后,草堂屡易主人。1958 年后改建为晋阳饭庄。

今天,"阅微草堂"门庭依旧,古藤依旧,只是屋舍有了些许变化,是宣武区文物保护单位。在广安大街拓宽工程中,作为纪晓岚故居被保留下来,现已成为纪晓岚纪念馆。

纪晓岚故居阅微草堂

聂耳故居

位于上海市公平路 185 弄 86 号,为砖木结构里弄房。居住面积 14.6 平方米。

聂耳(1912—1935),作曲家。原名守信,云南玉溪人。国歌《义勇军进行曲》曲作者,1930 年 7 月—1931 年 4 月居住于此。

聂耳旧居现为民居。

龚自珍故居

宣南是清代进步思想家、著名文学家龚自珍居住过的地方,位于北京宣武区上斜街 50 号的番禺会馆就是他的故居。

龚自珍(1792—1841),浙江仁和(今杭州)人,道光九年中进士,曾官至内阁中书、礼部主事。他早年随父在京就读,儿时的旧居也在宣南。他曾在诗作中说"访我别我城南头"。嘉庆二十五年曾写《因忆两首》回忆儿时的住宅:"因忆横街宅,槐花五丈青。文章酸辣早,知觉鬼神灵。"回忆自己 13 岁时住在法源寺前街的南横街,读书写文章的情景。另一首:"因忆斜街宅,情苗茁一丝。银缸吟小别,书本画相思。"回忆 8 岁时住下斜街的往事。龚自珍与宣南的渊源可谓深矣!

上斜街 30 号是清道光年间龚自珍的居住地,龚自珍于道光十一年(1831)将这所宅院卖给广东番禺县人潘仕成。后潘把这所宅院赠与同乡会,遂成番禺会馆。其故居原貌因易主更建,已无记载,但后人将番禺会馆视为龚自珍故居。现已公布为宣武区文物保护单位。

顾炎武故居

在北京宣武区广安门内大街路北,有一座叫"报国寺"的著名寺院。明清之际的思想家、学者顾炎武曾在该寺的西院居住过。

顾炎武(1613～1682),初名绛,字宁人,江苏昆山人。因敬仰爱国志士王炎午,自更名炎武,因其家乡有亭林湖,后人称其为"亭林先生"。是清初大儒,著述甚多,凡国家典籍、郡邑掌故、天文、仪象、农兵之学,无不嘈令贯通。他提倡"知行合一"、"博学于文"、"行己有耻",并多次参加抗清斗争,顾炎武死后,许多名人都在每年春秋及他的诞辰日来这里祭祀,清道光二十三年,名士何绍基、张穆等集资为他修建了顾亭林祠。

1984 年 5 月 24 日,该祠与报国寺同时被公布为北京市第三批文物保护单位。

康有为故居

康有为故居位于北京宣武区米市胡同 43 号,即南海会馆。

康有为(1858—1927),原名祖诒,字广厦,号长素,又号更生,广州人。他从 1882 年来京应试,到 1898 年戊戌变法失败,一直都住在这个会馆里。

1895 年 4 月,各省举人到北京会试,这时日本强迫清政府签订《马关条约》，强占我国的台湾、澎湖、辽东等大片领土。消息传来，举人们群情激奋，在京应试的十八省举人决定联合上书，由康有为连夜起草了著名的"万言书"，经讨论后一千三百名举人在万言书上签字，这就是历史上有名的"公车上书"。

1895 年 7 月，康有为等维新派在会馆内创办了《中外纪闻》，它是北京出版的第一种民办报刊。1897 年底，康有为再次上书，要求变法，并于 1898 年 1 月 5 日在南海会馆创立"粤学会"。6 月 11 日，光绪皇帝正式宣布推行新政，但以慈禧为核心的守旧势力紧密地纠集起来，发动了政变。9 月 21 日，步兵统领崇礼率领三百名禁军来到宣武门外，包围了南海会馆，没有抓到康有为，便把康有为的弟弟康广仁抓进监狱，9 月 28 日康广仁与谭嗣同、林旭、杨锐、刘光第、杨秀深一起在菜市口就义。

梁启超故居

梁启超，广东新会人，是康有为第二个及门弟子。少年即以神童而闻名乡里，18 岁时在同窗好友陈千秋带领下，师事康有为。

1895 年，梁启超随康有为、梁小山进京会试，是康有为领导公车上书的重要组织者。时年仅 23 岁的年轻举人见国事一败涂地，慷慨激昂，跟随老师康有为，在朝廷和宣南诸会馆内奔走联系，呼号救亡。他首先联系广东同窗麦孟华、赖际熙等百余人，联合湖南举人任锡纯、文俊铎、谭绍裳等数十人。率先上书都察院，力言台湾不可割让日本。在梁启超的带领下，福建、四川、江西、贵州、山

梁启超像

东等省的举人们也先后上书。一时，爱国举人上书请愿活动的涓涓细流、汇成了浩荡的江海之势，在北京乃至全国都产生了极大的影响，这些活动大大激发了光绪皇帝重用维新人物，立志变法图强的决心。

梁启超在科举仕途中也曾受到康有为的牵连。在 1894 年的京城会试中，康有为中了进士，被授予工部主事，而梁启超却落了榜，其原因有文字记述：考官工部侍郎李文田在阅到梁启超的试卷时，着实为文章中的纵横磅礴的口气，洒脱不羁的风格和绚丽多彩的文句所折服。但考卷中的思想与康有为的思想相同。李文田生怕此卷是康有为的而错打高分，这样就会得罪主考官、大学士徐桐。尽管这位阅官对梁启超的试卷爱不释手，却也不得不忍痛割爱，只得在卷上题跋：还君明珠双泪垂，恨不相逢未收时。

笔者认为,因为康有为以全新的教学内容哺育着自己的学生,对当时渴求知识、追求真理的梁启超起着极为重要的作用,所以,在百日维新活动期间,师生二人颇似一人,以至于社会上称之为:康梁。在戊戌维新运动期间,梁启超就居住在北京广东新会会馆内。广东新会会馆在宣武区粉房琉璃街路西,这条街是各省会馆聚集地之一,有山西、江西、河南、安徽、广东等八省的十多所会馆。明代称此地为粉房刘家,梁启超当初就住在会馆中院的三间北房中,起草"保国会"章程后,梁启超任司法总长、财务总长等职,晚年在清华等校授课。他一生所著甚多,涉及政治、经济、哲学、历史、语言、文字音韵、文化艺术等方面,他将自己住的屋子取名"饮冰室",所以自号又称:饮冰室主人。现"饮冰室"依存。康有为在日记上述说:他在最后一次赴京,曾到粉房琉璃街新会会馆中,对自己的挚友梁启超给予凭吊。

在新会会馆中,有清咸丰三年赐进士及翰林院编修武英殿协修顺德李文田所书的"新会邑馆记"碑。

新会会馆有房屋44间,占地约2亩4分。鉴于新会会馆的社会名气,至今仍有不少学者到会馆内搜寻史料。

除新会会馆外,北京还有一座新会会馆,这座新馆在宣武区永光寺西街旧门牌1号,其房产面积及数量都比新会会馆大一倍,其中房屋有90间,占地5亩。

曹聚仁旧居

位于上海市溧阳路1335弄5号,为坐北朝南二层楼石库门里弄房。建筑面积232平方米。

曹聚仁(1900—1972),浙江兰溪人,字挺,号听涛。著名记者、教授、作家。

抗战胜利后至1950年8月,曹聚仁居住于此。在此期间,曹聚仁编写、出版了《大江南线》、《中国抗战画史》二书。

曹聚仁旧居现为民居。

郭沫若旧居

位于上海市溧阳路1269号,为坐北朝南二层楼旧式花园洋房。建筑面积406平方米。

郭沫若(1892—1978),新文化运动巨匠之一,卓越的科学家、文学家和政治活动家。原名郭开贞,四川乐山人。1946年5月—1947年11月,郭沫若居住于此。

郭沫若溧阳路旧居现为民居。

茅盾旧居

位于上海市山阴路132弄6号,为坐北朝南、红砖红瓦、三层砖木结构建筑。整幢建筑面积171平方米。

茅盾(1896—1981),现代文学巨匠之一,著名文学家、社会活动家。原名沈德鸿,字雁冰,浙江桐乡人。1946年5月—1947年12月,茅盾居住于此。

茅盾山阴路旧居现为民居。

秋瑾旧居现为民居。

胡蝶旧居

位于上海市四川北路 1906 弄（余庆坊）52 号，为砖木结构三层楼房。建筑面积 246 平方米。

胡蝶（1908—1989），乳名宝娟，原名胡瑞华。祖籍广东鹤山。1924 年—1932 年，胡蝶居住于此，在此期间，胡蝶成功出演了《秋扇怨》、《电影女明星》、《铁扇公主》等影片，并主演了中国第一部有声片《歌女红牡丹》。

胡蝶旧居现为民居。

叶圣陶旧居

位于上海市横浜路 35 弄（景云里）11 号，为坐北朝南三层楼石库门房。建筑面积 86.6 平方米。

叶圣陶（1894—1988），原名叶绍钧，江苏常州人，著名作家、教育家、出版家。1927 年 5 月—1932 年，叶圣陶居住于此。在此期间，他接替赴欧游学的郑振铎主编《小说月报》，还创作了小说《倪焕之》、《多收了三五斗》，成为中国现代文学的经典之作。

景云里现为民居。

丁玲旧居

位于上海市昆山花园路 7 号，为三楼带部分四楼连接式红砖洋房。

丁玲（1904—1986），原名蒋伟，字冰之，湖南临澧人。著名作家、社会活动家。1933 年 2 月—5 月，丁玲居住于此。在此期间，丁玲创作了短篇小说《奔》、散文《我的创作生活》等。

丁玲旧居现为民居。

盛宣怀故居

位于常州市大马元巷 18 号。盛宣怀，字杏荪，晚清洋务派代表人物之一，中国近代工商业的开拓者和实践者。故居为市文物保护单位。

秋瑾旧居

位于上海市四川北路 1515 弄（厚德里）91 号。

秋瑾（1877—1907），浙江绍兴人，别署鉴湖女侠。1906 年 9 月—1907 年，秋瑾居住于此。在此期间，秋瑾创办了《中国女报》。女报在此出版两期，曾发往江苏、浙江、北京等省市销售。

胡雪岩故居

位于杭州市望江门直街西南、元宝街 15 号。"一代巨贾"胡雪岩的故居。该建筑面积 5000 多平方米。里面有红木厅、十三楼、芝园、御风楼等建筑，也是杭州规模最大的名人故居。现在已经被开发成杭州一个标志性人文景点，该景点门票 20 元。

于谦故居

位于杭州市清河坊祠堂巷 41 号。明代著名军事家、政治家于谦的故居。如今，故居内的忠肃堂、思贤庭、古井已照原貌修缮一新，陈列于谦生平事迹。故居内还有原有的旗杆石、造像碑等遗物展出。

郁达夫故居

位于杭州市大学路场官弄 63 号。该地方是 1933 年郁达夫为暂避国民党的政治迫害，从上海举家移居杭州时购置的寓所。又被称为"风雨茅庐"，由郁达夫自己设计。现为杭州市上城区公安局小营巷派出所办公所在地。

曹禺故居

曹禺故居坐落在天津市河北区民主

曹禺像

道 23 号、25 号，该楼始建于民国初年，其整体面积为 912 平方米。前后两楼均为砖木结构，上下两层带阳台，这里是闻名中外的著名剧作家曹禺童年时居住的地方，也是他艺术生涯的起点，30 年代轰动文坛的《雷雨》、《日出》等话剧名作就是在这里酝酿出来的。随着岁月的剥蚀，小楼已显得苍老了。目前正积极宣传，争取市财政拨专款或采取社会集资等方式，对其进行修复，并建立纪念馆。

溥仪旧居"静园"

位于天津市鞍山道的溥仪旧居"静园"一角。静园原名乾园，始建于 1921 年，初为陆宗舆私人官邸，坐落在今天津市和平区鞍山道 70 号。1929 年，蛰居天津张园的溥仪移居此处，改名静园。其占地面积 3360 平方米，建筑面积 2063 平方米，分前院、后院和跨院。前院是主楼，二层砖木结构，局部三层；后院为内廊式砖木结构小二楼；跨院有龙形喷泉和一座典型日本式花厅。

张自忠故居

张自忠故居先后有两处。一处在河北大经路天津市政府内后院（现河北区金钢桥医院）；另一处在英租界伦敦道（今和平区成都道 60 号）。

张自忠，字荩忱，山东临清人。生于光绪十七年（1891），宣统三年（1911）考入天津法政学堂，1914 年从军，曾先后任西北军团、旅、师长，开封军官学校校长。九一八事变后，日军侵犯长城，二十九军奋起抵抗,张氏率三十八师在喜峰口、罗文峪大败日军。七七事变后,张又化装出走后方,任五十九军军长,在临沂、台儿庄战役中功勋卓著,后升为三十三集团军司令,转战鄂西、豫南等地。1940年5月在湖北宜城、襄河一线截击日军主力,身陷重围,壮烈牺牲。

蒲松龄故居

蒲松龄故居在山东淄博市淄川区洪山镇蒲家庄,1938年遭日军焚毁,1954年人民政府修复。1958年政府专门设立了管理机构"蒲松龄故居管理委员会",对其进行妥善保护。

"文化大革命"时期,故居一度被占,但文物遗失不严重。1973年故居被重新收回,1977年公布为省级重点文物保护单位。

1980年建蒲松龄纪念馆,对故居、柳泉、墓园进行了修葺、扩建,征用民宅,改建了著作版本、书画题咏展室,资料室,接待室,办公室,增设了南大门,使故居的管理日趋完善。现在,故居已成为一处初具规模的蒲学研究阵地和驰名中外的旅游点。

今日的故居,是一座恬静的院落。故居门前是几株古槐,荫翳天日。郭沫若1962年题写的"蒲松龄故居"的金字门匾,高悬于故居大门。

穿门北折是一正两厢的庭院,其中正房三间,东西厢房各两间,为1954年修建。正房两侧的桧柏、石榴,以及厢房前面的迎春花,百日红等,均系后人所栽,院内太湖石也是故居修复后增添。故居正房为砖石、土坯结构的普通民房,木棂门窗,房内路大荒手书的"聊斋"匾额迎门高悬,匾下悬挂着蒲松龄。

74岁时江南著名画家朱湘鳞为其画的肖像,两旁是郭沫若手书的楹联,房内还陈列着他生前用过的端砚1方、在毕家教书时用过的床1张、手炉1个;还陈列着与蒲松龄有直接关系的绰然堂匾、灵璧石、三星石、蛙鸣石各1块,此外,室内摆放的桌、椅、几、架、橱和木影炉均是蒲松龄曾设馆30余年的西铺毕家旧物。

故居东西两厢,茅檐低小,狭窄简陋,近年又作重修,院内之东北隅,尚有一隙之地,蒲松龄撰文和与其有关系的三块碑记置于此。蒲家庄外,还有著名的柳泉和墓园。柳泉在蒲家庄东门外的"满井沟"底。泉口青石砌就,约0.6米见方,旁立沈雁冰书的"柳泉碑"。柳泉本是一眼地下泉井,传说他曾在此设茶待客,搜集创作素材。

二十六、名泉

趵突泉

趵突泉位于山东省济南市中心，是济南"七十二名泉"中最有名的一个，也是最早见于古代文献的济南名泉。如今，趵突泉已成为泉城济南的象征与标志，与千佛山、大明湖并称为"济南三大名胜"。

趵突泉有文字记载的历史，可上溯至我国的商代，距今3543年。所谓"趵突"，即跳跃奔突之意，此名不仅字面意思古雅，而且音义兼顾——不仅以"趵突"的动态形容泉水"跳跃"之状、喷腾不息之势，还以"趵突"二字的字音模拟泉水喷涌时的"卜嘟"、"卜嘟"之声，可谓绝妙。

趵突泉水量非常大，泉水从地下石灰岩溶洞中喷涌而出，三条水柱腾空而起，可达到三四尺高，浪花四溅，声若洪雷，势如鼎沸，最大涌量可达每天24万立方米。

趵突泉泉水清澈，味道甘美。相传，乾隆下江南时带的是北京的玉泉水，到济南品尝了趵突泉水之后，便立即改带趵突泉水，并封趵突泉为"天下第一泉"。著名文学家蒲松龄评价趵突泉为"海内之名泉第一，齐门之胜地无双"。

济南的山由石灰岩组成，这些石灰岩大约是在4亿年前形成的，并以大约30度由南向北倾斜。由于石灰岩本身的质地不很紧密，有空隙、裂隙和洞穴，能储存和输送地下水。所以地下水顺着石灰岩层的倾斜面大量流向济南市区，成了济南泉水的水源。

同时，在平原的泥土底下隐藏着岩浆岩，它的质地很紧密，所以地下水流到这里后，碰到岩浆岩的阻挡就流不过去了。岩浆岩上又覆盖着一层不透水的黏土层，因而地下水也不能自由地流出地面。这些被拦阻的大量地下水在强大的压力下从地下的裂隙中涌上地面，就形成了泉，趵突泉就是其中最著名的一个。

久负盛名的趵突泉，历来是文人墨客与政治家游览之胜地，留下了大量碑文。康熙帝就曾三临趵突泉，观泉听涛、饮水品茗、题咏诗作。

康熙二十三年（1684年），康熙帝于趵突泉的观澜亭内泼墨"激湍"二字，并赋诗："十亩风潭曲，亭间驻羽旗，鸣涛飘素练，进水溅珠玑。汲勺旋烹鼎，侵阶暗湿衣，似从银汉落，喷作瀑泉飞。"

随后，康熙又命随身八大重臣各题一词，于是便有了"添润"、"飞泉"、"飞涛"、"漱玉"、"珠渊"、"浅雪"、"洄瀑"、"扬清"等墨宝。这些诗词或石刻或木刻，至今仍保留在趵突泉畔。

惠山泉

天下第二泉又称惠山泉、陆子泉,在无锡市惠山山麓,因唐代陆羽品题而得名。陆羽,字鸿渐,嗜饮茶,著《茶经》三篇,对茶之源流、饮法以及茶具论述详尽,有"茶圣"之称。天下第二泉凿于唐大历年间即公元766～779年,泉水甜美,到了宋代身价倍增,宋徽宗列其水为贡品。池壁上有明弘治十四年杨理雕刻的螭首,形制苍劲古朴,泉水由螭口流入池中,叮咚有声,池分为上、中、下三池,上池水质最好。池北墙上有清王澍所书"天下第二泉",苍劲雄伟。中国民间艺人瞎子阿炳(华彦钧)二胡独奏曲《二胡映月》,描绘的即是此处景色。

虎跑泉

虎跑泉,在浙江杭州市西南大慈山白鹤峰下慧禅寺(俗称虎跑寺)侧院内,距市区约5公里。这虎跑泉的来历,还有一个饶有兴味的神话传说呢。相传,唐元和十四年(819)高僧寰中(亦名性空)来此,喜欢这里风景灵秀,便住了下来。后来。因为附近没有水源,他准备迁往别处。一夜忽然梦见神人告诉他说:"南岳有一童子泉,当遣二虎将其搬到这里来。"第二天,他果然看见二虎跑(刨)地作地穴,清澈的泉水随即涌出,故名为虎跑泉。张以宁在题泉联中,亦给虎跑泉蒙上一层宗教与神秘的色彩。

原来,这虎跑泉是从大慈山后断层陡壁砂岩、石英砂中渗出,据测定流量为

虎跑泉

43.2～86.4立方米/日。泉水晶莹甘洌,居西湖诸泉之首,和龙井泉一起并誉为"天下第三泉"。

龙井泉

龙井泉位于浙江杭州市西湖西面风篁岭上,是一个裸露型岩溶泉。龙井泉本名龙泓,又名龙湫,是以泉名井,又以井名村。龙井村是世界上著名的西湖龙井茶的五大产地之一。而龙泓泉,历史悠久。龙井泉由于大旱不涸,古人以为与大海相通,有神龙潜居,所以名其为龙井。

龙井泉水出自山岩中,水味甘甜,四季不干,清如明镜。龙井泉的水由地下水与地面水两分组成。地下水比重较大,因此地下水在下,地面水在上,如果用棒搅动井内泉水,下面的泉水会翻到水面,形成一圈分水线,当地下泉水重新沉下去时,分水线渐渐缩小,最终消失,非常有趣。据说这是泉池中已有的泉水

与新涌入的泉水间的比重和流速有差异之故，但也有人认为，是龙泉水表面张力较大所致。

龙井泉旁有龙井寺，建于南唐保大七年（公元949）。周围还有神运石、涤心沼、一片云等景点，附近则有龙井、小沧浪、龙井试茗、鸟语泉声等石刻列于半月形的井泉周围。

龙井泉的西面是龙井村，盛产西湖龙井。龙井茶因具有色翠、香郁、味醇、形美之"四绝"而著称于世。古往今来，多少名人雅士都慕名前来龙井游历，饮茶品茗，留下了许多赞赏龙井泉茶的优美诗篇。

玉泉

玉泉在杭州西湖仙姑山青芝坞口的清涟寺内，与龙井泉，虎跑泉合称西湖三大名泉。清涟寺始建于南齐建元年间，后晋改建为净空寺。南宋理宗题额"玉泉净空寺"。清康熙改今名。

玉泉，是一个长约十三米，宽约十米，深约三米的长方形泉池。因清澈的泉水从池底涌出，晶莹如玉，故取名玉泉。这里放养着数百条青鱼、草鱼和红、黄鲤鱼，池畔悬有明书法家董其昌的"鱼乐国"匾额。池中有一座小石塔，平面四角七级，据传是南宋所立。水中建塔，佛教意义上不得而知。但传说多多，镇压妖怪保太平等等。比如还有杭州西湖上的三座石塔。

2004年，改造后的玉泉景区分北园和南园两个部分，北园即老的鱼乐园。恢复了观鱼池中的小石塔。

难老泉

难老泉是晋祠"三绝"之一，亦是晋水的主要源泉，走出艺术殿堂圣母殿，驻足向两侧观望，即会发现南北各有一个八角亭。原来，亭下各有一泉，北为善利泉，南为难老泉，加上中间的鱼沼，构成晋祠的三大神泉。只可惜，鱼沼和善利泉均已干涸，仅剩难老泉了。

难老泉有"晋阳第一泉"之称，泉水自悬瓮山下的岩层中涌出，潜流十多米，从水塘西岸半壁的石雕龙口注入溏中，看似白练飞舞，听如鸣琴合奏，构成晋祠八景之一的"难老泉声"。泉水温度为摄氏18度，冬温而夏凉，碧玉般清澈，不分旱涝，奔涌不息。所以北齐时有人取《诗经。鲁颂》中的佳句"永锡难老"，命名为"难老泉"。

难老泉水世代浇灌晋祠附近的千顷良田，造就了"千家灌禾稻，满目江南田"的丰饶景象。因泉水含有多种矿物质，水温恒定，水质优良，所以晋水培育出的晋祠大米，米质晶莹，颗粒饱满，吃起来口感香醇，回味无穷，是与天津小站大米齐名的米中极品。令人遗憾的是由于水位的下降，难老泉水量已大大减少，由古时每秒近2立方米降为每秒不足0.1立方米，亟待采取切实的保护措施，保证这股万年古泉能够涌流不息，永锡难老。

香泉

香泉是因香淋泉而得名，位于和县西北部，属低山丘陵区。自古以来以

"沸井"（温泉）闻于世,见于史。其泉水涌水量较大,坐落覆釜山下,温泉有两处:一处是大泉池,外围有堤堰,呈圆形泉眼十多个;另一个是小泉池,泉眼六至七个。自宋以来,就以"一方之利"建成浴池,另一处现已建成温泉疗养山庄。

南梁萧统(501~531)字德施,是梁武帝萧衍长子,中兴元年(501)9月,出生在襄阳。天监元年(502),萧统两岁被立为皇太子(死后谥号昭明,故称昭阳太子)。天监四年(506)6月,昭明太子移居太子宫——东宫。萧统幼年聪睿,三岁授《孝经》《论语》,五岁能遍诵五经,十余岁尽通经义。又善诗文,每出游宴,饮酒赋诗,动辄数十韵,随口吟成,不劳思索。天监十四年(515),萧统十五岁始行冠礼,梁主使录朝政,辩诈谬,秋毫必睹,未尝纠弹一人。平断刑狱,往往全宥士民较称为仁慈。更且宽和容众,喜怒不形,好引才俊,不蓄声伎。每遇霪雨积雪,必遣左右巡行闾巷,贩济贫寒。

萧统二十岁(梁普通二年、公元521年),先跟父亲萧衍来历阳如方山,由于身患疥疮,痛苦不堪言,才移居香泉,每天到泉水池中沐浴,洗了一段时间,病体康复,精力充沛,他乘兴为香泉写了"天下第一汤"五个大字,从此,香泉名扬天下。萧统每次来香泉,都带领才贤之士,和一批侍奉太子的官员,跟他讨论编纂"文选"。后来香泉建了"文选楼",就是纪念萧统来此编写"文选"的佐证。

月牙泉

月牙泉古称沙井,俗名药泉,自汉朝起即为"敦煌八景"之一。因其形状酷似一弯新月,所以后人又将它称为"月牙泉"。月牙泉南北长近100米,东西宽约25米,泉水东深西浅,最深处约5米。

月牙泉的神奇之处在于流沙永远填埋不住清泉。历来沙漠与清泉难以共存,但是月牙泉却在沙山的怀抱中存在了几千年。尽管月牙泉与附近的流沙相距仅数十米,且常常受到狂风凶沙的袭击,却依然碧波荡漾,水声潺潺。历代文人学士都对这一独特的山泉地貌、沙漠奇观赞叹不已。

敦煌月牙泉

中冷泉

中冷泉位于江苏省镇江金山以西的石弹山下，又名中零泉、中濡泉、中泠水、南零水。据唐代张又新的《煎茶水记》载，与陆羽同时代的刘伯刍，把宜茶之水分为七等，称"扬子江南零水第一"。这南零水指的就是中冷泉。中冷泉原位于长江中心的一个小岛上，取泉水很不容易，后来由于长江水道北移，江滩扩大，该泉才与陆地连接起来。在池旁的石栏上，书有"天下第一泉"五个大字，它是清代镇江知府、书法家王仁堪所题。池旁的鉴亭，是历代名家煮泉品茗之处，至今风光依旧。

蝴蝶泉

蝴蝶泉位于云南省大理县城北20千米、苍山的云弄峰麓。泉池坐落在树丛之中，四周围以大理石栏杆，酷似一个镶边巨镜，毛发可鉴。旁立一洁白的大理石牌坊，上面刻着郭沫若手书的"蝴蝶泉"三个大字。传说，蝴蝶泉深不可测，人们叫它无底潭。潭边住着一位十八九岁、如花似玉、心灵手巧、纯洁的姑娘雯姑。云弄峰上有个忠厚善良、勤劳勇敢的樵夫叫霞郎。他们朝夕相见，终于在一个月朗星稀的晚上，于无底潭畔倾吐了爱意，立下山盟海誓。苍山下住着一个凶恶残暴的俞王，得知雯姑美丽无比，便带兵把她抢入宫中，俞王利诱威胁，软硬兼施逼她做妃子，雯姑坚贞不从，樵夫得悉雯姑被抢，便冒死救出了雯

姑，一齐逃奔。俞王发觉后，立即带着大队人马追赶。他俩跑到池边时，已精疲力竭，而追兵已到眼前，危急中他们双双跳入了无底潭中。第二天，乡亲们去打捞他们的尸体，但在潭中没有找到，却看见从深潭中翻起一个巨大的气泡，从中飞出了一对美丽的蝴蝶，它们形影不离、翩翩起舞，很快引来了四面八方的无数蝴蝶，在水潭上空嬉戏飞旋。从此，人们便把无底潭改称蝴蝶泉，并沿用至今。

黄山温泉

黄山温泉位于黄山朱砂峰下，故名朱砂温泉。温泉每小时流量45吨，久旱不涸，常年水温在42℃左右，色清味甘，可饮可浴，泉水具有医疗价值，对皮肤病、风湿病、肠胃病有一定疗效。黄山宾馆附近有温泉浴室和游泳池，是我国著名的温泉游览胜地之一。

长白山温泉

位于长白山黑风口，距长白瀑布不足千米。长白山温泉属于高热温泉，多数泉水温度在60℃以上，最热泉眼可达82℃。长白山温泉有"神水之称"。它含有大量硫化氢和多种微量元素，具有较高的医疗价值，对肠胃病、皮肤病、高血压、心脏病和妇科病疗效尤其显著。其中比较著名的长白温泉、梯云温泉和湖滨温泉等。此外，还有芦泉、仙人桥温泉群、十八道沟温泉，玉浆泉、药水泉等。

南温泉

南温泉位于重庆市长江南岸花滩溪畔。泉水出自建禹山,水质清洁,富含硫黄。泉水水温32℃以上。可治风湿性疾病和皮肤病,游人四季都可在此游泳沐浴,以解旅途疲劳。附近有建文峰、虎啸口、仙女洞、花滩溪等名胜。

从化温泉

从化温泉位于广东从化市。发现较早,自古有“从化温汤好,岭南第一泉”的盛名。泉水附存于燕山期花岗岩裂隙中,沿流溪河河岸及谷底呈带状分布,集中出露于温泉镇的温泉疗养院、良口镇的料塘和街口镇的向阳等处,多呈上升出露,现有泉眼10余处,水温最高为71℃,最低为30℃。泉水无色、无味,含有多种矿物质,对关节炎、高血压、神经痛、皮肤病有不同程度的疗效。从化温泉及周边气候宜人,环境幽静,为广东著名的游览和疗养胜地之一。

七仙岭温泉

七仙岭温泉位于海南省保亭县东北的七仙岭脚下。这里背枕青山,胶林如海,椰林婆娑,野花飘香。整个温泉区约有自喷温泉7口,日出水量7000多吨,最高温度达93℃,含有多种微量元素,具有较高的医疗保健价值。

兴城温泉

兴城温泉古称“汤泉”,位于辽宁省葫芦岛市兴城古城东南2.5千米处,北倚首山,东临流沙河。温泉因地下熔岩作用形成天然矿泉,泉水清澈透明,水温67℃左右,属于高温弱碱性食盐矿泉。泉水中含有钾、钠、钙、镁、硫等多种矿物质和微量元素,对风湿性关节炎、大骨节病、神经衰弱、高血压、皮肤病和慢性妇科病等均有显著的疗效。兴城温泉发现于唐朝初年,自元代以来,就被广为利用,建有致爽亭、汤泉寺。

汤岗子温泉

汤岗子温泉是全国四大理疗康复基地之一。位于辽宁鞍山市区以南7.5千米,长大铁路汤岗子车站旁。泉水温度为72℃、清澈透明,无色无味,含有人体所需多种微量元素,有润肤、活络、健体、祛病之疗效,常饮可健脾开胃,浴后可令人心旷神怡。

遵化皇家汤泉

遵化皇家汤泉位于河北遵化城西北20千米。历史上曾是皇家洗浴之地,因泉水四季沸腾如汤,故称“汤泉”。汤泉早在1300多年前就被开发利用,唐太宗李世民东征时,曾在此沐浴,并赐名“福泉”;明代戚继光曾修葺汤泉;清康熙皇帝多次到此,题诗作赋,并建造了别具一格的流杯亭。现在的汤泉周长约 23 米，四周由大理石砌成，池上有石栏，旁边便是流杯亭。利用温泉"流杯"，是汤泉的一大特色。

小汤山龙脉温泉

小汤山龙脉温泉位于北京安定门以北 26 千米处，因与故宫、天安门同在皇城中轴线上，故称"龙脉温泉"。小汤山素有"温泉古镇"之称，早在南北朝时魏人郦道元的《水经注》中就有记载。元代更把小汤山温泉称"圣汤"。明清两代皇帝在此建有行宫，自古就有"洗桃花浴"之说。慈禧太后在此特建御池，池旁竹竿上有乾隆御笔"九华分秀"刻石。小汤山温泉含多种矿物质和微量元素，对许多病症有特殊疗效。

华清池温泉

华清池位于西安东北临潼城南的骊山脚下，是陕西有名的温泉疗养胜地。温泉长年恒温 43℃，水质纯净温和，属中性硫酸氯化物钠型水，富含 47 种矿物质和微量元素，具有较高的医疗价值，特别适宜洗浴。相传周幽王曾在此建骊宫，秦始皇以石筑室，名"神女汤泉"，汉武帝时扩建离宫，唐玄宗天宝年间修建的宫殿楼阁更为豪华，将温泉发展为池，因"华清宫"建在温泉上，故名为"华清池"。唐代诗人白居易《长恨歌》中"春寒赐浴华清池，温泉水滑洗凝脂"的佳句令华清池温泉声名远播。

安波温泉

安波温泉位于大连普兰店市东北部。目前有 4 口温泉深井，水温高达 72℃。泉水无色透明，微具硫化氢味，含可溶性硅酸，氟含量高出一般地下水，是一种重碳酸、硫酸根钠型高温淡水泉。泉中含多种微量元素，对各类风湿性疾病，神经系统、皮肤系统等多种疾病有较好疗效。

汤山温泉

汤山温泉是全国四大温泉疗养区之一。位于南京中山门以东约 28 千米处的汤山镇。温泉由大气降水渗入地下深处，经过地热"加热"后，沿断层裂隙再流出地表而形成。温泉水色微黄，清澈透明，含有 30 多种化学物质，对皮肤病、关节炎、神经痛均有疗效。由于汤山温泉所含硫酸根离子较多，而且平均水温都在 50℃ ~ 60℃，所以称之为"中温硫酸盐水"。汤山温泉水还用来培育水浮莲以及非洲鲫鱼。

海螺沟温泉

海螺沟温泉位于四川甘孜州泸定与康定县交界处的磨西镇。这里拥有众多大小不一的温泉群，其中以二营地的温泉为最，泉水从半山腰的泉眼流出，流量可达到 8900 吨/天，温度高达 92℃。二号宿营地有多个温泉池和一个游泳池，

海螺沟温泉

水温依次降低,即使在冰天雪地的冬季,也可同样沐浴。该处温泉也可饮用,富含钙质。著名的"仙泉瑶池"温泉就在这里,温泉从一巨树下的石缝流出,水温高达80℃以上,水质透明无味。

蜀南温泉

蜀南温泉俗称"温潭井",位于珙县城西的洛浦河心。温泉水均温43℃,水质良好,水温适宜,流量充足,属重碳酸钙型,弱碱性。泉水具有较高的医疗价值,能治疗慢性肠胃溃疡病、皮肤病、风湿性关节炎、肩周炎、神经衰弱等多种疾病。

大东山温泉

大东山温泉位于广东省连州市东北的大东山自然保护区内。温泉区建在海拔800米左右的山上(大东山海拔1450米)。温泉水无色无味,含有丰富的矿物质,属于苏打型矿泉水质,据说对皮肤病患者有极好的疗效。出口处水温高达76℃,最低水温40℃左右。

息烽温泉

息烽温泉是中国西南有名的温泉。位于贵州西风县城东北面。温泉四周山峦起伏,热泉分三处涌出,水温53℃~56℃,每天涌出量1032吨。属承压裂隙型循环性温泉,潜流深度1232米,泉水循环年龄大于30年,水质优良,含有氡、钙、镁、钠、钾等10多种元素,其中氡含量为每升11.14%马赫,世界少有。特别对治疗慢性关节炎、腰肌劳损、胃炎和铅、汞、锰中毒等疾病效果显著。

安宁温泉

安宁温泉又称三迤泉,位于云南省安宁市西北玉泉山麓。早在东汉初就发现此泉,元代赵琏称之为碧玉泉。温泉水由池底卵石缝中冉冉浮升,水质清丽如玉,水温 40℃ ~ 50℃,无硫黄味,既可饮用,又宜沐浴,而且水中还含有钙、镁、钠、钾等对人体有益的矿质元素。有"天下第一汤"之美誉。

勐拉温泉

勐拉温泉位于云南省金平勐拉普洱上寨附近的一个山谷中。温泉从石洞中涌出,最尽头大约水深 1 米多,水汽蒸腾,水温在 50℃ ~ 60℃ 之间,正好可以有桑拿的效果,水中有机矿物质还有天然的清洁作用,对于身患疾病的人则起到了良好的治疗作用。勐拉温泉的出名,更主要的是因为这里的傣族男女裸浴的传统民风。纯朴的傣族青年男女赤身裸体共浴一池,构成了一道独特的风景线。

德宗温泉

德宗温泉距今已有 1400 多年的历史,是历代直贡喇嘛及王宫贵族的浴场。距离拉萨 140 千米,位于一个山谷之中,两旁山坡是绿草如茵的高山牧场。德宗温泉温泉有大小泉眼 10 多个,水量充足,水温 40℃ ~ 60℃。泉水含有硫黄、寒水石等各种对人体有益的矿物质,对关节炎和胃病、皮肤病等有着很好的疗效。池子分为男池和女池,中间隔着一堵石墙。温泉依山傍水,池旁桃花盛开,景色优美。山洞深处有德仲寺,为著名的尼姑寺。

赤城温泉

赤城温泉也称汤泉,史称"关外第一泉",位于赤城县城西 7.5 公里的苍山幽之中,距张家口 140 公里。赤城县环境清幽,气候宜人。全年平均气温在 12.6℃ ~ 26.1℃ 之间,有"取暖不用煤,纳凉不摇扇"之誉。四周峰峦青翠,绿树蓊郁,泉水淙淙庙宇隐然。北魏郦道元的《水经注》中曾记载:"渔阳(今北京密云县西南)之北,实有汤泉,去燕京(北京)三百里",可见赤城温泉历史悠久。这里碑刻、庙宇等古迹众多。康熙帝亲陪皇祖母孝庄艾皇后在这里驻跸洗浴 50 多天,民国年间抗日名将吉鸿昌也曾在此"洗耻"。

关于温泉的由来,有一个美丽的传说:古时,天上有 12 个太阳炙烤大地,一个叫二郎的小伙子力大无穷,担起 12 座大山追撵太阳。追上一个就用大山压住,当剩最后一个太阳时,勇敢的二郎累死了,于是天上就剩下如今这一个太阳了。而那 11 个太阳其中一个就压在赤城,底下的泉水被太阳烤热,就成了现在的温泉。

虾泉

虾泉位于广西南宁市西北 120 千米

的右江(西江支流)北岸,西虾山脚下。泉口离江边很近,泉水清澈明净,淙淙下流,注入右江。每年农历三四月间的晚上,密密麻麻的虾群聚集在泉口处。原来,这些虾有着"江里生泉里养"的习性,它们在江里出生后,沿着泉水逆流而上,进入泉洞里生活。傍晚时人们把长圆锥形的虾笼放在泉水流经之处,第二天清早就能收获满满一笼虾了。

鱼谷泉

在河北省涞水县野三坡风景区中部的佛洞塔山下,有个奇特的泉,名叫鱼谷洞泉。它是永久性独眼巨泉。泉水从山石窟中流出来,喷水口直径约30多厘米,涌水量为0.42立方米/秒,常年恒温在15℃左右。鱼谷洞泉历史悠久。令人惊奇的是,每年清明谷雨交接前后,从泉水中会随水喷出活蹦乱跳的鲜鱼来。数量不少,多时达1000多千克,每尾重约6~7两,黑脊白肚,鱼骨坚硬。此鱼年年按时流出,9月鱼又复归山洞越冬,成为天下罕见的奇泉,被列为河北省"八大怪泉"之一。

喊泉

四川滟滪堆山崖上有个溶洞,当地人称它为"喊水洞"。据说,当有人对着溶洞呼叫时,泉水就会应声涌出。"喊水洞"前后是两座延伸几千米长和700多米高的大山,北侧有小溪流过。洞口坐南朝北,洞后壁上一株挺拔的翠柏。"喊水洞"原来是一个近1米长,10厘米宽的一条天然石缝。石缝上部有一巨石,石缝外是个瓷盆大小的水潭。人对着石缝大喊几声后,不一会儿,一股清澈的泉水便从洞口往外涌出,越流越快,越涌越大,高潮时水流约有碗口粗。3分钟过后,水开始由大变小。大约15分钟后,泉洞恢复原样。

这种喊泉在我国分布较多,广西兴安、德保、北流、富川,安徽寿春,贵州贵阳、平坝等地,也都发现有类似的"喊泉"。

冷热泉

在河北省阜平县吴王口乡境内,有一处水温达60℃以上的热泉,而近隔咫尺处还有一眼冷泉,从热泉池边流过,正好使冷热水自由调节,形成天然理想的大浴池。人们称这一热一冷的两泉为"冷热泉"。热泉有微刺鼻的硫化氢气味,呈微酸性。为低中温热矿泉。日出水量50~500立方米,含有20多种矿物质,为重碳酸钠型矿泉。属优良保健温泉。冷泉温度在15℃以内,为优质饮用水。

女儿泉

福建省清流县有一个高坂村,村中居民都是1965年从福建泉州一带迁来的移民。村民的饮用水都取自一口水井(即泉水),该井水常年不干,水质透明。早晨时,水面上有一层油膜。据说,1965年村里人刚迁来时,共有10户人家,其中男20人,女29人。到1989年,村中

女儿泉

共出生 43 个孩子,除 4 个为男孩外,其余都为女孩。据说这 4 户生男孩的人家,都是妇女怀孕前,就天天到 1 千米以外的河中挑水喝,直到婴儿出生。喝井水的人家,几乎 100% 都生女孩。而周围其他自然村,都没有这种怪现象。对此,村民大惑不解。高坂村也成了远近闻名的"女儿村",村中的那口水井,也被称为"女儿井"。

二十七、古今王宫

故宫

故宫是中国明清两代帝王的皇宫，旧称紫禁城。它是世界上现存最大、最完整的古代木结构建筑群。故宫是在元大都宫殿基础上依明朝南京宫殿的格局建造的。从永乐五年（1407）开始建造，共征用了近 30 万民工和军工，历时 14 年才建成了这规模宏大的宫殿群。故宫南北长 960 米，东西宽 750 米，占地 72 万平方米，共有宫殿楼阁 9900 多间，四周砌 10 余米高的城墙，墙外是宽 52 米的护城河。城墙南北长约 960 米，东西宽约 760 米。城上四周各有一座结构奇异、和谐美观的角楼。故宫有四门，正南为午门，正北为玄武门，正东为东华门，正西为西华门。全部建筑可分为外朝和内庭两部分，外朝以太和殿、中和殿、保和殿三大殿为中心，文华殿、武英殿为两翼，是举行各种典礼和政治活动的地方。内庭以乾清宫、交泰殿、坤宁宫为主体，称为后宫，还有养心殿、御花园，是皇帝处理日常政务和居住休息的地方。故宫建筑装修和彩画极其精细绚丽，黄瓦红墙、朱楹金扉、白玉雕栏，金碧辉煌、庄严美观。

沈阳故宫

沈阳故宫在沈阳市旧城中心，是清王朝确立全国统治之前（1625～1644）清太祖努尔哈赤和清太宗皇太极的宫殿。为清初皇宫，名盛京宫阙。清政权迁都北京后成为"留都宫殿"，亦称"奉

北京故宫武英殿。李自成率起义军克北京后，曾在这里处理日常政务。

天行宫"。清顺治元年(1644),世祖顺治帝在此即帝位。沈阳故宫始建于后金天命十年(1625),至清崇德元年(1636)基本竣工。乾隆、嘉庆时又有增建。沈阳故宫那金龙蟠柱的大政殿、崇政殿,排如雁行的十王亭、万字炕口袋房的清宁宫,古朴典雅的文朔阁,以及凤凰楼等高合建筑,在中国宫殿建筑史上绝无仅有;那极富满族情调的"宫高殿低"的建筑风格,更是"别无分号"。沈阳故宫雄伟壮观,是汉满蒙三族文化交流在宫殿建筑上的具体反映,以民族特色而著称。从整体设计到局部建筑,从造型到工艺,都具有较高的艺术水平。沈阳故宫是我国现存仅次于北京故宫的最完整的皇宫建筑,是国家重点文物保护单位,是中国现存完整的两座宫殿建筑群之一,现已辟为沈阳故宫博物院。北京、沈阳两座故宫构成了中国仅存的两大完整的明清皇宫建筑群。

布达拉宫

布达拉宫是拉萨的标志性建筑,"布达拉"是梵文普陀罗音译,意为"佛教圣地"。现在所见的布达拉宫,基本上是 17 世纪以后,尤其是五世达赖喇嘛罗桑嘉措掌权时扩建起来的。布达拉宫是西藏历代达赖喇嘛的冬宫,坐落在市区西北的布达拉山即红山上,是藏族古建筑艺术的杰出代表。布达拉宫由山上的宫殿群、山前的方城和山后的龙王潭花园三部分组成,占地约 0.41 平方千米。主要殿堂有达赖灵塔殿、东大殿、西大殿、日光殿、坛城殿、极乐宫等数十座,融合了藏式古建筑艺术与汉式造型的技巧,是汉藏文化融合的结晶。

伪满洲国皇宫

位于长春市东北角的光复路上,是伪满洲国傀儡皇帝爱新觉罗·溥仪居住的宫殿,从 1932 年到 1945 年间,溥仪在日本当局的指使下,建立了满洲帝国,在这里从事过政治活动并做日常起居。

1932 年 3 月 1 日,日本扶持溥仪为日本傀儡政权"满洲国"的执政,溥仪自 1932 年 3 月 1 日至 1934 年 2 月 28 日任满洲国执政,建年号为"大同"。1934 年改国号为"满洲帝国",改称皇帝,改年号为"康德",3 月 1 日登基,是康熙和德宗光绪的缩称,意在纪念,并寄托了续承清朝基业之愿。

伪满皇宫占地 4.3 万平方米。这里原是清朝末代皇帝爱新觉罗·溥仪第三次登基时的宫殿。1931 年"九一八"事变,翌年日本侵略在沈阳召开"东北行政委员会会议"。通过所谓"满洲国建国方案",决定成立伪满洲国执政府,以爱新觉罗·溥仪为"执政",定"都"长春。改长春为"新京"。同年 2 月 18 日,宣布伪满洲成立,3 月 8 日,把溥仪从旅顺接到长春。下榻于长春尹登门。3 月 9 日,溥仪就任执政,年号"大同"。4 月溥仪迁居到原吉黑榷运局办公楼,并将此楼改名为"缉熙楼"。1934 年初,改"满洲国"为"满洲帝国",改"执政"为"皇帝",年号"康德"。同年 3 月 1 日,溥仪即帝位,并命其住所为帝宫。

伪皇宫可分为进行政治活动的外延和日常生活的内廷两部分,现分别辟为伪满皇宫陈列馆和伪满帝宫陈列馆。

华清宫

华清宫位于西安市区东30千米的临潼山区。从骊山山麓直至山顶,布满门楼殿宇,自古即以温泉和风光优美而著称,为唐代皇家离宫。据文献记载,秦始皇曾在此"砌石起宇",西汉、北魏、北周、隋代亦建汤池。唐贞观十八年(644),唐太宗委派当时的建筑师阎立德负责设计,把骊山改建为汤泉宫。唐天宝六年(747年),唐玄宗再次大规模扩建,改名华清宫。唐玄宗常带杨贵妃来此游乐,他住的寝宫叫飞霞殿,殿南的御用浴池名莲花池,全用白石砌成,池中有两朵白石雕成的莲花,温泉从花心隐藏的泉眼中流出。莲花池西面的芙蓉池,是杨贵妃专用的浴池。骊山上风景名胜还有周幽王"烽火戏诸侯"的烽火台遗址和"西安事变"的"兵谏亭"等。

阿房宫

秦始皇完成统一大业后,从公元前212年起,在渭水之南的骊山脚下,修建了规模巨大、气势恢弘的阿房宫。阿房宫规模极其宏大,《史记》记载:"始皇作前殿阿房,东西五百步,南北五十丈,上可坐万人,下可建五丈旗。"《汉书》中也有记载:"起咸阳而西至雍,离宫三百,钟鼓帷帐,不移而具。又为阿房之殿,殿高数十仞,东西五里,南北千步,从车罗骑,四马骛驰,旌旗不挠,为宫室之丽至于此"。秦始皇命70万劳力造阿房宫,可他还未等到这个伟大的工程完工便一命鸣呼。秦二世胡亥调修建阿房宫工匠去修建秦始皇陵,后继续修建阿房宫。公元前206年,项羽攻占咸阳后,这座凝结着无数劳动者血汗的伟大建筑被付之一炬,大火连烧了三个月。现尚存夯土台基,高约7米,长约1000米,其宏丽盛大由此可见一斑。

南宋皇宫

南宋临安宫殿是在绍兴二年(1132年)决定以杭州为"行在"以后,就原有北宋杭州州治基础扩建而成的,称为大内。其位置在临安城南端,范围从凤凰山东麓至万松岭以南,东至中河南段,南至五代梵天寺以北的地段。

阿房宫图。此图表现了当年阿房宫富丽辉煌的情景。

临安大内分为外朝、内廷、东宫、学士院、宫后苑五个部分。外朝居于南部和西部,内廷偏东北,东宫居东南,学士院靠北门,宫后苑在北部,大体成前朝后寝格局。宫城四周有皇城包围,皇城的南门为丽正门,北门为和宁门,东部有东华门,西部只有府后门。宫城有南北宫门与皇城南北门相对。

外朝建筑有大庆殿、垂拱殿、后殿(又称延和殿)、端诚殿四组。大庆殿位于南宫门内,是大朝会场所,垂拱殿在大庆殿西侧偏北,后殿在垂拱殿之北,端诚殿在后殿以东,其中垂拱殿为常朝殿宇,后殿为皇帝遇冬至、正旦等节日的斋宿之处,而端诚殿则是一座多功能殿宇,作为明堂郊祀时称“端诚”,策士唱名曰“集英”,宴对奉使曰“崇德”,武举授官曰“讲武”,随时更换匾额。

内朝殿宇众多,皇帝寝殿有福宁殿、勤政殿。另有嘉明殿为皇帝进膳之所。皇后寝殿为华殿、坤宁殿、慈元殿、仁明殿、受厘殿等。宫内还有皇帝与群臣议事的选德殿、举行讲学的崇政殿及藏书阁等。东宫内既有太子读书使用的宫殿如新益堂,寝殿彝斋,也有太后使用的慈宁殿,还有博雅楼、绣春堂等园林建筑。

宫后苑在内朝西北,主要殿宇有翠寒堂、观堂与凌虚楼、庆瑞殿及若干亭榭。

朝天宫

朝天宫位于南京市中心的西南面。古代称冶山,因春秋时期吴王夫差在此冶铁铸剑,后历代帝王多在此建寺庙宫殿。明洪武年间(1384年)明太祖朱元璋下诏赐名为“朝天宫”,取“朝拜上天”,“朝见天子”之意。清末,朝天宫改为江宁府学和文庙,是江南现存规模最大、保存最为完好的一组古建筑群。朝天宫现为南京市博物馆所在地。明代的朝天宫,一方面是皇室贵族焚香祈福,礼拜道教诸神的道场。另一方面在三大节(春节、冬至、皇帝诞辰)前作为文武百官演习朝拜礼仪的场所,有时也作为官僚子弟袭封前学习朝观礼仪的地方。

现在每天都举行大型古乐表演和朝拜天子礼仪表演。

朝天宫现为南京市博物馆。展示品中最具影响的是:93年在汤山溶洞发现的南京猿人头鼻化石,距今约35万年,是迄今发现最早的南京人的祖先,这是我国继北京人、元谋人、蓝田人之后20世纪末的一次重大发现,举世为之瞩目。

二十八、古代墓陵及其地理位置

黄陵

天子将相,逝者如斯。黄陵是中华民族的始祖——轩辕黄帝之陵,距西安之北180多千米。黄帝陵高3.6米,陵墓上种满古柏。墓周长48米,由砖砌的花墙围护着。围墙正面的碑上,镌着四个行书大字"桥山龙驭"。据传说,黄帝乘龙升天后,人们将他的衣冠埋在这里。昭陵是唐太宗李世民的陵寝,位于西安西北约70千米处的九嵕山上。昭陵始建于贞观十年(636),李世民入葬时方才建成,历时13年之久。它开创唐代帝王"以山为陵"的先例,比以往帝王堆土为陵更为壮观。乾陵是唐朝第三代皇帝李治和女皇武则天的合葬陵,是唐十八陵中最有代表性和迄今保存最好的一座陵墓,东有豹谷,西有汉谷,依山为阙,气势雄伟。乾陵的地面设置,遗留到现在的主要是陵墓石刻。这些石刻十分精美,屹立在梁山之巅,至今已有1200多年的历史了。

五帝陵庙

伏羲:河南省淮阳县,是五帝时代伏羲都府所在地,伏羲的陵墓在该县县城之北2千米处,又称太昊陵。甘肃天水一带是伏羲部落最早聚集地,在天水市西关的伏羲庙,至今游人如织。

神农:一说神农氏即炎帝,他的陵墓又称天子坟,在湖南省酃县城西约15千米处,据考系宋朝初年所建,除"洗药池"完好外,其他建筑均只有遗迹。炎帝庙今已不存。

黄帝:其陵在陕西省黄陵县县城之北1千米处的桥山上,其庙在黄帝陵脚下。

尧帝:即唐尧,其陵在山西省临汾县县城东北约70千米处,其墓在当年尧都所在地,位于距临汾市4千米处。

舜帝:即虞舜,其墓在湖南省宁远县九嶷山境内,陵庙俱在此处。但舜庙在浙江省绍兴市双溪还有一处,其规模比舜陵要大。

清福陵

清福陵位于沈阳市东北11千米的丘陵地上,是清太祖努尔哈赤和皇后叶赫那拉氏的陵墓,始建于后金天聪三年(1629),清顺治八年(1651)基本完成。福陵又称东陵,占地19万平方米。整座陵墓前临浑河,后倚天柱山,规模宏伟,风景优美。

努尔哈赤像

　　南面正中为正红门,成对的骆驼、狮子、马等排列在门内甬道两侧。另有雕着蟠龙的琉璃袖壁嵌于门东西墙上。正红门正北立有康熙亲撰"大清福陵神功圣德碑"的牌楼。茶果房、省牲亭、涤器房、斋房等用于祭祀的建筑位于碑楼左右。北面的方城是陵园的主体建筑。明楼在方城北面正中,楼内有一块石碑,上刻"太祖高皇帝之陵"几个大字。四角有角楼。隆恩殿在方城正中,旁有东、西配殿。方城后为月牙形的宝城,被称为月牙城。努尔哈赤和叶赫那拉氏便埋葬在宝城的下面。清福陵为全国重点文物保护单位。

清昭陵

　　清昭陵位于沈阳旧城北部,是清太宗皇太极和其皇后博尔济吉特尔的陵墓。始建于清崇德八年(1643),历时8年。清昭陵又称北陵,是清"关外三陵"中规模最大的一座。占地面积为450万平方米。其建筑形式与福陵相似,但建筑物比福陵要多,雕刻则更为精美,气势更为宏伟。

　　昭陵南面正中为正红门。下马碑、华表、更衣亭、石牌坊、石狮、石桥、宰牲亭等建筑位于门外。门两侧的墙上嵌有造型非常生动的五彩琉璃蟠龙壁。门内北部正中有内竖的"昭陵神功圣德碑"碑楼。方城是陵园的主体建筑。方城正中为隆恩殿,隆恩殿是供奉清祖牌位的地方,清王朝也常在这里举行皇家的祭祀活动。隆恩殿东、西有配殿,四角建有角楼,是典型的中国城堡形式。明楼位于隆恩殿之后,中立"太宗文皇帝之陵"石碑,碑文用汉、满两种文字写成。宝城呈半月形,内有宝顶,皇太极及其后妃的地宫便在宝顶之下。昭陵为全国重点文物保护单位。

清西陵

　　清西陵位于河北省易县城西15千米左右的永宁山麓,雍正八年(1730年)开始修建,1915年竣工。

　　清西陵与遵化县的清东陵并称,也是清代帝王的陵寝,清代的4个皇帝(雍正、嘉庆、道光、光绪)、9个皇后和一些妃嫔、公主、亲王埋葬在这里。西陵内建有1000余间殿宇房屋,100余座石雕建筑,规模宏大,富丽堂皇。东邻战国名城燕下都,南望狼牙山,西连紫荆关,是著名的游览胜地。

　　雍正的泰陵位于陵区的中心位置,是西陵建筑中规模最大的一座。其余各陵分布在泰陵东西两侧。昌陵的回音壁、回音石可与北京天坛的回音壁相媲美。墓陵的金丝楠木雕龙殿在清代帝陵中可属罕见。光绪的崇陵地宫也已对外开放，西陵每座陵墓建筑的构造风格都体现了严格的封建等级制度。

明祖陵

明祖陵坐落在洪泽湖西畔的淮河入湖处（明代属安徽凤阳府管辖）。泗州城被湖水淹没时，明祖陵也一起被吞没于湖水之中。20世纪七八十年代，为保护明祖陵，筑堤300米，把陵墓从湖水中隔出，沉没湖中300余载的文物瑰宝重见天日，成为一处游览胜地。

现在，游人一到明祖陵，首先看到的就是21对庞大石刻，雄踞在长长的神道两侧，具有很高的艺术价值。从石刻群往北，是棂星门遗址和正殿遗址。正殿遗址处有石础子28个，可以想象正殿的宏大规模。朱元璋高祖、曾祖和祖父的合葬处称玄宫，现在可见有砖砌拱顶建筑物。

明祖陵的修建，前后历时近30年，营建时间之长、体制之宏伟，在诸代明陵中名列前茅。其陵枕岗临淮，基本仿唐宋帝陵的规制，但已废止了唐宋诸陵的上下宫制，显得更加紧凑。陵园总平面呈长方形，筑有城墙三重：外为土城，周长3公里；中为砖城，周长1.1公里；内为皇城，建有正殿、县服殿、神厨、斋房、库房、宰牲亭、玉带桥等。

陵前神道两侧，共有21对石像生，自北向南排列在850米长的中轴线上。石刻体形硕大、雕琢精细，其中最大者重达20多吨，小者亦有5吨以上。计有麒麟2对、石狮6对、神道石柱2对、马官2对、石马1对、拉马侍卫1对、文臣2对、武将2对、内侍2对。这些石刻规模宏伟，技艺高超，线条流畅，整体风格既不同于凤阳皇陵，也不同于孝陵和十三陵，倒与宋陵石刻的风貌相近。

十三陵

明十三陵坐落于天寿山麓。总面积120余平方公里。距离北京约五十公里。十三陵地处东、西、北三面环山的小盆地之中，陵区周围群山环抱，中部为平原，陵前有小河曲折蜿蜒，山明水秀，景色宜人。十三座皇陵均依山而筑，分

明十三陵

别建在东、西、北三面的山麓上,形成了体系完整、规模宏大、气势磅礴的陵寝建筑群。明代术士认为,这里是"风水"胜境,绝佳"吉壤"。因此被明朝选为营建皇陵的"万年寿域"。该陵园建于1409—1644年,距今已有300~500多年历史。陵区占地面积达40平方公里,是中国乃至世界现存规模最大、帝后陵寝最多的一处皇陵建筑群。明代时,于途中的沙河镇北,建有七孔石造"朝宗桥"。在镇东,则筑有壮丽的"巩华城"。该城原为嘉靖皇帝祭陵时中途休息的行宫,现仅存遗址。

秦陵兵马俑

秦始皇陵位于陕西省临潼县城东5千米,南靠骊山,北临渭河。1974年,在秦陵东侧约1.5千米处发掘出大批兵马俑,轰动世界。这些兵马俑分布在3个坐西向东,南一北二,呈品字形排列的坑中。一号坑长230米,宽62米,为步兵部队;二号坑长124米,宽98米,是由战车、骑兵、弩兵、步兵组成的多兵种部队;三号坑面积约520平方米,呈"凹"字形,周围有几十个武士俑,为统领一、二号坑的指挥机关。3个坑中共有近8000件陶俑、100余乘战车、400多匹战马和数十万件兵器。秦兵马俑同真人、真马一般高大,武士俑高1.8米,面目各异,神态威严,制作细腻精致,形神兼备。陶俑人物个性鲜明,神态各异,栩栩如生。陶马更是细致至极,匹匹劲健有力,形象逼真生动。出土的金属兵器有青铜剑、戈、矛、戟等。其中经过铬盐钝化防锈处理的剑,至今仍寒光闪闪、锋刃依旧。另

有两组铜车马令人惊叹,每组有车一辆马4匹,一名驾车俑。华丽的车盖,镂空雕琢的车窗,鞍辔上还有金银错纹饰。兵马俑的发现展示了秦始皇当年行军作战、统一六国的雄伟阵容,被誉为"世界第八奇迹",现已开辟为地下博物馆。

昭陵六骏

昭陵是唐太宗李世民的陵墓,位于陕西省礼泉县东北约23千米。昭陵从营建开始到李世民入葬,历时13年。现陵山北面存有祭坛和司马门的遗址,门内有14四个少数民族首领的石像。而著名的"昭陵六骏"就处在祭坛前东西两庑。昭陵六骏以高1.7米左右、宽2米左右的六块长方形石灰岩雕刻而成,其原型是李世民在开创唐帝国的战争中曾骑过的六匹骏马。"六骏"的图形是由当时著名画家阎立本设计描绘。六匹战马三匹站立、三匹奔驰,皆为矫健英武的骏骑形象,雕刻手法娴熟,风格生动。不幸的是,"六骏"遭盗卖而被破坏,4件被打碎,另2件流失国外,现存于美国宾夕法尼亚大学博物馆。

宣化辽墓

1921年春天,宣化下八里乡八里村的农民在春灌中无意发现了860年前的辽代壁画墓。经当地文物部门清理,出土文物76间。据墓志所述,墓主人叫张世卿,汉人。官至银青崇禄大夫、检校国子祭酒兼监宗御史、云骑尉等。

墓室是仿木结构、穹隆顶的砖砌墓。

前后两室的白灰墙上全是壁画,总面积达 86 平方米。从内容上分三大类:一是人物画,反映墓主人的生活场面;二是四壁龛上面绘有蓝色花瓶,瓶内插有各色花卉;第三类更为珍贵,就是后室穹窿顶部的彩色星图。目前发现的我国古代观星法二十八宿星图有多处,但辽墓的星图有中国的二十八星宿,也有巴比伦发明的黄道十二宫观星法,并把二者科学地绘于一个图组中,即把天空 360 度分东、西南、北四个方位,每个方位 90 度,在 90 度内各有七个星座,东为苍龙七宿;西为白虎七宿,南为朱雀七宿,北为玄武七宿。二十八宿外面有九颗大星,东方偏南有一红色星,内有一金色飞鸟,向南展飞,表明太阳自东方升起,行至西方落下。外有红色大星四颗,蓝色大星四颗,表明春、夏、秋、冬和春分、夏至、秋分、冬至,最外一层有距离相等的十二个大圆圈,内绘有动物。这就是巴比伦发现的黄道十二宫。这种观星法把 360 度天空分为十二等份,每份一宫,此一宫至下一宫为一个月,十二个月为一年。中国二十八宿和黄道十二宫的春分点在同一方位上,说明我国早在 12 世纪已和外国有了天文方面的交流。这是我国天文史上的重大发现。

成吉思汗陵

成吉思汗陵坐落在内蒙古鄂尔多斯市伊金霍洛旗甘德利草原上,距东胜区 70 公里。蒙古族盛行"密葬",所以真正的成吉思汗陵究竟在何处始终是个谜。现今的成吉思汗陵乃是一座衣冠冢,它经过多次迁移,直到 1954 年才由湟中县

的塔尔寺迁回故地伊金霍洛旗,北距包头市 185 公里,这里绿草如茵,一派草原特有的壮丽景色。成吉思汗是蒙古杰出的军事家、政治家,他在统一蒙古诸部后于 1206 年被推为大汗,建立了蒙古汗国。他即位后展开了大规模的军事活动,版图扩展到中亚地区和南俄。1226 年率兵南下攻西夏,次年在西夏病死。元朝建立后,成吉思汗被迫尊为元太祖。

成吉思汗是位传奇性的历史人物,因而他的陵寝对旅游者也有很强的吸引力。一代天骄成吉思汗戎马一生,不仅创建了有史以来版图最大的蒙古帝国,还给后世留下无数谜团。尤其是成吉思汗的葬身之处,更是谜中之谜,几百年来人们四处打探一无所获。最近,一条爆炸性的新闻在国内媒体出现:日本和蒙古联合考古队宣布在蒙古首都乌兰巴托附近发现了成吉思汗的墓地。消息发表后,有关专家学者却对这个消息的可靠程度表示怀疑。

昭君墓

昭君墓,又称"青冢",蒙古语称特木尔乌尔琥,意为"铁垒",位于内蒙古呼和浩特市南呼清公路 9 公里处的大黑河畔,是史籍记载和民间传说中汉朝明妃王昭君的墓地。

昭君墓,始建于公元前的西汉时期,距今已有 2000 余年的悠久历史,现为内蒙古自治区的重点文物保护单位。

昭君墓,是由汉代人工积土,夯筑而成。墓体状如覆斗,高达 33 米,底面积约 13000 平方米,是中国最大的汉墓之一。

王昭君画像

昭君墓,因被覆芳草,碧绿如茵,故有"青冢"之称。青冢兀立、巍峨壮观,远远望去,显出一幅黛色朦胧、若泼浓墨的迷人景色,历史上被文人誉为"青冢拥黛",成为呼和浩特的八景之一。

在中国历史上,王昭君是一位献身于中华民族友好事业的伟大女性。在民间百姓中,昭君是美的化身。数千年来,她的传说、故事在中国民间广为流传,家喻户晓。自唐、宋以来,历代文人咏唱昭君、抒发情感的诗文、歌词、绘画、戏曲更是数不胜数,形成了千古流传的"昭君文化"。

"琵琶一曲弹至今,昭君千古墓犹新"。今天的昭君墓,宛如北方草原上一颗璀璨的明珠,成为名扬世界的旅游胜地。这里不仅有历史悠久的文物古迹,还有鸟语花香的自然情趣和独具特色的人文景观,其诗情画意,令人流连。

阿帕克霍加墓

阿帕克霍加墓坐落于喀什市东郊5000米处浩罕村背后的林荫深处,是一座典型的伊斯兰式的古老陵墓建筑。因墓中葬有明末清初喀什伊斯兰教"依禅派"著名大师阿帕克霍加而得名。传说清乾隆皇帝的爱妃"香妃"死后也葬于此,故此墓又称香妃墓。不过据考证,香妃并没有葬在这里,她真正的葬地是在河北遵化清东陵的裕妃园寝。此墓由门楼、大小礼拜寺、拜经堂和主墓室五部分组成。主体陵墓是一座长方形拱顶的高大建筑,四角各立一座半嵌在墙内的巨大砖砌圆柱。整个建筑显得格外富丽堂皇、庄严肃穆。

随州的曾侯乙墓

曾侯乙墓是战国时期曾侯乙的一座墓葬,呈"卜"字形,位于湖北随州城西两公里的擂鼓墩东团坡上。其中出土的曾侯乙编钟是迄今发现的最完整最大的一套青铜编钟。

为中国战国初期曾(随)国国君乙的墓葬,位于湖北随州市擂鼓墩。葬于公元前433年或稍后,1978年发掘。墓坑开凿于红砾岩中,为多边形竖穴墓。南北16.5米,东西21米。内置木椁,椁外填充木炭及青膏泥,其上为夯土。整个墓葬分作东、中、北、西四室。东室置曾侯乙木棺,双重,外棺有青铜框架,内棺外面彩绘门窗及守卫的神兽武士。中室放置随葬的礼乐器。北室放置兵器及车马器等。西室置殉葬人木棺 13 具。墓主 45 岁左右;殉葬者为 13~25 岁的女性。

1978 年发掘的举世闻名的我国湖北省随县曾侯乙墓出土的编钟,是我国古代最庞大的乐器,它共 64 件,(计钮钟 19 件,角钟 45 件),分三层悬挂在满饰彩绘花纹的铜木结构的钟架上,每层的立柱是一个青铜佩剑武士。它们的形体和重量是上层最小,中层次之,下层最大。最小的一件重 2.4 公斤,高 20.2 厘米;最大的一件重 203.6 公斤。

狮子山楚王陵

1994 年考古工作者在江苏徐州发现了狮子山楚王陵,这座楚王陵不仅规模庞大、气势恢弘,奇特的结构更是独树一帜,前所未有。墓中出土了各类珍贵文物近两千件,其中不少文物是国内考古首次发现。

刘邦建立汉朝后封了许多王,将徐州地区分封给他的同父异母弟弟刘交(第一代楚王),第二代楚王是刘郢,第三代楚王是刘戊,第三代楚王刘戊为七国之乱时的反王,以前一直认为狮子山汉墓的主人是刘戊。

2002 年 7 月经专家考证,狮子山楚王陵墓主为刘郢。

狮子山楚王陵是西汉早期分封在徐州的第二代楚王刘郢的陵墓,它位于中国东部江苏省的徐州市三环路狮子山,四千余件兵马俑是楚王陵的重要陪葬品,它发现于 1984 年,时隔十年后,发掘了主人墓——楚王陵。楚王陵位于徐州东郊狮子山南麓,凿石为室,穿山

为藏,墓室嵌入山腹内深达百余米。其庞大的规模、恢弘的气势、奇特的建筑结构,无不令人叹为观止,在国内外引起了轰动。墓中出土各类珍贵文物 2000 余件(套),有金、银、铜、铁、玉、石、陶等质地,其中不乏倾城倾国的艺术珍品,如雕龙玉璜、弦纹玉环、雕花玉卮、螭虎纹玉饰、镶玉漆棺、铜扁壶等,均是国内考古的首次发现,尤其珍贵的是科学工作者根据王陵中残留的楚王遗骨,首次成功地复原了 2100 年前一代楚王的形象。

龟山汉墓

小龟山汉墓(全国重点文物保护单位)位于江苏徐州市龟山西麓,为西汉第六代楚王襄王刘注(即位于公元前 128 年—前 116 年)的夫妻合葬墓。该墓为两座并列相通的夫妻合葬墓,汉墓分为南北两个甬道,长度分别为 56 米,二甬道长度差仅为 11.90 厘米,二甬道之间的距离 19 米,共有 15 个墓室,墓道和墓室总面积达到 700 多平方米,容积达 2600 多立方米。

一走进南甬道,一束红色的激光从里面射出来,不知道的人还以为是保安措施,其实这束激光是为了让大家看清楚甬道的直度,整整 56 米长的甬道,精度居然达到了 1/16000。南北二条的甬道平行向里开凿,二甬道距中轴线的偏差仅为 5 毫米,精度达 1/10000。二甬道的夹角为 20 秒,误差仅为 1/16000。要延伸到 1000 公里外的西安才会相交。通道地平面内高外低,内外高低相差 527 毫米,呈 1/1000 的坡度。现在还不

知道当时是如何打出精度这么高的甬通，也是迄今世界上打凿精度最高的通道，二甬通中的墓室有洞口相通。

南甬道为楚王襄王刘注墓，北甬道为其夫人墓，两墓均为横穴崖洞式。墓葬开口处于龟山西麓，呈喇叭形状，由两条墓道两条甬道以及15间墓室组成，由人工开凿而成。墓室15间，室室相通，大小配套，主次分明，总面积达700余平方米，容积达到2600多立方，全靠手工开凿。此墓工程浩大，气势雄伟，实为世界罕见，中华一绝。

秦始皇陵

秦始皇陵是世界上规模最大、内涵最丰富的帝王陵墓。

位于陕西临潼东5000米的下河村附近的秦始皇陵始建于公元前247年，历时37年才建成。据《史记》载：陵墓开凿很深，地底见水，用铜加固，上置棺椁；建有豪华宫殿，并设百官位次；放满奇珍异宝，设弩机以防盗墓；灌输水银为百川江河大海，以明月珠为日月，铸金银为雁凫，刻玉石为松柏，用鱼油膏为灯烛照明。工程之艰巨，陈设之豪华，十分惊人。陵园面积近8平方千米，有内城和外城两重。在陵西内、外城之间，挖掘出饲养马的葬仪坑17座，埋有珍禽异兽的瓦棺葬17座，踞坐陶俑14座；陵西还有陪葬墓和陪葬坑，埋有木质、铜质车马。陵北有陪葬坑和耳室7座。内城北侧有密集的建筑遗迹，似为寝殿、祖庙建设。秦陵区还发现有53座马厩坑、17座杀殉墓和17座刑徒墓、鱼池建筑遗址和打石场遗址等。秦始皇陵目前仅普查了总面积的1/10，但出土文物就有四五万件，对研究中国古代政治、文化、军事和冶金技术等具有极其重要的价值。

秦始皇陵
地下宫殿图

骊山老母祠

骊山老母祠位于西安市临潼区城南骊山西绣岭第三峰之巅,始建于秦。唐初重建,时称老母祠。老母殿整体建筑包括山门 5 间、三仙殿 3 间、祭殿 5 间、主殿 5 间、厢房 6 间、配殿 4 间。三仙殿内供奉被尊为"福寿、治眼、授子"3 位,女仙(云宵、琼宵、碧宵)之神像。主殿内供奉骊山老母(女娲)金身神像。主殿内存有唐广德元年(763)立之《骊山老母授经碑》一通,记述唐代著名道士李筌在骊山脚下遇老母为其传授《阴符经》的经过。

汉茂陵

"雄才大略"汉武帝刘彻的陵墓。位于咸阳兴平市城东北南位镇茂陵村,为西汉帝王陵墓中规模最大、陪葬品最丰富的一座。陵园呈方形,分为内外两城,陵四周还有卫青、霍去病、李夫人、金日蝉等大小陪葬墓 20 余座。其中,霍去病墓前的马踏匈奴、跃马、卧牛等 16 件大型石刻,是我国目前发现最早、保存最完整的大型成组的石刻艺术珍品,为我国国宝。

西夏王陵

西夏王朝的皇家陵寝。位于银川市贺兰山东麓,为中国现存规模最大、地面遗址最完整的帝王陵寝之一,被誉为"神秘的奇迹""东方金字塔"。现存泰陵、裕陵、嘉陵、安陵、献陵、显陵等 9 座帝陵以及 253 座陪葬墓。每座帝陵由阙台、神墙、碑亭、角楼、月城、内城、献殿等组成。其中,西夏开国皇帝李元昊的"泰陵",为占地最大和保护最好的一座王陵。其他还有西夏博物馆、西夏史话艺术馆、西夏碑林等景点。

二十九、自然保护区

祁连山自然保护区

每到七八月间，在大马营草原可以领略到最富诗意的草原风光：与草原相接的祁连山被终年不化的冰雪覆盖着，银装素裹；而草原上的万顷油菜花却开得正旺，金灿灿的连成一片花的海洋；再加上蓝天白云下的一群群牛羊点缀其中，给人一种如入仙境的感觉。此外，这里的西大河水库被群山环抱着，恰似一块明镜镶嵌在翠绿的草原上，此时若荡舟水上，定会令人心旷神怡。

祁连山下有一片水草丰美的草原叫做夏日塔拉，也叫黄城滩、皇城滩、大草滩。这里曾是匈奴王、回鹘人和元代蒙古王阔端汗的牧地。

夏日塔拉是一片四季分明、风调雨顺的草原。在藏族史诗《格萨尔》中，将此地称为"黄金莲花草原"，而尧敖尔人和蒙古人均称之为"夏日塔拉"，意为"黄金牧场"。

夏日塔拉草原一望无际，呈现出一派天苍苍、野茫茫的草原风光。在一年中，夏天的夏日塔拉草原景色最美。每到夏季，草原上开满了金黄色的哈日嘎纳花，整个草原都沉浸在一片花的海洋中，生机勃勃。温情厚道的尧敖尔牧人驮着自己的帐篷，赶着畜群，整个夏季都在这金色的花海中迁徙、游牧。

祁连山自然保护区跨越武威、张掖两个地区，主要保护对象是祁连山水源涵养林、草原植被。区内有高等植物1044种，其中，青海云杉、祁连圆柏以及零星的山杨和桦木，是水源涵养林的主要树种；灌木主要有金露梅、箭叶锦鸡儿、吉拉柳等。

保护区内的野生动物繁多，其中兽类有58种，鸟类有140多种，两栖、爬行类有13种。动物的分布呈现明显的海拔垂直差异性，在海拔2500米以下，以野牦牛、赤狐、兔狲等为主；在海拔2500至3800米之间，动物种类丰富，主要有白唇鹿、麝、猞猁、玖尾榛鸡、雉鹑、血雉等；在海拔3800米以上，生活着高山耐寒动物，主要有雪豹、盘羊、岩羊、白尾海雕、藏雪鸡等。其中，白唇鹿、野驴、野牦牛、盘羊、雪豹、斑尾榛鸡等几十种动物属国家重点保护的野生动物。

如今，祁连山自然保护区已成为白唇鹿、藏野驴、野骆驼、岩羊、马鹿、蓝马鸡、雪豹等野生动物的乐园和河西地区新的旅游胜地。

五大连池

五大连池位于黑龙江省中北部，因5个湖泊串联而得名，池水面积达40平方千米，除五大湖泊外，景区内还有14座休眠火山以及火山熔岩凝结成的千姿百态的石景。火山堰塞湖、火山熔岩奇景、休眠火山湖等共同组成了一个神奇美丽、蜚声中外的天然火山博物馆。

最初,五大连池所在地是白河(又称白龙河)的河道。白河属黑龙江水系,发源于小兴安岭南坡,由北向南流入嫩江支流讷谟尔河。

1719年,位于讷谟尔河中游的活火山——老黑山(又叫黑龙山)与火烧山突然喷发,溢出的熔岩流阻塞了白河的一条支流,形成了南月牙泡和北月牙泡。没过多久,这两座火山再次喷发,又将白河的另一条支流堵塞,形成了头池、二池和药泉湖。1721年,火烧山喷发的熔岩流再次阻塞了白河河道,形成了三池、四池和五池。至此,5个火山堰塞湖全部形成。由于这5个湖底间有暗河相通,故名"五大连池"。

五大连池纵长20多千米,总容量为1.7亿多立方米,与广阔的玄武岩台地构成一组奇特的景观,古人曾作诗赞叹说:"五池浩瀚环翠峦,好似明镜照九天。轻舟缓缓碧波远,十四名山眼底悬。"

五大连池火山群是中国著名的第四纪火山群。一般认为它由14座火山组成,但如果包括火山区西部的莲花山,五大连池火山群应由15座火山组成。火山群内的火山熔岩分布面积达800多平方千米。

在这些火山中,近期火山包括老黑山和火烧山。这两座火山均由高钾玄武质熔岩岩盾和锥体构成,熔岩岩盾是火山主体。

五大连池火山的活动时间可分为7个时期,其中最早的一期喷发距今约200万年。在一次次的喷发过程中,有大量黏度较低的玄武岩岩浆流出,从而形成了该地质公园最具魅力的各种熔岩流景观以及国内外罕见的喷气构造景观。其中包括千姿百态的象鼻状、爬虫状、绳状、木排状、钢轨状、盘肠状、瀑布状熔岩,类似各种动物的熔岩造型,以及1537个喷气锥。

五大连池自然保护区是一块矿产资源极其丰富的宝地。火山喷发出的大量熔岩碎石广布于800多平方千米的台地上,数量惊人,用途极广。据有关部门调查,仅火山熔岩一项就达100多亿吨,是制作水泥以及水泥混合材料的良好原料,如建立一座年产百万吨的水泥厂,可以生产1700年。

另外,在这里的火山岩中加入一定比例的生石灰和石膏混合研磨后,即可制成另一种建筑材料——无熟料水泥,这种水泥具有免于煅烧的优点,生产过程中可节省大量能源。以火山熔岩作为原料还能制成良好的保温材料——岩棉和钢铁代用品——铸石。而且,火山喷发的碎屑物——火山砾及浮石也都已被应用于建筑业中。

每年端午节都是五大连池市的圣水节。传说端午节零点的水是象征吉祥的"神水"、"圣水"。喝到这个钟点的水能免除全年的灾难。所以端午节这天的零点一过,围聚在饮泉旁的人们便争相从环列的供水管中取水饮用,然后互相祝福。圣水节是当地一个隆重而盛大的重要节日,有时五大连池市还会为此连续放假3天。

可可西里

可可西里的蒙语意为"青色的山梁",藏语称该地区为"阿钦公加"。这里地处青藏高原腹地,平均海拔在4600米泓上,气候严酷,自然条件恶劣,人类无法长期在此居住,被称为"世界第三极"、"生命的禁区"。

然而,可可西里却是珍稀动物的王国。此外,这里也是目前世界上原始生态环境保存最完善的地区之一,还是目前我国建成的面积最大、海拔最高、野生动物资源最为丰富的自然保护区。

可可西里地区平均海拔 4600 米以上，年平均气温为零下 4 摄氏度，最冷时温度可达零下 40 摄氏度，夏季气温通常也在零摄氏度以下，日平均气温为 1 摄氏度。这里的天气瞬息万变——蓝天白云瞬间就会变成风起云涌，随之而来的便是雪花与冰雹。即使是在六月天，地上的平均积雪深度也有六七厘米，而且雷电经常在地面上跳跃，形成了高原上特有的"滚地雷"。

可可西里常年刮大风，最大风速可达每秒 20 至 28 米。此外，由于空气稀薄，这里的气压只有低海拔地区的一半，所以水的沸点只有 80 摄氏度。

可可西里地区现有高等植物 202 种，且多为矮小的草本和垫状植物，木本植物仅存在个别种类，如匍匐水柏枝、垫状山岭麻黄。虽然这里的植物种类少，但是种群大、分布广。

高寒、干旱、严酷的自然环境限制了大多数植物的生存，所以，该地区的多数植物都以低矮、垫状的生长形态出现，从而形成了大面积垫状植被景观。在广阔

可可西里

的宽谷、湖盆地区，分布着 5 种垫状的点地梅，5 种垫状的雪灵芝，以及数种垫状的凤毛菊、黄芪、棘豆、红景天、水柏枝等。

垫状植物的大量出现表明了青藏高原腹地高寒、干旱、强辐射、强风等恶劣自然条件对植物生长的限制，但另一方面，垫状植物的存在和发展对改善原始生态环境，尤其是对改善土壤环境也起着积极作用。

在可可西里，金雕、黑颈鹤、大天鹅等鸟类展翅飞翔；藏羚羊、野牦牛、藏野驴、藏原羚、雪豹、棕熊等高原珍稀野生动物栖息繁衍；裸腹叶须鱼等鱼类悠游于湖水之中……这些动物世上罕有，有些是青藏高原特有的物种。因此，可可西里不仅有青藏高原"动物王国"之美誉，又有"珍稀野生动物基因库"之称号。

可可西里动物资源的特点是种群大、数量多，包括哺乳动物 23 种，其中青藏高原特有种 11 种；鸟类 48 种，其中青藏高原特有种 18 种；鱼类 6 种，均为青藏高原特有种；经济价值较高的水生生物多种，如卤虫等。高原区特有的生物种类，无论在学术研究上还是在自然保护上，均具有非常重要的价值。

藏羚羊是青藏高原特有的物种，也是国家一级保护动物，被称为"可可西里的骄傲"，已被列入《濒危野生动植物种国际贸易公约》的附录中。

藏羚羊生活于海拔 4100 至 5500 米之间的高寒荒漠草原、高寒草原和高寒草甸等环境中，主要食物为禾本科、莎草科以及绿绒蒿属的植物。藏羚羊对低海拔、高含氧量的环境不适应，因此到目前为止，全球还没有一个动物园或其他场所饲养藏羚羊。

藏羚羊体型较大，头形宽长，鼻腔鼓胀非常明显。雄性藏羚羊有一对特殊的长角，直竖于头顶上，仅角尖微向内、向

前弯曲,雌性藏羚羊则没有这样的角。藏羚羊的底绒非常柔软,用这种底绒做成的披肩称为"沙图什",是世界公认的最精美、最柔软的披肩,正因为这种披肩在国际市场上十分走俏,且价格昂贵,才引发大量捕杀藏羚羊的犯罪现象产生。

在可可西里地区,每到5月底、6月初,成群结队的临产藏羚羊便会从保护区东部向腹地卓乃湖、太阳湖一带大规模迁徙。随后,数万只雌性藏羚羊在湖畔集中分娩,场景十分壮观。

目前,我国现存藏羚羊数量仅在7万至10万只,因而保护藏羚羊的任务依然十分艰巨。

西双版纳

西双版纳傣族自治州位于中国云南省南端,东南部与老挝接壤,西南部与缅甸交界,州府为景洪市。西双版纳是我国境内唯一的热带雨林区,这里不仅拥有美丽迷人的热带、亚热带雨林风光,还有丰富的珍稀动植物资源,享有"植物王国"、"动物王国"和"药材王国"的美称。

西双版纳热带雨林地处热带北部边缘、横断山脉南端。受印度洋、太平洋季风气候的影响,这里形成了既具有大陆性气候特点,又具有海洋性气候特点的热带雨林。这片热带雨林是一个丰富多彩的"植物王国"和"动物王国"。在西双版纳热带雨林里,不仅有以望天树为代表的高大树木,也有许多果树,比如野荔枝树、三杈果树等,还有大果油麻藤、扁担藤等藤本植物,这些植物如巨蟒般缠住古树,拼命沿着树干向上攀援,并结成一张张无边的藤网。

此外,在这里还可以观赏到在海芋树上荡秋千的猴群,在林间悠闲漫步的野象……这些随处可见的可爱动物使热带雨林显得更加神奇迷人。

西双版纳境内共有植物2万多种,其中许多物种都十分特别,有的是珍贵的药材,有的具有特殊用途,还有的十分古老。比如:美登木、嘉兰具有抗癌的功效;罗芙木能治疗高血压;槟榔可以健胃;风吹楠的种子油是高寒地区坦克、汽车发动机和石油钻探增黏降凝双效添加剂的特需润滑油料;桐子油可替代柴油;被誉为"花中之王"的依兰香可制成高级香料。此外,这里还有很多神奇的物种,如:古茶树已经在这里生长了1700多年;有一种小草会闻乐起舞、甚至会"吃"蚊虫……

同时,宽广茂密的森林也为各种野生动物提供了理想的生存环境。这里目前已知有鸟类429种,有兽类67种,其中被列为世界性保护动物的有兀鹫、亚洲象、印支虎、金钱豹等;被列为国家一级保护动物的有野牛、羚羊、懒猴等。

野象谷是西双版纳最令人神往的森林公园,也是可以观赏野象活动的景区,以其特有的热带原始森林景观和数量较多的野生亚洲象而著称。野象谷的林间铺设有4000米长的步行游览道,道旁有乔木板根出露、古藤攀树、植物绞杀等独具特色的景观。

傣族是西双版纳地区最主要的少数民族,来源于古代百越族中的一支。在傣语中,"傣"意为"热爱和平、勤劳勇敢的民族"。

傣族人的饮食以大米为主,也吃鱼虾等水产。他们喜欢饮酒、吃酸辣食品,还有嚼槟榔的习惯。傣族民居的主要形式是分上下两层的干栏式建筑。

傣族舞蹈具有很高的艺术水平和鲜明的民族特色,动作多为类比和美化动物的举止。最为著名的傣族舞有"孔雀舞"、"象脚鼓舞"等。傣族的音乐悦耳动听,傣族的雕刻、绘画也具有鲜明的特点。

傣族人大多信仰佛教,因而该地区

的佛塔和佛寺随处可见。

泼水节为傣家人庆祝傣历新年(大约在农历清明后 10 日)的一个节日。泼水的目的是消灾除难,预祝新的一年风调雨顺、五谷丰登。

神农架

神农架位于湖北省西北部,面积3250 平方千米,其中林地面积占 85% 以上,森林覆盖率达 69.5%。神农架是我国中纬度内陆地区唯一一片保存完好的亚热带森林,也是北半球中纬度地区唯一的一块绿色宝地。

相传,神农氏(炎帝)曾在这里尝遍百草,为民除病。由于山高路险,他不得不搭架攀山采药,因而人们称这里为"神农架"。神农架一向以神秘、奇特、幽深而著称,尤其是神秘的野人传说,更使许多热爱探险的人趋之若鹜。

神农架自然保护区地处大巴山系与武当山系之间,有着独特的地理环境和立体小气候,因而形成了我国南北植物种类的过渡区域和众多动物繁衍生息的交叉地带,动植物区系成分丰富多彩。

据统计,神农架拥有各类植物 3700多种,各类动物 1050 多种,几乎囊括了北自漠河,南至西双版纳,东自日本中部,西至喜马拉雅山的所有动植物物种。

在神农架自然保护区,苍劲挺拔的冷杉、古朴郁香的岩柏、雍容华贵的梭罗、风度翩翩的珙桐以及独占一方的铁坚杉等树木枝繁叶茂、遮天蔽日;金丝猴、白熊、苏门羚以及大鲵等动物出没于草丛;白鹳、白鹤和金雕等珍稀的飞禽飞翔于林间……这里的一切都是那样的和谐宁静,自在安详。在地球生态环境日益遭到破坏、环境污染日趋严重的今天,神农架已越来越引起世人的瞩目。神农

架之所以神秘、离奇和引人入胜,在于这一带流传着有关"野人"的传说。

神农架白熊

神农架野人究竟是一个荒诞的传说,还是一个真切的类人社会?这些还都是未解之谜。近年来,有关专家曾多次到神农架考察"野人"踪迹,发现了"野人"的毛发、粪便、脚印等珍贵资料。目前,科学界将"野人"定义为"未知的高等灵长目",并推测它们有可能是巨猿的一支。

据说已有很多人在神农架亲眼目击过"野人",还有很多人见过"野人"的活动形迹,他们形容"野人"形态为前额突出,全身长有红色、棕色或褐色的毛,个体高大,半直立行走。但是,目前尚无一张实拍照片公开,因而又为这些传闻增加了几分神秘色彩。

苍山洱海

苍山洱海位于云南省大理白族自治州,这里山水相依,宛如一幅色彩鲜明的山水画卷,是古今中外旅游者所向往的圣地。

苍山洱海保护区于 1981 年经云南

省人民政府批准建立,1994 年晋升为国家级自然保护区,主要保护对象为高原淡水湖泊、水生动植物、南北动植物过渡带自然景观和冰川遗迹。该保护区集自然景观、地质地貌、生物资源与人文历史等方面的特色于一身,在国内比较少见,在国际上也享有较高的知名度。

苍山位于大理西北部,属横断山脉的云岭山系,又名点苍山、玷苍山。它东临洱海,西濒黑惠江,境内共有 19 座山峰,最高峰海拔 4000 多米。

苍山的雪、云均有较高的知名度。经夏不消的苍山雪,是久负盛名的大理"风花雪月"四景之最。在风和日丽的阳春三月,苍山雪顶会变为一个名副其实的冰清玉洁的水晶世界,显得分外晶莹娴静。

苍山的云变幻多姿,时而淡如青烟,时而浓似泼墨,十分迷人。尤其是在夏末秋初,不时出现玉带似的白云横束在苍翠的山腰,绵亘百里,经久不消,妩媚动人。

在苍山之巅,有许多高山冰碛湖泊,湖泊四周是遮天蔽日的原始森林。这里还有 18 条溪水,泻于 19 座峰之间。此外苍山还是一个花团锦簇的世界,这里不仅有几十种杜鹃,还有珍稀的此碧花和绣球似的马缨花等。

苍山山体高大,山上的植物分布具有明显的垂直地带性:东坡海拔 2500 米以下为云南松林和灌丛草坡带,海拔 2500 至 3300 米之间为华山松林杜鹃及箭竹灌丛带,海拔 3300 至 3800 米之间为苍山冷杉林带,海拔 3800 米以上为高山灌丛草甸带。

苍山是苍山冷杉的分布中心。苍山冷杉林是横断山脉地区特有的森林植被类型,也是我国冷杉分布最南的类型之一。

苍山有众多的珍稀濒危植物,如水青树、云南山茶、云南梧桐、蓝果杜鹃、硫磺杜鹃、和蔼杜鹃、假乳黄杜鹃、似血杜鹃、滇藏木兰、龙女花和云南红豆杉等。

此外,苍山还是我国三大名花——杜鹃、报春和龙胆的现代分布中心,尤其是杜鹃花,多达 37 种。其中似血杜鹃为苍山特有品种,粉钟杜鹃和大理杜鹃为云南特有品种。

洱海,古称昆明池、洱河、叶榆泽等,因其轮廓似人耳,故名洱海。它南北长 42 千米,东西宽 3 至 9 千米,面积约为 250 平方千米,

洱海水深清澈,秀丽无比,宛若无瑕的美玉,日月照于其上。"洱海月"是大理"风花雪月"四大名景之一。如果在每月农历十五月明之夜泛舟洱海,就会发现月亮格外的亮、格外的圆,其景令人心醉:水中月圆如轮,浮光跃金;空中玉镜高悬,清辉灿灿。那么,洱海月为什么如此明亮呢?科学的解释是:第一,洱海水质特别纯净,透明度相当高,其反光性极强;第二,洱海上空尘埃较少,空气清新,使得水天相映,因而这里的月光显得格外明亮。

在苍山脚下、洱海之滨,还有一处闻名遐迩的游览胜地——蝴蝶泉。

蝴蝶泉的出名与徐霞客在他的游记中的描述有关。他曾写道:"泉上大树,四月初即发花如蛱蝶,须翅栩然,与生蝶无异。还有真蝶千万,连须钩足,自树颠倒悬而下及于泉面,缤纷络绎,五色焕然。"

而事实也的确跟徐霞客所描述的一样。每年四五月份,来泉边聚会的彩蝶多得难以计数,这些蝴蝶色彩绚丽,如霞如锦,十分美丽。

卧龙自然保护区

卧龙自然保护区位于四川省汶川县,横跨卧龙、耿达两乡,始建于 1963

年,到1975年时,面积扩大到了2000平方千米。它是我国建立最早、栖息地面积最大的综合性自然保护区,享有"熊猫之乡"、"宝贵的生物基因库"和"天然动植物乐园"等盛誉。

卧龙自然保护区地处亚热带边缘向西南高山和青藏高原的过渡地带。这里山峰高耸,河谷深切,最低处海拔1218米,最高峰海拔6250米,相对高差达1000至4000米。由于高山阻挡了东来的气流及西风环流,湿润空气在这里大量聚集,从而带来了充沛的雨水——年降水量1500至1800毫米。因此,这里又有"华西雨屏"、"西蜀天漏"之称。

在保护区内海拔3600米以上的地方,气候寒冷而湿润,冬季有积雪,夏天短促。由乔木构成的森林逐渐消失,高山杜鹃以及匍匐枸子木等是这一地带仅有的几种灌木。同时中生耐寒的草本植物大量出现,形成山地灌丛草甸。

每逢开花时节,草甸内五颜六色的大小花朵便会竞相开放,艳丽夺目。因为各种植物的花期不同,所以会形成五光十色的季相变化,这种景观被称为"五花草甸"。

英雄沟与银厂沟是隔河相望的两条姊妹沟,也是卧龙自然保护区的主要景区。

英雄沟的沟口险峰峭立,迷雾漫山,山溪从万丈悬崖上飞泻直下,形似银练直扑谷底山,如千军万马在奔腾、呐喊。穿过峡谷中的仙峰、幽穴、听泉、水帘四个小隧道,眼前便会出现由葱茏的箭竹所形成的竹的海洋。微风过处,竹海翻起层层绿波,场面蔚为壮观。"国宝"大熊猫的饲养场,就坐落在竹海之中。

银厂沟与英雄沟的风光迥然不同。银厂沟内奇峰叠嶂,云蒸霞蔚,峡谷低处古木遮天,湍急的溪流在密林中忽隐忽现,为峡谷增添了神秘之感。

卧龙自然保护区内,气候温暖湿润,土壤肥沃蓬松,给森林植被的发育提供了优越的条件。据统计,该地区的植物达4000多种。

在这里的针叶林和针阔叶混交林内,不仅生长着茂密的拐棍竹、大箭竹和冷箭竹等,还生长着金钱槭、珙桐、连香、红豆杉等珍贵植物。

除了种类繁多的植物以外,保护区内还有各种兽类50多种、鸟类300多种,此外还有大量的爬行动物、两栖动物和昆虫。

尤其值得一提的是,这里分布的大熊猫约占全国大熊猫总数的1/10,被誉为"大熊猫的故乡"。除了大熊猫外,还有金丝猴、扭角羚、白唇鹿、小熊猫、雪豹、水鹿、猕猴、短尾猴、红腹角雉、藏马鸡、石貂、大灵猫、藏雪鸡、血雉等几十种珍稀野生动物。其中,川金丝猴是区内的重要种类,它们主要生活在针阔混交原始林里。

卧龙自然保护区内丰富的植物资源、良好的自然条件,为国家一级重点保护动物大熊猫创造了良好的栖息环境。目前,保护区内生活着100多只大熊猫,约占全国大熊猫总数的10%,是中国大熊猫最集中的地区。因而,这里以"熊猫之乡"的美名而享誉中外。

在动物分类学上,大熊猫自成一科,虽与食肉动物同类,却以脆嫩清香的竹笋及竹叶为食,堪称是"肉食动物中的素食者"。它们总是寻找箭竹发育良好而又清洁隐蔽的地区"居住"。这样,既有丰富的食物,又能随时隐蔽,防止敌人来犯。

目前,卧龙自然保护区内设有中华大熊猫园、中国卧龙大熊猫博物馆。而且,保护区与世界自然基金会组织合作,在此地建立了全世界唯一的"中国保护大熊猫研究中心",设有实验室、大熊猫野外生态观察站、小熊猫生态馆和世界最大的熊猫圈养场。在这里,大熊猫幼仔的出生率、存活率均领先于世界平均水平。

CHINESE GEOGRAPHICAL
KNOWLEDGE ENCYCLOPEDIA

中国地理
知识百科

编著 陈君慧

（第四册）

吉林出版集团有限责任公司

扎龙自然保护区

扎龙自然保护区位于黑龙江省齐齐哈尔市(部分地区位于大庆市境内),面积2100平方千米,1979年建立省级自然保护区,1987年晋升为国家级自然保护区,1992年被列入《世界重要湿地名录》,主要保护对象为丹顶鹤等珍禽及湿地生态系统。

扎龙自然保护区地处中国东北松嫩平原外围的栎林草原地区。在辽阔的松嫩平原上,嫩江干流纵贯南北,其右岸分出支流雅鲁河、绰尔河、洮儿河等,左岸支流有讷谟尔河、乌裕尔河、双阳河等。其中乌裕尔河及双阳河为无尾河,河流尾部散流形成大面积招泽、草甸及小湖泊,成为丹顶鹤及其他水禽理想的栖息地。

在这一望无际的沼泽地中,占优势的植物是禾本科和莎草科植物,但它们缺少艳丽的花瓣,也缺少繁茂的绿叶。因而这里的景观初看上去是单调而贫乏的,但如果仔细观察,就可以看出,这里草甸的种类各不相同。这里的草甸包括多种不同类型,按照其群种的差异可分为野古草草甸、拂子茅草甸、牛鞭草草甸、小叶樟沼泽草甸、针蔺与三棱草草甸。

湿地与人类的生存、繁衍和发展息息相关,是自然界最具生物多样性的生态景观和人类最重要的生存环境之一。它不仅为人类的生产、生活提供多种资源,而且具有巨大的环境净化功能和其他综合效益,在抵御洪水、蓄洪防旱、控制污染、调节气候、控制土壤侵蚀、促淤造陆、美化环境等方面,均有不可替代的作用,被誉为"地球之肾",因而受到全世界的广泛关注。

劈山沟风景区

位于朝阳县古山子乡境内,距朝阳市内30公里,是国家级风景区。

劈沟自然风景区以林木、花草、山石俊秀,面积达两千公顷,整个景区内有天然齐木林、灌木林、松林、山杏林等百余种,尤为壮观的是石木参天,苍苍莽莽的原始森林,杏花、梨花、杜鹃花、映山红、冬青花、石柱子花、丁香花、玫瑰花等几十种山花野草皆四季迎景;山峰巨石,千姿百态,构成一幅天然画卷。景区内有塔山、猴山、烟筒山、南山一剑、北险峰、劈山一线天。八戒石、蛤蟆石、马牙石、鹰石、人面石、仙人石;摩崖石刻有"卧石听泉"、"情山梦水"、"醉眼溪山"、"鬼斧神工"、"杏花泉"、"鼓韵湾"。整个景区内景观密布,超凡脱俗,妙趣无穷。

还有一条清澈见底、四季潺潺的山间小溪,自然形成三个别具特色的瀑布。这瀑布虽然不是"飞流直下三千尽",但在十年九旱,酷暑难熬的盛夏季节里,使人一睹溅飞雪的美景,确实令人心旷神怡,流连忘返。每到春暖花开的时节,游人络绎不绝,特别是杏花飘香季节,您登高远眺那漫山遍野的杏花,大有山舞银蛇、碧天万顷,这里成了雪的世界、花的海洋、真叫人目不暇接,美不胜收。杏花虽不高贵,但它洁白典雅,那动人的美、清新的美,每当游人身临其境时便流连忘返。

向海自然保护区

　　向海位于吉林省西部通榆县境内，科尔沁草原中部，面积 105400 公顷。西部与内蒙古科右中旗接壤，北同本省洮南市相邻。保护区的保护范围包括向海蒙古族乡的全部及四井子镇、乌兰花镇、兴隆山镇、同发牧场的部分，计为 5 个乡（镇、场），12 个村、32 个自然屯。全区南北最长 45 公里，东西最宽 42 公里，总面积 105467 公顷，属内陆湿地和水域生态系统类型自然保护区。国家级自然保护区。

　　向海保护区系湖河相容冲地貌类型，地势低洼平坦，河道极不明显，湖泊、草甸草原、沼泽、水库相间分布，土地盐渍比较普遍。沼泽地上生长着茂密的大片芦苇，大大小小的水泡星罗棋布，水深一般为 3 米。这里年平均气温 4.9℃，年降雨量 400～450 毫米，年蒸发量在 1890 毫米，无霜期为 170 天左右。

吉林莫莫格国家级
自然保护区

　　位于白城市镇赉县，汹涌嫩江与温柔洮儿河交汇处，是人人向往、仙鹤迷恋、神秘而古朴的人间仙境，鸟类天堂。莫莫格在蒙语中有"好邻居"之意，据说，这里的人们把仙鹤、白鹳、天鹅等珍稀鸟类视为自己的好邻居，与它们在这片湿地上和睦相处、休戚与共。

　　莫莫格保护区地质上属松辽沉降带的北段，呈现出嫩江及其支流冲积、洪积低平原地貌。发源于大兴安岭北端的嫩江，像一条玉带由北向南飘然而过。每当春秋之季，嫩江汇集了上游的山水溪流，带着百川聚会奔流而下，泛洪期形成十余公里宽的水道，洪水退去，留下数十万公顷的漫滩、水弯、湖泊、泡沼，一望无际。年复一年，日复一日，嫩江这条吉林西部的母亲河滋润着莫莫格水乡泽国。丰富的鱼、虾、贝、螺也为众多的水鸟提供了美味佳肴，莫莫格成为养育万物生灵的大地之母。

　　莫莫格保护区是鸟类自由翱翔、尽情歌唱的天地，是鸟类天然公园，是大自然赐予的生物宝藏，大自然用神功妙笔为莫莫格描绘了隽秀的湿地景观，使莫莫格的生态景观在同类保护区中独树一帜，别具特色。羊草碱蒿平如绿毯，苔草小叶樟一墩一簇有如原始荒原，碱蓬红地毯美如锦缎，大小泡沼星罗棋布，有如散落的珍珠，正是这浩瀚水域、繁茂芦苇沼泽构成了江河水域湿地、苔草小叶樟

莫莫格自然保护区

湿地、芦苇沼泽湿地、碱蓬草甸湿地四种类型。独特的自然资源和环境构成，孕育着丰富的动植物资源。区内有植物600余种，其中经济药用植物361种；鸟类有296种，分属17目55科，国家一级保护的鸟类有大鸨、东方白鹳、黑鹳丹顶鹤等十余种，国家二级保护的有大天鹅、灰鹤、蓑羽鹤、白枕鹤、秃鹫等40多种。全世界有鹤类15种，其中莫莫格有6种，占鹤类总数的40%。鹤鹳类是莫莫格保护区的重点保护对象。该区是世界珍稀濒危物种白鹤、东方白鹳迁徙途中的重要停歇地。白鹤春秋迁徙停歇的数量达500多只，约占世界白鹤种群数量的1/3；停歇期全年达70天左右，居世界各迁徙地之首；也是东方白鹳唯一的秋季群地，其数量最多达800多只，真是"白玉落地，嫦娥飞天"，景象之壮美，堪称世界之最。

北陵公园

北陵公园是沈阳市最大的公园，占地330万平方米。1643年（清崇德八年）清太宗皇太极和孝端文皇后博尔济吉特氏的陵墓昭陵建成。1927年，奉天省政府将昭陵辟为公园，因位于市区北部，故得此名。昭陵是沈阳名胜古迹之一，是我国古代建筑的精华，汉满民族文化交流的典型。方城是陵园的主体部分，结构与福陵的方城相似。北陵既有古老的传统建筑，又有现代化游园设施，置身园中，抚今追昔，令人感慨万千。它是国内外游人来沈必游之地。

清昭陵内古松参天，有许多地方值得观看，像王八驼石碑、角楼、后山的陵墓等都是值得一去的地方。

三江源

位于青海省南部，是长江、黄河、澜沧江三大河流的发源地。三江源区河流密布，湖泊、沼泽众多，雪山冰川广布，是世界上海拔最高、面积最大、湿地类型最丰富的地区，素有"江河源""亚洲水塔"之称。三江源地区是野生动物种群繁多的高原草原草甸区，被称为生态"处女地"，是高寒生物自然种质的资源库，为中亚高原高寒环境和世界高寒草原的典型代表。区内国家级重点保护动物有藏羚、野牦牛、雪豹、岩羊、藏原羚等，国家级保护植物油麦吊云杉、红花绿绒蒿、虫草等。

坎布拉国家森林公园

青海省唯一的一处僧、密、尼同时存在的宗教法地。位于黄南藏族自治州尖扎县境内，公园由奇特的丹霞地貌、茂密的森林植被、古老的宗教文化、绮丽的峡谷库区及独特的藏族风情所构成。景区有德杰峰、小瑶池、犬吠青天、戈壁残丘、强起岗、宗扎西寺、阿琼南宗寺、尼姑寺等景点。

热贡文化生态保护试验区

西部重要的文化生态保护实验区。热贡地区是青海省非物质文化遗产最集中、文化资源最丰富、文化形态最具多样性、唯一性和独特性的地区。它融合了汉传佛教、藏传佛教、儒家文化等多个元素以及古代西羌文化、吐蕃文化、蒙古文化等几十个民族文化成分，使热贡艺术呈现出异彩纷呈、多姿多彩、博大精深的特色文化生态。

阿里

如果说青藏高原是世界的屋脊，是近年来旅游者最向往的圣地，那么作为青藏高原上海拔最高、高原形态最完整的地理单元，阿里则集中了西藏地理与文化几乎全部的精粹，被称为"世界屋脊的屋脊"，是西藏最神秘诱人的地方。

阿里位于西藏西部，大部分地区海拔在 4600～5100 米之间。通往阿里的新藏公路几乎是阿里与外面世界的唯一通道，也是世界上海拔最高的公路。行走在这条路上，阿里高原的自然风光和风土民情尽收眼底。

这里幅员辽阔、地形独特，众多的雪山连绵起伏，昆仑山脉、冈底斯山脉、喜马拉雅山脉林立四周，气势磅礴地将阿里环抱其中，成为中国西南边疆的天然屏障；数不清的湖泊散布在一望无际的辽阔草原上，美丽绝伦；各种高原珍稀动物和名贵的植物让人眼花缭乱，如大自然的天然牧场。

阿里境内的冈仁波齐雪山是藏传佛教的四大神山之一，被佛教信徒认做是世界的中心，峰顶终年积雪，在阳光照耀下闪烁着圣洁奇特的光芒。距离神山不远，则是与之齐名、被称为"圣湖"的玛旁雍错，幽蓝的湖面碧波荡漾，传说这里的水永恒不败，能洗净人一切罪孽、一身风霜。

狮泉河、孔雀河、象泉河和马泉河是这里最著名的 4 条大河，狮、象、马、孔雀是天国中的四大神物，虽然这四条河的名字可能听起来陌生，但它们却分别是印度河、恒河、萨特莱杰河和雅鲁藏布江的源头。

多少人不惜长途跋涉，不畏路程艰险，只求看一眼阿里那一尘不染的碧天。壮美的雪域风光，恢弘的自然造化，秀美的高原山水，多彩的民族风情，高深的藏

西藏阿里地区

传佛教文化,阿里的纯净绝美仿佛不沾凡尘的仙境,似一朵高贵的雪莲,远离人烟,忍受着寒冷与孤寂,但是每一片花瓣都散发出骨子里的冷傲与香艳,势不可挡,让人情不自禁地想去接近,感受这世界上最清冷的芬芳。

大香格里拉

"香格里拉"本是希尔顿在《消失的地平线》中描述的理想王国,地点在中国的横断山区。有人说这个名字和概念都来自于藏传佛教,它代表了一个难以发现却引人入胜的秘境,一处秀美壮丽的风景,一种古老高深的文化。

然而现在我们所说的大香格里拉,远非单个的区域,它西至西藏林芝,东到四川泸定,北至四川最北部的若尔盖及石渠县最北端,南至云南丽江一线,正好是川、滇、藏三省区交界的一个大三角区。

甚至也不能用简单的地名或是精确的经纬度范围来定义它,它是一个被划定的文化区域圈,在这个区域内,自然景观和人文风俗都颇为近似,符合人们心中对于"香格里拉"所有的想象和界定。现代工业社会还并未向这个地区延伸出太多的触角,现代化的开发与改造仿佛被高高的横断山挡住了前进的脚步,难以翻越。全世界的摄影家都为这里淳朴的原生态之美所倾倒,但是却恼恨自己的镜头不能表现出其美之万一。全世界的学者对这里深厚无比又精彩纷呈的内涵痴情神往,希望能深入其中,为它揭开美丽而又神秘的面纱。

它的风景是独一无二的,有草地、森林、湖泊、雪山。横断山区高山峡谷相

间,"六江奔流"的壮观场面举世罕见。民国时期,这里被称为西康省,有众多历史政治的文化有待发掘。藏传佛教在这里占据了宗教信仰的主导位置,梵歌声声,经幡飘动。藏族个性最独特、历史最丰富的康巴文化即繁衍于此,而古代遗留的东女国女性文化资源更是一朵旷世奇葩,在横断山清新的空气中摇曳生姿。历史上的土司分治管理,将古老的土司文化延续至今。多种民族的并存、交流与融合,将这里变成了中国民族演化的大舞台,人类学家称之为"藏彝大走廊"。

如何处理好现代与传统的关系,是大香格里拉面对的一大问题。既不能对现代思维完全排斥,也要保护好原生态的特色,这里才会是我们永恒的精神乐土,永远闪耀着原生态的现代光芒。

中国的世界生物圈保护区

中国已经有28个自然保护区,被批准为世界生物圈保护区网络成员。

1. 吉林长白山自然保护区
2. 四川卧龙自然保护区
3. 广东鼎湖山自然保护区
4. 贵州梵净山自然保护区
5. 福建武夷山自然保护区
6. 内蒙古锡林郭勒草原自然保护区
7. 湖北神农架自然保护区
8. 新疆博格达峰自然保护区
9. 江苏盐城自然保护区
10. 云南西双版纳自然保护区
11. 浙江天目山自然保护区
12. 贵州茂兰自然保护区

13. 四川九寨沟自然保护区
14. 黑龙江丰林自然保护区
15. 浙江南麂列岛自然保护区
16. 广西山口自然保护区
17. 甘肃白水江自然保护区
18. 四川黄龙自然保护区
19. 云南高黎贡山自然保护区
20. 河南宝天曼自然保护区
21. 内蒙古赛罕乌拉自然保护区
22. 内蒙古达赉湖自然保护区
23. 黑龙江五大连池自然保护区
24. 四川亚丁自然保护区
25. 西藏珠峰自然保护区
26. 陕西佛坪自然保护区
27. 广东车八岭自然保护区
28. 黑龙江兴凯湖自然保护区

中国国家级自然保护区

中国现有 300 多个国家级自然保护区。

中国华北地区

北京市（2 个）

1. 北京松山国家级自然保护区——主要保护对象为天然油松林为主的温带森林生态系统。

2. 北京百花山国家级自然保护区——保护暖温带华北石质山地次生落叶阔叶林生态系统及褐马鸡等珍稀保护动物及其种群为主的自然保护区。

天津市（3 个）

1. 天津古海岸与湿地国家级自然保护区——主要保护贝壳堤、牡蛎滩古海岸遗迹和滨海湿地。

2. 天津蓟县中、上元古界地层剖面国家级自然保护区——主要保护地质剖面及古生物化石等。

3. 天津八仙山国家级自然保护区——主要保护次生森林生态系统。

河北省（11 个）

1. 昌黎黄金海岸国家级自然保护区——主要保护文昌鱼、沙丘、沙堤、潟湖、林带和海洋生物等。

2. 小五台山国家级自然保护区——主要保护森林生态系统和褐马鸡。

3. 泥河湾国家级自然保护区——主要保护哺乳动物化石和大量旧石器时代遗迹。

4. 大海坨国家级自然保护区——主要保护森林生态和野生动植物。

5. 雾灵山国家级自然保护区——主要保护温带森林生态系统和猕猴。

6. 围场红松洼国家级自然保护区——主要保护亚高山草甸。

7. 衡水湖国家级自然保护区——主要保护内陆淡水湿地生态系统及国家一、二级重点保护鸟类。

8. 柳江盆地地质遗迹国家级自然保护区——主要保护标准地质剖面、典型地质构造等地质遗迹。

9. 塞罕坝国家级自然保护区——主要保护森林－草原交错带生态系统、滦河与辽河水源地、天然植被群落、黑鹳、金雕等珍稀濒危动植物物种。

10. 茅荆坝国家级自然保护区——是河北省唯一确信有黑熊分布的保护区，同时也是华北落叶阔叶林生态系统中生物多样性最为丰富的地区之一。

11. 滦河上游国家级自然保护区——主要保护滦河上游的自然生态环境、森林生态系统及其生物多样性和珍稀濒危的野生动植物物种。

山西省(5个)

1. 阳城莽河猕猴国家级自然保护区——主要保护猕猴等珍稀野生动物和森林生态系统。

2. 芦芽山国家级自然保护区——主要以保护森林生态系统、珍稀动物褐马鸡为主。

3. 庞泉沟国家级自然保护区——主要保护褐马鸡等珍禽,华北落叶松的原产地。

4. 历山国家级自然保护区——主要保护暖温带森林植被和珍稀动物。

5. 五鹿山国家级自然保护区——主要保护世界珍禽褐马鸡和我国特有树种白皮松。

内蒙古自治区(23个)

1. 赛罕乌拉国家级自然保护区——主要保护森林、草原、湿地等多样生态系统和珍稀濒危野生动植物及西辽河上游水原涵养林。

2. 达里诺尔国家级自然保护区——主要保护珍稀鸟类及其赖以生存的湖泊、湿地、沙地、草原及林地等多样的生态系统。

3. 白音敖包国家级自然保护区——主要保护对象是沙地云杉林生态系统。

4. 黑里河国家级自然保护区——主要保护以天然油松林为代表的暖温型针阔叶混交林生态系统。

5. 大黑山国家级自然保护区——主要保护草原、森林多种生态系统及野生动植物栖息地和西辽河水源涵养地。

6. 大兴安岭汗马国家级自然保护区——主要保护寒温带针叶林及栖息于保护区中的野生动植物。

7. 红花尔基樟子松林国家级自然保护区——主要保护国家二级珍贵树种樟子松。

8. 辉河国家级自然保护区——主要以保护湿地、草原、森林生态系统及珍禽为主。

9. 达赉湖国家级自然保护区——主要保护湿地生态系统和以鸟类为主的珍稀濒危野生动物。

10. 科尔沁国家级自然保护区——主要保护湿地珍禽和典型的科尔沁草原自然景观。

11. 图牧吉国家级自然保护区——主要保护大鸨、丹顶鹤、白鹳等珍稀鸟类及其赖以生存的草原和湿地生态系统。

12. 大青沟国家级自然保护区——主要保护科尔沁沙地原生森林生态系统和科尔沁沙地天然珍贵阔叶林。

13. 锡林郭勒草原国家级自然保护区——主要保护草原生态系统。

14. 鄂尔多斯遗鸥国家级自然保护区——主要保护国家一级保护野生动物遗鸥为主的83种鸟类。

15. 西鄂尔多斯国家级自然保护区——主要保护四合木、半日花等古老残遗濒危植物和荒漠生态系统。

16. 乌拉特梭梭林—蒙古野驴国家级自然保护区——主要保护原始天然梭梭林和栖息此地的蒙古野驴、北山羊、鹅喉羚等珍稀野生动物。

17. 贺兰山国家级自然保护区——主要保护干旱、半干旱区的山地森林生态系统。

18. 额济纳胡杨林国家级自然保护区——主要保护以天然胡杨林为主体的绿洲生态系统。

19. 阿鲁科尔沁草原国家级自然保

护区——主要保护北科尔沁沙地草原、林地、河流、湖泊和沼泽型湿地等多样的生态系统及珍稀鸟类。

20. 哈腾套海国家级自然保护区——主要保护荒漠植被生态系统和珍稀濒危野生动植物及其生存环境。

21. 额尔古纳国家级自然保护区——主要保护寒温带针叶林森林生态系统。

22. 鄂托克恐龙遗迹化石国家级自然保护区——主要保护区内分布广泛的多种类型的恐龙足迹化石，以及恐龙骨骼化石等。

23. 大青山国家级自然保护区——主要保护森林生态系统和大量珍稀野生动植物。

中国东北地区

辽宁省（12个）

1. 大连斑海豹国家级自然保护区——主要保护斑海豹及其生态环境。

2. 成山头海滨地貌国家级自然保护区——主要保护沙质海岸自然景观及所在海区生态环境和自然资源。

3. 蛇岛—老铁山国家级自然保护区——主要保护蛇岛蝮蛇和候鸟及其生态环境。

4. 仙人洞国家级自然保护区——主要保护赤松林、栎林及自然景观。

5. 桓仁老秃顶子国家级自然保护区——主要保护野生动植物资源和森林生态系统。

6. 白石砬子国家级自然保护区——主要保护原生型红松阔叶混交林。

7. 丹东鸭绿江口滨海湿地国家级自然保护区——主要保护珍稀野生动植物和湿地生态系统。

8. 医巫闾山国家级自然保护区——主要保护油松林和针阔叶混交林森林生态系统。

9. 双台子河口国家级自然保护区——主要保护珍稀水禽和湿地生态系统。

10. 北票鸟化石国家级自然保护区——主要保护中华龙鸟、原始祖鸟、孔子鸟珍稀古生物化石。

11. 努鲁儿虎山国家级自然保护区——主要保护天然蒙古栎阔叶混交林生态系统和众多野生动植物及其栖息地。

12. 海棠山国家级自然保护区——主要保护油松栎类混交的顶极群落及野生动物。

吉林省（12个）

1. 伊通火山群国家级自然保护区——主要保护火山群景观。

2. 龙湾国家级自然保护区——主要保护以火山地貌为基础形成的湿地生态系统、多种多样的生物物种和生态环境。

3. 鸭绿江上游国家级自然保护区——主要保护冷水性鱼类。

4. 莫莫格国家级自然保护区——主要保护丹顶鹤等珍稀鸟类和湿地生态系统。

5. 向海国家级自然保护区——主要保护珍稀水禽和湿地生态系统。

6. 天佛指山国家级自然保护区——主要保护北温带森林系统中特有的赤松—蒙古栎森林生态系统。

7. 长白山国家级自然保护区——主要保护温带森林生态系统、自然历史遗迹和珍稀动植物。

8. 大布苏国家级自然保护区——主要保护地质遗迹、古生物遗迹、湿地生态系统和珍稀鸟类。

9. 珲春东北虎国家级自然保护区——主要保护东北虎、豹及其栖息地。

10. 查干湖国家级自然保护区——主要保护半干旱地区湖泊水生生态系统、湿地生态系统和野生珍稀濒危鸟类。

11. 雁鸣湖国家级自然保护区——主要保护濒危水禽以及东北虎迁移的生态长廊。

12. 哈泥国家级自然保护区——主要保护森林生态系统、山地植被垂直带和濒危野生动植物。

黑龙江省(21 个)

1. 扎龙国家级自然保护区——主要保护鹤类及湿地生态系统。

2. 兴凯湖国家级自然保护区——主要保护湿地生态系统。

3. 宝清七星河国家级自然保护区——主要保护内陆湿地及水域生态系统。

4. 饶河东北黑蜂国家级自然保护区——主要保护蜂种和蜜源植物。

5. 丰林国家级自然保护区——主要保护红松母树林。

6. 凉水国家级自然保护区——主要保护红松针阔叶混交林生态系统。

7. 三江国家级自然保护区——属内陆湿地和水域生态系统类型自然保护区,沼泽湿地为主要保护对象。

8. 洪河国家级自然保护区——主要保护湿地和水域生态系统。

9. 八岔岛国家级自然保护区——重要的生物多样性基因库,主要保护湿地生态系统和珍稀物种。

10. 挠力河国家级自然保护区——主要保护湿地和水域生态系统。

11. 牡丹峰国家级自然保护区——主要保护红松阔叶混交林生态系统。

12. 五大连池国家级自然保护区——主要保护火山地质地貌和矿泉水。

13. 呼中国家级自然保护区——主要保护寒温带针叶林及野生动植物。

14. 南瓮河国家级自然保护区——主要保护森林湿地和野生动植物。

15. 凤凰山国家级自然保护区——主要保护东北长白植物区系珍稀物种及风景林。

16. 乌伊岭国家级自然保护区——主要保护森林湿地生态系统和生物多样性。

17. 胜山国家级自然保护区——主要保护野生生物和白头鹤、金雕等国家重点保护动物。

18. 双河国家级自然保护区——主要保护森林、湿地和野生动植物。

19. 红星湿地国家级自然保护区——主要保护森林湿地生态系统和野生动植物。

20. 珍宝岛湿地国家级自然保护区——主要保护各种类型的湿地生态系统以及在此栖息的珍稀、濒危野生动植物。

21. 东方红湿地国家级自然保护区——主要保护天然湿地生态系统和国家级重点保护动物及其栖息地。

中国华东地区

山东省(7 个)

1. 马山国家级自然保护区——主要保护浅剖面火山岩柱状节理石柱群、硅化木及古生物化石等地质自然遗迹。

2. 黄河三角洲国家级自然保护区——主要保护原生性湿地生态系统和鸟类。

3. 长岛国家级自然保护区——主要保护鹰、隼等猛禽及候鸟栖息地。

4. 山旺古生物化石国家级自然保护区——主要保护古生物化石群。

5. 滨州贝壳堤岛与湿地国家级自然保护区——主要保护贝壳堤岛与湿地系统。

6. 荣成大天鹅国家级自然保护区——主要保护大天鹅等濒危鸟类和典型湿地生态系统。

7. 昆嵛山国家级自然保护区——主要保护中国赤松。

江苏省(3 个)

1. 盐城沿海滩涂珍禽国家级自然保护区——主要保护滩涂湿地生态系统和以丹顶鹤为代表的多种珍禽。

2. 大丰麋鹿国家级自然保护区——主要保护麋鹿、丹顶鹤、东方白鹳等。

3. 泗洪洪泽湖湿地国家级自然保护区——主要保护内陆淡水湿地生态系统、国家重点保护鸟类和其他野生动植物。

上海市(2 个)

1. 九段沙国家级自然保护区——主要保护白头鹤、遗鸥等迁徙鸟类。

2. 崇明东滩鸟类国家级自然保护区——主要保护东方白鹳、黑鹳、白头鹤等迁徙鸟类。

浙江省(9 个)

1. 清凉峰国家级自然保护区——主要保护梅花鹿、金钱豹等。

2. 天目山国家级自然保护区——主要保护云豹、穿山甲、白鹇等。

3. 南麂列岛国家级自然保护区——主要保护海洋贝藻类及其生态环境。

4. 乌岩岭国家级自然保护区——主要保护黄腹角雉、猕猴等。

5. 大盘山国家级自然保护区——主要保护野生药用生物种质资源。

6. 古田山国家级自然保护区——主要保护豹、云豹、黑麂、白颈长尾雉等。

7. 凤阳山—百山祖国家级自然保护区——主要保护中亚热带湿润常绿阔叶林生态系统。

8. 九龙山国家级自然保护区——主要保护山地混合森林生态系统、水源涵养林。

9. 长兴地质遗迹国家级自然保护区——主要保护地质遗迹。

安徽省(6 个)

1. 鹞落坪国家级自然保护区——主要保护亚热带常绿落叶阔叶混交林及珍稀动植物。

2. 牯牛绛国家级自然保护区——主要保护中亚热带常绿阔叶林及珍稀动植物。

3. 金寨天马国家级自然保护区——主要保护北亚热带常绿落叶阔叶混交林及其山地垂直带谱、珍稀动植物。

4. 宣城扬子鳄国家级自然保护区——主要保护珍稀动物扬子鳄。

5. 升金湖国家级自然保护区——主要保护白头鹤等越冬珍禽及湿地生态系统。

6. 铜陵淡水豚国家级自然保护区——主要保护白鱀豚和长江江豚。

江西省(7 个)

1. 鄱阳湖候鸟国家级自然保护区——主要保护珍稀候鸟及湿地生态

系统。

2. 桃红岭梅花鹿国家级自然保护区——我国唯一以保护濒危野生动物南方梅花鹿为主的自然保护区。

3. 九连山国家级自然保护区——主要保护原生性亚热带常绿阔叶林。

4. 江西武夷山国家级自然保护区——主要保护亚热带常绿阔叶林及其森林生态系统。

5. 井冈山国家级自然保护区——主要保护具有原始特征的中亚热带森林生态系统。

6. 官山国家级自然保护区——主要保护长颈尾雉、黄腹角雉等珍稀野生动物及生态系统。

7. 马头山国家级自然保护区——主要保护长叶榧、伯乐树、珠网萼、美毛含笑、南方红豆杉等珍稀濒危植物及其群落。

福建省(11 个)

1. 厦门珍稀海洋物种国家级自然保护区——主要保护中华白海豚、文昌鱼等珍稀海洋生物及黄嘴白鹭等鸟类。

2. 龙栖山国家级自然保护区——主要保护亚热带常绿阔叶林。

3. 天宝岩国家级自然保护区——主要保护长苞铁杉、猴头杜鹃、华南虎、黄腹角雉、泥炭藓沼泽等。

4. 深沪海底古森林国家级自然保护区——主要保护海底古森林和牡蛎礁遗迹。

5. 漳江口红树林国家级自然保护区——主要保护红树林湿地生态系统、濒危动植物物种和东南沿海优质水产资源。

6. 虎伯寮国家级自然保护区——主要保护南亚热带常绿阔叶林。

7. 武夷山国家级自然保护区——主要保护中亚热带山地森林生态系统及珍稀物种。

8. 梁野山国家级自然保护区——主要保护华南虎、南方红豆杉、中亚热带常绿阔叶林及兰科植物。

9. 梅花山国家级自然保护区——主要保护森林生态系统和珍稀动物。

10. 戴云山国家级自然保护区——主要保护南方红豆杉林、长苞铁杉林等森林生态系统。

11. 闽江源国家级自然保护区——主要保护武夷山脉中段重要的生物区系组分、大面积的钟萼木和南方红豆杉原生种群、独特的生物群落类型和福建闽江正源头森林植被。

中国华中地区

河南省(11 个)

1. 黄河湿地国家级自然保护区——主要保护水禽及其湿地生态环境。

2. 豫北黄河故道湿地鸟类国家级自然保护区——主要保护大天鹅、丹顶鹤及湿地生态系统。

3. 焦作太行山猕猴国家级自然保护区——主要保护太行猕猴及其生态环境。

4. 南阳恐龙蛋化石群国家级自然保护区——主要保护古生物地质遗迹奇观和恐龙蛋。

5. 伏牛山国家级自然保护区——主要保护天然阔叶林森林生态系统。

6. 宝天曼国家级自然保护区——主要保护生物多样性和生态结构。

7. 鸡公山国家级自然保护区——主要保护亚热带森林植被过渡类型及珍

稀野生动植物。

8. 董寨国家级自然保护区——主要保护森林珍稀鸟类。

9. 连康山国家级自然保护区——主要保护北亚热带森林生态系统、白冠长尾雉及其栖息地。

10. 小秦岭国家级自然保护区——主要保护森林生态系统及动植物资源。

11. 丹江湿地国家级自然保护区——主要保护水生和陆栖野生生物及其生存环境和内陆河口湿地生态系统。

湖北省（10个）

1. 青龙山恐龙蛋化石群国家级自然保护区——主要保护恐龙蛋化石。

2. 神农架国家级自然保护区——主要保护金丝猴、金钱豹、华南虎等动物与珙桐、香果树、连香树等植物。

3. 五峰后河国家级自然保护区——主要保护珙桐等珍稀植物及森林生态系统。

4. 石首麋鹿国家级自然保护区——主要保护麋鹿及其生态环境。

5. 长江天鹅洲白鱀豚国家级自然保护区——主要保护白鱀豚及其生态环境。

6. 长江新螺段白鱀豚国家级自然保护区——主要保护白鱀豚及其生态环境。

7. 星斗山国家级自然保护区——主要保护中亚热带森林生态系统及珍稀物种。

8. 九宫山国家级自然保护区——主要保护南方红豆杉、伯乐树、香果树等珍贵植物与华南虎、云豹等珍稀动物。

9. 七姊妹山国家级自然保护区——主要保护原始珙桐纯林群落、泥炭藓森林沼泽湿地以及华南虎等大型猫科动物。

10. 洪湖湿地国家级自然保护区——主要保护湿地生态系统。

湖南省（15个）

1. 炎陵桃源洞国家级自然保护区——保护中亚热带向北亚热带过渡地区，具有华南、华中、华东等多种区系成分的原始次生林及其生态系统。

2. 东洞庭湖国家级自然保护区——保护洞庭湖湿地生态和生物资源。

3. 壶瓶山国家级自然保护区——保护华南虎等濒危动物物种及其栖息地和珙桐等珍稀植物物种及群落为主的森林和野生动植物类型。

4. 张家界大鲵国家级自然保护区——保护大鲵及其生态环境。

5. 八大公山国家级自然保护区——保护亚热带森林植被及珍稀动植物。

6. 莽山国家级自然保护区——保护亚热带常绿阔叶林及华南虎等珍稀动物。

7. 永州都庞岭国家级自然保护区——保护亚热带常绿阔叶林生态系统。

8. 小溪国家级自然保护区——保护低海拔常绿阔叶原始次生林生态系统及国家保护野生动植物。

9. 黄桑国家级自然保护区——保护红豆杉、银杏、长苞铁杉、黄腹角雉。

10. 乌云界国家级自然保护区——保护大型猫科动物生存环境和中亚热带原始次生林。

11. 鹰嘴界国家级自然保护区——保护珍稀濒危野生动物资源、典型的中亚热带常绿阔叶林珍稀野生动物资源及其栖息地和独特的自然景观。

12. 南岳衡山国家级自然保护区——保护中亚热带地区原生性的森林群落及生态系统。

13. 借母溪国家级自然保护区——保护中亚热带北部亚热带原始次生常绿阔叶林、完整的石灰岩森林植被以及大量的珍稀濒危野生动植物。

14. 阳明山国家级自然保护区——保护黄杉群落和野生动植物资源。

15. 八面山国家级自然保护区——以华南虎为重点保护对象而设立的自然保护区。

中国华南地区

广东省(11 个)

1. 南岭国家级自然保护区——主要保护中亚热带常绿阔叶林和珍稀濒危野生动植物及其栖息地。

2. 车八岭国家级自然保护区——主要保护中亚热带常绿阔叶林及华南虎等珍稀动植物。

3. 丹霞山国家级自然保护区——主要保护丹霞地层、丹霞地貌与自然环境。

4. 内伶仃岛福田国家级自然保护区——主要保护猕猴、鸟类和红树林。

5. 珠江口中华白海豚国家级自然保护区——主要保护中华白海豚及其生态环境。

6. 湛江红树林国家级自然保护区——主要保护红树林生态系统及其生物多样性。

7. 鼎湖山国家级自然保护区——主要保护南亚热带常绿阔叶林及珍稀动植物。

8. 象头山国家级自然保护区——主要保护南亚热带常绿阔叶林和野生动植物。

9. 惠东港口海龟国家级自然保护区——主要保护海龟及其产卵繁殖地。

10. 徐闻珊瑚礁国家级自然保护区——主要保护自然珊瑚种群生态体系。

11. 雷州珍稀水生动物国家级自然保护区——主要保护白蝶贝(大珠母贝)。

广西壮族自治区(15 个)

1. 大明山国家级自然保护区——主要保护山地森林生态系统多样性以及珍稀濒危动植物资源。

2. 花坪国家级自然保护区——主要保护银杉及中亚热带常绿阔叶林。

3. 猫儿山国家级自然保护区——主要保护原生性亚热带常绿阔叶林森林生态系统。

4. 山口红树林生态国家级自然保护区——主要保护红树林生态系统。

5. 合浦营盘港—英罗港儒艮国家级自然保护区——主要保护儒艮及其生态环境。

6. 北仑河口国家级自然保护区——主要保护红树林生态系统。

7. 防城金花茶国家级自然保护区——主要保护金花茶及其生态环境。

8. 十万大山国家级自然保护区——主要保护珍贵稀有动植物资源及其栖息地。

9. 弄岗国家级自然保护区——主要保护石灰岩季雨林生态系统、珍稀物种及岩溶地貌。

10. 大瑶山国家级自然保护区——主要保护银杉、瑶山鳄蜥等珍贵物种及其生态环境水源涵养林。

11. 木论国家级自然保护区——主要保护中亚热带喀斯特森林生态系统。

12. 千家洞国家级自然保护区——主要保护原生性亚热带常绿阔叶林森林生态系统,国家保护的动植物物种和水源涵养林。

13. 岑王老山国家级自然保护区——主要保护南亚热带中山常绿阔叶混交林、垂直带谱森林生态系统和黑颈长尾雉、叉孢苏铁、伯乐树等珍稀濒危物种。

14. 九万山国家级自然保护区——主要保护水源林。

15. 金钟山黑颈长尾雉国家级自然保护区——主要保护黑颈长尾雉及其栖息地。

海南省(9个)

1. 三亚珊瑚礁国家级自然保护区——主要保护对象为各种浅海造礁石珊瑚、软珊瑚、珊瑚礁等生态系统。

2. 东寨港国家级自然保护区——主要保护对象为红树林及水鸟。

3. 铜鼓岭国家级自然保护区——主要保护对象为热带常绿季雨矮林生态系统及野生动物、海蚀地貌、珊瑚礁、底栖生物等生态系统。

4. 大洲岛海洋生态国家级自然保护区——主要保护对象为金丝燕和海岛海洋生态系统。

5. 大田国家级自然保护区——主要保护对象为海南坡鹿。

6. 尖峰岭国家级自然保护区——保护对象为热带原始林生态系统。

7. 五指山国家级自然保护区——主要保护对象为雨林生态系统。

8. 坝王岭国家级自然保护区——保护黑冠长臂猿及生存环境的自然保护区。

9. 吊罗山国家级自然保护区——主要保护热带雨林及其生态系统。

中国西南地区

重庆市(4个)

1. 缙云山国家级自然保护区——主要保护森林植被及其自然生态系统。

2. 大巴山国家级自然保护区——主要保护亚热带森林生态系统及其生物多样性。

3. 长江上游珍稀、特有鱼类国家级自然保护区——跨越四川、贵州、云南、重庆三省一市,主要保护白鲟、达氏鲟、胭脂鱼、大鲵、水獭等国家一级和二级重点保护水生野生动物。

4. 金佛山国家级自然保护区——主要保护银杉、珙桐等珍稀植物及森林生态系统。

四川省(22个)

1. 龙溪—虹口国家级自然保护区——主要保护大熊猫、金丝猴、羚牛等珍贵稀有野生动物及其森林生态系统。

2. 白水河国家级自然保护区——主要保护大熊猫及森林生态系统。

3. 攀枝花苏铁国家级自然保护区——主要保护攀枝花苏铁这一珍稀濒危植物及其生态环境。

4. 画稿溪国家级自然保护区——主要保护亚热带常绿阔叶林生态系统和桫椤、特有鸟类等珍稀濒危物种。

5. 王朗国家级自然保护区——主要保护大熊猫等珍稀野生动物及其栖息地。

6. 唐家河国家级自然保护区——主要保护大熊猫及森林生态系统。

7. 马边大风顶国家级自然保护

区——主要保护大熊猫、扭角羚、珙桐等珍稀濒危野生动植物及其自然生态环境。

8. 长宁竹海国家级自然保护区——主要保护竹林生态系统。

9. 蜂桶寨国家级自然保护区——主要保护大熊猫、金丝猴及森林生态系统。

10. 卧龙国家级自然保护区——主要保护大熊猫等珍稀动物及森林生态系统。

11. 九寨沟国家级自然保护区——主要保护大熊猫及森林生态系统。

12. 小金四姑娘山国家级自然保护区——主要保护野生动物和高山生态系统。

13. 若尔盖湿地国家级自然保护区——主要保护黑颈鹤、白鹳等珍稀野生动物及高原沼泽湿地生态系统。

14. 贡嘎山国家级自然保护区——主要保护森林生态系统、珍稀动物及现代冰川等自然景观。

15. 察青松多白唇鹿国家级自然保护区——主要保护白唇鹿等珍稀野生动物及其自然生态系统。

16. 亚丁国家级自然保护区——主要保护高山自然生态系统。

17. 美姑大风顶国家级自然保护区——主要保护大熊猫及森林生态系统。

18. 长江上游珍稀、特有鱼类国家级自然保护区——主要保护包括白鲟、达氏鲟、胭脂鱼、大鲵、水獭等国家一级和二级重点保护水生野生动物，还包括66种我国特有鱼类及其赖以栖息的生态环境。

19. 米仓山国家级自然保护区——

主要保护亚热带与温带交汇地带的森林生态系统。

20. 雪宝顶国家级自然保护区——主要保护大熊猫及其栖息地。

21. 花萼山国家级自然保护区——主要保护北亚热带森林生态系统。

22. 海子山国家级自然保护区——主要保护高寒湿地和麝类。

贵州省(9个)

1. 习水中亚热带常绿阔叶林国家级自然保护区——主要保护中亚热带常绿阔叶林。

2. 赤水桫椤国家级自然保护区——主要保护国家一级保护植物桫椤。

3. 梵净山国家级自然保护区——主要保护亚热带森林生态系统及黔金丝猴、珙桐等珍稀动植物。

4. 麻阳河国家级自然保护区——主要保护国家一级保护动物黑叶猴及其栖息地。

5. 长江上游珍稀、特有鱼类国家级自然保护区——主要保护白鲟、达氏鲟等珍稀鱼类赖以生存的自然环境。

6. 草海国家级自然保护区——主要保护黑颈鹤及高原湿地生态系统。

7. 雷公山国家级自然保护区——主要保护秃杉等珍稀生物为主的中亚热带山地森林生态系统。

8. 茂兰国家级自然保护区——主要保护亚热带喀斯特森林生态系统及其珍稀野生动植物资源。

9. 宽阔水国家级自然保护区——主要保护黑叶猴种群及红腹锦鸡种群。

云南省(17个)

1. 哀牢山国家级自然保护区——主要保护以云南特有种为优势的中山湿

性常绿阔叶林和黑冠长臂猿等珍稀野生动植物、候鸟迁徙地。

2. 大山包黑颈鹤国家级自然保护区——以黑颈鹤及其越冬的亚高山湿地生态系统为保护对象的国家级自然保护区。

3. 大围山国家级自然保护区——主要保护热带及南亚热带常绿阔叶林生态系统及以蜂猴、黑冠长臂猴、孔雀雉、苏铁、长叶竹柏等为代表的珍稀动植物。

4. 金平分水岭国家级自然保护区——主要保护山地苔藓阔叶林生态系统。

5. 黄连山国家级自然保护区——主要保护季风常绿阔叶林生态系统。

6. 文山国家级自然保护区——主要保护季风常绿阔叶林生态系统。

7. 无量山国家级自然保护区——主要保护亚热带中山湿性常绿阔叶林生态系统。

8. 西双版纳国家级自然保护区——主要保护原始热带森林生态系统的热带雨林、季雨林和珍稀动植物种群。

9. 西双版纳纳板河流域国家级自然保护区——主要保护热带、南亚热带森林生态系统。

10. 苍山洱海国家级自然保护区——主要保护冰山遗迹、森林及高原湖泊生态系统。

11. 高黎贡山国家级自然保护区——主要保护亚热带常绿阔叶林、高山针叶林及珍稀动物。

12. 白马雪山国家级自然保护区——保护森林生态系统和野生动物。

13. 南滚河国家级自然保护区——保护森林生态系统和野生动物。

14. 药山国家级自然保护区——保护森林生态系统。

15. 会泽黑颈鹤国家级自然保护区——主要保护黑颈鹤及其他水禽。

16. 永德大雪山国家级自然保护区——主要保护南亚热带常绿阔叶林垂直分布景观及其野生动物物种。

17. 长江上游珍稀、特有鱼类国家级自然保护区（跨省）——主要保护白鲟、达氏鲟、胭脂鱼等国家及地方重点保护的珍稀濒危物种和其他长江上游特有鱼类及其赖以生存的自然环境。

西藏自治区（9个）

1. 雅鲁藏布江中游河谷黑颈鹤国家级自然保护区——主要保护黑颈鹤。

2. 芒康滇金丝猴国家级自然保护区——主要保护滇金丝猴。

3. 珠穆朗玛峰国家级自然保护区——主要保护高山及高原生态系统。

4. 色林错国家级自然保护区——主要保护黑颈鹤、雪豹、藏羚、盘羊。

5. 羌塘国家级自然保护区——主要保护藏野驴、藏羚羊、野牦牛等野生动物及其栖息地。

6. 雅鲁藏布大峡谷国家级自然保护区——主要保护山地森林生态系统和珍稀濒危物种。

7. 察隅慈巴沟国家级自然保护区——主要保护山地亚热带长绿阔叶林、珍稀野生动植物等。

8. 拉鲁湿地国家级自然保护区——主要保护高寒湿地生态系统。

9. 类乌齐马鹿国家级自然保护区——主要保护马鹿、白唇鹿等野生动物及自然植被。

中国西北地区

陕西省（9个）

1. 周至国家级自然保护区——主要保护金丝猴等珍稀动物。

2. 太白山国家级自然保护区——主要保护森林生态系统和自然历史遗迹。

3. 长青国家级自然保护区——主要保护秦岭"四大国宝",即大熊猫、金丝猴、羚牛和朱鹮。

4. 佛坪国家级自然保护区——保护动物主要是大熊猫。保护太白红杉、秦岭冷杉、水青树、独叶草等22种珍稀植物。

5. 牛背梁国家级自然保护区——主要保护羚牛及其生态环境。

6. 汉中朱鹮国家级自然保护区——主要保护朱鹮及其栖息地。

7. 子午岭国家级自然保护区——主要保护黄土高原稀有的天然次生林生态系统及野生动植物资源。

8. 化龙山国家级自然保护区——主要保护我国典型的北亚热带森林生态系统和珍稀野生动植物物种。

9. 天华山国家级自然保护区——主要保护北亚热带山地自然生态系统和大熊猫、金丝猴、羚牛等珍稀濒危生物类群及多样性的天然生物基因库。

青海省(5个)

1. 循化孟达国家级自然保护区——被誉为"青藏高原上的西双版纳"。主要保护森林生态系统水源涵养林。

2. 青海湖国家级自然保护区——主要保护高原湿地生态系统和珍稀鸟类。

3. 可可西里国家级自然保护区——主要保护青藏高原特有的野生动植物及其生存环境。

4. 隆宝国家级自然保护区——主要保护黑颈鹤、天鹅等水禽及草甸生态系统。

5. 三江源国家级自然保护区——主要保护长江、黄河、澜沧江三条大江大河源头的高原湿地生态系统。

甘肃省(18个)

1. 兴隆山国家级自然保护区——保护森林生态系统和人文历史遗迹。

2. 祁连山国家级自然保护区——保护水源涵养林及珍稀动物。

3. 敦煌西湖国家级自然保护区——保护珍稀濒危物种野骆驼等及其湿地生态系统。

4. 瓜州(原安西)极旱荒漠国家级自然保护区——保护极旱荒漠生态系统。

5. 民勤连古城国家级自然保护区——保护天然沙生植物及荒漠生态系统。

6. 白水江国家级自然保护区——保护大熊猫、珙桐等多种珍稀濒危野生动植物及其赖以生存的自然生态环境。

7. 莲花山国家级自然保护区——保护麝、斑尾榛鸡等珍稀野生动物资源及其栖息环境。

8. 尕海—则岔国家级自然保护区——保护珍稀动植物种及森林和湿地生态系统。

9. 太统——崆峒山国家级自然保护区——保护森林生态系统、稀有野生动植物、古文化遗迹和地质遗迹。

10. 连城国家级自然保护区——保护天然青杆、青海云杉及森林生态系统。

11. 小陇山国家级自然保护区——保护暖温带—亚热带过渡地区原始森林生态系统。

12. 盐池湾国家级自然保护区——保护白唇鹿、野牦牛等高原有蹄类珍稀野生动物及其生态系统。

13. 安南坝野骆驼国家级自然保护区——保护野骆驼等野生动物及其栖息环境。

宁夏回族自治区(6个)

1. 贺兰山国家级自然保护区——主要保护云杉等野生动植物。

2. 沙坡头国家级自然保护区——主要保护沙漠自然生态系统。

3. 罗山国家级自然保护区——主要保护青海云杉、油松等。

4. 灵武白芨滩国家级自然保护区——主要保护荒漠生态系统及生物多样性。

5. 六盘山国家级自然保护区——主要保护金钱豹、重要水源涵养林基地。

6. 哈巴湖国家级自然保护区——主要保护荒漠—湿地典型的自然生态系统。

新疆维吾尔自治区(9个)

1. 阿尔金山国家级自然保护区——主要保护珍稀高原动物野牦牛、藏野驴、藏羚羊。

2. 罗布泊野骆驼国家级自然保护区——主要保护世界极度濒危物种野骆驼。

3. 巴音布鲁克国家级自然保护区——主要保护天鹅等珍稀水禽。

4. 托木尔峰国家级自然保护区——主要保护接近原始状态的高原生态系统及其珍稀高原动物。

5. 西天山国家级自然保护区——主要保护云杉林。

6. 甘家湖梭梭林国家级自然保护区——主要保护白梭梭、梭梭、胡杨等。

7. 喀纳斯国家级自然保护区——主要保护寒温带针阔叶混交林生态系统和自然景观。

8. 塔里木胡杨国家级自然保护区——主要保护胡杨。

9. 艾比湖湿地国家级自然保护区——主要保护湖泊湿地和内陆荒漠物种。

三十、经济区

三大经济地带的范围

在我国的沿海地区与中西部地区之间,社会经济水平发展存在很大的差距,客观上形成了东部、中部和西部三大经济地带。东部经济地带包括辽宁、河北、北京、天津、山东、江苏、浙江、上海、福建、广东、广西和海南在内的 12 个省市区(不包括港澳台),面积占全国的 16%,人口约占全国的 41.1%。中部地带包括黑龙江、吉林、内蒙古、山西、河南、湖北、江西、安徽和湖南在内的 9 个省区,面积约占全国的 27%,人口约占

东部沿海发达城市——深圳

全国的 35.7%。西部地带是指包括陕西、甘肃、青海、宁夏、新疆、四川、重庆、云南、贵州和西藏在内的 10 个省市区的广大地区,面积占全国的 57%,人口约占全国的 23.2%。

三大经济地带的差异

三大经济地带存在很多方面的差异,比如自然资源、基础设施、经济水平等等,其中最为突出的是社会经济发展水平和经济发展速度两方面。东部社会经济发展水平高,中部其次,而西部最弱。据统计,2006 年,西部 12 个省市区GDP(国内生产总值)总和不到 4 万亿元,约占全国 GDP 的 17%;而东部地区GDP 达到 2 万亿元的省份就有 3 个,人均 GDP 东部地区达到了西北地区的 2.2倍。东部地区的经济发展速度也是最快的,中部其次,西部最慢。东部从 20 世纪 80 年代起飞速发展,中西部与东部的经济差距越来越大。

差异的形成原因

我国东部和中西部的差距如此之大是由一系列的自然因素和社会经济因素造成的。

从自然因素上说，东部受海洋季风气候影响很大，比较湿润，加上地势较平，利于人们开展各种生产活动；而中西部多是高原、山地，海拔很高，很多地区干旱少雨，农业受到很大影响。海洋为东部地带提供了开放、方便的地理优势，而相比之下中西部则比较闭塞。

从社会和经济因素上说，从19世纪40年代近代工业在东南沿海一带出现，东部地带的工业一直在发展和进步，而直到20世纪30年代抗日战争爆发，才有部分近代工业搬迁到中西部地区。新中国成立后，虽然很多工厂搬迁到中西部地区，但工业重心依然在东北和沿海地区。1978年中国实行改革开放政策，国家在沿海地区开放第一批经济特区，之后又开放了14个沿海城市；但是，直到1992年，才陆续开放长江沿岸和内陆沿边各省省会城市。东部利用政策优势和地理优势，吸收海外资金，引进先进的生产管理技术，在全国领先。

长期处在中国经济最前沿的东部，人们思想观念比较开放，接受新事物比较快，竞争意识比较强。并且，东部的社会经济结构比较平衡，第二、三产业比重都在35%以上，城市化程度较高，生产力水平较高。而中西部经济发展相对落后，第一产业比重比较大，经济发展速度相对缓慢。

东部地带的现状及发展方向

东部地带位于沿海一带，是城市化程度最高、科技水平最高和发展最快的经济地带。它集聚了我国最具实力的几大工业区——辽中南工业区、京津塘工业区、沪宁杭工业区和珠江三角洲工业区。东部地带也是我国最主要的农业生产基地，最主要的几个农业生产区，如黄淮海平原、长江三角洲、珠江三角洲等几大农业基地，还有我国重要的海洋水产区都在这里。东部地带拥有全国45%的高等院校和约60%的高科技人才。交通便利，商品经济发达，经济国际化程度比较高，也是城市分布最密集的地带。

东部地带虽然经济发展迅速，但也存在很多问题。如能源、原材料不足，北方各省市水资源不足，有些地方存在严重环境污染，大江大河下游涝期容易发生水灾等问题。

这一地区的发展方向是，充分发挥地理优势，对内成为为全国输送高级人才和提供信息的基地，对外成为中国开展对外贸易和金融活动的前沿阵地。大力发展第三产业，发展新农业方式以解决能源短缺、缺水、环境污染等问题。东部发展经济的重点应在于充分发挥高新技术的优势，完成对传统工业的改造，发展高新技术产业。

中西部大发

我国中西部面积广阔，煤炭、有色金属等矿产资源非常丰富，这里也是粮食、棉花以及食糖的主要生产基地。东北还有全国最大的林区，内蒙古则是我国重要的牧区。中部的钢铁和冶金工业等重工业比较发达，比如哈尔滨、武汉等。另外在沿边贸易上也具有优势。

中西部的经济发展缓慢，基础建设落后，运输能力远远不能满足经济发展的需求。同时黄土高原严重的水土流失,长江中游的洪水等生态问题,大大阻碍了中西部地区的发展。

中西部应该充分发挥资源优势,加快煤炭、有色金属等矿产能源的开发,使这里成为全国的原材料、能源生产基地。着力建设水利、交通、电力等基础设施,发展沿边贸易。改善生态环境,重点治理水土流失、草原沙化等问题。因地制宜发展农业、林业等,使其成为粮食流通和深加工的新基地。

由于自然、历史、社会等原因,我国西部经济发展相对落后,与东部的差距越来越大,迫切需要改革加快建设步伐。2000年,国家成立了西部大开发小组,正式开始着手实施"西部大开发"战略。西部大开发是国家为了协调区域经济发展,促进东西部的共同发展。国家在政策上予以扶持,希望吸收更多的国内外资金参与西部的开发和建设,同时利用西部的能源和资源优势,结合自身特点,找到一条解决西部贫困的最佳途径。其目的是既促进西部发展,也促使东部地带进行产业升级。

西部大开发最先解决的是基础建设问题,国家花大力气解决交通运输问题,陆续进行了青藏铁路、"西气东输"、"西电东送"等几个重大工程建设。为了搞好生态环境建设,国家启动了退耕还林工程。出台措施重点发展科技教育,提高劳动者素质。同时推进科技创新,调整产业结构,积极发展中西部的特色产业,提高经济发展水平。

长江经济带

长江是我国第一长河,干流流经青、藏、川、滇、渝、鄂、湘、赣、皖、苏、沪九省二市,自西向东横贯中国,流域面积达到180万平方千米,约占全国总面积的五分之一。长江流域是我国农业、工业、商业、科技最发达的地区之一。长江经济带东到上海,西连攀枝花,沿江多达43个城市,地区生产总值约占全国GDP的46%,是全国密度最大的经济走廊之一。

长江经济带具有得天独厚的地理优势,横贯我国东、中、西部,经济腹地很深,还与沪沪、京九、京广、焦柳等铁路干线相交,交通十分便捷。这里还具有非常大的资源优势,不仅有丰富的淡水资源,而且还有丰富的矿产资源、旅游资源和农业生物资源。长江经济带农业发达,工业基础雄厚,集中了钢铁、石化、机械、电子等一大批在国内处于领先地位的大企业。长江经济带城市化程度较高,已形成了我国最密集的城市带,特别是以上海为中心的长江三角洲城市群,对国内外投资具有很强的吸引力。长江经济带劳动者素质较高,科技支撑能力强。它拥有极为广阔的经济腹地和发展空间,是全国除沿海地区外经济最发达的经济带,也是我国今后一段时期内经济增长潜力最大的地区。

长江三角洲经济带

长江三角洲是指长江和钱塘江在入海处冲积形成的三角洲。北起通扬运河,南抵杭州湾,西至南京,东到海滨,包括上海市、江苏省南部、浙江省北部以及邻近海域,面积约为99600平方千米,人口约7500万。这里气候温暖湿润,水道纵横,有"水乡泽国"之称。土壤肥沃,

长江三角洲经济带以上海为龙头

农业发达,是我国人口最稠密的地区之一。

长江三角洲是以上海为龙头的江苏、浙江经济带,也是我国发展最快、经济规模最大、最有发展潜力的地区之一。长三角工业实力雄厚,交通便捷,汇集了一大批优秀的金融、贸易、教育、科技、文化等企业。这里优良的基础设施建设和商业氛围吸引着国内外大批投资。2004年度统计数据表明,长三角地区占全国土地的1%,人口占全国的5.8%,创造了全国18.7%的国内生产总值、全国22%的财政收入和18.4%的外贸出口。2008年的GDP为53952.91亿人民币,合7877.1249亿美元。根据2008年国家下发的关于长江三角洲的指导意见,长江三角洲正式扩大到江浙两省全部地区和上海市。这个战略提高了长三角的经济实力和潜力,对拉动经济增长和进行长三角的产业配置有很大意义。

黄河三角洲的优势

黄河三角洲位于渤海南部黄河入海口,是全国最大的三角洲。黄河三角洲包括山东省的东营、滨州和潍坊、德州、淄博、烟台市的部分地区,共涉及19个县(市、区),总面积2.65万平方千米,占山东全省面积的六分之一,总人口约985万人。

黄河三角洲属于温带季风气候,是我国最完整、最广阔、最年轻的湿地,生态系统类型独特,湿地生物资源丰富,产业基础较好,具备发展高效生态经济的天然优势。同时黄三角地区有丰富的石油资源,人口稠密,并拥有较完善的交通网络,这些都为黄三角的发展提供了良好的条件。

随着2009年11月国务院对黄河三角洲发展计划的批示,黄河三角洲的开发已经上升到国家战略层面,成为国家区域经济战略的重要组成部分。国务院要求黄河三角洲以资源高效利用和生态建设为主线,提高竞争力,打造全国乃至全球绿色生态生活区样板。黄河三角洲作为环渤海经济带的重要组成部分,潜力巨大,它的开发将形成新的黄三角城市群,将成为中国又一个新的经济增长点。

珠三角经济区

珠三角地区由珠江沿岸广州、深圳、佛山、珠海、东莞、中山、惠州、江门、肇庆9个城市组成。20世纪80年代时,这一地区工业基础薄弱,只有纺织、食品、建材等工业。如今,珠三角地区以占全国3.6%的人口和0.6%的土地,取得了经济总量占全国比重一成、出口额占全国30%的优异成绩,成为我国仅次于长江三角洲的工业基地。珠三角取得这么高的成就有其特殊的国际背景和区位优势。

发达国家产业结构调整的大背景。20世纪80年代,发达国家处于产业结构调整的阶段,第二产业比重下降,第三产业比重上升,劳动力和资源密集型产业比重不断下降。这些变化促使其进行产业转移,也为珠三角地区的发展提供了契机。国家将珠三角地区作为改革开放的最前沿,给予许多政策优惠,对外资非常有吸引力。

珠三角地区具有良好的区位优势。珠三角位于我国南部沿海,临近港澳,劳动力资源丰富,又有优惠政策,这些优势成功吸引了中国港澳地区的产业扩散。

珠三角利用中国港澳贸易渠道,出口大量商品,成功参与了国际分工。另外,珠三角地区也是我国最大的侨乡之一,侨居海外的华侨、外籍华人达500万人。改革开放后,珠三角利用他们在海外的资源,通过招商引资,推动了珠三角地区的经济发展。

改革开放后,珠三角地区迎来真正的春天,工业化速度很快,同时也加快了城市化进程。珠三角地区的工业化和城市化的发展主要经历了两个阶段:

第一阶段是1979~1990年。改革开放前,珠三角地区经济基础薄弱,资源缺乏,发展相对缓慢,改革开放后,抓住发达国家转移劳动密集型产业的机遇,利用我国的政策优势和华侨带来的商机,吸引了大批国内外投资,也吸引了大批人才和农民工。这些因素促进了珠三角地区的工业化进程,也推动了城市化进程。

第二阶段是1990年以后,珠三角地区经过十几年的发展,工业实力大幅度提升,成为我国的出口产业基地。但随着国家对外开放地区的不断增加,珠三角地区的政策优势减弱,而且劳动力资源优势也在逐步丧失,面临产业升级,产业结构必须调整的问题。20世纪90年代,信息化的浪潮冲击全球,发达国家进行产业结构的升级和调整,珠三角地区又一次抓住了机遇。近年来,珠三角地区已成为全国最大的电子信息产业基地。

珠三角地区的工业化加速了城市化进程,很多乡村迅速变为城镇,出现了乡村和城镇交错分布的景象。城市的规模也以前所未有的速度迅速扩大,人口猛增,成为了我国人口最密集的地区之一。

飞速发展
的珠三角地区

20世纪90年代以来,我国改革开放范围逐渐扩大,特别是长江三角洲的崛起使珠江三角洲的发展遇到了严峻的挑战。珠三角地区的人才、工业基础和科技实力等方面远不如长江三角洲地区,再加上外资的投资方式已经发生重大变化,珠三角对外资的吸引力大幅下降。

由于人口的猛增和城市规模的不断扩大,珠三角地区的城市建设远远跟不上经济发展的速度,城市结构不合理,规划与建设滞后。城市之间缺少合作,特别是外来人口大量涌入引发的一系列教育、治安、安全等问题,进一步制约了城市的发展。

伴随着珠江三角洲地区的飞速发展,环境污染问题也较为突出。空气污染加剧,水污染严重,耕地锐减,森林面积减少,水土流失日趋严重。

面对这些问题,珠三角需要调整产业结构,促进产业升级。重工业和机械制造水平较低,制约了珠江三角洲地区的进一步发展。因此,珠江三角洲地区以基础条件较好的广州为中心,积极发展石化、钢铁、汽车、造船等制造业,促进产业升级。此外,珠三角地区加强各城市之间的分工与合作,构建以香港、广州、深圳为核心的大珠江三角洲城市群。同时珠三角地区还加强城市规划,完善了交通、通信等城市基础建设,加强来人口的管理,加大对环境污染的处理,改善城市环境。

海南岛经济区

海南岛位于我国南部,四面环海,北部与广东雷州半岛以琼州海峡相隔,东与我国台湾省相望,地理位置优越。它位于华南和西南陆地、海洋的结合部,既是大西南走向世界的前沿,又是开发利用南海资源的基地。海南岛近傍香港,遥望台湾,内靠我国经济发达的珠三角,外邻亚太经济圈中最活跃的东南亚。海南岛处在太平洋环形带上,日本到新加坡的中段,靠近国际深水航道,直接面向东南亚,同时处在重要的海运交通位置,是连接亚洲和大洋洲,沟通太平洋和印度洋的重要中转站。

海南岛位于北回归线以南,属于热带地区,占全国热带地区面积的42.5%。夏长冬暖,光照充足,年日照时数在2000小时以上;日均温≥10℃的积温达8400~9200℃,气温最低16℃以上,最高温28~29℃。夏季台风活动频繁,破坏力很大,但带来的降水量占全年的三分之一;春冬有低温冻害现象。受气候影响,海南岛的农作物一年三熟,可以发展热带高效农业。

全岛呈椭圆形,中间高,四周低,地形呈环形分布,有山地、丘陵、平原等。土地利用类型多样化。河流从中间向四周分流。岛里有茂密的原始雨林和热带季雨林,动植物资源丰富,其中有不少珍稀物种。热带作物非常丰富,有香蕉、龙眼、荔枝、菠萝、芒果等热带水果,还有橡胶、剑麻、可可、咖啡、蔗糖等热带经济作物。

海南岛是全国海洋面积最大的一个省,其管辖海域面积占全国海洋国土的三分之二,而海洋资源也为海南岛的发展提供了多样化的选择。

据统计,南海海域共有鱼类1000多种,其中有100多种价值比较高的品种,藻类有2000多种,还有众多的虾、贝螺类等。南海海域有各种珊瑚树、红树林等,提高了海洋生产力和生物多样性,还是极佳的自然旅游资源。南海渔业发达,渔场面积近30万平方千米,品种多、生长快,浅海面积大,港湾多,非常适合人工养殖。南海也是世界上油气资源比较丰富的海区,蕴藏了几十万亿立方米的天然气和几百万吨石油。海南岛夏无高温,冬无严寒,旅游环境较好。此外,海南省还有600多个小岛,其中面积超过500平方米的有225个,可以建成海上补给、商业、旅游基地。海南省的发展,应充分利用海南岛的海洋资源优势。

海南岛受地形和距海距离远近的影响,自然景观呈环状分布,每个环带里的自然资源不同,开发程度也不一样。因此,开发利用海南岛的资源,必须要认识每个环带的特色,因地制宜,合理布局。

海岸带位于海陆交界处,是海南岛的重点开发地区。这里经济基础好,城市集中,既可以促进内陆资源利用,也可以推动海洋资源开发,在这些地区要大力建设港口,同时推动第三产业发展,吸引国内外投资,促进海南岛外向型经济的发展。

低矮的丘陵和平原地带,水资源丰富,比较适合发展热带农业,可建成多种类型的农业基地,如种植甘蔗等,为全岛提供多种农产品。山地丘陵区位于海南岛中部偏南,少数民族多聚集在这里。这里生物资源丰富,河流众多,既可以利用西区各种资源发展旅游产业,也可以配置一些加工业,把各种资源转化为经济效益。

海南岛的开发和利用要结合自身需求和国内外市场要求,确定其经济的发展方向,应优先发展海南岛的特色经济。

培养和发展支柱产业,逐步形成以油气化工、汽车制造、饮料食品、化纤纺织、医药、纸浆等为主的现代工业体系;逐步建立以港口加工业等重化工厂为依托的工业带,发挥带动作用;发展生态农业和高新技术产业,充分利用各种机会促进海南岛经济的发展。

南海地区是我国最大的热带作物基地,也是我国北方各省的育苗基地。海南岛应该利用自己的热带资源优势,建设符合市场需求的热带水果、花卉等商品生产基地,同时也要大力发展远洋捕捞,推动农业向海洋发展。

开发海南岛旅游资源,合理规划和建设生态旅游区,结合少数民族的风情特色,发展国内外市场,把海南打造成为一个集观光度假、休闲购物于一体的旅游胜地。

由于海南岛开发比较晚,加上自身净化能力较强,目前海南岛的环境质量总体较好。但随着海南岛开发力度的加大,海上油气开采的增加,港口、港湾工业的建设以及城市化进程的加速,海南岛的海洋环境保护工作显得越来越重要。

海洋环境保护对海洋资源的可持续利用具有重要的意义。我们要加大科技和资金投入,提高资源的利用率,加强对城市和工业污水处理系统的建设,保护近海的环境不受破坏。提高公众环保意识,保持环境卫生,减少人为破坏;禁止开采珊瑚礁,保护和扩大红树林面积,既可以减轻风暴潮损失和海浪侵蚀,也可以保持生物的多样性。此外,还要加强海洋环境的管理和监测,实施保护海洋的管理办法,合理开发利用海洋资源。

上海浦东新区

上海,是中国第一大城市、四个直辖市之一,是中国大陆的经济、金融、贸易和航运中心。上海位于我国大陆海岸线

上海浦东新区

中部的长江口,正处在东南沿海和沿长江地带组成的"T"字形国家级产业发展轴的交会处,兼具沿海和沿江双重地缘优势。上海既是我国对外开放的前沿阵地,能便利地参与国际经济大循环,又能通过长江的黄金水道沟通中西部,还能利用其发达的铁路公路和沿海航运网连接其他地区,区位优势可谓得天独厚。

交通运输条件便利,海陆空交通高度发达。上海港是我国最重要的航空港,有100条国际和地区航线,与300多个世界港口通行。上海是我国最大的海港,与世界上200多个国家和地区的600多个港口有贸易往来,海路可以直达北美、欧洲、澳洲、波斯湾、地中海、东南亚及东北亚。同时,上海处于我国沿海航线的中部,与我国沿海各省市和经济区联系密切。上海是我国最重要的铁路枢纽之一,京沪、沪杭铁路连接着全国铁路网;上海的公路交通更是发达,有多条国道和高速公路在此交会,可谓四通八达。

经济腹地广阔。上海市位于沿海、

沿江的交会地带,是中国目前最发达的长江三角洲经济带的核心城市,辐射浙南、江苏和安徽,具有广阔的经济腹地。

农业发达。上海市属亚热带季风气候,温暖湿润,地势平坦,水源充沛,农业发达,为上海市的发展提供了各种充足的农业资源。

劳动力素质高。长江三角洲是我国人口比较稠密的地区之一,上海市的人口密度更是全国第一。经济发达,科技教育先进,2009年上海拥有100多所科研机构、10万科研人员,及100多所专业技术培训机构。这里也是我国民族工业和商品经济的发源地之一。

浦东新区位于上海市东部,黄浦江东侧,东临东海,北靠长江,面积520多平方千米。浦东面积是当时已经建成的上海市区的两倍,浦东地形平坦,河流纵横,开发前以农业为主。由于历史上与黄浦江西岸没有桥梁和隧道沟通,经济发展远远落后于当时的上海市区。

1990年,我国制定了浦东新区开发战略。浦东新区的开发有诸多有利条件,它背靠上海,有雄厚的工业基础,人才密集。而且与旧城仅一江之隔,可以与旧城相互促进,共同发展,区位优势非常明显。

随着经济发展和人口数量的增加,上海城市化的速度在加快,城市规模迅速扩大,以致城市建设用地紧张。在城市高速发展的同时,上海市的市政建设远远落后于城市发展速度,许多问题亟待解决。道路狭窄,交通拥挤,很多路况没有得到改善,其他市政建设也存在很多问题。城市绿地面积小,居住环境差。诸多问题严重制约着上海的经济发展,因此,建设城市新区,是上海市的必然选择。而浦东新区可以满足城市扩张的大规模的土地需求,为上海的发展开辟广阔空间。

浦东新区开发战略制定后,为了建成多功能、外向型、国际化、现代化的新区,把上海建设成为太平洋西岸最大的经济贸易中心,上海市政府广泛征求国内外专家意见,制定了初步的浦东新区规划。规划分三步实施:开发起步阶段(1991~1995年),重点建设城市基础设施以及相应的重点地区的开发;1996~2000年为重点开发阶段,逐渐形成浦东新区形象和道路交通等城市基础设施的骨干工程,并实行重点地区的综合开发;2000年以后为全面建设阶段。经过二三十年或更长一些时间,逐步实现新区建设的总体目标。

浦东新区规划分为城市化地区和非城市化地区。城市化地区主要用来发展工业、居住、文教科研、体育卫生、公共交通等公共设施,或作市区中心用地;非城市化地区主要用来发展绿化用地。城市化地区面积约200平方千米,规划城市人口200万,非城市区规划人口40万。

浦东新区交通建设规划五纵五横快速干道、四纵四横骨干河道、内外环线及桥梁、隧道越江工程,把浦东和浦西联系起来,浦东新区开发依据上海整体开发格局,采取南北轴向发展和向东纵深综合组团相结合的布局,形成多核心、开敞式的模式。主要形成五个综合分区,从北向南依次为外高桥—高桥综合区、庆宁寺—金桥综合区、陆家嘴—花木综合区、北蔡—张江综合区、周家渡—六里综合区。

这样做主要是为了保证土地的高效利用,保证有大片绿地的存在。浦东新区的规划,使公共绿地占城市的20%,绿化覆盖率达35%,建设各种类型的绿化带,形成一个花园式的新城。

浦东新区开发十几年来,新增道路1000多千米,相继完成杨浦大桥、南浦大桥、外环隧道、复兴东路隧道、世纪大道、内环线浦东段、中环线浦东段等交通设施,还有轻轨、地铁、浦东国际机场等也已经开始运行。同时,浦东新区也形成了基本的城市格局,如陆家嘴金融贸易区、张江高科技园区、王桥工业区、金桥出口加工区、外高桥保税区、洋山保税港区、上海华厦文华旅游区等。

浦东新区作为上海的龙头,经济取得了飞速发展。整个地区生产总值从1990年的60亿元上升到2008年的3100亿元,年均增长超过15%,以先进制造业和现代服务业为主导的新型产业体系进一步完善,产业结构进一步完善,第三产业增加值占生产总值的49%左右。截至2005年底,浦东新区累计吸引来自100多个国家和地区的13000多家外资企业,合同外资超过300亿美元,吸引9300多家国内企业入驻浦东,累计金额超过600亿元。外商直接投资实际到位金额约占全市的1/3,外贸进出口总额约占全市的1/2。

浦东新区成为上海市高新技术产业和现代工业基地,成为上海市最重要的经济新区。尽管如此,浦东的发展还未止步,以南汇区划入浦东新区为标志,浦东开发开放进入一个新的阶段。

三十一、油田

大庆油田

1959年2月8日是农历正月初一,石油部领导召开会议讨论松辽盆地松基3井的井位,连续三天取得了一致意见。4月11日位于大同镇的松基3井开钻,设计井深3200米。到7月份钻至1050米开始连续取岩心时,由于工具简陋和经验不足,只取出202.51米,但含油显示层3.15米,油砂饱满,气味浓烈,并伴有两次从泥浆中返出原油。经过固井和试油专家以及工人们的紧张工作,9月26日16时,随着"开阀试油",松基3井放喷的原油大量涌出。由于松基3井的提前完钻试油,从而宣告了松辽盆地第一个油田的诞生。9月27日,黑龙江省委书记欧阳钦和李范五、李剑白等领导到大同镇祝贺,欧阳钦提议把大同镇改名为"大庆",既有对发现油田的肯定,又有国庆10周年之意。石油部部长余秋里得知欧阳钦的提议后,说道:"好么!大庆好么!"随后,石油部经党中央批准,抽调全国的勘探队伍到大庆开展了石油大会战,并将油田命名为大庆油田。大庆油田在创造连续27年稳产5000万吨的辉煌后,2010年为4000万吨,尽管产量逐年递减,但仍为我国第一大油田。

大庆油田

长庆油田

长庆油田位于鄂尔多斯盆地（曾称陕甘宁盆地）。油田盆地东起吕梁山，西抵六盘山、贺兰山，南到秦岭北坡，北达阴山南麓，跨越陕西、甘肃、宁夏、山西、内蒙古等五省区，面积 37 万平方千米。1969 年 10 月，新成立的燃料化学工业部根据当时"抓革命、促生产、促工作、促战备"和"三线建设"的需要，决定以玉门石油管理揭（玉门油田）为主筹备组织陕甘宁石油会战。随着 1970 年 8—9 月间钻探的庆 8 井、华参 2 井、庆 1 井等先后出油，为大规模的石油会战奠定了基础。其中 9 月 26 日位于庆阳县马岭的庆 1 井喷出工业油流，日产原油 30 多吨，成为在陇东地区钻获的第一口自喷油井，因而有了长庆油田发现井之称。由于石油会战的指挥部最初设在一个名叫长庆桥的小镇，油田因此以"长庆"得名，又暗合了对大庆油田的延续与期望。2010 年，长庆油田产油气当量 3500 万吨，成为我国第二大油田。

渤海油田

渤海油田位于渤海湾盆地。渤海湾盆地面积 20 万平方千米，其中 2/3 以上为陆地，渤海油田面积 58327 平方公里，是我国第三大产油区。1965 年 2 月，位于渤海湾盆地的大港油田组建海洋石油勘探室，1966 年 8 月石油部在天津塘沽成立海洋石油勘探指挥部。1967 年 6 月 14 日，海洋石油勘探指挥部 3206 钻井队用自制 1 号固定桩基钢钻井平台，首次在渤海钻成海 1 井，日产原油 35 立方米，标志着渤海发现的第一个油田。1973 年，大连造船厂建造了我国自行设计的渤海 1 号自升式钻井船，随后又陆续建造了渤海 3、5、7 号钻井船和渤海 9 号生活供应船，另从国外引进了渤海 2、4、6、8 号钻井船，自此"渤海"二字在海洋石油勘探区域指代中广泛使用。到 1978 年 8 月，海洋石油勘探指挥部相继打井 100 口，发现 9 个含油构造和 3 个海上油田，更名海洋石油勘探局。1983 年 3 月 22 日，海洋石油勘探局撤销，组建中国海洋石油总公司渤海石油公司，渤海油田正式得名。2010 年，渤海油田油气当量 3250 万立方米，折合原油总量超过 3000 万吨，成为国内第三大油田。

胜利油田

1955 年，国家决定对华北平原地区展开区域性的石油普查。从 1956 年到 1961 年，钻探了多口基准井，其中在东营凹陷北部发现了东营、辛镇背斜构造和胜利村鼻状构造，勘探目标逐步定位在黄河三角洲地区。1961 年 4 月 16 日，在东营村附近打的华 8 井，首次见到工业油流，日产原油 8.1 吨，从而拉开了在华北盆地找到油田的序幕，成为胜利油田的发现井。1962 年 9 月 23 日，在东营构造上打的营 2 井，获日产 555 吨的高产油流，这是当时全国日产量最高的一口油井。胜利油田始称的"923 厂"即由此而来。1964 年 1 月 15 日，石油部决定组织华北石油会战，华北盆地位于燕山以南、太行山以东、泰安以北地区，面积 17 万平方千米。会战期间进行了坨庄—胜利村战役。1965 年 1 月 25 日，在胜利村构造上，钻井队打的坨 11 井，发现了 85 米的巨厚油层，试油日产 1134

吨,得名"胜坨油田"。会战历时三年,先后发现了胜坨、东辛、郝家、纯化、尚店等油田,使"923 厂"成为当时我国第二大油田。鉴于在胜利村打出了我国第一口千吨产油井,1971 年 6 月 11 日,"923 厂"正式更名胜利油田。近年胜利油田原油产量呈递减趋势,2010 年原油产量 2734 万吨,目前为我国第四大油田,陆上第三大油田。

塔里木油田

2009 年原油产量第十,天然气产量第二,油气总当量第四。塔里木油田位于新疆南部塔里木盆地,1989 年建成投产,原油产量逐年增长,2008 年达到历史新高,为 654.05 万吨。2009 年产量有所下降,为 554 万吨,居全国第十。天然气生产方面,产量从 2004 年的 13.56 亿立方米猛增至 2009 年的 180.91 亿立方米,年均增速 67.9%。塔里木油田是"西气东输"工程的主力气源之一。2009 年,塔里木油田上交油气三级储量当量 4.97 亿吨,创历史新高,实现连续 4 年三级储量超过 4 亿吨。

新疆油田

2009 年原油产量第六,油气总当量第六,1951 年发现并投产的新疆油田,原油产量保持稳步快速增长,2009 年为 1089 万吨,位居全国第六,但较 2008 年同比下降 10.8%,是近年来的首次下滑。天然气生产也基本保持了增长趋势,2009 年产量 36 亿立方米,比上一年净增 2 亿立方米,显示出巨大的潜力。

西南油气田

西南油气田是我国天然气开发较早的气田之一,早在 1950 年就开始生产天然气,主要分布在四川盆地和西昌盆地,现已成为我国天然气的主力产区之一。西南油气田建成了我国首个年产量超百亿立方米的大气区,顺利实现"川气出川",建成全国首个以生产天然气为主的千万吨级大油气田。2000 年后,特别是 2004 年后,天然气产量急剧增长,从 2004 年的 97.77 亿立方米,增长到 2009 年的 150.3 亿立方米。

延长油矿

延长油矿位于陕北,属特低渗油藏。与其他九大油田不同的是,延长并非中央控股,而是陕西省政府直属单位,属于地方企业。延长油矿 2008 年原油产量达到 1090 万吨,2009 年达到 1121 万吨,居全国第五。

辽河油田

辽河油田位于辽河中下游平原以及内蒙古东部和辽东湾滩海地区,于 1958 年发现,1970 年投入生产,投产后原油产量逐年增长,到 1995 年达到峰值,峰值产量为 1552.31 万吨,当时居全国第三;之后产量开始下降,2009 年产量下降至 1000 万吨左右,居全国第七。近年来,辽河油田提出稳产"千万吨级"寿命再延长 20 年的目标,实施"二次开发"战略,使 2006 年—2008 年原油产量基本实现了稳定,保持在 1200 万吨左右,在天然气生产方面,自 1995 年后。天然气产量呈逐渐下滑趋势,2009 年产量下降为 8.1 亿立方米。

55 个。在盆地内建成南部、西南部、西北部、东部 4 个气区。目前生产天然气产量占全国总产量的 42.2%,是我国第一大气田,1995 年年产天然气 71.8 亿立方米,年产原油 17 万吨。

塔河油田

塔河油田

塔河油田位于塔里木盆地北部,1997 年发现并投产,产量逐年增长,从当初的 39 万吨跃升至 2009 年的 660 万吨,天然气产量达到 13.45 亿立方米。塔河油田的油气具有"深、稠、硫化氢含量高、开采难度大"等特点,该油田通过自主创新,增油效果显著。

四川油田

地处四川盆地,已有 60 年的历史,发现气田 85 个,油田 12 个,含油气构造

华北油田

位于河北省中部冀中平原的任丘市,包括京、冀、晋、蒙区域内油气生产区。1975 年,冀中平原上的一口探井任 4 井喷出日产千吨高产工业油流,发现了我国最大的碳酸盐岩潜山大油田任丘油田。1978 年,原油产量达到 1723 万吨,为当年全国原油产量突破 1 亿吨做出了重要贡献。

大港油田

位于天津市大港区,其勘探地域辽阔,包括大港探区及新疆尤尔都斯盆地,总勘探面积 34629 平方公里,其中大港探区 18629 平方公里。

中原油田

地处河南省濮阳地区,于 1975 年发现,经过 20 年的勘探开发建设,现已是我国东部地区重要的石油天然气生产基地之一。

河南油田

地处豫西南的南阳盆地,矿区横跨

南阳、驻马店、平顶山三地市,分布在新野、唐河等8县境内。已累计找到14个油田,探明石油地质储量1.7亿吨及含油面积117.9平方公里。

江汉油田

是我国中南地区重要的综合型石油基地。油田主要分布在湖北省境内的潜江、荆沙等7个市县和山东寿光市、广饶县以及湖南省衡阳市。

江苏油田

油区主要分布在江苏省的扬州、盐城、淮阴、镇江4个地区8个县市,已投入开发的油气田22个。目前勘探的主要对象在苏北盆地东台坳陷。

青海油田

位于青海省西北部柴达木盆地。盆地面积约25万平方公里,沉积面积12万平方公里,具有油气远景的中新生界沉积面积约9.6万平方公里。

土哈油田

位于新疆吐鲁番、哈密盆地境内,负责吐鲁番、哈密盆地的石油勘探。盆地东西长600公里、南北宽130公里,面积约5.3万平方公里。

玉门油田

位于甘肃玉门市境内,总面积114.37平方公里。油田于1939年投入开发,1959年生产原油曾达到140.29万吨,占当年全国原油产量的50.9%。创造了70年代60万吨稳产10年和80年代50万吨稳产10年的优异成绩。誉为中国石油工业的摇篮。

冀东油田

位于渤海湾北部沿海。油田勘探开发范围覆盖唐山、秦皇岛、唐海等两市七县,总面积6300平方公里,其中陆地3600平方公里,潮间带和极浅海面积2700平方公里。相继发现高尚堡、柳赞、杨各庄等7个油田13套含油层系。

冀东油田

三十二、地震带

华北地震带

　　包括河北、河南、山东、内蒙古、山西、陕西、宁夏、江苏、安徽等省的全部或部分地区。在五个地震区中，它的地震强度和频度仅次于"青藏高原地震区"，位居全国第二。由于首都圈位于这个地区内，所以格外引人关注。据统计，该地区有据可查的8级地震曾发生过5次；7～7.9级地震曾发生过18次，加之它位

郯城地震遗址

于我国人口稠密、大城市集中、政治和经济、文化、交通都很发达的地区，地震灾害的威胁极为严重。

　　华北地震区共分四个地震带。

　　（1）郯城－营口地震带。包括从宿迁至铁岭的辽宁、河北、山东、江苏等省的大部或部分地区。是我国东部大陆区一条强烈地震活动带。1668年山东郯城8.5级地震、1969年渤海7.4级地震、1974年海城7.4级地震就发生在这个地震带上，据记载，本带共发生4.7级以上地震60余次。其中7～7.9级地震6次；8级以上地震1次。

　　（2）华北平原地震带。南界大致位于新乡－蚌埠一线，北界位于燕山南侧，西界位于太行山东侧，东界位于下辽河—辽东湾拗陷的西缘，向南延到天津东南，经济南东边达宿州一带。是对京、津、唐地区威胁最大的地震带。1679年河北三河8.0级地震、1976年唐山7.8级地震就发生在这个带上。据统计，本带共发生4.7级以上地震140多次。其中7～7.9级地震5次；8级以上地震1次。

　　（3）汾渭地震带。北起河北宣化－怀安盆地、怀来－延庆盆地，向南经阳原盆地、蔚县盆地、大同盆地、忻定盆地、灵丘盆地、太原盆地、临汾盆地、运城盆地至渭河盆地。是我国东部又一个强烈地震活动带。1303年山西洪洞8.0级地震、1556年陕西华县8.0级地震都发生

在这个带上。1998年1月张北6.2级地震也在这个带的附近。有记载以来,本地震带内共发生4.7级以上地震160次左右。其中7～7.9级地震7次;8级以上地震2次。

(4)银川－河套地震带。位于河套地区西部和北部的银川、乌达、磴口至呼和浩特以西的部分地区。1739年宁夏银川8.0级地震就发生在这个带上。本地震带内,历史地震记载始于公元849年,由于历史记载缺失较多,据已有资料,本带共记载4.7级以上地震40次左右。其中6～6.9级地震9次;8级地震1次。

青藏高原地震带

包括兴都库什山、西昆仑山、阿尔金山、祁连山、贺兰山－六盘山、龙门山、喜马拉雅山及横断山脉东翼诸山系所围成的广大高原地域。涉及到青海、西藏、新疆、甘肃、宁夏、四川、云南全部或部分地区,以及原苏联、阿富汗、巴基斯坦、印度、孟加拉、缅甸、老挝等国的部分地区。

本地震区是我国最大的一个地震区,也是地震活动最强烈、大地震频繁发生的地区。据统计,这里8级以上地震发生过9次;7～7.9级地震发生过78次。均居全国之首。

东南沿海地震带

东南沿海地震带地理上主要包括福建、广东两省及江西、广西邻近的一小部分。这条地震带受与海岸线大致平行的新华夏系北东向活动断裂控制,另外,一些北西向活动断裂在形成发震条件中也起一定作用。

主要分布:

(1)泉州—抽头地震带。是东南沿海地震亚区中地震活动水平最高的一条地震带。1067年到1976年,共记录到8级地震1次,7～7.3级地震2次,6～6.9级地震6次。

(2)邵武—河源地震带。东起福建崇安以北,经邵武、太宁、宁化、长汀、连城、武平入广东。1520年到1976年共记录到4.7级以上地震12次。

(3)广州—阳江地震带。北起佛冈、清远,南至阳江、吴川,由一系列大致平行的北东向断裂组成,本带地震发生在广州、佛山、高鹤、阳江等地,最大为6.4级。

(4)灵山地震带。北起梧州、藤县,南至北海、东兴。1558年到1976年,共记录到4次破坏性地震,最大震级6.7级,属于地震频度比较低的地震带。

(5)琼雷地震带。位于雷州半岛和海南岛北部的雷琼断陷内。1605年到1976年,共记录到4次破坏性地震,最大震级为7.5级。

(6)扬州—铜陵地震带。包括江苏东部、安徽南部和江西北部一部分,强震主要分布在长江破碎带两侧及黄海海域。

其他地震带

新疆地震带、台湾地震带也是我国两个曾发生过8级地震的地震区。这里不断发生强烈破坏性地震也是众所周知的。由于新疆地震区总的来说,人烟稀少、经济欠发达,尽管强烈地震较多,也较频繁,但多数地震发生在山区,造成的人员和财产损失与我国东部几条地震带相比,要小许多。

三十三、气候特征

总体特征

我国所跨经纬度均较大,距海远近差距较大,加之地势高低不同,地形类型及山脉走向多样,因而气温降水的组合多种多样,形成了多种多样的气候。东部属季风气候,西北部属温带大陆性气候,青藏高原属高寒气候。从南到北依次为热带、亚热带、暖温带、中温带、寒温带和青藏高原区,从干湿地区划分看,有湿润地区、半湿润地区、半干旱地区、干旱地区之分。

冬夏气温

中国冬季气温分布的特点是越往北气温越低,南北气温相差50℃以上。在大兴安岭北部一带,1月份气温在-30℃以下,呈现茫茫雪海的景象。在秦岭—淮河一线以北地区,冬季气温低,江河一般都结冰;而以南地区,1月气温在0℃以上,江河不会结冰,只有飘雪现象。在南岭以南及云贵高原南部,霜雪都很少见,即使是隆冬季节,1月份气温也都在10℃以上,大地仍是一片翠绿。到了台湾和海南岛南部及南海诸岛,1月份气温都在20℃~26℃,呈现热带风光。1月份,我国平均每向北增加一个纬度,气温下降约1.5℃。而且,我国冬季气温比世界上其他同纬度地区偏低,东北地区低15℃~20℃,黄淮流域低10℃~15℃,长江以南地区低6℃~10℃,华南沿海也低5℃左右。

中国夏季气温分布趋势则与冬季大不相同。除青藏高原以外,全国普遍是高温天气。多数地区7月份气温在20℃~28℃之间;淮河流域以南,一般在28℃~30℃之间。夏季气温虽然也随纬度升高而下降,但南北温差很小。黑龙江北部和海南岛相差仅12℃左右。平均每个纬度,气温相差只有0.2℃左右。与世界上其他同纬度相比,我国夏季气温普遍偏高。从长江流域到黑龙江北部,7月份平均气温高1.5~4℃。

气温极值

中国最高气温的地方位于新疆的吐鲁番盆地,新中国成立前吐鲁番曾创下47.8℃的全国记录。从那以后,在1953年和1956年这两年的7月24日,都出现过47.6℃的高温,1975年7月13日的吐鲁番民航机场甚至还观测到目前中国的极端最高气温——49.6℃。

中国最低气温在不同时期出现在了

吐鲁番机场

不同的地方，内蒙古自治区大兴安岭的免渡河在1922年1月16日曾观测到-50.1℃的温度，这是新中国成立以前气温记录中的最低值。新中国成立后，新疆北部的富蕴气象站在1960年1月20日测量到-50.7℃的低温，首次打破了免渡河的记录，该地区1月21日又以-51.5℃再创全国新记录。中国最北的气象站——黑龙江省漠河气象站，1968年12月27日清晨测得了-50.9℃的低温。在1969年2月13日漠河诞生了中国现有气象资料中的极端最低气温记录——-52.3℃。

降水的分布

我国年降水量从东南沿海向西北内陆递减。华南地区年降水量约为1500~2000毫米；长江流域约为1000~1500毫米；华北地区约是500毫米左右；东北地区除长白山外，多数地区在500~600毫米；西南高原地区在1000~1500毫米；西北内陆基本都在400毫米以下。如果以400毫米年等降水量线为界，其东部为受东亚季风影响的湿润、半湿润地区；以西大部分属于中亚的干旱、半干旱地区。

在我国东部季风区，秦岭—淮河一线以南的年降水量在800毫米以上，以北在800毫米以下。秦淮以南地区，长江两岸年降水量在1000~1200毫米之间；江南丘陵和南岭山地大部都超过1400毫米；东南沿海的广东、福建、广西、浙江等省区的丘陵地区，以及台湾岛、海南岛年降水量可达2000毫米以上，是我国的雨量充沛区。云南西部和西藏察隅一带，受西南季风影响，年降水量在1400毫米以上，是一个范围不广的多雨区；而贵阳、昆明以北和四川盆地，却形成了相对少雨区，年降水量在800~1000毫米。秦淮以北地区，黄河下游、华北平原年降水量为500~750毫米；东北平原的年降水量一般为600~700毫米，靠近内蒙古的东北西部，年降水量减少到400毫米，而长白山地的年降水量超过 800 毫米,成为我国北方地区降水较多的地方。

我国西部干旱、半干旱地区,内蒙古高原和黄土高原的年降水量一般在 200～400 毫米,属于半干旱地区。西北内陆地区,除天山、阿尔泰山等山地降水可达到 400～600 毫米以外,其他地区的年降水量都在 200 毫米以下,属于干旱地区。新疆南部、甘肃西部和柴达木盆地等干旱中心地区,年降水量大都在 50 毫米以下。

中国气候特点

我国气候可以总结出三大特点:显著的季风特色、明显的大陆性气候和多样的气候类型。

一、显著的季风特色。我国多数地区一年中风向都发生着规律性的季节更替,这是由我国所处的地理位置所决定的。由于大陆和海洋热力性质的差异,冬季严寒的亚洲内陆形成一个冷性高气压,东部和南部的洋面上形成一个相对热性低气压。高气压区的空气流向低气压区,就形成我国冬季多偏北和西北风;与之相对应的是,夏季大陆热于海洋,高温的大陆形成低气压区,凉爽的海洋形成高气压区,因此,我国夏季盛行由海洋吹向大陆的东南风或西南风。由于大陆来的风带来的气流比较干燥,海洋来的风带来的空气比较湿润,所以我国的降水多发生在偏南风盛行的夏半年 5～9 月。可见,我国的季风特色不仅反映在风向的转换上,也表现在干湿的变化上。形成我国的季风气候特点是:冬冷夏热,冬干夏雨。这种雨、热同期的气候特点

对农业生产十分有利,冬季作物已收割或停止生长,一般并不需要太多水分,夏季作物生长旺盛,正是吸收大量水分的季节。我国降水量的季节分配与同纬度其他地带相比,在副热带范围内和美国东部、印度相似,但与同纬度的北非相比,那里是特别干燥的沙漠气候,年降水量仅 110 毫米,而我国华南地区年降水量在 1500 毫米以上,撒哈拉沙漠北部地区降水只有 200 毫米,而我国长江流域年降水量可达 1200 毫米,黄河流域年降水量 600 多毫米,比同纬度的地中海多 1/3,而地中海地区雨水集中在秋冬。由此可见,我国东部地区的繁荣和发达与季风给我们带来的优越性有很大关系。

二、明显的大陆性气候。由于陆地的热容量比海洋小,所以当太阳辐射减弱或消失时,大陆又比海洋容易降温,因此,大陆温差比海洋大,这种特性我们称为大陆性。我国大陆性气候主要表现在:与同纬度其他地区相比,冬季,我国是世界上同纬度最冷的国家,1 月份平均气温东北地区比同纬度平均偏低 15℃～20℃,黄淮流域偏低 10℃～15℃,长江以南偏低 6℃～10℃,华南沿海偏低 5℃;夏季则是世界上同纬度平均最热的国家(沙漠除外),7 月份平均气温东北比同纬度平均偏高 4℃,华北偏高 2.5℃,长江中下游偏高 1.5℃～2℃。

三、多样的气候类型。我国幅员辽阔,最北的漠河位于北纬 53° 以北,属寒温带,最南的南沙群岛位于北纬 3°,属赤道气候,而且高山深谷、丘陵盆地颇多,青藏高原海拔在 4500 米以上的地区四季严冬,南海诸岛终年酷暑,云南中部则四季如春,其余绝大部分地区四季分明。

冬季风

冬季,亚欧大陆上的气温,比其东边的太平洋、南部的印度洋洋面上的气温低很多。因此,在亚欧大陆上,形成一个以西伯利亚和蒙古一带为中心的高气压区,而海洋上则形成低气压区,风从陆地吹向海洋,形成冬季风。亚欧大陆上的冬季风势力非常强,我国除青藏高原、云贵高原、台湾和海南岛等地外,其他大部分地区都能受到冬季风的影响。

冬季风形成在内陆,并从高纬度吹向低纬度的海洋。我国北方,多为西北风,受其影响,气候多寒冷干燥。在南方,西北风的势力大大减弱,风向由西北风逐渐改为北风或东北风。冬季风在南移的过程中,水汽渐渐增多,在长江流域一带常常能形成雨雪天气。在两广丘陵和云贵高原,它同来自南方的海洋暖湿气流相遇,形成阴雨连绵的天气。

夏季风

我国的夏季风包括来自太平洋的东南季风和来自印度洋的西南季风。

东南季风主要是由海陆热力差异引起的。夏季,亚欧大陆上气温升高较快,形成了印度低压;而我国东南方向的太平洋上气温较低,成为高气压区,叫夏威夷高压。从太平洋上的副热带高压区流向亚洲大陆低压区的气流,形成东南季风,它主要影响我国东部大部分地区。

西南季风主要是由气压带和风带的季节移动造成的。夏季,随着太阳直射点的北移,赤道低气压带也移到北半球,受印度低压的吸引,南半球的东南信风越过赤道,在地球自转偏向力的影响下,东南信风偏转为西南风,它主要影响我国西南地区、华南地区,以及长江中下游地区等,甚至黄河中下游地区也能受到影响,这便是影响我国的西南季风。

影响我国的夏季风多数是偏南风,它们从低纬吹向高纬,从海洋吹向陆地,给我国带来充沛的降水。

由于我国各年夏季风势力的强弱不同,夏季风强的年份,雨带向北推移的速度较快,北方降水相对较多,南方降水较少,容易形成北涝南旱的现象;否则,反之。由此可见,夏季风势力的强弱、雨带滞留时间的长短,是我国季风区产生旱涝灾害的重要原因。

寒潮的标准和危害

我国气象部门规定:由于冷空气的侵入,使气温在 24 小时内迅速下降10℃以上,最低气温降到5℃以下,作为发布寒潮警报的标准。由此可见,并不是每一次冷空气南下都可以称为寒潮。实际上,这个标准太高,在我国南方地区,有时降温幅度没达到这个标准,也能对农作物造成危害。为此,中央气象台又补充规定如下:长江中下游及其以北地区,48 小时内降温 10℃以上,长江中下游最低气温≤4℃,春秋季改为江淮地区最低气温≤4℃,陆上 3 个大区有 5 级以上大风,渤海、黄海、东海先后有 7 级以上大风,作为寒潮警报的标准。如果上述区域48 小时内降温达 14℃以上,其余同上,就作为强寒潮警报的标准。

农作物遭遇霜冻

寒潮天气主要表现为大风、降温,由此引起的沙暴、霜冻对农业生产危害相当大。如20世纪70年代的两次强寒潮,使云南西双版纳的极端最低气温降到3℃以下,40%的橡胶树都被冻死。在我国的多数地区,霜冻出现在0℃以下;但在热带和亚热带地区,略高于0℃的气温下也能出现霜冻现象,这时可能无霜,但对作物的危害主要是受低温的影响。有时寒潮南侵,不一定有雨雪天气,而是发生"沙暴"现象。寒潮途经蒙古和我国西北沙漠地区时,狂风卷着黄沙,到了黄土高原,又吹起疏松的黄土,在我国北方地区形成沙暴。黄沙遮天蔽日,常常淹没农田,甚至摧毁幼苗。

当寒潮前锋到达时,多伴有大风,最大风速可达12级,致使交通、电信受阻,房屋倒塌、树木折断,农业、畜牧业生产遭受损失,另外对在海上的船只危害也很大。如1969年4月受寒潮袭击,我国部分海区出现8～10级东北风,使渤海湾、莱州湾出现强劲的风暴潮,莱州湾一带海水上涨3米以上,海水冲破大堤百余里,倒灌30多千米。

台风

全球许多热带海域都有热带气旋发生,其中西北太平洋是全球热带气旋发生次数最多的海域。台风形成之后,在北半球一般向西北方向移动。我国正处在西北太平洋的西北方,成为世界上受台风袭击次数最多的国家,台风灾害极为严重。

台风灾害主要是由台风带来的狂风、暴潮和特大暴雨所引起。影响我国的台风,常发生在5～10月,特别是7～9月最为频繁。1949～1992年,我国除台湾省以外的省区,共发生台风灾害155次,其中东南沿海的广东、海南、福建、浙江等省最多,占114次,是全国总次数的74%,是我国台风严重的灾害多发地区。

台风具有极大的摧毁力,能拔树倒屋,并造成巨大的洪水灾害。海潮还常摧毁海堤、房屋和建筑设施、淹没良田,给工农业生产、交通运输和人民生命财产造成严重损失。例如,1994年8月21日,在温州瑞安登陆的9417号台风,虽然气象部门提前准确预报,政府全力组织抗灾,共转移居民数十万人,但仍然造成死亡1126人,失踪300多人,直接经济损失178亿元的重大灾害。

三十四、自然资源和自然灾害

我国自然资源的特点

我国地域广阔,自然资源丰富多样。从总量上来看,有许多自然资源位居世界前列,如矿产资源、土地资源、水资源、植物资源、煤炭资源等。

我国的自然资源不仅总量大,而且种类多,如矿产资源,我国已发现并探明储量的矿种就有 160 多种,是世界少数矿种比较齐全的国家之一。但是我国人口众多,自然资源人均比例严重不足。如中国水资源总量居世界第六位,而地表径流总量人均不足 2700 立方米,只有世界平均值的 1/4;中国土地总面积居世界第 3 位,但人均不足 1 公顷,世界人均却达 3 公顷;耕地面积列世界第 4 位,人均约 0.1 公顷,世界人均约 0.36 公顷;草场资源居世界第 3 位,人均约 0.35 公顷,世界人均为 0.76 公顷;森林面积人均 0.107 公顷,世界人均为 0.65 公顷。同时,在世界上 45 种主要矿产资源储量价值比较中,按矿产总值比计,中国居世界第 3 位,而人均却居世界第 10 位。

水资源

通常所说的水资源主要是指陆地上的淡水资源,如河流水、淡水湖泊水、地下水和冰川等。中国的江河湖泊众多,主要有长江、珠江、黄河、雅鲁藏布江、松花江、鄱阳湖、太湖、洞庭湖、洪泽湖等。我国的冰川面积也很大,它们都是我国重要的淡水资源。

中国水资源总量在巴西、俄罗斯、加拿大、美国和印度尼西亚之后,居世界第六位。若按人均水资源占有量这一指标来衡量,则仅为世界平均水平的 1/4。

中国水资源地区分布不均匀,总的来说是东南多,西北少,由东南向西北递

黄河

减。中国各河径流量大小相差很大,长江是我国最大的河流,多年平均径流总量为 9755 亿立方米,占全国径流量的 1/3 以上;黄河流域的年径流量只占全国年径流总量的约 2%;淮河、海河、滦河及辽河三流域分别占 2%、1%、0.6%。

另外,中国还有丰富的地下热水资源,全国就有 2600 多处露出地面的温泉。

中国的水危机

随着人口的增长、经济的发展和环境的破坏,我国有许多城市和地区缺水严重。20 世纪末,全国 600 多座城市中,已有 400 多个城市供水不足,其中比较严重的缺水城市达 110 个,全国城市缺水总量为 60 亿立方米,全国有近 2000 万人口饮用水困难。

由于全国 80% 左右的污水未经处理直接排入天然水域,造成全国 1/3 的河段受到污染,大部分城市水域污染严重,近半重点城镇水源不符合饮水标准。此外,由于大量围垦,造成水土流失,破坏了生态平衡,湖泊数量日益减少,部分湖泊富营养化,全国鱼虾绝迹的河长约 2400 千米。

地下水是全国大部分城市和部分农田的主要供水水源和灌溉用水,灌溉用水占开采量的 81%,目前我国农业节水灌溉面积占有效灌溉面积的 35%,而英国、德国、法国、匈牙利和捷克等国家,节水灌溉面积比例都达到了 80% 以上。水资源浪费严重。另外,地下水严重超采,造成地下水水位持续下降,地下水漏斗区面积不断扩大,促使地面下沉,土壤盐碱化。沿海城市为阻止地面下沉,将地面污水回灌,又造成地下水污染。

水污染和水资源浪费已经成为造成中国水危机的主要原因。

土地资源

土地资源是指已经被人类所利用和可预见的未来能被人类利用的土地。中国的土地资源按土地的用途和利用情况分类,可分为耕地、林地、草地和建设用地等。耕地、林地、草地为农业用地;建设用地为非农业用地。

我国的土地资源分布不均匀。耕地和林地主要分布在气候湿润的东部季风区,这里集中了 90% 以上的耕地和林地,是我国农、林、渔的主要分布区,而且土地利用程度高。耕地主要分布在东部平原及低缓的丘陵地区,林地则主要分布在山地。草地主要分布在平均降水量不足 400 毫米的西部内陆地区,这里集中了戈壁、沙漠、高寒山地、石山、永久积雪和冰川等难以利用的土地,土地资源利用率低,未利用土地分布较广。在西部内陆区的农业生产中,牧业占主要地位。中国还有约 3300 万公顷的宜林荒地、6000 多万公顷的草地草坡和 9000 多万公顷的疏林地有待于开发利用。

我国国土辽阔,土地资源总量丰富,但人均土地资源占有量小,各类土地所占的比例不尽合理,主要是草原多,耕地、林地少,难利用土地多,后备耕地资源不足,特别是人与耕地的矛盾尤为突出。

土壤资源

土壤资源是指具有农林牧生产性能的土壤类型的总称，包括森林土壤、草原土壤、农业土壤等的分布面积和质量状况，是供人类开发利用而不断创造物质财富的一种自然资源。

我国土壤资源具有以下几种特点：

土壤资源丰富、类型多样。初计有12个土纲60个土类。不但具有世界上主要的森林土壤，而且具有肥沃的黑土、黑钙土以及其他草原土壤，同时还具有世界上特有的青藏高原土壤，因此对发展农、林、牧生产具有广泛的应用价值。

山地面积多，平原面积少。我国是个多山的国家，平原、面积少，平原盆地只占国土面积的26%，丘陵占10%，山地、高原占64%，而且许多海拔在2000米以上。寒漠、冰川有2万平方千米；沙漠、戈壁约110万平方千米；石质山面积约43万平方千米。所以我国土地面积中有20%开发利用上是有困难的，但从另一角度来看，广阔的丘陵、山地，复杂而多变的山地气候，也为我国发展多种果林、药材等经济林木以及开发牧场提供了场所。

耕地面积少、分布不平衡。据统计，全国耕地面积约100万平方千米，只占全国土地总面积的10.41%。全国约85%的耕地集中于东部地区，而占全国面积一半以上的西部地区，其耕地只占全国耕地的15%。

湿地资源

我国地域辽阔，地貌条件千差万别，气候类型多样，是世界上湿地类型齐全、数量丰富的国家之一。我国湿地可分为以下五种类型：

近海与海岸湿地。我国近海与海岸湿地主要分布于沿海的11个省（市、区）和港澳台地区，海域沿岸多条大中河流入海，形成了浅海滩涂、珊瑚礁、河口水域、三角洲、红树林等湿地生态系统。

大兴安岭
沼泽湿地

河流湿地。我国绝大多数河流分布在东部湿润多雨的季风气候区，西北内陆干旱少雨，河流较少，并有大面积的无流区。

湖泊湿地。我国的湖泊可划为5个自然区域。即东部平原地区湖泊（五大淡水湖——鄱阳湖、洞庭湖、太湖、洪泽湖和巢湖即位于本区）、云贵高原地区湖泊（全系淡水湖）、蒙新高原地区湖泊（地处内陆）、青藏高原地区湖泊、东北平原与山区湖泊（多系外流淡水湖）。

沼泽湿地。全国沼泽以东北三江平原、大兴安岭、小兴安岭、长白山地和青藏高原为多，山区多木本沼泽，平原则草本沼泽居多。

库塘湿地。全国各地都有零星分布，但主要分布在大江大河中上游以及天然湿地集中的周边区域，长江流域中下游是我国库塘湿地分布最集中的地区。

矿产资源

矿产资源是指由地质作用形成的，具有利用价值的，呈固态、液态、气态的自然资源。目前我国已发现并探明储量的矿种有160多种，可分为能源矿产（如煤、石油、地热等）、金属矿产（如铁、锰、铜等）、非金属矿产（如金刚石、石灰岩、黏土等）和水汽矿产（如地下水、矿泉水、二氧化碳气等）四大类。中国是世界上矿产资源总量丰富、矿产资源种类比较齐全的少数国家之一。

煤炭是中国的主要能源，它的储量是世界上煤炭总储量的12%，位于世界第三位。我国主要的煤矿有开滦煤矿、阳泉煤矿、大同煤矿、淮南煤矿等。

中国的石油、天然气储量比较丰富，陆上油田主要分布在东北、西北和华北地区，主要的油田有大庆油田、胜利油田、华北油田等，在中国的近海海域也蕴藏着丰富的油气资源。

中国的有色金属储量也很丰富，品种繁多，其中储量居世界首位的有锡、钨、锌、钛等。

中国的矿产资源总量位于世界第三位，是世界上的资源大国之一，但是由于人口众多，人均占有量少，仅位于世界第53位。

煤炭资源

我国的煤炭资源总储量居世界第三位，品种齐全，有气煤、肥煤、主焦煤、无烟煤、弱碱煤等。煤炭是我国主要的能源，其生产量和消费量均占全国能源总产量、总消费量的70%以上。我国煤炭资源分布广泛，从地理上看，主要分布在我国北部和中西部，其中，秦岭—大别山以北的煤炭资源量约占全国的90%。目前，除上海等少数地区外，在我国的大多数省区都赋存有煤炭资源。其中山西、内蒙古、陕西是煤储量最丰富的地区。此外，储量较大的省区还有贵州、宁夏、安徽、河南、新疆、河北、山东等。但从总体来看，我国煤炭资源的分布形成了"西多东少、北富南贫"的格局。在人口稠密、经济发达、能源需求量大的地区，煤炭资源分布却很少。

总的来看，我国煤炭质量较好。已探明的储量中，灰分小于10%的特低灰煤占20%以上；硫分小于1%的低硫煤约占 65%～70%；硫分 1%～2% 的约占 15%～20%。高硫煤主要集中在西南、中南地区。华东和华北地区上部煤层多低硫煤，下部多高硫煤。

我国煤炭资源容易开采，煤层多且厚，埋藏深度也较浅。

森林资源

中国森林面积 175 万平方千米，森林资源少，森林覆盖率低，地区差异很大。东北地区是中国主要的天然林区，主要是针叶林及针阔叶混交林。青藏高原的东南部是中国第二大重要天然林区，主要是亚高山针叶林和针阔叶混交林，南方山区面积大，气候条件好，具有林业生产潜力，中国的特有树种多原产于此。华北地区主要是落叶阔叶林及油松、侧柏林。本区需大力保护和培育森林，以涵养水源，保持土壤。华南地区主要是热带季雨林。主要林区有海南岛及南海诸岛、台湾省南部及云南红河哈尼族彝族自治州和西双版纳地区。华南热带林区是中国热量最丰富的地区。中国森林除分布于上述各林区外，在广阔的西北干旱半干旱地区、绿洲境内、沿河带以及一定高度的山地也有森林分布，如新疆塔里木河流域的胡杨林，天山、祁连山中山地段的云杉林等。此外，在中国东部分布着大大小小的平原、盆地和三角洲，原有天然林早已破坏，只有零星散生的树种和小片丛林。

植物资源

我国是世界上植物种类最丰富的国

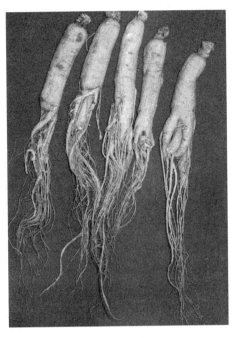

长白山人参

家之一，植物总数达到 4.3 万种，其中种子植物就有 25000 种以上，仅次于马来西亚和巴西，居世界第三位。我国也是世界上经济植物最多的国家。

我国地域辽阔，几乎可以看到北半球生长的各种植被类型。如亚热带常绿阔叶林、温带落叶阔叶林、热带雨林、温带针阔混交林等。

我国各个地区的植物资源分布情况主要有以下特点：

最北部的大兴安岭、长白山一带分布有落叶松、云杉、红松，林下还分布有驰名中外的药材——人参。

华北山地和辽东、山东半岛一带，是全国小麦、棉花和杂粮的重要产区，还盛产苹果、梨、桃、葡萄、枣、核桃、板栗等。

广阔的亚热带地区，是水稻主要产区。还有银杏、水杉、银杉、毛竹、油茶、油桐、乌桕、漆树、杉木、马尾松等。

粤、桂、闽、台和滇南部的热带地区，

有菠萝、甘蔗、剑麻、香蕉、荔枝、龙眼、芒果,还有橡胶、椰子、咖啡、可可、胡椒、油棕、槟榔等经济作物。特别是花卉,闻名于世。

东北平原和内蒙古高原有一望无际的大草原,禾本科、豆科牧草,营养价值高,是畜牧业的主要基础。

青藏高原有青稞、冬小麦、荞麦和萝卜,新疆、甘肃、青海有我国最优质的长绒棉,还有葡萄、西瓜和哈密瓜。戈壁滩上有沙拐枣和麻黄。

动物资源

中国的动物资源种类多,约占全世界动物种类的 10%。其中鸟类有 1175 种,两栖类有 196 种,爬行类有 315 种,兽类有 414 种,鱼类有 2000 多种。

这些数量众多的动物资源又可归纳为以下几类:珍贵特产动物(如大熊猫、金丝猴、羚牛、白唇鹿、黑鹿等)、食用动物(如猪、牛、羊、兔等)、药用动物(珍珠、医蛭、蝎等)、工业用动物(如紫貂、狐、水獭、江豚、抹香鲸、座头鲸等)、实验动物(如小白鼠、大白鼠、家兔、眼虫、变形虫和草履虫等)、害虫害兽的天敌动物(如青蛙、蟾蜍、黄鼬、艾虎、豹猫、小灵猫等)、观赏动物(如天鹅、红腹锦鸡、绿孔雀、犀鸟、相思鸟、画眉与黄鹂等)和具有其他作用的动物资源。

有多种动物主要分布在中国或为中国所特有的动物,如大熊猫、金丝猴、梅花鹿、丹顶鹤、野生双峰驼、扬子鳄等。它们既是我国宝贵的自然资源,又是很有价值的旅游资源。

海洋资源

我国是一个陆海兼具的国家,海岸线长达 1.8 万千米,居世界第四,仅渤海、东海、黄海、南海四大近海的面积就达 47207 万平方千米。我国的海洋蕴藏着丰富的海洋资源,包括海洋油气资源、滨海砂矿资源、海洋水产资源、海洋药物资源、矿产资源和海洋能源等。我国海洋油气资源丰富,在南海、东海、南黄海和渤海湾,都先后发现了油田;海洋水产资源有种类众多的鱼、虾、蟹等;海洋药物资源有鲍(可平血压,治头晕目花症)、海蜇(可治妇人劳损、积血带下、小儿风疾丹毒)、海马和海龙(可补肾壮阳)、龟(用龟血和龟油治哮喘、气管炎)和海藻(可治喉咙疼痛)等;矿产资源有镁、钾、硫、钙、溴、金、银、硼和氟等;海洋能源主要有潮汐能、波浪能、海流能及海水因温差和盐差而引起的温差能与盐差能等,它是可再生的海洋新能源。

渔场

在我国有上百条河流东流入海,给海洋带来了大量的有机物和营养盐,加上台湾暖流和沿岸流(寒流)在东海和黄海交汇,具备形成渔场的优越条件。我国近海海域共有 70 多个渔场,主要有黄渤海渔场、吕泗渔场、大沙渔场、舟山渔场、南海沿岸渔场、东沙渔场、北部湾渔场、中沙渔场、西沙渔场、南沙渔场等。其中的黄渤海渔场(主要分布在黄海和渤海)、舟山渔场(主要分布在舟山群岛附近)、南海沿岸渔场(主要分布在广东沿海)、北部湾渔场(主要分布在北部湾海域)由于产量高,被称为中国的四大渔场。舟山渔场是全国最大的渔场。

中国近海渔场有鱼类1700多种。主要经济鱼类70多种,包括大黄鱼、小黄鱼、带鱼、鲐鱼、鲳鱼、鳓鱼、纳鱼、马鲛鱼、青鱼、鳗鱼、马面钝、蝶鱼、石斑鱼、金枪鱼、墨鱼(乌贼)、对虾、毛虾、梭子蟹、海蜇等。其中大黄鱼、小黄鱼、带鱼、墨鱼是中国人民喜欢食用而且产量较大的海洋水产品,被称为"中国四大海产"。

海水盐场

海盐生产在我国有着悠久的历史。我国海盐产量居世界首位,盐场分布广泛,全国大致分为四大盐区:东北盐区、华北盐区、华东盐区和华南盐区。东北盐区主要分布在辽东半岛岸至山海关一带的普兰店、盖平、复州湾、营口等地。华北盐区主要分布在渤海、黄海西岸的沿海地带。其中长芦盐区是全国最大的产盐区,产量占全国海盐总产量的四分之一。长芦盐区地势平坦,海滩宽广,风多雨少,日照充足,蒸发旺盛。塘沽、汉沽、南堡和黄骅等几个盐场产盐质量好,产量最高。其中,塘沽盐场的规模最大。华东盐区北起上海,南到福建、台湾,其中崇明、海盐、平湖、海宁等地的盐场所产海盐质量较好。华南盐区主要分布在两广和海南,其中莺歌海盐场是海南岛最大的盐场。

能源资源

中国的能源资源总量比较丰富,其中煤炭资源品种齐全,储量约占世界总储量的12%。居世界第三位;水力资源的蕴藏量达6.76亿千瓦,占世界总量的30%,居第一位;现已探明天然气的储量为1900亿立方米。我国的煤炭资源主要分布在华北、西北地区,水力资源主要分布在西南地区,石油、天然气资源主要分布在中、西部地区和大陆架海域。中国主要的能源消费地区集中在东南沿海经济发达地区。从煤炭、石油、天然气、水力等常规能源的总量和分布情况来看,中国是世界上能源资源最丰富的国家之一。

除了常规能源外,中国还有新能源资源,如核能、太阳能、地热能、风能、潮汐能等。目前我国很多地区已利用核能、太阳能、风能发电供工业生产和生活需求。新能源大多数是可再生能源。新能源资源丰富,分布广阔,是未来的主要能源之一。

稀土之都

我国堪称世界最大的稀土资源国,内蒙古的白云鄂博矿区探明稀土储量占世界总储量的5/6,相当于曾经被称为世界最大的稀土矿——美国芒特巴斯稀土矿的100倍,有"世界稀土之库"的美誉。

近20年来,中国的稀土冶炼、分离工业发展十分迅猛,其品种数量、产量、出口量及消费量均位居世界首位,在世界上有举足轻重的地位。许多稀土分离提纯工艺也堪称世界一流。但在稀土产品质量、一致性方面还与世界先进水平有一定距离。近年来,各大稀土厂的产能远远大于国内国际市场的需求,大宗稀土化合物产品处于供大于求的状况,而稀土精细化工产品具有技术密度高,投资回报大,技术垄断性强,销售利润高的特点,所以综合经济效益可观。因此,国内稀土企业未来几年必须在该领域取得突破,才可能保持企业较高利润率和发展速度。

铁矿的分布

我国已查明铁矿资源储量 607 亿吨,预测未查明资源量 1000 亿吨以上。我国铁矿分布普遍,全国近 2/3 的省区都拥有铁矿。

辽宁的鞍山、河北的冀东和四川的攀枝花地区差不多占我国铁矿探明储量的一半,分布集中,建设条件相对来说较好。东北地区的铁矿主要集中在鞍山、本溪一带,是我国铁矿储藏最集中的地区,这里矿层厚处可达 200 ~ 300 米以上,是世界性的大矿,主要供鞍钢、本钢使用。华北地区的铁矿,河北储量较多,居全国第二位。河北迁安附近的大厂铁矿储量较大、易采易选,主要供首钢使用。内蒙古的白云鄂博铁矿地处包头市北,储量大,伴有大量稀土,是世界上罕见的铁矿,主要供包钢使用。西南地区铁矿分布较为集中,其中以四川省最多。攀枝花铁矿储量可观,还有大量的钒、钛、镍、钴、铬等多种有色金属,以攀枝花铁矿为原料基地兴建的钢铁联合企业,不但是我国西南地区最大钢铁工业基地,而且在全国钢铁工业中也占有重要地位。此外,华东地区铁矿分布较广,其中以安徽、山东两省储量最多;中南地区则以湖北省居首位。安徽的马鞍山、湖北的大冶都是我国著名的大型铁矿。海南岛的昌江有我国最大的富铁矿石碌,矿石可以不经过选矿就直接用来炼铁。用铁矿石炼出来的铁,工业上以其碳量多少分成生铁、熟铁和钢三种。在我们

鞍山铁矿

使用的各种金属中,钢铁要占到 90% 以上。

钢铁产量是衡量一个国家工业水平和国防实力的标志。2004～2007 年,我国投入铁矿勘察经费近 23 亿元、钻探工作量 162 万米,分别相当于 1989～2003 年 15 年总投入的 6.3 倍、4.8 倍。2006～2007 年,全国新发现铁矿矿产地 187 处,其中大中型 34 处,新增查明资源储量铁矿石量 32 亿吨。目前,我国已查明铁矿资源总储量 607 亿吨,另外还有相当数量的低品位铁矿资源,预测未查明资源在 1000 亿吨以上,其中大中型矿山深边部近期可利用的铁矿资源约 200 亿吨。

十大煤炭生产基地

开滦煤矿位于河北省唐山市,是我国最古老、最大的煤矿,距今已有 100 多年的开采历史。

大同煤矿位于山西省大同市,储量十分丰富,有"煤海"之称,是我国优质动力煤的重要产地。

抚顺煤矿位于辽宁省抚顺市,这里有全国最厚实的煤层,大部分可露天开采,被称为我国的"煤都"。

阜新煤矿位于辽宁省阜新市,是我国东北地区利用机械开采较早的煤矿之一。

平顶山煤矿位河南省平顶山市,地处中原,交通方便,对南方缺煤省区非常有利。

六盘水煤矿位于贵州省西部六枝、盘县、水城境内,是我国西南地区的最大煤田。

淮南煤矿位于安徽省淮南市,是我国大型煤炭生产和出口中心之一。

淮北煤矿位于安徽省淮北市,是我国华东地区主要炼焦用煤和无烟煤的基地。

峰峰煤矿位于河北省邯郸市,有百年以上的开采历史,是炼焦和配焦用煤主要基地。

鸡西煤矿位于黑龙江省鸡西市,是东北地区冶金用煤和动力用煤的重要基地。

地质灾害

地质灾害是指由自然因素或人为活动引起的危害人民生命和财产安全的山体崩塌、滑坡、泥石流、地面塌陷、地裂缝、地面沉降等与地质作用有关的灾害。

地质灾害可根据不同的角度与标准进行分类,十分复杂。

按其成因划分,可分为由自然变异导致的地质灾害称自然地质灾害;由人为作用诱发的地质灾害则称人为地质灾害。

按地质环境或地质体变化的速度而言,可分突发性地质灾害与缓变性地质灾害两大类。前者如崩塌、滑坡、泥石流等,也就是习惯上的狭义地质灾害;后者如水土流失、土地沙漠化等,又称环境地质灾害。

按地质灾害发生区的地理或地貌特征,可分山地地质灾害,如崩塌、滑坡、泥石流等,平原地质灾害,如地质沉降等等。

滑坡及其防护

滑坡是岩土体在重力作用下,沿一定的软弱面整体或局部向下滑动的现象。发生破坏的岩土体主要以水平位移为主,除滑动体边缘存在为数极小的崩离碎块和翻转现象之外,其他部位相对位置变化不大。

滑坡受自然地质运动和人类活动的双重影响,会对城镇建设、交通运输、河运航道、工矿企业、农田村庄、水利水电建设等造成重大破坏。

根据滑坡体体积,将滑坡分为 4 个等级:小型滑坡,滑坡体积小于 100 万立方米。中型滑坡,滑坡体积为 1 万 ～ 100 万立方米。大型滑坡,滑坡体积为 100 万 ～1000 万立方米。特大型滑坡,滑坡体体积大于 1000 万立方米。

根据滑坡的滑动速度,将滑坡分为四类:

1. 蠕动型滑坡,人们仅凭肉眼难以看见其运动,只能通过仪器观测才能发现的滑坡。

2. 慢速型滑坡,每天滑动数厘米至数十厘米,人们凭肉眼可直接观察到滑坡的活动。

3. 中速型滑坡,每小时滑动数十厘米至数米的滑。

4. 高速型滑坡,每秒滑动数米至数十米的滑坡。

滑坡的防治要贯彻“及早发现,预防为主;查明情况,综合治理;力求根治,不留后患”的原则。治理滑坡可以从以下两方面着手:

1. 消除和减轻地表水和地下水的危害。

滑坡的发生和水的作用有着密切的关系,水的作用,往往是引起滑坡的主要因素,因此,消除和减轻水对边坡的危害尤其重要,为防止外围地表水进入滑坡区,可在滑坡边界修截水沟;在滑坡区内,可修筑排水沟。对于岩质边坡,还可用喷混凝土护面或挂钢筋网喷混凝土。

2. 改善边坡岩土体的力学强度。

山体滑坡

通过一定的工程技术措施,改善边坡岩土体的力学强度,提高其抗滑力,减小滑动力。常用的措施有:削坡减载,用降低坡高或放缓坡角来改善边坡的稳定性,此法要在施工前作经济技术比较。边坡人工加固,修筑挡土墙、护墙等支挡不稳定岩体是很好的方法。

崩塌及其防护

崩塌是岩土体的突然垂直下落运动,常常发生在陡峭的山壁。一般过程是岩块顺山坡猛烈翻滚,跳跃,相互撞击,最后堆积在坡脚,形成倒石碓。

降雨、融雪、河流、洪水、地震、海啸、风暴潮等自然因素,以及开挖坡脚、爆破、修筑水库、开矿泄洪等人为因素,都有可能引发崩塌。

根据坡地物质组成崩塌可划分为:崩积物崩塌,山坡上已有的崩塌岩屑和沙土等物质,由于它们的质地很松散,当有雨水浸湿或受地震震动时,可能再次形成崩塌。表层风化物崩塌,在地下水沿风化层下部的基岩面流动时,引起风化层沿基岩面崩塌。沉积物崩塌,有些由厚层的冰积物、冲击物或火山碎屑物组成的陡坡,由于结构舒散,形成崩塌。基岩崩塌,在基岩山坡面上,常沿节理面、地层面或断层面等发生崩塌。

根据崩塌体的移动形式和速度划分:散落型崩塌,在节理或断层发育的陡坡,或是软硬岩层相间的陡坡,或是由松散沉积物组成的陡坡,常形成散落型崩塌。滑动型崩塌,沿某一滑动面发生崩塌,有时崩塌体保持了整体形态,和滑坡很相似,但垂直移动距离往往大于水平移动距离。流动型崩塌,松散岩屑、沙、黏土,受水浸湿后产生流动崩塌。

崩塌会对农田、厂房、水利设施和其他建筑物造成很大的损害,严重时会导致人员伤亡。铁路、公路沿线的崩塌,会造成交通堵塞、车辆损毁、行车事故。

我国防治崩塌的工程措施主要有:

一、遮挡。遮挡斜坡上部的崩塌物。

二、拦截。对于在雨后才会出现坠石、剥落和小型崩塌的地段,可在坡脚或半坡上设置拦截物。

三、支挡。在岩石突出或不稳定的大孤石下面修建支柱、支挡墙或用废钢轨支撑。

四、护墙、护坡。在易风化剥落的边坡地段,修建护墙、水泥护坡等。

五、镶补沟缝。对坡体中的裂隙、缝、空洞用片石填补、水泥砂浆沟缝等以防止裂隙、缝、洞的进一步发展。

六、刷坡、削坡。在危石孤石突出的山嘴以及坡体风化破碎的地段,采用刷坡技术。

七、排水。在有水活动的地段设置排水构筑物,进行拦截与疏导。

泥石流及其防护

泥石流是一种包含大量泥沙石块的固液混合流体,常发生在山区等小区域。

泥石流爆发过程中,常常伴有山谷雷鸣、地面震动、浓烟腾空和巨石翻滚等现象,浑浊的泥石流沿着陡峭的山涧峡谷冲出山外,堆积在山口。

泥石流按其物质成分可分为:由大量黏性土和粒径不等的沙粒、石块组成的叫泥石流;以黏性土为主,含少量沙粒、石块、黏度大、呈稠泥状的叫泥流；由水和大小不等的沙粒、石块组成的叫做水石流。

泥石流按其物质状态可分为两类：一是黏性泥石流，即含大量黏性土的泥石流或泥流。其特征是：黏性大，固体物质占40%~60%，最高达80%。其中的水不是搬运介质，而是组成物质，稠度大，石块呈悬浮状态，暴发突然，持续时间也短，破坏力大。二是稀性泥石流，以水为主要成分，黏性土含量少，固体物质占10%~40%，有很大分散性。水为搬运介质，石块以滚动或跃移方式前进，具有强烈的下切作用。其堆积物在堆积区呈扇状散流，停积后似"石海"。

以上分类是我国最常见的两种分类。除此之外还有多种分类方法。如果按泥石流的成因分类有：冰川型泥石流，降雨型泥石流；按泥石流流域大小分类有：大型泥石流，中型泥石流和小型泥石流；按泥石流发展阶段分类有：发展期泥石流，旺盛期泥石流和衰退期泥石流等等。

泥石流因其有突发性、凶猛性、迅时性以及冲击范围大，破坏力度强等的特点，常给人们的生命财产安全带来严重的威胁。

想要减少泥石流的危害，首先要做好前期预防的工作。泥石流多发区的居民要注意自己的生活环境，熟悉逃生路线，并且要注意政府部门的预警和泥石流的发生前兆，在灾害发生前互相通知、及时准备。人们去山地游玩要注意收听及时的当地天气预报，不在暴雨之后或持续阴雨的天气进入山区。宿营时，要选择平整的高地作为营地，避开河道弯曲的凹岸或地方狭小高度低的凸岸，尽量不要在沟道处或沟内的低平处搭建宿营棚。在沟谷遭遇大雨，要迅速转移到安全的高地，不要在谷地或陡峭的山坡下避雨。

如果发现有泥石流迹象，要向沟谷两侧山坡或高地跑，千万不要沿着沟向上或向下奔跑。

逃生时抛弃重物，不要躲在有滚石和大量堆积物的山坡下面，不要停留在低洼处，也不要攀爬到树上躲避。

火山喷发

地幔物质在地球内部动力的作用下不断运动，当岩浆中气体成分游离出来使内压力增大到一定程度时，岩浆就会顺地壳裂隙或薄弱地带喷出地表，形成火山喷发。火山喷发是一种严重的地质灾害，从公元1000年以来，全球已经有几十万人死于火山喷发。

根据火山活动情况可分为：活火山，指现代尚在活动或周期性发生喷发活动的火山。这类火山正处于活动的旺盛时期。我国近期火山活动以台湾岛大屯火山群的主峰七星山最为有名。死火山，指史前曾发生过喷发，但有史以来一直未活动过的火山，此类火山已丧失了活动能力。休眠火山，指有史以来曾经喷发过，但长期以来处于相对静止状态的火山。此类火山都保存有完好的火山形态，仍具有火山活动能力，然而尚不能断定其已丧失火山活动能力。如我国的白头山天池，曾在1327年和1658年两度喷发，在此之前还有多次活动。目前虽然还没有喷发活动，但从山坡上一些深不可测的喷气孔中不断喷出高温气体，可见该火山目前正处于休眠状态。

火山喷发可在短期内给人类的生命财产造成巨大的损失，它是一种灾难性的自然现象。然而火山喷发后，它能提供丰富的土地、热能和许多种矿产资源，还能提供旅游资源。

地震

地震是地球内部的介质局部发生急剧的破裂而产生的震波，在一定范围内引起地面振动的现象。地震就是地球表层的快速振动，在古代又称为地动。它就像刮风、下雨、闪电一样，是地球上经常发生的一种自然现象。地震是非常频繁的，全球每年发生地震约500万次。

地震波发源的地方，叫做震源。地面上离震源最近的一点称为震中。它是接受振动最早的部位。震中到震源的深度叫做震源深度。通常将震源深度小于70千米的称为浅源地震，深度在70~300千米的叫中源地震，深度大于300千米的叫深源地震。对于同样大小的地震，由于震源深度不一样，对地面造成的破坏程度也不一样。震源越浅，破坏就越大，但波及范围越小，反之亦然。

破坏性地震一般是浅源地震。如1976年的唐山地震的震源深度为12千米。破坏性地震的地面振动最烈处称为极震区，极震区往往也就是震中所在的地区。某地与震中的距离叫震中距。震中距小于100千米的地震称为地方震，在100~1000千米之间的地震称为近震，大于1000千米的地震称为远震，其中，震中距越远的地方受到的影响和破坏越小。

地震所引起的地面振动是一种复杂

最早的地震仪。公元132年，中国天文学家张衡发明了第一个探测地震的仪器。

的运动，它是由纵波和横波共同作用的结果。在震中区，纵波使地面上下颤动，横波使地面水平晃动。因为纵波传播速度较快，衰减也较快，横波传播速度较慢，衰减也较慢，所以离震中远的地方，往往感觉不到上下在动，但能感到水平晃动。

当某地发生一个较大的地震时，在一段时间内，往往会发生一系列的地震，其中最大的一个地震叫做主震，主震之前发生的地震叫前震，主震之后发生的地震叫余震。

地震的大小用震级表示，它是表征地震强弱的量度，是以地震仪测定的每次地震活动释放的能量多少来确定的。震级通常用字母 M 表示。震级每相差1.0级，能量相差大约30倍；每相差2.0级，能量相差约900多倍。比如说，一个6级地震释放的能量相当于美国投掷在日本广岛的原子弹所具有的能量。一个7级地震相当于32个6级地震，或相当于1000个5级地震。

同样大小的地震，造成的破坏不一

定相同;同一次地震,在不同的地方造成的破坏也不一样。为了衡量地震的破坏程度,科学家们又"制作"了另一把"尺子"——地震烈度。在中国地震烈度表上,对人的感觉、一般房屋震害程度和其他现象作了描述,可以作为确定烈度的基本依据。影响烈度的因素有震级、震源深度、距震源的远近、地面状况和地层构造等。

地面塌陷

指地表岩、土体在自然或人为因素作用下,向下陷落,并在地面形成塌陷坑(洞)的一种地质现象。当这种现象发生在有人类活动的地区时,便可能成为一种地质灾害。根据形成塌陷的主要原因分为自然塌陷和人为塌陷两大类。前者是地表岩、土体由于自然因素作用如地震、降雨、自重等,向下陷落而成;后者是由于人为作用导致的地面塌落。在这两大类中,又可根据具体因素分为许多类型,如地震塌陷、矿山采空塌陷等。

地裂缝

地表岩、土体在自然或人为因素作用下,产生开裂,并在地面形成一定长度和宽度的裂缝的一种地质现象,当这种现象发生在有人类活动的地区时,便可成为一种地质灾害。地裂缝的形成原因复杂多样。地壳活动、水的作用和部分人类活动是导致地面开裂的主要原因。

沙漠化

原由植物覆盖的土地变成不毛之地的自然灾害现象。此处所指的"沙漠"多数强调土地不适合植物生长或发展农业,而非因为地域本身干燥所造成的沙漠气候。沙漠化现象可能是自然的,作为自然现象的沙漠化是因为地球干燥带移动,所产生的气候变化导致局部地区沙漠化。不过,今日世界各地沙漠化的原因,多数归咎于人为原因,人口急速增长,所居土地被过分耕种以及牧畜,导致土地枯竭不适合耕种。根据中国国家林业局于 2006 年 6 月 17 日的公布,中国沙漠化土地达到 173.97 万平方千米,占国土面积 18% 以上,影响全国 30 个省级行政区。沙漠化防治的方法有以下几点:1. 合理利用水资源。2. 利用生物和工程措施构筑防护林体系。3. 调节农林牧渔的关系。4. 采取综合措施,多途径解决当地能源问题。5. 控制人口增长。6. 推广作物的轮休制度。7. 推进土壤保护制度。

水土流失

地表土壤及母质、岩石受到水力、风力、重力和冻融等外力的作用,使之受到各种破坏和移动、堆积过程以及水本身的损失现象。狭义的水土流失是特指水力侵蚀现象。根据全国第二次水土流失遥感调查,20 世纪 90 年代末,我国水土流失面积 356 万平方千米,其中:水蚀面积 165 平方千米,风蚀面积 191 万平方

水土流失

千米,水蚀风蚀交错区水土流失面积 26
万平方千米。

透水

透水事故指矿井在建设和生产过程
中,地面水或地下水通过裂隙、断层、塌
陷区等各种通道涌入矿井,当矿井涌水
超过正常排水能力时,就造成矿井水灾,
通常称为透水。

盐渍化

土壤盐渍化指易溶性盐分在土壤表
层积累的现象或过程,也称盐碱化。我
国盐渍土或称盐碱土的分布范围广、面
积大、类型多,总面积约 1 亿公顷。主要
发生在干旱、半干旱和半湿润地区。盐
碱土的可溶性盐主要包括钠、钾、钙、镁
等的硫酸盐、氯化物、碳酸盐和重碳酸

盐。硫酸盐和氯化物一般为中性盐,碳
酸盐和重碳酸盐为碱性盐。治理方法:
1. 建立完善的灌溉系统,使地下水深度
保持在临界深度以下。2. 建立现代化
排水系统。3. 化学改良,如:石膏、硫
酸、矿渣(磷石膏)等。4. 种植水稻。5.
利用咸水灌溉。6. 种植耐盐碱的树种,
特别是能固氮的耐盐树种和草木(绿
肥)植物。

海水倒灌

海水经地表到达陆地。这是我国沿
海地区普遍存在且日趋严重的问题,其
成因主要取决于地质结构、岩层密度和
取水量。地下水的过分开采,也是引发
海水倒灌的重要因素,更严重的是,超量
开采地下水,还造成地面沉降,建筑物开
裂、倾斜,影响安全。目前,全国已形成
漏斗区面积达 8.7 万平方千米,相当于
5 个北京市的面积。解决海水倒灌的措

施:严控地下水开采量;强化节约用水管理,发展节水型工业、农业和服务业;支持截流、截潜和集雨工程,增加地表水蓄水量,增强地下水补给量,让淡水资源最大限度在内陆消化。

沼泽化

存在泥炭化的土地长期过湿,在湿生作物作用或厌氧条件下进行的有机质的生物积累和矿质元素还原的过程。沼泽化土壤有机质多,植物养料的灰份元素缺乏,水分长期饱和,通气不良。排水可防止沼泽化的发生发展。

寒潮

影响中国的寒潮主要发生在 11 月至次年的 4 月。侵入我国的寒潮路径主要有:1. 西路,从西伯利亚西部进入我国新疆,经河西走廊向东南推进;2. 中路,从西伯利亚中部和蒙古进入我国后,经河套地区和华中南下;3. 从西伯利亚东部或蒙古东部进入我国东北地区,经华北地区南下;4. 东路加西路,东路冷空气从河套下游南下,西路冷空气从青海东南下,两股冷空气常在黄土高原东侧,黄河、长江之间汇合,汇合时造成大范围的雨雪天气,接着两股冷空气合并南下,出现大风和明显降温。

台风

发生在西北太平洋和南海风速大于等于 32.7 米/秒(风力 12 级)的热带气旋,是热带气旋中发展最强烈的一种。台风登陆的季节,以 7～9 月次数最多,几乎占全年的 80%,在此前后活动次数大为减少,偶尔在广东、广西和海南、台湾登陆。就全年来说,从辽宁至广西沿海都可能有台风登陆,其中以广东的次数最多,其次是台湾和福建,但强台风登陆次数则以台湾占首位。台风带来的狂风、暴雨、巨浪、海潮等危害,严重地影响工农业生产、交通运输、渔业捕捞和生命财产的安全。但是,盛夏时江南地区受副热带高压主控制出现伏旱的时候,台风雨往往可以解除伏旱,有利于农业生产。在中国沿海诸省区中,台风雨量在年雨量中占有重要的地位。

沙尘暴

在近地面风力驱动下,裸露于地表的沙粒和尘土被刮入空中,使大气变混浊、能见度下降的天气现象。中国北方的沙尘暴多发地区是塔里木盆地及周边地区,以民勤为中心的河西走廊地区和内蒙古的阿拉善高原和浑善达克沙地。沙尘暴发生的时期有明显的季节变化。60% 以上的沙尘暴天气出现在春季(3～5 月),其中又以 4 月为最多。沙尘暴天气具有明显的日变化,午后至傍晚发生的频次最高,午夜至早晨发生的频次最低。导致沙尘暴天气发生的强风主要来源于强冷空气活动(即冷锋过境)。如果在冷锋前有中尺度强对流天气系统发生,其短时强风可导致灾害性极强的黑风暴(水平能见度小于 50 米)发生。依冷空气活动的路径不同,中国沙尘暴天气的移动路径分为西北路、西路和北路三类。西北路径,沙尘天气一般起源于蒙古高原中西部或内蒙古西部的阿拉善高原,主要影响中国西北、华北;西北另一路径,起源于蒙古国南部或内蒙古中西部,主要影响中国西北地区东部、华北北部、东北大部。西路路径,沙尘天气起源于蒙古国西南部或南部的戈壁地区、内蒙古西部的沙漠地区,主要影响我国西北、华北北路路径,沙尘天气一般起源于蒙古国乌兰巴托以南的广大地区,主要影响中国西北地区东部、华北大部和东北南部。

三十五、环保

概况

与所有的工业化国家一样，我国的环境污染问题是与工业化相伴而生的。20世纪50年代前，我国的工业化刚刚起步，工业基础薄弱，环境污染问题尚不突出，但生态恶化问题经历数千年的累积，已经积重难返。50年代后，随着工业化的大规模展开，重工业的迅猛发展，环境污染问题初见端倪。但这时候污染范围仍局限于城市地区，污染的危害程度也较为有限。到了80年代，随着改革开放和经济的高速发展，我国的环境污染渐呈加剧之势，特别是乡镇企业的异军突起，使环境污染向农村急剧蔓延，同时，生态破坏的范围也在扩大。时至如今，环境问题与人口问题一样，成为我国经济和社会发展的两大难题。

由于我国现在正处于迅速推进工业化和城市化的发展阶段，对自然资源的开发强度不断加大，加之粗放型的经济增长方式，技术水平和管理水平比较落后，污染物排放量不断增加。从全国总的情况来看，我国环境污染仍在加剧，生态恶化积重难返，环境形势不容乐观。

大气污染

1. 污染现状

据《中国环境状况公报》显示，1997年，我国城市空气质量仍处在较重的污染水平，北方城市重于南方城市。二氧化硫年均值浓度在 3～248 微克/米^3 范围之间，全国年均值为 66 微克/米^3。一

工业化导致的大气污染

半以上的北方城市和三分之一强的南方城市年均值超过国家二级标准（60微克/米^3）。北方城市年均值为72微克/米^3；南方城市年均值为60微克/米^3。以宜宾、贵阳、重庆为代表的西南高硫煤地区的城市和北方能源消耗量大的山西、山东、河北、辽宁、内蒙古及河南、陕西部分地区的城市二氧化硫污染较为严重。

氮氧化物年均值浓度在4～140微克/米^{3}范围之间，全国年均值为45微克/米。北方城市年均值为49微克/米^3；南方城市年均值为41微克/米^3。34个城市超过国家二级标准（50微克/米^3），占统计城市的36.2%。其中，广州、北京、上海三市氮氧化物污染严重，年均值浓度超过100微克/米^3；济南、武汉、乌鲁木齐、郑州等城市污染也较重。

总悬浮颗粒物年均值浓度在32～741微克/米^{3}范围之间，全国年均值为291微克/米^3。超过国家二级标准（200微克/米^3）的有67个城市，占城市总数的72%。北方城市年均值为381微克/米^3；南方城市年均值为200微克/米^3。从区域分布看，北京、天津、甘肃、新疆、陕西、山西的大部分地区及河南、吉林、青海、宁夏、内蒙古、山东、河北、辽宁的部分地区总悬浮颗粒物污染严重。

据世界银行研究报告表明，我国一些主要城市大气污染物浓度远远超过国际标准，在世界主要城市中名列前茅，位于世界污染最为严重的城市之列。

2. 污染来源

能源使用。随着我国经济的快速增长以及人民生活水平的提高，能源需求量不断上升。自1980年以来，中国原煤消耗量已增加了两倍以上。1997年原

汽车尾气排放导致的大气污染

煤消费已达13.9亿吨，预计到2000年将增至14.5亿吨。以煤炭、生物能、石油产品为主的能源消耗是大气中颗粒物的主要来源。大气中细颗粒物（直径小于10微米）和超细颗粒物（直径小于2.5微米）对人体健康最为有害，它们主要来自工业锅炉和家庭煤炉所排放的烟尘。大气中的二氧化硫和氮氧化物也大多来自这些排放源，工业锅炉燃煤占我国煤炭消耗量的33%，由于其燃烧效率低，加之低烟囱排放，它们在近地面大气污染中所占份额超过其在燃煤使用量中所占份额。虽然居民家庭燃煤使用量仅占消耗总量的15%左右，然而其占大气污染的份额常常是30%。

我国二氧化硫排放量呈急剧增长之势。90年代初，我国二氧化硫排放量为1800多万吨，到1997年，已上升至2300万吨，预计到2000年将增至2800万吨左右。目前，我国已成为世界二氧化硫排放的头号大国。研究表明，我国大气

中87%的二氧化硫来自烧煤。我国煤炭中含硫量较高，西南地区尤甚，一般都在1%～2%，有的高达6%。这是导致西南地区酸雨污染历时最久、危害最大的主要原因。

机动车尾气。近几年来，我国主要大城市机动车的数量大幅度增长，机动车尾气已成为城市大气污染的一个重要来源。特别是北京、广州、上海等大城市，大气中氮氧化物的浓度严重超标，北京和广州氮氧化物空气污染指数已达四级，已成为大气环境中首要的污染因子，这与机动车数量的急剧增长密切相关。有关研究结果表明，北京、上海等大城市机动车排放的污染物已占大气污染负荷的60%以上，其中，排放的一氧化碳对大气污染的分担率达到80%，氮氧化物达到40%，这表明我国特大城市的大气污染正由第一代煤烟型污染向第二代汽车型污染转变。1985年，全国机动车保有量仅有300万辆，1990年为500万辆，1997年增至1300万辆，预计到2000年将达到2000万辆，2010年将达到4500～5000万辆。而目前我国机动车污染控制水平低，相当于国外七十年代中期水平，单车污染排放水平是日本的10～20倍，美国的1～8倍。如北京市机动车数量仅为洛杉矶或东京的1/10，但这三个城市的汽车污染排放却大致处于同一水平。

此外，汽车排放的铅也是城市大气中重要的污染物。自80年代以来，汽油消费量年均增长率达70%以上，加入汽油的四乙基铅量年均2900吨。含铅汽油经燃烧后85%左右的铅排放到大气中造成铅污染。汽车排放的铅对大气污染的分担率达到80～90%。从1986—1995年10年间，我国累计约1500吨铅排入到大气、水体等自然环境中，并且主要集中在大城市，因此对居住城市的儿童、交警和清洁工的身体健康造成不良影响。2000年以后的11年间，这种状况没有到得明显的好转。

3. 污染危害

由于我国严重的大气污染，致使我国的呼吸道疾病发病率很高。慢性障碍性呼吸道疾病，包括肺气肿和慢性气管炎，是最主要的致死原因，其疾病负担是发展中国家平均水平的两倍多。疾病调查已发现暴露于一定浓度污染物（如空气中所含颗粒物和二氧化硫）所导致的健康后果，诸如呼吸道功能衰退、慢性呼吸疾病、早亡以及医院门诊率和收诊率的增加等。1989年，研究人员对北京的两个居民区做了大气污染与每日死亡率的相关性研究。在这两个区域都监测到了极高的总悬浮颗粒物和二氧化硫浓度。估算结果显示，若大气中二氧化硫浓度每增加1倍，则总死亡率增加11%；若总悬浮颗粒物浓度每增加1倍，则总死亡率增加4%。对致死原因所作的分析表明，总悬浮颗粒物浓度增加1倍，则慢性障碍性呼吸道疾病死亡率增加38%、肺心病死亡率增加8%。2012年，研究人员对沈阳大气污染与每日死亡率的关系作了研究，结果表明，二氧化硫和总悬浮颗粒物浓度每增加100微克/米^3，总死亡率分别增加2.4%和1.7%。

城市空气污染所带来的其他人体健康损失也很大。分析显示，由于空气污染而导致医院呼吸道疾病门诊率升高34600例；严重的空气污染还导致每年680万人次的急救病例；每年由于空气污染超标致病所造成的工作损失达 450 万人次。

室内空气质量有时比室外更糟。对我国一些地区室内污染的研究显示,室内的颗粒物(来自生物质能和煤的燃烧)水平通常高于室外(超过 500 微克/米³),厨房内颗粒物浓度最高(超过 1000 微克/米³)。

据保守的假设估计,每年由于室内空气污染而引起的早亡达 11 万人。由于在封闭很严的室内用煤炉取暖,一氧化碳中毒死亡事件在中国北方年年发生。在我国由室内燃煤烧柴所造成的健康问题与由吸烟而产生的问题几乎相当。受室内空气污染损害最大的是妇女和儿童。

二氧化硫等致酸污染物引发的酸雨,是我国大气污染危害的又一重要方面。酸雨是大气污染物(如硫化物和氮化物)与空气中水和氧之间化学反应的产物。燃烧化石燃料产生的硫氧化物与氮氧化物排入大气层,与其他化学物质形成硫酸和硝酸物质。这些排放物可在空中滞留数天,并迁移数百或数千公里,然后以酸雨的形式回到地面。

目前我国酸雨正呈急剧蔓延之势,是继欧洲、北美之后世界第三大重酸雨区。80 年代,我国的酸雨主要发生在以重庆、贵阳和柳州为代表的川贵两广地区,酸雨区面积为 170 万平方公里。到 90 年代中期,酸雨已发展到长江以南、青藏高原以东及四川盆地的广大地区,酸雨面积扩大了 100 多万平方公里。以长沙、赣州、南昌、怀化为代表的华中酸雨区现已成为全国酸雨污染最严重的地区,其中心区年降水 pH 值低于 4.0,酸雨频率高于 90%,已到了逢雨必酸的程度。以南京、上海、杭州、福州、青岛和厦门为代表的华东沿海地区也成为我国主要的酸雨区。华北、东北的局部地区也出现酸性降水。酸雨在我国几呈燎原之势,危害面积已占全国面积的 29% 左右,其发展速度十分惊人,并继续呈逐年加重的趋势。

酸雨危害是多方面的,包括对人体健康、生态系统和建筑设施都有直接和潜在危害。酸雨可使儿童免疫功能下降,慢性咽炎、支气管哮喘发病率增加,同时可使老人眼部、呼吸道患病率增加。酸雨还可使农作物大幅度减产,特别是小麦,在 pH 值为 3.5 的酸雨影响下,可减产 13.7%;pH 值为 3.0 时减产 21.6%,pH 值为 2.5 时减产 34%。大豆、蔬菜也容易受酸雨危害导致蛋白质含量和产量下降。酸雨对森林、植物危害也较大,常使森林和植物树叶枯黄、病虫害加重,最终造成大面积死亡。

据对南方八省份研究表明,酸雨每年造成农作物受害面积 1.93 亿亩,经济损失 42.6 亿元,造成的木材经济损失 18 亿元。从全国来看,酸雨每年造成的直接经济损失 140 亿元。

机动车排放的污染物危害甚大。由于机动车尾气低空排放,恰好处于人的呼吸带范围,对人体健康影响十分明显。如排放的一氧化碳和氮氧化物能大大阻碍人体的输氧功能,铅能抑制儿童的智力发育,造成肝功能障碍,颗粒物对人体有致癌作用。尾气排放对交通警有严重的危害作用,有资料表明,交通警的寿命大大低于城市人的平均寿命。此外,汽车排放的一氧化碳、氮氧化物和碳氢化合物在太阳的照射下会在大气中反应,形成光化学烟雾,其污染范围更广,对人体健康、生态环境的危害更大。

水污染

1. 污染现状

据《中国环境状况公报》和水利部门报告显示，我国七大水系、湖泊、水库、部分地区地下水受到不同程度的污染，河流污染比重与上年相比，枯水期污染河长增加了6.3个百分点，丰水期增加了5.5个百分点，在所评价的5万多公里河段中，受污染的河道占42%，其中污染极为严重的河道占12%。

全国七大水系的水质继续恶化。监测的67.7%的河段为Ⅲ类和优于Ⅲ类水质，无超Ⅴ类水质的河段。

黄河面临污染和断流的双重压力。监测的66.7%的河段为Ⅳ类水质。主要污染指标为氨氮、挥发酚、高锰酸盐指数和生化需氧量。

珠江干流污染较轻。监测的62.5%的河段为Ⅲ类和优于Ⅲ类水质，29.2%的河段为Ⅳ类水质，其余河段为Ⅴ类和超Ⅴ类水质，主要污染指标为氨氮、高锰酸盐指数和总汞。

淮河干流水质有所好转，尤其是往年高污染河段的状况改善明显。干流水质以Ⅲ、Ⅳ类为主，支流污染仍然严重，主要污染指标为非离子氨和高锰酸盐指数。

海滦河水系污染严重，总体水质较差。监测的50%的河段为Ⅴ类和超Ⅴ类水质。主要污染指标为高锰酸盐指数、氨氮和生化需氧量。

大辽河水系总体水质较差，污染严重。监测的50%的河段为超Ⅴ类水质，主要污染指标为氨氮、总汞、挥发酚、生化需氧量和高锰酸盐指数。

松花江水质与往年相比有所改善。监测的70.6%的河段为Ⅳ类水质。主要污染指标为高锰酸盐指数、挥发酚和生化需氧量。

2. 污染来源

工业废水。工业水污染主要来自造纸业、冶金工业、化学工业以及采矿业等等。

黄河水污染

城市生活污水。尽管工业废水的排放量在过去的十年期间逐年下降,而生活污水的总量却在增加。

固体废弃物污染

1. 污染现状

1997 年,全国工业固体废弃物产生量为 10.6 亿吨,其中乡镇企业固体废弃物产生量 4.0 亿吨,占总产生量的 37.7%,危险废物产生量 1077 万吨,约占 1.0%。1996 年工业固体废弃物排放量 1690 万吨,其中危险废物排放量占 1.3%。全国工业固体废弃物的累计堆存量已达 65 亿吨,占地 51680 公顷,其中危险废物约占 5%。目前城市生活垃圾产生量约 14 亿吨,全国有 2/3 的城市陷入垃圾包围之中。近年来,塑料包装物用量迅速增加,"白色污染"问题突出。

2. 污染来源

工业固体废弃物;城市生活垃圾。

噪声污染

1. 污染现状

据《中国环境状况公报》显示,2011 年,我国多数城市噪声处于中等污染水平,其中,生活噪声影响范围大并呈扩大趋势。交通噪声对环境冲击最强。

2. 污染来源

全国道路交通噪声等效声级分布在 67.3 ~ 77.8 分贝之间,全国平均值为 71 分贝(长度加权)。在监测的 49 个城市道路中,声级超过 70 分贝的占监测总长度的 54.9%。

城市区域环境噪声等效声级分布在 53.5 ~ 65.8 分贝之间,全国平均值为 56.5 分贝(面积加权)。在统计的 43 个城市中,声级超过 55 分贝的有 33 个,其中,大同、开封、兰州三市的等效声级超过 60 分贝,污染较重。

各类功能区噪声普遍超标。超标城市的百分率分别为:特殊住宅区 57.1%;居民、文教区 71.7%;居住、商业、工业混杂区 80.4%;工业集中区 21.7%;交通干线道路区 50.0%。

关注环保,我们在行动

1. 空调冬 18 夏 26 度,全国节电上亿度。

冬季的空调温度调至 18 度或以下。如您感觉有些寒冷可以多加件衣服,如此简单的举措就可以节约电力,从而减少燃煤发电排放出的二氧化碳等温室气体,减缓气候变暖。

夏季的空调温度调至 26 度或以上。大城市的空调负荷约占盛夏最大供电负荷的 40% ~ 50%,将空调的温度从 22 ~ 24℃提高到 26 ~ 28℃,可以降低 10% ~ 15% 的电力负荷,减少 4 ~ 6 亿度以上的耗电量。

人在夏天出些汗是有利于健康的,能增强新陈代谢、调节内分泌功能并促进自身免疫。

2. 灯泡换成节能灯,用电能省近八成。

家中的普通灯泡换为节能灯泡,并且要购买经过"国家节能产品认证"的产品,您可以通过是否印有"节"字标志

垃圾分类
处理

来判断。在相同光通量条件下,节能灯比白炽灯可节约电能80%,用于购买节能灯的费用,在(8～10)个月的电费节余中就可以收回。

3. 垃圾分类不乱扔,回收利用好再生。

在垃圾中,约50%是生物性有机物,约30%～40%具有可回收再利用价值。2000年,中国产生的六大可回收的废物量分别为:废钢铁4150至4300万吨、废有色金属100至120万吨、废橡胶85至92万吨、废塑料230至250万吨、废玻璃1040万吨、废纸1000至1500万吨。目前我国每年可利用而未得到利用的废弃物的价值达250亿元,约有300万吨废钢铁、600万吨废纸未得到回收利用。废塑料的回收率不到3%,橡胶的回收率为31%。仅每年扔掉的60多亿只废干电池就含7万多吨锌、10万吨二氧化锰。

4. 不用电器断电源,节电10%能看见。

家庭和办公室内的各种电器,如电视、电脑等,请在不使用时关掉电源。在待机状态下,电视机每小时平均耗电量8.07焦耳,空调3.47焦耳,显示器7.69焦耳,PC主机35.07焦耳,抽油烟机6.06焦耳。关掉电源这一小小的举动既可以帮您节省电费,又能保护环境。

借鉴:看看外国人如何做环保

1. 阿姆斯特丹:鼓励环保交通工具

阿姆斯特丹政府每年会拨出4000万美元的预算用于城市基础设施的环保改造。在阿姆斯特丹,37%的市民都骑车出行。不久前,阿姆斯特丹市政府还公布了一项限制旧汽车进入市中心的计划,规定从2009年底开始,所有1991年前生产的汽车都将被禁止进入阿姆斯特丹市中心区域,以减少城市的空气污染。

2. 芝加哥:氢气燃料、风力发电

芝加哥市长理查德·达利从1989年上任至今一直带头植树，为芝加哥创造了50万棵新树的环保纪录。2001年，芝加哥大规模推行的通过"屋顶绿化"储存太阳能和过滤雨水，以节省能源的举措取得很大成效，每年为芝加哥市政府节约1亿美元的能源开支。市政府还将位于市中心的机场改建为公园，并在千禧公园内建造了一座可容纳1万辆自行车的"车站"。芝加哥也是全美第一座安装氢气燃料站的城市。风力发电也是这座"风之城"最可利用的能源之一。

3. 库里提巴：公交系统独特独到

巴西南部巴拉那州首府库里提巴市，是全球第一批被联合国列为"最适宜居住的5大城市"之一，早在1990年，就被联合国授予"巴西生态之都"和"世界3大生活质量最佳的城市之一"的称号。库里提巴市长是建筑师出身，擅长调整城市中的设施、布局，达到环保目标。他设计了一种独特的公交系统，候车站犹如巨大的玻璃圆筒，两头分别设出入口，且入口处设有旋转栅栏，以保证有序。公交车地盘与路面持平，使乘客上下车如履平地，以此吸引更多市民放弃私家车，乘坐同样方便舒适的公交车。此外，库里提巴市政府早在数十年前就禁止市区和近郊兴建工厂。

4. 弗赖堡：太阳能发电

弗赖堡是德国黑森林地区附近的一座小城。20世纪70年代，这里的市民曾对政府要在这里建核电站的举措进行抗议，因此，弗赖堡的市民普遍环保意识都比较高。弗赖堡是成功将太阳能转化为能源的城市之一。无论市中心的车站、医院、足球场、还是城市花园和当地

的酿酒厂屋顶或顶篷上都安装了太阳能电池板。1/3的市民出行选择骑自行车。此外，弗赖堡从20世纪80年代开始，就注意垃圾的回收利用，至今，该地区的垃圾数量已减少2/3。

5. 加德满都：屋顶绿化、建筑限高

尼泊尔首都加德满都依然保留了昔日原始建筑风貌，但这座城市的环保措施，如"屋顶绿化"、利用太阳能发电和加热等即使在一些欧洲主流城市也属于先进的理念和技术。此外，为了最大限度减少能耗，加德满都政府要求所有建筑高度限制在9英尺（约2.7米）以下。

6. 伦敦：征收车辆"环保税"

去年2月，伦敦市长肯·利文斯通宣布，计划在20年内将伦敦二氧化碳排放量减少60%，使其成为全球最环保的城市。新规划的改革措施覆盖家庭、企业、供电系统和交通4个领域，比如，要求伦敦居民将减少看电视的时间、换用节能灯泡，全城1/4的供电系统也将得到改造，一些发电站将被迁至居民区附近，以避免电力能源传输过程中的浪费。在交通领域，市政府对于排量大的汽车征收每天25英镑的高额"环保税"，并在伦敦街头推出自行车出租服务。

7. 雷克雅未克：氢燃料巴士、地热

冰岛地热资源丰富，在冰岛语中，其首都雷克雅未克的意思就是"冒烟的城市"，"烟"就是岛上温泉的水蒸气。冰岛政府在雷克雅未克大力推行地热和水力作为取暖和电力能源的措施，此外，还推动氢燃料巴士和"百公里耗油量低于5升环保型汽车可以在市区免费停车"等环保活动。预计到2050年，雷克雅未克将彻底告别石油燃料，成为欧洲最洁净的城市。

8. 波特兰:绿色建筑、发展轻轨

波特兰是美国第一个将节能减排作为一项法律推行的城市。除了"绿色建筑中心",该城市还大力推行环保交通工具,轻轨、巴士和自行车是波特兰市民主要的出行工具。为了鼓励更多市民选择亲近自然的生活方式,波特兰市政府在城内开辟了近56万亩的绿地以及长为120公里、供市民散步和骑脚踏车的专用道。

9. 新加坡:"零能耗"建筑

作为亚洲的"花园城市",新加坡在环保方面的努力一直有目共睹,长达12年的口香糖进口禁止令就是例证。2009年,新加坡第一座"零能耗"建筑也将竣工。这座由旧楼改造的建筑,能源利用率将比常规建筑高60%,屋顶采用总面积达1300平方米的太阳能板供电,并与公共电力网相连,可做到电力的互相补充,内部还装有感应器,能自动调节室内的冷气系统。

10. 多伦多:LED照明系统、深层湖水冷却系统

早在2002年,多伦多为解决"热岛效应"(由于城市化发展,导致城市中的气温高于外围郊区的现象),就已开始在城市建筑的屋顶种上绿色植物,改善环境质量。去年,多伦多宣布将用LED照明系统取代传统灯泡和霓虹光管,以节省用电,在维护夜景的同时,减少城市的光污染。此外,多伦多市的一些建筑将利用安大略湖的湖水冷却降温,以缓解电力供应。

三十六、地名由来

中国各省名称由来

我国现行省（自治区）名称多是以山川得名；有的是从城市得名；也有少部分是以其他因素命名的。

河北省：以黄河为界命名的行政区。唐朝以当时黄河以北、太行山以东地区为河北道，这是河北作为大区名称的开始，明、清因建都北京，故称其为直隶。1928年改名河北省。

河南省：也是以黄河为界而命名的行政区。河南作为大行政区名称也始于唐。当时全国分为十道，以当时黄河以南淮河以北的地区为河南道。元将黄河以南、长江以北地区命建一省，称河南江北行省。明初改省区，辖区大致相当今天河南省境。

湖南省、湖北省：以洞庭湖作为命名依据。唐安史之乱后设湖南观察使，辖洞庭湖以南湘、资二水流域七州之地，以湖南名之。宋初以湖南地置荆湖南路，简称湖南路，以自洞庭湖以北至荆山，西包括沅沣二水流域之地置荆湖北路，简称湖北路，湖北之名始有。清代分出湖南、湖北二省，其分界线向北移至洞庭湖以北，形成今天湖南、湖北之界。

浙江省："浙"原指今富春江，据说是因为江道曲折而得名。唐肃宗乾元元年置浙江西道、东道节度使，是浙东、浙西作为政区名称的开始。元初出现江浙行省。明初将江浙行省中今安徽、江苏长江以南部分划出，其余部分划为浙江省。

太行山

江西省：在隋唐以前指长江下游北岸、淮河以南地区。唐开元二十一年份江南道为江南东、西二道，前者简称江东道，后者简称江西道，江西始为政区的名称。

陕西省："陕"指今河南省陕县西南陕陌。陕陌以西地区称陕西。古代"周、召二公分陕而治"，因而后人称陕陌以东地区为陕东，以西地区为陕西。

山东省、山西省：以太行山为据。金代分山东为东、西两路，辖境约相当于今山东省及江苏淮北地区，这是山东作为政区名称的开始。今日的山东和古代所指的"山东"不是一回事。古时的"山东"，泛指崤山以东的黄河流域。山东被明确地划为一个独立的行政单位，开始于南宋，到金代逐渐确定下来。宋朝将全国划分为十五路，"路"即相当于现在的省。今日的山东地区属京东路与河北路。女真族占领中原，建立了金政权，行政区划仍沿用宋朝"路"的旧制，将京东路改称为山东，并将其分为山东东路与山东西路。清朝时称为山东省，并以济南府为省会。元代时称黄河以东、太行山以西为山西，这是山西作为政区名称的开始。明改置山西省至今。

黑龙江省：黑龙江省之名最早见于《辽史》，因江水色黑，蜿蜒如游龙，故名。清在黑龙江沿岸筑黑龙江城。光绪三十三年改置黑龙江省。

辽宁省：由于地处辽河流域，战国至元明时代又是东北政治中心，故历代都用"辽"字作为政区名，1928年又取辽河永久安宁之意，改名辽宁。

吉林省：清康熙十二年在松花江沿岸建吉林乌拉城（今吉林市），满语中，吉林一词的意思是"沿"，乌拉是"大川"的意思。吉林乌拉就是"沿着松花江"的城市，光绪三十三年改建吉林省。

青海省：以境内青海湖而得名。古有西海、迁海等名称，唐以后多以青海为正名。中华民国政府在1928年设青海省。

贵州省：元初的贵州，所辖仅限于今贵阳市及其近郊。今天的境域始定于清雍正七年（1729）。

福建省：唐上元元年设福建节度使，辖福、建、泉、漳、汀五州，因五州中的前二州较大而得名。明朝始置福建省。

台湾省：台湾的名称在历史上一直处于变化中。三国时代叫"夷洲"；隋朝称"琉球"；明代称"台员"或"台湾"。又称其为"东番"、"北港"。叫"台湾"这个名字是明代万历年间（1537～1619）才开始的。也有人认为是从宋元时期就开始了。至于"鸡笼"的叫法，那是因为基隆港外有个基隆屿，岛屿形如鸡笼浮水，故此得名。清康熙时，设台湾府，属福建省。光绪十一年改建台湾省。台湾地方语言近似闽南语。闽南语中的"员"与"湾"同音。所以，从康熙二十三年开始，台湾这个名称就叫开了。

甘肃省：甘肃一名始于11世纪，西夏在其境分置十二监军司，甘肃为其一，辖甘（今长掖）、肃（今酒泉）二州。元时改设甘肃行省。

安徽省、江苏省：在清代以前，江苏、安徽是一个统一行政区，称江南省。清初把江南省分为江苏、安徽二省。江苏以两江总督驻地江宁府（今南京）和巡抚驻地苏州府的首字为名。安徽以巡抚驻在安庆府（今安庆）和所辖徽州府（今歙县）的首字得名。

云南省：在汉代时云只是一个县名，

嘉陵江

在今祥云县境。相传汉武帝时有"彩云"见于白崖（今凤仪一带），派人追踪"彩云"至此，因置县于"彩云"之南，故名云南。元宪宗三年设云南行省。

四川省：其得名素来有两种说法。一种认为来源于历史上的行政区划。四川，唐初在剑阁县以南设剑南道，后分置剑南西川、剑南东川，简称西川、东川。川是平川旷野的意思。宋代分为益州、梓州、利州、夔州四路，合称"川陕四路"，后又简称四川路。元置四川行省。还有一种意见认为是以四川境内的四条大川得名。至于是哪四条大川，又有不同的说法。有说是岷江、沱江、嘉陵江、乌江；有说是长江、岷江、沱江、嘉陵江等等。

广东省、广西壮族自治区：五代时合称广东。广西为广南。明初分为广西省、广东省。两广亦称两奥。

宁夏回族自治区：宁夏河套地区史称西夏。又取夏地安宁之意而得名。

西藏自治区：元明称西藏地区为乌斯藏，"乌斯"是藏语"中央"的意思，藏是"圣洁"的意思。因其地在中国西部，清康熙末，称西藏。雍正初年，派西藏办事大臣驻拉萨。乾隆五十八年（1793）公布《钦定西藏章程》，西藏遂正式为行政名称。

新疆维吾尔自治区：从公元前1世纪起，西域地区成为汉王朝的一个组成部分，汉唐皆设有都护府。因为是新开辟的领土，习惯上称"新疆"。光绪十年（1884）改为新疆省。解放后，改为新疆维吾尔自治区。

内蒙古自治区：蒙古原为部族名。始见于唐代记载。晚清以后始用内蒙古一词，泛指大漠以南、长城以北广大草原。1947年建立内蒙古自治区，"内蒙古"才正式成为政区名称。

海南省：海南岛原是隶属于广东省一个地区。20世纪80年代，随着改革开放的需要，海南撤市建省，成为我国最大的经济特区。

中国各省简称由来

我国各省、自治区的简称的由来,大致可分为三种情况。

一、与古称有关,如:

山东省,简称"鲁",因为该省大部分地区在春秋时期隶属于鲁国。

山西省,简称"晋",因为该省大部分地区在春秋时期为晋国的领地。

云南省,简称"滇",因其东部地区古时属滇国疆域。

贵州省,简称"黔",因其东北部秦朝时属黔中郡。

广东省,简称"粤",因其曾属南粤管辖。

广西壮族自治区,简称"桂",因其在秦时属桂林郡管辖。

河南省,简称"豫",因其位于古豫州一带。

河北省,简称"冀",因其大部分地区古代属于冀州。

湖北省,简称"鄂",因春秋时部分地区是楚鄂王的封地,汉隋先后又置鄂州。

甘肃省,简称"陇",因其大部分地区古代归陇西郡统辖。

四川省,简称"川"或"蜀",因北宋咸平四年在其东部地区设川陕四郡,后称四川,简称川;又因部分地区为古代蜀国辖地,又简称蜀。

二、直接从全称中选取一个或两个字而得来,如:

黑龙江省,简称"黑"。

吉林省,简称"吉"。

辽宁省,简称"辽"。

江苏省,简称"苏"。

青海省,简称"青"。

台湾省,简称"台"。

西藏自治区,简称"藏"。

新疆维吾尔自治区,简称"新"。

内蒙古自治区,简称"内蒙"。

浙江省,简称"浙"。

宁夏回族自治区,简称"宁"。

三、由境内较为有名的河流、山脉而得来,如:

安徽省,简称"皖",因境内西南部有皖山。

江西省,简称"赣",因赣江为该省最大的河流。

福建省,简称"闽",因闽江为该省最大的河流。

湖南省,简称"湘",因有湘江纵贯全境。

中国城市名称由来

北京:古称"蓟",后有"燕京"、"中都"、"大都"、"北平"之称。明成祖改北平府为顺天府,建北京,即今北京市。"北京"之名始有。

天津:史载明成祖"尝由此津渡沧州,因赐名天津,筑城凿池"。"天津"之名由此而来。

重庆:重庆古有"巴"、"江州"、"荆州"、"益州"、"楚州"、"渝州"、"恭州"等名称。宋孝宗淳熙十六年(1189),皇子赵惇于正月封恭王,二月受内禅即帝位,自诩"双重喜庆",遂将恭州升格命名为重庆府。始有"重庆"之名。

上海:"上海"之名最早见于北宋郏亶之《水利书》。《弘治上海志》中称"其地居海上之洋",即当时渔民商船出海的地方,故名上海。

香港:香港得名与香树栽培和香料产销有关,自宋代起就有人在此种香,香料远销海内外。

澳门:海边供船只停泊的地方,在粤语中被通称为"澳"。嘉靖年间,外商赂通官吏,求得镜濠为澳。镜濠有南台(山)和北台(山),两山相对,犹如一道大门,故称澳门。

汕头:清时筑烟墩、炮台于此,作为防守营地,称为"沙汕头",后简称为"汕头"。

吉林:原名吉林乌拉,满语意为"沿江"。

西安:古名长安。汉长安城内有西安亭,借以命名"西安"城。明初设西安府。

银川:又称银城。银川地名来自对贺兰山与黄河之间渠道纵横、田园密布的"塞上江南"美好地理景象的描述。

济南:因城在古济水之南,故名济南。

青岛:青岛古称"胶澳"(胶州湾岸边的意思)。"青岛"之名源于胶河入海口北面的一个小岛——琴岛,由于胶州人发"青"、"琴"两音相近,遂有"青岛"之称。

烟台:明代在此地临海的北山上修建烽火台,有"烟台山"之称,烟台也就由此得名。

南京:战国时楚国在此筑城置金陵邑,故名金陵。三国吴时称建业,又叫石头城。晋时称建康。明代时称南京。

成都:早在周代,蜀王开明第九世迁都于此,"一年咸邑,二年成都。""成都"由此得名。

苏州:隋开皇九年(589)改吴州为苏州,以其近傍姑苏山得名。

无锡:周、秦时盛产铜锡,至汉代,锡开采完,故名无锡。

连云港:因位于云台山与海中的东西连岛之间而得名。

徐州:以古代徐夷或以古"九州"之一的徐州而得名。

镇江:因常受水害,所以在水名之前加一吉祥词,以示祈望而得名。

合肥:肥水出紫蓬山,分为二支,流至此地后合而为一,故名合肥。

版画·大禹治水

蚌埠：相传古时曾采蚌取珠于此，故名蚌埠。

芜湖：位于芜湖侧，以其地卑，蓄水渟深，而生芜藻，故名芜湖。

铜陵：因铜官山而得名。

杭州：传说大禹治水至此才舍航登陆，航杭同音，故名杭州。

宁波：由于它属下有个定海县，取"海定则波宁"之意。

福州：福州之名始于8世纪20年代唐开元时。因州西北有福山，故名福州。

基隆：港外有小鸡笼屿，港东有大鸡笼山，故当初称它为基隆（鸡笼）。

武汉：包括武昌、汉口、汉阳三部分。武昌原为唐方镇名，后升武昌军节度使，治所在今地，故名。汉口，以位于汉水入江之口而得名。汉阳，在原汉水之阳（明代汉水改道龟山之北）。

广州：三国时，吴改交州为广州，这是广州一名出现之始。

贵阳：明代先后为贵筑司、贵筑乡，清代为贵筑县而得名。

宝鸡：原名"陈仓"，因境内有一座陈仓山而得名。唐肃宗李亨取"天兴汉室"、"凤翔原野"、"宝鸡殷鸣"的吉祥之义，改陈仓为"宝鸡"。

哈尔滨：原为一渔村。满语是"晒渔网的场子"的意思。

包头：蒙古语意为"有鹿的地方"。

海拉尔：蒙古语意为"流下来的水"。

呼和浩特：蒙古语意为"青色的城市"。

锡林浩特：蒙古语意为"高原的城"。

乌兰浩特：蒙古语意为"红色的城"。

乌鲁木齐：蒙古语是"优美的牧场"的意思。

克拉玛依：维吾尔语意为"黑油"。

阿克苏：维吾尔语意为"白水"。

拉萨：古称为"逻娑"（山羊地）。因音似，久而久之易为"拉萨"，藏语意为"圣地"。

张家口：古为地势险要之隘口，明初山西移民中有不少张姓迁居至此，故有"张家隘口"之称，后人简称张家口。

西双版纳：傣语，按字面翻译为"十二千田"，实际意思是经过合并的12个田赋单位或政权机构。

中国山脉名称由来

喜马拉雅山：梵语是"雪之家"之意。

珠穆朗玛峰：藏语意为"女神第之"。

冈底斯山：藏语意为"众山之主"。

唐古拉山：藏语意为"高原上的山"。

横断山脉：因横隔东西间交通，故名。

喀喇昆仑山：突厥语意为"黑石群"，维吾尔语意为"紫黑色的昆仑山"。

巴颜喀拉山：蒙古语的"富饶青色的山"的意思。

阿尼玛卿山：即积石山，藏语是"祖父大玛神"的意思。

阿尔泰山：蒙古语意为"金山"。

阿尔金山：蒙古语意为"有柏树的山"。

祁连山：又称南山，"祁连山"匈奴语意为"天山"。

阿尔泰山风光

贡嘎山:藏语是"白雪山"的意思。

希夏邦玛峰:藏语气候严寒、天气恶劣多变的意思。

华山:晋代太康年间,山上长有"千叶石莲花",古代"花"与"华"同意,因名"华山"。

衡山:又称岣嵝山。衡山的命名,是指天空星宿而说,有平衡、衡量的意思。

峨眉山:峨眉山包括大峨山、二峨山、三峨山和四峨山,远望大峨和二峨,两山对峙如娥眉,因而得名。

黄山:世传黄帝曾与容成子、浮丘公炼丹于此,故名黄山。

庐山:又名匡山、匡庐。相传殷周时有匡姓兄弟结庐隐居于此,因而得名。

六盘山:山路曲折盘旋,六盘才能到达山顶,故名六盘山。

武夷山:相传彭祖之子彭武、彭夷两兄弟来此修道治水,后人为纪念他们,就取武夷二字为山名。

紫金山:又称钟山。因山中岩石的颜色呈紫红色,故名紫金山。

九华山:旧称九子山,因有九峰,形似莲花,故名九华山。

莫干山:相传春秋吴时铸"莫邪"、"干将"两剑于此,因而得名。

雁荡山:简称雁山,分北雁荡山和南雁荡山。旧传山顶有荡,秋雁归时多栖宿在此,故名雁荡山。

五指山:因为山形如五指,故名五指山。

火焰山:山由红色砂岩构成,岩石裸露,夏季在强烈阳光曝晒下,红光反射,远看像一团火焰,因而得名。

玉山:是台湾群山之巅,它是我国东部最高峰。因为地势高,九月飞雪,冬季银光闪闪,晶莹如玉,故名玉山。

香山:因山顶有两块巨大的乳峰石,状似"香炉",故称"香炉山"。后简称为"香山"。

井冈山:原名为"井江山",因山形似井,中有溪流。又因"江"的地方读音与"冈",相同,慢慢就变为"井冈山"。

中国水名由来

洞庭湖:因被誉为"神仙洞府"而得名。

巢湖:又称焦湖。因为湖呈鸟巢状,故名巢湖。

鄂陵湖:藏语"青色、晨光"的意思。

扎陵湖:藏语"蓝色、黎明"的意思。

青海湖:古称西海。蒙古语称库库诺尔,意为"青色的湖"。

呼伦湖:蒙古语"海湖"的意思。

茶卡盐湖:藏语意为"盐滩"。

罗布泊:古称蒲昌海。蒙古语是"汇入多水之湖"的意思。

博斯腾湖：又称巴格拉什湖。维吾尔语意为"绿洲"。

艾丁湖：旧称觉洛浣。维吾尔语意为"月光湖"。

纳木错：又称"腾格里湖"。藏语意为"天湖"。

黄浦江：据清代康熙年间《松江府志》记载，因春秋时为春申君黄歇所始凿，故名黄浦。

鸭绿江：汉、魏时名为马訾水，又称灸水。唐代始称鸭绿江。由于发源处水色似公鸭子头上羽毛的绿色，故称鸭绿江。

珠江：又称粤江。因广州市内段的江中旧有一沙洲名"海珠"，故称珠江。

永定河：清代修筑"永定大堤"以固河槽，遂定名为永定河。

沱沱河：属长江正源。又称乌兰木伦河，蒙古语意为红河。

塔里木河："塔里木"维吾尔语意为"无缰野马"。

拉萨河：藏语称吉曲，是"幸福河"的意思。

浊水溪：因上游水土流失严重，泥沙大量冲入河里，水色常年混浊不清而得名。

三门峡：旧时黄河中游河床中有坚硬的岩岛将水道分成三股急流：北为"人门"，中为"神门"，南为"鬼门"，故名。

壶口瀑布：黄河至此，两岸束狭如壶口，因此得名。

地理词语的由来

中国

"中国"一词在我国古典文献中出现得很早。在古代，"中国"可指"帝王所处的都城"；而另一古义则泛指黄河中下游地区，即远古华夏族所居住的地方。古代所谓的"中国"，与现今"中原"的意思相近，但仅相当于现今的山西、山东、河南、河北一带。当时这一带地区的四周分布着夷、狄、戎、蛮诸族及其所建国，而将这一带包围在中间，所以就称这一带地区及国家为"中国"。后来，尽管"国"的地理范围随着历朝历代的统一和衰落而有所变化，但这一名称还是流传下来了。

九州

"九州"是我国上古时期的行政区划。《尚书》中记载，尧时分天下为九州，即冀州、兖州、青州、徐州、扬州、荆州、豫州、梁州、雍州。到了西周，行政区划中多了幽州、并州，少了徐州、梁州。自秦以后，我国行政区划变动很大，但作为统一的中国的代称，"九州"一词一直沿用至今。

二京、三辅

二京：亦称"二都"、"两都"，东汉时

项羽像

称都城洛阳为东京广称两汉旧都长安为西京,合称"二京"。

三辅:汉太初元年,置京兆,左冯翊、右扶风三个相当于郡的行政区。

三秦

项羽灭秦以后,将秦观中故地一分为三:以今陕西中部咸阳以西之地封给秦将张邯,称为雍王;把咸阳以东至黄河地区封给司马欣,称为塞王;将上郡封给董翳,称为翟王。三地合称三秦。

三山、三江

三山:古称福州为"三山",因城内有九仙山、乌石山、越王山而得名。另指三神山,即传说的蓬莱、方丈、瀛洲。又指南京西南长江东岸的"三山",此山有三座山峰。

三江:泛指众多水道。有以今吴淞江和芜湖、宜兴间由长江通太湖一水、并长江下游为南、中、北三江;有以今赣江、岷江、汉江为南、中、北三江等。

中原

"中原"指黄河流域中、下游一带,地叫"中土"、"中州"。先秦时称豫州为中原,南宋指淮河以北的广大地区。

河东

"河东"在战国秦汉时指今山西省南部;唐指今山西全省,因这一段黄河位于晋陕交界,南北流向,故名。秦、隋、唐、宋分别置"河东郡","河东道"、"河东镇"、"河东路"等,也都简称"河东"。

东北

"东北"一词已成为我们的日常用语,如"东北人"、"东北菜"、"东北话"等等。"东北"一词形成的时间并不长,不过是近代的事情。"东北"一般指辽宁、吉林、黑龙江三省及内蒙古自治区东部的呼伦贝尔、兴安盟和通辽市等地区。春秋战国时期,北方的燕国以辽河为界,在东北设置辽东、辽西两郡。直至明代,行政区划虽多次变动,但均以"辽东"为名。因而"辽东"一词,也就作为这一带区域的注称沿用下来。清朝初年,改沈阳为"盛京",东北统称为"盛京省"。清光绪三十三年(1907),划盛京省为辽宁(当时称奉天)、吉林、黑龙江三省,简称"东三省"。1921年,当时的北洋政府任命张作霖督办"东北"屯垦边防事宜,他遂将其统领的"奉军"改称为"东北军",接着又在沈阳开办"东北大学",办报纸,做旗帜,当上了"东北王"。经他这

张作霖画像

么一折腾，"东北"一词就替代了"辽东"、"盛京"和"东三省"，成为这一方土地的统称，被世人接受，作为地域名称相沿下来。

江东、江左、江右

江东：长江在今芜湖至南京河段接近于南北流向，古代因称其东及以下南岸地区为"江东"。

江左：古人地理上以东为左，以西为右，因称"江东"为"江左"。另东晋及南朝宋、齐、梁、陈皆定都南京，因此地处江左，故当时称五朝及其辖区为"江左"。

江右：古称长江以西之地，唐开元间设江南西道，间称为江西道，因称"江西"为"江右"，后成江西省的别称。

满洲

"满洲"是由族名转变为地名的。据史料记载：明朝中期，定居在吉林东部婆猪江（今浑江）地区的建州女真部落，经常受到来自松花江中游以下至黑龙江流域东濒海一带野人女真忽刺温部落的侵扰。1438 年，建州卫都指挥金事李满住，率部族众人西迁，"移住灶突山东浑河上"。不久，清太祖努尔哈赤五世祖也率所属部族 300 余户迁至浑河支流苏子河一带，与李满住部合居在一起。尔后，努尔哈赤崛起，统一了女真族各部，于 1616 年在赫图阿拉（今辽宁新宾县老城）建立了大金国（后金国），以"满住"作为尊号，自号"满洲"大汗。满洲一词又可叫满住、满珠、曼殊、文殊，译音没有固定的字。有的史书说，"满住"是由"文殊"的音变而来。"文殊"是梵语（印度古代的一种语言）"妙吉祥"之意，为佛教用语。清天聪九年（1633 年），太宗皇太极把女真人改称满洲人。满洲便成了民族的名称。辛亥革命以后，人们将"满洲族"通称为"满族"；因东北三省是满族兴业主地，又因汉语"洲"字有地名之意，用来假借，便把东北称为满洲，成为地名。

楚河汉界

中国象棋的棋盘中间，通常写有"楚河汉界"四个大字。那么"楚河"、"汉界"分别指的是哪里呢？这就要说到历史上的楚汉相争了。公元前 204 年，刘邦和项羽在这一带发生战争，双方都竭力争夺。刘邦凭借大后方丰富的粮草做后盾，出兵击楚。项羽因为粮缺兵乏，不得不妥协，提出"中分天下，割鸿

刘邦画像

沟以西为汉，以东为楚"。这条"鸿沟"的界线和长度指的是从荥阳引河水向东南，沟通济、汝、淮、泗四水为界。从此，就有了"楚河汉界"之说。今天，在荥阳县城东北的广武山上还留有两座古城遗址，西边为汉王城，东为霸王城，两城中间有一条宽约 300 米的大沟，就是楚汉分界的鸿沟。

地名"卫"的由来

在我国古代，沿海一带有许多带有"卫"字的地名，如上海的"金山卫"、浙江的"观海卫"、山东的"威海卫"、辽宁的"前卫"等。"卫"是明初朱元璋确立的军队编制名。凡沿海险要地段都设"卫"扼守，每"卫"约有 560 人，由都司率领，隶属于五军都督府。永乐年间，明成祖朱棣在全国设"卫"达到 490 多处。后来，"卫"就演化进了地名里面。"卫"字表明了这里曾是明代驻军的地方。

南洋

中国唐朝时候，海上交通发达，不少中国人远渡重洋，移居到现在的东南亚一带。当时的华侨就把东南亚称作"南洋"。"南洋"所指包括现在的 11 个国家：位于中南半岛上的越南、老挝、柬埔寨、泰国、缅甸、马来西亚、新加坡以及马来群岛上的菲律宾、印度尼西亚、东帝汶、文莱等。

长江各段之名

长江古名"江"，又名"大江"，总长 6300 多千米，各江段有着不同名称和别名，总计不下 30 种，一般常用的有：

沱沱河：从江源至当曲口，长 358 千米。是长江正源。

通天河：当曲口至青海省玉树县巴塘河口，长 813 千米。

金沙江：巴塘河口至四川省宜宾市岷江口，长 2308 千米。

长江：岷江口至长江入海口，长 2884 千米。

川江：宜宾市至宜昌市一段，长 1030 千米。

荆江：湖北省枝城至湖南省岳阳城陵矶。

扬子江：江苏省常州、镇江附近及以下江段。

峡江：四川省奉节县白帝城至宜昌市南津头。

九曲回肠：长江在古荆州地区迂回曲折，素有"九曲回肠"之称。

浔阳江：九江市古称浔阳，其附近江段有此名。

京江：镇江市古称京口，附近江段有此称。

香格里拉

"香格里拉"为英语 Shanari－la 的音译，相当于英语中的"世外桃源"之意。英国作家詹姆斯·希尔顿在他的长篇小说《失去的地平线》中有过关于"香格里拉"的描写。经考证,"香格里拉"作为一个英语外来词汇,源自藏语之康巴南路土语中甸方言,其中"香"和"格"是中甸方言中的古藏语读音,在其他藏区读做"森"和"吉"。在当地藏民心中,"香格里拉"意为"心中的日月",是一种理想的生活环境,一种至高无尚的境界,而中甸古称"建塘",意为"无比殊胜之地"。当地有民歌这样唱到"太阳最早照耀的地方是东方的建塘,人间最殊胜的地方是奶子河畔的香格里拉"。

羊城

"羊城"是广州的别称。相传,春秋时期,南海有五位仙人,乘着五只不同颜色的仙羊,腾云驾雾,来到此地。他们各以谷一穗,留于人间,并祝愿永无饥荒。说毕,仙人们腾空而去,五羊遂化为石像。因此,广州又称"穗城"。现在,广州越秀公园的五羊雕像,即是广州市的象征。广州又被誉为"花城"、"棉城"。这是因为,广州地处珠江三角洲北部边缘,夏长冬暖,湿润多雨,一年四季鲜花不断,是我国南方最大的鲜花交易市场。尤其是那高大挺拔的乔木——木棉树,开花时宛如朝霞般的艳丽,"棉城"之说由此而来。

紫禁城

北京故宫又称紫禁城,是明、清两代皇帝居所。紫禁城的得名与我国古代的天文地理以及帝国的封建迷信密切相关。紫禁城的"紫"指紫微垣。我国古代天文学将天上的恒星分为三垣、二十八宿和其他星座。三垣指太微垣、紫微垣、天市垣。紫微垣在三垣的中央,因此代指皇帝。古时还认为"玉皇"是居住在天宫里的,天宫被称为紫宫;而封建皇帝自诩是"天子",他的住所也就相当于天上的"紫宫"(亦称紫微宫)。又因皇帝宫殿是等级森严的封建社会中最高级别的"禁区",皇帝居住的宫殿,四周围绕着高大厚实的城墙,戒备森严,严禁庶民百姓靠近,故称之为"禁城"。所以有"紫禁城"之称。唐代王维在《敕赐百官樱桃》诗中曾说:"芙蓉关下令千官,紫禁朱樱出上阑。"可见唐代就已把皇宫称为"紫禁"了。

王府井

王府井的前身不过是个小村落,忽必烈定都北京后,这里便有了"丁字街"。明成祖时,在这一带建造了10个王府,便改称为"十王府"。明朝灭亡之后,王府也随之荒废了,人们便称它为"王府街"。清光绪宣统年间,这里又开始繁华起来,成为当时有名的一个街区。1915年,北洋政府内政部在绘制《北京详图》时,把这条街分为三段:北段称王府大街,中段称八面槽,南段由于有一眼甜水井(井址在大街的西侧,现今的大甜水井胡同)而称王府井大街。后来,逐渐就用"王府井"称呼整条大街了。

中南海

中南海是北京的一个地名,也是著

名的风景区。自从新中国成立以后,这里就成为党中央和国务院所在地,因此,"中南海"也就成为国家政权的代名词。中南海的"海",是蒙古语"海子"的简称,原意是"花园"的意思。按照北京城内的水系来说,有后海、前海、什刹海、北海、中海、南海等等,其中中海和南海因水域相连,又都被红色高大的宫墙围着,所以合称为"中南海"。此名始于元代,一直沿用至今。

附录一:中国地理常识一问一答

为什么紫禁城有些栏杆上留有圆洞

紫禁城的宫殿楼阁多,栏杆也多,如果你仔细观察会发现,在太和门两侧的

这是明代早期绘制的北京紫禁城图

协和门与熙和门的石栏杆,以及其他一些宫殿门前的石栏杆上,望柱的顶部,构造比较奇特。柱顶上有一种球形的雕刻物,全部呈花头形,而临近门洞外的几个在其顶端全部都有打穿的小圆洞,石柱沿着圆洞向下凿空,里面设有连珠石球。

有些观众认为是风雨的侵蚀,使石质的栏杆受到了损坏,因此出现了圆洞,实际情况并非如此。这些石柱上的圆洞,是清代顺治年间开始开凿的,是为紫禁城的安全故意而凿,属于宫廷的警号之一。每当遇到外敌入侵、战事警报或是火灾,守兵便会以一种特制的铜喇叭插入圆洞中,用力吹,这样石柱就会发出海螺一样的鸣响,那浑厚嘹亮的声音会传遍整个紫禁城。这种警报器创于何时,如何吹法,知道的人很少,知道的人只限于旗人曾为亲军或护军者,以及内廷的侍卫太监。满语称为"石别拉",又叫"石海肖",这些圆洞同时也充分显示了我国古代劳动人民高超的智慧和精湛的技术!

午门出入有什么讲究

午门是一座高40米,宽60米的凹形大门,位于紫禁城南北中轴线的最南端,始建于明永乐十八年(1420年),一些重要的典礼仪式就在这里举行。午门

迎面开三门,左右各开一掖门,背面是五座门洞一字排开,故有"明三暗五"之说,按清朝制度,中间的门洞主要供皇帝出入,皇后也只有在与皇帝大婚之日,可以乘凤辇由午门中间门洞经过一次。文武大臣出入走东侧门洞,宗室王公出入走西侧门洞。左右掖门平时不开,凡有大朝会,百官按文武分别从两侧掖门出入。殿试的文武进士,按名次单数走左掖门,双数走右掖门。参加进士考试名列一甲前三名的状元、榜眼和探花三人,在考试后享有一次只有皇帝才有的从午门中间门洞走出的殊荣。

民间一直有"推出午门斩首"之说,其实纯属臆测。在清朝,午门守备森严,普通黎民百姓根本不能进入午门之内,更不会有"推出"之说。不过确有许多大臣毙命于午门之外,其缘由是明代的廷杖制度。

北京建园最早的
皇家御苑是哪儿

北海位于首都的中心地区,历经辽、金、元、明、清五个朝代兴修,逐步完善,形成今天的布局,现今已有800多年的历史,是世界上建园最早,保护最完整的皇家御园。公元10世纪,辽帝在燕京东北郊风景秀丽的湖泊地区大兴土木,建造离宫,当时的"瑶屿行宫"就是琼岛的前身。金灭辽后,金世宗完颜雍于金大定六年至十九年(1166—1179年)在琼华岛营建大宁宫。1264年,忽必烈以琼华岛以及所在的湖泊为中心,建立了元大都,琼华岛便由原来的离宫演变为皇家内园。清乾隆时期大规模修建北海,形成了今天的布局。

北海与中海、南海并称三海,总名太液池,过去与景山同为皇城禁苑。三海南北约2000米,中海与南海连成一片,与北海的分界是横跨太液池东西两岸的金鳌玉桥。昔日燕京八景中,北海景观占其二,即琼岛春阴和太液秋风。北海既有皇家园林的富丽堂皇,又有江南私家园林的古朴自然以及寺庙园林的庄严肃穆,称得上是我国古典园林的精品和人类最珍贵的文化遗产之一。

北海景观布局以琼岛为中心,岛上楼台亭阁、轩堂廊榭掩映于幽邃山石之间、绿树浓荫丛中,颇具神话中琼楼玉宇、蓬莱仙境的景象。北海以风景点、建

北海的景色

筑群和园中园为基本要求,勾连组合成集锦式园林。其建筑风格体现皇权至上,红柱黄瓦、金碧辉煌、雕梁画栋、色彩浓艳强烈。亭子垂脊上的装饰吻兽和瑞兽,不但构成建筑各部分美的装饰,而且也是一种权贵的象征。明清时期规定,在垂脊上瑞兽排在骑凤仙人之后,其顺序为龙、凤、狮子、海马、天马、押鱼、狻猊、獬豸、斗牛等,级别最高的建筑也不超过这9种。

北海又是诗、书、画、景融成意境的载体,现存的大多亭子选景、起亭名、写亭匾、题诗、书写碑记多出自乾隆之手。

北海园林建筑为什么有龙形藻井

大型古建筑的天花中央藻井,是中国古代皇宫建筑的重要特征,同时也被看做镇压火灾的镇物和吉祥物。

在等级森严的封建社会里,皇家园林享受着较高的建筑级别,龙形藻井就是一种权贵的象征,私家园林和王公大臣的建筑是不能有的。北海的五龙亭中最大的龙泽亭位于五亭中央,双檐攒尖顶,上圆下方,高大的双檐尖形成巨大的空间,安放皇权特征的藻井,顶端一条巨龙盘卧,俯首下视,别有威严之感。圆形藻井四周八条飞龙组成龙环,群龙全身为金色,外围是由两圈蓝绿色彩绘团龙图案的数十个小藻井组成,与中间黄龙形成强烈的色彩对比。再外围是数块垂直栏板,由金色的奔龙缭绕,组成美丽的纹样。又和中间的黄龙产生色彩的响应,体现了此藻井极高的建筑级别。极乐世界殿内顶部也有一个大型藻井,制作精细,是金色八角穹隆式团龙藻井,突出了金碧辉煌的气派。

元代万寿山为什么有人工水景

到了元代,北海琼华岛改名为万寿山,在大规模地营建琼华岛等建筑的同时,还创造了很多人工水景工程,使万寿山山水相交,富有活力。从西方造园艺术中引进了产生水景的提水机械,制造了喷水、瀑布、溪流等人工水景。还把金水河水引上山顶;广寒殿后有两个小石笋,用石头雕的龙头伸出来,龙口喷出太液池水;马潼室前有浴室、更衣殿,共有浴室9间,中间一室有雕刻的盘龙"九室交涌,香雾从龙口喷出",形成喷泉,注入太液池。

你知道景山的来由吗

景山位于北京市中心,北京城的中轴线上。开发于金代,兴建于元代,建立于明代,扩建于清代,历经700多年的历史,形成了今天的格局与规模。占地面积约23公顷,山高42.6米,全园以山体为主景。在元代,景山是座小土丘,名叫青山,属于元大内后苑的范围。明代在北京修建皇宫时,曾在这里堆过煤,所以又称煤山。明清时园内种了许多果树,养过鹿、鹤等动物,因而山下曾叫百果园,山上曾叫万岁山。清顺治十二年(1655年)更名为景山。景山名称含意有三:首先是高大的意思;其次,因为这里是帝后们"御景"之地;再次,有景仰之意。景山1928年辟为公园。

景山五亭有什么特点

景山五亭在景山顶上，分别为万春亭、周赏亭、富览亭、观妙亭、辑芳亭。景山五座亭以主峰万春亭为中心，东西两侧相互对称，依山就势，一字摆开，错落有致，在松柏衬托下构成一条和谐美丽的风景线。万春亭三重檐、四角攒尖顶，黄琉璃瓦，绿剪边，高 17.4 米，建筑面积约 295 平方米。万春亭东侧的周赏亭和西侧的富览亭，建筑形制、颜色相同，均为重檐绿琉璃瓦八角攒尖顶。观妙亭与辑芳亭位于景山万春亭东西两侧，建筑形制、颜色相同，均为重檐蓝琉璃瓦圆攒尖顶小亭。五亭建于清乾隆十六年（1751 年），内供奉的佛像各代表一方，佛像各异，1900 年八国联军入侵，毗卢舍那佛被毁，其余 4 尊被劫走。

为什么八达岭长城是古今重要的战略要地

万里长城是中华民族的象征和骄傲，也是世界上最宏伟的古代军事防御工程。始建于春秋时期，止于明代。八达岭长城是明代长城的精华，是明代长城最杰出的代表地段。八达岭长城位于北京延庆县，是开放最早的一段长城。明长城东起山海关，西至嘉峪关，全长约 6700 千米。八达岭长城是万里长城的关口居庸关的隘口。八达岭地势高峻险要，具有重要的战略地位。八达岭长城修筑得格外坚固。其关城有东西两座关门，建于明弘治十八年（1505 年），嘉靖、万历年间曾加以修葺。两门均为砖石结构，券洞上为平台，台之南北各有通道，连接关城城墙。京张公路从城门中通

长城

过，为通向北京的咽喉。城墙全长约
3741 米，高低不一，平均高度约 7.5 米，
墙的下宽约 6.5 米，顶上宽约 5.8 米，可
容 5 马并骑，或士兵 10 人并行。城墙顶
部内侧为宇墙，外侧为垛墙，垛墙上有垛
口（望口）和射洞，用以瞭望和射击敌
人。每隔 30～40 米或 100～200 米，于
险要处筑一堡垒式堡台。堡台有高有
低。高的叫做敌楼，上层用做瞭望和射
击，下层用做住宿、射击、屯储火药和粮
食；低的为墙台，高度与城墙差不多，但
突出于墙外，四周有垛口，是巡逻放哨的
地方。出北门锁钥关门不远，有明隆庆
五年（1571 年）筑成的一座砖城，名岔道
城，是八达岭前哨指挥处所在，可驻军
800 余人，并可储备大量的军械。1949
年以后曾多次整修八达岭关城、关门及
南北各 4 个敌台；1961 年八达岭长城就
被国务院列为"全国首批重点文物保护
单位"；1978 年又重建了居庸关外镇的
城楼。1990 年八达岭长城办公室代表
万里长城接受了联合国颁发的人类文化
遗产证书。

"龙脉贯京城"是怎么回事

　　老北京城建筑布局中有一条贯穿南
北的中轴线，这条长约 7.8 千米的城市
中轴线南起永定门，北到钟鼓楼，汇集了
北京古代城市建筑的精髓，见证了北京
城的沧桑变迁。

　　这条中轴线始于元朝对大都城的规
划设计，至明、清两朝形成了现有的规
模。建立中轴线，目的是为强调封建帝
王的中心地位，正如中国之名，意为"世
界中央之国"一样。中轴线上的主体建

老北京城贯穿南北的中轴线

筑平衡对称、高低有别、错落有序，形成
一幅独有的壮美画卷。相比之下，贯穿
世界上很多有名的城市中心的往往是一
条河。人类最初的城市大都建立在河流
两岸，以河为中心体现了人与自然的关
系，是人类生存的需要和文明发展的选
择。而北京的中轴线却是人造的，因此
它能有严格的左右对称和层次递进，设
计精确和起伏有序，有实用性和意识形
态的高度统一。它的构成是 2000 年封
建伦理、皇权至高无上的观念在城市建
设中的体现。

　　新中国成立以后，在中轴线上又陆
续扩建天安门广场、人民英雄纪念碑、毛
主席纪念堂等。今天，奥林匹克公园选
定在北京最具文化特色的中轴线向北延
长段上，不能不说是北京"人文奥运"的
集中体现，是古都文脉的延续。

北京最早的水库在哪儿

北京最早的水库是昆明湖。昆明湖在元代以前称瓮山泊，又叫七里泊、大泊湖。这个湖泊最初是天然形成的，距今已有3500多年的历史了，其水源主要依靠地下水和汇集玉泉山的泉水。昆明湖是颐和园的主要组成部分，占地约220万平方米，为全园总面积的3/4。它的水面并不单调，除了湖的四周点缀着各种建筑物外，湖中有一座南湖岛，由一座美丽的十七孔桥和岸上相连。

1292年，水利专家郭守敬奉元世祖忽必烈之命，开水源以济漕运，使京杭大运河直抵大都城下（积水潭），为保障新开凿的通惠河水流充足，特意引玉泉山诸泉及昌平水汇集瓮山泊内，再经长河（高粱河）注入积水潭。因而瓮山泊有京郊第一水库的性质，影响着南北的漕运。昆明湖几百年来一直是北京城市供水、航运、灌溉、防洪的重要水利工程，历史上发挥过巨大作用。

昆明湖虽好，却被皇帝一个人霸占。到了慈禧太后的时代，更是如此，她把昆明湖当成了自家的金鱼池，还以之为核心，盖起了花园别墅（颐和园），恨不得天天住在里面。直到大清覆灭，中国的老百姓才有权利、有眼福一睹昆明湖的真面目。

北京古城墙为何独缺一角

北京城内城的四面城墙没有组成矩形，东北、东南、西南角是整齐的直角，而西北角从德胜门至西直门一线却独缺一角。至于四角城墙为什么缺了一角，学术界众说纷纭，大体有四种说法。

其一，传说在明朝初年，燕王朱棣修建北京城时，命令刘伯温和姚广孝设计北京城的图样。他们俩在设计的时候，眼前都不约而同地出现了八臂哪吒的模样，于是两个人就都各自照着画。姚广孝画到最后，正好吹来了一阵风，把哪吒的衣襟掀起了一块，他也就随手画了下来。到后来建城的时候，燕王下令东城按照刘伯温画的图建，西城按照姚广孝画的图建。姚广孝画的被风吹起的衣襟，正好是城西北角从德胜门到西直门往里斜的那一块，因而至今那里还缺着一角。这种解释只是传说而已，不足信。

其二，这和明朝开国皇帝朱元璋有关。朱元璋统一中国后，深感"非深沟高垒、内储外备不能为安"，于是令谋臣刘伯温、姚广孝主持设计城池图样，以颁

北京古城墙遗址

示天下如式修造。刘、姚二人反复商讨、多次修改，最后按照传统规矩画成了矩形图案上交朝廷。朱元璋不希望墨守成规，就提笔将矩形图案的一角抹去。这样，由皇帝改动的城池图正式诏示天下。此后明代所建之城大都遵照四角缺一角的样式，这种解释也缺乏科学基础。

其三，有的历史学家、考古工作者研究后认为：元时大都的北城墙，至今遗迹尚在，它的西北角并无异常，是呈直角的。明代重修北京城时，为了便于防守，遂放弃了北部城区，在原城墙南五里处另筑新墙。新筑的北城墙西段穿过旧日积水潭最狭窄的地方，然后转向西南，把积水潭的西端隔在城外，于是西北角就成了一个斜角。明初时，积水潭的水远比现在要深得多，面积也大得多。为了城墙的坚固和建筑的需要，城墙依地形而呈抹角是合乎情理的。所以，这种观点被大多数人所接受。

其四，近年来一些地质工作者在研究卫星照片时发现，紧贴着城墙西北角的外侧，正巧有一条断裂带平行于城墙通过。另外，在抹角的外侧，卫星照片上隐约可见到直角的影像，这可能就是古老墙基的影像。据此，一些地质工作者提出了这样一种设想：城墙西北角最初修筑时很可能也是建成直角的，但这样一来，城墙西北角正好斜跨断裂带。由于地基建在断裂破碎带上，而断裂很可能还有一些微弱的活动性，城墙的坚固性就大大减弱了。也许是因为多次倒塌，后来才改建成现在这种抹角式的城墙。这样，城墙也就巧妙地避开了断裂而能屹立长久了。

由于古籍、史书上没有这方面的确切记载，专家还不能肯定哪一种解释是符合事实的。不过，这个"三缺一"的城墙给人们带来了许多快乐的遐想，让人更加感到北京深厚的历史底蕴。

北京猿人遗址在哪里

北京猿人遗址位于北京市房山区周口店龙骨山，距北京市区约50千米，是世界上迄今为止人类化石最丰富、最生动，植物化石门类最齐全，而又研究最深入的古人类遗址。

山上的石灰岩洞穴是北京猿人和山顶洞人的故居。在此第一次发现了69万年前的北京猿人的第一个完整头盖骨。通过对北京猿人遗址的研究，证明北京猿人距今约69万年，其创造出颇具特色的旧石器文化，对中国华北地区旧石器文化的发展产生着深远的影响。北京猿人的发现，还将人类用火的历史提早了几十万年。联合国教科文组织1987年12月批准周口店北京猿人遗址为世界文化遗产。

天津的版图怎样

天津的版图分分合合，时大时小。行政区划最小时仅限于市区，最大时包括市区、塘沽、汉沽、郊区，以及武清、静海、黄骅、沧县、盐山、霸县、宁津、吴桥、交河、献县、河间、任丘等18个地区、县。今天，天津市域北起蓟县的黄崖关，南至大港区翟庄子村的沧浪渠，西始静海县王口镇滩德干渠，东至汉沽区洒金坨以东陡河西干渠中心线，南北长188.8千米，东西宽117.3千米。天津市的管辖范围包括:和平、河西、河北、河东、南开、红桥 6 个中心市区,塘沽、汉沽、大港 3 个滨海区,东丽、津南、西青、北辰、武清、宝坻 6 个郊县区和蓟县、宁河、静海 3 个县,面积约 1.2 万平方千米。

天津现存最完整、规模最大的古建筑群是什么

天津现存最完整、规模最大、历经 500 多年风雨的古建筑群是文庙(即孔庙)。文庙位于天津南开区东门内大街。

思想的张力和书香的醇厚,使得文庙穿越 5 个世纪而不褪色。文庙的标志性建筑是泮池和牌楼。泮池是座架着石桥的圆形水池,泮池水连通着海河,内壁探出几个石雕的龙头,这龙头可不仅仅是为了美观的摆设,据说泮池水位指向的龙头位置昭示着海河水位的深浅。如果水在龙舌处,表示水位恰到好处;要是水过龙鼻,就有洪涝的危险。文庙牌楼始建于明代,后经明朝万历、清朝康熙和民国年间三次重修,东西各一,颇富艺术性,横额上分别刻着"德配天地"、"道冠古今"的金黄大字,这是对孔子至高至上的颂词。在两根高大的木柱上,通过 3 层横额和雕龙华板,由一簇簇制作精巧的斗棋,支撑着 3 座"屋脊六兽"的 4 座瓦顶。文庙牌楼不仅是天津地区仅存的两座过街牌楼,而且其二柱三楼式的木结构造型,也极其罕见。

一个城市,教育的根基愈坚,积淀的文化愈厚,碰撞的时间愈久,沉淀的思想也就愈多,散发的人文光芒也就愈夺目。文庙是天津教育的苗圃,也是天津文化的摇篮。

为什么说天津是"万国建筑博览会"

漫步在天津小洋楼集中的五大道、中心花园、意式风情区,能够领略到英式建筑、意式建筑、法式建筑、德式建筑、西班牙式建筑的风情,这里是文艺复兴式,那里是古典主义,还有折中主义、巴洛克式、庭院式建筑,犹如"万国建筑博览会"。

德国在天津的原租界特别管理区

天津的小洋楼文化，从渊源上说实际是外来文化和江南文化的变异，它充分地洋溢着西方生活方式和西方的价值观念。各国在天津的租界划定后，第一代居民即有治外法权的外国人入住，租界当局均按照自己国家的风格与流行手法进行了规划和功能分区，确定了道路和市政工程系统。没过多少时间，一些买办和为洋人工作的白领、下野的军阀也开始到租借地来，按照洋人的样子，为自己建筑小洋楼了。就这样，天津逐渐形成了一个小洋楼社区。

在这些建筑中，比较著名的有孙中山夫妇曾下榻的张园、环境幽雅的静园、袁世凯兼具中西风格的豪华寓所、梁启超极具意大利风格的寓所、载振富丽堂皇的庆王府等。

"五大道"指哪里

五大道是指天津和平区成都道以南，马场道以北，西康路以东，马场道与南京路交口以西的长方形地区，共有22条道路，总长度约17千米，总面积约1.28平方千米。这里汇聚着英、法、意、德、西班牙等国各式风貌建筑230多幢，名人名宅50余座。各式风情的小洋楼散布在天津五大道上，优雅而闲适，纵然褪去了历史曾赋予它的厚重与沧桑，却依旧美丽。历史上这里曾是英租界的"墙外推广界"。从1920年到1926年，英租界工程部利用疏浚海河的淤泥，填洼修路，在此建筑高规格的住宅区。各国公司纷纷抢滩，承建房屋，仿佛一夜之间，这里便冒出了2000多座不同风格的花园式楼邸，成了当年天津的富人区。

20世纪前半叶，居住在这里的大部分是中国人，许多北洋政府的政客们在下野后都选择在这里购置房屋。虽然在这个地方很少能够听到枪声，但从这片区域的洋楼中密谋好的事情，却可以让近代中国硝烟滚滚。五大道的发展是随着天津近代化的步伐发展起来的。鸦片战争以前的600余年，天津由一个普通的军事寨堡和漕粮运转中心，发展成为运河北部的新兴商业城市，开埠以后又迅速成长为工商业大都会。特殊的地理位置赋予天津护卫京都的特殊政治作用。到20世纪初，天津先后出现了9国租界，成为近代中国租界最多的城市。天津的被迫开放，使其从传统期步入转型期，也由一个封建性的交通枢纽和商业城市，逐步走向半封建半殖民地的近代工商业港口和贸易城市。天津近代的城市文化呈现出多元化、多层次的发展特点。大量迁移人口的到来，使得天津的社会职业结构和组织结构都极为复杂。租界这个传播西方文明的窗口，使传统文化与近代西方文明互相冲击、渗透。天津的文化艺术呈现出一派兴旺的景象，形形色色的文化流派，多种多样的艺术形式纷纷出现，形成多种文化并存的复杂结构。

天津港有什么特点

天津港曾经是全国最大的工人港，它位于天津市塘沽区、海河入海口处，地处渤海西部海岸中心位置，距北京市约170千米，距天津市区50余千米。天津港是我国北方重要的国际港口和首都北京的海上门户，也是渤海中部与华北、西北地区内陆距离最短的港口,通往 150 多个国家和地区,经济腹地辽阔,包括天津、北京、华北、西北及西南部分地区,腹地地产、物产资源极为丰富。2001 年 11 月 15 日,天津港货物吞吐量一举突破亿吨大关,成为我国北方第一个亿吨大港。1995 年在"中国的脊梁"全国 500 强企业综合评价中位居 66 位,居国内港口行业第二位,主要经济效益指标居国内港口行业之首。2004 年天津港资产总值已近 124 亿元,职工 22000 多人,港区面积 200 平方千米,拥有当前世界上最大的现代化焦炭泊位、2 个专业化的煤码头、能停靠第五和第六代大型集装箱船舶的 8 个集装箱专用泊位等。

天津市的发祥地在哪里

天津东临渤海,北依燕山,是中国的四个直辖市之一,陆域面积约 1.2 万平方千米。它的发祥地是红桥区。红桥区是天津市内中心区之一,位于城区的西北部。清代建筑的拱形钢桥"大红桥"横跨子牙河,红桥区由此而得名。全区总面积约 21.3 平方千米,居住着汉、回、满、蒙、朝鲜等 20 个民族 56 万人(户籍人口)。红桥区是一个有悠久历史的商埠。区内的三岔河口一带远在新石器时代即有人群聚居,元朝大兴漕运,三岔河口成为著名的转运枢纽,人烟日盛,商贾云集,逐渐繁华。红桥区是天津工商业的摇篮,区内三条石地区以华北机械、铸造工业的发祥地著称;最早的商埠是北大关;负盛名的绸缎、棉布、呢绒市场在具有 400 年历史的估衣街。红桥区具有便捷通畅的交通网络,区内的天津铁路

西站和津浦线首站,连接着华北、东北和华东地区。红桥区是风景秀丽、环境幽雅的文化旅游处所,区内的河北工业大学,前身是北洋工艺学堂。区内还有全国重点文物保护单位——吕祖堂义和团纪念馆,以及红灯照黄莲圣母停船场,天津首郡清真大寺,天津三宗宝之一的铃铛阁和中国近代教育家严修故居等一批历史文化遗迹。

黄崖关长城在哪里

黄崖关长城是津门十景之一,景名"蓟北雄关"。它位于天津蓟县境内,东达河北省遵化市的马兰峪长城,西接北京平谷的将军关长城。黄崖关长城全长 42 千米,其中古墙约 21.5 千米,砖墙约 2 千米,敌楼 52 座,烽火台 14 座,利用山崖作天然屏障来筑城墙约 16.5 千米。

黄崖关始建于北齐天保七年(557 年),明代又包砖大修,沿线敌楼、烟墩有 20 座,其中雄踞关北 1 千米孤峰上的凤凰楼最具代表性。凤凰楼为圆形砖砌,底径约 16.1 米,高约 18.3 米,上下两层,在长城建筑中较为罕见。它所扼守的地方两山夹峙、一水中流,地势极为险要。黄崖关关城的布局,采取了丁字形和曲尺形街巷的布局方式,易守难攻。

中国第一条电报线
在哪里架起

清同治十三年(1874 年)发生的日本侵略我国台湾的事件,第一次使清王朝感受到非电报不足以通消息。光绪六

《李鸿章克复苏州战图·李鸿章像》
清人绘。绢本,设色。北京大学图书
馆藏。

年(1880年),中俄伊犁交涉失败,交涉过程中,因为消息传递不灵,导致中国损失惨重,清王朝认识到内外隔绝的害处,从而决心建立电报通信。同年八月中旬,北洋通商大臣李鸿章奏准筹设津沪电报线时,在天津成立官办的津沪电报总局,委派盛宣怀为总办。光绪七年(1881年)十一月津沪线完工前,正式命名为中国电报总局。当时,报房每分钟可发出20～25个华文明码。电报局明确了收费标准,虽然价高,服务却不质优。电报局不负责译电,用户要拍发电报,必须自己按电码本将电文译为电码再交发,收到电报的用户也得自己翻译。

所以,旧中国的各地电报局,各大书店都出售电码本,供用户译电时使用。1884年,中国电报总局从天津迁往上海,一方面与外商公司交涉折冲电报权利事宜,另一方面统筹各路电线的架设,陆续建成干线多条。又协助官府架设官线若干条。商线官线遍布各省。还帮助邻邦朝鲜兴建电线2000余里。清朝末年,天津又设立了北洋官电总局,统辖天津、河北、东北三省的电报线路。从1882年4月起,改归官督商办,实行"股份制"。光绪二十八年(1902年)十一月,北洋大臣袁世凯奏准电报收归官办。宣统三年(1911年)四月,上海电政局移至北京,为电政总局,原上海电政局改称上海电报分局。

中国第一列火车从哪里开出

中国第一列火车从天津开出。它是在清光绪六年(1880年),由铁路工程师英国人金达用废旧锅炉和机车旧零件,改装成的一台机车。1881年6月9日,开平矿总工程师柏内特夫人为这辆机车命名为"中国火箭号"(Rocket of China),并开始运行。但受封建迷信思想影响,认为这条铁路距离清皇室东陵所在地马兰峪较近,会"震动龙脉",居然滑稽地改用骡马拖载,成了一条"马车铁道"。

天津的铁路建设,最初是为了运送煤炭。光绪六年(1880年),应英国矿师巴赖建议,开平矿务局开始动工修筑从唐山矿井到胥各庄的铁路,次年竣工。这条铁路全长9千米,轨距采用英国标准(4英尺8.5英寸,约合1.435米),是近代中国铁路运输系统中最先建成的一条。由于以前轮船招商局的官商作风，天津商人对清廷不信任，使得洋商有机可乘，四处活动，纷纷争夺筑路权，互不相让，最后只好机车、铁轨、引擎、开采等肥肉分别分配给各国，津沽铁路成了兼用各国设备的"混血儿"。开平铁路公司后改组成官督商办，规模有所扩大，在天津三岔河口处，购地建房组建了"天津铁路公司"。李鸿章任命伍廷芳主持该公司，负责财务；以英人金达为总工程师、留美学子詹天佑为帮工程师（即助理工程师），负责施工筑路。该公司主要负责向天津海防局、外国银行借银建造铁路。三月将唐胥铁路扩展到塘沽；清光绪十四年（1888 年）九月，在天津建成了中国自办铁路中的第一个商埠车站——天津火车站。

乔家大院位于哪里

乔家大院位于山西省祁县乔家堡村，北距太原 54 千米，南距东观镇仅 2 千米。乔家大院是清代全国著名的商业金融资本家乔致庸的宅第，始建于清代乾隆年间，以后曾有两次增修，一次扩建，经过几代人的不断努力，于民国初年建成一座宏伟的建筑群体，并集中体现了我国清代北方民居的独特风格。从高空俯瞰，院落布局为"囍"字形。全院面积约 8724.8 平方米，分 6 个院落，内套 20 个小院，共有 313 间房屋，整个建筑形如城堡，四面修有高耸坚实的砖墙。全院给人以高大威严，端庄整齐之感，建筑讲究，布局严谨，规范而有变化。院内亭台楼阁、斗拱飞檐、砖雕石刻等无不体现了我国古代劳动人民的聪明才智和高超的建筑艺术水平。

汾河是山西的母亲河吗

汾河是黄河第二大支流，发源于山西省宁武县管涔山，自北面向南穿越山西 47 个市县，于河津市入黄河。汾河全长 694 千米，流域面积 39471 平方千米，是山西境内第一大河，也是山西的母亲河。流域北部约占流域面积 29% 的地区是山区和土石山区。流域内年平均降水量 500～600 毫米，多集中在 7～9 月。年输沙量约 0.28～0.71 亿吨。汾河是沿汾渭地堑发育的河流，两侧为盆地和平原，河渠纵横，人烟稠密，是山西的粮仓。山西一些重要城市，如太原、晋中、临汾、侯马等均位于汾河谷地。

中国建立最早的少数民族自治区是哪个

内蒙古自治区简称内蒙古，成立于 1947 年 5 月 1 日，是中国建立最早的自治区。内蒙古自治区地处北部边疆，北邻蒙古国和俄罗斯联邦，国境线长 4221 千米。东接黑龙江、吉林、辽宁，南连河北、山西、陕西、宁夏、甘肃。面积 118.3 万平方千米，地形以高原为主，包括内蒙古高原、阴山山地、河套—土默川平原、鄂尔多斯高原、大兴安岭山地、西辽河平原等 6 区，海拔 3556 米的贺兰山是境内的最高峰。内蒙古高原中部横亘着海拔 1500 米以上的阴山及其支脉大青山，它是中国内、外流域重要分界线。内蒙古属中温带的大陆内部,水热条件均较同纬度的东部地区差。西部热量虽多,降水稀少。气温自大兴安岭向东南和西南递增,降水分布自东南向西北递减。大兴安岭山地和西辽河流域的南部山区,年降水量 450 毫米以上,山脊地带超过500 毫米。而由此向西北内陆地区,降水量逐渐减少。内蒙古现有人口2413.7 万,分布着蒙古族、汉族、达斡尔族、鄂温克族、鄂伦春族等民族。

内蒙古自治区最大的工业城市是哪个

包头市是内蒙古自治区最大的工业城市,也是我国重要的钢铁基地,又称草原钢城。"包头"是蒙古语译音,意为"有鹿的地方"。包头市位于自治区境中部,黄河之滨,乌拉山与大青山前昆都仑河冲积扇上,距呼和浩特 180 千米,面积 27768 平方千米,人口 245.76 万。市府驻昆都仑区。包头市矿藏有铁、稀土、铌、黄金、煤等,其中稀土资源储量丰富。工业有钢铁、机械制造、制糖、纺织、电力、皮革加工等行业。包钢是重要的钢铁生产基地,包头还是中国西北重要的农牧产品集散地。

为什么说集安是座历史文化名城

集安原名辑安,亦名通沟。位于吉林省东南部,隔鸭绿江与朝鲜相望,西南与辽宁省接壤,北与吉林省通化市、白山市毗邻,是中国对朝三大口岸之一。集安历史悠久,古老神秘,文化底蕴厚重。公元前 37 年,我国北方少数民族高句丽在鸭绿江中游和浑江流域建立政权,公元 3 年,高句丽迁都国内城(今集安市区),集安作为高句丽都城长达 425 年。公元 668 年高句丽灭亡后,又经历了渤

九都山城

海、辽、金、元、明各朝。清光绪二十八年（1902年）建立辑安县，1965年改为集安县，1988年5月改为集安市，1988年7月被省政府确立为省级经济开发区，1994年被国务院批准为国家历史文化名城。集安风光秀美，山环水绕，人杰地灵，素有"塞北小江南"美誉。集安文物古迹众多，有丸都山城、洞沟古墓群、霸王朝山城、长川壁画墓、国内城等。集安自然资源丰富，盛产天女木兰、紫松、侧柏等珍稀树种和名贵中药长白山山参，开发潜力巨大。此外，集安气候宜人，四季分明，山奇水碧，风景秀丽，以五女峰国家森林公园为代表的"生态环境游"，足以使人领略"塞北江南"名山大川的秀美景色。

中国唯一一个与省重名的城市是哪个

吉林市是吉林省的第二大城市，也是我国唯一一个与省重名的城市。它位于吉林省中部略偏东，地处长白山余脉向松嫩平原过渡地带，松花江干流纵贯全境。吉林市现辖4个区1个县和4个县级市。有23个少数民族。吉林市有着悠久的历史，穿城而过的松花江水，孕育了古老的民族和文化。1994年吉林市被国务院命名为中国历史文化名城。吉林雾凇、冰雪体育、松花湖、乌拉古城、北山古庙群及满族、朝鲜族民俗风情等构成了吉林特有的北方特色。吉林市自然资源得天独厚，物产富饶，工农业飞速发展。现已发展成为一个以化学工业、电力工业、机械制造为主的工业城市，有"化工城"的美称，同时也是北方的交通枢纽。

松花湖风景区有何特色

松花湖位于吉林市。湖面面积425平方千米，长200千米，最宽处10余千米，最深处77.5米，能蓄108亿立方米的水，白鱼、鲤鱼、鲑鱼、鲫鱼等为其特产。松花湖水域辽阔，湖叉繁多，状如蛟龙，谓为壮观。松花湖风景区的主体由水、林、山构成并分成十个相对独立的景区。松花湖以得天独厚的地理位置、四季分明的气候条件、明媚秀丽的湖光山色吸引了大量国内外游客。国内外的许多摄影家到了松花湖，无不为这里的水之静、山之奇、林之秀、石之异而叹为观止。1988年松花湖被国务院批准为全国重点风景区。

龙岗火山群是中国第二大火山群吗

龙岗火山群是我国第二大火山群，它位于吉林省辉南县东部。辉南县境内共有6个火山湖。据科学家考察，这些火山湖是20万年前火山喷发后地下水上升聚集而成的。湖的周围青山环抱，像一条巨龙盘卧在湖边，所以又称火山湖为龙湾。龙岗火山群有170余座火山，除8个有火山口湖外，其余为火山渣堆。这里的火山口湖，平均水深50米左右，最深处达100米，湖水碧蓝如玉，形态景致各异，似颗颗明珠散落在崇山峻岭之中。其数量之多、分布之集中、形态之迥异及保存程度之完整，居国内首位。据初步认证，该龙湾群是目前国内所发现的最大的火山口湖群,被誉为"长白山小天池"。

你知道集安洞沟古墓群吗

集安洞沟古墓群位于吉林省集安市境内,分布在群山环绕的洞沟平原区。这里有高句丽国建国700多年间遗留下来的墓葬达1万余座,仅现存较为完好的就有7160座之多。高句丽,古国名,相传于公元前37年创立,辖境今鸭绿江及其支流浑江一带。洞沟古墓群的高句丽古墓排列有序,规模悬殊。从外形上可分为石坟和土坟两类。著名的石坟有太王陵、将军坟、千秋墓等;著名的土坟有舞俑墓、角抵墓、三室墓、四神墓、五盔坟四号和五盔坟五号墓。太王陵是高句丽坟墓中营造工程最大的一座。将军坟可能建于公元5世纪初,它是洞沟古墓群中一座著名的古墓,据考古得知,此墓为高句丽第20代王——长寿王的陵墓。高句丽民族素有厚葬的习俗,因此这些古墓群中均藏有大量的古代文物。现已

洞沟古墓

挖掘出的有价值的葬藏文物就有数千件。1961年国务院公布集安洞沟古墓群为全国重点文物保护单位。

中国最大的火山湖是哪个

长白山天池是中国最大的火山湖,也是世界上最高的火山湖,为1702年火山喷发后的火口积水而成,高踞于长白山主峰白头山之巅。湖面海拔2189.1米,东西宽3.37千米,南北长4.8千米,水面面积9.82平方千米。平均水深204米,最深处达373米。天池一带的天气瞬息万变,多云、多雾、多雨、多雪。天池的水清澈透明,水中连一条鱼也见不到。曾盛传湖中有怪兽,轰动一时,至今仍为一谜。有关部门在天池边建立了"天池怪兽观测站",科研人员进行了长时间的观察,并拍摄到了珍贵的资料,证实确有不明生物在水中游弋,但具体是何种生物,目前尚不明朗。

吉林雾凇有何特点

吉林雾凇与桂林山水、长江三峡、云南石林一起被誉为"中国四大自然奇特景观"。吉林雾凇通称"树挂",是雾气和水汽遇冷凝结在枝叶上的冰晶,分为粒状和晶状两种。吉林的雾凇属于晶状,结构比较松散,呈较大的片状。这一奇特的自然景观要在零下20℃以下并且昼夜温差不显著的条件下,再加上有足够的湿度才能形成。吉林市地理环境独特,雾凇持续时间较长,最长时一个冬季有60多天可以看到这种北地奇景。

一般在春节前后,吉林雾凇最为壮观绮丽。

号称"羊城第一秀"的是哪座山

白云山位于广州市北部,是南粤名山之一,被称为"羊城第一秀",由 30 多座山峰组成,呈长方形,南北长 9.7 千米,东西宽 4.5 千米,总面积约 28 平方千米,为东北—西南走向。主峰摩星岭,位于中部,海拔 372.6 米。登高可俯览全市,遥望珠江。每当雨后天晴或暮春时节,山间白云缭绕,山名由此得来。白云山风景秀丽,古迹众多,经历年开发,现有八个游览区:明珠楼、摩星岭、三台岭、鸣春谷、飞鹅岭、云台花园、麓湖、天南第一峰。白云山有丰富的自然资源,属亚热带气候区,植被种类相当丰富,拥有各种植物 876 种,其中有 5 种国家保护的珍稀濒危植物:鹅掌楸、土沉香、降香黄檀、油杉和大叶竹柏。野生的 657 种植物中,许多种类具有潜在的经济价值。

深圳是一座什么样的现代化都市

深圳市地处广东省南部沿海,东临大鹏湾,西连珠江口,南与香港新界接壤,北靠东莞、惠州两市,总面积 2020 平方千米,共设 6 个市辖区。深圳市属于亚热带海洋性气候,雨量丰沛,日照时间长,气候温和。深圳为新兴的移民城市,是广东著名的侨乡,旅居海外的侨胞约12 万人。

深圳是中国设立最早的经济特区之一。自从改革开放以来,深圳从沿海的一个小渔村,逐步成为工商、农牧、住宅、旅游等综合发展的新兴现代化都市。20世纪 90 年代以后,高新技术产业迅速发展,财政收入与进出口总额均位居全国前列。

深圳也是一座枕山面海、风光秀丽的海滨城市,曲折蜿蜒的大鹏湾海岸线 70 多千米长,分布着大梅沙、小梅沙、溪冲、迭福、水沙头、西涌等水碧沙白的海滩。

深圳的中英街曾经有什么作用

中英街位于深圳市盐田区沙头角镇,由从梧桐山流向大鹏湾的小河河床淤积而咸,是深圳八景之一。中英街具有世界上独一无二的一街两制特色,街心有八块界碑石,界石的两面分别用中、英文刻上界石顺序号、立石时间。以此为界,部分属深圳,部分属香港。这条小街长 250 米,宽约 3 米。两边商店林立,各种商品琳琅满目,如今的中英街已是旅游热点和一个繁华的商品贸易地点。1997 年 7 月 1 日香港回归后,中英街失去了原有的意义,成为历史遗迹。

灵渠开凿于何时

灵渠,又名湘桂运河、兴安运河,位于广西兴安县境内,是世界上最古老的运河之一,也是中国古代著名的水利工程。灵渠全长37千米,建成于秦始皇三十三年(公元前214年)。由铧嘴、大小天平、南渠,北渠、陡门和秦堤组成,沟通了长江水系和珠江水系,自古以来是岭南与中原地区之间的水路交通要道。

灵渠同四川的都江堰、陕西的郑国渠一样,都显示了中国古代水利建设的科技水平。由于设计科学、结构灵巧,对今天的水利工程仍有参考价值。灵渠的开凿,使南江北国连成一体,促进了汉民族与岭南各少数民族之间经济、政治与文化的交流,在中国的统一和发展历程中,起到了无法估量的巨大作用。

世界上规模最大、风景最美的岩溶山水旅游区是哪个

漓江风景区是世界上规模最大、风景最美的岩溶山水旅游区。漓江位于广西壮族自治区东北部,发源于兴安县猫儿山,流经桂林市、阳朔县,在梧州市汇入西江。秀丽而澄清的漓江像蜿蜒的玉带,环绕在苍翠的群山之中。乘舟泛游漓江,可见两岸峭壁屏立,石乳似群龙戏水,风光旖旎,处处充满着诗情画意。其中黄牛峡至水落村段是漓江风光的精华所在。这里秀峰林列,绿水萦纡,山石玲珑,岩洞奇幻,如同百里画屏,有芦笛岩、叠彩山、西山、隐山、独秀峰、伏波山、七星岩、月牙山、象鼻山、訾家洲、南溪山、穿山等岩溶地貌景观,也有飞瀑、急流、险滩等水景。其中一江(漓江)、两洞(芦笛岩、七星岩)、三山(独秀峰、伏波山、叠彩山)在桂林漓江风景区最具代表性。

岷江发源于哪里

岷江是四川省境内长江支流中水量最丰富的河流,古称汶江、都江。岷江发源于岷山弓杠岭和郎架岭,从松潘南流

七星岩景观

到茂县、汶川,出岷山山区,进入成都平原,在都江堰以下,支脉舒展,又复汇合,过新津、彭山、眉州直达乐山。在"乐山大佛"凌云山西面有大渡河汇入。全长735千米,总流域面积13.9万平方千米,大小支流90余条,上游有黑水河、杂谷脑河;中游有都江堰灌区的黑石河、金马河、江安河、走马河、柏条河、蒲阳河等;下游有大渡河、青衣江、马边河、越溪河等。岷江流域地貌齐全,有高原、有险峰、有丘陵、有平坝、有冰川、有温泉、有雪山。在青神县一段,还有被称为犁头、飞鹅、平羌的小三峡。

岷江最大的支流是哪条河

大渡河又名铜河、沫水。它是著名的峡谷河流,为长江上游水系岷江的最大支流。大渡河发源于川、青交界的果洛山,自北向南纵贯于四川省境内阿坝、甘孜、雅安、凉山、乐山5州市。全长1062千米,流域面积9.2万平方千米,大渡河上源为杜柯河、阿柯河、梭磨河,汇合于可尔因后称大金川,在丹巴纳入小金川后始称大渡河。以泸定、铜街子为界,可将大渡河划分为上、中、下游段。大渡河的峡谷河段占全河70%以上,全河落差3600米,水流湍急,其中在金口河段的金口大峡谷最为著名,被誉为"世界最具魅力的天然公园"。大渡河还是四川木材水运的主要河道。

三星堆的发现有什么价值

1929年在四川省广汉县三星堆,当

青铜神树,在三星堆的祭祀活动中,处于中心的地位,是天地中心的"建木天梯",是沟通天地、人与神的中介物。

开了三星堆古蜀文化的神秘面纱。直到现在,考古发掘工作仍未结束。在出土的文物中,除了大量玉器之外,还有庞大的城墙遗址、房屋遗址以及精美的金器和数量惊人的青铜制品。专家发现此地出土的青铜制品有别于当时中原地区的青铜制品,具有独特的造型和风格,而且青铜铸造工艺也达到了很高的水平。三星堆古文化、古城、古国的发现,完全证实了鱼凫族的存在,将古蜀文化的发展史至少提前了1000年,并为寻找蚕丛氏和柏灌氏的存在提供了一些线索。三星堆遗址的发现是世界考古史上的重大发现,能够改变人们对古代历史或文化的认识。

太白山为什么被称为"中国的植物王国"、"亚洲的天然植物园"

太白山是秦岭山脉的主峰,也是我国大陆东部的第一高峰,海拔约3767米。巨大的高差形成了太白山气候、植物带明显的垂直分布。在海拔620～3511米的山地范围内,分布了地球上数千千米范围内才有的气候带、植物带,形成了包括3个植物带、7个植物亚带、15个植被群系在内的植被垂直分布带谱。北坡植物以华北植物区系成分为主;南坡多为华中植物区系成分。但无论南坡、北坡都具横断山脉高山植物特点。

海拔1500米以下,多开辟为农田和果园,只残留少量的次生疏林,主要树种为麻栎、栓皮栎、油松、侧柏、马尾松、青冈栎、竹类等。海拔1500～2450米间,为温带针阔叶混交林或落叶阔叶林带,

主要有锐齿栎、油松林、辽东栎、红桦、华山松林,混交树种有槲栎、光皮桦、漆、槭、千金榆、化香、山杨等。海拔2450～3350米间,为针叶林带,下部为巴杉冷杉林,上部为太白红杉林,北坡有红桦混交林。海拔3350米以上,无乔木生长,分布有密枝杜鹃、爬柳、高山绣线菊等组成的低矮灌丛。

太白山区植物种类繁多,起源古老,是天然的物种基因库,已发现种子植物1550种,苔藓植物300余种,其中特有种达150多个。一些属于太白山特有种和新种,如太白红杉、眉柳、太白参、太白乌头、太白贝母、太白忍冬等;还有很多稀有种、孑遗种,包括属国家二级保护植物的太白红杉、水青树、莲香树、山白树、杜仲、独叶草、星叶草、大果青秆、狭叶萍耳小草等9种,以及三级保护树种的庙台槭、金钱槭、领春木、紫斑牡丹、延龄草等11种。

太白山不愧为"中国的植物王国"、"亚洲的天然植物园"。

汉江流经哪些地区

汉江又名汉水,古时曾称沔水。《山海经》载:"蟠冢之山,汉水出焉"。汉江全长1577千米,发源于秦岭与米仓山之间的陕西宁强县冢山,而后向东南穿越秦巴山地的陕南汉中、安康等市,进入鄂西后北过十堰流入丹江口水库,出水库后继续向东南流过襄樊、荆门等市,在武汉市汇入长江。三千里汉江既是长江的最大支流,又是汉民族和汉文化的发祥地之一,与长江、黄河、淮河并称"江淮河汉"。

汉江流域面积15.9万平方千米,涉及鄂、陕、豫、川、渝、甘6省市的20个地(市)区、78个县(市)。流域北部以秦岭、外方山及伏牛山与黄河流域分界;东北以伏牛山及桐柏山与淮河流域分界;西南以大巴山及荆山与嘉陵江、沮漳流域分界;东南为江汉平原,无明显的天然分水界限。流域地势西北高,东南低。地质构造大致以淅川—丹江口—南漳为界,以西为褶皱隆起中低山区,东以平原丘陵为主。

汉江流域属亚热带季风区,气候温和湿润,年降水量873毫米,水量较丰沛;但年内分配不均,5~10月径流量占全年75%左右,是长江各大支流中水量变化最大的河流。流域水能资源丰富,理论蕴藏量1093千瓦,可开发容量614千瓦。

汉江干流中下游区,由于河槽泄洪能力与洪水来量严重不平衡,历史上洪水灾害严重。诗人李白曾为它发出了"横溃豁中国,崔嵬飞迅湍"的惊叹。

汉江两岸,杨柳万千,鸥鹭齐飞。唐代诗人杜牧赞汉江云:"溶溶漾漾白鸥飞,绿净春色好染衣。南去北来人自老,夕阳长送钓船归。"

陕西集中分布有哪些全国珍稀濒危野生动植物

陕西跨越寒温带、温带和北亚热带,从北向南形成三个各具特色的自然区:北部是草原荒漠和沟壑纵横的黄土高原,中部是号称"八百里秦川"的关中平原,南部是被誉为"生物基因库"的秦巴山区。以秦岭为界,全省众多的河流分属长江、黄河两大水系。多样复杂的地貌环境里集中分布了数量众多的珍稀濒危野生动植物种类。

据统计,陕西目前共有陆栖脊椎动物604种,其中两栖动物28种,约占全国220种的12.7%;爬行动物49种,约占全国380种的12.9%;鸟类380种,约占全国1189种的32%;兽类147种,约占全国509种的28.9%。其中列为国家一级重点保护野生动物13种,二级重点保护野生动物67种,省重点保护动物14种。大熊猫、金丝猴、羚羊、朱鹮、褐马鸡等珍稀濒危野生动物,是陕西省保护工作的重点。全省共有种子植物171科、1143属、3754种,其中国家一级重点保护野生植物9种,国家二级重点保护野生植物23种,省重点保护野生植物58种。

陕西还有面积达292895万公顷的湿地,占全省土地面积的1.4%。主要包括汉江、渭河、黄河三门峡库区以及陕北的红碱淖等,其中已调查发现湿地高等植物193种,鸟类95种,鱼类资源135种,爬行动物22种,两栖动物28种。黄河三门峡库区是陕西最大的湿地,生活着嘲鹬、天鹅等稀有水禽。陕南洋县、城固汉江流域的湿地和水田是珍禽朱鹮的重要栖息地。

自1965年以来,全省陆续建立了太白山、佛坪、老县城、长青、神木臭柏、府谷杜松和三河湿地等自然保护区和朱鹮保护观察站。

潼关因何得名

潼关古称桃林塞,战国时是秦军拱卫函谷关的所在,位于陕西省潼关县,因

函谷关
景区

临近潼水而得名。《水经注》载："河在关内南流潼激关山,因谓之潼关。"又因潼水波浪汹涌,潼和冲谐音,潼关也称冲关。

潼关南依秦岭,有禁沟深谷之险;北有渭、洛,汇黄河抱关而下之要;西有华山之屏障;东面山峰连接,谷深崖绝,中通羊肠小道,仅容一车一骑,人行其间,俯察黄河,险厄峻极。杜甫诗云:"丈人视要处,窄狭容单车。艰难奋长戟,万古用一夫。"另有诗人赞曰:"关门扼九州,飞鸟不能逾。"故《山海关志》说:"畿内之险,惟潼关与山海关为首称。"今在其古关口仍留有清乾隆皇帝的御笔题词:"第一关"和"金陡关"。

建造潼关的确切时间目前已不可考,史书上出现"潼关"这个地名,最早见于《三国志·魏书·武帝纪》:"是时关中诸将疑鰀欲自袭,马超遂与韩遂、杨秋、李堪、成宜等叛。遣曹仁讨之。超等屯潼关……"211 年,曹操在潼关战败马超后,潼关开始作为防守关中地区的重要军事要塞,频繁出现在历史舞台上。潼关城周长约 5 千米,北面与东北,为版筑土墙,外包青砖,高 16 米,宽 8 米;南与东南,顺山势削成垛口,高达 30 米。除开门 6 处外,留有南北二水门。潼关东约 3 千米,有一禁沟,自唐至明、清,为了潼关的安全,沿禁沟两岸,夯筑方形土台 12 个,是防御性的军事堡垒。由于土台与潼关城基本连接,故称"十二连城"。后经唐、宋、明、清乃至民国的修葺,保存基本完好。

为什么说车厢峡是中国历史上有名的古关隘

车厢峡现名关垭子,在安康市平利县西约 35 千米的大山沟内。峡长约 20 千米,宽不过丈余,两面奇峰突兀,怪石嶙峋,恶浪翻滚,易入难出,地势极其险要。

明崇祯七年(1634 年)夏,兵部侍郎

陈奇瑜指挥五省大军,对李自成领导的农民起义军展开了大规模的围剿,义军4万余人误入车厢峡,被官军所包围,断绝粮草。偏偏又赶上连绵20天阴雨,山洪暴发,士兵的弓箭受潮全部损坏,马匹也饿死过半,形势十分危急。

幸好优柔寡断的陈奇瑜围峡70余天也不敢派兵进峡攻击,李自成等趁机采用顾君恩的诈降计,派人贿赂陈奇瑜,答应每招抚一名起义军,纳银50两,同时又以重宝贿赂陈幕僚及诸将帅。陈奇瑜贪图贿赂,就接受了投降条件。于是先后改编诈降义军36000余人,约10000人分为一队,派安抚官一名押送返乡归农。义军走出南栈道后立即杀死安抚官,重举义旗,先后击败明总兵贺人龙、张天礼部,又接连攻破麟游、永寿、凤翔府等地,官军大败。车厢峡一战后,李自成扬名天下,车厢峡也因此名垂青史,入选历史上有名的雄关险隘之列。

如今的车厢峡,绿水青山和翠竹丛林掩映着"小桥流水人家";峡中校园传出朗朗书声;凿山劈石建造了等级公路,关隘天堑变为通途。至今仍可一见的历史遗迹是德仁寨下绝壁上的三个弹痕炮洞,据传是李自成部将为夺山寨试炮"过山鸟"留下的弹痕。凤凰山垭的火神庙里也还残存有记载义军事迹的壁画,以及"民国"九年当地文人陈广炬题写在庙山头的"车厢峡"三个大字。

白鹿原究竟因何得名

陈忠实笔下《白鹿原》一书的问世使得古老的白鹿原更加声名远播。

真实的白鹿原位于西安城东,浐灞

汉武帝画像

两河之间,呈东西走向,地近千年帝都,历史久远,文化积淀深厚。白鹿原一名来源有两种传说,一说周平王东迁时曾见白鹿游于原上,一说是汉时曾在原上获白鹿。白鹿为祥瑞灵兽,可见白鹿原之地杰人灵。如今原上仍有许多和白鹿相关的村名(神鹿坊、麋鹿、白鹿等村)。

白鹿原古称首阳山,又称灞上。据说黄帝曾铸鼎于此。商周之际有高士伯夷、叔齐耻食周粟,采薇而食,饿死首阳山。今白鹿原上仍有伯坊村(今长安区炮里伯坊村),原为伯夷坊,并有庙祭祀,鲸鱼湖则早称伯夷湖。

秦二世曾修行宫于白鹿原畔,浐水岸上二圣宫(今长安区鸣犊二圣宫村为旧址)是楚汉相争时高祖初入关中,驻军的地方。汉文帝、景帝常偕大臣游猎于原上。汉文帝与其母薄太后,其妻窦太后均长眠于白鹿原上。汉文帝陵为霸陵。白鹿原因此又名霸陵原。汉武帝亦曾在原上建鼎湖宫修养晚年,改伯夷湖为鼎湖。

唐时开国功臣郧国公殷开山,在鼎

湖岸修建郧庄,湖池桥亭,楼阁相叠。当时谚云"上有天堂,下有郧庄"。五代时后秦主姚苌又把湖名改为荆峪,后谐音为鲸鱼湖或鲸鱼沟。宋时大将狄青在原上今狄寨镇驻军,人们因又称白鹿原为狄寨原。至清末白鹿原上又出了一位令人们顶礼膜拜,流传故事胜不可计的程朱理学大师——前清状元、蓝川先生牛兆廉,更增加了白鹿原的神秘感。

陕西为什么又叫"秦"、"三秦"、"关中"

"秦"最早指今甘肃天水一带。西周时秦人先祖非子因为周孝王养马有功,受封于天水地区。陕西地区被称为"秦"则始于春秋时期。公元前771年,西周在戎、狄的联合进攻下灭亡,周平王仓皇逃往洛邑,建立东周。秦襄公因护送平王东迁有功,被封以"岐山以西之地",从此陕西地区开始成为"秦"的辖区。

陕西被称为"三秦",现在一般理解成根据地理特征把陕西划分出来的关中、陕北、陕南三个区域,其实"三秦"得名源于秦末项羽分封诸侯。诸侯灭秦后,项羽分封对自己威胁最大刘邦为汉中王,又把秦的三员降将章邯、司马欣和董翳分封在秦朝故地关中地区,试图用这样的方法来限制刘邦势力的发展,"三秦"即由此得名。

陕西被称为"关中",得名于境内的关中平原。关中平原,指陕西秦岭北麓渭河冲积平原。这里平均海拔约500米,其北部为陕北黄土高原,向南则是陕南山地、秦巴山脉,又叫关中盆地,号称"八百里秦川"。关中之名始于战国时期,一般认为当地西有散关(大散关),东有函谷关,南有武关,北有萧关,取意四关之中(后增东方的潼关和北方的金锁两座)。四方的关隘,再加上陕北高原和秦岭两道天然屏障,使关中成为自古以来的兵家必争之地。关中土地肥沃,河流纵横,气候温和,物产丰饶,《史记》中称其为"金城千里"、"天府之国"和"四塞之国"。自西周起,先后有12个王朝在此建都,历时1100多年。

西安城为什么井井有条

2006年西安市发布了"九宫格局,棋盘路网,轴线突出,一城多心"为中心的城市发展规划。西安的城市布局中规中矩,道路畅通快捷,堪称典范,不过这种近乎完美的城市格局并非出自现代人的手笔。

西安城的最早原型是汉长安城。汉长安城位于今西安城西北约5千米,遗址为全国重点文物保护单位,周长约26千米,面积约36平方千米,城垣顺地势修筑,呈不规则的方形。城南像南斗星,城北像北斗星,因此又称"斗城"。城内街道布局整齐,有8条大街,160个巷里,9个市区。街道宽平,可以并列12个车轨。

隋文帝杨坚因汉长安历久残破,颁令在旧城东南的今西安城址营建大兴城,由当时仅28岁的著名建筑家宇文恺负责设计和督造。

唐朝建立后大兴改名为长安,继续

进行长期大规模的扩建。唐长安是一个东西略长,南北略窄的长方形,周长约35.5千米,面积约84平方千米。全城建筑分三大部分:宫城、皇城和外郭城。宫城位于全城北部中心,皇城在宫城之南,外郭城则以宫城、皇城为中心,向东西南三面展开。城里笔直的南北11条街和东西14条街纵横交错,形成了方格网的布局,各街之间所形成的方格是里坊。长安城就是由宽广笔直的林荫大道所界画出的这样100多个排列整齐的小城市所组成的。

明初西安不再具有国都地位,却仍是防守西北的军事重镇,明太祖朱元璋下令重修西安城。明西安城基本继承了古都长安的结构布局和主要设计理念,完好地保存到今天,成为古代中国城市规划的经典模板。

西安地名为何多以"坊"来命名

西安城内地名多冠以一个"坊",比如开心坊、回民坊、长乐坊等,其历史可以上溯到唐朝。

从唐代长安城开始,中国古代的都城开始形成自己的风格。一个城市有一条中轴线,这条中轴线在城市的正中央,然后它的正门,城的正门和皇城的正门和宫城的正门都在一条线上。各级官署和民居、集市等安排住在皇宫的周围,中间以纵横交错如棋盘线一样的街道分割开来。

"坊"即这个棋盘格局中四面开门或两面开门的小方城,在唐长安城中是外郭城内居民居住的基本单位,是主街

道围成的方位极正的长方形住宅区,起有不同的名字,如兴庆坊等,坊有围墙,四个大门,夜间不允许进出,坊内不允许有商店。按唐制,每坊由16个区组成,由坊正管理。唐长安实行严格的宵禁,日暮擂鼓800闭坊门,晨曦擂鼓3000开坊门。仅允许在元宵节二天期间,坊门可彻夜敞开。因此,平常长安城是"六街鼓绝行人歇,九衢茫茫空有月";逢元宵节则是"千门开锁万灯明,正月中旬动帝京"。

唐长安的坊本质上就是一种严密控制的居民区,在汉代叫"里",洛阳北魏时期开始称"坊",一直延续下来,在元大都北京城就变成了胡同。

坊制自唐出现以来,西安城的基本城市布局几乎没有变化。只是到了明清之际,政府更详细地规定了坊的区域范围。据《明史·食货志·户口》称:百姓的居住区,在城区称坊,郊区称厢,乡镇称里。由于这种制度的连续性,西安城中以"坊"命名的地方特别多。

贵州最大的天然淡水湖是哪个

草海古称松波湖,位于贵州省西部威宁县城西南,以湖面广、水草丰茂、盛产鱼虾、多珍奇鸟类而闻名,是贵州最大的天然淡水湖。草海发育在由中、下石炭系灰岩为主构成的威(宁)—水(城)背斜上。湖盆的形成受北东和北西两组断裂构造的控制,水面高2167米,一般水深2米,最大湖面曾达45平方千米,现仅24平方千米,控制流域面积380平方千米。湖区周围地形平坦,土层肥厚,

为威宁彝族回族苗族自治县的农业发达地区。草海素有"鸟的王国"之称，共有鸟类100余种、珍稀鸟类70余种，特别珍稀的鸟类有黑颈鹤、灰鹤、丹顶鹤、黄斑苇雉、黑翅长脚鹬和草鹭，还有大量的大雁和野鸭，是世界人禽共生、和谐相处的十大候鸟活动场地之一。

龙宫风景区有哪些奇景

龙宫风景区位于安顺市西南27千米的龙潭寨，总面积60余平方千米，是一个暗湖溶洞。全洞穿越20余座山峰，长3500米，前后共将90余个洞穴连接起来。前洞为水宫，中洞为旱洞，后洞则是第二水宫。洞中的瀑布、绝壁、峡道、古树、竹林等，使洞中的景致层出不穷，交相辉映，令人流连忘返。龙宫风景区集峡谷、洞、瀑布、绝壁、石、湖、民族风情、宗教文化为一体。其中中心景区以

水溶洞最长、洞内瀑布最高、天然辐射最低，被称为"三最"；漩塘景区以漩水之奇、短河之多、洞中佛堂之大，被称为"三绝"。

"黔中第一奇迹"指哪里

红崖古迹位于贵州省关岭布依族苗族自治县的晒甲山上，被称为"黔中第一奇迹"。红岩碑是一块红色天然石壁，长百米，高三十多米。碑上有几十个非镌非刻，非篆非隶的斗般大字，字不成行，排列不整齐，错落参差，大小也不一，共有19字。大者有一米见方，小者却只有十几厘米，笔锋古朴浑厚，虽经风雨剥蚀，但其色历久不褪，被当地人称为"红岩天书"。关于它的来历，一种说法是它是当年大禹治水遗迹，另一种解释则认为它是诸葛亮南征所留，还有人说它是古代爨族人所写的记功碑。

红岩碑天书

哪个公园是中国最早开辟的城市森林公园

图云关森林公园地处贵阳市东南隅,距市中心4千米,是中国最早开辟的城市森林公园。图云关森林公园,面积有10多平方千米,园区岗蛮连绵起伏,林木苍盛,幽深曲折,以"险"和"幽"为特色。公园以林木为主体,分设梓、樟、柚、栋、檀松、杉、白杨、油茶等十几个林区。有上万株高大挺拔、葱郁苍翠的马尾松、柳杉、银杏、雪松、香樟、桂花等树木。环境优美,空气清香。林中还栖息着画眉、黄豆雀、泥猪、野兔等多种鸟兽及野生动物。园门口"图云关"高踞山巅,怪石林立,气势雄伟。此外,园内还设有茶室、温室及盆景花圃等建筑。

苍山洱海指哪里

洱海是位居滇池之后的中国西南地区第二大湖,位于滇西古城——大理城边。湖形狭长弯曲如新月,又如耳状,故名洱海。洱海自古以来以月景闻名,平静的水面宛若一面镜子,每当皓月当空,泛舟洱海,那一轮圆月好似从洱海升起,波光中的点点白帆、三塔倒影,使人如同进入了仙境。苍山即点苍山,位于洱海之西,有19座山峰,海拔都在3500米以上,山顶终年白雪皑皑,白雪映入洱海,形成"雪月相互辉映,天海倒悬眼底"的景观。

云南石林风景区有何特色

在地理学上,石林属喀斯特地貌,素有"造型地貌天然博物馆"之称,是中国的四大自然景观之一。石林景区位于昆明市石林彝族自治县境内。石林是2亿多年前的海底石灰岩层,经地壳运动、海水和风雨侵蚀形成的自然奇观,总面积达2.6万多公顷,是由岩石组成的森林。大石林景区"林"密峰高,景观奇特,小石林景区与大石林景区紧密相连又自成一体。这里最令人神往的是阿诗玛石峰,另还有石簇擎天、咏梅石等景点。外石林景区在大、小石林之外,主要景点有望夫石、骆驼骑象、观音石、母子偕游等,是一座造型生动的天然雕塑博物馆。民族风情堪称石林一绝。阿诗玛的美丽传说、古老神奇的火把节、绚丽多彩的萨尼刺绣、热烈欢快的萨尼歌舞使石林的自然景观与人文景观交相辉映,令人陶醉其间,难以忘怀。

元谋文化是在哪里发现的

1965年,在云南元谋盆地上那蚌村后第四纪更新世早期地层中,发现了两颗类人的牙齿化石。经地磁仪器等科学手段测定,这两颗牙齿化石为距今170万年的原始人类所有,属直立人种中的一个新亚种——直立人元谋新亚种。元谋人的发现,对于揭示人类演化和发展的历史具有重要的意义。伴随元谋人牙齿出土的,还有17件石制品和大量的碳屑以及一些烧焦的骨头,并且在有碳屑的地方都伴有动物化石。这说明元谋人不仅会使用自己制造的工具从事狩猎及采集活动，而且还学会了用火，烧食所猎取的猎物，开始摆脱了茹毛饮血的时代。

茶马古道是如何形成的

云南本是茶树的原产地，产茶极多。茶叶素有助消化、解油腻的特殊功能，使它成为食肉饮乳的藏民生活中的必需品。于是，一地产茶，一地需茶，联系两地之间的茶马古道便应运而生了。古道大体上是由云南的普洱出发，经大理、丽江、中甸（今香格里拉）、德钦到西藏的察隅或昌都、林芝、拉萨，再经由江孜、亚东到缅甸、尼泊尔、印度。这条路穿行于横断山脉的险山恶水之间，是世界上地势最高最险峻的文明传播古道之一。由于地形的原因，只适合马帮徒步运输。数百年来，无数的神奇传说诞生于古道。

三江并流是怎样的奇观

三江并流指的是位于云南省西北部的丽江地区、迪庆藏族自治州、怒江傈僳族自治州的三条大江：怒江、澜沧江、金沙江并行而流的独特地理现象。三江并流流经云南境内170多千米，整个区域面积达4万平方千米。

三江并流的形成，几乎可以说是一部地球演化的历史教科书。在发生于大约4000万年前的喜马拉雅造山运动中，印度洋板块与亚欧板块的碰撞造成青藏高原的隆起，构成了在150千米内相同排列的担当力卡山、独龙江、高黎贡山、怒江、澜沧江、云岭、金沙江等巨大山脉和大江形成的横断山脉的主体。三江并流就是这次远古地球陆地漂移碰撞的产物。三江并流地区是世界多样性最丰富的地区之一，云集了南亚热带、中亚热带、北亚热带、暖温带、温带、寒温带和寒带等多种气候类型和植物群落类型，是北半球生物景观的缩影，也是世界级物种基因库和中国三大生态物种中心之一。

由于三江并流地区特殊的地质构造，亚欧大陆最集中的生物多样性、丰富的人文资源、美丽神奇的自然景观，使该地区成为一处独特的世界奇观。

西藏第二大城市是哪个

日喀则位于雅鲁藏布江支流年楚河下游，中尼公路经过这里，是目前西藏的第二大城市。日喀则，藏族意为"最好的庄园"，最早称年麦曲，后改为溪卡桑主牧，一度曾为噶举王朝政治、经济、文化中心。日喀则一带，日照充足，地处河谷地带，农业发达，是"西藏的粮仓"之一。曾是后藏首府，也是历代班禅的驻锡之地。数百年的历史文化积淀，使这里有着超凡的魅力。有扎什伦布寺、萨迦寺、白居寺、夏鲁寺等许多宏伟壮观的古寺建筑。此外，区内的珠穆朗玛峰更是人们向往的胜地。一年一度的扎什伦布寺展佛节、跳神节、夏鲁寺的西姆钦波节和藏戏演出，均以其独特的风格享誉于世。日喀则以其古老的文化、雄伟的寺庙建筑、壮丽的自然景观、优越的地理位置，成为西藏地区最有吸引力的旅游胜地之一。

拉萨的标志性建筑是什么

布达拉宫是拉萨的标志性建筑,坐落在市区西北的布达拉山即红山上,依山垒砌,内有佛堂、庭院、平台、宫殿,经室、五座覆盖金瓦的宫顶、金塔和最底层的监牢等。"布达拉"是梵文普陀罗音译,意为"佛教圣地"。现在所见的布达拉宫,基本上是17世纪以后,尤其是五世达赖喇嘛罗桑嘉措掌权时扩建起来的,是西藏历代达赖喇嘛的冬宫。主楼高达177米,占地面积36万多平方米,共13层。环绕正殿的是八大祭堂,每一祭堂都各有一座金塔。鬼神、菩萨图画布满各处门廊过道,各处供奉数万尊大小不等的佛像。低矮观音堂内尚有松赞干布和文成公主的泥塑像。宫中壁画、卷画绚丽多彩。此外,宫内还有历代保存下来的达赖的灵塔。其中达赖十三世(1876～1933年)的灵塔与北京北海白塔在外形上相仿。

布达拉宫里的佛龛

活佛转世是一种什么样的制度

格鲁派祖师宗喀巴创立格鲁派(即黄教)后,对西藏政教的一个较大影响就是活佛转世制度。宗喀巴去世后,宗喀巴的两大弟子达赖与班禅,就是借由转世制度所产生的。每一世达赖或班禅圆寂之前,都会先预言自己即将转世到某一地点,然后由黄教的僧官堪布立即率人前往该地区寻找"灵童"。不过当这名灵童被寻获后,仍必须通过辨认前世活佛的随身用品等层层测验。最后由中央政府选派的高级官员主持宗教仪式,当众掣签群定。西藏活佛的身份一旦获得确定后,灵童就会被僧人供养、教育,并且举行宗教仪式,正式继任活佛地位。

古格王朝遗址在哪里

神秘的古格王朝遗址雄踞西藏西部阿里地区。古格王朝始建于10世纪,是由吐蕃王室后裔建立的地方政权。9世纪中叶,吐蕃王朝四分五裂,内战纷起。王室后裔吉德尼玛衮率部逃到阿里,建立了古格王朝。有过一段辉煌的历史后,古格王朝不知何故倏然湮灭。对此,

古格王国遗址面积72万平方米,其建筑从山麓一直延伸到山顶。

历史学家目前仍然说法不一。

现在的遗址从山麓到山顶高300多米,到处都是和泥土颜色一样的建筑群和洞窟,几间寺庙除外,全部房舍已塌顶,只剩下一道道土墙。遗址的外围建有城墙,四角设有碉楼。整个遗址建在一个小土山上,建筑分上、中、下三层,依次为王宫、寺庙和民居。红庙、白庙及轮回庙中的雕刻造像及壁画不乏精品。

羊八井为什么有"地热博物馆"之称

羊八井位于拉萨市当雄县,这里蕴藏着丰富的地热资源,温泉数量最多,水温是中国温泉中最高的,高达93~172℃,被誉为"地热博物馆"。根据藏族的古老传说,古代天地混沌时期,有一只金凤凰飞来,将自己的一只眼睛化为一盏神灯,照亮世界并融化了唐古拉山的雪,使大地充满生机,但有一个魔鬼用箭将神灯射灭,神灯的碎片飞溅到地上,化为多个温泉。在羊八井地热区,有星罗棋布的温泉、热泉以及水温超过当地沸点的沸泉,喷气孔喷出的热蒸汽笼罩着地面,像开水锅上刚揭开的蒸笼。热水塘、热水湖的面积从数百平方米到数千平方米不等。此外,还有水热爆炸穴,热水上冲几米高至几十米的间歇喷气井和盐泉、硫质气孔等。如此的地热带为西藏能源建设提供了新的后备基地。近十年来,这里已经建成一座综合的地热城,有温泉浴旅游,室内游泳场,温室蔬菜基地,硼砂加工厂等。泡在温泉中看雪山积雪已成为羊八井在观光旅游上的一大卖点。

哪座山有"吴中第一名胜"之称

虎丘山,又名海涌山、海涌峰、虎阜。位于苏州古城距阊门3.5千米的郊外,海拔 34.3 米,占地约 20 公顷,已有近 2500 年的历史,素有"吴中第一名胜"之誉。公元前 496 年,吴王阖闾死后葬于此山,棺木入穴三日后有白虎蹲踞墓上,因此得名虎丘山。

宋代大文豪苏东坡曾称赞虎丘山说:"到苏州而不游虎丘乃憾事也"。这句赞誉,脍炙人口,流传千古,使虎丘成为千百年来的旅游胜地。虎丘山风景幽绝,古树参天,古塔隐掩其间。山上有建于元代的断梁殿,这是虎丘山上最古老的建筑。该建筑所有接头的地方都用木榫,通体没有一根铁钉,因而虽历经近七百年而仍不腐烂。虎丘山最著名的景点是云岩寺塔和剑池。云岩寺塔又名虎丘塔,始建于隋文帝仁寿元年(601 年),有"东方比萨斜塔"之称。剑池即是千人石崖壁下的水池,非常狭窄,形如长剑。相传当年埋葬吴王阖闾时,曾以鱼肠剑和其他宝剑三千为吴王殉葬,因此名为剑池。山上有一口"陆羽井",相传为唐代陆羽所挖的石井。据《苏州府志》记载,陆羽曾经长期在虎丘居住,一边研究茶叶,一边写作我国第一部茶叶专著《茶经》。在这期间,他发现虎丘山的泉水甘甜可口,评为"天下第五泉"。

中国哪个城市的园林被列入世界文化遗产

苏州是我国著名的历史文化名城,其园林在历史上和当代都很有名,素有"江南园林甲天下,苏州园林甲江南"的美誉。苏州园林现保存尚好的有数十处,闻名遐迩的有沧浪亭、狮子林、拙政园、留园、西园、网师园、怡园等。苏州园林占地面积小,采用变换无穷、不拘一格的艺术手法,以中国山水花鸟的情趣,寓唐诗宋词的意境,将园林建筑与文人书画有机地融合在了一起,使苏州园林的文化氛围极为浓厚。其中,沧浪亭、狮子林、拙政园和留园分别代表着宋、元、明、清四个朝代的艺术风格,被称为苏州"四大名园"。

1997 年,拙政园、留园、网师园和环秀山庄作为苏州古典园林的代表被列为世界文化遗产。2000 年,沧浪亭、狮子林、耦园、艺圃和退思园作为苏州古典园林的扩展项目也被列为世界文化遗产。

你知道寒山寺名称的由来吗

寒山寺位于苏州城西阊门外 5 千米处的枫桥镇,唐代诗人张继路过苏州寒山寺时,留有《枫桥夜泊》一诗,从此寒山寺开始出名。寒山寺初名妙利普明塔院,曾多次被毁坏,也曾多次重修。我们现在看到的寒山寺包括大殿、藏经楼、枫江楼、钟楼、碑廊等,是清朝末年重建的。寺内黄墙绿树,幽深庄严。

关于寒山寺名称的由来,有一个动人的传说。

相传唐太宗贞观年间(627 ~ 649 年),有两个年轻人,寒山和拾得,他们从小就非常要好。长大以后,寒山的父母为他与家住青山湾的一位姑娘定了亲。然而,姑娘却早已与拾得互生爱意。

一次偶然的机会,事情的真相被寒山所知,寒山心里感到非常难过,最后他决定成全拾得和姑娘的婚事,自己独自一人去苏州出家修行。拾得多日不见寒山，感到十分奇怪，就来到寒山的家中，看到寒山留给他的书信。信中劝他早日与姑娘成婚，并衷心祝福他俩美满幸福。拾得这才恍然大悟，心中很难受，觉得寒山本来与姑娘有婚约在先，所以深感对不起寒山，他决定离开姑娘，动身前往苏州寻觅寒山，皈依佛门。时值夏日，在前往苏州的途中，拾得看到路旁池塘里盛开着一片红艳艳的美丽绝顶的荷花，便一扫多日来心中的烦闷，顿觉心旷神怡，就顺手采摘了一支带在身边，以图吉利。

　　功夫不负有心人，拾得终于在苏州城外找到了好朋友寒山，而这时他手中的那支荷花依然那样鲜艳芬芳，光彩夺目。寒山见拾得到来，急忙用双手捧着盛有斋饭的篦盒来迎接拾得，俩人会心地相视而笑。现在寒山寺存有一方碑石，上刻"和合二仙"图案，据说就是这两位好朋友久别重逢时的情景。

　　民间还传说，"和合二仙"为了点化迷惘的世人，才化身寒山、拾得来到人间的，甚至寺名也由于"和合"在此喜相逢并成为住持，而由"妙利普明塔院"更改成"寒山寺"。寒山、拾得二人的问答名句在佛教界和民间广为流传，影响甚广。比如："寒山问拾得世间有谤我、欺我、辱我、笑我、轻我、贱我、恶我、骗我，如何处治乎？拾得曰：只是忍他，让他，由他，避他，敬他，不要理他，再待几年，你且看他！"

鲁迅的故乡是哪里

　　绍兴地处长江三角洲南翼，浙江省中北部杭甬之间，下辖绍兴县、诸暨市、

鲁迅像

上虞市、嵊州市、新昌县和越城区，面积8256平方千米，人口437.06万，其中市区面积339平方千米，人口64万。绍兴历史悠久，景色秀丽，物产丰富，素称"文物之邦、鱼米之乡"，是我国历史文化名城之一，也是一代文学巨擘鲁迅先生的故里。相传4000多年前的夏朝，大禹为治水曾两次躬临绍兴，治平了水土，故至今尚存禹陵胜迹。春秋战国时，越王勾践建都绍兴，卧薪尝胆时，"越池"一度成为我国东部政治文化中心。汉代置都稽州，隋代改称吴州，唐代又改称越州，南宋时改为绍兴府，沿袭至今。绍兴人杰地灵，历史上涌现出许多著名的政治家、革命家、文学家，如蔡元培、秋瑾、鲁迅、周恩来等。

"东方大港"——北仑港在哪个城市

　　"东方大港"——北仑港，是我国最

著名的深水国际港口,位于历史文化名城宁波市。宁波简称甬,位于省境东部,是浙江省第二大城市。地处东海之滨,长江三角洲的东南角。面积9445平方千米,岛屿星罗棋布,沿海南部多滩涂,北部多沙岸,东部为岩岸,中部属宁绍冲积平原。"宁波"一名取意于"海定则波宁"。宁波港口众多,是全国南北海运的中转枢纽。工业门类齐全,有石化、机械、丝绸、塑料、玻璃制品、食品加工等工业部门,传统手工艺品有宁波草席、金丝草帽、骨木镶嵌等,产品还远销欧、美及东南亚。农业以粮棉为主。名胜古迹有天一阁、保国寺、天封塔、河姆渡文化遗址等。宁波是浙东交通枢纽,陆、海、空、水立体交通发展迅速,栎社机场与香港和全国各地主要城市之间架设有空中桥梁。铁路、公路、水运以及市内交通四通八达。

河姆渡文化遗迹是在哪里首次发现的

在河姆渡遗址中出土共百余件骨耜,这是河姆渡文化的典型农具。

余姚位于浙江省东部,长江三角洲南翼,属上海经济区,东临宁波,西达杭州,北濒杭州湾,南接四明山。相传是舜后支庶所封之地,舜姓姚,故名余姚。余姚是中华民族的发祥地之一,河姆渡文化就是在这里被首次发现的。余姚的河姆渡遗址总面积达4万平方米,具有丰富的文化堆积层,其中第四层距今约7000年,是新石器时代最早的文化。河姆渡遗址共出土7000余件文物,以石器、骨器和陶器为主。此外,还发现大批木构干栏式建筑的遗迹。在出土的50多种动物遗骸中,有人工饲养的猪、狗和水牛等动物的遗骸。

余姚物华天宝,人杰地灵。历史上曾涌现出众多的名人,包括思想家王阳明和著名史学家黄宗羲等,素有"东南最名邑"、"文献名邦"之誉。今天余姚是浙江省重点产棉地之一。此外盛产杨梅、毛竹和茶叶。境内还有龙泉山、白水冲等风景名胜。

有"中国鞋都"之誉的是哪个城市

温州市位于浙江省东南部,为沿海

港口城市,温州的鞋业生产全国驰名。据了解,目前温州市有制鞋企业4500多家,年产值达200多亿元,利税15亿元,国内市场75%以上皮鞋均产自温州,而且很多国际知名品牌都在温州授权生产。奥康、康奈、吉尔达均跻身"全国十大真皮鞋王"之列,温州因此被称为"中国鞋都"。全市居民以汉族为多,还有畲、回、白等39个少数民族。温州市地势自西北向东南倾斜,以平原为主,河网密布,间有丘陵。市境内主要矿藏有银、黄铁、铜、锰、铅、锌和明矾石等,其中苍南县矾山拥有明矾石矿,号称"世界矾都",泰顺县龟湖的叶蜡石矿全国闻名。工业主要有电力、造船、机械等。农业以种植业为主,渔业以海洋捕捞为主,兼海涂与淡水养殖。市境内有雁荡山、楠溪江等风景名胜区。

哪座城市是全球最大的小商品集散中心

位于浙江省中部的义乌市,是目前全球最大的小商品集散中心,被联合国、世界银行等国际权威机构确定为世界第一大市场。义乌中国小商品城会展中心还被国际展览联盟(简称UFI)正式吸收为新成员。处于西太平洋沿岸前居中位置,南通广东、福建,西接长江腹地,东靠中国最大城市上海,面对太平洋黄金通道。

义乌拥有丰富的民间文化底蕴,有"中国武术之乡"等誉称。

义乌武术,历史悠久,源远流长,人杰地灵,人才辈出。究其历史,三国时期的骆统,唐代的骆宾王,宋代的抗金名将宗泽,明代的抗倭将士陈大成、王如龙、朱文达等人,还有皇皇拳教师金台都是赫赫有名的义乌武术家、名人。现代,有以辟斧滚刀闻名全国的吴琅坤,有武术名家王伯雄等,在民间流传着"兰溪埠头,萧山哺头,义乌拳头"的俗语。义乌民间武术绚丽多彩,内容丰富,武术界的十八般武艺般般皆有。还有举石墩、舞龙、舞狮、走马、十字莲花、高跷、斗牛、罗汉班、散撒等等。遍布城乡,各有特色。

民间传说中白娘子和许仙的"断桥相会"发生在哪里

杭州西湖位于杭州市区西部,旧称武林水、钱塘湖、西子湖,宋代始称西湖。它以秀丽的湖光山色和众多的名胜古迹闻名中外,是我国著名的旅游胜地。民间神话故事"白蛇传"中白娘子和许仙的"断桥相会"就发生在西湖。西湖三面环山,一面濒临城区。景区由一山(孤山)、两堤(苏堤、白堤)、三岛(湘心亭、阮公墩、小瀛洲)、五湖(外西湖、西里湖、北里湖、南湖、岳湖)、十景(平湖秋月、曲院风荷、柳浪闻莺、断桥残雪、南屏晚钟、雷峰夕照、花港观鱼、双峰插云、苏堤春晓、三潭印月)构成。

西湖风景区以西湖为中心,分为湖滨、湖心区、北山区、南山区和钱塘区五个地区。其中,湖区以苏堤和白堤两个景段的优美风光著称。宋代大诗人苏轼曾写诗盛赞西湖风景之美:"水光潋滟晴方好,山色空蒙雨亦奇。欲把西湖比西子,淡妆浓抹总相宜。"

中国文明起源阶段规模最大的遗址在哪里

位于浙江省杭州市余杭区的西湖良渚遗址,是中国文明起源阶段规模最大、水平最高的遗址,也是中国最重要的考古遗址之一,被称为"中华文明曙光"。西湖良渚遗址范围广阔,内涵丰富,分布于以莫角山遗址为中心的50余处。其中以反山墓葬群、瑶山祭坛和莫角山土筑金字塔等几处最为重要。良渚文化是一支分布在太湖流域的古文化,距今约5300～4000年。考古研究表明,在良渚文化时期,农业已率先进入犁耕稻作时代,手工业趋于专业化,琢玉工业尤为发达,达到了中国史前文化的高峰,其数量之多、品种之丰富、雕琢之精湛,在同时期的中国乃至环太平洋地区都独占鳌头。大型玉礼器的出现揭开了中国礼制社会的序幕;贵族大墓与平民小墓的巨大反差显示出当时社会等级分化的加剧;刻画在出土器物上的原始文字被认为是中国成熟文字的前奏。

哪座城市有"中华药都"之称

亳州市位于安徽省西北部,地处黄淮海平原。亳州是国家级历史文化名城,自"汤都于亳"已有3700多年的历史,文物古迹遍布,历史名人荟萃,以三朝古都名扬天下。帝喾、商汤、三国时曹操父子、唐代画家曹霸、宋代道教祖师陈抟都出生在亳州。亳州还是外科鼻祖华佗的故乡,有"中华药都"之称。拥有全国最大的中药材专业市场,盛产中药材,尤以芍药最为著名,被称为"亳芍"。亳州是全国最大的黄牛产区,形成了许多牛肉屠宰、高档牛肉加工企业,以及制革企业。亳州素以"酒乡"著称,盛产古井贡酒和高炉家酒等名酒。同时亳州还是全国重要的商品粮、商品棉、优质烟、优质丝生产基地和国家定点鲜活农副产品批发中心之一。

安徽省的哪个县是名副其实的"溶洞之乡"

安徽的很多地区都有典型的岩溶地貌发育,江南水乡适宜的条件形成了许多大大小小的溶洞。这里溶洞中的石钟乳发育形成各种不同的造型,加之洞底积水,构成一个个景色优美的旅游胜地。特别是处在牯牛降、九华山之间的池州市石台县,已发现溶洞有100多个,是名副其实的"溶洞之乡"。这些溶洞中,以国家级风景名胜区蓬莱仙洞、省级风景名胜区慈云洞、鱼龙洞最为著名,被誉为"艺术洞窟"。三洞风格迥然、大异奇趣:蓬莱仙洞气势恢宏、景观奇绝;慈云洞钟乳集中、琳琅满目、步步是景;鱼龙洞幽深莫测、水景交融、乘舟而入、如进迷宫。另外,池州市贵池区的大王洞,宣城市广德县的太极洞也是非常有名的溶洞。

哪个地方的村居被誉为"徽派古民居珍宝"

西递位于安徽省黟县东南部,黄山

南麓，其村落建筑被誉为"徽派古民居珍宝"、"中国传统文化的缩影"。西递村始建于北宋皇祐年间，是一处以宗族血缘关系为纽带，胡姓聚族而居的古村落，距今已有近千年的历史。整个村落呈船形，保存有完整的古民居 122 幢。民居建筑布局上高低错落，布置得当。这些清代民居的大门均采用黟县青石料砌成高大门坊，各种石雕、砖雕的门罩设在门坊上。民居大多有一处或多处因地制宜、依势而成的小庭院。院内布置有花坛、水池，围以漏窗、矮墙，饰以石雕、砖镂，整体建筑比例和谐，尺度适宜，在质朴中又见俊秀、典雅。各个民居单元还有青石为圈的水井。

许国石坊的来历

歙县山城古为徽州治所，其中明代民居、牌坊、祠堂合称为歙县古建筑三绝。许国石坊是一座跨街矗立、奇异独特的古牌坊，为中国古代石牌坊建筑中的罕见实例。牌坊大多为四脚，而许国石坊是八脚，也称八脚牌楼。石坊建于明万历十二年（1584 年），是明神宗朱翊钧为嘉奖许国（1527～1596 年）平定云南边乱有功而下令建造的。平面呈口字形，三层四面八柱。主楼分为三层，最上层由斗拱承歇山顶屋檐，山面附楼各出两层挑檐。石坊通体为坚硬青石雕琢而成的仿木建筑。石坊四面雕为双龙盘边，镌刻着晚明著名书画家董其昌所书的"恩荣"、"先学后臣"、"大学士"、"少保兼太子太保礼部尚书武英殿大学士许国"等题款，显示了被纪念者许国的身份、功业等。石上所刻飞龙走兽、彩凤飞禽，神态逼真，为徽州石雕工艺中的杰作。

有"一柱擎天"、"万岳归宗"之美誉的是哪座山

天柱山位于安徽省安庆市潜山县西南部，因其山峰突兀云天，峭拔如柱而得名天柱山。又名潜山、皖山，潜山县和安徽省简称"皖"即由此而来。天柱山的主峰天柱峰，海拔高达 1488 米，号称"中天一柱"。山中层峦叠嶂，千岩万壑，遍布苍松、翠竹、怪石、奇洞、飞瀑、深潭。《天柱山志》称其"峰无不奇，石无不怪，洞无不杳，泉无不吼"。还有险关古寨，以及全国第三大高山人工湖"炼丹湖"，景色奇崛，有"一柱擎天"、"万岳归宗"的美誉。山中佛寺道观并存，现已成为中国的道教名山之一。道家将其列为第 14 洞天、57 福地。山中的著名景点三祖寺，是佛教禅宗的发祥地之一。寺始建于南朝梁武帝时期，相传佛家三祖僧璨大师曾在此弘扬佛法。现仅存藏经楼、偏房数间和屹立于寺前的觉寂塔。

哪里的长街有"现代宋街"之誉

屯溪老街位于黄山市西南隅，西起明建横江石拱大桥——镇海桥，东止牌记碑坊，全长 1273 米，宽 4.827 米。是市内现存最好的一条宋代商业长街，距今已有 400 多年历史，为全国所罕见。有"现代宋街"之誉，被誉为"活动着的清明上河图"。它的形成和发展，与宋

《清明上河图》中的北宋汴梁城门

高宗移都临安（即今日的杭州）有着密不可分的联系。外出的徽商模仿宋城的建筑风格在家乡大兴土木，所以，老街被称为"宋城"。沿街房屋多为两层，间以三层，楼下开店，楼上为居室。沿街两侧有茶楼、酒店、书场、墨庄、商场等 260 多室，各色摊点 200 多个。门面多为单开门，宽 3～5 米。入内则深邃，连续多进，内院以华丽的天井相联结。一般是前店后库，前通街，后通江。这里全是马头墙、小青瓦、白粉墙；砖木结构的铺面，精巧玲珑的楼阁、镂刻精美的花纹图案，加上小门、大堂、天井、屋与屋之间的深窄小巷，错落别致，热闹繁华，显示了徽派建筑格局的古朴典雅，别有情趣。

黄梅戏发源于哪里

黄梅戏，旧称黄梅调或采茶戏，是安徽省主要的地方戏，与京剧、评剧、越剧、豫剧并称中国五大剧种。发源于湖北省黄梅县，发展壮大于安徽安庆一带，由民间山歌小调发展而成。其最初形式是湖北黄梅一带的采茶歌。清道光前后在鄂、皖、赣毗邻地带形成民间小戏，后与民间歌舞和音乐相结合，吸收青阳腔、徽剧的音乐、表演艺术，演出了大戏。唱腔以抒情见长，分花腔和平词两大类，花腔以演唱小调为主，平词则常用于大段表叙和抒情。常以载歌载舞的形式，淳朴、健康的格调表现人物。伴奏主要乐器是高胡，并以其他民族乐器相配合。已故的严凤英是黄梅戏具有代表性的表演艺术家，黄梅戏的代表剧目有《天仙配》、《女驸马》、《牛郎织女》、《夫妻观灯》、《打猪草》等。一些优秀剧目在华东及全国戏曲会演中曾多次获奖，并拍成电影电视。

哪里的花鼓最有名

安徽省滁州市凤阳县位于省境东北部，地处淮河中游南岸，是明朝开国皇帝朱元璋的故乡。这里的凤阳花鼓，是凤阳民间独有的传统艺术，在全国都很有影响。凤阳花鼓流行于明清时期，最初表现形式为姑嫂二人，一人击鼓，一人击锣，口唱小调，鼓锣间敲。唱的都是民间小调，曲目有近百种。凤阳花鼓小巧玲珑，用两根细竹棍做鼓条。表演时，表演者单手执鼓，另一只手执两根鼓条敲击鼓面，所以又名"双条鼓"。历史上凤阳地区灾荒不断，许多人家离开家园，以打花鼓唱曲为生，凤阳花鼓又成了贫穷讨饭的象征。其中有一首著名的《凤阳歌》，歌中唱道："说凤阳，道凤阳，凤阳本是好地方，自从出了朱皇帝，十年倒有九年荒。大户人家卖牛马,小户人家卖儿郎,奴家没有儿郎卖,身背花鼓走四方"。根据清代的记载,早期花鼓"音节凄婉,令人神醉"。

福建有哪两列大山带

福建的两列大山带指闽西大山带和闽中大山带。福建地形以山地、丘陵为主,骨架由西、中两列大山带构成,两列大山带均呈东北—西南走向,与海岸线平行。西列大山带(即闽西大山带)以武夷山脉为主体,长约530千米,蜿蜒于闽赣边界附近,山带北高南低:北段以中低山地貌为主,海拔大都在1200米以上;南段以低山丘陵地貌为主,海拔一般为600~1000米。主峰黄岗山,位于武夷山市境内,海拔2160.8米,是中国东南沿海诸省的最高峰。西列大山带北接浙江仙霞岭,南连广东九连山,长约530多千米,平均海拔约1000多米,是闽赣两省水系的分水岭,山体以花岗岩和火山岩为主,间有凝灰岩、流纹岩,断层地貌发育形成许多断块山、断裂谷和断陷盆地。中列大山带(即闽中大山带)斜贯福建省中部,长约550千米,以中低山地貌为主,山带中段的山势最高、山体最宽,山体以花岗岩、流纹质凝灰熔岩、凝灰岩、流纹岩、英安岩、安山岩等为主。德化县境内的戴云山主峰,海拔1856米,为闽中大山带最高峰。闽中大山带被闽江、九龙江截为三部分:闽江干流以北为鹫峰山脉,闽江与九龙江之间称戴云山脉,九龙江以南为博平岭。

以这两大山带的主要山脉为脊干,分别向各个方向延伸出许多支脉,形成纵横交错的峰岭。山地外侧与沿海地带则广泛分布着丘陵。这两大山带之间为互不贯通的河谷、盆地,俗称闽中大谷地。东部沿海为丘陵、台地、平原地带。

福建有哪些野生动物资源

福建是中国南方重点林区和野生动物产区。全省野生动物种类丰富,是我国生物多样性最为丰富的省份之一。据不完全统计,福建省各种野生动物有数千种,仅在脊椎动物方面就有兽类130种,占全国的1/4。此外,鸟类540种,占全国的1/2;爬行类115种,占全国的1/3;两栖类44种;山溪鱼类几十种;昆虫类5000种以上,占全国的1/5。在各种野生动物中,属国家明令保护的珍稀动物有猕猴,大、小灵猫,黄腹角雉,红嘴相思鸟等12种。福建省野生动物主要属于东洋界动物区系,但由于高海拔的地方存在着跨地带性气候,所以一些古北界的动物也可以在福建省栖存。按动物地理区划属于东洋界华中区东部丘陵亚区和华南区闽广沿海亚区动物区系。

福建的四大平原指哪些

福建的四大平原指漳州平原、福州平原、莆仙平原、泉州平原。平原分布在滨海一带,多为河口冲积海积平原和河谷冲积平原,面积不大,且为丘陵所分割,呈不连续状。九龙江下游的漳州平原面积约566平方千米,是福建省的最大平原,土地肥沃,盛产稻谷、甘蔗、水果和其他经济作物;福州平原面积约489

平方千米;莆仙平原面积约 464 平方千米;泉州平原面积约 345 平方千米。四大平原原系第四纪断陷盆地,后因地壳上升,分别由闽江、木兰溪、晋江、九龙江等河流泥沙冲积和海湾淤泥堆积而成,属冲积平原。这些平原并非完全平坦,多散布有孤山、残丘。

福州西湖在哪里

福州西湖公园位于福州市区西北部,已有 1700 多年历史,是福建最古老的古典园林,被称作福建园林的明珠,在全国 36 个西湖中排名第 6 位。现占地面积为 42 公顷,其中陆地面积约 12 公顷,水域面积约 30 公顷。关于福州西湖的形成有两种说法:一种说法是自然湖,因福州河口盆地脱离海洋环境而生就,年代久远逐渐演变为泄洪通道;另一种说法是,晋太康三年(282 年),郡守严高筑子城时凿西湖,引西北诸山之水灌溉农田,因其地处晋代城垣之西,故称西湖。中华人民共和国成立后,西湖公园几经扩大。集福州古典园林造园风格,利用自然山水形胜,以乡土树种配置为主,讲究诗情画意,"小中见大",使福州西湖景色愈见秀丽,闻名遐迩。修复及新增的景点有仙桥柳色、紫薇厅、开化寺、宛在堂、更衣亭、西湖美、诗廊、水榭亭廊、鉴湖亭、湖天竞渡、湖心春雨、金鳞小苑、古堞斜阳、芳沁园、荷亭、桂斋、浚湖纪念碑、盆景园等。

哪里有"八山一水一分田"之称

福建素有"八山一水一分田"之称。这里的山、水、田都是泛指,意思是福建山多水少田少。福建处在欧亚板块的东南部,境内峰岭耸峙,丘陵连绵,河谷、盆地穿插其间。山地、丘陵占全省总面积的 80% 以上,江河水域占全省总面积的 10% 左右,平原占全省总面积的 10% 左右。福建海拔 1000 米以上的地面占全省土地总面积的 5.7%,500~1000 米的占 38.7%,200~500 米的占 36.2%,200 米以下的占 19.4%。地势总体上从西北向东南下降,横断面略呈马鞍形。福建的山有西北部的武夷山山脉和中部的鹫峰山山脉;福建的水有闽江和九龙江;福建的田大部分都是梯田,所以田的面积比较少。福建全省土地面积约为 12 万平方千米,约占全国土地总面积的 1.26%;海域面积为 13.63 万平方千米。

福建最大的天然淡水湖是哪个

福建省最大的天然淡水湖是三十六脚湖。它位于平潭县海坛岛的中部,为平潭县 38 万人口的生命水,是平潭县城生活和工业用水的重要来源。湖周长约 16.5 千米,水面面积约 2.1 平方千米,是海水经过长期的淡化而成的今天的淡水湖。

据说在很久以前,由于地壳上升,海角与广海之间被海沙淤积成坝,逐渐形成此湖，再后来淡水注入，海水淡化，以至成了淡水湖。也由于地壳的运动，湍急的水流使湖岸的海蚀山石裂缝逐渐加深加宽，天长地久后，湖水就像有 36 只脚向湖岸延伸，因此称三十六脚湖。三十六脚湖以海中之湖而称奇，湖岸曲折，峰峦叠翠，湖光山色，极尽秀美之韵。湖中有峥嵘的岩石，有绿藤攀壁的龙屿，有栩栩如生的大龟山、小龟山，有惟妙惟肖的鸳鸯石、牛头石、望归石、青蛙石、蜥蜴石、金猴石、龙角潭、莲花船、天皇玉玺、仙翁观湖、伯牙抚琴等景观，令人眼花缭乱，目不暇接。关于三十六脚湖，还有个传说，相传东海苍龙与鲤鱼公主带上鱼精、蛇怪来此游览消遣，他们见此处风景如画，更胜龙宫，竟然乐不思蜀，还兴风作浪驱赶渔船，意欲强占。当时有许多渔夫被淹死。后来铁拐李搭救了一个一心要为民除害的年轻渔夫笔架，并传给他仙法。两人合力移沙堤堵住海角，把苍龙一伙困在里面。经过一场恶斗，笔架与苍龙及众水妖一起战死，化作湖中景物，恰好有 36 只脚，因而得名。

何为"江南第一佛"

雕刻家吕伯恭等人于元至正元年（1341 年）至明洪武元年（1368 年），历时 27 年，在福清市瑞岩山上，依岩石自然状，雕刻出一尊巨大的弥勒石佛。这尊石佛是全国最大的立体弥勒佛石坐像，也是福建最大的石雕佛像，被誉为"江南第一佛"。

石佛高 9 米，宽 8.9 米，厚 6.4 米，盘腿趺坐，袒胸露腹，双耳垂肩，左手捻珠，右手抚腹，两眼平视，笑容可掬，线条流畅，形象生动逼真。腰间还刻有 3 尊神态各异的小罗汉。其石质、规模和雕工艺术之精美，令人叹为观止。1996 年被列为国家重点保护文物。

元·弥勒佛。坐落于福建福清市。

周围的瑞岩山风景区,古有 36 洞天、72 景观。岩洞千姿百态,山上更有宋、元、明、清历代诸多名人摩崖石刻 100 多处,具有很高的艺术和观赏价值。风景区位于福清融城以东 10 千米的海口镇。海口镇周围土地平坦,唯独此山怪石突起,叠成千姿百态的岩洞,吸引着无数游人。

瑞岩山分前岩、后岩两部分。前岩有弥勒佛石像和瑞岩寺。瑞岩寺在弥勒佛像的左侧,该寺始建于北宋宣和四年(1122 年),当时是一位福清人林仁隐居瑞岩山,筑庵栖身;南宋初年庵废,建为佛寺;明洪武元年又重建后定名为瑞岩寺;1981 年,被列为县级第一批文物保护单位;1996 年,海外华侨投资 1000 多万元修复一新。后岩是由明朝抗倭名将戚继光所开辟。明嘉靖年间,倭乱已经平定,戚继光利用疆事之隙,发动军士开辟大洞天、宜睡洞、归云洞诸景,把游览范围扩大 1 倍以上。他把山南、山北新开辟的景物命名为蓬莱峰、醉仙岩、醒心泉、双龙洞、归云洞、冲虚洞、振衣台、望阙台等。

南少林寺的遗址在哪里

自古以来,中国就有南、北少林之称。南少林寺建于公元 629 年;北少林寺建于公元 495 年,在河南开封市的嵩山。

经国家文物管理局批准,福清少林寺遗址从 1995 年 7 月起由福建省和福州市联合组成的考古队进行发掘,出土了大量的少林寺文物。这些文物的出土充分验证了该遗址就是史籍记载的少林寺。遗址中发现了"少林院"、"少林"等石刻铭文;以及石桥、石盂、石槽、石碾(药臼)、石碑、石础、石舂臼、石磨、石香炉、瓷器、钱币、铜镜、和尚墓塔等上千件文物,不胜枚举,此外,省市联合考古队在遗址第八阶地西北角发现了一座巨型的墓塔,从墓砖的特点可断定是北宋早期的和尚墓。该墓的构筑极有特色——用特制的各种形状的墓砖筑成。从墓室中存放舍利的特点看,这个墓塔很可能就是《黄檗山寺志》里记载的少林寺"嵩山祖塔"。少林寺周围众多的和尚墓塔,从一个侧面反映了南少林寺的确是一座历史悠久的禅宗大佛寺。此后,福清市政府对南少林寺进行了重建,保留了所有的出土文物。重点建筑采用大式仿宋代结构,其余采用小式仿清代结构。重建的少林寺占地约 6.7 公顷,庭院面积约 50600 平方米,建筑面积约 6300 平方米。这个地方属亚热带季风气候区,腊冬温暖、炎夏清凉,山高谷深,雨量充沛;大部分覆盖着原始次森林,植被覆盖率为 98%,树林整齐,群落完整;重峦叠嶂,有险峻的天柱峰、逶迤的五老峰等 22 座。

涌泉寺在哪里

涌泉寺位于福建省福州市鼓山山腰海拔约 455 米处,面朝香炉峰,背枕白云峰,有"进山不见寺,进寺不见山"的奇特建筑格局。因寺前有罗汉泉涌出地面而得名,被称为"闽刹之冠"。

相传涌泉寺所在地原是深水龙潭,有毒龙占据,时常出来危害百姓,唐建中四年(783 年),太守裴肃认为"神物所蟠,宜寺以镇之",就请灵峤禅师入山诵《华严经》而降龙,并在龙潭边建了一个小寺,名为华严台,从此毒龙不再危害乡邻。至五代后梁开平二年(908年),闽王王审知延请国师神曼主持修建新寺,填潭建寺,并到闽侯雪峰寺邀请神晏法师来涌泉寺任住持,取名国师馆。因天王殿前有罗汉泉,后梁乾化五年(915年),改名为鼓山白云峰涌泉禅院。明永乐五年(1407年)赐名"涌泉寺"。永乐六年(1408年)和嘉靖二十一年(1542年),寺两次毁于火。万历、天启年间相继修复。清康熙三十八年(1699年),康熙皇帝颁赐御书"涌泉寺"泥金匾额,至今仍高悬于天王殿寺门之上。1983年被国务院确定为全国重点寺庙。如今的涌泉寺基本上保持了明清两代的建筑风格和布局。整座佛寺有大小殿堂25座,以天王殿、大雄宝殿、法堂三大殿堂为主体。以大雄宝殿为中心,沿山坡地形层层上升,构成一个错落有序的寺院建筑群。这座千年古刹占地1.67公顷,寺貌宏伟,殿宇辉煌,法相庄严,素有"闽刹之冠"之称,该寺拥有珍贵的三宝(陶塔、雕版、血经)与三铁(铁树、铁锅、铁丝木)。山门前的千佛陶塔屹立近千年,体型巨大,为最大陶釉宝塔。

鼓山有哪些名胜

鼓山别名"石鼓",位于福州东南郊,闽江北岸,海拔约969米,面积1890公顷,延袤数十里,是天然的屏障。据传因山顶有一巨石,其形似鼓,每当风雨来时,山上便传来隆隆鼓声,由此得名。是国家级风景名胜区,福建省"十佳"风景区之一。鼓山地处亚热带,四季常青、苍松滴翠、奇葩流红、岩秀谷幽,名胜古迹遍布全山,仅著名古迹就有百处之多。山中有十八洞奇景和涌泉寺、千佛陶塔、白云洞等名胜。涌泉寺位于鼓山山腰,寺院规模宏大,殿堂壮伟,由大雄宝殿、天王殿、法堂、圆通殿、钟楼、鼓楼、藏经阁等构成完整的建筑队群,是鼓山主体建筑。分立山门前的两座精美、高大的陶制塔至今已有900年历史,乃1972年从福州南郊龙瑞寺移来,用作涌泉寺镇寺之宝,这千佛陶塔是宋元丰五年(1082年)用陶土分层烧造,然后拼合累叠而成的,塔高6.83米,东边的称"庄严劫千佛宝塔",西边的称"贤劫千佛宝塔"。白云洞位于鼓山西北风池山西侧,因洞在海拔586多米处,常常是"白云混入、咫尺莫辨",故称"白云洞"。郁达夫游览白云洞后写道:"一般人所说的白云洞的奇岩险路,果然名不虚传的绝景……包管你只去过一次,就会毕生也忘记不了,妙处就在它的险峻。"白云洞是著名的道家殿堂。此洞背依险峻石壁,面朝深涧,自然奇特,巧夺天工。白云洞是由3块巨石叠架而成的,周围由条石砌筑,洞口朝南,洞内呈四方形,宽约7米,进深约7米,高约2米,洞顶平整,地面由条石铺就,可以同时站立数十人,原来主殿供奉玉皇大帝。洞额"白云洞"3个字为清末翰林尹琳基题写。鼓山摩崖石刻随处可见,主要分布在灵源洞附近,达300多处,其中,有宋代蔡襄、李纲、赵汝愚、朱熹等人及现代诗人郭沫若手迹。这些自然"碑林"集篆、隶、真、草各体,琳琅满目,相映成趣,是国内罕见的书法艺术长廊。

大王峰和玉女峰有什么传说

大王峰雄踞九曲溪口北面，是进入九曲溪的第一峰，海拔约530米，上丰下敛，气势磅礴，远远望去宛如擎天巨柱，在武夷三十六峰中，有"仙壑王"、"武夷第一峰"之称；玉女峰亭亭玉立于二曲溪南，突兀挺拔数十丈，峰顶花卉参簇，恰似山花扦鬓，岩壁秀润光洁，宛如玉石雕就，乘坐竹筏从水上望去，俨然是一位秀美的少妇。铁板嶂横亘其间，好像故意从中作梗。大王、玉女两峰，东西分立，妆镜台前泪眼相望，情也悠悠，恨也悠悠，寓情于景，借景抒情，便有了一段动人的传说：玉女峰和大王峰隔岸相望，像一对含情脉脉的恋人。也许是这大自然的鬼斧神工引发了骚人墨客的丰富联想，于是就绘声绘色地编出了大王与玉女这一流传千古的爱情故事。传说在很早以前，武夷山是一个洪水泛滥、野兽出没的地方。百姓辗转沟壑，无以为生。一天，从远方来了位叫大王的小伙子，目睹这一悲惨情景，便带领大伙劈山凿石、疏通河道，经过不懈努力，终于治理好了水患。被疏通的河道就是今天的九曲溪，挖出来的沙石便堆成了三十六峰、九十九岩。从此，满目荒凉的武夷山变成了群峰争奇、碧水竞秀、百花吐艳、茶果飘香的人间仙境。人们再用不着辗转漂泊，过上了幸福的生活。有一次，天上的玉女驾云出游路过武夷山时，被这里的美丽风景迷住了。于是，她偷偷下凡留在武夷山，并爱上了勤劳勇敢的大王。此事不幸被铁板鬼得知，他向玉皇告密。玉皇大怒，下令天兵天将捉拿玉女归天，玉女不从，一定要与大王结为夫妻。铁板鬼就施展妖法将他俩点化成石，分隔在九曲溪两岸。铁板鬼为讨好玉皇，宁愿变成一块大石（也就是现在的铁板嶂）插足在他俩中间。从此，大王和玉女只好凭借镜台，泪眼相望了。

大王峰

太姥山为什么被称为"天下第一山"

太姥山为闽东第一胜景，位于福鼎县城以南约45千米处，面积60平方千米，三面临海，山峰突起，巍峨挺拔。最高的摩霄峰，海拔约1008米，雄奇壮丽。传说有老母种兰于山中，后得道成仙，人们称之为太母山。汉时武帝命东方朔考察天下名山，太母山被列三十六名山之一，并写上"天下第一山"为记，改名为太姥山，此后太姥山名扬天下。太姥山景观有奇峰、怪石、异洞、云海四大特色，它的 54 座奇峰集中于海拔 500～900 米之间；山峰相连，岩石突兀，似人似物，形态生动；而有 100 多个洞，均为地壳变动后断折形成的形态奇特的花岗岩幽洞，其岩洞之多、之长、之奇在名山中也属罕见，洞中水声潺潺，回音袅袅，宛如仙音佛乐；太姥山云雾多变，更是独具的景观，太姥山一年中有 2/3 的时间被云雾笼罩，一日之中，晨、午、晚各不相同，一年四季相差更远。

你听说过连江青芝山吗

连江青芝山位于闽江下游连江县琯头镇西北侧，距福州约 42 千米，是第二批省级风景名胜区。相传古时山上有青紫色灵芝生长，故名青芝山；因山上有很多岩洞，又称百洞山。

全山由奇峰、异洞、怪石、流泉等组成 108 景，主要有五峰、十洞、十六岩、三十五石、一湖、三泉、三台、三室等，此外还有青芝寺、梅花楼、啸余庐、林森藏骨塔等建筑依山而筑。山上还有多处篆、隶、楷、行、草等字体的摩崖石刻，其中较著名的是明宰相叶向高的草书、清内阁学士陈宝琛的行书和福建船政局创始人左宗棠的楷书。

皓月园是为纪念谁而修建的

皓月园始建于 1985 年，于 1987 年竣工，是为纪念民族英雄郑成功收复台湾的丰功伟绩而修建的，郑成功巨型石像已于 1985 年 8 月 27 日落成，这位虎将之雄威从此永驻覆鼎岩上。他是目前我国最大的历史人物雕像。雕像巍峨雄伟，郑成功头戴铁盔，身着战袍，手握长剑，披风飞扬，高高地屹立于岩石之上。雕像高约 15.7 米，重约 1617 吨，由 23 层 625 块"泉州白"花岗岩精雕组合而成。雕像所坐落的覆鼎岩海拔约 29.5 米，向海中延伸 30 米，地形险峻，气势磅礴，与海中的剑石、印斗石鼎足而立。皓月园以雕像为核心，辅以仿明风格的建筑群，蓝色琉璃瓦配以石门、石柱、石埕、石阶、石栏和石径，与蓝天、沙滩、海潮、树木、巨岩构成美丽的图画，烘托出幽雅壮美的环境。在园内还有一幅长约 13.5 米、高约 4.7 米、耗铜约 18 吨、取名为"藤牌驱虏"的大型青铜浮雕屏。浮雕表现了郑成功当年挥师东渡，驱逐荷兰人而收复台湾之英勇善战的历史壮举，是目前国内最大的一组历史人物浮雕。

皓月园位于厦门市鼓浪屿东部的覆鼎岩海滨，占地约 3 万平方米，沿鹭江之滨，是以海滨沙滩、岩石、绿树、亭阁展布的庭园。其名取自郑成功的诗句"思君寝不寐，皓月透素帏"中的"皓月"二字，寄托对英雄的缅怀和对台湾同胞的思念。园内还有郑成功微雕展览馆，珍藏有 20 个品种数千件微雕艺术品，均以郑成功抗荷复台为题材，有很高的观赏性和收藏价值。园内南、北各有一组郑成功碑廊，北碑廊刻有郑成功的 8 首诗，其中的 4 首是他的手迹；南碑廊篆有包括康熙皇帝、台湾巡抚和当代著名诗人郭沫若等人的楹联、诗作 13 首。

单座面积最大的
古民居是哪里

在福建省闽清县坂东镇新壶村，有一座规模庞大的古民居——宏琳厝（俗称新壶里）。它历经几个世纪的风雨沧桑仍然屹立，以独特和鲜明的时代特征凸显在人们的面前。宏琳厝是全国单座面积最大的古民居。

宏琳厝由始祖黄作宾于清乾隆六十年（1795 年）始建，到 1823 年方全部落成，前后历时 28 年。占地面积约 17000 多平方米，有住房 666 间，建筑为土木结构，对称翼券仰，雕梁画栋，工艺精湛，是一座结构精巧的民居建筑。该建筑以中轴线平衡对称布局，由虎头门直入三进，各进之间隔一横街，由过雨亭相连，每进都有正厅、官厅、花厅、书院和四照等。厝内廊回路转，纵横有序，是一座一次性

闽清县宏琳厝

设计、一气呵成、整体结构精巧的民居建筑。至今，老宅已沐风雨 200 年，厝内子孙繁衍七代，最多时住有 100 多户、1000 余人。纵观这座方形木结构建筑，给人印象最深的是其严密的防御系统和深厚的文化底蕴。最让宏琳厝主人引为自豪的是悬挂在厝内的三字匾，这是项南同志在 1993 年宏琳厝奠基 200 周年时应邀书写的。

宏琳厝有着深厚的文化底蕴，包含着丰富的民俗学、建筑学、哲学、历史、书法、风水学等内容于一体的建筑风韵，成为了解中国南方古老民居演变历史的鲜活窗口，也是用于研究传统民俗文化遗产的活化石。

石竹山何以得名

石竹山坐落在福清市西郊 10 千米处，属闽中戴云山余脉，西山山脉南段，主峰状元峰海拔 534 米。这里夏无酷暑，冬无严寒，年均气温保持在 19.7℃左右。山上有石竹寺、狮子岩等胜景 128 处，现为福建省省级风景区。据《八闽通志》记载："石竺（即石竹）山距县西十三里，永寿里地界。山形峭拔，其巅有石巍然，上粘有蛤、蛎壳石。山下甚多竹，惟竹根盘错，当春夏之交，饥者多于此采笋以济，然欲多则不可多得，号济贫笋。"可见石竹山得名确与"石"和"竹"有关。

石竹山风光以石竹寺为中心，该寺建于状元峰下半山腰的悬岩峭壁上，一面依山，三面悬空，远望如空中楼阁，天宫仙苑。寺后群峰嵯峨，四周绿竹耸立，红墙碧瓦，典雅清幽。石竹寺始建于唐

大中元年（847 年），原名"灵宝观"；宋乾道九年（1173 年）重修，因周围多奇石幽竹，遂改名"石竹寺"。现寺院内建有九仙阁、玉皇阁（天君殿）、土地厅、观音大士殿、紫云楼、玉皇行宫、大悲殿等。石竹寺以道教为主，道、释、儒三教长期共存，和睦相处。石竹山 1987 年进入首批省级风景名胜区行列，2002 年被列为首批 18 家国家水利风景区之一，2003 年通过 ISO 9001/14001 认证，2004 年被定为国家 AAAA 级旅游区。

你知道鳞隐石林名字的来历吗

鳞隐石林位于永安市西北约 13 千米的大湖镇，面积约 1.21 平方千米，附近有新石林、翠云洞、寿春岩、洪云洞、十八洞、石洞寒泉 6 处景点，分布在一个呈马蹄形的喀斯特岩溶地表上。清雍正六年（1728 年），永安大湖镇富豪赖翘千、赖允升兄弟发现并开辟鳞隐石林，历经 8 年之久。石林外景有 10 余处景点，其中以八戒相亲、望天星、怪面人等景点最为奇特；内景由惊人石、接笋、猴子抱仙桃等 30 余处景点组成，新奇别致。关于鳞隐石林名字的来历，有三种不同的说法：一种说法是，这片石林很隐僻不容易被发现，清朝雍正年间，赖家兄弟四处寻找能够治好父亲眼疾的草药，进入此深谷岩崖时，发现了这片隐藏在山中已经上亿年的奇异景色；另一种说法是，认为"鳞隐"应解释为"潜龙"，即"鳞"为"龙"，"隐"为"潜"，故取名为"鳞隐"；还有一种说法是，因为所有石林岩石表面如同鱼鳞，地势又隐僻，故取名为"鳞

隐"。这里耸立着奇形怪状的石柱 196 座，最高的 36 米。怪石似人状物，千姿百态。石林中有一巨大峭壁，长约 200 米，高约 50 米，壁面经千万年风雕雨蚀，宛若敦煌壁画，耐人寻味。鳞隐石林地下有溶洞，称"冰室"，方圆数丈，可容百人，盛夏入内，暑气全消。室内钟乳千姿百态，饶有情趣，一尊送子观音立于莲花座上，形象逼真。冰室之下，尚有地下迷宫有待探测。

为什么南平被称为"山城水乡"

南平有"山城水乡"之称，是因为这座雄伟的山城，也是一处美丽的水乡。南平市位于福建省北部，武夷山东南面，闽江上游建溪、沙溪、富屯溪的汇合处，是闽北政治、经济、文化、教育、交通中心。辖 1 区（延平区）4 市（邵武、武夷山、建瓯、建阳）5 县（顺昌、光泽、浦城、松溪、政和），全市总面积约 26278 平方千米。南平的山姿水态，既有龙盘虎踞之势，又有清明秀丽之姿。就城区景观而言，南平山城颇似巴蜀重庆，城中即景，景中即城。整个城区，背山面水，随物赋形，巧妙地把城区与三江的山水、园林、名胜连在一起。日受千人拜、夜享万盏灯的九峰山公园，与市中心闹区仅一桥之隔。该桥在 1987 年前则是全国跨度最大的单链式柔性吊桥。此外，隔江相望的玉屏山、藏春峡、明代双塔、神剑化龙处的双剑潭、延平湖、水中的船楼酒家、跃山峭壁的闽北第一阁明翠阁都在市区中。真可谓，不出城郭而获山水之怡，身居闹市而有林泉之致。距南平市

30 千米的茫荡山,被誉为"福建的庐山",属省级旅游风景区。还有南平市所辖、距南平市区 155 千米、举世闻名的国家级风景区武夷山吸引着众多海内外游客。

松溪县为何被命名为"中国民间版画艺术之乡"

松溪版画是闽北山区松溪县的群众版画创作群体在近年开始创作的具有共同闽北生活根基和地域特征的版画作品群。松溪县地处福建北部边陲,因河两岸长满青松而得名。该县东、西部与浙江省的龙泉市、庆元县交界。全县总面积约为 1040 平方千米,设有 1 街道 2 镇 6 乡,人口约 16 万。松溪县有着较为丰富的文化历史底蕴和积淀。松溪版画的特点:一是作者用心创作,以情入画,以闽北的现实生活作为创作素材,讴歌现实生活的可爱与美好;二是大胆创新,不囿于成法,注意画面构成的自然和原创性的流露,体现版画质朴、率真的历史本

质精神;三是版种丰富,形式多样。近年来,松溪的文化工作以松溪版画院和民间版画协会为阵地,狠抓民间版画艺术的继承和挖掘工作,开创民间版画工作新局面,推进松溪民间艺术的繁荣发展。松溪县民间版画已成为该县民间艺术的一颗璀璨明珠,具有浓郁的乡土芬芳和时代气息,是版种多样、构图讲究、手法新颖、刻作精致、拓印细腻、充分反映实践生活和改革开放成就的版画艺术精品。松溪县也因此于 2000 年 5 月被文化部命名为"中国民间版画艺术之乡"。

哪里被誉为"全国最绿的城市"

三明市位于福建中部西北隅,地处北纬 25°30′~27°07′,东经 116°22′~118°39′之间,东依福州、南靠泉州、西南接龙岩、西邻江西省、北连南平,全境土地总面积约 22929 平方千米。三明市介于闽西北山地与闽西南山地两大地形区之间,闽中大谷地贯穿三明市中部,西部为武夷山脉南段主体,东部为戴云山脉北段主体,杉岭山脉南段、玳瑁山脉北段以及宝台山脉和龙栖山脉蜿蜒三明市境内。三明是福建省老工业基地、老革命根据地,被誉为"全国最绿的城市"。三明森林资源丰富,是我国南方集体林区综合改革试验区,享有福建"绿色宝库"的美誉。林木品种繁多,森林覆盖率达 76.8%,森林面积占全省的 1/4,活立木蓄积量 1.15 亿立方米(为全省的 1/3),毛竹储量 3.8 亿株。

松溪版画

"中国小吃之乡"是哪里

2003年12月8日,中国饭店协会授予沙县为"中国小吃之乡"称号。沙县小吃始于1600多年前的东晋义熙年间,历史悠久。此地的先民都是中原各地汉族的后裔,这使沙县小吃蕴涵着古老汉族饮食文化的"基因"。目前,全县走出山门经营小吃的就有3.5万人,占全县农民总人口的20%,一年的经营收入3.4亿元。"沙县小吃"的招牌已在北京、上海、福建、广东、广西、江西、海南、云南、新疆、浙江、江苏、湖南、湖北等省、市、自治区高高挂起,仅广州就有300多家沙县小吃店,在"美食之乡"汕头也有300多家沙县小吃店面市。沙县小吃共有240多种,常年上市的有50种以上,一般有:米类,比如炒白粿、鸭汤粉干、米冻、米冻皮、喜粿团等;面粉类,包括馄饨、拌面、烧麦、花椒饼、荷叶包等;豆类,其中有夹心豆腐丸、玉卷豆腐、煲豆腐、梅花豆腐等;其他还有芋包、牛粉肠、夏茂烤鸭等。在众多的小吃中,馄饨(亦称扁肉)、芋包、烧麦、包心豆腐丸、米冻、米冻皮、喜粿、鱼丸、花椒饼、泥鳅粉干为十大品种,其中前4种为全国品牌小吃。沙县馄饨已有1400多年历史,其与众不同之处是:皮薄馅多,馅肉是用木槌捶打而成,包制时视不同口味,适当加上葱白、虾肉等,配以高汤、味精、香油、葱花、米醋等作料,吃起来脆嫩味美、清爽可口。烧麦原名梢梅,因蒸时竖立,上部形似梅花而得名,沙县烧麦与其他地方的烧麦相比,有它自己的特色:烧麦皮坯是用冷水而不是用温水或热水和面,

个小似山枣,蒸熟后呈透明状,显得小巧玲珑、晶莹如玉。沙县包心豆腐丸是以沙县豆腐和地瓜粉为主料,加上盐、味精搅拌成豆腐泥,再包上用五花肉、香菇、虾仁、葱白、生姜、芝麻油等做成的馅,吃起来外嫩润、内味美……

永福乡为何有"花乡"之称

福建有两个天然大花园,一个是厦门"海上花园",另一个就是永福"高山花园"。永福地处福建最南端的高山盆地,是漳平市高山区的一个乡镇,群山环抱,一马平川,四季如春,有"小庐山"的美誉。这里不愧为国家十大花卉生产基地之一,处处洋溢着花的气息,处处渲染着花的色彩。永福早期为畲族聚居地,文物古迹很多,有鳌头古瓷窑址、毓秀塔、步云桥、惠宫桥及长青楼古堡等。永福人"拈花惹草"并非一时之兴,已有700多年的历史。早在南宋时,永福所产兰花、茶花、瑞香等名花便已蜚声江南,清代时远销东南亚各国。这里家家养花,处处花圃,盛产茶花、瑞香、兰花、杜鹃等名贵花卉,现有各类花圃面积8000多亩,花卉专业户2000多户,培育花卉品种上千个,其中仅杜鹃花品种就有32个。每年正月初六是永福传统花圩,人如潮,花如海,甚是热闹。永福花卉远销全国23个省市、港澳地区及东南亚等地。在第五届中国花卉博览会上,永福花卉研究所培育的杜鹃花获"中国花卉优秀奖"。1984年春节,陆定一同志为永福题词"永福花乡",从此永福成为著名的花乡。

你知道福州"榕城"之美称的来历吗

福州有着 2200 多年的建城史，早在公元前 202 年，闽越无诸就在此筑城建部，称为"冶城"。唐开元十三年（725年）设福州都督府，始称"福州"。五代后梁开平二年（908 年）闽王王审知扩建罗城，将风景秀丽的于山、乌石山、屏山圈入城内，使福州形成"山在城中，城在山中"的独特城市，"三山"也就成了福州的别名。北宋治平四年（1067 年）郡守张伯玉号召各家各户植榕树，此后，满城绿荫蔽日，所以得"榕城"之美称，宋末北方动乱，端宗皇帝在福州即位，改名福安府；明末唐王朱聿键，也在福州登基，改名天兴府，又称福京，使福州先后两度成为临时京都。明、清时期，福州为福州府府治。从民国开始，福州成为福建省省会。福州位于福建省东部闽江下游，是全省政治、经济、文化中心。

沉缸酒有什么特点

沉缸酒为甜型黄酒，因其在酿造过程中，酒醅必须沉浮 3 次，最后沉于缸底，故得此名。沉缸酒已有 160 多年的历史，据了解，此酒已有近 300 年历史，最早源于距龙岩县约 15 千米的小池山沟。最初酿造的是糯米甜酒，入坛埋贮 3 年后饮用，酒醇味厚，但酒度低，酒劲不足。后来在酒醅中加入 20 度左右的米烧酒，制得的酒称为"老酒"。后又有进一步的发展，在糯米醅中掺入"三干"（经 3 次兑酒，将 9 千克米酿制成 5 千克 50 度的米烧酒），形成了别具一格的沉缸酒。外销沉缸酒具有不加糖、不加水、不着色、不调香的特点。经中科院专家鉴定，沉缸酒含有人体健康不可缺少的 18 种氨基酸，常饮有滋补强身、防癌抗衰老、延年益寿之显著功效。曾荣获"中华十大名优保健酒"称号，并连续 21 次荣获国家级以上金奖。为黄酒中之极品，产品畅销海内外。

泉州"海内第一桥"指的是哪座桥

洛阳桥在泉州市与惠安县分界的洛阳江上，桥以江为名，是我国著名的第一座海港梁式大石桥，为我国造桥史上的一座里程碑。由于洛阳江入海口过去称为万安渡口，所以当地人又称洛阳桥为万安桥。它位于泉州东北约 10 千米与惠安县交界的洛阳江入海处，人称"海内第一桥"。所谓"站起来像东西塔，倒下去像洛阳桥"即形容这座桥的雄伟气势。它也是我国第一座海港大石桥，由北宋泉州太宗仙游人蔡襄倡建于 1053—1059 年，修建历时 6 年。该地水阔 2.5 千米，江涛滚滚，深不可测。在此处造桥确非易事，当年工匠采用"筏型基础"以建桥墩，终于征服江涛，建成了举世闻名的梁式海港巨型石桥。石桥原长约 1200 米，宽约 5 米，桥墩 46 座，桥栏柱 500 根，石狮 28 只，石亭 7 座，石塔 5 座，规模宏大。历史上洛阳桥有两次规模较大的重修。现桥长约 835 米，宽约 7 米，桥墩 31 座，石亭 2 座。桥上有明清重修碑记 12 座，还有"万安桥"、

洛阳桥

"万安占澜"等宋代摩崖石刻和几座石像石塔,桥南有忠惠祠,系纪念蔡襄造桥功劳而建。祠内有两个石碑,刻有蔡襄的《万安桥记》。两碑不仅书法端庄沉着,而且文字精练、工刻细致,誉为文、书、镌"三绝"。《万安桥记》全文共153字,用楷体书写,记载造桥的时间、年代、桥的长宽、花费的银两、参与的人物等。每碑高约2.89米,宽约1.46米,厚约0.3米。碑字分为6行,每字长1.8厘米,宽1.5厘米。其中一个碑是损坏后,于1963年仿原作重刻;另一个为北宋原刻,最早的露天崖刻于岸左,宣和年间(1119—1125年)由在泉州任市舶司后为知州的蔡襄曾孙蔡桓拓本重刻立于祠内。桥北有昭惠祠,系奉祀护桥海神而立。新中国成立后,洛阳古桥已作为文物保护起来,并在它的西北方向重架一新桥。如今,古、新两桥如双虹卧波,更为壮观。

你知道国内最长的古桥是什么桥吗

五里桥也叫平安桥,因其全长5华里(约2.5千米)而得名,它位于安海镇与南安市水头镇之间的海湾上,离泉州城南约30千米。人言"天下无桥长此桥",是我国现存古代最长的连梁式石板平桥。五里桥建于南宋绍兴八年(1138年),前后历13年,雄伟壮观。经过800多年冲积淤塞,部分海湾已成陆地,"五里桥成陆上桥"。即便这样,现在可见到的桥身还有2000多米。五里桥系梁式石桥,全部由花岗石构成,每两座桥墩之间用5~7条大石板铺就,石板长4~10米不等,宽0.4~0.6米,其表面并不平整,坑坑洼洼。经过数百年风雨的侵蚀与洗礼,经过无数双脚的踩踏后,有种沉重的沧桑。据说这些又重又大的石板是通过巧妙地利用潮水涨落而架设到桥上的。

五里桥上共建了五座亭子,自东向西分别叫水心亭(桥头亭)、中亭、宫亭、雨亭和楼亭。在水心亭上,有1副对联,上联是"世间有佛宗斯佛",下联是"世上无桥长此桥",道出了五里桥的最大特点。五座亭中,中亭最大,面宽约10米,周围保存有历代重修碑刻13座;亭前立有两尊宋代石刻武士像,手执长剑,风格古朴。西端的楼亭,也留有清代重修碑刻。桥东头还建有1座6角5层木结构白塔,建造年代与桥约同时,桥上原有扶栏望柱,因长年山洪、台风及地震的影响,现已严重损坏。

五里桥的桥墩有300多个,根据桥底水况的不同,分别设计成长方形、船形与半船形三种形式,反映了我国古代桥梁建筑的辉煌成就。桥的两边还建有多座镇桥塔。如今,五里桥的桥下已沧海桑田,成了一片青翠的田畴。

我国第一座地下水电站在哪里

我国第一座地下水电站——古田溪水电站,位于福建省古田县城东郊翠屏湖下面,距古田城区3千米,距福州2小时车程,是1958年国家"一五"计划的重点工程。翠屏湖是人工湖,建于1958年,面积约为37.1平方千米,最大蓄水量6亿多立方米,湖中分布着24个自然岛屿,因其在翠屏山下故名。翠屏湖系山中之湖,从湖中望山,东南向的文笔峰、西北向的五华峰和东北向的羊角峰,形成三峰鼎立,为湖光山色之奇观。湖中岛屿隔水相望,有的绿树成荫,花草扶疏;有的果园如林,茶山铺翠。泛舟其间,如入桃源胜境。20世纪50年代初,新生的共和国百废待兴,中央在制定第一个"五年计划"时,将古田溪梯级水电站列为全国第101个重点建设工程。从此,地处福建偏僻山区的古田县名扬全国,成为国人瞩目的水电大县。古田溪水电站开发建设前后历经20多年,是中国历史上建设工期最长的水电站。它不仅为我国建设梯级水电站积累了丰富经验,而且为我国和越南及非洲一些国家培养了大批水电建设和管理人才,被誉为新中国水电人才的摇篮。

二宜楼为何被称为"圆楼之宝"

二宜楼位于华安县仙都镇大地村,距县城约22千米,是第一座被列为国家级文物保护单位的古建圆楼,是福建土楼的优秀代表作。它为蒋氏家庭住宅,设计科学、结构独特,保存完好,曾被台湾《联合报》和《汉声》杂志称为"圆楼之宝"。土楼规模巨大,占地0.67公顷,直径约73.4米。二宜楼环境优美,依山傍水而建,楼门朝西,门额石匾镌刻着各40厘米见方的"二宜楼"三字,近赵体而无柔媚之态,类瘦金体又稍逊劲拔,自成一格。"二宜"两字,寓有宜山宜水、宜家宜室之意。楼后山丘连绵逶迤、依次递降,宛如百足蜈蚣爬行而进。山前地势平缓开阔,两水于楼前交汇。山峦、流水、公路、圆楼巧妙点缀,浑然一体,犹如蜈蚣戏水吐珠。走进二宜楼,便有古朴雄浑、幽深宁静之感。二宜楼在建筑结构上独树一帜,取单元式结构,全楼分

12 个单元。单元内各有梯道上下,自成体系,四楼又有环形遁廊将 12 单元沟通起来,成为既互通有无又各自独立的统一体。二宜楼建于清乾隆三十四年(1769 年),开基祖为蒋仕熊。二宜楼如今仍然保存完好,仍为蒋氏聚族而居,有 36 户 220 多人。

莆田木漆器有哪些特征

中国木漆工艺已有 7000 余年的历史。三国以后,随着中原汉人大规模入闽,漆器工艺得以在福建扎根生长。宋代,福州所作的"福犀"驰名于世。明代,福州雕漆四方采购者甚众,闽南永春漆篮别具一格。及至清代,福建工艺愈加兴盛发达,福州脱胎漆器尤独树一帜,随着出口量增多而盛名远播,并屡获国际博览会大奖,成为"建漆"的代表。福建作为中国漆器的主要产区之一,主要有脱胎漆器、雕漆、漆木碗、漆筷、漆篮和漆画等。莆田木漆器中选用优质木材和采取精湛工艺制作的碗、碟、盘、杯、钵、盂、花盆等 150 多个花色品种的传统木质漆器,造型雅致玲珑,色泽光滑明丽,既为日用品,又是工艺品。漆木碗用料考究,制作精细,为陈设、旅游和食具之佳品,不但造型雅致、质地优良、色彩明丽、淳朴美观,而且具有无味、无毒、坚固耐用、不脱漆等特点。在漆艺上,有"退光贴花"、"漆内描图",摸之无痕、视之有景;传统的"红退光"、"黑退光",色亮如镜,聚光照影;"生漆擦"、"透明擦",木纹清晰,美于天然。漆木碗的品种已有"青石朱里碗"、"透明暗花鸳鸯碗"、"金珠盖碗"等 20 余种。它盛沸水不烫,装酸碱不蚀,是驰名中外的上乘食具。漆木碗质地优良,造型精巧雅致,原为儿童食具和祭神器皿。20 世纪 70 年代以来,福建仙游一带艺人利用无毒无味的大漆修饰木碗,使漆木碗既保留了酸枣木天然的木纹,又透露出淳朴的乡土情趣,更受人们青睐,产品大量销往日本、韩国。

福建有哪些妈祖文化习俗

妈祖原名林默,生于北宋建隆元年(960 年)三月二十三日,卒于雍熙四年(987 年)九月初九,她因熟悉航道,善现天文,还有不少特异功能且自小立志济世救人、扬善除恶。她短暂的一生中,留下了无数拯救海难的动人事迹,因而死后被人们奉为海神。而历代封建统治阶级和文人雅士对妈祖的褒封颂扬使之更为神化,妈祖信仰也渐播渐远,并慢慢形

湄洲岛妈祖像

成一道独特的文化景观。妈祖文化在世界上的影响也很大,全世界共有妈祖庙近4000座,信徒约2亿人。我国有300多县、市建有天后宫或妈祖庙,湄州岛的妈祖庙,是世界第一座妈祖庙。此外,港澳台地区、日本长崎、泰国曼谷、美国旧金山等地都有妈祖建筑。现在,妈祖庙遍及东南亚、南北美洲、欧洲等地的国家及日本和我国沿海及内河岸坤。对于妈祖的信仰,人们称之为妈祖文化。在妈祖文化的传播过程中,形成了许多妈祖习俗。福建妈祖文化习俗主要有:裤子半截红、船帆式发髻、偷妈祖鞋、龙舟挂彩、妈祖舞、妈祖灯笼、禁捕杀、出海船上挂草席、九重米垛。

正月十五是"海神娘娘渔灯节"。沿袭这一古老遗风,这一天长岛县政府会组织居民和游人乘船去庙岛,给妈祖送灯,烧香祈拜、许愿,活动分为民祭、官祭、文娱演出三大部分,将古朴典雅的显应宫披红挂绿,"天后圣母"庙旗高挑杆顶,修饰一新的大殿里,香火缭绕,重塑的妈祖金身,被红绸蒙盖着。海岛人民怀着对妈祖的虔诚信仰进行祭祀,渔民讲究烧高香,那香都一米多高,很是壮观。广场上鼓锣喧天,花炮争鸣,龙腾狮舞,踩高跷、扭秧歌、跑旱船,岛上人民以最高的礼节,以致富感恩的豪情,向妈祖致以最虔诚的谢意。

聊城为什么又叫"凤凰城"

聊城位子山东省西部,古运河畔,因位于古聊河西岸而得名。又因聊城古城池位置和布局状若凤凰,故有"凤凰城"之称。另有一传说:聊城一带本来是一片梧桐林,因住着一对神鸟凤凰,故又叫"凤凰城"。聊城为运河繁盛时期的九大商埠之一。聊城历史悠久,文化灿烂,拥有众多的景观胜迹。其中光岳楼、海源阁、狮子楼闻名海内外。此外,宋代铁塔、清真寺、舍利塔、曹植墓、景阳冈、东昌湖等名胜与聊城八大胜景,也十分著名。

孔子的故乡是哪里

曲阜位于山东省的西南部,是我国古代著名教育家孔子的故乡。关于孔子的古迹有"三孔"——孔庙、孔府、孔林。1994年,孔庙、孔府、孔林被联合国列入《世界文化遗产名录》,使得曲阜成为世界性的旅游胜地。

孔庙是由孔子的三间房舍改建而成,为我国最大的孔庙。现存殿、堂、庑、阁达460多间,54座门坊。庙内立有13座历代帝王为孔子竖立的御碑亭。正殿大成殿东西两庑陈列有2000余块历代碑刻、石刻、石像等。

孔府又称衍圣公府,是孔子嫡系子孙居住的地方。孔府的主要部分是中路。其前区为官衙,后区为内宅及花园。

孔林是我国最大的人造园林,占地达200公顷。孔子及其后裔死后均葬于此。陵内墓葬星罗棋布,碑碣如林。此外,还遗有历代兴建的楼、亭、坊、殿等多处。古老的孔林,已成为今天的游览胜地。

有"仙境"之称的蓬莱阁建在哪座山上

蓬莱阁建在蓬莱市区西北的丹崖山上,是一组古建筑群。蓬莱阁高 15 米,双层歇山,环绕回廊,上悬清代书法家铁保所书的"蓬莱阁"金字匾额。由三清殿、吕祖殿、天后宫、龙王宫、蓬莱阁、弥陀寺 6 个建筑单体组成。自南朝宋嘉裕年间起,历代都进行了扩建重修。秦始皇访仙求药的历史故事和八仙过海的神话传说,给蓬莱阁抹上了一层神秘的色彩,因而古来即有"仙境"之称。有海市蜃楼、万里澄波等十大名景。阁东南有观澜亭,阁西有避风亭。蓬莱阁自古为文人墨客雅集之地,历来是道教炼士修真之境,遍布着宋、明、清三代的各式碑文、石刻,其附近现存留历代文人雅士观海述景题刻 200 余处。

连贝纹彩陶盆,新石器时代大汶口文化。

大汶口文化遗址在哪里

大汶口文化遗址位于山东省泰山南麓泰安市郊区的大汶口镇,其内涵盖了大汶口文化发展的全过程,属于黄河下游的新石器时代文化。有墓葬、窑址和房址等。出土的生活用具主要有鼎、罐、盘、钵、豆、杯等器皿,分彩陶、黑陶、红陶、白陶、灰陶几种。生产工具有石斧、石凿、石锛和骨器,这个时候的工具已磨制得相当精细。墓葬多为家族合葬,已有随葬的风习。大汶口文化遗址及其他相同的文化遗存被命名为大汶口文化。一般认为,大汶口文化早期属于母系社会,后期属于向父系社会过渡阶段,中晚期则已经进入父系氏族社会。大汶口文化的发现为山东地区的龙山文化找到了渊源,同时也有助于黄淮流域及山东、江浙沿海地区原始文化的研究。

潍坊市的哪个地方以年画闻名

坐落在潍坊市东北方向三十里处的杨家埠村,自古至今盛产木版年画,以年画闻名中外。杨家埠木版年画与天津杨柳青、苏州桃花坞的年画并称为全国三大年画。杨家埠木版年画,始于明朝末年,繁荣于清代,迄今已有四百多年的历史。明代是木版年画发展成熟阶段,那时西杨家埠村就"家家印年画,户户扎风筝"。杨家埠年画题材多样,吉祥活泼,具有浓郁的民间色彩。其制作方法简便,工艺精湛,色彩鲜艳,内容丰富,为人民所喜爱。

开封为何有
"七朝故都"之称

开封市简称汴梁,是一座历史文化悠久的古城。开封一名始于春秋时期、郑庄公在今城南筑仓城,取开拓封疆之意,距今已有 2600 余年。战国时期的魏国,五代时期的后梁、后晋、后汉、后周以及北宋和金七个王朝曾先后建国都于此,故有"七朝故都"之称。开封市位于省境东部,地处黄河冲积扇,地势由西北向东南倾斜。市内主要河流有黄河、贾鲁河、涡河、惠济河。开封气候湿润,四季分明,属暖温带大陆性季风气候。

市内工业主要有毛纺、日用化工等。农业以生产小麦、棉花为主。开封市内的名胜及纪念地有相国寺、铁塔、龙亭、包公祠、清明上河园、铁塔、大相国寺、翰园碑林、开封府、金明池、禹王台、山陕甘会馆等。另外开封的盘鼓、汴绣、朱仙镇木板年画等民间艺术也驰名中外。

哪个城市素有
"牡丹花城"之称

洛阳市位于河南省西部、黄河南岸,因处于古洛水之北岸而得名。为中国七大古都之一,是中国历史上唯一被命名为"神都"的城市。东周、东汉、三国魏、西晋、北魏、隋、唐(武则天)、后梁、后周先后定都于此,建都时间长达 934 年,是中国历史上建都时间第二长的城市,素有"九朝都会"之称,五代以后逐渐衰落。境内主要河流有黄河、洛河、伊河、涧河、汝河等,属暖温带季风气候。洛阳市内主要矿藏有煤、黄铁、铝矾土、石灰石、石英等,工业以机械工业为主体。农业以生产小麦、棉花、苹果为主。洛阳素有"牡丹花城"之称。牡丹为洛阳市市花,自古有"洛阳牡丹甲天下"之说。每年 4 月 20 日前后举行牡丹花会。市内的白马寺为佛教传入我国后所建的第一座寺院。

举世闻名的殷墟位于
哪个城市

安阳位于河南省最北部,地处晋、冀、豫三省交会处,西依太行山,北临漳河,东南与华北平原接壤。中国七大古都之一,古称殷都,举世闻名的殷墟就在安阳西北郊洹水两岸,是中国商代晚期的都城遗址。这里出土的甲骨文是中国最古老的文字。4000 多年前,中国上古时代三皇五帝中的颛顼、帝喾二位帝王曾在安阳境内建都。商王盘庚于公元前 14 世纪末迁都于此,建立了中国历史上第一座稳定的国都。战国时属魏,后为秦昭襄王所占,在此置安阳县。安阳文物遗迹众多,殷墟出土有大量甲骨文、青铜器,包括著名的司母戊大方鼎。

"中岳"嵩山在河南的
哪个地方

嵩山春秋前称太宝山,战国时称嵩高山,一名外方山。西汉确定为五岳之一,称为"中岳"。嵩山位于河南省登封市西北,由太室山和少室山组成。太室山和少室山各有 36 峰,共计 72 峰。最高峰为太室山的峻极峰,海拔 1491.70 米。嵩山矗立于低山丘陵之间,气势磅礴,寺庙林立,是历代封建帝王经常游览禅祭的场所。山上有古建筑群 18 处,尤以少林寺、中岳庙、嵩阳书院、塔林、观星台等最为著名。少林寺在少室山上,始建于北魏太和十九年(495 年),以少林拳闻名于世,是我国禅宗的发源地。中岳庙始建于秦,是"五岳"中现存规模最大、最完整的古建筑群。嵩阳书院位于嵩山南麓太室山脚下,建于北魏孝文帝太和八年(484 年),原为嵩阳寺,宋时改为太室书院,是一所历史悠久、规模宏大的官办书院。塔林位于少林寺,是历代名僧的葬地,塔的大小、形状不一,有圆柱形、锥形、瓶形等。观星台是中国现存最古老的天文台。

仰韶文化遗址在河南的哪个地方

仰韶文化遗址是中国新石器时代的重要遗址,位于河南省三门峡市渑池县城北的仰韶村南边的缓坡台地上。仰韶遗址三面临水,北靠韶山,面积 30 万平方米,文化层堆积厚达 4 米,1921 年发现,1951 年中国科学院考古研究所对该遗址进行了小规模发掘,发现这里有四层文化层相叠压,自下而上是仰韶文化中期—仰韶文化晚期—龙山文化早期—龙山文化中期。确证了仰韶文化和龙山文化的承袭关系,距今约有五六千年的历史。出土器物有石器、骨器、陶器、蚌器,用于农耕的有石斧、石铲、石锄,用于

这是在仰韶遗址中出土的陶钵

纺织的有纺轮、骨锥、骨针及钵、盆、碗等陶器,陶器大部分绘有彩绘图案。由于精美的彩陶是仰韶文化独具的特征,因仰韶文化此又称为彩陶文化。

哪个地方有"夏都、钧都、药都"之称

禹州市位于河南省中部,地处伏牛山余脉与豫东平原的过渡地带,颍河自西至东横贯全境。禹州历史悠久,是中华民族发祥地之一,是华夏民族之根,被誉为"华夏第一都",素有"夏都、钧都、药都"之称。洪荒初开,人类祖先便在这里繁衍生息。早在新、旧石器时代,禹州就闪耀着华夏文明之光,为华夏文明的中心。宋代五大名窑之首的钧窑便位于禹州,现在全国大中城市都有钧瓷专卖店,在禹州销售企业主要集中在钧官窑路和神垕镇。禹州市中药材种植有悠久的历史,明朝洪武年间已成为全国四大药材集散地之一,禹白芷、禹南星、禹白附、金银花等地产名药,名列李时珍

《本草纲目》和现行中华药典,被列为国家保护品种。此外禹州境内还有大禹像、禹王庙、禹山、禹州城隍庙、文庙、天宁寺、朝阳门清真寺、柏山文峰塔、后汉祖刘知远的睿陵、张良洞、怀帮会馆、十三帮会馆以及纸坊湖、十里颍河湖、科技文化广场等历史古迹与自然风景。

河南省的代表剧种是什么

豫剧,旧称河南梆子,因河南简称"豫",故称豫剧,是河南省的代表剧种。在安徽北部地区称河南梆剧,山东、江苏的部分地区仍称梆子戏,在河北的部分地区,旧称河南高调。清朝乾隆年间(1736～1795 年),河南省已流行梆子戏。豫剧的伴奏乐队,过去曾有"一鼓二锣三弦手,梆子手钹共八口"的说法。早期的豫剧在乐器上还使用四大扇(大铙、大钹)和尖子号(管长 1 米左右),以此来制造雄壮热烈的气氛。豫剧乐队的文场主奏乐器,早期为大弦(八角月琴,演奏员兼吹唢呐)、二弦(竹或木质琴筒蒙桐木面的高音小板胡)和三弦(拨弹乐器)。著名的豫剧表演艺术家有:常香玉、牛得草、陈素真、崔兰田、马金凤、阎立品、桑振君等,著名的豫剧曲目有《花木兰》、《穆桂英》、《白奶奶醉酒》、《秦香莲》、《七品芝麻官》等。

岳阳楼位于哪里

岳阳楼与南昌滕王阁、武昌黄鹤楼并称"江南三大名楼",是我国古建筑中的瑰宝。岳阳楼踞于岳阳古城的西门之上,构制独特、风格奇异,楼三层,飞檐、盔顶、纯木结构。全楼高达 25.35 米,平面呈长方形,宽 17.2 米,进深 15.6 米,占地 251 平方米。楼中四柱高耸,楼顶檐牙高啄,金碧辉煌。远远望去,恰似一只凌空欲飞的鲲鹏,尤显雄伟壮丽。

岳阳楼始建于三国,是吴国鲁肃的阅军楼。唐开元四年(716 年),中书令张说谪守岳州,扩建阅军楼,取名为南楼,后改为岳阳楼。宋庆历四年(1044年),滕子京被贬至岳州,当时的岳阳楼已坍塌,滕子京于庆历五年(1045 年)重建了岳阳楼。楼台落成,滕子京请范仲淹为楼作记。于是,范仲淹写下了名传千古的《岳阳楼记》。从此岳阳楼名扬天下。后几经兴废,现存建筑为清同治六年(1867 年)重建。

中国第一座国家级森林公园是哪个

张家界国家森林公园位于武陵源风景名胜区南部,是我国第一座国家级的森林公园。现有黄石寨景区、金鞭溪景区、腰子寨景区、砂刀沟景区、琵琶溪景区五条旅游线路。传说这是张良的家界,因此叫"张家界"。这里的自然风光以峰称奇,以谷显幽,以林见郁,以水见秀,以云见神。峰石,如人如兽,如器如物,形象逼真,气势壮观;峰间,溪流潺潺,峡谷幽深,浓荫蔽日。有"三千翠微峰,八百琉璃水"之美誉。张家界的森林资源非常丰富,森林覆盖率达 97.7%。成片的原始次生林中,保存有如珙桐、银杏、红豆杉、鹅掌楸的古老珍贵树种。石峰溪谷间,生活着有如灵猫、娃娃鱼、红腹角雉等珍禽异兽。

湘西吊脚楼是哪个少数民族的建筑

吊脚楼是土家族人的建筑民居。他们大都住在靠山面水的地方,因此,造房时往往利用倾斜度较大的山坡或者濒临水、沟的一侧,使屋的前半部分临空悬出,这就是著名的湘西吊脚楼。湘西吊脚楼建筑形式自由,有的临水,有的依山傍谷,也有的建在田坝边。稍稍开凿修砌,选上好木料支撑起一座座或者一排排的吊楼来,旁边饰以几丛茂林修竹,省时简工,温馨而有画意。这种吊脚楼,是干栏建筑的一种,朴实轻灵,古色古香,与楚建筑或巴建筑有着深厚的渊源。吊脚楼结构一般为两层:上层为居室或待客用;下层做贮藏粮食或存放杂物之用,旧时还用来圈养牲口。上层室外为走廊,多为妇女劳作(绣花、挑纱、织锦)场所,或为观花赏月之处。

浏阳河发源于哪里

浏阳河又称浏水、浏渭河,是湘东小四水之一。全长共222千米,流域面积3211平方千米,流经浏阳市、长沙县、长沙市。它发源于湘赣边界的浏阳市大围山区,上游分为大溪河与小溪河,河道曲折迂回,在汉江口汇合。沿途流经浏阳市区,在长沙市区流入湘江。浏阳河上游,河谷切割深、穿林涉涧、飞瀑珠帘、幽林深壑、河水碧透;浏阳河中游,浏水九曲潆洄、浪卷千堆、姿态婀娜、两岸翠屏、风光旖旎;浏阳河下游,河道宽阔舒缓、田畴沙洲、稻香四溢、波光粼粼、水绿鱼肥;两岸风景优美,有棋盘口、鸳鸯洲、百步滩、浏河大坝等众多风景名胜。

马王堆汉墓位于哪里

马王堆汉墓位于长沙市区东郊浏阳河旁的马王堆街道,汉墓陈列馆现设在湖南省博物馆内。马王堆汉墓为一马鞍形土堆,高10余米,直径30米左右。堆上分布西汉墓三座,一号墓位于东冢稍偏北,为利仓妻之墓,二号墓位于西冢,是利仓之墓,三号墓位于东冢一号墓的南端,为利仓之子的墓。三座墓中以一号墓规模最大,一号墓由墓顶至椁室深达20米,结构极为复杂。

马王堆三座汉墓共出土珍贵文物3000多件,绝大多数保存完好。其中500多件各种漆器,制作精致,纹饰华丽,光泽如新。最为珍贵的是一号墓的大量丝织品,保护完好。品种众多,有绢、绮、罗、纱、锦等。有一件素纱禅衣,轻若烟雾,薄如蝉翼,该衣长1.28米,且有长袖,重量仅49克,织造技巧之高超,真是天工巧夺。出土的帛画,为我国现存最早的描写当时现实生活的大型作品。还有彩俑、乐器、兵器、印章、帛书等珍品。棺内女尸的外形基本完整,全身润泽,部分关节可以活动,软结缔组织尚有弹性,几乎与新鲜尸体相似。它既不同于木乃伊,又不同于尸蜡和泥炭鞣尸,是一具特殊类型的尸体,是防腐学上的奇迹,震惊世界。

汉·马王堆汉墓帛画

区、清溪景区、银河景区、狮子山景区、黑石寨景区等七大景区。春末，刺槐花盛开，山体如披银装；夏季，阔叶林交枝接柯，郁郁葱葱；秋末，山坡色红似染；冬季，松林成片，斑驳点缀。这些四季美景，给韶山增添了无限生机。

为什么说河北是文物大省

河北文物数量众多，全省有馆藏文物 80 余万件，有国家重点文物保护单位 88 处，省级文物保护单位 670 处，各项统计在全国均名列前茅，是当之无愧的文物大省。河北文物是河北人民的骄傲，具有以下特点：

（1）文物保存较为完整。河北历史悠久，是中华民族繁衍、生息的地方。从 200 万年前人类的旧石器时代起，河北就开始有人类生产生活的遗迹遗物存在。

（2）文物种类齐全。从目前出土的文物来看，在全国也是首屈一指。

（3）文物级别较高。河北历来是一个繁荣地区，文物保存比较好，出土的文物中一级文物有 800 余件，其中国宝级文物 18 件。

韶山有哪些景区

韶山位于湖南省湘潭市南 100 千米处，因山腰每每云雾缭绕，升腾而起，如云生其处，故又名云门山。韶山层峦叠嶂，林壑幽美，山峻以复，泉洁以长，茂林修竹；云气往来，山水秀绝。韶山风景名胜区包括故居景区、韶峰景区、滴水洞景

为什么说长城"精华"在河北

在辽阔的北国大地上，万里长城横空出世，飞腾起伏在山野上和大漠中，它是世界古代史上规模最宏伟、工程最浩大、内涵最丰富的军事建筑，长城是古代的一种防御工事。在我国，修筑长城始

于春秋战国时期,北方一些诸侯国,主要是秦、赵、燕和中山国,在自己的边境上修筑长城,防御外敌入侵。秦始皇统一六国后,为了防御匈奴人侵中原,把秦、赵、燕三国的北部长城连接起来,形成了东起辽东,西到临洮(今甘肃岷县)的万里长城。此后,汉、北魏、北齐、北周、金、明各代,都大规模地修筑长城。据初步统计,目前我国的长城遗存总长度达50000千米。万里长城横穿河北,连接京津,在河北境内2000多千米,精华地段20余处,大小关隘200多处,是长城保存最为完整最具代表性的区段。只有领略河北长城,才能真正感受到长城之长、长城之壮美、长城文化之博大精深。

现在所说的万里长城,主要是指明代长城。它在明洪武元年(1368年)开始修建,虽然长达6000多千米,但精华部分却主要在河北境内。河北明长城位于明王朝的首都北京附近,建筑水平最高。长城大都用砖石建筑而成,平均高10米,下宽约6米,上宽约5米,可容5马并骑,规格之严,质量之高,建筑艺术之精,堪称万里长城之最。处于河北省滦平县和北京市密云县之间的长城,长10多千米,原封原貌,基本保存完好,构筑复杂,敌楼密布,建筑形式因山而异。

"万里长城第一窑"的发现解开了什么谜

被誉为长城第一窑的"左三窑"位于迁西大岭寨,1985年被发现,因砖上刻有"左三"字样而得名。经全面挖掘,共发掘古长城砖窑7座,是迄今发现的长城沿线最大最完整的砖料基地,解开了长城砖的来源之谜。

1985年,迁西县大岭寨村村民挖出了一块刻有"左三"字样的长城砖,引起了相关部门的重视,后来经过勘察,一座装满长城砖的古窑被发现了,这就是后来被考古学家誉为"长城第一窑"的"左三窑"。1993年夏,迁西县文物工作者对"左三窑"周围进行了广泛探察,在"左三窑"北侧发现了一个主体呈椭圆形,短轴1米,长轴3.2米,深2.2米的窑,这个窑的窑床呈月牙形,窑腔的形状接近扇面形,并且这个窑的窑门、风道、前窑都保存完好,具有很重要的考古价值。这个窑与之前发现的"左三"窑有许多不同的地方,此窑四周为土壁,窑内没有砖。因烟道及拱门的青砖上刻有"左一"字样,此窑命名为"左一窑"。据专家论证,大岭寨发现的砖窑群基本上属于明代中期的建筑,由此推断,这片古窑群系明代修筑万里长城时的一个规模较大的砖料基地,从而解开了长城城砖的来源之谜。这一发现,填补了整个长城沿线在这一领域的空白。

避暑山庄在哪里

避暑山庄始建于1703年,历经清朝三代皇帝:康熙、雍正、乾隆,耗时约90年。避暑山庄又名承德离宫或热河行宫,位于河北省承德市中心北部,是清代皇帝夏天避暑和处理政务的场所。山庄占地约564万平方米,环绕着蜿蜒起伏的宫墙,宫墙长达10千米,总建筑面积10万多平方米,共有建筑120余组。避暑山庄分宫殿区、湖泊区、平原区、山峦区四大部分,是中国现存最大的古代园林、帝王宫苑。避暑山庄取自然山水之本色,吸收江南塞北之风光,成为中国现存占地最大的古代帝王宫苑。1994 年,河北承德避暑山庄及周围寺庙以独特的风采被联合国教科文组织正式列入《世界文化遗产名录》。

河北省保存最完整的文庙古建筑群在哪里

定州是省级历史文化名城,2000 多年的悠久历史积淀了丰厚的文化底蕴,遗存了大量的文化瑰宝。定州文庙,又称“先师庙”、“孔子庙”,是历代封建帝王祭祀孔子的主要场所,现已成为集文物古迹展览、纪念孔子和观光旅游活动于一体的爱国主义教育基地,它位于定州市城区中部,始建于唐大中二年(848年),是河北省保存最完整的文庙古建筑群,1982 年 7 月被列为河北省重点文物保护单位。

定州文庙占地面积 15685 平方米,建筑布局分为几部分,南院为四合院式,北三院各为中轴式群体建筑,其他各院也各有特色。文庙建筑总体上看气势恢弘,院内苍柏林立,花草相依,环境幽雅。著名的“东坡双槐”,传说是宋代大文豪苏东坡在定州做官时亲手植下的,现在仍然葱郁古朴。1959 年,定州博物馆设在文庙,其馆藏文物甚丰,计有商周至现代的文物 5 万余件,以汉代和宋代文物为主。其中珍藏有玉座屏、龙螭衔环谷纹大玉璧、定窑白釉刻莲净瓶国宝级文物 3 件、錾花舍利金棺、双思维菩萨等一、二级文物 240 余件。

我国最大的坐式铸铁佛像在哪里

东光铁佛寺坐落在河北省东光县普照公园内,原名普照寺,建于北宋,距今已逾千年。铁佛寺包括山门、天王殿和大雄宝殿。1929 年,直系军阀吴佩孚题写了“铁佛寺”横匾,挂于门上,普照寺从此改称为铁佛寺。现在“铁佛寺”匾为原全国政协副主席、中国佛教协会会长赵朴初所题。大雄宝殿是寺内主体建筑,坐落在长约 34.72 米、宽约 31.96 米、高约 2.1 米的台基上。大雄宝殿正中的释迦牟尼坐像是现今我国最大的坐式铁铸佛像,高约 8.24 米,重约 48 吨,佛像是中空的,素有“沧州狮子景州塔,东光县的铁菩萨”之称。1986 年,铁佛寺被重新修复,以其红色的山门、红色的围墙、红色的圆柱、红色的窗棂显示出独特的风采,蔚为壮观,是镶嵌在观州原野上的一颗红色宝石。1986 年,铁佛寺被列为河北省重点文物保护单位。

蔚县玉皇阁是一座什么样的建筑

玉皇阁又叫做靖边楼,它位于蔚县县城北垣上,是河北省文物保护单位,根据《蔚州志》的记载,玉皇阁在明洪武十年(1377 年)建成,在明朝成化、万历和清康熙年间都曾经修缮过。新中国成立后,又进行了多次修缮,达到现在的规模。

玉皇阁的建筑不但雄伟壮观,而且

蔚县玉皇阁

留有各个时代建筑的特点。它的阁座建在城垣高地上,所以更显格外高大肃穆。玉皇阁坐北朝南,总面积约为 2022.3 平方米,分前后两院,依次为天王殿、玉皇阁正殿,在同一条中轴线上。前院天王殿宽有三间房左右距离,进深有两间左右距离。正殿从外形上看有上中下三层阁楼,实际上只有两层,宽度均有三间房左右距离,进深二间房左右距离,中层阁楼有四面游廊,下阁楼有前出廊。整个建筑木架油饰,彩绘为"和玺"、"苏式"图样。上阁楼挂有 1983 年张苏题写的"玉皇阁"横匾。下阁楼挂有 1983 年班开明书写的"靖边楼"横匾。殿内东西北三壁绘封神榜神像画,东西壁画各长约 7.4 米,高约 2.5 米;北壁画长约 12.8 米,高约 2.5 米。

玉皇阁至今保存完整,虽然经过历代修缮,但是主要风格依然是明代的特色,对研究明代建筑艺术具有一定的参考价值。另外,很多文人墨客都在这里留下真迹,对书法爱好者也有很好的参考价值。

为什么小五台山受到科学界重视

小五台在张家口市涿鹿县与蔚县交界处,号称华北的屋脊。它有由五座高峰组成的"五台",其中东台最高,海拔约 2882 米,中台海拔约 2371 米,西台最低海拔约 2671 米。五台彼此相连,约 20 千米。小五台山地理位置为东经 114°50′~115°15′,北纬 39°40′~40°10′,东西宽约 40 千米,南北长约 45 千米。为了区别于山西五台山,故名小五台山。

小五台山气候属暖温带大陆季风区,一年中温差大,降水多且时间集中,风大、寒冷、冻冷时间长,无霜期短等。小五台山区水资源比较丰富,主要山谷皆有溪河;生物资源也十分丰富,是我国华北地区生态系统的典型代表。小五台山地形复杂,有拔地而起的山峰,有深渊峡谷中的泉水,有茂密的原始森林,也有托到云间的高山草甸。小五台山地区植被类型为夏绿阔叶林,由于山势高峻,气候垂直分布显著,植被、土壤、垂直带谱比较完整,物种饱和度大,区系组成复杂,植被群落类型多,是华北植被的典型代表地区。小五台山地区植物种类繁多,其中木本植物约185种,草本植物622种。植物中有中国特有成分桦木科的虎榛子、无串子科的文冠果、菊科的蚂蚱腿子,小五台山特有种小五台紫莹、小五台风毛菊、中国风毛菊等,还有华北珍贵植物臭冷杉、杜松等。随着海拔高度的变化,植被垂直带谱分布明显。森林由于开发较早屡遭破坏,其垂直带谱呈犬牙交错状态分布。小五台山五峰突起,气势磅礴,雄伟壮观,朝岚夕烟,瞬息万变,犹如五颗璀璨夺目的明珠镶嵌在京西之巅。

赵州桥为什么被称为 "天下第一桥"

赵州桥位于河北省赵县城南,因赵县古为赵州,故称赵州桥,又称安济桥。桥身全部用石料砌成,因而俗称大石桥。桥建于隋代,由著名工匠李春等人设计制造。赵州桥是世界上现存最古老的大型单孔圆弧形石拱桥,距今已有1400年的历史,赵州桥为敞肩式单孔纵向并列石拱桥,全长64.4米,宽9米,主拱净跨37.02米。主拱采用"切弧"原理,跨度大而弧度平,扩大了通水面积,又降低了桥面坡度。桥体由28道独立石拱纵向并列砌筑,并用勾石、收分、蜂腰等建筑手法连接加固,提高了整体牢固性。大拱两肩各建两个小拱,加大了泄洪能力,并减轻了桥身自重。桥上两侧的望柱及栏板上面雕刻有龙、兽、花草等图案,精美多姿。赵州桥的桥基选在汶河的天然地基上,桥台建在第四纪冲积层的亚黏土轻亚黏土上,此处地层稳定,土质均匀,是良好的天然地基,既能承载桥身重压,又能抗击地震危害。赵州桥设计科学,构造合理,用材精良,为世界桥梁史上的创举,历经千年风雨仍巍然屹立,其桥身坚实、巨大、空灵、轻秀,寓秀美于雄伟之中,被列为全国重点文物保护单位。1991年,美国土木工程学会(国际土木

河北省的这座赵州桥建于605年~616年间,使用了上千块重达一吨的石头。桥长约130英尺,宽约30多英尺。

工程界最具权威的学术机构）在世界各地经过考证筛选,选定赵州桥为国际土木工程历史古迹,并赠送了一面以国际土木工程里程碑为标志的铜牌安置桥旁,以示永久纪念。赵州桥被誉为"天下第一桥",千年不坠。

七贤祠纪念的是哪些人

　　春秋、战国时期是我国历史上的特殊时期,战争烽火四起,兼并分化频繁不已,同时,各种人物活跃于各国的政治舞台上。在"七雄之一"的赵国,涌现了一批叱咤风云、为世人敬仰的杰出人物。走进邯郸古典建筑与现代园林完美结合的丛台公园内、在武灵丛台的北侧,有一坐北朝南、卷棚歇山式建筑,这是后人为祭祀赵国七贤而建造的。七贤祠的入口是阁楼式建筑,敞开着的朱红大门透露出祠内的几分庄严,祠堂门口还有两处铜色狮雕,正门额匾上书"七贤祠"三字。祠的主体建筑面宽五间,进深一间,砖木结构,顶覆黄色琉璃瓦,祠内便是七贤的彩塑及人物的简介,七贤的彩塑一字排开,供人敬仰,而墙壁的东西两侧则是家喻户晓的七贤事迹,即赵奢的"秉公执法"和李牧、廉颇、蔺相如的"完璧归赵"、"负荆请罪"、"将相和",以及韩厥、程婴、公孙杵臼的"三忠舍身"救"赵氏孤儿"等。这七贤是赵国的骄傲,也是邯郸的骄傲。七贤祠西面是碑林长廊,名曰"邯郸碑林",长廊内有历代书法家碑刻数十方,艺术价值颇高,据说中国最大的墓志铭就存放于此处。

中国北方最大的瀑布群在哪里

　　保定阜平县城西南 30 多千米处的百草坨东侧,分布着九个大瀑布,一座天然形成的桥梁,被专家鉴定为中国北方最大的瀑布群和由变质岩形成的中国最大的天生桥。

　　桂林、桂西、滇东、川南、贵州等省市都有不少天生桥,这些天生桥多发育于喀斯特地貌硅铝层状地层之中,但位于河北省保定市阜平县太行山中段主峰驼梁主脊东北侧的阜平天生桥,却是在变质片麻岩中生成,据考证在国内还是首例。此天生桥长约 27 米,高约 13 米,宽约 13 米,其上方为 60 米的瀑布,下方是 112 米的大瀑布,瀑布水流由上方瀑布跌落后穿过天生桥再流入下面的高瀑布,雄奇壮观,落差最高的瑶台山银河瀑布组合,形成一个天然地质奇观。这个瀑布在丰水期飞流直下,如天马奔腾,惊天动地;枯水期清流潺潺,声韵清脆,宛如轻音乐协奏曲。到了冬季寒冷的时候,瀑布的水结成冰,生成千千万万、大大小小、姿态各异的冰柱,犹如鬼斧神工造化的玉雕。

阳原县泥河湾遗址发现有何重要意义

　　泥河湾旧石器时代遗址位于阳原县城东南偏北 47 千米处,桑干河北岸,石匣里乡境内,它是国际标定的第四纪地层代表地点,其研究价值可与世界公认的人类起源地——东非的奥杜维峡谷相媲美，素被国内外地质和古生物工作者所公认为中国以至其他大陆进行地层对比的标准剖面。泥河湾标准地层记录了第三纪晚期至第四纪地球演化和生物、人类进化的历史，受到国内外地质、古生物、古人类及史前考古专家的极大关注。

据说在 200 多万年前，这里曾经是一个巨大的湖泊，现在的阳原县、蔚县、大同市、阳高县、怀仁县、浑源县的大部分地区都在它的范围之内，人们把这个已经消失的湖叫大同湖。后来不知道由于什么原因，湖水干涸，变成了一片"古湖平原"。1924 年，英国学者巴尔博在泥河湾村和桑干河南岸考察的时候，在地层里发现了双壳蚌化石，认为这个地层比较特殊，叫做"泥河湾层"。考察发现证明，泥河湾遗址是寻找早期人类化石的一处重要地区。河北省考古工作者把泥河湾遗址称为"旧石器考古的圣地"。一些考古工作者提起泥河湾时，都说那里遍地都是宝。

为什么说鸡鸣驿
是研究古代邮政史的
现存实物资料

驿站，作为中国古代通讯中重要的设施，一直是国家兴衰的标志。位于河北省怀来县境内的鸡鸣驿城，是国内现存最大、保存最好、功能最完备的骑路驿城。鸡鸣驿建于元朝，1219 年成吉思汗在西征时设此驿站，明永乐十八年（1420 年）扩建，从此驿站日益繁荣。直到 1913 年北洋政府开办现代邮政，才宣布淘汰鸡鸣驿，驿站历经 700 年才退出

历史舞台。城内建有驿丞署、公馆院、财神庙、关帝庙、城隍庙、普度寺及行宫等建筑，其中永宁寺是驿站的最早建筑，距今约 800 年。鸡鸣驿地处交通要塞，也是商旅云集之地。鸡鸣驿是研究中国古代邮政历史、社会经济、宗教文化的绝好实物资料。

华北第一大海岛——
菩提岛魅力何在

菩提岛是华北地区第一大岛，也是距北京最近的生态海岛。菩提岛原名石臼坨，又名十九坨，据《乐亭县志》记载："因形似过去用来舂米的石臼，中间凹四周凸起而得名石臼坨"。因岛上生长着大量北方少见的菩提树，释迦牟尼在菩提树下顿悟成佛，2000 年更名为"菩提岛"，菩提岛由此得名。十九坨是因为唐王李世民东征时，曾在此驻跸十九日，故而又名十九坨。

菩提岛位于乐亭县南部大海之中，面积约 2.34 平方千米。岛上气候宜人，属暖温带滨海半湿润季风气候，夏季无酷热感，7 月平均气温 24.2℃，比秦皇岛低 0.2℃。受海陆风影响，往往高温刚至又变成海风，使气温转凉，非常适宜避暑度假。菩提岛动植物资源丰富，是国际观鸟基地，为河北省生态旅游示范区之一。岛上有动物 400 余种，植物 168 种。春夏秋季，奇花异草，鸟唱蝉鸣，一派纯自然风光，置身其间，深有返璞归真之感，菩提岛自然特点可归纳为"八岛"之奇：

（1）荒岛。北部多草滩、草地、灌木，为荒岛景观，因人迹罕至，登岛体验

有洪荒孤野之感。

（2）海岛。该岛是经潮流作用形成的蚀余性岛屿，海岛特色明显，游人可充分体验吃海、住海、航海、观海的情趣。

（3）沙岛。全岛为沙性，沙丘密布，地势平坦，可进行沙浴、沙雕、日光浴等活动。

（4）大岛。南北长 3 千米，东西宽 1 千米。打网岗东西长 13.5 千米，均宽 50 米，是我国北方海域最细长的岛，并形成我国独有的双道海岸线。

（5）绿岛。全岛草木丛生，有多种乔、灌木及花草植物，植被覆盖率达 98%。

（6）鸟岛。因植被茂盛，人员稀少，咸淡水及食物丰富，每年吸引着 400 余种鸟类来此栖息、繁衍，成为名副其实的"鸟岛"。

（7）日月岛。岛东南有状似弦月的月岛。在特定的日子里，可以观赏到"三日同晖"、"三月同晖"的奇景。即在天空、海中和沙滩上同时有几个太阳（月亮）争辉。

（8）佛家岛。岛上有建于明朝的"朝阳庵"遗址和建于清朝的"潮音寺"，前者现存残碑一块及瓦砾，后者现有后殿五间，内有佛像及雕刻的 500 罗汉，刻工精细，前廊石柱有精致的石雕及楹联数副，足见当时佛事的鼎盛。

蔚县空中草原有什么特点

在张家口蔚县南山深处，有一块神奇的地方，这就是空中草原旅游区——甸子梁。它之所以得名空中草原，是因为在河北这个平原地区，它的海拔达

蔚县空中草原

2158 米，属于高山草原，也是华北地区最高的草原，面积达 32 平方千米。空中草原南部怪石林立、悬崖蜿蜒，中部是 36 平方千米一望无际的大草原，北部是 534 公顷森林。甸下峰峦叠嶂，甸上一望无垠。这里花草交织，绿茵如毯，白云飞渡，天地相连，让人更觉得恍若天堂，美不可言。景区有许多自然形成的景点，每个景点给人以神秘之感。这里有壁立千仞的"老鹰岩"、峭拔挺秀的"探崖岩"、亭亭玉立的"南北好姑娘石"、幽然有致的"天池"，还有一泓明静的"水淖"。空中草原几乎囊括了所有塞北风光的特点，自古就有"到了空中草原，不看塞北风光"的说法。

空中草原盛产沙棘、地皮菜、香蘑、山丹花等具有极高的食用和药用价值的植物。534 公顷落叶林就像一个天然的动物园，生存着野鸡、山兔、狍子、豹子、狐狸、野猪等动物，让进入其中的人感受着大自然的魅力。

曲阳石雕为什么名扬天下

曲阳是闻名中外的雕刻之乡。曲阳雕刻始于西汉,至今已有2000多年的历史。现存最早的石雕发现于王台北村的狗塔坡。经历代雕刻艺人的不断探索和千锤百炼,雕刻技术日益精湛,艺术水平不断提高,留下诸多传世之作。北魏的石虎、石狮、人物等作品,古拙浑朴;魏晋的飞禽、石狮、石羊形象逼真;大唐的人物、佛像结构匀称,神态端庄;元代的作品造型优美,做工精细;明清时期的石雕,更是线条清晰,工艺精巧。新中国成立后,曲阳雕刻艺人参加了人民大会堂、人民英雄纪念碑、天安门修复等北京十大建筑工程和毛主席纪念堂的建设。改革开放以来,曲阳雕刻获得了长足发展,雕刻艺人把浮雕、镂雕、圆雕的技法和现代解剖学、透视学、美学融入雕刻技艺中,使仿古作品古朴典雅,栩栩如生,现代作品清新自然,意境幽深。精美的雕刻需要优质的石材,曲阳县城南10千米的黄山,有储量丰富的大理石,曲阳大理石石质纯净细腻,脂润坚韧,经久耐磨,既容易受刀精雕细琢,又耐风化,色泽持久。在诸多石料中,汉白玉最为著名。2000多年来,曲阳汉白玉石雕艺术遍布全国各地,北京的故宫、皇家园林及古代帝王陵墓,现代著名建筑中人民大会堂、毛主席纪念堂等,都有曲阳汉白玉石雕装饰。今天,曲阳石雕艺术品畅销日本、新加坡、比利时、奥地利、澳大利亚、美国等数十个国家和地区,多次出展国际展览会,并获大奖。曲阳雕刻业规模迅速扩大,知名度迅速提高,逐渐发展成为曲阳县最具活力的特色支柱产业。目前,全县拥有各类雕刻企业摊点2000多个,其中雕刻集团3家,合资企业30多个,从业人员30000多人,年产值达到7亿多元,产品远销世界80多个国家和地区。1986年,时任中共中央总书记的胡耀邦同志视察曲阳,亲笔题词"雕刻之乡"。1995年,曲阳被国务院正式命名为"雕刻之乡"。

为什么说石家庄是 "火车拉来的城市"

广袤的华北平原上,有一座现代化城市,它拥有15848平方千米的土地,超过900万的人口,但是,却有着一个村庄的名字,它就是河北省的省会——石家庄。石家庄是华北重镇,是中国重要的交通枢纽,是一个只有几十年历史的年轻城市。在该市的兴起和变迁中,铁路发挥了极为重要的作用。

从历史记载中可以得知,直到明朝嘉靖年间依然没有石家庄这个地方,最早关于它的记载说它是正定卫下属的一个中千户所的一个村庄,所以叫石家庄。到了清朝,它就成了当时河北获鹿县的一个小村子。清朝末年,张之洞提出中学为体,西学为用,洋务运动兴起,开始修建铁路。1903年平汉铁路(今京广铁路)通过石家庄,1907年正太铁路(今石太铁路)全线通车,使石家庄成为交通枢纽,从而发展成为一个较大的城市,所以人们说石家庄是火车拉来的城市。

为什么说保定是
历史文化名城

保定是尧帝的故乡，北距北京约140千米，东距天津约160千米，有着悠久的历史。辖区内自然景观和人文景观交相辉映，革命纪念地和文物古迹也各具特色。保定始建于宋朝，到了清朝康熙年间以后就成为河北的省城，曾经威名一时的直隶总督府就在保定，至今依然保存完整。新中国成立后，保定成为河北地区的政治、经济、文化中心。

保定有中国古代十大名园之一的古莲花池，中国保存最完好的清代衙门府——直隶总督府；周围有中国规模最大的清代皇陵清西陵，因出土金缕玉衣而轰动世界的满城汉墓和集休闲、度假、会议、休疗、康复、保健、观光为一体的白洋淀温泉城等。明清以来，保定的文化教育事业一直领先全国，清朝时候的莲

赵匡胤画像

池书院享誉海内外，在清末民初的时候，兴办了许多学校，有高等农业学堂（现河北农大）、省立高中、省立女二师（现十七中）、保定师范（红二师）、育德中学、保定陆军军官学校以及留法勤工俭学培训班，都名扬全国。保定历史悠久，并且出了很多名人，三国时的政治家刘备；著名的科学家祖冲之、郦道元；北宋的政治家赵匡胤；杰出的戏剧大师关汉卿、王实甫等都出生在这里。

保定还是著名的健康之城，有尊老爱幼传统，精通保健养身之道，人均寿命高于全国平均数6.4岁，是三国文化发祥地，还有亚洲最大影视基地涿州影视城，京都和京南两处高尔夫球场等娱乐设施，每年举办元宵文化节和中秋赏月等大型活动。1986年，国务院公布保定为国家历史文化名城。

华北平原第二大淡水湖
是怎样形成的

衡水湖又名"千顷洼"或"千顷洼水库"。它东依106国道，西临冀州市小寨乡南尉迟村和南良村，南靠冀州市区，北接桃城区大赵常庄，与滏阳河相连，总面积约130平方千米。其中湖面约75平方千米（在冀州境内57平方千米，桃城区境内18平方千米），陆地面积约55平方千米，面积和蓄水规模仅次于白洋淀，是华北平原第二大淡水湖。传说大禹治水首先从冀州扬起第一锹土，就形成了衡水湖。衡水湖的实际形成是在公元前600多年，当时冀州是古黄河故道。经考察，在巨鹿、南宫、新河、冀州、束鹿、宁晋、隆尧、任县间有一个很大的古湖泊遗

迹,后来湖泊逐渐淤积,衡水湖就是由这个古湖泊演变形成的。衡水湖曾在历史上多次发生水灾,也曾多次治理。而今天,衡水湖则成了一个能引、蓄、灌、排成套的蓄水工程,习惯上称为"千顷洼水库"。衡水湖有多种多样的生态系统,有很高的生态价值、经济价值以及旅游开发价值。在此栖息的水禽多达 286 种,其中丹顶鹤、白天鹅等 40 余种野生动物被列为国家一、二级野生保护动物。众多的水禽和广袤的水域使冀州湖具有"落霞与孤鹜齐飞,秋水共长天一色"的美景。

邯郸因何进入国家级历史文化名城之列

邯郸地处河北省南部,与山西、山东、河南交界,素有"冀南明珠"之称。邯郸有着悠久的历史文明和现代文明,现在市辖邯郸县、永年县、曲周县、邱县、鸡泽县、肥乡县、广平县、成安县、涉县、临漳县、大名县、馆陶县、魏县、磁县和峰峰矿区、丛台区、邯山区、复兴区等 4 区 14 个县,代管武安市。面积 12087 平方千米,人口约 844 万。邯郸的人类活动起源于新石器时代早期,至今有近 8000 年的历史。到了战国时期,邯郸进入了它的辉煌时期,发展成为赵国的政治、文化、经济、军事中心,作为国都长达 158 年之久。经短暂沦落,又振兴于西汉时期,成为全国五大都市之一。至东汉末始衰落。三国时期,邯郸代之以邺城(今临漳),成为魏国王都。北宋时期,又代之以大名府(今大名),号称陪都"北京"。数度繁华,给邯郸留下了丰富

的遗产。现有 1500 多处文物古迹,仅全国重点文物保护单位就有 9 处。1994年 1 月,邯郸被国务院公布列入"国家级历史文化名城"名单。

你知道张家口有哪些著名特产吗

张家口地理条件复杂,有高原、平川、河流、大山,故物产品种多,而且质量好。张家口特产口蘑、野菜、贡米、大杏扁、马奶葡萄、长城干红干白葡萄酒、柴沟堡熏肉、怀安豆腐皮、蔚县剪纸、鹦哥绿豆、金丝小枣、石片黄杏、八棱海棠、万全西瓜、宣化牛奶葡萄、蔚县榛子等。野菜有十几种,常吃的有蕨菜、野黄花、松蘑、地皮菜、木兰菜、苦菜等。柴沟堡熏肉历史悠久,肉质松嫩脂少,食之爽淡不腻,柏香馥郁;蔚县大杏扁品种多,品质好,营养价值极高,是世界四大干果之一;圪渣饼系阳原县揣骨町的特产,其选料精良,工艺考究,吃时酥、脆、香、甜,别有风味,异常可口;怀安豆腐皮历史久远,薄如纸张,筋似皮条,且价廉物美。

河北有哪些具有特色的剧种

在河北曾经流行和正在流行的剧种,有 30 多个,其中河北土生土长的有 26 个,最为著名的有河北梆子、评剧、保定老调、丝弦等。

河北梆子是河北省的主要地方剧种,是梆子声腔的一个重要支脉,也叫京梆子、秦腔和山陕梆子,清乾隆年间传入河北的秦腔和山西梆子是河北梆子的前

身,后来经过当地人的加工雕琢,成了具有河北特色的地方戏曲。河北梆子最盛行时流行于河北、北京、天津、内蒙古及东北三省,山东、河南亦有部分地区流传。这个戏曲的特点是音调高昂激越,表现出一种慷慨悲壮的情绪;词句通俗易懂,多为河北地方口语,富有浓厚的河北乡土气味,唱腔分有生、旦、净、丑四行。传统剧目有 500 余出,《金水桥》、《杜十娘》、《蝴蝶杯》、《教子》等影响较大。

评剧流行于北京、天津和华北、东北各省,有 70 多年的历史。系在滦县一带的对口莲花落基础上吸收京、梆及皮影等音乐和表演形成,早期称平腔梆子或蹦蹦。这个剧种从农村进入城市后,受到话剧和京剧的影响演了许多新戏,善于表现小市民生活。唱词通俗易懂,唱腔口语化,吐字清晰易解,生活气息浓厚,深受城乡人民欢迎。

保定老调是一个特有的戏曲声腔剧种,它至今依然有着强烈的地方色彩和浓郁的乡土气息。专家称它的唱腔质朴健朗,高亢而又清婉,是我国戏曲文化中宝贵的财富。

另外,哈哈腔、平调、落子、乱弹、唐剧等剧种,也在河北各地流行。

河北有哪些特殊的礼仪和风俗

河北省境内北有燕山,西依太行,山区面积比较辽阔。山里人热情好客,自古成俗,而且招待客人相当实在。河北人民把家里来客人作为“吉利”的预兆。客人进家后,饮茶、吃饭、上菜均用大碗,不用盘、碟。碗里没了茶,主人会马上斟上一碗,直到喝剩下半碗为止。吃饭时,筷子要随时拿在手里,吃饱了要两根筷子平放在碗口上。

“过庙”在河北各地叫法不同,乡村多称为“赶庙”、“赶会”,城镇则称为“上庙”、“上会”。河北“过庙”的习惯由来已久,甚为普遍。庙会渊源于集市。相传,神农时代“日中为市”,太阳升至中天进行集市,互通有无,做好交易就散伙。后来,农业、手工业有了发展,商业随之繁荣,出现了固定的交易场所,地点常固定在交通要道或衙门附近。南北朝时,崇尚佛法,大兴庙宇,于是活佛升天或菩萨诞辰之类的盛会应运而生,游客纷至沓来,商人见有利可图,便来庙前设摊,招徕生意,这就是以寺庙为中心进行交易活动的庙会的由来。河北省古来有“天下大庙数鄚州”的说法,这是因为鄚州(在今河北省任丘县)自唐宋以来的几个朝代里,一直地处我国南北交通要塞,水陆两便,每年都有全国各地的许多工商业产品在此销售。旧时的庙会内容比较复杂,有的还带着较浓的宗法观念和封建迷信色彩,现在庙会主要用于物资和旅游娱乐。

外地一般以“老大”作为对人的尊称,例如“老大哥”等。而河北省清河县、临西县这一带则不然,习惯以“老二”为尊称。这种情况主要表现在对男性的称呼上,如二哥、二叔、二兄弟、二大爷等。其主要原因是清河是武松的诞生地,武松身材魁伟,武艺高强,因为他排行老二,所以人们习惯称他“英雄好汉武二郎”。所以,当地人都喜欢被人称做“二哥”、“二叔”,如果在当地叫别人“大哥”,会被人们认为是对对方的污辱。

河北有哪些别具特色的民间舞蹈

河北省素有北方汉族民间歌舞之乡的美誉。河北的民间舞蹈绚丽多姿，基本上以秧歌为主，其他还有各种灯类、鼓类以及借用道具表演的狮子舞、竹马、旱船、花船、小车、大头舞等共140多种。冀东有地秧歌、抚宁扇鼓、五虎棍；冀北有插花落子、拧鼓、舞花鼓、猴打棒、蹦避会和反映宗教仪式的假面舞；冀中有沧州落子、竹马落子、花鼓落子、地平跷、秧歌、花狸虎、七巧灯、胜芳胯鼓、战鼓、荷花灯、花篮灯；冀西有井陉拉花、踏鼓、排鼓、大秧歌、别杠、拾花杠、船、花车等。另外，狮子、龙灯、高跷、旱船、大头舞等舞蹈形式，遍及河北各地。在每年的新年、春节传统的迎春花会等群众性业余文艺活动中，民间歌舞异常活跃。春节期间，河北各地的农民业余艺术家们，舞动着五彩缤纷的花扇和彩绸，伴随着节奏鲜明的锣鼓声和旋律优美、高亢清脆

的唢呐声，在农村、城镇的街头翩翩起舞，以增加节日的欢乐气氛。冀东地秧歌广泛流传在河北省唐山地区。地秧歌徒步于地上表演，不受演出场合和道具的限制，比较机动灵活，易学易演，是自娱性和表演性相结合、有广泛群众基础的一种民间舞，分过街秧歌和场子秧歌两种。

河北民间狮子舞

海南岛是如何形成的

海南岛中已知的最早的地层年龄是18亿年，但海南岛的形成却在6500万年前。海南岛的形成与琼州海峡的形成有直接的关系，而且说法不一。比较权威的说法是：海南岛本与大陆相连，6500万年前，也有的说是100万年前，还有的说是50万年前，由于在北部发生断陷形成琼州海峡，与大陆分离，屹立南海，成为我国第二大岛。海南岛与大陆相连时，也几经沉浮，时而在海水下，时而露出海面。沧海桑田，地壳变迁。经历了构造运动、岩浆活动、沉积作用和成矿作用等，形成今日壮丽的山川和海湾景色。海南原与雷州半岛相连，由于分离而成为海岛，整个岛似椭圆形，四周低平，中间高耸，以中部高山为核心，向四周外围逐级递降，由山地、丘陵、台地、平原组成环形层状地貌。火山喷发活动频繁，4000多平方千米内全是火山岩分布，火山口三五成群，熔岩隧道纵横交错，形成了奇特的火山地貌景观。五指山就是由火山岩喷发构成的高大山体。五指山是由1.4亿年早白垩纪中酸性火山岩喷发构成的高大山体，延绵不断的热带雨林，是万泉河和昌化江的发源地。

海南岛有独特的山岳奇峰、火山地貌、岩溶景观、瀑布、温泉和地震遗迹;还有1500多千米的海岸线,众多沙的水平的海湾、沙滩、珊瑚礁石和海蚀地貌。

海南岛的两种海岸是什么样子的

海岸类型:海岸,根据其形态和成因,大体可分为基岩海岸、砂(砾)质海岸、淤泥质海岸和生物海岸。基岩海岸,又称港湾海岸,主要由地质构造活动及波浪作用所形成。其特征为地势陡峭,岸线曲折,水深流急。砂(砾)质海岸,又称堆积海岸,由平原的堆积物质被搬运到海岸边,又经波浪或风改造堆积而成。其特征为:组成物质以松散的砂(砾)为主,岸滩较窄而坡度较陡。淤泥质海岸,又称平原海岸,主要由河流携带入海的大量细颗粒泥沙在潮流与波浪作用下输运、沉积而成。其特征为:岸滩物质组成多属黏土、粉砂等;岸线平直,地势平坦。生物海岸包括珊瑚礁海岸和红树林海岸。前者由热带造礁珊瑚虫遗骸聚积而成;后者由红树科植物与淤泥质潮滩组合而成。生物海岸只出现在热带与亚热带地区。

海南岛海岸属于生物海岸,有的岸段是红树林海岸,有的岸段是珊瑚礁海岸。

红树林海岸是生长在热带海滩上的一种热带森林,为热带海岸特有的水生乔木群落类型,是海南岛典型的生物海岸。涨潮时,海滩被海水淹没,红树林泡在海水里,只有绿色的树冠露出水面;退潮后,红树林的根基又裸露在海滩上。

经调查发现海南省现有红树林面积达4300公顷,以琼山市东寨港和文昌市清澜港面积、种类为最大、最多。全省的红树、半红树植物面积占全国红树植物种类的90%。

珊瑚礁海岸是由于造礁珊瑚的大量繁殖而造成海岸线上的各种礁体,这些礁体控制了海岸地形的发育,成为特殊的海岸类型。珊瑚礁在海南岛沿岸和南海广阔海域均有分布。全省现有珊瑚礁面积占全国珊瑚礁总面积的98%以上,其中的文昌、琼海、儋州、临高一带及三亚段最多,基本上属岸礁类型,即珊瑚礁与海岸区连成一片,珊瑚礁的发育从岸边开始不断向海中发展。

海南第一大河是哪条河

南渡江发源于昌江、白沙两县交界的坝王岭(黄牛岭附近),是海南第一大河,是海南的母亲河,斜贯海南岛中北部,东北流经白沙、儋县、琼中、屯昌、澄迈、琼山等县,主流在琼山县与海口市边境入海。长约311千米,流域面积约7176平方千米,总落差约703米。河流入澄迈之前,穿行在山丘之中,比降大,河岸陡,河谷狭窄,多为石底河床,水力充足。从澄迈金江镇后,南渡江主要在玄武岩台地和浅海沉积台地中流过,地势开阔,河床坡度较缓,河谷较宽,潭口以下进入三角洲,河道有数支分汊。流域气候有明显的干湿两季,又多暴雨,故河流流量和水位常出现暴涨暴落。每当暴雨后,山洪暴发,河水猛涨,立即可达最大洪峰。一年中河流水位出现两次高峰,一为5月,一为9、10月。上游建有松涛水库，正常库容 33 亿立方米，设计灌溉儋州、临高、澄迈、琼山、海口 5 个市县 14.47 万公顷农耕地。流域内 100 平方千米以上一级支流有 15 条，其中河长超过 50 千米的有大塘河和新吴溪。南渡江三角洲河床比降小，河道淤积快，夏秋台风暴雨之时，潮水倒灌，时有洪潮灾害。

现在南渡江沿岸分布着大大小小的工业企业，主要是制糖、橡胶加工、淀粉厂和食品加工厂。南渡江每年接纳工业废水约 432 万吨。由于排污设备的运行需要较大的费用，为减少生产成本，南渡江沿岸的工业企业受经济利益的驱动，出现偷排超标污染物的现象。

哪条河被誉为中国的 "亚马孙河"

万泉河是海南岛第三大河，发源于五指山，全长约 163 千米，流域面积约 3693 平方千米。上游两岸峰峦起伏，河谷狭窄，水流湍急；下游河面开阔，两岸都是椰林和蕉园夹岸。沿河两岸典型的热带雨林景观和巧夺天工的地貌，令人叹为观止。万泉河是海南的母亲河，是中国未受污染、生态环境优美的热带河流，被誉为中国的"亚马孙河"。"万泉河水清又清"、"我爱五指山、我爱万泉河"唱红了全中国。万泉河河水流经琼海市境内 81 千米，在河心形成一个沙洲岛，附近还有著名的官塘温泉和风光秀丽的白石岭风景区。万泉河景色最美的地方是在出海口，这里集江河、绿岛、海港、沙堤等景观于一地，被认为是世界上河流出海口中自然风景保存最好的地方之一。万泉河、龙滚河、九曲江在这里汇合，东屿岛、沙坡岛、鸳鸯岛以及博鳌港、谭门港、圣公石等风景点也都汇聚在此，此外这里还建有海边浴场、度假村、高尔夫球场，旅游设施也较为全面。

海南岛万泉河

昌化江发源于哪里

昌化江是海南第二大河,它发源于海南琼中县黎母山林区的空示岭,横贯海南岛的中西部,河流自东北向西南经琼中、五指山、乐东、东方等市县,最后从东方市穿过昌江县的昌化港西流入南海。昌化江干流全长约 230 千米,流域面积约 5150 平方千米,总落差约 1270 米。

昌化江主要支流有南圣河、毛阳河、什运河、石碌河。其中美丽的南圣河流经海南五指山市区,城区西侧河水拥抱着一个小岛,就是南圣河小岛,南圣河小岛上姹紫嫣红的鲜花四季争妍,飘香流蜜的果实结满枝头,既可观赏,又能品尝。岛西的河谷更是别有风味,空阔的河床上石岩累累,不少石头被钻上了一个个垂直的园洞,这是旋涡花了千万年工夫精心制成的杰作。石碌河穿石碌镇昌江县城而过,石碌地处海南西部的昌化江,有一座闻名遐迩的露天高品位富铁矿,它是我国著名的大型富铁矿床,累计探明表内储量 3.02 亿吨,含铁平均品位 51.15%,这就是闻名海内外的石碌铁矿,也称海南铁矿。海南铁矿号称“亚洲第一富铁矿”,从发现到大规模开采,历经 300 多年。另有一个大型富钴矿床,累计探明钴金属量 1.3 万吨。同时探明具有中等规模富铜矿床,探明铜金属量 7.5 万吨等。

为什么说浮粟泉是 “海南第一泉”

浮粟泉有“海南第一泉”的美称,浮粟泉旁一堵粉墙嵌着一块石碑,石碑上刻着“浮粟泉”三个字,碑前清凉的泉水注满了上下两口方井。相传 1097 年苏东坡被贬儋州,身处逆境,仍然非常关心群众生活,他途经此地投宿,看到附近居民饮混浊的城水河,告诉居民:“依地开凿,当得双泉。”当地居民凿之,果然一清一浊两股泉水,清为浮粟泉,浊为洗心泉,洗心泉在明初湮没,浮粟泉水源旺盛,水面常浮小泡,类似粟粒,故名。浮粟泉几百年来从不枯竭,且无色、无味,水质极佳,饮后对人体有保健作用。有传说,常喝浮粟泉水,可以延年益寿。现在泉上尚有“浮粟泉”三字石刻,系乾隆五十八年(1793 年)郡守叶汝兰所题,两边有篆书石刻对联:“粟飞藻思,云散清襟”,为清代著名金石家汪厚所书刻,书法刻工细致,是海南现存珍贵的石刻之一。

海南有哪些丰富 的热带海洋资源

海南省周围海域辽阔,热带海洋资源丰富,其数量居全国之首。它具有渔场广、品种多、生长快和鱼汛长的优势,是发展热带水产的理想海域。海南省海岸线长约 1500 千米,沿海有天然港湾 68 个,水深 200 米以内的近海大陆架渔场面积达 22.5 万平方千米,是我国发展热带海洋渔业的理想之地。现有渔港30多个。著名的四大渔场有昌化、清澜、三亚、北部湾渔场。海洋水产在800种以上，鱼类600多种，主要经济鱼类有金枪鱼、海鳗、带鱼、大黄鱼等40多种。可供人工养殖的浅海滩涂有2.5万多公顷，养殖了石花菜、沙蒿、珍珠贝、牡蛎、对虾、藻类等多种水产。

海南岛西南沿海是中国华南地区发展海盐业的最佳地段。这里海滩平坦，终年炎热，阳光充足，风力较大，降雨量少，蒸发量大，晒盐条件好。目前已建有莺歌海、东方和榆林等大型盐场，其中莺歌海盐场的盐田面积约为2454公顷，是中国南方最大的盐场。

海南植物资源状况如何

海南素有"水果之岛"的美称，热带、亚热带水果种类繁多，品质优良。海南岛栽培和野生的果树有29个科、53

海南岛五指山

个属、400余个品种，为世界上其他果区所罕见。海南盛产波罗蜜、菠萝、芒果、荔枝、龙眼、香蕉、大蕉、红毛丹、鸡蛋果、人心果、水蒲桃、火龙果、百香果、山竹、铁力小、金鸡纳、香荚兰、香茅草、酸豆、杨桃、木瓜、番石榴、洋浦桃、柑橘、黄皮、西瓜、榴莲、面包果、香荔枝、甜葡。

海南的植被生长快，植物繁多，是热带雨林、热带季雨林的原生地。到目前为止，海南岛有维管束植物4000多种，约占全国总数的1/7，其中600多种为海南所特有。在4000多种植物资源中，药用植物2500多种；乔灌木2000多种，其中800多种经济价值较高，列为国家重点保护的特产与珍稀树木20多种；果树（包括野生果树）142种；芳香植物70多种；热带观赏花卉及园林绿化美化树木200多种。植物资源的最大藏量在热带森林植物群落类型中，热带森林植被垂直分带明显，且具有混交、多层、异龄、常绿、干高、冠宽等特点。热带森林主要分布于五指山、尖峰岭、霸王岭、吊罗山、黎母山等林区，其中五指山属未开发的原始森林。热带森林以生产珍贵的热带木材而闻名全国，在1400多种针阔叶树种中，乔木达800种，其中458种被列为国家的商品材，属于特类木材的有花梨、坡垒、子京、荔枝、母生等5种，一类材34种，二类材48种，三类材119种，适于造船和制造名贵家具的高级木材有85种，珍稀树种45种。

海南有哪些热带原始森林

原始森林总因为"原始"二字显得神秘莫测。只有曾经走进这绿色世界的人,才会真的为眼前呈现的一切而惊叹、折服,才能真正地体会到这份独有的古老的美丽。

五指山、坝王岭、尖峰岭、吊罗山和黎母山是海南的五大热带原始森林区。海南的热带天然林面积广大,据统计占全省面积的1/4。热带天然林主要分布在中南部海拔500米以上的山地,因地理条件而垂直分布。自上而下有山顶矮林、热带山地雨林、热带雨林、热带季雨林、热带针叶林、红树林等。热带天然林的主要特征是林木高大,茂密常绿,物种繁多,树龄差异大,林分结构复杂,常在3～5层以上,板根现象普遍,树上寄生和附生植物丰富,木质藤本植物发达,有大树老茎生花现象。

五指山原始森林层层叠叠,逶迤不尽。这里是一个蕴藏着无数百年不朽良树的绿色宝库,落叶厚达50厘米以上。五指山是海南第一高山,是海南岛的象征,也是我国名山之一,被国际旅游组织列为A级旅游点。

坝王岭原始森林位于白沙、乐东两县交界处,面积约2335公顷,这里,由于自然条件得天独厚,自然生态系统保存完整,有多种珍稀动植物繁衍,是我国热带生物资源最丰富的地区之一。

尖峰岭原始森林总面积467平方千米,是中国现存面积最大,保护最完好的原始热带雨林区,森林覆盖率达98%。从尖峰岭西侧的海滨至1412米的主峰,分布着七个植被类型,形成极为完好的植被带谱,拥有动植物近4000种,被誉为热带北缘生物物种基因库。

吊罗山原始森林是名副其实的"植物宝库"和"真正的动物园",不仅令人心旷神怡,更能使人增添许多科学知识,

既适宜于避寒,也适宜于避暑;既适宜观光娱乐,更适宜于考察探险。

黎母山森林公园位于海南省中部高峰区琼中县境内,最高海拔约1411米,总面积12873公顷,其中天然林面积7270公顷,地处热带常绿季雨林地带,是我国热带生物资源最丰富的地区之一。

海南都有哪些野生动物

海南省的野生动物有500多种,其中,两栖类37种(11种仅见于海南,8种列为国家特产动物);爬行类104种;鸟类344种;哺乳类82种(21种为海南特有)。目前,被列为国家一级保护野生动物的有13种,即被誉为"稀世之宝"的海南坡鹿、"中国之贵"的黑冠长臂猿,水鹿、猕猴、云豹等亦很珍贵。还有云豹、白腹军舰鸟、白鹤、黑鹳、朱鹮、白肩雕、海南山鹧鸪、白颈长尾雉、孔雀雉、巨蜥等;列为二级保护的有36种,即猕猴、穿山甲、黑熊、水獭、小爪水獭、大灵猫、水鹿、海南羊、巨松鼠、褐鲣鸟、红脚鲣鸟、小天鹅等。

海南岛有哪些矿产

海南矿产非常丰富,约有90种。全国标明有工业储量的148种矿产,海南有67种,其中43种列入全国矿产储量。海南省矿产资源中,能源矿产有天然气、石油、油页岩、褐煤、铀等;金属矿产有铁、钛、锆英石、铝土矿、金、钴、铜、铝、独居石、铝、锌、银、钨、锡、铬、镍、锯、钽、

镓、镉等;非金属矿产有蓝宝石、红钻宝石、水晶、石英砂、石灰岩、白云岩、石英岩、硅石、硫铁矿、磷、沸石、膨润土、硅藻土、萤石、白云母、花岗岩、闪长岩、辉长岩、大理岩、玄武岩、耐火黏土、火山灰、火山渣、泥炭、页岩等;地下水有饮用水、矿泉水等。石油、天然气有较好的开发前景。已圈定的北部湾、莺歌海、琼东南3个大型新生代沉积盆地,总面积约12万平方千米,其中对油气勘探有利的远景面积约6万平方千米。

海底村庄是怎么形成的

海底村庄位于琼山东寨港至文昌市铺前镇一带的海湾海底,当时共有72个村庄缓慢下沉,垂直下降入海,当时民间有一个传说,说是海龙王发怒降水淹没了这里的72个村庄,又将这里变成了神奇奥秘而令人向往的港湾。现在海底还留存着村庄的遗迹:西排湾遗址、绝尾沟遗址、和恭遗址、石见前遗址等。

后来经过调查得知是明万历年间一次大地震造成的陆陷成海的灾难所致。史料记载,1605年7月13日午夜,琼州北部发生大地震,震中烈度为10度,震级7.5级。重震区为琼山、澄迈、临高、文昌四地,地震造成陆地沉陷成海面积达100多平方千米,共有72个村庄缓慢下沉,为世所罕见的灾害遗址奇观。

海底村庄奇观是中国唯一的因地震导致陆地陷落成海的古文化遗址。如今在退潮时,从铺前湾至北创港东西长10千米、宽1千米的浅海地带可见平坦的古耕地阡陌纵横。海底村庄从东寨港至铺前湾一带海滩上,古村庄废墟遗址隐约可见。

海底村庄在海口东部约40千米,与东寨港红树林同属一处旅游规划区,两处景点相距较近,可组合成一日游程。交通可由海口乘车至铺前镇,再换乘三轮车前往。

"海南第一楼"在哪里

"海南第一楼"位于五公祠内,位于海口市与琼山市接壤处,高9米,分上下两层,四角攒尖式的屋顶,盖着红椽绿瓦,与周围的烂漫红花相辉映,环境显得格外幽雅迷人。

五公祠始建于明代万历年间,纪念的是唐宋两代被贬职而来海南的五位名臣:李德裕、李纲、赵鼎、李光、胡铨。

祠内五公石雕栩栩如生,满面思绪。五公祠近旁有学圃堂、五公精舍、观稼堂、苏公祠、拱桥、荷池、风亭、琼园等,构成了一组古建筑群落,清光绪十五年(1889年)重修。新中国成立后又经多次修整。"海南第一楼"横匾,字大一尺

海南岛五公祠景区

三寸,赫然醒目。五公祠左侧是观稼堂,观稼指观赏"粟井浮金"、"金穗千亩"景色,观稼堂取此名为纪念苏东坡。五公祠内有湖,湖中有岛,古色古香的楼、阁、亭、榭与微波荡漾的湖水交相辉映,别有洞天。祠里四处古木参天,绿树成荫,繁花似锦,自古被誉为"琼台胜景"。

五公祠游览区内常年展出许多珍贵文物,其中宋徽宗赵佶手书《神霄玉清万寿宫诏》最为有名,其瘦金体书法刚劲清秀,对研究书法有重要价值。此外还有著名清官海瑞的古唐诗书法,也很受人喜爱。

中国最大的经济特区是哪里

海南省东与菲律宾为邻,西濒北部湾,与越南仅距 220 海里。南起曾母暗沙,直对东南亚各国。北接广西、广东两省海域,隔琼州海峡与雷州半岛相望。与我国其他几个经济特区相比,它是面积最大、人口最多的一个经济特区。1988 年 4 月 13 日,第七届全国人民代表大会第一次会议审议原隶属广东省的海南行政区正式改制为省,同时通过了《关于建立海南经济特区的决议》,决定划定海南省为海南经济特区,实行更加开放的政策,办成中国最大的经济特区。

有"海滨邹鲁" 美誉的城市是哪个

泉州市位于福建省东南部,晋江下游北岸,南临台湾海峡,别称鲤城、刺桐城。是福建三大中心城市之一,经济总量连续十年名列全省第一,是福建省经济中心。泉州依山面海,境内山峦起伏,丘陵、河谷、盆地错落其间。戴云山脉从东北部向西南延伸,主峰海拔 1856 米,在德化县境内,有"闽中屋脊"之称。

泉州是著名的历史文化名城,素有"海滨邹鲁"的美誉。它还是古代"东方第一大港"和"海上丝绸之路"的起点。有郑成功墓、天后宫、开元寺、摩崖石刻等丰富的旅游资源,也是著名的侨乡和台胞祖籍地。泉州自古以来各种宗教兼容并存,东西文化交融汇集,特别是佛教、道教、摩尼教等一度十分盛行。诸多宗教遗迹构成一道独特的人文景观,颇具历史和艺术价值。特产有德化瓷器、惠安石雕、木偶头、老范志万应神曲、料丝花灯、清源茶饼、安溪乌龙茶、永春老醋、永春纸织画等。

哪个城市曾被尼克松赞为 "东方夏威夷"

厦门市位于福建省东南部沿海,西部与漳州毗邻,北接泉州,东南与金门岛隔海相望。厦门原为海岛,1957 年鹰厦铁路建成通车,遂与大陆连成一体。尼克松曾称赞厦门为"东方夏威夷"。厦门属亚热带湿润气候区。市内主要企业涉及电子、机械、化学、食品、纺织、建材、仪器仪表、皮革等行业。农业以生产稻谷、花生、甘蔗等为主,盛产龙眼。鹰厦铁路纵贯西部,有厦门港、刘五店港等港口和高崎国际机场。鼓浪屿、集美学村、万石植物园、厦门大学、海沧大桥、同安影视城、园博园、中山街等是厦门的著名景点。厦门港是一个条件优越的海峡性天然良港,其海岸线蜿蜒曲折,全长234千米,港区外岛屿星罗棋布,港区内群山四周环抱,港阔水深,终年不冻,历史上就是我国东南沿海对外贸易的重要口岸。

妈祖的故乡在哪里

妈祖是福建一带人们信奉的海神,湄洲岛是妈祖的故乡。相传妈祖名叫林默(960~987年),因她出生至满月从不啼哭,父亲给她取名曰"默"。她自幼聪颖,8岁能诵经,10岁能释文,13岁学道,16岁踩浪渡海,经常在海上抢救遇险渔民。她运用自己的特异功能给人看病,还能预报天气变化,使渔民们避过台风等带来的危险,转危为安。宋雍熙四年(987年)九月初九,林默28岁时,辞别家人,在湄洲峰归化升天。为了纪念她,当年人们就在湄洲峰"升天古迹"旁立庙奉祀,尊她为海神灵女、龙女、神女等。宋徽宗时封妈祖为"顺济夫人",这是朝廷对妈祖的首次褒封。以后历代朝廷还敕封她"天妃"、"天后"、"天上圣母"等尊号。妈祖庙中一般是前殿妈祖,后殿观音,即在供奉妈祖的前正殿之后,隔着一个天井,后面是供奉观音菩萨和十八罗汉的观音殿。

泥人张是哪个地方的老字号品牌

泥人张最初是指清代时天津著名泥塑艺人张明山,后来也用来泛指张明山及其传人的泥塑作品,成为著名的泥塑老字号品牌。从清代末年起,天津的民间艺人张明山便跟从父亲学得一手泥塑的绝活。他善于从中国的各种艺术——雕塑、绘画、戏剧、民间木版年画中汲取养分,创造出独具风格的泥塑艺术。他搓捏的人物肖像更是活灵活现,为此,人们亲切地称他为"泥人张"。泥人张彩塑泥人重写实,比例精确,传神微妙。

外滩为什么有"万国建筑博览"之称

外滩是上海的象征,它的建筑色调统一,整体轮廓线协调,因此有"万国建筑博览"之称。外滩的建筑具有浓郁的异国情调韵味,有哥特式的尖顶、古希腊式的穹隆、巴洛克式的廊柱及西班牙式的阳台。夜幕降临,华灯初上,整个建筑群璀璨夺目,错落有致。外滩的这些古典主义与现代主义并存的建筑,北起苏州河口的外白渡桥,南至金陵东路,全长约1500米。其中著名的建筑有:上海大厦、中国银行大楼、和平饭店北楼、桂林大楼和上海海关大楼。

中国第一条越江人行隧道在哪里

中国第一条越江人行隧道是上海的外滩观光隧道。它位于南京东路外滩和浦东东方明珠塔之间,全长646.7米,2000年底竣工。观光隧道将交通与旅游功能融为一体,隧道采用国际最先进的SK系统,整个过江时间25~35分钟。外滩观光隧道的建成不仅使其本身成为大上海的旅游新景点,而且由于其所处的优越地理位置而成为连接浦江两岸美景的彩虹。

上海玉佛寺的具体位置在哪里

玉佛寺是上海的近代名刹,位于安远路江宁路口,因寺内供奉玉佛而闻名。清光绪八年(1882年),普陀山高僧慧根去印度朝拜佛迹,入西藏,出缅甸。在缅甸请得玉雕释迦牟尼像玉尊,回国时途经上海遂留下坐、卧玉佛各一座,乃建玉佛寺。辛亥革命后寺废,1918年在今址重建,1928年建成。该寺内供奉着两尊世界罕见的瑰宝——用整块的白玉雕琢成的释迦牟尼佛像,一尊是坐佛,一尊是卧佛。供在藏经楼玉佛堂的那尊坐佛,高1.9米,阔1.3米,是我国最大的玉雕坐佛。这尊玉雕佛像色泽晶莹,神态庄严,身上佩戴无数玛瑙翡翠宝石,为稀世

珍品。玉佛像两侧保存了一部清代乾隆版的《大藏经》,计7000余册。玉佛寺的素斋技艺精湛,色形味俱佳,到玉佛寺吃素斋,已成为上海美食家的一种享受。

上海豫园因何而得名

豫园坐落于上海市市区南部旧城的东北角。豫园从明嘉靖三十八年(1559年)开始兴建,至明神宗万历五年(1577年)完成,前后共用了18年时间。至今,已有400多年的历史了。豫园的豫源于"愉"。据说明代官僚地主潘恩、潘允端为了"愉悦老亲",供其父享用而建此园。因"愉"与豫谐音,故名"豫园"。豫园"麻雀虽小,五脏俱全",包括亭、台、楼、假山、阁、池塘等30余处,其中包括三穗堂、万花楼、仰山堂、卷雨楼、九曲桥、会景楼、荷花池和点春堂等。比较有特色的是龙墙和得月楼。

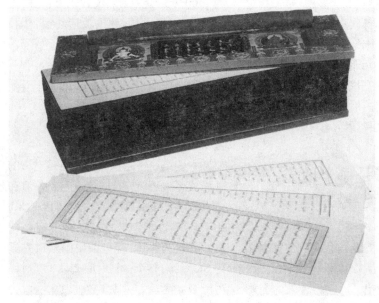

《满文大藏经》乾隆朝武英殿刻本

上海最大的私家花园是哪个

古猗园是上海最大的私家花园,其规模为上海古典园林之最。园内松鹤园、逸野堂、戏鹅池、鸳鸯湖、青清园、南翔壁六大景区,形成了独具风格的园艺特色,具有古朴、意雅、清淡、洗练的独特风格,有"苏州园林甲天下,沪有南翔古猗园"的美誉。园内还有一座唐朝时期的经幢,建于1867年,上刻有陀罗尼经文以及四大天王佛像,是一件不可多得的古艺术品。南翔镇的一对云翔寺砖塔是上海市现存的最古老的宝塔之一,"双塔晴霞",曾是著名的"南翔八景"之一。

上海地区历史最悠久、规模最大的古刹是哪个

龙华寺是上海地区历史最悠久、规模最大、建筑最雄伟的佛教寺院。位于上海徐汇区的龙华镇。相传龙华寺始建于三国,吴王孙权为其母所修,距今已有1700多年的历史,现存寺院为清光绪年间重建。龙华寺内的主要建筑包括弥勒殿、大雄宝殿、天王殿、三圣殿、方丈室等。寺殿齐整,宋代佛教禅宗的伽蓝七堂制保持原貌,并珍藏有唐、五代、明、清年间的经书、金印、佛像等。龙华塔位于龙华寺内,七层八角,各层均飞檐曲栏,姿态雄伟美观,为上海地区至今保存最完美的古塔之一。寺内钟楼之上悬有一口清光绪二十年(1894年)铸造的青龙铜钟,高约2米,重达13000斤。每年12月31日在龙华寺举行的迎新年撞龙华晚钟活动,已被国家旅游局定为国家级旅游项目之一。

新疆的地形具有什么特点,南疆和北疆是如何划分的

新疆地形特点是:山脉与盆地相间排列,盆地被高山环抱,俗喻"三山夹两盆"。

北部有阿尔泰山脉,南部有昆仑山脉,天山山脉横亘中部,把新疆分为南北两大部分,南部是塔里木盆地(面积53万平方千米),北部是准噶尔盆地(面积38万平方千米)。

正是由于这个特点,人们习惯上称天山以南为南疆,天山以北为北疆。中国有四大盆地,其中有三个位于新疆,中国最大的盆地塔里木盆地位于天山与昆仑山之间。塔克拉玛干沙漠位于盆地中部,面积约33.76万平方千米,是中国最大、世界第二大流动沙漠。塔里木河长约2179千米,是中国最长的内陆河。准噶尔盆地位于天山山脉和阿尔泰山脉西部等诸山之间,是中国第二大盆地。在新疆东部有吐鲁番盆地,最低点-154.31米,是中国海拔最低的地方。

被称为吐鲁番盆地"盆底儿"的是哪个湖

艾丁湖是吐鲁番盆地的"盆底儿",低于海平面154.31米,是世界上除死海

外离地球中心最近的地方。维吾尔语称艾丁湖为"觉洛浣",意为月光湖。因湖大部分是干涸的湖底,触目皆是银白晶莹的盐结晶体,阳光下盐体闪闪发光酷似寒夜晴空的月光,故名。它是一个内陆咸水湖,位于吐鲁番、鄯善、托克逊三市县交界处的觉罗塔格山下,距吐鲁番市以南50多千米。

艾丁湖是喜马拉雅山造山运动的产物。1万年前,艾丁湖还是个比现在面积大1000倍的淡水湖。但是今天湖水面积已缩小到22平方千米,湖心水深不到1米。大部分湖底裸露,晶莹的盐壳覆盖在上面,由于酷暑、干旱、多风,形成了大片不毛之地,景观极其荒凉。

到了夏秋季节,由于强烈蒸发,人们很容易被这里的"海市蜃楼"所迷惑。由于这里独特的气候特点,矿藏比较丰富,并且利于开采。

世界最高的高山湖泊是哪个湖

喀拉库勒湖"坐落"在帕米尔高原上,它距阿图什约220千米,位于公格尔峰、九格尔九别峰和慕士塔格峰之间,海拔约3600米,面积为10平方千米左右,水深30多米。由于它"根基"高,当仁不让地成了世界上最高的高山湖泊,也是新疆最美丽的高山湖泊之一。

喀拉库勒湖在当地柯尔克孜语中的意思为黑湖。这片湖泊最大的特点就是它的颜色。平时,湖水洁净碧清,洁如明镜;但当乌云满天、电闪雷鸣之时,湖水会神奇般地像灌进了铅一样而变成黑色,黑亮黑亮的,成为名副其实的黑水

湖。它的名字就是由它常见的颜色而来的。每当清晨日出时,湖面又像着了神气一般,不断变幻,有时湛蓝,有时淡黄,还有的时候会呈橘红色,让置身其中的人,就如同到了仙境一般。关于它的变色,有些人说是水怪在作怪,也有些人说是前人留下的诅咒,它的神奇不亚于"百慕大三角洲"。当然前面的猜测只是一种迷信说法,究竟是什么原因导致的变色,还有待科学家进一步的探索。

由于它的气候特点,一到夏季来临,这里水清草丰,湖光山色,碧绿的草地和一顶顶白毡房与湖水中倒影的冰山交相辉映,正如古诗中的"风吹草低见牛羊"。此情此景,如梦如幻。

柴窝堡湖是乌鲁木齐第一大湖吗

柴窝堡湖是一个淡水湖,位于乌鲁木齐市区东南约45千米的博格达峰脚下的柴窝堡盆地,地处达坂城地区西部,是一个天然冷水性湖泊,它的面积约28平方千米,形似核桃状,平均水深约4.2米,最深处约7米,是由湖北面的博格达峰融雪及湖南面的公格尔山融雪汇集而成,是乌鲁木齐第一大湖,也是乌鲁木齐第二大水源。它离乌鲁木齐市只有40千米左右。

紧挨着柴窝堡湖有一座面积比其小的盐湖,并且盐湖地势比柴窝堡湖低,两座湖相距只有5千米,最令人惊奇的是两座湖的湖底是相通的,这也是柴窝堡湖的一大奇观。为什么两个湖底相通的水域却一咸一淡呢?神话传说中的一种说法是在王母娘娘华诞的时候,玉皇大

乌鲁木齐柴窝堡湖

帝派金童玉女送两颗明珠作为贺礼,但中途两个人不小心将其散落到了人间,一颗落到了山南,化为天池;一颗落在山北,化为柴窝堡湖,就和原来的咸水湖一起形成了一淡一咸的两个湖。另外也有科学家认为,由于盐湖地势低于柴窝堡湖,周围山上、高地的含盐成分被河流、洪水、地下水冲之后,经过两湖相通的湖底,逐渐沉积于盐湖之中,因而形成了这种淡水湖、咸水湖紧紧依邻的奇观。

新疆水量最大的河是哪条

在新疆众多的水域中,水量最大的要数伊犁河,年径流166亿立方米,约占全疆河流径流量的1/5。它的上游在中国新疆境内,发源于新疆天山西段,流域面积约57万平方千米,河面宽阔、风光秀丽,全长约1500千米,中国境内流长约422千米,大约有3/4的水量流出国境。自东向西在霍尔果斯河口流入哈萨克斯坦境内,最终流入巴尔喀什湖。

伊犁河位于伊宁市郊16千米处,是亚洲中部的内陆河流,古称亦列水、伊丽水,古时塞人、月氏人、乌孙人、突厥人等生活于此河流域,唐代西征大军和蒙古成吉思汗的铁骑都曾从这里经过。

伊犁河上游有三大支流,它们分别是特克斯河、巩乃斯河和喀什河。其中特克斯河是伊犁河的主要支流,特克斯河发源于汗腾格里峰北侧。伊犁河到了中、下游地区,河水水流平缓,在伊宁地区附近,河床最宽的地方可以达到1千米左右,并且河滩漫布,水流分叉交织,风景秀丽,展现出了一幅美好的西域风情,使游客心旷神怡,流连忘返。

1959年,伊宁市城南处河道修建了一座大桥,1975年重建,桥型是钢筋混凝土双曲拱桥,沿河开辟了千余亩河滨公园,成为人们旅游度假的景点。随着经济的发展,相信伊犁河岸会变得越来越漂亮。

我国唯一一条流入北冰洋的河流是哪条

额尔齐斯河,源自新疆阿勒泰市境内的阿尔泰山西南坡,源头是喀依尔特河和库依尔特河,是我国唯一一条流入北冰洋的河流。全长2969千米,在我国境内546千米,流域面积5.7万平方千米,额尔齐斯河河谷宽广,水势浩荡,年径流量多达119亿立方米,号称新疆第二大河。

由于流域内众多的支流均从干流右岸汇入,形成典型的梳状水系。一路上将喀拉额尔齐斯河、克兰河、布尔津河、哈巴河、别列则克河等北岸支流汇入后,流入哈萨克斯坦境内斋桑泊湖,再向北经俄罗斯的鄂毕河注入北冰洋。和"金山(即阿尔泰山)"一起被人们称为"金山银水"。

额尔齐斯河的渔产丰富,在接近边境处河面宽达千米,可通轮船。额尔齐斯河沿岸风光壮美,滩涂林立,水草丛生,岸上绿树成荫,其中北屯河段的河谷次生林最为茂密,绵延成一片绿色海洋,素有"杨树基因库"之美称,额尔齐斯河也被人们称为"小漓江"。

"天池之水天上来"是真的吗

天山天池位于乌鲁木齐市阜康城东南约13.5千米处,海拔约1980米,面积约4.9平方千米,湖面呈半月形,长约3400米,最宽处约1500米,湖深数米到上百米不等。天池雪峰林立,湖水碧如翡翠,云杉苍翠参天,风景如画,享有"天山明珠"之称。

关于天山天池的传说有很多,但流传最为广泛的要数"天池之水天上来"这句,难道天池之水真的是天上来的吗?

在神话传说中天池就是西王母宴请西周国王周穆王的昆仑仙境——"瑶池",它是王母娘娘梳妆用的镜子。"天池之水天上来"就是根据这个传说来的。实际上,天池是由古代冰川和泥石流堵塞河道而形成的高山湖泊,四周雪峰上消融的雪水,汇集于此,成为天池源源不断的水源。周围山坡上长着挺拔的云杉、白桦、杨柳,西岸修筑了玲珑精巧的亭台楼阁,平静清澈的湖水倒映着青山雪峰,风光旖旎,宛若仙境。

由于天山天池的独特和神秘,现在已经成为一个著名的旅游胜地,它的圣洁令所有的游客惊叹。

被称为新疆"生命的摇篮"的是哪座山

天山作为新疆"生命的摇篮",占新疆全区面积1/3(57万多平方千米),其山体由山地、山间盆地和山前平原三部分组成。天山地处我国的西北边陲,自古以来就是我国与中、西亚地区联系的重要通道,著名的丝绸之路就从此经过。天山是亚洲中部的一条大山脉,横贯中国新疆的中部,西起中哈边境,东至星星峡,在我国境内绵延约1700千米。南北宽度250～350千米,平均海拔约5000米。整个天山山系由三列山脉组成,由北往南分别称为北天山、中天山和南天山。

天山是一条横穿新疆的大山脉,它把新疆分成两部分,天山以南,人们习惯上称其为南疆;天山以北,人们习惯上称其为北疆。另外,以天山为分界线,把中国的两大盆地分割开来,南边是塔里木盆地,北边是准噶尔盆地。

虽然天山山系中众多的雪峰终年为冰雪覆盖,很难有动植物生存,但是在3000米雪线以下,却生存着丰富的动植物资源。

由于天山地区地处亚洲内陆,属典型的大陆性气候,大多数地区气候干燥、少雨,比较适合发展畜牧业。

《西游记》中的"火焰山"真的存在吗

《西游记》中有一座奇特的山,由于温度过高,终年着火,传说是当年孙悟空大闹天宫的时候踢翻了炼丹炉,致使炉中"三昧真火"掉到这个地方,形成了这样一座山,但现实生活里有这么一座山吗?

火焰山确有其山,它几乎已经成为吐鲁番地区的象征,但它却不是因为传说中的孙悟空而形成的,主要是和当地气候有关。古书称之为"赤石山",维吾尔人称这座山为"克孜勒塔格",意为"红山"。火焰山由红色砂岩构成,东起鄯善县兰干流沙河,西至吐鲁番桃儿沟,形成一条赤色巨龙,东西走向,横卧于吐鲁番盆地中,全长98千米,南北宽9千米,一般高度500米左右,最高峰在鄯善县吐峪沟附近,海拔831.7米。火焰山

陈奕禧题《西游记》图册中的插图

童山秃岭,寸草不生,每当夏季山区气温有47℃,太阳直射到的地方高达80℃,可以把鸡蛋烤熟,虽然如此的高温,但也不像传说中那样终年着火。

火焰山地形复杂,如果不小心闯入火焰山内部,山里本来就没什么路,山峰看上去又差不多,很容易迷路,在酷热缺水的条件下体力很快就会消耗掉,非常危险。

被誉为"冰山之父"的是哪座山峰

在帕米尔高原上,有一座山峰,它直插云端,一年四季山顶都有积雪,远远望去,气势雄伟,就像一个壮实的冰山少年。它就是慕士塔格山,当地语言中的"慕士塔格"意思为"冰山",而"阿塔"的意思是"父亲",所以这座山又有"冰山之父"的美誉。

慕士塔格山也不是徒有虚名,它的海拔达7500多米,位于东经75.1°,北纬38.5°,在新疆阿克陶县与塔什库尔干的交界线上,属于西昆仑山脉,与公格尔峰,公格尔九别峰并称东帕米尔高原三高峰。它们如同擎天玉柱,屹立在帕米尔高原上,成为帕米尔高原的标志和象征,是帕米尔高原上最迷人的景观。

被人们称为"神山"的是哪座山峰

"山不在高,有仙则名;水不在深,有龙则灵",用这么一句诗来形容博格达峰最贴切不过,虽然博格达并非天山

诸多高峰之最,但却由于它的神奇与险峻,在新疆各族人民心中具有独特的意义。"博格达"这个词在蒙古语中的意思是"神灵",所以当地人也把这座山峰敬称为"神山"。当然,这座山上没有神仙,但是它的名气却和它的名字有直接关系。

它位于新疆昌吉回族自治州阜康市境内,与乌鲁木齐市的直线距离约60千米,博格达峰高耸于群峰之上,四壁陡峭,气势恢弘,天气晴朗的时候,可以从很远的地方看到它的雄姿。主峰海拔约5445米,主峰的两侧是两座海拔约5287米的帕格提峰和海拔约5213米的末万别克峰,这3座山峰连在一起,被人们称为"雪海三峰"。

博格达峰气温低寒,7月份平均气温10~12℃,气候多变,在盛夏,顷刻间就有大片云团汇聚随时会下暴雪。正是由于博格达峰的险要和多变的气候条件,向登山者提出了很大的挑战,它现在已经成为诸多登山队心仪的登山地方之一,每年到此的登山队和游人不计其数,很多国外的登山队也慕名而来。

克孜利亚大峡谷和天山大峡谷是一个地方吗

维吾尔语"克孜利亚"是"红色的山崖"之意。克孜利亚大峡谷是天山支脉克孜利亚山中的一条峡谷,红褐色岩石经过大自然亿万年的风刻雨蚀,才形成现在的"克孜利亚大峡谷"。由于克孜利亚山是天山的一部分,也有人将克孜利亚大峡谷称为"天山大峡谷"。

克孜利亚大峡谷位于阿克苏地区库车县北部,217国道旁,呈东向西纵深长约5.5千米,它平均海拔约1600米,最高山峰海拔约2048米。整个峡谷从距今1.4亿年前的中生代的白垩纪开始,经过亿万年风雨剥蚀、山洪冲刷而成,是我国罕见的旱地自然名胜风景区,它的山体群直插云天,在阳光照射下,犹如一簇簇燃烧的火焰。

克孜利亚大峡谷山体千姿百态,曲径通幽,别有洞天,沟中有沟,谷中有谷,是古丝绸之路的通道。大峡谷近似南北弧形走向,开口处稍弯向东南,末端微向东北弯曲,由主谷和七条支谷组成。整个峡谷犹如一条尾震天山头、口饮库河流(开口于库车河)、曲身九十九的巨龙劈山而卧,呼风唤雨,神秘莫测。距谷口1.4千米处的山崖上有一处唐代石窟,窟内南、北、西壁上有残存的壁画和汉文字,与古西域地区其他数百座石窟相迥异,充分显示了汉文化的痕迹。克孜利亚大峡谷的迷人之处,不仅仅在于它的雄奇、险峻,还在于它的幽深、宁静和神秘,使身临其境者无不赞美叫绝。

世界上最古老、保存最完好的土建筑城市是哪个

交河故城不但是新疆,也是目前世界上最大最古老、保存最完好的土建筑城市,也是我国保存2000多年最完整的都市遗迹,唐西域最高军政机构安西都护府最早就设在这里。1961年交河故城被列为国家重点文物保护单位。当地人叫它"崖儿城",维吾尔语叫"雅尔果勒阔拉"。

交河故城位于吐鲁番市以西雅儿乃

孜沟30米高的悬崖平台上,交河故城的周围都是悬崖,进入大门后,要步行一条土路才能进入崖上的故城。故城中央有一连接南门和佛教大寺院南北向的子午大道,把故城一分为二,分为东、西区。交河故城地形狭长,西北一东南走向,长约1760米,最宽处约300米,总面积约43万平方米,其中建筑面积约36万平方米,都集中在故城的东南部,占故城总面积的4/5。交河故城在历经数千年的风雨沧桑之后,建筑布局的主体结构依然奇迹般地保存下来,这些都得益于吐鲁番得天独厚的干燥少雨气候。现在的交河故城的建筑,大体为唐代所建。

交河故城还是"丝绸之路"上的名城,在历史上至少活跃了1500年,期间虽然政治地位有所差别,但都是西域地区的政治、军事中心之一,对东西方文化的交流起到了很重要的作用,这是一座非常别致的土城,除了没有城墙外,还有一个明显的特征,即整座城市的大部分建筑物不论大小基本都是从高耸的台地表面向下挖出来的。可以说,这座城市是一个庞大的古代雕塑,其建筑工艺之独特,不仅国内仅此一家,就是在国外也实属罕见,体现出古代劳动者的聪敏才智和巨大的创造力。

新疆最大的故城遗迹是哪里

高昌故城规模宏大,十分壮观,总面积200万平方米,是古代西域留存至今的最大的故城遗址。高昌故城在维吾尔语称亦都护城,即"王城"之意,曾是高昌王国的都城,也是古代吐鲁番沿用时间最久的名字,至今仍有不少文人墨客,用"高昌"作为吐鲁番的代名词。

高昌故城位于吐鲁番市东面40多千米处的火焰山南麓木头河沟三角洲地段,是古代丝绸之路必经之地和重要门户。高昌故城分外城、内城、宫城三重,以外城为中心。城呈长方形,周长约5千米,外城为正方形,四角有弧线式城垣,西北角内凹,东北角外凸。内城在外城中间,西南两面城垣大部保存,正中偏北有堡垒遗址。宫城在全城之北,为长方形,多为居住遗址。从遗址规模及平面布置看,类似于唐代长安城的形制和布局,全部由夯土版筑而成。

昔日繁华的高昌故城,如今已是残垣断壁了。

高昌故城有着悠久的历史,它始建于公元前1世纪,东汉时为屯垦驻地,称高昌壁。经过1300多年,于公元13世纪末毁于战火。虽然经过2000多年的风吹日晒,但城的轮廓犹存,城墙的气势依然雄伟。

1961年高昌故城被列为国家重点文物保护单位。

库车地区最重要的古建筑遗址是什么

在新疆除了高昌故城、交河故城外,还有一座故城,它的名字叫苏巴什故城,现在已经成为库车地区最重要的古建筑遗址和最有影响的旅游地点之一。

苏巴什故城实际上叫"苏巴什佛寺",又名"昭怙悝大寺",波涛滚滚的库车河就从这里穿越而过,大寺往北有一个维吾尔族村子,据说就是"女儿国"旧址,从这里经过的河流就是《西游记》中的"母子河"。北面的山上还保存有几座残留的禅窟,留有龟兹文字和佛教壁画,据说有些佛像后来被毁。

故城遗址始建于公元1世纪(东汉),公元6至8世纪(隋唐)盛极一时。从发掘出来的石器、骨器、陶片等物品可见,在新石器时代这里就已经有人居住,从离现在地表比较近的地方还能发现唐代之后的各种物品,可见当时的这里已经是一片繁荣。

楼兰古城是历史上西域哪个国家的都城

楼兰古城在传说中是一座美丽的城市,但由于时间的消磨,至今已经成为一个只能看到轮廓的故城。它位于塔克拉玛干大漠东缘的新疆若羌县,是汉代西域楼兰国的一座城郭,也有许多人认为,它曾一度是楼兰国的都城,楼兰古城是中西文化交融的早期佛教文化遗址,它是古丝绸之路上的重要城市之一,存世2000多年,古城遗址主要留存了城郭、两座佛寺和墓地,具有汉唐遗风。

古城由三部分组成,古戍堡、东大寺、西大寺,这些寺院曾经香火非常好,去天竺取经路过此地的高僧们大多在此讲过法,其中著名的玄奘、法显等都在这里住过。

这些古寺里存留的很多佛像等物品,都是稀世珍品,其中有一幅带翅膀的天使的画像,更是东西方文化交流的珍品,但在20世纪初被一个英国旅行家割下带回英国。经过改革开放之后,经济状况越来越好,楼兰古城也成了很多游人向往的西域风情,但同时也遭到了严重的破坏,现已被列入新疆一级文物保护区,近年又划入了阿尔金山自然保护区。

"天马故乡"指的是新疆的哪里

许多人都知道甘甜的哈密瓜产自新疆哈密市,但你知道哈密市除了盛产瓜果外,还有什么比较有名吗?

那就是巴里坤草原,这也是许多去哈密旅游的人必去之地。巴里坤草原位于新疆东北部哈密市北部的巴里坤县。它海拔约1650米,雪山晶莹,松林青翠,云雾缭绕,变幻莫测。由于这个地方在天山附近,受天山气候影响,被称作"冷"的故乡。巴里坤的凉爽、安西的风、吐鲁番的热被人们称为"西域三绝"。巴里坤草原是著名的旅游胜地,这里有"天山淞雪"、"瀚海鳌城"、"镜泉宿月"、"岳台留胜"等八景名胜古迹。

关于这个草原,还有一个美丽的传说。据说在远古时期黄帝开国后,在周穆王西巡"西王母之国"的时候,在"瑶池欢宴"(也就是天山天池)上赠赐给西王母一幅中原丝绣,后来西王母把丝绣化成了"天马"牧场。所以,迄今巴里坤草原仍有"天马故乡"之称。

在新疆地区和敦煌齐名的是哪个佛洞

在新疆地区,克孜尔千佛洞同敦煌齐名,但是作为宝贵的历史文化遗产,它正在慢慢剥落、消失。

克孜尔千佛洞位于吐鲁番市东约50千米的火焰山下、木头沟里的悬崖上。共有洞窟83个,大半已塌毁,现仅存57窟,分布在长约500米的崖面上。其中有壁画的40多个,总面积约1200平方米,是吐鲁番现存石窟中洞窟最多、壁画内容最丰富的石窟群,是新疆境内较大的佛教石窟寺遗址之一。

克孜尔千佛洞维吾尔语的意思是"魅力的有装饰的地方",它由高昌人开凿于南北朝末期至元朝,经历了唐、五代、宋、元长达7个世纪的漫长岁月,这里一直是高昌地区的佛教中心。建筑形式以佛洞居多,克孜尔千佛洞的壁画题材以佛传、因缘故事和本生故事为主,除了宗教内容之外,还有许多记录了古龟兹人的日常生活。这里的壁画随处可见一种神秘的菱形图案,是中国的其他石窟中少见的。洞窟里的壁画,很多被外国的考古者以考古的名义盗去。从现存壁画的风格上看,大多数是唐代的作品。这些丰富多彩的壁画艺术反映出古代回鹘绘画的传统技艺,融合了汉族和少数民族的特色,是研究新疆古代历史和文化艺术的重要资料。

1982年,国务院公布克孜尔千佛洞为全国重点文物保护单位。

克孜尔千佛洞。克孜尔千佛洞是古龟兹境内现存规模最大的石窟,是中亚和东方石窟的代表。

《还珠格格》中的香妃在历史上确有其人吗

看过《还珠格格》的人都知道,剧中有位因身上能散发迷人香气而让人们记住的人,她就是香妃,在现实生活中,真的有这个历史人物吗?

在新疆,有一个比较闻名的墓地,传说它的主人就是香妃,这个墓在喀什市东郊5千米处的浩罕村,《还珠格格》中的香妃就是以这个人为原型塑造出来的,传说她是清乾隆皇帝的爱妃。死后葬于此,故名香妃墓。

香妃墓其实是民间的传说,正式的名称叫阿巴克霍加麻扎(麻扎是伊斯兰教语中墓的意思),是历史上喀什地区伊斯兰教白山派首领阿巴克霍加及其家族的墓地,在其后裔中,有位叫伊帕尔汗的女子,曾被乾隆皇帝封为香妃,一说其死后运回喀什安葬,所以当地人都称此墓为"香妃墓";但另一种说法是香妃本人的确切葬地是在河北遵化清东陵的裕妃园寝。把新疆这个地方的墓叫"香妃墓"是当地人怀念香妃的一种纪念形式。

可见香妃这个人物是确实存在的,但历史记载中却没有这个人物,后来人们根据发掘的文物推断,传说中的香妃其实在当时叫容妃,是乾隆帝41位后妃中唯一的维吾尔族女子,生卒年为1734—1788年。乾隆五十三年,55岁的容妃去世,被安葬在河北遵化清东陵的裕妃园寝。

"天下第一坑"指的是小寨天坑吗

天坑在地理学上叫岩溶漏斗地貌。小寨天坑位于距奉节县城91千米的荆竹乡小寨村,坑口的地面标高1331米,深666.2米,坑口直径622米,坑底直径522米。坑壁四周陡峭,在东北方向峭壁上有小道通到坑底。坑底下边有自天井峡地缝流出来的地下河,河道长约4千米,从迷宫峡排出。小寨天坑就是这个地下河的一个"天窗",被洞穴研究专家评为"天下第一坑",属当今世界闻名的洞穴奇观。

重庆市的大足石刻

大足石刻是重庆市大足县境内主要表现为摩崖造像的石窟艺术的总称。大足石刻群有石刻造像70余处,总计10万余躯,其中北山摩崖造像、宝顶山摩崖造像最具代表性。宝顶山石刻中的千手观音雕像、卧佛、牧牛道场雕像等最为著名;北山石刻以佛湾造像最为集中,分南北两个区域,南区多为晚唐、五代作品,北区则是以两宋时期作品为主。大足石刻植根于悠久的巴蜀文化沃土,借鉴前人,又推陈出新,极工穷变,民族化、世俗化、生活化特色鲜明,是中国风格的石窟艺术典范,与敦煌、云冈、龙门等石窟一起构成了一部完整的中国石窟艺术史。大足石刻在艺术上技艺精湛,充分表现出中国晚期佛教造像艺术"神的人化,人的神化"的特征,有"北敦煌、南大足"

之说。1999 年 12 月 1 日,联合国教科文组织将大足石刻中的北山、宝顶山、南山、石篆山、石门山 5 处摩崖造像正式列入《世界文化遗产名录》。

重庆红岩村革命纪念馆在哪里

红岩村原名红岩嘴,位于沙坪坝区化龙桥红岩村 13 号,距市区 8 千米。红岩村因其地质成分主要为侏罗纪红色页岩而得名。红岩村曾是中共中央南方局和八路军驻重庆办事处所在地。1945 年 8 月 28 日,毛泽东同志亲临重庆,与国民党谈判,在红岩村度过了 41 个日日夜夜。红岩村八路军驻渝办事处大楼,是一幢深灰色三层木结构楼房,两楼一底,有大小房间 54 间,占地 800 平方米。红岩村革命纪念馆内先后修建了樱花园、桃花园和盆景园。现在红岩村是全国爱国主义教育基地和全国重点文物保护单位。

长江三峡的起点是哪里

白帝城距奉节县城约 8 千米,位于长江三峡第一峡瞿塘峡西口,是长江三峡的起点。在临江的白帝山上,今尚存白帝庙。唐以前为公孙述祠,到明代时被称作正义祠,清始改名白帝庙。清时对庙进行重修,并保存至今。白帝庙以明良殿、武侯祠、观星楼等为主要建筑。明良殿内,还塑有刘备、诸葛亮等人的雕像。殿两侧是碑林,陈列有隋以后的石碑 70 余通,其中以隋开皇二十年(公元

陆游像

600 年)刻制的《龙山公墓志》最为出名。白帝城又享有"诗城"的美誉。唐宋以来,李白、杜甫、白居易、陆游等历代诗人在此留下了大量诗篇,为白帝城增添了不少人文色彩。

"鬼城丰都"为何有"鬼城"之称

鬼城丰都位于重庆东部,是一座风景秀丽的江城。那么,为什么称之为"鬼城"呢?

鬼城之说大约源于隋唐时期。据当地民间传说,东汉和帝刘肇皇后的曾祖父阴长生,跟着马明生学道炼丹,于汉安帝延光元年(122 年)在紧靠丰都的平都山(即今名山)白日飞升。时隔十多年,朝廷里有一个叫王方平的人在

平都山上的五云洞（又名天星眼）修道成仙。

隋唐时期，当地的统治者就把这些传说加以拔高，把阴、王二仙的姓加在一起附会为阴间之王，还专门给这两个道士在名山顶上塑起二仙像，取名仙都观，并以阴、王成仙故事作为依据，相继在仙都观的基础上，修建了大小佛寺、道观及名山殿宇共75座。其中有些殿宇雕有判官小鬼、查察司、赏善司、罚恶司等，又有磨子推、锯子解、下油锅等各种刑具。这样，鬼城就在人们的传说中形象化了。到了明清时期，鬼城的发展达到空前的繁荣，朝山敬香的游客络绎不绝，四季香火不断。鬼城丰都是集道、佛、儒教文化为一体的鬼文化艺术宝库，这里拥有国家级风景名胜区，拥有全国最大的鬼神文化动态景观——鬼国神宫和国家级森林公园双桂山，还有堪称世界之最的鬼王石刻等。

"长江的珠冠"指哪个

长江三峡是瞿塘峡、巫峡和西陵峡三段峡谷的总称。它西起重庆奉节县的白帝城，东到湖北宜昌的南津关，是万里长江一段山水壮丽的大峡谷，全长193千米，宽谷、峡谷的交错分布使得江水蜿蜒逶迤地穿峡而出，形成一泻千里的雄伟气势。有人把它称作"长江的珠冠"，有人称它为"四百里天然立体画廊"。其中瞿塘峡全长8千米。峡区著名的名胜有白帝城、大溪新石器时期遗址、风箱峡古代悬棺等。巫峡主要由金盔银甲峡和铁棺峡组成，举世闻名的巫山十二峰并列江边。西陵峡段被称为"长江三峡中的险滩"，有兵书宝剑峡、牛肝马肺峡、崆岭峡等名峡险滩。

台湾的地理位置
有哪些独特之处

台湾位于中国大陆东南沿海的大陆架上，与祖国大陆的福建省隔台湾海峡相望，最窄处仅为130千米。东亚大陆外侧，有阿留申、千岛、日本、琉球及菲律宾等岛弧，南北绵延，宛如长条锁链，为亚洲大陆与太平洋间的天然防线，而台湾恰居此岛弧锁链的中枢，接近大陆，控制南北，故地位重要。

台湾又是西太平洋航道的中心，是太平洋地区各国海上联系的重要交通枢纽。北有日本、琉球群岛，南接菲律宾群岛，是往来于亚洲各地的必经之地。中国东海和南海之间往返的船只从这里通过，从欧洲、非洲、南亚和大洋洲到中国东部沿海的船只从这里通过，从大西洋、地中海、波斯湾和印度洋到日本海的船只一般也经过这里。台湾也是东南亚和东北亚之间航空及海运的必经之地。在和平时期，它的作用尚不明显，一旦冲突发生，这种作用就会凸现出来。

整个台湾总面积约3.6万平方千米，除了台湾本岛外，还包括澎湖列岛、金门、马祖、南海诸岛及绿岛、兰屿等外海岛屿，为中国的"多岛之省"。其中台湾本岛约35873平方千米，占全省总面积的90%以上，是中国第一大岛；其次为澎湖列岛，面积127平方千米；第三为兰屿，面积46平方千米，以后依次为渔翁岛18.2平方千米、绿岛16平方千米、白沙岛 14.11 平方千米；其余各岛面积皆在 10 平方千米以下，有的不足 1 平方千米，且岛上无居民。其行政区划包括 2 个"院辖市"（即直属"行政院"的台北市和高雄市）、16 个省辖县及 5 个省辖市。

台湾海峡为什么有重要的战略地位

台湾海峡原是陆地，与台湾岛、大陆连成一片，后因这里地壳下沉，海水入侵才形成海峡。海峡是两个陆地或两个海之间的狭窄水道。通航海峡都是重要的海上通道，在军事上和经济上都有重要的战略意义。美国、俄罗斯、英国、日本等大国，都很重视控制和争夺通航海峡。台湾海峡是重要的国际通航海峡，连接太平洋和印度洋水域，也是保卫我国东南沿海地区的前沿基地。在近代史上，进入我国大陆和台湾的外国侵略者，无不首先控制台湾海峡。在台湾和祖国大陆统一之前，台湾海峡是两岸军事对峙的区域；在国家统一之后，海峡两岸完备的军事设施可以有效地确保国家和民族有一个安全的外部环境。作为我国南北方之间的海上交通要道和著名的远东海上走廊，台湾海峡与庙岛群岛、舟山群岛、海南岛，构成一条海上"长城"，为我国东南沿海的天然屏障，素有"东南锁钥"，"七省藩篱"之称，战略位置十分重要。

台湾海峡指的是介于我国大陆与台湾岛之间的海域，是我国最大的海峡，位于福建省和台湾省之间。北界西起闽江口，东止富贵角；南界西自福建省南端的宫口港西，东至台湾南部的鹅銮鼻，以南海、巴士海峡为界。台湾海峡与沿岸山脉的走向大体一致，呈东北—西南走向，属纵向狭长形海峡。北通东海，南接南海，南北长 380 千米，东西宽约 190 千米，最窄处相距约 130 千米。台湾海峡主要以大陆架为主，深度大都在 100 米以内，西南部较浅，并有一个小于 20 米的台湾滩。

海峡内的岛屿，除靠近中国的沿海岛屿外，尚有澎湖群岛与屏东的小琉球。主要岛屿澎湖列岛，位于海峡东南部，由 64 个大小岛屿和众多的浅礁组成，扼台湾海峡的咽喉要道，属台湾省。

海峡两岸形态有明显差异，西南侧绝大部分为岩岸，海岸曲折，港湾幽深，形成厦门、泉州、福州等重要良港；东北侧多为沙岸，海岸平直，地势低缓，沙滩广布，深水线距海岸很远，主要港口有基隆、高雄等。其中位于澎湖列岛西岸的澎湖马公港，可停泊万吨以上巨轮，自古以来就是台湾和大陆之间交通的中间站。

台湾究竟有多少美称

宝岛台湾地处热带、亚热带，气候宜人，位置优越，风光秀丽，土地肥沃，资源丰富，造就了台湾"山海秀结之区，广衍膏腴之地"，被人们授予了许多美称，成为我国 34 个省级行政区中美称最多的一个。

（1）美丽宝岛：台湾是祖国最大的岛屿，犹如一颗璀璨的明珠，镶嵌在万顷碧波之上。台湾气候温润，植被茂密，四季如春，鲜花不断，优越的地理气候条件

台湾风光
秀丽的日月潭
景区

造就了繁盛的植物群落,四季鸟语花香,春意盎然,素称"山川之美,古来共谈"。故不仅有"美丽宝岛"之称,而且更有"四季如春的花园"之赞誉。

(2)多岛之省:台湾全省总面积为3.6万多平方千米,包括台湾本岛和周围属岛以及澎湖列岛,共有大小岛屿88个,故又称为"多岛之省"。

(3)蝴蝶王国:台湾是世界著名的蝴蝶生长、繁殖的基地。台湾的蝴蝶是全世界单位面积内,蝴蝶种类、数量最多的地区,多达400种,并有50多种特有蝶类,不少是世界上最美、最珍贵的品种。从20世纪60年代到80年代,台湾年产蝴蝶最多达4000多万只,出口了大批的蝴蝶标本和蝴蝶装饰品到欧美和日本,年创汇最多达2000万~3000万美元;如今这种出口已经停止,取而代之的是,台湾以蝴蝶为题吸引无数观光客到台湾省旅游。

(4)兰花之岛:台湾生产的各种兰花在国际花卉市场上享有盛誉,兰花的品种有2000多种,每年出口创汇收入可观。驰名中外的蝴蝶兰;珍稀名贵,香气四溢,花朵似展翅欲飞的彩蝶,曾在第三届国际花展上获得冠军。

(5)珊瑚王国:台湾珊瑚有300余种,占世界珊瑚种类的1/3;年产量占世界总产量的80%,居世界第一位;珊瑚产量的95%以上供出口,是世界有名的珊瑚出口基地。台湾珊瑚就颜色而言,有白、红、粉红、绿、褐、紫、黑等多种,其中有一种叫做"天使肤色"的红黑透白的珊瑚最为人们所钟爱。

(6)温泉之岛:台湾面积虽不大,但全岛处处有温泉,总数多达100多个,平时供使用和参观的亦达50余处,还有不少地方泉水淙淙,真是名副其实的"温泉之岛"。

(7)樟脑王国:台湾樟树驰名中外,在全省低中海拔地区普遍种植,尤其在苗栗一带更多,形成世界最大的樟树带;台湾樟脑年产量占世界总产量的70%以上,质量好,粗制品的纯度就高达99.8%。

(8)天然渔场:台湾四面临海,台湾

鱼类繁多,目前已经发现命名的台湾本土鱼类约有2450种,占世界鱼类总数的1/10,经济价值较高的也在100种以上。其中以鲔鱼(金枪鱼)最多,虾次之。东北沿海特产大鲨鱼,一尾达几千千克。此外还有珊瑚、石花菜、虾、蟹和各种贝类等丰富的海产品。

(9)东方甜岛:早在100多年前,台湾蔗糖就销往大陆的长江下游一带和华北地区。甘蔗是全岛最重要的经济作物。年产蔗糖最高曾达141万吨,占世界糖蔗5%。现在,蔗糖产量每年60万~80万吨,仅次于古巴和印度。

(10)水果王国:台湾的水果种类众多,有80多种,因此又有"水果之乡"的美称。其中香蕉、菠萝、柑橘3种产量最多,驰名中外,质量优良,大量出口。

(11)鸟类之乡:台湾鸟类有400余种,占我国鸟类种数的35%以上,其中特有鸟类10多种,著名的有帝雉、蓝腹鹇、黄鹂、鸳鸯、天鹅、白额雁、黑长尾雉、台湾蓝鹊等。

(12)海上粮仓:台湾种植最广泛、地位最重要的粮食作物是水稻,产值占农业总产值的44%,产量达250多万吨,基本可够居民食用,所以台湾还有"米的世界"之称。

(13)东方盐库:台湾西部地区沿海一带地势开阔平坦,分布大量沙滩,且气候条件优越,晴天多,气温高,风速大,蒸发旺盛,极利于晒盐。主要盐场有布袋、高雄、七股、鹿港、北门和台南等。盐场面积在4000多公顷,年产量可达50万吨。

(14)植物王国:台湾有4000余种的植物种类,相当于欧洲木本植物种类的2/3。其中经济价值较高的就有300多种,森林覆盖率57.8%。

(15)动物宝库:台湾森林茂密,是野生动物的"天然乐园"。珍稀动物有云豹、月熊、石虎、猕猴、水鹿、黄猴貂、天鹅绒尖鼠等。

(16)茶叶之乡:茶叶是台湾外销特产中的"不倒翁"。全省茶叶种植普遍,一年四季可采,全年可采20次以上,是我国著名的产茶省区之一。茶叶品种繁多,以红茶、乌龙茶、包种茶产量最丰。年产茶叶2600~2800吨,大部分供出口。

(17)旅游胜地:台湾拥有众多美丽迷人的名胜古迹。从清代开始就有"八景十二胜"之说。随着旅游业的蓬勃发展,台湾省民众和专家投票选出新的十二名胜。其中太鲁阁荣列榜首,是最具魅力的风景点,它以峡谷景观著称,同时更拥有高山、断崖、瀑布、河阶之美。阿里山紧跟其后,"日出、林涛、云海、晚霞"被列为阿里山四大奇观。

琉球群岛是如何被日本吞并的

琉球群岛散布于西太平洋之上,地处太平洋第一岛链的核心位置,隔海相望于中国,北连日本列岛,南接中国台湾,地理位置非常重要。琉球群岛由北、中、南三大岛屿群共100多个岛屿组成。北部岛群包括吐噶喇群岛、奄美群岛,又称萨南诸岛,现隶属日本鹿儿岛县;中部是大琉球群岛(即冲绳群岛);南部是宫古群岛和先岛诸岛,现隶属日本冲绳县。

琉球群岛历史悠久,历史上曾经存在一个近千年历史、深受中国文化影响的王国。在中国明清时代,新任琉球王就任时都要接受中国朝廷的册封,以确定其地位的正统性。考古研究则表明,琉球群岛的本地土著主要是由南中国沿海地区的居民历史上多次分批迁移过去的,与中国渊源很深。《隋书,流求传》中关于琉球群岛的记载是关于琉球的最早文字记录,当时它被称作"流虬",也就是形容它像"虬"(古人所说的无角的龙)一样浮在水中。"流虬"后来渐渐为"流求"所取代,到明代又衍变成"琉球"。

早在 12 世纪,冲绳本岛的南部、中部和北部已经分别存在着南山、中山、北山三个封建国家。1372 年明太祖朱元璋给琉球的中山王察度下达诏谕后,琉球的北山、中山、南山三王就开始向明朝廷朝贡,从此成为中国的藩属。1416 年后琉球的中山王尚巴志先后征服北山和南山,形成了统一的琉球王国(第一尚氏王朝)。

1609 年(明万历三十七年)日本鹿儿岛的萨摩藩主岛津家久派 3000 士兵侵略琉球,俘虏琉球王,侵占琉球达 45 年。1654 年琉球王终于摆脱了萨摩藩的控制,并遣使臣到中国请求册封,被当时的清朝顺治皇帝封为尚质王,约定两年进贡一次。1872 年日本再次侵略琉球,到 1879 年把琉球末代国王尚泰囚禁到东京,并把琉球改名为冲绳。1901 年琉球国王尚泰被日本毒杀。1916 年伪"全冲绳教师大会"要求教师用极其污辱的手段惩罚在学校说琉球语的琉球学生。1945 年第二次世界大战后期,美国进攻琉球本岛,日军强迫琉球人跳崖自杀,或干脆打死琉球人来应对琉球食物的缺乏。这次战乱使琉球人口减少1/4,大约 20 万人战死。1945—1972 年美国占领琉球,并将道路交通从左侧通行改成右侧通行。1970 年美日签订《旧金山和约》,把琉球交给日本至今。1978 年 7 月 30 日,道路交通从美国统治期间实施的右侧通行改回日本的左侧通行。

钓鱼岛为什么属于中国

钓鱼岛,也称钓鱼台或钓鱼台岛,日本人称其为"尖阁列岛",是钓鱼台列屿的主岛,位于台湾东北,琉球海槽(俗称"黑水沟")西侧的太平洋上,属于台湾岛附属岛屿东北诸岛的东段岛链。距离台湾基隆港约 186 千米、浙江温州港约 356 千米、福建福州长乐国际机场约 385 千米、日本冲绳那霸机场西偏南约 417 千米。

上世纪 70 年代,美国在向日本移交琉球主权时,未经中国政府同意,擅自将钓鱼岛和琉球群岛一并移交给日本,此后钓鱼台列屿主权问题一直悬而未决。目前,该岛实际由日本管治,划归冲绳县石垣市,日文名称"鱼钓岛"。但中华人民共和国政府和台湾当局均坚持对钓鱼岛的主权,并划归台湾省宜兰县头城镇大溪里。自 20 世纪 70 年代以来,海内外华人及民间团体曾多次登岛或试图登岛以宣示主权,称为"保钓行动"。

呈番薯形的钓鱼岛面积约 4.3 平方千米,东西长约 3.5 千米,南北宽约 1.5千米。地势北部较平坦,南部陡峭,中央山脉横贯东西。最高山峰海拔 383 米,位于中部。其他尚有海拔 320 米、258米、242 米的山峰若干。而钓鱼岛群岛包括钓鱼岛、黄尾岛、赤尾岛、南小岛、北

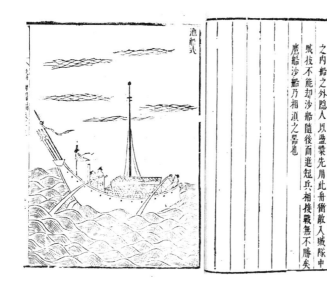

小岛、大南小岛、大北小岛和飞濑岛等岛屿，总面积约 7 平方千米。钓鱼岛海域为新三纪沉积盆地，蕴涵丰富的石油资源，根据 1982 年的数据估计当在 737 亿 ~ 1574 亿桶之间。

有关钓鱼岛的记录最早出现在中国明朝永乐元年（1403 年）的《顺风相送》一书中，当时称该岛为"钓鱼屿"。其后中国文献及官方舆图也采用"钓鱼屿"名称，见诸如明朝嘉靖十三年（1534 年）第十一次册封使陈侃所著《使琉球录》、嘉靖四十一年（1562 年）浙江提督胡宗宪编纂之《筹海图编》、清乾隆三十二年（1767 年）乾隆皇帝钦命绘制之《坤舆全图》（《坤舆全图》使用闽南语发音，称为"好鱼须"，即"钓鱼屿"）。光绪十九年（1893 年）十月，也就是中日甲午战争爆发的头一年，慈禧太后曾把钓鱼岛赏给当时的邮传部尚书盛宣怀作采药用地，当时的诏书中第一次正式使用了"钓鱼台"的称谓。

绿岛有哪些奇妙的海上风情

绿岛是台湾第四大附属岛屿，位于台湾东面约 33 千米的太平洋上，岛身呈不等边四角形，南北长约 4 千米，东西宽约 3 千米，面积约 16 平方千米。岛上遍布山丘纵横的火山岛，最高点为火烧山，高 280 米，东南临海处多为断崖，西南角是长达 10 多千米的平原沙滩，西北近海岸区地势低缓，系全岛主要聚落所在。绿岛从前也称"鸡心屿"、"青仔屿"或者"火烧岛"，其中火烧岛名称由来最众说纷纭，一般认为是因为清嘉庆年间曾用大火焚岛而得名。

绿岛风景点基本上都分布在全长约 19 千米的环岛公路沿线，徒步约 4 小时就可尽览，驱车则只需 40 分钟。由中寮村循环岛公路顺时针而行，首见牛头山一带景点，沿着海岸进入公馆村，沿途有将军岩、牛头山、燕子洞、观音洞等自然奇景，以及技能训练所、酬勤水库等人为景致。观音洞因内有奇石形似观音而得名,观音洞南的袖子湖为最早开发的聚落,历史意义重大,而其倚山面海的形势及巨大的海蚀洞,也具有可看性。公路在柚子湖之后开始爬升,最高处是有人称为"小长城"的阶梯步道,附近是欣赏睡美人岩及哈巴狗岩的最佳地点。之后公路再度临海而行,不久即至号称世界三大海底温泉之一的朝日温泉,周围尚有帆船鼻草原、紫坪潟湖区、露营区等好玩的景点;此后到达西岸的龟湾,那里山壁陡峭、公路穿凿而过,一向有"太鲁阁缩影"的美誉,绕过龟湾鼻,正好绕岛一周回到南寮港。

绿岛附近水域一直是潜水爱好者的天堂,石朗、中寮、柴口、柚子湖、大白沙以及龟湾等地,都是极好的潜水游玩地点。绿岛的潜水活动主要分为三种:一是近海浮潜,不需执照,人人都可参与;更进一步还可背负氧气装置,以船只送至较深的海域进行深潜,但必须有潜水执照才行;船拖浮潜则是先用船只把人拖到海水较深的水域,再让潜水者进行一般的浮潜,可领略到更多的海底风光。

潜水艇和玻璃底船也是值得一试的海底观光设施。"海晏一号"潜水艇系台湾第一艘全潜式观光潜艇,以大型观景窗透视南寮湾海域,每趟航程60分钟,船上有专人沿途解说。此外,绿岛目前有3艘玻璃游艇,分别是占岸轮船公司的"海晏11号"及乡公所的绿岛游1号、2号,其船底由一块块玻璃构成,透过玻璃便可轻松地欣赏海底景观。近来许多游艇公司都在绿岛推出海上环岛、看日出、欣赏楼门岩等活动,配合潜水、海钓等,让绿岛的观光活动更加多彩多姿。

100多年前,以鹿茸生产为目的养殖梅花鹿被引进绿岛,成为热门副业,至今,全岛遍植的鹿草已经成为绿岛特有的农业景观,梅花鹿也被野放山林,但深山乡间览胜的游客还是可以偶然看到这些轻灵可爱的生物。

台湾有哪些独特的动植物资源

台湾位于亚洲大陆大陆棚的东南边缘,为一地质年代甚轻的褶皱山脉区,受地壳板块活动影响,历经激烈的造山运动与河川侵蚀等作用,高山、平原、纵谷、溪流及湿地等地形无不齐备。台湾全岛约有68%的面积为自然植被覆盖,且海拔差异大,加上同时兼具热带、亚热带、温带等气候变化,孕育了从热带至寒带的各型森林,造就出动植物多样复杂的生态环境。这不但使台湾的生态环境具有丰富多样的特点,而且使台湾成为全世界重视的重点生态保护地区。

台湾地形、气候复杂,栖息生长着10000多种昆虫、4000多种维管束植物、400多种鸟类、61种哺乳动物和近30种的两栖类动物。台湾的哺乳动物种类众多,若以单位面积来看,称得上是全世界陆地哺乳类动物种类最丰富的地区,其中最著名的是台湾猕猴。而近30种的两栖类动物中就有5种特有物种。另外生存于高山环境的樱花钩吻鲑,是世界级活化石的国宝鱼。

世界保护联盟以"特有种鸟类"作为评估全球生命多样性的指标,台湾约460种鸟类,占世界1/20多,其中还包括台湾蓝鹊、蓝腹鹇、黑长尾雉等16种特有珍稀鸟类,因而被确定为全球鸟类重点保护的地区。台岛天空还常年飞舞着约400种绚丽多姿的蝴蝶,为台湾赢得"蝴蝶王国"的美誉。

此外,淡水河岸有北半球分布最北的红树林区,这种热带河口植物为热带、亚热带河口最主要的潮间植物群落,具有生长在潮间带沉积土上之能力。台湾北从淡水,南至东港,皆有其踪迹。红树林群落所产生的落叶及碎屑为许多海洋生物食物链之基础,另具有稳定海岸线、净化水质等功能。

地处北半球亚热带的台湾,由于四面环海,因此拥有许多美丽的海岸景观,除了东海岸壮阔的岩岸、西海岸平缓的沙岸以外,还拥有美丽、珍贵的珊瑚礁海岸。在南部恒春半岛、东北角、东部三仙台等地,以及绿岛、兰屿、小琉球、澎湖列岛等外岛都是美丽的珊瑚礁海岸。海底的珊瑚种类也很多,其中垦丁的石珊瑚和软珊瑚以其发育生长极佳成为世界各海域少见的珍贵资源;每年农历3月,数以十万计的彩色珊瑚卵成束释出,是海水中最缤纷的景象。游客可以在屏东年城的海洋生物博物馆欣赏完整的珊瑚生态展览。

台湾为什么有那么多温泉

台湾的地理位置处于太平洋地震带上,拥有丰富的火山地热资源,面积虽然不大,但却拥有冷泉、热泉、浊泉和海底温泉等众多天然地热资源,论地热资源的丰富量在全世界名列前15名以内,所以又享有"温泉宝岛"的美誉。台湾几乎各县都可寻觅到温泉的踪迹,不管是热门的温泉乡,或是露天的野溪温泉,全岛大大小小的温泉区有100处以上。从分布来说,北部的大屯火山系可说是全岛温泉密度最高的地区,光是北投、阳明山就有近10处泉源,而中央山脉两侧,北起宜兰、南到屏东的广大地区,则是台湾温泉数量最多的地段,占总数的八成以上。

台湾岛的
绿岛朝日温泉

北部的大屯山系和离岛的绿岛朝日温泉,是水中含有一定硫化物的温泉,水质略微带有硫黄的味道,泉质偏向酸性,属于火山地质的硫黄泉,温泉露头处温度也都相当高(70~90℃)。中央山脉两侧则多变质岩、沉积岩,因为岩石中镁、钾、钠、钙等矿物质与碳酸氢离子的作用,而形成碳酸泉,泉质多为中性或碱性,泉温略低,这一类温泉是台湾温泉的主流。

台湾现在的温泉疗养胜地有20多处,主要集中在风光秀美的田园山野之间,随着技术条件的不断改进,更增添了各种现代化的温泉设施和新疗法(如温泉泳池、海藻复方温泉盐水疗、三温暖、养生浴场等),再结合外围的观光景点与特产,能令人享受一趟完整丰富的泡汤之旅。泡温泉汤已成为台湾最流行、最具国际吸引力的旅游风潮。

台湾为什么农产品
资源特别丰富

亚热带的宝岛台湾,气候、土质良好,因而能栽植种类繁多的各式蔬菜、水果,农产品资源特别丰富。随着农业生产技术的不断改进和发展,台湾农产品不但在品种上改良精选,而且各式农业及加工品也推陈出新,让台湾成为四季丰收的农业之乡。

台湾的主要农作物包括稻米、杂粮、茶叶、水果、蔬菜、花卉等。台湾农耕面积约占土地面积的1/4,稻米是最重要的农作物,一年有二至三熟,米质好,产量高。台湾素有"水果王国"美称,水果种类繁多,各式琳琅满目的水果,是台湾

农业最引以为自豪的物产,一年四季都可尝到不同的鲜甜滋味;而质优味佳的各式茶品,如冻顶乌龙、包种等,也极负盛名;再加上种类繁多的蔬菜、杂粮作物与花卉更加丰富了台湾人的饮食文化与视觉欣赏。近年来台湾农业生产结构已逐渐由以种植业为主的单一的传统农业,逐渐转变为农林牧渔综合发展的多元化农业与商业性农业。各项经济价值高的作物如山药、蝴蝶兰、香菇、蚕桑以及从国外引进的明日叶,甚至由野菜转成作物的山苏等,都再次创造了台湾新的农业奇迹。

台湾多元美食文化的繁荣就是建立在这种农产品资源的极大丰富的基础上的。不仅随时都有杂粮、主食及当季的新鲜蔬菜、水果可尝,连水果、花卉、茶叶等也都可用来做菜,化作道道别出心裁的精致佳肴,著名的如莲子餐、芒果餐、文旦餐、山药餐、金针餐及花果宴、茶餐等,都成为台湾所独有的特色风味。

各色农产品的鲜艳色彩更提高了游客的视觉享受。比如金黄亮丽的金针、油菜花、稻穗、向日葵或清新的莲花田等,观感都极为迷人。此外,新兴的休闲农业更掀起回归乡土的旅游风潮,这主要是利用农业及农村丰富的自然资源,将乡村变成具有教育、游憩、文化等多种功能的生活空间,满足现代人对休闲生活日益扩大的需求。台湾观光休闲农业的经营类型多种多样,除教育农园外,还包括各类休闲农场、林场、渔场、牧场,观光农园,市民农园,以及民宿(农民旅馆)等。

阿里山有哪些
迷人的绿色风情

阿里山主要以铁道、日出、云海、森林及晚霞等五奇著称,位于台湾嘉义县东部,海拔 360～2663 米之间,四周山峦环绕,森林、溪谷甚多,有"森林宝库"之称。2001 年夏,台湾有关部门为了开发管理阿里山优秀的观光旅游资源,特将阿里山并入台湾省"国家风景区"。

人们对阿里山印象最深刻的是她的小火车、日出、云海和樱花。游览阿里山可在嘉义乘坐小火车,沿线铁路长 72 千米,由海拔 30 米逐渐上升到 2450 米,是世界铁路建筑史上的奇迹。这里的森林铁道是世界三大高山铁路之一,沿线不仅有乘小火车漫游的独特"Z"字形走法和螺旋式攀升法,还有高耸的林木、幽深的溪谷及缥缈的云雾伴随,当然举世闻名的日出、云海也不可错过。

在阿里山森林游乐区赏花、赏鸟、做森林浴是再惬意不过的事情了!尤其到每年春天樱花绽放的季节,总能掀起一波阿里山的旅游热潮,一时吉野樱、牡丹樱、八重樱、富士樱……争相怒放,阿里山也因此博得"樱都"的美誉。此外,神木区、沼平公园、阿里山派出所、香林国小、慈云寺一带,还有一叶兰、牡丹、紫藤等各色花朵不时绽放,让阿里山摇身一变,顿时成为美丽的"花之国度"。阿里山天然森林区中有一株 3000 年历史的老红桧,高约 53 米,被称为"神木"。另有一棵红桧"眠月大神木"高 48 米,有4100 多年的树龄。最为罕见的是"三代木",树中有树,三代同堂。这三类不同的神木记载了阿里山千年的历史。

欣赏过优美的自然风光,接下来还可以参观阿里山铁道中转站——奋起湖老街,那里充满朴素的怀旧情调以及台湾特有的少数民族邹族的土著文化特色,将阿里山特有的自然人文情调渲染得淋漓尽致。

太鲁阁峡谷为什么被列为
"台湾八景之冠"

以雄伟壮丽闻名的太鲁阁峡谷位于台湾东部花莲县,是一条几近垂直的大理石峡谷。沿着这条立雾溪的峡谷风景线而行,触目所及皆是峭壁、断崖、峡谷、山洞坠道、大理岩层和溪流等风光,凡参观过的游人无不赞叹大自然的鬼斧神工。

早在距今 2.3 亿年前,当时现在的台湾还没有形成,在热带与亚热带浅海中生长着大量的珊瑚礁岩生物,这些生物遗骸后来胶结沉淀在一起形成了石灰岩,又经过七八千万年前的南澳造山运动,遂变成为大理石。400 万年前,菲律宾海洋板块与欧亚大陆板块碰撞形成台湾,而台湾本岛上的中央山脉表层岩层在缓慢隆起的同时因风化侵蚀作用而剥离,露出深埋的大理石岩层,又在立雾溪长期侵蚀下切和地壳不断上升的联合作用下,最终形成太鲁阁几乎垂直的 U 形峡谷。

太鲁阁峡谷主要是指从中横公路太鲁阁到天祥这段将近 20 千米的峡谷,由东段太鲁阁牌楼入口处一路西行,峡谷变得愈来愈窄,其中燕子口到慈母桥这段是太鲁阁的精华区,公路不是凿洞穿行,就是由岩壁成"匚"形路段,车辆行驶其间,真令人有"一线天"的感觉。

观光客行经太鲁阁口东界起点,一般都选择静静伫立在这里的中国式牌坊作为"到此一游"拍照留念的背景。而燕子口和九曲洞,是太鲁阁峡谷最让人心动的自然奇观,也是峡谷最窄的两段,临溪侧辟有人行步道供游客漫步欣赏。

此外,太鲁阁也有很多值得参观的动植物特产。太鲁阁栎、九芎、青枫、通条木、阿里山千金榆、桦双花、金丝桃,以及干花榕、棱果榕、雀榕等榕属植物,都是峡谷重要的植物。在动物生态上,约24种哺乳类(占台湾陆生哺乳动物的1/3)、14种两栖类(占台湾两栖类的一半)、25种爬虫类与16种鱼类。其中台湾猕猴与赤腹松鼠可能是峡谷中最常见到的动物,立雾溪口两岸台地山壁植物间、白沙桥上方的林木中与莲花池、神秘谷步道,均为观赏猕猴的有利地点。赏

台湾岛太鲁阁峡谷

鸟活动在太鲁阁峡谷也很值得推荐,按保守估计,至少有89种鸟类于此活动(台湾80%的候鸟于此发现),山区溪流间最常见到的铅色水鸫、小剪尾和紫啸鸫。

台湾泰雅族人早在两三百年前已开始定居在太鲁阁峡谷,部落最多时达79处。时至今天,太鲁阁峡谷仍有许多泰雅族人的部落遗址并依然沿用泰雅语地名。由于泰雅族的住宅多为竹屋,保存不易,太鲁阁国家公园特别在布洛湾台地上,兴建了20株仿泰雅竹屋,供人住宿体验。

日月潭为什么有"双潭映月"的美名

日月潭不仅风格独特,而且是台湾不可多得的最大天然湖泊,一向以优美的湖光山色闻名,为台湾"八景"之一。整个湖面以拉鲁岛(原光华岛)为中心,湖的北半部分圆圆的像太阳,湖的南半部分弯弯的像月牙,故赢得"双潭映月"的美名,这就是日月潭名字的来源,日月潭潭面平静无波,四周翠绿的山峦簇拥环抱,如此云淡风轻的景观,使日月潭成为全台著名的旅游胜地。

日月潭位于台湾中部南投县渔池乡水社村,是玉山和阿里山间的断裂盆地,湖面海拔760米,周长35千米,水域面积9平方千米,平时水深30多米。欲饱览整个湖面风光,最好搭乘游艇慢慢细赏。目前湖边规划有四个公共码头,游客可随意选择搭乘。湖中的拉鲁岛,本是游湖的中心点,但在1999年间遭受"九二一"大地震摧毁,已不向游客开放

登岛观光，但可搭乘游艇环岛游览。另外，游客还可以在潭边租个钓鱼浮台，静静享受垂钓的闲情。环湖周围还有如文武庙、慈恩塔、玄光寺、玄奘寺等处名胜景观，游人可以沿着湖畔公路驱车或者骑自行车绕湖徜徉观光。

日月潭除了拥有引人注目的自然风光，其周边的人文风情及美食特产也让人流连忘返。位于湖畔东南的德化社是台湾土著——邵族的主要聚居地，若想多了解一些邵族文化，不妨走一趟"邵族文化村"。村内不仅有许多传统的邵族文物可供参观，而且还可欣赏到精彩的歌舞表演，兴尽归来途中可转至德化社附近的"迥原餐厅"去品尝邵族风味饮食的美味。

日月潭地区气候温和湿润，盛产各种山珍野菜，如香菇、绿竹笋、高丽菜、刺葱等；水中则生长着众多鲜美的潭虾、奇力鱼和曲腰鱼等，每个来日月潭观光的游客都可以在这里大饱口福。

玉山主峰为什么被称为台湾百岳之首

位于台湾中部的南投县信义乡、高雄县桃源乡及嘉义县阿里山乡交界之处的玉山主峰，海拔 3952 米，是玉山山脉中最高的山，也是台湾第一高峰，更是西太平洋海岛群与东亚地区的最高峰，高过号称日本第一的富士山。因此，日本统治时期一度曾被称为"新高山"。在台湾的名山大川中，玉山作为台湾最具代表性的五座高山之一，与雪山、秀姑峦山、南湖大山、北大武山合称台湾"五岳"，气势磅礴、巍峨壮丽，雄霸东南

沿海。

1966 年，台湾当局曾在玉山山顶最高点处设置了于右任的铜像，该铜像一度成为台湾境内海拔最高的人工建筑物，不过此铜像于 1996 年 5 月遭人破坏。目前玉山"国家公园"管理处在铜像原址放置了一颗天然巨石，并根据新的测量数据，镌刻了"玉山主峰"及"标高 3952 公尺"的字样，作为台湾最高点的象征。

玉山主峰四面皆是陡壁危崖，南北两侧是千仞峭壁，西侧绝壑深沟，东侧则是碎石陡坡，山体高耸入云、气宇非凡，气势雄伟壮丽，无论山容还是山势皆堪称东南海上群山之首，更重要的是玉山群峰地区蕴涵着珍贵丰富的动植物资源。这里包括亚热带、暖温带、冷温带及高山寒原带的各种不同的气候形态，衍生出多样化的动物群种及植物群落，生态资源相当丰富。

攀登傲视东北亚的玉山主峰近来已成为众多国内外人士的梦想之一。不过由于玉山主峰属高山范围，路线陡峭险峻，而且沿线气候多变、空气稀薄，年平均温度仅 5℃，游客应考虑个人体力与装备再量力成行。而一年中除 10～12 月的干季外，避开台风的夏季更能领略玉山的"野花之美"。在气候寒冷、植物不复杂的高山地带（海拔 2300～3000 米之间），缤纷的野花，则是夏季最美的点缀。玉山野花具有全株密布茸毛、主根粗长的特征。交通相对便利、登山难度不高的玉山是欣赏高山野花的最佳地点。

鱼,也都是相当罕见的台湾特有动物。

雪霸"国家公园"
是怎样得名的

成立于1992年的台湾雪霸"国家公园",是以雪山和大霸尖山的"雪"和"霸"两字来命名的,这两座山也是雪霸"国家公园"的主要范围。该公园北以边古严山至乐山(鹿场大山)间棱线为界,东界为大甲溪上游,西以北坑山至小雪山的天然棱线为主,南以宇罗尾山、大甲溪中游为界,地处新竹、苗栗、台中三县的交界处,总面积76850公顷,是台湾省第五座"国家公园"。

雪霸公园境内分布这众多高山,海拔高差达3000多米,景观极壮丽,以雪山为中心,向四周辐射多支棱脉,但见远近的山棱蜿蜒伸展,层次分明,地势崇峻,其中雪山与大霸尖山最具代表性。位于雪山山脉中部的雪山主峰高3886米,是雪山山脉的最高点,为台湾第二高峰。《台湾府志》记载,古人因其"积雪莹澈光明,晴霁望之,辉白如玉",因而命名为雪山。有"世纪奇峰"之誉的大霸尖山高3492米,山容壮丽,与中央尖山、达芬尖山合称为"台湾三尖"。

雪霸公园园区包括雪山山脉的所有重要山岳,以其崎岖的地形及自然的原野风光而闻名。此外本区亦是台湾中北部主要河川的发源地,高山地形受溪流侵蚀切割,形成了特殊的景观。在气候方面,雪霸公园跨越了亚寒带、冷温带与暖温带,故植被复杂多样,多样的植物群落相应的孕育了丰富多样的野生动物资源,其中最具代表性的为"樱花钩吻鲑",其余如台湾黑熊、帝雉、台湾山椒

垦丁"国家公园"
为什么被认为是台湾首屈
一指的度假胜地

台湾垦丁"国家公园"长期以来一直以她独具特色的阳光、海浪、蓝天、绿野著称远近,是台湾首屈一指的旅游度假胜地。

成立于1984年的垦丁"国家公园"位于台湾最南端恒春半岛上,不仅是全岛首座"国家公园",而且是台湾唯一拥有海洋资源的"国家公园"。园内融合山林和海洋资源,以孤立山峰及珊瑚礁海岸为主要地形地质景观。其中海拔317米的大尖山几乎已成为垦丁的标志。砂岛的贝壳砂滩、南湾的美丽海岸线、佳乐水的砂岩及珊瑚礁地形等,都堪称该区一大特色。区内有绵长的沙滩可戏水,也有嶙峋的海岸奇岩可观赏。而大片的山林绿野,则是垦丁的另一项珍贵资源,宛如一座让人探索不尽的大自然宝库。垦丁的人文风情也是不可错过的观光项目,如著名的恒春古城、古聚落及鹅銮鼻灯塔等,皆有其耐人寻味之处,让人不禁顿起思古之幽情。除此之外,每年10月到次年4月,恒春半岛两海岸一带刮起的"落山风",短则数小时,长达10余天,也成为垦丁的另一自然奇景。

垦丁除了拥有珍贵独特的自然人文景观,在旅游设施的建造和规格上也具有强烈的优势,是具有国际水准的度假胜地,垦丁星级饭店的密度与档次位居全岛之冠,以南台湾独有的热情好客吸

引着远方的客人不惜远道而来,尽情追逐南国的蓝天、碧海与椰林所散发的魅力。夜晚,垦丁大街则将白天的炙热延续,不论是各式南洋风味、美式口味的异国餐厅,还是动感热辣的迪斯科舞厅、游乐场,以及独具特色的个性店,皆让垦丁犹如一座迷人的不夜城一样,令人从早玩到晚兴奋狂欢不已。

金门有哪些独特的观光特色

金门位于福建省东南海上,屹立在台湾海峡中,东距基隆198海里,东南距潮湖82海里,距高雄160海里,西距厦门约18海里,与大陆最近处为自马山至角屿,仅2310米。金门岛形如锭,面积150多平方千米,东西长约20千米,南北最长处约15.5千米,中部狭窄处仅3千米,太武山雄踞东部,海拔253米。金门西面环海,环岛多港湾口岸,可停泊船艇者计30余处,潮高水深。

金门旧名浯州,岛上曾考古挖掘出6000~5000年前的贝冢,显示史前时代就有人居住,金门县志也把本地的开拓历史追溯到晋、唐、宋等朝代。南宋大儒朱熹曾渡海来此讲学,故金门自古一向人才辈出,有“海滨邹鲁”之誉,“金门”一词源自明太祖年间,当时岛上设有抵御倭寇的军事设施,防御严密,号称“固若金汤、雄镇海门”。自明、清以来,金门与台湾的往来十分密切,因而金门又被民俗学者林衢遒称为“台湾土著的故乡”。

金门岛上有众多战争遗迹可以参观,如战史馆、太武山,及开放后的坑道、观测所等军事设施,总能让人感受到浓浓的战争味道。成立于1995年10月18日的金门战役纪念公园,是台湾唯一一座以保存史迹及文化遗产为主的“国家公园”,其独特的战地风情、建筑古迹与特产美食,都是最能吸引大批观光客的重要特色。

金门还有总数达21处的古迹遗址,其中闽南古厝和西方洋楼并存的建筑景观与68尊镇风止煞的“风狮爷”,更是金门珍贵难得的文化遗产。此外,金门还有非常丰富的生态旅游资源,岛上太湖、慈湖是候鸟迁徙的中转站,每年9月至次年5月是赏鸟最佳时节。

金门岛闽南古厝

台湾为什么也有故宫博物院

台北故宫博物院是台湾最重要的中国传统历史文化宝库和艺术博物馆,院址坐落在台北市士林区外双溪。建筑是中国传统的宫殿建筑形式,淡蓝色的琉璃瓦屋顶覆盖着米黄色墙壁,洁白的白石栏杆环绕在青石基台之上,风格清丽典雅、古朴大方。

原来北京故宫博物院于抗日战争前夕,曾选择重要文物南迁,到后来抗战胜利,南迁文物又因内战爆发一度滞留南京。1948年底,人民解放战争胜利在即,国民政府令故宫博物院挑选贵重文物以军舰转运到台湾。原故宫博物院文物分3批运走2972箱。一起运台的还有中央博物院筹备处文物852箱及其他单位文物。1950年4月,台中郊外雾峰乡吉峰村仓库落成,运台文物随即迁入新库存贮。1957年,在亚洲协会的赞助下,在库房之外又建一小型陈列室,公开展览所藏文物。1965年,在现址建成新馆。新址为纪念孙中山先生百岁诞辰,命名为中山博物院。后来中央博物院和故宫博物院合二为一,统称故宫博物院,遂将全部文物运送到台北中山博物院,以中山博物院原址作为院址,并在1965年11月12日正式对外开放。

台湾故宫博物院现占地面积达2.2万平方米,中间的博物院大厦是博物院的主体建筑,楼高四层。第一层为办公室、讲演厅和图书馆;第二至四层为展览厅。大厦两旁是两座三层殿式建筑。院内珍藏的运台文物主要为书画、铜器、瓷器、玉器、漆器、珐琅、雕刻、文具、图书、文献及其他工艺品,初为230863件,中央博物院并入后,增至242592件。连同整理后的档案30余万件及受赠、收购1万余件,目前共有60多万件。物品有商周的青铜器、晋唐以来的书法、唐宋以来的名画、宋元时期的瓷器和善本书,以及清代档案、雕刻、玉器、漆器等,品种繁多,号称世界四大博物馆之一,是收藏中国文化历史物证最多的地方。故宫博物院以国宝闻名,是中外人士到台湾旅游的重要参观景点。

香港是如何回归祖国的

1842年,中国清朝政府在第一次鸦片战争中被英国战败,于第二年被迫签订《南京条约》,将香港岛割让与英国。1860年清政府再败于英法联军,被逼签下《北京条约》,把九龙半岛南部、连同邻近的昂船洲一同割让给英国。1898年,英国通过与清政府签订《展拓香港界址专条》及其他一系列租借条约,租借九龙半岛北部、新界和邻近的200多个离岛但九龙砦城除外,租期99年。以上条约和协定成为奠定今天香港边界的基础。

“中华民国”建立以后,国民政府有意取消不平等条约,无奈国力不济。1941年日本偷袭珍珠港后数小时,日军同时开始进攻马来西亚并越过深圳河侵占香港。1945年日军投降后,香港再度被英国占领。

1949年中华人民共和国成立后,中、英双方就香港问题达成协议:中方无意收回香港主权,也不干预前国民政府军民在香港的活动,用以换取英国对中

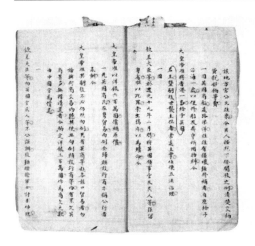

《南京条约》抄本（局部），香港正是因《南京条约》而被英国割占。

华人民共和国的承认。1950 年，英国承认中华人民共和国，是第一个承认中华人民共和国的西方国家。

1967 年，中国"文化大革命"正处于高潮，国内的红卫兵多次试图进入香港。后来香港"左派"公然响应国内造反派的号召，在香港多处策动暴乱。当时香港街头放满写上"同胞勿近"的真假菠萝，使香港陷入一片恐慌之中。后来经周恩来总理出面处理，以"长期利用、充分打算"的方针，坚持不打算收回香港，使这一件事情得以平息。

20 世纪 70 年代初期，由于新界土地契约问题的制约，英国政府不得不开始考虑香港的前途问题。英国政府曾经多次向中国政府要求延长新界的租约，但为中国政府所拒绝，在 80 年代初，英国曾提出分拆香港的"主权"及"治权"的建议，企图延续对香港的管治，亦遭到中国领导人的拒绝。

1984 年 12 月 19 日，中英双方签订《中华人民共和国政府和大不列颠及北爱尔兰联合王国政府关于香港问题的联合声明》，简称《中英联合声明》。根据这份声明，中华人民共和国政府在 1997 年 7 月 1 日将对香港恢复行使主权，而

香港成为中华人民共和国的一个特别行政区，香港除外交及国防外，各方面都拥有高度自治。

1997 年 6 月 30 日，香港正式结束英国的殖民管治，成为中华人民共和国的特别行政区，董建华被任命为首任行政长官，经历了百年沧桑和屈辱，香港终于回到了祖国的怀抱。

浅水湾海滩为什么能成为重要的游泳消夏地点

浅水湾位于港岛南部，是香港最具代表性的美丽海湾。浅水湾英文名称中的 Re - pulse 有"击退"之意，取自从前一艘在附近海域巡逻的英军军舰的名字。这里毗连深水湾、中湾、南湾，由中环出发，不出 30 分钟便可到达，所以当地人每逢夏季必到此畅泳消暑，其余时间也会专程到来光顾食肆或到此郊游烧烤，悠闲地消磨一天。

香港岛南部海岸线蜿蜒曲折，自然拥有很多美丽的海滩。浅水湾是香港最具代表性的泳滩。浅水湾浪平沙细，滩床宽阔，坡度平缓，海水温暖。夏令时

节，是浅水湾最热闹的时候。大批游客蜂拥而至，沙滩上人山人海，各式泳装组成了一幅色彩斑斓的画面。

浅水湾东端的林荫下，设置着许多烧烤炉。在充满野趣的氛围之中，搏浪戏水后的游客可以尽情地品尝烧烤的美味。

烧烤区的旁边是具有宗教氛围的镇海楼公园。门前面海，矗立着两尊巨大塑像——天后圣母和观音菩萨。海边远处建有七色慈航灯塔，气势雄伟，吸引着众多游客在此留影。

在沙滩周围还有许多酒家、快餐店和超级市场。临海的茶座，则是欣赏红日西沉、涛声拍岸的好地方。

浅水湾的秀丽景色，使它成为港岛著名的高级住宅区之一，区内遍布豪华住宅，其中包括香港巨商李嘉诚、包玉刚的豪华私宅。这些依山傍水建造的豪华住宅构成了浅水湾独特的景区，游人至此莫不流连忘返。

香港最高峰是哪座山

太平山，俗称扯旗山，海拔 554 米，是香港最高峰，是香港最著名的游览胜地之一，一向被视为香港的标志。

该山位于香港岛的西部，从中区花园道可乘山顶缆车登上山顶。缆车服务时间从早晨 5 点直至午夜，每隔十几分钟就发一班车。坐缆车是一次很有趣的经历，尤其是下山的时候座位面朝山顶呈 45°角，整个人背靠坐椅往下滑，沿途与依山而建的各式高楼擦肩而过，形成奇怪的角度，诡秘刺激。

山顶设有很多专供游客观景的设备，从山上俯瞰维多利亚港及九龙半岛，一览无余。居高临下，苍翠的山体与蔚蓝的人海、挺拔的高楼相互交织，城市的繁荣与自然的风光和谐统一。香港的夜景世界著名，最佳观赏位置为缆车总站附近古色古香的狮子亭和空旷怡人的山顶公园。最美的夜景是在太阳落下海平面，而天空仍有紫霞光之际，高耸又密集的建筑物，在入夜后纷纷亮起光彩，山脉、建筑与海湾，构成绮丽迷人的画面。从山顶广场眺望日落景色最为理想。

太平山顶在殖民时代地位特殊。据说当时只允许上流人士出入，跟现时游人如织的情景不可同日而语。

站在太平山顶俯瞰香港市区。

山顶上的两大建筑——凌霄阁与山顶广场,是游客购物娱乐的地方,一些大众化的品牌在此都开设有分店。娱乐场所有伦敦杜莎夫人蜡像馆、超动影院、信不信由你奇趣馆等。其中伦敦杜莎夫人蜡像馆是值得推荐参观的奇妙所在。

沿着环绕太平山顶的卢吉道散步也是不错的消闲选择。小径全程约 35 千米,游人稀少,环境幽静,视野比在山顶广场的观景台要好。步行 20 分钟后有一段平台,是观景摄影的最佳地点,许多风光明信片上的夜景都是在此地拍摄的。

为什么说香港具有悠久的历史文化

早在新石器时期,今天的香港地区已经有了人类活动。新界和大屿山的不少地方曾经发现新石器时代人类聚居的遗址。唐朝开元二十四年(736 年),香港属于循州,设立屯门军镇。由于大步一带海面盛产珍珠,后汉刘氏曾于 948 年在大步设官办珠场,称为媚川都,以后各朝代亦时禁时弛。

从唐朝到清朝康熙元年(1662 年)期间,香港一直拥有繁盛的香料生产业。当时沥源大奚山沙螺湾的土壤非常适合牙香树生长,所以种香及产香也慢慢发展起来。不过 1662 年清朝为防犯沿海居民接济在海上坚持抗清的郑成功所部,遂下迁海令,使种香及产香大受打击,即使康熙八年(1669 年)恢复疆界也难恢复当初的面貌。

由于拥有漫长的海岸线,故香港多处皆适宜兴建盐场。北宋开宝四年

(971 年)官府于今日的九龙湾一带设立官富场并派盐官驻守,负责产盐及统筹各小型盐场。南宋末年,两位小皇帝宋端宗赵昰和宋卫王赵昺被元朝军队逼迫逃到香港,据说曾在一块大石头上休息,人称该处为宋王台。后来宋卫王昺在梅蔚登基,因元军追赶,遂经浅湾循海路西渡前往新会。谁知船只行到广东新会崖门被元军所追,后战败,大臣陆秀夫为防止小皇帝被俘受辱,就背着他挺身跳海而死。

明朝正德九年(1514 年)葡萄牙派兵抵达并攻占屯门,遂于 1521 年引发中葡战争。战役持续了 40 天,葡军陷入苦战,但仍不肯撤退,并于 6 月 27 日增派两艘军舰从马六甲赶来增援,但仍无法挽回败局。最后,他们决定把剩下的士兵集中到三艘军舰上,准备突围。9 月 8 日早上,三舰试图趁天黑突围,恰遇中国战船,双方再次发生了激战,葡军寡不敌众,陷入了绝境,不久,海上刮起了风暴,葡萄牙舰因船体庞大,侥幸乘风逃脱,狼狈返回马六甲。但葡军不甘心失败,第二年 4 月,再派出由四艘军舰组成的舰队,路上又增加了两艘,于 7 月 10 日进犯中国海区,企图重新占领屯门。8 月,两军在大奚山茜草湾附近对峙。由于中国海防实力已大大加强,此战从茜草湾海面一直打到了哨州海面,中国海军缴获敌舰两艘,生擒舰长于都卢等官兵 42 人,斩首 35 人,终于取得了保卫香港的胜利。

香港在清朝时属于新安县管辖。康熙年间清廷为防沿海居民接济明朝郑成功,曾一度下令迁海,沿海居民须向内陆迁徙 25 千米,沿海一带居民因此家园尽失,同时还实施海禁,不许人民出海打

鱼,香港地区也因此受到严重影响。迁海后渔盐业废置、田园荒芜,沿海居民深受迁海之苦,广东巡抚王来任、总督周有德请求复界。康熙八年(1669年)朝廷终于允许复界,香港地区居民才得以陆续迁回,因此新界五族于上水设立报德祠供奉两公,至今已经成为著名的人文历史景观。

黄大仙祠为什么拥有众多的信徒

黄大仙祠,又名啬色园,始建于1921年,是香港著名庙宇之一,祠庙设计色彩丰富、建筑雄伟、金碧辉煌,极富中国传统寺庙建筑的特色。

根据祠内保存的《赤松子自述》记载,黄大仙名叫黄初平,浙江金华兰溪人,约生于328年。他15岁得仙翁指示开始学道,在赤松山一石室中不食人间烟火,潜心修道40年,最后得道成仙。他得道后,在民间惩恶除奸,施医赠药。

因为曾隐居于赤松山,故又称为赤松仙子。

早在20世纪初,道士梁仁庵等人从广东西樵山普庆祖坛奉接赤松仙子宝像来港。最初,他在湾仔开坛阐教,奉拜赤松仙子。1921年,他们经人指点,选择了九龙狮山下的龙翔道建祠。后来,信众渐多,香火日渐鼎盛,成为港九著名庙宇之一。

黄大仙祠占地18000多平方米,除主殿大雄宝殿外,祠旁还设有小园林、三圣堂、从心苑,以及供信徒们购买香火及平安符等的小摊位。大雄宝殿辉煌宏伟,雕刻精细。在香烟弥漫下,善男信女顶礼膜拜,祈求福祉。殿内有碑文一则,简介黄初平成仙的经过。该祠还在三圣堂奉祀吕祖(吕洞宾)、观音和关帝,并挂有万世师表孔子的画像,又珍藏不少道教、佛教和儒家的典籍,可谓集儒、释、道三家于一身。祠内的九龙壁仿照北京北海九龙壁而建,壁上刻有中国佛教协会主席的题诗,增添了黄大仙祠的中国传统特色。黄大仙祠的牌坊建筑也很有特点。

香港黄大仙祠

祠外的一个大牌坊,上书"赤松黄大仙祠"几个大字。经过解签档、算命看相摊等,便可看见另一个内牌"第一洞天",再拾级而上,有另一个牌坊,上面写着"金华分述",每个牌坊都有其宏伟的建筑特色和意义。

到黄大仙祠求仙,据说"有求必应",签文尤其灵验,但是求得来的签果,都只是解当年的运势。因此在农历过年前后,是黄大仙祠香火最鼎盛的时候,善男信女纷纷前来求问一整年的运势及还愿。此外,该祠还是香港唯一可以举行道教婚礼的道教庙宇。每年农历八月二十三日是黄大仙师宝诞,所有黄大仙的弟子会于正午时分聚集于祠内的主殿参与祭祀活动。

庙街为什么被称为香港的"平民夜总会"

庙街位于香港九龙油麻地,是香港一条富有特色的街道。很多电影都曾在该条街道取景。庙街以售卖平价货的夜市而闻名,被喻为香港的平民夜总会。

清朝时期,庙街的中段建有一座天后庙,庙街因而得名。另一方面,由于庙街的性质与旺角的女人街相似,而到访的人则以男性为主,故亦有男人街的称号。

庙街分南北两段,是香港久享盛名的夜市。每天下午5时以后,街侧开始摆满摊档,售卖的货品林林总总,从闹钟到音乐盒,从紫砂壶到收音机,从花哨的T恤衫到性感的内衣,从带窟窿的牛仔裤到时髦的洋服,以及样式奇特的各种打火机,真人般大小的明星招贴画,真是无奇不有。

从天后庙一直到庙街人口处沿着围墙,有许许多多算命道士,不论是面相、手相,还是八字流年、婚姻命名,几乎什么都可以为人测算明白。往东走,还有唱戏卖艺的表演。夜色愈浓,庙街愈发热闹,游客们摩肩接踵,摊主们也愈发来了精神,音乐声、叫卖声此起彼伏。

庙街曾是香港鱼龙混杂之地,亦曾是香港的红灯区,香港的许多黑帮电影其实都是以庙街为背景的。夹在商铺中有售卖三级VCD、DVD的摊贩,各种性用具也随意地排列着出售,街旁建筑物下更可见为妓女拉主顾的皮条客。

庙街不算长,却人潮汹涌,非常拥挤,由于人多互相拥挤,从头到尾,也要走上好一阵。走得累了,不妨选一家甜品店走进去,喝上一碗绿豆沙,驱一驱暑气,庙街的尽头还有数家大排档,可以坐下来吃海鲜,也可以尝尝印度餐饮的风味,或者干脆站在路边吃上几碗牛丸鱼蛋什么的过过嘴瘾。

有心体验香港本土地域乡情色彩的游客们,怎能错过这个别具特色的平民夜总会呢?

志莲净苑为什么被称为香港唯一的"女众十方丛林"

志莲净苑位于香港九龙钻石山志莲路5号,是香港唯一的"女众十方丛林",可供来自各方的女高僧修道,任何专心出家的女尼均可于此挂单,安身立命。而女住持是以选贤任能的方式挑选,而非由徒子徒孙所世袭的。

该苑于1934年由苇庵法师等人创

立,原来的设计只是一所供僧侣静修的场地。而从1946年起,该苑更被承认为一所重要的女僧徒静修寺院。1949年后,大批难民涌入香港,香港对社会福利服务的需求日益增长,该苑遂于1948年开办了免费学校,为贫穷儿童提供教育机会,又于1957开办了不谋利的孤儿院及安老院,收容贫苦无依的民众。

志莲净苑在1989年开始重建,到1998年落成,仿唐代木构建筑风格,具有极高的艺术和历史文化价值。寺院主体建筑包括安老院、大礼堂、露天剧场、佛寺建筑群、公园及特别训练中心等,总面积约30000平方米,集中国古典建筑艺术之精粹,融礼佛、文化推广及旅游于一体,成为香港佛寺建筑的一大新亮点。其规划设计取材自盛唐敦煌莫高窟壁画中的佛寺建筑形式,由20多座造型鲜明独特的单体建筑组成,既宽敞又曲折的回廊,随山形地势连接组织而成。布局规整中有变化,变化中有秩序,展示出传统建筑群的自然舒展气势。

该寺呈四合院格局,由三进建筑构成。整个寺院依山势而建,南面为山门,气势开扬;东边有回游式山水园景,曲径通幽;西边有唐式枯木水庭,禅味盎然。首进是四个莲池(由香港著名艺人谭咏麟及梅艳芳捐建),暗喻寺庙净土无染。左右两侧为钟鼓楼,正中为天王殿,殿中供奉天冠弥勒佛、韦陀及四大天王。二进建筑群是全寺的中心,大雄殿庄严浑厚,供奉释迦牟尼佛、文殊菩萨、普贤菩萨、迦叶尊者及阿难尊者,两旁配观音殿、药师殿。三进包括藏经阁和法堂。寺院东北面高地上还矗立着一座高七层的万佛宝塔。

志莲净苑在1963年正式注册为有限公司,成为不事谋利的专业慈善机构,致力于兴办佛学教育和安老服务,取得了卓著的成绩。该苑现有佛学、哲学、建筑及艺术等方面的藏书4万余册,可供公众查阅,并提供咨询服务。该苑常年开办佛学夜校教育,设四年制佛学和哲学文凭,还开办有技能训练中心。

赤柱天后庙为什么
香火特别旺盛

赤柱位于香港岛的最南端,那里最著名的景点之一要数赤柱天后庙了。天后妈祖娘娘是掌管海洋的神明,在第二次世界大战时是居民们庇护安身之所,当时日本飞机在赤柱一带投弹,炮弹在四周落下,村民却得以保命,他们相信全凭天后所赐恩泽,从此笃信天后为保护神。也有人声称曾看见庙里6米高的佛像曾经自己移动过,赤柱天后庙的香火因此特别旺盛,往来参观朝拜的游客和善男信女络绎不绝。

天后庙位于赤柱大街赤柱广场侧,

香港赤柱天后庙

除了庙正中央的天后神坛外，亦有供奉城隍、土地及观音的神坛，庙最右面的树园可供问卦占卜，天后庙四周榕树成荫，不少长者每日聚集于庙外的公园里下棋作乐。庙内存有一口铸于乾隆三十二年（1767年）的古钟，上面的铭文记载了昔日建庙的经过。据说该庙的建成与当地的风水有密切的关系。赤柱村形状像蟹，风水相当不错，但蟹是横行的，会造成村中不安宁，故村民聘堪舆家在"蟹头"之处建一天后庙以为镇压。当地村民一直相信该村的兴盛与天后庙的建成极有关系。

天后庙于17世纪初首次在此建立，庙里的钟和鼓，据说原本是属于一个很有名的海盗张保仔所有。而钟是在1767年铸造的，传说是海盗出来和其他船只传递信号之用。庙里还留有一张1942年在赤柱猎杀所得的虎皮，供人参观凭吊。

大澳渔村为什么被称为香港的威尼斯

大澳是香港现存最著名的渔村，位于新界大屿山的西北端，部分处于大澳岛上。大澳的水乡风情独特，为一典型的中国传统吊脚楼村落。大澳古时以渔业和盐业为主，繁荣富庶，是岛上人口最多的聚居之地，由于该处被水流分为两地，交通有赖横水渡联系，而居民亦以小艇穿梭来往，故有香港的威尼斯之称。

新基大桥位于棚屋建筑群之间，连接大澳岛和新基在大屿山的主要部分，一条水道朝西、北岔开，大澳岛正位于岔流之上。大澳地形独特，大部分位于河岸，靠两道步行桥将两岸连接。岛上面向南中国海的西、北部，是杳无人迹的。

大澳附近重要的考古遗址盐田遗址可上溯至石器时代，但固定而可稽考的人类部落则只有3个世纪的历史。16世纪，葡萄牙人抵达中国南部沿海，曾占领大澳一带兴建补给据点，后在屯门一带被明朝军队击退，史称屯门海战。当时的据点，被居民称为"番鬼塘"，一直留存至今。英国人来港时，大澳称作蜑家村。

大澳的居民约有5500人，主要是客家人。近年，这里的渔业日渐式微，村民单靠捕鱼难以维持生计，于是转而从事海产加工，大澳传统的咸鱼、虾酱和鱼肚远近驰名，驻足大澳，游客会感受到浓烈的海鲜味道。岛上目前只剩下一所公立学校，大多数青年成年后都会离开大澳。

大澳位于离岛上，远离烦嚣的市区，较少受到都市化建设的影响，所以仍旧保留着早期香港的渔村风貌。村内庙宇林立，关帝庙从明代起便稳立村内，庙内摆放着一个1739年铸造的铜钟，屋顶则缀以精致的陶制装饰，除关帝庙外，另有华佗及财神像，杨侯古庙是为纪念杨侯王而建，经修葺后更见庄严，在庙宇对面的海湾上有两块石碑，建于1902年，是租借新界时勘界所立的界碑。沿大澳道可徒步前往具有80年历史的观音庙，其建筑风格仿效北京的颐和园。

大澳风景秀丽，水道上的棚屋（一种高架屋）是渔民的居所。河、涌有秩序地穿插于一排排的古老棚屋建筑群，烘托出独特的渔乡风情。2000年7月2日，一场大火摧毁了大澳沙仔面90多间棚屋，对渔区而言，是一场大灾难。虽然有关方面致力恢复大澳的旧观，但现存的大多是临时营房和破烂的棚屋。

尽管如此,大澳至今仍是港人和游客的旅游热点。水道上的棚屋,依然渗透着浓厚的渔村气息。由当地女性管理的绳桥,颇受过往游客欢迎,现已被钢制的步行桥取代。游客来大澳首选的咸鱼、虾酱和鱼肚等土特产品在店面和中心大街两旁均有售卖。还可花数十元租借小船,由村民驾驶,在水道中纵横穿插,并前往海中短途游览。为了观赏中华白鳍豚,许多游客都会选择前往大澳体验水乡之旅。

你知道香港的海洋公园吗

始建于 1977 年的香港海洋公园,位于香港仔海洋公园道,是世界上最大的海洋公园之一,公园建筑分布于南朗山上及黄竹坑谷地,分为山顶公园和山下花园两部分。山顶和山下之间有世界上最长的登山电梯。

山上以海洋馆、海洋剧场、海涛馆、机动游戏为主。香港海洋公园拥有全东南亚最大的海洋水族馆及主题游乐园,凭山临海,旖旎多姿,是访港旅客最爱光顾的地方。海洋剧场里每天都有海洋动物的精彩表演。海洋馆建有人工海洋和岩石海岸,造浪机再现惊涛拍岸的自然界壮观,游客犹如身临其境。在这里不仅可以看到趣味十足的露天游乐场、海豚表演,还有千奇百怪的海洋性鱼类、高耸入云的海洋摩天塔,更有惊险刺激的越矿飞车、极速之旅,堪称科普、观光、娱乐的完美组合。全新的"太平洋海岸"洋溢着北美加州海岸的文化魅力和自然美景。在海涛奔腾、海岸嶙峋及宁静怡

人的沙滩景致中,海狮、海豹乐陶陶地迎接着每一位游人。

山下则有水上乐园、花园剧场、金鱼馆及仿照历代文物所建的集古村,由中央政府赠送的大熊猫安安和佳佳也生活在这里,它们憨态可掬的样子,深受广大市民的欢迎。

游人可利用吊车和扶手电梯往来于公园各个景点,公园每年接待游客 200多万人次,不同地区建有适合不同年龄阶段和层次游客特点的游乐设施,被誉为"儿童的梦园"、"老人的憩园"、"情侣的爱园"和"游客的乐园"。

青马大桥为什么荣获"20 世纪十大建筑成就奖"

青马大桥,横跨青衣岛及马湾,是配合香港国际机场(赤鱲角机场)而建的十大核心工程之一。1999 年荣获美国建筑界权威评选的"20 世纪十大建筑成就奖",是与巴拿马运河、英法海峡隧道及旧金山金门大桥等 9 项工程同享此项殊荣的世界级优秀建筑设计之一。

该桥于 1992 年 5 月开始兴建,历时5 年的时间,于 1997 年竣工,造价 71.44亿港元。干线全长 35 千米,桥身总长度2200 米,主跨长度 1377 米,离海面高 62米,分为上下两层,上层为 6 线的汽车行车道,下层为两条铁路路轨,创造了世界最长的行车铁路两用吊桥纪录。其混凝土桥塔高 206 米,采用的吊缆钢线总长度达 1.6 万千米。

青马大桥白天壮丽雄伟,晚上在华灯映衬下则充满童话般的梦幻色彩,被视为香港引以为自豪的新地标。欣赏雄

香港青马
大桥

伟的青马大桥的最佳观景点在青衣岛西北端的青屿干线访客中心及一旁的观景台。远眺青马大桥，足可见识它的恢弘气势。从观景台的另一端可以观赏汀九大桥。黄色缆线的汀九大桥，肩负着疏通香港岛与新界之间交通的任务。

在登上观景台的步道旁，耸立着最能象征大桥精神的两座纪念物——迥绕缆绳用高塔及主缆截取下来的断面。千万别小看这两座纪念物，当年为了架起支撑桥面的主缆，就靠这矗立于两岸的高塔，一圈又一圈地、像绕绳般地组成直径 1.1 米、长 1.6 千米的巨大缆绳，所使用的细缆长度，足足可以绕地球 4 周。

铜锣湾为什么被称为香港最主要的商业区

铜锣湾，原称东角，位于香港岛的中心北岸之西，是香港主要商业及娱乐场所的集中地。从九龙一侧望过去，正好是尖沙咀东部的正对面，是香港岛唯一的商业地区，与其他地区的连接也非常容易。区内有多家大型日资百货公司及大型商场。很多人将铜锣湾比作日本的新宿，因为这里是香港著名的购物、娱乐、美食中心，也是香港白领丽人逛街的最爱。

铜锣湾作为香港的不夜城区之一，是香港最繁忙的购物和饮食区。每当入夜，铜锣湾避风塘显得热闹而繁忙，只见船只灯火通明，穿唐装衫裤的艇妹摇橹，接送游客往来于海鲜艇、酒吧艇及歌艇之间。游客在船上品尝海鲜的同时，也可一边观赏海港夜景，一边领略舢板风光，别有一番风味。一般都认为，夜游铜锣湾避风塘是旅游香港打发晚上时间的最理想安排。此外铜锣湾有许多很好的中西菜馆。最受欢迎的休息场所是维多利亚公园。每天清晨，不少市民会在那里练太极拳；每逢春节、中秋节、圣诞节及大年除夕等重要节日，都会有成千上万的市民聚集于此举行庆祝活动。公园里设有游泳池、慢跑道和网球场,其中网球场还是举行国际网球赛事的场所,香港大球场是铜锣湾地区的另外一个著名建筑,拥有国际一流的设施,可同时容纳4万观众。位于铜锣湾和湾仔之间的是跑马地,每年9月至翌年6月是赛马季节,旅客更可参观位于马场内看台二楼的香港赛马博物馆。

铜锣湾商业区现在已经跻身香港同类地区第一的地位,但是如果追寻其发展的历史,依然会同鸦片战争联系在一起。1843年鸦片战争结束后,英军开始驻扎在香港,不久在铜锣湾的西部,后来称为东点的地方建起仓库。当时不过是一个破烂村寨的铜锣湾作为鸦片交易商们的秘密地点,开始成为拥有巨大财富的杰丁商会的根据地不断繁荣发展起来。第二次世界大战以后,在街道不断拓宽的铜锣湾,开始了围海造田工程,现在看到的百货店、饭店几乎都是在围海造田的地上建造起来的,随着商业色彩的不断加强,杰丁商会街的特点也不断淡薄下去。

铜锣湾近几年愈益发展扩大,以1993年开业的时代广场为中心,向车站的西南部不断开发,甚至扩展到东部维多利亚公园周围,逐渐成为香港最富有活力和潜质的区域。

尖沙咀是怎样得名的

尖沙咀,旧名香步头,有简称尖咀,是九龙油尖旺区的一部分,位于九龙半岛的南端,北以柯士甸道至康庄道为界,与香港岛的中环及湾仔隔着维多利亚港相望。从地理学的角度看,尖沙咀是九龙半岛南端的一个海角,毗邻红磡湾。今天的尖沙咀经过多次填海工程后已增加不少土地面积,却依然是一个高度发展区域,一直是香港的心脏地带。尖沙咀是香港主要的游览区和购物区,区内亦设有多个博物馆和文娱中心,饮食业等也相当兴旺。

"尖沙咀"三个字,意思就是"尖小的沙滩角端",这个地名明代就已经出现在当时的广东海防地图上了。在1860年九龙半岛割让给英国以前,这里曾有很多乡村。因为当时有些码头负责运送东莞一带的香木,所以称为香步头。1888年开办了天星小轮,尖沙咀借以逐渐繁荣起来。

今天这里虽然仍保留着尖长的地貌,然而原来的沙滩早已不复存在。现在的尖沙咀可说是观光游客享乐的要地,每个人都可以在这里找到自己的喜好,从霓虹闪烁的不夜城大道,到平静悠闲的漫步公园,乃至殖民历史风格的建筑物,可以让你体会各种不同的感受。

尖沙咀曾经是九广铁路的终点站。火车站主楼于1978年拆除,原址建起香港太空馆和香港文化中心,钟楼在市民的要求下保留下来,仍然屹立在九广铁路尖沙咀火车总站的位置上。钟楼高51米,包括顶部7米高的避雷针。现在,钟楼被香港文化中心门前的广场环抱,并且成为香港的地标建筑。

弥敦道是尖沙咀最主要的购物大道。熙来攘往、名店荟萃的弥敦道,以该街道的设计者香港总督弥敦为名。这条大街上到处是令人炫目的商场、酒店、餐厅、夜总会,以"黄金一英里"之称而变得非常出名。从梳士巴利道的半岛酒店商场开始,九龙酒店、蚬悦饭店及比邻的珠宝名店将弥敦道烘托得金碧辉煌,半岛酒店的购物廊云集百来家超级精品及名牌店,典雅高贵,但价格不菲。

位于九龙公园东侧的柏丽购物大道,有不少香港本地的服饰品牌,200 米长的购物街花砖铺路,绿荫低垂,逛起来真是一种享受。

出售廉价成衣的百利商场,位于加连威老道、加连藏老道与漆成道交叉口,无论是衣服鞋子,还是饰品,无一不是物美价廉。

喜欢逛百货公司的"血拼族"的第一选择就是号称全亚洲最大购物中心的海港城,海港城共有 700 多家商店,是个适合全家老小的全方位购物广场。

除了令人眼花缭乱的购物中心外,还有不少免费的观景点,像尖沙咀海滨公园就是一例,漫步徜徉其中,整个维多利亚港湾的景色尽收眼底,可以暂时远离喧嚣的闹市,舒缓一下紧张绷紧的神经。

香港仔有什么独特的旅游特色

香港仔是香港十八区之中南区的中心部分。而香港仔与鸭脷洲之间的香港仔海港被划为香港仔避风塘。广义来说,东至寿臣山、黄竹坑,西至华富邨的南区以及鸭脷洲都是香港仔的范围。

香港仔原本称为石排湾(现多指香港仔半山的石排湾邨),是香港岛最早发展的地方。后来港英政府将此地命名为鸭巴甸(Aberdeen),以纪念当时英国的外交大臣,也有认为是以位于苏格兰的鸭巴甸市而命名的。而在日本统治香港时期,香港仔曾被改名为"元香港",

代表"香港的起源"的意思。

香港开埠前这里的主要居民是渔民,以后这里建有香港四大造船厂之一的香港仔造船厂。

现在的香港仔以住宅区为主,亦有少量工厂。随着时代的发展,香港仔很多渔民已搬到陆上居住。昔日的香港仔造船厂也被改造,成为今日南区的一个大型私人屋苑——香港仔中心。而香港仔以其渔村风味及海鲜,成为闻名中外的旅游景点。

香港仔较其他地方更具特色的原因,是"海鲜画舫"的出现。"海鲜画舫",是由水上"菜艇"发展起来的。当时香港仔避风港内停泊很多渔船,水上人便用一艘船当厨房,另一艘船作宴席之用。吃海鲜的人觉得在艇上吃别具风味,因此纷纷把买来的海鲜交由菜艇烹调。

金紫荆广场有哪些独特的人文景观

金紫荆广场位于香港会议展览中心新翼,广场北面矗立着 20 米高的香港回归祖国纪念碑。纪念碑由 206 块石板层叠而成,每块石板代表 1842—2047 年期间的每个年份:其中 6 块圆形石板由浅色花岗石制成,分别代表 1842 年、1860 年、1898 年、1982 年、1984 年及 1990 年,至于内置灯光的玻璃环则标志着香港正式回归祖国的 1997 年。碑上刻有江泽民同志的亲笔字迹。纪念碑顶部白环象征香港的主权归还中国,而上面的 50 个环代表香港特别行政区的生活方式保持 50 年不变。

紫荆雕像矗立于香港会议展览中心

香港紫荆广场

新翼海旁的博览海滨花园内。紫荆花是香港的市花。香港的区旗上有紫荆花，硬币上亦有紫荆花。湾仔北部这朵紫荆花乃镀金雕像，是中央政府送给香港纪念特区政府成立的礼物，别具纪念价值，不少旅客专程到此游览。这朵金紫荆作为香港重要的地标及旅游胜地之一备受中外旅游者关注。

　　附近位于湾仔海旁的香港会议展览中心，是当年举行香港回归交接仪式的地方。建筑外貌雄伟，由两座建筑物组成。旧翼于1988年落成，新翼则于1997年扩建而成。新翼外形以流线型上盖为设计重心，犹如大鹏展翅，成了湾仔海旁的标志。香港会议展览中心是国际大型会议及展览会的首选场地。

　　金紫荆广场上每天早晨7时50分都会举行庄严而隆重的升旗仪式。在庄严的国歌声中，中国国旗及香港特别行政区区旗缓缓升起，随风飘扬，整个仪式历时大约15分钟。此外，逢每月的1、

11及21日早上7时45分，15名身穿礼服的警员会在金紫荆广场主持特别的升旗仪式，配合警察风笛乐队一同演奏国歌及背景音乐，随后香港警队的风笛乐队还会进行风笛演奏及队列表演。

香港海防博物馆有哪些历史文化价值

　　香港海防博物馆位于港岛筲箕湾，前身是旧鲤鱼门炮台，是100多年前香港最具规模的防御工事。

　　鲤鱼门扼守香港东面的海道，具有重要的军事战略地位。19世纪80年代，面对俄罗斯及法国太平洋舰队的威胁，英军在这里先后建成鲤鱼门堡垒、炮台、地下弹药库及鱼雷发射站，当时的鲤鱼门防卫堪称无懈可击。到了第一次世界大战之际，对岸的魔鬼山上安置了数门火力更强、准确度更高的92英寸（23厘米）大炮鲤作为前线防卫，鲤鱼门的重要地位才慢慢失去。1941年日军进攻香港，这里曾经是香港保卫战的一个重要战场。

　　今天，炮台已改建为博物馆，以保存和展示香港600年的海防历史。

　　香港海防博物馆沿山建筑，三面环海，环境优美，设计独特，在繁华都市中自成一角。众多古迹及景点，可划分为三大部分：接待区、堡垒及古迹径，户内展品及户外景点众多，都具观赏性。

　　堡垒内有18间地下室，有通道相连，原用作英军营房、弹药库、炮弹装配室和煤仓。堡垒中央的露天广场是士兵集散的地方。

　　经修复后的堡垒，以香港海岸防卫

历史为主题,展出"香港海防六百年"常设展,阐述香港自明清两代以至回归以后的海防历史。古迹境内的各种军事设施,如炮台、鱼雷发射装置、沟堡及弹药库等,均已作适度修复,供游人参观。馆内还设有儿童角,供小朋友玩耍和阅读。

为什么说澳门自古以来就是中国的领土

根据史书记载,在南宋以前,即 13 世纪以前,澳门本是荒山野地,没有人烟,亦未正名。南宋末年元军攻陷宋都临安后,南宋军民陆续南撤,大将张世杰率领军民 50 多万人,曾经在澳门妈阁山及路环高地一带一度击退元军。但直至 16 世纪中叶,即明世宗嘉靖年间,澳门仍然一片荒凉。

葡萄牙人在明朝嘉靖十四年(1535年),第一次来到澳门进行贸易。嘉靖

张世杰像

三十二年(1553 年),葡国船商借口航船触礁下沉,进贡物品被浸湿,申请借地晾晒,同时贿赂广东海道吏汪柏,登陆澳门。

嘉靖三十六年(1557 年)葡人开始在澳门南湾沿岸一带依山建楼房筑炮台,建城墙设岗哨,称之为"澳门城"。内地商贾贩夫边民,闻风在现时的十八间及营地大街一带起屋开店,成行成市,故又叫做"澳门街"。到了 1621 年,全澳已有人口两万多,开设有铸炮厂、船厂以及能生产军械火药的手工业作坊。不过,此时的地方行政及司法权力,仍然由中国掌握,直至 19 世纪中叶。

1644 年清朝建立,继续执行明朝在澳门订立的法律和制度。康熙二十四年(1685 年),清朝在澳门关前街设立海关,成为当时中国的四大海关之一。清雍正八年(1730 年),香山县在澳门望厦村设立县丞衙署,专门受理澳门葡人及华人的一切诉讼事宜。

中英鸦片战争结束后,中国的国势日颓。清道光二十九年(1849 年),澳门总督亚马留单方面宣布将澳门改为自由港,不准在澳门的中国海关和税馆继续存在,中国官员及家属被迫全部撤离。从此,葡萄牙正式占领澳门,不仅停止向中国政府缴纳租金和关税,反过来向澳门华人征收田赋,正式取得了澳门的行政权,并向东北扩展地界。

清光绪十三年(1887 年)三月,葡萄牙政府利用清政府派拱北税务司金登千(英国人)前往里斯本交涉鸦片走私问题之机,旧事重提,搞了一个"中葡会议草约"。同年 12 月,中葡签订"和好通商条约",被迫确认"葡国永远管理澳门"。

第二次世界大战中,香港和中山都

陷落在日军手里,而澳门名义上仍在葡国统治下。战后及至中华人民共和国成立以后很长一段时间,澳门的地位一直未变。20世纪60年代以后,澳门政府在香港经济增长的带动之下,逐渐改变保守政策,澳门经济开始有了转机。1974年葡国"四二五"革命后,里斯本宣布放弃殖民主义,有意改变澳门地位的性质,承认澳门是中国的领土、由葡国管理的地区。

1979年2月8日中葡正式建立外交关系,1980年3月澳督伊芝迪将军首次应邀正式访问北京,同年6月,广东省省长习仲勋首次专程访问澳门。此后中葡双方高层来往不断,地区间经济和文化联系也日益紧密起来。中葡双方通过反复的谈判和磋商,将澳门回归中国的日期定在1999年12月20日。澳门历史从此迈入新的历史里程,社会发展日趋稳定,经济蒸蒸日上。

澳门的黑沙滩为什么是黑色的

在澳门路环岛的南边,有一个奇特的海滩。它宽约1千米,呈半月形,坡度平缓,沙粒全呈黑色,均匀光滑、闪闪发亮,每当海浪掀起一层层白色的浪花,冲击黑色沙滩时,黑白分明,十分罕见。

这个海滩原名"大环",现名叫黑沙滩。

黑沙滩的奇特之处还在于它左边不远处海滩上的沙子并不是黑色的,右边不远的沙也不是黑色的,唯有这一块半月形海滩的沙子是黑色的。任凭海浪年复一年地冲刷,也冲不走这一带的黑沙子。为什么黑沙滩的沙子是黑色的呢?

有人说是黑色次生矿海绿石受海流影响,被搬运至近岸,再经风浪携带到海滩,使原来洁白明净的白沙滩,变成迷人神秘的黑沙滩。也有人说这是由黑云母矿所致。

黑沙滩附近曾发现有很多古代历史文物,其中包括一块四五千年前的彩陶片和制造陶器的作坊遗址,还有清代的钱币等。这些说明早在石器时代,这里就已经是我们祖先繁衍生息、生产战斗的地方了。珠海地区今年也出土了类似的文物,这更表明了澳门与珠海两地原本一脉相承。

黑沙海滩作为天然的海滩,是澳门著名的天然海浴场。海湾呈半月形,坡度平缓,滩面广阔。附近有一片松林,苍翠茂密,旁边建有宽广的停车场、公共汽车站及各式小食店。每逢假日周末及盛夏时节,黑沙海滩上,游人众多如同过江之鲫,热闹非常。该片沙滩的附近是黑沙公园。

澳门观光塔为什么被称为澳门新的标志性建筑物

澳门观光塔是澳门新兴的大型旅游设施。位于南湾新填海区D区域1号地段,面对珠江口,占地面积达13363平方米。1998年开始兴建,经过3年的建设,总耗资10亿元澳门币,于2001年12月19日竣工揭幕,并正式接待游客。澳门特别行政区行政长官何厚铧和澳门旅游娱乐有限公司总经理何鸿燊为澳门观光塔亮灯。从此,澳门观光塔成为澳门新的旅游景点,大大促进了澳门旅游业的发展。该塔动工时,正值亚洲金融危机严重冲击澳门经济之时,可是澳门著名实业家何鸿燊却胸有成竹,非常看好

澳门观光塔

回归后的澳门市场，毅然投资兴建这座观光塔。

澳门观光塔集观光、会议、娱乐于一体，是全球十大观光塔之一。观光塔顶层为大型旋转餐厅，可俯瞰全澳景色。站在塔的观光廊，澳门、珠海尽收眼底，晴天可以看到香港的大屿山岛，观光塔的商业用途部分为 3675 平方米，服务部分为 4370 平方米；娱乐中心总建筑面积为 42188 平方米，其中楼宇地库的第二及第三层用做停车场。此外，该塔还有展览及会议设施、主题餐厅、高级购物中心和剧场、露天广场和海滨长廊等。其中包括一个可容纳 1200 位宾客的宴会厅和一个 500 座位的剧院。观光塔为全球第 8 高塔，也是超越巴黎埃菲尔铁塔的东南亚最高观光钢塔。这座 338 米高、可远眺香港和珠江三角区部分地区的高塔因此被誉为澳门新的标志性建筑物。

澳门观光塔塔身内安装有 3 部时刻高速运转的电梯，50 秒内就可以将参观者带到 223 米高处的公众观景层，在以整体玻璃幕墙围成的观景层内，不但澳门大小景观一览无余，就连隔海相望的横琴岛、与澳门半岛相连的珠海市区也都显得近在咫尺。能见度高的时候，游客甚至可以眺望到几十千米外香港的大屿山及部分离岛。

从该塔塔顶向下俯瞰，可以看见澳门半岛和氹仔、路环两岛犹如莲花漂浮在碧绿的海面上，东西望洋山、中银大厦、葡京酒店等错落有致地分布在远方。过往船只像点点繁星一样，经过两条乳白色的跨海大桥，在澄碧的海面上画出白色的曲线。澳门旅游塔观景层最大的特色在于部分地面由透明玻璃铺成，尽管厚达 4 厘米的强化玻璃能够确保安全，但看到位于脚下 200 多米处的海面、公路和建筑，仍令不少观众"不寒而栗"。有人说，走在这种透明的地面上，的确堪称是在"空中漫步"。

卢廉若公园为什么被评为澳门新八景之一

卢廉若公园位于澳门半岛的中部，东望洋山的北麓，罗利老马路与荷兰园马路的交界处，总面积 1.78 公顷，是港澳地区唯一具有苏州园林风韵的公园。景色在澳门众多公园中一枝独秀，1992 年曾被评为澳门新八景之一。

该公园原称娱园，在几十年前是本澳三大名园之一，由大赌商、澳门商会和镜湖医院慈善会的值理会主席卢廉若斥资兴建，始建于 1904 年，历时 20 年才于 1925 年陆续建成。其规模之大为澳门私家花园之最。20 世纪初娱园曾盖搭戏棚，上演粤剧，因而名噪一时。后卢家凋败亦分段易手。70 年代初期,为澳门政府购得。经过修茸,卢廉若公园于 1974 年 9 月对外开放,成为大众游憩的好去处。这里也是香港古装戏的重要外景地之一。

园内各个景点分布得当,错落有致,景色如诗如画,颇具苏州狮子林的格局,俨然一种幽雅、秀丽、恬静的江南风情,给人一种"小中见大"的感觉。从正门进入公园,是一座书有"屏山镜楼"四个大字的古色古香的圆形拱门,两旁是长满鲜花和翠竹的林荫小道,参天的榕树、成片的竹林、盛开的鲜花掩映着亭台楼阁、曲径回廊、池塘桥榭、流水飞瀑、假山怪石。园内景点布局合理,建筑亦错落有致。奇峰怪石堆砌起玲珑剔透、峥嵘百态的假山,山顶有涓涓流水潺潺跌落,形成五叠瀑布,又注入假山脚下的小池塘,池塘中玉立着一位用巨石垒成的古代美女。池边垂柳依依,池内水明如镜,白莲摇曳,成群的非洲鲫鱼游来游去,圆圆的荷叶和横跨其上呈弧状弯曲的九曲桥相映成趣。

"春草堂"水榭厅是公园的建筑主体,堂前水面周围有石径将各景点连成一体。园内的亭轩上悬挂着多张匾额对联。其中经过整修一新的碧香亭、挹翠亭、人寿亭等,多有游人驻足欣赏上面的书法联语,也别有一番情趣。在平日,庭中有不少老人在此和友人下棋,或小睡消磨时光。

1919 年 5 月,孙中山先生到澳门期间曾在春草堂小住,并在这里会见中葡知名人士。春草堂具有典型的中国建筑风格,但外墙的米黄色却是葡萄牙人在建筑上喜欢采用的颜色,并配以白色线条和哥特式建筑风格的 12 根廊柱。柱顶上修饰的是白色欧式花纹,而濒临水塘的平台上座椅式栏栅则是中国人喜欢用的鲜艳的大红色,显示出这座建筑物上中西文化交融所留下的深刻印迹。

白鸽巢公园因何得名

白鸽巢公园位于花王堂区白鸽巢前地。18 世纪中,此处原为葡籍富商马蓉士的寓所。此人喜欢饲养白鸽,他养的白鸽总数达数百只之多,日常翱翔于附近天际,景象十分壮观,园内的亭台楼榭远观若鸟巢,遂得此名。后辟为公园,沿用其名至今。白鸽巢公园所在的山冈,清代称凤凰山,当时山上种植凤凰木甚多,清代丘逢甲、李遐龄及近人汪兆镛等均曾赋诗称颂过这座秀美的公园。

白鸽巢公园占地广阔,园内小山环叠,古木参天,遍植花草,鸟鸣不绝于耳。即使盛夏时节,处身其间,仍是宛如游历清凉世界。园内小径,依山建筑,纵横如八阵图。每日晨昏,不少居民到此晨练及休憩。

园内有一石洞,名为贾梅士洞,还竖立着一座著名的贾梅士铜像,是 1866 年由马蓉士为纪念贾梅士所铸造。贾梅士是葡萄牙诗人,400 多年前来到澳门,在园内石洞完成了葡萄牙著名史诗《葡国魂》。白鸽巢公园旁有一座两层高、具有南欧建筑风格的宫殿式建筑物,是贾梅士博物院原址,曾收藏不少有价值的文物。贾梅士博物院原址及其花园,从前曾为葡萄牙王室贵族、财政顾问、澳门保险之家创建人之一的富豪俾利喇的行宫,建于 18 世纪中叶。1999 年 3 月,澳门市政厅将贾梅士博物院院址售给东方基金会作为会址,被大幅度改装修茸,贾梅士博物院遂成为历史。

在公园内有一座名为"拥抱"的雕塑,用以纪念中葡之间的友谊。

纪念孙中山市政公园内有哪些人文景观

纪念孙中山市政公园,位于澳门半岛西北角青洲鸭涌河畔,关闸附近,西北马路旁,建于 1990 年,面积约 7 万平方米,是近年澳门市政厅投资兴建的面积较大的公园,也是澳门最大的公园。这里建园之前原是一片泥潭,被辟为澳门的垃圾处理站。日积月累,经过 20 余年成了一座人工山。1990 年,公园入口处竖立起孙中山先生的全身铜像,市政厅遂将公园正式命名为现在的名字。

公园内景观主要分成两部分:东北部为中式设计的人工湖、曲桥、凉亭和小楼;西南部为西式设计的功能多样的体育设施和温室。东北部的凉亭建在人工小山上,在这儿可眺望珠海的拱北,小楼红砖绿瓦,幽雅恬静,曲桥迂回,景致迷

澳门纪念孙中山市政公园内的孙中山雕像

人。公园中部设有儿童游乐设施,还有一条长达 500 米的回廊,将园中大部分的景观连接起来。另外有一个可容纳几百名观众的露天剧场。园内设市政泳池。公园开放时间由上午 6 时至晚上 11 时。

"永远的握手"雕塑,坐落于纪念孙中山市政公园。这座由钢铸造的雕塑作品重 4 吨,造价 300 万元,两只手臂凌空紧握,给人以逼真而有力的感觉,也更增添了公园的游览价值。设计者及雕塑家刘桂炳表示,雕塑代表了有 400 年历史见证的中葡友好关系,以互相握手表示中葡友谊的延续。

公园内有一座下辖于民政总署的黄营均图书馆,该馆由秘鲁华侨黄营均先生捐资兴建,于 1996 年 4 月 26 日正式开幕。图书馆建筑面积 212 平方米,有座位 64 个,藏书约 5000 册。全馆共分两层,楼上为成人阅览室,楼下为儿童阅览室。

澳门街道有哪些独特的地方特色

澳门的街道名牌,是以具有浓厚葡萄牙本国特色的瓷砖画艺术作为蓝本制造的,以蓝色和白色作为主调,配以中文和葡萄牙文的街道名称,成为澳门街头独具风味的一道景观。街道名牌的葡文名称在葡萄牙管治时期一般占名牌 3/4 的面积,而中文则占 1/4。澳门特别行政区成立以后,街道名牌的设计被修改成中葡文街名各占名牌面积的一半,中文在上,葡文在下,中文名称也由原来的直书改为横书。目前澳门民政总署正逐步更换澳门的街道名牌,其中离岛区的街道名牌已全部采用新的设计。

澳门街道冗长奇怪的中文名称,堪称华人世界一绝,初来乍到者观之莫不大搔其头。这些街名大多以葡萄牙军官政要或历史人物的名字命名,然后以粤语音译出来,所以变得有些不伦不类、面目全非。比较广为人知的诸如沙嘉都喇贾罢丽街、士多纽拜斯大马路(官方名称或作士多鸟拜斯大马路)、爹美刁斯拿地大马路、华士古达嘉马花园等。有一些主要街道的原名很冗长,华人习惯上另取较易记的名字,流传日广甚至使大众忘记了原名。如俗称新马路的亚美打利庇卢大马路、俗称荷兰园正街或荷兰园大马路的肥利喇亚美打大马路、俗称提督马路的罅些喇提督大马路、俗称澳氹大桥的嘉乐庇总督大桥等。也有一些街名因谐音而衍生出诙谐的谑称,例如沙嘉都喇贾罢丽街常被称作"沙煲罌罉街",而"巴素打你屁股街"或"揸把扫把打你屁股街"其实是指巴素打尔古街。

澳门早期的街道多以原色碎石铺砌,路面上到处都是较大的缝隙。1990年澳门政府花费重金从葡萄牙请来技师,在议事厅前地段铺砌黑白相间的碎石马路,使之成为行人专用区。后来范围不断扩大,甚至在妈阁庙前都铺上了碎石路。不过后期铺设的碎石路建造比较草率马虎,大雨过后常有碎石脱落,有碍观瞻,且易绊倒行人。

澳门为什么有众多的教堂

澳门从1576年开始设立教区,此后天主教一直是当地的主导宗教。耶稣会把澳门看成在东方建立千年王国的重要据点,是促进世界基督一体化的前沿要塞。澳门也是除果阿(印度)之外葡萄牙君主在亚洲实施精神统治并发挥政治影响的场所。如果果阿曾被称为"教会在东方的中心",那么澳门无疑就是"天主教在中国的桥头堡"。所以澳门这块很小的地方曾经先后建立过不少天主教堂。

最先一批到澳门传教的神父,曾于1555年用木材、席子等材料建造一所茅屋,作为澳门第一座天主教堂的场地。随着澳门本地各项事业的发展,又逐渐开始以石材和灰泥大规模地修建教堂。1576年天主教澳门教区成立,成为远东地区最早的传教中心。澳门的教堂多以欧陆巴洛克式建筑为主,再结合东方及热带地区的建筑特色。其中不少历史悠久的教堂,如主教座教堂、圣老楞佐教堂、圣安多尼教堂、玫瑰圣母教堂及望德圣母教堂等,至今依然巍然耸立为澳门的大地上,既包藏欧式建筑文化的古典情调,又蕴涵东方中式建筑文化的优雅风采。

迄今为止,澳门保存有较大规模的天主教教堂20多座,其中的望德堂、风顺堂和花王堂等教堂都有300多年的历史。澳门的天主教教徒有2万多人,其中60%是华人,澳门的土生葡人更是多信奉天主教。天主教会现在在澳门市民的生活中担当着相当重要的角色。神职人员除了在医院、学校、老人之家及难民中心为需要的人士服务外,教会亦为澳门的慈善事业尽了不少力。

澳门除了盛行天主教和基督教以外,佛教、道教、回教和巴哈伊教等宗教也非常流行,被澳门人广泛信仰。其中,佛教的历史最为悠久,佛教徒也是澳门各种教徒中人数最多的,有6万多人。目前,澳门大小庙宇有40多座,最著名的是妈祖阁、普济禅院、莲峰庙,被称作澳门的"三大禅院"。

澳门玫瑰圣母堂为什么被称为澳门最有代表性的巴洛克式教堂

玫瑰圣母堂皮梓堂前地,因此又称皮梓堂、板樟堂或多明我堂,始建于1687年,1828年重修,是天主教的多明我会教士初到澳门时设立的,至今已有400年的历史,是澳门最典雅、最美观、最具代表性的巴洛克式教堂。

玫瑰圣母堂供奉的花地玛圣母,是葡萄牙人很崇拜的神。堂内存有许多颇富奇趣的油画及雕像,尤以耶稣基督像最为著名,从中可窥见古西班牙宗教艺术的特色和风格。玫瑰堂属于旧圣道明会院。圣道明会院由1587年到达澳门、来自菲律宾的西班牙修士兴建,其后不久由葡萄牙信徒管理。

教堂为供奉玫瑰圣母而建,最初用樟木兴建,后换上现今的抹上灰浆的实心砖,属于葡萄牙17、18世纪在东方流行并采用的建筑风格。教堂通常于下午开放,可先按门铃,然后经旁边闸门进入,再绕过一条长廊便可进入圣堂内部。教堂有三殿,主殿深而宽,一道用实心砖建造的拱门将主殿和堂身分隔开。圣堂内的天花板布满图案装饰,其中有一皇冠图案,恰好就在主坛上,大门雕工精细;圣堂内部色彩缤纷,形状不一的彩色玻璃组合而成的图案,予人明快之感;祭坛上置有圣母手抱圣婴的塑像,圣堂内则摆放着花地玛圣母像,每年5月13日的花地玛圣母出游即以此圣堂为起点。圣母出游时沿途歌唱圣诗、念祈祷文。队伍缓缓经主教堂,由南湾大马路上西望洋山,在主教山教堂举行弥撒,最后把圣母像显示给山下市民瞻仰才结束礼仪。澳门政府在1997年对教堂进行了全面维修,并在楼高三层的钟楼内设立了一所圣物宝库,收藏了不少圣保罗大教堂所遗留下来的弥撒用品和木雕圣像等珍宝。

风顺堂为什么又叫"圣老楞佐堂"

风顺堂,位于风顺堂街,又称圣老楞佐堂、风信堂(风顺堂),是澳门著名的大教堂。

该教堂奉为教会殉职的圣人老楞佐为保护神。老楞佐是古代西班牙人,曾担任罗马教皇西斯笃二世的助手。公元3世纪时,教会受到罗马王的迫害,不得不交出全部财产,老楞佐带着教会接济的乞丐、病人和残疾人求见罗马王。罗马王认为这是一种挑战,命人拷打老楞佐,最后把他放到火上烤死。葡萄牙人则认为老楞佐是一位庇佑平安、赐予风信的海神。教堂靠近南湾,从前当葡人船只外出贸易回澳之时,其家眷即站在教堂的台阶之上呼唤等候,祈求一帆风顺,平安归来,故该教堂俗称为"风顺堂"。

风顺堂建立于1560年,其间曾几度重修,1979年的粉饰装修,使这座古老的教堂倍添光彩。建筑整体上属于新古典主义风格,规模宏大,雄伟壮观。门前有左右两排气派十足的石梯直达大门前,左右钟楼并峙,一座是时钟,作报时用;一座是铜钟,供教堂做弥撒时摇动震鸣用。教堂建筑形状为拉丁教堂常见的十字形,教堂屋顶是中国式的金色琉璃瓦面,堂皇肃穆,顶端设有高耸的十字架,装饰充满东方色彩和西洋韵味,古雅逸趣。祭坛内供奉的圣老楞佐神像,穿着绚丽的衣袍,一手持《圣经》,一手拿法杖，神情庄严肃穆。花园内植有棕榈树，圣堂内挂有古式吊灯，构成豪华优雅的气派，甚具特色。

大三巴牌坊因何得名

大三巴牌坊位于澳门大巴街附近的小山丘上，是圣保罗教堂的前壁遗迹，也是澳门的名胜。澳门拥有众多西式的天主教堂，其中圣保罗教堂建造时代最久远、最著名，人们习惯上称之为"大三巴"。圣保罗教堂建于 1637 年，糅合了欧洲文艺复兴时期建筑与东方建筑的风格，中西合璧、雕刻精细，是当时东方最大的天主教堂。但是却不幸与火结下不解之缘，从其建造之初至现时仅存的前壁牌坊，先后经历过三次大火，屡焚屡建，见证了澳门的历史。最后一次着火发生在 1835 年 1 月 26 日黄昏，教堂被基本烧毁，仅残存了现在的前壁部分。因为它的形状与中国传统牌坊相似，所以取名为"大三巴牌坊"。

巍峨壮观的前壁、精美绝伦的艺术雕刻，将大三巴牌坊装饰得古朴典雅。从牌坊顶部逐层而下，先是一个高高在上的十字架，向下再分三层，每层的壁龛均藏有一个铜像，铜像是由澳门早年的

制炮工厂铸造的。十字架下是一具鸽形铜像，据说是代表圣神，像的旁边围有太阳、月亮及星辰的石刻，象征圣母童贞怀孕一刹那时光，铜鸽之下则是一尊耶稣圣婴雕像，像的旁边刻有钉死耶稣的工具。第三层的正中刻着一个童贞圣母雕像，旁边以两种花朵围绕，分别是牡丹和菊花，前者代表中国，后者代表日本。雕像左方还刻有"永恒之众"，一艘"葡式帆船"及"面目狰狞的魔鬼"。右方则刻有代表生命之树及圣母征服魔鬼并刺穿其骷髅的图像，象征正义战胜死亡。第三层的下面有一层壁龛，有四位耶稣会圣人雕像。牌坊的底部有三面大门，正面的大门上刻有拉丁文 MATER DEI 字样，意即"天主圣母"，两侧的门上刻有耶稣的记号"IHS"。

1990 年至 1995 年间，澳门政府对昔日圣堂的地点进行了维修，并建成了一个天主教艺术博物馆，馆内收藏了澳门各教堂和修院具代表性的画作、雕塑和礼仪饰物等展品。

现在，大三巴牌坊已经成为澳门的象征之一，也是游客澳门之行的必到之地，许多澳门人结婚时都喜欢在此留下婚纱照以作纪念。大三巴牌坊不远是气势雄伟、酷似欧洲古堡的古炮台，在那里不仅能够看到 10 余门巨型铸铁古炮，发一发思古之幽情，还可以登高饱览澳门全景。

莲峰庙内为什么建有 一座林则徐纪念馆

莲峰庙位于澳门提督马路，是澳门著名的禅院之一。该庙始建于明朝，距今已有 400 多年的历史。古名"天妃庙"，规模较小，供奉天后娘娘。从清朝时代起多番扩建、修葺而成的现在这种占地辽阔、古树婆娑、庙貌庄严肃穆的规

澳门莲峰庙

模和气势。

现在除主庙供奉观音、天后外，尚有武帝殿、仁寿殿、医灵殿、神农殿、沮涌殿及金花娘娘痘母殿。

庙内有一石荷池，每当夏日荷开，莲叶满塘，香远益清；还有一幅栩栩如生，砌有神龙、巨鲤的壁画，造型奇特。

林则徐纪念馆于1997年11月在莲峰庙内落成，以纪念林则徐不畏强权勇敢禁毒。1839年，两广总督林则徐被任命为钦差大臣，坚决禁绝鸦片，在虎门销毁鸦片100多万千克。由于当时澳门是鸦片集散地，林则徐遂于同年7月来澳巡视，并于天后殿前天阶的亭台，会见葡萄牙官员，亭台今日仍旧保存，屋檐后悬有一"心"字匾额，寓公正判案之意。现时在庙前空地建有林则徐全身石像，重5吨、高3米，借以纪念林氏到澳门一事。馆内藏有虎门销烟、澳门昔日风貌等图片，以及林则徐和朝廷之间的通信资料。在纪念馆的中央，摆放了真人大小的模型，再现了当时林则徐接见葡方官员的情形。此外还有清代的中国军舰、葡萄牙航船和鸦片存放船等各种式样的船只模型。

莲溪庙为什么每年都要上演神功戏

莲溪庙位于澳门新桥区中心的永乐戏院侧，创建至今已有200多年的历史，是当地一座香火非常鼎盛的禅林。澳门地形，宛似莲花，故又有莲岛的别名，由大陆通澳门之路，被视为莲花茎，茎尽处有山拔起，称莲花山，又叫莲峰。莲峰之阳，从前有溪水一道，流于新桥坊间，称作莲溪。莲溪庙恰好建于溪之右岸，故称莲溪庙。

莲溪庙最早建于清朝道光年间，庙内供奉有华光、北帝、财帛、文昌诸神。历经数次破坏、修葺及扩建，古庙巍然耸立依旧，其坐落在新桥区，亦由昔日之汪洋一片发展成澳门的繁器地区之一。原为横连二座，纵深三进，1875年风灾后在其左右分别加建痘母、金花两殿，并均有巷道间隔，成为五座横连，面貌为之一新，现在只剩下横连四座。该庙在砖雕墙面、泥塑木雕等装饰方面，也有着许多令人赞赏的精美艺术品。此外，该庙在第一、二进之间的天井上空加建有可遮蔽风雨的玻璃天棚。

莲溪庙前的场地，往昔是澳门历年来演出神功戏的重要场所，历史长达100多年；1952年在庙前兴建了永乐戏院。莲溪庙历史悠久，庙中供奉华光神像，就是被称为戏神的"三眼华光"，他一直为梨园子弟所尊崇，所以百余年来，都保留有演出神功戏的传统。每年的9月28日为华光诞辰日，届时莲溪庙一定举行酬神演戏活动。这种演出甚至在第二次世界大战香港沦陷、澳门人心惶惶期间，都一样坚持不曾废止过。

康公庙和宋高宗赵构有什么关系

康公庙是澳门最特殊的庙宇之一，澳门本来有两间康公庙，一间位于十月初五街，另一间位于美副将大马路的普济禅院侧，头一座庙现在还依旧接待南来北往的善男信女，后一座庙则已经被改为街坊会。

康公庙全称康真君庙，俗称康公庙。康公庙供奉南宋王为神，即神话中的"泥马渡康王"，也就是宋高宗赵构。根据学者研究，康公崇拜可能和南宋末年流亡到这一带的南宋移民有关。传说在100多年前，这一带是濒海之地，当时有一个木头康王神像浮至此地,并搁置于海边,后来被附近居民拾起,并在附近建祠奉祀。直至清朝咸丰年间(约1860年),由一位木业商人发起,与附近街坊四邻一起集资在原地兴建了庙宇,即是现在所见的康公庙。该庙在大约30年前曾设有义学,专门培育贫苦学生,可惜后来停办。

"康公诞"是该庙附近最多人参与的宗教节日之一。在"康公诞"那天,信徒被要求禁止使用鸭子,抬着康公的神像沿街市游行,神像在锣声和烟雾中前进,人潮涌动,热闹非常。

康公庙前空地的路面上保留着大片原始的条皮石,令康公庙更显特色。昔日,在康公庙前摆摊的小贩甚多,有看相的、卖小食的,形形色色,而每到"康公诞",本地人都会在空地上搭起高大的戏棚,并邀请内地和香港名班,上演神功戏,观看的观众甚多,直至几年前这项活动才停办。康公庙前空地多年前曾搭盖过一座临时街市,安置一些因营地街市重建而受影响的摊档,直至1998年10月间,摊档才迁回新建的街市,而空地则被改建成了一座停车场。

妈阁炮台是怎样成功
改建成酒店的

妈阁炮台又名圣地亚哥炮台、西湾炮台,位于西湾西端民国大马路,内港的入口处,距今已有350多年的历史,所在位置据说是葡萄牙人最早登陆澳门的地点,曾是澳门旧日军事防卫系统的重要组成部分。澳门政府在1622年前就已经在此修筑简陋的炮台,到1629年建成圣地亚哥炮台堡垒,以防守澳门的入口水路。

炮台曾装备有16门大炮,堡垒筑有兵营、军械与粮食贮藏库、蓄水池和圣雅各布伯小堂,和东望洋炮台一起组成一道坚固的外围军事防线。炮台面积约纵向150步,横向55步,距离海面约10米,地形利于防守枪战。堡中的石池,可作贮水之用,地下还有贮藏库。

炮台中有奉祀圣雅各布伯的小教堂,昔日供堡内士兵参拜之用,内有精致的圣雅各布伯雕像以及圣母花地玛、伊莎贝皇后的瓷砖画像。相传圣雅各布伯是澳门保护神,他经常在城内巡逻以至靴上常常沾满泥污,有一名士兵专职为雕像的靴子作清洁。如果这名士兵忘了抹靴,便会被圣像的佩剑敲头警示。

1981年,要塞古堡改建为五星级圣地亚哥酒店,但仍保持原有的特色,城墙、隧道、教堂等文物与传统葡式风格的设计保持不变,与现代化的酒店设施和谐结合,曾因此在亚太区旅游协会的文物建筑再利用评比中获得优异奖。酒店现分为4层,在各层建筑之间,小径与回廊相连接,白色外墙和红色屋顶在青青的山色中格外突出。